中国中学生百科全书

（修订本）

中国大百科全书出版社

天地之间

图书在版编目（CIP）数据

天地之间/《中国中学生百科全书》编委会编．—修订本．—北京：中国大百科全书出版社，2020.1

（中国中学生百科全书）

ISBN 978-7-5202-0635-8

Ⅰ.①天… Ⅱ.①中… Ⅲ.①世界史－青少年读物 ②地理－世界－青少年读物 Ⅳ.①K109 ②K91-49

中国版本图书馆CIP数据核字（2019）第251155号

中国中学生百科全书（修订本）天地之间

出　版　中国大百科全书出版社
社　址　北京市西城区阜成门北大街17号
邮　编　100037
网　址　http://www.ecph.com.cn
电　话　010-88390718
发　行　新华书店总经销
印　刷　小森印刷（北京）有限公司
制　版　北京华艺创世印刷设计有限公司
开　本　889mm×1194mm 1/16
印　张　27
字　数　515千字
版　次　2020年1月第1版
印　次　2022年6月第2次印刷
书　号　ISBN 978-7-5202-0635-8
定　价　135.00元

《中国中学生百科全书》编辑委员会

《中国中学生百科全书》（修订本）序言

《中国中学生百科全书》自2006年出版以来，深受中学生读者喜爱并荣获多项殊荣。时隔十三年，为适应今天中学生读者的阅读需要，我们对《中国中学生百科全书》做了全面修订和改版。

首先，我们对全书的结构做了调整。本着更基础、更核心的原则，我们将全书调整为三个分册并重新命名：《天地之间》《科学之书》《文艺之美》。三个分册各成体系，各有所专，又遵循统一的体例，共同组成《中国中学生百科全书》（修订本）。

其次，我们对全书条目框架做了调整。调整后的条目框架学科更明晰，更有利于中学阶段学习与大学专业选择的对接；包含的内容更全面，更便于中学生多方面知识的积累和素养的提高。

再次，我们对条目内容做了全面修订。对稳定性比较好的条目，主要是规范表达，使条目内容更严谨、更全面；对时效性比较强的条目，则既着力于体例规范，也着力于更新数据，使条目内容更准确、更科学。修订时还对语言风格做了调整，以使行文更符合现在中学生的阅读习惯。

然后，我们对呈现形式做了全新改版。我们对条目篇幅做了压缩，使行文更言简意赅；增设了一些知识点，以方便阅读和深化理解；同时尽可能地增加了说明性插图，使阅读更直观、更具象。我们还在排版时有意做了留白，以便读者记下阅读时的偶得。

所有这些，都是我们为读者所想，期待能与我们的中学生读者有更好的交流。

受出版周期所限，所收条目仍有不尽之处，将在以后继续完善。

编辑部

2019年12月

《中国中学生百科全书》前言

《新世纪中学生百科全书》自1997年12月面世以后，深受广大读者的厚爱，摆上了千家万户的书架。1999年11月，出版社又编辑出版了《新世纪中学生百科全书（修订版）》。

时隔七年，为了满足广大中学生的需要，在《新世纪中学生百科全书》和《新世纪中学生百科全书（修订版）》的基础上，出版社编辑出版了《中国中学生百科全书》。本书是《新世纪中学生百科全书》的增补更新本，既继承了其优点，又增加了新的理念和新的知识，更新了数据。资料截止日期为2006年7月底。

《中国中学生百科全书》体现了这样的理念：对于中学生的培养应该是全面的。肩负祖国未来的中学生，不仅要是知识丰富、全面发展的人，也要是了解社会、善于处世的人，更要是思想活跃、领先潮流的人。

一个合格的中学生应该具备以下各方面的能力：

一、口头和书面语言表达能力。这一能力对将来从事任何一项工作都很重要。

二、对社会科学、文学、历史、地理的综合理解能力。这是各方面能力培养的基础。

三、数学的理解和实际应用能力。不仅要理解数学法则，更要能将数学应用于实际。

四、对物理、化学和生物科学与环境关系的理解能力。了解物质世界的运动规律，对作出正确的决策是有益的。

五、掌握外语背景知识和了解外国文化的能力。外语学习能锻炼记忆力、启迪思维，对外国文化的学习则有助于新观念的接受。

六、熟练使用计算机和其他技术手段的能力。不能满足于简单操作，要能解决较为复杂的问题。

七、艺术鉴赏能力。艺术素养的提高会使中学生的素质更加完善。

八、对社会政治、经济体制的理解能力。中学生很快就要步入社会，必须对现实社会有深入了解。

九、培养良好的生活习惯与顽强的毅力。注重身体、心理健康，加强身体锻炼、心理磨炼，克服不良习惯，抵制各种诱惑，对中学生的健康成长尤为重要。

十、分析、解决问题的能力和创造精神。这些决定着中学生的发展，影响他们今后的事业和生活。

《中国中学生百科全书》在培养中学生全面素质和能力方面，作出了新的有益尝试。

首先，本书涵盖了中学期间应当掌握的所有知识内容，《数理加油站》《史地大空间》和《文体新天地》三个分册对中学知识进行了全面的概括和梳理，对中学生的知识掌握大有裨益。

其次，本书摆脱传统百科全书的桎梏，推出了令人耳目一新的《成长充电器》分册，该册内容包括中学生成长问题的解决、中学生能力的培养、青春期心理问题的解惑等。这对中学生健康成长意义重大。

最后，本书还增加了大量最新的实用信息，如热门专业、热门科学话题、新兴职业、新发明，以及百所重点大学及其录取分数线等。这些实用信息增强了本书的实用性。

参加本书编写的作者都是中学教育方面的专家和在一线从事教学工作的优秀教师，他们付出了辛勤劳动，在此向他们表示衷心感谢！

编辑部

2006 年 8 月

凡　例

一、编排

1. 全书以条目为主体，条目按学科体系顺序排列。

2. 全书三册，按学科构成一个完整的知识体系。其中每册又各自构成独立的知识体系，具备独立的参见和索引系统。

3. 全书分为三册，每册包含多个学科的内容：《天地之间》，包含历史、天文、地质、地理等方面的内容；《科学之书》，包含数学、物理、化学、生物、医学、农业等方面的内容；《文艺之美》，包含语文、体育、美术、建筑、音乐、舞蹈等方面的内容。

二、条目标题

4. 条目标题仅由汉语标题组成。

5. 条目标题一般为词或词组，如“历史”“植物”“中国文学”“流行音乐”。

三、释文

6. 条目释文一般依次由定义和定性叙述、简史、基本内容、插图等构成，视条目的性质和知识内容的实际状况有所增减或调整。

7. 条目释文使用规范的现代汉语，并力求简明扼要、通俗易懂。

8. 一个条目的内容涉及其他条目并需由其他条目释文补充的，采用“参见”的方式。所参见的条目标题在释文中用蓝色楷体字显示。如“隶书由简略的篆书逐渐发展而成”。

9. 释文较长时，设置层次标题，并用不同的字体和排式表示不同的层次标题。

四、插图

10. 插图包括照片、线条图等，随文编排。

五、知识点

11. 知识点是条目内容的补充和延伸，随相关条目编排。

12. 知识点不列入目录。

六、索引

13. 每册正文后附有条目标题汉语拼音音序索引。

七、其他

14. 本书所用术语和外国人名、机构名的译名，以及常用数据均参照《中国大百科全书》（第二版）。本书所用地名及相关数据，均参照中国地图出版社出版的《中国地图集》《世界地图集》。

15. 本书的资料一般截止到 2018 年底。

条目分类目录

历史

天文地理

【天文】

【地质】

【地理】

历史

历史 历史有两种含义——客观历史和历史学。

广义的历史包括自然界历史和人类社会历史。自然界历史就是自然界的发展过程，人类社会历史是人类社会的发展过程。狭义的历史指人类社会历史。因为每一个历史时代的生产力及其产生的社会经济结构，是该时代政治和精神的历史基础，所以人类社会发展史首先是生产力和生产方式的发展史，在阶级社会中同时又表现为阶级斗争史。人类社会生活所表现出来的各个方面，如经济、政治、法律、道德、学术、宗教、伦理、科学技术等，都被包括在历史的范畴之中。

通过史料等研究人类社会历史发展过程的学科就是历史学。历史学是最早有明确研究对象的学科之一。其萌芽可追溯到人类的原始时代。从中国的《春秋》、古代希腊*希罗多德*的《历史》算起，历史学在东西方都已有两千多年的发展历程。中国商周时期就已设置史官，史书的出现不晚于西周。二十四史是中国古代正史的总称，因包含24部正史而得名，共3239卷（一说3229卷），记述了自黄帝起的历代王朝的发展过程。

古往今来，研究历史的理论和方法多种多样。其中，历史唯物主义揭示了人类历史发展的客观规律。

考古 根据古代人类社会的实物遗存研究人类古代社会的历史。考古发掘是一项非常精细的工作。18世纪末在欧洲已经有考古发掘，但最初只是为了寻找古物珍宝，许多古迹因此被破坏。直到19世纪60年代，意大利考古学家G.菲奥雷利发掘庞贝古城，才首次把恢复古迹原貌当作目标。后来，发现特洛伊古城的德国考古学家H.谢里曼规定，发掘要有科学记录。这两位学者还借用地层学原理，按层位发掘。他们使考古发

1935年北京周口店“北京人”遗址考古发掘现场

掘走上了科学轨道。20世纪50年代后，水下考古技术发展起来，考古发掘又从陆地扩展至水域。

古代人长期居住的地方，会堆积起夹杂着建筑物残迹和其他物品的土层——文化层。天长日久，它们层层相叠，早期的被压在底部，晚期的叠在上边。从晚期到早期一层层揭露，便能使不同时代的遗存区分开。所以，在考古工作中坚持按层位发掘的方法十分重要。现在，考古发掘已经有一整套科学方法。为了寻找理想的发掘地点，考古工作者运用摄像机、成像雷达等设备从飞机、人造卫星等遥感平台上获取遥感资料，用物理探测技术探查地下有没有埋藏着古物。发掘工作需要有序进行：工地上排列着一个个方形土坑，这是预先划分好的发掘单位，被称作探方；发掘队员在探方里操作，仔细辨认土层，收集古物，边发掘边做文字记录，有时还进行测绘和照相。发掘结束后，整理资料，写成田野考古报告。有时还把发掘过的遗址保护起来，供人参观。著名的西安半坡博物馆和北京大葆台西汉墓博物馆就是这样的遗址现场。

发掘后的研究工作非常复杂。考古工作者必须判定出土物品的年代，这常依据古物上的纪年文字，还可以采用自然科学的年代测定技术，当前用得最广泛的是碳-14法定年。探索古代历史的奥秘生动而有趣。例如，统计某一时期农具的种类和数量，鉴定农作物品种，查明窖穴中的储存物，便可得知当时的农业发展状况。如果某一时期出现城市、宫殿和殉人大墓，就可以断定这时已有了居住在城堡和宫殿中的统治者，贵族残酷地压迫着奴隶，也就是说，国家已经形成，奴隶制社会产生了。现代科学技术的应用拓宽了考古研究的道路。今天，考古工作者已经能够通过鉴定骨骼或粪便化石，推知古人生前的食谱；通过分析残留的脂肪，了解当时动植物的种类；通过金属鉴定，查明古器物的原产地；通过孢子花粉分析，得知当时的环境和气候。由于认识到自然环境同人类发展的关系，从英籍考古学家V.G.柴尔德开始，考古工作者已越来越重视把经济、文化同环境、气候结合起来进行研究。

一百多年来，东方和西方的考古工作者取得了惊人的成果。他们发现了尼安德特人和北京猿人的化石；在非洲，找到了约400万年前的南方古猿化石和约250万年前的古老石器；研究了西亚和中国的早期农业文化，发现早在一万多年前原始人已经栽培出小麦和水稻。考古工作还揭开了旧大陆和新大陆的上古文明之迹，*古代两河流域文明*、*尼罗河文明*、*米诺斯文明*、*印度河文明*、殷商文明、*印第安人古代文明*，逐渐为世人知晓。

20世纪50年代以后，中国的考古成果格外引人注目。仰韶村落、龙山古城、曾侯乙墓、秦兵马俑、马王堆汉墓、三国竹简、唐长安城、元大都等一系列享誉世界的考古成果改变或丰富了人们对中国古代历史的认识，给中华古文明增添了异彩。

人类起源与演化　远古以来，对人

类起源与演化有各种各样的猜想和说法。1859年，C.R.达尔文发表《物种起源》，创立进化论，为这个问题的探讨奠定了科学的理论基础。

19世纪中叶，英国科学家达尔文和T.H.赫胥黎论证了古猿是人类的祖先，人类起源于非洲。20世纪中叶以前，人类学界普遍认为森林古猿是人类最直接的祖先。60年代以前，人类学家以能否制造工具作为人和猿的分界标志；之后，则以两足直立行走作为人类出现的标志。60年代中期，分子生物学家推算出人类和黑猩猩的祖先在进化上分道扬镳的时间为约500万年前。1965年至80年代，一般认为腊玛古猿是最早的人类。1970年以后，人类学家逐步改变观点，主张腊玛古猿是西瓦古猿的雌性代表，西瓦古猿是猿类进化上一个绝灭的旁支。后来，又在亚洲、非洲、欧洲发现其他古猿化石，虽有人主张有的接近人类，但至今没有任何一种可确认是人类的直接祖先。

人类的演化过去曾划分为猿人（或原人）、古人、新人三个阶段，20世纪70年代以来划分为早期猿人、晚期猿人、早期智人、晚期智人四个阶段。

早期猿人是人类演化的最初阶段。现知的最早人类是发现于非洲的600万年前的撒海尔人和土根原初人（俗称千禧人）。比千禧人晚些的有地猿，发现于埃塞俄比亚阿法盆地。再晚是发现于肯尼亚的约400万年前的南方古猿湖畔种和350万～330万年前的扁脸肯尼亚人。

南方古猿最初于1924年在南非塔翁发现，后来在南非、东非又发现了更多的化石。现知在420万～140万年前，在非洲的南部、东部生活有许多种南方古猿，他们都能两腿直立行走，都不会制造工具。

迄今发现最早的人造工具是在埃塞俄比亚发现的约250万年前的石器。这时地球上已经有了一种被称为能人的人类。能人生活在东非和南非，用最原始的技术制造石器。

晚期猿人是人类演化的第二阶段，又称直立人，生活在约180万～20万年前。直立人化石最早在印度尼西亚爪哇发现，发现者E.杜布瓦将其定名为直立猿人，并相信它是现代人的祖先。但直到20世纪20～30年代在中国北京周口店发现北京猿人化石，直立人是早期原始人类的概念才逐渐被广泛接受。现在发现直立人化石的地点遍布亚洲、欧洲和非洲的广大地区，中国晚期猿人化石已经发现十余处，如云南元谋猿人、陕西蓝田猿人、江苏南京猿人等。

早期智人是人类演化的第三阶段。

北京猿人生活情景

智人分为早期智人和晚期智人。晚期智人的形态已经基本上与现生的人类一致，故又称解剖学意义上的现代人；形态介于晚期智人与晚期猿人之间的古人类是早期智人。中国早期智人化石已经发现十余处，如陕西大荔人、广东马坝人、山西许家窑人等。欧洲早期智人主要是尼安德特人。

晚期智人是人类演化的第四阶段。欧洲晚期智人最初出现在约3.5万年前，以克罗马农人最为有名。中国晚期智人已在约50个地方有发现，如北京山顶洞人、广西柳江人、内蒙古河套人等。晚期智人在亚洲、非洲、欧洲的分布区域比早期智人大，还进入美洲和澳大利亚，逐渐形成现生的四大人种，即蒙古人种（黄色人种）、尼格罗人种（黑色人种）、高加索人种（白色人种）和澳大利亚人种（棕色人种）。

中国历史 最晚在百余万年以前，中国先民就已在东亚大陆栖息繁衍。大约到公元前2070年，出现了有阶级和国家组织的夏朝。前221年，中国第一次出现大一统局面，从此经历了两千余年的王朝统治。中国发达的封建社会曾创造了同时代世界上最高的文明。但是当西方资本主义列强入侵中国之后，中国越来越落后了。1911年**辛亥革命**推翻帝制，创立中华民国，中国获得了前进的新起点。1949年中华人民共和国的成立，开辟了在社会主义道路上振兴中华的前景。

先秦时期（约前2070～前221）在这个历史阶段中，中国社会发展经历了夏、商、西周三个朝代和春秋战国时期。

夏 约前2070年，夏族的禹主持各部族联盟的大规模治水活动，由此成为首领。随后禹、启父子终结了**禅让**制度，转用**世袭制**；贡赋、刑法和历法被制定出来，国家和王权诞生。夏朝传13代16王，历时四五百年。

商 前1600年，商汤率众灭夏。商朝共传17代31王，历时五百多年。商都曾屡次迁徙，到盘庚时商最终定都于殷（今河南安阳西北），故商又称为殷或殷商。

西周 始于前1046年周武王伐纣灭商，终于前771年周幽王被申侯和犬戎所杀。由于周王居于西方的都城宗周，故称西周。西周传11代12王，历时约两个半世纪。

月有食卜骨（商武丁时期刻辞，记录了壬申夜“月有食”的情况）

泥质簋范（西周，河南洛阳北窑西周冶铜遗址出土）

春秋战国 前770年周平王东迁洛邑，春秋时代发端。此时期140多个诸侯国林立，强国争霸。前5世纪进入战国时代。这时因不断兼并，只剩下十余国，赵、韩、魏、齐、楚、燕、秦之间战争不断。春秋和战国合称东周。战国

铜武士俑（战国）

末，诸侯争霸和七国争雄的局面结束，中国从分散逐步走向统一。

秦汉时期（前 221 ～ 220） 这一时期，以汉族为中心的中原王朝疆域范围基本形成。

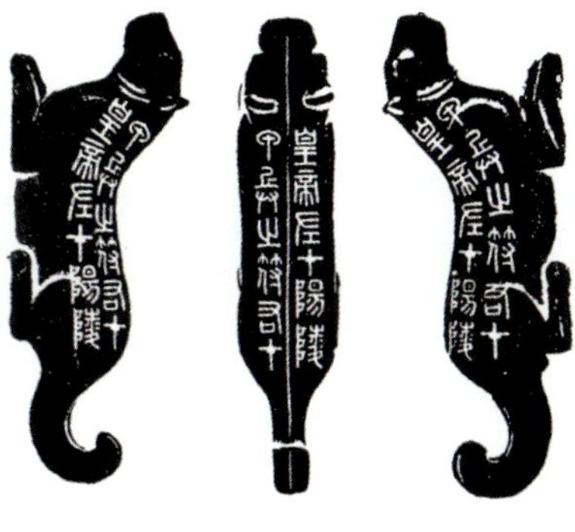

阳陵虎符铭文（秦，相传山东枣庄薛城区出土）

秦 前 221 年秦王嬴政消灭割据称雄的六国，建立了中国历史上第一个统一的多民族的中央集权的国家——秦朝。秦始皇以咸阳为都，定号为皇帝。两千多年专制集权的官僚帝国由此发端。

西汉和东汉 前 206 年刘邦灭秦，于前 202 年称帝，国号汉，建都长安（今陕西西安），史称西汉或前汉（前 202 ～公元 8）。公元 25 年刘秀重建汉朝，建都洛阳，史称东汉或后汉（公元 25 ～ 220）。至 220 年曹丕称帝，东汉灭亡。

彩绘兵马俑（西汉，陕西杨家湾长陵陪葬墓出土）

魏晋南北朝时期（220 ～ 589） 魏晋南北朝时期，魏、蜀、吴三国鼎立天下，东晋十六国纷争不已，南朝与北朝长期对峙，除西晋有短期的统一外，东晋以后南北分裂长达 270 多年，基本处于割据分裂时期。

周纪仁造释迦佛石像（北周）

隋唐五代十国时期（581 ～ 979） 以 755 年发生的*安史之乱*为界限，分为前后两期：581 ～ 755 年为隋唐前期，756 ～ 979 年为唐后期和五代十国。这个时期是中国历史上由分裂进入长期统一，而后又短期分裂的时期。从总体上看，这个时期国力强盛、经济繁荣、文化昌盛，呈现出前所未有的盛世景象。

隋 581 年杨坚代周称帝，国号隋，建都大兴城（今陕西西安）。至 589 年

彩绘伎乐陶俑（隋，河南安阳张盛墓出土）

隋灭陈，结束了自东汉末年以来长达四个世纪的分裂。隋朝历三帝，共38年。

唐 隋大业十三年（617），太原留守李渊起兵攻克长安（今陕西西安）。次年隋炀帝在江都兵变中被杀，李渊逼使隋恭帝退位，自立为皇帝，国号唐。唐立国后，开拓疆土，全盛时所辖疆域极为广大。安史之乱是唐朝由统一集权走向分裂割据的转折。

五代十国（907 ~ 979） 907年朱温灭唐称帝，国号梁，史称后梁，占有中国北方大部地区。后梁与此后相继出现的后唐、后晋、后汉、后周合称为五代。与此同时，在中国南方和山西地区相继出现了前蜀、后蜀、吴越、南平（荆南）、南汉、北汉、南唐、闽、楚、吴，史称十国。

宋辽金时期（947 ~ 1279） 这个时期是中国历史上中原汉族政权与北方少数民族政权同时并存的阶段。中国分裂为几个政权，如中原地区的宋、辽、夏，边区的大理、吐蕃和西州的回鹘、黑汗王朝、西辽等。

北宋（960 ~ 1127） 960年赵匡胤代后周称帝，建立宋朝。先后消灭荆南、后蜀、南汉、南唐、北汉诸国，建成中原地区统一王朝。北宋历九帝，首都东京开封府（今河南开封）。

南宋（1127 ~ 1279） 1126年金兵攻克开封，1127年北宋亡。同年赵构在南京（今河南商丘）称帝，史称南宋。南宋历九帝，行都临安府（今浙江杭州）。

辽（947 ~ 1125） 916年耶律亿（阿保机）在今内蒙古西拉木伦河流域建立契丹国。947年改国号为辽。辽成为与北宋对峙、统治中国北部的一个王朝。983年曾改号大契丹国，1066年以后复号大辽。1125年为金所灭。

西夏（1038 ~ 1227） 1038年党项人元昊自称皇帝，国号大夏，都兴庆府（治今宁夏银川），史称西夏。与辽、金先后成为与宋鼎峙的政权。1227年为蒙古所灭。

金（1115 ~ 1234） 1115年，女真族完颜部领袖阿骨打在北方建立政权，国号大金，初都会宁（今黑龙江哈

钧窑炉（北宋，河南禹州黄庄出土）

尔滨阿城区南）。1125 年灭辽，1127 年灭北宋。1153 年迁都中都（今北京），1214 年迁都南京开封府（今河南开封）。历史上，金与南宋对峙，成为统治中国北部的一个王朝。

元明清时期（1271 ～ 1911） 1271 年元朝成为中国历史上统一的帝国。后历经明、清。1911 年辛亥革命推翻清朝，中国结束了两千多年的君主专制制度。

元（1271 ～ 1368） 1206 年，蒙古族领袖铁木真在漠北建立蒙古汗国。此后先后征服了西辽、西夏、金、吐蕃、大理。1271 年，忽必烈改国号为大元，次年改中都为大都（今北京）。1276 年灭南宋，统一全国。

明（1368 ～ 1644） 1368 年朱元璋称帝，国号大明，定都南京。永乐十九年（1421），朱棣迁都北京。明朝共传 12 代 16 帝，统治 277 年。崇祯十七年（1644），李自成农民军攻入北京，明朝灭亡。

北京宫城图（明）

《康熙帝南巡图卷》中的治河场面

清（1644 ～ 1911） 万历四十四年（1616），努尔哈赤建立大金。1636 年，皇太极改国号为清。1644 年，清军在击败李自成农民军后乘机入据北京城，建立了继承明朝的中原王朝。清朝自建立起，先后经历了十帝，统治中国 268 年，是中国最后一个君主专制王朝。

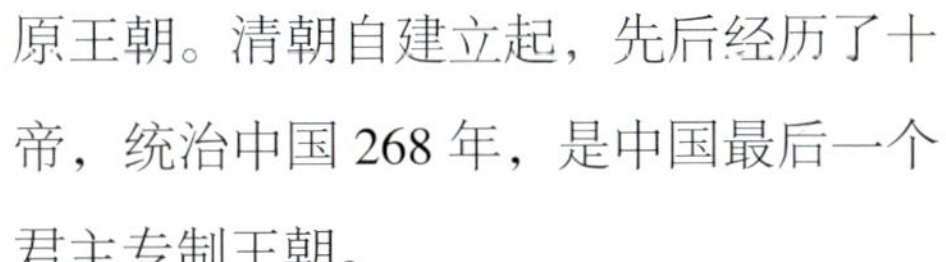

中华民国（1912 ～ 1949） 从清朝灭亡到中华人民共和国成立前夕，是中国历史上大动荡、大变革的时期。1911 年孙中山领导的辛亥革命，结束了封建的君主制度。1912 年 1 月 1 日，孙中山在南京就任临时大总统，宣告中华民国的诞生。依首都和政权性质的演变，中华民国可分为南京临时政府、北京政府、南京国民政府三个时期。1949 年 4 月 23 日，中国人民解放军攻占南京，蒋介石退守台湾，结束了中华民国在中国大陆 38 年的统治。

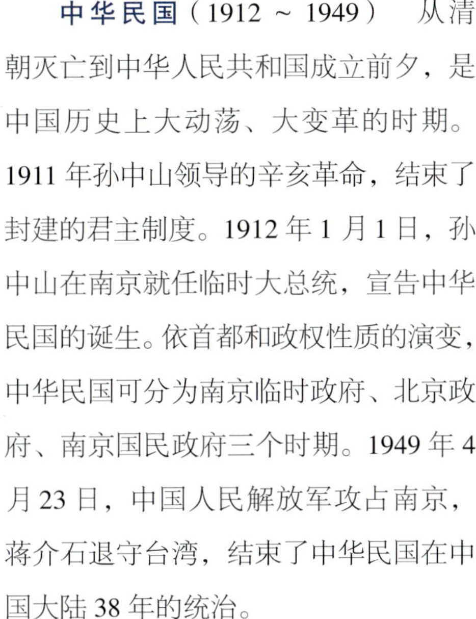

中华人民共和国（1949 年 10 月 1 日～ ） 1949 年 10 月 1 日，中华人民共和国正式成立，中国历史从此进入社会主义革命和社会主义建设时期。1978 年，中国共产党召开了具有重大历史意义的十一届三中全会，开启了改革开放的历史新时期。

元谋猿人 直立人化石。1965年在中国云南元谋县上那蚌村西北发现。以两枚牙齿为代表。为左、右上内侧门牙，门齿舌面两侧有棱脊，中间凹陷，呈铲形，齿冠基部结节显著突起，形态特征与北京猿人门齿接近。此后，在当地同一层位找到三块石器。哺乳动物化石有云南马、爪兽、山西轴鹿、小麂、元谋狼、桑氏缟鬣狗等。据对动物群的分析，元谋猿人应属更新世早期。古地磁年代测定有两种结果：一是约170万年前，二是60万～50万年前。据古植物分析，当时该地的自然环境是森林和草原，气候比现在凉爽。

北京猿人 直立人化石。最早命名为北京中国猿人，后称北京直立人，俗称北京人。出自中国北京周口店龙骨山的一个山洞。1921年发现此洞穴堆积，1927年起进行发掘。1929年12月发掘出第一个完整的北京人头骨，20世纪30年代又发现人类化石、石制品、骨角制品和用火遗迹，50年代后又出土人类化石等。至今已出土40多个个体的人类化石、10万余件石制品和骨角制品、近百种哺乳动物化石、上百种鸟类化石，以及用火留下的大量灰层。这些发现使这里成为世界上直立人材料最系统、最丰富的遗址。北京人的发现意义重大，证明了直立人的存在，明确了人类发展的序列，为“从猿到人”的学说提供了有力的证据。

根据头盖骨复原的北京人像

山顶洞人 晚期智人化石。1933年发现于中国北京周口店北京猿人洞上方的山顶洞。当时发掘出3个完整头骨和其他骨骼化石，共代表至少8个个体。时代为3万～1万年前。可看成原始蒙古人种。

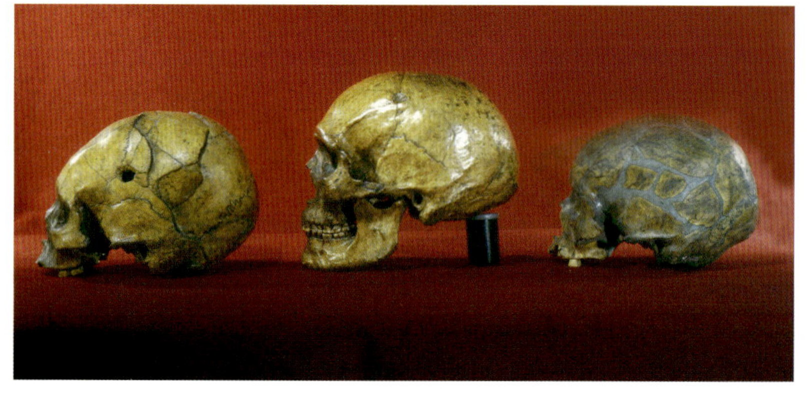
山顶洞人头骨化石(侧视)(左，102号；中，101号；右，103号)

山顶洞人已会将兽皮缝制成衣服，且知道制造和使用比较细的纤维；劳动生产率已大大提高，有了闲暇时间进行装饰，装饰品丰富多彩；山顶洞人化石周围散布着红色的赤铁矿粉末，这是中国最早有意识埋葬死者的证据。山顶洞遗址是中国最重要的旧石器时代晚期地点。

河姆渡文化 中国新石器时代晚期文化。因浙江余姚河姆渡遗址而得名。主要分布在杭州湾南岸宁绍平原和舟山群岛一带。年代约为公元前5000～前

骨耜（耜冠严重磨损，上部横孔里穿绕多圈藤条以缚紧木柄。河姆渡遗址出土）

4000 年。经济生活以稻作农业为主。家畜有猪、狗和水牛。渔猎采集也是重要的经济部门。原始手工业发达。流行夹炭黑陶。出土有中国迄今最早的一批织机部件实物。木作工艺发达。除木工具和木器皿外，还发现木桨，由此推知已有舟楫之便。遗址中发现的一件涂着红漆的木碗，是中国已知最早的漆器。聚落是木构干栏式建筑。还发现有中国最早的水井。存在崇拜日神的原始信仰。

仰韶文化　中国新石器时代晚期文化。因河南渑池仰韶村遗址而得名。主要分布在黄河中游地区。年代为公元前 4900 ～前 2900 年，可分为早、中、晚三期。为中国新石器时代分布范围最广、持续发展时间最长的原始文化。

鹳鱼石斧图彩陶缸（画面左侧为嘴中叼鱼的白鹳，右侧为一柄石斧）

仰韶文化居民以从事粟作农业为主，使用磨制石器作为生产工具；还饲养狗、猪、羊、鸡等，兼事采集与渔猎活动。制陶业较发达，彩陶尤其精美，表面用红彩或黑彩画出绚丽多彩的几何形图案和动物形花纹。聚落多选在河谷阶地上，布局整齐有序。人死后按一定的葬俗埋葬。

根据墓葬材料，许多人认为仰韶文化早期处于母系氏族社会末期，中期进入父系氏族社会。从聚落布局和房屋建筑，则可看出仰韶文化时期社会结构逐渐趋向复杂。而晚期以中心聚落为核心的聚落群的普遍存在，反映了统一的地域性组织的出现。

红山文化　中国新石器时代晚期文化。因内蒙古赤峰红山后遗址而得名。主要分布在内蒙古东南部西拉木伦河流域和辽西、冀东北地区。年代为公元前 4500 或 4000 ～前 3000 年。居民主要从事农业，还饲养猪、牛等家畜。冶铜术已出现。彩陶在东北地区新石器时代遗存中最为发达，花纹以黑色为主，也有少量红彩。玉制品种类多，质地精良。其中高 7.9 厘米的玉猪龙是龙的象征物，与中华文明息息相关。聚落一般位于岗丘阳坡，面积小的数千平方米，大的可达两三万平方米。房屋往往建成若干排，

玉猪龙（牛河梁遗址出土）

半坡遗址　中国新石器时代仰韶文化遗址。位于陕西西安半坡村。年代为公元前 4800 ～前 4100 年。遗存分早晚两期，以早期的半坡类型最具代表性。半坡类型聚落为不规则圆形。居住区在中央，分南北两片。每片有一座供公共活动用的大房屋及若干小房子。居住区有壕沟环绕，沟北是公共墓地，沟东有陶窑场。经济生活为农业和渔猎并重。彩陶较发达，以黑彩绘人面、鱼、鹿、植物枝叶等象生纹及几何形纹样。现遗址上建有中国首座遗址博物馆——半坡博物馆。

均为长方形或方形的半地穴式建筑。盛行祭祀，以祭祀遗存规模大而著称。

大汶口文化 中国新石器时代晚期文化。因山东泰安大汶口遗址而得名。主要分布在山东及江苏的淮北地区。年代为公元前 4200 ~前 2600 年。大汶口文化后继为山东龙山文化。一般认为该文化居民的种族是中国古代的东夷族。经济生活以种植粟为主。居民饲养猪、狗、鸡、牛等家畜，也从事渔猎和采集。生产工具多石制和骨角制。制陶业较发达。石器、玉器、骨角牙器制作和镶嵌的手工业也很兴盛。在一些晚期聚落发现城址。墓葬在规模、有无棺椁和随葬品数

彩陶背壶（大汶口墓地出土）

量方面差异极大，这表明私有制产生，已出现贫富分化。有的遗址发现有刻在陶尊上的陶文。大汶口居民有一些中国其他史前文化所罕见的习俗。

良渚文化 中国新石器时代末期文化。因浙江杭州余杭区良渚遗址而得名。主要分布在太湖地区。年代约为公元前

兽面纹玉琮

3300 ~前 2000 年。经济以稻作农业为主，已有成套农具。家畜有猪、狗、鸡等。也从事采集和渔猎。制陶、纺织等家庭手工业发达。流行灰黑陶和黑皮陶。出土有用家蚕丝织成的残绢片、丝带、丝线和苎麻织物。竹木器广泛应用于生活和生产。其制玉工艺代表中国新石器时代制玉工艺的最高成就，在当时各原始文化中处于领先地位。聚落在形态和规模上形成等级。良渚古城面积达 290 多万平方米。墓地和墓葬的等级分化很明显，表明当时社会已出现阶级和私有制。良渚文化已跨进文明时代的门槛。

山东龙山文化 中国新石器时代末期文化。因 1930 年发掘的城子崖遗址所在地山东济南龙山镇而得名。主要分布在山东、苏北和皖北。年代为公元前 2600 ~前 2000 年。

经济以农业为主。除粟作以外，还种植小麦、水稻。农产品已有较多剩余。中国传统的主要家畜——马、牛、羊、鸡、狗、猪，可能已全被饲养。渔捞仍是沿河湖、滨海和岛屿上居民主要的经济活动。制陶业的水平达到中国制陶史上的巅峰，典型陶器有黝黑光亮的鬼脸式足盆形鼎和高柄杯等；玉器制作发达，出

蛋壳高柄杯

现了礼器；冶铜业兴起，已能制造小件铜器。聚落形态上最大的变化是城的崛起。发现城址十余座，城址面积从3000多平方米到近30万平方米不等。墓葬已有明显分化，从中可看到社会分层、等级明显的迹象。这一时期出现原始文字，还用牛、鹿的肩胛骨制成的卜骨占卜。

山东龙山文化或至少它的晚期已迈入文明时代的门槛。

陶寺文化 中国新石器时代末期文化。因山西襄汾陶寺遗址而得名。主要分布在晋南的汾河下游和浍河流域。年代约为公元前2600～前2000年。

经济活动以粟作农业为主。家畜有猪、牛、羊、狗等。凿井技术水平高，最深的水井深度超过十三四米。手工业成为独立的生产部门。制陶、漆木加工、琢玉、纺织等具有很高的水平，金属冶铸业也已出现。

陶寺文化多大型遗址，其中以陶寺遗址面积最大。陶寺遗址对探索夏文化和中国古代文明的起源有重要学术价值。陶寺遗址中心区域的陶寺古城，面积在200万平方米以上。陶寺墓葬反映出当时贫富分化极为悬殊，已产生阶级。龙是陶寺文化先民崇奉的部落图腾。当时已有占卜习俗。

彩绘蟠龙纹陶盘（泥质褐陶，内壁施黑色陶衣并经磨光，以红彩绘蟠龙图案。陶寺遗址出土）

三星堆文化 中国青铜时代文化。因三星堆遗址而得名。三星堆遗址是长江上游地区已发现的规模最大的青铜文化遗址，位于四川广汉的南兴镇北、鸭子河南岸，年代为公元前2500～前1200年。三星堆遗址分为三个大的时期。第二期约为前1800～前1250年，此时三星堆古城崛起，这一阶段的遗存被命名为三星堆文化。

青铜人头像（四川广汉三星堆遗址出土）

三星堆古城是规模巨大的都城，城内面积达2.5平方千米。古城内发现居民区，还发现大型公共建筑的夯土基址。三星堆器物坑出土大量金、铜、玉、石、陶质器物和象牙、海贝等。金器制作精美。玉器中有祭祀用器。青铜器除有与商代青铜器形制风格相近的器物外，还有大铜树、人头像、大型立人像等具有浓郁地方特色的雕像。

一般认为，三星堆文化应为古蜀人的遗存，年代可能相当于蜀国古史传说中的柏灌王朝或鱼凫王朝时期。

二里头文化 中国青铜时代文化。因河南偃师二里头遗址而得名。年代约为公元前1800～前1550年。主要分布在河南中西部和晋南地区，这与传说的夏人活动地域比较一致，故二里头文化被列为探索夏文化的主要对象。

经济生活以农业为主。农具有石、骨和蚌壳制的刀、铲、镰及木质的耒、

兽面铜牌饰

耜等。居民已饲养猪、狗、鸡、马、牛、羊等畜禽。农业生产已能提供较多的剩余产品，居民将其用于酿酒。青铜铸造业已初具规模。用绿松石碎片镶嵌出兽面图案的铜牌饰，工艺精湛，为中国已知最早的铜镶玉工艺品。陶器上的一些刻画符号可能已是原始文字。出土陶埙和石磬两种乐器。有占卜用的卜骨。在二里头遗址中部发现两座大型宫殿遗迹，宫殿布局严谨，结构主次分明，是迄今所知中国最早的宫殿建筑。从墓葬的情况看，当时已有阶级分化。

三皇五帝　中国传说时代的古史系统。随着古代文明和文化的发展，经过战国秦汉数次对古史传说的综合整理而逐步形成。“三皇”一词出现于战国，如楚辞有西皇、东皇、上皇等。当时又有天皇、地皇、泰皇之说。在《周礼》《吕氏春秋》《庄子》中，始有指人主的“三皇五帝”。“五帝”一词较早见于《荀子》，但无人名。汉代以后，以伏羲、神农、黄帝为三皇，少昊、颛顼、帝喾、尧、舜为五帝之说逐渐成为定制。这一古史系统尽管是后人总结归纳的，却包含了真实历史的影子。

黄帝　中国传说时代的古帝。原为一个古族的始祖、华夏集团的代表人物，后被尊为中华民族的人文初祖。

轩辕黄帝像（山东武梁祠石刻）

相传黄帝姓姬，名轩辕。还有黄帝为有熊国君，号有熊氏之说。原始社会晚期，随着氏族社会的发展进入下行阶段，各古族间战争增多，给社会带来很大破坏。轩辕修德振兵，发展农业，改革军队，团结周围古族氏，与炎帝战于阪泉之野，与蚩尤战于涿鹿之野，又进行了一系列的征战，建立了新秩序。

黄帝时代有许多发明创造。生产技术方面的有穿井、做杵臼、做弓矢、服牛乘马、做驾、做舟等，物质生活方面的有制衣裳、旃冕、扉履等，文化方面的则有做甲子、占日月、算数、调历、造律吕、医药、文字等。这些发明创造，加速了人类社会迈向文明的进程。一般认为黄帝时代为五千多年前，所以又有中国五千年文明之说。

炎帝　中国传说时代的古帝。原属华夏部族集团。相传炎帝姓姜。其先世与黄帝族一样，是从关中西部的一个原始氏族中分裂出来的。发展到中原以后，两个古族曾发生过阪泉之战，后来炎帝和黄帝一起成为华夏部族集团代表人物。

随着各古族的迁徙、各地区古文化的交流融合和更大范围民族共同体的形成，在战国文献中，炎帝已经演变为南方民族的宗神。同时随着炎帝与神农氏的合户，炎帝神农氏成为原始农业发明者的代表。

炎帝神农氏、黄帝轩辕氏这两个名号浓缩了中华文明孕育的漫长历史，这应是中华儿女自诩为“炎黄子孙”的原因。

尧 中国古史传说时代的古帝。名放勋，号陶唐氏，史称唐尧。在传说时代的古史系统中，尧为帝喾之子。相传尧都平阳（今山西临汾西南），今在临汾盆地发现了丰富的龙山文化遗存。传说尧时文明因素的聚集已大大超过前代，如《尚书·尧典》说，尧组织了相当规模的观象授时，以历数之法观察日月星辰的运行；还传说尧时用蓂荚占历，这反映出当时已开始积累规律性的认识，为以后观测与推算结合奠定基础。这一阶段领袖人物的传承实行禅让制，舜为尧的继承人。

舜 中国传说时代的古帝。姓姚，名重华，号有虞氏，史称虞舜。传说中，尧、舜、禹为前后禅让的三个圣王，舜完成举用八元、八恺，放逐四凶，以及任命禹治水等盛业。还说舜母早死，父另娶生弟，父、母和弟皆欲杀舜，舜小心顺事，有兄弟孝慈之美名，因而被尧选拔为继任者。相传舜设立了管理刑狱、礼仪、工匠及负责农业、山林川泽的官吏，将氏族制度的机构改造成早期国家机器的雏形，所以古代有“虞夏商周”相提并论之说。

禅让 中国传说时代对原始社会首领职位传承习惯法的概括。基本特点在于继任人选必须经过公众推举和议事会认可。尽管存在首领之子不乏被推举的机会、数代领袖人物出自同一家族或家庭的事实，但这种继承法的关键在于任何人都没有法定继承权。

由于原始社会生存斗争艰难，为保证群体的生存，首领人物必须具有组织公共事务的才能，而且能在遵守社会道德方面起典范作用。所以经过推举讨论而传贤，作为一种习惯法，在世界各地的古代社会广泛存在过。

禹 中国传说时代的古帝。是史前先民抗御洪水的代表人物。姓姒，号有夏氏，史称夏禹，古文献中常尊称大禹。鲧之子、启之父。

相传尧时洪水滔天，用鲧治水九年不成。舜摄政后，杀鲧举禹。禹在益、稷协助下，一边根据地形用堙塞或疏导的方法治水，一边利用山林沼泽发展农业生产，终于使得民有所食、万国为治、四海会同。

相传禹受舜禅位成为部落联合体的首领人物，禹同样依禅让的原则选择了继任者，禅位于益，但禹的儿子启僭取了首领职位，建立了夏朝。

《山海经图赞》刑天图

《山海经》 中国古代地理、神话传说著作。今传本18卷，包括《山经》5卷、《海经》8卷、《大荒经》4卷、《海内经》1卷。旧传是禹、益所作，一说出自“禹鼎图”，都不可信。《山海经》的《山经》和《海经》各成体系，成书时代也不相同。书中丰富的地理和神话传说资料，对研究中国早期社会具有重要价值。

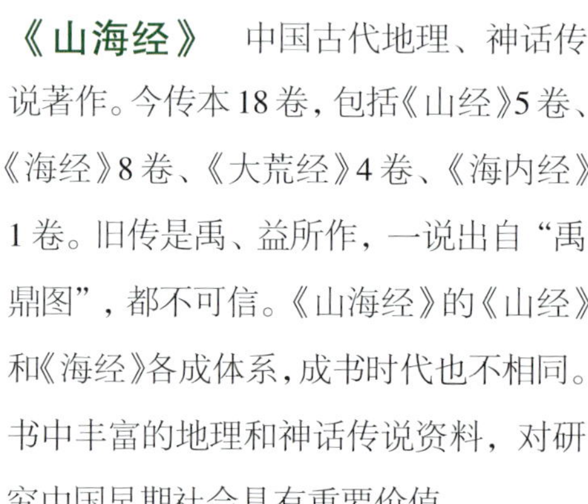

夏 中国古代第一个王朝。存在于公元前2070年至约前1600年。禹死后，其子启僭取了首领职位，又战胜不服从他的有扈氏，建立夏朝。夏朝已经设立初步的国家机构，还出现了代表统治者意志的军队、法律、监狱等。夏朝初期，政权一度被外族夺取，到少康的时候才得以恢复。之后夏朝经过较长一段时间的中兴稳定局面，到孔甲时开始衰落。到桀的时候，统治集团内部矛盾不断激化，夏朝被商汤所灭。

铜爵（夏，河南偃师二里头遗址出土）

夏朝已进入青铜时代，社会经济有了长足的进步，手工业技术迅速发展，带动社会生产全面提高。当时已有文字。夏朝的统治中心地带，大致西以华山为界，北达山西壶关，东至河南的武陟、荥阳、原阳一带，南接湖北。

世袭制 中国古代社会实行的一种权力继承制度。特点是一个家族代代世袭帝位、王位或爵位，或父死子继，或兄终弟及。世袭制的确立是私有制发展的结果，也是阶级对立的产物，标志着“天下为公”的原始社会为“家天下”的阶级社会所代替。从夏朝开始，世袭制在中国历史上沿袭了将近四千年。在当时的历史条件下，世袭制对于国家和社会的稳定起到了一定的积极作用，但最后又成为历史发展的桎梏。辛亥革命推翻了清朝的统治，世袭制被废止。

商 中国历史上继夏之后的一个王朝。从公元前1600年汤灭夏始，至前1046年纣被周武王攻灭止。商朝已进入有文字记载的历史时期。农业比较发达，已用多种谷类酿酒；手工业水平很高，商朝是青铜器的全盛时代，青铜器品种繁多；商业也有发展，出现了规模较大的早期城市。自汤建国、盘庚迁殷，至武丁时期，在对周围方国的频繁战争中，疆域及势力空前扩大。武丁在位期间，商朝国力达到顶峰。此后走向衰落，到纣王统治时期被周武王攻灭。商强盛时期的势力所及，东起山东半岛，西至陕西西部，南及江汉流域，北达河北北部。

汤 中国商朝的建立者。传说名履，又称商汤、成汤、武汤。汤原是夏时商族部落的首领，他任用贤臣，发展力量，陆续灭掉邻近的部落、方国，十一征而无敌于天下。后利用夏桀荒淫无道、内部矛盾激化的时机，击败桀于鸣条（今河南封丘东）。此后三千诸侯大会，汤被推为天子。汤三让，诸侯不从，于是汤即天子之位，建立商朝。汤注意“以宽治民”，因此统治期间政权较为稳定，国力日益强盛。在位13年，卒后由次子外丙继王位。

武丁 中国商朝的国王。后世称高宗。名昭。年幼时，武丁曾在外行役，因而了解“稼穑之艰难”。即王位后，他重用傅说、甘盘，力求巩固统治，增强国力，使商朝得以大治。由于将商朝推向极盛，武丁被称作“中兴之王”。在位期间，武丁向四方连年用兵，征服了周围的许

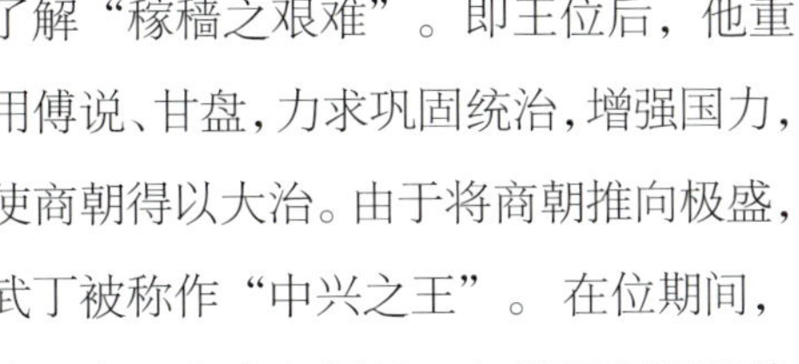

祭祀武丁的甲骨卜辞拓片

多小方国。这些征伐战争，为商朝形成“邦畿千里，维民所止，肇域彼四海”的广大疆域奠定了基础。在位59年，死后由其子祖庚继承王位。

纣 中国商朝末代君王。名受，又称受辛、商纣、帝辛等。对内重刑厚敛，对外黩武好战。纣时，骄奢淫逸达到极点。统治阶级的奢侈生活，激起民众的反叛，纣为对付叛乱，加强严刑峻法。纣的亲族比干强谏，他竟命人将比干剖腹，以观其心。统治后期，他又迁都朝歌（今河南淇县），大兴土木，修筑极为华丽的宫室苑囿。在位期间，屡征东夷，耗尽国力。公元前1045年周武王联合西方小国起兵伐纣，牧野一战，商军倒戈，纣登鹿台自焚而亡，商朝灭亡。

牧野之战 中国商朝末年，周武王为兴周灭商，统兵直捣商都朝歌（今河南淇县），与商军在牧野（今淇县南卫河以北地区）展开的决战。史称武王伐纣。

商末，纣的统治逐渐走向崩溃。周武王即位后四年（前1046）十二月，武

王得知商军主力远征、朝歌空虚，即起兵攻商。武王军队与各方国军队及各反商诸侯军会合后北上，于次年一月初四进抵牧野布阵。纣仓促率军开赴牧野迎战。初五（甲子日）凌晨，武王在阵前誓师，随即发起攻击，商军土崩瓦解。纣仓皇逃回朝歌，自焚而亡。周军占领商都，商朝灭亡。

后母戊鼎 中国商代晚期青铜器。因腹内壁铸有“后母戊”三字而得名。1939年出土于河南安阳殷墟王陵区商代大墓。为现知中国古代最大的青铜礼器。现藏中国国家博物馆。鼎通高133厘米，器口长110厘米、宽78厘米，重875千克。长方形腹，双立耳，四圆柱形足，折沿，方唇。器腹四边角、每面正中和足上端均有扉棱。鼎上的纹饰主要由兽面、夔龙和牛、虎等形象组成。合金成分为铜84.77%、锡11.84%、铅2.76%，配比已相当先进。此鼎反映出商代青铜铸造工艺的高超水平。器内所铸字，也有学者释为“司母戊”。

西周 始于公元前1046年周武王伐纣灭商，终于前771年周幽王覆亡的中国统一王朝。这一时期，全国大小诸侯均向王朝负担一定义务，周朝维持着统一局面。由于周王居于西方的都城宗周，故称西周。武王、成王时期，在周公的辅佐下，周朝制定了比较完备的政治、经济制度，促使社会经济迅速发展。昭王、穆王时期，不断对外征伐，国力逐渐削弱。宣王时期，西周国力得到短暂的恢复。幽王时，他任用奸臣，沉溺酒色，不理国政。前771年，西方的犬戎攻破镐京（今陕西西安西南），西周灭亡。西周是中华古典文明的全盛时期，其物质文明和精神文明对后世历史的发展有着深刻的影响。

北京琉璃河西周车马坑遗址

周文王 中国商末西方诸侯之长。姓姬，名昌。姬昌即位后，礼贤下士，周国势日强。商王纣杀九侯、鄂侯，姬昌不满，被囚于羑里（今河南汤阴北）。得释后，姬昌向商献洛西之地，得任西伯即西方诸侯之长。当时商朝内部矛盾剧增，政事日非，诸侯逐渐归附于周。姬昌在位50年，曾多次用兵。姬昌晚年，周的势力已非常强盛，周成为诸侯国的领袖，已是“三分天下有其二”的大国。但他终身没有称王。其子武王伐商后，始追称他为文王。

周武王 中国周朝第一代王。姓姬，名发，周文王之子。武王继承文王事业，

用太公、周公、召公等为大臣。即位第二年，观兵于盟津（今河南孟津东北）。相传有八百诸侯不期而会，要求伐纣，但武王认为时机尚未成熟，还师归周。即位后四年（前 1046）十二月，武王率军东征，渡盟津，与诸侯相会，作誓声讨纣的罪行。在甲子日清晨，周军与商军决战于牧野。牧野之战中，周军全胜，商朝灭亡。

分封制　中国周朝国家政权的组织形式。是确立和划分中央与地方关系的一项根本性制度。武王克商以后，为了进一步巩固新生政权，在全国上下推行分封制。分封主要分为两类：一为褒封，主要封上古先圣王后裔；二为封功臣谋士，主要封周天子的子弟、同姓及戚属。诸侯受封以后，即成为相对独立的诸侯国的国君。诸侯国除按照规定向天子纳贡、朝觐、出兵助征伐外，一切内政都由诸侯自理。分封制大大加强了天子对诸侯的统属关系，使社会向着形成中央集权的专制国家迈进了一大步。

周公　中国西周时期政治家、思想家。姓姬，名旦。周文王之子、周武王之弟。

因其采邑在周地（今陕西岐山北），故后世称周公。在协助武王伐纣灭商的斗争中，他立有大功。武王死后，成王年幼，周公掌管政事。他的兄弟管叔、蔡叔等人，在奉命监督殷人时勾结纣子武庚，并联合东方夷族，发动叛乱。周公奉命东征，经过三年战争，终于平定叛乱。此后实行分封制，主要是封宋、卫、鲁、齐、燕；营建东都洛邑（今河南洛阳），迁移“殷顽民”于此，加以控制；完善以礼为主要内容的典章制度。之后周公归政成王。

周公的政治思想推动了西周奴隶制国家的发展，对后世政治思想和政治制度的发展有重大影响，成为儒家的重要思想渊源。

姜子牙　中国明代神魔小说《封神演义》中的主要人物。号飞熊。东海许州人。早年在昆仑山修行学道四十年，后奉师命下山，辅佐周室。下山之初，曾事殷商，但遭妲己陷害，逃至西岐，隐于磻溪，垂钓自遣，被周文王延揽，拜为相。姜子牙帮助周武王伐纣，经过艰苦战斗，终于完成灭纣兴周的大业，最后奉命发榜封神。世称姜太公。

姜子牙形象出自历史人物周朝齐国始祖吕望。吕望，姜姓之后，其先祖封于吕，因以为姓；一说字子牙。相传老年钓于渭水，知遇于周文王。后辅佐武王伐纣有功，封于齐。治齐使国势长期保持强盛。

国人起义　周厉王时期以国人为主并有广泛社会阶层参加的大规模政治军事行动。国人是统治部族，居于国中，最初大约包括贵族在内，后来则主要指士、工商和其他平民。厉王在位时，任用荣夷公为卿士，实行“专利”政策，将社会财富和资源垄断起来，民众怨声载道。为压制国人的不满，厉王命卫巫监视，有“谤王”者即加杀戮。结果人人自危，终于酿成国人起义。公元前 841 年，国人大规模暴动，厉王被迫出逃。这次暴动波及甚广、参与面大，是对周厉王暴虐统治的致命打击。此后，西周历史进入共和行政时期。

平王东迁 中国西周末期，周幽王宠褒姒，废申后和太子宜臼（一作宜咎），立褒姒之子伯服为太子。宜臼逃往申国（今河南南阳北）。申后之父申侯于公元前 771 年联合犬戎进攻镐京（今陕西西安西南），由于幽王多次烽火戏诸侯，各国救兵均没有到来，于是镐京残毁，幽王被杀于骊山之下。申、鲁、许等东方诸侯拥立在申的宜臼为王，是为周平王。为了摆脱西戎的威胁，寻求新的发展，前 770 年，在诸侯的护卫下，平王迁都洛邑(今河南洛阳)，史称平王东迁。从此历史上称为东周。

春秋 公元前 770 年周平王东迁洛邑到前 476 年周敬王卒的中国历史时期。因鲁史《春秋》基本记录了这一时期的历史而得名。周东迁后，实力大为削弱。中华大地处于分裂割据状态。一些较大的诸侯国为了争夺土地、人口，以及对其他诸侯国的支配权，不断进行兼并战争。在诸侯争霸的过程中，大国兼并小国，诸侯国数目逐渐减少，华夏族和其他各族频繁接触，促进了民族融合。这一时期曾出现**春秋五霸**。铁器和牛耕在生产中的使用，标志着社会生产力的显著提高。一些贵族采取新的剥削方式，转变成封建地主，井田制在各国逐步瓦解。

春秋五霸 中国先秦时期五个势力强大的诸侯国。也作五伯。其具体所指有多种说法。《荀子·王霸》以齐桓公、晋文公、楚庄王、吴王阖闾、越王勾践为五伯。从春秋的历史状况看，此说较为恰当。

齐桓公用管仲的谋略，改革内政，发展生产，以“尊王攘夷”为号召，成为春秋时期第一位霸主。晋文公在城濮大战中大败楚军，成为中原的霸主。后来楚庄王又打败晋军，饮马黄河，称霸中原。春秋末年，江南的吴国和越国也加入争霸战争。吴王阖闾任用伍子胥和孙武为将，一举攻破楚国都城郢。越王勾践则灭掉吴国，成为最后一位霸主。

春秋时期的争霸和兼并战争给人民带来种种灾难，但在客观上也起到了促进民族融合的积极作用。

三家分晋 中国春秋末年韩、赵、魏三家瓜分晋国。春秋晚期，晋国的卿大夫势力日益强大，韩、魏、赵、范、智、中行六卿控制了晋国的政局。代表新兴势力的六卿同晋国旧贵族进行了激烈斗争，旧贵族日趋没落。六卿各自采取革新措施，以期发展实力。韩、赵、魏的改革尤为彻底。后来赵灭范氏、中行氏，又联合韩、魏消灭智氏。韩、赵、魏被周威烈王册封为诸侯。公元前 376 年，韩、赵、魏废除晋国的最后一位国君——

晋静公，最终完成三家分晋的历程。三家分晋是以新旧势力斗争为表现形式的晋国社会变革的结果，是中国历史从春秋进入战国的重要标志之一。

战国　公元前 475 ~ 前 221 年秦统一以前的中国历史时期。这一时期各国混战不休，故前人称之为战国。战国初年，

战国嵌错赏功宴乐铜壶第三层的纹饰（摹品）

大国有秦、楚、韩、赵、魏、齐、燕七国，即有名的**战国七雄**。七雄之外的小国逐个被七国吞并。各诸侯国都想通过改革富国强兵，相继开展变法运动，促进了社会经济的发展和社会结构的变化，中央集权体制也开始确立。秦经商鞅变法，国势增强。到前 221 年，秦先后灭掉周王室和六国，实现了统一。战国时期是中国思想、学术发展的黄金时期，涌现出一批杰出的思想家、政治家，出现了**百家争鸣**的繁荣局面。

战国七雄　中国战国时期国势强盛、互争雄长的七个诸侯国，即秦、齐、楚、赵、魏、韩、燕。春秋时中华大地共有一百多个诸侯国，经过兼并，到战国初，剩下十几个诸侯国。但较强大的诸侯国只有西方的秦，中原以北的赵、魏、韩，东方的齐、燕，南方的楚。七雄的角逐最初表现为争霸，后来局势则转变为合纵与连横的交替。七雄中以秦为最强，次为齐，次为楚，次为魏，次为赵，次为韩，燕国最弱。七雄最后统一于秦。韩最先亡，次魏，次楚，次燕，次赵，齐最后亡。

胡服骑射　赵武灵王在位期间（前 325 ~ 前 295），边境常受中山国的威胁和游牧部族骑兵的骚扰。公元前 307 年，赵武灵王颁胡服令，推行胡服骑射，要求将军、大夫以下贵族将吏及戍边吏人、兵卒都改穿短衣紧袖、皮带束身、脚穿皮靴的胡服，把车战改为骑战，进而改革军事制度。胡服骑射增强了赵国的军事实力。当时的其他国家争相仿效赵国的改革。

戴皮帽穿胡服的贵妇（《文姬归汉图》局部）

商鞅变法　中国战国中期法家著名人物商鞅在秦国主持进行的两次政治改革。商鞅本是卫国贵族，年轻时好刑名之学。公元前 361 年秦孝公即位，下令求贤。商鞅携带李悝的《法经》入秦，深得孝公信任，主持秦国变法。他前后

商鞅

两次颁布改革法令，其主要内容有：奖励耕织，生产多的可以免徭役；废除贵族世袭特权，制定按军功大小给予爵位等级的制度；推行连坐法；推行县制，全国共置 31 县；扩大疆域，迁都咸阳；废除井田制，准许土地买卖；统一度量衡。商鞅变法使秦国的农业生产力得到发展，军事力量也强大起来，为统一六国创造了条件。

长平之战 中国战国后期，秦、赵两国为争夺韩国上党郡（治今山西长治西南）而发生的一场战争。公元前 260 年，秦率大军攻上党。赵派名将廉颇率军驻守长平（今山西高平西北），他采用筑垒坚壁固守的办法，不与秦军交战，以待其疲。后赵孝成王受秦反间，派赵括代替廉颇为将。秦将白起利用赵括骄傲轻敌的弱点，吸引赵军并将其主力包围，堵截赵国援军，断其粮道。赵括突围未果，后被秦军射死；40 余万士卒被迫投降，被白起坑杀于长平。经过此战，赵国实力大为削弱。

百家争鸣 中国战国时期思想解放、自由争辩的学术局面。战国时期，中国古代思想文化领域出现了繁荣局面。面对春秋末期以来的社会变革，思想家们从自己的社会立场出发，探讨治国治民的道理，各抒己见，争论不休，形成了儒、墨、道、法、阴阳、农、名、兵家等学术思想流派。人们把这些学术思想流派泛称为诸子百家。各家各派都著书立说，议论政治，既互相批判，又互相影响，出现了百家争鸣的局面。思想领域的空前活跃对历史发展起了推动作用。

儒家 中国春秋末期孔子创立的学派。在先秦，儒学是诸子百家学说之一。秦时“以法为教”，汉初崇尚黄老，儒家一度消沉。西汉时，汉武帝采纳董仲舒的对策，罢黜百家，独尊儒术。此后，儒家文化逐渐成为中国传统文化的核心，深刻影响并主导了中国文化的发展。儒家宗师孔子，视其言行为最高准则；以《诗》《书》《礼》《乐》《易》《春秋》为经典；提倡仁义，以之为行为准则；维护君臣、父子、夫妇、兄弟等伦常关系。

儒家经历了先秦儒家（或原始儒家）、汉唐儒家、宋明新儒家和现代新儒家等不同发展阶段。在漫长的历史长河中，儒家对发展中华民族的文化，塑造中华民族的民族心理、思维方式和生活习惯，陶冶中华民族自强不息的奋斗精神，都产生了重大而深刻的影响。

孔子（前 551 ~前 479） 中国古代思想家、教育家、政治家，儒家创始人。名丘，字仲尼。春秋末期鲁国人。孔子幼年丧父，由母亲抚养长大。自幼受传统礼制的熏陶，青年时便以广博的礼乐知识闻名于鲁。面对当时礼崩乐坏的局面，孔子提倡“仁”和“礼”，认为统治者应该行德政，要用礼作为社会规范。他周游列国，广泛宣传自己的思想学说，但终不见用。晚年返回鲁国，致力于教育事业，整理《诗》《书》等典籍，删修《春秋》。相传有弟子三千，著名者七十六人。孔子的思想学说主要汇集在其学生整理的《论语》一书中。他所创立的儒家文化是中国传统文化的主干，在漫长的历史长河中深刻地影响着中国社会的发展。

孟子（约前 372 ~前 289） 中国战国中期哲学家、思想家、教育家。名轲。

邹（今山东邹城东南）人。幼年丧父，受业于子思的门人。学成后，游说诸侯，到过梁（魏）、齐、宋、滕和鲁国，但其学说终未能得到实施的机会。晚年退居故乡，专心从事教育活动。孟子主张天人合一，把“诚”规定为天的本质属性，认为天是人性固有的道德观念的本原。他认为人性本善，需要自我约束以保持本性。他强调仁政，把民心的向背看作政治成败的关键，导出“得民心则得天下，失民心则失天下”的论断。孟子被推崇为儒家道统的传道人，称为“亚圣”。他的思想主张都汇集在《孟子》一书中。

荀子（约前 325 ~前 238） 中国战国末期哲学家、思想家、教育家。

名况，字卿。赵国人。15 岁游学于齐国稷下，后离齐去楚。齐襄王时重回稷下，在稷下先生中“最为老师”。由于遭受谗言，他最终离开齐国，来到楚国。受楚相春申君的委任，任兰陵（今山东苍山兰陵镇）令。晚年，他从事教学，著书立说。与弟子一起撰成《荀子》。

荀子在儒家中自成一派。他主张性恶，认为人的本性是恶的，因而不可能有天生的圣贤；认为礼在调节社会上人与人的关系中起重要作用；主张以德服人，反对用强力来压人；认为治国应该“平政爱民”；认为完全有必要采用刑罚。荀子的学说思想，对西汉经学的发展产生过一定的影响。

道家 中国古代哲学主要流派之一。创始人为老子。南方道家有关尹、列子学派和早期黄老学派，北方道家有杨朱学派、稷下黄老之学，而对老子思想作出全面发挥且影响深远的则是庄子。道家以“道”为世界的本原，在政治上主张无为而治。中国哲学的很多重要范畴，均出自道家，如道、德、有、无、理、气、太极、无极等。在中国历史上，道家思想有时被一些非官方儒学的重要人物改造与继承，有时也被官方儒学所吸取，一度成为官方哲学或一个时代的主导思潮。道家哲学还深深地影响中国的道教和佛教两大宗教思想的发展。道家思想渗透到中国传统文化的方方面面，对中华民族的民族性格和民族心理产生了深刻的影响。

老子 中国先秦时期哲学家、思想家，道家创始人。姓李，名耳，字聃。春秋晚期楚国人。老子曾担任周朝守藏室的官员，孔子曾向他请教关于周礼的问题。老子认为“道”是万物的根本，在天地之前就存在；道又是以客观自然规律为依据的，就是所谓“道法自然”。他有朴素的辩证法思想，认为事物之间是互相联系的，并可以互相转化。他主张无为而治，回到“小国寡民”的状态。老子的主要思想汇集在《老子》（又称《道德经》）一书中。其思想影响不仅在道家内无人能比，在道家之外也广泛深远。中国哲学的很多重要范畴，如道、德、自然、有、无、虚静等，均始于老子。老子在中国哲学史上第一个建立了相当完整的形而上学体系。

墨家 中国战国时墨翟所创的学派。代表著作《墨子》。历史上有前后墨家之分。战国初墨翟与弟子组成的学派称前期墨家，战国中后期墨翟后学组成的学派称后期墨家。墨家是先秦最早起来反对儒家的一个学派，是一个以纪律严密著称的学术团体。它的首领称为钜子。墨家主张“兼爱”，要求人与人之间不论贫富贵贱都能互爱互利。墨家在先秦百家中独树一帜，有重要哲学贡献和重大社会影响。战国到汉初，与儒家同为显学。汉武帝尊儒后此学派衰微不传，清末以来渐受重视。

墨子（约前 468 ~ 前 376） 中国战国初墨家创始人。名翟。常居鲁。从手工业者上升为士。好学而博，曾习儒学。后不满儒学，自创对立学派。他重视身体力行，以自苦为极，载书游说齐、卫、宋、楚，上说下教，宣传学说。从事止楚攻宋、止鲁攻郑、止齐攻鲁活动，实施非攻主张。他提倡经验论的认知论；批评儒家命定论，提倡积极发挥人力改造自然的作用；提出尚贤、尚同、兼爱、非攻、节用、节葬、非乐的政治哲学观点。墨子创立墨家学派，积极参与当时的政治、经济、文化、社会、学术、军事与外交活动，产生重大社会影响。从战国到汉初，墨子与孔子齐名。《墨子》的《尚贤》至《非命》和《耕柱》至《公输》等篇，载墨子的哲学思想。墨子哲学是中国哲学史的重要一环。

法家 中国战国时期主张以法治国的重要学派。思想先驱可追溯到春秋时的管仲、子产，实际创始者是战国前期的李悝、吴起、商鞅、慎到、申不害等。战国末期的韩非是法家思想的集大成者。韩非将前期法家人物分别主张的法、术、势理论糅合为一，从而形成了法、势、术相互依托、相互补充的君主统治之术。法家通过变法革新的政治实践活动直接推动了中国宗法制国家向郡县制国家的转变。秦帝国灭亡后，法家作为一个学派不复存在，但思想被后来的儒家吸收，成为中国传统文化的一个重要组成部分。

韩非（约前 280 ~ 前 233） 中国战国末期法家学说的集大成者和法家学派的主要代表。韩国人。他多次上书韩王，主张变法图强，但未被采纳，于是著书立说。他的著作传到秦国，得到秦王嬴政的赞赏。公元前 233 年，韩非出使秦国，遭李斯陷害被毒死在狱中。他的思想主张汇集在

《韩非子》一书中。

韩非总结前期法家法、术、势的理论，形成了一套中央集权的君主专制理论体系。他强调社会的进化，比较重视物质因素在社会历史发展中的作用。他提出“矛盾之说”，认为矛盾是普遍存在的，主张对矛盾的两个方面进行全面分析，然后决定取舍。他讨论了形名逻辑，还提出了参验法。

《孙子兵法》 中国古代兵书。又称《孙子》。一般认为成书于春秋末期。作者孙武，字长卿，齐国人。因政局变化移居吴国。经伍子胥推荐，以兵法13篇晋见吴王阖闾，被任为将军，辅助吴王经国治军，称霸诸侯。《孙子兵法》总结了商周以来特别是春秋时期的战争经验，论述了军事领域若干重大问题，揭示了一系列具普遍性的军事规律，形成了系统的军事理论体系。书中重战、慎战、备战、善战的思想，“不战而屈人之兵”的“全胜”战略和进攻速决的谋略思想，对后世产生了深远的影响。该书历来被尊为兵经。

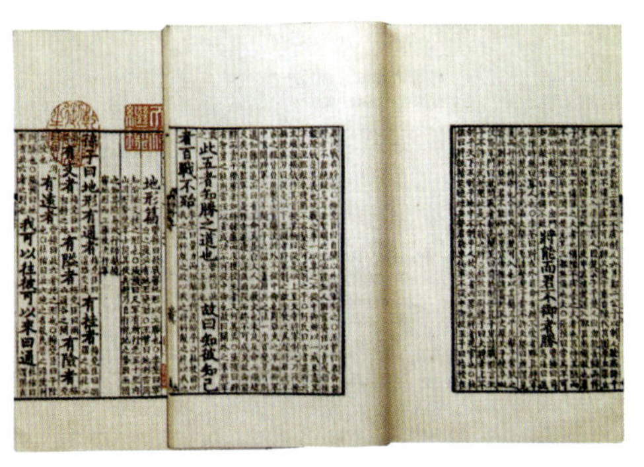

《孙子兵法》书影（南宋刊本）

秦 由崛起于华夏大地西部的嬴姓部族政权逐渐扩张形成的中国古代第一个统一王朝（前221～前207）。秦王嬴政在公元前221年建立秦朝，定皇帝称号，自称始皇帝。秦始皇在六国政治制度的基础上建立起专制主义中央集权的政治制度，采取了一系列旨在巩固统一的措施。秦收复被匈奴占领的河套地区，又南下征服越族，使疆域空前扩大。国土东至海滨及朝鲜；西至临洮（今甘肃岷县）、羌中；南至北向户（北回归线以南）；北据河为界，与阴山并行至辽东。但长期的战争和连年大兴土木消耗了大量的人力财力，加重了人民的负担。秦始皇死后，秦二世的统治更加残暴。陈胜、吴广在大泽乡揭竿而起，点燃了农民战争的熊熊烈火，强大的秦朝在建立14年后便被推翻了。

秦始皇（前259～前210） 中国秦朝的开国皇帝。即嬴政。公元前246年被立为秦国国君，继续奉行自商鞅变法以来的法家政策，在李斯等人协助下，于前221年统一六国，结束分裂割据局面。随后，他颁布了一系列法令来巩固统一：建立皇帝制度；建立从中央到地方的一整套统治制度，包括实行郡县制

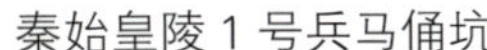

秦始皇陵1号兵马俑坑

等；修建长城，巩固边防；统一度量衡、货币和文字；推行严刑峻法，焚书坑儒。他多次巡游全国，又修建阿房宫、骊山陵等，还派方士率数千人至东海求访长生不老之药：这些耗费了巨大的财力和人力，加深了人民的苦难。前210年，秦始皇在出巡的路上病死。在位共37年。

郡县制 中国古代以郡统县的两级地方行政制度。发源于春秋，商鞅变法时便在秦国首先确立，秦统一后推行到全国。郡之长官在秦时称为守，汉景帝时改名太守，掌管一郡的民政和军事。县之长官为令、长，掌管一县的治安、刑讼及赋敛徭役等事。郡、县长官都由中央任免。郡守于每年秋冬向中央上计，根据政绩决定奖惩。县以下的乡村则被编组为乡、亭、里等基层组织。秦汉的郡县制加强了中央集权，为后来两千年的地方行政体制奠定了坚固的基础。

焚书坑儒 中国秦代秦始皇统一六国后为统制思想文化而采取的两项重大措施。始皇帝三十四年（前213），博士淳于越建议恢复分封制度。丞相李斯认为，分封不利于国家统一，而儒生师古非今，更会惑乱黔首（百姓），为此提出焚书的建议，秦始皇认可并下令实施。所焚之书包括统一前的列国史记，以及百姓私藏的《诗》《书》和百家语。次年，又发生了坑儒事件。秦始皇晚年热衷于指派方士寻觅仙药。方士侯生、卢生等人因此很受宠幸。后来，侯生、卢生无法继续行骗，便以始皇帝贪于权势、无法求仙药为由相约逃亡。秦始皇大怒，认为儒生多以妖言惑乱黔首。受株连的儒生达460余人，最后都被活埋于咸阳。焚书坑儒是秦政暴虐的集中体现，加速了秦朝的灭亡。

清代插画“焚书坑儒”

陈胜、吴广起义 中国秦末农民起义。中国历史上第一次全国性的农民战争。秦二世元年（前209）七月，朝廷征发闾左屯戍渔阳，陈胜、吴广为屯长。他们行至大泽乡（今安徽宿州埇桥区东南），为大雨所阻，不能按期到达。按照秦法，过期要杀头。陈胜、吴广便发动戍卒起义。起义军迅速攻下蕲县（今安徽宿州埇桥区南）、陈县（今河南周口淮阳区）。陈胜自立为王，国号张楚。张楚政权的建立，促进了全国范围内反秦斗争的高涨，各地纷纷起兵反秦。随着反秦斗争的开展，陈胜滋长了骄傲情绪，听信谗言，诛杀故人。派出的将领也不听陈胜节制，甚至为争权夺利而互相残杀。吴广、陈胜相继牺牲，农民起义遭受挫折，但各地起义军仍继续进行斗争。以项羽、刘邦等人为首领的起义军，经多次重大战役，消灭了秦军的主力。公元前206年，刘邦的军队进抵灞上，秦王子婴奉皇帝符玺投降，秦朝灭亡。

楚汉战争 秦朝被推翻后，以项羽和刘邦为首的两支反秦武装为争夺统治权力而进行的战争。历时四年余。秦二世三年（前 207），刘邦、项羽相继率兵入关，推翻秦朝。项羽自恃功高，违背原来“先入定关中者王之”的约定，自封为西楚霸王，又分封十八路诸侯。刘邦被封为汉王，局促于巴、蜀、汉中一隅。不久，田荣、陈余、彭越等相继举兵反楚。项羽调遣主力击齐，以稳定局势。刘邦乘项羽无暇西顾，迅速还定三秦，挥师东进，楚汉战争正式爆发。虽然汉军遭遇多次重创，但刘邦善于用人，策略得当，最终迫使项羽自刎于乌江。楚汉战争最后以刘邦夺取天下，建立汉朝而告终。

项羽（前 233 ~前 202） 中国秦末重要的反秦将领之一。名籍，字羽。下相（今江苏宿迁西南）人。祖父项燕为战国末年楚国将领。秦二世元年（前 209），随叔父项梁在吴中（今江苏苏州）起兵反秦。巨鹿之战中受命为上将军，率楚军主力救赵，渡漳河后破釜沉舟，大破秦军。随后又迫使秦将章邯全军投降。秦亡后，项羽自立为西楚霸王，分封十八路诸侯，造成割据局面，加之烧杀掳掠，丧失人心。刘邦乘机起兵，与项羽争夺政权。汉王五年（前 202），项羽被围困于垓下，汉军四面唱起楚歌，楚军丧失斗志，项羽率少数骑兵突围至乌江（今安徽和县东北），自刎而死。

西汉 中国汉高祖刘邦建立的以长安（今陕西西安）为统治中心的统一王朝（前 202 ~公元 8）。西汉建立后，在诸多制度上承袭了秦制，又实行轻徭薄赋的政策，社会经济稳步发展，农业、手工业及商业均取得明显进步。在文景之治的基础上，汉武帝又进一步采取措施加强中央集权统治，如行推恩令、中朝制、盐铁专卖及独尊儒术等。在征讨匈奴的同时，西汉政府还派张骞出使西域，扩大了对外交往，丝绸之路随之产生。而以昭君出塞为代表的和亲，也使汉中央与周边民族的关系得到发展。西汉后期社会矛盾不断激化，最终导致王莽改制和赤眉、绿林起义。西汉在文学、艺术和科学技术等领域的成就辉煌灿烂，影响深远。

西汉长安城

汉高祖刘邦（前 256 ~前 195） 中国西汉王朝的开国皇帝。字季。秦代泗水郡沛县（今江苏沛县）人。早年当过亭长，后响应陈胜、吴广起义，称沛公。在项羽之前入关，攻克咸阳，并与关中百姓约法三章。项羽欲在鸿门宴上杀刘

邦，刘邦在张良的安排下逃脱，后被封为汉王。他采纳萧何、张良等人的建议，以汉中为基地，养民招贤，安定巴蜀，然后收复三秦。经四年余楚汉战争，最后打败项羽，于公元前202年称帝，建立汉朝。刘邦称帝后，先后除掉韩信、彭越、英布等异姓王，大封同姓王，并采取措施恢复和发展社会经济，为西汉王朝的强盛奠定了基础。在位7年。

张良（？～前186） 中国西汉初年的重要谋臣。字子房。先世为战国时韩国人。秦灭韩后，张良倾家财寻求刺客，后乘秦始皇东游之机，与刺客在博浪沙（今河南原阳东南）狙击未遂。陈胜、吴广起义后，张良聚众响应。不久归属刘邦，成为刘邦的重要谋士。他随刘邦灭秦，并使刘邦在鸿门宴上免遭杀身之祸；在楚汉战争中几次提出重要策略助汉军获胜。刘邦即帝位后，张良被封为留侯。病卒。

萧何（？～前193） 中国西汉初年大臣。沛县（今江苏沛县）人。早年任秦沛县狱吏。秦二世元年（前209）随同刘邦起兵。攻克咸阳后，萧何对秦丞相府、御史府所藏的律令、图书妥善保管，使刘邦得以掌握全国户口、民情和地势。刘邦被封为汉王后，萧何劝说刘邦以巴蜀为基地，还定三秦，再与项羽争夺天下，并推荐韩信为大将军。楚汉之争时，萧何以丞相专任关中事。刘邦称帝后，萧何还参照秦律，制定了《九章律》。汉高祖十一年（前196），因助吕后定计收捕淮阴侯韩信，被拜为相国。

韩信（？～前196） 中国秦末汉初军事家。淮阴（今属江苏）人。早年家贫。陈胜、吴广起义后，韩信投奔项梁，然后跟随项羽，之后转投刘邦。汉王元年（前206），经萧何力荐，始为大将，协助刘邦制订还定三秦以夺天下的方略。楚汉战争期间，韩信率兵数万，开辟北方战场。他熟谙兵法，战功卓著，为汉朝的创建作出了重要贡献。刘邦虽用韩信而心存疑忌。项羽败亡后，韩信被解除兵权，徙为楚王，继黜为淮阴侯。后以谋反罪名被吕后所杀。著有兵书三篇，已失传。

文景之治 中国西汉文帝、景帝两代39年间，政治稳定，经济生产得到显著发展。汉文帝刘恒，公元前179～前157年在位；汉景帝刘启，前156～前141年在位。汉文帝十分重视农业生产，多次下诏劝课农桑，将田租减为三十税一；减轻算赋和徭役；废除过关用传制度，为商业发展提供便利。汉文帝对刑罚制度进行改革，废除收孥相坐律令，又废除黥、劓、刖三种肉刑，改以笞刑代替。汉景帝时，进一步减轻了笞刑。文景时期对边地少数民族也尽量避免战争，努力维护和平相安的关系。汉文帝废止诽谤妖言之罪，使臣下能大胆地提出不同的意见。他也相当节俭，在位23年，宫室苑囿、车骑服御之物都没有增添。文景两代采取上述一系列措施，使社会经济获得显著发展，统治秩序也日臻巩固。

汉武帝刘彻（前156～前87） 中国西汉皇帝。16岁即皇帝位，在位54年。他采取各种措施巩固中央政权：采纳董仲舒“独尊儒术”的建议，加强思想统治；颁行推恩令，设置十三部刺史，加强对地方的控制；打击富商大贾，设置平准官、均输官，由官府经营冶铁、煮盐、铸钱；兴修水利，实行代田法；派使节加强与西域、西南地区的联系；多次出兵攻打匈奴，迫使其远徙漠北。但他举行封禅，祀神求仙，挥霍无度，加以徭役繁重，致使农民大量破产流亡，甚至起义反抗。晚年颁布轮台诏，深陈既往之悔，决意把行政重心转移到和平生产方面来。葬茂陵。

董仲舒（前179～前104） 中国西汉思想家和政治家。信都广川（今河北景县西南）人。景帝时任博士。元光元年（前134），董仲舒在《举贤良对策》中系统提出加强中央集权制的主张，并建议“罢黜百家，独尊儒术”，这一建议为汉武帝所采纳。曾任江都王相和胶西王相，后辞职回家，专门著书。著作很多，现存的主要是《春秋繁露》。其学说以儒家宗法思想为中心，杂以阴阳五行说，把神权、君权、父权、夫权贯穿在一起，形成以“天人感应”为中心的神学体系。董仲舒把儒学神学化，为当时的宗法制度提供了主要的理论根据，因而被尊为群儒之首。

张骞（？～前114） 中国西汉外交家。汉中成固（今陕西城固）人。汉武帝想联合大月氏共击匈奴，张骞应募任使者，于建元二年（前139）出陇西，但被匈奴所俘。在匈奴十年余，后逃脱，经大宛、康居抵大月氏。因大月氏不肯应约而回国，途中又被匈奴扣留一年多，乘匈奴

《张骞出使西域》（甘肃敦煌莫高窟第323窟）

内乱逃回，向汉武帝详细报告西域诸事。元狩四年（前 119）他再次受命，取道河西走廊出使乌孙（今伊犁河流域），并从乌孙分遣副使通西域诸国。元鼎二年（前 115）回长安，年余病逝。张骞对开辟从中国通往西域的丝绸之路有卓越贡献，至今举世称道。

西域 古代地区名。出现在公元前 2 世纪中西汉张骞出使西域以后，意为西部地域。有狭义和广义之分。狭义的西域最早主要指玉门关（今甘肃敦煌西北）、阳关（今敦煌西南）以西，葱岭（今帕米尔高原）以东，南山（今昆仑山脉）以北，北山（今天山山脉）以南地区，大致相当于今新疆南部；后逐渐扩展到今天山以北，即包括巴尔喀什湖以南地区；一度扩展至今帕米尔高原以西的大宛故地中亚费尔干纳盆地一带。狭义的西域往往是中原王朝政治势力直接控制的地区，西汉至十六国曾先后设置西域都护、长史、校尉府于此。广义的西域常指玉门关、阳关以西的今中国新疆及帕米尔高原以西的中亚、西亚、南亚广大地区。

丝绸之路 中国古代经中亚通往南亚、西亚及欧洲、北非的陆上贸易通道。因大量中国丝和丝织品多经此路西运，故称丝绸之路，简称丝路。“丝绸之路”这一名称是由德国地理学家 F.von 李希霍芬在 1877 年出版的《中国》一书中首先提出的。

一般认为，丝绸之路东以中国长安（今陕西西安）为起点，向西通过河西走廊到敦煌，由敦煌西行有南北两路：南路是从敦煌西南出阳关，经楼兰（今新疆若羌一带）、于阗（今新疆和田境内）等地，西行翻越葱岭到大月氏，再往西行可到达条支的西海（今波斯湾）和罗马帝国；北路是从敦煌西北出玉门关，经高昌（今新疆吐鲁番）、龟兹（今新疆库车一带）、疏勒（今新疆喀什一带）等地，西行到罗马帝国。此外，还有一条支线，是从敦煌经哈密、渡伊犁河西行到东罗马帝国。

随着时代变迁，政治、宗教形势的演变，各条路线在不同时期的重要性不

新疆库尔勒西汉脱西克吐尔烽燧遗迹。当时沿西域境内的丝绸之路建有许多类似的报警用烽燧

玉门关遗迹

同，而且不断有新的道路开辟。后来，一些学者更扩大了丝绸之路的概念，如将经中国南方海上西行的道路称为海上丝绸之路等。这些提法虽然对研究东西交通有意义，但已非原来意义上的丝绸之路了。丝绸之路不仅是东西商业贸易之路，而且是中国与亚欧各国间政治往来、文化交流的通道。至今，丝绸之路仍是东西交往的友好象征。

卫青（？~前105） 中国汉武帝时抗击匈奴的将领。字仲卿。年少时曾为家奴，善骑射，有勇力。因其同母异父的姐姐卫子夫受汉武帝宠爱而被召入朝为官。汉与匈奴之间大规模战争爆发后，从元光六年（前129）始，他先后七次领兵出击，收复河南地（今内蒙古河套地区），击破单于，占领朔方（今内蒙古杭锦旗北）以西至张掖、居延间的大片土地，为北部疆土的开拓作出重大贡献。以功封长平侯，官至大司马大将军。卫青虽战功卓著、地位尊崇，但不以权势树党，不干预朝政，体恤士卒，颇得人心，然排斥压抑名将李广。

霍去病（？~前117） 中国汉武帝时抗击匈奴的名将。他是大将军卫青的外甥，18岁就领兵作战，曾先后六次出兵塞外，获得大捷，打通了河西走廊。以功封冠军侯，官至大司马骠骑将军。武帝要为他修治宅第，他说：“匈奴不灭，无以家为。”霍去病用兵注重实际，不死守兵法；打仗时，他总是身先士卒，经常率领部队担任大军的先锋。然少时长于宫中，自恃显贵，不能抚恤士卒。

司马迁 中国西汉史学家、文学家。字子长。夏阳（今陕西韩城西南）人。生年有公元前145年和前135年两说，卒年不可考。10岁开始学习古文书传。20岁从京师长安南下漫游，遍及江淮流域和中原一带。不久，仕郎中，多次随汉武帝西巡，并奉命出使巴蜀。元封三年（前108），司马迁继承其父司马谈之职，任太史令。此后，司马迁开始撰写《史记》。天汉二年（前99），司马迁为李陵降匈奴辩护，触怒汉武帝，下狱受腐刑。后获赦出狱，为中书令，发愤著书，完成《史记》的撰写和润饰。《史记》是中国第一部纪传体通史和传记文学巨著。

苏武（前140~前60） 中国西汉大臣。字子卿。杜陵（今陕西西安东南）人。天汉元年（前100），苏武以中郎将的身份出使匈奴。当时，匈奴缑王图谋劫持单于的母亲归汉，副使张胜卷入这一活动。事发后，苏武受到牵连，不愿投降匈奴，引佩刀自刺负伤。匈奴单于为迫使他投降，将他幽闭于大窖中，苏武以雪和毡毛为饮食，不肯屈服。单于又将他远徙到荒无人烟的北海（今贝加尔湖）放牧公羊，声称直到公羊生仔产乳才放他归汉。

《苏武牧羊图》（明，陈子和）

苏武杖汉节牧羊，节旄尽落。没有食粮，苏武甚至掘取野鼠所藏草实充饥。昭帝即位（前 87）后，汉与匈奴和亲，要求匈奴遣返苏武等汉使，单于诡称苏武已死。后来汉使再到匈奴，探知苏武下落，扬言汉天子于上林苑中射得大雁，雁足系有帛书，写明苏武在某泽中。单于不得已，交还苏武等 9 人。苏武在匈奴前后 19 年，始元六年（前 81）回到长安。以尽忠守节而闻名。

王昭君（前 52 ~ 前 19）　中国汉代宫女。名嫱，字昭君。西汉南郡秭归（今湖北兴山）人。元帝时以“良家子”选入掖庭。竟宁元年（前 33），匈奴首领呼韩邪单于向汉元帝求和亲。当时王昭君已入宫数年，不得见帝，自请远嫁匈奴。入匈奴后，被称为宁胡阏氏（皇后）。呼韩邪死后，成帝又命她按照匈奴的风俗，改嫁给复株累单于（呼韩邪大阏氏的长子）。昭君出塞后，边城晏闭，牛马布野，三世无犬吠之警，黎庶忘干戈之役，汉匈团结和睦，国泰民安。昭君和亲，增强了汉族与匈奴之间的团结，符合汉族和匈奴人民的利益。后世屡有以昭君出塞为题材的文学作品。

马王堆汉墓　中国西汉初期长沙国丞相、轪侯利仓及其家属的墓葬。位于今湖南长沙芙蓉区。所在地曾被讹传为五代十国时楚王马殷的墓地，故称马王堆。1972 ~ 1974 年发掘出 1、2、3 号墓，墓主分别为利仓的夫人辛追、利仓、利仓之子。1、3 号墓保存完整。1 号墓女尸的外形、内脏器官均保存完整，在世界尸体保存记录中十分罕见。1、3 号墓的随葬品主要有纺织品、漆器、木俑、乐器、竹笥、竹简、其他竹木器和陶器等，每墓均达一千余件。丝织品主要有绢、绮、罗、纱、锦、绣。薄如蝉翼的素纱

《明妃（昭君）出塞图》（明，仇英）

马王堆汉墓 1 号墓 T 形帛画

禅衣仅重49克，是当时缫丝技术发展程度的标志；用作衣物缘饰的绒圈锦，证明起绒技术最早由中国发明；印花敷彩纱表明当时的印染工艺已达到很高的水平。漆器数量最多，多绘红、黑等色。木俑包括着衣俑和彩绘俑，二者身份有别，反映出当时的社会等级制度。此外，1、3号墓的内棺上都覆盖彩绘帛画，3号墓还随葬了大批帛书、3幅古地图和兵器。

王莽（前45～公元23） 中国西汉新朝皇帝。字巨君。魏郡元城（今河北大名东）人。汉元帝的皇后王政君之侄。早年折节恭俭，勤奋博学，以德行著称。平帝继位时，王莽任大司马，总揽朝政，广结党羽。平帝死后，他拥立2岁的孺子婴，自己以摄政名义居天子之位，称“假皇帝”。初始元年（公元8），王莽自立为帝，改国号为新。为缓和社会矛盾，王莽附会《周礼》等儒家经典，托古改制：全国民间的土地改称王田，奴婢改称私属，都禁止买卖；实行五均六筦；多次改变币制；恢复五等爵，经常改变官制。王莽的改制反而使各种矛盾进一步激化，终于导致了赤眉、绿林起义，王莽被杀，新朝灭亡。

赤眉、绿林起义 中国新莽末年爆发的农民大起义。西汉后期，土地兼并愈演愈烈，加上水旱灾害，民不聊生。天凤四年（公元17），新市（今湖北京山东北）人王匡、王凤率领饥民起义，这支起义军以绿林山（今湖北大洪山）为基地，被称为绿林军。五年，琅邪（今山东诸城西南）人樊崇在莒县率众起义，起义军为与敌军相区别，将眉毛染红，故称赤眉军。起义军多次打败王莽的军队，分别以刘姓皇族后裔为号召建立了政权，并最终推翻了王莽的统治。但是，起义军没有长远的战略眼光，无力改变分裂割据的局面。建武三年（公元27），赤眉军被迫投降刘秀，农民大起义失败。

东汉 中国汉光武帝刘秀建立的以洛阳（今河南洛阳）为统治中心的统一王朝（公元25～220）。史称后汉。东汉继续加强中央集权，但中期以后，外戚和宦官轮流专权，豪强地主称雄。士人和太学生以清议抗争宦官和弊政，朝廷则以党锢方式压制迫害，朝政日益昏暗。东汉时期，社会经济继续发展，大地主庄园式生产在农业中占有突出的地位。全国的经济重心开始东移，江南得到开发。手工业获得长足的发展。东汉虽谶纬之学盛行，但也产生了王充、班固、张衡、张仲景等杰出人物。东汉王朝进一步保持与包括西域在内的周边地区和民族的密切交流。佛教开始传入中国。东汉末年，中央政权无力控制动乱局面，历史进入三国时期。

汉光武帝刘秀（前6～公元57） 中国东汉王朝的开国皇帝。谥光武帝。公元25～57年在位。字文叔。南阳蔡阳（今湖北枣阳西南）人。汉高祖刘邦九世孙。新莽末年，赤眉、绿林起义爆发。刘秀与其兄起兵，后与绿林军联合，共立刘玄为汉帝。地皇四年（公元23），

王莽军围绿林军于昆阳（今河南叶县），刘秀突围调集援兵，重创王莽军。之后，刘秀逐渐与农民军分庭抗礼。建武元年（公元 25），刘秀正式称帝，重建汉政权，史称东汉。东汉王朝建立后，经过十二年的努力，刘秀终于削平群雄，完成统一事业。

汉光武帝即位后，首先致力于整顿吏治，限制功臣、诸侯王和外戚的权势，加强专制主义中央集权；还采取了不少措施来安定民生，恢复残破的社会经济。在他统治时期，社会经济得到恢复和发展，出现了“光武中兴”的局面。

黄巾起义 中国东汉末年张角领导的一次有组织、有准备的全国性农民起义。因起义军头戴黄巾为标志，史称黄巾起义。东汉末年，冀州巨鹿（今河北平乡西南）人张角、张梁、张宝兄弟三人创

记有黄巾起义史实的东汉《曹全碑》（明万历年间陕西郃阳出土）

建太平道，以传道和治病为名进行秘密活动。十余年间，徒众达十几万。中平元年（184），张角以“苍天已死，黄天当立，岁在甲子，天下大吉”为口号，发动起义。起义军最初连续取得胜利，“旬日之间，天下响应，京师震动”。由于力量分散，起义军最后被各个击破，起义失败。黄巾起义及在它影响下的各族人民起义，持续了二十多年。在农民起义的沉重打击下，腐朽的东汉王朝名存实亡。

班固（公元 32 ～ 92） 中国东汉史学家。字孟坚。扶风安陵（今陕西咸阳东北）人。幼承家学，16 岁入洛阳太学。汉明帝召其为兰台令史，后迁为郎，负责典校皇家藏书。建初四年（公元 79），章帝召集诸王、诸儒在白虎观讲论五经异同，令班固编纂成《白虎通义》。永元元年（公元 89），班固随大将军窦宪征匈奴。后窦宪因涉嫌谋反自杀，班固受到牵连，死于狱中。

他继承父亲班彪的遗志，撰成《汉书》。这本书完整地记载了西汉一代盛衰，是中国第一部纪传体断代史。由于《汉书》在内容、史识和体例创新上均有高度成就，故历代学者常以“马（司马迁）班”并称。班固在文学史上也有颇高地位，所撰《两都赋》《幽通赋》均为汉赋名篇。

白马寺 中国最早的佛教寺院。在河南洛阳东面 10 千米处。创建于东汉永

平十一年（公元68）。历史上曾多次被毁而复建。现存建筑是明嘉靖年间扩建时的规模。清代以后多次修葺。占地面积约4万平方米。它是中国早期佛教的传播活动中心。汉魏以后，中国佛教派系繁多，但都一致公认白马寺独特的历史地位，尊称其为祖庭和释源。对亚洲一些国家也有很大影响。

三国　中国继东汉而出现的魏、蜀、吴三个国家鼎立的时代称号。始于220年魏国代汉，终于265年晋国代魏。220年，曹丕代汉称帝，国号魏，定都洛阳；次年刘备在成都称帝，国号汉，世称蜀，又称蜀汉；229年，孙权在武昌称帝，后迁都建业（今南京），建立吴国。三国疆域，大体魏得北方，蜀得西南地区，吴得东南地区。鼎足之势维持了四十余年之久。曹魏疆域最广，实力最强；蜀汉最弱，但在诸葛亮治理下也有发展，且多次出兵北伐；吴国则依靠有利地形与魏蜀两国周旋，为开发南方作出了贡献，但后来的统治者不思进取，政治腐败。263年，魏灭蜀。两年后，司马炎以接受禅让为名，代魏为晋。280年，晋灭吴，统一全国。

官渡之战　中国东汉末年曹操与袁绍为争夺北方在官渡（今河南中牟东北）地区进行的决战。建安五年（200），曹操集结军队近两万人于官渡。袁绍率11万余人来攻。袁军初战失利，锐气受挫，于是变分军进击为结营紧逼，企图以优势兵力迫曹军决战。曹操在不利条件下主动退守官渡，并乘夜取小道奔袭，焚烧袁军的屯粮。袁军大乱，曹操乘机消灭袁军主力7万余人。袁绍仅率800余骑北逃，从此一蹶不振。此战是中国历史上著名的以弱胜强的战例，奠定了曹操统一北方的基础。

赤壁之战　中国东汉末年孙权、刘备联军在长江赤壁（今湖北武昌赤矶山，一说湖北赤壁市）大败曹操军队，奠定三国鼎立基础的战役。建安十三年（208），曹操在基本统一北方后挥师南下，企图一举消灭据有荆州的刘表和江东的孙权，统一全国。孙权和刘备结成军事同盟，联合抗曹。大将周瑜采纳部下黄盖所献火攻计，并命令他致书曹操假装投降，以出奇制胜。曹操自信稳操胜券，戒备松懈。黄盖乘机纵火，曹军战船顿时陷于一片火海，并延及岸上

赤壁之战（绘画）

营寨，曹军死伤惨重。周瑜等率军乘势冲杀，曹军溃败。此战为尔后魏、蜀、吴三国鼎立奠定了基础。

魏武帝曹操（155 ~ 220） 汉魏间政治家、军事家、诗人。字孟德。沛国谯县（今安徽亳州）人。20 岁以孝廉举为郎，始入仕途。后曾参与镇压黄巾起义。董卓之乱时，曹操起兵讨伐，逐步扩充军力。建安元年（196），曹操出兵迎汉献帝至许县（今河南许昌东），挟天子以令诸侯。他先后削平吕布等割据势力，在官渡之战中大破袁绍后，逐渐统一了中国北方。十三年，曹操进位为丞相后率军南下，被孙权和刘备的联军击败于赤壁。从此转向巩固北方的统治。十八年封魏公，建魏国，都于邺。三年后进封魏王。子曹丕代汉称帝后，追尊他为魏武帝。

曹操在北方屯田，兴修水利，这对农业生产的恢复有一定作用；他唯才是举，抑制豪强，加强了中央集权。

曹操对文学、书法、音乐等都有深湛的修养。他的文学成就主要表现在诗歌上，散文也很有特点。曹操的诗歌在艺术风格上朴实无华，不尚藻饰，以感情深挚、气韵沉雄取胜；在诗歌情调上则以慷慨悲凉为特色。他开创了以乐府写时事的传统，影响深远。曹操的散文多是应用性文字，这些文字平易自如，质实明练，在当时独树一帜。

蔡文姬 中国汉魏间女诗人。名琰，字文姬，又作昭姬。陈留圉（今河南杞县）人。生卒年不详。东汉辞赋家、散文家蔡邕的女儿。自幼博学多才，好文辞，又精于音律。初嫁后夫亡无子，归母家。汉末天下大乱，董卓入据洛阳，她先被董卓军强迫西迁长安，又在兴平二年（195）被南匈奴军所掳。建安十二年（207），曹操遣使者持金璧去南匈奴赎回蔡文姬。蔡文姬回到中原后再嫁。曾回忆缮写亡父作品 400 余篇。今存作品有五言及骚体《悲愤诗》各一篇，又有《胡笳十八拍》。一般认为五言《悲愤诗》是她的代表作。骚体《悲愤诗》和《胡笳十八拍》被不少学者认为是假托之作。

《文姬归汉图》

吴大帝孙权（182 ~ 252） 中国三国时期吴国开国君主、政治家。字仲谋。吴郡富春（今浙江富阳）人。年少时跟随其兄孙策征讨江东，开创了东吴的基业。孙策死后，孙权在周瑜、鲁肃、张昭等辅佐下继续统治江东地区。建安十三年（208），联合刘备大破曹军于赤壁。其后，依靠长江天险，多次击退北方曹魏进攻。魏黄初二年（221），接受魏封号，称吴王于武昌（今湖北鄂州）。黄龙元年（229），孙权在武昌称帝，不久迁都建业（今南京）。先后统治江东五十多年。通过消灭各支割据势力，平定、降服山越，所辖由江东扩展到今福建、广东、广西、湖南的广大地区，并使这些地区的社会经济得到恢复与发展。

周瑜（175 ~ 210） 中国东汉末孙策、孙权的重要将领。字公瑾。庐江舒县（今安徽庐江西南）人。出身士族，少时与孙策友好。24 岁时投奔孙策，人称周郎。跟随孙策征讨，助其奠定割据江东的基础。孙策死后，辅佐孙权。建安十三年（208），曹操率军南下到达赤壁，周瑜同鲁肃一起，力排众议，坚主抵抗，为孙权所采纳。之后联合刘备在赤壁之战中大败曹操。他文武兼备，有雄才大略，但英年病卒。周瑜精于音乐，时人谣曰："曲有误，周郎顾。"

汉昭烈帝刘备（161 ~ 223） 中国三国时期汉国（习称蜀国）开国君主。字玄德。涿郡涿县（今河北涿州）人。汉朝皇室的远房支系。早年丧父，与母亲一起以织席贩履为业，好结交豪侠。黄巾起义爆发后，他聚徒众征伐黄巾军有功，被任命为安喜县尉。因与郡督邮冲突，弃官亡命。投靠中郎将公孙瓒，屡有战功，领平原国相。后被曹操举荐为豫州牧，进位左将军。因参与谋害曹操的事情败露，逃至徐州。建安五年（200）为曹操击破后，先后投奔袁绍、刘表。十三年，他联合孙权在赤壁打败曹操。随即占据荆州，后又占益州、汉中等地。之后关羽被杀，荆州为孙权夺去。蜀国规模自此基本确定。221 年称帝，国号汉，定都成都。同年为报仇兴师伐吴，次年在夷陵为吴军所败，逃归白帝城。第二年病卒，谥昭烈帝。刘备知人善任，自得诸葛亮，信任专一，措施得宜，故能在地狭民少的蜀土开创与魏、吴鼎立的局面。

关羽（160 ~ 219） 中国东汉末将领。字云长。河东解（今山西临猗西南）人。早年与张飞追随刘备，参加兼并战争，三人情同手足。建安五年（200）刘备为曹操所破，关羽战败被俘，极受曹操

优待。官渡之战中，曹操与袁绍交兵，关羽策马于万众之中刺斩颜良，报答曹操，然后奔归刘备。赤壁之战后镇守荆州。二十四年，孙权趁关羽在襄樊作战之机袭击荆州，关羽后方空虚，待下又骄矜少恩，守将不战而降。关羽不得已西保麦城，至章乡（今湖北当阳东北）为吴将擒斩。

张飞（166 ~ 221） 中国东汉末年及三国时期蜀国将领。字益德。涿郡（今河北涿州）人。早年与关羽追随刘备，参与兼并战争，三人情同手足。建安十三年（208），曹操南攻荆州，刘备败走，张飞于当阳长坂（今湖北当阳东北）领骑兵二十余人殿后，曹将无人敢近，与关羽皆被誉为“万人之敌”。后张飞随诸葛亮南征北战，屡立战功。刘备称帝后，进封西乡侯。待下粗暴，常鞭挞士兵。章武元年（221），跟从刘备东向攻吴，临出发为部下刺杀。

诸葛亮（181 ~ 234） 中国三国时期蜀国大臣、政治家。字孔明。琅邪阳都（今山东沂南南）人。东汉末混战，他随叔父诸葛玄往依荆州刘表，隐居南阳隆中（今湖北襄樊西），人称“卧龙”。建安十二年（207），刘备听闻其名声，三顾草庐。诸葛亮拟定隆中对策，成为刘备的主要辅佐。后助刘备败曹操于赤壁、夺取益州，使蜀与魏、吴成鼎足之势。刘备称帝后，诸葛亮出任丞相，总理国家大事。他对外联合孙吴，多次北伐；对内笼络士人，安抚少数民族，发展经济。章武三年（223），刘备病笃，临终托孤于他。建兴十二年（234），诸葛亮再次北伐，病死军中。

西晋 公元3世纪60年代建立的以汉族为主体的王朝（265 ~ 316）。魏咸熙二年（265），晋王司马炎夺取政权，建立晋朝，定都洛阳，史称西晋。历四帝。晋室重用宗王，以之镇守各地重镇。门阀制度盛行，门阀士族在政治、经济上享有极大的特权，他们操纵九品中正制，完全把持官吏选拔之权；广占田地，荫庇大量劳动人口，并可免除赋役。惠帝时爆发长达16年的八王之乱。北方许多少数民族南下，西晋王朝无力抵御。建兴四年（316）为匈奴所灭。西晋在经济上实行的占田、课田制，促进了农业生产的发展。

司马懿（179 ~ 251） 中国三国时期军事家、政治家。字仲达。河内温县（今河南温县西）人。出身士族。23岁入仕。建安二十二年（217），曹丕为魏太子，司马懿任太子中庶子。后常为征战献计献策，改任军司马。曹丕称帝后，他备受重用。后魏文帝曹丕死，遗命他辅政。司马懿屡次率兵抗拒蜀国军队北伐，使得诸葛亮师劳功微。明帝死，司马懿及大将军曹爽奉诏辅8岁的太子曹芳登基。曹爽担心司马懿得势，让曹芳发诏夺其实权。司马懿以年老多病辞职，韬光养晦。正始十

年（249），他发动兵变，处死曹爽，独揽军政。西晋建立后，追尊司马懿为宣帝。司马懿以长于谋略著称，诡诈善变，有“兵动若神，谋无再计”之誉。

晋武帝司马炎（236～290） 中国西晋开国皇帝。字安世。河内温县（今河南温县西）人。在位25年。曹魏末年，祖**司马懿**、伯司马师、父司马昭相继控制朝政。魏咸熙二年（265），司马炎为魏相国、晋王，同年代魏称帝，建立晋朝。即位之初，大封同姓诸王，又委任宗王统领重兵出镇战略要地；采取一系列措施发展生产。太康元年（280）灭吴，统一全国。继而颁行户调式。社会一度出现繁荣景象。但随着天下安定，司马炎逐渐“怠于政术，耽于游宴”，导致统治阶层中奢侈荒淫之风蔓延。

十六国 从西晋末年始，至北魏统一北方止，在中国北方及巴蜀地区出现的各族割据政权的总称。从304年至439年的一百余年间，先后有22个割据政权更迭。北魏史学家崔鸿将其中的前赵、成汉、前凉、后赵、前燕、前秦、后燕、后秦、西秦、后凉、南凉、南燕、西凉、北凉、夏、北燕16个割据政权载入《十六国春秋》，是为“十六国”名称的由来。

这一时期，各族割据政权不断交替，立国久者几十年，短者仅两年。有些统治者还试图统一中原，结束混乱。石勒的后赵、苻坚的前秦都曾做过这样的努力，但都失败了。长期的动乱给各族人民带来巨大灾祸，北部的社会经济遭到严重破坏，但被破坏的经济在不同时期有所恢复，西南、西北、东北几个地区在不同程度上还有所发展。为了获得人才，统治者重视教育，设置学校。被破坏的传统文化得以保存下来，而且在一定程度上吸收了西部和北部各族文化，甚至还吸收了外来文化。佛教也在这个动乱的时代里获得巨大的发展。

东晋 中国西晋之后的朝代（317～420）。公元3世纪初，少数民族起兵中国北方，迫使北方汉人大量南迁。建武元年（317），司马睿在北来侨姓士族和江南士族的支持下，在建康（今南京）重建晋政权，史称东晋。皇权低落、主弱臣强，几大门阀争权夺势，构成东晋政治的主调。东晋的数次北伐并无实质性进展，但在**淝水之战**中，东晋的北府兵击溃了前秦苻坚80余万南侵大军，江左由此获安。随后发生了孙恩、卢循起义和桓玄之乱，其间北府兵将领刘裕逐渐取得权势，在420年代晋建宋。东晋的地域虽然狭小，但在经济、文化领域却卓有成就。佛教、玄学、道教都有所发展，文学、绘画、书法等领域也多有建树。

祖逖（266～321） 中国东晋初有志于恢复中原而致力北伐的大将。字士稚。范阳遒县（今河北涞水）人。出身士族。年少时轻财好侠，后博览书籍。他闻鸡起舞，慨然有澄清天下之志。永嘉五年（311），匈奴族刘曜率汉军攻陷洛阳，祖逖率亲邻几百家避难南下，甘苦与共，被推为行主。他上书司马睿，力请北伐。

建兴元年（313），他带着随他南下的百余家北渡长江，中流击楫宣誓："祖逖不能清中原而复济者，有如大江！"九年即收复黄河以南的大部分土地。祖逖军纪严明，自奉俭约，劝督农桑，发展生产，深得百姓爱戴。后由于受朝廷牵制，忧愤而死。

淝水之战 东晋太元八年（前秦建元十九年，383），东晋在淝水（今安徽瓦埠湖一带）击败前秦进攻的战役。东晋太元八年，前秦主苻坚不顾多数大臣的反对，下诏大举伐晋。他调集步骑90万余，分兵南下。征南大将军苻融率前军30万先至颍口（今安徽颍河入淮河口）。东晋谢安当国，命谢石为征讨大都督、谢玄为前锋都督，率军8万迎敌。苻融攻陷寿阳，屯兵5万于洛涧（即洛河，今淮南市东）。谢玄遣精兵5000夜渡洛涧，攻前秦军大营，前秦军损失1.5万人。东晋军水陆兼程，直逼淝水东岸。两军隔淝水对峙。谢玄派人请求前秦军略向后撤，以便晋军渡水决战。苻坚意欲待东晋军半渡时击之，遂下令稍退。不料前秦军一退便出现混乱。有人乘机在阵后大呼秦兵败了，前秦军竞相奔逃。谢玄率精兵8000渡淝水击之。苻融死于乱军之中。苻坚中流矢，逃归洛阳，仅剩十余万人。淝水之战是中国战争史上以少胜多的著名战例之一。

法显（约337～约422） 中国东晋僧人。俗姓龚。平阳武阳（今山西临汾西南）人。3岁出家，20岁受大戒。为求取佛律，以60岁左右的高龄于隆安三年（399）自长安出发，西渡流沙，越葱岭（今帕米尔高原）至天竺求法。先后于北、西、中、东天竺和师子国（今斯里兰卡）获佛教经律梵本。他由海路经耶婆提国（在今印度尼西亚爪哇），于义熙八年（412）抵青州长广郡牢山（今山东青岛崂山）。历时14年，游历29国，历尽艰险。次年达建康（今江苏南京），于道场寺与北天竺僧人佛陀跋陀罗（即觉贤）合译了带回的6部63卷经律。法显撰写的《佛国记》，记录了他的行程及见闻。

南朝 5世纪初至6世纪末南北朝时期，在中国南方与北朝对峙而立的宋、齐、梁、陈四个王朝。宋由刘裕建立，传八帝；齐由萧道成建立，传七帝；梁由萧衍建立，传四帝；陈由陈霸先建立，传五帝。南朝四朝都建都建康（今江苏南京），疆域以刘宋时最广，陈时最小。它们存在的时间都相对较短，其中最长的不过59年，最短的仅有23年。589年，隋灭陈，南朝结束。南朝时皇权比东晋时强大；门阀保持了崇高门第，但实际权势开始丧失。南朝是中国经济重心南移的关键时期，经济、文化有不小的发展。

萧景墓石刻之石狮（梁，江苏南京甘家巷）

北朝 中国5～6世纪与南朝相峙并存的北方政权。一般从魏太武帝拓跋焘统一北方（439）算起，至杨坚建立隋

甘肃敦煌莫高窟第 258 窟飞天壁画局部（北魏）

朝（581）为止，包括北魏、东魏、西魏、北齐、北周五个王朝，历时 142 年。北朝的统治者出自塞北的鲜卑族或与鲜卑族有着密切的关系。军功贵族和国人武装构成北朝的政权支柱。魏孝文帝时，北魏着手改革官制、完善法制；实行均田制、三长制；迁都洛阳，以汉式礼俗改革鲜卑旧俗。北魏由此进入盛期。周武帝在位期间，北周改进和发展府兵制度，充实军事力量，于 577 年灭北齐。581 年，北周大臣杨坚建立隋朝，北朝结束。北朝时期虽然经济发展几乎停滞，却是中华民族发展过程中的一个重要环节。北朝的石窟艺术和民间文学是中国文化的重要遗产。

魏孝文帝改革 魏孝文帝元宏（467 ~ 499），原名拓跋宏，在位 29 年。皇兴五年（471）献文帝拓跋弘传位给 5 岁的太子拓跋宏，但仍过问朝政。承明元年（476）拓跋宏祖母冯太后毒死献文帝，临朝称制，主持朝政，并开始推行改革。冯太后整顿吏治，实行均田制、三长制和新的租调制。冯太后死后，孝文帝进一步推行汉化改革：迁都洛阳；制定北魏官吏及妇女冠服规制；以汉语为官方语言；改变鲜卑姓氏；制定官制朝仪；鼓励鲜卑人与汉人通婚；选拔人才时专重人望，重用汉人士族。这些改革大大推进了北方各民族的融合和北魏社会的进步。

周武帝改革 周武帝宇文邕（543 ~ 578），小字祢罗突，武川（今内蒙古武川西）人，西魏大丞相宇文泰之子。武成二年（560），明帝宇文毓被权臣毒死，大司空、鲁国公宇文邕被立为帝。建德元年（572），宇文邕亲理国政后，采取了一系列措施：改进和发展府兵制度，充实军事力量；改革均田和租调等制度；兴修水利，增辟农田；释放奴婢；禁断佛教、道教，勒令僧道还俗。经过改革，北周国力迅速增强，于六年灭北齐，统一北方。

《齐民要术》 中国东魏综合性农书。中国现存最早、最完整的一部农书。书名中的“齐民”意指平民百姓，“要术”指谋生方法。作者贾思勰。约写成于 6 世纪 30 ~ 40 年代。全书分 10 卷 92 篇，共 11 万余字。此书总结了 6 世纪以前中国黄河流域农业、畜牧业的生产技术和经验，还介绍了野生植物和南方植物的利用。书中引用近 200 种古代农书及

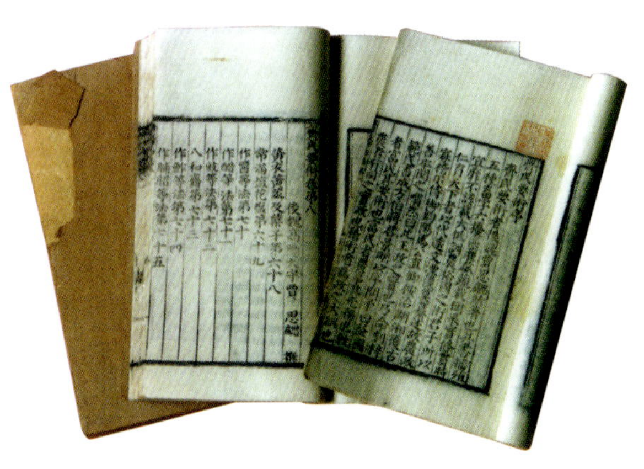

《齐民要术》书影

杂著，使一些佚失的很有价值的著作得以部分地保存下来。《齐民要术》对后世的农业生产有着深远的影响。此书早在唐末时已传入日本，近代以来世界上已有多种译本出版。

隋 中国历史上继南北朝之后的统一王朝（581 ~ 618）。创建者杨坚袭封隋国公，故称隋。建都大兴城（今陕西西安）。历三帝，共38年。杨坚于581年建立隋朝，589年统一全国。隋朝疆域，东、南皆至海，西至且末，北至五原。政治上，隋朝基本确立三省六部制，创建科举制度。军事上，继续推行和改革府兵制度。经济上，重新颁布均田令；政府通过大索貌阅清查全国户口，同时颁行输籍之法，减轻和规范赋税征收。隋炀帝杨广时凿通以洛阳为中心，北达涿郡（治今北京西南）、南达余杭（今杭州）的大运河。隋炀帝凭借雄厚的国力，大兴土木，对外用兵，导致民不聊生，激起大规模的农民起义。大业十四年（618），隋炀帝在江都的兵变中被杀，李渊建唐称帝，隋亡。

隋文帝杨坚（541 ~ 604） 中国隋朝开国皇帝。弘农华阴（今陕西华阴东）人。北周武帝时，进位大将军，袭爵隋国公。大象二年（580），周宣帝死，杨坚入宫辅政，总揽军政大权。大定元年（581），杨坚代周称帝，国号隋，改元开皇。政治上，他基本确立三省六部制；改州郡县为州县两级体制；制定《开皇律》，简化法律手续。经济上，他颁布关于均田和租调的新令，减轻农民的负担；实行输籍之法；创置义仓制度。军事上，改革府兵制，取消兵民异籍制度。开皇八年（588），隋文帝下诏伐陈。九年陈朝灭亡，延续近三百年的南北分裂局面宣告结束。隋文帝统治的后期，国家富足强盛，编户大增，仓储的丰实为历史所仅见。

隋炀帝杨广（569 ~ 618） 中国隋朝皇帝。隋文帝杨坚次子。一名英。开皇八年（588）为行军元帅，统兵灭陈。仁寿四年（604）文帝死，相传为杨广暗害。炀帝即位后，确立三省体制，发展科举制。他仗恃国力富强，几乎每年征发重役：营建东都洛阳，在榆林（今内蒙古托克托西南）以东修长城，开凿通济渠、永济渠和江南河各段运河。他亲征吐谷浑，还三次出兵高丽，引发隋末农民战争。大业十四年（618），隋炀帝在江都的兵变中被部众缢杀。

隋炀帝文学造诣很高，其诗歌中艺术性最强、成就最高的数《春江花月夜》其一。此诗境界开阔、极富动感，体现了隋代南北诗风交融的实绩，同时也预示了初盛唐诗歌发展的一种方向。

隋末农民起义 中国7世纪初推翻

隋朝统治的农民大起义。隋末，隋炀帝三次东征，给人民造成非常严重的灾祸。河北、山东是筹备东征的基地，兵役、力役最为严重，起义首先在这里发生。最早见于记载的是大业七年（611）邹平县民王薄于长白山（今山东章丘东北）起义。从此直到隋亡，见于史籍的武装反隋力量大大小小数以百计。这些起义队伍经过分并离合，大致形成三大起义力量：威震全国、据有河南的李密领导的瓦岗军，雄踞河北的窦建德领导的夏军，自淮南转移到江南由杜伏威领导的吴军。大业十三年（617），瓦岗军围逼东都，以瓦岗军为中坚、窦建德和杜伏威为两翼的农民起义军对隋朝进行了摧毁性的打击。同年隋太原留守李渊从太原起兵，乘隋军与瓦岗军大战之机进入关中，不久攻克长安。十四年，李渊在长安即皇帝位，建立唐朝。后李密、杜伏威降唐，窦建德战败被杀。

三省六部　中国隋唐至宋的中央最高政府机构。三省指中书省、门下省、尚书省，六部指尚书省下属的吏部、户部、礼部、兵部、刑部、工部。

三省六部是西汉以后长期发展形成的制度。其中尚书省形成于东汉（时称尚书台），中书省和门下省形成于三国时。至隋，三省六部制基本确立。三省六部主要掌管中央政令和政策的制定、审核与贯彻执行。“中书取旨，门下封驳，尚书奉而行之”，是三省的分工原则。唐中叶后，三省六部制名存实亡。宋承唐制，但三省六部的主要职权都已转移至其他机构，三省六部制仍是名存实亡。元丰改制，以三省为最高行政机构，与枢密院对掌文武大权。北宋元祐元年（1086），改为三省共同议事，实际上使三省合一，后习惯上常统称三省。南宋建炎三年（1129），又实行三省合一。辽代南面官系统中，设三省六部。金、元、明只设一省六部。明洪武十三年（1380）罢中书省，分中书省之权归于六部。自此，六部取代三省六部。

赵州桥　中国古石桥。位于河北赵县，跨越洨水。隋开皇十五年（595）至大业元年（605），由匠人李春修建。初称赵州石桥，后称安济桥，俗称大石桥。

赵州桥是世界上现存最早、跨度最大的空腹式单孔圆弧石拱桥，全部用石灰石建成，全长50.83米，净跨37.02米，矢高7.23米，桥面宽9米。虽在1400余年中经受多次洪水及地震，桥至今无大变动。赵州桥在结构上开创世界敞肩圆弧拱的先例，在建筑造型和装饰技术上亦属上乘。1991年被选为“国际历史土木工程里程碑”。

唐 中国历史上继隋朝之后的统一王朝（618 ~ 907）。创建者李渊袭封唐国公，故称唐。首都长安（今陕西西安），又以洛阳为东都。历 21 帝，共 290 年（武则天称帝期间改国号为周）。唐朝疆域，东至安东都护府，西至安西都护府，北起单于都护府，南止日南。唐太宗李世民在位时励精图治，史称贞观之治。唐高宗李治的皇后武则天掌握政权后，一度废唐称周。唐玄宗李隆基开元年间国势昌盛，史称开元之治。这是唐朝的极盛时期。安史之乱后，一方面藩镇割据，另一方面又出现宦官专权和朋党之争。黄巢起义爆发后，唐朝很快灭亡。

唐朝继续完善三省六部制、科

刻花金碗（唐）

三彩骑驼乐舞俑（陕西西安出土）

章怀太子墓壁画《客使图》

举制；前期仍实行均田制、租庸调制，后代之以两税法。唐朝社会经济发展水平居世界前列；文化辉煌灿烂，文学艺术、宗教、史学、科学技术等领域成果斐然，造就出李白、杜甫、玄奘、刘知幾、一行及孙思邈等杰出人物。另外，社会风气开放，民间生活多姿多彩，都使得唐朝呈现出高度的文明气象。

大雁塔

螺钿菱花镜（唐）

永泰公主墓壁画

《牧马图》（唐，韩幹）

唐高祖李渊（566 ~ 635） 中国唐朝开国皇帝。字叔德。7岁时袭封唐国公。隋炀帝后期出任太原留守。隋大业十三年（617）在晋阳（今山西太原西南）起兵，进取关中。李渊入长安后，立炀帝孙代王侑为帝。次年，李渊称帝，改国号为唐，建元武德。李渊依据隋朝旧制，重新建立中央及地方行政制度。统一全国后，他又颁布新律令，为唐朝的职官、刑法、军事、土地及课役等制度奠定了基础。武德九年（626），秦王李世民发动玄武门之变，杀太子李建成和齐王李元吉，逼李渊立己为太子。不久，李渊退位为太上皇，李世民即位。葬于献陵。

唐太宗李世民（598 ~ 649） 中国唐朝皇帝。唐高祖李渊次子。在起兵反隋及统一全国的战争中，建功甚多。李渊即位后封其为秦王。武德九年（626）六月初四，李世民发动玄武门之变，杀死长兄李建成、弟弟李元吉，逼李渊立己为太子。不久，李渊退位为太上皇，李世民即位。627年改元贞观。唐太宗即位后，任用贤良，兼听纳谏，实行轻徭薄赋、疏缓刑罚的政策，并且进行了一系列政治、军事改革。他的政策和措施促成了社会安定、生产发展的升平景象，史称贞观之治。在位期间，先后平定东突厥、吐谷浑、高昌。唐太宗对东突厥降众及依附于突厥的各族实行比较开明的政策，受到他们的拥戴，因而被尊为“天可汗”；遣文成公主和亲吐蕃，为汉藏两族间的友好交往开了先河。贞观后期，唐太宗逐渐走向奢靡。葬于昭陵。

魏徵（580 ~ 643） 中国唐贞观时名相。字玄成。先世是巨鹿下曲阳（今河北晋州西）人，后居相州内黄（今河南内黄西）。少孤贫，好读书，素怀大志。他先为李密谋士，后随李密降唐，为唐朝招降李世绩。被窦建德所俘复归长安后，任太子洗马。玄武门之变后，被李世民相继任以重职。他帮助唐太宗李世民确定了“去奢省费，轻徭薄赋，选用廉吏，使民衣食有余”的贞观治国方针。魏徵敢于犯颜直谏，前后所奏之事有二百多件。贞观中，他主持撰修了梁、陈、北齐、北周、隋五代史书。封郑国公。魏徵卒后，唐太宗亲自为他撰写碑文，亲书刻石。凌烟阁二十四功臣中，魏徵名列第四。

房玄龄（579 ~ 648） 中国唐初名相。名乔，字玄龄，以字行。齐州临淄（今山东淄博东北）人。博览经史，工书善文。18岁授羽骑尉。隋末大乱，房玄龄投奔李世民。他屡次随从秦王出征，出谋划策；为秦王网罗人才；参与策划玄武门之变。唐太宗李世民即位后，他辅佐太宗，总领百司，参与政务达二十余年。他参与典章制度的制定和政府机构的调整，并主持律、

令和格的修订，与魏徵同修唐礼。封梁国公。他善于用人，随才授任；恪守职责，不自居功。后世以他和杜如晦为良相的典范，合称“房杜”。凌烟阁二十四功臣中，房玄龄位列第五。

杜如晦（585 ~ 630） 中国唐初名相。字克明。京兆杜陵（今陕西西安东南）人。隋大业中，补滏阳县尉，不久弃官回乡。后为秦王属官，常随从秦王征伐，参与机要、军国之事，剖断如流；为十八学士之首；参与谋划玄武门之变。唐太宗李世民即位后，他与房玄龄共掌朝政，共同制定典章制度。封蔡国公。每在太宗前议事，玄龄说“非如晦不能决”，如晦亦能尊重玄龄之策。时称如晦长于断，玄龄善于谋，两人配合默契，同心辅佐太宗。后世论唐代良相，首推“房杜”。凌烟阁二十四功臣中，杜如晦位列第三。

武则天（624 ~ 705） 唐高宗李治的皇后、中国历史上唯一的女皇帝。称帝后自名曌。并州文水（今山西文水东）人。14 岁入宫为唐太宗的才人。太宗死后入感业寺为尼。后成为唐高宗的皇后。

武则天素多智计，兼涉文史。乘高宗体弱多病之机，独掌大权。中宗李显即位，武则天临朝称制。天授元年（690），武则天称皇帝，改国号为周。她重视农业生产，注意地方吏治，对逃亡的农民采取比较宽容的政策；这些都保证了农业的发展和社会的安定。在今青海、宁夏、新疆境内设置屯田，收复安西四镇，设立北庭都护府。发展科举取士，创设武举，大开制科，推动了文化的发展。广开入仕之门，同时进行严格的考核，为开元之治准备了一大批人才。但她为了打击反对自己的势力，任威刑以禁异议，实行酷吏政治，滥杀了不少无辜。

神龙元年（705），张柬之等人发动政变，武则天退位。中宗复位，武则天被尊为则天大圣帝，后人因此称她为“武则天”。同年去世，葬于乾陵。

唐玄宗李隆基（685 ~ 762） 中国唐朝皇帝。唐睿宗李旦第三子。善骑射，通音律、历象之学，擅长八分书，多才多艺。景龙四年（710）唐中宗去世，李隆基与其姑母太平公主发动政变，平定韦后之乱。睿宗李旦即位后，李隆基以除韦后功被立为太子。延和元年（712），睿宗传位太子，李隆基即位，是为玄宗。次年唐玄宗平定太平公主之乱，改元开元。

玄宗早年英明果断，任用姚崇等贤良为相；提倡节俭；选京官有才识者为地方都督、刺史；在行政、财政、军事诸方面进行改革。这一时期，政局稳定，经济繁荣，文化昌盛，国力富强，史称开元之治。从开元末年起，玄宗逐渐沉溺声色，怠问政事，重用奸臣；热衷于开边，对吐蕃、南诏、契丹不断发动战争；对人民加紧搜刮；大量扩充边军。天宝十四载（755），安史之乱爆发。次年叛军攻入长安，玄宗逃往成都，肃宗在灵武即位。葬于泰陵。

藩镇割据 中国唐中叶以后，一部分地方军政长官据地自雄，不服从中央命令的政治局面。唐玄宗李隆基在位时，为防止周边各族的进犯，大量扩充防戍军镇，共设九个节度使和一个经略使，并赋予节度使军事统领、财政支配及监察管内州县的权力。这些节度使统掌的军镇有藩卫（即保卫）朝廷之责，故称藩镇，又称方镇。安史之乱爆发后，为了抵御叛军进攻，军镇制度扩展到内地。唐代后期，藩镇林立。其中一部分不受朝命，不输贡赋；还有一些倚仗自己的实力对中央跋扈不驯，甚至发动叛乱。后代史家把这种局面称为藩镇割据。

安西都护府 中国唐代西域地区的军事行政机构。贞观十四年（640），唐灭高昌，遂设安西都护府于西州交河城（今新疆吐鲁番西北），用于管理西域地区军政事务。贞观二十二年十二月（649年1月），安西都护府移至龟兹（今新疆库车一带），唐始置龟兹、于阗（今新疆和田境内）、疏勒（今新疆喀什一带）、碎叶（今吉尔吉斯斯坦北部托克马克西南）四个军镇，即安西四镇。贞观以后，安西四镇时置时罢，军镇也有所变动。开元六年（718），唐玄宗任命汤嘉惠为四镇节度经略使，从此四镇由专设的节度使统领。安史之乱后，唐朝驻军大部内调，吐蕃乘虚陆续占领河西诸州，安西四镇相继陷落。

安史之乱 唐玄宗末年节度使安禄山和史思明发动的历时八年之久的叛乱（755～762）。安禄山是平卢（今辽宁朝阳）、范阳（今北京）、河东（今山西太原西南）三镇节度使，兵力雄厚。他洞悉朝廷腐朽、实力空虚的内情，又因与宰相杨国忠争权，遂于天宝十四载（755）以讨杨国忠为名，自范阳起兵，先后攻占洛阳、长安。至德二载（757）安禄山被其子安庆绪所杀，乾元二年（759）史思明杀安庆绪，上元二年（761）史思明为其子史朝义所杀。唐军则在郭子仪、李光弼等人的领导下，屡败叛军。宝应元年（762）史朝义穷迫自杀，安史之乱宣告平定。安史之乱是唐朝由盛而衰的转折点。战乱虽平，安史部将势力并未消灭，藩镇割据局面由此形成。唐朝的全盛时代从此结束。

科举制 中国从隋唐开始设科考试以选拔官吏的制度。始创于隋，成熟于唐，严密于宋，中衰于元，鼎盛于明清，延续至清末。最初分秀才、明经、进士等科，故称科举。后专重进士一科。

明清时期的科举制度大致如下：考试内容主要是儒家经典。考生须先参加县试和府试，被录取后再参加院试。院试被录取者称为生员，即秀才。秀才通过科考，可以参加在省城举行的乡试。乡试被录取者称为举人。举人进京参加礼部举行的会试，取中者称贡士。贡士参加殿试，依成绩分为三等：一甲为进

宋代科举考试图

士及第，二甲为进士出身，三甲为同进士出身。一甲第一名称状元，第二名称榜眼，第三名称探花，合称三鼎甲。乡试第一名称解元，会试第一名称会元。如果乡试、会试、殿试均考取第一名，称连中三元。

科举制度的产生，适应了当时社会政治发展的需要，对于维护封建统治起了重要作用，也选拔了一些有才识之士。但后期由于考试内容和方法的失当，科举制变得既禁锢人们的思想，又抑制科学文化的发展。1905 年清政府下令“停科举以广学校”，在中国实行了 1300 多年的科举制度从此结束。

玄奘（602 ~ 664） 中国唐代僧人、旅行家、佛经翻译家。被尊称为三藏法师。俗姓陈，名祎。洛州缑氏（今河南偃师缑氏镇）人。13 岁受度为僧，20 岁受具足戒。因感各家学说不一，不知所从，决定西行求法以释疑惑。贞观三年（629）从长安出发，经今甘肃武威，出敦煌，再经今新疆和中亚等地，于五年到达中印度摩揭陀国王舍城，进入那烂陀寺。他从该寺戒贤学习《瑜伽师地论》等各类论典，历时五年。备受尊崇，为十大德之一。之后游历印度东部、南部、西部、北部数十国，广泛参学。四年后回到那烂陀寺，应师嘱主讲《摄大乘论》《唯识抉择论》。十九年，玄奘谢绝多方恳留回国，带回大小乘佛教经律论共 520 夹 657 部。尔后住弘福寺、慈恩寺，集名僧建译场。至麟德元年（664），共译出佛教经论 75 部 1335 卷。他还把《老子》《大乘起信论》译为梵文。写成《大唐西域记》12 卷。玄奘还与其弟子窥基一起创立了法相宗。

鉴真（687 ~ 763） 中国唐代律宗僧人。俗姓淳于。扬州江阳（今江苏扬州）人。14 岁时被收为沙弥，配居大云寺。神龙元年（705），依道岸律师受菩萨戒。景龙二年（708），在长安实际寺依恒景律师受具足戒。巡游两京，究学三藏，对律藏造诣尤深。

天宝元年（742），日本僧人荣睿、普照受日本佛教界和政府的委托，聘请他去日传戒，鉴真欣然应允。自天宝元年开始至天宝七载，他先后五次率众东渡，均失败。但他东渡弘法之志弥坚，于天宝十二载第六次东渡，终于到达日本九州，次年至平城京（今奈良）。鉴真在日本受到朝野盛大的欢迎。旋为日本天皇、皇后、太子等人授菩萨戒，为沙弥证修等440余人授戒。自是日本始有正式的律学传承。鉴真被尊为日本律宗初祖。

鉴真与弟子建造的唐招提寺建筑群，为日本奈良时代艺术高潮的形成增添了异彩。鉴真及其弟子去日时携带王羲之、献之父子的书法真迹，影响所及，至今日本人民犹热爱中国书法艺术不衰。鉴真还被日本药物学界奉为医药始祖。

黄巢起义　黄巢领导的唐末农民战争。黄巢，曹州冤句（今山东曹县西北）人，屡举进士不第，以贩私盐为业。乾符二年（875），王仙芝、尚让等在长垣（今河南长垣东北）发动起义，唐末农民战争爆发。黄巢亦于同年以数千人起义，响应王仙芝。两支起义军会合，协同作战。五年，王仙芝战死，黄巢被推为领袖，称“冲天大将军”。后起义军攻破唐都长安，于广明元年十二月（881年1月）在长安建立农民政权，国号大齐。但由于大齐没有建立较稳固的根据地和未乘胜追歼残余势力，敌人得以反扑。

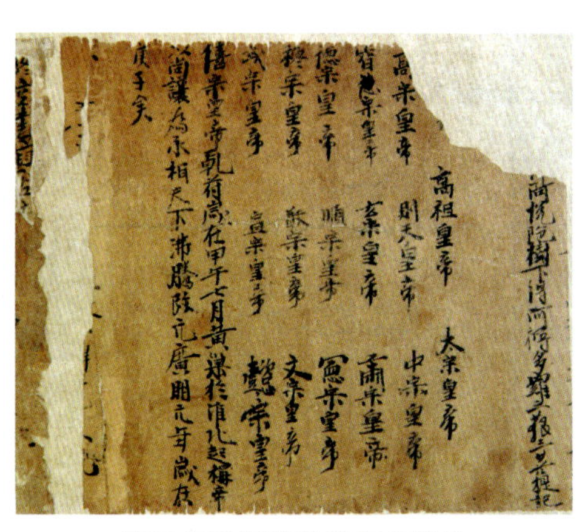

唐无名氏记述黄巢起义残片

中和三年（883），起义军放弃长安东撤。次年，黄巢兵败自杀，农民战争结束。这次大起义首次提出了“平均”的口号，在中国古代农民战争史上具有重大意义。唐朝在黄巢起义的沉重打击下分崩离析，名存实亡。

突厥　6世纪以后中国北方、西北方操突厥语的民族和它在6～8世纪建立的汗国。552年，阿史那土门自立为伊利可汗，是为突厥汗国建立之始。583年，突厥分裂为东、西汗国。东突厥曾向隋称臣纳贡，并迁居漠南。隋末变乱，东突厥强盛起来，群雄争与结好。唐太宗即位后，唐朝联合薛延陀部夹击突厥，于630年消灭东突厥汗国。唐朝于其部落置羁縻都护府、都督府、州，由亲唐贵族统治。随后，唐朝又逐步取代西突厥对西域绿洲诸国的控制，设安西都护府经营。657年唐朝平定阿史那贺鲁叛乱，册立西突厥可汗后裔分治十姓部落。682年，东突厥贵族阿史那骨咄禄起而反唐，重建汗国，即东突厥后汗国。745年，回纥的骨力裴罗攻杀后突厥白眉可汗，东突厥后汗国灭亡，其部众融入回纥、西迁乌古斯等其他民族中。

新疆昭苏突厥墓前的石人

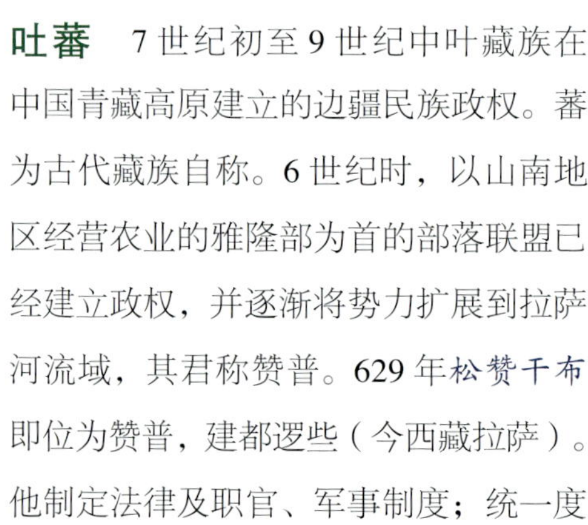

吐蕃　7世纪初至9世纪中叶藏族在中国青藏高原建立的边疆民族政权。蕃为古代藏族自称。6世纪时，以山南地区经营农业的雅隆部为首的部落联盟已经建立政权，并逐渐将势力扩展到拉萨河流域，其君称赞普。629年松赞干布即位为赞普，建都逻些（今西藏拉萨）。他制定法律及职官、军事制度；统一度

《文成公主进藏图》
（布达拉宫白宫门廊）

量衡；命人创制文字，与唐、天竺（今印度）、泥婆罗（今尼泊尔）开展交往，引入先进文化。唐与吐蕃曾两次和亲，但双方冲突不断。安史之乱后，吐蕃乘虚据有陇右、关西，并一度攻进长安。8世纪90年代，吐蕃势力极盛，控制区域西达葱岭（今帕米尔高原），北至天山，东至今四川西部及甘肃陇山一带。846年，吐蕃统治阶层内部矛盾爆发，战争连年不绝，引起奴隶、平民大起义，吐蕃瓦解。自松赞干布起，吐蕃赞普共9人，历218年。

松赞干布（？～649／650） 藏族吐蕃王国的创建者。一作弃宗弄赞，又名弃苏农。穷哇达则（今西藏琼结）人。629年，松赞干布即位为赞普，建都逻些（今西藏拉萨）。他削平内乱，统一青藏高原，正式建立奴隶主统治的吐蕃王国。他制定法律及职官、军事制度；统一度量衡；命人创制文字，与唐、天竺（今印度）、泥婆罗（今尼泊尔）开展交往，引入先进的文化、技术；发展农牧业生产，推广灌溉。这些措施使吐蕃社会有了迅速发展。641年，松赞干布迎娶文成公主，促进了汉藏文化的交流。唐高宗即位后封他为驸马都尉、西海郡王。在赞普位二十余年。

布达拉宫的松赞干布塑像

文成公主（？～680） 吐蕃赞普松赞干布之妻。唐宗室女。634年，松赞干布遣使入唐求联姻，唐以文成公主许婚。641年，文成公主入吐蕃，松赞干布为公主筑城建屋。文成公主信仰佛教，在逻些（今西藏拉萨）修建小昭寺。松赞干布因娶公主，羡慕华风，派吐蕃贵族子弟至长安国学学习诗书，从唐境聘请文士为他掌管表疏，又向唐请求给予工匠。文成公主对吐蕃吸收汉族文化有不小影响。在藏传佛教中，她被认作绿度母的化身，受到极大尊崇。

布达拉宫的文成公主塑像

回鹘 中国古代北方与西北操突厥语的民族之一和它建立于漠北的游牧汗国。北魏时称袁纥，为铁勒诸部之一。隋时称韦纥，唐初名回纥。788年，回纥可汗自请改称回鹘。唐贞观年间，与薛延陀在漠北共建汗国。助唐灭东、西突厥。7 世纪后期被东突厥后汗国征服。744 年，回纥的骨力裴罗自立，建立回纥汗国，尽取突厥故地。曾助唐平**安史之乱**，与唐朝关系密切。汗国主要用突厥文，也使用粟特文，并在此基础上创制了回鹘文。以摩尼教为国教。840 年前后，回鹘可汗被黠戛斯所杀，汗国崩溃。一部分人南下归附唐朝，其余部众西迁。西迁的一支到河西，曾以甘州（今甘肃张掖）为中心建立政权；另一支到达今新疆境内，曾以高昌（今新疆吐鲁番）为中心建立政权。一部分人于 10 世纪中参与建立黑汗王朝。

渤海 698 ~ 926 年中国东北地区以靺鞨族为主体的边疆民族政权。初称震国，又称靺鞨。历 15 王，约 229 年。713 年，唐册封其创立者大祚荣为渤海郡王。自此去靺鞨之号，专称渤海。此后历世诸王都经唐廷册立，对唐始终和好。各项制度仿效唐朝。唐亡后，渤海继续向后梁、后唐朝贡，保持着臣属于中原王朝的关系。鼎盛时期，其疆域大体上南至泥河（今朝鲜咸镜南道龙兴江），东到日本海，北到那河（今嫩江），西抵扶余川（今伊通河）流域，西南到辽河流域。926 年为契丹所灭。

南诏 649 ~ 902 年在中国西南地区的乌蛮联合白蛮建立的奴隶制的边疆民族政权。乌、白蛮属今彝语支各族的先民。传 13 主，共 254 年。

隋末唐初，在今云南大理的洱海周围及哀牢山、无量山北部地区，分布有六个势力最大的乌蛮部落，史称六诏。蒙舍诏因地居五诏之南，故又名南诏。649 年，蒙舍诏首领细奴逻建大蒙国，臣属于唐。至唐玄宗时，南诏在唐的扶持下统一六诏，并随即向外扩张，与唐朝发生矛盾。南诏王阁罗凤遂背唐而附吐蕃，多次打败唐军。吐蕃以南诏为属国，向其征兵征赋，南诏王异牟寻不堪其扰，终于与吐蕃决裂，与唐恢复盟好。9 世纪中叶，南诏成为晚唐最严重的边患。902 年，权臣郑买嗣杀死南诏王舜化真，夺取王位，另建政权，南诏亡。

崇圣寺三塔（最高者为千寻塔，建于南诏时）

遣唐使 唐代时日本派赴中国的使节团。630 年（日本舒明天皇二年，唐贞观四年）第一次遣使，838 年（日本承和五年，唐开成五年）最后一次遣使。894 年（日本宽平六年，唐乾宁元年）准备派遣，但未成行。630 ~ 894 年，正式的遣唐使计有 12 次。使团官员有正使、副使、判官、录事。成员有主神、阴阳师、医师、画师、乐师、译语、史生，以及各行业工匠。随行有长期居留的留学僧、留学生，以及短期入唐、将随使团回国的还学僧、还学生。初期使团共200余人，以后人数增至500余人。

遣唐使的目的在于向中国学习，吸取唐朝文化。遣唐使大量带回中国经史子集各类典籍。中国文化风靡日本封建社会上层，渗透到思想、文学、艺术、风俗习惯等各个方面。入唐僧人带回大量佛经、佛像、佛具等，同时传入与佛教相关联的绘画、雕刻等。

遣唐使回日，唐朝有时派遣送使同去。由于航行艰险，他们往往居留下来，归化日本。唐朝僧人也有随遣唐使赴日的，最有名的是鉴真。

五代十国 中国唐朝灭亡后，在北方相继出现的五个朝代（907 ~ 960）和南方及山西先后存在的十个政权（891 ~ 979）的合称。

五代是后梁、后唐、后晋、后汉、后周。除后梁的一个短暂时期及后唐定都洛阳外，后梁大部分时期和其他三代都以开封为首都。五代各朝均为前朝方镇所建立。后梁和后周的君主是汉人，后唐、后晋、后汉的君主是沙陀人。在五代的54年间，有八姓称帝，共14君。他们都建国于华北地区，疆域以后梁最小，后唐最大。

十国是前蜀、后蜀、吴、南唐、吴越、闽、楚、南汉、南平（荆南）和北汉。北汉建国于今山西境内，其余九国都在南方。十国与五代并存，但各国存在的时间长短不一。疆域以南平最小，南唐最大。

《韩熙载夜宴图》局部
（五代，顾闳中）

五代政权改易迅速，中原战乱频仍，社会经济遭到严重破坏。后周时期这一地区趋于稳定，后周孕育出的赵宋政权更进而结束了十国的局面。南方动乱较小，吴蜀地区继续发展，闽、广、湘、鄂地区也加速了开发过程。

辽 契丹族在中国北方地区建立的王朝（916 ~ 1125）。916年，辽太祖耶律阿保机在今内蒙古西拉木伦河流域建契丹国，947年改国号为辽。全盛时期，南以白沟河为界，东至东海、北海，北至今蒙古鄂嫩河、色楞格河流域，西至金山（阿尔泰山）。辽是一个以契丹人、汉人为主的多民族国家，实行北南面官制，“因俗而治”。1004年宋与辽订立澶渊之盟后，大体保持和平的局面。辽中叶后，贵族长期陷入相互倾轧之中。北方诸族相继兴起，辽连年出兵征讨，精锐损耗殆尽。1125年，辽为女真所灭。辽各民族从事不同的生产职业：既有畜牧业，也有农业，狩猎和捕鱼仍有一定的经济地位。手工业取得具有特色的成就。辽创造了契丹文字，但文化深受汉族影响。

萧太后（953 ~ 1009） 中国辽景宗的皇后、辽圣宗耶律隆绪的生母。姓萧，名燕燕，汉名绰。乾亨四年（982），辽景宗死，辽圣宗立，萧燕燕奉遗诏摄政，号承天皇太后。她加强对宗室的约束和对吏民的管理，使政局渐趋稳定；注意改善契丹族和汉族的关系，在倚重契丹族官员的同时，也任用了许多汉族官员。统和四年（986）到二十二年，辽宋交战多次，她常与圣宗亲征，史称她“习知军政，澶渊之役亲御戎车，指麾三军，赏罚信明，将士用命”。统和时期，辽的国势达到全盛，与她的活动有密切关系。

澶渊之盟 中国北宋与辽在澶州（今河南濮阳附近）缔结的一次盟约。澶州亦名澶渊郡，故史称澶渊之盟。北宋景德元年（1004），辽萧太后和圣宗发兵南下，抵达黄河边的澶州城北，威胁宋朝的都城东京开封。宰相寇准力请宋真宗亲征，真宗被迫北上。宋军在澶州射杀辽将，辽军士气受挫。宋真宗登上澶州北城门楼，以示督战。宋、辽两军出现相峙局面。宋、辽商定和议，约定宋朝每年给辽绢 20 万匹、银 10 万两，沿边州军各守疆界。此外，又约定宋、辽为兄弟之国。盟约缔结后，宋、辽形成长期并立的形势。

西夏 中国宋代西北地区以党项族为主体民族的王朝（1038 ~ 1227）。自称大夏国或白高大夏国。唐末五代时，党项族建立了李氏政权。1031 年，元昊继位，进行一系列改革，并接连对北宋、吐蕃、回鹘用兵，进一步扩大了版图。1038 年元昊正式立国称帝。宋朝不予承认，并不断对西夏用兵。1044 年双方达成妥协，宋朝册封元昊为夏国主。以后，西夏与宋、金时战时和。西夏后期，内政不稳，统治衰弱。1227 年，西夏被蒙古所灭。西夏的农业、牧业比较发达，手工业以冶铁、锻造、毛织、晒盐、雕版印刷及陶瓷等较突出，商业则以官方经营的边境贸易为主。在吸收汉族先进文化的基础上，西夏创造了具有民族特色的文明。西夏文和汉文并用。

内蒙古额济纳旗巴丹吉林沙漠中的黑水城遗址

西夏景宗李元昊（1003 ~ 1048） 中国西夏皇帝。小字嵬理，后更名曩霄。通汉文。1031 年元昊嗣位，宋封他为西平王，辽封他为夏国王。1032 年，他废弃唐、宋所赐李、赵姓氏及拓跋旧姓，改姓嵬名，自称兀卒（“青天子”之意）。1034 年，建年号开运，升兴州（今宁夏银川）为兴庆府，更新官制，主持创制西夏文。天授礼法延祚元年(1038)，他建国号大夏，自称皇帝。进表宋廷，要求承认既成事实。宋廷下令削赐姓官爵、禁断互市贸易，双方随即发生战争。七年，双方重新媾和。同年，辽兴宗亲率大军西征，为元昊所败。从此，西夏、宋、辽三方鼎峙的局势形成。十一年，元昊被太子宁凌哥刺死。

好水川之战 中国北宋与西夏之间的一次重要战役。北宋庆历元年（1041），西夏景宗李元昊率兵10万攻宋渭州（今甘肃平凉），进逼怀远城（今平凉北）。宋陕西经略安抚副使韩琦命总管任福率兵数万迎敌，并授方略，申令持重。交战中夏军佯败，任福引轻骑数千追赶，至好水川（今宁夏西吉兴隆镇东南），发现道旁放置数个银泥盒，将盒打开，百余只带哨家鸽飞出，为夏军发出合击信号。宋军陷入夏军包围，血战后大败，任福等战死。

西夏文 中国古代西夏党项人使用的文字。11世纪西夏主元昊称帝，于1036年颁布西夏文，命野利仁荣加以演绎。1227年西夏灭亡后，党项后裔仍有人使用。元代居庸关石刻、明中叶保定石幢均有西夏文。以后湮没，成为一种死文字。字体仿汉文楷书，但无一字与汉文相同，此外尚有篆字、草字，共有6000余字。每字由一至数个小方块字素构成，分左、右、上、下、中等块。会意字占大多数，形声字很少。

西夏文敕牌（西夏驿站传递文书用的符牌，牌上文字译为“火急驰马”）

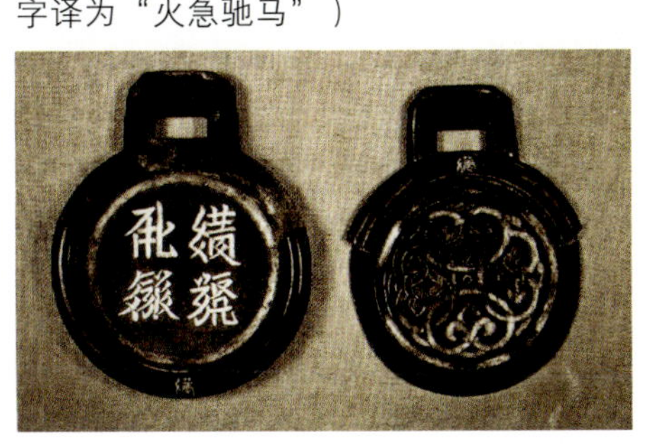

宋 中国继五代十国之后赵氏建立的中原王朝（960 ~ 1279）。960年在开封（今属河南）建国，史称北宋。北宋历九帝，首都东京开封府，1127年被金朝所灭。同年，在南京应天府（今河南商丘西南）重建，史称南宋。南宋历九帝，行都临安府（今浙江杭州），1279年被元朝所灭。

960年赵匡胤发动陈桥兵变，代后周立宋。宋朝统治者采取各种手段，将权力集中到中央。国家“不立田制”，减少对经济的干预，结果是一方面土地高度集中，另一方面出现了长时期的经济繁荣。但对辽战争屡次失利，1004年宋、辽订立澶渊之盟后，各守疆界。北宋维持着一支庞大的常备军，养兵费用占去岁入的大半，加上官僚机构庞大和统治集团挥霍，因此财政危机日益加剧。宋仁宗赵祯一度起用范仲淹等人进行改革，史称庆历新政。但改革旋即遭到阻挠而被废罢。宋神宗赵顼重用王安石等人实施新法。新法程度不等地达到了预期目的，但也产生了不少弊端。宋徽宗赵佶在位时，新政完全成为聚敛手段，激起了方腊、宋江等农民起义。

北宋亡后，康王赵构即皇帝位，是为南宋高宗。1128年金人南侵，高宗逃往临安。岳飞联络北方各地忠义民兵，进行北伐。高宗、秦桧以“莫须有”的罪名杀害岳飞，并于1141年与金人签订绍兴和议。以后孝宗、宁宗两度北伐，但都告失败，被迫与金朝签订隆兴和议与嘉定和议。南宋虽然经济发展颇有成就，城市经济尤为繁荣，但是土地高度集中，赋税繁重，疆域只有北宋的一半。

《清明上河图》局部（北宋，张择端）

农民起义时有发生。

宋朝在经济、教育、科技、文化方面所达到的高度，在中国古代是空前的。它在经济等方面的成就，在当时居于世界领先地位，对人类文明产生了深远影响。其时，印刷术、火药和指南针，得到很好的开发应用；发行了世界上最早的纸币；海上贸易十分发达。

宋太祖赵匡胤（927 ~ 976）　中国宋代开国皇帝。960 ~ 976 年在位。涿郡（今河北涿州）人。后周时因战功升任殿前都点检，统率禁军。960 年，赵匡胤通过陈桥兵变夺取后周政权，建国号宋，定都开封。他先后灭荆南、湖南、后蜀、南汉和南唐，基本消灭五代十国时的各个割据政权。他采取一系列措施，加强封建专制主义中央集权：即位不久，就以优厚的俸禄为条件，解除了禁军高级将领石守信等人的兵权；设参知政事、枢密使和三司使，以削弱宰相的职权；取消节度使兼领附近数州（支郡）的制度。他对辽的目标是争取用金帛赎回燕云十六州，在位期间宋与辽没有发生大的冲突。宋太祖的一系列措施，基本上结束了唐安史之乱以来持续两百年的藩镇割据局面。但是，他把主要精力集中于防制内患上，给后世造成一系列弊政。

宋徽宗赵佶（1082 ~ 1135）　中国北宋皇帝。1100 ~ 1125 年在位。宋徽宗重用蔡京、高俅等人，横征暴敛，骄

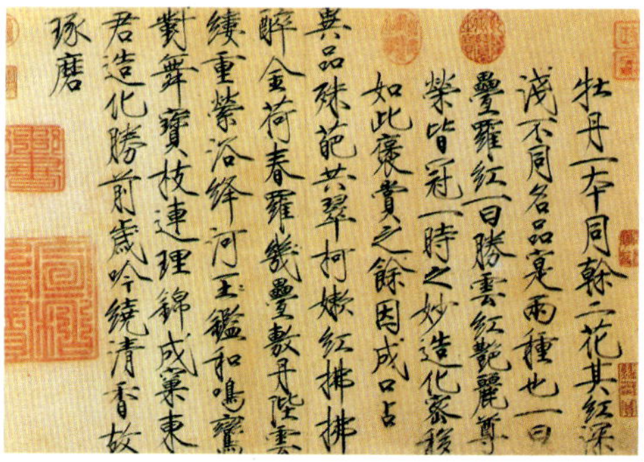

宋徽宗赵佶墨迹

奢淫逸，是北宋最荒淫腐朽的皇帝。设应奉局和造作局，大兴花石纲之役；建延福宫、艮岳，耗费巨万；设西城括田所，霸占大量民田。徽宗的腐朽统治，激起了方腊、宋江等农民起义。宣和二年（1120），派人与金朝订立盟约，相约夹击辽朝。七年金兵灭辽后即乘胜南下攻宋。徽宗慌忙传位给太子赵桓（钦宗），自称太上皇。靖康二年（1127）与钦宗同为金兵所掳，被押解北上。后死于金五国城（今黑龙江依兰）。徽宗在艺术上有多方面的成就，能书善画，书法称瘦金体。

杨业（? ~ 986） 中国北宋抗辽名将。原名重贵。麟州新秦（今陕西神木）人。原为北汉将领，被赐名刘继业，长期守代州，抵御辽朝的侵扰，屡立战功，时称“刘无敌”。太平兴国四年（979），宋灭北汉，杨业归宋。次年，辽军10万攻雁门关（今属山西），杨业率骑兵数百迂回至关北，与潘美南北夹击，大败辽军。雍熙三年（986），宋三路出兵攻辽。潘美为云（今山西大同）、应（今山西应县）、朔（今山西朔州）等州都部署，杨业为其副将，率兵连克寰（今山西朔州东）、朔、应、云四州。但因东路军失败，宋军奉命撤退，并护送四州之民内迁。杨业提出一个可保万全的作战计划，遭到潘美和王侁等人的反对及诬蔑，被迫冒险迎敌。杨业所部陷入重围，将士全部战死。他多处受伤，坠马被俘，绝食而死。

杨业勇而有谋，与士卒同甘苦，英勇抗辽，功绩卓著。其子延昭、孙文广等抵御辽和西夏也多有战功，被后人称为“杨家将”。

寇准（961 ~ 1023） 中国北宋政治家。字平仲。华州下邽（今陕西渭南东北）人。自幼家境贫寒，发愤读书，19岁登进士第。遇事敢言，极陈利害，为宋太宗器重，比为魏徵。景德元年（1004），辽军大举南下，寇准力排众议，请宋真宗亲征，宋军士气大振，得以与辽订立澶渊之盟。两度入相，封莱国公。后为丁谓诬陷，被贬到雷州（今属广东），卒于贬所。

寇准与宋初山林诗人潘阆、魏野、九僧等诗风近似，也被列为晚唐派。其诗多清新之句，不乏佳作。

包拯（999 ~ 1062） 中国北宋政治家。字希仁。庐州合肥（今属安徽）人。天圣五年（1027）进士及第。有政绩，累迁至枢密副使。他主张严格选拔官员，裁汰冗杂、贪暴、懦弱的官吏，年老的官吏应强令致仕；停止招募士兵，拣斥老弱，并选将练兵，训练义勇以备边；抑制贵戚和宦官等的权利，轻徭薄赋，节省开支。

至和三年（1056），包拯以龙图阁直学士权知开封府，审案明察，执法严峻，不畏权贵，不徇私情，清正廉洁，令行禁止。当时的男女老少都知道包拯，称呼他“包待制”。包拯是一位传奇式人物，是家喻户晓的清官典型。南宋和金已有以包拯为主题的故事、小说和戏曲，后有小说《龙图公案》流行。

王安石变法 中国北宋王安石于宋神宗熙宁年间进行的改革。宋神宗即位后，立志革新。熙宁元年（1068），神宗召王安石入京，变法立制。吕惠卿、曾布等人参与草拟新法。新法按照内容和作用大致可分为以下几个方面：限制商人，主要是均输法、市易法和免行法；发展农业生产，主要是青苗法、募役法、方田均税法和农田水利法；稳定封建秩序，主要是将兵法、保甲法、保马法及建立军器监等；改革科举制，整顿各级学校。

王安石变法以富国强兵为目标，新法实施将近15年。新法推行后，基本上收到了预期的效果，但也或多或少地触犯了中上级官员、皇室、豪强和高利贷者的利益，最终被罢废。

四大发明 中国古代发明的指南针、造纸术、印刷术和火药。为中国古代文明的标志性成就，是中华民族对世界文明作出的伟大贡献，深刻地影响了中国和世界文明的进程。

①指南针。利用磁铁针在地球磁场中具有的南北指极性能以辨别方向的仪器。汉代中国人已将天然磁石磨制成勺状的司南，用以指示方向。9世纪制造出世界上最早的指南针。11世纪末至12世纪初用于航海。

②造纸术。105年，东汉蔡伦总结前人的经验对造纸技术进行重大革新，发明造纸工艺，使纸的质量和产量都有大幅度提高。以后，历经魏晋南北朝，纸替代了简、帛。

汉代司南复原图

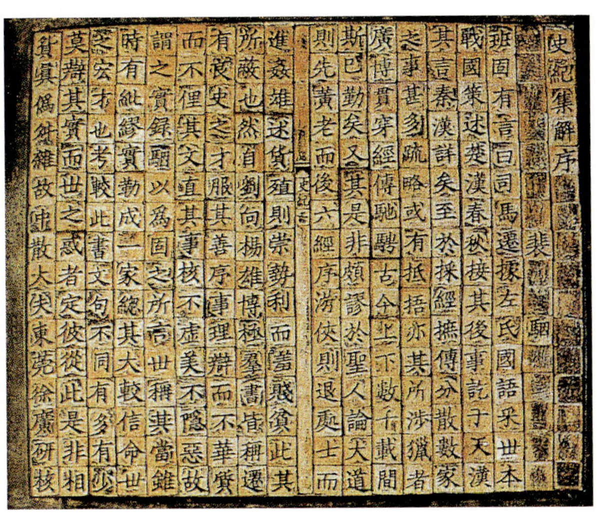
史記集解序　裴駰
班固有言曰司馬遷據左氏國語采世本
戰國策述楚漢春秋接其後事訖于天漢
其言秦漢詳矣至於採經摭傳分散數家
之事甚多疏略或有抵捂亦其所涉獵者
廣博貫穿經傳馳騁古今上下數千載間
斯已勤矣又其是非頗謬於聖人論大道
則先黃老而後六經序游俠則退處士而
進姦雄述貨殖則崇勢利而羞賤貧此其
所蔽也然自劉向楊雄博極羣書皆稱遷
有良史之才服其善序事理辨而不華質
而不俚其文直其事核不虛美不隱惡故
謂之實錄駰以為固之所言世稱其當雖
時有紕繆實勒成一家總其大較信命世
之宏才也考較此書文句不同有多有少
莫辯其實而世之惑者定彼從此是非相
貿真偽舛雜故中散大夫東莞徐廣研核

泥活字版（据《梦溪笔谈》的记载复原）

③印刷术。1974年西安唐墓出土的梵文《陀罗尼经》，印刷于7世纪，是现知中国和世界最早的雕版印刷品。1041～1048年宋代技工毕昇发明胶泥制成的活字版印刷技术，是为近代印刷术的开端。以后，中国人相继发明瓷活字、木活字、锡活字、铜活字等活字版印刷方法。

④火药。指黑火药的制造。起自中国古代的炼丹术。在唐元和三年（808）之前，中国已发明火药。1044年北宋曾公亮主编的《武经总要》介绍的三种火药配方，是现知世界上最早的火药配方。宋、元、明时期，已制造出火箭、火毬（火炮）、火铳等各种火器。

《资治通鉴》 中国古代第一部编年体通史巨著。北宋**司马光**撰。全书294卷，另有《目录》《考异》各30卷。记载了周威烈王二十三年（前403）到后周世宗显德六年（959）共1362年的历史。全书按时间先后叙次史事，往往用追叙和终言的手法，说明史事的前因后果。征引史料极为丰富，除十七史外，所引杂史、文集、实录、谱牒、家传、行状、小说等史料达数百种。内容以政治、军事的史实为主，借以展示历代君臣治乱、成败、安危之迹，作为历史的借鉴。

司马光主编《资治通鉴》时残存的墨迹

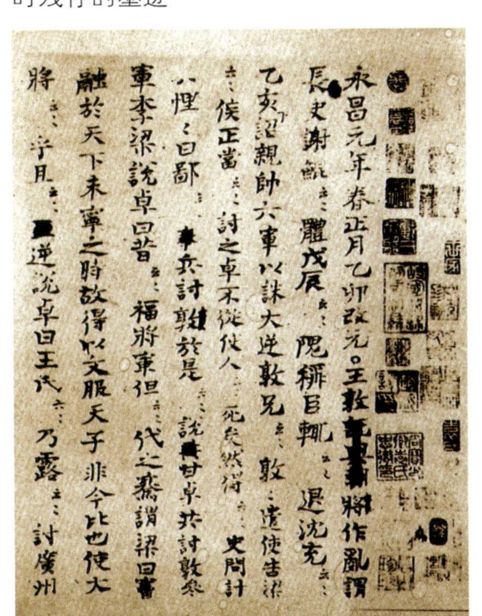

司马光（1019～1086） 中国北宋大臣、史学家。字君实，号迂叟，世称涑水先生。陕西夏县（今属山西）涑水乡人。宝元元年（1038）举进士甲科。治平三年（1066），撰《通志》8卷奏呈，英宗命设局续修。宋神宗赵顼即位，名其书曰《资治通鉴》，并亲自作序。他极力反对王安石变法，因意见不被采纳，乃求外任，专意编纂《资治通鉴》。元丰七年（1084）书成。哲宗即位后，司马光成为元祐更化的领袖人物。他任相不到一年，将新法罢废殆尽。

司马光学识渊博，史学之外，音乐、律历、天文、书、数无所不通。著作甚多，主要有《资治通鉴》等。

沈括（1031～1095） 中国北宋官员、科学家、文学家。字存中，钱塘（今浙江杭州）人。嘉祐八年（1063）登进士第。熙宁年间王安石实行变法，沈括参与其中。熙宁五年（1072）任司天监，起用盲人卫朴修订新历，制成新浑仪、浮漏，后修成《熙宁奉元历》。同年，奉命疏浚汴河水道，用先进方法测量汴河地形。八年，奉命出使契丹，据理力争，扼制了辽人扩张的野心。在出使途中绘记辽国山川形势、民俗风情，制成《使虏图抄》，上于朝廷。元祐二年

（1087），沈括完成奉命编绘的天下郡县图——《守令图》，进献朝廷。次年，筑梦溪园，隐居写作8年后逝世。其间写成科学名著《梦溪笔谈》，以及农学著作《梦溪忘怀录》（已佚）和医学著作《苏沈良方》等。集其毕生研究精华的是《梦溪笔谈》。另著有诗文集《长兴集》。

《梦溪笔谈》为笔记体综合著作。全书30卷，含《梦溪笔谈》（正编）26卷、《补笔谈》3卷、《续笔谈》1卷。分故事、辨证、乐律、象数、人事、官政、机智、艺文、书画、技艺、器用、神奇、异事、谬误、讥谑、杂志、药议17门，共609条。内容涉及自然科学和社会科学，具有极高的科学价值，文学上亦很有价值。

方腊起义　中国北宋末的农民起义。宣和二年（1120）十月，歙州（今安徽歙县）人方腊（方十三）假托“得天符牒”，以睦州青溪县（今浙江淳安西北）万年乡帮源峒为据点，聚集贫苦农民起义。起义军尊方腊为“圣公”，改元永乐，建立农民政权。起义军先后攻下六州五十多县，包括今浙江全境，安徽、江苏南部，以及江西东北部的广大地区。次年，宋徽宗派童贯、谭稹领兵15万，南下镇压起义。方腊控制的州县相继失陷。四月，宋军发动总攻。起义军腹背受敌，奋起抵抗，7万多人壮烈牺牲。方腊等人力竭被俘，被解往汴京，英勇就义。余部继续转战浙东近一年，后被宋军镇压。宋军所到之处，烧杀抢掠，无所不为，无辜百姓被杀害的不计其数，两浙经济遭受严重破坏。

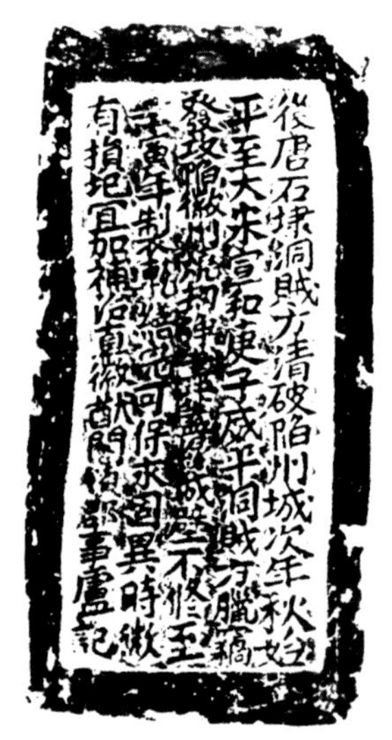

方腊攻克徽州款城砖

靖康之变　中国宋靖康年间金灭北宋的事件。靖康元年（1126）正月，金军南下，渡过黄河，直抵北宋东京开封。宋钦宗派使者赴金营求和。金军将领完颜宗望提出，宋割让太原、中山（今河北定州）、河间（今属河北）三镇才许议和。金军攻城，宋守军多次击退金军。但宋钦宗仍继续与金议和，答应金提出的赔款和割地的要求。金撤军北归。同年八月，金军再次南侵。闰十一月初，开封城破。宋钦宗亲赴金营，献上降表。次年四月，金军俘徽、钦二帝等北撤，北宋灭亡。

岳飞（1103～1142）　中国南宋名将、军事家。字鹏举。相州汤阴（今属河南）人。少时习武，喜读兵书。曾从军抗辽。靖康元年（1126），复投军抗金，因作战勇敢得迁。高宗即位后，上书反对南迁被革职。后随河北招抚使张所等在黄河南北抗击金军，屡建战功。建炎三年（1129），金将完颜宗弼率军渡江南进，岳飞率部袭扰金军，多次获胜并收复建康（今江苏南京）。绍兴四年（1134），岳飞自江州（今江西九江）挥师北上，大败金与伪齐军，收复六郡。次年，举兵奇袭伪齐军，收复豫西、陕南大片失地。十年，完颜宗弼再度南进，岳飞在郾城颍昌之战中击败金军主力。正当岳飞行将挥师渡河时，高宗、秦桧向金乞和，诏令各路宋军班师，致使其恢复中原的计划功败垂成。次年岳飞被解除兵权，为秦桧及其党羽诬陷入狱，以“莫须有”罪名被杀害。

岳飞精韬略，善运筹，博采众谋，

《中兴四将图》（南宋，刘松年，左二为岳飞，左五是韩世忠）

用兵善谋机变，不拘常法；严于治军，信赏明罚，爱护士卒。其军以“冻死不拆屋，饿死不掳掠”著称，常能以少胜众。

秦桧（1090 ~ 1155）　中国南宋权奸。字会之。江宁（今江苏南京）人。政和五年（1115）登进士第。曾主张抗金。金军攻占开封后，秦桧进议状，反对成立张邦昌伪楚政权，被金军驱掳北去，旋即降敌。秦桧在金廷大倡和议，被放回南宋，得宋高宗赵构信用，官至宰相。绍兴十年（1140），完颜宗弼领兵南侵，岳飞等军大举北伐，屡破金军，秦桧却怂恿宋高宗迫令班师。次年，宋高宗与秦桧解除岳飞、韩世忠等大将军权，诬构谋反罪状，杀害岳飞，与金朝签订绍兴和议。金朝规定，宋高宗不许以无罪去首相。秦桧再次任相18年，独揽朝政，排除异己，大兴文字狱。

韩世忠（1089 ~ 1151）　中国南宋抗金将领。字良臣。绥德（今属陕西）人。18岁应募入伍。能挽强弓，勇冠三军，在对西夏作战中屡立战功。建炎三年（1129），韩世忠驻守镇江。金将完颜宗弼率军渡江南侵，韩世忠在金军北归时，以水军八千人邀击，将金军逼入黄天荡（今江苏南京东北），又尾追至建康（今江苏南京），前后战斗40日，给金军以巨大的打击。宋廷对金乞和期间，韩世忠多次上书，揭露金之阴谋，坚决请战。绍兴十年（1140），韩世忠连克海州等地。次年，被宋廷解除兵权。秦桧迫害岳飞，举朝无敢言者，独韩世忠面诘秦桧误国，为岳飞伸张。

文天祥（1236 ~ 1283）　中国南宋末大臣、抗元名将。小名云孙，字天祥，后以字为名，改字宋瑞，号文山。吉州庐陵（今江西吉安）人。宝祐四年（1256）中进士第一名。德祐元年（1275），元军大举南下，文天祥率两万人赶到临安勤王。次年，谢太后向元军递降表，文天祥反对无效，被任命为右丞相，赴元营谈判。在元营中与元丞相伯颜争辩不屈，又怒斥降将，遂被扣留，并被押解北上。后设法逃出，由海路南下，至福建坚持抗元。景炎二年（1277），文天祥进兵江南西路，收复兴国等县，包围赣州。不久，元军打败

宋军。文天祥收拾散兵，退至广东的潮州、惠州继续抗元。祥兴元年（1278）十二月于海丰以北的五坡岭被俘。后被押至大都（今北京），被囚三年而不屈，慷慨就义。

遗著有《文山先生全集》。前期诗文多酬应之作，赣州起兵以后，风格为之一变，诗文悲壮刚劲，感人至深。

金 女真族建立的王朝(1115～1234)。传十帝。女真勃兴于今黑龙江、松花江流域及长白山地区。1115年，女真领袖完颜阿骨打称帝，建立金国。1125年金灭辽，乘势侵宋。1127年掳徽、钦二帝北撤，北宋亡。金消灭辽和北宋后，统一了广大的北方地区。盛时疆域南至淮河，西南起自临洮府，西北至东胜州，北至大兴安岭，东至大海。金熙宗时废除女真旧制，采用唐宋官制，但在地方上仍对女真人实行传统的猛安谋克制。世宗、章宗统治时期，金朝的政治、文化达到巅峰，章宗后期由盛转衰。蒙古兴起后，南侵金朝。1234年，南宋军与蒙古军配合，围哀宗于蔡州，金亡。金时，社会经济获得一定发展，农业、手工业和商业也有所进步。金朝文化深受汉族影响，产生了元好问等著名文学家。科学技术有相当的成就。

金贞祐铜钞版

金太祖完颜旻（1068～1123） 中国金朝建立者、军事家。按出虎水（今黑龙江哈尔滨东南阿什河）女真族完颜部人。女真名完颜阿骨打。天庆三年（1113）任女真各部联盟长，称都勃极烈。四年，起兵反辽。五年，建国号金，定都会宁府（今黑龙江哈尔滨阿城区南）。同年，于今黑龙江五常以西破辽天祚帝耶律延禧亲征大军。次年，夺取辽东半岛以东地区。此后连年率军攻辽，先后攻占辽上京、中京、西京、南京。天辅七年（1123），领兵北返途中病死。在位期间，颁行女真文字；建立勃极烈辅政制和猛安谋克制。

完颜宗弼（？～1148） 中国金朝大将。女真族。女真名兀术。金太祖完颜旻第四子。性刚毅，骁勇过人。曾参与灭辽。天会七年（1129），率军渡江，连克数城，攻陷宋都临安（今杭州），遣部尾追宋高宗赵构至海上。次年，大掠还军，被宋将韩世忠水军阻于黄天荡（今江苏南京东北）。率军趋建康（今南京），以火攻打败韩世忠军，渡江北撤。同年，参加富平之战，力战得胜。后图谋入川，与宋军战于和尚原、仙人关等地多年，最后兵败。天眷三年（1140），再次发动侵宋战争，欲夺回交还宋朝的河南、陕西之地，先后在顺昌、郾城等地被宋将刘锜、岳飞击败。皇统元年（1141），兵进淮南，与宋军交战，互有胜负。与宋高宗、秦桧订立和约，使南宋称臣于金，输纳岁币。还朝后屡任显职，独掌军政大权。

元 中国历史上蒙古族统治者建立的统一王朝（1206～1368）。1206年，蒙古部落领袖铁木真建立蒙古汗国，称成吉思汗。同时，创立领户分封制、怯薛军、

蒙古军攻城图

法典及蒙古文。1271年忽必烈改称大元，以金中都为大都（今北京）。1276年，灭南宋，统一中国。从成吉思汗建国算起，共15帝，历163年。

元朝制度多沿袭金制，同时保留一部分蒙古制度，在政治、军事、法律诸方面实行民族歧视的四等人制，对占人口绝大多数的汉人和南人实行高压政策。元中叶以后，政治腐败，阶级矛盾和民族矛盾尖锐。后期爆发了大规模的红巾军起义。元朝时期，农业逐渐得到恢复和发展；官营手工业发达，生产技术有较大的进步，尤以棉纺织为突出；城市商业和对外贸易相当繁荣；多种宗教兴盛，文化成就斐然，特别是元曲灿烂辉煌；郭守敬、王桢等在科学技术上作出了杰出贡献。

元太祖成吉思汗（1162 ~ 1227）蒙古开国君主、军事统帅。名铁木真，姓孛儿只斤，乞颜氏，蒙古人。元朝追上庙号太祖。生于蒙古贵族世家。1204年，铁木真消灭蒙古各部。1206年，在斡难河（今鄂嫩河）源即蒙古国大汗位，号成吉思汗。他随即创立领户分封制、怯薛军、法典及蒙古文。此后，他三次入侵西夏。1211年，又率领大军南下攻金，四年后占领中都。1218年灭西辽。1219年，成吉思汗率20万大军西征，对花剌子模发动侵略战争，进行历史上罕见的大屠杀、大破坏，给中亚各族带来极大灾难。1226年，成吉思汗出征西夏。次年西夏亡。同年，成吉思汗病逝，临终提出联宋灭金的战略。

成吉思汗军事才能卓越，史称“深沉有大略，用兵如神”。他统一蒙古各部，在历史上起了进步作用。

邱处机（1148 ~ 1227） 中国金、元时道士，全真道龙门派创始人。字通密，号长春子，世称长春真人。登州栖霞（今属山东）人。19岁出家，执弟子礼于王重阳。师卒后，隐居潜修多年，创全真道龙门派。贞祐二年（1214），请命招安山东起义军杨安儿，深得朝廷器重。兴定四年（1220），应元太祖成吉思汗之邀，偕弟子尹志平等18人从莱州出发，行程万里，历时两年，到达西域，晋见成吉思汗。太祖深信其言，赐“神仙”“大宗师”尊号。元太祖十九年（1224），返归燕京，太祖赐以虎符、

玺书，命其掌管天下道教。在邱处机的经营下，全真教鼎盛一时。

元世祖忽必烈（1215 ~ 1294） 大蒙古国第五代大汗、中国元朝的创建者。拖雷之子。忽必烈热心学习汉文化，许多汉族才能之士通过交相引荐，聚集在他的藩府里。蒙古宪宗三年（1253），他奉命远征云南，灭大理国。十年，忽必烈即汗位，建元中统。至元八年（1271），建国号大元。忽必烈很重视社会生产的恢复和发展，采取了一些有利于农业和手工业生产的措施，如立司农司、垦荒屯田、兴修水利、限制抑良为奴等。在他统治期间，社会经济逐步恢复，有些地区有所发展，边疆地区得到开发。忽必烈又积极着手征南宋战争。十一年，命伯颜统兵大举南征。十六年，消灭南宋残余势力，完成全国的统一。此后，忽必烈又接连派遣军队远征日本、安南、占城、缅甸和爪哇，但都以失败告终。

八思巴（1235 ~ 1280） 藏传佛教萨迦派第五代祖师、中国元朝第一代帝师、学者。本名罗古罗思坚藏，尊称八思巴（意为圣者），又译发思巴等。吐蕃萨斯迦（今西藏萨迦）人。生于款氏贵族之家。1253年，他谒见忽必烈于六盘山，备受崇敬。忽必烈即位后，封八思巴为国师，赐玉印，统领天下释教。至元元年（1264），领总制院（后改宣政院）事，统辖释教僧徒及吐蕃僧俗政务。六年，完成以藏文字为基础的蒙古新字（后人称为八思巴文）的创制。次年升号帝师、大宝法王。著作有《彰所知论》等。

行中书省 中国元朝地方最高行政机构和行政区划。简称行省，或只称省。元世祖中统元年（1260），设立中书省总领全国政务。因幅员辽阔，先后于重要都会建立十个行中书省，分领各大地区。起初皆以中书省宰执官出领各行省，称行某处中书省事。后来行省成为常设地方行政机构，元朝遂更定官制，只称某处行省官。至元二十三年（1286），罢各行省所设丞相，只置平章政事为最高长官，其后部分地大事繁的行省仍许设丞相。行省掌管辖境内的钱粮、兵甲、屯种、漕运及其他军国重事，统领路、府、州、县。除十行省之外，元朝还于高丽置征东行省，但征东行省与元朝国内诸行省性质不同。

元朝行省制度的确立，是中国行政制度的一大变革。明灭元后，改行省为承宣布政使司，但习惯上仍称行省，一般简称省。省作为地方一级行政区划的名称，一直沿用到现代。

黄道婆（约 1245 ~ ？） 中国元代棉纺织技术革新家。宋末元初松江乌泥泾（今上海徐汇区华泾镇东湾村）人。早年流落到崖州（今海南三亚西北）。元元贞年间（1295 ~ 1297），她自崖州回到故乡，把在崖州学到的纺织技术改革成一套扦、弹、纺、织工具，大大提高了纺纱功效。在织造方面，她用错纱、配色、综线、絜花等工艺技术，织制出有名的乌泥泾被。她的棉纺织技术传遍江浙一带。上海豫园内清咸丰时作为布业公所的跂织亭，供奉黄道婆为始祖。

红巾军起义 爆发于元末的大规模农民战争。至正十年（1350），元廷为解决财政困窘，变更钞法，结果因滥发纸币造成物价飞腾。次年，发汴梁等十三路十五万民工及庐州等十八翼两万军队开凿新河道，时紧工迫，官吏乘机舞弊，人民痛苦更深。开河、变钞催发了大规模的起义。是年，北方白莲教徒刘福通等聚众三千，于颍上（今属安徽）起义，数月从者多达十万。各地贫苦人民群起响应。部众以红巾为号，烧香奉弥勒佛，故称红巾军、红军或香军。不久，南方白莲教僧彭莹玉及其徒赵普胜等在巢湖起义，徐寿辉、邹普胜等在蕲水（今湖北浠水）起义。红巾军人数最多时达百万，势力波及大半个中国。在起义军打击下，元朝统治土崩瓦解。

《马可·波罗游记》 第一部向西方系统介绍中国情况的书籍。马可·波罗著。马可·波罗，1254年生于威尼斯商人家庭，1271年随同父亲和叔父从威尼斯出发，1275年夏到达中国元上都（今内蒙古正蓝旗境内），受到*元世祖忽必烈*的接待和赏识。在中国先后居住约17年，1295年回到威尼斯。1298年他在海战中被俘，于狱中口述东游见闻，由同狱人鲁斯蒂洛·达·皮萨用法文笔录成书。书名为《东方见闻录》，后通称《马可·波罗游记》。

马可·波罗

全书共四卷，重点记述马可·波罗在中国居住期间进行外交、贸易、行政管理活动的见闻，以及中国的地形和风俗。它对于欧洲人了解东方、新航路的开辟和现代科学文化的发展均有影响。

元大都 中国元朝都城。突厥语称汗八里，意即汗城。故址即今北京市旧城内城及其以北地区。元至元四年（1267）以金代大宁宫（位于今北海公园内白塔山）为中心开始营建，至二十二年全部建成，历时达18年之久。

大都城呈坐北朝南矩形，面积约50平方千米。城墙为夯土筑造，有城门11座。平面布局根据“左祖右社，前朝后市”的原则设计。皇城是大都城的核心部分，位于全城南部中央略偏西。围绕皇城外面的为大城，即外郭城。城区按“九经九纬，经涂九轨”的原则，分成东西或南北向的街道坊衢，规划整齐，井然有序。城市平面设计的中轴线和左右对称，体现了皇权至高无上的指导思想，对明清两代北京城的规划设计具有重大影响。元大都在中国古都史上具有重要地位。

元大都城墙遗址上的“蓟门烟树”碑（清乾隆年间立）

紫禁城——天安门和故宫鸟瞰

明（1368 ~ 1644） 中国历史上继元朝之后的统一王朝。共传 12 代，历 16 帝，统治 277 年。1368 年，朱元璋在应天（今南京）称帝，国号明。明朝地域最广时，东北抵日本海、鄂霍次克海、兀的河（今乌第河）流域，西北到新疆哈密，西南包括今西藏、云南，东南到今东海、南海及海外诸岛。

明朝自建立之初起，即极力加强中央集权，形成空前的专制统治。永乐十九年（1421），明成祖朱棣迁都北京。明宣宗以后，大权逐渐旁落于宦官之手。嘉靖时，宦官势力受到裁抑，但内阁又擅权。隆庆、万历年间，首辅张居正锐意改革。明神宗始，统治集团内的党争日益激化，最终

长城北京八达岭段

《山堂会友图》扇面（明，唐寅）

《天工开物》插图“锤锚图”

郑和

南京明孝陵神道石兽

郑和宝船复原图

发展为阉党和东林党的斗争。明末，朝廷大征“三饷”（辽饷、剿饷、练饷），导致农民大起义爆发，明朝灭亡。

明朝农产品商品化扩大，手工业水平提高，商业繁荣，市场活跃。文化极为繁盛，产生了王守仁、李贽等人物；小说成就辉煌，最著名的有《水浒传》《三国演义》和《西游记》等；徐光启、宋应星、李时珍、徐霞客等科学家作出杰出的贡献。当时，还出现了中国历史上最大的类书——《永乐大典》。

明朝在政治、经济、文化各方面对亚洲各国有较深影响。1405 ~ 1433 年，郑和率领船队七下西洋，前后到过亚非三十多个国家和地区。

明太祖朱元璋（1328 ~ 1398） 中国明朝开国皇帝。幼名重八，参加农民起义军后改名元璋，字国瑞。17岁时因父、母、兄皆死于瘟疫而孤，不得已入寺为僧。至正十一年（1351），红巾军起义爆发。次年朱元璋投奔红巾军郭子兴部，后成为起义军首领。十六年，攻占集庆（今江苏南京），改集庆为应天。采用“高筑墙，广积粮，缓称王”的策略，在应天屯田，壮大军力。先后击破陈友谅、张士诚部。1368年在应天称帝，国号大明，建元洪武。洪武二十年（1387）统一全国。朱元璋制定了一系列的政策和制度，将中央集权君主专制发展到空前程度：废中书省和丞相，政归六部；创立卫所制；实行安养生息的经济政策；采取荐举、学校、科举三途并用的办法选取官吏；借胡惟庸案、蓝玉案大肆诛戮功臣；制定《大明律》和《大诰》，还特别设立锦衣卫特务机构；实行分封制。

刘基（1311 ~ 1375） 中国明初大臣、文学家。字伯温。青田（今属浙江）人。元至顺间举进士。博通经史，尤精象纬之学，时人比之为诸葛亮。元至正年间，因忤执政意弃官还乡。至正二十年（1360），被朱元璋礼聘而至。他上书陈时务十八策，参与谋划平定张士诚、陈友谅与北伐中原等军事大计。朱元璋即皇帝位后，他奏请设立军卫法，又请肃正纪纲，并谏止建都凤阳。封诚意伯。刘基佐明太祖朱元璋平天下，太祖比之为张良，呼为“老先生”。后赐归。刘基精通天文、兵法、数理等，尤以诗文见长。著有《诚意伯文集》。

明成祖朱棣（1360 ~ 1424） 中国明朝皇帝。明太祖朱元璋第四子。洪武三年（1370）受封燕王，就藩北平后多次受命参与北方军事活动。建文帝朱允炆即位后实行削藩，朱棣遂于建文元年（1399）发动靖难之役，四年夺取皇位。次年改元永乐。他进一步强化君主专制：对忠于建文帝的文臣，残酷屠杀，大肆株连；皇位较巩固后，继续实行削藩；继续实行朱元璋的徙富民政策；设置内阁；设立分遣御史巡行制度，鼓励官吏互相告讦；设置镇守内臣和东厂衙门，恢复锦衣卫。朱棣十分重视经营北方，永乐初即改北平为北京，十九年（1421）迁都北京。在位期间，社会经济持续恢复和发展。在政治稳定、国库充盈的支持下，调动大量人力物力编修了中国古代类书之冠——《永乐大典》。在对外

关系方面，派郑和率领船队多次出使西洋，同时又派陈诚等出使西域。

三司 中国明代行省中平行的三个最高权力机构。系都指挥使司、承宣布政使司、提刑按察使司的合称。明初沿元制，地方设行省，后以行省权力太大，遂将行省的权力一分为三，设都、布、按三司。都指挥使司简称都司，是地方最高军事机构；承宣布政使司简称布政司，是一省的最高行政权力机构；提刑按察使司简称按察司，是一省的最高司法机构。三司互不统属，分别归中央有关部门管辖。

六部 中国隋唐以后中央行政机构吏部、户部、礼部、兵部、刑部、工部的总称。隋始设，唐高宗时六部之名始定，并沿用至清末。隋时，定六部为尚书省组成部分，掌全国行政事务。吏部为六部之首，掌全国文职官员铨选、勋封、考课之政；户部掌管全国户口、田土、财赋之政；礼部掌管五礼仪制及学校、贡举之政；兵部掌管武官铨选、考核及军籍、疆界、边防、军械、仪仗等军事之政令；刑部掌管全国刑名及徒隶、勾复、关禁之令；工部掌土木水利工程及屯田、官府手工业之政令。六部的正副长官分别称尚书、侍郎。中唐至五代，六部权力削弱，形同虚设。北宋前期，六部所掌事务甚少。元丰改制后，六部复行其本职。元以六部改属中书省。明初沿元制，洪武十三年（1380）罢丞相，废中书省，析其政归六部。至此，六部各自独立，直接听命于皇帝，地位大为提高。清沿明制。

内阁 中国明清两朝综理国家政务的最高行政机构。明洪武时为加强君主集权统治，废除丞相制度，仿宋制设华盖殿、武英殿、文渊阁、东阁等殿阁大学士。殿阁大学士为皇帝侍从顾问，不直接参与政务。永乐初特简翰林院官员入文渊阁当值，参与机密重务。因文渊阁地处内廷，故称内阁。宣德、正统时，内阁逐渐成为协助皇帝决策的中枢机构。明中叶以后，阁臣分为首辅、次辅、群辅，朝位班次列于六部尚书之上。清初改内三院为内阁，内阁名义上仍为最高官署，实际已不再具有明内阁的中枢地位。后内阁逐渐成为处理例行政务及发布文告的机构。宣统三年（1911）设立责任内阁，旧内阁即告废除。

奴儿干都司 中国明朝政府设置于黑龙江、阿速江（今乌苏里江）、松花江及脑温江（今嫩江）流域的地方军政机构。全称为奴儿干都指挥使司。

洪武年间，黑龙江下游奴儿干地区的元朝故臣多率部纳贡归降。永乐二年（1404），明朝置奴儿干等卫。九年，正式开设奴儿干都司。奴儿干都司为明政府管辖黑龙江口、乌苏里江流域的最高一级地方行政机构。管辖范围西起斡难河（今鄂嫩河），北至外兴安岭，东抵大海，南接图们江，东北越海而有库页岛。

锦衣卫 中国明代上直卫亲军。洪武十五年（1382）改原仪鸾司设。下设镇

锦衣卫印

抚司，掌本卫刑名及诏狱，后罢诏狱。永乐中复置，并分设南北镇抚司，以北镇抚司专掌诏狱，南镇抚司领军匠。锦衣卫指挥使由皇帝心腹担任。除侍卫掌卤簿仪仗而外，专司侦查，名为“缇骑”。可以不通过司法机构，直接奉诏行事，受理词状，任意逮捕吏民。锦衣卫属外官，奏事需用奏疏，故势力不及东厂和西厂。

东厂和西厂 中国明朝内廷的特务机构。东厂系永乐十八年（1420）设立于北京东安门北，西厂系成化十三年（1477）设于旧灰厂。东、西厂的头目，多由司礼监太监兼任。东厂和西厂监视官民和锦衣卫，西厂有时还监视东厂。东、西厂和锦衣卫都可以不通过司法机构，直接奉诏行事，受理词状，任意逮捕吏民。东厂督主有爪牙十五六万人，布满全国。东厂还拥有土地庄田。

《永乐大典》 中国古代最大的一部类书。始纂于明永乐元年（1403），完成于永乐六年。姚广孝、解缙主编。共22937卷11095册，约3.7亿字。采辑宋元前经史子集及天文、地志、阴阳、医卜、释道、技艺等古籍七八千种。元以前佚文秘籍多因此得以保存。对辑佚或校勘古籍有重要价值。《永乐大典》只抄正本一部，藏于南京文渊阁，毁于明亡之际。嘉靖、隆庆年间摹写的副本在清乾隆、咸丰时也渐散失。1900年八国联军入侵北京时，所余卷帙大部被焚毁，未毁的几乎全被掠走。中华人民共和国成立后，北京图书馆（今中国国家图书馆）等单位多方搜集到约800卷，1985年由中华书局影印出版。

《永乐大典》封面（明内府抄本）

郑和下西洋 1405～1433年，郑和率领船队七次出使亚非三十多个国家和地区。为中国航海史和外交史上的重大事件。

郑和，云南昆阳（今云南晋宁）人，回族。本姓马，初名三宝，洪武时被阉入宫，又称三宝太监。以靖难之役立功，明成祖朱棣赐姓郑，始名郑和。后升为内官监太监。从永乐三年（1405）至宣德八年（1433）的28年中，郑和七下西洋，从南京下关宝船厂出发，沿江、浙、闽、粤海岸南下，复西行，最远到达非洲东岸肯尼亚的蒙巴萨，访问了亚非沿岸三十多个国家和地区。前三次的主要任务是在东南亚和南亚为明朝树立声威，并为下一步向南亚以西更远的地方航行建立中途转航的据点。后四次的主要任务是向南亚以西继续航行，通过开辟新航路，让海外国家的贡使接踵而来，宾服于中国，为明朝在海外建立前所未有的功绩和广泛联系。

郑和下西洋规模之大、时间之长、范围之广都是空前的。它不仅在航海活动上达到了当时世界航海事业的顶峰，

西洋 古地名。元代至明末，将今南海以西（约自东经110°以西）的海洋及其沿岸各地，远及印度和非洲东部，概称为西洋。明末以后，西洋指今大西洋或欧美各国。

而且对发展中国与亚非国家间政治、经济和文化上的友好关系作出了巨大贡献。

土木之变 中国明朝英宗朱祁镇亲征瓦剌军反被俘虏的事件。因发生在土木堡（今河北怀来东南）而得名。正统十四年（1449），蒙古瓦剌部也先率军大举南下。明英宗在司礼监太监王振挟持下，仓促率军五十余万亲征。因前方败报踵至，王振挥军急退。至土木堡，诸将计议入怀来城据守，但王振不肯听从，下令就地宿营，遂被瓦剌军包围。土木堡无水泉，将士饥渴。也先遣使议和，英宗许之。瓦剌军诈退，明军逾越壕堑而出，瓦剌军发动围攻。明军大败，死者数十万，英宗被俘。此事变后，瓦剌势力大振，明北边长期处于被动挨打局面。

张居正（1525 ~ 1582） 中国明朝政治家。字叔大，号太岳。江陵（今湖北荆州）人。嘉靖二十六年（1547）中进士。隆庆二年（1568）上《陈六事疏》，力主改革。二年至五年，他与高拱、王崇古、谭纶、戚继光等一起整顿北边武备，使北方边塞数十年得无事。明神宗朱翊钧即位后，张居正任首辅，开始进行改革。以考成法整顿官僚机构，加强内阁职权，抑制宦官势力，整饬学政。陆续实施清通欠、省驿递、惩贪墨、汰冗官、省支出等项措施。改革赋役制度，推行一条鞭法；在全国清丈田亩。他还采取厚商措施，整顿钱法；任用潘季驯治理黄河、淮河。对周边民族，则“外示羁縻，内修战守”，整饬边防，改善民族关系。张居正病卒后，除一条鞭法外，其他改革几乎全被废止。著有《书经直解》《帝鉴图说》等。

倭寇 古代日本海寇。日本古称倭奴国，故中国古代史籍将这些日本海寇及后来与之勾结的内陆奸民通称为倭寇。元末至明万历年间，一部分日本武人、浪人（流亡海上的败将残兵）、海盗商人和破产农民不断侵扰中国、朝鲜沿海地区，前后达 300 年之久。嘉靖以前，倭寇侵扰只限于个别地区，时间亦短，

《倭寇图》局部（明）

尚未成为明朝东南地区的严重祸患。嘉靖以后，倭寇活动加剧。倭寇在山东、南直隶、浙江、福建、广东沿海大肆烧杀掳劫，严重威胁东南沿海人民生命财产的安全。福建巡抚谭纶与抗倭名将戚继光、俞大猷等领导东南沿海军民浴血奋战，抗击倭寇。至嘉靖四十四年（1565），东南沿海的倭寇被荡平。

俞大猷（1503 ~ 1579） 中国明朝抗倭名将、民族英雄。字志辅，号虚江。福建晋江人。嘉靖十四年（1535）中武

举。三十四年任苏淞副总兵，从总督张经率水陆军在王江泾（今浙江嘉兴北）大败倭寇。后任浙江总兵，先平定入侵浙西的倭寇，又攻克舟山诸岛的倭巢。四十一年，调任福建总兵。次年，率军会同浙江副总兵**戚继光**、广东总兵刘显，攻克被倭寇据为巢穴的平海卫（今福建莆田东南）。四十三年，改任广东总兵，率军经四个月激战大败侵扰潮州和惠州的倭寇两万余人，威名大振。至四十五年，与福建总兵戚继光等部协同作战，基本消除东南沿海倭患。

俞大猷严于治军，用兵注重谋略。抗倭中多次遭诬陷，仍不馁。著有《正气堂集》等。

戚继光（1528-11-12 ~ 1588-01-05） 中国明朝名将、民族英雄、军事家。字元敬，号南塘，晚号孟诸。嘉靖二十八年（1549）中武举。三十四年，调任浙江都司佥事。旋进参将。三十八年，往义乌招募农民、矿工，将其编练成戚家军。四十年，在台州、仙居、桃渚等处大胜倭寇，九战皆捷。次年奉命率军入闽抗倭，先后捣毁福建三大倭巢。四十二年，率军与福建总兵**俞大猷**、广东总兵刘显协力作战，攻克被倭寇据为巢穴的平海卫。不久，升福建总兵。此后转战闽粤沿海各地。与谭纶、俞大猷等抗倭名将浴血奋战，基本荡平东南沿海倭患。隆庆二年（1568），明廷特召戚继光总理蓟州、昌平、真保三镇练兵事务。他整饬防务，加强战备，设立武学，训练将士，编成一支车、骑、步皆备的精锐部队。后受排挤，调任广东总兵。再后遭诬陷，被夺职。

戚继光注重练兵，尤善育将。所撰《纪效新书》《练兵实纪》，受到兵家重视。

袁崇焕（1584 ~ 1630） 中国明末军事统帅。字元素。广西藤县人。万历四十七年（1619）中进士。天启二年（1622）被破格擢为兵部职方司主事。不久，**清太祖努尔哈赤**夺占广宁，袁崇焕单骑巡阅山海关内外，请兵御守山海关。后在宁远（今辽宁兴城）大败后金十万围攻大军，炮伤努尔哈赤，赢得明朝对后金作战的第一次胜利（史称宁远大捷）。朝廷擢其为右佥都御史、辽东巡抚。七年，后金兵渡鸭绿江南下，他采取积极战略，取得宁锦大捷。后因不附魏忠贤，被其党所劾去职。崇祯元年（1628），他被起用为兵部尚书。翌年，**清太宗皇太极**率军十万取道喜峰口入关。袁崇焕千里驰援，取得京师之捷。皇太极屡受重挫之后，乃设反间计，袁崇焕因此被明思宗朱由检冤杀。有《袁督师遗集》。

李自成起义 明末李自成领导的农民起义。李自成，原名鸿基，陕西米脂人。因家贫，为人牧羊，及长为银川驿卒。崇祯三年（1630）投奔起义军，不久投闯王高迎祥，为八队闯将，转战陕、晋、畿南、豫、楚等地。九年，高迎祥被俘牺牲。李自成承袭闯王名号，转战于陕南及四川东北部地区。十三年，起义军转战河南，农民争附。次年下洛阳，开仓济贫，声势迅速扩大。此后，三次围攻开封，连获项城、襄城、朱仙镇、郏县、

李自成进北京（绘画）

汝宁五次战役的胜利。明军主力被消灭，起义军控制河南全省，部众近百万。十六年，成立新顺政权。次年占领西安，正式定国号为大顺。同年攻入北京，明朝灭亡。李自成及部下逐渐滋长了骄傲自满和骄奢淫逸的倾向，后在山海关被吴三桂和清兵打败。次年，李自成在湖北九宫山牺牲。余部南下，联明御清。

张献忠（1606 ~ 1647） 中国明末农民起义领袖。字秉吾，号敬轩，延安卫柳树涧（今陕西定边东）人。家贫，曾在延安府（今属陕西）充捕快手，继投边营。崇祯三年（1630），率米脂十八寨农民响应王嘉胤起义，自号八大王，率所部转战于陕、豫、皖北。后明军集中兵力反扑，张献忠于十一年伪降于明廷。次年再次起义后入川。十四年，率军出川入楚，攻占襄阳。起义军开始进入极盛时期，转战河南、湖北及皖中北部各州县。十六年岁末，率军入川。次年，以成都为西京，建立政权，国号大西。张献忠在四川严厉镇压横行地方的官绅和地主，但措施过激，波及面过宽。起义军内部则严格约束士卒，不许淫掠，但往往禁而不止。

清军占领黄河流域各省后，招降张献忠，遭拒绝。清顺治三年（1646），清兵逾剑阁（即剑门关）入阆中。张献忠率军迎击，至西充的凤凰山，清兵猝至，因疏于防备，张献忠被射死。

张献忠铸“西王赏功”铜币

史可法（1602 ~ 1645） 中国明末大臣。字宪之，号道邻。河南祥符（今开封）人。崇祯元年（1628）中进士。因与农民军作战有功得迁。崇祯十七年李自成攻占北京，马士英等拥立福王于南京。史可法为兵部尚书，督师扬州，主张联合清军共讨农民军。顺治元年（1644），清兵分三路南下，史可法至白洋河部署诸镇图巩固河防。后退保扬州。次年清大军渐集于扬州城郊，清豫王多铎命人多次招降，史可法誓死不降。不久城破被俘，慷慨就义。史可法殁后十二日，义子史德威回城觅尸，不可辨。由于未得遗骸，因此有流言说史可法未死。其后数年，安徽、浙江先后有多起假可法名号起兵反清。

郑成功（1624 ~ 1662） 中国明清之际抗清名将、民族英雄。福建南安人。本名森，字名俨，号大木。生于日本平户（今长崎县松浦郡）。南明隆武帝赐姓朱，封忠孝伯。顺治三年（1646），父郑芝龙降清，郑成功乃走南澳（今属广东）起兵抗清，屡次拒绝清朝招降。后计杀盘踞厦门的郑联，以厦门为抗清基地。十四年，南明永历帝封他为延平郡王。十六年，率兵连克瓜洲、镇江，进逼南京。在南京城外因轻敌被清军突袭，败退厦门。翌年，清廷调集三省兵力进攻厦门，郑成功率部奋起反击，守住厦门。

顺治十八年，他率领2.5万名官兵、数百艘战船，从福建金门出发，经澎湖，在赤嵌（今台湾台南）附近的禾寮港登陆。围攻赤嵌城，用断水的办法逼迫荷守军出降。继又对台湾城（今台南市安平镇）长期围困，迫使荷兰殖民总督揆一签字投降。郑成功废除荷兰在台湾的殖民体制，建立行政机构，为开发台湾作出了重大贡献。

《郑成功像》（清，黄梓）

吴三桂（1611 ~ 1678-10-02） 中国明朝末年降清将领、清康熙初年反清倡乱的藩王。字长伯，又字月所。辽东中后所（今辽宁绥中）人。以武举承父荫，累官至宁远总兵。崇祯十七年（1644），大顺农民军进逼北京，吴三桂奉命入京勤王，途中闻北京失陷，回据山海关。曾受李自成招降，率兵西行，途中闻农民军拷掠明降臣，愤而折返山海关。之后致书清摄政王多尔衮乞师，联合清军击败农民军。清军进入北京后，吴三桂以功封平西王。顺治十六年（1659），吴三桂奉命留镇云南，是为开藩之始。十八年，晋封平西亲王。康熙十二年（1673），清圣祖玄烨下令撤藩，吴三桂举兵反清，自称周王，传檄远近，史称三藩之乱。十七年，吴三桂在湖南衡州（今衡阳）称帝，国号周。同年秋，中风而死。

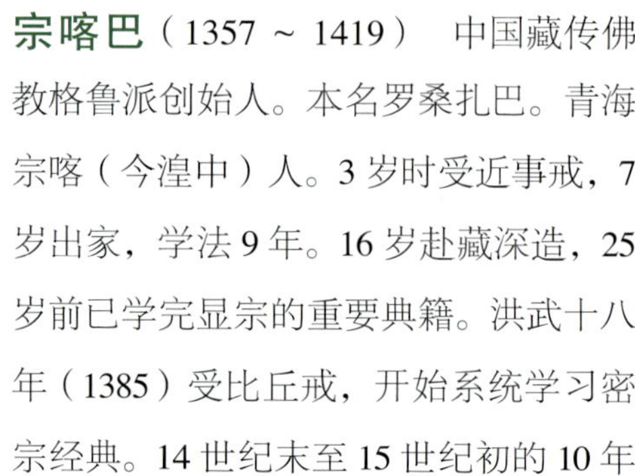
宗喀巴（1357 ~ 1419） 中国藏传佛教格鲁派创始人。本名罗桑扎巴。青海宗喀（今湟中）人。3岁时受近事戒，7岁出家，学法9年。16岁赴藏深造，25岁前已学完显宗的重要典籍。洪武十八年（1385）受比丘戒，开始系统学习密宗经典。14世纪末至15世纪初的10年中，宗喀巴全面展开对西藏佛教的改革活动。他提出僧人严格持戒、不事农作、独身不娶，并加强僧院制度管理。永乐七年（1409），宗喀巴在帕竹政权首领扎巴坚赞的支持下，在拉萨大昭寺举办了规模巨大的祈愿法会。这次法会充分体现了宗喀巴的宗教改革设想，他本人也成为公认的藏传佛教领袖。法会之后，宗喀巴依靠帕竹及其属下贵族，建造了甘丹寺。此寺成为格鲁派的主寺。

徐光启（1562 ~ 1633） 中国明代科学家、政治家。字子先，号玄扈。上海人。万历三十二年（1604）中进士。从耶稣会传教士**利玛窦**等学习西方数学、天文、水利、地理、火器等“有用之实学”，译成《几何原本》《测量法义》《泰西水法》诸书。四十七年，为抗击清兵，累疏自请练兵通州。天启间，遭阉党排陷，告病闲住，从事农业科学的研究和《农政全书》的编写。崇祯二年（1629）奉敕督造红夷炮，抵抗清军。三年，疏陈垦田、水利、救荒、盐法等拯时急务，擢礼部尚书。六年病卒。

主要著作有《农政全书》60卷。另主编有《崇祯历书》，并著有《测量异同》《勾股义》等。

宋应星（1587 ~ 约1666） 中国明末科学家。字长庚。江西奉新人。万历四十三年（1615）中举人。崇祯七年（1634）任江西分宜教谕，十一年为福建汀州推官，十四年为安徽亳州知州。明亡后弃官归里，终老于乡。他在江西分宜教谕任内著成《天工开物》一书。该书6.2万字，123幅插图，分上、中、下3卷，共18章。全书涉及30个不同生产部门的技术，先农副业各章，次手工业各章，最后珠玉一章。《天工开物》是中国古代科技史上一部里程碑式的著作，也是世界古代科技史上的名著。

利玛窦（1552-10-06 ~ 1610-05-11） 旅居中国的意大利耶稣会传教士、学者。字西泰，号清泰、西江。生于意大利马切拉塔。1571年在罗马加入耶稣会，后被耶稣会派到中国传教。1582年抵澳门，次年获准入居广东肇庆。1601年到北京，进呈自鸣钟、《万国图志》等方物，得明神宗信任，敕居北京。在中国传教期间，习汉语，着儒服，行儒家礼仪，是第一位阅读中国文学并对中国典籍进行钻研的西方学者。除传播宗教教义外，还广交中国官员和社会名流，传播西方天文、数学、地理等知识。同时，又向欧洲介绍中国国情，为明代中西文化交流作出了重要贡献。编绘有《坤舆万国全图》，著有《西字奇迹》（今改名《明末罗马字注音文章》）和《利玛窦中国札记》，与徐光启合译有《几何原本》等。

汤若望（1592 ~ 1666-08-15） 旅居中国的德国耶稣会传教士。1619年受耶稣会派遣到中国澳门。明天启二年（1622）进入广东，并到北京。七年，到西安管理陕西教务。崇祯三年（1630），回京供职于钦天监。七年，协助**徐光启**、李天经编成《崇祯历书》。又受明廷之命以西法督造战炮，口述有关大炮制造、

保管、运输、演放及火药配制、炮弹制造等的原理和技术，由焦勖整理成《火攻挈要》和《火攻秘要》。明亡后，汤若望受清廷之命继续修正历法。他用西法修订的历书被清廷定名为《时宪历》，颁行天下。顺治三年（1646），他以《崇祯历书》为基础，纂成《西洋新法历书》。汤若望对朝政得失多有建言，先后上奏章300余封。康熙三年（1664），他被在历法上主张守旧的杨光先控告，被捕入狱。四年，大赦获释。次年病逝。

清 中国历史上最后一个封建王朝（1644～1911）。1616年努尔哈赤称汗，国号大金（史称后金），建都赫图阿拉（今辽宁新宾）。后迁都盛京（今沈阳）。1636年其子皇太极改国号为大清。1644年明朝覆亡，清军入关，迁都北京，逐步确立对全国的统治。自世祖以下，共历十帝，存在268年。全盛时疆域西至巴尔喀什湖；东至海，包括台湾和澎湖列岛；北至唐努乌梁海，与俄国接壤；南达南沙群岛。

清朝在政治、经济制度上多沿袭明制，但也有一些不同，如设立内务府管理宫廷事务，设理藩院管理少数民族事务等。雍正时设立的军机处总揽政务，成为中枢。地方设巡抚、总督管辖一省或数省的军政。清朝前半期，在更名田、摊丁入地等政策的刺激下，经济迅速发展。手工业的发展颇为引人注目。商业的发展也达到空前的高度。康熙、雍正和乾隆时期，清帝国达到鼎盛。嘉庆、道光时期，封建统治逐渐衰落。鸦片战

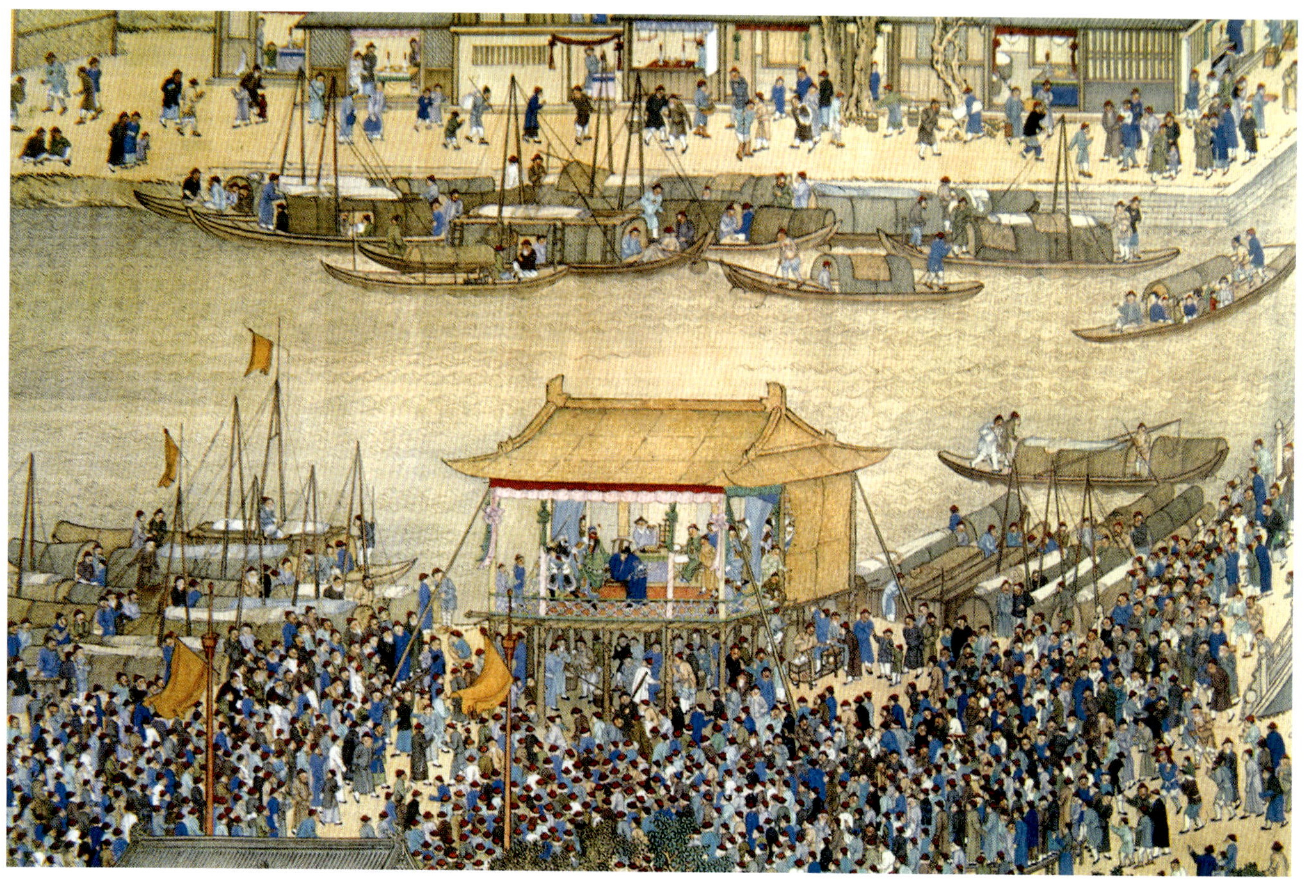

《乾隆南巡图》卷九中所绘当年的盛况

争后，中国沦为半殖民地半封建社会。

在思想、文化方面，出现了黄宗羲、顾炎武、王夫之、颜元等思想家，他们趋向经世致用，反对专制政治。清朝统治逐步稳定后，大兴文字狱，对思想文化加强控制。但在目录版本、校勘辨伪、音韵训诂、辑佚补遗、天文历算、金石、地理、文学方面，都取得了很大成就。以书画、戏剧、小说的成就最为突出。

清太祖努尔哈赤（1559 ~ 1626-09-03） 中国大金（后金）的创建者、清朝奠基人。爱新觉罗氏。满族。他的祖父与父亲被明军误杀，于是他打起为祖、父报仇的旗号，以“遗甲十三副”起兵，开始了统一女真各部的事业。他用三十多年的时间，统一了建州女真和海西女真的全部，以及“野人”女真的大部。万历二十七年（1599），他命人创制满文（老满文）。四十三年，建立八旗制度。次年，努尔哈赤在赫图阿拉称汗，建立大金（史称后金），改元天命，自此公开与明抗衡。天命三年（1618），努尔哈赤统兵攻陷明抚顺、清河等地。六年，他率领大军相继攻占沈阳、辽阳等七十余城。迁都沈阳。努尔哈赤进入辽沈地区以后，先后实行计丁授田和编丁立庄。这些政策使汉人遭到残酷的剥削，加深了民族矛盾。十一年，他统率大军进攻宁远（今辽宁兴城），被宁远守将袁崇焕击败。不久病死。葬沈阳福陵。

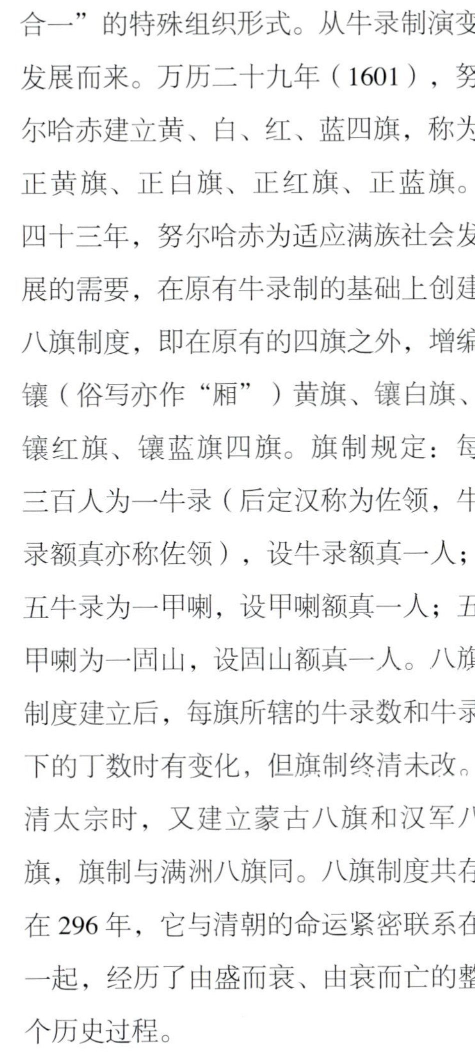

八旗制度 中国清代满族社会“兵民合一”的特殊组织形式。从牛录制演变发展而来。万历二十九年（1601），努尔哈赤建立黄、白、红、蓝四旗，称为正黄旗、正白旗、正红旗、正蓝旗。四十三年，努尔哈赤为适应满族社会发展的需要，在原有牛录制的基础上创建八旗制度，即在原有的四旗之外，增编镶（俗写亦作“厢”）黄旗、镶白旗、镶红旗、镶蓝旗四旗。旗制规定：每三百人为一牛录（后定汉称为佐领，牛录额真亦称佐领），设牛录额真一人；五牛录为一甲喇，设甲喇额真一人；五甲喇为一固山，设固山额真一人。八旗制度建立后，每旗所辖的牛录数和牛录下的丁数时有变化，但旗制终清未改。清太宗时，又建立蒙古八旗和汉军八旗，旗制与满洲八旗同。八旗制度共存在 296 年，它与清朝的命运紧密联系在一起，经历了由盛而衰、由衰而亡的整个历史过程。

清太宗皇太极（1592-11-28 ~ 1643-09-21） 中国清朝的创建者。爱新觉罗氏。满族。努尔哈赤第八子，在位 17 年。天命十一年（1626）在沈阳即后金汗位。天聪十年（1636）在沈阳称帝，改国号为大清。

皇太极努力整顿内部，建立内三院和六部，设立蒙古八旗和汉军八旗，任用汉族的官员将领，大力加强皇权，削弱满族皇室诸大贝勒的权力。他提出“治国之要，莫先安民”的方针，改革制度，使大量汉族奴隶取得民户地位；注意体恤民力，凡有妨农务的工程一律不兴筑。

在其治下，农业有了较大发展，社会矛盾得到缓和。

在位期间，继续对外扩张。他攻灭蒙古察哈尔部林丹汗，统一漠南蒙古；又两次进军朝鲜，切断明廷与朝鲜的长期联盟。崇德五年（1640）始，清军进攻松山、锦州地区。皇太极亲临前线指挥作战，大败明军。明朝在山海关外的要隘尽失。

崇德八年，皇太极猝然病死。葬沈阳昭陵。

孝庄文皇后（1613 ~ 1688-01-27） 中国清太宗皇太极的皇后。博尔济吉特氏。蒙古科尔沁部贝勒寨桑之女。后金天命十年（1625），皇太极娶她为妻。

崇德三年（1638），她生育皇九子福临。5 年后福临即位为帝，她被尊为皇太后；18 年后，其孙玄烨即位，她被尊为太皇太后。她聪明能干，颇有谋略，一生经历了清初三朝政局的变化，精心扶立了两朝幼帝执政。顺治帝的一生得益于孝庄的扶持和教育，康熙帝在孝庄的教养下长大成人。葬昭西陵。

剃发令 中国清朝初年强迫汉人仿照满人习惯剃发的法令。满族男子将前额和四周头发剃去，留存头发编成辫子垂于脑后。清在关外时，汉族及其他各族人投降归顺或被掳去的，都以剃发作为标志。顺治元年（1644）多尔衮进入北京后，即宣布京城内外军民人等尽行剃发以示归顺。剃发令遭到北京人民的强烈反对，不久被迫停止。二年南明弘光政权灭亡，清廷再次颁布剃发令。规定京城内外以十日为限，各省地方在接到命令后十日之内，所有文武官民都要剃发，衣冠服饰也要遵从清制，违抗者杀无赦。剃发令的颁布及强制执行加剧了清初的民族矛盾，遭到广大汉族人民的反对，触发了江南地区江阴、嘉定、苏州等地的抗清斗争。

清世祖福临（1638-03-15 ~ 1661-02-05） 中国清朝入主中原以后的第一代皇帝。全名爱新觉罗·福临。满族。皇太极第九子。6 岁即位，年号顺治，习称顺治帝。即位之后，实权由多尔衮控制。顺治七年（1650）冬多尔衮卒，次年福临亲政。他颇信用汉官，提升汉官地位。编制《赋役全书》，除前明苛政。惩治贪污，赃十两即重处。继续进行统一全国的战争，在位期间基本统一了大

陆地区。与天主教传教士汤若望接触频繁，颇受其影响。后又崇信佛教。十七年（1660），宠妃栋鄂氏病逝，福临痛不欲生，决心削发出家，几经劝阻乃止。次年正月病卒。葬清孝陵。

清圣祖玄烨（1654-05-04 ~ 1722-11-13） 中国清朝皇帝。爱新觉罗氏。满族。清世祖福临第三子。顺治十八年（1661）继承皇位，改次年为康熙元年，习称康熙帝。八年（1669），清除鳌拜及其同党，掌握实权。

玄烨亲政后，先后平定三藩，统一台湾，并粉碎了西北厄鲁特蒙古准噶尔部上层分子的分裂阴谋，基本实现了国家的统一。二十四年至二十六年，组织了两次收复雅克萨之战。中俄两国通过平等谈判，于二十八年正式签订《尼布楚条约》，从法律上确定了中俄东段边界。

玄烨十分注意恢复和发展生产，下令停止清初圈地弊政。实行更名田，将明藩王土地给予原种之人，使耕种藩田的农民成为自耕农。实行蠲免政策，以鼓励农业生产。经过几十年的努力，全国垦田面积大大增加，人口迅速增长，出现了所谓康乾盛世。

玄烨对汉族官吏、名士及一般士子，分别采取不同措施，罗致了封建统治所需要的人才。设置南书房，命翰林院詹事府、国子监官员轮流入值，以笼络汉官。命开博学鸿儒科，以网罗硕彦鸿儒入史馆纂修明史。又吸收大量学者编纂各种图书，著名的有《古今图书集成》。玄烨对程朱理学尤其提倡，大批信奉程朱的理学名臣如李光地、汤斌等受到重用。清代严酷的文字狱也是从康熙时期开始的。

玄烨统治时期，中国成为疆域辽阔、统一繁盛的国家，经济、文化得到发展，伸向中国的西方早期殖民势力受到遏制，封建社会进入新的相对稳定时期。

三藩 清初吴三桂、尚可喜、耿精忠三支割据势力所辖藩镇。三藩都是降清的明将。吴三桂封平西王，留镇云南；尚可喜封平南王，留镇广东；耿仲明及其子死后，其孙耿精忠袭靖南王爵，留镇福建。各拥重兵，势力坐大，严重威胁清朝的统治。康熙十二年（1673），清圣祖玄烨下令撤藩，令三藩各率所部归辽东。吴三桂抗拒，率先举兵叛乱。尚之信（尚可喜子）、耿精忠、广西将军孙延龄起兵响应。圣祖命将出师，进行征讨。经八年平乱战争，至二十年平定吴三桂之乱，三藩遂撤。

清政府统一台湾 中国清康熙年间发生的一次重大政治事件。康熙初年，全国大规模的抗清斗争已经基本结束，唯郑成功子郑经占据台湾，仍奉明正朔。康熙二十一年（1682），郑经病死，郑克塽继立。清政府以形势有利，决定统一台湾，任命内大臣施琅为福建水师提督，赴福建筹备一切事宜。

二十二年六月，施琅率领水师2万余人、大小战舰200余艘，一举攻占澎湖。

台湾失去屏障，郑氏军事力量损失惨重。施琅派人前去招抚。七月，郑克塽派人到澎湖奉表归降。八月，施琅率领清军抵达台湾。清政府决定设置台湾府，隶福建。于台湾置总兵一员，澎湖设副将一员，领兵镇守。台湾自此统一于清朝中央政府的管辖之下。

雅克萨之战 清康熙二十四至二十六年（1685 ~ 1687），中国军民驱逐沙俄侵略军、收复领土雅克萨的两次重要作战。明末清初，沙俄开始侵入中国黑龙江流域，先后强占雅克萨和尼布楚（今俄罗斯境内）两城，残杀中国居民。清廷多次要求其退出，均遭拒绝，遂决定以武力予以驱逐。二十四年，康熙帝派都统彭春、副都统班达尔善率八旗兵和福建藤牌兵组成的水陆军队，会同黑龙江将军萨布素围攻雅克萨。清军击退沙俄援军，用火炮攻城，沙俄军投降，清军毁城还师。不久，沙俄军再度侵入雅克萨旧址，筑城盘踞。次年，清军再围雅克萨。经长期围困，沙俄军弹尽粮绝，沙俄政府被迫同意谈判。二十六年，清军撤围，雅克萨之战结束。战后，中俄双方签订《尼布楚条约》，从法律上确定了中俄东段边界。

《尼布楚条约》 中俄两国缔结的第一个条约。正式名称是中俄《尼布楚议界条约》。康熙二十八年七月二十四日（1689 年 9 月 7 日）由清政府全权使臣索额图和沙俄全权使臣 F.A. 戈洛文签订于尼布楚（今俄罗斯涅尔琴斯克）。共分 6 款。条约明确规定了中俄两国的东段边界——以流入黑龙江之额尔古纳河、格尔必齐河为界，从法律上肯定了黑龙江、乌苏里江流域的广大地区是中国的领土。俄国通过条约，将中国让予的贝加尔湖以东尼布楚一带纳入其版图，将乌第河与外兴安岭之间的地方划为待议地区，并获得重大的通商利益。条约的订立为中俄两国关系的正常化奠定了基础，使中国东北边疆获得了比较长久的安宁。

平定噶尔丹 清朝康熙年间平定噶尔丹武装叛乱的战役。噶尔丹是清朝卫拉特蒙古准噶尔部首领。康熙二十七年（1688），噶尔丹引兵三万越杭爱山向喀尔喀蒙古土谢图汗部发动进攻，喀尔喀各部败溃。二十九年，举兵追击喀尔喀部众，于乌尔会河（今内蒙古乌兰浩特西）击败清理藩院尚书阿剌尼部。清圣祖玄烨为确保边疆安定，三次亲征漠北。二十九年，经乌兰布通之战，清军大破噶尔丹以万余头骆驼组成

《北征督运图册》局部

的防御营地（驼城），噶尔丹败归科布多。三十五年，经昭莫多之战，清军击溃噶尔丹主力军队，噶尔丹众叛亲离。三十六年三月，在清军追击下，噶尔丹势穷自杀（一说暴病卒）。

清世宗胤禛（1678 ~ 1735） 中国清朝皇帝。爱新觉罗氏。满族。清圣祖玄烨第四子。康熙六十一年（1722）即位，年号雍正，习称雍正帝。在位13年。清圣祖亲征噶尔丹时，从征掌正红旗大营。圣祖死后，他在步军统领隆科多帮助下继承帝位。世传他篡改遗诏，学者意见不一。

即位后，他在政治上采取多种措施以巩固自己的皇位。消除异己，分化瓦解诸皇子集团；创立秘密立储制度。施行耗羡归公和养廉银的措施；严格清查各地亏空钱粮，对贪官污吏即行抄家追赃，对民间拖欠责令短期内分年带征。大兴文字狱。设军机房（后改军机处）。在题本、奏本之外，命督抚布按等地方大员密折奏事。大规模推行改土归流政策。

他在经济上采取了一些旨在发展农业生产的措施。实行摊丁入地的赋役制度；更加严格地执行传统的重农抑末方针；兴修水利；实行社会改革，打击残存的蓄奴制度。

雍正五年（1727），清廷同俄国订立了《布连斯奇条约》和《恰克图条约》，划定中俄中段边界及确定两国通商问题。

军机处 中国清代秉承皇帝意旨办理机要政事的中枢机构。全称办理军机事务处。雍正七年（1729）初设军机房，十年改为军机处。职掌主要是：掌书谕旨，参赞军国机务，参议重要政务及刑狱；用兵时则考其山川道里、兵马钱粮之数，以备顾问；文武官员的简放、换防、引见、记名、赐予，以及拟定对外藩朝觐者的颁赐等。办公处所设于内廷隆宗门内。全部工作由军机大臣主持，设军机章京办理一切事务。宣统三年（1911）清廷宣布成立责任内阁时废止。军机处的设立，进一步加强了清朝封建君主专制制度。

秘密立储 中国清代雍正以后皇位继承的制度。中国历代王朝基本上采取公开建储，即预先公开册立皇太子，以备承嗣皇位。皇太子的选择遵循立嫡立长，即嫡长继承制。清朝不立皇太子，因此多次发生诸皇子争夺储位事件。雍正帝即位后，确立了秘密立储制度，夺嫡斗争才不复出现。其具体做法是皇帝生前不公开册立皇太子，而是将被立为储君的皇子的名字亲笔书于纸上，一式两份，一份放在乾清宫“正大光明”匾额之后，另一份由皇帝亲自保存。待皇帝驾崩，两份验明后，即可确立新皇帝。秘密立储避免了历史上经常出现的诸皇子争储位、储君与皇帝争权、储贰骄纵等弊病。嗣后乾隆、嘉庆、道光、咸丰各帝，均按这一制度继承皇位。同治、光绪两帝均无子嗣。宣统帝未及亲政，清朝即被推翻，秘密立储制度遂自然废止。

改土归流 中国清代雍正以后在西南一些少数民族地区废除土司制，实行流官制的政治改革。为了解决土司割据的积弊，雍正四年（1726），云贵总督鄂尔泰建议取消土司世袭制度，设立府、厅、州、县，派遣有一定任期的流官进行管理。雍正帝令其悉心办理。六年，又命贵州按察使张广泗在黔东南推行改土归流政策。清政府在改土归流地区设立府州县的同时，添设军事机构；清查户口，丈量土地，征收赋税，建城池，设学校。改土归流的地区包括滇、黔、桂、川、湘、鄂六省，所涉及的民族有苗族、彝族、布依族、侗族、瑶族、水族等。

雍正朝的改土归流只在西南部分少数民族地区实行，未实行的地方还不少。乾隆以后，改土归流仍在某些地区继续实行。改土归流废除了土司制度，减少了叛乱因素，加强了政府对边疆的统治，有利于少数民族地区社会经济的发展。

年羹尧（？～1726） 中国清代康熙、雍正时名将。字亮工，号双峰。汉军镶黄旗人。康熙三十九年（1700）中进士。历任四川巡抚、四川总督、川陕总督。蒙古准噶尔部的策妄阿拉布坦攻袭西藏，年羹尧以定西将军衔率军征剿，平定西藏。雍正元年（1723）授抚远大将军，奉命进讨青海蒙古和硕特部首领罗卜藏丹津叛乱，督军至西宁，以功加太保，封公爵。次年，朝廷从年羹尧议，以岳钟琪等率兵进剿，大破叛军，平定青海。

年羹尧与雍正帝关系甚密，参与雍正帝在诸皇子争位过程中的许多活动。后恃功骄纵，遭雍正帝猜忌，被调任杭州将军。又受众官弹劾，被罢将军任，尽削官职和爵位。是年十二月（1726年1月），以92款罪被勒令自尽。

清高宗弘历（1711-09-25～1799-02-07） 中国清朝皇帝。爱新觉罗氏。满族。清世宗胤禛第四子。雍正十一年（1733）封和硕宝亲王，十三年即帝位，年号乾隆，习称乾隆帝。在位60年。传位嘉庆帝后，为太上皇帝，仍掌军国大政，直至去世。实际统治63年，是中国历史上掌权时间最长的皇帝。

在位期间，多次用兵统一疆土，使统一的多民族国家得到巩固发展。同时，加强了对西藏的管辖。由于西方殖民势力对中国不断进行试探，乾隆帝采取限制贸易、减少接触政策，规定只留广州一口通商，其他海口一律禁止贸易。他拒绝英国马戛尔尼使团来华提出的各项有损中国主权的要求，对沙俄也坚持原定条约的规定。

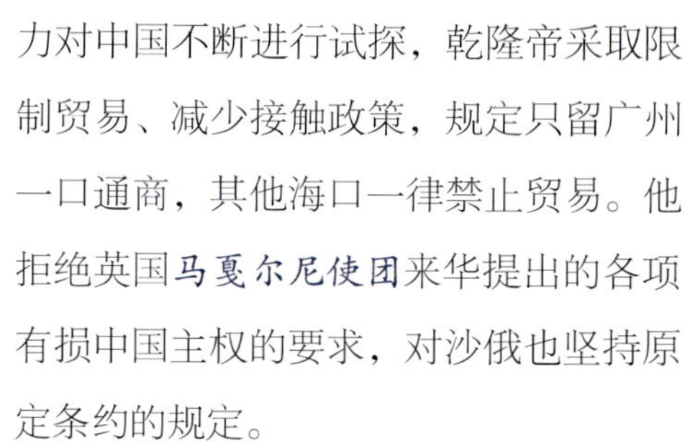

乾隆帝十分重视文化事业，以国家财力纂修书籍甚多。乾隆三十八年（1773）更开馆编纂《四库全书》。他又喜爱书法、绘画、古砚，命臣下搜罗进献，对古代珍贵文物的保存颇有贡献。但他对稍涉辽事或认为于其统治不利的古籍多加禁毁，造成文化上的重大损失。又迭兴文字狱。

乾隆帝一生武功显赫，自诩十全武功。他六下江南，繁兴土木，耗费大量人力财力。中期任用于敏中，晚年又宠信和珅，吏治渐趋败坏，大贪污案层出不穷。加之土地高度集中，人口增长过快，阶级矛盾日渐尖锐。自乾隆三十九年山东王伦起义以后，连续发生多次起义。

十全武功 中国清代乾隆时期的十次重大军事行动。乾隆帝称之为“十全武功”，并因此自号十全老人。十次重大军事行动指：乾隆十二年（1747）至十四年大金川之役，二十年平定准噶尔达瓦齐之役，二十年至二十二年平定阿睦尔撒纳之役，二十三年至二十四年平定南疆大小和卓叛乱，三十年至三十四年缅甸之役，三十六年至四十一年大小金川之役，五十一年至五十三年镇压台湾林爽文起义，五十三年至五丨四年安南之役，五十五年和五十六年至五十七年两次抗击廓尔喀（今尼泊尔）侵扰西藏的战争。其中有加强国家统一、抵御外来侵略的战争，也有对内镇压人民起义与对邻国扩张之役。性质各不相同，战争也有胜有败。

大小和卓之乱 中国清代乾隆时期，新疆回部伊斯兰教封建主霍集占兄弟发动的叛乱。清军平定准噶尔达瓦齐割据势力后，留霍集占管理伊犁地区伊斯兰教教务。乾隆二十二年（1757），霍集占兄弟杀清政府派往南疆的使臣阿敏道，霍集占自称巴图尔汗，发动武装叛乱。清政府命雅尔哈善统兵征讨。雅尔哈善指挥不力，致霍集占逃脱。清政府另派兆惠率军南下进剿。霍集占逃归叶尔羌，其兄波罗尼都则返回喀什噶尔（今喀什）。二十四年夏，清军分两路出击，兆惠统军进攻喀什噶尔，富德领兵直取叶尔羌。霍集占兄弟弃城逃走，至巴达克山，被当地部落首领擒杀，尸首被送交清军。

土尔扈特部回归 中国清代乾隆时期少数民族返回祖国的事件。土尔扈特部是中国明清时期厄鲁特蒙古四部之一，原游牧于塔尔巴哈台附近的雅尔地区。17世纪30年代，土尔扈特部首领率其所部及部分杜尔伯特部、和硕特部牧民西迁至额济勒河（伏尔加河）下游，但仍保持与厄鲁特各部的联系。

土尔扈特人自西迁后，不断反抗沙皇俄国的侵略与奴役。乾隆三十六年（1771），土尔扈特部首领渥巴锡为摆脱沙俄压迫、维护民族独立，率领部众发动武装起义，并冲破沙俄重重截击，历经千辛万苦，胜利返回祖国。

御制土尔扈特全部归顺记碑（立于河北承德普陀宗乘庙内）

清廷对土尔扈特部返归祖国的爱国正义行动十分重视。乾隆帝多次接见、宴请渥巴锡等首领，封渥巴锡为卓哩克图汗，授予其余大小首领爵位，并对土尔扈特部的牧地作了妥善安置。他还亲撰《土尔扈特全部归顺记》《优恤土尔扈特部众记》碑文两篇，立碑于承德普陀宗乘庙内。

马戛尔尼使团 中国清代乾隆时英国派遣来华的官方代表团。由前驻俄公使、孟加拉总督G.马戛尔尼任全权大使。使团带有英王庆贺乾隆帝83岁寿辰的信函和国书。英国政府训令使团向清政

马戛尔尼

府提出“改善”贸易条件、互换常驻使节等要求。

1792 年（清乾隆五十七年）9 月 14 日，马戛尔尼在热河避暑山庄觐见乾隆帝，正式递交国书并参加万寿节活动。马戛尔尼多次想与和珅讨论两国贸易和建交问题，均无结果。10 月 3 日，英使提出六点书面要求，乾隆帝以所请与“天朝体例”不合，一一驳回。马戛尔尼的使命归于失败。

马戛尔尼使团来华，是为本国商品打开中国市场的一次尝试。清政府严正拒绝了英国的无理要求，维护了中国主权，但同时又坚持闭关自守，反对扩大两国正当贸易，不利于中国社会经济的发展。

刘墉（1719 ~ 1804） 中国清朝大臣、书法家。字崇如，号石庵、青原。山东诸城人。刘统勋之子。乾隆十六年（1751）中进士，授翰林院编修，后升翰林院侍讲。不久因受父亲连累，被夺官下狱。事解后，历任吏部、礼部、兵部尚书。嘉庆二年（1797）授体仁阁大学士。卒后赠太子太保。

小楷《七言诗》局部

刘墉擅长楷书、行书，同时也能写榜书和小楷。他喜用硬笔短毫，书法丰腴淳厚、落落大度。一生书法曾经数度变化，年轻时珠圆玉润，中年笔力雄健，晚年则趋于平淡。与翁方纲、梁同书、王文治并称“清四大家”。

纪昀（1724 ~ 1805） 中国清朝大臣、学者。字晓岚，一字春帆，晚号石云。直隶献县（今属河北）人。乾隆十九年（1754）中进士，官至翰林院侍读学士。三十三年，因给以贪污获罪的两淮盐运使卢见曾通报消息，被谪戍乌鲁木齐。三十五年放归。历任左都御史，兵部、礼部尚书，协办大学士。

纪昀学宗汉儒，博览群书，工诗及骈文，尤长于考据。以学问文章名重朝野。他胸怀坦率，性好滑稽。先后参与《热河志》《历代职官表》《河源纪略》《八旗通志》等书的编纂。任《四库全书》总纂官。他主持写定的《四库全书总目》，为代表清代目录学成就的巨著。他的诗文，经后人搜集编为《纪文达公遗集》。其他著述有《阅微草堂笔记》等。

和珅（1750 ~ 1799） 中国清代乾隆时权臣。满洲正红旗人。钮祜禄氏，字致斋。乾隆三十四年（1769），袭三等轻车都尉世职。因机灵善辩、仪表俊伟，受乾隆帝赏识。历任显官，居军机大臣之位达 24 年。他还兼任多种文武官职，累封至一等公。他精明敏捷、办事

干练，被乾隆帝倚为心腹。乾隆后期，政令传宣多由他手书口传，各省奏折皆用副折送他先阅，各地进贡珍品也多入他家。他广收贿赂，致府库空虚，吏治进一步腐败。嘉庆四年（1799），乾隆帝死，嘉庆帝立即数其二十大罪，责令自尽。从他家查抄的金银珍宝相当于国家一年财政收入的一半。故民间有“和珅跌倒，嘉庆吃饱”的谚语。

达赖喇嘛 中国藏传佛教格鲁派两大活佛转世系统之一的称号。达赖为蒙古语音译，意为“大海”；喇嘛为藏语音译，意为“上师”。达赖喇嘛意为“德智广深如海无所不纳之上师”。明万历六年（1578），蒙古土默特部首领俺答汗邀请索朗嘉措前去传法，特赠他“圣识一切瓦齐尔达喇达赖喇嘛”的称号。后格鲁派徒众以索朗嘉措为三世达赖，并追认根敦珠巴为一世，根敦嘉措为二世，建立了达赖喇嘛活佛转世制度。代代相传，皆以“嘉措”为名。教徒尊其为观音菩萨化身。五世达赖罗桑嘉措广结善缘，于清顺治九年（1652）亲赴北京觐见，被顺治帝册封为“西天大善自在佛所领天下释教普通瓦赤喇怛喇达赖喇嘛”。返藏后移驻布达拉宫，大兴土木，刻意经营，形成西藏最大的政教一体势力。其后，历代达赖喇嘛更迭例由中央政府册封，遂成定制。今已传至十四世。

《五世达赖觐见顺治帝图》（布达拉宫壁画）

班禅额尔德尼 中国藏传佛教格鲁派两大活佛转世系统之一的称号。“班”为梵文“班智达”的略称，意为“学者”；“禅”为藏语“禅保”的略称，意为“大”。班禅即大学者。额尔德尼为满语音译，意为“珍宝”。1645年，

清朝中央政府授予班禅的金印

罗桑确吉坚赞因帮助青海蒙古和硕特部顾实汗征服西藏有功，获“班禅博克多”称号。博克多为蒙古语音译，意为“睿智英武”。清顺治帝亦封他为金刚上师，令主持后藏扎什伦布寺，并划后藏部分地区归其统辖。罗桑确吉坚赞圆寂后，其徒众追认克主杰、索南乔朗、罗桑顿珠为前三世班禅，罗桑确吉坚赞为四世班禅，遂形成班禅活佛转世系统。清康熙五十二年（1713），清廷加封五世班

禅罗桑意希“额尔德尼”称号，颁赐金册金印，正式确认其在藏传佛教中的重要地位。班禅额尔德尼被认为是无量光佛的化身。已传至十一世。

转世灵童 中国藏传佛教中活佛的转世。佛教灵魂转世和轮回受生的思想认为，大乘圣者（如活佛）已经除妄证真，不为业转而能自主生死，自在转生，随缘度众。活佛圆寂后，寺院上层通过占卜、降神等仪式，寻觅活佛圆寂的同时出生的婴童若干名，从中选出一个灵童作为他的转世，继承其地位。这个灵童就叫转世灵童，是已故活佛的转世。后因人选时被操纵，清乾隆五十七年（1792）规定用金瓶掣签法选定在理藩院注册的大活佛的转世，以防舞弊。

金瓶掣签 中国用掣签于金瓶以确定藏传佛教大活佛转世人选的制度。始自清乾隆五十七年（1792）。金瓶，藏语音译为“金奔巴”或“金本巴”。在此之前，确定活佛转世中有串通妄指之弊。为防止大贵族势力操纵其间，加强中央政府对西藏政教的控制，乾隆五十七年清廷颁发两只金瓶，并将金瓶分贮于北京雍和宫及拉萨大昭寺内。雍和宫的金瓶例由理藩院尚书监临，用于掣签拈定章嘉呼图克图与哲布尊丹巴呼图克图的转世灵童。大昭寺的金瓶例由驻藏大臣监临，用于掣签拈定达赖喇嘛与班禅额尔德尼及大呼图克图的转世灵童。遇有大活佛转世之时，先行呈报所选灵童数人姓名、出生日期，用满、汉、藏三种文字缮写于象牙签上，放入金瓶中，供于释迦佛像前，传唤喇嘛齐集大昭寺，诵经七日。届期由驻藏大臣亲临大昭寺焚香顶礼，从瓶内掣签。掣得者即为转世活佛，由驻藏大臣申报朝廷请封。

金奔巴瓶

驻藏大臣 中国清朝中央政府派驻西藏地方的行政长官。全称钦差驻藏办事大臣，又称钦命总理西藏事务大臣。设正、副职各一员，副职称帮办大臣。雍正五年（1727）至宣统三年（1911）的184年间，驻藏大臣共83任，帮办大臣共52任。驻藏大臣代表中央政府会同达赖喇嘛监理西藏地方事务，诸如任免高级僧俗官员，稽核财政收支，指挥地方军队，处理涉外事务，督察司法、户口、差役等项政务等。乾隆末年以后，还专司监督有关达赖喇嘛、班禅额尔德尼及其他大呼图克图转世的金瓶掣签、拈定灵童、坐床典礼等事宜。

驻藏大臣之设立是自唐宋以来中央政府对西藏地方管理制度的重大发展。这一制度对于加强祖国统一、巩固边防、促进民族团结均起过积极作用。

晋商 中国古代商人集团。指明清时期以善于经商而著称于世的山西商人。山西简称晋，故名。宋时，晋商已与徽商并称，成为当时中国商业的中坚力量。明清晋商经营的行业很广泛，有“上自绸缎，下至葱蒜，无所不包”之说。其活动范围遍及华北、华中、江南、西南、西北、东北各地。晋商还积极开展国际贸易。在清代长达两个多世纪的恰克图对俄贸易中，主要是晋商在经营。清后期，山西平遥出现了中国历史上第一家票号——日升昌。日升昌生意的成功，吸引其他商人纷纷投资票号，从而形成了著名的山西票号。山西票号除专门经营汇兑业务外，还兼营存款、放款业务，并把汇兑、存款和放款结合起来，利用承兑汇票期限，占用客户的现金放高利贷，获取高额利润。太平天国起义后，票号商人在国外设立分支机构，开始了国际汇兑业务。

晋商资本的发展，不仅使晋商聚集了大量的货币资财，而且促进了山西手工业的发展和全国商品物资的交流，加快了中国自然经济解体和商品经济发展的进程。清末，晋商随着清朝的灭亡而衰败。

徽商 中国古代商人集团。以居于徽州（明清的徽州府辖歙县、休宁、祁门、绩溪、婺源等县）而得名。又名新安商人、歙商、休宁商、黟商、婺源商等。起源于宋代，明清时期发展成为当时主要的商业资本集团之一。

徽商的主要活动范围在长江流域。经营的行业十分广泛，以盐业为最重要。明清时期两淮、两浙食盐的贩卖，几为徽商所垄断。因此，从明中叶起，他们已成为豪富特权商人，与官府关系密切。徽商带有浓厚的地域性和家族性。其资本活动往往是全乡经营、集团移徙。徽商热衷于创办同乡会或会馆等，以保护本地区商人的利益。其积蓄往往用于乡里的慈善事业。徽州商业资本还带有严重的寄生性和野蛮性。他们广泛经营典当业，发放子母钱，进行高利贷盘剥。

清中后期，随着清朝政治和财政危机的加深，徽州缙绅势力减弱，徽商因失去政治庇护而逐渐衰落。

闭关政策 中国清政府在对外关系中所执行的控制贸易及隔绝与外国交往的政策。清建立全国政权之后，厉行闭关政策。以乾隆二十二年（1757）为界，大体可分为前后两个不同时期。前期禁海的目的主要在于隔绝大陆人民与台湾郑氏抗清力量交通，防范人民集聚海上；后期则着重防禁“民夷交错”，针对外国商人，以条规立法形式，严加限制对外贸易。乾隆二十二年，清廷针对外国资本主义势力而厉行闭关政策，只准在广州一口贸易。在对外贸易中，清政府又实行商行制度，即设**广州十三行**以进行垄断。清政府只允许少数殷实富商设立“公行”，负责与外商从事进出口贸易，并代表清政府与洋商交涉。同时，清政府对出洋贸易的国人也有种种严格限制。1840年，英国用大炮轰开了中国的大门。

广州十三行 中国清朝设立于广州的经营对外贸易的专业商行。又称洋货行、洋行、外洋行、洋货十三行。康熙二十五年（1686）四月始创。名义上虽称“十三”，其实并无定数。它由封建官府势力“招商承充”并加以扶植，具有官商的社会身份。

乾隆时期的广州十三行

十三行作为清朝官设的对外贸易特许商，要代海关征收进出口洋船各项税饷，并代官府管理外商和执行外事任务。为了整顿洋行制度，进一步加强对外商的直接管理，清廷于乾隆十年（1745）从广州二十多家行商中选择殷实者五家为保商，建立保商制度。保商的责任是承保外国商船到广州贸易和纳税等事，承销进口洋货，采办出口丝茶，为外商提供仓库住房，代雇通商工役。凡外商有向官府交涉禀报的事，责令保商通事代为转递，并负责约束外商的不法行为。广州十三行建立有同业商人行会组织，即所谓洋行会馆（公行）。公行议定行规，对货物实施公行垄断，以便按照行会的利益自行调整价格。

鸦片战争以后，《南京条约》规定，废除中国对外贸易中的公行制度。咸丰六年（1856），十三行毁于广州西关大火。

买办 受雇于外商并协助其在中国进行贸易活动的中间人和经纪人。近代中国，鸦片战争前，买办由中国行商选派和管理，仅充当外商的助手。鸦片战争后，买办由外商自由雇用，逐渐在经济上完全依附于外国资本家并获利，成为替外国资本家效劳的对中国进行经济侵略的工具。在中国社会半殖民地化的过程中，买办起着重要的作用。

《四库全书》 中国清代官修大型手写本综合性丛书。始纂于乾隆三十七年（1772），完成于四十六年十二月（1782年1月）。纪昀、陆锡熊、孙士毅为总纂官。先后动用近4000人。按经、史、子、集四部分类，故名。共收书3503种79337卷，约9.97亿字，装订成3.6万册6700余函。《四库全书》基本上将乾隆中期以前，特别是元代以前的重要著作包括在内，在一定程度上起了保存、整理和传播中国古代文献的作用。但其编纂宗旨在于维护清朝的专制统治，凡被认为不利于其统治的图书，则加以抽毁、窜改，或斥之不录，禁毁书达3000余种。共缮写7部，分藏于北京等6个城市的7幢专用建筑物内。

《四库全书》封面（文津阁本）

天地会 中国清代秘密结社。又名洪门，俗称洪帮。关于天地会的创立，一说为郑成功部下陈永华所创，一说起于康熙十三年（1674），一说起于雍正年间，又有起于乾隆二十六年（1761）、三十二年的说法。乾隆中期以后，开始广泛传播，组织多次起义，均遭到清政府的严厉镇压。

天地会的成员以下层穷苦人民为主。天地会没有明确的政治纲领与政治目的。“忠心义气”是会内最高的道德规范。按会内规矩，凡属同会，即使素不相识，遇事也要互相帮助。为了便于同会者互相识别，逐渐形成了一套独特的隐语、暗号。

天地会最初主要在福建、粤东及台湾一带流传，稍后发展至广东全省及江西、广西、贵州、云南和湖南等省。鸦片战争后，又传至四川、湖北、安徽及江浙等省，成为中国南方最大的秘密结社。清前期除了天地会本名外，还有添弟、小刀、双刀、父母、三点、三合等十余种名目。鸦片战争后又出现了哥老会等大量分支（哥老会后发展为独立的秘密结社）。各地山堂林立，互不统属。

天地会曾多次举行武装反抗斗争。辛亥革命时期，天地会及其分支积极参加和支持革命党人领导的武装起义。进入民国以后，国内的天地会组织大多成为少数人争权夺利的工具。海外的洪门组织，则大多数仍继续作为团结华侨的重要纽带而存在，只有少数成了黑社会组织。

清仁宗颙琰（1760-11-13 ~ 1820-09-02） 中国清朝皇帝。爱新觉罗氏。满族。高宗弘历第十五子。1796 ~ 1820 年在位，年号嘉庆，习称嘉庆帝。即位初，政事仍由乾隆帝主持。嘉庆四年（1799）亲政后，诛杀权臣和珅，力图整顿财政，未见成效。当时吏治腐败，武备废弛，各地起义接连不断。嘉庆元年爆发的白莲教起义，波及五省，历时九年，清政府所耗军费达 2 亿两。十八年李文成、林清领导的天理教起义，甚至一度攻入紫禁城。加之黄河连年决口，漕、盐之弊积重难返，清政权日趋衰落。二十五年暴卒于热河避暑山庄。

清宣宗旻宁（1782-09-16 ~ 1850-02-25） 中国清朝皇帝。爱新觉罗氏。满族。名旻宁，原名绵宁。清朝唯一一位以嫡长子身份即位的皇帝。嘉庆二十五年（1820）即位，年号道光，习称道光帝。一生比较朴素节俭，然昧于形势，暗于知人，又优柔寡断，是一个平庸之人，导致清朝国势更加衰弱。曾支持林则徐禁烟。之后鸦片战争爆发，清朝战败于英国。道光帝罢免林则徐，并与英人求和，签订近代第一个不平等条约——《南京条约》。自始，开启中国五千年未遇之大变。在位 30 年。

虎门销烟 1839 年 6 月 3 ~ 25 日湖广总督林则徐率广州地方官吏在虎门海滩销毁鸦片的事件。19 世纪初，鸦片开始大量输入中国，不仅损害吸食者的健康，而且造成白银外流，使清廷财政陷入困境。清廷命林则徐为钦差大臣，前往广东禁烟。林则徐会同两广总督邓廷桢等传讯洋商，令外国烟贩限期交

广东东莞虎门林则徐销烟池旧址

出鸦片，采取撤买办工役、封闭商馆等措施，收缴英国趸船上的全部鸦片。道光十九年四月二十二日（1839 年 6 月 3 日）起在虎门海滩销烟，20 天销毁鸦片共计 237 万余斤。虎门销烟打击了外国侵略者的气焰，维护了中华民族的尊严。

鸦片战争 1840 ~ 1842 年（道光二十年至二十二年）英国发动的侵略中国的战争。清政府以鸦片危害至深至重，遂决定禁烟，派林则徐赴广州全权主持其事。英国以此为借口，悍然发动侵华战争。1840 年 6 月，英国船舰及士兵到达中国海面，第一次鸦片战争正式开始。清政府中主和派掌握实权，排挤林则徐等主战派；道光帝在战争中和战不定。英军相继攻陷厦门、定海、镇海、宁波、镇江等地，1842 年 8 月初英舰直抵南京江面，清钦差大臣耆英等赶到南京议和。鸦片战争至此结束。清政府被迫签订中国历史上第一个不平等条约——《南京条约》。从此，中国由封建社会逐步变为半殖民地半封建社会。

《南京条约》 中国清朝钦差大臣耆英与英国全权代表璞鼎查于 1842 年 8 月 29 日在南京签订的结束鸦片战争的条约。又称《江宁条约》。为中国近代史上外国侵略者强迫清政府订立的第一批不平等条约之一。共 13 款。主要内容为：①中国割让香港；②向英国赔款 2100 万银元；③开放广州、福州、厦门、宁波、上海五口对外通商，英国可派驻领事；④废除公行制度，英商可以与中国商人自由进行贸易；⑤中国抽收进出口货的税率由中英共同议定。从此，中国的社会性质开始发生根本性的变化，由一个封建社会逐步变为半殖民地半封建社会。

三元里抗英斗争 鸦片战争时期广州人民自发的武装抗英斗争。1841 年 5 月 25 日（道光二十一年四月初五），英军攻陷广州城北诸炮台，设司令部于永康台。英军窜扰西北郊三元里等村庄，抢掠烧杀，奸淫妇女。29 日，三元里村民击退来犯小股英军。30 日，百余村团练群起围困永康台，并诱敌至牛栏冈。

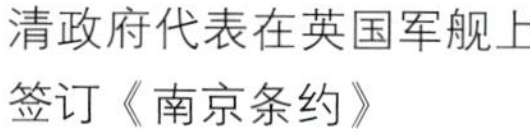

清政府代表在英国军舰上签订《南京条约》

这时大雨骤至，英军火枪受潮不能发射，团练民众冒雨反击，几乎全歼英军一个连队。翌日，广州手工业工人及附近州县团练陆续赶来，数万人相约饿死英军。英军不敢再战，转而威胁官府，广州知府向团练中士绅施加压力，团练逐渐散去，台围遂解。

林则徐（1785-08-30 ～ 1850-11-22） 中国清代鸦片战争时期主张严禁鸦片、抵抗西方侵略的爱国政治家。史学界称之为近代中国“开眼看世界的第一人”。字元抚，又字少穆、石麟。福建侯官（今福州）人。嘉庆十六年（1811）中进士。历任江苏巡抚、湖广总督等职。道光十八年（1838）受命为钦差大臣，前往广东禁烟。次年主持**虎门销烟**。组织翻译西文书报，主持编译的《四洲志》《华事夷言》等是中国近代最早介绍外国的文献。大力整顿海防，积极备战；组织地方团练，招募水勇。九龙炮战和穿鼻洋海战中，亲赴虎门布防，数败英军。鸦片战争开始后，林则徐被革职，后被充军伊犁。二十五年被重新起用，历任陕西巡抚、云贵总督等职。平生爱好诗词书法。

关天培（1781 ～ 1841） 中国**鸦片战争**中抗英名将。字仲因，号滋圃。江苏山阳（今淮安市楚州区）人。出身行伍。道光十四年（1834），擢广东水师提督，驻师虎门寨。十九年，**林则徐**到广东查禁鸦片，关天培大力配合。奉林则徐之命，整顿海防，操练水师，巡逻海口洋面，多次挫败英军挑衅。鸦片战争爆发后，关天培反对对英妥协。二十年十二月（1841年1月），英军攻陷沙角、大角炮台，虎门危急。关天培请求琦善增派援军，琦善不许。二十一年二月上旬（1841年2月末），英军进攻虎门，关天培率兵坚守炮台，昼夜督战，负伤数十处，壮烈牺牲。

魏源（1794 ～ 1857） 中国晚清思想家、经史学者、诗人。原名远达，字默深。湖南邵阳县金潭（今属隆回县）人。曾先后任江苏布政使、巡抚幕僚，主持《皇朝经世文编》纂辑事宜。后入京任内阁中书，与龚自珍以讲求匡时救弊之学而齐名，有“龚魏”之称。鸦片战争爆发，魏源一度入浙江参赞军务。他根据林则徐主持译编的《四洲志》，参考历代史志及西人记录，辑成《海国图志》。《海国图志》共100卷，介绍西方各国历史地理状况，主张学习西方的先进科学技术，“师夷长技以制夷”。道光二十五年（1845）中进士。官至高邮知州，后辞官归隐。一生著述甚丰。

清文宗奕詝（1831-07-17 ～ 1861-08） 中国清朝皇帝。爱新觉罗氏。满族。宣宗旻宁第四子。道光三十年（1850）即位，年号咸丰，习称咸丰帝。时政治腐败，内忧外患交困。1853年**太平天国**定都南京，出师北伐，直逼京师。清廷集八旗、绿营兵主力及**湘军**与太平军作战。1856

年第二次鸦片战争爆发。1858 年英法联军攻占大沽炮台，咸丰帝派桂良等与英、法、俄、美分别签订《天津条约》。1860 年英法联军攻入北京，焚毁圆明园，咸丰帝逃往热河承德，命弟奕䜣留京求和，同英、法分别签订《北京条约》。第二次鸦片战争中清政府又被迫签订中俄《瑷珲条约》和中俄《北京条约》。1861 年病死于热河行宫。

太平天国 中国近代反对清朝封建统治和外国资本主义侵略的农民战争及其所建立的政权。嘉庆以后，清朝封建政权腐朽无力。而西方资本主义国家对中国的经济侵略，加剧了广大人民的生活贫困和社会动乱。1844 年（道光二十四年）初夏，洪秀全以传教为掩护，向农民宣传反清思想，吸收农民参加拜上帝会。1851 年 1 月 11 日，洪秀全在广西桂平县金田村领导起义，建号太平天国，称天王。1853 年 3 月 19 日攻克南京。旋即定都南京，号称天京。不久出师北伐、西征，之后进行了东征，在军事上达到全盛。1856 年 9 月，太平天国发生严重的领导集团内讧，实力大受损伤。1864 年 7 月（同治三年六月），在外国侵略者和清政府的联合绞杀下，天京失陷，太平天国中央政权覆亡。

太平天国沉重打击了清朝的封建统治，为辛亥革命的胜利铺平了道路。

洪秀全（1814-01-01 ~ 1864-06-03）太平天国的创始人和思想指导者。中国广东花县（今花都区）人。屡试不中。1843 年阅读了基督教布道书《劝世良言》后，开始传教活动。后成为拜上帝会的首领。1851 年 1 月 11 日，洪秀全在广西桂平县金田村领导信徒起义，建号太平天国，称天王。1853 年 3 月 19 日，率太平军攻克南京并定都，号称天京。其后洪秀全在太平天国中致力宗教甚于实际政务。他与其他领导人的矛盾也日渐加深。1856 年 9 月，太平天国发生内乱，从此由盛转衰。1863 年，太平天国统治区相继失陷，洪秀全坚持死守天京。1864 年 6 月 3 日，他因病去世。一个半月后，清军攻破天京，太平天国中央政权灭亡。

太平军作战图

李秀成（1823 ~ 1864） 太平军后期统帅。原名以文。广西藤县人。早年加入拜上帝会，1851 年参加太平军。1856 年上半年，随燕王秦日纲大破清军江北、江南大营。1857 年夏秋之交，石达开分裂出走，李秀成拒不附和。后与陈玉成等同主军政。1858 年 9 月，与陈玉成合力，再破清军江北大营。次年秋，被封为忠王。1863 年，太平天国统治区相继失陷，天京形势日岌。李秀成虽率军民奋力固守天京，终于 1864 年 7 月 19 日失城。城破时，保护幼天王洪天贵福突围，混乱中失散被俘。不久被曾国藩杀害。

湘军 中国晚清时期曾国藩以湘乡练勇为基础，在湖南创建的一支军队。又称湘勇。湘军将领主要是湘乡人，大多是封建儒生，士兵则招募湘乡一带农民。湘军的士兵由营官自招，并只服从营官，上下层层隶属，全军只服从曾国藩一人。湘军分陆军、水师两种，于 1854 年初在衡州（今衡阳）编练建成，共 1.7 万余人。是年夏，出省作战。以后几年间，与太平军在湖北、江西的沿江地区争夺。1860 年曾国藩任钦差大臣、两江总督后，湘军成为镇压太平天国的清军主力。1864 年 7 月，湘军攻破天京。之后声势愈大。曾国藩为避免清廷疑虑，又因湘军暮气日深，大量裁撤直系部队，其支系仍在安徽、湖北、河南、山东、江苏等地镇压捻军。湘军水师则改建为长江水师。以后，湘军不再是国家的主要军队。

捻军 中国近代太平天国时期北方的农民起义军。源于捻子（一称捻党）。“捻”为淮北方言，意即一股、一伙。捻子是民间的一个秘密组织，成员主要为农民和手工业者，早期活动于皖北淝水和涡河流域。1853 年（咸丰三年），捻子在太平天国影响下发动大规模起义。起义后的“捻”，史学界称捻军。捻军起义从 1853 年至 1868 年，分为两个阶段。自 1853 年春至 1863 年 3 月为前期捻军，领袖为张乐行（张洛行）；自 1863 年 4 月至 1868 年 8 月为后期捻军，领袖为张宗禹、任柱和赖文光等。1864 年 7 月天京陷落后，太平军余部和捻军合并为联军。1866 年 10 月起，联军分为东西两军。东捻军于 1868 年 1 月在江苏扬州覆没，西捻军于同年 8 月在山东茌平覆没。至此，捻军起义失败。

第二次鸦片战争 1856 ~ 1860 年（咸丰六年至十年）英、法在俄、美支持下联合发动的侵华战争。因其实质是鸦片战争的继续和扩大而得名。又称英法联军之役。为攫取更多的权利，1856 年 10 月，英国利用“亚罗”号事件制造借口，悍然挑起侵略战争。1857 年，法国政府将马神父事件作为侵略中国的借口，出兵来华协同英军行动。清政府对外国侵略者采取“息兵为要”的方针。美、俄两国假装调停，实则乘机捞取权益。1858 年 6 月，清政府被迫与英、法、美、俄分别签订了《天津条约》。

1858 年中英签订《天津条约》

次年6月，英、法利用到北京交换条约文本的机会，再次挑起战争。1860年10月英法联军攻占北京，焚毁圆明园。清政府被迫签订中英、中法《北京条约》。中国社会进一步半殖民地化。

《瑷珲条约》 第二次鸦片战争期间俄国强迫中国清政府签订的不平等条约。又称《中俄瑷珲条约》。1858年5月（咸丰八年四月），乘英法联军进犯天津、威胁北京之际，俄国派兵船多艘驶至瑷珲，以武力相威胁，迫使黑龙江将军奕山签订《瑷珲条约》。条约共3款，主要内容为：中俄以黑龙江为界；乌苏里河（今乌苏里江）以东至海所有土地由两国共管；黑龙江、乌苏里河只准中、俄行船，黑龙江左岸、由精奇里河（今结雅河）以南至豁尔莫勒津屯（后称江东六十四屯）仍保留中方的永久居住权和管辖权。清政府最初没有批准《瑷珲条约》，至1860年订立中俄《北京条约》时，始予承认。

《天津条约》 第二次鸦片战争期间，中国清政府与英、法、俄、美签订的条约。中英《天津条约》共56款，附约1款；中法《天津条约》共42款，附约6款。主要内容是：①公使常驻北京；②增开牛庄（后改营口）、登州（后改烟台）、台湾（后定为台南）、淡水、潮州（后改汕头）、琼州、汉口、九江、南京、镇江为通商口岸；③外籍传教士可入内地自由传教；④外国人可往内地游历、通商；⑤外国商船可在长江各口岸往来；⑥修改税则，减轻商船吨税；⑦对英赔款银400万两，对法赔款银200万两。俄、美与清政府签订中俄《天津条约》12款、中美《天津条约》30款，攫取了除赔款外与英、法所得几乎一样的侵略特权。

《北京条约》 中国清政府与英、法、俄在北京签订的结束第二次鸦片战争的条约。中英、中法《北京条约》的主要内容有：①开天津为商埠。②准许英、法招募华工出国。③割让九龙司给英国。④退还以前没收的天主教资产。法方还擅自在中文约本上增加“并任法国传教士在各省租买田地，建造自便”的条款。⑤赔偿英、法军费各增至800万两，恤金英国50万两，法国20万两。俄国自以“调停”有功，逼迫清政府订立了中俄《北京条约》，割占乌苏里江以东约40万平方千米的中国领土。条约的签订，不仅使外国资本主义的侵略势力由东南沿海进入中国内地，而且使中国社会进一步半殖民地化。

租界 帝国主义列强根据和清政府缔结的不平等条约，以居住和经商为名，在中国一些通商口岸和城市永久或长期占用的地段。其领土主权仍属中国。由于领事裁判权的不断扩大，租界内相继设立警察、法院、市政管理和税收机关。外国人不仅开设商行、建筑栈房、码头、工厂，走私贩毒等活动亦时有发生，以致租界成为“国中之国”及帝国主义势力侵略中国的重要据点。

上海英美租界碑

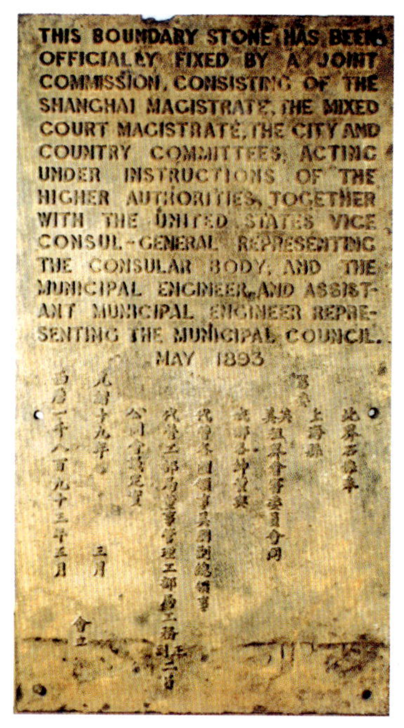

1845年11月，英国最早在上海

取得租界。其后列强纷纷在上海和中国其他城市划定租界。到清朝末年，散布在沿海、沿江 16 个商埠的租界共 43 处，其中以英租界最多，计 11 处。1919 ~ 1947 年，经过长期斗争，中国陆续收回各国租界。

慈禧太后（1835-11-29 ~ 1908-11-15） 中国清朝咸丰帝之妃，同治、光绪两朝实际最高统治者。那拉氏，祖居叶赫，故称叶赫那拉。满洲镶蓝旗人。1852 年（咸丰二年）被选入宫，1856 年生皇长子载淳。在宫中的地位仅次于皇后钮祜禄氏。

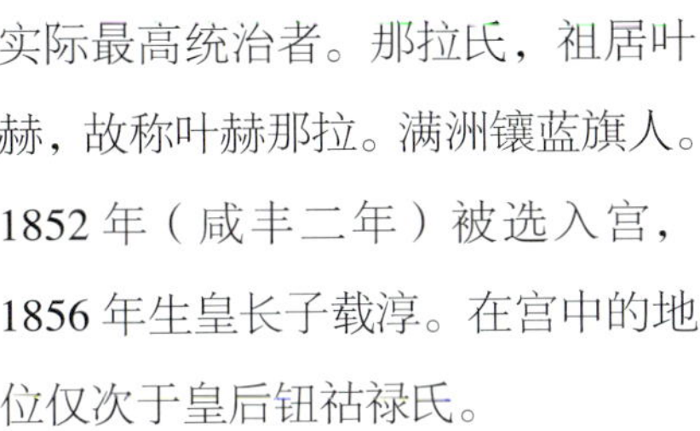

1861 年，6 岁的载淳即位，年号祺祥。她和钮祜禄氏被尊为皇太后，徽号分别为慈禧、慈安，俗称西太后、东太后。她与恭亲王奕䜣等贵族官僚发动辛酉政变，实行垂帘听政，自己掌握实权。慈禧太后依靠曾国藩、李鸿章等组织的汉族地主武装，先后镇压了太平天国、捻军等农民起义。她一方面支持洋务运动，另一方面又支持顽固派对洋务派进行牵制。

1875 年（同治十三年），同治帝病死。她立 4 岁的载湉为帝，年号光绪，继续垂帘听政。1887 年，改垂帘听政为训政。1889 年，名义上归政于光绪帝，实际仍操纵内政和外交大权。1894 年中日甲午战争中，她支持李鸿章避战静守的方针，以致战败，与日本签订丧权辱国的《马关条约》。1898 年，光绪帝实行变法。慈禧太后发动政变，幽禁光绪帝，废除全部维新措施，捕杀维新派。之后宣布重新训政。对义和团的反帝斗争先是利用，后又血腥屠杀。1901 年，与十一国签订空前屈辱的《辛丑条约》。此后，为缓和国内外矛盾，陆续推行“新政”。1906 年又宣布“预备立宪”。

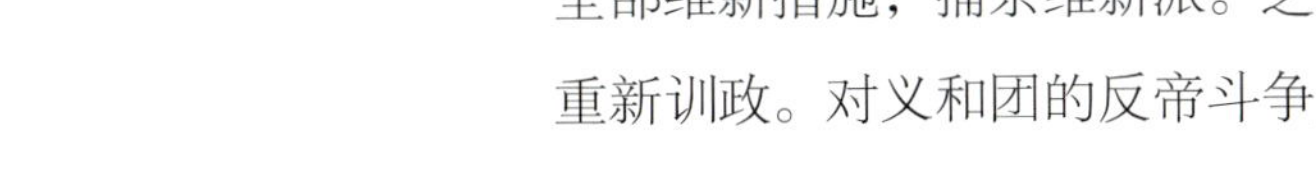

1908 年，光绪帝死。她命立年仅 3 岁的溥仪为帝，年号宣统。次日病死，结束对清朝长达 47 年的统治。

清穆宗载淳（1856-04-27 ~ 1875-01-12） 中国清朝皇帝。爱新觉罗氏。满族。文宗奕詝长子。咸丰十一年（1861）即帝位，年号祺祥，由肃顺等顾命八大臣辅佐。同年其生母慈禧太后、恭亲王奕䜣等发动政变后，改年号为同治，习称同治帝。即位后由慈禧太后掌权。在位期间依靠湘军、淮军，并借助外国军队平定太平军、捻军、回民和苗民起义；在洋务派支持下推行自强、求富的新政，创办工矿企业；接见西方使节，维持中外和好局面。这一时期被旧史家称为同治中兴。

总理各国事务衙门 中国清末主管外交事务、派出驻外国使节，并兼管通商、海防、关税、路矿、邮电、军工、同文馆、派遣留学生等事务的中央机构。简称总理衙门、总署或译署。1861 年（咸丰十一年），恭亲王奕䜣等奏请设立总理各国事务衙门。1862年3月（同治元年二月）成立。

总理衙门由王大臣或军机大臣兼领，设大臣、章京两级职官。编制设置分英国股、法国股、俄国股、美国股、海防股、清档房和银库。直属机构有同文馆和海关总税务司署。此外，其下还设南、北洋通商大臣。1901年改为外务部，为六部之首。

淮军 中国晚清在曾国藩支持下由李鸿章招募淮勇编练的一支军队。又称淮勇。出于湘军。1862年3月在安庆编成。成立时有6500人，以后扩编部队。至1864年，淮军先与英、法侵略军和常胜军相勾结，在上海附近对抗太平军；后配合湘军在苏、浙等地进攻太平天国。1865～1868年，先后在曾国藩、李鸿章率领下，在安徽、湖北、河南、山东、江苏、直隶（约今河北）等地作为清军主力与捻军作战。捻军被镇压后，淮军担负北自天津、保定，南迄上海、吴淞，南北数千里江海要地的防守。李鸿章以淮军成为晚清政局中的重要人物。淮军主要将领刘铭传、丁汝昌、聂士成等形成淮系军阀，是统治阶层中一个重要的武装政治集团。

常胜军 中国太平天国时期清政府联合外国势力组成的一支以近代武器装备的雇佣军。始名洋枪队，后经扩充改组为中外混合编制，易名常胜军。1860年（咸丰十年）6月2日，洋枪队成立，有百余人。美国冒险家F.T.华尔为统领。1862年2月（同治元年一月），洋枪队改名常胜军。杨坊会同华尔为管带。常胜军人数达5000人。9月，华尔在慈溪毙命。次年3月，英国少校C.G.戈登继任管带。常胜军主要配合清军在苏南战场上镇压太平军。1864年5月，清军在苏南的胜利已成定局，常胜军即在昆山解散。

清德宗载湉（1871-08-14～1908-11-14） 中国清朝皇帝。爱新觉罗氏。满族。道光帝第七子醇亲王奕譞之子。1875年，同治帝病故，慈禧太后指定他入承大统。即位时年仅4岁，由慈禧、慈安两太后垂帘听政，年号光绪，习称光绪帝。1887年光绪帝亲政，慈禧太后以“训政”名义掌握清廷最高权力。至1889年始正式亲政，但一切用人行政皆仍出慈禧太后之手。1894年日本挑起中日甲午战争，光绪帝倾向主战。次年因战争失败，签订《马关条约》。光绪帝不甘为亡国之君，于1898年6月11日颁诏推行一系列除旧布新的变法措施，引起慈禧太后及顽固派的不满。9月21日，光绪帝被囚禁于南海瀛台，慈禧太后重新训政。义和团运动中，光绪帝力主剿杀义和团，反对围攻外国使馆及对列强宣战。八国联军攻入北京时，随慈禧太后逃往西安。后与慈禧太后等回銮北京。在清廷“新政”和“筹备立宪”期间，毫无作为。先慈禧太后一日死于瀛台。

戈登，C.G.（1833～1885-01-26） 英国军官和殖民官员。毕业于英国军官学校。1860年参加英法联军进攻天津和北京。1862年到上海对太平军作战。1863年，在英国驻华公使指使下接任常胜军统领。1864年5月，配合清军攻陷常州，清政府提升其为提督。同年11月，戈登返回英国，后任苏丹总督。1885年1月，戈登被苏丹马赫迪领导的起义军击毙。

阿古柏事件 19世纪70年代中亚浩罕汗国阿古柏入侵中国新疆的事件。1864年（同治三年），新疆各族人民发动的大规模反清运动遍及天山南北。1865年春，浩罕军事头目阿古柏乘机进入南疆。1867年阿古柏建立哲德沙尔（“七城”之意）政权，自立为汗。1870年控制天山南路和天山北路部分地区，并同英、俄两国侵略势力进行勾结。

1875年（光绪元年），清政府派军进入新疆。清军于1876年收复天山北路，次年进入南疆。阿古柏服毒自杀，其汗国亦随之覆灭。至此，中国新疆地区除伊犁仍被俄国侵占外，天山南、北两路全部收复。

洋务运动 中国清朝政府于19世纪60年代初到90年代中期，为了维护封建统治，引进和学习西方科学技术，兴办近代军事工业和民用工业，并相应地改革军事、外交、文化教育和某些政府机构等的活动。

洋务运动是清朝统治阶级内部一部分当权的官僚所采取的自强措施。主张办洋务的这些贵族和官僚，被称为洋务派。主要有奕䜣、文祥、曾国藩、李鸿章、左宗棠等。洋务运动以19世纪70年代初为界，分两个阶段。第一阶段以购置洋枪洋炮，建立军事工业为主；第二阶段重点是筹建海军和建立民用企业。此外，还开办了同文馆等培养洋务人才的学堂，派出一批出国留学人员。洋务企业的创办，在一定程度上抵制了外国资本的渗透，刺激了民族工业的发展。但在腐朽的封建制度没有根本改变的情况下，洋务运动不能使中国走上富强的道路。1895年清政府在中日甲午战争中战败和《马关条约》的签订，标志着洋务运动的失败。

曾国藩（1811-11-26 ~ 1872-03-12）中国晚清重臣，湘军创立者、统帅。初名子城，字居武，号涤生。湖南湘乡人。道光十八年（1838）中进士。累迁内阁学士、礼部侍郎等。

1852年，奉旨帮同湖南巡抚办理团练，遂组建湘军。1854年初湘军练成，以后几年间与太平军在湖北、江西的沿江地区争夺。1860年曾国藩任两江总督，督办江南军务。次年，奉命统辖江苏、安徽、江西、浙江四省军务。1862年始，组织对太平天国实行战略包围。至1864年7月，完成对太平天国起义的镇压。被封为一等毅勇侯。1865年，他奉命督办直隶（约今河北）、山东、河南三省军务，镇压捻军，无功。1870年6月，天津发生教案，他奉命前往查办，屈从于法国势力，处决、遣戍官民数十人，受到社会舆论谴责。

曾国藩主张“师夷智以造炮制船”。设立安庆内军械所；建造“黄鹄”号轮船；与李鸿章在上海创办江南机器制造总局等军事工业；筹措经费，派遣学童赴美留学。

他于古文、诗词很有造诣，被奉为桐城派后期领袖、湘乡派创始者。

左宗棠（1812-11-10 ~ 1885-09-05）中国清末重臣、湘军重要统帅、洋务派

首领。字季高。湖南湘阴人。道光十二年（1832）中举人。长于“义理经世”之学，对兵法和地舆有研究。1860年由**曾国藩**保举襄办皖南军务。1862年初任浙江巡抚，率湘军入浙江，镇压太平军。1864年授闽浙总督，伙同法国人组成中法混合军——常捷军。同年追击太平军余部李世贤、汪海洋部，至1866年2月消灭太平军。1866年创办福州船政局，成为洋务派首领之一。1867年任陕甘总督，率湘军镇压西捻军和陕甘回民起义。继在西安、兰州两地创办机器局。1875年任钦差大臣，督办新疆军务。次年率军讨伐俄、英支持的阿古柏侵略军，先后收复除伊犁外的天山南北各地。1881年升任军机大臣，调任两江总督兼南洋通商事务大臣。**中法战争**中为主战派，督办福建军务。

李鸿章（1823～1901-11） 中国晚清军政重臣，**淮军**创始人、统帅，**洋务运动**的主要倡导者。字子黻、渐甫，号少荃、仪叟。安徽合肥人。道光二十七年（1847）中进士。1858年冬入**曾国藩**幕府襄办营务。1861年经曾国藩推荐，回皖北编练淮军。次年率淮军赴上海与太平军作战。不久出任江苏巡抚。因镇压苏南太平军有功，被封为一等肃毅伯。1865年就任两江总督，参与镇压**捻军**。1870年任直隶总督兼北洋通商大臣，从此控制北洋达25年之久。

李鸿章积极从事洋务事业：创立江南机器制造总局和金陵机器制造局；以“官督商办”的形式创办一系列民用企业；建成北洋海军；创办各类新式学堂，并派人赴欧美留学。

他在对外交涉中始终抱定“委曲求全”的方针，与外国侵略者签订了《烟台条约》《中法新约》《**马关条约**》《中俄密约》《**辛丑条约**》等条约。

张之洞（1837～1909） 中国清末重臣、后期洋务派首领。字孝达，号香涛，又号香严。直隶南皮（今属河北）人。同治二年（1863）中进士。1881年授山西巡抚后，大力从事洋务活动。1884年授两广总督。中法战争爆发后，力主抗法。1889年调任湖广总督。建立湖北铁路局、湖北枪炮厂、湖北纺织官局；开办大冶铁矿、内河船运和电信事业；力促修建芦汉铁路；编练新军；设新式学堂，派遣学生出国留学。**戊戌变法**时期，起先支持维新活动，后提出“旧学为体，新学为用”，维护封建纲常，反对变法维新。义和团运动爆发后，主张严加镇压。**八国联军**进逼京津，他联络东南各省督抚，组织“东南互保”。镇压自立军起义。1901年，与刘坤一联衔合上三疏，为清政府“新政”活动提供蓝本。1907年调任军机大臣，兼管学部。次年任督办粤汉铁路大臣。

清末幼童留美 中国近代派遣官费留学生的开端。1870年，根据容闳的建议，**曾国藩**、**李鸿章**联名上奏，请求

容闳（1828～1912-04） 中国近代改良主义者。原名光照，族名达萌，号纯甫。广东香山南屏镇（今属珠海）人。1847年初赴美学习，1854年毕业于耶鲁大学。1855年回国，曾在广州美国公使馆、香港高等审判厅、上海海关等处任职。后在洋行任职，不久投入洋务运动。1863年向曾国藩建议创办机器厂，并受曾的委托筹建江南机器制造局。1870年任留学事务局副监督，并于次年率第一批留学生赴美。此后长期驻美，专管留美学生事务。戊戌变法时期，与维新派来往密切。1900年唐才常的自立会改称中国国会，他被推为会长。自立军起义被镇压后，他遭清政府通缉，辗转流亡美国。著有回忆录《西学东渐记》。

选派学童去美国留学。经过短期筹备，1872～1875年，每年派遣30名学童（年龄规定为12～16岁，个别年仅10岁）。计划学习15年，由小学、中学到大学，“学习军政、船政、步算、制造诸学”。到1881年，在守旧派官僚的攻击下，清政府下令留美学生全部撤回。除病故和“告长假不归”者外，归国留美学生94人，只有詹天佑等二人完成学业，获得学士学位。

中法战争 1883年12月至1885年4月，由于法国侵略越南并进而侵略中国而引起的一次战争。1883年12月，法军进攻驻扎在越南山西的清军，中法战争爆发。1884年7月，法国舰队闯入福建马尾军港；8月23日，法军发动进攻，福建水师全军覆没。1885年2月，法军直逼广西门户镇南关。3月，在冯子材的指挥下，清军取得镇南关大捷。同时，刘永福的黑旗军亦在临洮等地大败法军。法军节节败退。但清政府决定“乘胜即收”，和法国签订《中法新约》。中法战争后，中国西南逐渐变成法国的势力范围。

中法战争中，刘永福率黑旗军、岑毓英率云南军共同抵御法国军队（绘画）

黑旗军 中国清咸丰年间的农民起义军。因以七星黑旗为战旗，故称。太平天国失败后，在刘永福率领下转移到中越边境。1873年，法军进占越南河内，越南朝廷向黑旗军求助，刘永福便率黑旗军奔赴前线。1883年5月19日，黑旗军在河内城西的纸桥与法军展开激战，击毙法军舰队司令H.里维埃等人。这一仗震动中、越、法朝野，鼓舞了中越人民的抗法士气。河内战役后，黑旗军控制着红河上游地区，成为法国侵略者通过红河入侵中国的屏障。后清政府向法国政府妥协，迫使黑旗军回国。但其中一些人坚持留在越南，与越南人民共同坚持抗法斗争。

法国画家笔下的黑旗军士兵

北洋水师 中国清末建立的新式海军。1875年，清廷命北洋大臣李鸿章创设北洋水师。先后向英国、德国订造巡洋舰“扬威”“超勇”和铁甲舰“定远”“镇远”等舰船。1880年清廷在天津设立负责海军事务的机构——海军营务处。次年，派丁汝昌统领北洋海军。又设立北洋水师学堂，修筑旅顺和威海卫军港。北洋水师各主要战舰舰长及高级军官多曾到英国海军学院留学实习。1885年设立总理海军事务衙门。1888年12月17日，北洋水师正式成军。共有军舰25艘，官兵4000余人。以后，舰队经费大幅减少，多被政府挪作他用。中日甲午战争中，北洋水师全军覆没。

中日甲午战争 1894～1895年中国军民抗击日本侵略的战争。因1894年为农历甲午年，故名。1894年7月25日，日本海军在丰岛海面突然袭击中国护航军舰和运兵船。8月1日，清政府被迫宣战。由于慈禧太后、李鸿章等在战前寄希望于英、俄等国的调停，不认真备战，清军接连受挫。9月中旬，日军占领朝鲜平壤。9月17日，中日海军在黄海激战，双方互有损失，但清军损失稍重。因李鸿章下令不准出海作战，日军获取了黄海制海权。10月下旬，日军分两路入侵中国，很快占领大连（旧称青泥洼）、旅顺、海城等战略要地。1895年2月，日军占领威海卫，北洋舰队全军覆没。4月17日，清政府被迫与日本签订丧权失地的《马关条约》。

黄海海战 中日甲午战争中，双方海军主力在黄海北部海域进行的战役。又称大东沟海战。1894年9月17日，北洋水师提督丁汝昌率18艘舰艇为运兵船护航后准备返航时，在鸭绿江口大东沟附近海域与日本联合舰队相遇。丁汝昌下令迎敌。日方凭借指挥灵活、舰艇航速高、舰炮射速快等优势，掌握了战场主动权。日方“松岛”等5艘舰艇被击伤，官兵死伤290余人。中方战术运用不当，战场指挥中断。“致远”等5艘舰艇沉毁，“定远”等4艘舰艇受伤，管带邓世昌、林永升等约千名官兵伤亡。战后，黄海制海权落入日本联合舰队手中。

《马关条约》 日本强迫清政府订立的关于结束中日甲午战争的不平等条约。原名《马关新约》，又名《春帆楼条约》。由李鸿章与日本全权代表伊藤博文、陆奥宗光于1895年4月17日在日本马关（今下关）签订。通过条约，

中日签订《马关条约》（绘画）

日本从中国割取辽东半岛（后被迫归还）、台湾岛及其附属各岛屿和澎湖列岛，索取赔款2.3亿两（含“赎辽费”3000万两）白银，并在中国获得一系列特权。条约的签订，使中国社会的半殖民地化程度大大加深。

邓世昌（1849～1894-09-17） 中国晚清北洋海军爱国将领。字正卿。广东

番禺人。1867年考入福建船政学堂学习舰船驾驶。1879年调北洋水师任职。先后赴英国驾驶“扬威”和“致远”巡洋舰回国。北洋水师成军后，任中军中营副将、“致远”舰管带。以治军严格、忠勇刚正闻名。1894年9月17日黄海海战中，指挥“致远”舰英勇战斗。在战舰受重创侧倾的情况下，邓世昌下令全速撞向日舰“吉野”号，决心与敌同归于尽。战舰不幸被击中沉没，邓世昌同全舰200余名官兵一起壮烈殉国。

公车上书 中国清末在北京应试的举人发起的上书请愿活动。1895年4月，清政府因战败，被迫与日本签订《马关条约》。消息传到北京，康有为联合各省应试举人，讨论上书请愿。会后由康有为起草万言书（即《上清帝第二书》），提出拒签和约、迁都抗战和变法图强三项建议，以及富国、养民、教民等变法图强的具体措施。万言书征集到1300余名举人的签名，于5月2日被呈递至都察院，都察院拒绝代呈。公车上书是资产阶级改良思潮发展为政治运动的起点。

戊戌变法 中国清末资产阶级改良政治运动。发生于1898年，因此年为戊戌年，故名。又称戊戌维新。中日甲午战争后，康有为组织发动公车上书，维新思潮发展为一场政治运动。维新派组织学会，创办报刊，开办学堂，宣扬变法主张。1897年，德国强占胶州湾，康有为上书光绪帝，痛陈局势的严重性和变法的紧迫性。1898年6月11日，光绪帝发布《明定国是诏》，变法从此正式开始。光绪帝根据康有为等人的建议，颁布了几十道新政诏令。新政有利于民族资本主义经济的发展和资产阶级文化思想的传播，但危及封建守旧分子的利益，遭到他们的抵制和反对。9月21日，慈禧太后发动戊戌政变，捕杀维新派，新政几乎全部被废。变法持续共103天，史称“百日维新”。

戊戌变法是一次爱国救亡运动，也是一次进步的政治改良运动和思想启蒙运动。

康有为（1858-03-19 ~ 1927-03-31）中国近代政治家、思想家。又名祖诒，字广厦，号长素、更生。广东南海人。光绪二十一年（1895）中进士。少时学习传统儒学，后接触到西方资本主义思想和当时的改良思潮。

1888年10月，康有为第一次上书光绪帝，提出变法主张。1891年，刊印《新学伪经考》，继又编纂《孔子改制考》，用孔教名义提出变法要求。1895年，他组织发动公车上书。创办《万国公报》，创立强学会，宣传变法维新。1898年6月11日光绪帝下诏变法，康有为深得倚重。戊戌政变后，他逃亡海外。创设保皇会，成为保皇派首领。辛亥革命成功后，他鼓吹君主立宪制。1917年参与张勋复辟。

戊戌六君子 戊戌政变后被捕牺牲的维新志士。1898年9月21日，慈禧太后发动政变，对维新派残酷镇压。谭嗣同拒绝出走，矢志为变法献身，24日被逮下狱。28日，谭嗣同、杨深秀、杨锐、林旭、刘光第、康广仁被杀害，世称戊戌六君子。

梁启超（1873-02-23 ~ 1929-01-19） 中国近代思想家、学者，戊戌维新运动领袖之一。字卓如，号任公，别号饮冰室主人。广东新会人。自幼接受传统教育，光绪十五年（1889）中举人。后投入康有为门下。

1895 年，他协助康有为组织发动公车上书。维新运动期间，主笔《万国公报》和《时务报》。他的许多政论在社会上有很大影响。戊戌政变后，梁启超逃亡日本。他创办报纸，鼓吹改良，反对革命；同时大量介绍西方社会政治学说。武昌起义后，他一度宣扬君主立宪制。梁启超反对袁世凯称帝，积极组织反袁护国斗争。1917 年 11 月，他辞去北洋政府财政总长之职，从此退出政坛。

他学识渊博，著作等身，在文学、史学、哲学、佛学等领域都有较深的造诣。

京师大学堂 中国近代最早的国立大学。1898 年创立于北京。为戊戌变法的新政措施之一。1900 年八国联军入侵北京，京师大学堂遭到破坏，校务停顿。1902 年学堂恢复（同年京师同文馆被并入京师大学堂），设速成、预备两科。速成科分仕学、师范两馆，预备科分政科及艺科。1903 年增设进士馆、译学馆及医学实业馆。1910 年发展为设有经、法、文、格致、农、工、商七科的大学。1912 年始更名为北京大学。

荣禄（1836 ~ 1903） 中国清末大臣。字仲华，号略园。瓜尔佳氏。满洲正白旗人。历任工部侍郎、户部侍郎、总管内务府大臣等职。1878 年，擢工部尚书。1891 年底，任西安将军。

中日甲午战争中，授步军统领，会办军务。战后，授总理各国事务大臣、兵部尚书，督练北洋新建陆军。百日维新期间，授直隶总督兼北洋大臣，为慈禧太后发动戊戌政变的得力人物。之后，授军机大臣，管理兵部事务。策划立端王载漪之子溥儁为大阿哥（皇储），谋划废黜光绪帝。义和团运动中，主张保护各国驻京使馆，镇压义和团。

义和团运动 中国清末群众性的反帝爱国运动。义和团原称义和拳，是长期流行于山东、直隶（约今河北）等地的民间秘密结社。以“扶清灭洋”相号召。1899 年 10 月，朱红灯、本明和尚领导义和团在山东平原县与地方营队战斗，促使山东、直隶的反侵略斗争迅速发展。义和团不断壮大，进入京津地区。1900 年 6 月，为镇压义和团运动，英、美、德、法、俄、日、意、奥 8 个国家组成侵略中国的联军。清政府决定对外宣战，利用义和团抗击联军。八国联军持续增兵，最后侵入北京。慈禧太后仓皇出逃，并下令镇压义和团运动。在国内外敌人的联合镇压下，义和团运动失败。

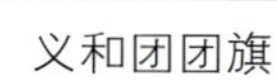

义和团团旗

八国联军 帝国主义为镇压中国义和团运动而组成的侵华联军。主要由英、美、德、法、俄、日、意、奥8个国家的军队组成。19世纪末20世纪初，义和团运动爆发，帝国主义列强见清政府在义和团问题上“剿”“抚”不定，遂决定用武力胁迫清政府就范。1900年5～6月，多国联军2000余人从天津进犯北京，在落垡、廊坊一带遭到义和团和清军的痛击。同时，列强海军联合夺占了大沽炮台，清政府被迫宣战。随后八国联军攻陷天津。8月14日，联军攻陷北京，疯狂进行烧杀抢掠。此后各国来华侵略军陆续增至10万人。1901年9月7日签订《辛丑条约》后，八国联军除留一部常驻京津、津榆铁路线外，其余撤兵回国。

《辛丑条约》 帝国主义强迫清政府签订的不平等条约。又称《北京议定书》。1900年12月24日，除了参加武装侵略中国的英、美、德、法、俄、日、意、奥8个国家以外，又加上比利时、西班牙和荷兰，向清政府共同提出“议和大纲十二条”。1901年9月7日，条约正式签订。规定：中国向各国赔偿白银4.5亿两，连利息在内，共约9.82亿两；北京设使馆区；北京到山海关铁路沿线12处驻扎外国军队；惩办支持义和团运动的官吏，禁止中国人加入反帝组织，对镇压人民反抗不力的官员即行革职；改总理各国事务衙门为外务部，班列各部之首；等等。《辛丑条约》使清政府完全丧失独立地位。

清末“新政” 中国清朝政府在义和团运动后十年间推行的一系列政治、经济、文化、军事措施。当时习惯称为“新政”。1901年1月29日，清政府颁发上谕，开始实行“新政”。4月21日，又命成立督办政务处，作为推动“新政”的专门机构。以后陆续颁布各种章程命令推行“新政”，直至清朝灭亡。“新政”主要包括：编练新军，筹饷；废科举，办学堂，奖游学；改革官制；振兴商务，奖励实业。清末“新政”是清政府为维护其封建统治，迫于国内外形势而采取的措施。其中一些措施对传播文化和民主革命思想、发展工商业起了一定作用；而有些措施则激起人民的反抗，促进了辛亥革命的到来。

新军 中国清朝末年编练的新式陆军。用西方营制编成，以洋操训练，使用洋枪洋炮。要求士兵具有一定的文化，军官多由国内外近代军事学堂毕业生充任。中日甲午战争爆发后始编练，此后主要由袁世凯主其事。1907年，新军编练在全国铺开。辛亥革命爆发后，大量新军走向革命，成为清朝的掘墓人。

盛宣怀（1844-11-04～1916-04-27）中国晚清官僚、企业家。字杏荪，号愚斋。江苏武进人。1870年入李鸿章幕府。1872年，参加创办轮船招商局。1875～1896年，先后任湖北开采煤铁督办、天津电报总局总办、上海华盛纺织总厂督办等职。中日甲午战争后，他控制了更多的近代化大企业。1896年，他接办汉阳铁厂和大冶铁矿、萍乡煤矿。同年，

受清政府委任督办中国铁路总公司，创办中国通商银行。1911年初授邮传部尚书。是年，清政府宣布“铁路国有”命令。他即以此与英、法、德、美四国银行团签订湖广铁路借款合同，把原来已允商办的川汉、粤汉铁路权交与外国资本作抵，激起全国性人民保路运动。武昌起义后，被革职。

张謇（1853-07-01 ~ 1926-08-24） 中国清末民初实业家、教育家，立宪派首领。字季直，号啬庵。原籍江苏通州（今南通），生于江苏海门。光绪二十年（1894）中状元。先后创办通州师范、女子师范等学校，开全国风气之先；创办大生纱厂、通海垦牧公司、大达外江轮步公司，形成齐备的纺织业体系。1906年参与组织预备立宪公会。1909年当选为江苏咨议局议长，积极推动国会请愿运动。武昌起义爆发后，转而拥护共和。1913年9月出任袁世凯政府农商总长兼全国水利局总裁。1915年辞职返乡，继续从事教育、实业事业。

严复（1854-01-08 ~ 1921-10-27） 中国近代启蒙思想家、翻译家。初名传初，又名宗光，字几道，又字又陵。福建侯官（今福州）人。1877年被选送英国学习海军驾驶。1879年归国后任教于福州船政学堂，次年调任北洋水师学堂总教习。中日甲午战争后，他参与创办《国闻报》，积极倡导变法维新；同时开始致力于翻译学术名著。

严复是中国近代翻译、介绍西方学术名著的先驱。其影响最大的译作是《天演论》。《天演论》的出版使进化论的新思想在中国传播开来。

1905年，他参与创办复旦公学，并于次年任校长。1912年京师大学堂改名北京大学后，严复被荐为首任校长。

王国维（1877-12-03 ~ 1927-06-02） 中国近代史学家、语言文字学家、文学家。字伯隅，又字静安，号观堂，又号永观。浙江海宁人。1898年入上海东文学社半工半读。1901年秋，得罗振玉资助赴日留学。不久，以病归，相继在南通师范学堂、江苏师范学堂任教，并编译《农学报》与《教育世界》杂志。1907年任学部总务司行走。这期间，他潜心词曲，作有《人间词话》。辛亥革命爆发后，随罗振玉逃亡日本，专事甲骨文及汉简的研究。1916年回到上海。他创立的二重证据法，对近代史学的进步颇有影响。1923年在废帝溥仪左右任“南书房行走”。1925年被聘为清华研究院导师。1927年在颐和园投昆明湖而死。其主要著作结集为《海宁王静安先生遗书》。

敦煌遗书 中国甘肃敦煌莫高窟发现的5 ~ 11世纪的多种文字的写本和印本文献。1900年由道士王圆箓发现于敦煌莫高窟第17窟藏经洞。1907

年，英籍匈牙利人A.斯坦因盗走遗书24箱，运回英国。遗书在西方引起轰动，引来各国“探险家”的掠夺，迅速流散到世界各地。1944年、1965年和1988～1995年，陆续又有发现。据统计，总数超过4万件，其中汉文写本3万多件。遗书被分藏于英、法、中、俄、日及其他一些国家的图书馆、博物馆等处。敦煌遗书的发现，推进了同中古时期中国和中亚相关的历史学、考古学、语言学、文字学、民族学、宗教学、文学等的研究。

孙中山（1866-11-12 ～ 1925-03-12）中国近代民主革命的先行者。名文，字德明，号逸仙；在日本从事革命活动时曾化名中山樵。广东香山（今中山）人。青少年时期比较系统地接受了西方式的近代教育。1892年毕业于香港西医书院。1894年，他上书李鸿章，提出改革主张，但未被接受。11月，他在檀香山组织兴中会。次年，兴中会密谋起义，事泄失败。孙中山被迫流亡海外。1905年8月，孙中山与黄兴等人在日本东京创建全国性的资产阶级革命党——中国同盟会，孙中山被推举为总理。在同盟会机关报《民报》发刊词中，孙中山首次提出了以民族、民权、民生为核心内容的三民主义。1906～1911年，同盟会在华南各地组织多次武装起义。1911年10月武昌起义获得成功。孙中山被推举为中华民国临时大总统。袁世凯窃取革命成果后，孙中山组织了二次革命、护法战争等，为捍卫共和制度而斗争。1921年，孙中山就任非常大总统，组织第二次护法战争。1922年，新军阀陈炯明叛变，孙中山被迫离开广州赴上海。在孙中山革命事业最艰难的时刻，他得到了来自共产国际和中国共产党的帮助，完成了一生中最伟大的转折。1924年他改组中国国民党，重新阐释了三民主义，提出了联俄、联共、扶助农工三大政策，实现第一次国共合作。中国民主革命就此进入一个新高潮。1925年3月12日，孙中山因患肝癌在北京逝世。

宋庆龄（1893-01-27 ～ 1981-05-29）中国近现代革命家、伟大的爱国主义者、中华人民共和国名誉主席。广东文昌（今属海南）人。1913年从美国的韦尔斯利学院毕业。1915年与孙中山结婚。孙中山逝世后，她坚持“联俄、联共、扶助农工”三大政策，同背叛革命的国民党右派进行坚决的斗争。1932年，她发起成立中国民权保障同盟，保护并营救了大批共产党员和爱国人士。全面抗战时期，致力于战时医药及儿童保育工作。1948年任中国国民党革命委员会名誉主席。中华人民共和国成立后，先后任中央人民政府副主席、国家副主席等职。1981年5月15日被接纳为中国共产党党员。16日，第五届全国人大常委会决定授予她“中华人民共和国名誉主席”称号。29日因病逝世。

中国同盟会 中国清末全国性的民族

民主革命政党。简称同盟会。1905年8月20日，孙中山联合黄兴、宋教仁等人，以兴中会和华兴会为基础，在日本东京组成同盟会。同盟会以“驱除鞑虏，恢复中华，创立民国，平均地权”为革命纲领。推举孙中山为总理，黄兴为执行部庶务。以《民报》为机关刊物。在辛亥革命准备时期，同盟会举行了多次武装起义。1912年8月25日，同盟会改组为中国国民党。

黄花岗七十二烈士 1911年4月27日广州起义牺牲后葬于广州东北郊黄花岗（原名红花岗）的革命党人。1910年秋，同盟会决定在广州发动起义。由于情势变化，起义日期一再变动。举义时实际只有黄兴率领的一支队伍直扑两广总督衙门，孤军转战。起义最终失败。喻培伦、方声洞、陈更新、林觉民等百余人死难。后收殓烈士遗骸72具，史称“黄花岗七十二烈士”。这次起义极大地振奋了广大群众的斗志，成为辛亥革命的前奏。

武昌起义 引发中国辛亥革命的武装起义。1911年6月，四川保路运动兴起，清政府调湖北新军入川镇压。早已在湖北新军和会党中积蓄力量的文学社和共进会决定在武汉发动起义。10月10日，起义爆发。次日，革命军占领武昌。各省闻讯响应，形成全国规模的辛亥革命。

辛亥革命 爆发于1911年的中国资产阶级民主革命。因当年为辛亥年，故名。1894年，孙中山创建兴中会。1905年，中国同盟会在东京成立。同盟会先后发动了萍浏醴、黄冈、防城、镇南关、河口、广州等起义。1911年的四川保路运动成为辛亥革命的导火线。10月10日，武昌起义爆发。次日，起义胜利，各省纷纷响应，宣布独立。独立各省的代表集会，推举孙中山为临时大总统。1912年1月1日，孙中山在南京就职，宣布成立中华民国。2月12日清宣统帝退位。4月1日，孙中山正式解除临时大总统的职务。辛亥革命的成果被袁世凯所篡夺。辛亥革命失败。

辛亥革命结束了中国长达两千年之久的君主专制制度，促进了民主精神在中国的高涨，是中国历史上一次伟大的革命运动。

中华民国 中国从清朝灭亡到中华人民共和国成立期间的国家名称和年号。简称民国。1912年1月1日，孙中山在南京就任临时大总统，定国号为中华民国。1912年3月，袁世凯窃取辛亥革命的成果，开始了北洋军阀的统治。1915年，袁世凯复辟帝制，次年病死，北洋军阀分裂，中国形成军阀割据混战局面。

1912年1月24日中华民国临时大总统孙中山召开第一次内阁会议

1924年，国共合作，共同完成反帝反封建任务。1926年7月，广东国民政府出兵北伐，迅速击溃北洋军阀主力。后蒋介石发动反革命政变，在南京另建国民政府，并继续“北伐”。1928年，张学良宣布东北易帜，全国实现形式上的统一。九一八事变后，蒋介石奉行“攘外必先安内”的政策。1936年，西安事变发生，蒋介石被迫接受中国共产党的抗日主张。1937年，全面抗战爆发，国民政府对日宣战，国民党军队经过初期的积极抵抗后，奉行消极抗战、积极反共的政策。1945年，抗日战争胜利。1946年7月，国民党发动全面内战。经过三年的战争，中国共产党领导全国人民打败了国民党的数百万军队，实现了新民主主义革命的胜利。1949年，蒋介石带领余部逃往台湾省，仍沿用“中华民国”。1949年10月1日，中华人民共和国宣告成立。中华民国结束。

北洋军阀 中国近代以袁世凯为首领，段祺瑞、冯国璋等人为主将的政治军事集团。1895年，清政府命袁世凯在天津小站编练新建陆军。新建陆军隶属北洋大臣，为“北洋三军”之一，“北洋军阀”的称谓由此而来。1901年，袁世凯任北洋大臣。次年在保定编练北洋常备军（简称北洋军）。1905年，北洋六镇编练成军。1911年武昌起义后，袁世凯凭借北洋军实力，窃取辛亥革命的成果，建立了北洋军阀在中国的统治。1916年袁世凯死后，北洋军阀分裂为皖系、直系、奉系三大派系，彼此混战。1926年，国民革命军进行北伐战争，北洋军阀遭到毁灭性打击。1928年，国民党各军事实力派再次北伐。奉系军阀张作霖退据东北，在皇姑屯被日本关东军炸死。北洋军阀的统治结束。

袁世凯（前排左三）在北京就任临时大总统后，与北洋将领合影

袁世凯（1859-09-16 ~ 1916-06-06）北洋军阀首领、中华民国大总统。字慰庭，号容庵。河南项城人。年轻时两次乡试未中，遂弃文就武。1895年，在天津小站训练新建陆军。戊戌变法中，出卖维新派，取得慈禧太后信任。1901年，任直隶总督兼北洋大臣。1902年，在保定编练北洋常备军（简称北洋军）。1905年，扩编北洋军为六镇，成为北洋军阀首领。1911年武昌起义后，他凭借北洋军实力，窃取辛亥革命的成果，当上中华民国大总统。之后，实行专制独裁统治。他派人暗杀宋教仁，向帝国主义进行善后大借款，并镇压二次革命。1915年5月，他接受日本提出的“二十一条”中的大部分条款，以换取帝国主义的支持。同年12月，袁世凯公然宣布复辟帝制，激起全国各阶层的义愤。护国战争随之爆发。1916年3月22日，袁世凯被迫宣布取消帝制。不久，忧惧而死。

新文化运动 *五四运动*前后，中国思想文化领域发生的启蒙运动。运动以1915年9月5日陈独秀创办《青年杂志》（从第2卷起改名为《新青年》）为起点。陈独秀、李大钊、鲁迅是新文化运动的主要倡导者。运动的基本内容是提倡“民主”与“科学”。其中的“民主”就是资产阶级民主政治，“科学”就是自然科学和看待客观事物的科学观点。随着新文化运动的发展，《新青年》从1917年起提出倡导“文学革命”，提倡白话文、新文学。北京大学成为新文化运动的重要阵地。

新文化运动为马克思列宁主义在中国的传播创造了有利条件。但是，新文化运动也有严重的缺点。

蔡元培（1868-01-11 ~ 1940-03-05）中国民主革命家、教育家、科学家。字鹤卿，号孑民。浙江绍兴人。青年时期，连续中举人、取进士、点翰林、授编修。

1898年，弃官从教。1902年，组织中国教育会，创立爱国学社、爱国女学。1904年组织光复会，1905年参加同盟会。1907年赴德国留学。武昌起义后回国。1912年1月就任南京临时政府教育总长。不久辞职，再赴德、法等国学习和考察。1916年回国。次年任北京大学校长，改革教学，网罗人才，使北京大学面目焕然一新。1927年，参加国民党南京政府。1928年，任国立中央研究院院长。1932年，同*宋庆龄*、杨杏佛等在上海组织中国民权保障同盟。晚年为抗日救亡事业奔波，努力促成国共合作。1938年，被推为国际反侵略运动大会名誉主席。

胡适（1891-12-17 ~ 1962-02-24） 中国现代学者、诗人。五四文学革命的倡导者。字适之，原名胡洪骍。安徽绩溪人。1910年考取庚子赔款官费生赴美国，先后就读于康奈尔大学和哥伦比亚大学。1914年就学于哲学家J.杜威，深受其实用主义哲学的影响。1917年初在《新青年》杂志上发表的《文学改良刍议》，对*新文化运动*起了积极的作用。

同年夏回国，受聘为北京大学教授。7月发表《多研究些问题，少谈些主义》，主张对一切社会问题进行“一点一滴的改良”。1918年加入《新青年》编辑部。后参与创办《努力周报》《独立评论》等。1938 ~ 1942年出任国民政府驻美大使。1946 ~ 1948年任北京大学校长。1949年去美国，后返台湾。1957年11月任台湾“中央研究院”院长。

胡适的学术活动主要集中在史学、文学和哲学方面，著有《中国哲学史大纲》（上）、《白话文学史》（上）等。他在学术上影响最大的是提倡“大胆假设，小心求证”的治学方法。

新民主主义革命 在帝国主义和无产阶级革命时代，殖民地半殖民地国家中的无产阶级领导的资产阶级民主革命。中国的新民主主义革命是从1919

年五四运动开始的，在此之前的近代以来的资产阶级民主革命为中国的旧民主主义革命。中国新民主主义革命是中国无产阶级领导的，以工农联盟为基础的，人民大众的，反对帝国主义、封建主义、官僚资本主义的革命。1949 年中华人民共和国的成立标志着中国新民主主义革命的基本结束和社会主义革命的开始。

五四运动 1919 年 5 月 4 日在北京爆发的中国人民反对帝国主义、封建主义的爱国运动。1919 年 1 月，巴黎和会决定把第一次世界大战前德国在山东的权益转让给日本，北洋政府准备在“和约”上签字，从而激起中国人民的强烈反对。5 月 4 日下午，北京 13 所学校的学生举行集会演讲和游行示威，要求拒签和约，遭到军警镇压。北京学生实行罢课。全国各地纷纷举行游行示威，以为声援。6 月 3 日和 4 日，北京各校学生分组到街头进行宣传，遭到逮捕。之后多地学生罢课，工人罢工，商人罢市，形成全国性的爱国运动。28 日，中国代表团拒绝在对德和约上签字。五四运动取得胜利。

五四运动是中国旧民主主义革命的结束和新民主主义革命的开端，中国革命从此进入一个新的历史时期。

1919 年 5 月 4 日北京数千学生在天安门前举行集会，遭军警镇压

黄埔军校 第一次国共合作时期，孙中山在苏联和中国共产党帮助下创办的培训陆军初级军官的学校。正式名称为中国国民党陆军军官学校。因创办时校址选在广州黄埔长洲岛，通称黄埔军校。

黄埔军校旧址

1924 年 6 月 16 日举行开学典礼，孙中山任军校总理，蒋介石任校长，廖仲恺任党代表。周恩来等共产党人在校内任职。军校学制三年，实际为半年至两年半不等。从第二期起分步、炮、工、辎重和宪兵科（第四期以后增设政治、骑兵、交通和无线电等科），从第三期起实行入伍生制度。其军事教育分学科（步兵操典、射击教范、战术学、兵器学、交通学、筑城学、军制学等）和术科（制式教练、战斗教练、实弹射击、野外演习等）两大类。从 1925 年起，先后在潮州、南宁、武汉、长沙设立分校。1926 年 3 月改组为中央军事政治学校。1930 年 9 月停办。黄埔军校共招收 7 期学生，有毕业生 8783 人，培养出大批军事、政治人才，在中国现代军事史上占有重要地位。

北伐战争 中国国民党与中国共产党合作，为推翻帝国主义支持的北洋军阀的统治，领导国民革命军于1926～1927年进行的革命战争。

1924年，国共两党建立统一战线。1926年7月9日，国民革命军在广州誓师，标志着北伐战争正式开始。在苏联军事顾问的帮助下，北伐军首先向盘踞在两湖的军阀吴佩孚进攻，8月下旬击溃其主力，并在10月10日攻占武昌。与此同时，北伐军向江西进军，于11月一举歼灭军阀孙传芳的主力，控制了南方大部分省区。国民革命军冯玉祥部也控制了西北地区。

1927年4月和7月，蒋介石和汪精卫先后在上海和武汉发动反革命政变。第一次国共合作破裂，国共两党合作进行的北伐战争中途夭折。

四一二政变 1927年4月12日，蒋介石在上海发动的“清党”反共、残杀革命民众的事件。4月11日，蒋介石密令东南各省“一致实行清党”。12日晨，大批中华共进会成员冒充工人自租界冲出，袭击工人纠察队。国民党军队随即借口“调解工人内讧”，将2700名工人纠察队员全部解除武装。13日，上海总工会在闸北召开工人群众大会，10万余人到会。会后举行游行请愿，行至宝山路时，遭到国民党军队机枪扫射，死伤百余人。南市游行工人也遭袭击。接着，大批工人和共产党员被捕杀。

四一二政变后，国民党在上海大肆捕杀共产党人和革命人士

四一二政变，标志着第一次国共合作的结束，中国革命从此进入一个由中国共产党独立领导的新阶段。

南昌起义 土地革命战争时期，中国共产党领导部分国民革命军在江西南昌举行的武装起义。1927年8月1日2时，在周恩来、贺龙、叶挺、朱德、刘伯承的组织领导下，起义开始，起义军拂晓控制了南昌城。3日，起义军开始撤离南昌，南下广东。8月25日至9月2日，起义军在瑞金、会昌地区遭到国民党军截击。此后，起义军取道闽西长汀进入广东东江地区。一部分起义军转移到海陆丰地区，继续坚持斗争；另一部分起义军在朱德、陈毅的率领下于1928年4月下旬到达井冈山，与毛泽东领导的秋收起义部队会合。

《南昌起义》（黎冰鸿）

南昌起义标志着中国共产党独立领

导人民创建军队、开展武装斗争的开始。南昌起义保存下来的部队，成为中国工农红军的骨干之一。

8 月 1 日后来成为中国工农红军和中国人民解放军的建军节。

秋收起义 土地革命战争时期，中国共产党领导一部分工人、农民和革命军人在湖南、江西两省边界地区举行的武装起义。又称湘赣边界秋收起义。毛泽东任中共湖南省委前敌委员会书记，卢德铭任起义军总指挥。1927 年 9 月 9 日，中共湖南省委行动委员会组织部分农民开始破坏长沙至岳阳和长沙至株洲的铁路。11 日，毛泽东率领工农革命军起义。起义军分三路向长沙进攻，进入湘东北后均受挫。19 日，毛泽东在湖南浏阳文家市召开前敌委员会会议，决定放弃进攻长沙的计划。29 日，起义部队约 1000 人到达江西永新三湾村。毛泽东主持召开前敌委员会会议，决定对部队进行改编。10 月下旬，毛泽东率部到达井冈山茨坪。此后，在井冈山地区开展游击战争，创建革命根据地。

参加秋收起义的部分人员 1937 年在延安合影

秋收起义首次公开打出中国共产党的旗帜。这次起义保存的力量，后来成为中国工农红军的骨干之一。

中国工农红军 土地革命战争时期，中国共产党领导的人民军队。其前身为中国工农革命军。1928 年 5 月 25 日，全国各地工农革命军正式定名为红军。1930 年后，又改称中国工农红军。土地革命战争时期，中国工农红军先后组成第一方面军（曾称中央红军）、第四方面军、第二方面军和西北红军等红军部队。全国红军最多时约 30 万人。1934 年 10 月，中央红军撤离中央革命根据地，进行长征。其他红军主力也从各苏区转移，于 1935 ~ 1936 年先后到达陕甘革命根据地。全面抗战时期，主力红军被改编为国民革命军第八路军（简称八路军）；在南方八省（琼崖地区除外）坚持斗争的红军和游击队被改编为国民革命军陆军新编第四军（简称新四军）。

中国工农红军长征 土地革命战争时期，中国工农红军主力从长江南北各苏区向陕甘苏区的战略转移。1934 年夏，中央苏区红军的第五次反“围剿”作战在王明“左”倾教条主义指导下，屡战失利。10 月 10 日，中央红军主力及中央、军委机关直属队 8.6 万余人，从江西瑞金、古城等地出发，开始长征。10 ~ 12 月，中央红军先后突破国民党军四道封锁线。12 月 18 日黎平会议后，中央红军改向贵州进发。1935 年 1 月遵义会议后，中央红军在毛泽东等人的指

《红军过雪山》（艾中信）

挥下，四渡赤水河，机动作战，取得了战略转移中具有决定意义的胜利。中央红军强渡大渡河，夺占泸定桥，翻越夹金山，于6月18日与红四方面军会师。8月，左、右两路军经草地北上。10月19日，中央红军主力到达陕甘苏区的吴起镇（今吴起县城）。1936年10月9日和22日，红四、红二方面军先后在甘肃会宁县城和静宁县的将台堡（今属宁夏）同红一方面军会师。至此，中国工农红军长征全部胜利结束。

南方八省红军三年游击战争 土地革命战争时期，坚持在南方八省15个地区的红军和游击队，同国民党军队进行的游击战争。

1934年秋冬，中国工农红军主力进行长征后，留在江西、福建、浙江、安徽、河南、湖北、湖南和广东八省的红军和地方部队共4.5万人，在国民党军连续进攻下多数遭受损失，余部共万余人，分散在赣粤边、闽赣边、闽西、闽粤边、皖浙赣边、浙南、闽北、闽东、闽中、湘鄂赣边、湘赣边、湘南、鄂豫皖边、鄂豫边和琼崖（今海南）15个地区，继续独立坚持斗争。蒋介石向各游击区进行了长期、反复的“围剿”和“清剿”。至1937年7月，各游击区的红军和游击队，坚持了三年的游击战争，牵制了大量国民党军，在战略上配合了主力红军行动，为中国革命作出了重要贡献。这些红军和游击队后来成为华中、华南地区抗战的骨干力量。

遵义会议 中国共产党六届中央政治局1935年1月15～17日在长征途中于贵州遵义举行的扩大会议。毛泽东在会上着重批评了“左”倾冒险主义在军事指挥上的错误。会议通过《中央关于反对敌人五次“围剿”的总结决议》，肯定了毛泽东积极防御的战略方针和红军作战的基本原则，推选毛泽东为政治局常委；取消博古、李德的最高军事指挥权。会后由张闻天代替博古负总责；

《遵义会议》（沈尧伊）

由毛泽东、周恩来、王稼祥三人组成军事指挥小组，负责指挥军事。遵义会议确立了毛泽东在中共中央和红军的领导地位，使红军能够战胜国民党军队的围剿堵击，并克服党内张国焘的分裂主义，胜利完成长征。这次会议开始克服以王明、博古为代表的“左”倾教条主义、冒险主义的错误领导，成为中共历史上的一个转折点。

中原大战 1930年4～11月，蒋介石同阎锡山、冯玉祥、李宗仁等在中国河南、山东、湖南等省进行的大规模新军阀混战。1930年2月，阎锡山通电要求蒋下野，得到冯、李、阎各部多数将领的响应，被推举为中华民国陆海空军总司令。4月，双方集结了约100万军队，在豫东、皖北、鲁西三角地带展开激战。因主要战场位于中原地区，故称中原大战。初期，阎方军事进展顺利。但反蒋军各派各怀异志，保存实力，缺乏统一的组织指挥，最终被击败。9月18日，张学良通电拥蒋，随即派兵入关“武装调停”。11月4日，阎锡山、冯玉祥通电下野。混战使双方官兵共伤亡30余万人，也给人民造成深重的灾难。

冯玉祥（1882-11-06～1948-09-01）中国民主爱国将领。原名基善，字焕章。安徽巢县（今巢湖市）人。早年入淮军，后投北洋军。1924年发动北京政变，推翻曹锟政权。1926年秋就任国民军联军总司令，参加北伐战争。1927年一度参与蒋介石、汪精卫“清党”反共活动。1930年4月联合阎锡山、李宗仁举兵反蒋，兵败后下野。1933年5月，组织察哈尔民众抗日同盟军。全面抗战时期，相继任第三、第六战区司令长官，不久离职。1946年以水利考察专使名义出访美国。次年5月发表《告全国同胞书》，要求立即停止内战，组织真正的联合政府。1948年1月，当选为国民党革命委员会中央常委兼政治委员会主席。7月应中国共产党邀请，回国参加政治协商会议筹备工作。9月1日因所乘轮船失火遇难。

阎锡山（1883-10-08～1960-05-23）中华民国时期晋系军阀首领、南京国民政府军政要员。字百川。山西五台河边村(今属定襄)人。1904年赴日学习军事。次年加入同盟会。武昌起义后，率部占领巡抚衙门，任都督。后依附北洋政权，长期盘踞山西。四一二政变后，追随蒋介石在山西“清党”反共。1930年联合冯玉祥等反蒋，兵败后潜逃大连。1932年回晋，任太原绥靖公署主任。全面抗战时期，任第二战区司令长官，组织忻口会战，重创日军。此后投机于降日、抗日之间。抗战胜利后，参加蒋介石发动的反共内战。1947年，任太原绥靖公署主任兼山西省政府主席。1949年6月，在广州就任国民党政府行政院院长兼国防部部长。12月逃往台湾。1950年3月任台湾当局“总统府”资政兼国民党中央评议委员。

抗日战争 1931年9月至1945年9月，中国人民抗击日本侵略的民族解放战争。为世界反法西斯战争的重要组成部分。1931年九一八事变后，中国人民就开始了武装反抗日本帝国主义的斗争。1937年7月7日，日本帝国主义制造卢沟桥事变，发动全面侵华战争。国共两党再次合作，共同抗日。抗日战争有两个战场：国民党军队在正面战场作战，消耗了日军大量兵力，对抗战的胜利起了重大作用；中国共产党领导八路军、新四军及其他人民军队开辟敌后战场，建立抗日根据地，后来成为抗战的中流砥柱。

全面抗战分为三个阶段：1937年7月至1938年10月为战略防御阶段，1938年11月至1943年12月为战略相持阶段，1944年1月至1945年8月为战略反攻阶段。1945年9月2日，日本正式签订投降书；9月3日成为中国抗日战争胜利纪念日。中国军民在14年抗战中承受了巨大的民族牺牲。据不完全统计，中国军民伤亡3500余万人，财产损失和战争消耗5600多亿美元。据日本方面统计，日军被中国军队歼灭133万余人。

抗日战争是中国人民近百年反抗外国侵略第一次取得完全胜利的战争。

九一八事变 1931年9月18日，日本驻华关东军突然袭击沈阳，武力侵占东三省的事件。9月18日晚，日本关东军自行炸毁沈阳北郊柳条湖附近一段南满铁路，反诬系中国军队所为，制造所谓“柳条湖事件”。在此借口下突袭中国军队驻守的北大营和沈阳内城。蒋介石执行“攘外必先安内”的政策，对日本侵略者妥协退让，东北军也未进行有组织的抵抗。1932年2月5日，日军占领哈尔滨，东北三省全部沦陷。九一八事变是日本企图变中国为其独占殖民地的开始，也是中国各阶层人民掀起空前规模的抗日救国高潮的开始。

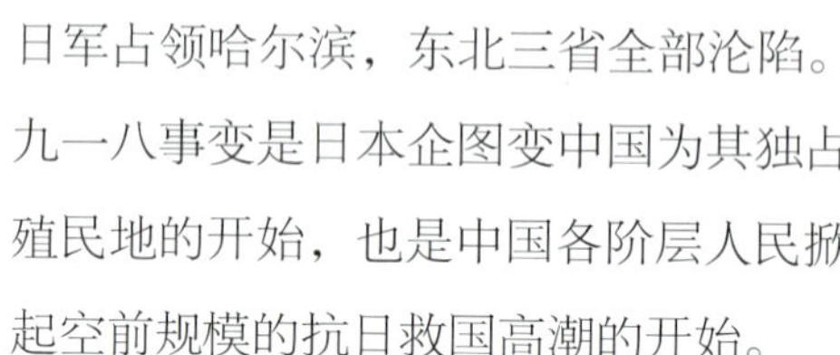

九一八事变中，日军装甲车进入沈阳城

“满洲国” 在日本关东军的策划和操纵下，张景惠等人拥清废帝溥仪在东北地区建立的所谓“独立国”。1932年3月1日，“满洲国”正式成立，溥仪为“执政”，“年号”大同，定都长春（后改名新京）。溥仪与日本签订密约，规定“满洲国”的国防、治安、铁路、港湾、航空等由日本管理；日本所需设施由“满洲国”援助；日本人得充任“满洲国”官吏；“满洲国”官吏的任职、解职，由关东军司令部决定。“满洲国”成为日本的傀儡政权。1934年3月，“满

1932年3月1日“满洲国”成立，伪满执政溥仪与关东军司令官本庄繁等人合影

洲国”改为“满洲帝国”，溥仪改称“皇帝”，“年号”改为康德。

自“满洲国”成立之日起，中国共产党、中国政府即表示强烈反对。1945年8月，日本宣布无条件投降，“满洲帝国”宣告解散。

一·二八抗战 1932年1月28日至3月3日，中国军队抗击侵华日军进犯上海的作战。又称一·二八淞沪抗战、一·二八事变。1932年1月18日，日军以日僧被殴为借口，向上海市政当局发出通牒。南京国民党政府令上海市市长于28日全部接受日方提出的解散反日团体等无理要求。日军仍于当晚突袭闸北。担负沪宁地区卫戍任务的十九路军在总指挥蒋光鼐、军长蔡廷锴的指挥下，奋起抵抗。蒋介石派张治中率第5军驰援。中国共产党领导上海人民组织救护队、义勇军等积极支援抗战。由于日军不断增兵，3月2日淞沪陷落，3日战事结束。是役，中国军队浴血奋战，使日军三易主将，伤亡逾万，受到沉重打击。但南京国民党政府妥协退让，于5月5日与日本签订丧权辱国的《淞沪停战协定》。

十九路军在上海闸北抗击日军

东北抗日义勇军 九一八事变后，中国东北军民在中共满洲省委的号召和组织下，为抵抗日本侵略、收复失地而成立的抗日武装的总称。比较著名的有以马占山为总司令的黑龙江抗日救国军、以王德林为总指挥的吉林中国国民救国军、以李杜为总司令的吉林自卫军、以邓铁梅为总司令的东北民众自卫军、以耿继周为首领的东北民众抗日义勇军、以苏炳文为总司令的东北民众救国军等。参加者既有工人、农民、学生、知识分子、东北军官兵、地方官吏和士绅，也有遍布东北各地的绿林武装及民间团体红枪会、大刀会等。1932年夏发展到30余万人，活动遍及东北三省及热河省的102个县。1933年下半年，在日军强大兵力的进攻下，大部瓦解。少部分继续坚持战斗，成为后来东北抗日联军的一部分。

长城抗战 中国军队在长城沿线抗击日军的局部战争。1933年初，日军侵占山海关、热河后，趁势进犯长城各口。3月9日起，第29军在喜峰口以近战肉搏和大刀队包抄敌后等战术，给日军以沉重打击，迫使日军于14日后撤。第17军三个师也在古北口轮番御敌，血战三天，双方成胶着状态。16日起攻喜峰口的日军改攻罗文峪，企图包抄喜峰口左侧背，经第29军官兵顽强抵抗，日

防守喜峰口附近罗文峪的中国军队

军未得逞。中国守军在冷口、界岭口等处也进行了英勇抵抗，粉碎了日军三日内占领长城各口的计划。由于蒋介石谋求对日妥协，4月中旬后长城各口相继失守。5月31日双方签订《塘沽协定》，日军撤往长城外。

八女投江 东北抗日联军妇女团指导员冷云率领班长胡秀芝、杨贵珍和战士郭桂琴、黄桂清、王惠民、李凤善及被服厂厂长安顺福，于1938年10月下旬随东北抗日联军第5军一部西进，在乌斯浑河岸与日伪军遭遇。为掩护部队突围，她们主动吸引日伪军火力，战至弹尽，宁死不屈，砸毁枪支后，毅然走下乌斯浑河，壮烈殉国。

东北抗日联军 中国共产党创建和领导的活动于辽宁、吉林、黑龙江三省的人民抗日武装。简称抗联。1935年8月1日，中共中央发表《八一宣言》，呼吁全国停止内战，成立国防政府，组织抗日联军，一致抗日。1936年2月20日，中共满洲省委在东北各地相继建立的东北人民革命军、东北抗日同盟军、东北反日联合军一律改称东北抗日联军，实行统一建制，分编为三路军。次年，抗联队伍发展到3万余人，先后开辟了东南满、吉东和北满三大游击区。全面抗战时期，日军对抗联发动疯狂的进攻。抗联在极其艰难的条件下，顽强战斗，战绩卓著，但自身损失也甚为惨重。除小部队外，大部被迫转入苏联境内整训。1945年8月8日苏联对日宣战后，抗联配合苏军大举反攻。1945年东北抗日联军与挺进东北的八路军、新四军合并为东北人民自治军。东北抗日联军为抗战的胜利作出了不可磨灭的贡献。

一二·九运动 1935年12月9日在北平（今北京）爆发的中国共产党领导的学生抗日救亡运动。12月9日晨，北平爱国学生在中共中央“停止内战，一致抗日”的号召下，结队前往行政院驻北平办事处吁请办事处长官何应钦宣布抗日，何避而不见，学生们遂愤而改请愿为示威游行。队伍增至二三千人。在王府井南口，学生们遭到军警袭击，不少学生受伤、被捕。各校学生自10日起实行总罢课。16日，万余学生齐集天桥广场，举行市民大会，随后高呼“打倒日本帝国主义”等口号，整队向前门进发。在宣武门一带为进内城与军警展开搏斗，被捕学生总计二三十人，受伤近400人。北平学生的爱国行动，得到全国各界和海外侨胞的广泛响应和支持，掀起了中国革命运动的新高潮。

西安事变 1936年12月12日，中国东北军领导人张学良和西北军（十七路军）领导人杨虎城，为迫使蒋介石答应停止内战、联共抗日，在西安发动兵谏，扣留蒋介石的事件。在全国抗日运动高潮的推动下和中国共产党抗日统一战线政策的影响下，1936年12月12日，张、杨借蒋介石飞抵西安督促“剿共”之机，发动兵谏，扣押蒋介石及其随从，并通电全国提出改组南京政府、停止一切内战等八项主张。事变发生后，中共中央

西安事变发生后，西安各界民众纷纷游行

派以周恩来为首的中共代表团到达西安，坚决主张和平解决这次事变。22日，宋美龄、宋子文亲赴西安与张、杨谈判，并会见周恩来。25日，达成改组国民政府、驱逐亲日派和联共抗日等协议。25日下午，张学良护送蒋介石飞离西安。事变的和平解决，推动了国共两党再次合作。中国由此实现了从国内战争到全国抗战的伟大转变。但蒋介石背信弃义，将张学良长期监禁，杨虎城惨遭杀害。

张学良（1901-06-03 ～ 2001-10-15）中华民国时期民主爱国将领、西安事变发动者。字汉卿，号毅庵。辽宁海城人。

1919年东三省陆军讲武堂毕业后，加入奉军。1928年6月其父张作霖被炸身亡，张学良继任为东三省保安总司令。12月，宣布服从南京国民政府。1930年9月，派兵入关支持蒋介石赢得中原大战的胜利。九一八事变时，奉行不抵抗政策，导致东三省迅速失陷于日本。1934年自海外考察回国后，先后被派往鄂豫皖、西北等地“剿共”。1936年4月，与中共代表周恩来达成停战抗日共识。同年12月12日，联合杨虎城发动西安事变。事变和平解决后，亲送蒋介石回南京，随即被扣押，并被处有期徒刑10年。次年1月虽获“特赦”，但仍被软禁50多年，直至1993年才得以移居美国。

杨虎城（1893-11-26 ～ 1949-09-17）中华民国时期民主爱国将领、西安事变发动者。原名忠祥，字虎城。陕西蒲城人。

1916年参加陕西护国军，随后加入靖国军。1925年任国民军第3军第3师师长，一度与中国共产党合作。1927年6月，随冯玉祥参加北伐战争。1929年率部投蒋介石。次年参加讨伐阎锡山、冯玉祥、李宗仁等反蒋派作战，胜利后被任命为陕西省政府主席，不到三年因与蒋矛盾日深而被免职。1935年在陕南阻击红军北上，屡遭重创。1936年12月12日，与张学良发动西安事变。1937年4月，为蒋所迫，宣布辞职，随即“出洋考察”。卢沟桥事变爆发后，要求回国抗日，被蒋骗至南昌拘押。遭囚禁12年后被蒋残杀。

卢沟桥事变 1937年7月7日，日本帝国主义为发动全面侵华战争，在中国北平西南宛平县卢沟桥（今属北京丰台区）附近制造的一起军事冲突。又称七七事变。1937年7月7日晚，日军在卢沟桥进行挑衅性的军事演习，夜10

驻宛平城的中国军队紧急开赴卢沟桥头

时40分诡称一士兵失踪，强行要求进入宛平城搜查，被中国驻军拒绝。中日双方约定派员前往调查。8日晨4时许，双方代表正交涉时，日军开枪射击，并炮轰宛平城。中国军队奋起还击，至9日凌晨，不但挫败了日军迅速占领宛平城的企图，且夺回了一度被日军占领的卢沟桥铁路桥和龙王庙。中国人民从此开始了八年艰苦卓绝的全面抗战。

佟麟阁（1892-10-29 ~ 1937-07-28）中国抗日将领。直隶高阳（今属河北）人。原名凌阁，字捷三。1925年任冯玉祥部第11师师长。1931年任第29军教导团团长兼张家口警备司令。1933年任察哈尔省政府代理主席、察哈尔民众抗日同盟军第1军军长。1935年冬，华北局势恶化，中央军退出华北，冀察两省的中国军队仅剩下第29军。佟麟阁出任第29军副军长，驻北平（今北京）南苑。1937年卢沟桥事变爆发后，日军向南苑一带发动猛烈进攻。在日军密集的炮火下，佟麟阁指挥部队英勇抗击。7月28日，在组织部队突击时身负重伤，壮烈殉国。他是抗日战争中殉国的第一位高级将领。31日，被国民政府追赠为陆军上将。中华人民共和国成立后，被追认为革命烈士。

淞沪会战 1937年8月13日至11月12日，中国军队抗击日军进攻上海的战役。又称八一三上海抗战。8月9日，驻上海日军官兵两人闯进虹桥机场挑衅，被机场保安部队击毙。日军以此为借口，向上海增兵。11日，中国政府令京沪警备司令张治中率部立即开赴上海组织防御。13日凌晨，日军突然向中国守军进攻。14日拂晓，中国军队予以还击。同日，国民政府发表《自卫抗战声明书》。15日，国民政府下达总动员令。11月5日，日军在金山卫登陆，从南面对上海实施迂回，企图对上海守军施行战略包围。中国守军因后方受到威胁，乃全线撤退。12日，日军占领上海，淞沪会战结束。

淞沪会战是全面抗战中最为激烈的战役：日军参战兵力22万余人，伤亡9万余人；中国军队参战兵力共70余万人，伤亡25万余人。淞沪守军浴血奋战，打破了日军三个月灭亡中国的迷梦，为中国沿海工业的内迁赢得了时间，激发了中国军民的抗战热忱。

八路军 抗日战争时期，中国共产党领导的在华北坚持抗战的人民军队。全称国民革命军第八路军。根据国共两党谈判达成的协议，1937年8月22日，国民政府军事委员会宣布，将中国工农红军主力部队改编为国民革命军第八路军。8月25日，中共中央军委发布命令，将驻陕甘宁边区的红军第一、第二、第四方面军和西北红军改编为国民革命军第八路军。朱德任总指挥，彭德怀任副总指挥；叶剑英任参谋长，左权任副参谋长。从9月11日起，按战斗序列又称第18集团军，朱德、彭德怀改称正、副总司令。下辖三个师：第115师，林彪任师长，聂荣臻任副师长；第120师，贺龙任师长，萧克任副师长；第129师，刘伯承任师长，徐向前任副师长。全军

八百壮士 淞沪会战中英勇抗击日军的国民革命军第88师第524团四百多人的通称。1937年10月27日晚，中国守军第88师第524团团副谢晋元，奉令率部“八百壮士”（实际仅四百余人）坚守苏州河北岸的四行仓库，掩护主力撤退。谢晋元率孤军沉着应战，打退了敌人数次进攻，坚持四昼夜后奉命突围撤退至租界。“八百壮士”的英勇事迹，赢得了国际舆论的广泛同情和赞扬。

狼牙山五壮士 抗日战争时期，在狼牙山战斗中英勇抗击日伪军的八路军五位英雄的通称。1941年9月25日，3500多名日伪军包围了河北易县西南的狼牙山地区。八路军晋察冀军区第1军分区第1团第7连第6班班长马宝玉，副班长葛振林，战士胡德林、胡福才和宋学义奉命担负后卫阻击，掩护连队转移。为了不让日伪军发现连队转移的方向，五名战士于26日将日伪军引向狼牙山棋盘陀峰顶绝路，弹药用完就以石块还击，面对敌人步步逼近，宁死不屈，砸烂武器，纵身跳下数十丈深的悬崖。马宝玉、胡德林和胡福才壮烈牺牲，葛振林和宋学义被山腰树枝挂住带伤脱险。五名战士战后被誉为“狼牙山五壮士”。

共4.6万人。改编后，主力开赴华北前线作战。八路军共歼灭日伪军125万余人，光复大片国土，为抗战的胜利作出了巨大贡献。抗战结束时，八路军发展到100余万人。解放战争时期，八路军成为中国人民解放军的主要组成部分。

新四军 抗日战争时期，中国共产党领导的在华中坚持抗战的人民军队。全称国民革命军陆军新编第四军。根据国共两党谈判达成的协议，国民政府当局于1937年10月12日宣布，将中国共产党领导的在南方八省（琼崖地区除外）境内的中国工农红军和游击队改编为国民革命军陆军新编第四军。叶挺任军长，项英任政治委员兼副军长。12月14日，中共中央决定成立中央革命军事委员会新四军分会，项英任书记，陈毅任副书记。下辖四个支队和一个特务营，共1万余人。新四军深入敌后，开展游击战，创建了华中敌后抗日根据地。1941年1月国民党制造皖南事变，新四军损失惨重。此后中共中央重建新四军，任命陈毅为代理军长，刘少奇为政治委员。部队被扩编为七个师和一个独立旅，继续坚持抗战，创建了苏南、苏中、苏北等敌后抗日根据地。新四军歼灭日伪军31.7万余人。抗战胜利时，新四军已发展到30余万人。解放战争时期，新四军成为中国人民解放军的重要组成部分。

新四军军部成立初期部分领导人合影（左起：陈毅、项英、袁国平、李一氓、朱克靖、粟裕、叶挺）

彭雪枫（1907-09-09 ～ 1944-09-11） 中国工农红军和新四军高级指挥员、军事家。原名彭修道。河南镇平人。1925年加入中国共产主义青年团。次年加入中国共产党。1927年参加北平（今北京）南苑农民暴动。1930年参加红军。1934年10月参加长征，任红3军团第5师师长、第13团团长。1936年秋被派往太原等地，从事统一战线工作。全面抗战时期，任八路军总部参谋处处长兼驻晋办事处主任。1938年任中共河南省委军事部部长。同年9月组建新四军游击支队，任司令员兼政治委员，领导开辟豫皖苏边区抗日根据地。后任新四军第6支队司令员兼政治委员、八路军第4纵队司令员。皖南事变后，任新四军第4师师长兼政治委员、淮北军区司令员，领导根据地军民巩固和发展了淮北抗日根据地。1944年9月11日在河南夏邑八里庄指挥作战时牺牲。

平型关战斗 抗日战争时期，八路军第115师在山西东北部平型关地区对日军进行的伏击战。1937年9月23日，

八路军第115师在师长林彪、副师长聂荣臻率领下，隐蔽进至平型关以东的冉庄和东长城村。25日拂晓前完成各项战斗准备。当日，日军第5师团第21旅团一部和大批辎重车辆沿灵丘至平型关公路并进，7时许，全部进入八路军的设伏地区。八路军突然开火，给日军以重大杀伤，并乘其慌乱之际发起冲击。13时许，战斗结束。八路军歼灭日军1000余人，缴获大量武器、物资，击毁汽车百余辆、大车约200辆。这一胜利打破了“日军不可战胜”的神话，也为后来在这一地区创建敌后抗日根据地奠定了广泛的群众基础。

南京大屠杀　抗日战争时期日军对中国实施的一次规模最大、持续时间最长的烧杀淫掠暴行。又称南京惨案。

1937年12月13日，日军侵占南京。在日本华中方面军司令松井石根和第6师团师团长谷寿夫的指挥下，日军对中国军民进行了长达40多天的大规模屠杀，杀害无辜市民和已放下武器的士兵共30万人以上。据中国审判战犯军事法庭查证，集体屠杀并毁尸灭迹的，共28案，被害人数达19万多人。日军还普遍地分散进行屠杀，经慈善团体掩埋的尸体达15万余具。日军还灭绝人性地奸淫妇女。在日军占领南京的一个月中，市内就发生2万余起强奸妇女的暴行。此外，日军所到之处，均遭大规模的抢劫，十室九空。抢劫之后，日军更纵火焚烧，全市被烧毁的房屋达1/3以上。

抗日战争胜利后，侵华日军在南京犯下的血腥暴行得到清算，松井石根被远东国际军事法庭处以绞刑，谷寿夫被引渡给中国政府处死。

日军集体屠杀中国人

日本731部队　1936年春，日本为实施细菌战在黑龙江哈尔滨平房地区建立的以石井四郎为部队长的侵华秘密部队。原称关东军防疫给水部本部，1941年6月后正式改称关东军第731部队。通称石井部队，又称加茂部队、东乡部队、奈良部队。下设细菌研究、细菌生产、细菌实战研究等八个部，在海林、林口、孙吴、海拉尔建有四个支队，在安达建有一个野外特别实验场，总计3000人。731部队采用活人试验、活人解剖的方法，以中国、苏联、蒙古等国战俘、抗日民众甚至无辜百姓为试验对象，进行各种细菌、毒剂和冷冻试验，先后残杀3000余人；研制出多种细菌武器，多次前往中国抗日战场实施细菌战。1945年8月日本战败前夕，731部队奉命炸毁了所有建筑设施，处决了全部用作细菌试验的活人。大部分人员撤回日本国内，仅小部分被中苏军队俘虏。

徐州会战 1938年1～6月，中国军队在以徐州为中心的广大地区抗击日军进攻的战役。日军为打通津浦铁路，先后集中8个师团、5个旅团（支队）约24万人，于1938年1月下旬开始南北夹击华东战略要地徐州。中国第五战区司令长官**李宗仁**指挥约60万人防守徐州地区：集中主力于徐州以北，抗击北线日军南犯；部署一部兵力于津浦铁路南段，阻止南线日军北进。南线日军沿津浦铁路北上强渡淮河。北线日军以两个师团分路南下：一路从潍县（今潍坊）南犯，直扑临沂；另一路沿津浦铁路南下，于3月24日进攻台儿庄。守军组织大规模反击，取得台儿庄会战的胜利。5月16日，南北日军会师砀山，对徐州形成包围之势。守军向皖豫边界山区突围，19日徐州陷落。日军沿陇海铁路向西追击，进至商丘、开封。6月9日，蒋介石令河南守军于郑县（今郑州）东北花园口掘开黄河堤岸，河水经中牟、尉氏沿贾鲁河南泛，日军退至黄泛区以东，会战结束。

李宗仁（1891-08-13～1969-01-30）中华民国时期爱国将领，新桂系首领，南京国民政府副总统、代总统。字德邻。广西临桂人。早年就读于广西陆军小学堂、广西陆军速成学校。1910年加入中国同盟会。1917年参加护法战争。1922年任广西自治军第二路总司令，后改所部为定桂军。1923年冬加入中国国民党。1924年11月，被**孙中山**任命为广西陆军第1军军长。他率部统一广西，成为新桂系首领。1926年7月，率部参加北伐战争。后参与发动**四一二政变**。桂系在1929年的蒋桂战争和1930年的**中原大战**中，均被蒋介石击败。全面抗战时期，先后任第五战区司令长官、汉中行营主任，指挥**徐州会战**诸役，获台儿庄大捷。抗战胜利后任北平行辕主任、国民政府副总统。1949年1月蒋介石“引退”后任代总统，4月派代表团到北平（今北京）与中国共产党进行和平谈判，12月去美国。1955年提出反对“台湾托管”和“台湾独立”。1965年毅然回国。

武汉保卫战 1938年6～10月，中国军队为保卫武汉，在安徽、江西、河南、湖北等省抗击侵华日军进攻的作战。又称武汉会战。

1938年6月，日军25万人在华中派遣军司令官畑俊六的指挥下，沿长江南北两岸和大别山北麓合围武汉。国民政府军事委员会先后调集130个师和海、空军各一部约100万人组织防御，保卫武汉。中国将士舍生忘死，前仆后继，伤亡37万余人，毙伤日寇12万人，消耗日军大量人力、物力。在日军已达成对武汉包围的情况下，为保存力量，中国军队不得不于10月25日弃守武汉。日军于26日占领武昌、汉口，27日占领汉阳。

武汉保卫战是抗日战争战略防御阶段规模最大的一次战役，此后日军不得不停止战略进攻，转入保守占领区。中日战争进入战略相持阶段。

张自忠（1891-08-11 ~ 1940-05-16）中国抗日名将。字荩忱。山东临清人。1914年在奉天（今沈阳）从军，参加过国民军起义及北伐诸战役。1933年长城抗战时，任前敌总指挥，在喜峰口抗击日军。1935年任察哈尔省主席，次年任天津市市长。卢沟桥事变后，留北平（今北京）与日军周旋，代理第59军军长。1938年率部参加徐州会战，粉碎板垣、矶谷两师团会师台儿庄的计划。9月参加武汉保卫战，在潢川阻击日军12天。后任第33集团军总司令，转战豫南鄂北。1940年5月兼任第五战区右翼兵团总司令。日军集重兵由信阳、随县、钟祥三路进攻襄樊（今湖北襄阳），张亲率三个团由宜城渡过襄河（汉水），与日军奋战九昼夜，在追击中陷入重围，身负重伤，仍坚持作战，在宜城南瓜店壮烈殉国。被追晋为陆军上将。

长沙会战 1939年9月至1942年1月，中国军队与侵华日军在湖南长沙地区进行的三次会战。1939年9月，日军分路进占湘北岳阳东南地区、鄂南通城地区、赣北奉新和靖安地区；1941年9月初，日军进占岳阳、临湘一带；1941年12月中旬，日军分兵两路进攻长沙。当时先后任第九战区副司令长官、司令长官的薛岳，指挥大兵团与日军进行了三次长沙会战。由于动员民众破坏交通，派兵在敌后袭击其补给线，利用地形部署兵力节节抗击，集中兵力适时反击，广大官兵英勇作战，三次均击退了日军的进攻。

百团大战 抗日战争时期，八路军在华北地区使用105个团的兵力，向日伪军发动的大规模进攻战役。自1940年8月20日开始，至1941年1月下旬结束。战役从破击正太铁路开始，随即扩大到冀中、冀南、冀热察、晋绥、太岳等地区。八路军参战兵力，从开始时的20多个团迅速增至105个团，共20余万人。此外，还有许多地方游击队和民兵参加作战。据前3个半月的不完全统计，八路军共作战1824次，毙伤日军2万余人、伪军5000余人，破坏铁路474千米、公路1500余千米，缴获各种炮50余门、各种枪5800余支（挺）。八路军伤亡1.7万余人。

百团大战沉重地打击了日军的侵略气焰，有力地配合了正面战场国民党军作战，增强了全国人民夺取抗战胜利的信心。

左权（1905-03-15 ~ 1942-05-25） 中国无产阶级革命家、军事家，中国工农红军和八路军高级指挥员。原名纪权。湖南醴陵人。黄埔军校第一期毕业生。曾参加两次东征。1925年2月加入中国共产党。1925年底赴苏联学习，先后在莫斯科中山大学、伏龙芝军事学院学习。1930年回国，历任新12军军长、红5军团第15军军长兼政委、红1军团参谋长等职，参加中央苏区反“围剿”作战。1934年参加长征。全面抗战时期，任八路军副参谋长，后

兼八路军第2纵队司令员。曾参与组织指挥晋东南反“九路围攻”、百团大战、黄崖关保卫战等战役战斗，协助朱德、彭德怀开展游击战争，开辟和扩大抗日根据地。1942年5月25日在山西辽县（今左权县）率八路军突破日军包围时牺牲。

皖南事变 1941年1月中国国民党当局在安徽茂林地区围歼中国共产党领导的抗日武装新四军皖南部队的事件。1940年12月7日，蒋介石下达《黄河以南剿灭共军作战计划》，计划“肃清”江南、苏北及黄河以南的新四军。中共中央指示皖南部队转移。但东南局书记兼副军长项英迟疑不决，拖延北移。1941年1月4日，新四军军部及在皖南的部队9000余人从泾县云岭出发，6日到达茂林地区，突然遭到预先埋伏的国民党军7个师8万余人的包围和袭击。新四军伤亡惨重。军长叶挺前去谈判，被无理扣押。14日，新四军阵地被占领。除2000余人突围外，大部被俘、失散或牺牲。项英遇害。17日，蒋介石称新四军“叛变”，宣布取消其番号。皖南事变是国民党第二次反共高潮的最高峰。

叶挺（1896-09-10 ~ 1946-04-08） 中国人民解放军创建人和新四军领导人、军事家。字希夷。广东归善（今惠州惠阳区）人。先后就读于广东陆军小学、湖北陆军第二预备学校和保定陆军军官学校。1919年加入中国国民党。1921年任孙中山陆海军大元帅府警卫团第2营营长。1924年赴苏联学习。同年加入中国共产党。1925年9月回国。1926年参加北伐战争，屡建战功。1927年8月参加领导南昌起义。同年12月参加领导广州起义。全面抗战时期，出任新四军军长，指挥部队挺进华中敌后，开展游击战争。1939年5月，在皖中主持成立新四军江北指挥部，指挥部队在津浦铁路东西两侧建立抗日根据地。1941年1月皖南事变中被国民党扣押。1946年3月4日获释。4月8日因飞机失事遇难。

1939年叶挺在新四军军部

项英（1898 ~ 1941-03-14） 中国工农红军和新四军领导人。原名德隆。湖北武昌人。1922年4月加入中国共产党。长期在武汉、上海等地从事工人运动和党的工作。1934年10月中央红军主力长征后，留在赣粤边地区继续战斗，任中央军区司令员兼政治委员。在极端困难的条件下，领导了艰苦卓绝的三年游击战争。全面抗战时期，任新四军副军长、中共中央东南分局（后改为东南局）书记、中央军委新四军分会书记。1940年4月在皖南指挥春季反“扫荡”，10月参与指挥秋季反“扫荡”。在1941年1月转移中犹豫动摇，处置失当，对新四军在皖南事变中遭受严重损失负有责任。事变后，率军部十余人隐蔽于附近山区，3月14日凌晨在泾县

蜜蜂洞被叛徒杀害。

冀中区五一反“扫荡” 抗日战争时期，八路军第3纵队兼冀中军区在河北省中部地区粉碎日军大规模“扫荡”的作战。太平洋战争爆发后，日军为使中国华北地区成为其扩大侵略战争的“兵站基地”，对各抗日根据地加紧进行所谓“治安肃正”作战。

1942年5月上旬至7月上旬，华北方面军司令官冈村宁次指挥第41师团主力等部队连同伪军共5万余人，采取铁壁合围、反复合击、分区清剿和辗转抉剔等战术，并以派遣特务队、使用快速部队相配合，对冀中抗日根据地进行大“扫荡”。八路军第3纵队兼冀中军区司令员吕正操、政治委员程子华和冀中区党委书记黄敬，指挥主力部队15个团、地方武装15个支队共3万余人，采取以主力一部同地方部队、民兵相结合在内线坚持斗争，主力大部适时转移至外线寻机歼敌的作战方针，展开反“扫荡”作战。7月初，日军收缩于主要城镇，反“扫荡”作战结束。

日军的残酷“扫荡”，使冀中抗日根据地遭到严重摧残，冀中军区部队遭受较大损失，人民群众被杀、被捕5万余人，根据地绝大部分变为游击区。但是，冀中区军民在反“扫荡”中英勇奋战，共歼日伪军1.1万余人，使日伪军聚歼冀中区八路军和完全控制冀中地区的企图未能实现。

冈村宁次（1884-05-15 ~ 1966-09-02）第二次世界大战时期日本陆军大将、中国派遣军总司令官。生于东京。1923年任日本驻上海总领事馆武官。不久，被孙传芳聘为高等军事顾问。1927年任日军步兵联队联队长。次年5月，蓄意制造济南惨案。1932年任上海派遣军副参谋长，参与指挥一·二八上海作战。1941年任华北方面军司令官，发动五次“治安强化运动”，对抗日军民实施烧光、杀光、抢光的“三光”政策。1944年发起**豫湘桂战役**。11月升任中国派遣军总司令官。国共内战期间，成为蒋介石的秘密军事顾问。1949年1月，被南京国民政府法庭宣判“无罪”释放。

豫湘桂战役 1944年4 ~ 12月日本侵略军为打通中国华北到华南以至印度支那的大陆交通线而发动的一次大规模战略进攻。1943年，美军在太平洋战场上展开反攻，日本与南洋的海上交通线被切断。日本侵略者决定发动豫湘桂战役，企图打通平汉、粤汉、湘桂铁路，掌握一条陆上交通线。日军从本土及中国东北调集了各兵种部队总计约51万人。战役分河南会战、湘桂作战、桂柳作战三个阶段展开。在短短的八个月中，中国军队在豫湘桂战场上损兵六七十万人，丧失国土20余万平方千米，丢掉城市146座，失去空军基地7个、飞机场36个，人民生命财产损失更是不计其数。日军在付出重大代价之后，虽然打通了大陆交通线，但始终也没能加以利用，更未能挽救日本军国主义败亡的厄运。

中国远征军 第二次世界大战中在缅甸境内及滇西中缅边境地区作战的一支中国抗日部队。

日军于1942年1月发动侵缅战争。中国政府应英国政府请求，以第5、第6、第66军共十万余人组成远征军。由远征军第一路司令长官罗卓英和同盟国中国战区参谋长J.W.史迪威指挥，于1942年2月先后入缅作战。远征军在缅北给日军以沉重打击。但由于中、英、美战略目标的不一致，远征军陷于被动态势，至4月底被迫后撤。8月，远征军大部退至怒江东岸，一部西撤印度。退入印度的部队改称中国驻印军，由史迪威任总指挥，罗卓英任副总指挥。退入滇西的部队连同后续部队，于1943年春重新成立中国远征军司令长官部，陈诚任司令长官（同年冬由卫立煌接任），黄琪翔任副司令长官。1943年10月起，中国驻印军沿中印公路向缅北推进；1944年5月，滇西中国远征军强渡怒江，沿滇缅路向缅北实施反攻。1945年1月27日，滇西中国远征军与中国驻印军会师于缅甸芒友，打通中印公路。至3月，将日军全部赶出缅北和滇西。此后，中国远征军返回国内。

中国远征军入缅作战重新打通了中国西南的国际运输线，有力地配合了盟军在太平洋的反攻，为盟军在缅甸的最后胜利作出了贡献。

1945年1月27日滇西中国远征军与中国驻印军会师于缅甸芒友

史迪威，J.W.（1883-03-19 ~ 1946-10-12） 美国陆军上将。生于佛罗里达州帕拉特卡。1904年毕业于西点军校。第一次世界大战期间参加美国赴欧洲远征军。1925 ~ 1929年在驻中国天津美海军中服役。1935 ~ 1939年为美驻华使馆武官。太平洋战争爆发后，美国陆军部委派他担任中国－缅甸－印度战区陆军司令、中国战区参谋长等职。曾指挥两次缅甸战役。1945年领导建成全长769千米的“史迪威公路”。在昆明、桂林及印度兰伽设立三个训练中心，对国民党军进行训练，为中国人民的抗日事业作出贡献。他主张联合中国共产党积极抗日，反对美国海军情报系统与国民党军统局设立的“中美合作所”。在蒋介石的反复要求下，于1944年10月19日被召回国。1945年6月，史迪威任美国第10军军长，指挥冲绳战役。8月，在琉球群岛接受十多万日军的投降。1946年3月，任美军第6军军长。

戴安澜（1904-11-21 ~ 1942-05-26） 中国抗日将领。原名衍功，号海鸥。安徽无为人。1926年毕业于黄埔军校。曾

参加长城抗战。卢沟桥事变后，任国民革命军第13军第73旅旅长。1938年徐州会战中，参加台儿庄会战，指挥所部顽强抗击日军。1939年任第5军第200师师长，率部参加桂南会战，收复昆仑关口。1942年2月参加中国远征军，出师缅甸支援盟军作战。在坚守东吁的战斗中，鏖战十二昼夜，完成防御任务后奉命撤离。5月18日在北撤途中遭日军伏击，身负重伤，在缅北殉国。10月16日被国民政府追晋为陆军中将。29日美国政府授予他懋绩勋章。中华人民共和国成立后，被追认为革命烈士。

陈纳德航空队 中国美籍空军顾问陈纳德为援助中国抗日，于1941年8月在缅甸东吁组建的美国志愿航空队。1940年11月，陈纳德奉蒋介石之命，返美争取美国空军援助。次年8月，购得美国新型战机百余架，招募美国预备役、退役空地勤人员270余人，按中国空军建制在缅甸东吁组成美国志愿航空队。12月20日，陈纳德航空队首战昆明，击落日机6架。至1942年6月，先后在仰光、泰国、缅北、云南地区作战约120次，击毁日机290余架，被中国民众誉为“飞虎队”。7月被改编为美国驻华空军特遣队。1943年3月，被扩编为第14航空队，主要负责保卫驼峰运输线。10月，第14航空队和中国空军被合编为中美空军混合团，对日军展开空中战略打击，取得显赫战绩。1944年12月后，第14航空队主要转向破坏日军长江水路和平汉、粤汉铁路等后方供给线，迫使日军北撤，为中国军队反攻创造条件。1945年7月，陈纳德因反对美国军方重组驻华空军被召回国，为中国抗日事业作出重要贡献的陈纳德航空队至此宣告结束。

1943年停在中国某基地待命的两架P-40驱逐机

南京受降 1945年蒋介石指派中国陆军总司令何应钦代表中国战区最高统帅在南京接受侵华日军投降。1945年8月15日，日本天皇裕仁正式宣告日本无条件投降。当日，国民政府主席蒋介石在重庆中央广播电台发表《对日抗战胜

中国战区日军投降签字仪式

利告全国军民及世界人士书》，说明胜利的意义及“以德报怨”政策。同日，蒋介石以中国战区最高统帅的名义，致电南京日本中国派遣军总司令官冈村宁次，指示投降原则。9月8日，中国陆军总司令何应钦飞抵南京。9月9日上午9时，何应钦在南京陆军总部大礼堂主持受降典礼，冈村宁次在日本投降书上签字。

南京受降后，中国各战区受降主官及其部队亦分别到达指定地点受降，共接受日军投降官兵124万人，伪军95万人。

台湾光复 1945年中国人民抗日战争胜利后台湾重归中国版图。1943年12月1日公布的《开罗宣言》规定，日本所窃取于中国之领土，例如满洲、台湾、澎湖列岛等，归还中国。1945年7月26日发表的《波茨坦公告》重申“开罗宣言之条件必将实施”。1945年8月15日，日本宣布接受《波茨坦公告》，无条件投降。10月25日，同盟国中国战区台湾省受降仪式在台北市公会堂（今中山堂）举行。日本原台湾总督兼第十方面军司令官安藤利吉向台湾受降主官递呈投降书，受降主官代表中国政府宣告：自即日起台湾及澎湖列岛已正式重入中国版图，所有一切土地、人民、政事皆已置于中国主权之下。至此，台湾光复。

斯特朗，A.L.（1885-11-24 ~ 1970-03-29） 美国记者、作家。生于内布拉斯加州弗伦德城。1908年毕业于芝加哥大学，获哲学博士学位。1921年访苏，旅居苏联20余年，向美国和世界广泛介绍苏联的革命成就。1949年被苏联政府指控为“间谍”，遭拘捕，并被驱逐出境。1955年苏联政府为她平反。

斯特朗和中国有着长期密切的关系。她于1925年、1927年、1938年、1940年、1946年和1958年六次访问中国，报道各个历史时期的中国革命。第六次来华后定居北京。编有70期《中国通讯》，向世界人民宣传中国社会主义革命和建设的成就。

主要著作还有《战斗中的西班牙》《斯大林时代》等。

史沫特莱，A.（1892-02-23 ~ 1950-05-06） 美国记者、作家。生于密苏里州奥斯古德。1911年起在坦佩师范学校、圣迭戈师范学校学习。1918年到社会党的《召唤报》工作。1929年初以德国《法兰克福报》记者身份来华，与宋庆龄、鲁迅等人建立了亲密友谊和合作关系。20世纪30年代初曾协助“左联”开展活动。1936年西安事变时及时报道事变真相。1937年1月赴延安，广泛访问了中国共产党和中国工农红军的领袖人物。1938年成为中国红十字会志愿人员，动员并组织H.N.白求恩、柯棣华等来华支援中国抗战。1941年9月返回美国后写作、演讲、募捐，继续支援中国抗战。1949年2月被美国当局指控为“苏联间谍”而遭受迫害。同年秋流亡英国。著述甚多，主要有《大地的女儿》《中国红军在前进》等。

白求恩，H.N.（1890-03-03 ~ 1939-11-12） 加拿大医生，国际主义战士。生于加拿大安大略省。多伦多大学医科毕业。第一次世界大战期间应征入伍，在欧洲前线服役。战后，在美国底特律和加拿大蒙特利尔等地行医。为皇家外科学会会员、自治领养老金及国家健康部顾问、美国胸外科协会理事。1936年德、意法西斯武装干涉西班牙革命时，他随加拿大志愿军赴欧，为反法西斯的西班牙人民服务。1937年，他受加拿大共产党和美国共产党的派遣，率领由加拿大人和美国人组成的医疗队赴中国解放区，于1938年3 ~ 4月间到达延安，不久又转赴晋察冀边区工作。他随军转战前线，奋力抢救伤病员，培养了大批医务干部，为中国人民的解放事业作出卓越贡献。因抢救伤员时感染病毒而不幸逝世。

斯诺，E.（1905-07-19 ~ 1972-02-15） 美国记者、作家。生于密苏里州堪萨斯。1928年毕业于密苏里大学。同年到中国，在上海多家英文报刊任编辑、记者。1933 ~ 1935年在燕京大学新闻系任教。1936年6月，进入陕北革命根据地采访。次年出版《西行漫记》(又译《红星照耀中国》)，向世界介绍中国共产党领导的革命运动和工农红军长征。1939年再访延安。1941年回到美国后任《星期六晚邮报》副主编，以战地记者的名义赴苏、美、法、德等国采访。1960年、1964年、1970年三次访问中国，写了大量反映中华人民共和国取得的成就的报道。1970年12月他与毛泽东的长谈在《生活》杂志刊登后，促进了R.M.尼克松访华和中美关系的恢复。著有《远东前线》《大河彼岸：今日红色中国》等。

解放战争 1946 ~ 1950年，中国人民在中国共产党领导下，为推翻国民党的反动统治、解放全中国而进行的革命战争。又称第三次国内革命战争。

抗日战争胜利后，蒋介石于1945年8月中下旬邀请毛泽东赴重庆共商“国家大计”。国共两党于10月10日签订《双十协定》，并在美国的“调处”下达成停战协定，召开政治协商会议。在完成军事部署后，国民党撕毁停战协定和政协决议，向解放区发动全面进攻。

1946年6月26日，国民党以30万人的兵力围攻中原解放区，并相继向华东、晋冀鲁豫、晋绥、晋察冀、东北等解放区进攻，自此全面内战爆发。中国共产党领导的人民革命武装先后粉碎了国民党军队的全面进攻和重点进攻，进行了规模空前的辽沈战役、淮海战役、平津战役和渡江战役等。1949年4月23日解放南京。随后各路解放军解放了除西藏、台湾、澎湖、金门、马祖、南海诸岛及香港、澳门以外的全部国土。解放战争历时三年零九个月，中国人民解放军经过艰苦奋战，共歼灭国民党军807万人。

这场战争最终结束了代表帝国主义、封建主义、官僚资本主义的国民党政权在中国的统治，改变了世界政治力量格局。

反饥饿、反内战、反迫害运动 中国1947年5～6月国民党统治区爆发的学生民主爱国运动。1947年2月，国民党统治区爆发严重经济危机。5月4日，上海一些院校的学生上街宣传反对内战，遭到军警镇压，引起各校学生罢课抗议。15日，南京学生3000余人前往教育部请愿，要求解决“饥饿”问题。16日，北大院系联合会首先提出“反饥饿、反内战”的口号。20日，沪宁苏杭各校学生6000余人在南京举行“挽救教育危机联合请愿游行”，遭到宪兵、警察、特务殴打，百余人被打伤，20多人被抓。同日，天津各校也有50余人学生在“反饥饿、反内战”的游行中被军警殴伤，造成震惊全国的“五二〇”血案。随后，全国60多个大中城市的学生纷纷举行罢课和游行示威。学生运动与工人、农民、市民的斗争结合在一起，形成了反对国民党统治的第二条战线，有力地配合了人民解放军的作战。

辽沈战役 解放战争时期，中国人民解放军东北野战军在辽宁西部和沈阳、长春地区对国民党军队进行的一次战略决战性战役。

1948年9月12日，东北野战军70万人在司令员林彪、政治委员罗荣桓指挥下，发动辽沈战役。东北野战军首先以主力南下包围锦州，10月15日攻克锦州。17日，长春国民党军第60军军长曾泽生率部起义。19日，新编第7军军长李鸿率部投诚。21日，东北“剿总”副总司令郑洞国率直属队放下武器，长春宣告和平解放。26～28日，东北野战军在黑山、大虎山及其以东地区围歼廖耀湘兵团。11月2日攻占沈阳。同日攻占营口。至此，辽沈战役结束。

此役共歼灭国民党军47.2万人，解放全东北，为解放平津和全华北创造了有利条件。

淮海战役 解放战争时期，中国人民解放军在以徐州为中心，东起江苏海州（今属连云港）、西至河南商丘，北起山东临城（今属枣庄）、南抵淮河的广大区域内对国民党军进行的战略决战性战役。

华东野战军、中原野战军和地方部队共60万人参战。刘伯承、陈毅、邓小平、粟裕、谭震林等组成总前敌委员会。战役分三个阶段。第一阶段，1948年11月6～22日，解放军在徐州以东碾庄圩地区全歼黄百韬兵团。第二阶段，1948年11月23日至12月15日，解放军在徐州南双堆集地区歼灭黄维兵团。同时，将杜聿明部三个兵团包围，并将其中单独突围的孙元良兵团歼灭。第三阶段，1949年1月6～10日，解放军在青龙集、陈官庄地区全歼杜聿明部，淮海战役结束。

此役共歼灭国民党军55.5万人，解放长江中下游以北广大地区，使国民党军在华东、中原战场的主力丧失殆尽。

平津战役 解放战争时期，中国人民解放军东北野战军和华北军区部队将国民党军傅作义集团抑留于北平（今北京）、天津、张家口地区，予以各个歼灭的战略性决战战役。

遂行平津战役的人民解放军总计100余万人。林彪、罗荣桓和聂荣臻组成总前敌委员会。战役分三个阶段。第一阶段，1948年11月29日至12月20日，人民解放军对傅作义集团实行战略包围，将其分割包围在张家口、新保安、北平、天津、塘沽地区，封闭其西逃和南逃的道路。第二阶段，1948年12月22日至1949年1月17日，先后解放新保安、张家口、天津和塘沽。第三阶段，1949年1月21日，与傅作义达成和平解放北平的协议。31日，人民解放军入城，北平宣告和平解放，平津战役结束。

此役共歼灭和改编国民党军52万余人，基本上解放华北地区。

渡江战役 解放战争时期，中国人民解放军第二、第三野战军和第四野战军一部，在长江中、下游地区对国民党军进行的规模巨大的强渡江河战役。

刘伯承、邓小平、陈毅、粟裕、谭震林组成总前敌委员会。1949年4月20日，国民党政府拒绝在《国内和平协定（最后修正案）》上签字。人民解放军于当日午夜首先在裕溪口发起渡江作战。次日，百万大军实施有重点的多路突击，一举越过湖口至江阴间的千里长江防线，登上滩头阵地，并向纵深发展。23日占领国民党统治中心南京。5月3日解放杭州。14日，人民解放军一部在团风至田家镇间南渡长江，16～17日解放武汉三镇。27日解放上海。6月2日，解放崇明岛，渡江战役结束。

此役共歼灭国民党军43万余人，为解放华东全境和向中南、西南地区进攻创造了有利条件。

开国大典 庆祝中华人民共和国成立的盛大典礼。1949年10月1日下午3时整，中央人民政府全体委员和中国人民政治协商会议第一届全体会议代表齐集天安门城楼，与首都30万群众共同

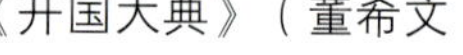
《开国大典》（董希文）

举行开国大典。中华人民共和国第一面国旗徐徐升起，54门礼炮齐鸣。中央人民政府主席毛泽东庄严宣告：中华人民共和国中央人民政府成立了。他宣读了《中央人民政府公告》。在天安门广场举行的阅兵式上，朱德检阅了中国人民解放军各兵种。典礼结束后，首都和各地群众举行了盛大的游行和通宵达旦的庆祝活动。

新疆和平解放 中国人民解放军第一野战军解放陕、甘、宁、青4省后，国民党军新疆警备总司令陶峙岳和省主席鲍尔汉，接受中国共产党提出的8项和平条件，率领所部7万余人于1949年9月25日和26日在迪化（今乌鲁木齐）分别通电起义，新疆宣告和平解放。第一野战军奉中共中央军委命令，以第1兵团司令员兼政治委员王震率领第2军和第6军进驻新疆。第1兵团领导机关于11月6日到达迪化；至1950年3月底，所属部队先后完成进军任务。新疆和平解放，对于维护祖国统一和民族团结具有重大意义。

进军西南 1949年11月至1950年4月，中国人民解放军第二野战军主力在第一、第四野战军各一部配合下，追歼西南地区的国民党军，解放四川、云南、贵州三省及西康省（今分属四川和西藏）大部的重要战略行动。

1949年11月1日，人民解放军在第二野战军司令员刘伯承、政治委员邓小平和西北军区司令员贺龙指挥下，开始向西南进军，发起川、黔作战。15日解放贵阳，30日解放重庆。12月，胡宗南集团南撤至成都地区。通过军事打击和政治争取，西南国民党上层军政人员多人率部起义和投诚。被困成都的胡宗南于12月23日乘飞机逃走。人民解放军发起成都战役，于30日进驻成都。1950年2月解放云南全省。4月初解放西康省大部。

进军西南共歼灭国民党军约90万人（其中起义40余万人，投诚10余万人），彻底粉碎了蒋介石割据西南、卷土重来的企图。

西藏和平解放 1951年底根据中国中央人民政府和西藏地方政府谈判达成的协议，中国人民解放军和平进驻拉萨等地，西藏实现全境解放。

1950年，西藏地方政府上层分裂分子以摄政达扎·阿旺松绕为首，在外国势力的指使下策划西藏独立，极力抗拒人民解放军解放西藏。10月，人民解放军发起昌都战役，消灭藏军主力。11月14日，达扎下台，十四世达赖丹增嘉措亲政。在中央人民政府的一再号召和西藏广大爱国僧俗的敦促下，十四世达赖于1951年2月20日作出决定，派西藏地方政府代表团赴京就和平解放西藏事宜同中央人民政府进行谈判。双方经过充分协商，于5月23日共同签署《中央人民政府和西藏地方政府关于和平解放西藏办法的协议》（简称《十七条协议》）。根据这一协议，中国人民解放军和平进驻西藏各地，西藏宣告和平解放。

埃及卢克索帝王谷

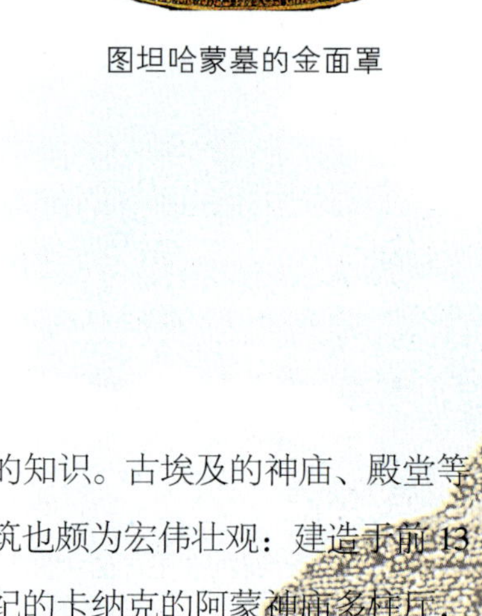

图坦哈蒙墓的金面罩

埃及第18王朝法老
图坦哈蒙的金棺

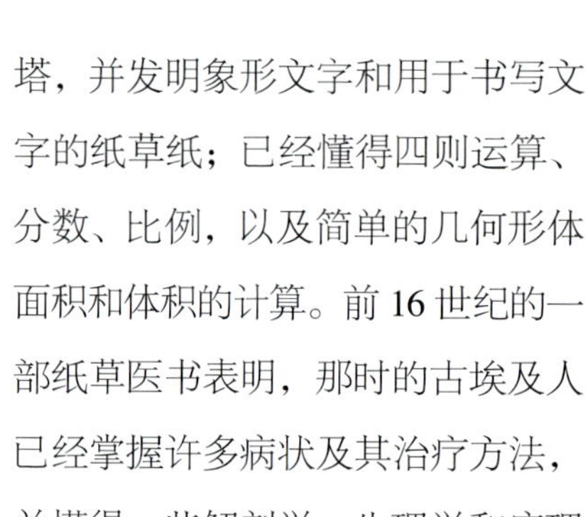

尼罗河文明 即古埃及文明。尼罗河流域的古埃及文明至少可追溯到公元前 50 世纪。古埃及人在前 43 世纪创造了一年 365 天的太阳历。在前 30 世纪亚麻纺织技术已经相当高超，并开始建造大水坝和制作*木乃伊*。前 27 世纪，开始建造金字塔，并发明象形文字和用于书写文字的纸草纸；已经懂得四则运算、分数、比例，以及简单的几何形体面积和体积的计算。前 16 世纪的一部纸草医书表明，那时的古埃及人已经掌握许多病状及其治疗方法，并懂得一些解剖学、生理学和病理学的知识。古埃及的神庙、殿堂等建筑也颇为宏伟壮观：建造于前 13 世纪的卡纳克的阿蒙神庙多柱厅，有 134 根大石柱，其中最大的 12 根为直径 3.6 米、高 21 米的巨柱。古埃及人的发明创造，使尼罗河流域成为世界文明的摇篮之一。

卢克索神庙远眺

亡灵书（部分）

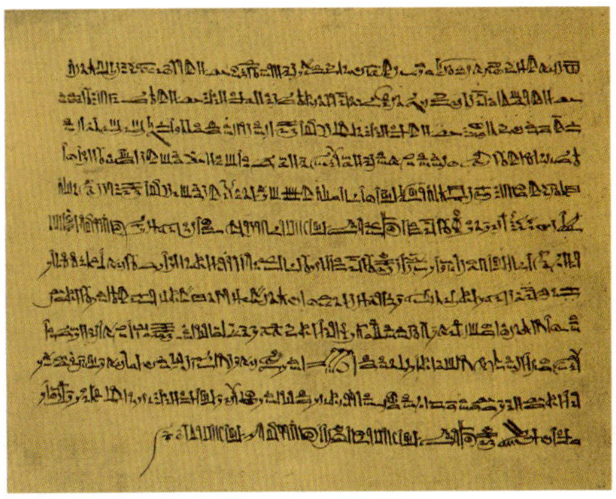

埃及圣书字（僧侣体）

埃及第 25 王朝的神牛石碑

图坦哈蒙王座

法老 古埃及君主的尊称。法老是埃及语 Per-'o 的希伯来文音译，意为“大房屋”，在古王国时代（约前 2686 ~ 前 2181）仅指王宫。从新王国第 18 王朝图特摩斯三世（约前 1504 ~ 前 1450 年在位）起，逐渐演变成对国王的一种尊称。第 22 王朝（前 945 ~ 前 730）以后，成为国王的正式头衔。现在，习惯上把古埃及的国王通称为法老。法老自称是太阳神之子，掌握全国的军政、司法、宗教大权，是古埃及的最高统治者。

木乃伊 在人工或自然条件下长久保存的干尸。“木乃伊”一词源自波斯语，原意为“蜡”。古埃及宗教习俗极重视遗体保存，在第 2 王朝即开始制作木乃伊。方法是先将尸体内脏挖出，在腹腔填以乳香、桂皮等香料，缝合后把尸体浸入特制的防腐液中，70 天后取出，再裹上麻布，填以香料，涂上树脂。木乃伊的制作表明，古埃及人已掌握医学、生理学、化学和解剖学等方面的知识。类似埃及木乃伊的干尸在其他民族的墓葬中亦有发现。

孟菲斯 埃及文化古城。又译孟斐斯。位于尼罗河三角洲南端西岸。据传为法老美尼斯于约公元前 3100 年所建。曾为埃及古王国（前 27 世纪 ~ 前 22 世纪）都城。孟菲斯的墓地保留有古埃及著名的金字塔、狮身人面像，以及反映当时宫廷文化和日常生活状况的浮雕，弥足珍贵。新王国时期（约前 1567 ~ 前 1085），孟菲斯是重要的商业中心。孟菲斯的衰落始于基督教兴起之后。城市毁于 7 世纪。古城唯一的遗迹是巨大的拉美西斯二世雕像。

商博良，J.-F.（1790-12-23 ~ 1832-03-04） 法国埃及学家、语言学家，埃及学的奠基人。生于洛特省的菲雅克。1808 年获格勒诺布尔大学语言学博士学位。1809 ~ 1816 年在母校任教授时，已通晓拉丁语、希腊语和 6 种古代东方语言，并着手释读埃及罗塞塔石碑的象形文字。1821 ~ 1822 年间发表有关罗塞塔石碑所用象形文字和僧侣体的研究论文，接着制订出完整的象形文字符号与希腊字母的对照表。后赴埃及发掘、收集古物，摹画和抄录铭文。归国后主持卢浮宫博物馆埃及部。著有《法老时期的埃及》《古埃及象形文字体系纲要》等。

古代两河流域文明 西亚两河流域文明始创于苏美尔人。公元前 65 世纪，苏美尔人开始牧养牛、羊；前 43 世纪开始农耕；前 40 世纪开始在泥板上刻画图形文字；前 35 世纪已经掌握人工灌溉技术和拥有金属工具，并建造塔

巴比伦空中花园

式神庙；前 30 世纪开始大规模水利建设，并已使用两轮车；前 27 世纪已能制造 47 米长的大木船；前 25 世纪建立度量衡标准；前 20 世纪建造砖木结构的多层神庙，并发明畜力牵引的播种机和轮制陶器。阿摩利人建立的古巴比伦帝国使两河流域文明极盛 300 多年，著名遗物有汉穆拉比法典碑和几万块泥板书。从中可知，古巴比伦人已有把一年 365 天分为 12 个月，并以闰月调整的历法；已知几百种动植物，并发明人工授粉方法；已发明制造铜铅釉料的方法；已运用六十进位值制记数法，掌握四则运算，能解多元高次方程，能计算各种形体的面积和体积。古代两河流域的科学、文化、艺术均已达到较高水平，对古代希腊、罗马及波斯的文化发展均有重大影响。

泥板书　古代中东地区用楔形文字刻在泥板上制成的最原始的一种图书。又称泥版书。制作时，用黏土制成每块重约 1000 克的软泥板，然后用斜尖的木制笔在软泥板上刻画文字，之后将软泥板置于阳光下晒干，再放入火中烘烤。

泥板书出土现场

一部泥板书包括若干块刻有楔形文字的泥板和带有标记可容纳这些泥板的容器。已发现的泥板书内容与法律有关的约占 3/4。泥板书使用至公元 1 世纪，后被羊皮书取代。

楔形文字　古代两河流域的苏美尔人创造的文字。又称钉头字和箭头字。因其笔画总是由粗到细，形如木楔，故名。

楔形文字泥板书

苏美尔人创造了楔形文字，巴比伦人、亚述人、阿拉米人对其进行改造，使其成为一种半音节文字。楔形文字在不同时代用于书写不同的语言。原为从上而下直行书写，后来改为从左而右横行书写。苏美尔楔形文字有意符和音符，在字母的发展史上有很大影响。19 世纪以来，楔形文字已能被解读。

苏美尔　今幼发拉底河和底格里斯河冲积平原南部地区的古地名。约在公元前 4500 年，苏美尔人到达这里。约前 2900 年，苏美尔城邦国家形成。主要城邦有乌鲁克、拉格什、乌尔、基什等。约前 2340 年阿卡德王国建立后，苏美尔北部地区被称为阿卡德地区，后二者

描绘战争与和平场面的乌尔军旗

合称为巴比伦尼亚地区。巴比伦尼亚地区与其北方的亚述地区是古代两河流域文明的核心地区。

古巴比伦王国 古代两河流域国家。公元前19世纪初，阿摩利人的一支在巴比伦城建立国家。这就是著名的古巴比伦王国，又称古巴比伦第一王朝。第六代国王汉穆拉比（约前1792～前1750年在位）开创了古巴比伦王朝统治的黄金时代。他先后征服伊新、乌鲁克、拉尔沙等国，并占据亚述南部，建立起从波斯湾至地中海沿岸的中央集权奴隶制帝国，自称“世界四方之王”。汉穆拉比逝世后，古巴比伦王国迅速衰落。前1595年，古巴比伦王国被赫梯所灭。

古巴比伦王国时，发展了苏美尔-阿卡德文化，其中楔形文字、天文、文学等方面有更好的发展。

巴比伦城伊丝塔尔门

《汉穆拉比法典》 古巴比伦王国国王汉穆拉比颁布的法律。是古代两河流域及其邻近地区楔形文字法中具有代表性的一部法典，也是世界上迄今完整保存下来的最早的一部法典。因法典原文刻在一座黑色玄武岩石柱上，故又名石柱法。由序言、本文和结语三部分组成。其中本文部分共282条，涉及当时社会生活的许多方面。法典在古巴比伦王国长期有效，反映了该地区社会的进一步发展。

《汉穆拉比法典》石刻

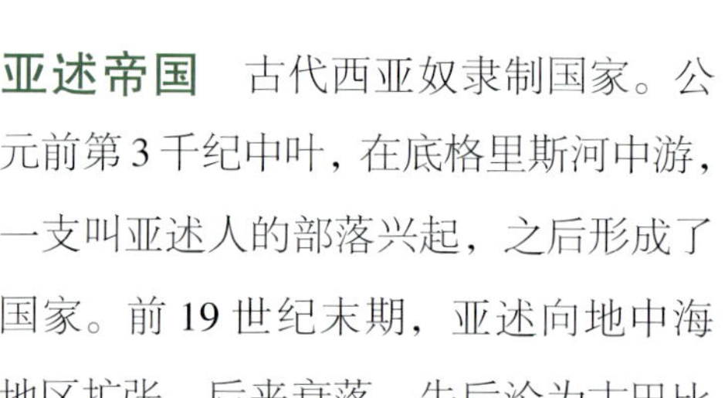

亚述帝国 古代西亚奴隶制国家。公元前第3千纪中叶，在底格里斯河中游，一支叫亚述人的部落兴起，之后形成了国家。前19世纪末期，亚述向地中海地区扩张。后来衰落，先后沦为古巴比伦王国和米坦尼王国之藩属。前14世纪中叶，亚述王建立强大的亚述帝国。此后亚述统治者向外扩张，击败赫梯帝国和巴比伦，占领整个两河流域。之后，亚述衰落、复兴、再衰落。至前10世纪，亚述再度复兴。前8世纪中叶，重新开始大规模扩张。

亚述的守护神

经过不断征服，亚述变为地跨亚、非两洲的奴隶制大帝国。前612年，亚述帝国灭亡，其地为米底和巴比伦所分。

亚述文化博采西亚各国之长，且具有自己的特色。其军事技术长期领先于西亚各国。亚述时期的建筑有很高的艺术水平。

赫梯帝国 古代西亚奴隶制国家。由小亚细亚赫梯古王国发展、扩张而形成。约始于公元前14世纪初，前12世纪瓦解。

前第3千纪后期至前第2千纪初，赫梯人越过博斯普鲁斯海峡进入小亚细亚。前17世纪，以库萨尔为中心，建立了统一的国家。约前1595年，进入两河流域，灭古巴比伦王国。前14世纪国势日盛，进行对外征服战争，势力波及整个西亚地区。后来和埃及争夺叙利亚地区的统治权，通过和约取得叙利亚北方大部分领土。前13世纪末开始衰落。前8世纪，残存的各赫梯小国被亚述帝国所灭。

赫梯文明具有多元特点，表现在宗教、语言文字、政治制度等各个领域。赫梯人在科技发展史中也占据重要地位，他们最早发明了炼铁技术。

赫梯首都哈吐沙城门

印度河文明 南亚次大陆的青铜时代文明。从公元前2350年或更早，到前1750年。因分布中心在印度河流域而得名。因主要城市遗址位于哈拉帕和摩亨佐达罗，又称哈拉帕文化。一般认为文明创造者是达罗毗荼人。居民主要从事农业和家畜饲养业，还从事渔猎和各种手工业。对外贸易发达，通过陆路和海路与中亚、伊朗、两河流域和埃及等地进行交往。当时已使用文字，制作有精美的青铜雕像。印度河文明大约从前1750年起逐渐衰落。

摩亨佐达罗浴池遗迹

印度－雅利安人 古代印度的主要居民。“雅利安”一词源于古波斯语Ariya，意为“有信仰的人”。雅利安人最初生活在南俄草原，后来从这个地区向亚洲和欧洲迁徙。约公元前14世纪早期，其中一支进入南亚次大陆，称印度－雅利安人；另一支进入伊朗，称伊朗－雅利安人。印度－雅利安人最初定居在印度河上游的七河流域（或称五河流域），以后向恒河流域发展，进而扩张到南印度的部分地区。约前第1千纪初期，少数部落开始过渡到国家。至前6世纪，在恒河流域、印度河流域和南印度部分地区形成20多个小国。印度-雅利安人成为古代印度次大陆上的主要居民。

印度种姓制度 一种彼此严格区分的社会等级或集团制度。种姓制度出现在印度-雅利安人向阶级社会过渡的过程中，主要用来把雅利安人和其他被征服地区的人群区分开。它按照肤色和出身，把社会划分为四个等级：婆罗门、刹帝利、吠舍和首陀罗。婆罗门地位最高，是掌握神权的祭司，多为白种人；刹帝利地位次之，为武士，包括国王和官吏；吠舍为第三等级，主要为农民、手工业者和商人，有纳税义务；首陀罗为被征服的从事低下工作的居民。等级之间贵贱分明，形成森严的种姓制度。

在南亚各国印度教居民中，都曾存在种姓制度。种姓问题至今仍然是印度重要的社会问题之一。

阿育王石柱头

阿育王（前304～前238/前232） 印度孔雀王朝国王。又称无忧王。频头娑罗王之子。约公元前273年频头娑罗王逝世，阿育王在大臣成护的帮助下，与其兄修私摩争夺王位取胜。约前269年阿育王即位后，继续向外扩张。曾征服过湿婆萨国。前262年，征服位于孟加拉湾沿岸的羯陵伽。阿育王时的国家疆域，在古代印度史上是空前的，阿育王在位期间是孔雀王朝的极盛时代。征服羯陵伽的战争后，阿育王笃信佛教，大力宣扬佛法。在他即位第17年，在华氏城举行第三次佛教结集，国内信教者日众。他还向周邻诸国派出许多传教使团，使佛教开始成为世界性的宗教。据传说，阿育王在位期间，曾建造8.4万座佛塔。

笈多王朝 中世纪统一印度的第一个封建王朝。疆域包括印度北部、中部及西部部分地区。4世纪初，北印度小国

阿旃陀石窟1号窟笈多王朝菩萨像

林立，摩揭陀国王旃陀罗·笈多一世（约320～330年在位）据华氏城（今巴特那）为首都，建立笈多王朝。笈多王朝是中世纪印度的黄金时代。当时，农业生产有了相当的发展。手工业的进步表现在炼铁、棉纺织业和造船上。对外贸易比较活跃。大乘佛教盛行，印度教兴起。在梵文文学、绘画、雕刻、建筑艺术等方面取得显著成就。

德里苏丹国 1206～1526年间突厥-阿富汗军事贵族统治北印度的伊斯兰教区域性封建国家的统称。因建都德里，

故名。1206年，阿富汗廓尔王朝的德里总督库特布-乌德-丁·艾巴克自立为印度苏丹，开始对印度的统治。此后经历了奴隶王朝、卡尔吉王朝、图格鲁克王朝、赛义德王朝和洛迪王朝。图格鲁克王朝时期，多次远征南印度，领土扩大到科佛里河以南，德里苏丹国达到极盛时代。此后，逐渐走向衰落。1398年，帖木儿入侵印度并占领德里，各省总督趁机纷纷独立。1526年为莫卧儿王朝所灭。

德里苏丹国兴建了许多水利工程，农业生产有很大发展；形成了工商业和外贸中心。

帖木儿（1336 ~ 1405-02-18/-01-19）中亚帖木儿王朝的奠基人。或称为跛子帖木儿。其父塔拉盖为突厥化的蒙古巴鲁拉思部首领。1360年蒙兀儿斯坦平定河中（中亚锡尔河与阿姆河之间地区），帖木儿为参赞。不久，帖木儿同其姻兄忽辛共同举兵，驱逐河中的蒙兀儿统治者。1370年，帖木儿杀其同盟者忽辛，灭西察合台汗国，成为河中的最高统治者。之后进一步向周边地区扩张：东攻察合台汗国，征服花剌子模，征服伊儿汗王朝和阿富汗；北上进攻金帐汗国；南侵印度；西征小亚细亚，大败奥斯曼帝国。终于建立一个仅次于蒙古的大帝国。

帖木儿（左）及其大臣（绘画）

帖木儿晚年又企图征服中国，于1404年11月27日从撒马尔罕出发东进，在进军途中病死。

莫卧儿王朝 1526 ~ 1858年统治南亚次大陆绝大部分地区的伊斯兰教封建王朝。“莫卧儿”一词系“蒙古”的转音。因王朝建立者自称为蒙古人，故名。

1526年，中亚封建主蒙古-突厥族后裔巴布尔入侵印度，建立莫卧儿王朝。1527年、1529年通过两次战役，统一北印度。1556年，阿克巴继位。他改革内政，建立中央集权制，开疆拓土，统一了南亚次大陆的广大地区。奥朗则布统治时期，王朝版图几乎囊括了整个南亚次大陆。奥朗则布死后，各省纷纷独立。1740 ~ 1761年，莫卧儿皇帝成为入侵者的傀儡，莫卧儿王朝名存实亡。1764年，沙·拉姆二世在布克萨尔战役中投降英国东印度公司，莫卧儿王朝沦为英国殖民者的附庸，名义上存在到1858年。

莫卧儿社会仍以农业经济为主，农业中商品生产扩大，产品远销欧亚市场。手工业十分发达。

阿克巴（1542-10-15 ~ 1605-10-17）印度莫卧儿王朝开明专制君主（1556 ~ 1605年在位）、政治改革家。生于信德省乌马尔科特（今属巴基斯坦）。1555年任旁遮普总督。1556年在宰相拜拉姆汗辅佐下登上王位，并由拜拉姆汗摄政。1560年，铲除专权的拜拉姆汗，亲掌政权。1562年开始开疆拓土，至1601年统一印度。

1574年后，阿克巴进行了一系列内

阿克巴的宫廷（绘画）

政改革。他实行“普遍宽容”的宗教政策；以伊斯兰教为基础，糅合印度教、耆那教等宗教的教义，创立“一神教”。改革军事官僚制度、田赋制度。此外，他还下令取缔“萨蒂”（寡妇自焚殉夫）、杀女婴、童婚等印度教陋习。阿克巴的改革，为印度的政治统一和社会、经济、文化的进步作出了划时代的贡献。

吴哥王朝 柬埔寨真腊王国兴盛时期的王朝。因其王都建于今暹粒省吴哥地区，故名。802年，阇耶跋摩二世（802～869年在位）驱逐爪哇势力，重新统一真腊，开创吴哥王朝。12世纪上半叶国势兴盛，成为中南半岛的强大国家。12世纪中叶，占婆入侵，王朝曾一度衰落。阇耶跋摩七世（1181～1225年在位）击败占婆军，并对外扩张领土，王朝臻于鼎盛。13世纪初至15世纪，领土缩小，日趋衰落。1432年，暹罗攻陷吴哥，王朝被迫迁都。1434年，因洪水泛滥再次迁都至湄公河与洞里萨湖交汇处的扎多木（今金边）。吴哥王朝至此结束。

吴哥及其附近地区兴建有大型水利灌溉工程，农业发达；手工业和商业亦颇繁荣。历代国王修建的吴哥古迹群，以其雄伟优美的建筑艺术闻名于世。

安息 伊朗古代王国。位于伊朗高原东北、里海东南一带。中国史籍称之为安息，西方史家称之为帕提亚。公元前247年，阿萨息斯建立安息王朝。前2世纪中叶，国势日盛，成为一个疆域辽阔的帝国。前90年，达到鼎盛。在前64年罗马灭掉塞琉西王国后的近三个世纪中，安息与罗马帝国战事频仍。公元1世纪中叶后，随着王权的衰落，各省总督和部落首领纷纷独立。224年，安息的最后一位王——阿尔达班五世在与萨珊家族的作战中战死，安息遂亡。

安息是丝绸之路的必经之地，经济上因过境贸易而获益。为此，安息一直与中国保持友好关系。

大夏 中亚古国名。公元前140年左右，塞种诸部自锡尔河南下，灭了巴克特里亚王国。中国史籍将主要由塞种诸部控制的巴克特里亚地区称为大夏。据《史记》记载，大夏国都是蓝市城（今阿富汗巴尔赫附近），居民100多万人，以务农为生，善于经商，兵力薄弱。约前139～前129年，伊犁河、楚河流域的大月氏人西迁，大夏遂臣服于大月氏。后大月氏越过妫水（今阿姆河）南下，占领蓝市城。大夏退至妫水上游之南，分为休密、双靡、贵霜、肸顿、高附（或都密）5个翕侯。公元1世纪时，贵霜翕侯攻灭其他4个翕侯，建立贵霜王国。

大宛 中亚古国名。位于帕米尔高原西麓，今费尔干纳盆地。居民以塞种人为主，首都贵山城。西汉武帝时，张骞西使大月氏，首先到达大宛。时大宛有大小属邑 70 余城，人口数十万，农业和畜牧业兴盛，出产汗血马。太初元年（前 104），汉武帝派李广利率兵远征大宛。四年，大宛求和。此后，大宛服属汉。东汉时，大宛一度臣服于莎车。太康六年（285），晋武帝司马炎使杨颢拜其王蓝庾为大宛王。南北朝称之为破洛那等，唐朝则称之为宁远或拔汗那。

撒马尔罕 中亚著名古城、乌兹别克斯坦撒马尔罕州首府。位于泽拉夫尚河畔。原名马拉坎达，公元前 4 世纪时是粟特都城。前 329 年被亚历山大大帝攻占。公元 8 世纪被阿拉伯人占领。13 世纪初成为花剌子模首都。1220 年被成吉思汗摧毁。1370 年帖木儿定都于此。1501 年被乌兹别克人征服，成为布哈拉汗国的一部分。18 世纪逐渐衰落，几成废墟。1888 年铁路通车后，经济逐步恢复。1938 年起为撒马尔罕州首府。

撒马尔罕自古就是丝绸之路的要站和东西方文化交流枢纽，老城的主要建筑多建于帖木儿帝国时期。2001 年，撒马尔罕文化中心作为文化遗产被列入《世界遗产名录》。

位于撒马尔罕市中心的中世纪伊斯兰神学院

阿拉伯帝国 阿拉伯人建立的伊斯兰哈里发国家。中国史书称为大食。西方史籍称为萨拉森帝国。610 年，穆罕默德在麦加创立伊斯兰教。632 年，建立以伊斯兰教为信仰的国家。穆罕默德之后，阿拉伯国家的首脑称为哈里发。阿拉伯帝国经历了四大哈里发时期（632 ~ 661）、倭马亚王朝时期（661 ~ 750）和阿拔斯王朝时期（750 ~ 1258）。最初国土限于阿拉伯半岛。至倭马亚王朝后期，成为地跨亚、非、欧三大洲的庞大帝国。阿拔斯王朝建立后最初的近百年，是阿拉伯帝国的极盛时代。阿拉伯商人的足迹遍布亚、非、欧三大洲。巴格达成为著名的世界商业和贸易中心之一。各族人民共同努力，创造出了光辉灿烂的阿拉伯文化。9 世纪中叶后，帝国进入分裂和衰落时期。1258 年成吉思汗之孙旭烈兀攻陷巴格达，阿拉伯帝国灭亡。

阿拔斯王朝第五任哈里发哈伦·拉西德（中）及其大臣

哈里发 历史上伊斯兰国家的统治者。为阿拉伯语的音译，意为“继承者、代理者”。穆罕默德去世后，继任者艾布·伯克尔称“真主使者的哈里发”。大约在第二任哈里发欧麦尔时期，哈里发演变为伊斯兰国家政教首脑的称号。四大哈里发之后，哈里发改为世袭制。倭马亚王朝有14任哈里发，阿拔斯王朝有38任哈里发。10世纪中叶后，哈里发失去所有世俗权力，只保有宗教领袖的地位。1258年蒙古军队攻陷巴格达，杀死哈里发。埃及马木鲁克王朝扶植幸存的阿拔斯人为新哈里发。1543年，哈里发穆台瓦基勒被迫将哈里发职权移交给奥斯曼统治者。1924年3月土耳其共和国大国民议会通过法案，废除哈里发制。

拉齐（864 ~ 924） 穆斯林哲学家、医学家、物理学家。欧洲人称拉齐斯。生于波斯赖伊（今译腊季）。30岁到巴格达。曾先后任赖伊和巴格达医院院长。外科临床经验丰富，被尊为“阿拉伯的伽伦”。晚年从事哲学研究。

哲学上，他认为造物主、宇宙的灵魂、原质、绝对的时间、绝对的空间是世界的五种本原；他认为安拉是万物之本，由他流出万有；他认为感觉是认识的基础，以此为据，肯定物质世界的存在。医学上，他吸收和总结古代希腊、印度、波斯和阿拉伯医学的成果，创立新的医疗体系和方法，发明外科串线法和精神治疗法。他还从事物理学、化学、数学等自然科学的研究。一生著书131部。其中大半为医学论著，代表作有《医学集成》和《天花与麻疹》；其他著作有《形而上学》《哲学上的途径》《精神物理学》等。

阿维森纳（980 ~ 1037-06） 阿拉伯医学家、哲学家。原名伊本·西拿。西方人习称阿维森纳。生于中亚布哈拉城附近的阿夫沙纳镇（今属乌兹别克斯坦）。早年接受多方面教育，医学造诣尤深。18岁成为名医。后被萨曼王朝埃米尔聘为御医。其间亦从政，官至大臣，但仕途坎坷。一生著作等身，多涉及哲学与医学。现存著作130多部，其中最有影响的是《治疗论》和《医典》。

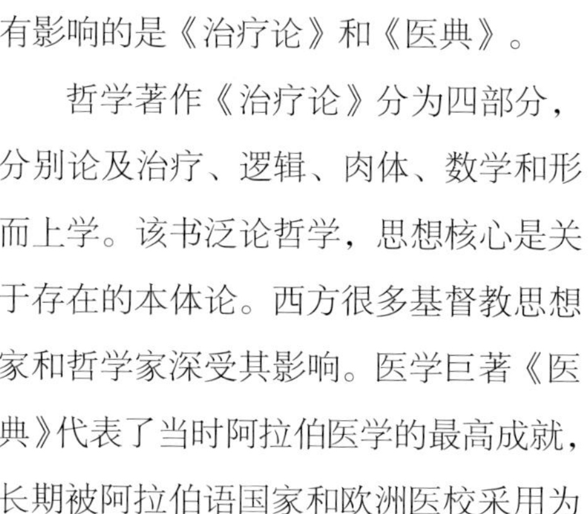

哲学著作《治疗论》分为四部分，分别论及治疗、逻辑、肉体、数学和形而上学。该书泛论哲学，思想核心是关于存在的本体论。西方很多基督教思想家和哲学家深受其影响。医学巨著《医典》代表了当时阿拉伯医学的最高成就，长期被阿拉伯语国家和欧洲医校采用为教材。

三韩 朝鲜半岛南部古代居民的总称。包括马韩、辰韩和弁韩三支。中国三国时期，三韩族仍处在部落联盟阶段。当时马韩居于主体地位，辰韩在马韩东，弁韩在辰韩之南。三韩各有酋长，各部落首领原先都是马韩人。三韩都从事种稻、养蚕、织布等生产。先受制于汉朝乐浪、带方郡，后二郡势衰，马韩发展为**百济**，辰韩发展为**新罗**，弁韩发展为六伽耶联盟。660年，三韩之地为新罗统一。

新罗 朝鲜古代国家。初名徐罗伐，又名斯罗期卢。公元4世纪由三韩的辰韩斯卢部所建。首都金城（今韩国庆州）。4世纪中叶起，王位由金姓世袭，王权逐渐得到加强。505年，实行州郡县制。520年，颁布律令，进一步完善国家体制。532年起扩张领土，陆续占有洛东江流域、汉江地区，势力伸延到今咸镜南道的利原。后新罗因扩张招致高句丽和百济的进攻，吁请唐朝出兵干预。唐朝在新罗的配合下，于660年灭百济，再于668年灭高句丽。之后，新罗统一大同江以南地区。后期王国内部纷乱，935年被高丽所灭。新罗从4世纪末起，大力吸收中国文化。

百济　朝鲜三国时期国家。统治范围在朝鲜半岛西南部。北境先与汉朝乐浪郡接壤，后与高句丽接壤；东与新罗为邻。百济原为马韩诸部之一，公元前1世纪形成奴隶制国家。传说前18年，高句丽王子温祚在慰礼（今韩国首尔附近）定都称王，号百济。后迁都至汉山城（今属京畿道）。313年，高句丽占据乐浪郡后，朝鲜半岛形成三国鼎峙的局面。百济国力弱小，在高句丽和新罗的夹缝中求生存。660年被唐与新罗联军所灭。百济灭亡后，其领土被并入新罗。百济农业较发达，对外贸易也较发达。使用汉字。4世纪时建立儒学教育制度。同南朝有密切的文化联系。

高丽　朝鲜封建王朝。疆土基本在今朝鲜半岛。首都开城。918年，泰封国将领王建杀统治者弓裔自立，改国号为高丽。935年灭新罗，936年灭后百济，统一朝鲜半岛。10世纪末至11世纪初，高丽同契丹进行了三次较大规模的战争。12世纪初，与女真人进行了长达数年的战争。13世纪中叶后被蒙古征服，元朝灭亡后摆脱蒙古的控制。1388年，左军都统使李成桂发动政变，夺取政权。1392年，李成桂废高丽末代王恭让王而自立，高丽王朝遂亡。

高丽以佛教为国教。儒学很兴盛。958年开始实行科举制度。学术方面比较突出的是史书编纂。在中国活字印刷技术的基础上，发明了金属活字。

李氏朝鲜　朝鲜封建王朝。以其创建者李成桂而得名。又称朝鲜王朝，简称李朝。1392年李成桂废恭让王自立，定国号为朝鲜。1394年将都城从开城迁至汉城（今韩国首尔）。1443年制定自己的文字——训民正音。1469年颁布《经国大典》。以儒家朱子学为国教。1592年，日本入侵朝鲜，壬辰卫国战争爆发。在明朝援军的帮助下，朝鲜于次年击败日本侵略军。1876年，日本再次入侵，与朝鲜签订《江华条约》。1882年后，日本取得在朝驻军的权利。甲午农民战争爆发后，日本乘机出兵干涉，成立亲日政府。日俄战争中，朝鲜沦为日本的保护国。1910年日本通过《日韩合并条约》吞并朝鲜，李朝灭亡。

壬辰卫国战争　李朝时期朝鲜军民抗击日本入侵的卫国战争。又称壬辰丁酉之役。因在农历壬辰年爆发，故名。1592年4月，日本丰臣秀吉派15万大军由釜山登陆。至6月，日军已占领汉

装备龟船的朝鲜水师

城（今韩国首尔）、开城和平壤三京。李朝遣使向明朝求援。与此同时，以李舜臣部为主力的朝鲜水军连获大捷。12月，明朝派李如松等率军4万到达朝鲜。1593年初收复平壤、开城，4月收复汉城。日军被迫与朝鲜和中国谈判。1597年初和谈破裂，日本对朝鲜进行新的侵略。李舜臣率军取得鸣梁海战大捷。1598年7月，杨镐等率明军到达朝鲜，取得稷山等战役的胜利。不久，丰臣秀吉病死，遗命撤军。同年12月15日，朝中水军在露梁海上截击日军援军，大胜。战争结束。

甲午农民起义　朝鲜农民反对封建统治和外国侵略的武装起义。因爆发于农历甲午年，故名。又名东学党起义。1893年全罗道古阜郡一带歉收，郡守仍强征水税，引起农民义愤。1894年2月15日（农历甲午年正月初十），古阜地区东学教接主全琫准率上千名教徒和农民起义。起义后来发展成为全国性的农民战争。起义军在全罗道建立农民自治机关“执纲所”，掌握地方实权。同年6月，清朝政府和日本先后出兵朝鲜。日本以保护使馆和侨民为名，挑起**中日甲午战争**。9月下旬日本取胜后，开始把矛头转向农民军。12月，全琫准被捕，农民起义最后失败。这次农民起义是朝鲜历史上规模最大的农民起义。

三一运动　朝鲜人民反对日本殖民统治、争取民族独立自由的爱国运动。因爆发于1919年3月1日，故名。1919年1月，李氏朝鲜废帝高宗李熙暴卒，传为日本人所害，激起朝鲜人民多年的积愤。3月1日，学生和市民等纷纷涌上街头，当众宣读《独立宣言书》，举行声势浩大的游行，参加人数达30多万。3月中旬，斗争浪潮迅速推向全国城乡，工农大众成为主力。全国有11个府、206个郡共200多万人举行示威和暴动。海外侨民也举行示威游行，响应国内的斗争。这一运动也得到中国和世界许多国家人民的支援。6月底，运动被日本殖民当局镇压。

邪马台国　日本弥生时代后期的倭人国家。存在于公元2～3世纪。所在位置有九州和畿内大和两说。早期的邪马台国以男子为王。2世纪末发生内乱，乃共立女子为王，名为卑弥呼。此时的邪马台国实际是30余个倭人国家的盟主。卑弥呼女王国对其他诸国有相对统治权。卑弥呼死（约248）后，又立男王，但因国中不服而复立卑弥呼之女为王。邪马台国与中国三国时期魏国通好。在中国文化的影响下，邪马台国时期的社会、经济、文化都有较大发展，且出现了文字的雏形。

大和国 存在于4～7世纪的日本奴隶制国家。又称倭国、大倭国。这一时期在考古学上被称为古坟时代。大和国形成初期，以近畿大和地方为中心。倭王名为大王。以倭王为首，畿内豪族葛城臣、平群臣、苏我臣、大伴连、物部连等联合组成统治机构，臣、连等豪族分掌国家的祭祀、军事、外交、财政等。国家的经济基础是大王的直辖领地和部民制。592年，圣德太子摄政，公布17条宪法，巩固了倭王政权。圣德太子死后，外戚苏我氏专权。645年，中大兄皇子等灭苏我氏，另立天皇，迁都难波（今大阪），开始推行大化改新。大化改新后天皇执政，大和时期结束。

古坟时代终末期的高松冢古坟人物壁画

大化改新 日本的社会政治变革运动。发生于645年，因此年为大化元年，故名。645年6月，中大兄皇子等人发动乙巳之变。政变后，孝德天皇即位，建元大化，迁都难波（今大阪）。新政府以唐朝律令制度为蓝本，规定了中央集权的封建国家体制。646年元月以诏书形式公布改新的主要内容：①废止私有土地、部民，行公地公民制。②确定中央、地方的行政区划和组织。废除世袭制，官吏由国家任免。③编制户籍、计账（规定赋役的登记），行班田收授法。④废旧贡纳制，实行租庸调的新税法及向皇室献纳仕丁（夫役）、采女（宫女）的制度。701年编成《大宝律令》，确立了天皇制国家。大化改新是日本进入封建社会的起点。

天皇制 日本以天皇为最高统治者的专制统治制度。大化改新后，确立天皇是国家元首。1192～1868年，日本实际控制者是幕府。1868年明治维新后，天皇掌握国家权力。1890年实施的《明治宪法》规定，国家权力集于天皇，天皇总揽立法、行政、军事、外交等。第二次世界大战后，日本实行议会内阁制，保留天皇制。1947年开始实施的《日本国宪法》规定，天皇乃日本国之象征，没有干预国政之权能，行使礼仪性的国事。这些国事也须得到内阁的建议和承认，并由内阁负责。天皇皇位世袭。

平城京 日本奈良时代（710～784）都城。遗址位于奈良盆地北部，大部分在今奈良市境内。708年元明天皇下令在此营建新都，至784年桓武天皇迁都长冈京，以平城京为都70余年。形制主要仿唐长安城，也受唐洛阳城的影响。东西约5.9千米，南北约4.8千米。平面呈长方形，宫城在北部中央。城周无城墙。长3.8千米的朱雀大路纵贯南北，将全城分为左、右京。平城宫是天皇居处和政府衙署。平城京内外多建佛寺，这些佛寺有的保存至今。

幕府政治 日本封建武士通过幕府实行的政治统治。又称武家政治。“幕府”一词始自古代汉语，指出征时将军的府署。在日本，最初指近卫大将住所，转指武士首脑征夷大将军（简称将军）府邸，以后又称将军为首的中央政权为幕府。幕府政治始于1192年镰仓幕府建立，中经室町幕府，终于1867年江户幕府的德川庆喜还政于天皇。

丰臣秀吉（1537～1598-08-18） 日本战国时代末期封建领主。生于尾张中村（在今名古屋）的一个下级武士家庭。1558年为织田信长仆从，称木下藤吉郎，深得信长的信任。

屡立战功，为信长部下大将。1573年改名羽柴秀吉。同年成为一国的大名领主。1582年本能寺之变后，秀吉诛灭明智光秀，成为信长的后继者。1584年与德川家康结盟。在击灭信长部下诸将之后，相继征服四国、九州和奥羽等地的领主。1585年由天皇授予关白之职，翌年兼太政大臣，并被赐姓丰臣。后逐步平定九州。1590年灭关东北条氏，统一全国。1598年，因侵略朝鲜的战争未达目的，在焦虑不安中死去。

武士道 武士的道德规范和行动准则。日本武士又名武者、侍，是以武艺为专业的社会阶层，日本封建社会平安时代中期以后统治阶级的忠实仆从。武士曾先后建立镰仓幕府、室町幕府、江户幕府等武家政权。为加强战斗力，武士团以忠节、武勇、孝行、廉耻、无欲等要求武士。自镰仓幕府起，这些要求以法规形式成为武士必须遵守的封建伦理。江户幕府建立后，武士对五伦、五常非常信仰。山鹿素行将这一时期的武士言行与信仰理论化、系统化，定名为“武士道”。

日本武士画像

武士道的主要内容是：①强调主从关系中的“忠节”，武士必须无条件绝对效忠主君，为主君坚持节操。一旦有事，以为主君献身为荣。②强调武勇，以杀伐为荣，勇于为主君卖命殉死，勇于切腹自杀。③强调崇拜日本刀，宣扬刀不见血，不算武士。④强调敬神信佛。⑤强调礼仪。要遵守各项清规戒律，甚至是黑社会式的严密纪律。

明治维新后，武士作为阶层不复存在，但武士道精神仍有很大影响。日本军国主义者在军内外大力宣扬武士道，使之成为整个社会的伦理观念。后来武士道与法西斯主义相结合，形成现代的法西斯武士道精神。

日本开国 西方列强以武力强制日本放弃锁国政策，对外实行开放政策。17世纪中叶至19世纪中叶，日本推行锁国政策。从18世纪末起，俄、英、美等国不断向日本叩关，要求建交和开港通商，均遭拒绝。1853年7月8日，美国东印度舰队驶抵江户湾的浦贺，要求日本开国。1854年3月31日，德川幕府被迫签订《日美和好条约》（通称《神奈川条

1853年黑船驶抵浦贺港

约》)。条约规定，日本开放下田、箱馆(今函馆)两港作为美国来往船只的停泊港，并给予美国最惠国待遇等优惠。1858年(安政五年)，日本又被迫与美国、荷兰、俄国、英国、法国分别签订通商条约，这些条约总称《安政条约》。日本开国标志着资本主义世界市场的形成。

明治维新 19世纪下半叶日本发生的政治、经济和社会的变革运动。时值明治天皇在位(1867～1912)，故名。19世纪中叶日本开国后，面临严重的民族危机，社会矛盾更加激化。1867年睦仁即位。次年下令废除幕府，发布《五条誓文》，改元明治。随后，新政府着手实行一系列资产阶级改革：取消武士特权；发布地税改革法令，殖产兴业，发展近代工业；文明开化，学习西方；颁布《明治宪法》，确立专制主义君主立宪制。随着国力日渐充实，日本不断要求各国修改不平等条约并发动侵略战争。19世纪80年代末，以侵略中国和朝鲜为主要目标的“大陆政策”基本形成。日本由此进入资本主义发展阶段。

明治天皇发布《五条誓文》

明治天皇(1852-09-22～1912-07-30)近代日本天皇(1867～1912年在位)。生于京都。孝明天皇的第二子。1860年被立为太子，名睦仁。1867年1月9日睦仁即位。次年废除幕府，改元明治。明治政府成立后，开始进行政治、经济、军事、文化教育等方面的改革，史称**明治维新**。睦仁在位期间，大力推行富国强兵政策，并力主对外扩张。1894年发动**中日甲午战争**，1895年夺取中国领土台湾和澎湖列岛，1904年发动日俄战争，1910年吞并朝鲜。

伊藤博文(1841-10-16～1909-10-26)日本近代政治家、内阁总理大臣(1885～1888，1892～1896，1898，1900～1901)。生于长州藩(今山口县)。1862年参加倒幕运动。1886年6月起，主持起草和领导审议《明治宪法》及有关法案。1894年，制定并推行侵略中国和朝鲜的政策。同年7月发动**中日甲午战争**。1895年4月17日，强迫中国清政府签订**《马关条约》**。1906年他到朝鲜任首任统监，对朝鲜人民实行残酷的殖民统治。1909年10月26日，在中国哈尔滨车站被朝鲜爱国志士安重根击毙。

黑绘陶《阿基琉斯和埃阿斯玩骰子》

阿伽门农金面具

古代希腊 从公元前2000年左右到前30年，古代希腊人以巴尔干半岛、爱琴海诸岛和小亚细亚沿岸为中心，在包括北非、西亚和意大利半岛南部及西西里岛的整个地中海地区建立的一系列奴隶占有制国家。克里特岛约于前第3千纪末出现青铜文化，前第2千纪初出现国家和文字。前2000年左右，一些讲希腊语的部落开始在希腊半岛定居。

《尼凯女神像》（萨莫色雷斯的）

雅典卫城

前第 2 千纪的中、后期，希腊人创造了灿烂的迈锡尼文明。迈锡尼文明衰落后，继之而来的是荷马时代。从前 8 世纪起，在希腊半岛、爱琴海诸岛及小亚细亚沿岸出现了很多城邦。其中最著名的是雅典和斯巴达。前 338 年后，希腊的大部分城邦沦于马其顿王国的统治之下。前 323 年后，希腊历史进入希腊化时代。前 30 年，罗马灭最后一个希腊化国家——托勒密王朝，古代希腊的历史终结。

古代希腊人在包括数学、天文、医学、建筑、雕刻、戏剧、诗歌、哲学、历史、演说术等领域作出了富有创造性的贡献。古代希腊文化对古代罗马及后世欧洲具有重大影响。

古代希腊陶器

古代希腊银币

埃皮扎夫罗斯剧场遗址（建于公元前 4 世纪的后 25 年间）

爱琴文明 欧洲青铜时代文化。分布于爱琴海克里特岛及其周围地区，以及希腊半岛。年代为公元前3500～前1100年。依地区分为克里特岛的*米诺斯文明*、希腊半岛的*迈锡尼文明*和爱琴海诸岛的基克拉泽斯文明。约在前3500～前2600年，爱琴地区先后进入青铜时代，其中爱琴诸岛约自前3500年开始，克里特岛约自前3000年开始，希腊半岛约自前2600年开始。爱琴地区进入铁器时代后，欧洲其他地区才进入文明时代。

《巴黎女郎》（约公元前1500年，克诺索斯王宫壁画）

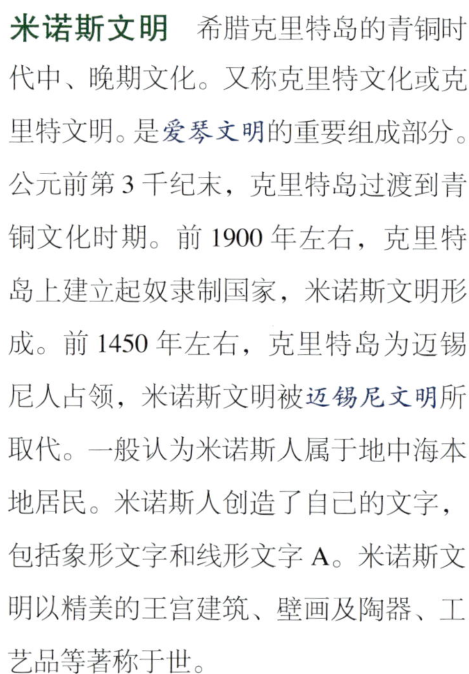

米诺斯文明 希腊克里特岛的青铜时代中、晚期文化。又称克里特文化或克里特文明。是*爱琴文明*的重要组成部分。公元前第3千纪末，克里特岛过渡到青铜文化时期。前1900年左右，克里特岛上建立起奴隶制国家，米诺斯文明形成。前1450年左右，克里特岛为迈锡尼人占领，米诺斯文明被*迈锡尼文明*所取代。一般认为米诺斯人属于地中海本地居民。米诺斯人创造了自己的文字，包括象形文字和线形文字A。米诺斯文明以精美的王宫建筑、壁画及陶器、工艺品等著称于世。

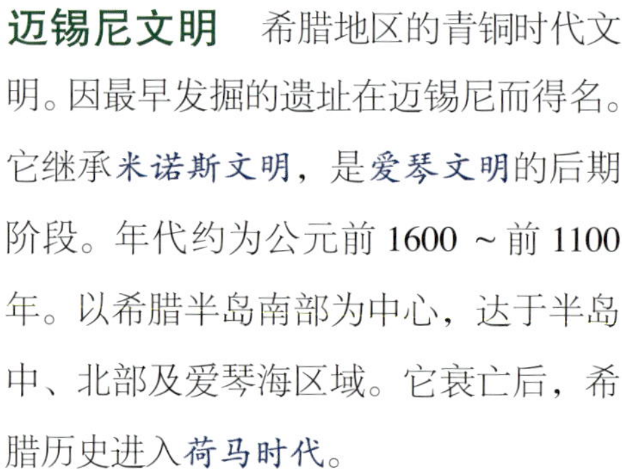

迈锡尼文明 希腊地区的青铜时代文明。因最早发掘的遗址在迈锡尼而得名。它继承*米诺斯文明*，是*爱琴文明*的后期阶段。年代约为公元前1600～前1100年。以希腊半岛南部为中心，达于半岛中、北部及爱琴海区域。它衰亡后，希腊历史进入*荷马时代*。

迈锡尼人属于印欧语族的希腊人，

迈锡尼狮子门遗址

使用线形文字B。迈锡尼文明的青铜工艺水平很高，航海贸易发达；广泛养马，盛行马车战术；城堡、宫殿皆严密设防，建筑上继承巨石建筑的传统，城墙宏伟；陶器和工艺品具有强劲粗放的特色。

荷马时代 公元前11～前9世纪古代希腊氏族制度解体的历史阶段。因反映该时期社会情况的主要史料是荷马史诗，故名。因史诗描述的是神话中英雄的故事，又称英雄时代。荷马时代为氏族社会末期，已有阶级萌芽，在社会发展阶段上属于军事民主制时期。掌握冶铁技术，普遍使用铁制工具；农业、畜牧业是主要的生产部门；贫富分化日趋严重，开始出现私有制和奴隶制；战争中氏族贵族起重要作用。前9～前8世纪第一批希腊城邦产生，荷马时代告终。

特洛伊战争 公元前1193～前1184年希腊和特洛伊之间进行的战争。关于战争的起因，古代希腊神话传说是为了争夺美女海伦。特洛伊国王次子帕里斯访问斯巴达城邦时，拐走斯巴达国王墨涅拉奥斯的妻子海伦，并将其带回特洛伊的王都伊利昂城。墨涅拉奥斯遣使交

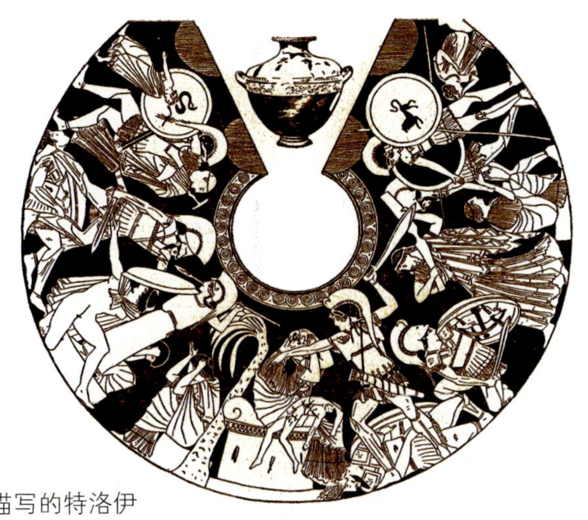
荷马史诗中描写的特洛伊的毁灭（瓶画）

涉未果，于是邀集希腊各城邦组成庞大的联军，由阿伽门农统率，攻打伊利昂城。战争进行到第10年时，希腊人终于用木马计攻陷伊利昂城，结束了这场战争。现代很多历史学家认为战争的最终原因还是希腊人和小亚细亚人为了商业利益而开战。

古代希腊城邦 公元前8～前6世纪，希腊地区建立了许多以城市为中心的奴隶制小国——城邦。居民分三类：有公民权的自由人、没有公民权的自由人和处于被剥削地位的奴隶。城邦居民主要从事农业生产，发达的城邦出现了手工业、航海业和商业。每个城邦都有三种政治机构：公民大会、议事会和公职人员。城邦制度发达时期，以共和政体居多。最主要的城邦是雅典和斯巴达。前5世纪为城邦繁荣时期。从前4世纪起，城邦逐渐衰落。

雅典城邦 古代希腊的重要城邦。位于希腊中部。公元前700年左右已经形成以雅典城为中心的国家。前7世纪，由9名执政官分别掌管国家事务。前594年，梭伦实行改革，奠定了雅典民主政治的基础。前5世纪上半叶，雅典成为提洛同盟的首领。在伯里克利当政时期（前443～前429），雅典在经济、政治和文化方面臻于极盛，成为左右希腊世界局势的霸国和主要文化中心。前431年雅典及其同盟者与以斯巴达为首的伯罗奔尼撒同盟之间爆发战争，前404年战争以雅典失败告终。前323～前322年雅典与马其顿战于拉米亚，结果失败，丧失政治独立。前2世纪中叶被并入罗马版图。

雅典在文化、科学上的成就，不仅对当时的希腊世界，而且对古罗马和后世的欧洲都有深远的影响。

伯里克利（约前495～前429） 古代雅典政治家。公元前5世纪60年代，他和厄菲阿尔特一道扩大雅典民主机构——公民大会和民众法庭的权力，积极反对贵族派首领，剥夺贵族会议的许多特权，成为民主派的领袖。前443年起当选为将军，之后15年在雅典内政、外交等方面起了决定性作用。前429年因染瘟疫病逝。当政期间，雅典民主政治达到极盛，经济、文化高度繁荣。

伯里克利竭力维护雅典对提洛同盟各城邦的控制和剥削，领兵镇压萨莫斯岛的起义；利用提洛同盟贡金大力扩建舰队，并率舰队远航黑海。在伯罗奔尼撒战争爆发前后，拟定和执行反斯巴达战略。因战事不利，前430年一度落选将军。前429年再度当选。伯里克利还大兴土木修建雅典城，执行发展工商业和文化的政策。

斯巴达城邦 古代希腊的重要城邦。史称拉塞达伊蒙。位于今伯罗奔尼撒半岛南部的拉科尼亚。公元前9世纪，斯巴达人建立城邦。前7世纪末创立斯巴达国家。其政体属贵族共和政体。城邦规定了严格的公民军事训练制度。前6世纪中叶起，斯巴达逐步与伯罗奔尼撒

留克特拉会战纪念碑

半岛大多数城邦组成伯罗奔尼撒同盟，并成为同盟领袖。前 404 年，在波斯的帮助下，斯巴达打败雅典，成为伯罗奔尼撒战争的胜利者和全希腊的霸主。前 4 ~前 3 世纪与雅典、忒拜、科林斯长期角逐，渐失优势。公元 396 年，斯巴达城为哥特人所毁。继而拜占廷居民移入。

伯罗奔尼撒战争 公元前 431 ~前 404 年雅典及其同盟者与以斯巴达为首的伯罗奔尼撒同盟之间的战争。由于城邦之间的矛盾，前 431 年 5 月，伯罗奔尼撒同盟对雅典宣战。战争的头十年史称阿希达穆斯战争。双方各有胜负。前 421 年，双方签订为期 50 年的《尼西亚斯和约》。其基本内容是大体维持战前状况。战争的第二阶段史称西西里战役。前 404 年，在波斯的帮助下，斯巴达打败雅典，双方签订和约。和约规定，雅典解散提洛同盟，参加伯罗奔尼撒同盟。胜利者斯巴达成为希腊的霸主。

希罗多德（约前 484 ~ 约前 425）古代希腊历史学家。生于小亚细亚的哈利卡纳苏斯城。因参加当地反对僭主统治的斗争被迫离开故乡。在雅典居留期间，他和伯里克利、索福克勒斯等人交往甚密。公元前 443 年，雅典在意大利南部建立图里城，希罗多德成为这里的公民，并在这里度过晚年。他在欧洲史坛最先对史料采取一定程度的分析批判态度，而不是盲目相信一切传闻。他创造了叙述历史的新方法，奠定了西方记叙体史学的基础。在古罗马时代，希罗多德就被誉为“历史之父”。著有《历史》（又称《希腊波斯战争史》）。

柏拉图（前 427 ~前 347） 古代希腊唯心主义哲学家。出身于雅典的名门望族。曾师从苏格拉底，深受其影响。青壮年时期游历地中海周围的许多地区，其中包括埃及和西西里岛。公元前 386 年前后在雅典近郊开设哲学学园（阿卡德米），从此边执教边著述，直到病逝。

柏拉图把古代希腊哲学发展到了一个新的高峰。他建立了以理念论为核心的客观唯心主义哲学体系；在理念论的基础上，区别了真知与意见；认为辩证

马赛克镶嵌画《柏拉图在学园》

法是最高级的认识，并将它提到哲学的高度；从理念论哲学出发，对宇宙的产生和各种自然现象作出了自己的解释；主张建立具有空想色彩的理想国；建立“善的理念”的道德理论体系。主要著作有《理想国》《巴门尼德篇》《智者篇》等。柏拉图的哲学思想对后来的各种哲学和宗教产生了重大影响。

亚里士多德（前 384 ~ 前 322） 古代希腊哲学家、逻辑学家、科学家。生于斯塔吉拉城。公元前 367 年到雅典，师事柏拉图，凡 20 年。后应召任马其顿王子亚历山大（后来的亚历山大大帝）的教师。前 335 年在雅典郊外的吕克昂开设学园，从事教育和学术研究。

他总结了古代希腊哲学发展的成果，在哲学上动摇于唯心主义与唯物主义、形而上学与辩证法之间。首次将哲学与其他科学区别开来，开创了逻辑学、伦理学、政治学、物理学和生物学等学科的独立研究。亚里士多德的哲学对以后的西方哲学产生了重大影响。现代西方以至世界各地哲学中有许多词汇都来源于亚里士多德。亚里士多德的思想在西方的社会科学和自然科学领域中，均产生过方向性的引导作用。主要著作有《工具论》《物理学》《形而上学》《尼各马可伦理学》等。

阿拉伯人描绘的《亚里士多德授课图》

阿基米德（约前 287 ~ 前 212） 古代希腊力学家和数学家。生于西西里岛的叙拉古（今意大利锡拉库萨）。其父是天文学家和数学家。他 11 岁到亚历山大里亚城学习数学、力学和天文学。公元前 240 年回到叙拉古，成为国王的顾问。叙拉古城失陷时被罗马士兵杀害。

阿基米德系统研究了物体的重心和杠杆原理，为静力学奠定了基础；发现阿基米德原理，从而奠定了流体静力学的基础；确定了各种几何图形的面积和物体的表面积、体积的计算方法；精确测定了二至（夏至、冬至）点。流传下来的阿基米德的著述主要有《论平面板的平衡或平面的重心》《论浮体》《圆的测定》《论抛物线面积的求法》《论球和圆柱》等。

波斯帝国 古代伊朗以波斯人为中心形成的帝国（前 550 ~ 前 330）。又称阿契美尼德波斯帝国。公元前 550 年，居鲁士二世建立波斯帝国。继而灭掉小亚细亚的吕底亚王国，征服西部沿海各希腊城邦。前 539 年，灭新巴比伦王国。前 525 年，冈比西斯二世征服埃及。大

波斯波利斯王宫遗迹

流士一世即位后进入印度河流域，前490年又派兵入侵希腊，发动希波战争，但在马拉松战役中失败。薛西斯一世时，和希腊多次进行战争，最终遭到失败，国势渐趋衰落。前330年，马其顿攻陷波斯都城波斯波利斯，波斯帝国灭亡。波斯文化受两河流域文化影响，使用楔形文字。波斯的建筑具有独特的雄伟壮丽的风格。

希波战争 公元前5世纪上半叶希腊诸城邦反抗波斯侵略和压迫的战争。约前500年，希腊城邦米利都出现反波斯起义，战争爆发。前492年，波斯陆海军进犯希腊遇阻。两年后波斯军队横渡爱琴海，攻陷埃雷特里亚，在雅典马拉松登陆，被雅典军队击败。前480年，波斯军队再次进犯希腊。8月中旬在温泉关战役中，希腊军队失败。9月下旬，以雅典为主力的希腊海军在萨拉米斯海战中大败波斯。次年，希腊联军在普拉蒂亚打败波斯。前468年、前449年，雅典军队两败波斯军，取得战争的最后胜利。雅典与波斯签订和约，和约规定，波斯放弃对小亚细亚诸希腊城邦的统治。

萨拉米斯海战

马拉松战役 公元前490年，雅典城邦和波斯军队在雅典东北马拉松平原进行的一次战役。是年夏，波斯10万军队进犯希腊，先攻占并破坏了埃雷特里亚城，继而南进，在距雅典城东北约40千米的马拉松平原登陆。米太亚得（小）统率万余雅典军队赴马拉松应战。9月12日晨，马拉松战役打响。希腊步兵占据有利地形，主力分置于两翼，佯作正面进攻。波斯军取中央突破战术。希腊中军且战且退，波斯军步步进逼。希腊军突然发起两翼攻击，波斯军溃败。马拉松战役是历史上以少胜多的著名战例，极大地鼓舞了雅典及其他希腊城邦人民与波斯人斗争的勇气。

古代马其顿 公元前5～前2世纪的奴隶占有制国家。位于巴尔干半岛北部。居民主要为希腊人、色雷斯人和伊利里亚人。前5世纪中叶出现国家。前495～前450年当政的亚历山大一世统一下马其顿。前413～前399年在位的国王阿尔赫拉奥斯进行了旨在加强王权的军事和币制改革，把首都从阿伊格迁到培拉。腓力二世（前359～前336年在位）最终统一上、下马其顿。前338年，腓力二世在喀罗尼亚战役中战胜希腊联军，从而成为希腊诸城邦的主宰。前330年亚历山大大帝灭波斯帝国，不久建立起一个地跨欧、亚、非三洲的庞大帝国。前215～前168年，与罗马进行了三次马其顿战争，罗马取得决定性胜利。此后，马其顿被划分为四个彼此分离但仍保持一定自治权的地区。前148年，马其顿成为罗马的一个行省。

伊苏斯之战（油画）

亚历山大大帝（前356～前323）古代马其顿国王、卓越的军事统帅。又称亚历山大三世。生于培拉。早年曾师事亚里士多德。公元前336年继承王位。前334年发动侵略亚洲和非洲的远征。同年春，在格拉尼科斯河畔击败波斯大军。前333年，在伊苏斯战役中彻底击溃波斯军队。继而入侵北非，前332年到达埃及。前330年灭波斯帝国。前327～前325年远征印度，占领印度西北部。前324年回到巴比伦。前323年染疾死于巴比伦。

通过十年的征战，他建立起一个地跨欧、亚、非三洲的庞大帝国，领土大体包括巴尔干半岛、埃及、印度西北部、中亚和西亚。他采用波斯中央集权的专制体制，在战略要地建立起一批以马其顿人和希腊人为主的要塞和城市。他死后，帝国解体，形成了以托勒密王国、塞琉西王国和马其顿王国为主体的一批希腊化国家。

亚历山大大帝率军同波斯军激战（油画）

《荷拉斯兄弟之誓》（法国，J.-L. 大卫）

古代罗马 公元前10世纪至公元1453年，罗马奴隶制城邦、共和国、帝国和封建国家等几个发展阶段的统称。罗马起源于意大利拉提乌姆平原台伯河左岸。前1000年左右，属印欧语系的拉丁人进入拉丁平原。约前800年，其中一支移至后来罗马古城所在地，前7世纪形成罗马人公社。前8～前6世纪为王政时代。前6世纪中叶的塞尔维乌斯·图利乌斯改革，标志着罗马国家的产生。前509～前27年为罗马共和时代。自前5世纪初至前3世纪上半叶，罗马通过战争先后控制意大利中部和南部。前146年，罗马势力扩及整个地中海西部。与此同时，罗马征服马其顿并控制整个希腊，又控制西亚的部分地区。至前2世纪下半叶，罗马扩张成为地跨欧、亚、非三洲的庞然大国。前27年进入奴隶制帝国时代。公元395年，罗马帝国分裂为东西两部。476年西罗马帝国灭亡。东罗马帝国（又称拜占廷帝国）逐渐演化为封建制国家，1453年被奥斯曼帝国所灭。

古代罗马是地中海文明的重要代表。罗马文化特别是政治、法学及建筑艺术对后世有很大影响。拉丁文字母成为许多民族创造文字的基础。

罗马帝国时期的高架水道

提图斯凯旋门

古罗马石棺上的浮雕

罗马竞技场内景

古罗马水壶

罗马古城 古罗马时代都城。得名于传说中的建城者罗慕卢斯。存在年代为公元前7世纪至公元5世纪。前1世纪后，罗马成为古代最大的城市之一。3世纪时，有人口80万～120万。遗址位于今意大利罗马市区内，濒临台伯河。城市核心部分在中世纪时逐渐荒废，文艺复兴后得到保护清理，但相当部分仍被压在今日罗马街区之下。现存的主要建筑遗迹有罗马广场及卡皮托利诺山建筑群、帕拉蒂诺皇宫、罗马竞技场、万神庙、引水道、皇帝广场群、道路、浴室、体育场、图书馆、剧场等。罗马城的建筑宏伟壮丽，具有极高的科学水平。1980年，包括罗马古城在内的罗马历史中心作为文化遗产被列入《世界遗产名录》。

罗马古城广场遗址

罗马共和国 公元前509年建立的由罗马贵族掌权的共和国。至前3世纪上半叶，罗马共和国统一了除波河流域外的意大利半岛。之后向海外扩张，至前2世纪下半叶，已经扩张成为地跨欧、亚、非三洲的庞然大国。前2世纪30年代至前1世纪30年代，是罗马的内战时代。前137（一说前138）年爆发第一次西西里奴隶起义；前104～前101（一说前99）年，西西里奴隶再度起义。前90年，意大利人起义，史称同盟者战争。前73～前71年，斯巴达克领导了奴隶大起义。前60年开始，进入三头政治时期。前27年元老院授予G.屋大维“奥古斯都”的尊号，共和国宣告覆亡。古罗马进入帝国时代。

三头政治 古代罗马共和末期前后两次由三个权势人物联合执掌国家最高权力的政治体制。又称三头同盟。公元前60年，在罗马拥有巨大势力和影响的凯撒、庞培、克拉苏·迪弗斯三人秘密结盟，通过各种手段共同控制罗马政权，史称“前三头政治”。前43年，凯撒派的屋大维、安东尼和李必达三人公开结盟，由元老院授予共同统治国家五年的权力，史称“后三头政治”。

斯巴达克起义 古代罗马共和末期由斯巴达克领导的大规模奴隶起义。斯巴达克是色雷斯人，被罗马军队俘虏沦为角斗士。公元前73年，因密谋暴动事泄，他和70多名角斗士逃往维苏威山。逃亡奴隶纷纷来归，起义队伍迅速扩大，发展到12万人。起义军屡败罗马军，活动范围几乎遍及意大利南部。前72年，罗马执政官率军镇压。斯巴达克率军北上，频频取胜。曾计划北越阿尔卑斯山，未能如愿。后南下想渡海到西西里，未成。前71年，在阿普利亚决战中，起义军遭到惨败，斯巴达克牺牲。

斯巴达克（执斧者）率军同罗马军团激战

迦太基 古代非洲北部以迦太基城（遗址在今突尼斯湾）为中心的奴隶占有制国家。一般认为，迦太基城建于公元前 814 年。在前 8 ～前 6 世纪，迦太基逐渐向非洲内地扩张，成为当时地中海西部最强大的国家。迦太基长期为中介贸易中心，拥有庞大的船队，居民善航海。手工业很发达。内地巴格拉达斯河谷很早就出现了奴隶占有制庄园。军队主要由雇佣兵组成。前 264 ～前 146 年，迦太基与罗马发生了三次战争，史称布匿战争，结果迦太基被灭，迦太基城也被夷为平地，其领土成为罗马统治下的阿非利加省。一百多年后，迦太基作为一个城市得到重建，并成为**罗马帝国**在北非的重要政治、经济、文化和宗教中心。

迦太基古城半圆形剧场

汉尼拔（前 247 ～前 183/ 前 182）迦太基军事家、政治家。自幼随父研习战法。公元前 216 年 8 月，迦太基统帅汉尼拔在坎尼战役中以 4 万步兵、1 万骑兵击败 8 万多人的罗马军队，创造了古代战争史上以少胜多的战例。前 218 年，他率领迦太基远征军从西班牙出发，穿过高卢，翻越阿尔卑斯山突入意大利。之后两年在特拉西梅诺湖和坎尼战役中两败罗马军队。前 204 年罗马军队在迦太基登陆。前 203 年汉尼拔被召回国。次年在扎马败于罗马。前 195 年被迫出走。前 183（一说前 182）年服毒自杀。

汉尼拔及其士兵

罗马帝国 公元前 1 世纪至公元 5 世纪占据整个地中海地区的古代罗马国家。前 27 年元老院授予屋大维“奥古斯都”的尊号，罗马从此进入奴隶制帝国时代。前期帝国包括三个王朝：克劳狄王朝（前 27 ～公元 68）、弗拉维王朝（69 ～ 96）和安东尼王朝（96 ～ 192）。前期帝国的社会经济空前繁荣，对外贸易远达中国。193 年塞维鲁王朝（193 ～ 235）建立后，进入后期帝国时期。3 世纪，外患四起，内乱不已，帝国逐渐衰落。330 年君士坦丁一世迁都拜占廷，将拜占廷更名为君士坦丁堡。395 年罗马帝国分裂为东西两部。476 年西罗马帝国灭亡。1453 年东罗马帝国（又称**拜占廷帝国**）为奥斯曼帝国所灭。

罗马军团 罗马共和时代军队的基本战术单位。通常由4500人组成，包括3000名重装步兵、1200名轻装步兵和300名骑兵。重装步兵为军团的主力，配备投枪、短剑、大盾、金属头盔、胸铠和胫甲。每个军团分为30个中队，每个中队又分为两个森图里亚（又译百人队）。中队按士兵年龄和经验分成三类：由年轻人和由成年人组成的中队，各有120名重装步兵；由老兵组成的中队，只有60名重装步兵。战斗时，年轻人组成的中队居前，称为枪兵；成年人中队居中，称为主力兵；老兵中队居后，称为后备兵。这就是著名的罗马军团三列队法。轻装步兵和骑兵又分为小队，战斗中轻装步兵通常配置于军团前面，骑兵则掩护两翼。最高军事指挥权掌握在执政官手中。军团的指挥官是6名军事保民官，系由公民大会推举或由执政官委任。

庞贝 意大利坎帕尼亚区那波利省古城。地处维苏威火山东南麓，西北距那不勒斯市23千米。公元前310年始见于历史记载，原系希腊人的移民地。前80年被罗马征服后，开始罗马化。公元79年8月24日维苏威火山大爆发，庞贝顷刻间被埋于厚6～7米的火山喷发物之下。当时庞贝有人口2.5万，是手工业和商业发达的海港，又是贵族和富人的避暑地。古城废墟于16世纪末被发现，从1748年起，考古发掘持续至今。

古城呈椭圆形，东西长约1200米，南北宽约700米。纵横4条大街，呈“井”字形，将全城分为9个地块。城西南的长方形中心广场为全城宗教、经济和市政活动中心，向东有神庙、神殿、大会堂、大市场等公共建筑。城东南的圆形露天竞技场长122米、宽38米。北端立朱比特庙，其余为民宅及公共澡堂、剧场、手工作坊、商店等。均保存完好。

庞贝城废墟

民族大迁徙 376～568年，散居罗马帝国境外以日耳曼人为主的诸“蛮族”部落大举强行移居帝国境内，并各自建立国家的历史过程。

376年，日耳曼人的一支西哥特人遭到匈奴人袭击，移居巴尔干半岛北部的色雷斯。377年，西哥特人起义，次年在亚得里亚堡大败罗马军队，罗马被迫准许西哥特人定居巴尔干半岛。395年西哥特人南下希腊，西进意大利，410年攻陷罗马城。后回师北上，进占高卢西南部。418年以土鲁斯为中心建立西哥特王国。

继之而来的是日耳曼族的苏维汇人、汪达尔人和非日耳曼族的阿兰人。他们越过莱茵河，经高卢于409年秋进入西班牙。苏维汇人在伊比利亚半岛西北部建立苏维汇王国。汪达尔人和阿兰人于429年进入北非，439年攻陷迦太基，建立汪达尔－阿兰王国。455年，攻陷罗马城。

紧接着越过莱茵河涌入罗马帝国的是日耳曼族的勃艮第人和法兰克人。5世纪初，他们占据高卢。约457年，勃艮第人在高卢东南部建立勃艮第王国。486年法兰克人击败罗马军队，占据高卢北部，建立法兰克王国。6世纪起，法兰克王国西南逐西哥特王国，东南并勃艮第王国，逐渐成为日耳曼诸王国中力量最强的国家。

5世纪中叶，日耳曼人盎格鲁、撒克逊和裘特各部落进入不列颠，占据该岛的东部和南部，建立了许多小王国。7世纪初，这些小王国合并为7个王国。

至此，西罗马帝国已名存实亡。476年日耳曼人奥多亚克废黜西罗马末帝罗慕卢斯·奥古斯图卢斯，西罗马帝国灭亡。488年东哥特人入侵意大利，493年征服意大利，建立东哥特王国。568年，日耳曼族伦巴德人占领意大利北部，建立伦巴德王国。

历时约两个世纪的日耳曼民族大迁徙，导致了罗马古典奴隶制的灭亡和西欧封建社会的开始。

匈奴　中国古代北方游牧民族。又称胡。匈奴的主体为广义古突厥人。战国末期，匈奴经常侵扰赵秦燕边郡，赵秦燕皆筑长城以拒之。至秦末汉初冒顿单于时，匈奴建国。冒顿率部东破东胡；西逐月氏；南并楼烦、白羊两部，侵及燕、代；北服丁零等部族。公元前200年，围汉高祖刘邦于白登山（今山西大同东北）。次年，汉与匈奴结和亲之约。自前133年起，汉兵多次出击匈奴，匈奴势力渐衰。公元48年，匈奴分裂为南北两部。南匈奴转向农耕生活，相继建立了汉、北凉、夏。随着这些政权先后被消灭，“匈奴”之名逐渐消失，匈奴后裔逐渐与汉族融合。北匈奴在公元91年战败后部分西迁，其余归附于鲜卑。西迁的匈奴直接导致了欧洲民族大迁徙。

“汉匈奴栗借温禺鞮”铜印

法兰克王国　5世纪末至10世纪末由法兰克人在西欧建立的封建王国。法兰克人是日耳曼人的一支，3世纪定居于莱茵河下游地区。481年开始，其首领克洛维向高卢扩张，486年占领高卢大部分地区，建立墨洛温王朝，定都巴黎。496年统治阶层皈依基督教。8世纪前半期，王国推行军事采邑制。732年击败阿拉伯人，次年迫使勃艮第称臣，后又征服弗里西亚人。751年，查理·马特之子矮子丕平废墨洛温王朝国王自立，建立加洛林王朝。查理大帝统治期

法兰克军队攻入帕维亚城

间（768～814），法兰克王国成为控制西欧大部分地区的大帝国。他死后帝国出现内乱。843年签订《凡尔登条约》后，帝国分裂为东、西、中三个王国，三国分别于911年、987年、887年覆灭。法兰克王国对封建制度的发展和教会统治地位的巩固起了重大作用。

查理大帝（约742～814-01-28）

*法兰克王国*加洛林王朝国王（768～814）和查理曼帝国皇帝（800～814）。又译查理曼大帝。西欧中世纪初期最强大的统治者。矮子丕平之子。768年继承王位。774年攻占意大利北部的伦巴德王国，进军罗马，控制意大利半岛大部分地区。后相继征服萨克森和其他中欧地区，夺得埃布罗河以北的土地，合并巴伐利亚，占领多瑙河下游，臣服易北河地区的斯拉夫人部落，使法兰克王国成为控制西欧大部分地区的大帝国。查理于800年圣诞节被罗马教皇加冕为罗马人的皇帝，史称查理大帝。法兰克王国遂被称为查理曼帝国。查理大帝死后不久，帝国即告分裂。

查理大帝加冕（绘画）

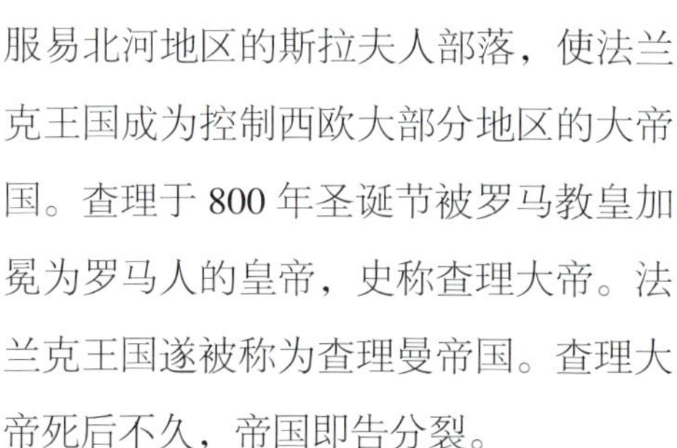

骑士制度 西欧封建主阶级享有特权的一种等级制度。骑士最初指受过正式训练的骑马作战的战士，后成为贵族阶级的独有称号。自11世纪起，西欧各地相继确立骑士制度。到了13世纪，更发展出骑士之子方可为骑士的原则。骑士为职业战士，从小即被要求学习骑士七技——骑马、游泳、投枪、击剑、打猎、弈棋和吟诗，在经过家庭教育、礼文教育和侍从教育三个阶段的训练后，于21岁举行特定仪式，由老骑士授予武器，从而正式取得骑士称号。骑士除拥有终身享用乃至世袭的采邑外，还享有一定的特权。14世纪末起，由于火炮和射击武器的应用，骑士不再是主要的军事力量。到了16世纪，骑士变为可由君主随意授予的荣誉爵位。

十字军东征 1096～1291年西欧天主教会、世俗封建主和意大利富商对地中海东岸国家进行的侵略战争。侵略军身缀十字标记，故称十字军。为了掠夺东方的土地和财富，教俗封建主共发动了八次东征。第一次东征（1096～1099），十字军占领地中海东部，建立耶路撒冷王国。为了巩固和扩大侵略成果，此后又陆续发动了七次东征：第二次东征（1147～1149），第三次东征（1189～1192），第四次东征（1202～1204），第五次东征（1218～1221），第六次东征（1228～1229），第七次东征（1248～1254），第八次东征（1270）。13世纪中叶后，埃及陆续攻克十字军领地，十字军国家灭亡。

十字军攻打耶路撒冷

神圣罗马帝国 中世纪欧洲封建帝国。962年，德意志国王、萨克森王朝的奥托一世在罗马由教皇加冕称帝，成为罗马的监护人和罗马天主教世界的最高统治者。1157年起帝国被称为神圣罗马帝国。帝国大肆扩张，多次入侵意大利。极盛时期的疆域包括近代的德意志、奥地利、意大利北部和中部、捷克斯洛伐克、法国东部、荷兰和瑞士。15世纪下半叶，勃艮第和意大利脱离帝国。1474年起，帝国被称为德意志民族神圣罗马帝国。16世纪初爆发宗教改革运动，其后帝国分裂为北部、西南部和东南部。后来荷兰和瑞士相继脱离。1806年7月拿破仑一世建立莱茵联邦，迫使弗兰茨二世于同年8月6日放弃神圣罗马帝国皇帝称号，帝国彻底瓦解。

神圣罗马帝国皇帝奥托一世的王冠

宗教改革 16世纪欧洲诸国反对罗马天主教会的社会运动。中世纪后期的欧洲，各阶层民众对教廷和教会日益不满。1517年10月31日，德国维登堡大学神学教授马丁·路德发表《九十五条论纲》，抨击罗马教廷出售赎罪券，拉开宗教改革的序幕。1520年，路德又发表《致德意志基督教贵族公开书》，敦促教廷和教会恢复使徒时代的廉洁和简朴。此后宗教改革运动迅速在欧洲展开。在德国，出现了一批支持路德主张的封建主和民众；在瑞士，出现了激进改革；在英国，开始了自上而下的宗教改革。宗教改革的主要内容有：反对罗马教会对各国教会的控制；反对教会占有土地，出售赎罪券；不承认教会有解释《圣经》的绝对权威；要求用民族语言举行宗教仪式。宗教改革之后，西欧、北欧各国摆脱了罗马教廷的控制，产生了新教各宗派。宗教改革为后来的资产阶级革命扫清了道路。

马丁·路德在莱比锡神学论战中抨击教皇

德意志农民战争 1524～1525年德意志农民大规模的反封建起义。领导人有T.闵采尔等。这次起义是宗教改革的顶点，在德意志历史上有深远的意义。

1524年5月，起义最先爆发于施瓦本南部的黑森林地区。随即迅速扩展，形成施瓦本、弗兰肯和图林根三个中心。参加战争的农民和其他阶层的民众达10万以上。起义农民在战争中提出许多纲领性的条款，其中主要的是《十二条款》和《书简》。起义农民在德国西南部和中部的广阔地区建立起自己的政权。但在联合起来的诸侯军队镇压下，各地的农民军被逐一击破，闵采尔牺牲。1526年7月，萨尔茨堡农民军退到威尼斯，农民战争失败。

北欧海盗时代 8世纪末至11世纪中，斯堪的纳维亚海盗对欧洲各国进行海上贸易与抢劫商船活动的时期。北欧海盗活动分东西两路。西路的丹麦和挪威海盗主要向不列颠诸岛扩张，东路的瑞典海盗主要向罗斯发展。

北欧海盗古船

793年，丹麦人袭击英格兰东北部沿海的林第斯法恩岛，北欧海盗时代开始。其后丹麦人在英格兰东北部建立了移民区。1028年，克努特大帝创建疆域包括丹麦、挪威、英格兰、瑞典南部和苏格兰大部在内的北海大帝国。1041年克努特死后帝国崩溃。丹麦人和挪威人还单独或联合入侵欧洲大陆。911年，丹麦人和少数挪威人在塞纳河口建立诺曼底公国。

从550年到9世纪，瑞典人向东扩展，在芬兰和波罗的海建立据点，到达巴格达、里海、伏尔加河流域、中亚和黑海等地区。

8世纪末，挪威海盗占领赫布里底、法罗、设得兰和奥克尼等群岛，入侵爱尔兰。812年攻占都柏林。挪威人在航海中发现冰岛和格陵兰岛，一度到达北美大陆。1066年，挪威海盗远征英格兰失败。北欧海盗时代宣告结束。

盎格鲁–撒克逊人 欧洲古代日耳曼人的一支。盎格鲁人原居住在日德兰半岛南部，撒克逊人居住在莱茵河下游与易北河之间的地区。5～6世纪，盎格鲁人、朱特人和撒克逊人的一部分，跨海侵入不列颠岛。此后，盎格鲁人、撒克逊人和朱特人与不列颠岛上的凯尔特部落逐渐发生融合，形成盎格鲁–撒克逊人，成为后来英格兰人的主要成分。

七国时代 7世纪初叶至9世纪中叶不列颠岛上七国并立的时代。从5世纪中叶起，欧洲大陆上的盎格鲁人、撒克逊人和朱特人跨北海侵入不列颠岛。在征服当地凯尔特人的过程中，许多小国逐渐合并为7个王国。南部有威塞克斯、苏塞克斯和埃塞克斯，东北部和中部有麦西亚、诺森伯里亚和东盎格里亚，东南部有肯特。七国相互争雄，战乱不已。827年，威塞克斯国王埃格伯特（约802～839年在位）兼并六国，建立统一的英格兰王国，七国时代结束。

《大宪章》 1215年6月15日（一说19日）英王约翰被迫签署的宪法性文件。又称《自由大宪章》。其宗旨为保障封建贵族的政治独立与经济权益，不利于加强王权。不久教皇应约翰请求宣告作废。因为《大宪章》有着限制王权的作用，后来封建贵族在和国王的斗争中曾一再强迫国王重新颁布《大宪章》。英国资产阶级革命时，资产阶级赋予《大宪章》以新的意义，用以反对封建专制王权。今天它仍是英国宪法的重要组成部分。美国的联邦宪法和各州宪法也都包含有《大宪章》的思想。

黑死病 14世纪在欧洲大范围流行的

鼠疫传染病。源于亚洲。1347年，金帐汗国军队将鼠疫病人的尸体弹射进克里米亚热那亚共和国的贸易商埠，引发大面积鼠疫流行。先是在地中海各港口传播，后传入西西里，1348年传入北非、意大利大陆、西班牙、英国和法国，1349年传至奥地利、瑞士、德意志和尼德兰（今荷兰、比利时、卢森堡和法国北部），1350年传至斯堪的纳维亚和波罗的海地区。在1361 ~ 1363年、1369 ~ 1371年、1374 ~ 1375年、1390年、1400年又几度流行。估计各地区的死亡率在1/8 ~ 2/3，欧洲近1/3的人口（约2500万）死亡。瘟疫流行导致人口锐减，使经济严重衰退。

百年战争 英法两国1337 ~ 1453年断续进行百余年的战争。英法两国封建主争夺领地是导致战争发生的基本原因。1328年，法国卡佩王朝绝嗣，支裔的腓力六世继位，英王爱德华三世以法王腓力四世外孙的资格与腓力六世争夺王位。1337年11月爱德华三世率英军进攻法国，战争开始。初期英军节节胜利。1360年双方签订《布勒丁尼和约》，法国将加来及西南部大片领土割让给英国。1369年法国几乎收复全部失地。1396年，双方缔结20年停战协定。1415年8月，英王领兵进攻法国。1420年双方签订《特鲁瓦条约》，条约实际上将法国分为三部分。1428年10月英军围攻奥尔良城。翌年法国民族英雄贞德率军击退英军。1435年勃艮第公爵臣服于法王。1453年驻波尔多英军投降，法国收复英国在法国境内的全部领地。百年战争以法国的胜利而结束。

英王进军奥尔良

贞德（1412-01-06 ~ 1431-05-30）英法百年战争时期法国民族英雄。生于法

国东北部香槟与洛林交界处的巴尔河畔的栋雷米村。1428年10月英军围攻奥尔良城。1429年4月22日，查理任命贞德为军事行动指挥驰救奥尔良城。5月初，贞德击败英军，解奥尔良之围。1430年春，兰斯西北的军事重镇贡比涅告急，贞德前往救援。5月23日傍晚，贞德被勃艮第军俘虏。勃艮第人把贞德卖给英国人。贞德被异端裁判所判为女巫，处以火刑。1431年5月30日，贞德在鲁昂广场英勇就义。1456年，罗马教廷撤销对她的判决。1920年被列为圣女。

玫瑰战争 1455 ~ 1485 年英国两大封建主集团为争夺王位进行的内战。战争一方兰开斯特家族以红玫瑰为族徽，另一方约克家族以白玫瑰为族徽，故称玫瑰战争。又称蔷薇战争。

1455 年约克公爵理查举兵，反对兰开斯特家族的亨利六世，战争开始。1461 年理查之子爱德华占领伦敦，废黜亨利六世自立，称爱德华四世，建立约克王朝。1483 年 4 月，爱德华四世去世，其弟理查篡位，称理查三世。1485 年理查三世战败被杀。兰开斯特家族远亲里士满伯爵亨利·都铎即王位，为亨利七世，建立都铎王朝。他娶爱德华四世之女为妻，并以红白玫瑰为徽，以示和解，玫瑰战争结束。

玫瑰战争使老封建世家自相残杀殆尽。这有利于都铎王朝加强专制统治，也有利于新贵族和资产阶级势力的兴起。

亨利八世（1491-06-28 ~ 1547-01-28） 英国都铎王朝第二代国王（1509 ~ 1547 年在位）。生于格林尼治。在位初年，重用大主教，加强专制统治。后由于个人婚姻和政治需要，自上而下推行宗教改革。1534 年促使英国国会通过《至尊法案》，使英国教会脱离罗马教廷，英王成为英国国教的最高首脑。他改进政府财政机构；扩大疆土，建立海军。1536 年合并威尔士。在镇压爱尔兰叛乱之后，兼爱尔兰国王。作为专制君主，亨利八世推行的政策客观上有利于英国资本主义因素的发展。

伊丽莎白一世（1533 ~ 1603） 英国都铎王朝女王（1558 ~ 1603 年在位）。亨利八世之女。生于格林尼治。受过良好教育，通晓拉丁语、法语、意大利语等语言，信仰新教。

即位后推行一系列有利于国家富强和资本原始积累的政策。在政治上，强化专制王权，1559 年利用议会通过法令重立英国国教。在经济上，实行重商主义政策，保护和发展本国新兴工场手工业；鼓励造船和航海业，鼓励建立各类海外贸易公司；继续鼓励圈地运动，颁布济贫法等。在外交政策上，她使英国一度较少卷入欧洲大陆纠纷。1585 年她派兵援助尼德兰反抗西班牙的统治。1588 年英国在英吉利海峡击败西班牙无敌舰队，开始跨入海上强国的行列。她终身未婚无嗣，卒后由苏格兰国王詹姆斯·斯图亚特继承王位。都铎王朝为斯图亚特王朝所取代。

伊丽莎白一世执政期间，英国的资本原始积累迅速发展，初步夺取了西班牙的海上霸权。这些对英国历史产生了深远影响。

拜占廷帝国 罗马帝国的后继者东罗马帝国的别称。中国史籍称大秦或拂菻。395 年，罗马帝国分裂，东罗马帝国建都君士坦丁堡，因此又称拜占廷帝国。帝国领土以巴尔干半岛和小亚细亚为中心，包括亚美尼亚、叙利亚、巴勒斯坦、

拜占廷帝国皇帝查士丁尼一世（左五）及其大臣们

美索不达米亚和埃及。帝国实行君主专制，共历 107 位皇帝。5 世纪，帝国自上而下进行改革，逐渐演变为封建制国家。查士丁尼一世在位时（527 ~ 565），他革新内政，对外扩张，使帝国的疆域空前扩大。之后，帝国历经希拉克略、伊苏里亚、阿摩里亚、马其顿、杜卡斯、科穆宁和巴列奥略等王朝。马其顿王朝是拜占廷帝国的繁荣强盛时期。科穆宁王朝建立后，已完全确立封建制度。1453 年 5 月 29 日，奥斯曼苏丹穆罕默德二世攻陷君士坦丁堡，拜占廷帝国灭亡。

拜占廷文化风格独特。拜占廷建筑，如圣索菲亚大教堂，尤以雄伟庄严著称。从 4 世纪起，拜占廷与中国有贸易、文化联系。

查士丁尼一世（483 ~ 565） **拜占廷帝国**皇帝（527 ~ 565 年在位）。生于马其顿。518 年被指定为皇位继承人，527 年即位。532 年镇压尼卡起义，重建圣索菲亚大教堂。为恢复对西罗马故土的统治，查士丁尼一世长期与波斯萨珊王朝进行战争。534 年灭汪达尔－阿兰王国，554 年灭东哥特王国。他去世后不久，征服地区大都丧失。

查士丁尼一世非常重视法律文献的整理和汇编。528 年下令编纂法典，529 年编成《查士丁尼法典》，533 年辑成《法学汇纂》及《法学阶梯》，565 年汇编成《新律》。这四部法典后被统称为《查士丁尼民法大全》，对后世西方各国法律有重大影响。

君士坦丁堡战役 1453 年奥斯曼帝国军队攻陷拜占廷帝国首都君士坦丁堡的决战。15 世纪初，**奥斯曼帝国**已侵蚀拜占廷大部领土，对君士坦丁堡（后改称伊斯坦布尔）形成包围之势。1453 年初，奥斯曼帝国苏丹穆罕默德二世率约 10 万军队、320 艘战船，从海陆两面包围君士坦丁堡。城内军民在皇帝君士坦丁十一世率领下顽强抵抗。穆罕默德二世假道热那亚人控制的加拉太地区，潜入城北的金角湾；在博斯普鲁斯海峡和金角湾之间铺设长约 1.5 千米的涂油圆木滑道，利用夜暗，将 80 艘轻便帆船从海峡拖入金角湾。5 月 29 日，奥斯曼军队从海陆两面发起总攻，攻陷君士坦丁堡。拜占廷帝国灭亡。

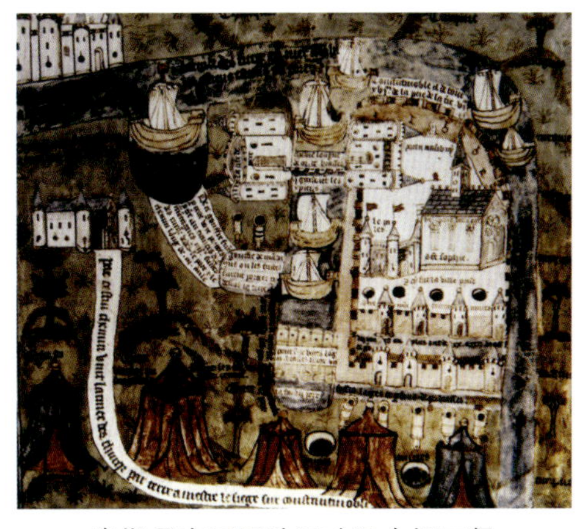

奥斯曼帝国军队围攻君士坦丁堡

奥斯曼帝国 奥斯曼土耳其人建立的军事封建帝国。以伊斯兰教为国教。11世纪下半叶，中亚西突厥的一支征服并迁居小亚细亚半岛，与当地居民融合形成土耳其人。13世纪末，奥斯曼一世蚕食拜占廷领土，建立奥斯曼国家。1453年穆罕默德二世（1451～1481年在位）攻陷君士坦丁堡，灭拜占廷帝国。君士坦丁堡（后改称伊斯坦布尔）成为奥斯曼帝国的新都。谢利姆一世在位时（1512～1520），奥斯曼苏丹成为伊斯兰世界的首脑——哈里发。苏莱曼一世在位期间（1520～1566），帝国处于鼎盛时期，领土横跨欧、亚、非三洲。16世纪中叶以后，帝国开始由盛转衰。从17世纪末期起，帝国屡遭败绩，国土日蹙。19世纪初，巴尔干诸国先后独立。第一次世界大战中，帝国战败，在欧洲的领土只剩下伊斯坦布尔及色雷斯的一部分。1921年改国名为土耳其。1922年废除苏丹制，帝国告终。1923年建立土耳其共和国。

1683年奥斯曼帝国军队攻打维也纳

蒙古军西征 13世纪前半叶，蒙古军远征西域花剌子模、钦察、斡罗思、木剌夷等国的三次大规模战争。

1219～1224年成吉思汗西征，蒙古军灭花剌子模（在今中亚锡尔河和阿姆河流域），攻破阿塞拜疆、谷儿只（今格鲁吉亚），大败斡罗思（俄罗斯）、钦察（里海、黑海以北的突厥语部族）联军。1235～1242年拔都西征，蒙古军大败钦察军队，征服大部分斡罗思公国，入侵孛烈儿（今波兰）、马札儿（今匈牙利）；建立金帐汗国。1252～1260年旭烈兀西征，蒙古军灭木剌夷（亦思马因派王国，在今里海南）、阿拔斯王朝（黑衣大食），攻入叙利亚，后被密昔儿（今埃及）军队打败；建立伊利汗国。

征战中的蒙古军

蒙古军西征给被征服各国的经济、文化造成破坏，但客观上对东西方交往也起了一定的促进作用。

金帐汗国 13世纪上半叶蒙古人建立的封建国家。因汗国统治者的帐顶为金色，故名。又称钦察汗国。由成吉思汗之孙拔都汗（1243 ~ 1255 年在位）创建。版图东起鄂毕河下游和额尔齐斯河，西迄多瑙河下游，南临黑海、里海和咸海，北到诺夫哥罗德地区。首都萨莱－拔都（今阿斯特拉罕附近），后迁往萨莱－贝尔克（今伏尔加格勒附近）。主要宗教是伊斯兰教。乌兹别克汗统治时期（1313 ~ 1342）国势最盛。15 世纪上半叶，金帐汗国因内讧解体为喀山汗国、诺盖汗国、阿斯特拉罕汗国、克里木汗国、西伯利亚汗国。1480 年俄罗斯人民摆脱蒙古贵族统治后获得独立。15 世纪末，统一的金帐汗国已不复存在。喀山汗国、阿斯特拉罕汗国、西伯利亚汗国等于 16 世纪下半叶被俄国吞并。

基辅罗斯 9 世纪中叶至 12 世纪初在东欧平原上建立的以基辅为首都的早期封建国家。又称古罗斯、罗斯公国，或罗斯国。862 年瓦朗几亚人军事首领留里克在诺夫哥罗德建立第一个罗斯王国。882 年罗斯王公奥列格占领基辅城并迁都于此，开始了基辅罗斯公国时期。882 ~ 911 年奥列格又征服周围的部落，形成以东斯拉夫人为主体的国家。弗拉基米尔一世统治时期（980 ~ 1015），基辅罗斯达到鼎盛，成为东欧强国，基督教成为国教。在智者雅罗斯拉夫统治时期（1015 ~ 1054），封建大土地所有制有所发展。以后，统一的国家政权日趋瓦解。12 世纪 30 年代后，罗斯历史进入封建割据时期。13 世纪初臣服于金帐汗国。1478 年为莫斯科公国所灭。

基辅罗斯对保加尔人的战争

莫斯科公国 13 世纪至 17 世纪末罗斯最大的封建国家。首都为莫斯科，故名。13 世纪从弗拉基米尔－苏兹达尔公国分裂出来，14 ~ 15 世纪逐渐成为东北罗斯的中心。伊凡一世·达尼洛维奇（1325 ~ 1340 年在位）从金帐汗国取得弗拉基米尔大公的封号，并把东正教罗斯教区总主教驻地迁到莫斯科。后来几任大公逐渐兼并附近公国。1480 年，公国脱离鞑靼蒙古的统治。1485 年，伊凡三世兼并特维尔公国，称全罗斯大公。瓦西里三世在位时（1505 ~ 1533）统一东北罗斯。1721 年，以莫斯科公国为核心建立了俄罗斯帝国。

莫斯科城（13 世纪）

彼得一世（1672-06-09 ~ 1725-02-08）俄国沙皇（1682 ~ 1721）和皇帝（1721 ~ 1725）。又称彼得大帝。生于莫斯科。1682年彼得与其兄并立为沙皇。1689年8月推翻异母姐姐索菲娅的摄政统治。1696年成为唯一君主。1695 ~ 1696年，两次进攻土耳其，占领亚速。1697年，彼得化名米哈依洛夫下士参加“彼得大使团”，赴荷兰、英国和奥地利等西欧国家考察。1700 ~ 1721年向瑞典发动北方战争，夺得波罗的海出海口。1721年10月，参政院封彼得为“皇帝”和“祖国之父”。从此，俄国改称俄罗斯帝国。1722 ~ 1723年，出征波斯，夺取里海西岸和南岸广大地区。

彼得仿效西欧国家，进行了以军事改革为中心的多方面改革：建立了一支强大的陆海军；建立了参政院和陆军、海军、外交、税务、司法等11个委员会；建设新都圣彼得堡；实行重商主义政策，鼓励开办工场，发展工商业；开设算术、造船、航海等学校，培养人才。彼得一世的改革在一定程度上改变了俄国在政治、军事、经济和文化教育方面的落后状态，使俄国进入欧洲强国之列。

叶卡捷琳娜二世（1729-05-02 ~ 1796-11-17）俄国女皇（1762 ~ 1796）。原名索菲娅·弗里德里克·奥古斯特。生于奥得河畔的施泰丁（今波兰什切青）。1745年她与俄国皇位继承人彼得大公即后来的彼得三世结婚，1762年通过宫廷政变登上皇位。在对内政策方面，她扩大贵族特权，维护和发展农奴制，镇压普加乔夫起义。在对外政策方面，1768 ~ 1774年和1787 ~ 1791年两次对土耳其发动战争，夺取黑海出海口；1772年、1793年和1795年三次参与瓜分波兰，建立起庞大的俄罗斯帝国。

俄国农奴制度 15世纪下半叶至19世纪上半叶，俄国在以劳役制为主要剥削形式的地主庄园经济基础上建立的经济、法律制度。1497年，封建农奴制开始在全国范围内确立。1649年颁布的《法律大全》使得农民被完全束缚在地主的土地上，在人身、财产和司法上绝对受地主支配。《法律大全》的颁布标志着俄国农奴制度最后确立。叶卡捷琳娜二世统治时期，农奴制发展到顶峰。由于俄国资本主义的发展、克里木战争的失败，以及农奴制危机加深和国内革命运动的发展，沙皇政府被迫于1861年废除农奴制度，但农奴制残余直到1917年俄国十月社会主义革命后才被彻底消灭。

俄国农民反抗地主欺压

哥萨克 俄国历史上的特殊社会阶层。“哥萨克”一词源于突厥语，意为“自由人”。原指从中亚突厥国家逃到黑海北部从事游牧的人。后泛称15～17世纪从俄国农奴制压迫下出逃的农民、家奴和城市贫民所组成的“自由人”。最初聚居在顿河沿岸和第聂伯河下游，后相继出现在乌拉尔、伏尔加河下游、中亚细亚、高加索、西伯利亚等地。他们以勇猛善战著称，是沙俄兵力的重要来源，18世纪成为特殊的军人阶层。沙皇政府用各种办法收买哥萨克的上层分子。苏维埃政府成立后，对哥萨克地主、富农和上层军官进行打击镇压，同时把哥萨克贫农和普通士兵吸引到苏维埃政权方面来。苏俄国内战争后，作为社会阶层的哥萨克已不复存在。

普加乔夫起义 1773年9月至1774年9月Ye.I.普加乔夫领导的俄国农民起义。俄国农民处于无权的农奴地位，遭受贵族地主的剥削压迫。1773年9月，顿河哥萨克Ye.I.普加乔夫集结80名哥萨克在乌拉尔河西岸起义。他僭称彼得三世，宣布废除农奴制度，受到群众拥护。1774年初，起义波及乌拉尔大部地区，起义军发展到5万余人。后起义军被迫转移到乌拉尔南部、伏尔加河西岸地区。9月在察里津附近被政府军所败。9月25日，普加乔夫因叛徒出卖被捕，并于1775年1月在莫斯科沼泽广场就义。其余部于同年8月被镇压。普加乔夫起义沉重打击了俄国农奴制度。

俄国1812年卫国战争 1812年俄国人民反对拿破仑侵略的自卫战争。1812年6月24日，拿破仑一世率61万大军对俄国不宣而战。俄军约24万人，采取有步骤的撤退战略，打乱了拿破仑一世的计划。俄军退到莫斯科郊区，在博罗季诺村附近同法军进行决战，重创法军。之后俄军撤离莫斯科，在博罗季诺村附近展开运动战，并从侧面威胁法军，切断其同后方的联系。法军处于四面受敌、弹尽粮绝的境地。这时严冬逼近，拿破仑一世被迫于10月19日放弃莫斯科，残部离开俄国边境时只剩下3万人。

这次战争的胜利，保卫了俄国的独立，鼓舞了欧洲各国人民反对拿破仑统

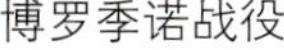
博罗季诺战役

治的民族解放斗争。

十二月党人起义 1825年俄国贵族革命家发动的反对农奴制度和沙皇专制制度的武装起义。起义发生在12月，领导这次起义的贵族革命家在俄国历史上被称为“十二月党人”。在1812年卫国战争中，一些俄国贵族军官受西欧民主思想的影响，对国内的农奴制度和专制制度极为不满。他们组织秘密的革命团体——北方协会和南方协会。1825年11月19日，沙皇亚历山大一世突然去世。十二月党人决定提前在尼古拉一世继位之日发动起义。12月26日（俄历14日），北方协会的一群官兵在圣彼得堡举行起义。次年1月，南方协会也在乌克兰发动起义。这是俄国历史上第一次有组织、有纲领的武装起义，起义虽被残酷镇压，但它促进了俄国人民的觉醒。

沙皇军队镇压十二月党人起义

俄土战争 17～19世纪俄国为向黑海和巴尔干地区扩张而同土耳其发生的一系列战争。初期，战争限于俄土两国之间，战区集中在巴尔干、克里木、高加索等地。19世纪后，引起欧洲一些国家干预。俄土战争多次发生，其中最重要的有10次。1681年俄国把边界推进到第聂伯河。1774年，俄国打通黑海出海口；克里木汗国宣告“独立”，并于1783年被并入俄国版图。1792年，黑海北岸全部处在俄国统治之下。1853～1856年克里木战争失败后，俄国把比萨拉比亚南部归还摩尔多瓦，实行黑海中立化。1878年，俄国重新获得比萨拉比亚南部。战争最后的结局是俄国扩大了疆域，南部边界伸展到黑海，西部边界推进到普鲁特河，东部边界越过高加索山脉，在东南欧迫使土耳其人从巴尔干后撤。

克里木战争 英、法与俄国争夺近东霸权所导致的俄国与英国、法国、土耳其、撒丁王国之间的战争。又称东方战争、克里米亚战争。战争主要在俄国的克里木半岛进行，故名。1853年，俄国入侵奥斯曼帝国，奥斯曼军队惨败。1854年3月，英、法先后对俄宣战。撒丁王国也于1855年1月参战。1854年9月，联军南攻俄国黑海舰队根据地塞瓦斯托波尔港，包围塞港。次年9月，塞港陷落，俄国败局已定。1856年2月，俄国被迫签订《巴黎和约》。和约规定，黑海及黑海海峡中立，对各国商船开放，不准俄国在黑海保留舰队及在黑海沿岸设立要塞。

在克里木战争中，俄军死亡30万人，法军死亡10万人，英军死亡6万人。战后，俄国的国际地位大为低落。

俄国1861年改革 俄国沙皇亚历山大二世于1861年进行的自上而下废除

农奴制度的改革。19世纪前期，俄国资本主义发展受农奴制束缚。1858～1860年自下而上消灭农奴制的农民运动和革命民主运动都失败了，但却推动沙皇政府走向自上而下的改革之路。1861年3月3日，亚历山大二世签署废除农奴制度的宣言和法令。法令包括17个文件，其中最重要的是《关于农民脱离农奴依附地位的总法令》。它规定：农民有人身自由和一般公民权；全部土地归地主所有，农民可以用高昂的赎金赎买一小块土地；农民由地方贵族控制的村社管理。1861年改革解放了农民，促进了资本主义的发展，但保存了大量的农奴制残余。

亚历山大二世（1818-04-29～1881-03-13） 俄国沙皇（1855～1881年在位）。生于莫斯科。尼古拉一世长子。

19世纪上半期，俄国农奴制危机日益加深。克里木战争失败和国内的革命形势迫使亚历山大二世实行一系列资产阶级改革。1861年3月3日，他宣布废除农奴制度。接着，又实行地方自治局、市杜马、司法、军事的改革。这标志着俄国从封建君主制向资产阶级君主制的转变。沙皇不断加强对反对者特别是民粹派的迫害，残酷镇压1863～1864年波兰起义。在对外政策方面，极力向亚洲、高加索、巴尔干扩张。1881年3月13日在圣彼得堡被民意党人刺杀。

俄国征服中亚 19世纪下半叶，中亚的浩罕、布哈拉、希瓦三个独立汗国被俄国先后征服。俄国对中亚诸汗国垂涎已久。19世纪上半叶，俄国对中亚诸汗国发动新的攻势。1853年形成锡尔河碉堡线；1854年形成另一条包抄哈萨克草原、进攻中亚诸汗国的碉堡线，即西伯利亚线。1867年，以塔什干为中心的土耳其斯坦总督区成立。1868年2月，俄国强迫浩罕签署不平等的“通商条约”，浩罕实际上变成俄国的附庸。同年6月，俄军击败布哈拉军队，布哈拉沦为俄国的附庸。1873年，俄军分四路对希瓦发动强大攻势，占领希瓦城，希瓦汗国沦为俄国的保护国。1876年，沙皇政府镇压浩罕的民族大起义后，正式吞并浩罕汗国，完成对中亚三汗国的征服。1885年，俄国占领土库曼，实现对整个中亚的征服。

俄国1905年革命 1905年俄国发生的资产阶级民主革命。1905年初，圣彼得堡15万工人举行罢工。1月22日（俄历1月9日，星期日），成千上万名工人及其家属前往冬宫广场，准备向沙皇呈递请愿书，遭到军警的野蛮枪杀，史称流血的星期日。野蛮屠杀激起各地罢工运动蓬勃发展。10月20日起，革命发展为全俄政治罢工。沙皇被迫于10月30日（俄历10月17日）颁布诏书，答应召集具有立法权的国家杜马。12月，莫斯科工人举行武装起义，被沙皇政府残酷镇压。之后，革命逐渐走向低潮。1906～1907年，召开了两届国家杜马。1907年6月16日（俄历6月3日），沙皇宣布解散第二届国家杜马。俄国第一次民主革命结束。

文艺复兴 14～16世纪反映西欧各国正在形成中的资产阶级要求的思想、文化运动。其主要中心最初在意大利，16世纪扩及德意志、尼德兰、英国、法国和西班牙等地。文艺复兴着重表明了新文化以古典为师的一面，但它实际上是反封建的新文化的创造。文艺复兴宣扬个性解放、尊重人、爱人等人文主义思想，用资产阶级的“人道”反对封建阶级的“神道”，用资产阶级的纵欲主义反对封建阶级的禁欲主义。文艺复兴主要表现在科学、文学和艺术的普遍高涨方面。

《西斯廷圣母》（意大利，拉斐尔）

《垂死的奴隶》
（意大利，米开朗琪罗）

W. 莎士比亚的剧作《罗密欧与朱丽叶》插图

《堂吉诃德》插图（西班牙，毕加索）

《神曲》地狱篇插图

《蒙娜丽莎》（意大利，达·芬奇）

意大利的佛罗伦萨、热那亚、威尼斯是意大利乃至整个欧洲文艺复兴的发源地和最大中心。意大利文艺复兴最早的两位代表人物是诗人但丁和画家乔托。14 世纪后半期又出现了两位新文化的代表人物——F. 彼特拉克和 G. 薄伽丘。16 世纪是意大利文艺复兴特别繁荣的时期，产生了达·芬奇、米开朗琪罗和拉斐尔这样伟大的艺术家。

德意志的人文主义代表人物是鹿特丹的 D. 伊拉斯谟。德意志文艺复兴在艺术方面的突出代表有艺术家 A. 丢勒。英国文艺复兴的代表人物是人文主义者和空想社会主义者 T. 莫尔。他的名著《乌托邦》对后世影响很大。进步哲学家 F. 培根提倡“知识就是力量”。戏剧家 W. 莎士比亚则是文艺复兴文学的巨人之一。法国文学家 F. 拉伯雷以长篇小说《巨人传》在欧洲获得崇高声誉。西班牙文学巨匠 M.de 塞万提斯的小说《堂吉诃德》，是可与莎士比亚的戏剧并列的世界文化宝库中的瑰宝。

文艺复兴是欧洲从中世纪封建社会向近代资本主义社会转变时期的一场伟大的反封建、反教会神权的思想解放运动，代表欧洲近代资本主义文明的最初发展阶段。

地理大发现 西方对 15 ~ 17 世纪欧洲一些国家的航海家和探险家另辟直达东方的新航路，探察当时欧洲人不曾到过的海域和陆地的一系列航海活动的通称。15 世纪中叶以后，西欧通往东方的商路分别被土耳其人和阿拉伯人所控制。于是西欧各国的商人、航海家和探险家都急于探寻一条不经地中海东部地区而直达东方的航线。

“地理大发现”纪念碑

1487 年，B. 迪亚士率船队沿非洲西海岸南下，1488 年最先到达非洲南端的风暴角（后改称好望角）。1497 年达·伽马沿迪亚士开辟的航道继续前进，次年最终到达印度。1492 年，在西班牙王室的支持下，C. 哥伦布率船队横渡大西洋，到达美洲，成为西方第一个发现美洲新大陆的人。1519 年，F.de 麦哲伦奉西班牙国王之命率领船队从西班牙西航，横渡大西洋，沿巴西和阿根廷海岸南下，通过南美大陆与火地岛之间的海峡（后称麦哲伦海峡）进入太平洋。船员于 1522 年返回西班牙，在人类历史上第一次实现了环球航行。1642 ~ 1643 年，荷兰人 A. J. 塔斯曼航行至澳大利亚、新西兰和塔斯马尼亚。1728 年受命于俄皇的丹麦航海家 V.J. 白令穿越亚洲与美洲大陆之间的海峡（后称白令海峡）。

地理大发现改变了世界各大陆和各大洋的分割孤立状态，加强了世界范围的联系，为世界市场的形成准备了条件。地理大发现也是充满血腥的近代殖民地掠夺和殖民地瓜分的开始。

迪亚士，B.（约 1450 ~ 1500-05-29） 葡萄牙航海家。1487 年 8 月奉葡王之命，率三艘船沿非洲西海岸南下，绕过非洲大陆南端，至大菲希河口附近。返航途中于 1488 年抵风暴角（后改称好望角）。1500 年随 P.Á. 卡布拉尔远航印度，在好望角附近遭遇风暴，罹难。迪亚士被认为是 15 世纪葡萄牙人探险大西洋的最重要的先驱。

哥伦布，C.（1451-06-26 ~ 1506-05-21） 意大利航海家、美洲发现者。生于意大利热那亚。一生从事航海活动。先后移居葡萄牙和西班牙。深信地圆说，认为从欧洲西航可达东方的印度和中国。在西班牙国王的支持下，先后

四次出海远航（1492 ~ 1493，1493 ~ 1496，1498 ~ 1500，1502 ~ 1504）。他开辟横渡大西洋到美洲的航路，在帕里亚湾南岸首次登上美洲大陆；考察了中美洲洪都拉斯至达连湾 2000 多千米长的海岸线；认识了巴拿马地峡；发现和利用了大西洋低纬度吹东风、较高纬度吹西风的风向变化。他的航行证明了地圆说的正确性，促进了旧大陆与新大陆的联系。他误认为到达的新大陆是印度，并称当地人为印第安人。

达·伽马（约 1460 ~ 1524-12-24） 葡萄牙航海家。又译伽马。生于锡尼什城贵族家庭，年轻时曾在宫廷任职。1497 年 7 月受葡萄牙国王的派遣，率领帆船 4 艘、船员约 150 人从里斯本出发，寻找通往印度的航线。1499 年 9 月回到里斯本。这次航行历时 26 个月，

开辟了从欧洲西部出发向南绕过非洲南端的好望角，穿越印度洋通往印度的航线。在 1869 年苏伊士运河通航前，欧洲对印度洋沿岸各国和中国的贸易，主要通过这条航路。它亦为葡萄牙取得了海上霸权。

麦哲伦，F.de（约 1480 ~ 1521-04-27） 葡萄牙航海家。生于葡萄牙波尔图。早年参加葡萄牙远征队，后移民西班牙。在西班牙国王支持下，向西作环球航行。1519 年 9 月率船队从西班牙起航，横渡大西洋，沿巴西和阿根廷海岸南下，通过南美大陆与火地岛之间的海峡（后称麦哲伦海峡）进入太平洋。1521 年 3 月 16 日到达菲律宾群岛，4 月 27 日在马克坦岛被当地人杀死。1522 年 9 月 8 日船队中的“维多利亚”号回到出发地。这次航行是人类历史上第一次环球航行，以实践证明了地圆说的正确性。

谷登堡，J.（1390/1400 ~约 1468-02-03） 德国金银匠、印刷商，欧洲活版印刷术发明者。生于美因茨。1438 年同几名金银匠订立研究活版印刷术的合同，秘密制作金属活字。1448 年对自己研制的字模浇铸铅合金活字加以改进。从 1450 年起，与人合伙经营印刷所。1452 年开始四十二行本《圣经》的印制工作，1455 年完成。他的发明包括铸字盒、冲压字模、铸造活字的铅合金、木制印刷机、印刷油墨和一整套印刷工艺。

三十年战争 17 世纪上半叶以德意志为主要战场的一次席卷欧洲的战争。德意志新教诸侯和丹麦、瑞典、法国为一方，得到荷兰、英国、俄国的支持；神圣罗马帝国皇帝、德意志天主教诸侯和西班牙为另一方，得到教皇和波兰的支持。1618 年 5 月 23 日，武装群众冲进王宫，把神圣罗马帝国皇帝的钦差

掷出窗外事件

从窗口抛入壕沟，史称“掷出窗外事件”，它成为三十年战争的开端。战争大致分为四个阶段：捷克–普法尔茨时期（1618 ~ 1624），丹麦时期（1625 ~ 1629），瑞典时期（1630 ~ 1635），法兰西–瑞典时期（1635 ~ 1648）。长期战争使双方都有极大的消耗，神圣罗马帝国方面的困难更为突出，被迫求和，战争结束。1648 年 10 月，参战各方签署《威斯特伐利亚和约》。

三十年战争和《威斯特伐利亚和约》削弱了神圣罗马帝国的统治地位，加深了德意志境内分裂割据的局面；为法国称霸欧洲准备了条件；使瑞典成为北欧强国。

圈地运动　15 世纪末叶至 19 世纪中叶，西欧新兴资产阶级和新贵族用强制手段圈围农民土地和村社公用地的过程。为资本原始积累的最重要手段之一。圈地运动在英、德、法、荷、丹等国都曾出现，而以英国最为典型。

15 世纪末叶和 16 世纪初叶，英国圈地运动从工商业较发达的东南部农村开始。圈地运动引发大规模的农民起义，在起义的打击下，有所收敛。16 世纪末叶和 17 世纪初叶，英国城市人口日益增多，工场手工业迅速发展，圈地运动又重新加强。从 1688 年起，政府公开支持圈地。1845 年以后，圈地运动基本结束。

欧洲大陆的圈地运动主要发生在 18 ~ 19 世纪。德意志、法国、俄国和丹麦的圈地运动主要是通过政府法令实行的。捷克和波兰在 1918 年以后也出现过圈地运动。

圈地运动为产业革命提供了廉价劳动力，以农民的血肉和尸骨换来了农业资本主义的大发展。

英国资产阶级革命　17 世纪中期英国推翻斯图亚特王朝封建专制统治并导致资本主义制度在英国确立的一次革命。又称英国内战或清教徒革命。这次革命对英国和整个欧洲都产生了重大影

查理一世被处死

响。一般把革命开始的1640年作为世界近代史的开端。

17世纪30年代苏格兰人民起义。国王查理一世为筹措军费，于1640年4月召集议会，并于5月解散议会。11月，被迫重开议会，史称这届议会为长期议会。长期议会成为反对以查理一世为首的王党的领导中心，它的召开是革命开始的标志。1642年8月，查理一世挑起内战。1646年6月，T.费尔法克斯和O.克伦威尔指挥的新模范军攻克王党的大本营牛津，第一次内战结束。1648年春，南威尔士、肯特、埃塞克斯等地的王党暴动，并与苏格兰军队勾结，挑起第二次内战。8月克伦威尔击溃苏格兰军队，第二次内战结束。1649年1月30日，查理一世被斩首。5月19日，议会正式宣布英国为共和国和自由邦。共和国的领导权落入克伦威尔等高级军官手中。1653年12月，克伦威尔被宣布为护国公，集立法、行政及军事大权于一身，共和国名存实亡。1658年9月克伦威尔去世。1660年5月，斯图亚特王朝复辟。1688年辉格党和托利党联合发动光荣革命，废黜国王詹姆斯二世，迎接其女儿玛丽和女婿荷兰执政威廉到英国来，尊为英国女王及国王，并确立了君主立宪制。

查理一世（1600-11-19 ~ 1649-01-30）英国斯图亚特王朝国王（1625 ~ 1649年在位）。詹姆斯一世之子。生于苏格兰法夫郡。1637年6月苏格兰人民起义。查理一世为筹集镇压起义的经费于1640年4月召集议会，议会拒绝其要求，被解散。此届议会仅存在三个星期，史称短期议会。同年11月，查理一世被迫重开议会，史称这届议会为长期议会。长期议会反对以国王为首的王党。1642年8月22日查理一世发动内战，失败。根据议会设立的高等法庭的判决，1649年1月30日查理一世在伦敦白厅前被斩首。

克伦威尔，O.（1599-04-25 ~ 1658-09-03） 英国资产阶级革命时期的主要军事、政治领导人，独立派领袖。生于英国亨廷登郡。1640年先后被选入短期议会和长期议会。第一次内战期间，他指挥议会军取得马斯顿荒原、纳西比等战役的胜利。第二次内战中，他取得普雷斯顿战役的胜利。之后，克伦威尔放弃同国王妥协的主张，转而赞成判处国王死刑。1649年共和国成立后，以克伦威尔为首的独立派高级军官掌握政权。他镇压平等派起义，后又扼杀掘土派运动。随后，率军征讨爱尔兰和苏格兰。1653年12月克伦威尔就任护国公，进一步加强军事专政。

光荣革命 1688 ~ 1689年英国资产阶级和新贵族发动的推翻詹姆斯二世的统治、防止天主教复辟的政变。西方资产阶级历史学家传统上将这次事件称为不流血的光荣革命。

詹姆斯二世（1685 ~ 1688年在位）即位后采取的政策危害了资产阶级和新贵族的利益。1688年，辉格党和托利党的七位名人出面邀请詹姆斯二世的女儿玛丽和女婿荷兰执政威廉来英国。1688年12月，威廉兵不血刃进入伦敦。1689年1月召开的议会全体会议宣布，詹姆斯二世逊位，威廉和玛丽共同统治英国。同时议会向威廉提出《权利宣言》。该宣言于当年10月经议会正式批准为法律，即《权利法案》。政变之后，英国逐渐建立起君主立宪制。

《权利法案》 英国光荣革命后，巩固资产阶级与封建贵族联合专政、确立君主立宪政体的宪法性文件之一。全文14段，主要内容为：国王未经议会同意而废止法律或征收赋税，以及在和平时期招募和维持常备军，均属非法；议会经自由选举产生，经常集会，议员有议事自由；国王不得擅设审理宗教事务的钦差法庭，不得苛处罚金、索取过分保释金和判处酷刑；臣民享有请愿权。

君主立宪制 国家元首由世袭的君主担任，君主的权力受到宪法和议会制约的君主制政体。分为二元制君主立宪制和议会制君主立宪制。二元制君主立宪制国家中，名义上国家存在君主和议会两个权力中心，但君主真正掌握着国家的最高统治权。议会制君主立宪制国家中，君主是“虚位元首”，是国家和民族的象征，按照内阁的意志行使形式上的权力，主要代表国家进行礼仪及荣典活动。

维多利亚女王（1819-05-24 ~ 1901-01-22） 英国历史上在位时间最长的国王（1837 ~ 1901）。生于伦敦肯辛顿宫。早年受到自由主义思想熏陶。1837年即位。即位初年，积极参与朝政，同首相、墨尔本子爵W.拉姆配合默契，倾向于辉格党，与托利党人格格不入。在位后期，政治态度及同内阁的关系有很大变化，转向保守党并同B.迪斯累里结为至交，积极支持他的殖民侵略政策。女王的态度深受资产阶级赞许。1876年成为印度女皇。

女王统治时期，特别是1851年以后，在英国历史上被称为维多利亚时代。她在位的60余年正值英国自由资本主义由方兴未艾到鼎盛、进而过渡到垄断资本主义的转变时期，经济空前繁荣，君主立宪制得到充分发展，女王成为英国和平与繁荣的象征。

英布战争 英国同荷兰裔布尔人建立的南非共和国和奥兰治自由邦之间的战争。又称南非战争、布尔战争。19世纪末在德兰士瓦发现丰富金矿，英国力图直接控制南非金矿。德国人也在布尔人治地建立日益强大的政治和经济势力。

英布战争中的布尔人武装力量

英、德两国展开激烈的角逐。布尔人靠拢德国，对抗英国。1899 年 10 月 11 日战争爆发。英国动用 44 万军队，布尔人有 8.8 万人参战。在英军残暴的战争政策面前，布尔人终于屈服。1902 年 5 月 31 日，布尔人被迫签订《弗里尼欣和约》，同意把德兰士瓦共和国和奥兰治自由邦并入英帝国。

启蒙运动 17 ~ 18 世纪欧洲资产阶级和人民大众反封建的思想文化运动。是文艺复兴之后近代人类的第二次思想解放运动。兴起于西欧，很快波及欧洲大多数国家，并影响全世界，但其中心在法国。

启蒙运动思想家们首先把矛头指向宗教神学，而荷兰的思想家则为这一运动铺平了道路。其代表人物是自然法学说的创立者 H. 格劳秀斯和唯物主义哲学家 B. 斯宾诺莎。英国学者在启蒙运动中占有重要地位。唯物主义哲学家 F. 培根反对中世纪的经院哲学，肯定世界是物质的。机械唯物主义经验论创始人 J. 洛克对启蒙运动的发展作出过重大贡献。法国启蒙运动的先驱是 P. 培尔。紧随其后的有启蒙思想家伏尔泰、C.-L. de S. 孟德斯鸠，经济学家 A.-R.-J. 杜尔哥，启蒙哲学家 M.-J.-A.-N.de 孔多塞等。法国启蒙运动最突出的代表是以百科全书派为中心的一批唯物主义思想家。法国启蒙运动小资产阶级民主派的代表人物是 J.-J. 卢梭。

启蒙运动波及德国和俄国。德国启蒙运动的代表人物是 C. 沃尔弗。俄国的启蒙思想家有 A.I. 波列诺夫等。启蒙运动越过大西洋，在英属北美殖民地得到传播。美国《独立宣言》起草人 T. 杰斐逊和著名思想家、科学家 B. 富兰克林，都属于启蒙学者之列。启蒙运动扩展到亚洲、非洲、拉丁美洲为时较晚。19 世纪末 20 世纪初，中国出现一批以严复为代表的启蒙学者。

启蒙运动为摧毁腐朽的封建制度、确立资本主义制度作了思想上和理论上的准备。启蒙思想家所宣传的自由、平等、民主和法制的思想，对 1775 ~ 1783 年的美国独立战争、1789 年的法国大革命，以及 19 世纪欧洲爆发的一系列资产阶级革命都产生了极大的影响。

孟德斯鸠，C.-L.de S.（1689-01-18 ~ 1755-02-10） 法国启蒙思想家、哲学家。出身于波尔多附近拉布雷德城堡。1721 年匿名发表《波斯人信札》，讽刺路易十四及 1715 ~ 1723 年摄政时期的法国专制制度，嘲笑上流社会的恶习和荒淫无耻，谴责宗教迫害。1734 年发表《罗马盛衰原因论》一书。他认为罗马之所以兴盛是因为实行共和制，之所以衰败则是因为实行专制暴政。1748 年他的名作《论法的精神》问世，书中提出的三权分立理论成为现代国家宪政的理论基础。

伏尔泰（1694-11-21 ~ 1778-05-30） 法国资产阶级启蒙思想家，18 世纪法国启蒙运动的领袖、导师。原名 F.M. 阿鲁埃。生于巴黎。求学时受到自由主义

思潮的影响。中学毕业后因发表揭露宫廷腐败和教会专横的讽刺诗，两次被投入巴士底狱。后旅居英国。回国后积极开展启蒙宣传活动。1734年发表《哲学通信》。该书出版后，立即遭到查禁，伏尔泰被迫逃亡到洛兰省边境的西雷城堡。他在这里住了15年，完成了大量著述。主要哲学专著有《形而上学论》《牛顿哲学原理》等。1750年，伏尔泰应腓特烈二世之邀，怀着劝说这位普鲁士王推行开明政治的幻想来到柏林，在德国逗留了四五年。这期间他出版了重要史学专著《路易十四时代》，系统论述了他关于实行开明君主制度的政治主张。1755年不辞而别，到法国与瑞士边境的费尔奈庄园定居下来。他利用各种形式抨击宗教狂热和封建王朝的罪行；继续创作，完成历史著作《彼得大帝统治时代的俄国史》等。

卢梭，J.-J.（1712-06-28 ~ 1778-07-02） 18世纪法国启蒙思想家、哲学家、教育家和文学家。生于瑞士日内瓦。家境贫寒，从事过多种职业，后定居巴黎。1750年发表《论科学与艺术的进步是否有助于敦风化俗》。1755年4月发表《论人类不平等的起源和基础》。1756年4月，卢梭因厌倦巴黎生活而隐居。其后六年，他构思写作了《社会契约论》《爱弥儿》《新爱洛伊丝》《感性伦理学或智者的唯物主义》。他为D.狄德罗主编的《百科全书》写的条目《论政治经济学》也在这期间出了单行本。1762年6月，法国政教当局下令查禁《爱弥儿》和逮捕卢梭，卢梭匆匆逃出巴黎。曾流亡瑞士和英国，1770年重返巴黎。1778年5月移居埃默农维尔。晚年写成自传体小说《忏悔录》。

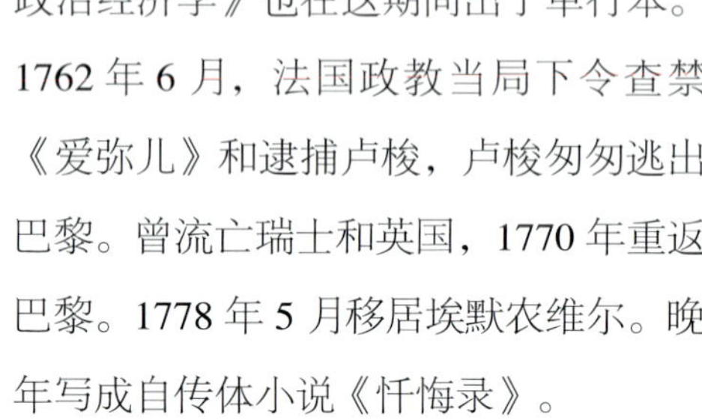

百科全书派 18世纪法国启蒙思想家在编纂《百科全书》的过程中形成的派别。核心是以主编D.狄德罗为首的一批唯物论者、无神论者、民主主义者。他们反对封建特权制度与天主教会的教权统治和宗教迷信，向往合理的社会，认为迷信、成见、愚昧无知是人类的大敌，主张一切制度和观念要在理性的审判庭上衡量并受到批判。他们推崇机械工艺，崇尚资产阶级谋利务实的精神。当时参加撰稿的有160多人，大多是思

百科全书派的学者们（绘画）

想开明的改革者。其中最为著名的有狄德罗、J.le R. 达朗贝尔、C.-A. 爱尔维修、P.-H.D. 霍尔巴赫、C.-L.de S. 孟德斯鸠、F. 魁奈、A.-R.-J. 杜尔哥、伏尔泰、J.-J. 卢梭、G.-L.L.de 布丰等。

狄德罗，D.（1713-10-05 ~ 1784-07-31） 18 世纪法国唯物主义哲学家、美学家，百科全书派的主要代表，第一部法国《百科全书》主编。生于郎格里。1732 年获得巴黎大学文科硕士学位。狄德罗在主编《百科全书》的 25 年中，深受 F. 培根、T. 霍布斯和 J. 洛克等人思想的影响。他还撰写了大量著作，在《哲学思想录》《对自然的解释》《怀疑者漫步》《论盲人书简》《生理学的基础》《拉摩的侄儿》等著作中，表述了他的唯物主义哲学思想；在《美之根源及性质的哲学的研究》《论戏剧艺术》《谈演员》《绘画论》《天才》等著作中，表述了他的“美在关系”的美学思想。

英属北美殖民地 1607 ~ 1775 年英国在北美东起大西洋沿岸、西迄阿巴拉契亚山脉的狭长地带建立的 13 个殖民地。1606 年，伦敦的弗吉尼亚公司组织首批移民迁往北美。1607 年 5 月在詹姆斯河口处建立定居点，定名为詹姆斯敦。史称此次行动为英国建立北美殖民地的开端。殖民地最初分 4 种类型：公司特许殖民地、业主殖民地、英王直辖殖民地和自治殖民地。为加强控制，1752 年后，13 个殖民地中的 8 个成为英王直辖殖民地。殖民地最高行政首脑称总督，代表英王进行统治；下设参事会协助总督管理。殖民地的民族成分十分复杂，除印第安人、黑人外，还有法国人、荷兰人、德意志人和英国人等，其中英国移民最多。殖民地的阶级结构也很复杂，顶端是大商人和大种植园主，中间是小土地所有者、小工厂主等，再下面是佃农、雇农、渔民、工匠等，最底层是契约奴、黑人。印第安人则是被屠杀与剿灭的对象。殖民地人民反抗英国殖民统治和压迫的斗争与反对殖民地剥削者的斗争交织在一起，贯穿于这一时期的始终。1765 年反对《印花税条例》的斗争、1770 年波士顿人民反抗英国殖民当局制造波士顿惨案的斗争、1773 年波士顿的“倾茶事件”等，把反抗英国殖民统治的斗争推向高潮，终于导致 1775 年北美独立战争的爆发。

印第安人 美洲土著居民（不包括北极附近的因纽特人和阿留申群岛的阿留申人）。因意大利航海家 C. 哥伦布误将美洲土著视为“印度人（Indians）”而得名。中译者为与真正的印度人相区别，译为“印第安人”。包括众多支系和部落，广泛分布于南北美洲。一般认为，印第安人的祖先于二三万年前从亚洲迁移到美

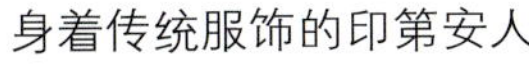
身着传统服饰的印第安人

洲，绝大部分从亚洲东北部经白令海峡进入北美洲，而后逐渐向南扩散；另有一小部分可能在比较晚近的时期由南太平洋群岛到达南美洲西部海岸。在欧洲人殖民以前，印第安人大多处在氏族公社制的不同阶段。从16世纪起，欧洲殖民者的入侵改变了印第安人的自然发展状况。北美洲的印第安人大多被殖民者消灭，幸存者被迫住进保留地；中、南美洲的印第安人大多沦为农奴。现代印第安人绝大多数受其所在国语言文化的同化。

印第安人对世界文化有显著贡献。他们最先栽培了玉米、马铃薯、向日葵、木薯、可可、烟草等农作物。独具一格的印第安艺术至今仍是现代美洲人民艺术发展的基础。

“五月花”号 英国移民驶往北美的一艘船只。载重约180吨，长27米。以运载一批分离派清教徒到北美建立普利茅斯殖民地和在该船上制定《“五月花”号公约》而闻名。

分离派是英国清教中比较激进的一派，由于受英国国教的残酷迫害，1608年8月离开英国到荷兰。其中一部分教徒决定迁居北美，并与弗吉尼亚公司签订移民合同。1620年9月23日，在牧师布莱斯特率领下乘“五月花”号前往北美。全船乘客102名，其中分离派教徒35名，其余为工匠、渔民、贫苦农民及14名契约奴。11月21日到达科德角（今马萨诸塞州普罗文斯敦），于圣诞节后第一天在普利茅斯上岸。11月21日，分离派领袖在船舱内主持制定了共同遵守的《“五月花”号公约》，41名自由的成年男子在上面签字。其内容为：组织公民团体，拟定公正的法律、法令、规章和条例。此公约奠定了新英格兰诸州自治政府的基础。

波士顿惨案 1770年3月英国殖民当局屠杀北美殖民地波士顿人的流血事件。1765年，驻营条例颁布后，英国政府派遣军队驻扎北美。驻扎在波士顿的英军胡作非为，引起当地人的强烈反抗。1770年3月5日，英军侮辱学徒，冲突再起。晚8时，钟声大作，人们手持棍棒走上街头，高呼赶走可恶的“红虾兵”（蔑称身着红色军服的英国军队）。聚集在英王街税关周围的人情绪更为激昂。英军前来镇压，当场打死3人，伤6人（其中2人因伤势过重，次日死去）。第一个被打死的是种植园奴隶出身的黑人群众领袖C.阿塔克斯。波士顿惨案的消

息很快传到其他城市，人们纷纷起来抗议英军驻扎。英国军队被迫撤出波士顿。

北美独立战争 1775 ~ 1783 年英属北美 13 个殖民地反对英国殖民统治、争取民族独立的革命战争。七年战争结束后，英国加强对北美殖民地的统治和掠夺，宗主国与殖民地之间的矛盾日益尖锐。1775 年 4 月列克星敦和康科德的战斗揭开了独立战争的序幕。5 月，第二届大陆会议在费城召开，决定组成大陆军，任命 G. 华盛顿为总司令。北美独立战争全面展开。1776 年 7 月 4 日，大陆会议通过了《独立宣言》，正式宣布 13 个殖民地独立。战争初期，英军处于优势。1777 年 10 月，大陆军取得萨拉

华盛顿在新泽西检阅大陆军

托加大捷，扭转了战局。1781 年 10 月，英军主力在约克镇投降。1783 年 9 月，美英签订《巴黎条约》，英国正式承认美国独立。独立战争的胜利为美国资本主义的发展扫清了道路，也推动了 18 世纪后期欧洲各国的资产阶级革命。

《独立宣言》 英属北美殖民地人民宣布独立的纲领性文件。1776 年 7 月 4 日第二届大陆会议通过了《独立宣言》。

北美大陆会议通过《独立宣言》

资产阶级民主派 T. 杰斐逊是宣言的主要起草人。宣言宣布，一切人生而平等，上帝赋予他们诸如生存、自由和追求幸福等不可让与的权利。宣言向全世界庄严宣告，北美殖民地脱离英国，自由独立的美利坚合众国正式成立。宣言的发表对发动群众进行独立战争起了重大作用。宣言还对推动后来的欧洲各国资产阶级革命，特别是法国大革命及其《人权宣言》产生了积极影响。7 月 4 日后来被定为美国国庆日。

《美利坚合众国宪法》 世界上第一部成文宪法。1787 年制定，1788 年 6 月 21 日生效。它奠定了美国政治制度的法律基础。由序言和 7 条正文组成。序言说明制定宪法的目的：建立更完善的联邦，树立正义，保障国内安宁，提供共同防务，促进公共福利，使人民及其后代享受自由民主的幸福。宪法正文规定，实行联邦和州分权的联邦制，建立立法、行政、司法三权分立相互制衡的资产阶级民主共和政体。这部宪法使美国成为一个具有全国统一的中央政权的联邦制国家。这种政治体制和国家结

构形式后来为许多国家所仿效。后宪法又增加了27条修正案，迄今继续生效。

华盛顿，G.（1732-02-22 ~ 1799-12-14） 美国首任总统（1789 ~ 1797）、北美独立战争大陆军总司令。祖籍英国。生于弗吉尼亚州。18世纪50年代，曾参加英法七年战争。1774年和1775年，先后出席第一届、第二届大陆会议。1775年6月15日，当选为大陆军总司令。华盛顿卓有成效地领导了北美独立战争。战争结束后，他解散了大陆军，解甲归田。1789年当选为美国第一任总统，1793年再度当选为总统。1796年9月17日，华盛顿发表"告别词"，表示不再出任总统，从而开创美国历史上摒弃终身总统、和平转移权力的范例。因对美国独立作出重大贡献，被尊为美国国父。

富兰克林，B.（1706-01-17 ~ 1790-04-17） 美国资产阶级政治家、思想家和科学家。生于波士顿的手工业者家庭。自学成才。1757 ~ 1775年几次代表殖民地赴英谈判。北美独立战争爆发后，毅然归国参战，并出席第二届大陆会议，参加起草《独立宣言》。1776年出任驻法商谈协议特派员，促使美法于1778年签订《法美同盟条约》和《法美友好通商条约》，并促使法国、西班牙、荷兰先后参战，加速了北美独立战争的胜利。是年，他被委任为驻法大使。1783年9月作为美国代表团成员与英签订《巴黎条约》。1785年归国担任宾夕法尼亚州州长。1787年参加制宪会议。

富兰克林是研究电学的先驱。1752年进行震惊世界的用风筝吸引天电的实验，并发明避雷针。在光学、化学、热学、声学等方面也作出了重要贡献。在文学方面造诣很深。

法国大革命 1789年在法国爆发的资产阶级革命。18世纪末，特权等级与第三等级之间的矛盾日益尖锐。1789年7月14日，巴黎人民发动武装起义，攻占巴士底狱。资产阶级代表取得政权，维护君主立宪政体。8月26日通过《人权宣言》，确立人权、法制、公民自由和私有财产权等资本主义的基本原则。1792年8月10日，巴黎人民发动第二次武装起义，打倒波旁王朝，推翻立宪派的统治。吉伦特派取得政权。9月成立法兰西第一共和国。1793年1月处死国王路易十六。5月31日至6月2日，巴黎人民发动第三次武装起义，推翻吉伦特派的统治，建立起雅各宾派专政。

路易十六在巴黎革命广场被处死

以 M.-F.-M.-I.de 罗伯斯比尔为首的雅各宾派为了保卫革命的胜利果实，实行恐怖统治，把革命推向高潮。1794 年 7 月 27 日，反对罗伯斯比尔的势力联合发动热月政变，雅各宾派专政被颠覆，法国革命的上升阶段结束。1795 年 10 月，热月党人建立督政府。1799 年 11 月 9 日，拿破仑·波拿巴将军发动政变，建立起临时执政府。

路易十六（1754-08-23 ~ 1793-01-21）法国波旁王朝国王（1774 ~ 1792 年在位）。王储路易之子。生于凡尔赛。1765 年成为王位继承人，1774 年即王位。即位后企图进行改革，但遭到特权等级反对。为征收新税，于 1789 年 5 月召开三级会议。由于路易十六拒绝第三等级的改革要求，并企图用武力威胁第三等级代表，7 月 14 日巴黎人民攻陷巴士底狱。7 月 17 日，路易十六被迫接受象征革命的蓝白红三色徽记。1791 年 6 月化装出逃未遂被扣。9 月路易十六向宪法宣誓，称法兰西人的国王。1792 年 4 月法奥战争开始后，路易十六勾结外敌和逃亡贵族，企图镇压革命。8 月 10 日巴黎人民起义，推翻王政。路易十六被捕，于 1793 年 1 月 21 日在巴黎革命广场被处死。

《人权宣言》 18 世纪法国资产阶级革命的政治纲领。全称《人权与公民权宣言》。1789 年 8 月 26 日由制宪会议通过。作为序言被列入 1791 年宪法中。为资产阶级代议民主制国家所仿效。

全文除序言外共 17 条，主要规定：人生而平等，享有自由、财产、安全和反抗压迫的权利；自由包括言论、著述和出版等自由；财产神圣不可侵犯；主权属于国民；实行分权原则；任何团体或个人不得行使主权所未明确授予的权力；法律为公共意志的体现，公民均有权亲自或通过其代表参与制定；公民在法律面前人人平等，任何人非于法定情况下并经法定程序不受控告、逮捕或监禁；动议、发布、执行或指示他人执行专断命令者应受惩罚，但抗拒合法的传唤或扣押者构成犯罪；承认法律不溯既往和无罪推定的原则；等等。

1789 年法国制宪会议通过的《人权宣言》

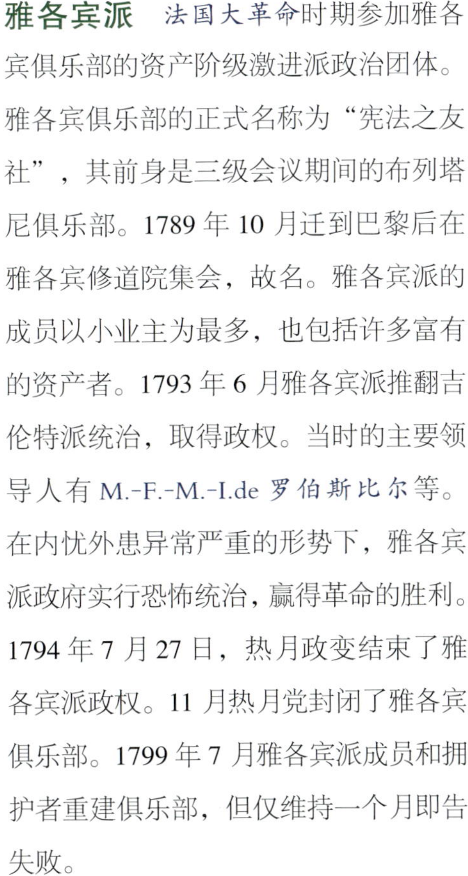

雅各宾派 法国大革命时期参加雅各宾俱乐部的资产阶级激进派政治团体。雅各宾俱乐部的正式名称为“宪法之友社”，其前身是三级会议期间的布列塔尼俱乐部。1789 年 10 月迁到巴黎后在雅各宾修道院集会，故名。雅各宾派的成员以小业主为最多，也包括许多富有的资产者。1793 年 6 月雅各宾派推翻吉伦特派统治，取得政权。当时的主要领导人有 M.-F.-M.-I.de 罗伯斯比尔等。在内忧外患异常严重的形势下，雅各宾派政府实行恐怖统治，赢得革命的胜利。1794 年 7 月 27 日，热月政变结束了雅各宾派政权。11 月热月党封闭了雅各宾俱乐部。1799 年 7 月雅各宾派成员和拥护者重建俱乐部，但仅维持一个月即告失败。

罗伯斯比尔，M.-F.-M.-I.de（1758-05-06 ~ 1794-07-28） 法国政治家、法国大革命时期雅各宾派专政革命政府首脑。生于阿拉斯城。出身于律师家庭。1789年出席三级会议。1790年3月成为雅各宾俱乐部主席。1792年8月巴黎人民起义后，参与领导对路易十六的诉讼，极力主张处死国王。1793年6月，雅各宾派推翻吉伦特派统治。之后他领导雅各宾派政权实行恐怖统治，在保卫和推动法国资产阶级革命发展的过程中起过很大作用。1794年7月27日，在反罗伯斯比尔势力发动的热月政变中被捕，次日被处死。

拿破仑战争 拿破仑一世指挥法国军队对抗反法联盟的一系列战争。战场主要在欧洲大陆。法国大革命开始后，欧洲各君主国企图对法国实行武装干涉。拿破仑奉命远征在奥地利统治下的意大利北部，1797年1月在利沃利大败奥军，10月迫使奥地利签订和约，粉碎第一次反法联盟。1799年11月拿破仑发动政变，组成执政府，任第一执政。1800年，拿破仑在与第二次反法联盟的战争中取得马伦戈战役的胜利。1804年拿破仑称帝，为拿破仑一世。1805年，拿破仑一世在同第三次反法联盟作战时又取得奥斯特利茨战役的胜利。1806年和1807年他通过耶拿－奥尔施泰特战役、弗里德兰战役等打败第四次反法联盟。随后拿破仑又征服了葡萄牙、西班牙，并于1809年打败第五次反法联盟，法兰西帝国盛极一时。1812年，拿破仑远征俄国，惨败。1813年第六次反法联盟在莱比锡会战中打败拿破仑，法兰西帝国开始瓦解。1814年反法联军进入巴黎，拿破仑退位，被流放于厄尔巴岛。法兰西帝国覆灭，波旁王朝复辟。1815年“百日”统治期间，拿破仑在滑铁卢大败于第七次反法联盟，之后第二次退位，被囚禁于圣赫勒拿岛。

拿破仑一世（1769-08-15 ~ 1821-05-05） 法国政治家、军事家，法兰西共和国第一执政（1799 ~ 1804），法兰西人皇帝（1804 ~ 1814，1815）。即拿破仑·波拿巴。习称拿破仑。生于科

拿破仑一世在奥斯特利茨战场

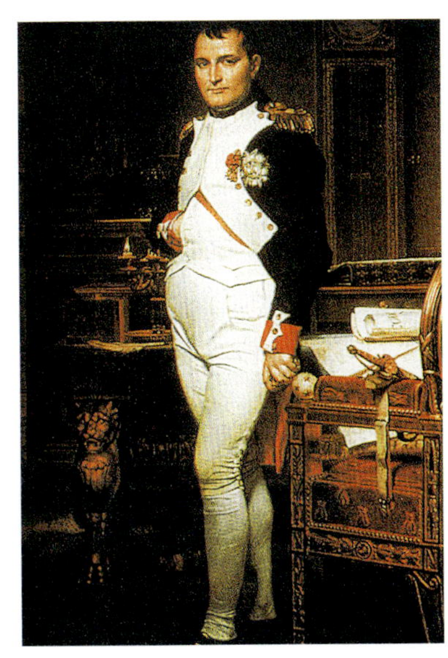

西嘉岛。早年就学于巴黎军事学校，接受了启蒙主义思想。法国资产阶级革命时期，他参加革命军，对革命持拥护态度。1793 年在土伦战役中击败英军，被破格擢升为准将，并于翌年 2 月接任意大利军团炮兵指挥。1795 年在镇压王党暴乱中赢得声誉，随即被擢升为少将。1796 年 3 月，督政府任命他为意大利军团司令。1797 年进军维也纳，粉碎第一次反法联盟。1798 年远征埃及。1799 年 11 月发动雾月政变，组成执政府，自任第一执政。1804 年 11 月，公民投票通过《共和十二年宪法》，法兰西共和国改为法兰西帝国，拿破仑·波拿巴为法兰西人皇帝。之后他相继颁布民法典、商法典、刑法典，建立资产阶级法律规范。

在发出和平呼吁遭到拒绝后，拿破仑进行了马伦戈、奥斯特利茨、耶拿－奥尔施泰特、弗里德兰等战役并取得重大胜利，粉碎了第二、第三、第四次反法联盟，确立了法国在欧洲大陆的霸主地位。1812 年拿破仑进攻俄国惨败。1814 年 3 月 30 日，第六次反法联盟攻陷巴黎。4 月拿破仑被迫退位，被流放于厄尔巴岛。1815 年 3 月他潜回巴黎，建立“百日”王朝。6 月 18 日在滑铁卢之战中再次失败，之后第二次退位，被囚禁于圣赫勒拿岛。

《拿破仑法典》 资产阶级国家最早的一部民法典。1804 年颁布，经过多次修订，现仍在法国施行。最初称《法国民法典》，1807 年改称《拿破仑法典》，1816 年恢复原名，1852 年又改称为《拿破仑法典》，1870 年以后习惯上通称《法国民法典》。

《拿破仑法典》封面

除总则外，分为三编，共 2281 条。第一编是人法，包含关于个人和亲属法的规定。第二编是物法，包含关于各种财产和所有权及其他物权的规定。第三编为“取得所有权的各种方法”编。首先规定了继承、赠予、遗嘱和夫妻财产制；其次规定了债法，附以质权和抵押权法；最后还规定了取得时效和消灭时效。

这部法典表达了资产阶级关于民事立法的基本原则，即自由和平等原则、所有权原则、契约自治原则，在世界上有颇大的影响。

滑铁卢之战 拿破仑战争期间，法军同反法联盟军队在布鲁塞尔以南滑铁卢地区进行的决战。1815 年 3 月，拿破仑一世从被流放的厄尔巴岛回到法国再登帝位并重建军队。英、俄、普、奥等国立即组成第七次反法联盟。英荷联军和普军率先进驻比利时。拿

滑铁卢之战中战败的拿破仑一世及其军队

破仑于6月15日率军进入比利时，16日在利尼之战中打败普军，随即分兵追击，主力则转向英荷联军。18日，A.W.威灵顿率英荷联军6.8万人在滑铁卢附近依托圣让安山阻击法军。拿破仑于正午前以7.3万人的优势兵力发起进攻，未能达成突破。傍晚，普军主力赶到战场。入夜，联军发起全面反击，迫使法军全线崩溃。拿破仑率随从逃离战场。此战，法军损失3.4万人，联军损失2.3万人。战后，拿破仑再次退位，被囚禁于圣赫勒拿岛。

维也纳会议 欧洲第六次反法联盟打败拿破仑一世后举行的一次国际会议。1814年9月，欧洲15个王室的重要人物、200多个公侯，以及各国外交大臣在维也纳聚会。会议由俄、英、普、奥四个同盟国操纵。经过激烈争吵，于1815年6月9日签订由121条条款和17条单独附带条款构成的《最后议定书》。此后欧洲所有其他未与会国家尽皆加入。该议定书的主要内容是：俄国夺得华沙大公国大部分领土；英国占有马耳他及多巴哥、圣卢西亚和毛里求斯；比利时与荷兰组成尼德兰王国；瑞士定为永久中立的联邦国家；奥地利获得伦巴第和威尼斯；普鲁士获得2/5的萨克森、吕根岛和波美拉尼亚，以及莱茵-威斯特伐利亚地区；德意志邦联由34个君主国和4个自由市组成；瑞典取得挪威；法国、西班牙、葡萄牙、德意志和意大利境内各邦的旧王朝复辟；罗马教皇恢复教皇领地。维也纳会议仅仅建立了短暂的和平。

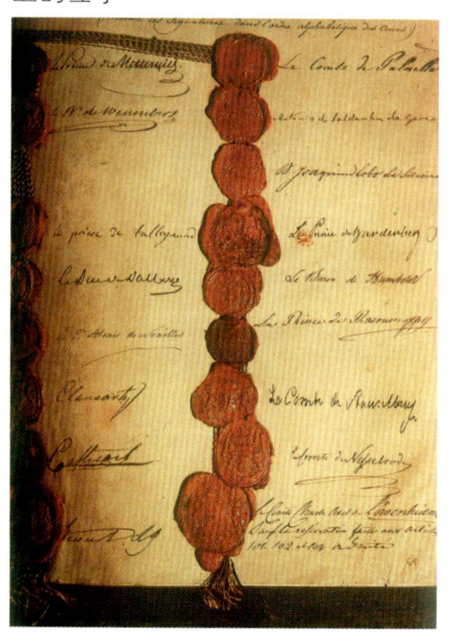

各国代表在《最后议定书》上的签字

普法战争 1870年7月19日至1871年5月10日法国同普鲁士王国之间的一场重大战争。1870年7月13日，法国要求普鲁士国王作出永久不让霍亨索伦家族继承西班牙王位的保证，普鲁士国王同意，并电告普鲁士王国首相O.von俾斯麦。俾斯麦篡改国王电文并公之于众，使法国蒙受耻辱。7月19日法国向普鲁士宣战。法军屡败。1871年1月18日，普鲁士国王威廉一世在巴黎凡尔赛宫宣布成立德意志帝国，即德意志皇帝位。28日法德签订停战协定。3月1日法国议会批准条约草案。5 月 10 日法德正式签订对法苛刻的《法兰克福条约》。

普法战争改变了欧洲政治军事格局。法国受到削弱，国际地位下降。普鲁士支配全德意志，成为强国，开始在欧洲拥有优势。

德意志帝国 以普鲁士王国为中心，通过王朝战争建立的君主立宪制的德意志联邦国家。包括 22 个德意志邦、3 个自由市（汉堡、不来梅、吕贝克）及帝国行省阿尔萨斯-洛林。

1871 年 1 月 18 日，普鲁士国王威廉一世在巴黎凡尔赛宫宣布成立德意志帝国，即德意志皇帝位，普鲁士通过王朝战争最终实现德意志的统一。德意志帝国是容克-资产阶级专政的国家。帝国前期，内外政策的实际制订者是宰相 O.von 俾斯麦。其对内政策的出发点是维护普鲁士和容克的特权，照顾大资产阶级的利益；外交政策是以争夺欧洲霸权为目标的大陆政策。19 世纪 90 年代完成工业革命。20 世纪初，国内矛盾加剧，与英、俄、法等老牌帝国主义之间的矛盾也日趋激化，终于导致第一次世界大战。德国在战争中失败。1918 年的德国十一月革命推翻霍亨索伦家族的统治，德意志帝国终结。

威廉一世在凡尔赛宫镜廊加冕

俾斯麦，O.von（1815-04-01 ~ 1898-07-30） 普鲁士王国首相（1862 ~ 1890）、德意志帝国宰相（1871 ~ 1890）。执政期间采取“铁血政策”，故又有“铁血宰相”之称。生于施滕达尔附近的申豪森庄园。

1847 年任普鲁士联合邦议会议员。1862 年 9 月被普鲁士国王威廉一世任命为首相，10 月又被任命为外交大臣。俾斯麦执政后进行大规模军事改革。主张通过王朝战争“自上”实现德意志统一。在 1864 年的普丹战争、1866 年的普奥战争、1870 ~ 1871 年的普法战争中，他施展各种手腕，造成有利于普鲁士的国际局面，然后各个击破对手，建立起统一的德意志帝国。

1871 ~ 1890 年，俾斯麦是德意志帝国的实际领导人。在内政上，一方面加强普鲁士和帝国政府的权力，促进容克和资产阶级的联盟；另一方面大肆镇压工人运动。外交方面推行大陆政策，以争夺欧洲霸权。1890 年 3 月被威廉二世解职。下台时被封为劳恩堡公爵。

七年战争 1756 ~ 1763 年欧洲主要国家组成的两大交战集团在欧洲、美洲和印度等广大地域和海域进行的争夺殖民地和领土的战争。奥地利、法国、俄国、萨克森、瑞典和西班牙为一方，英国、普鲁士、汉诺威选侯国为另一方。最后，普鲁士军队击退法奥联军，取得胜利。1763 年 2 月 15 日，普鲁士、奥地利和萨克森签订《胡贝图斯堡条约》，欧洲战事结束。与此同时，英、法在美洲、印度等地继续争夺殖民地。1763 年 2 月 10 日英、法签订《巴黎条约》，欧洲以外的战事结束。

七年战争是普鲁士走向强盛的转折点，也是英国建立海上霸权和殖民帝国的标志。

英帝国和英联邦　英帝国是英国及其控制下的海外属地和自治领的总称。英联邦是由英国与原来英帝国的自治领及英属殖民地取得独立后的国家组成的国家联盟，它是由英帝国演变而来的。

英国从1497年开始海外殖民活动。1607 年在北美建立第一个永久殖民地，稍后在印度和非洲也建立商站并取得立足点。到 1763 年，已建成一个以奴隶贸易和掠夺殖民地为基础的第一帝国。1931 年的《威斯敏斯特法》确认了自治领与英国的平等地位。此后联合王国和自治领组成为英联邦。印度虽非自治领，但因地位特殊，也参加了英联邦。1949 年的英联邦总理会议上，一致同意英王为联邦元首。20 世纪 50 ~ 60 年代殖民地纷纷独立，大多数加入英联邦。英联邦有 53 个成员国（包括联合王国）。每年 4 月 27 日为英联邦日。

英联邦是个松散的政治联盟。各成员国的内外政策各自独立，也可以与英联邦以外的国家组成联邦。英联邦成员国政府间最高级别的会议为英联邦政府首脑会议。

英国征服印度的战争　1757 ~ 1849 年英国政府通过东印度公司进行的一系列侵略印度的战争。结局是印度最终沦为英国的殖民地。1757 年 6 月的普拉西之战是**英国东印度公司**征服印度的第一次重要战役。通过此战，英军侵占孟加拉。1767 ~ 1799 年，英国对迈索尔发动四次侵略战争，取得迈索尔土邦部分土地。1776 ~ 1818 年，英国向西印度的马拉提联邦发动三次侵略战争，取得马拉提联邦大部分土地。19 世纪 40 年代，英国向旁遮普发动两次侵略战争。1849 年 3 月，旁遮普被并入英属印度领地。旁遮普被吞并，标志着英国基本完成对印度的征服。

英国东印度公司　17 世纪至 19 世纪中期英国对东方（主要是印度和中国）进行商业垄断贸易和殖民扩张的组织。全称对东印度群岛贸易的英国商人联合公司。总部设在伦敦。成立于 1600 年。它得到英国女王伊丽莎白一世的特许状，有好望角以东各国的贸易垄断权。

1689 年，东印度公司董事会决定在印度增加税收、扩大贸易、保持武力、建立国家。18 世纪中期，英国东印度公司通过战争排挤法国势力。它向印度发动一系列殖民侵略战争，至 19 世纪中期，侵占整个印度。此外，它还进行罪恶的鸦片贸易，攫取巨额利润。这些财富源源不断地流入英国，为工业革命准备了重要的前提。英国政府先后于1813年和1833年取消东印度公司对印度和中国的贸易垄断权。1858年撤销东印度公司。

印度民族大起义 19世纪中期印度封建主领导、以印度雇佣兵为骨干的反抗英国殖民统治和争取民族独立的起义。又称印度雇佣军兵变、土兵起义。印度完全沦为英国殖民地后，英国官兵对印度雇佣兵实行种族歧视和压迫，不尊重他们的宗教习俗。1857年2～4月，军队哗变事件不断发生。5月11日，密拉特的起义者进入德里，拥立莫卧儿逊帝巴哈杜尔·沙二世恢复莫卧儿王朝，并成立领导机构——军政管理委员会。各地起义迅速发展。起义波及北印度和中印度的广大地区，中心是德里、坎普尔、勒克瑙。但各地起义军缺乏统一领导，从而使英印当局逐渐稳住阵脚并伺机反扑。从1857年6月上旬至1858年4月，起义军相继进行了德里、勒克瑙和占西保卫战，均告失败。1858年6月占西女王牺牲后，各地起义军放弃了阵地战，活跃在罗希尔坎德、戈腊克普尔、班德尔坎德、杰格迪斯布尔和中印度西部许多地方。由于内部争执，起义军无法协同作战；英国殖民者又实行收买政策，许多封建主叛变。1859年底，零星的游击战最后停止。

大起义是印度历史的转折点，加速了印度民族的觉醒，最终导致了印度的政治独立，因而在亚洲近代史上占有重要的地位。

印度土兵 英国殖民者以当地人对付当地人的方式进行殖民统治。在侵略印度的过程中，雇佣了许多印度人在殖民军队中当兵，这些人被称为土兵。19世纪中期，英国驻印度24万殖民军队中，印度土兵有20万人。印度民族大起义中，土兵成为先锋和军事骨干力量。

占西女王（1825～1858-06-18） 印度民族大起义领导人之一。又译詹西女王、章西女王。原名拉克希米·巴伊。1842年嫁给占西王，为王后。1853年丈夫去世后，因无子嗣，以养子监护人的身份登基。1854年，英国殖民当局兼并占西王国。1857年印度民族大起义爆发后，占西女王于6月4日在占西发动起义。1858年3～4月指挥起义军保卫占西。6月17～18日在瓜廖尔指挥起义军抗击英军进攻，身负重伤仍坚持指挥战斗，直至阵亡。

阿富汗抗英战争 19世纪30年代至20世纪初，阿富汗人民抗击英国殖民入侵的战争。亦称三次英阿战争。

阿富汗战略地位十分重要。19世纪初，阿富汗成为英、俄两国激烈争夺的对象。1838年11月，英军开始向阿富汗推进，第一次抗英战争爆发。次年4月英军进逼喀布尔。1841年11月，被称为“阿富汗之星”的阿克巴尔领导喀布尔人民起义。英国侵略军陷入绝境，于1842年撤离阿富汗。不久，英军再度占领喀布尔，随后再次撤出。1878年11月，英军再次入侵阿富汗，第二次抗英战争爆发。统治者放弃抵抗，于1879年5月与英国签订《冈达马克条约》。9月，喀布尔人民起义。由于统治者妥协，英国得以利用条约控制阿富汗的对外关系。1919年5月，第三次抗英战争爆发。阿富汗军民在大部分战线上取得胜利。8月，双方在拉瓦尔品第签订和约，英国正式承认阿富汗独立。

印第安人古代文明 大约在公元前 3000 ~ 前 2000 年，美洲印第安人开始定居并从事农业种植。文化发展程度最高的地区有两个：一个在中部美洲墨西哥高原至危地马拉一带，那里形成了中部美洲文明，最早兴起的是奥尔梅克文化，其后兴起的有特奥蒂瓦坎文化、萨波特克文化和托尔特克文化等；另一个在南美安第斯高原及太平洋沿岸一带，那里形成了安第斯文明，最早出现的是查文文化，其后兴起的有帕拉卡斯文化、纳斯卡文化、莫奇卡文化等。在上述古代文明的基础上最后形成了**玛雅文明**、**阿兹特克文明**和**印加文明**三大文明。玛雅人创造了象形文字，在天文历法和数学方面取得惊人成就。印加人和阿兹特克人是巨石建筑的能工巧匠，所建宫殿、庙宇、堡垒和道路宏伟壮丽，独具特色的巨大金字塔式台庙更成为印第安古文化的标志性建筑。在农业上，印第安人培植了玉米、马铃薯、番茄、花生、甘薯、木薯、向日葵、可可、龙舌兰、南瓜、辣椒和烟草等作物。

印第安文明是独立发展起来的。由于与亚、欧、非洲的大陆古代文明隔绝，社会和文化发展相对比较缓慢。

特奥蒂瓦坎古城的羽蛇雕像

博南帕克玛雅文化壁画（部分）

阿兹特克人的第五太阳石

玛雅文明中与膜拜太阳有关的圆盘（由木材、绿松石、贝壳、黄铁矿制成）

奇琴伊察的金字塔式台庙

印加文明的双联陶屋

特奥蒂瓦坎古城大道北端的月亮金字塔

玛雅文明 中美洲古代印第安人文明的代表性文化。得名于创造这一文明的玛雅人。主要分布在今墨西哥、危地马拉、伯利兹、洪都拉斯、萨尔瓦多等中美洲国家。分前古典期（公元前 2500 ~ 公元 250）、古典期（约 250 ~ 900）和后古典期（900 ~ 1520）。其中古典期是玛雅文明的繁盛时期。1520 年后，玛雅文明被西班牙人彻底摧毁。

玛雅文明基本上属新石器时代。居民主要从事刀耕火种的农业，作物以玉米、豆类和块茎类植物为主，善修梯田。手工制品有各种陶器、棉纺织品等。玛雅人使用二十进位制，并且使用“零”的概念；创立了圣年历和太阳历两种纪年方法。图画式的象形文字是玛雅文明的杰出成果。玛雅人的建筑以布局严谨、结构宏伟著称，其金字塔式台庙内以碎石和泥土堆成，外铺石板或泥砖，设有石砌梯道通往塔顶庙宇。雕刻、彩陶、壁画等皆有很高的艺术价值，著名的博南帕克壁画是世界壁画艺术的宝藏之一。

阿兹特克文明 中部美洲古代印第安人文明。因阿兹特克人而得名。主要分布在墨西哥中部和南部。形成于 14 世纪初，1521 年为西班牙人所毁灭。

阿兹特克文明有发达的农业，主要作物有玉米、南瓜、马铃薯、棉花、龙舌兰等。饲养火鸡、鸭、狗等禽畜。手工业相当发达，有金、银、铜、宝石、皮革、纺织、羽毛、陶器等工艺品。阿兹特克文明在发展过程中吸收了托尔特克文化和玛雅文明的许多成就。阿兹特克人的陶器和绘画均极精致，建筑和艺术也达到相当高的水平。首都特诺奇蒂特兰的公共建筑物多以白石砌成，十分瑰丽壮观。1790 年在墨西哥城中心广场发现的第五太阳石，代表了阿兹特克人的石雕艺术水平。

印加文明 南美安第斯地区印加帝国时期古代文明。印加意为“太阳之子”。印加文明主要分布在南美洲厄瓜多尔、秘鲁、玻利维亚、智利北部和阿根廷西北部，文化中心位于印加帝国首都库斯科（今属秘鲁）。存在年代为 15 世纪至 16 世纪早期。

印加文明留下了许多著名的石构建筑，如库斯科古城的太阳神庙等。马丘比丘古城中的因蒂瓦塔纳神庙和三窗神庙是现存的最能展示印加建筑艺术的代表性遗迹。道路网络发达，纵横南北。在山区，农业占有重要地位，人们开辟梯田，并修筑了复杂的灌溉工程。主要种植玉米和马铃薯。在沿海和靠近河谷的地方，以渔业为主。制陶业、纺织业和金属加工业发达，青铜器制造和黄金饰品的加工都具备很高的水平。印加人

萨克赛瓦曼古堡城墙遗迹

使用太阳年和太阴月来计算年月。已能制作木乃伊。

皮萨罗，F.（约 1475 ~ 1541-06-26） 西班牙征服秘鲁的殖民军首领。生于西班牙特鲁希略。1509 年参加到今巴拿马达连地区的探险、殖民活动。1519 年成为巴拿马城市政会委员和地方法官。1529 年西班牙国王授权他“征服秘鲁”。1532 年 5 月在秘鲁建立第一个殖民点——圣米格尔。11 月设计擒获印加帝国国王阿塔瓦尔帕，勒索巨额黄金、白银为赎金，并将其处死。1533 年 11 月攻入库斯科（今属秘鲁）。而后自任印加帝国最高行政长官。先后派兵征服今厄瓜多尔、玻利维亚，下令建利马城。1537 年与另一军事首领发生内讧，1541 年被刺杀。

西班牙美洲独立战争 1810 ~ 1826 年西班牙美洲殖民地人民争取独立解放的民族革命战争。1789 年爆发的海地革命，揭开了美洲殖民地独立革命的序幕。1810 年，西班牙本土大部分地区被拿破仑军队占领。美洲殖民地独立战争普遍展开。

委内瑞拉于 1811 年 7 月宣布独立，建立共和国。1812 年西班牙殖民者反扑，革命失败。此后，人民在 S. 玻利瓦尔领导下，经过长期武装斗争，于 1818 年重建委内瑞拉共和国。1819 年 12 月，玻利瓦尔领导建立哥伦比亚共和国。至 1822 年 5 月，南美北部的独立战争基本结束。

1810 年 5 月，阿根廷爆发五月革命，成立拉普拉塔临时政府。次年巴拉圭爆发起义，成立以 J.G.R.de 弗朗西亚为首的临时政府。1816 年，拉普拉塔联合省成立，宣布脱离西班牙独立。1817 年 2 月，J.de 圣马丁率远征军解放圣地亚哥，1818 年智利宣布独立。1821 年，圣马丁率军进占利马，宣告秘鲁独立。之后在玻利瓦尔的领导下，秘鲁全境解放。1826 年 1 月，西班牙残军撤离秘鲁，南美独立战争结束。到 1830 年乌拉圭共和国宣布成立，西属南美殖民地全部独立。

1810 年 9 月，墨西哥 M. 伊达尔戈-科斯蒂利亚神父率众发动独立战争。1821 年 9 月，墨西哥宣布独立。1824 年 10 月，墨西哥合众国成立。中美地区也于 1821 年宣布独立。

独立战争使拉丁美洲摆脱了西班牙的殖民统治，建立起一系列民族独立国家。

玻利瓦尔，S.（1783-07-24 ~ 1830-12-17） 委内瑞拉民族英雄，19 世纪初南美独立运动领导人、军事家。生于加拉加斯城。1810 年加拉加斯人民起义，玻利瓦尔被委派出使英国争取援助。1811 年 7 月委内瑞拉共和国成立后，他任卡贝略港要塞司令。1812 年 7 月，流亡到新格拉纳达。1813 年率领远征军解放加拉加斯，重建共和国，任最高执政者。1815 年流亡牙买加，发表《牙买

加来信》，号召爱国者再接再厉，战胜殖民势力。1818年再次建立共和国，被选为总统。1819年8月解放波哥大。12月当选为哥伦比亚共和国总统。1824年解放秘鲁。1826年在巴拿马召开美洲国家国际会议。1830年4月，辞去总统职务。玻利瓦尔的革命业绩和资产阶级民主思想对拉丁美洲有深远的影响。

圣马丁，J.de（1778-02-25 ~ 1850-08-17）　阿根廷民族英雄、南美南部独立战争领导人。生于科连特斯省亚佩尤镇。

8岁随父母到西班牙马德里。1808年以后，在西班牙抗击拿破仑侵略的民族战争中屡建功勋，被晋升为少校。1811年底脱离西班牙军队，1812年3月抵达布宜诺斯艾利斯。1814年，他被任命为北方军司令。1816年底，建成远征军，任总司令。1817年2月率军解放圣地亚哥。1821年7月，圣马丁率军进占利马，宣告秘鲁独立，被推举为秘鲁“护国者”。1822年7月，圣马丁与S.玻利瓦尔在瓜亚基尔秘密会晤。因意见分歧，返回秘鲁。9月辞去“护国者”职务。后寄居法国，直至病逝。

空想社会主义　建立在唯心史观基础上的向往理想社会的社会主义学说。它批判资本主义制度，企图在脱离现实的情况下建立一个没有阶级对立的新社会。又称乌托邦社会主义。是马克思主义的三大来源之一。产生于16世纪。主要代表人物有19世纪法国的C.-H.de圣西门、C.傅立叶和英国的R.欧文等。广义的空想社会主义包括空想共产主义和空想社会主义两个部分。空想社会主义是资本主义生产方式产生和成长时期剥削者与被剥削者之间对立的反映。

圣西门，C.-H.de（1760-10-17 ~ 1825-05-19）　法国哲学家、经济学家、空想社会主义者。生于巴黎。早年受启蒙运动影响，曾参加北美人民反对英国殖民统治的独立战争。他拥护法国大革命，主动放弃伯爵爵位。1805年圣西门开始著书立说。他设想的未来的理想制度是一种“实业制度”：由实业者和学者掌握社会政治、经济、文化各方面的权力；社会的唯一目的应当是尽善尽美地运用科学、艺术和手工业的知识来满足人们的需要；人人都要劳动，经济按计划发展。主要论著有《寓言》《论实业制度》《实业家问答》等。

傅立叶，C.（1772-04-07 ~ 1837-10-10）　法国哲学家、经济学家、空想社会主义者。生于贝桑松。自学成才。1793年参加里昂联邦派起义，一度被捕。1809年后在里昂、巴黎等地任职员。傅立叶设想的理想社会是“和谐社会”，社会基层单位是独立的自给自足的“法郎吉”。法郎吉投股集资，劳动者和资产者都可入股，人人参加劳动。他在法国，特别是在美国建立协作移民区进行

傅立叶的空想

试验，试验以失败告终。主要著作有《四种运动论》《宇宙统一论》《新的工业世界》等。

欧文，R.（1771-05-14 ~ 1858-11-17）英国空想社会主义者。生于威尔士蒙哥马利郡牛顿城。10 岁当学徒，19 岁成为曼彻斯特一家纱厂经理，1800 年以后在苏格兰新拉纳克管理一个巨大的纺纱企业。他在这家工厂中进行改革，取得巨大成就，成为闻名欧洲的改革家和慈善家。欧文建议普遍设立“合作村”，按照财产公有、权利平等和共同劳动原则建立没有剥削的新的理性社会。1824 年在美国买地建立“新和谐”移民区进行试验，试验以失败告终。欧文的学说对后来社会主义思想发展有很大影响。

宪章运动 19 世纪 30 ~ 50 年代英国发生的争取实现“人民宪章”的工人运动。1837 年 6 月，伦敦工人协会拟定了一个争取普选权的纲领性文件，提出年满 21 岁的男子享有普选权、秘密投票、废除议员财产资格、议员支薪、平等选区和议会每年改选一次共六条要求，于 1838 年 5 月以“人民宪章”的名称发表，宪章运动由此得名。宪章拥护者在全国各地集会、游行，要求实现宪章。分别在 1839 年、1842 年、1848 年掀起三次高潮。三次运动均被镇压，运动逐渐衰落。宪章运动是无产阶级作为独立政治力量登上历史舞台的重要标志之一。

马克思主义 国际无产阶级革命导师 K. 马克思和 F. 恩格斯创立的思想体系。无产阶级政党的指导思想和理论基础。

马克思主义产生于 19 世纪 40 年代，以《共产党宣言》的问世为标志。它的主要理论来源是德国古典哲学、英国古典政治经济学和英法空想社会主义。马克思主义包含马克思主义哲学、政治经济学和科学社会主义三个主要组成部分。马克思主义哲学是辩证唯物主义和历史唯物主义的统称。政治经济学着重研究资本主义的生产关系。剩余价值学说揭露了资本家剥削的秘密，成为马克思经济理论的基石。科学社会主义是马克思主义理论体系的核心，它直接而全面地指导全世界无产阶级和全人类的解放斗争。

马克思主义是随着社会实践和科学技术的发展而发展的。V.I. 列宁把马克思主义同俄国革命的具体实践结合起来，使马克思主义进到一个新阶段——列宁主义阶段。以毛泽东为代表的中国共产党人把马克思主义的基本理论与中国历史、社会实践相结合，创立了毛泽东思想。20世纪80年代，中国共产党人又进一步发展了马克思主义、列宁主义和毛泽东思想，从而创立了邓小平理论、“三个代表”重要思想、科学发展观、习近平新时代中国特色社会主义思想。

共产主义者同盟 第一个以科学社会主义为指导思想的国际无产阶级政党。前身是正义者同盟，1847年6月在伦敦改组为共产主义者同盟。1848年2月发表《共产党宣言》。1851年发生科隆共产党人审判案，同盟组织遭到破坏。1852年11月17日宣告解散。

《共产党宣言》

K.马克思和F.恩格斯为共产主义者同盟起草的纲领、国际共产主义运动第一个纲领性文献、马克思主义诞生的重要标志。1848年2月在伦敦发表。

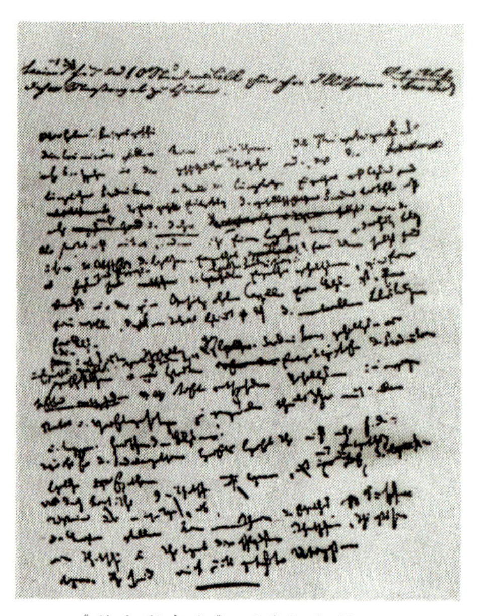

《共产党宣言》手稿仅存的一页

宣言第一次全面系统地阐述了科学社会主义理论，指出共产主义运动已成为不可抗拒的历史潮流。宣言论证了资本主义必然灭亡和社会主义必然胜利的客观规律，表述了以无产阶级专政代替资产阶级专政的思想，阐述了作为无产阶级先进队伍的共产党的性质、特点和斗争策略。宣言在20世纪初开始传入中国。1920年出版的陈望道翻译的《共产党宣言》，是宣言在中国最早的全文译本。

马克思，K.

（1818-05-05 ~ 1883-03-14） 马克思主义创始人、国际共产主义运动的奠基者。生于德国莱茵省特里尔城。1835年10月进入波恩大学法律系，1836年10月转入柏林大学法律系。1837年起研究黑格尔哲学，参加青年黑格尔派。1841年未经答辩获得哲学博士学位。1842年4月开始为《莱茵报》撰稿。1843年5月与燕妮·冯·威斯特华伦结婚。10月到巴黎，参与筹办《德法年鉴》杂志。

1844年8月，在巴黎会见F.恩格斯，从此开始他们的合作。第一个成果是合写的《神圣家族》。1845 ~ 1846年他与恩格斯合写《德意志意识形态》，第一次系统地阐述了唯物史观。1847年11月，他和恩格斯受共产主义者同盟第二次代表大会委托起草同盟的纲领，这就是1848年2月正式发表的《共产党宣言》。宣言是科学共产主义的第一个纲领性文件。

欧洲1848年革命席卷欧洲大陆，马克思和恩格斯为共产主义者同盟中央委员会拟定革命纲领《共产党在德国的要求》，并直接参加德国的革命。他们共同筹办《新莱茵报》，马克思担任总编辑。1849年5月19日，《新莱茵报》被迫停刊。马克思流亡到伦敦，在那里长期定居。

1857年7月至1858年5月，马克思写了《政治经济学批判大纲（草稿）》，第一次提出剩余价值理论。1867 年 9 月，《资本论》第一卷在汉堡问世。第二卷和第三卷由于他过早逝世未能最终完成，后经恩格斯整理和增补，分别于 1885 年和 1894 年出版。《资本论》标志着马克思主义政治经济学科学体系的创立。

第一国际存在时期，马克思始终是国际的领袖和灵魂。巴黎公社建立后，马克思著《法兰西内战》，总结巴黎公社经验。马克思的著作被收录在《马克思恩格斯全集》中。

恩格斯，F.（1820-11-28 ~ 1895-08-05） 马克思主义创始人之一、国际无产阶级的领袖。生于德国莱茵省巴门市（今乌培塔尔市）一纺织厂主家庭。1837 年其父坚持要他辍学经商，一年后到商行供职。1841 年 9 月，恩格斯到柏林服兵役，并在柏林大学听课，研究黑格尔哲学。1844 年 3 月，在《德法年鉴》上发表文章，初步论述无产阶级的历史使命，完成由唯心主义者向唯物主义者、民主主义者向共产主义者的转变。

1844 年 8 月，恩格斯拜访侨居巴黎的 K. 马克思，两人建立了深厚的友谊。同年 9 月，与马克思合写《神圣家族》一书。1845 ~ 1846 年两人合著《德意志意识形态》一书，这部著作是对历史唯物主义第一次系统的阐述。1845 年，恩格斯写出《英国工人阶级状况》。次年年初，他和马克思在布鲁塞尔建立共产主义通讯委员会。1847 年，他们应邀加入正义者同盟，并把旧的同盟改组为共产主义者同盟。1847 年 12 月至 1848 年 2 月，马克思和恩格斯合著了《共产党宣言》，宣言标志着马克思主义的诞生。1848 年欧洲爆发资产阶级民主革命，马克思、恩格斯立即回国参加革命斗争。1850 年，恩格斯重返曼彻斯特经商，以便在经济上接济马克思，使之能够完成《资本论》的写作。恩格斯从 1873 年开始研究自然辩证法，写了许多札记和片段。这些手稿在恩格斯逝世后被编成《自然辩证法》一书出版。1877 ~ 1878 年恩格斯写出《反杜林论》，该书被誉为“马克思主义的百科全书”。

1883 年 3 月马克思逝世，恩格斯担负了整理和出版马克思文献遗稿的工作。1885 和 1894 年先后出版《资本论》第二卷和第三卷，完成马克思未竟之业。1884 年，恩格斯发表《家庭、私有制和国家的起源》一书。1889 年 7 月，在他的直接领导和关怀下，各国社会主义政党建立第二国际。他还帮助和指导德、法、英等国社会主义政党开展反对“左”、右倾机会主义的斗争。

欧洲 1848 年革命 1848 ~ 1849 年主要发生在法兰西、德意志、奥地利、意大利、匈牙利等欧洲国家的资产阶级民主、民族革命。

1848 ~ 1849 年，法国先后爆发二月革命和六月革命，德意志爆发柏林三月革命和维护帝国宪法的斗争，奥地利爆发五月起义，意大利人民建立了罗马共和国，匈牙利人民则宣布匈牙利独立。不过这些起义和革命都先后失败。

巴黎起义者与政府军激战

1848年欧洲革命打击了欧洲各国的封建专制制度，摧毁了反动的神圣同盟和维也纳体系；锻炼了法、德等国的无产阶级及革命群众，丰富了科学社会主义的理论。

第一国际 1864年建立的国际工人联合组织。即国际工人协会。第二国际成立后，始称第一国际。1864年9月28日，英国工人联合会群众大会根据英、法工人代表的提议，决定建立一个国际性的工人协会，并选出一个有21个成员的临时委员会，国际工人协会宣告成立。K. 马克思是国际工人协会的创始人之一和实际上的领袖。国际工人协会把对敌斗争放在首要地位，支持各国工人罢工斗争，声援各被压迫民族的解放运动，保卫巴黎公社和救援巴黎公社成员等。在内部主要是反对蒲鲁东主义和巴枯宁主义。国际工人协会于1876年在美国费城召开的代表会议上正式宣布解散。

马克思在国际工人协会海牙代表大会上发言

巴黎公社 巴黎工人和其他劳动人民在1871年3月18日革命后建立的无产阶级政权。是世界历史上推翻资产阶级统治、实行无产阶级专政的第一次尝试。

1871年3月18日晨，巴黎人民举行起义。当晚国民自卫军控制巴黎所有政府机关和塞纳河上桥梁。里昂、马赛等地迅起响应，相继举行武装起义。26日巴黎人民举行公社选举。28日，20万巴黎人集会，欢庆巴黎公社成立。公社设立10个委员会作为新的政权机构；解除资产阶级常备军，取缔旧警察机构；颁布教会与国家分离法令；实行法官选举制，颁布一系列法令和条例；对邮政、电信等机构实行改组，确立新的工作秩序。从4月2日起，公社战士与凡尔赛政府军在巴黎近郊展开激战，最终于5月28日失败。

巴黎公社成立大会

巴黎公社宣告了无产阶级革命世界历史进程的开始。

第二国际 1889 ~ 1914 年各国社会主义政党的国际联合组织。其名称起自 20 世纪初，是相对于第一国际而言的。1889 年 7 月 14 日，国际工人和社会主义者代表大会在巴黎开幕，22 个国家的 393 名代表参加会议，大会通过了关于每年庆祝五一国际劳动节等决议。这次大会标志着第二国际的成立。第二国际通过历次代表大会的决议给各国政党指出行动方向。共召开 9 次代表大会，以 1900 年为界，之前 4 次，之后 5 次。后期修正主义派在第二国际几个主要政党领导机构中日益占据上风。第一次世界大战爆发时，第二国际大多数政党倒向本国帝国主义政府，支持帝国主义战争。第二国际陷于瓦解。

出席第二国际阿姆斯特丹大会的代表

英属北美殖民地黑奴制 在英属北美殖民地役使黑人奴隶的制度。在英属北美殖民地创建之初，欧洲殖民者便从非洲拐骗、劫掠黑人到新大陆作为奴隶役使。17 世纪下半叶，各殖民地先后制定法律，确定了黑人的奴隶身份。北美独立战争前夕，黑奴总数已近 50 万人，约占各殖民地人口的 1/7。在英属北美 13 个殖民地都有黑奴，但主要集中在南部种植园。黑奴的劳动奠定了南部经济生活的基础，是美国资本原始积累的源泉之一。

黑奴制一直延续到美国独立以后，成为北方工业资产阶级和南方奴隶主长期斗争的核心，最后导致美国内战。1865 年 12 月 6 日生效的美国宪法正式宣布废除奴隶制。

美国内战 1861 年 4 月至 1865 年 4 月，美国南方与北方之间进行的战争。又称美国南北战争。这场战争是奴隶制度与自由劳动制度之间的斗争。1860 年共和党人 A. 林肯当选为总统。南部蓄奴州南卡罗来纳等州相继脱离联邦，并于 1861 年 2 月宣布成立南部同盟，另立以 J. 戴维斯为总统的政府。4 月 14 日，南方军队攻陷在南卡罗来纳的联邦萨姆特要塞。林肯政府于 4 月 15 日发布讨伐令，内战爆发。战争初期北方实力大大超过南方，但北方连遭失败。1862 年 9 月 22 日，林肯发表预告性的《解放宣言》草案，之后实行武装黑人的政策。1863 年 7 月 1 日的葛底斯堡大捷成为内战的

南方军队统帅在投降书上签字

转折点，战争的主动权转移到北方军队手中。1865 年 4 月 9 日，南方军队被迫向北方军队请降。美国内战终止，美国恢复统一。

北方在内战中的胜利，确立了北方大资产阶级在全国的统治地位。内战消灭了奴隶制，为美国的资本主义迅速发展扫清了道路。

林肯，A.（1809-02-12 ～ 1865-04-15）美国第 16 任总统（1861 ～ 1865）。生于肯塔基州哈丁县。自学成才。1836 年成为律师。1834 ～ 1840 年 4 次被选入伊利诺伊州议会。1838 年因公开反对奴隶制，成为州议会辉格党的领袖。1847 年当选为美国国会众议员。1860 年当选为美国总统，1861 年 3 月就任。不久，南方奴隶主发动叛乱，挑起美国内战。1862 年 5 月，林肯颁布《宅地法》。由于战况不利和人民运动的压力，9 月 22 日林肯发表预告性的《解放宣言》草案。1863 年 1 月 1 日正式发表《解放宣言》。1863 年他坚决征召黑人入伍，使成千上万的黑人走上战场，为战争的胜利作出了巨大贡献。1864 年他起用 U.S. 格兰特为联邦军总司令，这对于内战的最后胜利起了相当重要的作用。1864 年 11 月，林肯再次当选为总统。1865 年 4 月 14 日晚，林肯在华盛顿的福特剧院被维护奴隶制的狂热分子开枪打伤。翌日晨逝世。

美西战争 1898 年 4 ～ 8 月美国为夺取西班牙殖民地而发动的一场重新瓜分世界的最早的帝国主义战争。19 世纪最后 30 年，美国走上向外侵略扩张和争取世界霸权的道路。1895 年 2 月古巴爆发反抗西班牙殖民统治的大起义，西班牙殖民当局进行血腥镇压。美国乘机加强战争宣传。1898 年 4 月 25 日，美国对西班牙正式宣战。5 月美军占领马尼拉，6 月在古巴登陆，7 月占领圣地亚哥、波多黎各。西班牙被迫乞和。两国于 12 月 10 日签订《巴黎条约》。美国从西班牙手中取得波多黎各和关岛等殖民地，还以 2000 万美元的代价取得菲律宾宗主权；西班牙承认古巴独立。

通过美西战争，美国大大加强了它在加勒比海和太平洋远东地区的军事和政治经济地位。

日俄战争 20 世纪初日本和俄国为争夺在朝鲜和中国东北的权益进行的以中国东北为主要战场的帝国主义战争。1904 年 2 月 8 日，日本不宣而战，派遣海军偷袭旅顺口的俄国舰队。9 日俄国对日宣战。1905 年 1 月 2 日，日军攻陷旅顺口。3 月，日俄陆军在奉天（今沈阳）附近决战，日军获胜。5 月，日军在对马海峡全歼俄国从欧洲调来的第二太平洋舰队。经美方斡旋，日俄签订《朴次茅斯和约》。根据和约，日本获得萨哈林岛（库页岛）南部，

参加朴次茅斯谈判的日俄双方代表

取得旅顺和大连的租借权、长春至旅顺间的铁路及其支线的管辖权，并攫取了对朝鲜的实际控制权。

日俄战争后，日本加紧对朝鲜实行殖民侵略，1910年吞并朝鲜。战败的沙皇俄国危机重重，终于导致1905年革命的爆发。

奥匈帝国 奥地利-匈牙利君主国的简称。是在奥地利帝国基础上建立的二元制君主国、哈布斯堡家族统治下的最后一个封建君主国。1867年6月帝国议会决定正式建立奥匈帝国。1882年5月，奥匈帝国与德国、意大利结成三国同盟。1908年正式吞并波斯尼亚和黑塞哥维那，引发1912～1913年的**巴尔干战争**。1914年6月28日，奥皇储弗兰茨·斐迪南大公在波斯尼亚首府萨拉热窝被塞尔维亚爱国分子刺杀，德奥集团以此为借口，挑起**第一次世界大战**。1918年，德奥集团战败。11月1日，皇帝查理一世（1916～1918年在位）被迫退位，奥匈帝国解体。在战后的帝国领土上建立起奥地利、匈牙利、捷克斯洛伐克三个国家。1918年11月12日，奥地利成为共和国。

塞尔维亚爱国青年（右二）在萨拉热窝刺杀弗兰茨·斐迪南大公后被捕

巴尔干战争 1912～1913年为争夺土耳其在巴尔干的属地而引发的两次战争。

第一次巴尔干战争（1912-10～1913-05）是巴尔干同盟对土耳其的战争。20世纪初，巴尔干各族人民反对土耳其统治、争取民族独立的斗争日益高涨。1912年10月，门的内哥罗向土宣战，保加利亚、塞尔维亚和希腊先后参战。土耳其请求欧洲列强调停。1912年12月16日，土耳其与四交战国在伦敦议和谈判。因和谈破裂，翌年2月战事再起。4月土耳其再次求和。5月30日，土耳其与巴尔干四国签订《伦敦条约》。

第二次巴尔干战争（1913-06～1913-08）是以保加利亚为一方，以希腊、塞尔维亚、罗马尼亚、门的内哥罗和土耳其为另一方的战争。1913年6月塞尔维亚、希腊秘密订立反保同盟，罗马尼亚旋即加入。6月29日，保加利亚对塞尔维亚、希腊发动突然攻击。罗马尼亚立即向南进军。土耳其欲乘机收复失地，于7月16日向保加利亚发动进攻。保加利亚四面受敌，不断受挫，至7月29日力屈乞和。8月10日交战双方签订《布加勒斯特条约》。

战后，巴尔干诸国的组合发生变化。原先的反土同盟不复存在，代之而起的是两个集团：一方是塞尔维亚、希腊和罗马尼亚，另一方是保加利亚和土耳其。通过两次巴尔干战争，塞尔维亚实力大为增强。这加深了塞尔维亚与奥匈帝国的矛盾，终于使巴尔干成为第一次世界大战的爆发地。

第一次世界大战的空战

第一次世界大战 1914～1918年同盟国集团与协约国集团之间为重新瓜分殖民地和势力范围、争夺世界霸权而进行的第一次世界规模的战争。历时4年3个月。先后卷入这场战争的有33个国家，人口在15亿以上。

1882年5月20日，德、奥、意三国在维也纳签订同盟条约，形成同盟国。1904～1907年，英法、英俄先后签订协约，组成协约国。1914年6月28日，奥匈帝国皇储弗兰茨·斐迪南大公在波斯尼亚首府萨拉热窝被塞尔维亚爱国分子刺杀。这一事件成为大战的导火线。7月28日，奥匈帝国对塞尔维亚宣战。随后，两大集团各国宣布卷入战争。战火首先在欧洲大陆点燃，很快蔓延到中近东、远东和非洲一些地区。主要战场在欧洲，欧洲有西线战场、东线战场及巴尔干战场、意大利战场。欧洲西线的法国战场是决定全局的主战场。主要战役有马恩河战役、凡尔登战役、索姆河战役和阿尔贡森林战役等。英、德、俄、法、日还进行了多次海战，最大的战役是日德兰海战。空军在大战中第一次用于实

美军“彩虹”师战斗在阿戈纳森林

日德兰海战

西部战线的协约国士兵在战壕中准备发起进攻

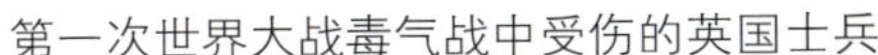

第一次世界大战毒气战中受伤的英国士兵

第一次世界大战期间的俄军炮兵

法国诺莱特华工墓地

战。1918 年 11 月 11 日，德国同协约国在法国东北部贡比涅森林的雷道车站签署《贡比涅森林停战协定》，宣告投降，战争结束。1919 年 1 月 18 日，**巴黎和会**开幕。6 月 28 日，英、法、美、日、意等战胜国与战败国德国签订《协约和参战各国对德和约》，即《凡尔赛和约》。

战后，帝国主义各国的力量对比发生变化。德国战败，割地赔款；奥匈帝国彻底瓦解；俄国无产阶级革命胜利，建立了苏维埃政权；英、法在战争中被削弱；美国从战争中获取暴利，成为世界经济强国。

协约国联军司令 F. 福煦将军的车厢——《贡比涅森林停战协定》签字处

凡尔登战役 第一次世界大战期间，法国军队在凡尔登地区抗击德国军队进攻的战役。凡尔登是法国东部边境的要塞城市。1916年2～9月，德军先后投入50个师，数次向凡尔登要塞猛攻。法军累计投入68个师，凭借永备工事和野战工事组织防御，顽强抵抗。10月法军大举反攻，于11月初收复杜奥蒙堡和沃堡；12月15日再度反攻，至18日基本收复被德军占领的阵地。此役是典型的阵地战、消耗战，双方伤亡近100万人。这次战役是第一次世界大战的转折点，德国从此逐步走向最后失败。

贝当，H.P.（1856-04-24～1951-07-23） 法国维希政府元首（1940～1944）、法国元帅、民族叛徒。生于海峡省。1878年毕业于圣西尔军校。因领导1916年凡尔登战役而出名，成为当时的英雄。1917年5月任法军总司令，1918年获元帅衔。1920年出任最高军事委员会副主席，1922年起为法国陆军总监。1934年2～11月任陆军部长。1940年5月10日德军进攻法国，6月14日贝当出任维希政府总理，推行投降主义路线。6月22日与法西斯德国签订《贡比涅停战协定》。7月10日胁迫国民议会授以全权，取消法兰西第三共和国。1940年7月至1944年8月任维希政府元首，成为希特勒德国的傀儡。1945年4月被捕。同年8月因叛国罪被判处死刑，后被改判终身监禁。

索姆河战役 第一次世界大战中期，英、法军队在法国北部索姆河地区对德军的阵地进攻战役。战役从1916年6月24日开始，至11月中旬结束。德军先后投入67个师，英、法军累计投入86个师。英、法军步兵从7月1日起发起进攻，至9月12日只向德军纵深推进了2～4千米。9月15日，英军在进攻中首次使用坦克，这是战争史上第一次使用坦克。索姆河战役是第一次世界大战中规模最大的一次战役。双方伤亡约134万人，其中英军45万余人，法军34万余人，德军53.8万人。英、法军未达到突破德军防线的目的，但牵制了德军对凡尔登的进攻，进一步削弱了德军实力。

英军在索姆河战役中首次使用坦克

列宁主义 V.I.列宁在新的历史条件下发展马克思主义所形成的科学理论体系。列宁从新的历史条件出发，将马克思主义与俄国革命实际及国际工人运动和共产主义运动实际相结合，创造性地回答了帝国主义时代共产主义运动提出的一系列重大问题，丰富和发展了无产阶级世界观、无产阶级革命等理论。列宁主义的基本原理具有普遍意义，人们常把它和马克思主义合称为马克思列宁主义。

构成列宁主义的核心内容主要有以

下6个方面：关于帝国主义的理论，关于无产阶级革命的理论，关于无产阶级专政的理论，关于社会主义建设的理论，关于民族、殖民地问题的理论，关于无产阶级政党建设的理论。

坚持列宁主义的基本原理，要善于从实际出发加以运用和发展，才能取得革命与建设事业的胜利。

布尔什维克 俄国社会民主工党的一个派别、苏联共产党的前身。俄文音译，意为“多数派”。1895年，V.I.列宁在圣彼得堡组建工人阶级解放斗争协会。1898年3月，工人阶级解放斗争协会的代表在明斯克举行第一次代表大会，宣告俄国社会民主工党成立。1903年俄国社会民主工党第二次代表大会期间，在选举中央委员会和党的机关报《火星报》编辑部成员时，拥护列宁的人得多数票，称布尔什维克；拥护L.马尔托夫的人得少数票，称孟什维克（俄文意为“少数派”）。这以后，两派的分歧不断加深。1917年俄国二月革命后，两派彻底决裂。布尔什维克在社会民主工党后面加括号标明“布尔什维克”，以示区别。1918年3月，俄国社会民主工党第七次代表大会决定改名为俄国共产党（布尔什维克），简称俄共（布）。1925年12月，俄共（布）第十四次代表大会决定改名为全联盟共产党（布尔什维克），简称联共（布）。1952年10月，联共（布）第十九次代表大会决定改称苏联共产党。十月革命胜利后，各国共产党都以俄共（布）为榜样，布尔什维克遂成为马克思列宁主义者的同义语。

俄国二月革命 俄国第二次资产阶级民主革命。因发生于1917年俄历2月而得名。1914年第一次世界大战爆发，战争使俄国社会各种矛盾空前激化。1917年3月3日，彼得格勒（今圣彼得堡）普梯洛夫工厂工人开始罢工。3月8日（俄历2月23日），工人举行示威游行，人数超过12万。这一天成为二月革命的开始。10日，发展成为全城政治总罢工。第二天，游行队伍遭到军警开枪射击，工人奋起抵抗。3月12日，起义席卷全城。驻守彼得格勒的士兵拒绝向工人开枪，大批转到革命方面。起义士兵和工人释放政治犯，逮捕沙皇的大臣和将军，几乎控制整个首都。革命迅猛向全国展开。在革命取得决定性胜利的时刻，彼得格勒工人和士兵建立了工兵代表苏维埃。孟什维克和社会革命党人以苏维埃代表的名义同资产阶级分子谈判，让他们出面组织政府。3月15日，俄国临时政府成立。沙皇尼古拉二世也于同日宣布退位，统治俄国长达300多年的罗曼诺夫王朝覆灭。

苏维埃 俄文音译，意为“代表会议”或“会议”。1905年3月，乌拉尔阿拉伯耶夫斯克工厂的工人创建领导罢工的工人代表苏维埃。1917年俄国二月革命时期，资产阶级临时政府和工兵代表苏维埃两个政权并存，V.I.列宁提出“全部政权归苏维埃”的口号。十月革命胜利后，苏维埃成为俄国无产阶级的政权组织。从1917年11月到1977年，苏维埃先后称为工农兵代表苏维埃、工农和红军代表苏维埃、劳动者代表苏维埃和人民代表苏维埃。

国家杜马 沙皇俄国的国家代议机构（1906 ~ 1917）和俄罗斯联邦的议会下院（1993 ~ ）。杜马是俄文的音译，意为“议会”。1905 年初，俄国爆发资产阶级革命。10 月 30 日，全俄政治总罢工迫使尼古拉二世允诺召集立法性的国家杜马。1906 年 5 月 10 日，第一届国家杜马开幕。1917 年俄国二月革命爆发后，沙皇于 3 月 10 日命令国家杜马停止活动。10 月 19 日，临时政府正式解散国家杜马。

苏联解体后，俄罗斯联邦于 1993 年 12 月 12 日举行全民公决，通过新宪法。新宪法规定：议会由上下两院组成，上院是联邦委员会，下院是国家杜马。1993 年 12 月举行了第一次国家杜马的选举。

俄国十月社会主义革命 俄国人民在以 V.I. 列宁为首的布尔什维克党领导下从 1917 年 11 月 7 日（俄历 10 月 25 日）彼得格勒武装起义开始的社会主义革命。因发生在俄历 10 月而得名。

1917 年 4 月，列宁发表著名的《四月提纲》，提出从资产阶级民主革命向社会主义革命过渡的路线及“全部政权归苏维埃”的口号。8 月，俄国布尔什维克党全国代表大会确定了武装起义的方针。10 月 20 日，列宁秘密回到彼得格勒（今圣彼得堡），领导武装起义。11 月 7 日，革命军队和工人赤卫队占领电话局、邮政局、国家银行、火车站、主要政府机关和军事据点。次日凌晨 2 时，起义队伍攻下冬宫，逮捕了临时政府部长。

11 月 7 日，全俄工兵代表苏维埃第二次代表大会通过《告工人、士兵、农民书》，宣布临时政府已被推翻，全部政权归苏维埃。8 日，大会通过《和平法令》和《土地法令》，批准组成第一届苏维埃政府——人民委员会。列宁任人民委员会主席。

彼得格勒武装起义的胜利有力地推动了革命在全国的展开。1917 年 11 月至 1918 年 3 月，苏维埃政权在全国各地建立起来。十月革命创建了世界上第一个无产阶级专政国家。

列 宁，V.I.（1870-04-22 ~ 1924-01-21） 苏联共产党和国际共产主义运动的领袖、苏维埃国家的创始人。出生于俄国辛比尔斯克（今乌里扬诺夫斯克）。原姓乌里扬诺夫。1891 年以校外生身份通过圣彼得堡大学法律系国家考试，获优等毕业文凭。1893 年移居圣彼得堡。1895 年，把圣彼得堡各马克思主义小组统一起来，建立工人阶级解放斗争协会。1900 年 12 月，参与创办全俄第一份马克思主义的政治报纸——《火星报》。1902 年写成《怎么办？》一书。1903 年出席俄国社会民主工党第二次代表大会。会上形成拥护列宁的布尔什维克和拥护 L. 马尔托夫的孟什维克。1905 年在圣彼得堡直接领导第一次俄国革命。1912 年 1 月，领导在布拉格举行的党的第六次代表会议。会议决定将孟什维克驱逐出党，从此布尔什维克成为一个独立的无产阶级革命政党。1917 年 4 月，

列宁发表《四月提纲》。9月写成《国家与革命》一书。11月7日（俄历10月25日），领导彼得格勒十月武装起义。翌日，在全俄工兵代表苏维埃第二次代表大会上宣布《和平法令》和《土地法令》，并当选为苏维埃俄国人民委员会主席。

十月革命胜利后，采取一系列措施巩固苏维埃政权和建设社会主义。1918年8月，遭社会主义革命党人反革命分子暗害，身受重伤。1918～1920年，领导全党和全国人民胜利地击退14个资本主义国家的武装干涉和国内反动阶级的叛乱。1919年3月主持共产国际成立大会，并亲自领导了共产国际的前四次代表大会。1921年提出以新经济政策代替战时共产主义政策。1924年1月21日因病逝世。

列宁的一生是伟大的无产阶级革命家的一生，他在新的历史条件下全面地发展了马克思主义，创立了列宁主义。

斯大林，J.（1879-12-21～1953-03-05） 苏联共产党和苏联政府领导人、国际共产主义运动活动家。格鲁吉亚人。生于俄国第比利斯省（今属格鲁吉亚）哥里城。原姓朱加施维里。1898年加入俄国社会民主工党。1902～1913年，7次被捕，6次被流放。1917年参与组织和领导彼得格勒十月武装起义。1918～1920年国内战争期间，参与领导和组织保卫察里津、彼得格勒的战斗，以及粉碎A.I.邓尼金军队的斗争。1919年11月获红旗勋章。1922年4月至1934年2月，任党中央总书记。1941～1946年任人民委员会主席。1946年起任部长会议主席。

V.I.列宁逝世后，他采用计划命令和惩治手段开展工业化和农业集体化运动，把苏联建设成为工业化强国。1936年，主持制定苏联宪法，宣告社会主义在苏联建成。20世纪30年代，对斯大林的个人崇拜盛行，党的民主集中制和国家法制遭到破坏，大清洗运动使大批无辜的干部和群众遭迫害被处死。苏联卫国战争期间，领导人民打败法西斯德国的入侵，使苏联成为世界一流强国。1945年获苏联大元帅军衔。在对外事务中，他坚决同帝国主义展开斗争，但忽视全球化发展趋势。他还犯有大党主义和大国主义的错误。

斯大林是一个极其复杂的历史人物，迄今对他有许多不同的甚至完全相反的评价。

托洛茨基，L.D.（1879-11-07～1940-08-21） 俄国共产党（布尔什维克）内反对派领袖、第四国际建立者。生于乌克兰赫尔松县。原姓布隆施泰因。犹太人。1897年参与建立南俄工人协会。参加俄国1905年革命。1907年流亡国外。1917年二月革命后回国，7月加入布尔什维克，9月当选为彼得格勒苏维埃主席。担任彼得格勒苏维埃军事革命委员会主席，具体领导和指挥十月武装起义。苏俄国内战争期间，在建设红军和指挥作战方面发挥了积极的作用。1923～1924年遭到党内批判。1927年11月被开除出党，1929年2月被驱逐出境。1937年初定居墨西哥。1938年9月，

他建立“世界社会主义革命党”，即第四国际。1940 年 8 月 20 日在墨西哥遭暗杀，次日去世。

苏俄国内战争 苏维埃俄国各族人民粉碎国内反革命叛乱和外国武装干涉的战争。十月革命胜利后，苏维埃政权遭到国内外敌人的武装反对。

1919 年 3 月，盘踞在西伯利亚的前沙俄海军上将 A.V. 高尔察克的 25 万军队全线出击，向西推进。4 月底，东线红军把敌人赶回乌拉尔地区。是年底，红军解放西伯利亚大部地区。

1919 年夏，A.I. 邓尼金的 15 万军队从北高加索出发，侵占察里津（今伏尔加格勒）和乌克兰的广大地区，攻占奥廖尔。10 月中旬，南线红军解放奥廖尔、顿巴斯和乌克兰大部地区。东南战线（后改称高加索战线）红军攻入北高加索，消灭邓尼金主力。

1920 年 4 月 25 日，波兰对苏俄发动进攻。5 月中旬红军反攻，取得胜利。10 月，双方停战。1921 年 3 月双方签订《里加条约》，确定两国边界。

1920 年 11 月，红军攻进克里木半岛，歼灭白军南俄总司令 P.N. 弗兰格尔叛军。1922 年 10 月，红军开进符拉迪沃斯托克（海参崴），把最后一批干涉军赶出国门。

苏俄国内战争的胜利，保卫了第一个无产阶级国家。

战时共产主义 苏俄在 1918 ~ 1920 年国内战争时期采取的经济政策。又称军事共产主义。苏俄国内战争爆发后，为把仅有的人力物力集中起来用于战胜敌人，苏维埃政府实行一些临时性政策，这些政策统称为战时共产主义。主要包括：实行余粮收集制，对中小工业实行国有化，实行最小限度的商品交易和最大限度的国家分配，实行普及于一切阶级的成年人劳动义务制。1921 年，苏俄政府用新经济政策取代了战时共产主义政策。

新经济政策 苏俄在 1921 年开始实行的向社会主义过渡的经济政策。1921 年 3 月，俄共（布）第十次代表大会根据 V.I. 列宁的建议，决定从战时共产主义政策向新经济政策转变。新经济政策主要包括：以征收粮食税代替余粮收集制，允许私人自由贸易，允许私人经营中小企业和国家暂时无力兴办的企业，对国家企业和合作社的管理制度作了改变。新经济政策的实行，促进了生产力的发展。至 1925 年，国民经济基本恢复到战前水平，并顺利向前发展。新经济政策在 1929 年因政府推行农业全盘集体化运动而结束。

苏联 1922 年 12 月 30 日至 1991 年 12 月 26 日存在的联邦制多民族国家。位于欧洲东部和亚洲北部。全称苏维埃社会主义共和国联盟。面积 2240 万平方千米，为当时世界上领土面积最大的国家。人口 2.901 亿（1990）。有一百多个民族。

1922 年 12 月 30 日，俄罗斯、乌克兰、白俄罗斯和南高加索 4 个苏维埃社会主义共和国结成联盟，成立苏维埃社会主义共和国联盟，以后联盟逐渐扩大。

1924年1月21日V.I.列宁逝世，J.斯大林成为领导人。31日通过的苏联第一部宪法，正式确立了苏联国家体制及政治制度。经过近70年的建设，苏联成为世界上仅次于美国的强国。1991年八一九事件后，各加盟共和国纷纷宣布独立。同年12月8日，俄罗斯、白俄罗斯和乌克兰3个共和国签署《独立国家联合体协议》。21日，俄罗斯等11个苏联加盟共和国签署《阿拉木图宣言》和《独立国家联合体协议议定书》，宣布苏联不复存在，正式成立独立国家联合体（简称独联体）。26日，苏联最高苏维埃宣布苏联停止存在。

第三国际 各国共产党的国际联合组织。又称共产国际。存在于1919～1943年。它的任务是团结工人阶级和劳动群众，推翻资本主义和帝国主义统治，确立世界范围的无产阶级专政，建立世界苏维埃社会主义共和国联盟，彻底消灭阶级，实现社会主义和共产主义。

1919年3月2～6日，在莫斯科召开国际共产主义者代表会议，即第三国际第一次代表大会。来自21个国家的35个政党和团体的52名代表参加会议。会议通过V.I.列宁起草的《共产国际宣言》《共产国际行动纲领》等文件，第三国际宣告成立。第三国际是统一的世界共产党，各国共产党都作为它的支部，直接受它领导。它有权决定各国党的路线、策略和各国党的领导人，可以否定或修改各国党的决定，开除和解散任何一个支部，向各国党派出常驻代表。第三国际对国际共产主义运动的发展壮大起了推动作用。

巴黎和会 第一次世界大战的战胜国（协约国）和战败国（同盟国）在巴黎召开的和平会议。共27国参加，苏俄未被邀请。1919年1月13～17日，英、法、美、日、意五国举行巴黎和会准备会议，背着多数国家制订了和会的议事规则。18日在巴黎召开第一次全体会议。25日第二次全体会议通过筹组国际联盟的决议。6月28日在巴黎近郊凡尔赛宫镜廊举行《协约和参战各国对德和约》即《凡尔赛和约》的签字仪式。对德国同盟国的和约在巴黎和会结束后另行签署。会议实际上是英、法、美、日、意帝国主义战胜国分配战争赃物、重新瓜分世界的会议。以《凡尔赛和约》为主的一系列条约构成战后欧洲国际关系的新体系，即凡尔赛体系。

出席巴黎和会的各国代表

国际联盟 第一次世界大战结束后建立的国际组织。又称国际联合会，简称国联。1919年巴黎和会通过建立国联的决议。同年4月24日，和会通过以美、英方案为基础的盟约。1920年1月10日国联正式成立，总部设在瑞士日内瓦。中国为创始会员国之一。美国未参加国

美国经济危机期间，汽车工人举行罢工和示威活动

联。苏联于1934年9月18日加入。先后有63个国家加入国联。日、德、意三国先是加入，后又退出。国联实际上是帝国主义列强，首先是英、法的工具。第二次世界大战爆发后，国联名存实亡。1946年4月19日正式解散，所属财产和档案移交联合国。

华盛顿会议 第一次世界大战后，美、英、日等帝国主义国家为重新瓜分远东及太平洋地区的殖民地和势力范围而由美国建议召开的国际会议。又称太平洋会议。1921年11月12日至1922年2月6日在华盛顿举行，美、英、法、意、日、比、荷、葡和中国北洋政府的代表团参加。会议所有重大问题都由美、英、法、日四国代表团团长会议先行讨论决定。会议期间签订了《四国条约》《五国海军条约》《九国公约》三项条约。华盛顿会议签订的各项条约和通过的决议案构成华盛顿体系。这一体系确定了凡尔赛体系未能包括的远东、太平洋区域的帝国主义国际关系体系。

1929～1933年世界经济危机 1929～1933年发生在美国并影响整个资本主义世界的全球性经济大衰退。它是资本主义历史上最深刻、最持久的一次经济危机。

1929年10月美国股市大崩盘直接促发了经济危机。在1929～1933年长达4年的衰退中，整个资本主义世界的生产都急剧下降，失业率史无前例地上升。美国的国内生产总值下降约28.5%，英国、法国和德国的国内生产总值分别下降约2.3%、8.6%和10.5%。

经济危机激化了资本主义社会的各种矛盾；美、英、法等国加强了国家对经济的干预，德、日、意则走上了法西斯道路；国际经济秩序遭到严重破坏。

新政 美国F.D.罗斯福政府于1933年3月至1939年间为克服1929～1933年空前严重经济危机采取的一系列政策措施。具有三方面内容：一是恢复陷于空前严重危机的经济，二是救济大规模的失业者和贫民，三是革除垄断资本主义的某些弊病。新政可分为两个阶段：1935年以前为第一阶段，主要内容是复兴和救济；1935～1939年为第二阶段，主要内容是扶助工农和贫民，节制资本。新政是美国历史上一次空前重大的资本主义改革，是新政式的国家垄断资本主义。它的根本作用是基本克服了1929～1933年空前严重的经济危机。

罗斯福，F.D.（1882-01-30～1945-04-12） 美国第32任总统（1933～1945）。民主党人。生于纽约州海德公园村。1900年进入哈佛大学，取得学士学位。1904年进入哥伦比亚大学学习法律。1913年3月，他被任命为助理海军

部长，对整顿和加强美国海军起了重要作用。1928 年竞选纽约州州长成功。1932 年竞选总统成功。1933 年 3 月就任总统后，实行新政。到 1939 年，基本克服空前严重的经济危机。1936 年、1940 年和 1944 年，他连任美国总统。在对外关系方面，他制定租借法，支援反法西斯国家。1941 年 8 月 14 日与英国首相W. 丘吉尔联合发表《大西洋宪章》。12 月 7 日日本偷袭珍珠港后，美国迅即对日宣战，正式参加反法西斯战争。战争后期，他为联合国的建立奠定了基础。他是美国历史上唯一蝉联 4 届的总统。

法西斯主义 在 20 世纪帝国主义陷于严重危机期间主要在一些封建主义和军国主义传统影响浓厚的帝国主义国家出现的，以克服危机、对抗革命、实行扩张为目标的一种极端民族主义和极权主义的反动社会思潮、政治运动和政权形式。法西斯系拉丁文 Fasces 的音译，原指古罗马最高统治者执掌权力的象征（中间插着一柄斧头的一捆棍棒）。1922 年法西斯运动在意大利夺得政权。随后，德国和日本也建立了法西斯政权。三个法西斯掌权的国家，逐步形成包括政治、经济、文教和社会各个领域的法西斯体制。随后，它们以夺取“生存空间”和建立“新秩序”为名，对外发动侵略战争，把法西斯体制不同程度地推广到几乎整个欧洲和半个亚洲，同时也把人类推入第二次世界大战的浩劫。

法西斯头目 A. 希特勒和 B. 墨索里尼在一起

墨索里尼，B.（1883-07-29 ～ 1945-04-28） 意大利法西斯独裁者、国家法西斯党党魁、首相（1922 ～ 1943），第二次世界大战主要战犯。生于弗利省普雷达皮奥。1900 年加入社会党。1913 年成为社会党领导人之一。1914 年 11 月因力主意大利同英、法一起参加第一次世界大战而被社会党开除。1919 年 3 月在米兰组织法西斯战斗团。1921 年 11 月组建意大利国家法西斯党。1922 年 10 月，纠集 5 万名法西斯党徒向罗马进军，迫使国王任命他为首相。1925 年 1 月 3 日公开宣布实行法西斯极权统治，将内阁中其他党派的成员逐出政府，集一切大权于一身。1943 年 7 月 25 日被国王逮捕并软禁。9 月 12 日被德军救出。9 月 23 日宣布成立所谓意大利社会共和国。1945 年 4 月 27 日被游击队俘获，28 日被枪毙。

希特勒，A.（1889-04-20 ～ 1945-04-30） 德国纳粹党党魁、法西斯德国元首（1934 ～ 1945）、第二次世界大战头号战犯。生于奥地利的布劳瑙。受过初中教育。第一次世界大战期间加入巴伐利亚团，为狂热的种族主义者和反犹主义者。1919 年加入德意志工人党（次年改名为德意志民族社会主义工人党，即纳粹党），1921 年成为该党党魁。

1923年在慕尼黑发动啤酒店暴动失败，被捕入狱。1924年出狱，次年重建纳粹党及其武装组织**冲锋队**，另建**党卫军**。1933年1月30日，被P.von兴登堡任命为德国总理。

1933年2月，希特勒利用国会纵火案在全国大搞白色恐怖。3月，操纵国会通过授权法取得为期4年的独裁大权，从此确立法西斯独裁统治。1934年8月兴登堡死后，希特勒集总统和总理两职于一身，加速国民经济军事化，对外实行侵略政策。1937年与意大利结成军事同盟。1938年自任最高统帅。同年3月占领奥地利。1939年3月侵占捷克斯洛伐克。9月1日悍然进攻波兰，挑起第二次世界大战。先后侵占北欧、西欧和东南欧14国。1941年6月22日进攻苏联。同年12月日本偷袭珍珠港后，对美宣战。在德军占领区及德国本土有450万～550万犹太人在他的指使下被杀，其他各族人民死于其屠刀下者不计其数。1945年苏军攻入德国境内，盟军渡过莱茵河。4月30日，希特勒自杀。

纳粹党 德国法西斯政党。德意志民族社会主义工人党的简称。曾译为德国国家社会主义工人党（简称国社党）。纳粹是德语Nationalsozialist的缩写词Nazi的汉语音译。前身为1919年建立的德意志工人党。

1921年6月29日，A.**希特勒**任党的主席。1923年啤酒店暴动失败后纳粹党被取缔，1925年2月重建。重建后，利用德国人民对《凡尔赛和约》的不满，大肆煽动日耳曼民族主义情绪，党员人数激增。1933年1月30日，魏玛共和国总统P.von兴登堡任命希特勒为总理，纳粹党成为执政党。希特勒当权后，在国内煽动排犹运动，实行法西斯恐怖统治；对外实行侵略扩张政策，挑起第二次世界大战。1946年9月30日，纳粹党被纽伦堡国际军事法庭宣判为犯罪组织。纳粹党的下辖组织有**冲锋队**、**党卫军**、**盖世太保**等。

身着纳粹制服的德国儿童

冲锋队 德国**纳粹党**的法西斯武装恐怖组织。因队员穿褐色制服，又称褐衫队。1921年8月由A.**希特勒**创建。冲锋队最初主要从事破坏革命运动、冲击其他党派群众集会及进行街头斗殴等活动，后参加1923年的啤酒店暴动。希特勒执政后，H.戈林宣布冲锋队为辅助警察，其队员人数不断膨胀。由于冲锋队与德国国防军矛盾加剧，1934年2月底，柏林、汉堡、埃森、弗赖堡等地的冲锋队队员发生骚动。6月30日夜，戈林的特别警察和H.希姆莱的党卫军对冲锋队大肆镇压。后冲锋队为党卫军所取代。

党卫军 德国**纳粹党**的法西斯特务组织和军事组织。因队员穿黑色制服，又称黑衫队。简称SS。1925年4月成立。1946年被纽伦堡国际军事法庭宣判为犯罪组织。

接受检阅的党卫军

党卫军成立初期仅为**A. 希特勒**的卫队和对付政敌的工具，隶属于**冲锋队**，规模很小。1929年1月起由H. 希姆莱领导后，有很大发展。1934年6月，党卫军取代冲锋队在纳粹恐怖组织中起主导作用，由希特勒直接掌管。

党卫军的嫡系部队是武装党卫队。此外，看守集中营的特殊部队——骷髅队和包括**盖世太保**在内的整个警察部门也由党卫军领导。党卫军直接参加法西斯侵略战争，以残酷的手段迫害和屠杀犹太人、共产党人、民主进步人士、被占区居民及战俘。

盖世太保 德国**纳粹党**的法西斯恐怖组织。国家秘密警察的简称。1933年4月由H. 戈林组建并直接领导。1934年6月后，归H. 希姆莱领导。1939年改组为德国中央保安局。1946年被纽伦堡国际军事法庭宣判为犯罪组织。

盖世太保有“预防性逮捕权”。在纳粹德国时期，成千上万的犹太人、共产党人、左派人士、抵抗战士等都未经法律程序被盖世太保投入集中营。第二次世界大战期间，盖世太保参加特别行动队，随正规部队进驻波兰和苏联，残酷杀害纳粹占领区人民和战俘，是纳粹党对被占领国家人民进行特务恐怖统治的工具。

国会纵火案 德国**纳粹党**策划的焚烧柏林国会大厦，借以陷害德国共产党的阴谋事件。**A. 希特勒**以此为契机建立起纳粹党的法西斯独裁政权。

1933年2月27日晚，冲锋队队员放火焚烧国会大厦。当晚，H. 戈林即下令逮捕德共党员和反法西斯人士，查禁德国共产党和社会民主党报刊，封闭德共办事处。次日，戈林发表公告，诬陷纵火事件是共产党发动武装起义的信号，并将当时在纵火现场的荷兰共产党人M. 范·德·卢贝作为纵火犯逮捕。纳粹党掀起迫害共产党和进步力量的高潮，先后逮捕德共主席等人。1933年12月23日，莱比锡法庭无理判处范·德·卢贝死刑。

奥斯威辛集中营 第二次世界大战期间德国纳粹党消灭犹太人、波兰人和斯拉夫人的主要中心。坐落在波兰克拉科夫以西60千米处。占地十几平方千米，计划可容20万人。火车可以直接开进集中营。列车把新来者运到营区，然后由党卫队的医生进行挑选，有些人被挑出来从事奴隶劳动，大多数人被送进毒气室消灭掉。据统计，1942 ~ 1944 年，约有 110 万人在奥斯威辛被杀害。战后，波兰政府把遗留下来的建筑物改建成死难者纪念馆和博物馆。

日本法西斯 第一次世界大战后在日本出现的反共反民主思潮和极端反动的独裁专制政治体制。它以天皇制军国主义为基础，实行军部法西斯统治。1924 年平沼骐一郎组建的国本社成为当时日本法西斯势力的大本营。20 世纪 20 年代末至 30 年代初，法西斯军人成为日本法西斯运动的主导势力。1931 年日本发动九一八事变前后，军部法西斯势力开始与民间右翼团体紧密勾结。1936 年，广田弘毅内阁成立，军部法西斯独裁开始确立。1940 年近卫文麿内阁发起法西斯“新体制运动”，解散一切政党和工会等群众团体，成立法西斯政治组织“大政翼赞会”和“产业报国会”。1940 年，日本与德、意组成三国军事同盟。至此，日本天皇制军事法西斯专政的国家体制最后建成。1941 年东条英机上台后，对外发动太平洋战争，对内加强宪兵警察的恐怖统治，日本天皇制军事法西斯专政达到顶峰。随着 1945 年日本战败投降，日本法西斯势力宣告土崩瓦解。

昭和天皇（1901-04-29 ~ 1989-01-07）日本第 124 代天皇（1926 ~ 1989）。名裕仁。生于东京。大正天皇长子。1926 年 12 月 25 日即位，改年号为昭和。

1931 年九一八事变后，昭和天皇公开支持日本军国主义势力发动侵略战争。1932 年 11 月批准日本与德国签订《反共产国际协定》。1941 年 12 月 1 日决定对美、英、荷等国开战。太平洋战争爆发后，昭和天皇不断鼓动军队和国民的战争狂热。1945 年 8 月 14 日，昭和天皇决定投降。8 月 15 日正午，电台播放已录制好的昭和天皇亲自宣读的投降诏书。1946 年元旦，昭和天皇发表《人格宣言》诏书，申明天皇是人不是神，否定天皇神格化。

东条英机（1884-12-30 ~ 1948-12-23）日本内阁总理大臣（1941 ~ 1944）、陆军大将，法西斯首要战犯。生于东京。1915 年从陆军大学毕业。1931 年在中国东北参与策划九一八事变。1933 年 3 月晋升为少将。1935 年 9 月，被任命为关东军宪兵队司令官。1937 年任关东军参谋长。1940 ~ 1941 年任陆军大臣，积极扩大侵华战争，并准备与英、美开战。1941 年 10 月 18 日出任内阁总理大臣兼内务大臣、陆军大臣，晋升大将。12 月 8 日发动太平洋战争。1944 年 7 月 18 日，在日本败局已定和国内矛盾激化的形势下，被迫辞职。日本投降后，开枪自杀，未遂，作为战犯被捕。1948 年 11 月被远东国际军事法庭列为甲级战犯，判处绞刑。

日本对外侵略战争 1874 ~ 1945 年日本发动和参加的一系列侵略战争。明治维新时期，日本在确立近代天皇制

的同时，迅速走上了扩充军备、发动侵略战争的军国主义道路，并制定了以中国、朝鲜为主要侵略对象的所谓“大陆政策”。从19世纪70年代中期起，特别是90年代中期以后，日本不断对外发动侵略战争。

1874年侵占中国台湾，1875年入侵朝鲜江华岛，1894年发动中日甲午战争，1900年参加八国联军侵华，1904～1905年日俄战争中侵略中国和朝鲜，第一次世界大战中参与分赃，1918～1922年出兵西伯利亚，1927～1928年三次入侵中国山东，1927年起侵占中国东北，1937年发动全面侵华战争，1941年发动太平洋战争。1945年8月15日，日本宣布无条件投降。至此，结束日本军国主义长期对外扩张、发动侵略战争的罪恶历史。

西班牙内战 1936～1939年西班牙人民反对国内反革命军事叛乱和外国武装干涉的民族民主革命战争。1936年2月16日，西班牙举行大选，人民阵线获胜，成立联合政府。7月18日，西班牙军官F.佛朗哥发动武装叛乱。7月30日，叛军在布尔戈斯成立政府，内战开始。

内战初期，西班牙人民在南部曾阻止叛军进展。A.希特勒遂派5万大军、B.墨索里尼派15万大军前来支援叛军。国际进步力量则支持联合政府，来自54个国家的近4万名志愿军组成国际纵队（内有百余名中国人），与西班牙人民并肩作战。由于双方力量悬殊，加之共和国方面混入了叛徒，1939年3月27日马德里失守。4月1日，共和国政府被推翻，佛朗哥建立独裁统治。

国际纵队战士

慕尼黑会议 1938年9月29～30日在德国慕尼黑举行的英、法、德、意四国以牺牲捷克斯洛伐克为代价，谋求相互妥协与勾结的国际会议。

1938年4月，A.希特勒唆使捷克斯洛伐克的日耳曼人党要求苏台德区“自治”。德军同时在德捷边境集结，进行武力威胁。由B.墨索里尼出面斡旋，英、法、德、意四国举行慕尼黑会议。9月30日凌晨签订《德国联合王国、法国及意大利间的协定》，即《慕尼黑协定》。协定规定：1938年10月10日前将捷克斯洛伐克苏台德地区及同奥地利接壤的南部地区，连同上述地区的一切建筑和设施，移交给德国；日耳曼居民是否占多数尚不确定的地区，暂由国际委员会占领，通过公民投票决定归属，最后划定边界。

慕尼黑会议及协定粗暴地践踏了国际法和国际关系的基本准则，是绥靖政策登峰造极的表现，鼓励和助长了法西斯国家进一步发动侵略战争的野心。

德国对波兰发动闪击战

不列颠空战

第二次世界大战 以日本、德国、意大利法西斯轴心国为一方，以中国、苏联、美国、英国等同盟国和全世界反法西斯力量为另一方的第二次世界规模的战争。德、日、意等后起的帝国主义国家所确立的法西斯政权及其侵略扩张，是这次世界大战的根源。

1937年7月，日本发动全面侵华战争。1938年德国侵吞奥地利和捷克斯洛伐克苏台德区。1939年德国侵占整个捷克斯洛伐克后进攻波兰，第二次世界大战全面爆发。1939～1941年，德、意法西斯的侵略迅速席卷北欧、西欧、巴尔干、地中海和北非。1941年6月德国进攻苏联，苏德战争爆发，苏联境内成为世界反法西斯战争的主要战场。12月日军偷袭珍珠港，挑起太平洋战争，战火席卷东南亚，进逼大洋洲，将美国及美洲、大洋洲许多国家卷入战争。这使第二次世界大战无论在参战国家数量、战火扩展范围及作战规模和激烈程度方面都发展成为一次空前的全球性战争。随着战火的蔓延，经过一系列双边和多边会谈，1942年1月1日，中、苏、美、英等26个反法西斯同盟国家代表在华盛顿签署《联合国家宣言》，保证继续对德、日、意等轴心国协同作战。1943年意大利B.墨索里尼政权首先垮台，9月意大利投降。1944年6月，盟军登陆欧洲，开辟第二战场。1945年5月，苏军攻克柏林，纳粹德国投降。同年8月，日本投降。

第二次世界大战使人类蒙受空前灾难。参战国家和地区先后有60多个，人口17亿，占世界总人口的80%。按不完全统计，因战争而死亡者在5000万人以上。

敦刻尔克撤退

诺曼底登陆战役中盟军登陆部队抢占滩头阵地

珍珠港事件

柏林战役中红军战士将苏联国旗插上德国国会大厦

美国在日本长崎投下的原子弹爆炸后腾起的蘑菇云

德国无条件投降书签字仪式

《公元一千九百四十五年九月九日九时·南京》（陈坚）

敦刻尔克撤退 1940年5月26日至6月4日，英、法军队在德军围攻下从法国敦刻尔克港撤往英国的战略退却。5月，德国侵略军向荷兰、比利时、卢森堡和法国发起闪电式进攻，英、法军被围困在敦刻尔克附近的狭小地区内，面临被歼灭的危险。26日晚，英国政府下令撤退。英、法、比、荷派出各种舰船共861艘。撤退开始后，德军加强了进攻，并对敦刻尔克和英吉利海峡进行轰炸。英、法军在空军的掩护下，经九昼夜艰苦奋战，33.8万余人撤至英国本土。6月4日德军占领敦刻尔克，4万余名法军被俘。这次撤退保存了英军实力，为后来对德军进行反攻准备了有利条件。

不列颠之战 第二次世界大战中，英国抗击德国空中进攻的战役性防空作战。1940年7月德国制订从海上入侵英国的“海狮”计划，企图通过轰炸夺取制空权，以保障顺利登陆。德军用于进攻的作战飞机约2400架，英军有战斗机700架左右。德军从8月12日开始对英空袭，空袭规模日益扩大，9月7日起开始对伦敦实施昼夜轰炸。9月8～15日，双方接连进行大规模空战，英军英勇抗击，德军未能夺得制空权。后来，德国因进攻苏联而将空军东调，最后停止了对英轰炸。德军由于作战企图未能实现，后来始终处于东西两线作战的困境。

丘吉尔，W.（1874-11-30～1965-01-24） 英国政治家、首相（1940～1945，1951～1955）。生于牛津郡一贵族世家。1894年毕业于桑德赫斯特皇家军事学院。曾参加英国在印度、苏丹和南非的殖民战争。1900年当选为保守党议员，涉足政治。在任海军大臣期间，大力加强海军实力。1919年1月出任陆军大臣兼空军大臣，积极参与策划武装干涉苏俄。20世纪30年代，对来自德国的威胁不断发出警告，主张重整军备，反对N.张伯伦的绥靖政策。

1939年9月德国入侵波兰后，丘吉尔任海军大臣。1940年5月10日继张伯伦任首相，并兼国防大臣，立即把全国经济纳入战时轨道。丘吉尔政府拒绝德国的诱和，坚持对德作战，同时争取美、苏作为同盟者参战。1941年8月9日，丘吉尔和F.D.罗斯福签署《大西洋宪章》。先后参加德黑兰会议、雅尔塔会议和波茨坦会议等国际会议。在处置战败的德国、波兰的疆界变动和政府组成等问题上，极力维护英国的利益。

1945年7月，丘吉尔辞去首相职务。1946年3月5日，在美国密苏里州富尔顿发表题为“和平砥柱”的演说。富尔顿演说揭开了战后冷战的序幕。1951～1955年，丘吉尔再度出任首相。

1953年，丘吉尔被封为爵士，获嘉德勋章。同年获诺贝尔文学奖。主要著作有《伦道夫·丘吉尔勋爵传》《世界危机》《第二次世界大战回忆录》等。

苏德战争 1941年6月至1945年5月，苏联抗击法西斯德国及其盟国侵略的战争。是第二次世界大战的重要组成部分。

1941 年 11 月 7 日，莫斯科红场举行庆祝十月革命 24 周年阅兵式，部队受阅后直接开赴前线

苏联和俄罗斯称伟大卫国战争。

1941 年 6 月 22 日，德国撕毁《苏德互不侵犯条约》，突然进攻苏联。第二次世界大战进入一个新阶段，苏联战场成为大战的主战场。开战后，德军凭借暂时的有利因素，迅速占领立陶宛、拉脱维亚、爱沙尼亚全部和白俄罗斯大部，封锁列宁格勒（今圣彼得堡），攻占基辅，并于 9 月底大举进攻莫斯科。1942 年 4 月，苏军取得莫斯科会战的胜利，粉碎了德国的闪击战计划。1943 年 2 月 2 日苏军取得斯大林格勒（今伏尔加格勒）会战的胜利，从而扭转了苏德战场的局势，使第二次世界大战出现历史性转折。1944 年开始，苏军在巴伦支海到黑海的整个战线上发起战略进攻，至年底收复全部失地。1945 年 5 月 2 日，苏军攻克柏林。8 日，德国投降。

苏德战争中，苏军消灭和击溃德国及其盟国军队 607 个师，为彻底打败法西斯德国作出了巨大贡献。

斯大林格勒会战 *苏德战争*中，苏军为保卫斯大林格勒（今伏尔加格勒）并消灭顿河与伏尔加河之间的德军重兵集团，于 1942 年 7 月至 1943 年 2 月进行的一系列战略性攻防战役。

德军在莫斯科会战失败后，企图夺取斯大林格勒和高加索油田，从侧后迂回莫斯科并切断苏军战略补给线。1942 年 7 月 17 日，德军发起进攻，9 月 13 日攻入市区。双方展开激烈巷战，德军始终未能占领整座城市。11 月 19 日起，苏军发起反攻，合围德军第 6 集团军全部和第 4 装甲集团军一部共 22 个师约 33 万人。1943 年 2 月 2 日迫使其全部投降。

此战是苏德战争乃至第二次世界大战的转折点，苏军从此夺得战略主动权。

库尔斯克会战 *苏德战争*中，苏军同德军于 1943 年 7 ~ 8 月在库尔斯克地区进行的战略性会战。

1943 年 7 月 5 日，德军分别从南、北两翼对库尔斯克突出部发起进攻，但在苏军的顽强抗击下进展甚微。13 日，北翼德军被迫转入防御。南翼德军将主力转至普罗霍罗夫卡方向。12 日，双方在该地域投入 1200 辆坦克，进行了第二次世界大战中规模最大的坦克战。

普罗霍罗夫卡坦克战

16日，南翼德军后退至原出发阵地。与此同时，苏军在突出部南北发起两次进攻战役：一次代号为“库图佐夫”，将战线向西推进150千米；另一次代号为“鲁缅采夫”，将战线向南和西南推进140千米。

会战中，双方共投入兵力400余万人，均遭受重大损失。其中德军损失约50万人。从此，德军转入全面防御，苏军转入全线反攻。

太平洋战争 第二次世界大战期间日本法西斯发动的侵略战争。这场战争以日本为一方，以美国、英国、荷兰、澳大利亚、新西兰及亚洲和太平洋地区被侵略国为另一方，是第二次世界大战的重要组成部分。

1941年12月7日，日本偷袭美国在太平洋最大的海军基地——珍珠港。8日，美、英对日宣战，太平洋战争爆发。1942年5～6月，在珊瑚海海战中，双方打成平局；在中途岛海战中，日方损失惨重。1943年11月盟军开始反攻。1944年春夏间，日本海空军力损失惨重。1945年3～6月，美军占领硫黄岛和冲绳，迫近日本本土。5月，德国无条件投降。7月26日，中、美、英三国政府发表《波茨坦公告》，促令日本无条件投降。日本统治集团拒绝接受。8月6日和9日，美国把仅有的两颗原子弹投在广岛和长崎。8月8日苏联对日宣战。日本被迫于8月15日宣布投降。9月2日在美国军舰“密苏里”号上举行签字投降仪式。反法西斯联盟各国取得太平洋战争的最后胜利。

诺曼底登陆战役 第二次世界大战期间，美英盟军于1944年6～7月在法国北部诺曼底地区进行的战略性登陆作战。盟军进军欧洲的“霸王作战”计划的组成部分。目的是夺取集团军群登陆场，为开辟欧洲第二战场、配合苏德战场最后击败纳粹德国创造条件。6月6日，盟军在5个地段突击上陆，突破德军防御。7月24日，战役结束。此次战役是世界战争史上迄今规模最大的登陆战役。美英盟军共投入45个师，伤亡12.2万人；德军共投入15个师，伤亡和被俘11.4万人。战役的胜利，对于加速纳粹德国的崩溃具有重大意义。

1944年6月6日早晨，盟军在诺曼底海滩登陆

抵抗运动 第二次世界大战期间，欧洲各国人民反对德国、意大利占领和奴役的反法西斯斗争的统称。

第二次世界大战全面爆发后，德国迅速占领欧洲许多国家，对占领国实行法西斯野蛮统治，激起各国人民的愤怒和反抗。在捷克斯洛伐克和波兰，人民进行宣传鼓动、收集情报、怠工罢工及

法国抵抗运动宣传画

各种破坏活动。流亡国外的各国政府也同国内建立联系。1940年6月，法国的C.戴高乐将军在伦敦发表《告法国人民书》，宣告“自由法国”运动的诞生。在丹麦、挪威、荷兰、比利时，从1940年秋开始，出现了各种形式的抵抗运动。在阿尔巴尼亚、南斯拉夫和希腊，抵抗运动一开始就采取了武装斗争的形式。

苏联和美国参战以后，欧洲各国抵抗运动进入广泛发展的新阶段。1941年6～7月，南斯拉夫人民在J.B.铁托领导下发动武装起义。1943年7月，阿尔巴尼亚各游击队联合为人民解放军，赶走了意大利占领者。1943年，法国游击队配合盟军一举解放科西嘉。1943年7月，在苏联的德国战俘中成立了“自由德国”全国委员会。该组织在抵抗运动中起过重要作用。1943年3月，意大利北部爆发群众性大罢工。7月意大利人民举行的声势浩大的反法西斯游行，加速了B.墨索里尼的下台。

在反法西斯战争接近胜利时，欧洲抵抗运动蓬勃发展，有力地配合了苏联红军和美英盟军对德作战。1944年8月，法国的游击战争发展为全民武装起义，席卷大半个法国。8月19～25日，巴黎爆发起义，人民自己解放了首都。随后，法国武装部队和游击队配合盟军解放其余国土，进军德国，直到对德战争胜利。1945年4月，意大利北部人民发动总起义，解放北部地区。1944年10月初，希腊人民解放军解放雅典。阿尔巴尼亚和南斯拉夫人民赢得祖国的解放。1944年，波兰人民军和苏联红军一起解放波兰东部地区。8～9月，波兰国家军组织华沙起义，遭到德军镇压。1944年8月23日，罗马尼亚人民发动起义，推翻军事法西斯政权。9月9日，保加利亚人民发动武装起义，推翻法西斯君主制统治。1945年2月，匈牙利游击队配合苏联红军解放布达佩斯。同年5月，捷克斯洛伐克首都布拉格人民起义，但遭德军镇压。苏军迅速驰援，解放布拉格。

欧洲抵抗运动是国际反法西斯斗争的重要组成部分，从根本上动摇了希特勒德国的“欧洲新秩序”，为解放欧洲作出了重要贡献。

雅尔塔会议 1945年2月4～11日，苏、美、英三国政府首脑在苏联克里木半岛雅尔塔举行的国际会议。又称克里米亚会议。会议讨论的问题主要有：①处置德国问题。三国制订了最后击败德国迫使其无条件投降的计划。②波兰问题。会议决定，波兰东部边界当依照寇松线，在若干区域应作出对波兰有利的5～8千米的逸出。③远东问题。1945年2月11日，苏、美、英三国政府首脑秘密签订《三国关于远东问题的协定》，即《雅尔塔协定》。④联合国问题。会议就安全理事会投票问题的折中方案达成协议。会议还通过了其他宣言、公报、议定书等。

雅尔塔会议的一系列决定有利于以同盟国的联合力量击败德、日法西斯，

J. 斯大林、F.D. 罗斯福和 W. 丘吉尔（坐者从右至左）出席雅尔塔会议

制裁德国，维护战后的世界和平。但《雅尔塔协定》有关中国的条款是背着中国人民作出的有损中国主权和利益的决定，是大国主义和强权政治的表现。

纽伦堡审判 1945 ~ 1946 年欧洲国际军事法庭在德国纽伦堡对第二次世界大战期间纳粹德国的首要战争罪犯和犯罪组织进行的审判。

国际军事法庭第一次审判于 1945 年 10 月 18 日在柏林举行。从 11 月 20 日开始，移至德国纽伦堡城举行。经过 216 次开庭，于 1946 年 10 月 1 日结束。法庭对 24 名被告中的 22 人作了宣判：H. 戈林等 12 人被处绞刑，W. 冯克等 3 人被判无期徒刑，B.von 希拉赫等 4 人被判 10 ~ 20 年徒刑，H. 弗里切等 3 人被释放。在被起诉的组织和团体中，党卫军、特别勤务队和盖世太保及纳粹党元首兵团被宣布为犯罪组织。

在纽伦堡欧洲国际军事法庭被告席上的纳粹战犯（坐者后两排）

纽伦堡审判为以后对破坏和平罪的审判奠定了基础，标志着国际法的重大发展。

东京审判 在日本东京举行的对第二次世界大战日本首要战犯的审判。即远东国际军事法庭审判。远东国际军事法庭由 11 名法官组成，其中中、英、美、苏、法、澳、荷、加、新（西兰）、印（度）、菲各 1 名。法庭自 1946 年 5 月 3 日至 1948 年 11 月 12 日进行审理。28 名被告被控犯有危害和平罪、战争罪和违反人道罪等罪行。除松冈洋右等 3 人已死亡或丧失行为能力外，实际审判 25 人。法庭最后判处东条英机等 7 人绞刑，荒木贞夫等 16 人无期徒刑，东乡茂德等 2 人有期徒刑。

在东京远东国际军事法庭被告席上的日本甲级战犯（后两排）

靖国神社 日本神道教专门祭祀在近代日本历次战争中阵亡者的场所。1869 年在东京九段阪上修建，原名招魂社，1879 年改称靖国神社。1978 年 10 月 17 日，东条英机等 14 名日本第二次世界大战甲级战犯的灵位被放进靖国神社。

日本战败前，神社对崇拜天皇和推行军国主义起了很大作用。第二次世界大战后，根据日本宪法关于政教分离的

规定，取消由国家主持的祭祀活动。但自20世纪60年代以后，右翼保守势力要求重新将靖国神社改由国家管理，实行“正式参拜”。80年代前，日本历届总理大臣（除池田勇人）都以“私人身份”前往参拜。80年代后，不仅总理大臣，几乎所有的内阁大臣都在8月15日“终战纪念日”这天参拜靖国神社。这一行为引起中国、韩国和许多曾经遭受日本侵略的亚洲国家的强烈抗议和反对。

日本战后改革 第二次世界大战结束后，在反法西斯盟国和日本人民的要求下，由美国占领当局主持，在日本政治、经济和教育等方面实行的民主化改革。1945年10月，盟军最高司令官D.麦克阿瑟指示日本政府修改1889年制定的《明治宪法》。1946年11月3日公布新的《日本国宪法》，翌年5月3日正式实施新宪法。新宪法第九条规定，日本“永远放弃以国权发动的战争、武力威胁或武力行使作为解决国际争端的手段”。通过修改宪法，改革了日本的政治制度。同时，还在教育、文化、经济等方面进行了一系列改革。麦克阿瑟将这些改革概括为“确保人权的五大改革”，即妇女解放和参政、鼓励建立工会组织、教育民主化、废除秘密审讯司法制度和经济机构民主化等。

田中角荣（1918-05-04 ~ 1993-12-16） 日本政治家、内阁总理大臣（1972 ~ 1974）。生于新潟县。1936年毕业于中央工业学校土木科。第二次世界大战期间因承包军事工程而成为日本富豪之一。1947年首次当选为众议员。1972年接替佐藤荣作任首相。上台后即率领日本政府代表团访问中国，实现中日邦交正常化，为全面发展中日友好合作关系奠定了基础。1974年12月因洛克希德事件被迫辞职。1976年7月因此被捕。1983年12月被东京地方法院判处有期徒刑5年，罚款5亿日元。1990年以健康原因退出政界。

南斯拉夫 南斯拉夫王国、南斯拉夫联邦人民共和国、南斯拉夫社会主义联邦共和国的简称。地处巴尔干半岛的西北部。包括波斯尼亚和黑塞哥维那、黑山、克罗地亚、马其顿、斯洛文尼亚、塞尔维亚6个共和国。

7世纪，斯拉夫人的一支定居巴尔干半岛，逐渐同土著居民融为一体，统称南部斯拉夫人。从14世纪始，奥斯曼帝国在塞尔维亚、马其顿、波斯尼亚和黑塞哥维那及黑山部分地区建立长达5个多世纪的统治。同时，克罗地亚、斯洛文尼亚、亚得里亚海沿岸分别被奥地利和威尼斯共和国所统治。1878年，黑山和塞尔维亚获得独立。1918年12月，塞尔维亚-克罗地亚-斯洛文尼亚王国建立。1929年10月3日，改名为南斯拉夫王国。

1941年3月25日，南斯拉夫王国政府参加德、意、日三国同盟，激起人民群众的抗议示威，于3月27日被推翻。4月6日，德、意法西斯军队入侵南斯拉夫。南斯拉夫人民经过四年的英勇斗争，终于在1945年5月15日解放全国。同年11月29日宣布成立南斯拉夫联邦人民共和国。

1991～1992年，斯洛文尼亚、克罗地亚、波斯尼亚和黑塞哥维那、马其顿相继宣布独立。1992年4月27日，南斯拉夫宣布塞尔维亚和黑山联合成立南斯拉夫联盟共和国。2002年3月改国名为塞尔维亚和黑山。2006年5月黑山独立后，国名改为塞尔维亚共和国。

铁托，J.B.（1892-05-07～1980-05-04）南斯拉夫共产主义者联盟主席（1966～1980）、南斯拉夫社会主义联邦共和国总统（1953～1980）、不结盟运动创始人之一。生于克罗地亚库姆罗维茨村。1917年参加国际赤卫队。1920年10月加入南斯拉夫共产党。1940年当选为南共总书记。1941年4月，德、意法西斯入侵南斯拉夫。以铁托为首的南共中央领导了南斯拉夫人民的解放战争。1945年11月29日，南斯拉夫联邦人民共和国宣布成立，铁托任联邦政府主席、国防部长和武装部队最高统帅。1953年起任南斯拉夫联邦共和国总统。

战后，他通过对经济体制的改革和实行工人自治，开创了独特的社会主义自治制度。在国际共产主义运动中，他始终坚持反对外来干涉和大国主义。在国际事务中，倡导不结盟运动。

铁托（中）在反法西斯斗争中

非暴力不合作运动 M.K.甘地领导的印度人民反抗英国殖民统治的运动。在运动中，甘地倡导以和平方式抵制政府、机关、法庭、学校，以及采取总罢业、抵制英货、抗税等非暴力手段进行斗争，“用非暴力去对付英国统治有组织的暴力”。该运动先后开展过数十次，在不同时期有不同的内容和名称，重要的有四次：非暴力不合作运动（1920年9月至1922年2月）、文明不服从运动（1930年3月至1934年4月）、个人文明不服从运动（1940年10月至1941年12月）、“退出印度”运动（1942年8月8日至1945年5月24日）。

文明不服从运动——甘地率众向西海岸进发（1930）

甘地，M.K.（1869-10-02 ~ 1948-01-30） 印度国民大会党领袖、民族解放运动领导人、**非暴力不合作运动**倡导者。享有印度的“圣雄”称号。生于西印度波尔班达尔土邦的班尼亚商人种姓家庭。1888 年留学英国，习法律。1893 年开始在南非做执业律师，领导 10 余万南非印度人反对种族歧视的斗争。1909 年发表《印度自治》一书。

第一次世界大战爆发后回到印度。

甘地亲自纺纱，提倡手工纺织，抵制英货

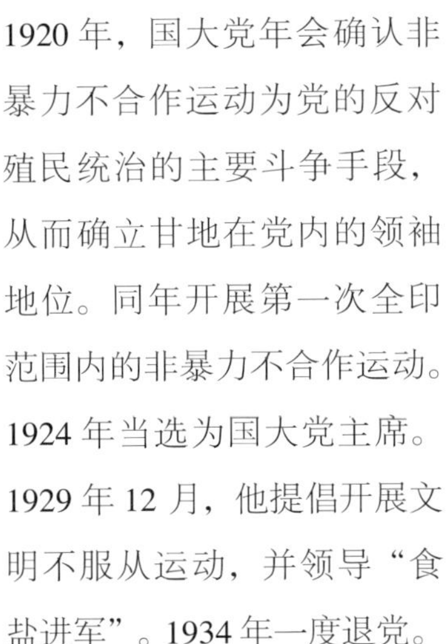

1920 年，国大党年会确认非暴力不合作运动为党的反对殖民统治的主要斗争手段，从而确立甘地在党内的领袖地位。同年开展第一次全印范围内的非暴力不合作运动。1924 年当选为国大党主席。1929 年 12 月，他提倡开展文明不服从运动，并领导“食盐进军”。1934 年一度退党。

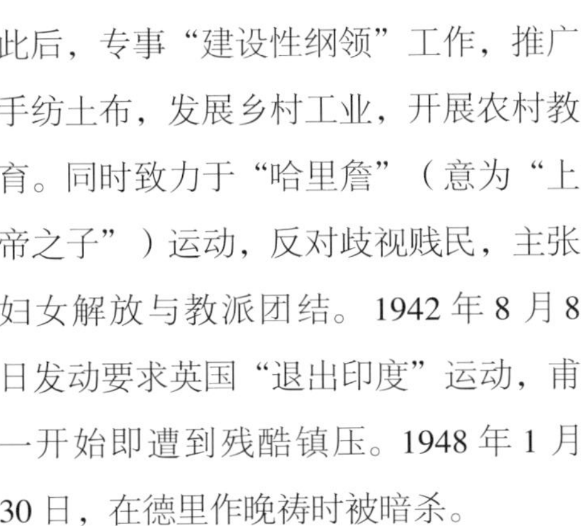

此后，专事“建设性纲领”工作，推广手纺土布，发展乡村工业，开展农村教育。同时致力于“哈里詹”（意为“上帝之子”）运动，反对歧视贱民，主张妇女解放与教派团结。1942 年 8 月 8 日发动要求英国“退出印度”运动，甫一开始即遭到残酷镇压。1948 年 1 月 30 日，在德里作晚祷时被暗杀。

尼赫鲁，J.（1889-11-14 ~ 1964-05-27） 印度民族主义运动领导人、印度国民大会党领袖、印度独立后首任总理（1947 ~ 1964）。生于联合省（今北方邦）阿拉哈巴德市一个婆罗门家庭。1905 年就读于英国剑桥大学，1912 年携律师证书回到印度。先后两次担任国大党总书记（1924 ~ 1926，1928 ~ 1929）。尼赫鲁追随**M.K. 甘地**，被公认为甘地的政治继承人。1933 年以后，逐渐成为国大党内实际上的最高领袖。1947 年 8 月印巴分治后，尼赫鲁任印度自治领总理兼外长等职务。1950 年 1 月任共和国总理，直到病逝。

1953 年 6 月 10 日，尼赫鲁与女儿 I. 甘地在日内瓦机场

他任总理期间，实现了国家机构和军队的印度化。还用赎买和武力手段合并印度 554 个土邦，统一印度，并在此基础上按民族语言区重新划分邦界。此外，还实行土地改革。

尼赫鲁为亚非会议发起人之一。1954 年访问中国，同周恩来总理共同倡导和平共处五项原则。1961 年又同**J.B. 铁托**、**纳赛尔**共同发起**不结盟运动**。

印巴分治 印度、巴基斯坦两国因民族、宗教问题，被英国殖民者加以利用，从而分裂原来大一统印度的方案。1947

M.K. 甘地（左）与 L. 蒙巴顿会谈（1947）

年 6 月 3 日，英国政府发表《蒙巴顿方案》，把印度分成印度教徒的印度和伊斯兰教徒的巴基斯坦两个自治领。国大党和穆斯林联盟原则上接受了这个方案。1947 年 8 月 14 日，巴基斯坦自治领成立；同年 8 月 15 日，印度自治领成立。印巴分治虽然结束了长达 190 年的英国殖民统治，然而却给新生的印、巴两国人民带来惨重的灾难。在随后发生的宗教仇杀中，50 万人丧生，1200 万人无家可归。印巴分治也为印、巴两国经济上畸形发展和政治上冲突埋下了灾难性的伏笔。

真纳（1876-12-25 ~ 1948-09-11） 巴基斯坦的缔造者、第一任总督（1947 ~ 1948）。生于卡拉奇。1913 年加入全印穆斯林联盟，但同时忠于印度国民大会党。1921 年初在非暴力不合作运动纲领问题上同M.K. 甘地发生分歧，退出国大党。1934 年成为穆斯林联盟终身主席。1940 年 3 月穆斯林联盟拉合尔会议通过《巴基斯坦决议》，真纳指出“印度穆斯林构成一个国家”，要求英国移交政权时平等对待印度教徒和印度穆斯林。1946 年 5 月，英国内阁使团拒绝了真纳建立巴基斯坦国家的要求，真纳宣布将为建立巴基斯坦而进行直接斗争。

印巴分治后，出任巴基斯坦自治领首任总督。1947 年 8 月 11 日，巴基斯坦制宪议会选举真纳为主席，并授予他“卡伊德-伊-阿扎姆”（伟大领袖）的称号。

甘 地，I.（1917-11-19 ~ 1984-10-31） 印度总理（1966 ~ 1977, 1980 ~ 1984）、政治家。生于安拉阿巴德城阿南德宫。J. 尼赫鲁的独生女。先后就读于桑蒂尼克坦国际大学、牛津大学萨默维尔学院。1936 年参加印度国民大会党。1942 年同 F. 甘地结婚。1959 ~ 1960 年任国大党主席。1967 年、1971 年和 1980 年 3 次当选为总理，执政 15 年。1978 年以后担任国大党（甘地派）主席。后被锡克侍卫所害。

在内政上，坚持议会民主制度，坚持实行公私营企业并举的“混合经济”政策；开展绿色革命；20 世纪 80 年代后实行对外开放。在外交上，1971 年 8 月签订《印苏和平友好合作条约》；1980 年以后继续奉行不结盟政策，改善同西方国家的关系。

伊朗白色革命 20 世纪 60 年代初至 70 年代末，伊朗国王穆罕默德·礼萨·巴列维推行的自上而下的社会经济改革。主要包括土地改革，工人在企业中入股分红，给妇女选举权，发展工业、交通和文教事业等。改革促进了伊朗经济的发展。1973 年以后，国王下令调整发展计划。经修改的发展计划片面追求高速度，加上军费开支过大，结果造成国民经济严重失调，各种社会矛盾激化。1977 年起，伊朗爆发大规模反对独裁统治的群众运动。1979 年初，伊斯兰教什叶派领袖霍梅尼领导的伊斯兰革命，要求废除君主制。1 月 16 日，国王被迫出国“长期度假”，白色革命失败。

越南八月革命 1945 年 8 月越南人民在印度支那共产党领导下进行的民族民主革命。1945 年 8 月 13 日，印度支那共产党在越南北部解放区宣光省新潮乡组成全国起义委员会，并发出总起义动员令。16 日，国民大会选出以胡志明为主席的越南民族解放委员会（即临时政府）。同日，越南解放军进攻太原。19 日，河内政权被起义人民接管。25 日，阮朝保大皇帝被迫宣布退位。12 天内，总起义在全国各地从北到南迅速获得胜利。9 月 2 日，胡志明在河内巴亭广场宣布《独立宣言》，宣告越南民主共和国成立。

八月革命推翻了殖民者在越南 80 多年的殖民统治和延续上千年的封建君主制度，揭开了越南历史新的一页。

印度尼西亚八月革命 印度尼西亚人民推翻殖民统治、实现民族独立的民族民主革命。1945 年 8 月 17 日，苏加诺和哈达签署《独立宣言》，宣布建立印度尼西亚共和国。次日，印度尼西亚独立筹备委员会召开会议，选举苏加诺和哈达分别为正、副总统。9 月 29 日，英军在爪哇登陆。荷军接踵而至。1946 年 11 月，印尼与荷兰签订《林芽椰蒂协定》，同意建立以荷兰女王为元首的“荷印（尼）联邦”。1947 年 7 月和 1948 年 12 月，荷兰发动两次殖民“警察行动”，遭到印尼人民的奋力抗击。1949 年 11 月，印尼与荷兰签订《圆桌会议协定》。协定规定，印尼参加“印度尼西亚联邦”和“荷印（尼）联邦”；除西伊利安外，荷兰将主权移交印度尼西亚联邦共和国。12 月，印度尼西亚联邦共和国政府成立。

苏加诺在群众集会上讲话（1945）

诺罗敦·西哈努克（1922-10-31 ~ 2012-10-15） 柬埔寨王国国王（1941 ~ 1955，1993 ~ 2004 年在位）。生于金边。1941 年 4 月继承王位。1953 年 3 月亲赴巴黎，向法国提出给予柬埔寨独立的要求，迫使法国殖民者承认柬埔寨独立。1955 年 3 月，西哈努克让位于其父。1960 年其父去世后，就任国家元首。1970年3月朗诺集团发动政变后到中国，领导组建柬埔寨民族统一阵线和王国民族团结政府。1975年4月金边解放后回国，1976年1月出任民主柬埔寨国家元首，4月宣布退休。1982年7月任民主柬埔寨联合政府主席。1991年7月任柬埔寨全国最高委员会主席。1993年9月登基为柬埔寨王国国王，2004年10月退位。

西哈努克为不结盟运动的创始人之一。与中国有深厚友谊。

亚洲四小龙 经济在很短时期内获得飞速发展的亚洲的韩国、新加坡、中国台湾省和中国香港。四小龙都幅员不大、工矿资源不多，但地理位置优越，且同西方发达国家有特殊关系。

四小龙的经济发展具有鲜明的特点：增长速度快，从20世纪60年代开始，国民生产总值年平均增长速度都接近或超过10%；出口扩张迅速；经济结构发生重大变化；人均国民收入水平迅速提高；失业减少，收入分配相对平均。对四小龙的经济发展起促进作用的因素主要有：外部世界比较有利的发展环境，实行正确的经济政策，发挥政府的积极作用，东方文化的优良传统。

金日成（1912-04-15 ~ 1994-07-08）朝鲜劳动党中央委员会总书记（1949 ~ 1994）、朝鲜民主主义人民共和国主席（1972 ~ 1994）。原名金成柱。生于平安南道大同郡（今平壤万景台区）。1925年移居中国吉林省。1932年4月25日创建第一支游击队，与中国人民一道开展抗日武装斗争。1936年5月，创建朝鲜抗日民族统一战线组织——祖国光复会，任会长。1945年8月日本投降后归国。10月10日领导成立北朝鲜共产党中央组织委员会。1948年9月9日，朝鲜民主主义人民共和国成立，金日成任内阁首相。朝鲜战争期间，指挥朝鲜祖国解放战争。在中国人民志愿军的援助下，取得战争的胜利。1972年起，任朝鲜民主主义人民共和国主席。

埃及七月革命 1952年7月埃及发生的民族民主革命。由以纳赛尔为首的自由军官组织领导，是埃及历史的转折点。

第二次世界大战后，埃及广大人民、士兵和下级军官对以法鲁克国王为首的封建统治极为不满。1952年1月6日，开罗军官俱乐部管理委员会进行改选，自由军官组织的代表以多数当选，法鲁克国王立即下令解散军官俱乐部管理委

纳赛尔（前左一）和革命指导委员会成员

员会。7月22日夜，自由军官组织执行委员会发动革命。23日宣布推翻法鲁克王朝。26日成立革命指导委员会，由穆罕默德·纳吉布任主席，纳赛尔任副主席。新政权宣布没收封建王室土地，取消社会等级和贵族称号，废除1923年宪法，颁布《土地改革法》。次年宣布永远废除君主政体，成立埃及共和国。

纳赛尔（1918-01-15 ~ 1970-09-28）埃及总统（1956 ~ 1970）、武装部队最高统帅。生于亚历山大巴卡斯区。

1939年毕业于埃及皇家军事学院。1945年参与组建自由军官组织。1948年参加第一次中东战争，因战功获“法卢加之虎”称号。1952年组织参与七月革命。1956年6月当选为总统，7月宣布苏伊士运河国有化。10月第二次中东战争爆发后，领导埃及军民顽强抗击，迫使英、法、以停火并撤军。1967年6月第三次中东战争爆发后，领导全国军民抗击以军，失败。

任总统期间，他领导进行土地改革，限制个人占有土地；修建阿斯旺高坝，发展农村经济；重视培养知识分子，加快工业化步伐；反对贪污腐化，给予妇女更多的政治权利。在外交上，他倡导并参加不结盟运动。

萨达特（1918-12-25 ~ 1981-10-06）埃及总统（1970 ~ 1981）。生于米努夫省迈特阿布库姆村。1938年入开罗皇家军事学院。1950年加入自由军官组织。1952年参与发动七月革命。1970年10月5日当选为总统。1973 ~ 1974年兼任总理。执政期间，对前任**纳赛尔**总统的内外政策作重大调整：

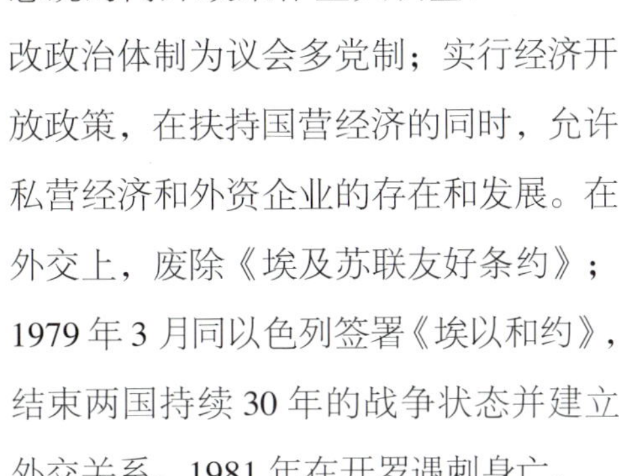

改政治体制为议会多党制；实行经济开放政策，在扶持国营经济的同时，允许私营经济和外资企业的存在和发展。在外交上，废除《埃及苏联友好条约》；1979年3月同以色列签署《埃以和约》，结束两国持续30年的战争状态并建立外交关系。1981年在开罗遇刺身亡。

非洲统一组织 非洲独立国家的全非性政治组织。简称非统组织。成立于1963年5月25日。总部设在埃塞俄比亚首都亚的斯亚贝巴。

1963年5月22 ~ 26日，非洲独立国家首脑会议在亚的斯亚贝巴举行，30个独立国家的元首、政府首脑或代表参加。会议签署《非洲统一组织宪章》，宣告非洲统一组织正式成立。非统组织为实现非洲大陆的完全解放、振兴和促进非洲经济的发展、维护非洲地区和平与国家的团结作出了重大贡献。2002年7月9日非洲联盟成立后，非统组织完成其历史使命，融入非洲联盟。

非洲统一组织会旗

非洲独立年 1960年，非洲的政治地图发生了巨大变化，这一年被称为非洲独立年。当年有17个国家取得政治独立。新独立国家的领土面积和人口分别占非洲总面积和总人口的1/3以上。连同1959年以前独立的国家，非洲独立国家的面积已占非洲总面积的2/3，人口占非洲总人口的3/4。1960年以后，非洲民族独立运动继续扩展。1961 ~ 1968年有15个国家独立。到20世纪60年代末，非洲已有41个独立国家。

古巴革命 20世纪50年代古巴人民反对亲美独裁统治的民族民主革命。1952年3月10日，F.巴蒂斯塔-萨尔迪瓦在美国支持下发动军事政变再次上台，实行亲美独裁统治。1953年7月26日，F.卡斯特罗发动武装起义，失败后被捕。1955年5月获释后，他组织七二六运动。翌年12月，他又组织一批青年到马埃斯特腊山区开展游击斗争。1957年3月，一批青年学生建立三一三革命指导委员会，转入拉斯维利亚斯省山区打游击。1958年，人民社会党也在亚瓜哈依地区组织游击队。不久，这两支队伍同七二六运动领导的游击队主力会合成一支较大的起义军。在革命形势的逼迫下，巴蒂斯塔于1959年1月1日逃亡国外。起义军进入首都哈瓦那，宣告古巴革命的胜利。

卡斯特罗，F.（1926-08-13～2016-11-25） 古巴共产党中央委员会第一书记（1965～2011），古巴国务委员会主席、部长会议主席（1976～2008）。生于奥连特省马亚里市比兰村。1950年获哈瓦那大学法学博士学位。1953年7月26日，发动反F.巴蒂斯塔-萨尔迪瓦政权的武装起义，失败后被捕。1955年5月获释后组织七二六运动。翌年12月，他率领一批青年到马埃斯特腊山区开展游击战。1959年1月1日全国胜利后，担任武装部队总司令。2月16日出任政府总理。1961年4月，领导古巴军民击溃美国雇佣军的武装入侵。7月，建立革命统一组织（后改名古巴共产党），任第一书记。先后主持发表两个《哈瓦那宣言》。苏联、东欧剧变后，宣布古巴坚持实行社会主义制度。

格瓦拉，E.（1928-06-14～1967-10-10） 古巴革命领导人。习称切·格瓦拉。生于阿根廷罗萨里奥市。1953年毕业于布宜诺斯艾利斯大学医学系。1955年在墨西哥参加F.卡斯特罗领导的七二六运动。1956年12月2日随卡斯特罗等到古巴马埃斯特腊山区开展游击战争。他为推翻巴蒂斯塔反动统治和古巴革命胜利作出了重要贡献。革命胜利后获古巴国籍，历任国家银行行长、工业部部长等职。他发表了一系列著作，宣扬被称为“格瓦拉主义”的激进军事革命思想。1965年4月放弃古巴国籍，辞去党内外一切职务，先后到刚果民主共和国、玻利维亚开展游击战争。1967年10月9日在战斗中被玻利维亚政府军俘获，次日遭杀害。

犹太复国主义 散居世界各地的犹太人要求回到古代故乡巴勒斯坦，重建犹太国的政治主张与运动。又称犹太复国运动。产生于19世纪末。第一次世界大战后，犹太复国主义者在英、美等国支持下，组织世界各地的犹太人移居巴勒斯坦。1947年11月29日，在美国的影响下，联合国通过《关于巴勒斯坦将来治理（分治计划）问题的决议》。

1948年5月14日，以色列国宣告成立。以色列国的建立，标志着犹太复国主义的基本目标实现。但是，以色列奉行扩张主义政策，通过四次中东战争侵占了巴勒斯坦和阿拉伯国家的大片土地，使100多万巴勒斯坦阿拉伯人沦为难民。

拉宾，Y.（1922-03-01 ~ 1995-11-04）以色列总理（1974 ~ 1977，1992 ~ 1995）。生于耶路撒冷。1940年毕业于南加利利的卡多里农业学校。1941年加入犹太武装组织哈加纳的突击队“帕尔马赫”。1948年第一次中东战争时任旅长。以色列建国后历任参谋部作战部长、北部军区司令、国防军总参谋长等职。1974年任总理，1977年辞职。1984 ~ 1990年担任国防部长，提出分阶段解决巴勒斯坦问题的提案。1992年再度出任总理兼国防部长。坚持“以土地换和平”的原则，着力推动中东和平进程，从而使以巴关系取得历史性突破。1994年与阿拉法特、S.佩雷斯共获诺贝尔和平奖。1995年11月遭以色列右翼极端分子刺杀身亡。

沙龙，A.（1928-02-27 ~ 2014-01-11）以色列总理（2001 ~ 2006）。生于特拉维夫附近沙龙地区的马拉勒村。原名阿里埃勒·沙因内曼，因眷恋故乡改姓沙龙。1957年赴英国坎伯利参谋学院学习。参加过历次中东战争，骁勇善战，声名卓著。1967年晋升少将。1973年7月辞去军职从政。2001年当选为总理。他在以巴问题上持强硬立场，致使以巴冲突持续升级。2002年，沙龙首次提出一项巴勒斯坦建国方案，同意巴勒斯坦人有条件建国。2003年，沙龙连任总理，提出从加沙地带和约旦河西岸部分地区撤离的单边行动计划，但遭到极右势力的强烈反对。2005年，强力推行单边行动计划，造成党内分裂。2006年1月，沙龙因中风深度昏迷。

中东战争 第二次世界大战后，阿拉伯国家同以色列之间进行的多次战争。又称阿以战争。

第一次中东战争即巴勒斯坦战争，又称阿拉伯-以色列战争。1948年5月14日，犹太人宣布成立以色列国。次日，埃及、外约旦、叙利亚、黎巴嫩和伊拉克的军队联合进攻以色列。战争经过近15个月方告结束。

第二次中东战争即英法以侵埃战争，又称苏伊士运河战争。1956年7月26日，埃及宣布关于苏伊士运河国有化的法令。从7月末开始，英、法、以三国入侵埃及。在埃及人民英勇反抗下，英、法、以三国遭到失败，被迫于11月7日宣布停火。

第三次中东战争即六五战争。1967年6月5日，以色列突然对阿拉伯国家发动袭击。6月10日晚，在联合国安排下实现就地停火。

第四次中东战争即十月战争。为收复被占领的领土，1973年10月6日下午，埃及军队对盘踞在苏伊士运河东岸的以色列占领军发起进攻。10月22日，安理会通过决议，要求战争双方停火。1974年1月8日，埃、以双方签订脱离军事接触协议。

第五次中东战争即1982年中东战争。1982年6月6日，以色列入侵黎巴嫩。以军遭到巴勒斯坦游击队的顽强阻击，并同驻扎在黎巴嫩的叙利亚军队正面交火。9月24日，联合国通过决议，要求以色列立即无条件撤出黎巴嫩。9月30日，以军撤出贝鲁特。

巴勒斯坦解放组织 巴勒斯坦人民的政治组织。1964年6月正式成立。1974年10月，在第七次阿拉伯首脑会议上被确认为巴勒斯坦唯一合法的代表。

1993年9月13日，巴勒斯坦解放组织执行委员会主席阿拉法特（右三）和以色列总理Y.拉宾（坐者）在华盛顿签署《奥斯陆协议》

巴勒斯坦解放组织实质是统一战线组织。现有主要组织包括巴勒斯坦民族解放运动、人民解放战争先锋队、解放巴勒斯坦人民阵线、解放巴勒斯坦人民阵线（总指挥部）、解放巴勒斯坦民主阵线、解放巴勒斯坦阿拉伯阵线、巴勒斯坦人民斗争阵线、巴勒斯坦解放阵线、巴勒斯坦共产党。此外，巴勒斯坦的群众团体也都有代表参加巴勒斯坦解放组织。执行委员会是巴勒斯坦解放组织的最高行政机构。执行委员会第一任主席是艾哈迈德·舒凯里。从1969年2月起，主席由阿拉法特担任。2004年11月阿拉法特去世后，阿巴斯继任主席。

阿拉法特（1929-08-24 ~ 2004-11-11）巴勒斯坦解放组织执行委员会主席（1969 ~ 2004）、巴勒斯坦革命武装力量总指挥、巴勒斯坦民族解放运动（简称法塔赫）中央委员会主席、巴勒斯坦总统（1989 ~ 2004）。生于耶路撒冷。1956年7月从开罗大学毕业。1959年10月，组建法塔赫。因指挥1968年3月的卡拉马战役而成为民族英雄。1969年2月起任巴勒斯坦解放组织执行委员会主席。1974年起任巴勒斯坦革命武装力量总指挥。1989年4月出任巴勒斯坦总统。在阿拉法特亲自指导下，巴勒斯坦同以色列经过历时7个月的秘密谈判，于1993年8月20日达成《奥斯陆协议》。巴、以实现相互承认。为此，阿拉法特与S.佩雷斯、Y.拉宾同获1994年诺贝尔和平奖。

联合国 第二次世界大战后为维护国际和平与安全而建立的国际组织。1945年4月25日，来自50个国家（波兰因故未参加）的282名代表在美国旧金山举行联合国国际组织会议。6月26日，51国（波兰事后补签）代表签署《联合

《联合国宪章》签字仪式

国宪章》。宪章规定，联合国安全理事会决定实质性问题时采取“大国一致”规则，即中、法、苏、英、美5个常任理事国拥有“否决权”。10月24日，联合国正式成立。51个宪章签字国为创始会员国。中国是联合国的创始会员国之一，但由于美国的阻挠，中华人民共和国在联合国的合法权利直到1971年10月才得到恢复。联合国的主要机构有联合国大会、安全理事会、联合国经济及社会理事会、托管理事会、国际法院和秘书处。总部设在美国纽约。共有193个会员国。另有2个观察员国。

冷战 第二次世界大战后以美国为首和以苏联为首的两大阵营间所显示的公开却有限制的对立状态。“冷战”一词由美国财政专家兼总统顾问B.M.巴鲁克在1947年的一次国会辩论中首次使用。

1946年3月5日，英国前首相W.丘吉尔发表富尔顿演说，拉开冷战的序幕。20世纪50年代是两大阵营对抗和激烈斗争时期。对抗在亚洲的主要表现是朝鲜战争，在欧洲是两大对立军事集团的形成与对峙。1958～1962年为冷战的又一紧张阶段。加勒比危机使两个超级大国濒临战争边缘。60～70年代，冷战紧张局势渐趋缓和。美、苏于1963年签署《部分禁止核试验条约》。进入80年代，美国提出星球大战计划。两个超级大国继续进行大规模的武器积累，并且竞相对第三世界施加影响，冷战局势又趋紧张。1991年下半年，苏联解体，冷战宣告结束。

马歇尔计划 欧洲复兴计划的通称。第二次世界大战后，美国争夺全球战略的重点——欧洲的扩张计划。1947年6月5日，美国国务卿G.C.马歇尔在哈佛大学发表演说，首先提出援助欧洲经济复兴的方案，故名。7～9月，英、法、意等16国的代表在巴黎召开会议，决定接受马歇尔计划。1948年4月2日美国国会通过《1948年对外援助法》，次日H.S.杜鲁门总统签署该法案，马歇尔计划得以正式执行。计划原定期限五年（1948～1952），1951年底美国宣布提前结束，代之以《共同安全计划》。美国共拨款131.5亿美元，其中赠款占88%。实施马歇尔计划期间，西欧国家的国民生产总值增长25%。马歇尔计划为北大西洋公约组织和欧洲经济共同体的建立奠定了基础，对西欧的联合和经济的恢复起了促进作用。

欧洲经济共同体 欧洲煤钢共同体、欧洲经济共同体和欧洲原子能共同体的总称。简称欧共体。又称欧洲共同市场。1951年4月18日，法、意、联邦德国、荷、比、卢六国在巴黎签署《建立欧洲煤钢共同体条约》。1952 年 7 月 23 日，条约正式生效，欧洲煤钢共同体成立。1958 年 1 月 1 日，六国签署的《建立欧洲经济共同体条约》和《建立欧洲原子能共同体条约》生效，欧洲经济共同体和欧洲原子能共同体同时宣告成立。1965 年 4 月，六国在布鲁塞尔达成协议，将以上三个共同体的执行机构合并，统称欧洲共同体。1991 年 12 月，欧共体在荷兰的马斯特里赫特通过《欧洲联盟条约》。此后，欧共体的称谓逐步被欧洲联盟所取代。

欧洲联盟 由欧洲一些主要国家组成的经济和政治集团。简称欧盟。前身是欧洲经济共同体。1993 年 11 月 1 日，《欧洲联盟条约》（又称《马斯特里赫特条约》）获得欧共体所有成员国批准并生效，欧洲联盟正式成立。总部设在比利时首都布鲁塞尔。冷战结束后，中、东欧国家纷纷申请加入欧盟。现有 28 个成员国。主要机构包括欧盟部长理事会、欧盟委员会、欧洲议会、欧盟法院、欧盟审计院等。

1975 年 5 月欧洲经济共同体同中国建立正式关系。21 世纪初，中国成为欧盟最重要的供应商之一，也是欧盟最重要的市场之一。

戴高乐，C.（1890-11-22 ～ 1970-11-09） 法国政治家、法兰西第五共和国总统（1959 ～ 1969）。生于里尔。参加过第一次世界大战。1924 年毕业于法国军事学院。第二次世界大战爆发时，任坦克旅旅长。1940 年 6 月 5 日，被擢升为国防部副部长。6 月 18 日在伦敦英国广播电台发表著名的“六一八号召”，呼吁法国人民在他的领导下继续抗战。在伦敦，他领导自由法国（1942 年改称战斗法国）运动，并逐渐建立起法国部队。1941 ～ 1944 年先后组织和领导法兰西民族委员会、法兰西民族解放委员会、法兰西共和国临时政府，为争取反法西斯战争的胜利作出贡献。1953 年宣布退出政治活动。

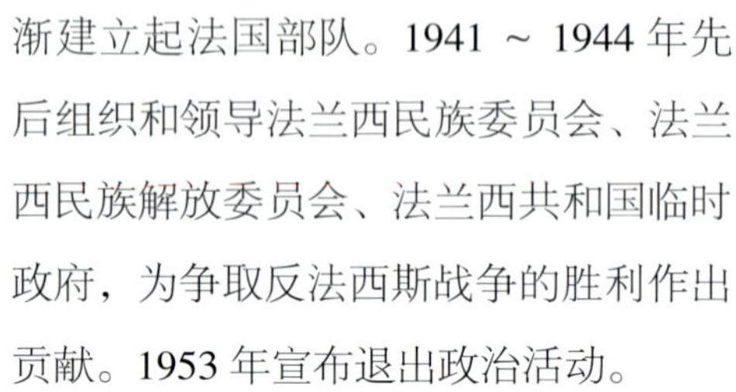

1958 年 6 月出任第四共和国末任总理。他提出新宪法草案，主张削弱议会权力，降低总理和内阁的作用，扩大总统权限。9 月公民投票通过新宪法草案。12 月戴高乐当选为第五共和国总统，次年 1 月就职。自此法国从资产阶级议会制国家变为半总统制国家。1965 年戴高乐再度当选为总统。任职期间，结束阿尔及利亚战争，完成整个法兰西帝国的非殖民化。对外奉行独立自主的外交政策，反对大国控制；对内大力发展尖端技术和新兴工业，实现工农业现代化。1964 年 1 月 27 日，法国正式承认中华人民共和国，两国建立外交关系。1969 年 4 月宣布辞职。

希拉克，J.（1932-11-29 ～ ） 法国总统（1995 ～ 2007）、保卫共和联盟主席。生于巴黎科雷兹镇。毕业于巴黎政治科学院、法国国家行政学院。1967 年当选为国民议会议员。1974 年出任法国总理。1976 年辞去总理职务后，创立保卫共和联盟，并任主席。

1977 ～ 1995 年三次连任巴黎市长。1986 ～ 1988 年再次担任总理。1995 年 5 月当选为法国总统，2002 年 5 月连任。在国内，他主张改革社会保障体系。在国际问题上，继承 C. 戴高乐的传统，寻求法国在国际事务中的突出地位；积极推进欧洲联合；主张改善法美关系，但抵制美国文化对法国的侵袭和渗透；重视发展与中国的友好关系。

伊丽莎白二世（1926-04-21 ～　）英国女王（全称“大不列颠及北爱尔兰联合王国与其他国土和领地之女王，英联邦元首”），澳大利亚、新西兰、加拿大等 17 个英联邦国家元首。英国国王乔治六世的长女。生于伦敦。1937 年 2 月 17 日被立为王位继承人。1947 年 11 月 20 日和远房表亲、皇家海军中尉菲利普·蒙巴顿结婚。1951 年 12 月 4 日成为英国枢密院成员。1952 年 2 月 6 日乔治六世去世后继承王位，号伊丽莎白二世。1953 年 6 月 2 日加冕。

女王清楚现代君主政体的作用。20 世纪 90 年代因后代的婚姻变故，王室声誉受到一定影响。为重新赢得公众的支持，女王放弃不纳税的特权，尽量展现现代君主形象。曾于 1986 年 10 月访问中国。

撒切尔夫人（1925-10-13 ～ 2013-04-08）　英国首相（1979 ～ 1990）、英国保守党领袖。生于林肯郡格兰瑟姆。婚前名玛格丽特·希尔达·罗伯茨。1943 年进牛津大学萨默维尔学院学习，先后获牛津大学理学士和文科硕士学位。1959 年当选为保守党下院议员。1975 年 2 月当选为保守党第一位女领袖。1979 年 5 月任首相，是英国历史上第一位女首相。1983 年、1987 年连选连任。在首相任内，推行以货币主义为主的经济政策，注重发挥市场的作用。主张发展同中国的经济合作和文化、科学交流。1984 年 12 月同中国政府签订《中英关于香港问题的联合声明》。1990 年 11 月辞去首相职务。12 月获功绩勋章。1992 年退出下院，被册封为撒切尔女男爵。

马尔维纳斯群岛战争　1982 年 4 月 2 日至 6 月 14 日英国与阿根廷之间因马尔维纳斯群岛（英国称福克兰群岛）归属问题引起的一场战争。又称南大西洋战争。1816 年阿根廷摆脱西班牙殖民统治而独立，1820 年宣布对马尔维纳斯群岛继承主权。1833 年英国出兵占领马岛，驱逐岛上所有阿根廷居民，迁入英国居民。但两国对马岛归属问题一直存在争议。1982 年 4 月 2 日，阿根廷出兵占领马岛，并宣布马岛为阿根廷第 24 个省。英国舰队于 24 日抵达马岛海域。30 日英国宣布对马岛实行海上和空中全面封锁。6 月 12 日，英军发动总攻。14 日，阿军投降，英军重占马岛，战争结束。马岛战争后，阿、英关于马岛主权的争端并未结束。

美国民权运动 20世纪美国黑人反对种族隔离与歧视、争取民主权利的群众运动。起始于1910年美国全国有色人种协进会的成立。全国有色人种协进会主要是进行法院斗争。斗争虽然取得一些成就，但对消除广大黑人日常生活中所受歧视作用不大。

1955年12月，黑人R.帕克斯夫人因拒绝在公共汽车上给白人让座被捕入狱。黑人牧师*马丁·路德·金*领导亚拉巴马州蒙哥马利市5万黑人罢乘公共汽车达一年之久，终于迫使汽车公司取消隔离制。1957年，金牧师等组成南方基督教领袖会议，将运动推进到南部生活的各个领域。之后相继发生了静坐运动、“自由乘客”运动、伯明翰游行示威、“为争取就业和自由向华盛顿进军”活动。所有这些，终于促使L.B.约翰逊总统签署了扫除南部一切隔离制的《民权法》（1964）和《选举权法》（1965）。

马丁·路德·金牧师发表题为“我有一个梦想”的演说

从60年代中期起，民权运动逐渐北移。1965年洛杉矶瓦茨区发生抗议警察乱捕黑人青年的暴动。此后黑人城市造反连年不断，几乎席卷美国所有大城市。1968年4月4日金牧师被刺死后，美国一百多个大城市再次掀起大规模黑人运动高潮。美国统治阶级通过残酷镇压、多方软化和收买，才在60年代末70年代初逐渐将运动平息。

马丁·路德·金（1929-01-15～1968-04-04） 美国战后民权运动领袖。生于佐治亚州亚特兰大市。1955年在波士顿大学获神学博士学位。曾任牧师。1955～1956年，胜利领导蒙哥马利市黑人抵制公共汽车公司种族歧视的罢乘运动，迫使该市取消隔离制度。1957年创建南方基督教领袖会议并被选为主席。后积极参加和领导静坐运动、“自由乘客”运动及著名的伯明翰游行示威。1963年8月，金参与组织“为争取就业和自由向华盛顿进军”活动，并发表题为“我有一个梦想”的著名演说。1964年获诺贝尔和平奖。1965年以后，他不断引导群众运动前进。1968年4月4日被种族主义分子刺死。

美国共和党 美国两大政党之一。在美国实行的两党制中与民主党轮流执政。诨名“老大党”，以象为徽，1854年7月成立。代表工业资产阶级、中产阶级、工人和西部小农的利益，反对在美国扩展奴隶制。共和党创立后在北部深得人心。第二次世界大战后，该党开始得到南部财团支持，1953年其候选人D.D.艾森豪威尔当选为总统。此后担任总统的有R.M.*尼克松*、G.R.福特、R.W.*里根*、G.*布什*、G.W.*布什*、D.特朗普。

该党以大选年竞选总统的纲领为全党政纲。无固定成员，党员人数以每次大选前选民登记为准。每四年于选举年夏季召开一次全国代表大会，提名本党总统和副总统候选人，制定纲领。

美国民主党 美国两大政党之一。在美国实行的两党制中与共和党轮流执政。以驴为徽。1791 年建党时称共和党，1794 年改称民主共和党。后该党分裂，杰克逊派于 1828 年建立民主党。主要代表西南部新兴的植棉奴隶主和旧南部奴隶主、小农、边疆居民和工匠等阶级的利益。美国进入帝国主义阶段以来，民主党在本质上与共和党无异，亦被垄断财团控制。但因其一贯标榜民主，颇得工会中上层支持，常以代表劳工自诩。1933 年后，民主党的 F.D. 罗斯福四次蝉联总统。1945 年 4 月罗斯福去世后，由 H.S. 杜鲁门继任。此后，担任总统的有 J.F. 肯尼迪、L.B. 约翰逊、J. 卡特、W.J. 克林顿和 B.H. 奥巴马。

该党无固定纲领，以竞选总统的纲领作为政纲。党籍自由，党员总数按本党总统候选人投票的结果计算。每四年于选举年的夏季召开一次全国代表大会，确定本党总统和副总统候选人，制定竞选纲领。

肯尼迪，J.F.（1917-05-29 ~ 1963-11-22） 美国第 35 任总统（1961 ~ 1963）。生于波士顿城郊的布鲁克莱恩。1940 年毕业于哈佛大学。1941 年加入美国海军，曾获中尉军衔及紫心勋章。1960 年作为民主党总统候选人胜出，成为美国第一位信仰天主教的总统。1961 年 4 月制造吉隆滩事件（即猪湾事件），遭到惨败。之后，同古巴以外的拉美国家建立争取进步联盟，承认老挝中立，建立和平队，实行粮食用于和平计划。但他又向南越增加军事援助，使美国日益深入地卷入印度支那战争。在美国民权运动的压力下，1963 年 6 月，他向国会提出一项民权法案。11 月 22 日，在得克萨斯州的达拉斯市遇刺身亡。著有《英雄传略》（又译《勇敢者的画像》）等书。

尼克松，R.M.（1913-01-09 ~ 1994-04-22） 美国共和党政治家、第 37 任总统（1969 ~ 1974）。生于加利福尼亚州的约巴林达村。1937 年从杜克大学法学院毕业。1942 年入伍，在海军服役到 1946 年 1 月，获少校军衔。1952 年当选为副总统，1956 年连任。1968 年作为共和党总统候选人胜出，入主白宫。他提出并实行以战略收缩和缓和外交为特点的尼克松主义。任期内，美国与苏联达成限制战略核武器与柏林问题的协议，中美关系走上正常化道路，美国结束了印度支那战争。1973 年起，尼克松为水门事件所困扰。1974 年 8 月 8 日辞职，成为美国历史上第一位被迫辞职的总统。

水门事件 美国白宫与共和党争取总统连任委员会策划的旨在破坏民主党竞选活动而结果却导致 R.M. 尼克松总统

辞职的非法事件。1972年6月17日，以R.M.尼克松竞选班子成员J.M.麦科德为首的5个人，在潜入华盛顿水门大厦民主党总部安装窃听器时被捕。1974年5月15日起，众议院司法委员会陆续传调录音带。其中一盘录有总统与白宫办公厅主任H.R.霍尔德曼的谈话，证实尼克松曾指示后者让中央情报局制止联邦调查局参与水门事件的调查。7月30日，司法委员会向众议院呈送三项弹劾条款，得到两党支持。8月8日，尼克松被迫发表辞职演说，翌日中午辞职生效，事件告终。

卡特，J.（1924-10-01 ~　）　美国第39任总统（1977 ~ 1981）。生于佐治亚州普莱恩斯镇。1946年毕业于美国海军学院。1971 ~ 1975年任佐治亚州州长。1976年赢得民主党总统候选人提名，并在大选中获胜。在任期间，他任命一批妇女和黑人担任联邦政府职务和联邦法官，并推行人权外交。与巴拿马签订条约，为美国归还运河和运河区铺平道路；力促埃及和以色列签署戴维营协议；与中国达成《中美建交公报》。1980年4月派遣部队前往伊朗解救人质，失败后遭受国内广泛批评。曾数次访华，并积极参与国际争端的调解。2002年获诺贝尔和平奖。

里根，R.W.（1911-02-06 ~ 2004-06-05）　美国第40任总统（1981 ~ 1989）。生于伊利诺伊州坦皮科镇。1932年从尤里卡学院毕业。1937年到好莱坞当演员。1947年被选为好莱坞电影演员工会主席。1966年当选为加州州长，并连任8年。1980年当选为总统，1984年连任。在任期间，他实行大规模减税、大量削减非国防开支、放慢货币增长速度、放松政府干预和管制、大规模增加国防开支、鼓吹平衡预算等措施。在国际上，他加强美国与西欧、日本的传统联盟，支持第三世界的“民主力量”，有节制地对苏联采取以冷战为主、缓和为辅的政策，即里根主义。到1987年，他以一次严重经济衰退为代价，取得低速经济增长的成果，并扭转了美苏争霸不利于美国的形势。

布什，G.（1924-06-12 ~ 2018-11-30）美国第41任总统（1989 ~ 1993）。生于马萨诸塞州米尔顿。第二次世界大战中在太平洋战场作战，获优异飞行十字勋章。战后进入耶鲁大学攻读经济学。1959年任萨帕塔近海石油钻探公司总裁。1971 ~ 1973年任美国驻联合国大使。1974 ~ 1975年任美国驻华联络处主任。1980年当选为副总统。1988年当选为总统。在对外关系中，支持苏联及东欧国家的改革和“民主化”；坚持无条件给中国以最惠国待遇。1989年12月派兵侵入巴拿马，逮捕巴军事领导人M.诺列加。1990年8月伊拉克入侵科威特后，他要求并获得联合国授权，组建多国部队，发动海湾战争。

克林顿，W.J.（1946-08-19 ～ ）美国第42任总统（1993 ～ 2001）。生于阿肯色州霍普市。习称比尔·克林顿。1968年毕业于乔治敦大学，1973年毕业于耶鲁大学。1978年当选为阿肯色州州长。1982年再次当选为州长，连任至1992年。在1992年大选中当选为总统，1996年连任。总统任内，他使国会通过了减少联邦财政赤字的计划并成功地加以实施，还使国会批准《北美自由贸易协定》。1998年6 ～ 7月访华期间，宣布不支持台湾独立的“三不”政策。2000年10月，在成功地使国会通过给予中国永久性正常贸易关系地位的法案后，签署该法案，使之成为法律。

布什，G.W.（1946-07-06 ～ ） 美国第43任总统（2001 ～ 2009）。生于康涅狄格州纽黑文市。前总统G.布什的长子。习称小布什。1968年毕业于耶鲁大学。1975年从哈佛商学院获工商管理硕士学位后，进入石油行业。1994年当选为得克萨斯州州长，1998年连任。2000年当选为总统，2004年连任。在任期间，实行减税计划。在国家安全政策上，坚持部署国家导弹防御系统。在环境政策上，拒绝批准《京都议定书》。9·11事件后，对外政策的单边主义色彩更加浓厚，并将“先发制人”的战争手段作为其反恐战争的主要战略。发动阿富汗战争和伊拉克战争。

基辛格，H.A.（1923-05-27 ～ ）美国外交家。生于德国巴伐利亚州菲尔特市。1943年加入美国籍，同年加入美国陆军并赴欧洲战场。1954年获哈佛大学哲学博士学位。后在该校教授政治学，1959 ～ 1969年任该校国防研究计划主任。1968年11月，被提名为总统国家安全事务顾问和国家安全委员会执行秘书，开始全面推行“均势”与“实力”外交。通过谈判于1972年5月与苏联达成限制战略核武器条约。1971年10月秘密访问中国。1972年2月陪同R.M.尼克松访华。1973年1月，代表美国政府草签《关于越南结束战争、恢复和平的协定》。9月出任国务卿。1974 ～ 1975年进行“穿梭外交”，使美国与埃及、叙利亚恢复外交关系。1977年1月辞去国务卿职务。著有《核武器与对外政策》和《选择的必要》等。

苏共二十大 1956年2月14 ～ 25日在莫斯科举行的苏联共产党第二十次代表大会。这是J.斯大林逝世后的首次党代表大会。包括中国在内的55个国家的共产党和工人党代表团参加了大会。这次大会对斯大林的个人崇拜及其后果进行了揭露和批判，同时就国际上两个体系的和平共处、现代防止战争的可能性及不同国家向社会主义过渡的形式等理论问题提出了新的看法。苏共二十大是苏联历史和苏共历史的转折点，也是国际共产主义运动转入大动荡、大论战的起点。

匈牙利事件 1956年10月23日至11月4日匈牙利人民共和国发生的严重政治事件。1956年10月23日，布达佩斯10余万学生、市民举行和平示威游行，要求纠正以前的错误，实行新的经济政策。当晚，示威者武装袭击国家广播大楼，攻占国际电信局。深夜，匈牙利政府宣布改组，由纳吉·伊姆雷出任总理。31日夜，苏军越过边界，深入匈牙利国土。11月1日，纳吉宣布匈牙利退出华沙条约组织。4日，以卡达尔·亚诺什为总理的匈牙利工农革命政府成立。政府宣布，已请求苏联派部队帮助恢复秩序。同日，苏军进入布达佩斯。经过八九天的战斗，混乱局面得到控制。大约有4000名匈牙利军民遇难，苏军有669名官兵战死。

赫鲁晓夫，N.S.（1894-04-17 ~ 1971-09-11） 苏联共产党中央第一书记（1953 ~ 1964）、苏联部长会议主席（1958 ~ 1964）。

生于库尔斯克省卡利诺夫卡村。1918年加入俄国共产党（布尔什维克）。1919年初参加红军。1929年进莫斯科斯大林工学院学习。1935年1月任莫斯科州委和莫斯科市委第一书记。苏德战争期间曾任斯大林格勒方面军军事委员会委员。1943年2月获中将军衔。1952年10月当选为苏共中央主席团委员兼中央书记。J.斯大林逝世后，于1953年9月当选为中央第一书记。他采取一系列措施纠正斯大林晚年的错误。1956年2月，在苏共二十大上作《关于个人崇拜及其后果》的秘密报告，揭示斯大林的错误，打破对斯大林的个人崇拜。在经济方面，他强调物质刺激原则，提高农产品收购价格，扩大集体农庄自主权，推动农业发展。在对外关系方面，他提出两个社会经济体系和平共处、和平竞赛的原则，认为世界大战并非绝对不可避免。1958年3月兼任苏联部长会议主席。1962年将中程导弹运进古巴，又被迫运出，给苏联带来耻辱。1964年10月被解除一切职务。

勃列日涅夫，L.I.（1906-12-19 ~ 1982-11-10） 苏联共产党中央委员会总书记（1966 ~ 1982）、苏联最高苏维埃主席团主席（1960 ~ 1964，1977 ~ 1982）。生于乌克兰卡缅斯科耶（今第聂伯罗捷尔任斯克）。1931年加入全联盟共产党（布尔什维克）。苏德战争期间曾任乌克兰第四方面军政治部副主任等职，获少将军衔。1960 ~ 1964年任最高苏维埃主席团主席。

1964年10月起任苏共中央第一书记（1966年改称总书记）。1976年获苏联元帅军衔。1977年起兼任最高苏维埃主席团主席和国防会议主席。担任最高领导人初期，依靠A.N.柯西金实行新经济体制，国家经济实力有所增长；后期，改革停滞，发展减缓，内部危机加深。对外推行霸权主义政策，日陷孤立。

戈尔巴乔夫，M.S.（1931-03-02 ~ ） 苏联共产党中央总书记（1985 ~ 1991）、苏联总统（1990 ~ 1991）。生于斯塔夫罗波尔边疆区。1950 ~ 1955 年在莫斯科大学法律系学习。1952 年加入苏联共产党。1985 年 3 月当选为苏共中央总书记。出任总书记后，大力倡导“民主化”“公开性”“新思维”，宣扬人类有共同利益，从阿富汗撤军，实现中苏两国、两党关系正常化。1987 年 6 月，推行经济改革。在改革陷于空转的情况下，于 1988 年匆忙转向政治改革。1990 年 3 月当选为苏联总统。7 月，苏共第二十八次代表大会将“人道的民主的社会主义”定为党的理想，实行多党制和议会制。改革引发社会动荡，民族矛盾表面化。1991 年 8 月 24 日辞去苏共中央总书记职务。12 月 21 日苏联解体，25 日辞去苏联总统职务。1990 年获诺贝尔和平奖。

苏联解体 20 世纪 80 年代末 90 年代初苏联在国体和政体等方面所发生的重大变化。

1985 年 4 月，苏共中央总书记 M.S. 戈尔巴乔夫提出“加速发展战略”方针。1987 年 11 月，戈尔巴乔夫发表《改革与新思维》，提出“全人类具有共同利益”的新思维。1988 年 6 月，在苏共第十九次全国代表会议上，苏共领导要求把改革的重心从经济领域转向政治领域，提出“民主化”“公开性”的口号。1990 年 7 月苏共第二十八次代表大会把“人道的民主的社会主义”定为党的理想。苏共放弃领导地位的行为导致人民群众思想的混乱和政治、经济、社会、民族矛盾不可遏制的爆发。1991 年发生的八一九事件中，戈尔巴乔夫被剥夺权力，又迅速恢复。这一冒险行动使苏联更加涣散。1991 年 8 月 23 日，B.N. 叶利钦签署俄罗斯联邦总统令，宣布停止俄共的活动。24 日戈尔巴乔夫宣布辞去苏共中央总书记职务，要求苏共中央自行解散。叶利钦发布一系列接管联盟中央权力的命令。12 月 25 日，戈尔巴乔夫辞去苏联总统职务。26 日，苏联最高苏维埃举行最后一次会议，宣布苏联停止存在。

苏联解体和东欧剧变是 20 世纪末期国际形势发生的最重大变化，标志着维系战后世界格局的雅尔塔体系的终结、两极世界对抗的结束。

八一九事件 苏联 1991 年试图夺取 M.S. 戈尔巴乔夫总统权力的政治事件。因发生在 8 月 19 日而得名。戈尔巴乔夫推行改革后，苏联社会动荡，国内各民族共和国纷纷要求独立。1991 年 8 月，政府公布新联盟条约。在预定签署条约的前一天，即 8 月 19 日凌晨，塔斯社突然播发声明，宣布戈尔巴乔夫由于健康原因不能履行总统职责，成立国家紧急状态委员会接管国家政权，进而在莫斯科等地区实行紧急状态。这次行动遭到 B.N. 叶利钦等“民主派”的坚决反对，也没有得到社会的广泛支持。21 日，戈尔巴乔夫重掌政权，紧急状态委员会的冒险行动失败。

东欧剧变 20世纪80年代末90年代初东欧地区原社会主义国家在国体和政体等方面所发生的重大变化。M.S.戈尔巴乔夫上台后提出的外交“新思维”改变了苏联对东欧国家的政策。苏联在“不干涉内政”的口号下，向东欧国家的领导人施加压力，要求实行苏联式改革。

1988年12月，波兰统一工人党召开十届十中全会，通过“政治多元化”的决议。1989年2月承认团结工会合法地位，实行总统制和议会两院制，采用三权分立原则。8月，团结工会在选举中获胜并组阁。1990年1月27日，波兰统一工人党举行第十一次代表大会，决定停止党的活动。

1989年12月，民主德国人民议院通过决议，取消宪法中关于“工人阶级及其政党领导国家”的条款。德国统一社会党更名为德国民主社会主义党，宣布实行“人道的民主的社会主义”。1990年3月18日，举行建国以来的第一次自由选举，民主社会主义党沦为在野党。

1989年2月匈牙利社会主义工人党召开中央全会，正式宣布实行多党制。在1990年3～4月的大选中，社会主义工人党失败，沦为在野党。

与此同时，在东欧其他国家也发生类似变化。保加利亚、捷克斯洛伐克、罗马尼亚、南斯拉夫等国共产党和阿尔巴尼亚劳动党相继下台，沦为在野党。1991年7月，华沙条约组织宣告解散。

独立国家联合体 由原苏联的加盟共和国组建的主权国家联合体。简称独联体。1991年八一九事件后，苏联各加盟共和国纷纷宣布独立。12月8日，俄罗斯、乌克兰、白俄罗斯3个共和国领导人在别洛韦日签署协定，决定建立独立国家联合体。21日，俄罗斯、白俄罗斯、乌克兰、哈萨克斯坦、吉尔吉斯斯坦、塔吉克斯坦、乌兹别克斯坦、土库曼斯坦、阿塞拜疆、亚美尼亚和摩尔多瓦11个加盟共和国领导人在阿拉木图签署议定书，宣布苏联停止存在，正式成立独立国家联合体。独联体设有国家元首理事会和政府首脑理事会，以协调各国在共同利益范围内的活动。1993年10月，格鲁吉亚宣布加入独联体。2005年8月，土库曼斯坦宣布退出独联体。2008年8月14日，格鲁吉亚宣布退出独联体。2014年3月，乌克兰也正式启动退出程序。

车臣战争 20世纪俄罗斯联邦政府反对车臣独立的战争。居住在北高加索的车臣人同俄罗斯在历史上有许多恩怨。1991年10月退役空军少将D.M.杜达耶夫当选为车臣共和国总统，11月2日宣布车臣独立。俄罗斯政府坚决反对。双方多次谈判，都无法达成妥协。1994年12月，B.N.叶利钦总统派俄军进攻车臣。俄军虽占领其大部分领土，却无法赢得战争。战争结束后，车臣继续开展争取独立的活动，并制造了一连串的恐怖事件。1999年9月，俄军聚集更多兵力再次进攻车臣，第二次车臣战争开始。2000年2月底，俄军控制整个车臣。2001年组成车臣政府。但车臣问题依然有待进一步解决。

叶利钦，B.N.（1931-02-01 ～ 2007-04-23） 俄罗斯联邦首任总统（1991 ～ 1999）。生于斯维尔德洛夫斯克州。

1955 年毕业于乌拉尔基洛夫工学院建筑系。1961 年加入苏联共产党。1985 年任苏共中央建设部部长、主管建筑的中央书记。1990 年 3 ～ 5 月当选为俄罗斯最高苏维埃主席。7 月宣布脱党。1991 年 6 月，当选为俄罗斯加盟共和国第一任总统。12 月 26 日苏联解体后，成为俄罗斯联邦总统。

在任期间，实行激进的市场经济改革，推行休克疗法，全面开放价格，导致经济连年下滑。后调整政策，经济下滑才得以止住。1996 年 7 月再次当选为俄罗斯联邦总统。1994 年和 1999 年两次发动车臣战争，打击分离势力。对外实行向西方一边倒的政策，后改为兼顾东西方的“双头鹰”外交。1999 年 12 月 31 日，宣布辞去总统职务。

北大西洋公约组织 西方国家根据《北大西洋公约》建立的以美国为首的军事联盟。简称北约组织、NATO。《北大西洋公约》由美国、加拿大、英国、法国、荷兰、比利时、卢森堡、意大利、葡萄牙、丹麦、挪威和冰岛于 1949 年 4 月 4 日在美国华盛顿缔结，同年 8 月 24 日生效。希腊、土耳其、联邦德国和西班牙不久相继加入该组织。总部设在比利时布鲁塞尔。自 1992 年起，波兰等东欧国家相继提出加入北约的请求。

1978 年美国总统 J. 卡特（右一）在北约首脑会议上讲话

1999 年，波兰、捷克和匈牙利正式加入北约组织。2004 年，爱沙尼亚、拉脱维亚、立陶宛、斯洛伐克、斯洛文尼亚、罗马尼亚和保加利亚 7 国加入北约组织。2009 年 4 月，克罗地亚和阿尔巴尼亚加入北约组织。2017 年 6 月，黑山加入北约组织，从而使北约组织成员国增至 29 个。

华沙条约组织 苏联、东欧国家为抗衡北大西洋公约组织，根据《华沙条约》结成的军事政治联盟。简称华约。《华沙条约》由苏联、阿尔巴尼亚、保加利亚、匈牙利、民主德国、波兰、罗马尼亚、捷克斯洛伐克于 1955 年 5 月 14 日在华沙缔结，同年 6 月 5 日生效。常设机构均在莫斯科。1968 年 9 月，阿尔巴尼亚宣布退出。1990 年民主德国宣布退出。1991 年 7 月，华约首脑会议正式宣布华约“不复存在”。

万隆会议 1955 年 4 月，亚洲和非洲国家第一次在没有西方殖民国家参加下自行召开的国际会议。又称亚非会议。会议于 1955 年 4 月 18 ～ 24 日在印度

中国总理周恩来在万隆会议上发言

尼西亚的万隆举行。与会的有缅甸、锡兰（今斯里兰卡）、印度、印度尼西亚和巴基斯坦5个发起国及阿富汗、柬埔寨、中国、埃及、埃塞俄比亚等29个国家和地区的代表团。会议广泛讨论了民族主义和反殖民主义斗争、世界和平、与会国的经济和文化合作等问题。在关于促进世界和平和合作的决议和宣言中，肯定了亚非人民反对侵略战争和维护世界和平的共同愿望。宣言提出了著名的万隆会议十项原则。会议最后一致通过《亚非会议最后公报》。

和平共处五项原则 国际公认的处理国家之间关系的基本原则。即互相尊重主权和领土完整，互不侵犯，互不干涉内政，平等互利，和平共处。1953年12月，中国总理周恩来在接见印度代表团时首先提出。1954年6月，中印、中缅两国总理联合声明重申并确认五项原则作为国际关系的指导原则。1955年的万隆会议把和平共处五项原则引申和发展为十项原则。

印度支那战争 1945年9月至1954年7月，法国为恢复殖民统治而进行的“肮脏战争”。同时也是越南、老挝、柬埔寨三国人民反对法国侵略者的民族解放战争。又称第一次印度支那战争。1945年9月23日，法国在美、英支持下，派遣远征军入侵越南南部，占领西贡。1946年10月法国侵占柬埔寨，年底侵入老挝。越南、老挝、柬埔寨人民奋勇抗击。越南在中国的支援下，于1954年5月取得奠边府战役的决定性胜利。同年5月8日至7月21日召开有中、苏、美、英、法和越南民主共和国、老挝、柬埔寨、南越参加的日内瓦会议。会议达成关于恢复印度支那和平的《日内瓦协议》，由此结束法国侵略者对三国的殖民统治。

越南战争 1961～1975年，美国为争夺世界霸权，以遏制共产主义为由对越南、老挝、柬埔寨三国进行的侵略战争。因主战场在越南，故名。又称第二次印度支那战争或越南抗美救国战争。

1961年，美国在南越进行特种战争。1964年8月5日制造北部湾事件，并以此为借口，悍然轰炸越南北方。1965年3月2日起，美国开始对越南北方进行持续大规模轰炸；3月8日在岘港登陆，直接出兵南越，把侵略战争升级为局部战争。越南人民先后挫败美国发动的特种战争和局部战争，粉碎美国的战争越南化政策及它把战争扩大到越南北方的行动，迫使美国和西贡政权在1973年1月27日签订《关于越南结束战争、恢复和平的协定》。1975年春，越南军民发动春季攻势，5月1日解放整个越南南方。

1959年，美国挑起老挝内战。1964年5月17日起，美国公然轰炸老挝解放区，从而在老挝开辟“第二战线”。老挝人民迫使万象当局在1973年2月21日签订《关于在老挝恢复和平和实现民族和睦的协定》。

1970年4月30日，美国派遣美军和西贡伪军大举入侵柬埔寨。柬埔寨人民经过艰苦奋战，于1975年4月17日解放金边，19日解放柬埔寨全境。

中国政府和人民从政治、军事、外交、经济各方面大力支援越南的正义斗争。成千中国战士牺牲在越南的土地上。

胡志明（1890-05-19 ~ 1969-09-03）越南共产党的缔造者、越南民主共和国首任主席（1945 ~ 1969）、国际共产主义运动活动家。生于越南中部义安南坛。原名阮必成。1917年移居法国，创立越南爱国者联谊会，在旅法越侨中开展活动。1920年12月加入法国共产党。1930年2月代表共产国际在香港主持三个越南共产主义组织的统一会议，成立越南共产党（10月改名印度支那共产党）。1945年领导越南八月革命总起义，在国民大会上当选为临时政府主席。9月2日在河内巴亭广场发表《独立宣言》，宣告越南民主共和国诞生。1946年3月当选为越南民主共和国主席兼总理。1946 ~ 1954年领导越南抗法战争。1951年2月印度支那共产党改称越南劳动党，他当选为中央委员会主席。20世纪60年代又领导越南抗美救国战争。他是越中友好的奠基人。

古巴导弹危机 1962年10月苏联在古巴建立导弹基地引起苏、美两国在加勒比海地区的尖锐冲突。又称加勒比危机。1962年夏，美国策划对古巴的武装干涉。苏联以“保卫古巴”为名，从7月下半月开始，把进攻性导弹秘密运进古巴，以加强对美国的威慑力量。10月中旬，美国根据U-2型飞机的侦察，得知古巴正在修建针对美国的中、远程导弹发射场。22日，美国总统J.F.肯尼迪发表电视演说，宣布武装封锁古巴，要求苏联从古巴撤出进攻性武器，并威胁不惜使用武力。28日，美、苏达成协议，N.S.赫鲁晓夫答应在联合国监督下从古巴撤出进攻性武器，肯尼迪保证美国不入侵古巴。11月8 ~ 11日苏联从古巴运走42枚导弹。20日，肯尼迪宣布美国取消对古巴的海上封锁。

不结盟运动 20世纪60年代初形成的由奉行和平、中立、不结盟政策的国家组成的一支维护世界和平和促进发展的重要政治力量及其所进行的活动。参加不结盟运动的成员国被称为不结盟国家。1956年，南斯拉夫总统J.B.铁托、印度总理J.尼赫鲁、埃及总统纳赛尔在南斯拉夫布里俄尼岛会晤，正式提出不结盟的主张。1961年9月，25个国家在贝尔格莱德举行第一次不结盟国家和政府首脑会议，正式宣告不结盟运动的诞生。冷战结束后，不结盟运动更多地侧重于经济和发展问题，但仍保持着松散的组织形式。

八国首脑会议 世界主要发达国家

的协调机制。由西方七国首脑会议演变而来。又称西方工业化民主国家国家元首和政府首脑会议。简称八国峰会、CG8。与会的美国、加拿大、英国、德国、法国、意大利、日本和俄罗斯被称为八国集团。

1975 年 11 月在巴黎郊外的朗布依埃，法、美、英、意、日和联邦德国六国领导人举行了首次首脑会议。1976 年 6 月，在波多黎各举行第二次首脑会议时，增加了加拿大，形成七国峰会和七国集团。从此，七大工业国会议每年轮流在各成员国举行一次。1997 年在美国丹佛举行首脑会议时，美国总统 W.J. 克林顿作为东道主邀请 B.N. 叶利钦以“同等成员”身份自始至终参加会议，并第一次以“八国首脑会议”的名义共同发表“最后公报”。从此首脑会议机制形成。

2003 年 6 月，法国作为第 29 次八国首脑会议的东道主，邀请中国、巴西、墨西哥、沙特阿拉伯、印度、马来西亚 6 个经济新兴国家的领导人和埃及、塞内加尔、尼日利亚、阿尔及利亚、南非 5 个“非洲发展新伙伴计划”参加国的领导人参加了在首脑会议召开前举行的南北领导人非正式对话会议。从此，历次首脑会议都向亚、非、拉发展中国家发出对话邀请。

1994 年 7 月西方七国首脑与欧洲经济共同体委员会主席在那不勒斯合影

亚太经济合作组织 亚洲和环太平洋部分国家与地区的多边经济合作组织。简称亚太经合组织、APEC。1989 年 11 月 5 ~ 7 日，澳大利亚、美国、日本、韩国、新西兰、加拿大及东盟六国在澳大利亚首都堪培拉举行部长级会议，宣布成立亚太经济合作组织。秘书处设在新加坡。最高活动是领导人非正式会议，主要交流经济问题。应美国倡议，1993 年 11 月首次在西雅图召开，以后每年的下半年召开一次，在各成员间轮流举行。有成员 21 个、观察员 3 个。

1993 年 11 月出席在美国西雅图召开的亚太经济合作组织非正式会议的各成员领导人

上海合作组织 政府间国际组织。简称上合组织、SCO。其前身是“上海五国”会晤机制。1996 年 4 月 26 日，中国、俄罗斯、哈萨克斯坦、吉尔吉斯斯坦、塔吉克斯坦五国元首在上海会晤并签署《关于在边境地区加强军事领域信任的协定》，“上海五国”会晤机制正式确立。2001 年五国元首在上海会晤时，正式接受乌兹别克斯坦加入“上海五国”

机制，六国元首签署《上海合作组织成立宣言》，上海合作组织正式成立。常设机构分别是设在北京的秘书处和设在乌兹别克斯坦首都塔什干的地区反恐机构。每年举行一次成员国元首正式会晤。从2004年开始，启动观察员机制。

阿富汗抗苏战争 1979～1989年阿富汗人民抗击苏联入侵的战争。1979年9月，阿富汗亲苏的努尔·穆罕默德·塔拉基在军事政变中被打死。总理兼国防部长哈菲佐拉·阿明上台，采取疏远苏联、亲近西方的政策。苏联为防止阿明投入西方怀抱，于12月25日晚侵入阿富汗。苏联的入侵激起阿富汗人民强烈愤慨，全国相继出现200多个抵抗组织袭击苏军。M.S.戈尔巴乔夫担任苏共中央总书记后，着手政治解决阿富汗问题。1988年4月14日，喀布尔政权、巴基斯坦、苏联和美国四国外长签署解决阿富汗问题的《日内瓦协议》。1989年2月15日，苏军全部撤出阿富汗。

海湾战争 以美国为首的多国部队经联合国安理会授权，为维护科威特主权和领土完整对伊拉克进行的战争。萨达姆·侯赛因领导下的伊拉克于1990年8月2日出兵占领科威特，8日宣布科威特为伊拉克第19个省，公然吞并科威特。11月29日，联合国通过决议，限定伊拉克在1991年1月15日前撤出科威特，未果。1991年1月17日当地时间深夜2时，美国领导下的多国部队向伊拉克军队发起“沙漠风暴”行动，海湾战争开始。2月28日，在萨达姆宣布接受联合国662号、674号决议后，多国部队同意停火，战争结束。多国部队阵亡230人，伊拉克伤亡近10万人。

海湾战争期间，一名美国士兵从伊拉克军人的尸体旁走过

海湾战争是第二次世界大战以后一场现代化高科技水平的战争，直接影响了冷战后国际政治、经济新秩序的发展趋势。

波黑战争 1992年4月至1995年12月发生在波斯尼亚和黑塞哥维那的一场内战及北约干涉的战争。1992年3月3日，波黑宣布独立。波黑塞族反对独立，克罗地亚人希望建立一个独立的联邦国家，占多数的穆斯林则想建立一个中央集权制的国家。波黑的民族矛盾愈来愈甚，加上某些西方国家的干预，终于爆发了波黑塞族与波黑穆斯林、克罗地亚人之间的战争。几个月后，穆斯林与克罗地亚人之间又爆发战争。1993年初，在联合国调停下，波黑和谈开始。1995年11月，在美国代顿举行波黑和平协议的谈判。协议草案规定，波黑仍为一个主权国家，由穆克联邦和塞族共和国两个实体组成，两者分别占国土面积的51%和49%。

科索沃战争 1999年3月24日至6月10日，以美国为首的**北大西洋公约组织**国家以“人道主义干涉”为名，就科索沃问题对南斯拉夫联盟发动的战

争。1991年，阿尔巴尼亚人成立“科索沃共和国”，并组织“科索沃解放军”。1998年12月起，“科索沃解放军”与塞尔维亚军警不断发生流血冲突。1999年1月15日，塞族军警同阿族武装在拉察克村交火，40多名阿族武装人员被击毙。3月24日，以美国为首的北约8个国家对南联盟开始大规模空袭。北约的空袭遭到南联盟的坚决抵抗，激烈对抗持续了78天。最终，南联盟被迫接受北约的和谈条件。6月，南联盟与北约签约停火，塞族军警撤出，联合国科索沃特派团和北约部队进驻科索沃。科索沃战争是一场未经联合国授权就对一个主权国家进行的侵略战争。

9·11事件 国际恐怖主义组织策划的以美国纽约世界贸易中心大厦和华盛顿国防部五角大楼等为主要攻击目标的恐怖袭击活动。2001年9月11日，一架被恐怖分子劫持的客机于美国东部时间8时46分撞击世贸中心北楼。9时3分，另一架被劫持的客机撞向世贸中心南楼。9时47分，又一架被劫持的客机撞击国防部五角大楼，造成大楼一角坍塌。从10时到10时30分，世贸中心被撞击的两座摩天大楼相继倒塌。10时54分，第四架被劫持的客机在宾夕法尼亚州的匹兹堡坠毁。这一恐怖袭击事件震惊了美国和整个世界。美国政府迅速进行调查工作，并将藏匿在阿富汗的伊斯兰极端恐怖分子本·拉登锁定为头号嫌疑犯。9·11事件中死亡、失踪的人数为2797人，其中失踪59人。

遭撞击后的世贸中心大厦

阿富汗战争 2001年美国针对阿富汗塔利班政权的反恐怖战争。美国认定9·11事件是藏匿在阿富汗的国际恐怖主义基地组织头目本·拉登所为，于是勒令阿富汗塔利班政权交出本·拉登，否则将以军事行动达到目的。2001年10月7日，美国总统G.W.布什宣布对阿富汗发动代号为“持久正义行动”的军事进攻。战事历时61天。12月22日阿富汗组成卡尔扎伊临时政府。

伊拉克战争 2003年3月20日，美国及其部分盟国对伊拉克发动的以推翻萨达姆·侯赛因政权为目的的战争。从2001年底开始，美国G.W.布什政府就全方位地进行推翻萨达姆政权的准备活动。2003年3月20日，美国及其少数盟国以伊拉克隐瞒制造和拥有大规模杀伤性武器、实质性违反联合国1441号决议为借口，绕过联合国，对伊拉克发动战争。战争开始后，以美、英、澳三国军队为主的多国部队基本上未遭到伊拉克军队的大规模正面阻击。4月10日，美军在基本没有遇到抵抗的情况下攻占巴格达。伊拉克主要领导人和军队主力去向不明。15日，布什总统宣布萨达姆政权垮台。5月1日晚，布什总统宣布对伊拉克战争的主要军事行动结束。这是一场以美国为首的多个国家未经联合国批准用武力推翻一个主权国家政府的战争。

天文地理

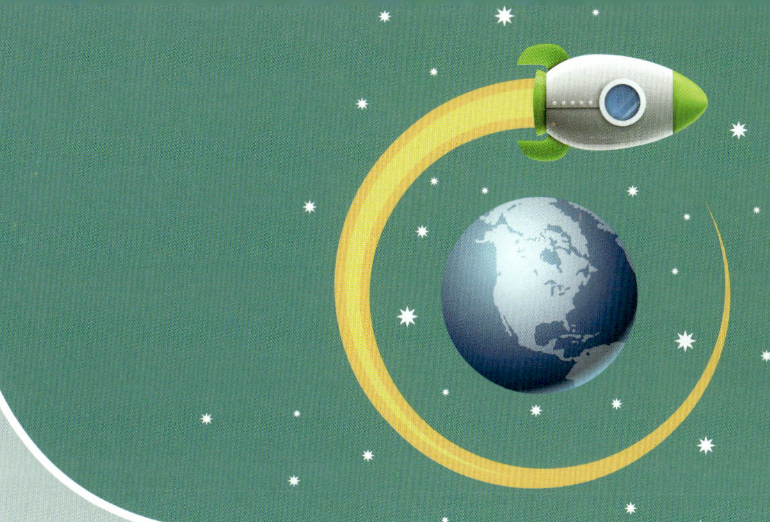

【天文】

天文学 研究宇宙中所有天体和散布在其中的一切物质的组成、距离、运动、物理性质和结构的科学。在人类文明史上，天文学占据着显著地位。古巴比伦的泥板书、古埃及的金字塔，都是历史的见证。中国殷商时期留下的甲骨文里，有丰富的天文记录。

天文学是一门古老的学科。它的研究对象是辽阔空间中的天体。几千年来，天文学家主要通过接收天体投来的辐射发现它们的存在，测量它们的位置，研究它们的结构，探索它们运动和演化的规律，逐步扩展人类对广阔宇宙空间中物质世界的认识。观测是天文学实验方法的基本特点。不断地创造和改革观测手段，成为天文学家致力不懈的课题。

古代的天文学家测量太阳、月亮、星星在天空的位置，研究它们的位置随着时间变化的规律，从而确定时间、节气和历法。也就是说，他们创建了天体测量学。早在16世纪以前，中国的天象观测已达到非常精确的程度。中国古代天文学家，如张衡、祖冲之、一行、郭守敬等，设计制造出精巧的观测仪器，通过观测恒星，确定岁时，上百次地改进历法。在西方，古代天文学家倾注很大精力，研究行星在星空背景中的运动。他们精益求精地测量行星的位置和分析行星运动的规律，终于导致中世纪N. 哥白尼日心学说的创立。

日心学说的发展到17世纪达到高峰。I. 牛顿把力学概念应用于行星运动的研究，创立了天文学的一个新的分支——天体力学。19世纪中叶以来，物理学的重大发展把天文学推进到一个新的阶段。以测定天体亮度和分析天体光谱为起点的天体物理学成为天文学的一个新的生长点。19世纪末到20世纪初，量子力学、相对论、原子核物理学和高能物理学的创立，给了天文学以新的理论工具。

天体物理学的诞生标志着现代天文学的起点。天文观测也在这时进入到一个新的阶段。17世纪伽利略首创的天文望远镜，使人类的视野大大开阔。20世纪初以来，大型光学望远镜的发展，以及射电天文学和空间天文学的相继诞生，使天文观测手段具有空前的探测能力和精度，天文观测领域扩展到整个电磁波段。观测手段的进步使天体物理学进入空前活跃的阶段。

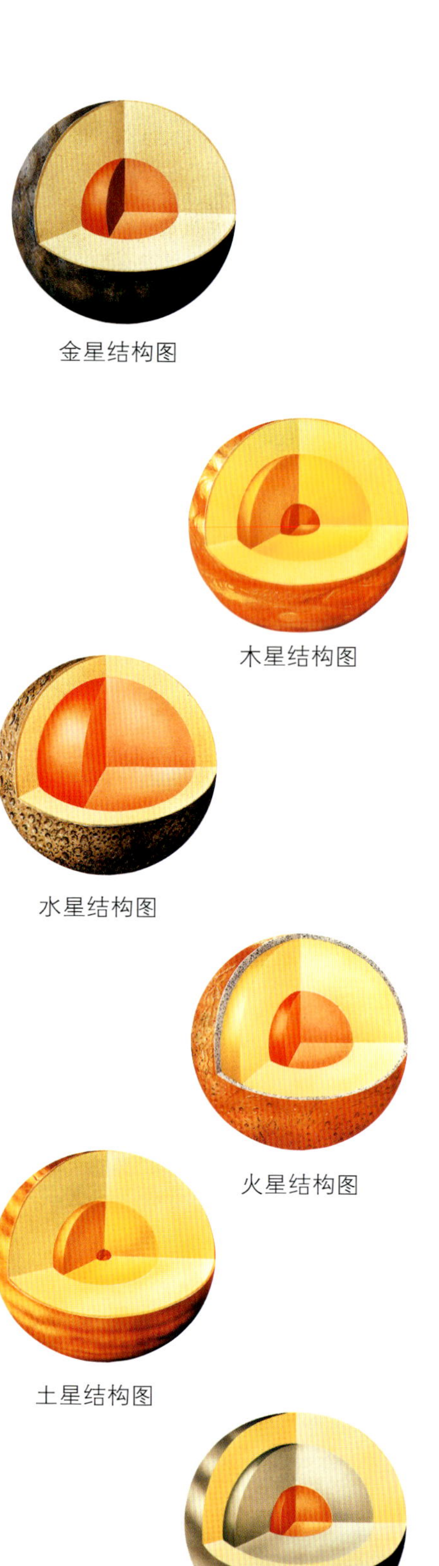

金星结构图

木星结构图

水星结构图

火星结构图

土星结构图

天王星结构图

海王星结构图

宇宙 空间、时间和其中存在的各种形态的物质和能量的总称。宇宙是处于不断运动和发展中的物质世界。《淮南子·原道训》注："四方上下曰宇，古往今来曰宙，以喻天地。"宇宙一般被当作天地万物的总称。人类对宇宙的认识，从太阳系到银河系，再扩展到河外星系、星系团乃至超星系团。借助各种功能强大的地面和空间望远镜，观测的范围已达到100多亿光年的宇宙

旋涡星系的形态
（银河系与之相仿）

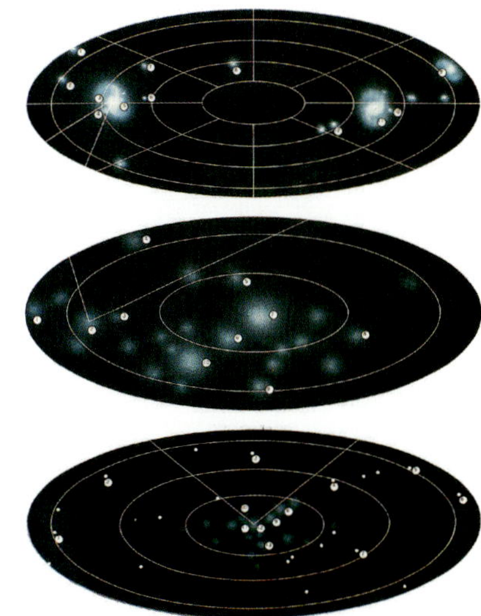

星系群

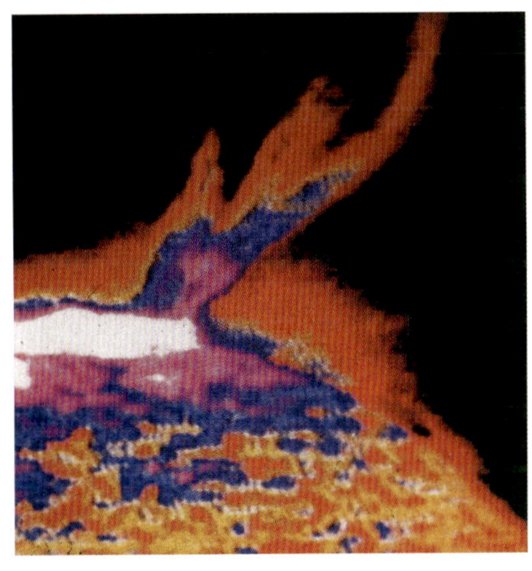

从“天空实验室”拍摄的太阳照片

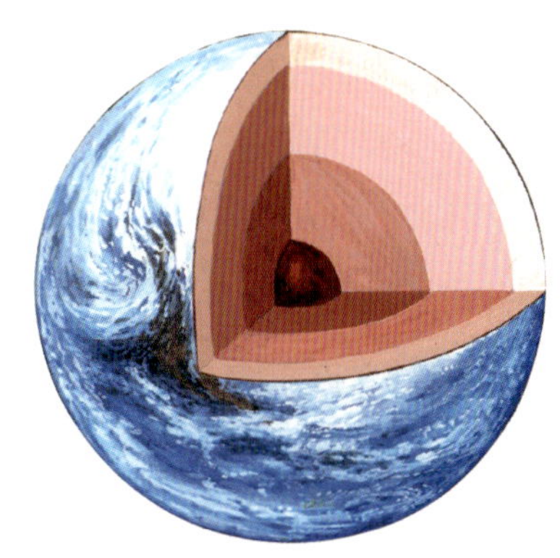

地球内部圈层结构

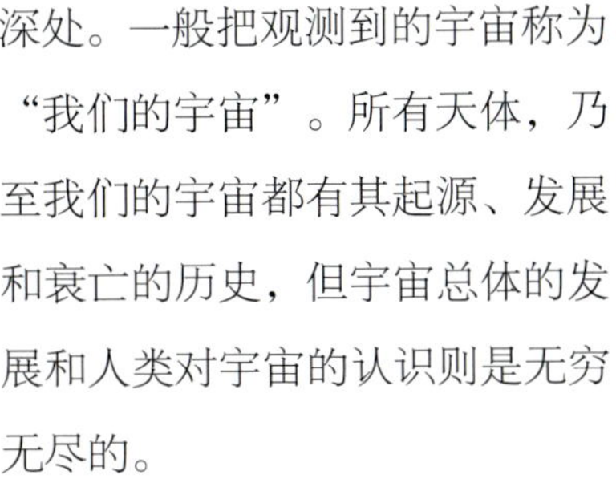

深处。一般把观测到的宇宙称为“我们的宇宙”。所有天体，乃至我们的宇宙都有其起源、发展和衰亡的历史，但宇宙总体的发展和人类对宇宙的认识则是无穷无尽的。

月球结构图

黑洞 广义相对论所预言的一种特殊天体。它具有一个封闭的视界。视界就是黑洞的边界，外来的物质和辐射可进入视界内，并被撕碎和高度凝聚；而视界内的任何物质和辐射都无法跑到外面。黑洞的引力和潮汐力异常巨大。

1939 年，J.R. 奥本海默等根据广义相对论证明，一个无压的尘埃球体，在自引力作用下能坍缩到它的引力半径范围内。当物质球坍缩到引力半径，这个球体所发射的光线或其他任何粒子都不能逃到引力半径以外，这就形成黑洞。形成黑洞以前的恒星物质可有各种属性，但它一旦形成稳定的黑洞以后，其所有的属性几乎都不再能被观测到。

寻找黑洞是相对论天体物理学的重要课题。完全孤立的黑洞难于观测，只能根据它与周边物质相互作用时产生的各种效应来预测其存在。

白洞 广义相对论所预言的一种与黑洞相反的特殊天体。和黑洞类似，它也有一个封闭的边界。聚集在白洞内部的物质，只可以经边界向外运动，而不能反向运动。因此，白洞可以向外部区域提供物质和能量，但不能吸收外部区域的任何物质和辐射。白洞是一个强引力源，其外部引力性质与黑洞相同。白洞可以把它周围的物质吸积到边界上形成物质层。白洞目前还只是一种理论模型，尚未被观测所证实。白洞学说主要用来解释一些高能天体现象。

星座和星图 星座是为了识别星空，按恒星在天球上的排列图像划分的星空区域。公元前 13 世纪，古巴比伦人把黄道附近的星座确定为 12 个。公元 2 世纪，经过古代希腊天文学家的详细描述，大体确定了北部天空约 40 个星座的雏形。17 世纪以来，通过航海家和天文学家在南半球的系统观测，又逐渐确定了南部天空的 48 个星座。中国早在公元前 11 世纪以前就把星空划分成许多星官或星宿，后来又进一步演变为三垣二十八宿的星空体系。世界通用的星座体系是国际天文学联合会于 1928 年最终确定的。它以传统的星座为基础，将整个天空划分为 88 个星座。

星图是将恒星或其他天体在天球上的视位置投影在平面上，以表示它们

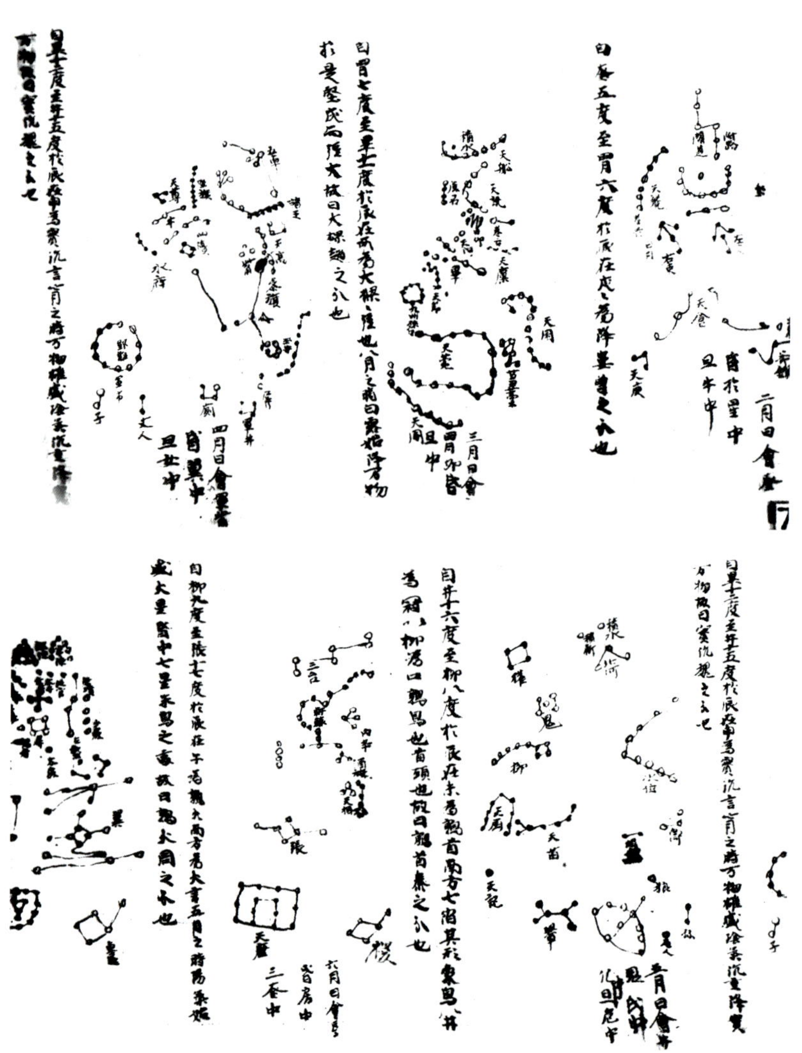
《敦煌星图》局部

的方位、亮度和形态的图片或照片。705 ~ 710 年问世的中国唐代《敦煌星图》，是世界上现存最古老的星图。波兰天文学家J.赫维留编著的《天文图志》中所载星图，是欧洲最早的星图。星图有全天星图和特定天区星图之分，是天文观测、教学和科研的基本工具之一。

星系 通常由几亿至上万亿颗恒星及星际物质构成，空间尺度为几千至几十万光年的天体系统。银河系就是一个普通的星系。银河系以外的星系称为河外星系。现代望远镜包括哈勃空间望远镜能观测到的星系估计在 500 亿个以上。

旋涡星系

星系的外形和结构多种多样，但大多由椭球形的中央核球和（或）扁平的盘成分构成。1926 年，哈勃按星系的形态将星系分为椭圆星系、旋涡星系和不规则星系三大类。后来又细分为椭圆、透镜、旋涡、棒旋和不规则五个类型。

星系团 十几个、几十个以至成百上千个星系组成的星系集团。是宇宙中确知

英仙座星系团

具有动力学束缚特征的最大结构。其中的每一个星系称为星系团的成员星系。成员数目较少（不超过 100 个）的星系团称为星系群。现已发现上万个星系团，距离远达 70 亿光年之外。至少有 85％的星系是各种星系团的成员。小的星系团如本星系群由包括银河系、仙女星系在内的约 40 个大小不等的星系组成，大的星系团如后发座星系团星系总数达 3000 个。平均而言，每个星系团内的成员数约为 130 个。有时又称成员数较多的星系团为富星系团。尽管不同星系团内成员星系的数目相差悬殊，但星系团的线直径最多相差一个数量级。

银河系 地球和太阳所在的巨大恒星系统。拥有约 2000 亿颗恒星，因其投影在天球上的乳白亮带——银河而得名。按形态分类，银河系是一个巨型旋涡星系，中心区有一可能的棒状结构。银河系的第一个主要成分为一旋转的薄盘，称为银盘，由较年轻的恒星、银河

银河系全景图

星团、气体和尘埃组成。第二个主要成分是一较暗的直径约30千秒差距（1秒差距约等于3.262光年或308568亿千米）的球形晕，称为银晕，由较年老的恒星组成。银晕中央是一显著的旋转椭球形成分，称为银河系核球，亦由较年老的恒星组成。银河系的动力学中心称为银心，可能含有一个约300万倍太阳质量的黑洞。第三种主要成分是一由暗物质构成的晕，称为暗晕。银河系整体作较差自转。

恒星和星云 恒星是由自身引力维持，靠内部的核聚变而发光的炽热气体组成的球状或类球状天体。太阳就是一颗典型的恒星，离地球最近。其次是半人马座比邻星，它与地球的距离为4.22光年。银河系拥有几千亿颗恒星，在晴朗无月的夜晚，用肉眼可以看到3000多颗恒星；借助于望远镜，可看到几十万乃至几百万颗以上的恒星。恒星并非不动。因为离地球实在太远，不借助特殊工具和特殊方法，很难发现它们在天球上的位置变化，所以古人把它们称作恒星。恒星是相当稳定的炽热气体球结构，寿命在几百万年到上百亿年之间。一般认为恒星是由星云凝缩而成的。

星云是由气体和尘埃组成的云雾状天体。位于银河系内的称为银河星云。银河星云可分为广袤稀薄而无定形的弥漫星云、亮环中央具有高温核心星的行星状星云，以及尚在不断地向四周扩散的超新星剩余物质云。后两者都是恒星演化过程中的产物，也是恒星逐渐变为星际物质的过程。星云中物质密度常常

鹰状星云

十分稀薄，一般为每立方厘米几十到几千个原子（或离子）。星云的体积一般比太阳系大许多倍。

太阳系 由太阳和围绕它运动的天体构成的体系及其所占有的空间区域。有行星及其卫星、矮行星、太阳系小天体、小行星、陨星和流星体、彗星、柯伊伯带天体、行星际物质，可能还包括笼罩于最外围的奥尔特云。

太阳在太阳系中占据中心和主导地位。太阳的质量占太阳系总质量的99.86%，其余天体共占0.14%。太阳的引力控制着整个太阳系，行星都在接近同一平面的近圆轨道上绕日公转。太阳系的主要成员，除太阳外，就是行星。行星分类地行星和类木行星两类。类地行星和类木行星的轨道之间为小行星带。太阳系通常以小行星带为界，分为内外两部分。小行星带以内称为内太阳系，小行星带以外称为外太阳系。内太阳系有水星、金星、地球和火星四颗类地行星及其卫星，外太阳系有木星、土星、天王星和海王星四颗类木行星及其卫星。

太阳 太阳系的中心天体。太阳系的八行星和其他天体都围绕它运动。太阳半径为6.963×10^5千米，或约为70万千米，为地球半径的109倍左右。太阳体积则是地球体积的130万倍。太阳表面温度约为6000开，中心温度高达16×10^6开。

整个太阳球体大致可分为几个物理性质很不相同的层次。从太阳中心至大约0.25倍太阳半径的区域称为日核。从

太阳系全景示意（体积大小和距离远近不按实际比例）

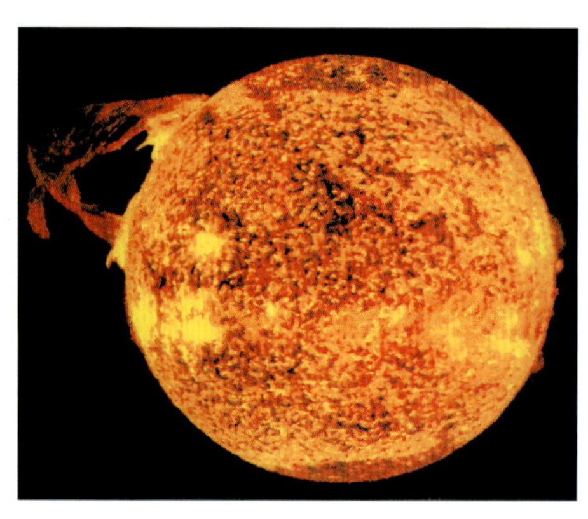

太阳紫外照片（左上方是一个高达40万千米的巨大日珥）

约0.25倍太阳半径至0.75倍太阳半径的区域称为中层。从0.75倍太阳半径至太阳表面附近的区域称为对流层。对流层上方很薄但非常重要的气层称为光球层或光球。光球外面较厚和外缘参差不齐的气层称为色球层或色球。色球上面更稀薄但温度更高而且延伸范围更大的气层称为日冕。光球、色球和日冕合称太阳大气。日核、中层和对流层则合称太阳内部或太阳本体。

太阳基本上是一颗球对称的稳定恒星。太阳大气中的一些局部区域，有时会发生太阳活动，如光球中出现太阳黑子和光斑，色球中出现谱斑、日珥，日冕中出现日冕凝块，色球和日冕中发生太阳耀斑。

太阳系八颗行星的组合（从上往下依次为水星、金星、地球和月球、火星、木星、土星和土星环、天王星、海王星） 李元提供

八行星 指太阳系的八颗行星，即水星、金星、地球、火星、木星、土星、天王星、海王星。八行星按质量和表面物态，分为类地行星和类木行星两类。前者质量小，岩石表面，卫星少（水星和金星没有卫星，地球有1颗，火星有2颗），典型代表是地球；后者质量大，气态表面，卫星多（木星有79颗卫星，土星有82颗，天王星有27颗，海王星有14颗），有环系，典型代表是木星。

水星 太阳系八行星之一。距太阳最近。中国古代称辰星，西汉之后始称水星。水星没有卫星。

水星的公转周期为87.969地球日，在八行星中是最短的。水星赤道面与公转轨道面的倾角等于0.1°，在八行星中最小，所以水星上没有季节之分。水星的自转周期和公转周期的长度比恰好是2∶3，即：自转3周才是一昼夜，历时约176地球日；同时公转2周。也就是说，1水星日等于2水星年。

水星地貌（喻京川的太空美术画）

水星赤道半径为2440千米，约为地球的38%。质量约为地球的5.5%。体积约为地球的5.6%。水星大气极端稀薄。由于没有足以隔热的大气，在近日点时赤道上的最高温度约为725开，夜间温度又会下降到90开，这是已知的太阳系的行星和卫星上的最大温差。

金星 太阳系八行星之一。按离太阳由近及远的次序为第二颗行星。除太阳、月球和某些罕见的偶现天体外，金星是星空中最亮的星。金星是地内行星，故有时为晨星，有时为昏星。中国史书称

金星地貌（喻京川的太空美术画）

晨星为启明，昏星为长庚。西汉之后始称金星，民间俗称太白。金星没有卫星。

金星的公转周期为224.7地球日。金星的自转运动是八行星中最慢的，自转周期为243地球日。其自转方向也与其他大多数行星相反，即从东往西顺时针自转。1金星日长达117地球日，即在1金星年中只能见到2次太阳升起，而且是西升东落。由于轨道偏心率和轨道倾角都很小，金星上没有明显的季节变化。

金星赤道半径6052千米，约为地球的95%。质量约为地球的82%。体积约为地球的85%。金星没有磁场。金星具有一个厚大气层。由于强烈的温室效应，昼夜温差很小，表面温度高达740开。金星大气的主要成分是二氧化碳。大气中不含水，而含硫酸。

地球 太阳系*八行星*之一。按离太阳由近及远的次序为第三颗行星。是人类所在的行星。它有一颗天然卫星——*月球*，二者组成地月系统。地球大约有46亿年的历史。

地球自西向东自转，同时围绕太阳公转。自转周期约为23时56分4秒平太阳时（1恒星日）。地球公转的轨道是椭圆的，公转周期为1恒星年（365.25平太阳日）。黄道面（地球公转轨道面）与赤道面的交角（黄赤交角）为23.45°。地球自转和公转运动的结合产生地球上的昼夜交替、四季变化和五带（热带、南北温带和南北寒带）的区分。

地球不是正球体，而是三轴椭球体。地球赤道半径为6378千米，比极半径约长21千米。质量（包括大气圈等）为5.976×10^{24}千克。体积为1.083×10^{21}立方米。地球总表面积为5.100×10^{8}平方千米，其中大陆面积约占29%，海洋面积约占71%。

大水球——地球

地球由固体地球、表面水圈、大气圈和生物圈组成。地球内部结构总体上是径向分层的，主要分成地壳、地幔和地核三个圈层。地球具有磁性。地球内部自有热源，所以地下越深则越热。地球中心的温度约为4800℃。

火星 太阳系*八行星*之一。按离太阳由近及远的次序为第四颗行星。是从地球上看颜色最红的行星。中国古代称荧惑，西汉之后始称火星。火星有火卫一和火卫二两颗卫星。

火星的公转周期为686.9地球日。火星赤道面与公转轨道面的倾角为25.19°，和地球的黄赤交角近似，所以

火卫一上看火星（喻京川的太空美术画）

火星也有类似的四季现象，只是每季的长度要比地球的长出约一倍。

火星赤道半径 3396 千米，为地球的 53%。质量约为地球的 11%。体积约为地球的 15%。火星是四颗类地行星中最为扁椭的一颗。火星具有稀薄的大气，大气内二氧化碳占 95%。火星表面赤道附近夏季的最高温度可达 300 开，有记录的最低温度是 145 开，全球表面年平均气温 210 开。火星呈红黄色。具有极为微弱的磁场。和地球一样，有壳、幔、核三个圈层。

由于自然环境和条件与地球接近，百年来始终被认为是搜索地外生命的首选行星。

木星 太阳系八行星之一。按离太阳由近及远的次序为第五颗行星。是太阳系中最大的行星。中国古代称岁星，西汉之后始称木星。

木星的公转周期是 11.87 地球年，约为 4330 地球日。木星赤道面与公转轨道面的倾角很小，等于 3.12°，在八行星中仅略大于水星的轨道交角。木星自转周期为 9 时 50 分至 9 时 56 分，是自转速率最快的一颗大行星。

木星是类木行星的典型代表。木星赤道半径 71492 千米，约为地球的 11.2 倍。由于自转快，赤道半径明显大于极半径。质量约为地球的 318 倍，超过除太阳以外的太阳系其他天体质量的总和。体积约为地球的 1318 倍，超过其他三颗类木行星（土星、天王星和海王星）。木星大气厚达 1000 千米，但和巨大的体积相比，仍只能算是薄层。大气中氢占 89%。大气上层接受的太阳热量为地球的 3.7%，气温为 −150 ~ −140℃。木星南半球有被称为“大红斑”的椭圆形风暴气旋。在八行星中，木星有最强的磁场。木星拥有环系。环系由亮环、暗环和尘环三部分组成，又窄又薄，离木星又近。

木卫一上看木星

已发现卫星 79 颗。最大的四颗卫星是木卫一、木卫二、木卫三和木卫四，它们是伽利略在 1610 年发现的，被称为伽利略卫星。

土星 太阳系八行星之一。按离太阳由近及远的次序为第六颗行星。中国古

远见土星系

代称镇星，也称填星。西汉之后始称土星。

土星的公转周期约为 29.4 地球年。土星赤道面与公转轨道面的倾角为 26.73°，比地球的黄赤交角略大些。土星自转很快，自转周期为 10 时 39 分。

土星赤道半径 60268 千米，约为地球的 9.4 倍。质量约为地球的 95 倍。体积约为地球的 744 倍。土星是八行星中最扁椭的。由于自转速率快，沿赤道带可见条带状云系。土星的平均密度为 0.70 克/厘米^3，是太阳系中唯一轻于水的天体。土星大气中氢占 94%。大气上层接受的太阳热量相当于地球的 1.1%，气温为 −170 ~ −160℃。土星赤道带附近经常有云气旋，其中最大的一个卵形气旋，名为“大白斑”。土星环系沿土星赤道面绕土星运转，由厘米级至米级大小的冰质块体组成，显得很亮。

已观测到卫星 82 颗。其中土卫六是已知唯一有大气的卫星。

天王星 太阳系八行星之一。按离太阳由近及远的次序为第七颗行星。是第一颗用望远镜发现的大行星。

天王星的公转周期为 83.75 地球年。天王星是类木行星中自转速率最慢的一颗，自转周期为 17 时 14 分。天王星赤道面与公转轨道面的倾角为 97.92°。它侧向自转，形成另类的昼夜交替和季节变化。

天王星赤道半径 25559 千米，约为地球的 4 倍。质量约为地球的 15 倍，是类木行星中质量最小的一颗。整体近似球形。体积约为地球的 47 倍。天王星的大气层很厚，大气的主要成分是氢（83%）和氦（15%）。大气上层接受的太阳热量相当于地球的 0.27%，气温为 −210 ~ −200℃。天王星有一个由多条环带组成的环系。环带共有 10 条，大多数为 1 ~ 10 千米宽的窄带，由厘米级的岩石组成，多呈暗黑色。

已发现卫星 27 颗。

从天王星卫星上看天王星（喻京川的太空美术画）

海王星 太阳系八行星之一。按离太阳由近及远的次序为第八颗行星。只有借助望远镜才能看得见。

海王星的公转周期为 164.79 地球年。自转周期为 16 时 6 分。海王星赤道面与公转轨道面的倾角为 29.56°。

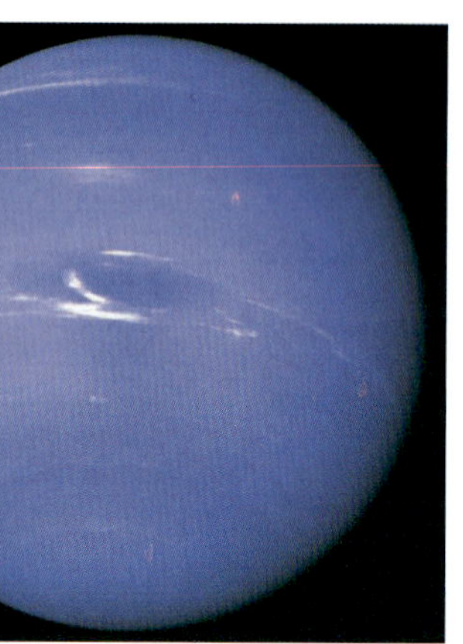
蓝色海王星

海王星赤道半径 24776 千米，约为地球的 3.9 倍。它是四个类木行星中最近似球形的行星。质量约为地球的 17 倍。体积约为地球的 40 倍。大气的主要成分是氢，其次是氦。大气上层接受的太阳热量为地球的 0.11%，气温为 -220 ~ -210℃。除自转轴的指向外，海王星和天王星在其他天文特征、物理性质和化学组成上都很相似，是太阳系内的“孪生”行星。海王星有由 5 条环带组成的环系。

已发现卫星 14 颗。

月球 地球唯一的天然卫星。是离地球最近的天体。又称月亮，古称太阴。与地球构成地月系统。

“阿波罗”11 号宇宙飞船在距月球 1.6 万千米处拍摄的月球照片

月球半径 1740 千米，约为地球的 27%。质量为地球的 1/81。体积为地球的 1/49。赤道表面重力加速度只及地球的 1/6。地月之间平均距离为 384400 千米，约为地球直径的 30 倍。因离地球近，月球成为地球夜空中最亮的天体。

月球轨道面与地球轨道面的倾角平均为 5.15°。月球赤道面与它的轨道面的倾角为 6.67°。月球以逆时针方向绕距离地球中心 4671 千米的地月系统质心运转，周期平均为 27.32166 日；它同时以逆时针方向自转，自转周期与公转周期相同。月球自转和公转的周期同步的现象，形成了月球总是以同一个半球朝向地球的天象。月球没有大气，也没有液态水。月面上白天温度可达 120℃，夜间则降至 -180℃。月球没有可探测的磁场。月面上山岭起伏，峰峦密布。环形山是月面上的最明显的特征。月面大部分地区为一层厚度不等的月尘和岩屑所覆盖。

月食和日食 月食是地球上看到月球进入地球的影子后月面变暗的现象。地球在背着太阳的方向有一条阴影。地影分为本影和半影两部分。本影没有受到太阳直接射来的光，半影受到一部分太阳直接射来的光。月球在绕地球运行过程中有时进入地影，于是发生月食。月球整个进入本影，发生月全食；一部分进入本影，发生月偏食。月全食和月偏食都是本影月食。有时月球并不进入本影而只进入半影，则发生半影月食。这时月球的亮度减弱很少，一般不称为

月食的连续照片（可见地球阴影）

月食。月食只能发生在“望”，即农历十五或十六。由于月球轨道面与地球轨道面有约 5.15° 的倾角，所以并不是每个望日都会发生月食。只有当月球运行到月球轨道面与地球轨道面的交界线附近时，才可能发生月食。单考虑本影月食，每年最多可发生三次，最少则连一次也没有。

日食是在地球上看到太阳被月球遮蔽的现象。月球在绕地球运行过程中，有时会走到太阳和地球中间，这时月球的影子落到地球表面上，位于影子里的观测者便会看到太阳被月球遮住，这就是日食。月球的影子可以分为本影、伪本影和半影三部分。在本影内，观测者看到太阳全部被月球遮住，这称为日全食；在伪本影内，则见月球不能完全遮住太阳，在太阳边缘剩下一圈光环，这称为日环食；在半影内，则见太阳的一部分被月球遮住，这称为日偏食。全世界每年最多可发生五次日食，最少也要发生两次。

发生月食的机会比日食少。但每次月食时，地球上夜半球的居民都能看到。因此，对任一地区来说，看到月食的机会反而比日食多。

小行星 沿椭圆轨道绕日运行，不易挥发出气体和尘埃的小天体。绝大多数小行星分布在火星和木星轨道之间的小行星主带中。

小行星主带中绕日运行的小行星总数不下百万颗，但其质量的总和仅为地球质量的 0.04%。主带中最大的一颗小行星是谷神星，直径 934 千米；直径

太阳系中的小行星（喻京川的太空美术画）

在 200 ~ 500 千米的小行星有 24 颗，150 ~ 200 千米的有 45 颗。根据 2006 年颁布的《行星定义》，谷神星已被分类为矮行星。主带小行星的轨道半长径为 2.17 ~ 3.64 天文单位，平均为 2.8 天文单位。

公转轨道的一部分延伸到内太阳系、近日点距离不大于 1.3 天文单位的小行星，称为近地小行星。

20 世纪 90 年代以来，已发现约 20 颗有卫星的小行星和双小行星。

彗星 当靠近太阳时能够较长时间大量挥发气体和尘埃的一种小天体。通常分为彗核、彗发和彗尾三个部分。远离太阳时，彗星呈现为朦胧的星状小暗斑，其较亮的中心部分称为彗核。彗核的成分是冰和不易熔解的物质。彗核外围的云雾包层称为彗发，它由彗核中蒸发出来的气体和微小尘粒组成。当彗星走到离太阳相当近的时候，彗发变大，太阳风和太阳的辐射压力把彗发的气体和微尘推开生成彗尾。由于彗

海尔–波普彗星
德光宏明拍摄

星的这种独特外貌，中国民间又称彗星为扫帚星。

在椭圆轨道上运动的彗星称为周期彗星，它们周期地绕太阳公转；在抛物线或双曲线轨道上运动的彗星称为非周期彗星，它们绕太阳转个弯后一去不复返。

流星 来自行星际空间、以高速进入地球大气并在夜空呈现发光余迹现象的固态天体。大小从 0.01 毫米到 10 米不等。形成目视可见流星现象的流星体的典型大小为几毫米。流星进入大气的运行速度为每秒几十千米，在地球表面之上 90 ～ 100 千米处蒸发并辐射发光。凡亮度超过金星乃至白昼可见的流星称为火流星。它们在进入大气之前通常是米级大小的流星体，燃烧未尽的实体陨落地表即为陨石。

夜空中的流星

陨石 来自行星际空间、穿过地球大气层，烧蚀后残留下来并降落到地面的地外固体物质。分为石陨石、铁陨石和石铁陨石三类。陨石的大小不等，既有重达几吨、十几吨或数十吨的，也有豌豆粒大小、质量只有 1 ～ 2 克甚至更小的。形状各种各样。一般来说，铁陨石质地坚硬，陨落时不易破裂，因而其体积比石陨石要大。陨石的外层常有一层很薄（不及 1 毫米）的黑色或深褐色熔壳。表面还有许多像河蚌壳、指印状的小凹坑，这是流星与高温气流相互作用烧蚀留下的痕迹，称作气印。陨石的密度一般要比地球上常见的岩石大。

中国科学工作者在考察“吉林 1 号”陨石

流星雨 流星群与地球相遇时，地球上看到某个天区的流星明显增多的现象。沿同一轨道绕太阳运行的大群流星体称为流星群。每逢地球遇到轨道上的流星群最密集区，观测到的每小时天顶流星数激增，这种现象称为流星暴雨。发生流星雨时，流星的出现率通常是每小时十几条到几十条；发生流星暴雨时，

2009 年 11 月 18 日在北京密云拍摄的狮子座流星雨　新华社提供，郭昱拍摄

流星的出现率可高达每小时几千条乃至几万条。流星雨起源于彗星，流星体是彗星挥发和遗撒的碎小物体。与流星的随机偶现不同，流星雨出现有定时和固定的辐射点，遂以辐射点所在星座命名。最著名的如狮子座流星雨，每年 11 月 18 日前后出现，每隔 33 年有一次流星雨盛期。

地外文明　地球以外的天体上可能存在的智慧生物及其文明。根据确信生命的起源和演化是宇宙中的一个普遍规律的理念，一些天文学家认为生命的出现和存在、生物的栖息和繁衍也都是普遍规律。从 20 世纪下半叶起，陆续实施了一些地外文明的探索，如 60 年代的“奥兹玛”计划，70 年代的“独眼神”计划，80 年代的地外文明搜寻（SETI）计划，90 年代的微波观测计划、META 计划、Serendip 计划和“凤凰”计划。采用的方法主要是用射电望远镜指向特选的恒星，搜索其行星上智慧社会发射的呼唤。2003 年开始的新一轮火星探测和 2005 年实现的土卫六着陆都是地外生命搜索项目。迄今尚未获得任何非自然信息。

飞碟　未经查明来历的空中飞行物。国际上通称 UFO，UFO 是不明飞行物的英文缩写。20 世纪 40 年代以来，有关国际组织汇集的关于 UFO 的举报总数超过 50 万例。经排查和证认，其中 45 万例或为已知飞行物，或为误报和谎报。迄今尚遗有 10％的事件仍属 UFO，有待继续证认。

天文台和天文仪器　天文台是从事天文观测和天文研究的机构，曾称观象台。天文台拥有各种类型的天文望远镜和测量、计算装置。除综合性天文台外，天文台根据所侧重的学科领域，分为天体物理台、天体测量台、太阳观测台等。按照探测天体辐射的不同波段，天文台又有光学天文台和射电天文台之别。根据台址所处的地基环境，有地基天文台和空间天文台之分。在以太空为搭载观

格林尼治皇家天文台旧址全景

测仪器的场所中，还可细分为卫星运载并环绕地球飞行的轨道天文台、飞机运载在大气高层观测的机载天文台、气球运载在高空探测的球载天文台等。

天文仪器是天文观测中聚光（或聚波）装置和附属设备的总称。前者包括适用于不同辐射波段的各种类型的天文望远镜及保障其运作的机械、电器或自动化装置，后者则包括具有探测、收录、分解、分析、存储观测信息和数据功能的多种仪器和设备。

天文望远镜 用于天文观测的望远镜。从1609年伽利略创制第一架天文望远镜到20世纪30年代建成第一架射电望远镜之间的400多年中，天文望远镜就是光学望远镜的同义语。现在，天文望远镜按照成像原理分为折射望远镜、反射望远镜和折反射望远镜，按照探测天体辐射的不同波段分为光学、射电、红外、紫外、X射线和γ射线望远镜。

伽利略望远镜

射电望远镜 接收并研究宇宙和天体的无线电波（频率20千赫至3吉赫，即射电）的强度、频谱或偏振及这三个量的变化的装置。包括收集射电波的定向天线，放大射电信号的高灵敏度接收机，信息记录、处理和显示系统，计时系统，环境检测设备，计算机控制和管理系统等。经典射电望远镜的基本原理和光学反射望远镜相似：由天体投射来的电磁波经抛物面反射后，同相到达公共焦点；射频信号功率首先在焦点处被放大并转换成较低频率，经进一步放大和检波，再记录、归算、处理和显示。

被誉为“中国天眼”的500米口径球面射电望远镜 新华社提供，欧东衢拍摄

世界上第一台射电望远镜是由美国无线电工程师K.G. 央斯基在1932年制造的，由此发现并确认了来自银河系中心方向的宇宙射电，从而开启了射电天文的历史。2016年9月于贵州黔南落成启用的500米口径球面射电望远镜（简称FAST），是世界上单口径最大、最灵敏的射电望远镜。

哈勃空间望远镜 美国国家航空航天局和欧洲空间局联合研制的口径2.4米的光学-近红外空间望远镜。简称

飞行中的哈勃空间望远镜

HST。以观测宇宙学奠基者、美国天文学家E.P.哈勃的姓氏命名。于1990年发射升空，在环地轨道上运行。哈勃空间望远镜在近30年间成功地运作和观天，取得大量高质量的观测资料。天文学家据此发现了为数众多的新天象，完成了大批研究成果，如揭示100亿～130亿光年以外宇宙早期和极早期的天象，发现导致宇宙加速膨胀的暗能量，修订计量宇宙距离尺度的哈勃常数，观测到许多形态各异的恒星诞生区、褐矮星、双小行星，发现众多的类木行星的卫星等。

张衡（78 ～ 139） 中国东汉科学家、文学家、思想家。字平子。南阳西鄂（今河南南阳石桥镇）人。少年时曾到西汉故都长安和首都洛阳参观游学。永初五年（111）到京城，担任郎中与尚书侍郎。元初二年（115）起，两度担任太史令。还曾任侍中、河间相等职。

他在天文学和地学方面都有卓越的贡献。天文学方面，他的《灵宪》和《浑天仪·图注》是两部经典著作。前者是早期天体物理学方面的著作，后者是中国古代宇宙论的标准模型——浑天说的代表作。他还亲自设计和制造了漏水转浑天仪。地学方面，他以发明候风地动仪闻名于世。另著有数学著作《算罔论》。他是东汉有名的文学家，代表作有《二京赋》《归田赋》《四愁诗》等。

张衡地动仪 中国古代测验地震方位的仪器，人类史上第一架验震器。曾称候风地动仪。东汉张衡于永建七年（132）创制。失传于3 ～ 4世纪的动乱中。

该仪器系青铜铸造，整体造型宛若汉代酒樽，直径八尺（汉建初尺，一尺

张衡地动仪的复原模型（2004）

约相当于0.24米），顶盖穹隆，樽壁附八个口衔铜丸的龙首，下部由八只张口的蟾蜍承托樽体，蟾蜍与龙首上下对应。仪器表面雕刻四灵纹饰和八卦，以示八方。早期设想：仪器内部的中央有一根都柱，旁设八条滑道、触发机构和传动杠杆。遇有地震，樽体被摇晃，各部件启动，触动一个龙首的铜丸落入蟾蜍口中，发出激扬之声以报警。仪器曾测到阳嘉三年十一月壬寅（134年12月13日）的陇西（今甘肃天水一带）地震。

一行（683 ～ 727） 中国唐代天文学家和佛学家。本名张遂。魏州昌乐（今河南南乐）人。青年时期即以学识渊博

闻名于长安。为避开武三思，剃度为僧，取名一行。先后在嵩山、天台山学习佛教经典和天文、数学。曾翻译过多种印度佛经，后成为佛教密宗的领袖。

开元十二年（724），一行和梁令瓒共同创制成黄道游仪。后又共同设计制造水运浑象。十二年起，一行主持大规模的全国天文大地测量，并根据测量数据进行归算，求出地球子午线一度之长。十三年起，一行开始编制历法。经过两年时间，写成草稿，定名为《大衍历》。随即去世。

郭守敬（1231 ~ 1316） 中国元代天文学家、数学家、水利专家和仪器制造家。字若思。顺德邢台（今属河北）人。

幼承家学，攻研天文、算学、水利之学。32岁出仕元廷。他多次参加整治华北水利工程，参与修复西夏（今宁夏银川一带）水利工程。至元十三年（1276）受命参与制定新历法。十七年编成新历，即《授时历》。他为修历而设计和监制了简仪、高表等新仪器。他主持了27个地方的日影测量、北极出地高度和二分二至日昼夜时刻的测定。他通过晷影测量，结合历史资料加以归算，得出精确的回归年长度。十八年，郭守敬任太史令。编述有《推步》等天文历法著作。晚年，郭守敬致力于河工水利，兼任都水监。他提出并完成通惠河工程。

张钰哲（1902-02-16 ~ 1986-07-21） 中国天文学家。生于福建闽侯。1919年考入清华学堂。1923年赴美，先后就读于康奈尔大学和芝加哥大学。1928年发现1125号小行星，命名为“中华”。1929年获博士学位后回国，任中央大学物理系教授。1941年起任中央研究院天文研究所所长。中华人民共和国成立后至1984年，任中国科学院紫金山天文台台长。1955年当选为中国科学院学部委员。

他长期致力于小行星和彗星的观测和轨道计算工作。他和他领导的行星研究室陆续发现100多颗星历表上没有编号的小行星和以“紫金山”命名的3颗新彗星。为表彰他在天文学上的贡献，1978年8月的《国际小行星通报》公布，将新编号的2051号小行星定名为“张”——（2051）Chang。著述主要有《变化小行星的光电测光》等。

阿利斯塔克（约前3世纪） 古代希腊天文学家。生于爱琴海上的萨摩斯岛。公元前230 ~前210年，他提出太阳在宇宙中心，与恒星一样都静止不动，地球则与诸行星一样沿圆形轨道绕太阳运动，同时绕轴自转。F.恩格斯称他为“古代的哥白尼”。现存著作有《论日月的大小和距离》。书中记载，他测得月亮上弦、下弦时日地连线与月地连线之间的角距离为87°，由此推算出月地距离与日地距离之比为1∶18 ~ 1∶20。结果虽不精确，但因原理简明，这种方法被应用了一千多年。他还提出过一种测定月食时月球视直径和地影直径的比例关系的方法，以确定日、月、地三者大小之比。

托勒玫（约100～约170） 古罗马时期天文学家、地理学家、地图学家、数学家。又译托勒密或多禄某。相传生于上埃及的一个希腊化城市。127～151年在埃及的亚历山大城进行天文观测。他总结了希腊古代天文学的成就，特别是依巴谷的工作。他把用偏心圆或小轮体系解释天体运动的地球中心说加以系统化和论证，后世遂把这种地心体系冠以他的名字。他主要依据依巴谷留下的观测资料，编制了有1022颗恒星的黄道坐标和星等的星表，发现北天极在星空中的位置变动，明确提出存在大气折射（蒙气差）现象。他对三角学和球面三角学的发展也作出了重要贡献。所著《天文学大成》是当时天文学的百科全书。另著有《地理学指南》《光学》等。

哥白尼，N.（1473-02-19～1543-05-24） 波兰天文学家、日心说的创立者、近代天文学的奠基人。生于波兰托伦城。18岁进克拉科夫大学。1497年后，先后在博洛尼亚大学、帕多瓦大学和费拉拉大学学习。1503年在费拉拉大学获得教会法博士学位。同年回到波兰。1512年后，他在弗龙堡教堂做僧正，把大部分精力用在天文学的研究上。

哥白尼建立起一个新的宇宙体系，即太阳居于宇宙的中心静止不动，包括地球在内的行星都绕太阳转动的日心体系。他系统而明晰地批判了地球中心说，并且从物理学的角度对日心地动说可能遭到的责难提出了答复。他用了30多年的时间去测算、校核、修订他的学说。1543年5月，其主要著作《天体运行论》出版。

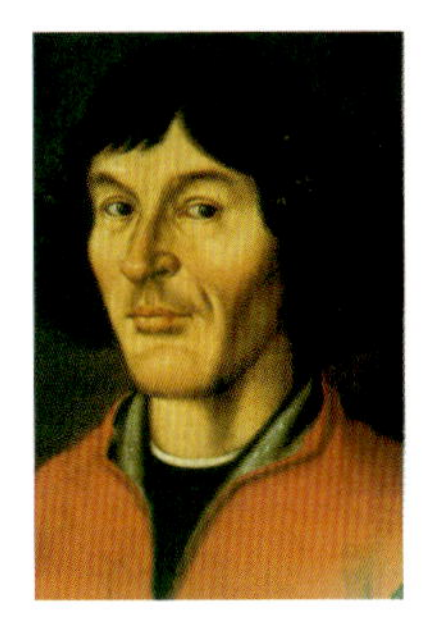

哥白尼的学说不仅改变了那个时代人类对宇宙的认识，而且从根本上动摇了欧洲中世纪宗教神学的理论基础。

开普勒，J.（1571-12-17～1630-11-15） 德国天文学家、物理学家、数学家。生于符腾堡。1587年进入蒂宾根大学神学院学习，1591年获文学硕士学位。1600年到布拉格，任B.第谷的助手。次年第谷去世，他继任御前数学家。

1604年，他对在蛇夫座附近出现的一颗超新星（后被命名为开普勒超新星）进行观测和研究；提出大气有质量，建立大气折射的近似定律。1609年出版《新天文学》，提出行星运动第一、第二定律。1611年出版《光学》，并改进望远镜。1615年出版的《酒桶新立体几何》一书，是微积分的先声。1619年出版《宇宙谐和论》，公布他所发现的行星运动第三定律。1621年出版《哥白尼天文学概要》，提出行星运动的开普勒方程。1627 年编成《鲁道夫星表》。

哈雷，E.（1656-11-08 ~ 1742-01-14）英国天文学家、数学家和地球物理学家。生于伦敦附近的哈格斯顿。1673 年进牛津大学女王学院学习，1703 年任牛津大学教授，1720 年任格林尼治皇家天文台台长。

1676 年在圣赫勒拿岛建立南半球的第一个天文台，并测量编制了第一个南天星表和星图。1678 年被选为皇家学会会员。1691 年提出利用金星凌日测定太阳视差的方法。1695 年预言月球的平均运动存在长期加速现象。1705 年发表《彗星天文学论说》，阐述 1337 ~ 1698 年观测到的 24 颗彗星的轨道。他发现和预言了哈雷彗星。1717 年还发现了天狼、南河三和大角 3 颗星的自行。

在数学方面，哈雷对高等几何、对数计算和三角函数有精深的研究。在地球物理学方面，哈雷首先发现信风，系统研究了主要风系与主要海流的关系；创制蒸发器，利用蒸发器测量地中海海水的蒸发量，成为现代水文学的奠基人之一；制成大西洋和太平洋地磁图。

赫歇耳，F.W.（1738-11-15 ~ 1822-08-25） 英国天文学家。生于德国汉诺威。1757 年移居英国。1779 年起，用自制望远镜从事巡天观测。1781 年 3 月发现太阳系中新的行星——*天王星*。随后被聘为宫廷天文学家。1783 年推断出太阳有向武仙座方向的空间运动。1785 年，他用统计恒星数目的方法证实银河系为扁平状圆盘的假说。1787 年和 1789 年先后发现天王星和土星各有两颗卫星。英国皇家学会为此授予他柯普莱奖章，并选他为会员。1782 ~ 1821 年三次刊发包含 656 对新发现的双星的星表。1802 ~ 1804 年，他发现大多数双星中都有一星绕另一星的轨道运动。1786 ~ 1802 年三次出版星团和星云表，记录 2500 个星团和星云。1820 年成为英国皇家天文学会首任会长。

哈勃，E.P.（1889-11-20 ~ 1953-09-28）美国天文学家、星系天文学的奠基人、观测宇宙学的开创者之一。生于密苏里州马什菲尔德。1910 年毕业于芝加哥大学天文系。1917 年获美国叶凯士天文台博士学位。1919 年起在威尔逊山天文台工作，直到去世。

1914 年他提出有一些星云是银河系内的气团。他发现亮银河星云的视直径同使星云发光的恒星亮度有关，并推测另一些星云，特别是具有旋涡结构的、可能是更遥远的天体系统。1924 年发现仙女座大星云的造父变星，并推算出它在银河系之外。1929 年发现星系的距离越远，红移越大，即哈勃定律。1925 年提出河外星系的形态分类法，即哈勃分类法。此法一直沿用至今。

哈勃的《星云世界》和《用观测手段探索宇宙学问题》都是现代天文学名著。

【地质】

地质学 研究地球的物质组成、构造、外部特征、各圈层间的相互作用和地球演变历史的学科。在现阶段，由于观察、研究条件的限制，主要以岩石圈为研究对象，也涉及水圈、大气圈、生物圈和岩石圈下更深的部位，以及陨石等地外天体物质。

人类认识地球历史过程的深化，不断扩大和丰富着地质学的研究范畴和内容。具有现代科学意义的地质学，是19世纪30～40年代才形成的。到20世纪，除地质学外，以地球为对象、从不同角度和范围进行研究的学科，如地理学、海洋科学、大气科学、水文学、固体地球物理学、地球化学等都发展起来，形成比较完整的地球科学体系。地质学是地球科学体系中一门综合性、应用性很强的自然科学，是其中起骨干作用的基础学科。

地质学的发展与自然科学各学科密切相关：在研究地壳物质组成、构造变化上，与物理学和化学有关；在研究地球起源、地球在宇宙空间的位置和运动规律上，与天文学有关；在关于地表形状的成因、构造、变迁的研究上，与自然地理学有关；对地球生命起源和发展的研究，与生物学和古生物学有关；在认识作为行星的地球的结构和物理性质上，与地球物理学和天文学有关。

地质年代 表明地质历史时期的先后顺序及其相互关系的地质时间系统。包括相对地质年代和绝对地质年代。相对地质年代指不同时代地层间相对的新老关系或形成先后次序，主要依据地层层序、化石、岩性及地层接触关系等确定；绝对地质年代表示地层岩石、矿物形成的实际年龄，根据岩石中所含放射性同位素的恒定的蜕变速度测定。

国际上多以生物演化的不同阶段作为划分地层单位的依据，每一地层单位严格与地质年代单位相对应。通常用宇、

中国地层及生物演化简表

宇（宙）	界（代）	系（纪）	距今年龄值/百万年(Ma)	生物演化
显生宇（宙）PH	新生界（代）Cz	第四系（纪）Q	2.588	人类进化发展
		新近系（纪）N	23.03	哺乳动物和被子植物繁盛
		古近系（纪）E	65.5±0.3	
	中生界（代）Mz	白垩系（纪）K	146	爬行类恐龙时代。裸子植物繁盛
		侏罗系（纪）J	199.6	
		三叠系（纪）T	253.17	
	古生界（代）Pz	二叠系（纪）P	299	两栖类时代。蕨类植物繁盛
		石炭系（纪）C	359.58	
		泥盆系（纪）D	416	鱼类时代
		志留系（纪）S	443.8	裸蕨植物出现
		奥陶系（纪）O	485.4	海生无脊椎动物繁盛
		寒武系（纪）Є		
元古宇（宙）PT	新元古界（代）Pt_3	震旦系（纪）Z	635	真核细胞生物出现，最晚期软躯体的后生动物出现
		南华系（纪）Nh	780	
		青白口系（纪）Qb	1000	
	中元古界（代）Pt_2	蓟县系（纪）Jx	1600	
		长城系（纪）Ch	1800	
	古元古界（代）Pt_1	滹沱系（纪）Ht	2300	原核细胞生物出现
			2500	
太古宇（宙）AR	新太古界（代）Ar_3		2800	
	中太古界（代）Ar_2		3200	
	古太古界（代）Ar_1		3600	
	始太古界（代）Ar_0		4000	

界、系、统、阶等表示地层，用宙、代、纪、世、期等表示地质年代，二者相互对应。

2018 年国际地层委员会推荐了最新的国际地层表。但中国地质调查局和全国地层委员会根据中国实际情况于 2014 年提出的《中国地层表》仍是中国地层和年龄值的指导文献。

地层和化石 地层是以某种岩石特征和属性区别于相邻岩层的一个层状岩石体。相邻地层之间可用明显的层面或经研究后推论的某种解释性界面分隔开来。地层之间的接触关系可以是连续的，也可以是不连续的。许多重要矿层和有用岩石都直接属于地层的一部分。地层沉积的原始位置近于水平，老者在下，新者在上。不同的地层含有不同的化石。在较长时间内形成的一系列地层，反映了所处沉积环境及构造环境的不断变化。

化石是保存在地层中的地质历史时期的生物遗体或生物活动所留下的遗迹。有些化石特征显著、延续时间较短而分布范围较广，并且数量多而较易发现，常可作为划分地层的重要依据。这些化石被称为标准化石。某些被认为是标准化石的生物类别或属、种，有时会在其大量出现前或认为已绝灭后出现于较古老或较新地质年代的地层中，前者称为前驱，而后者称为孑遗。

碳 -14 法定年 依据放射性核素碳 -14 随时间的衰减规律而建立的定年方法。又称放射性碳定年。碳 -14 大致均匀地分布于大气圈、水圈和生物圈中所有参与碳 -14 交换的含碳物质中。含碳物质一旦停止与外界碳库的交换，碳 -14 就会随时间衰减。因此，根据现代碳的放射性比活度与含碳样品中现存的碳 -14 放射性比活度测定值的比值，就能计算含碳样品的碳 -14 年龄。实际工作中，由于几万年以来地球大气中碳 -14 浓度曾发生过显著变化，因此需要将碳 -14 年龄与树轮年龄进行比对，获得碳 -14 校正年龄。

碳 -14 的半衰期为 5730 年，碳 -14 法定年的范围一般在 200 年至 5 万年。此法主要应用于晚第四纪地质历史及古地理、古气候、海洋沉积物、考古研究等领域。

冰期 气候寒冷、具有强烈冰川作用的地史时期。又称冰川期。广义的冰期指大冰期，狭义的冰期指比大冰期低一层次的冰期。大冰期指地球上气候寒冷，极地冰盖增厚、广布，中低纬度地区有时也有强烈冰川作用的地质时期。大冰期中气候较寒冷的时期称冰期，较温暖的时期称间冰期。大冰期、冰期和间冰期都是依据气候划分的地质时间单位。

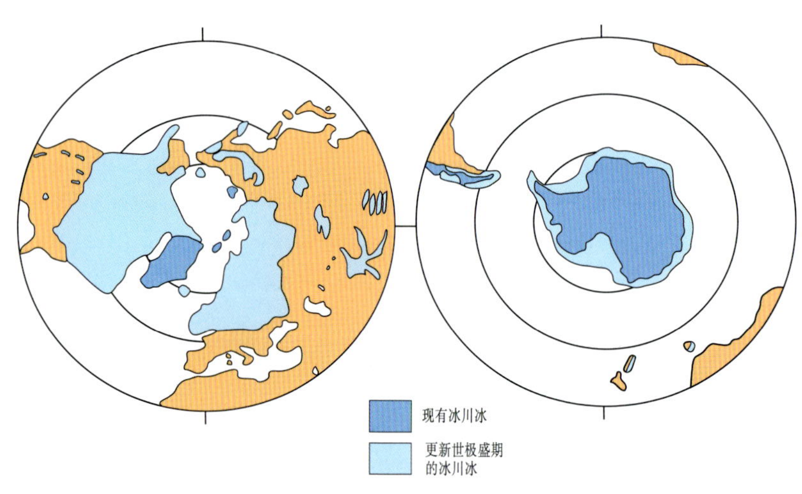

第四纪南半球和北半球冰川图

在地质史的几十亿年中，全球至少出现过三次大冰期，公认的有前寒武纪晚期大冰期、石炭纪－二叠纪大冰期（晚古生代大冰期）和第四纪大冰期。许多研究者认为，大冰期的形成与太阳在银河系中的运行周期有关。

侏罗纪　中生代第二个纪。约开始于1.996亿年前，结束于1.46亿年前。在此时期形成的地层称为侏罗系。

侏罗纪地史的基本特点是联合古陆继续分裂，特提斯带洋盆进一步扩张，环太平洋带出现强烈构造－岩浆活动。

侏罗纪时，裸子植物进入极盛期，苏铁、银杏和松柏类都占有重要地位。爬行动物中的恐龙类最繁盛，在陆地上居统治地位，是地史上最大的陆生动物。同时，爬行类也成功地生活于海中（鱼龙、蛇颈龙）和飞翔于空中（翼龙）。海生无脊椎动物有菊石、箭石、有孔虫、放射虫、双壳类、六射珊瑚、腹足类和腕足类等，陆生无脊椎动物有淡水双壳类、鱼、叶肢介和介形虫等。

白垩纪　中生代最后一个纪。约开始于1.46亿年前，结束于0.655亿年前。白垩纪形成的地层称白垩系。

白垩纪是地球上海陆分布和生物界急剧变化、大西洋迅速开裂和火山活动频繁的时代，后期发生了广泛的海侵。

白垩纪早期，陆地上的裸子植物和蕨类植物仍占统治地位，松柏、苏铁、银杏、真蕨及有节类组成主要植物群。被子植物开始出现于白垩纪早期，中期大量增加，到晚期在陆生植物中居统治地位，山毛榉、榕、木兰、枫、栎、杨、樟、胡桃、悬铃木等都已出现。脊椎动物中爬行类从极盛走向衰落，主要代表有霸王龙、暴龙、翼龙、青岛龙等。早期鸟类如孔子鸟、朝阳鸟、华夏鸟、吉祥鸟等大量繁盛。白垩纪早期还出现原始哺乳动物。侏罗纪以前的硬鳞鱼被真骨鱼所代替。海洋无脊椎动物中浮游有孔虫、菊石和箭石演化迅速而明显，分布广泛。淡水无脊椎动物也很丰富，如甲壳类的介形虫和叶肢介演化迅速，软体动物中的螺和蚌分布广泛。

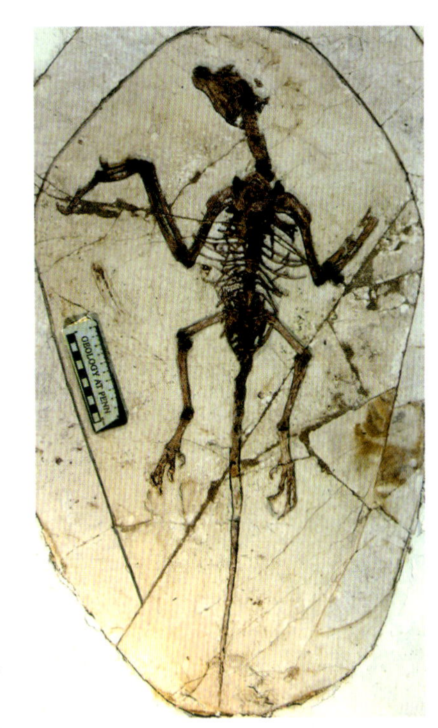

东方吉祥鸟化石（采自辽宁义县下白垩统九佛堂组地层）

褶皱　层状岩石受力后形成的波状弯曲。又称褶曲。多数层状岩石由沉积物形成，最初为水平岩层，但在很多地方岩层受挤压而弯曲，形成褶皱。大褶皱的波长可达数十千米，绵延于山脉之中；小者仅几厘米或更小，在手标本中或在显微镜下能见到。褶皱层的凸面向上、两侧岩层相背倾斜、较老的岩层位于核部的褶皱，称为背斜；褶皱层的凹面向上、两侧岩层相向倾斜、较新的岩层位

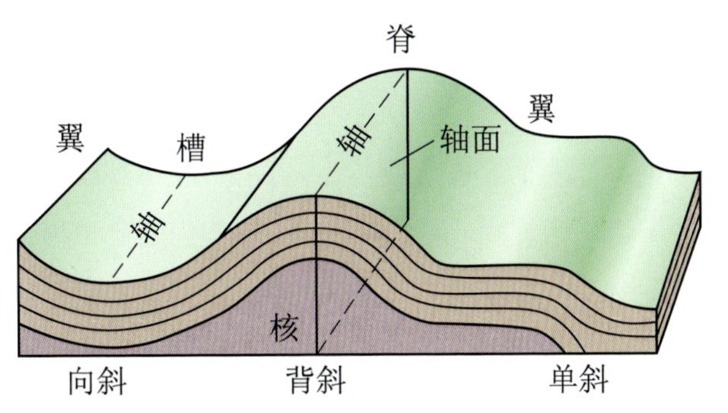

褶皱的基本组成和三种形态

于核部的褶皱，称为向斜。

断层 地壳受力发生断裂，沿破裂面两侧岩块发生显著相对位移的断裂构造。断层的规模不等，大者沿走向延伸数百千米，常由许多断层组成，称为断裂带；小者长以厘米计，可见于手标本。

断层由断层面和断盘构成。断层面是岩块沿之发生相对位移的破裂面。断盘指断层面两侧的岩块，位于断层面之上的称为上盘，位于断层面之下的称为下盘。上盘相对下降的断层为正断层，上盘相对上升的断层为逆断层。两侧被断层围限、中间上升的断层组合构造称为地垒，其边界断层一般是高角度正断层；两侧被高角度正断层围限、中间下降的槽形断块构造称为地堑。

叠瓦状小断层

东非大裂谷 世界陆地上最长的裂谷带。南起赞比西河口一带，向北经希雷河谷至马拉维湖北部，然后分成东、西两支。西支经鲁夸湖、坦噶尼喀湖、基伍湖、爱德华湖，至艾伯特湖，呈弧形延伸；东支向北进入坦桑尼亚境内，经维多利亚湖东面一系列小湖和洼地，至肯尼亚的图尔卡纳湖，后转向西北，再折向东北，纵贯埃塞俄比亚中部，抵红海沿岸，尔后经红海、亚喀巴湾，直至西亚的死海－约旦河谷地。总长 6400 多千米。其中 4000 多千米在非洲大陆境内。

东非大裂谷景观

裂谷带平均宽 48 ~ 65 千米，北宽南窄，最宽处达 200 千米以上。两侧陡崖壁立，谷深达数百米至 2000 米。谷底地势起伏较大，分布有一系列洼地、盆地和湖泊。火山林立，熔岩广布，有些火山仍有活动。地震活动频繁。非洲大陆的大部分湖泊集中于此。

节理 将岩体切割成具有一定几何形状的岩块的裂隙系统。其两侧岩石没有明显位移。是地壳上部岩石中最广泛发育的一种断裂构造。成岩过程中形成的节理称为原生节理，如沉积岩中因缩水而形成的泥裂或火成岩冷却收缩而成的柱状节理；由构造变形形成的节理称为构造节理；由外动力作用如风化作用、

火山岩的柱状节理（云南腾冲）

山崩或地滑等引起的节理称为非构造节理，常局限于地表浅处。节理是石油、天然气和地下水的运移通道和储聚场所。节理发育过多，会引起水的渗漏和岩体的不稳定。

地震 地球内部介质（岩石）在构造力的长期作用下发生快速断裂、位错运动，产生地震波，从而引起一定范围内地面振动的现象。是最为严重的自然灾害之一。介质破坏开始的地方称为震源。震源在地球表面的垂直投影称为震中。破坏性地震的地面振动最剧烈处称为极震区，极震区往往是震中所在地区。大多数地震在地面引起的震动只有用灵敏的仪器才能察觉。

1931年新疆富蕴地震造成大范围的断裂和滑坡

地震按成因分为构造地震、火山地震和诱发地震，其中构造地震占全球发生的天然地震的90%左右。地震按震源深度分为浅源地震、中源地震和深源地震。通常，震源深度不超过70千米的为浅源地震，不小于70千米且不超过300千米的为中源地震，超过300千米的为深源地震。

震级用来在一定范围内表示地震的相对大小（强度），它同震源辐射的地震波的强度有关；烈度用来表示同一次地震在地震波及的各个地点所造成的影响的程度，它与震源深度、震中距、方位角、地质构造及土壤性质等因素有关。

华县地震 中国明嘉靖三十四年十二月十二日（1556年1月23日）夜发生于陕西南部渭河流域的巨大地震。为中国历史上死亡人数最多的一次地震。估计震级为8级。以华县、渭南县和华阴县的震灾最重，故名。据《明史·五行志》记载，“官吏军民压死八十三万有奇”。地震前，该地区长期没有中小地震活动。但震前8小时左右，在震中区有“地旋运，因而头晕”（《隆庆·华州志》）的异常现象。这次地震的史料首次记录了地震时“地中出火”（地光）的现象。

海原地震 1920年12月16日发生于中国甘肃海原（今属宁夏）一带的巨大地震。震级8.5级，震中烈度Ⅻ度。震源深度30千米。极震区为海原、西吉。

有感范围远达上海、北京、汕头、香港，甚至越南海防的摆钟也因此停摆。日本东京的放大倍数为12倍的地震仪也记录到环绕地球的面波。地震造成23万余人死亡。震中区出现走向为北西—北西西的长达200多千米的断层带。地震造成的滑坡堵塞河道，形成众多串珠状的堰塞湖。震后余震不断，到1921年11月，共记录到有感地震571次。这次地震促使中国地学工作者开始研究中国地震。

唐山地震 1976年7月28日3时42分发生于中国河北唐山的大地震。震级7.8级，震中烈度Ⅺ度。同日18时43分，又在距唐山40余千米的滦县发生7.1级地震，震中烈度Ⅸ度。由于震中在城市下方，唐山地震被称为城市直下型地震。极震区以唐山市为中心，向四面延伸，约47平方千米。地震发生在人口稠密、经济发达的工业城市，造成的损失极为惨重。这次地震有24万余人死亡，16万余人受伤。与唐山地区毗邻的天津也遭到Ⅷ至Ⅸ度的破坏。有感范围很大，波及辽、晋、豫、鲁、内蒙古等14个省区市。破坏范围的半径约250千米。此震发生于观测台网较多的地区，但短期和临震预报未能成功。

唐山大地震后的部分景象

汶川地震 2008年5月12日14时28分04秒发生于中国四川汶川的大地震。震级8.0级，震中烈度Ⅺ度。震源深度33千米。震中位于汶川县映秀镇西偏南38° 方向11千米处。极重灾区和重灾区包括四川、甘肃和陕西的51个县（市、区）。北川县城、汶川县映秀镇等城镇和大量村庄几乎被夷为平地。地震造成的伤亡惨重，截至2008年9月25日，确认69227人遇难，374643人受伤，17923人失踪。极重灾区和重灾区的直接经济损失达8437.7亿元。

2008年5月14日航拍的地震后的汶川县映秀镇
新华社提供，姚大伟拍摄

关东地震 1923年9月1日发生于日本关东南部相模湾的巨大地震。又称东京地震。震级8.2级。震源深度25千米。波及关东一都六县及静冈、山梨等县，首都东京和日本最大的港口——横滨几乎完全被破坏。这次地震的次生灾害特别严重。地震引发山崩和泥石流。震后迅即燃起大火，加重了人员的伤亡。地震造成340万人受灾，57万多户房屋被毁，死亡及下落不明者14万多人，损失达65亿日元。地震前几分钟，研究人员曾在验潮仪上观测到明显的长周期波动。

智利地震 1960年发生于南美洲智利康塞普西翁南的巨大地震。从5月21日至6月22日，在南纬36°～48°南北长1400千米的沿海狭长地带内，共发生地震225次，10次超过7级，其中3次超过8级。最大的一次发生于5月22日，震级达到8.9级，震中烈度Ⅺ度强。震中区从圣地亚哥到蒙特港。地震造成智利境内5700余人死亡。震后48小时普惠火山爆发。地震引发的海啸越过太平洋，在日本海岸浪高达4米，造成巨大灾害。海啸造成夏威夷56人死亡，日本138人死亡。通过这次地震，求得地震时破裂传播速度可达每秒数千米。这次地震还激起明显的地球自由振荡。

印度洋地震 2004年12月26日发生于印度尼西亚苏门答腊岛西北近海的巨大地震与一系列强余震。据中国地震台网测定，震级为8.7级；美国地质调查局最初测定震级为8.7级，27日改为9.0级；印度尼西亚地震监测机构称震级为6.8级。震中位于北纬3.9°、东经95.9°的印度洋中，震源深度30千米。此后该地区又出现数次6.0～7.3级余震。2005年3月28日，在苏门答腊岛北部（北纬2.2°、东经97.0°）发生巨大余震。据中国地震台网测定，震级为8.5级；美国地震台网测定，震级为8.7级。地震所引发的海啸席卷印度洋沿岸的11个国家，造成超过29.2万人死亡。

2004年12月27日，印度尼西亚亚齐省班达亚齐沿海村庄在海啸退去后仍是一片泽国　新华社提供

火山 地球内部炽热的岩浆及伴生气体、碎屑物质经地下通道喷出，在地表冷凝、堆积形成的山体。火山活动常有地震或气体逸出作为先兆。喷发时，有的火山产生爆炸，大量气体和尘埃从火山口中喷出，混合形成高耸入云的烟柱，小滴熔岩或炽热岩石碎屑直射天空；有的喷出气体很少，主要涌出灼热的熔岩。喷发后期常见的现象是逸出气体或出现温泉。

火山活动多具间歇性。正在喷发或人类有史以来常作周期性喷发的火山称为活火山。近期不活动、处于宁静期的火山称为休眠火山。最后一次喷发距今已很久远，且火山构造已遭严重破坏并被证明在可预见的将来不会发生喷发的火山，称为熄灭火山或死火山。

活火山主要分布在环太平洋火山带、地中海-喜马拉雅-印度尼西亚火山带、大洋中脊火山带和红海-东非大陆裂谷带。全世界有活火山500余座。

月球、火星、金星、木卫一上均有火山活动。

腾冲火山群完整火山

长白山天池火山 中国境内保存最为完整的新生代多成因复合火山。休眠火山。位于中朝边界，大部分在中国境内。在漫长的地质年代中，长白山的火山活动呈现为间歇性喷发，时强时弱、强弱相间。长白山天池火山在人类历史上有过多次活动。1199 ~ 1201年长白山天池火山大喷发是全球近两千年来最大的一次喷发事件，当时喷出的火山灰最远降落到日本海及日本北部。最近的两次喷发分别在1668年和1702年。火山口积水成湖，形成中国最深的天然湖泊——长白山天池。

长白山天池航拍

腾冲火山群 中国保存最完好、分布最广、多次喷发形成的新生代死火山群之一。位于云南腾冲周围。火山群呈近南北至东北—西南向延伸，火山个体及火山口亦多沿上述方向延伸成椭圆形。现存的70余座火山锥中，有40余座火山锥体及火山口均保存完整，火山浮石发育，火山弹完整。其中又以来凤山群、马鞍山群、打鹰山群、黑空山群等为典型。火山群附近地区亦为地热富集区。冬季由高空俯视，这里热气腾空，白雾弥漫，有“热海”之誉。

五大连池火山群 中国著名火山遗迹。由第四纪以来火山多次喷发形成。位于黑龙江五大连池市、讷谟尔河支流白河上游。火山区由14座火山和5个熔岩堰塞湖（五大连池）及大面积的熔岩台地构成，面积600多平方千米。14座火山分布于五大连池东西两侧，呈东北—西南及西北—东南方向排列，呈网格状。5个堰塞湖为中国仅次于镜泊湖的第二大堰塞湖，总面积约18平方千米，从上而下依次为头池、二池、三池、四池和五池。三池最大，面积8.4平方千米；二池最深，可达9.2米；头池最小，面积仅0.18平方千米。已建立五大连池自然保护区和国家地质公园。2004年被联合国教科文组织评为世界地质公园。

科托帕希火山 世界上最高、最活跃的活火山之一。位于南美洲安第斯山脉北段东科迪勒拉山西坡厄瓜多尔境内。海拔 5897 米。山体呈圆锥形。火山口呈椭圆形，直径 600 ~ 800 米，深 200 米。常年积雪线在海拔 4900 米高度。近 500 年来，火山喷发频繁。炽热的熔岩使冰层融化，形成泥石流，多次淹没附近的河谷。1533 ~ 1904 年大喷发 14 次。1877 年火山曾喷发 4 次，其中 6 月 26 日的喷发规模巨大，炽热的熔岩向南吞噬了半个拉塔昆加山村。最近一次大喷发发生在 2016 年。目前，火山仍常喷出熔岩。1872 年 11 月 28 日，德国科学家和旅行家 W. 赖斯首次登顶成功。

科托帕希火山风光

基拉韦厄火山 美国夏威夷岛活火山。位于岛东南部。属夏威夷火山国家公园。海拔 1247 米。其顶部塌陷，形成长约 5000 米、宽 3000 米的浅洼地，即所谓破火山口。现最活跃的火山口在该浅洼地的西南角，直径约 1000 米，深 400 米，当地人称赫尔莫莫，即“永恒的火焰宫”之意。自 20 世纪 20 年代以来，多次发生大规模喷发。1983 ~ 1984 年火山喷发达 17 次之多，熔岩流甚至往南直泻大海。即使在喷发间隔期，火山口仍冒着白烟，不时火星四溅。1912 年在其附近建起世界上第一座火山观察站。

基拉韦厄火山熔岩流

维苏威火山 欧洲活火山。位于意大利那波利市东南的那波利湾畔。为意大利南部自然风景区之一。海拔 1280 米，每次喷发高度都有变化。原系海湾中小岛，后经一系列火山喷发，堆积的喷发物才将其与陆地连成一体。火山口是内壁直立的大圆洞，直径 610 米，深

从那波利湾看维苏威火山

约305米。火山活动可分为喷发期与静止期。公元79年的大喷发，将附近的庞贝城、斯塔比亚城和赫库兰尼姆城湮没。此后，除1037～1630年长达几个世纪的停息外，一直处于喷发期和静止期的交替之中。1631年12月16日火山大喷发，5座城镇被毁，约3000人死亡。1660～1944年间共发生20次大喷发。1964年5月11日的喷发表明，火山进入新的喷发期。

富士山 日本最高峰、活火山、日本国家与民族的象征。位于本州岛中南部。山体呈圆锥形，地处山梨、静冈两县边界。海拔3776米。山顶终年积雪，景色秀美壮丽，被日本奉为“圣山”。山顶火口湖直径约800米，深约220米。环绕锯齿状火山口边缘有“富士八峰”，即剑峰（最高峰）、白山岳、久须志岳、大日岳、伊豆岳、成就岳、驹岳和三岳。山麓北侧有熔岩流造成的火山堰塞湖，统称“富士五湖”。富士山地处富士火山带中部，约一万年前由熔岩喷发形成。自781年以来共喷发18次，其中800年、864年、1707年为3次大喷发。富士山有寄生火山70多座。1994年，富士山作为自然遗产被列入《世界遗产名录》。

富士山景色

乞力马扎罗山 非洲第一高山。在坦桑尼亚东北部，靠近肯尼亚边境。为一东西延伸约80千米的死火山群。主要由基博、马文济和希拉三座火山组成。基博峰海拔5895米，为非洲最高峰，火山口在峰顶南侧，直径2000米，深约300米，内有一个由火山灰形成的内锥。马文济峰海拔5149米，是较老峰顶的中心部分，侵蚀强烈，崎岖陡峭。

乞力马扎罗山风景

希拉峰海拔3778米，是老火山口的残余部分，呈山脊状。附近多次生火山锥。在海拔5000米以上的顶部，覆盖着永久冰雪，形成赤道雪山奇观。1973年被坦桑尼亚政府辟为国家公园，1987年，乞力马扎罗山作为自然遗产被列入《世界遗产名录》。

温泉 泉口水温高于当地年平均气温的地下热水天然露头。欧美等国以20℃、日本以25℃作为温泉的温度下限。中国《地热资源地质勘查规范》（GB/T 11615—2010）以25℃作为温泉（水）与冷泉（水）的界限值。

温泉按泉口存在形式及喷涌情况可分为天然涌出的自喷泉、间断性喷出的

四川贡嘎山下的海螺沟温泉

间歇泉、连续排放水和汽的沸喷泉，以及以排放蒸汽为主的喷汽孔等。按成因可分为火山型温泉与非火山型温泉。火山型温泉与近代火山活动及浅部岩浆活动密切相关，非火山型温泉是正常地热增温条件下地下水深部循环的结果。

在板块边缘地带的近代火山与岩浆活动强烈的地区，分布有许多间歇泉、沸泉及高温温泉，如地处环太平洋火山带的日本、中国台湾地区、新西兰、中南美及北美西海岸、千岛群岛和堪察加半岛，地中海–喜马拉雅造山带所在的意大利、土耳其、印度尼西亚和中国藏滇地区，坐落于大西洋中脊的冰岛，以及处于东非大裂谷的埃塞俄比亚、肯尼亚等。

滑坡和泥石流 滑坡是土体、岩块或堆积物在重力作用下沿滑动面作整体下滑运动的过程和现象，又称塌方，是一种危害极大的灾害性地貌现象。斜坡是滑坡发生的基础，大多数滑坡发生在坡度小于 40° ~ 50° 的缓斜坡上。滑坡的规模大小悬殊，从数十立方米至数亿或数十亿立方米不等。滑坡的运动速度差异也大，有的慢得人们的肉眼难以觉察，有的快如崩塌。

泥石流是产生于沟谷中或坡地上的饱含大量固体物质（泥、沙、石块和巨砾）的不均质的特殊洪流，是山区常见的一种自然灾害。泥石流是泥沙石块和水相互作用的产物，为高浓度的固液相颗粒流，泥石流体中固体物质的体积占 30% ~ 80%。泥石流具有暴发突然、历时短暂、来势凶猛、破坏力大等特点。

地面沉降 大面积的地面下沉现象。造成地面沉降的自然因素是地壳的构造运动和地表土壤的自然压实。人为的地面沉降广泛见于一些大量开采地下水的大城市和石油或天然气开采区。地面沉降会对地表或地下构筑物造成危害，在沿海地区还能引起海水入侵、港湾设施失效等后果。人为的地面沉降主要是因为过量开采地下液体或气体资源，使贮存这些液体或气体的沉积层的孔隙压力发生趋势性的降低，有效应力增大，从而导致地层的压密。可采用人工回灌的方法，使地下水位回升，地面部分回弹，以控制地面沉降。

崩塌 陡峻山坡上岩块、土体在重力作用下突然发生急剧的倾落运动。多发生在坡度大于 60° ~ 70° 的斜坡上。崩塌的物质称为崩塌体。崩塌体为土质者，称为土崩；崩塌体为岩质者，称为岩崩；大规模的岩崩，称为山崩。崩塌可以发生在任何地带。崩塌体的运动方式为倾倒、崩落。崩塌体碎块在运动过程中滚动或跳跃，最后在坡脚处形成堆积地貌——崩塌倒石锥。崩塌倒石锥结构松散、杂乱、无层理、多孔隙，在水平方向上有一定的分选性。

矿产资源 由地质作用形成的具有利用价值，呈固态、液态和气态的自然资源。地球演化过程中经过成矿作用在地壳内或地表形成的富集物质。已发现的矿产资源分为能源矿产、金属矿产、非金属矿产和水气矿产四大类 168 种，其中地下水兼具矿产资源和水资源的双重性质。

矿产资源在地壳中的分布极不均衡。有用元素富集形成的矿床，具有珍贵性。矿产资源是不可再生的自然资源。人类必须珍惜矿产资源，加强对已有矿产资源的保护、合理开发和节约使用。

矿产资源的范畴随科学技术进步而不断外延。过去一些不能被利用的地球物质，现在已经成为或即将成为重要的矿产资源。

矿物 天然产出、具有一定的化学成分和有序的原子排列，通常由无机作用所形成的均匀固体。矿物千姿百态，就其单体而言，大小悬殊，有的用肉眼或用一般的放大镜可见，有的需借助显微镜或电子显微镜辨认；有的晶形完好，呈规则的几何多面体形态，有的呈不规则的颗粒存在于岩石或土壤之中。通常根据物理性质来识别矿物。

矿物学中一般将颜色分为 3 类：自色是矿物固有的颜色，他色指由混入物引起的颜色，假色则由某种物理光学过程所致。矿物在白色无釉的瓷板上划擦时所留下的粉末痕迹称为条痕。条痕色可消除假色，减弱他色，通常用于矿物鉴定。

矿物表面反射可见光的能力称为光泽。根据平滑表面反光由强而弱，矿物的光泽分为金属光泽、半金属光泽、金刚光泽和玻璃光泽四级。若矿物的反光面不平滑或呈集合体时，还可出现油脂光泽、树脂光泽、蜡状光泽、土状光泽、丝绢光泽和珍珠光泽等特殊光泽类型。

矿物透过可见光的程度称为透明度。通常根据厚 0.03 毫米薄片的透明程度，将矿物分为透明矿物、半透明矿物和不透明矿物。许多在手标本上看来并不透明的矿物，实际上都属于透明矿物。

矿物抵抗外力作用（如刻划、压入、研磨）的机械强度称为硬度。矿物学中最常用的莫氏硬度（又称摩斯硬度）是通过与具有标准硬度的矿物相互刻划比较而得出的。10 种标准硬度的矿物组成莫氏（摩斯）硬度计，从 1 度到 10 度分别为滑石、石膏、方解石、萤石、磷灰石、正长石、石英、黄玉、刚玉、金刚石。

某些矿物受外力作用弯曲变形，外力消除后可恢复原状，显示弹性。而另一些矿物受外力作用弯曲变形，外力消除后不再恢复原状，显示挠性。大多数矿物受外力作用容易破碎，显示脆性。少数具金属键的矿物具延性、展性。

钻石 宝石级的金刚石。世界公认最珍贵的宝石。被誉为“宝石之王”。化学成分为碳单质。可以含微量杂质元素，其中最主要的是氮和硼。莫氏硬度 10。

金刚光泽。透明。因具高折射率（2.417）、高色散值（0.044）而色泽缤纷、光彩夺目。

对钻石的评价，一般着眼于颜色（colour）、净度（clarity）、切工（cut）和重量（carat weight），即4C法则。成分纯净、结构完美的钻石，应该是无色透明的。但由于杂质的存在或晶体结构缺陷，可导致呈色。钻石中瑕疵的多少称为净度。净度分级以用10倍放大镜观察到的瑕疵为准。最基本、最常见的钻石切磨形式（琢型）为圆多面形琢型。还可以做成多种花式琢型。国际通用的钻石重量单位是克拉（carat，记作ct。1克拉 = 0.2克，1克拉又可分为100分）。

主要产出国为南非、俄罗斯、澳大利亚、刚果（金）、博茨瓦纳、安哥拉和纳米比亚。

红宝石 矿物刚玉的宝石品种之一。化学成分为氧化铝。因含有微量铬而呈红色。由于含铬量的不同或有其他微量元素如铁、钛、钒、镍等共存而呈现以红色为主色调的红、橙红、暗红、粉（紫）红等色，其中以纯红色为最佳色。被誉为最高品质的“鸽血红”即是一种饱和度较高的纯正红色。透明至半透明。玻璃光泽至金刚光泽。折射率1.76 ~ 1.77。莫氏硬度9。密度3.98 ~ 4.28克/厘米^3。红宝石质坚、艳美，堪称红色及有色宝石之冠。天然的高质量红宝石较稀少。著名产地有缅甸、泰国、坦桑尼亚、斯里兰卡、越南、澳大利亚等。

红宝石戒指

蓝宝石 矿物刚玉的宝石品种之一。化学成分为氧化铝。因含微量的铁、钛而呈蓝色，故名。刚玉可因含钒、铬、铁、锰、镍等微量元素而呈现各种颜色。其中，除因含铬而呈现红色的称红宝石外，其他颜色的统称蓝宝石，只是在名称之前冠以颜色，如黄色蓝宝石等。透明至半透明。玻璃光泽。莫氏硬度9。密度3.90 ~ 4.16克/厘米^3。天然蓝宝石的分布与产量远超过红宝石，价格也较适中。中国山东昌乐一带是著名的蓝宝石产地。主要产出国有缅甸、泰国、柬埔寨、斯里兰卡、美国、澳大利亚等。

星光蓝宝石戒指

祖母绿 绿柱石因含微量铬而呈绿色的一个变种。与钻石、红宝石、蓝宝石并称为四大珍贵宝石。通常含氧化铬0.15% ~ 0.3%，深色者可达0.5% ~ 0.6%。翠绿色，有时可微带蓝或黄色色调。含氧化铁会导致颜色变暗。

具典型琢型的祖母绿戒指

因颜色柔和鲜艳，如嫩绿的草坪，被誉为“绿色宝石之王”。最佳切磨形式为阶梯形琢型，祖母绿型是一种典型的阶梯形琢型。最大产出国为哥伦比亚，其次有巴西、俄罗斯、津巴布韦、坦桑尼亚、南非、印度、巴基斯坦、澳大利亚等。

煤 黑色或褐色由植物形成的固体可燃矿产。又称煤炭。地质时期沼泽中植物遗体在覆水缺氧或少氧的环境下，经泥炭化作用形成泥炭，泥炭被埋藏后在温度、压力增高的条件下，又经煤化作用转变形成煤。煤中的有机质是由碳、氢、氧、氮、硫等元素组成的复杂的高分子有机化合物的混合物，其中以碳、氢、氧为主，占95%以上，此外还有无机质。

世界上没有统一的煤炭分类。1985年提出的《中国煤炭分类》（GB5751—86）将中国煤分为14类：无烟煤、贫煤、贫瘦煤、瘦煤、焦煤、肥煤、1/3焦煤、气肥煤、气煤、1/2中黏煤、弱黏煤、不黏煤、长焰煤、褐煤。

煤是重要能源矿产，全世界所用能源有1/3来自煤。中国煤产量和储量均居世界前列，世界煤产量和储量较多的国家还有美国、俄罗斯、波兰、德国、英国、澳大利亚、南非、印度等。

俄罗斯库兹涅茨克煤矿

石油 赋存于地下岩石空隙中的一种液态燃料。在未进行加工前又称原油。为黏稠液体，属可燃有机矿产，是主要的能源。

石油是由碳、氢元素组成的烃类化合物和少量含硫、氮、氧元素的非烃类化合物组成的复杂混合物，还含有微量钒、镍、砷等元素。常见的石油呈黑褐色。20℃时相对密度一般在0.75～1.00。除轻汽油和石蜡外，石油及其大部分产品在紫外线的照射下均发荧光。石油难溶于水，易溶于有机溶剂。

委内瑞拉马拉开波湖石油钻井平台

全球一半以上的石油储量分布在中东地区，主要分布在沙特阿拉伯、伊朗、伊拉克、科威特和阿联酋。其次是美洲的加拿大、美国、墨西哥、委内瑞拉、巴西等。再次是俄罗斯和中亚地区，以及非洲、亚太地区。

天然气 地壳中以烃类为主的天然气体。通常指油田气、气田气，即在石油天然气地质中所称的狭义天然气。天然气是经济、清洁的能源，重要的燃料和化工原料。

与油田及气田有关的天然气，主要成分是气态烃，其中以甲烷为主，含少量乙烷、丙烷、丁烷等。有时还含有非烃类气体，常见的有氮气、二氧化碳、硫化氢，还有一氧化碳、二氧化硫、氢气、汞等。

天然气一般无色，有时有汽油味或硫化氢味，性活泼，易散逸，易燃。标准状况下（0℃，1个大气压），密度一般为0.75千克/米^3。天然气在地下深处处于高温高压下，当温度超过临界温度时，不论压力多大，都不能使天然气凝结为液态；开采时，天然气随着温度、压力的降低，反而凝结为液态。天然气溶于石油和水。

章鸿钊（1877-03-11 ～ 1951-09-06）中国地质学家、中国地质科学事业奠基人之一。字演群。生于浙江吴兴（今湖州）。1911年在东京帝国大学地质系获理学士学位。同年回国，曾任京师大学堂地质学教习、中华民国临时政府实业部矿政司地质科科长、农商部地质研究所所长、农商部地质调查所地质股股长等职。

1913年他与丁文江、翁文灏共同创办并主持工商部（1914年改为农商部）地质研究所。1922年他倡导建立中国地质学会，当选为首任会长，并创办中国第一份地质学刊物——《中国地质学会志》。他所著《石雅》是中国第一部对古代岩石、矿物、名物进行考证的总结性著作。

丁文江（1887-04-13 ～ 1936-01-05）中国地质学家、中国地质科学事业奠基人之一。字在君，生于江苏泰兴。1911年获英国格拉斯哥大学地质学、动物学双学士学位。同年回国。曾任工商部矿政司地质科科长、农商部地质调查所所长等职。他是中国地质学会创立会员，并两度担任会长。

1911年他从云南出发，步行到贵州、湖南、江苏等省进行地质、地理考察。1928年再度入滇、黔两省调查。1929年领导地质调查所西南考察队对西南诸省作了区域地质调查。1913年他与章鸿钊、翁文灏一起创办并主持工商部（1914年改为农商部）地质研究所。他在《芜湖以下扬子江流域地质》一文中建立了“五通山石英岩”等地层单位，在《丰宁系的分层》一文中建立了革老河组（统）、汤耙沟组（统）、旧司组（统）和上司组（统）。

翁文灏（1889-07-26 ～ 1971-01-27）中国地质学家、地理学家，中国地球科学事业奠基人之一。字鲛霓。生于浙江鄞县（今宁波鄞州区）。1912年获比利时卢万大学理学博士学位。曾任农商部地质调查所所长、北京大学教授、清华大学代理校长等职。他是中国地质学会创立会员，多次任会长；也是中国地理学会发起人和首任会长。曾任国际

地质学会副会长。1948 年当选为中央研究院院士。

1927 年，他首先发现和确定了东亚地质历史上重要的地壳运动——燕山运动。1930 年组织建立中国自建的第一个地震台。他首先考察和综合研究了中国内生矿床，发表《中国矿产志略》。多次组织陕西、四川、甘肃等地的石油地质调查。

李四光（1889-10-26 ~ 1971-04-29）中国地质学家、中国地质事业的奠基人之一。原名李仲揆，字福生。蒙古族。生于湖北黄冈。1918 年从英国伯明翰大学获硕士学位，1931 年获科学博士学位。历任北京大学地质系主任、中央研究院地质研究所所长、中国科学院副院长、中华人民共和国地质部部长等职。1948 年当选为中央研究院院士。1955 年当选为中国科学院学部委员。1958 年当选为苏联科学院外籍院士。

他是中国第四纪冰川的发现者和研究的奠基人。他建立“构造体系”概念，创建地质力学学派。他指出新华夏体系广阔的含油远景。20 世纪 60 ~ 70 年代倡议将地应力分析用于地震及地区稳定性研究，取得重大成效。1982 年获国家自然科学奖一等奖（集体）。主要著作有《中国地质学》《地质力学概论》等。

黄汲清（1904-03-30 ~ 1995-03-22）中国地质学家、大地构造学家。生于四川仁寿。1928 年毕业于北京大学地质学系。1935 年获瑞士纳沙泰尔大学博士学位。曾任中央地质调查所所长、西南地质调查局局长、地质部石油地质局总工程师、中国地质科学院副院长等职。1948 年当选为中央研究院院士。1955 年当选为中国科学院学部委员。1988 年当选为苏联科学院（后改为俄罗斯科学院）外籍院士。

他出版《中国南部二叠纪地层》，奠定中国二叠纪地层划分和对比的基础。他完成《中国主要地质构造单位》，建立中国大地构造格架，提出多旋回造山运动学说。他是中国第一个工业天然气田——圣灯山气田的发现者。他开拓了中国地质图类的编图工作。1982 年两次获国家自然科学奖一等奖（集体）。1994 年获陈嘉庚地球科学奖。1995 年获首届何梁何利基金优秀奖。

刘东生（1917-11-22 ~ 2008-03-06）中国地质学家。生于辽宁沈阳。1942 年毕业于西南联合大学地质地理气象系。历任中国科学院地球化学研究所第四纪地质研究室主任、地球化学研究所副主任，国际第四纪研究联合会主席等职。1980 年当选为中国科学院学部委员。1991 年当选为第三世界科学院院士，1996 年当选为欧亚科学院院士。

20 世纪 50 年代初期从事古脊椎动物学研究，以后长期从事黄土与第四纪地质研究。他建立了 250 万年来完整的

陆相古气候记录。1964 年起致力于青藏高原与东亚环境演化研究。他于 60 年代末 70 年代初倡导并开展中国环境地质学的研究。主要著作有《中国的黄土堆积》（合著）等。先后获竺可桢野外科学考察奖、李四光地质科学奖荣誉奖、泰勒环境成就奖、国家最高科学技术奖等奖项。

史密斯，W.（1769-03-23 ~ 1839-08-28） 英国地质学家、生物地层学奠基人。

生于牛津郡。1793 ~ 1799 年参加开凿运河的测量与调查工作。在长期的野外测量和地质调查中，他发现岩层的年代可由其中的生物化石来加以判定。1799 年编绘出第一张着色地层图。1804 年开始从事化石收集和绘制地质图的工作。1816 年提出生物地层学的早期概念。1819 ~ 1824 年编制了 250 幅地质图和地质剖面图。他是世界上第一个根据沉积岩层中的生物化石来确定地层顺序的人。1831 年获伦敦地质学会沃拉斯顿奖章。1835 年获爱尔兰都柏林大学特林尼蒂学院法学博士学位。主要著作有《用生物化石鉴定地层》等。

莱伊尔，C.（1797-11-14 ~ 1875-02-22） 英国地质学家、地质学奠基人。又译赖尔。生于苏格兰福弗尔郡金诺尔迪。1814 年起先后进入牛津大学、林肯法学院学习，1819 年大学毕业。1849 年任伦敦地质学会会长，1861 年当选为英国皇家学会会长及不列颠博物馆馆长。1858 年获英国皇家学会科普利奖章。1862 年被选为法国科学院通讯院士。

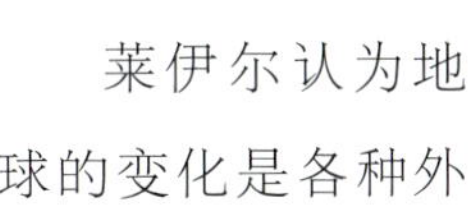

莱伊尔认为地球的变化是各种外营力长期、缓慢作用的结果，古今这种“微弱”的地质作用有其一致性、均一性，从而建立起过去和现在的地质作用的同一性概念。其名著《地质学原理》系统论述了均变论的基本思想，标志着经典地质学的成熟。

【地理】

地理学 研究地球表层自然现象、人文现象和它们之间相互关系及其空间分异的学科体系。通俗讲是关于地之理的学问，地指地球表层，理是事物的规律。

地理学的研究对象是作为人类家园的地球表层。地理学者曾用地理壳、景观壳、地理环境等术语称呼地球表层。在地球表层，各种自然现象和人文现象组成一个宏大的地表综合体。地理学特别关注地球表层的区域分异，区域分异是地理学的研究核心。地理学也关注地球表层的变化，时间的观念因此在地理学研究中受到越来越多的重视。

为了全面、综合地认识地球表层的特定现象，地理学不仅研究环境动态与自然系统、人类活动与自然环境、人类社会动态与经济社会和政治系统的关系，而且通过环境-社会动态把这些关系联系起来。地理学十分重视地球表层各种现象和过程之间的关系。为研究各种尺度的空间和地方，地理学家用许多方法进行空间表述；还用空间表述来研究一些无形现象。地理学的研究方法多种多样，主要有野外观测（包括定位观测）、遥感解译、采样与实验等观测技术，空间统计、地理数据的电子计算机处理、各种地理现象的实验室模拟（包括物理模型模拟和电子计算机模拟）、地图、地理信息系统、地理可视化等分析与展示技术等。

地理学由很多分支学科组成，对这些学科可以按不同的标准加以分门别类。通常按研究对象将地理学分为自然地理学、人文地理学、历史地理学、区域地理学、地图学、地名学、方志学等。

随着科学技术的进步、各个国家和地区经济开发与建设及环境管理与保护需要的增加，地理学将既是基础性学科，又是应用性学科。

地理坐标　用经度、纬度表示地面点位置的球面坐标。地理坐标系以地轴为极轴，所有通过地球南北极的平面，均称为子午面。子午面与地球椭球面的交线，称为子午线或经线，经线是椭圆。所有垂直于地轴的平面与地球椭球面的交线，称为纬线，纬线是半径不同的圆，其中半径最大的纬线称为赤道。纬度从赤道起算，赤道上纬度为0°。向北从0°到+90°（北极），称为北纬；向南从0°到-90°（南极），称为南纬。1884年国际经度会议决定，通过英国伦敦格林尼治皇家天文台（原址，1957年天文台已迁至新址）的子午线为本初子午线（或称首子午线）。作为计算经度的起点，本初子午线的经度为0°。向东从0°到+180°，称东经；向西从0°到-180°，称西经。

地理环境　人类周围的自然界。地理环境一般可理解为人类周围的自然界，或者与人类社会生产有关的那部分自然界；也可特指地球表面特定的厚度层。

地理环境是自然地理环境和人文地理环境两个部分的统一体。自然地理环境是由岩石、土壤、水、大气、生物等成分（或称要素）有机结合而成的自然综合体。从地球圈层的角度而言，它包括岩石圈、水圈和生物圈。人文地理环境是人类的社会、文化和生产活动的地域组合，包括人口、民族、聚落、政治、社团、经济、交通、军事、社会行为等。它们在地球表面构成的圈层，称为人文圈或社会圈、智慧圈、技术圈等。地理环境的空间范围，一般认为上限至大气圈的对流层顶，下限至有生物和液态水存在的地方，即岩石圈上部。地域分异是地理环境各组成部分和整个景观（包括人文景观）空间变化的反映。

地理信息系统　在电子计算机系统支持下，对地球表层具有空间位置的地物信息进行采集、存储、管理、查询、计算分析与可视表现的复杂系统。简称GIS。地理信息系统在技术上实现了地球表层各种物体与现象的数字化描述与表达。其主要功能是地理数据采集、数据管理、空间分析与属性分析、地理信息可视化。地理信息系统按应用领域分为各种专题地理信息系统，如环境信息系统、土地信息系统、能源信息系统、水资源信息系统、旅游信息系统、城市地理信息系统、电力信息系统等。

遥感 借助对电磁波敏感的仪器，远距离探测目标物，获取辐射、反射、散射信息以识别目标物性质的技术。遥感技术系统由遥感平台、遥感器、信息传输设备、接收装置及数据或图像处理设备等组成。遥感平台是安放遥感仪器的装置，如气球、飞机、人造卫星、航天飞机及遥感铁塔等。遥感器是接收和记录物体辐射、反射、散射信息的装置，常见的有可见光相机、红外相机、红外扫描仪、多波段扫描仪、微波辐射仪、真实孔径雷达和合成孔径测试雷达等。遥感按遥感平台的高度和特点可分为航天遥感、航空遥感和近地遥感等。遥感的监测范围最大可覆盖整个地球。

时区 地球表面按经线划分的24个区域。由于地球是一个球体，地球自转使其表面东面的一点总比它西面的一点要早看到日出，即经度的不同形成不同的地方时。为了避免这种时间上的混乱，1884年国际经度会议决定，全球采用分区计时，并把通过英国格林尼治皇家天文台（原址）的经线定为本初子午线（0°经线），向东、向西各取7.5°为零时区。零时区以东依次分为东一区（东经7.5°～22.5°）、东二区（东经22.5°～37.5°）……零时区以西依次分为西一区（西经7.5°～22.5°）、西二区（西经22.5°～37.5°）……东、西十二区是重合的，即全球共划分为24个时区，每个时区包括15个经度。每个时区以其中央经线的地方时为标准时间，称区时或标准时。零时区的区时为国际通用的世界时。这样，地球上相邻的两个时区，东面的总比西面的要早1小时，结果东十二区比西十二区早24小时。为此会议还规定了日界线（又称国际日期变更线）。凡是由东向西经过日界线的，必须把日期增加一天；反之则减少一天。日界线的地方时为东、西十二区的标准时间。

全世界多数国家都采用区时为标准时间，但是有些国家仍然采用其首都或重要商埠的地方时为标准时间。中国位于东经72°～135°之间，跨5个时区，即东五区、东六区、东七区、东八区、东九区。中华人民共和国成立后，中国采用北京所在的东八区的区时为全国统一的标准时间，即北京时间。中国新疆还采用乌鲁木齐时。

本初子午线 地球上计量经度的起始经线。又称首子午线、零子午线。1884年国际经度会议决定，采用通过英国伦

格林尼治皇家天文台旧址
（图中白线为本初子午线）

敦格林尼治皇家天文台（原址）埃里中星仪的子午线作为时间和经度计量的标准参考子午线，将之称为本初子午线。从本初子午线起，分别向东和向西计量地理经度，从0° 到180° 。1957年格林尼治皇家天文台迁移台址，国际上改用由若干天文测时结果长期稳定性较好的天文台组成的平均天文台作为参考。由这些天文台原来的经度采用值，利用天文测时资料反求各自的经度原点，再对这些经度原点进行统一处理，最后求得平均天文台经度原点。1968年国际上以国际习用原点作为地极原点，并把通过国际习用原点和平均天文台经度原点的子午线称为本初子午线。

赤道 通过地心、垂直于地轴的平面与地球表面的交线。又称地理赤道、大地赤道。它将地球分为南半球和北半球，与地球南、北极距离相等，并成为划分纬度的基准。因此，赤道的纬度是0° 。在天文学上，地球赤道面延伸后与天球相交的大圆，称为天球赤道，又称天赤道。它与天球两极距离相等。当太阳位于天球赤道平面时，昼夜在任何地方都是等长的，这就是每年出现两次的平分点——春分点和秋分点。

回归线 地球上北、南纬各23° 27′的两个纬度圈。一般是地球上热量带的北、南两个界线。夏至日太阳到达北回归线后即转向南去，冬至日太阳到达南回归线后即转向北去。南、北半球季节出现正好相反：北半球为夏季和秋季时，南半球为冬季和春季。

极圈 地球上北、南纬各66° 33′ 的两个纬度圈。在北半球的称为北极圈，在南半球的称为南极圈。由于地球的自转轴与公转轨道面之间有66° 33' 的夹角，在北极圈上每年有一天（约在6月21日）太阳终日不落，有一天（约在12月21日）太阳终日不出。由此往北，极昼或极夜逐渐递增，至北极增长到6个月。在南极圈上，任何日期的白天或黑夜的长短情况与北极圈上正好相反。

南极 地球自转轴与地球南半球表面的相交点。为地轴的南端。地理上的南极在南极洲罗斯冰架以南约480千米、海拔2830米处（海拔经常变化），冰

南极冰架

盖厚度2700米，每年有6个月完全为白昼，6个月完全为黑夜。地理南极与南磁极、地磁南极并不一致。罗盘磁针所指的南磁极位于阿黛利海岸约东经139° 06′、南纬66° 00′处，每年向西北位移约13千米。地球磁场南端的地磁南极也移动，20世纪90年代初约在东经108° 44′、南纬79° 13′处。

北极 地球自转轴与地球北半球表面的

北极风光

相交点。为地轴的北端。地理北极位于格陵兰以北大约 725 千米的北冰洋中，海深 4087 米，覆盖浮冰，每年有 6 个月全为白昼，6 个月全为黑夜。地理北极与北磁极、地磁北极并不一致。罗盘磁针所指的北磁极 1993 年位于加拿大极北端伊丽莎白女王群岛的埃勒夫・灵内斯岛以西，大约在西经 104° 24′、北纬 78° 27′ 处。地磁北极即地球磁场的北端，约在西经 71° 16′、北纬 79° 13′ 处。

极昼与极夜 地球极圈（北极圈和南极圈）内的地区在一个公历年中存在两个白昼与黑夜的连续时间超过 24 小时的时间段，前者为极昼（又称永昼），后者为极夜（又称永夜）。

极昼与极夜是由于地球的自转轴与公转轨道面之间有 66° 33′ 的夹角造成的。因纬度不同，极圈内各地区极昼与极夜的长度不同。纬度越高，越靠近极点，极昼与极夜越长。在南极圈（南纬 66° 33′）与北极圈（北纬 66° 33′）的纬线上只有 24 小时，而在南极点（南纬 90°）与北极点（北纬 90°）则长达半年。在南极点，每年只有一次日出和日落，极昼的时间为 183 天，极夜为 182 天；在北极点，每年也只有一次日出和日落，极昼的时间为 189 天，极夜为 176 天。

海拔 某一点高出平均海平面（又称大地水准面）的距离，又称绝对高度。在地图上表示的高度都是绝对高度。由于海平面不是一个标准的水准面，因此各国在绘制地图时尽量使其标准面接近水准面。中国各地的绝对高度以青岛黄海水准原点（即黄海平均海水面）为起算点。

地图 运用数学法则和地图语言（地图符号系统），经过地图概括，表示地球上各种自然和社会经济现象的平面图形。地图按内容分为普通地图和专题地图。普通地图又分为地形图和地理图，专题地图又分为自然地图、社会经济地图（人文地图）和环境地图。

地图由数学基础、制图对象和图面整饰三部分组成。数学基础包括大地控制点、经纬线网和比例尺。制图对象在普通地图上包括水系、地貌、居民地、交通线、土质、植被、境界线及其他地物，在专题地图上包括地理底图内容和突出表示的主题要素。图面整饰的内容包括图廓、图名、图号、图例和图面上的文字说明，以及附加图表等。

地形图 着重表示地形的普通地图。地形图的内容主要包括：数学要素，如比例尺、坐标格网和控制点等；自然地理要素，如水系、地貌、土质和植被等；

马王堆出土的西汉地形图

社会经济要素，如居民地、交通网和政治行政区划等；图名、图号和图例。地形图比例尺的大小在不同的业务部门有不同的习惯规定。在地形图上要表示出主要地物的位置、形状和大小。由于地面上的地物变化频繁，应不断对地形图进行修测或更新。

地形图被广泛应用于军事和经济建设领域，也是编制各种专题地图如地质图、地貌图等的基础底图。

风化作用 地表和近地表的岩石在日光、空气、水和生物等外力作用下所发生的物理或化学变化。被风化了的岩石圈疏松表层称风化壳。风化作用使岩石（层）发生崩解和分解，其所能达到的深度为风化壳的厚度，可以从几十厘米至几百米。风化壳的厚度在寒冷地区较小，在湿热的热带地区可以达到100 ~ 200米，在断裂带发育区可以更大。风化碎屑物和淋溶物被搬运外输，地面被夷低，残遗的风化物质在不同地理条件下发育成不同类型的土壤。风化作用为地表各种外营力（流水、冰川、波浪及风等）的剥蚀和侵蚀作用创造了条件。

侵蚀作用 外营力对地表冲蚀、磨蚀、溶蚀等作用的总称。外营力包括流水、冰川、波浪、潮流、海流、风等。风化作用产生碎屑。外营力侵蚀地面，随后出现搬运作用和堆积作用，使地貌改观。狭义的侵蚀作用指流水、波浪、潮流、冰川和风等外营力的侵蚀作用，广义的侵蚀作用还包括坡地上岩屑、土粒受重力影响顺坡下移的块体运动。根据外营力作用类型的不同，侵蚀作用分为：河流侵蚀作用，包括冲蚀、磨蚀和溶蚀等作用；地下水溶蚀和潜蚀作用；冰蚀作用；海蚀作用；风蚀作用。

峡谷 一种狭而深的河谷。峡谷两坡陡峭，横剖面呈V形。多发育在新构造运动强烈的山区，由河流强烈下切而成。河床上常有急流和瀑布出现。河谷的形成和发展受到地壳构造运动的影响。地壳上升，河流下蚀作用占优势，形成深切峡谷。峡谷由年轻的河谷——嶂谷发展而成，谷地很深，谷坡较陡，谷底初具滩槽雏形。峡谷进一步发展，将成为宽底河谷（即宽谷）。

雅鲁藏布大峡谷 世界最大峡谷。位于中国西藏雅鲁藏布江下游。全长504.6千米，最深处6009米，谷底河床最窄处宽仅35米。峡谷进口在米林县派镇附近，海拔 3000 米；出口在墨脱县巴昔卡，海拔 155 米。从西兴拉到帕龙藏布江口 20 余千米河段，有 4 处大瀑布群，一些主体瀑布落差都在 30 ~ 35 米。这段峡谷水能蕴藏量达 13.86 万千瓦 / 千米，为世界同类大河之最。大峡谷围绕喜马拉雅山脉东端的南迦巴瓦峰（海拔 7782 米）有一个奇特的马蹄形大拐弯。大峡谷成为印度洋暖湿气流北上的重要通道，使藏东南地区出现世界上海拔最高的绿洲。

雅鲁藏布江大拐弯

1998 年 10 ~ 12 月，中国雅鲁藏布大峡谷科学探险考察队首次实现人类全程徒步穿越大峡谷的壮举。

科罗拉多大峡谷 世界陆地上最长的河流峡谷。位于美国亚利桑那州北部的科罗拉多高原上，在科罗拉多河中游。东自马布尔峡谷起，西至格兰德瓦什崖，全长 446 千米。谷深约 1600 米，最深处 1829 米。谷宽 6.5 ~ 29 千米，往下收缩，呈 V 形；谷底水面宽度不足 1 千米，最窄处仅 120 米。河流曲折蜿蜒，河床坡降大，水流湍急。水深 10 ~ 15 米，夏季水深增至 15 ~ 18 米。谷壁呈阶梯状，南壁海拔 1800 ~ 2100 米，北壁比南壁高 400 ~ 600 米。谷底海拔 760 ~ 800 米。从谷底向上沿谷壁出露的从元古宙到新生代的各期岩系，有“地质史教科书”之称。1979 年，科罗拉多大峡谷作为自然遗产被列入《世界遗产名录》。

科罗拉多大峡谷景观

丹霞地貌 巨厚红色砂砾岩层中沿垂直节理发育的各种丹崖奇峰的总称。主要发育于侏罗纪至第三纪的水平或缓倾的红色地层中，以中国广东北部的丹霞山为典型，故名。丹霞地貌发育始于第三纪的喜马拉雅运动。这次运动使部分

丹霞山

红层变形，并将红色盆地抬升。红色地层沿垂直节理受到水流、重力、风力等作用侵蚀，形成深沟、残峰、石墙、石柱、崩积锥及石芽、溶洞、石钟乳、漏斗等地貌形态。山体主要呈方山状、堡垒状、宝塔状，或为单斜峰群、陡崖坡等。丹霞地貌区奇峰林立、景色瑰丽，旅游资源丰富。

溶洞 可溶性岩石中因喀斯特作用所形成的地下空间。又称喀斯特洞穴、洞穴。国际洞穴学联合会曾定义洞穴为岩石中人足以进入的天然地下空洞。1989

黄龙洞

年 D.C. 福特等从成因上把洞穴定义为直径或宽度大于产生紊流的有效最小孔径 5 ~ 15 毫米的溶蚀空洞。洞穴由水沿可溶岩层裂隙溶蚀而成。洞穴化学沉积形态主要有石钟乳、石幔、石盾、石笋、石珊瑚、卷曲石、石珍珠、边石等。从终年积雪的高纬度与高山地区到低纬度与海平面以下地区的可溶岩内均有分布。世界上有调查档案的洞穴在 15 万个以上，长度超过 50 千米的有 35 个，深度超过 1000 米的有 62 个。

冰川 极地或高山地区沿地面运动的巨大冰体。由大气固态降水经多年积累而成，是地表重要的淡水资源。冰川以雪线为界分为两部分：上部为粒雪盆（又称冰川积累区），下部为冰舌区（又称冰川消融区）。冰川总面积约 16227500 平方千米，覆盖地球陆地面积的 11%。冰川按规模和形态分为大陆冰盖和山岳冰川。现代冰川面积的 97%、冰量的 99% 为南极大陆和格陵兰两大冰盖所占有。极地以外不同纬度的山地中，其高度在当地雪线以上者，发育山岳冰川。世界中、低纬度山岳冰川以亚洲中部山地最发达，特别是喀喇昆仑山系。冰川通过侵蚀、搬运与堆积作用对地表进行塑造；参与全球水循环，对全球气候有影响。

大陆冰盖 分布于两极地区不受地形约束、长期覆盖陆地的冰川。又称极地冰盖，简称冰盖。两极地区除少数山峰外，几乎全部地面为厚达数百米至数千米的连续的冰雪覆盖的盾形冰盖。边缘有一些大冰舌伸向海中，有的长达几百千米。漂浮在海上的冰体称为冰架（陆

南极大陆冰盖

缘冰）或冰棚。伸入海中的小冰舌称为溢出冰川。冰架和溢出冰川的前端，常由于消融而崩解，冰块脱离母体，落入海中，在海面上四处漂浮，成为冰山。地球上现存的大陆冰盖有南极冰盖和格陵兰冰盖。南极冰盖是地球上最大的冰库，面积1340万平方千米，总储冰量2867.2万立方千米；格陵兰冰盖是北半球最大冰体，面积1802400平方千米。

山岳冰川 一种完全受山地地形约束的冰川。又称山地冰川或高山冰川。主要分布在地球中、低纬度的山地上，其中亚洲山区的冰川最多，占全世界山岳冰川的一半左右。中国是亚洲中、低纬度地区山岳冰川最多的国家，据1999年冰川编目统计，有冰川46298条，面积59406平方千米，约占亚洲冰川总面积的1/2，总储冰量5590立方千米。山岳冰川的形态类型主要有山谷冰川、冰斗冰川、悬冰川、平顶冰川、再生冰川和火山口冰川等。

玉龙冰川

兰伯特冰川 世界最大冰川。位于东南极洲。宽40千米，长400千米，最厚处超过3000米。该冰川流经查尔斯王子山和莫森陡崖间最大深度超过2500米的地堑谷地。由于兰伯特冰川表面平均高度仅数百米，周围的冰体都朝它流来，于是构成了面积达百万平方千米的冰盖盆地，即兰伯特冰川盆地。冰川的上游有多条源于东南极洲高原的支流对其进行补给，下游与埃默里冰架相连。冰川的大部分流动速度为400～800米/年，中部流速略慢。

雅丹 河湖相土状堆积物地区发育的风蚀土墩和风蚀凹地相间的地貌形态。以中国新疆罗布泊凹地最为典型。以维吾尔语“雅丹”（陡壁的土丘）命名。雅丹是风力吹蚀和风沙流磨蚀作用的产物，并在形成过程中被（季节性）流水侵蚀改造。雅丹地区地面崎岖起伏，支离破碎。高起的风蚀土墩多为长条形，排列方向与主风向平行，土墩物质为粉沙、细沙和沙质黏土互层；风蚀凹地底部的平地向下风向倾斜。风蚀土墩和凹

新疆五彩城雅丹地貌

地相间分布，凹地多数互相沟通，而土墩常孤立分布。

雅丹在世界许多沙漠地区都有分布，如利比亚提贝斯提高原、伊朗克尔曼盆地、埃及哈尔加盆地等。中国除新疆罗布泊地区外，青海柴达木盆地西北部和甘肃河西走廊的疏勒河下游也有大面积分布。

山地 海拔500米以上、地表相对高度大于200米，坡度较陡的高地。山地是地壳构造运动的结果。地壳由若干个大的板块组成。两个板块接触之处受挤压隆起形成山脉，即造山运动。世界上绝大多数山脉都是这样形成的。火山活动也可以形成山地，但往往是孤立山峰。山地根据形态分为：峰或山峰，为孤立的山；山列或山脉，即多个山峰由一山脊连接而形成的山群；山系，由一系列的山脉形成。根据高度分为：低山，海拔1000米以下；中山，海拔1000～3000米；高山，海拔3000～5000米；极高山，海拔5000米以上。许多山脉成为气候的障壁，对气候有很大的调节作用，甚至是重要的气候界线，如中国的秦岭。山地是森林的天然宝库，蕴藏丰富的矿藏。

喜马拉雅山脉 世界上最雄伟高大的山脉。山名源于梵文，意为“雪的居所”。藏民则称雪山。由数条大致平行的支脉组成，向南凸出呈弧形。分布于青藏高原南缘，西起克什米尔的南迦峰（海拔8125米），东至雅鲁藏布江大拐弯处的南迦巴瓦峰（海拔7782米），全长约2500千米。南北宽度为200～300千米，由北而南依次为大喜马拉雅山、小喜马拉雅山及西瓦利克山等。主峰珠穆朗玛峰海拔8844.43米，为世界第一高峰。

喜马拉雅山脉的希夏邦马峰

喜马拉雅山脉主脉大喜马拉雅山平均海拔6000米以上，海拔7000米以上的山峰有50余座，海拔8000米以上的高峰有10座。高山顶部终年积雪，现代冰川作用强盛。冰川总面积3.3万平方千米，中国境内约占1/3。雪线高度为海拔5800～6200米。

珠穆朗玛峰 喜马拉雅山脉主峰，世界第一高峰。简称珠峰。位于中国西藏与尼泊尔交界处的喜马拉雅山脉中段，海拔8844.43米，享有地球“第三极”之誉。“珠穆朗玛”系佛经中女神名的藏语音译。珠穆朗玛峰是典型的断块上升山峰。山谷冰川发育，山峰周围辐射状展布着许多条规模巨大的山谷冰川，长度在10千米以上的有18条，末端海拔3600～5400米。其中以北坡的中绒布、西绒布和东绒布三大冰川与它们周围的30多条中小型支冰川组成的冰川

珠穆朗玛峰风光

群为著。

自1921年起，不断有人试图征服珠穆朗玛峰，但直至1953年5月29日，英国探险队的两名队员才第一次从尼泊尔境内的南坡登上峰顶。

喀喇昆仑山 世界上山岳冰川最发达的高大山脉。中亚著名山脉之一。突厥语音译，为“黑色岩山”之意。位于中国、塔吉克斯坦、阿富汗、巴基斯坦和印度等国边境。海拔5570米的喀喇昆仑山口为印度与中国新疆之间的传统商道；位于中国与巴基斯坦边界的明铁盖山口，也是著名岭道之一，为古丝绸之路所经。

喀喇昆仑山风光

喀喇昆仑山及其东延部分（西藏高原的羌臣摩山和潘顿山）宽度约为240千米，长度为800千米。平均海拔超过5500米，海拔8000米以上的高峰有4座。主峰乔戈里峰（海拔8611米）为世界第二高峰。喀喇昆仑山脉主山脊称大喀喇昆仑山，主山脊两侧的山地称小喀喇昆仑山。山岳冰川发育，长度超过50千米的冰川共有6条。冰川总面积1.86万平方千米（中国境内有4647平方千米）。位于主山脊北侧的音苏盖提冰川，为中国已知最长的冰川。

昆仑山脉 横贯中国西部的高大山脉。西起帕米尔高原东部，东到柴达木河上游谷地，全长2500余千米；南北最宽处350千米，最窄处150千米。屹立在塔里木盆地与柴达木盆地之南，与两盆地间均以深大断裂相隔。山势宏伟峻拔，峰顶终年积雪。

昆仑山脉西高东低，按地势分为西、中、东三段。西昆仑山平均海拔5500～6000米，海拔7000米以上的山峰有3座。公格尔山是昆仑山脉的最高峰，海拔7649米；慕士塔格山次之，海拔7509米。中昆仑山平均海拔5000～5500米，海拔6000米以上的山峰有8座。北坡雪线5100～5800米。东昆仑山海拔6000米以上的山峰有4座，平均海拔4500～5000米，积雪分布在海拔5800米以上的山峰。

慕士塔格山

横断山脉 世界最年轻山系之一。为中国最长、最宽和最典型的南北向山系，是唯一兼有太平洋和印度洋水系的地区。位于青藏高原东南部，通常为川、滇两省西部和西藏东部南北向山脉的总称。因“横断”东西间交通，故名。其范围有广义和狭义之分。广义的横断山脉东起邛崃山，西抵伯舒拉岭，北界位于昌都、甘孜至马尔康一线，南界抵达中缅边境的山区。狭义的横断山脉仅指怒江、澜沧江和金沙江三江并流地区的南北走向山地。境内山川南北纵贯、东西并列，自东而西有邛崃山、大渡河、大雪山、雅砻江、沙鲁里山、金沙江、芒康山、澜沧江、怒山、怒江和高黎贡山等。山间盆地、湖泊众多，古冰川侵蚀与堆积地貌广布，现代冰川作用发育，重力地质作用造成的山崩、滑坡和泥石流屡见。同时，地震频繁，是中国主要地震带之一。

横断山脉是中国重要的有色金属矿产地和中国主要水能资源分布区。区内多古植物的孑遗种属，如乔杉、铁杉、连香树、水青树、珙桐等。

天山山脉 亚洲内陆中部的山系。为世界干旱区域的多雨山地之一。横贯中国新疆中部，西端伸入哈萨克斯坦和吉尔吉斯斯坦，全长2500千米。在中国境内东起哈密市东，西到乌恰县西北，东西长约1760千米，南北宽250～350千米。山地耸立于准噶尔盆地与塔里木盆地之间，海拔多在4000米以上。位于西段的托木尔峰是天山山脉的最高峰，海拔7443米；东段的最高峰是博格达峰，海拔5445米。山脉由大致平行的北天山、中天山和南天山组成，山体之间夹有许多宽谷与盆地。天山山脉是中国重要的地震带区。

天山山脉风光

天山山地气候湿润，水源充足。山地森林面积约占全新疆的50%，草场面积约占全新疆的47%。此外，天山矿产种类繁多。

唐古拉山 怒江、澜沧江和长江发源地。又称当拉山。西与喀喇昆仑山东尾相接，向东横贯于西藏北部，一部分成为西藏与青海的界山，东段渐向东南延伸接入横断山脉。唐古拉山山体宽150千米，山峰一般海拔5500～6000米，相对高度500～1000米。主峰各拉丹

唐古拉山风光

冬峰海拔 6621 米。青藏公路要隘——唐古拉山口的海拔虽高达 5220 米，却因坡缓、相对高度小而并不显得险要和难以逾越。雪线高度为海拔 5400 米。现代冰川不甚发育。矿产有铁、煤等。地热资源较丰富。

冈底斯山　*青藏高原*重要山脉、季风区与非季风区的分界线。藏语意为“众山之主”。位于西藏西南部、喜马拉雅山脉之北，与喜马拉雅山脉大致平行。冈底斯山西起喀喇昆仑山脉东南部的萨色尔山脊，东延伸至纳木错西南，与念青唐古拉山衔接。海拔一般 5500 ~ 6000 米。西段呈东南走向，主要支脉阿隆干累山以同一走向并列于主脉北侧。主峰冈仁波齐峰，海拔 6656 米。

冈仁波齐峰

冈底斯山南侧即通称的藏南地区，这一地区草场辽阔、耕地集中，为西藏人口集中、农牧业发达的地域。其北侧为羌塘高原内流区，绝大部分土地只宜于放牧绵羊和牦牛或为无人居住的荒寂原野。

大兴安岭　中国东北地区重要山脉。又称西兴安岭。为黑龙江南源额尔古纳河和主要支流嫩江发源地。北起黑龙江畔，呈北东及北北东走向，南止于西拉木伦河上游谷地。全长约 1200 千米，宽 200 ~ 300 千米。大部分海拔 1100 ~ 1400 米。山地呈不对称状：西北高东南低；西缓东陡，西侧缓缓过渡到*蒙古高原*，东侧逐级陡降到*东北平原*；山幅北宽南窄。与小兴安岭一般以嫩江河谷为界，但也有以北安—爱辉一线分界的。最高峰黄岗梁，海拔 2029 米。大兴安岭林业资源丰富，是中国重要林业基地之一。

黄岗梁

嵩山　中国五岳中的中岳。位于河南登封西北。西汉确定为五岳之一。属褶曲作用形成的块状山。东北—西南走向，绵延 100 余千米。海拔 400 ~ 700 米。为颍河和伊河、洛河的分水岭。主峰峻极峰，海拔 1491.7 米，矗立于低山丘陵之间，气势磅礴；寺庙林立。嵩山是古代封建帝王游览和封禅的场所。山上有古建筑群 18 处，尤以少林寺、中岳庙、嵩阳书院、观星台、嵩岳

嵩岳寺塔

寺塔等著名。2004年被联合国教科文组织评为世界地质公园。

泰山 中国五岳中的东岳。与陕西华山、湖南衡山、山西恒山和河南嵩山合称五岳。古名岱宗、岱山。位于山东中部，盘亘于泰安、济南之间。主峰玉皇顶位于泰安城北，海拔1532.7米，是山东最高峰。泰山山势雄伟，巍峨险峻，群峰争奇，丘壑林泉，飞瀑松涛，被誉为中国“五岳之宗”。泰山古代为封建帝王举行封禅大典的场所，拥有宏伟的古代建筑、悠久的文化遗迹和秀丽的自然景色。碑刻石雕甚多。1987年，泰山作为文化与自然双重遗产被列入《世界遗产名录》。2006年被联合国教科文组织评为世界地质公园。

泰山风光

恒山 中国五岳中的北岳。又称太恒山，古称元岳、紫岳、恒宗。位于山西浑源境内。东北—西南走向，西接管涔山，东至山西省界，东西绵延250多千米。为海河支流桑干河与滹沱河的分水岭。主峰玄武峰，海拔2016.1米。山上怪石争奇、古树参天，林中有楼台殿宇。古有“恒山十八景”，现存会仙府、悬空寺等十多处。地险、山雄、景奇、泉绝，加之在道教中的重要地位，使恒山成为旅游胜地。

悬空寺

华山 中国五岳中的西岳。被誉为“奇险天下第一山”。位于陕西华阴境内。因其西约20千米另有少华山，故又称太华山。华山是秦岭支脉分水脊北侧的花岗岩石山，东、南、西三峰突起，壁立千仞，北峰和中峰虽略低，但甚峻峭。五峰如莲花五瓣，古代“花”与“华”通用，故名华山。人们以“自古华山一条路”形容其险要。南峰是华山主峰，海拔2154.9米。五峰庙宇，今仅存西

华山群峰

峰古刹。华山为道教圣地。

衡山 中国五岳中的南岳。古称岣嵝山。位于湖南中部、湘中衡阳盆地北缘、湘江西侧。长约 32 千米，宽 17 千米。山峦突兀峥嵘。主峰祝融峰，海拔 1300.2 米。天柱、回雁、石廪、紫盖等峰，逶迤参差，海拔一般约 1000 米。南岳历史悠久，多文学遗产，一度曾为理学渊薮和宗教福地。现存南岳大庙、磨镜台、福严寺等古典建筑。衡山植物资源丰富，天然生长有银杏、青钱柳、绒毛皂荚等珍稀树种。

衡山群峰

黄山 中国名山、风景名胜区。位于安徽南部、黄山山脉中段。秦称黟山，唐天宝六载（747）改名黄山，别称黄岳。黄山系江南丘陵的组成部分，沿东北—西南方向延伸。自然风景优美，明代地理学家、旅行家徐霞客曾有“五岳归来不看山，黄山归来不看岳”之赞。黄山为花岗岩峰林地貌。莲花峰、天都峰、光明顶为黄山三大主峰。莲花峰海拔 1864.8 米，为安徽最高点。黄山是华东植物荟萃之地，尤以黄山松、黄山毛峰、灵芝草驰名中外。1990 年，黄山作为文化与自然双重遗产被列入《世界遗产名录》。2004 年被联合国教科文组织评为世界地质公园。

黄山迎客松

庐山 中国风景名胜区、避暑胜地。位于江西九江南、鄱阳湖西岸，北近长江，东濒鄱阳湖。庐山系因断层作用使地块上升而形成的断块山，呈东北—西南走向。相传殷周时有匡氏兄弟结庐隐居于此，故又称匡庐或匡山。主峰大汉阳峰，海拔 1473.4 米。森林荫郁，植被丰富。海拔 1167 米的牯牛岭，简称牯岭，为庐山著名的避暑胜地。

三叠泉

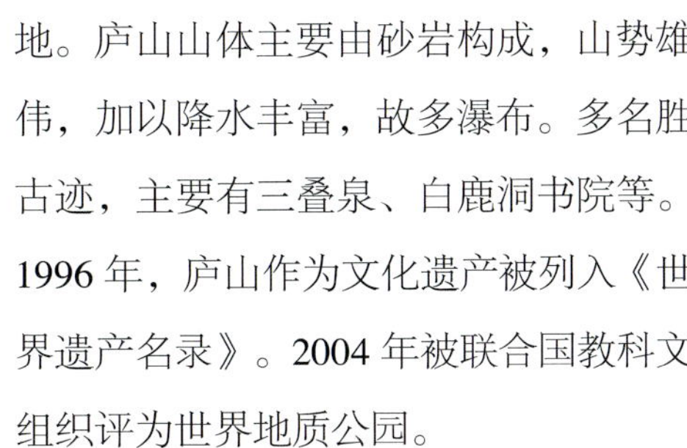

庐山山体主要由砂岩构成，山势雄伟，加以降水丰富，故多瀑布。多名胜古迹，主要有三叠泉、白鹿洞书院等。1996 年，庐山作为文化遗产被列入《世界遗产名录》。2004 年被联合国教科文组织评为世界地质公园。

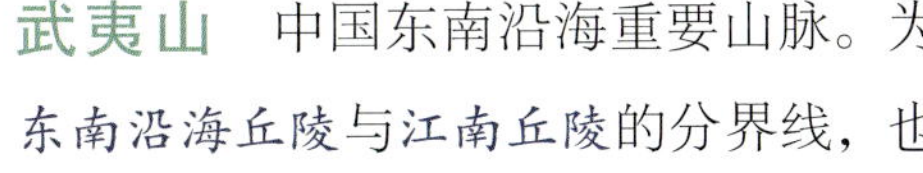

武夷山 中国东南沿海重要山脉。为东南沿海丘陵与江南丘陵的分界线，也

武夷山水

是福建闽江水系、汀江水系与江西鄱阳湖水系的天然分水岭。位于闽、赣两省之间。山脉呈北北东走向，长约540千米，北与仙霞岭相接，南与九连山相连。地势北高南低。位于武夷山市境内的黄岗山海拔2160.8米，是武夷山最高峰。山脉中有许多与其走向相直交或斜交的垭口。武夷山脉东西山麓红层分布地区有丹霞地貌发育，其中以武夷山市南郊的武夷山风景名胜区最负盛名，有“秀甲东南”之誉。1999年，武夷山作为文化与自然双重遗产被列入《世界遗产名录》。

兴都库什山脉 亚洲中部高大山脉。名称来自波斯语，意为“印度山脉”。古波斯人将其以东的广大地区统称为“印度”，也以此名山。东起帕米尔高原，西迄伊朗边境。大体呈东东北—西西南走向，绵延约1600千米，宽50 ~ 350千米。平均海拔4000 ~ 5000米。它实际上是一个庞大的山脉综合体，由主脉和许多支脉共同组成。主脉自东而西，包括兴都库什、帕格曼、巴巴和帕罗帕米苏斯等山脉。除最东段沿阿富汗与巴基斯坦边境延伸外，绝大部分横亘于阿富汗中部，因而有“阿富汗的脊梁”之称。位于巴基斯坦境内的蒂里奇米尔峰海拔7690米，为整座山脉的主峰。雪线高度为海拔4500 ~ 5000米。

安第斯山脉 世界最长的山脉。属科迪勒拉山系，为褶皱山系。纵贯南美大陆西部，大体上与太平洋岸平行。全长约8900千米；一般宽约300千米，最宽处为800千米。由一系列平行山脉和横断山体组成，在多数地区可分为东科迪勒拉山和西科迪勒拉山两列山脉，间有高原和谷地。其北段支脉伸入特立尼达岛，南段延伸至火地岛。跨委内瑞拉、

阿空加瓜山

哥伦比亚、厄瓜多尔、秘鲁、玻利维亚、智利、阿根廷等国。海拔多在3000米以上，海拔超过6000米的高峰有50多座。其中阿空加瓜山海拔6960米，为西半球最高峰。安第斯山脉为环太平洋火山地震带的一部分，也是南美洲许多河流的发源地和分水岭。

山区矿产丰富，农业发展较好。北段和中段山区海拔1500～3500米的地区是人口密集区。山中多垭口，有横贯大陆的铁路通过。

科迪勒拉山系 纵贯美洲大陆西部的褶皱山系。北起阿拉斯加，南至火地岛，绵延15000千米，为世界最长的山系。由一系列平行的山脉、山间高原和盆地组成。属环太平洋火山地震带的一部分。北美科迪勒拉山系宽800～1600千米，海拔1500～3000米，包括东、西两列山带和宽广的山间高原-盆地带。南美科迪勒拉山系以安第斯山脉为主干，宽300～800千米，海拔多在3000米以上，最高峰阿空加瓜山，海拔6960米。自然资源丰富。北美洲西北沿海、南美洲的赤道附近和安第斯山脉南段，森林茂密，水能丰富。墨西哥、中美地区和安第斯山脉中段，是印第安人古代文明发祥地。

大高加索山脉 亚、欧两洲的分界线之一。位于黑海与里海之间。自西北向东南延伸于俄罗斯与格鲁吉亚、阿塞拜疆的边界上。全长1100千米，主体部分最宽约180千米。由一系列近于平行的山脉组成。按地势可分为轴部地带、北坡和南坡。轴部地带大部为海拔3000～4000米的高山，其中海拔4800米以上的山峰有15座。最高峰厄尔布鲁士山，海拔5642米，终年积雪，有冰川约2000条(总面积1428平方千米)。北坡地区又称北高加索或前高加索，为海拔400～1500米的低山、丘陵与中山。南坡大多为海拔1000米以上的中山。黑海沿岸的苏呼米、索契及大高加索山前的温泉出露带是著名的旅游区。

厄尔布鲁士山远眺

阿尔卑斯山脉 欧洲最高大的山脉。位于欧洲南部。西起法国东南部，经意大利北部、瑞士南部、列支敦士登、德国南部，东至奥地利和斯洛文尼亚。呈弧形东西延伸，长约1200千米；宽

勃朗峰日落

130 ~ 260 千米。平均海拔 3000 米左右。山脉分为西、中、东三段。西段山体最窄、高峰最集中，最高峰勃朗峰，海拔 4810 米，位于法意边境；中段宽度最大；东段海拔相对较低。各种类型的冰川地貌广泛分布，冰蚀地貌尤为典型。有现代冰川 1200 多条，总面积约 4000 平方千米。冬季降雪量较大，高山普遍积雪。

高原 海拔 600 米以上，一侧或数侧为陡坡、顶面相对平坦，分布范围较大的高地。形成的根本原因是新生代以来地壳的强烈抬升，抬升速度超过了外营力的侵蚀或剥蚀，地表呈现为隆起的正地形。包括多种成因的低高原（如巴西高原、南非高原）、在山系旁侧的高原（如阿巴拉契亚高原）、山系组成的山地高原（如青藏高原）、由玄武岩熔岩堆叠而成的熔岩高原（如埃塞俄比亚高原）、由熔岩和凝灰岩等大量火山物质堆积而成的火山高原、由大陆冰盖组成的冰盖高原。高原在全世界有着广泛的分布，除冰盖高原外，约占地球上全部陆地面积的 30%。尤以亚洲的高原为最高和最多，如青藏高原、伊朗高原等。

青藏高原 世界最高的高原。有“世界屋脊”之称。西起帕米尔高原和喀喇昆仑山；南缘为喜马拉雅山脉；东南经横断山脉连接缅甸和云南高原，东部则濒临四川盆地，东北部与秦岭山脉西段和黄土高原相衔接；北缘的昆仑山脉、阿尔金山和祁连山与塔里木盆地及河西走廊相连。总面积约 250 万平方千米。其形成与喜马拉雅运动密切相关。海拔大多在 3500 米以上，西北高、东南低。主要大山有阿尔金山、祁连山、昆仑山脉、喀喇昆仑山、唐古拉山、冈底斯山、念青唐古拉山、喜马拉雅山脉及横断山脉。高原大部分为荒漠草原所覆盖。高原南部与东部的边缘山区河网密集，较大的外流河有雅鲁藏布江、怒江、长江、黄河和澜沧江等。高原上湖泊广布。

青藏高原航拍

青藏高原是地球上中、低纬度地区最大的冰川作用中心，现代冰川面积约 4.987 万平方千米。高原为北半球中、低纬度地区冻土分布最广、厚度最大、海拔最高的地区，多年冻土面积约 140 万平方千米。高原也是中国主要地震区。

内蒙古高原 蒙古高原的一部分。位于阴山山脉之北、大兴安岭以西。北至国界，西至东经 106° 附近。面积约 40 万平方千米。广义的内蒙古高原还包括阴山以南的鄂尔多斯高原和贺兰山以西的阿拉善高原。一般海拔 1000 ~ 1200 米，南高北低；北部形成东西向低地，最低海拔降至 600 米左右，在中蒙边境一带是断续相连的干燥剥蚀残丘，相对高度约百米。高原地面坦荡完整，起伏和缓，古剥蚀夷平面显著，风沙广布，古有“瀚海”之称。戈壁、沙漠、沙地依次从西北向东南略呈弧形分布。内蒙古高原是中国重要的牧场，草原面积约占高原面积的 80%。

黄土高原 中国四大高原之一、世界上黄土覆盖面积最大的高原。为中华民族古代文明的发祥地之一。位于中国北部北纬 34° ~ 40°、东经 102° ~ 114°，横跨青、甘、宁、内蒙古、陕、晋、豫 7 个省区。面积约 40 万平方千米。高原由西北向东南倾斜，海拔多在 1000 ~ 2000 米。除石质山地外，大部分为厚层黄土覆盖。经流水长期强烈侵蚀，逐渐形成千沟万壑、地形支离破碎的特殊自然景观。最基本的地貌类型有沟间地地貌（如塬、梁、峁）、沟谷地貌和黄土微地貌。高原上主要山脉太行山、吕梁山和六盘山把高原分隔成山西高原、陕甘黄土高原、陇西高原三部分。区域水系以黄河为骨干。源于黄土高原的河流约有 200 条，含沙量很高。黄土高原严重水土流失面积约 27 万平方千米。

黄土高原风光

云贵高原 中国四大高原之一。位于中国西南部。西依哀牢山，西北接青藏高原，北连四川盆地，东与江南丘陵及两湖平原毗邻，南连广西西北部山地丘陵。面积约 40 万平方千米。由云南高原和贵州高原组成。

云贵高原景色

云南高原大部分地区海拔 1500 ~ 2000 米，西北高、东南低。滇中高原由紫色砂页岩组成，又称红色高原，高原面较完整，地势起伏和缓；滇东高原喀斯特地貌发育。高原内部的河流多数从中部向南、北分流，分别注入长江水系和珠江水系。有大小湖泊近 40 个。

贵州高原平均海拔约 1000 米，呈由东向西逐级升高的梯级状大斜坡，并由中部向南、北逐渐倾斜。河流溯源侵蚀强烈，地面起伏较大。喀斯特地貌广泛发育。

巴西高原 世界面积最大的高原。位于南美洲中东部、巴西东南部，介于亚马孙平原与拉普拉塔平原之间。面积

500多万平方千米。海拔300～1500米，地面起伏平缓，从东南向西北倾斜。东部高原呈波状起伏，表现为脊状山岭或断块山，突出于高原之上；西部的戈亚斯高原和马托格罗索高原，具有桌状高地的特征，无明显山岭；中部为凹陷地带，分布着巴拉那伊巴谷地和巴拉那谷地。高原边缘部分普遍形成缓急不等的崖坡，河流穿过其间，多陡落成为瀑布或急流，切成峡谷；东南边缘近大西洋岸有著名的大崖壁。

伊朗高原 亚洲高原。因主要分布于伊朗而得名。为一个庞大的闭塞型山间高原，由四周的边缘山地和内部许多山

厄尔布尔士山脉

间高原、荒漠和盆地组成。面积约270万平方千米。几乎包括伊朗、阿富汗的全境和巴基斯坦的西南部。东西介于帕米尔高原、印度河平原、亚美尼亚高原和美索不达米亚平原之间，北邻图兰低地和里海，南濒波斯湾、阿曼湾和阿拉伯海。边缘主要山脉：北侧自西而东有厄尔布尔士山脉（主峰达马万德山，海拔5671米）、科佩特山和兴都库什山脉；南侧自西而东有扎格罗斯山、莫克兰山和苏莱曼山。矿产资源多种多样，油气资源尤其丰富。

蒙古高原 亚洲中东部高原。东界大兴安岭，南界阴山山脉，西和西南接阿尔泰山脉、准噶尔盆地和塔里木盆地，北连萨彦岭、唐努乌拉山脉和雅布洛诺夫山脉。面积约260万平方千米。高原平均海拔1580米，最高点为阿尔泰山脉的蒙赫海尔汗山（海拔4362米）。地表大部分为单调的台地。地表结构主要是岩石裸露的垄岗与浅平洼地相结合。高原基本上为周边山脉环绕的内陆排水盆地，有扎布汗河、色楞格河和克鲁伦河等流经。矿产资源丰富。具有独特的人文地理特点。

南非高原 非洲南部的古老高原。占据刚果盆地以南整个南部非洲。由大盆地、高地和边缘山地构成。卡拉哈迪盆地面积最大，海拔900～1100米，西南海拔不足900米，是高原最低部分。盆地外围地势逐步升高，形成一些高地。莱索托地块最高，海拔3000米以上。高原边缘以陡峭的断崖呈弧形直落沿海

德拉肯斯山脉

低地，构成边缘山地。东南沿海的德拉肯斯山脉最高，塔巴纳恩特莱尼亚纳山海拔 3482 米，为高原最高点。南面还有属褶皱山系的开普山脉。中西部和西部沿海有著名的卡拉哈迪沙漠、纳米布沙漠。最大的常流河为赞比西河、奥兰治河和林波波河。矿产资源丰富。

中西伯利亚高原 俄罗斯西伯利亚中部面积最大的高原。南起东萨彦岭、贝加尔湖沿岸和外贝加尔山地，北至北西伯利亚低平原，西与西西伯利亚平原、东与中雅库特低平原相连。面积约 150 万平方千米。由一系列宽广的高原（如维柳伊高原、勒拿河左岸高原等）和山地（如叶尼塞山脉、安加拉山脉等）组成。平均海拔 500 ~ 700 米。西北部较高，海拔 1000 ~ 1500 米。普托拉纳山海拔 1701 米，为最高点。叶尼塞河支流下通古斯卡河、石泉通古斯卡河、安加拉河，勒拿河及其支流维柳伊河、奥廖克马河，哈坦加河等流经。水力及矿产资源丰富。

盆地 周围为山地或高地环绕的圆形或椭圆形的平坦低地。约占全世界陆地面积的 30％。中国的盆地较多，有塔里木盆地、柴达木盆地、准噶尔盆地、四川盆地和吐鲁番盆地等。地壳的沉降是形成盆地的根本原因。一般分为凹陷盆地和断陷盆地。前者从盆地边缘向盆地中心沉积层逐渐变厚，盆地中的沉积层与周围高地沉积层之间呈现为逐渐过渡；后者是以断层相互分开，沉积层在横断面上呈不连续，地质学上称为构造盆地。相对于周围的山地或高地来说，盆地的自然环境比较优越，适合于人类居住和进行各种经济活动。

塔里木盆地 中国特大型内陆盆地。位于新疆南部、天山山脉与昆仑山脉之间。面积约 53 万平方千米。盆地地势西高东低，微向北倾。旧罗布泊湖面海拔 780 米，是盆地最低点。盆地地貌呈

塔里木河两岸的胡杨林

环状分布：边缘是与山地连接的砾石戈壁；中心是辽阔沙漠；边缘与中心之间是冲积扇和冲积平原，并有绿洲分布。塔里木河位于盆地北缘，其南是塔克拉玛干沙漠。较大的河流有南部的叶尔羌河、克孜勒河、盖孜河、和田河、克里雅河、车尔臣河，以及北部的阿克苏河、台兰河、渭干河、库车河、开都河等。

柴达木盆地 中国三大内陆盆地之一。属封闭性的巨大山间断陷盆地。位于青海西北部。四周被昆仑山脉、祁连山和阿尔金山所环抱。面积约 25 万平方千米。“柴达木”是蒙古语“盐泽”的意思。

地势由西北向东南微倾，海拔自 3000 米渐降至 2600 米左右。地貌呈同

柴达木盆地景观

心环状分布，自边缘至中心依次为洪积砾石扇形地（戈壁）、冲积-洪积粉砂质平原、湖积-冲积粉砂黏土质平原、湖积淤泥盐土平原。地势低洼处盐湖与沼泽广布。盆地西北部戈壁带内缘，绵延分布百米以下的垄岗丘陵群。盆地东南沉降剧烈，冲积与湖积平原广阔，主要湖泊有南霍鲁逊湖、北霍鲁逊湖和达布逊湖等。盆地东北部有若干小型山间盆地。河流大部为间歇性，主要分布于盆地东部。

准噶尔盆地 中国大型陷落盆地之一。位于新疆北部、阿尔泰山脉与天山山脉之间。西侧为准噶尔西部山地，东至北塔山麓。面积20万平方千米，其中沙漠占30%。地势向西倾斜，北部略高于南部。西南部的艾比湖湖面海拔189米，是盆地最低点。

艾比湖

盆地内平原可分为两区：北部平原北起阿尔泰山南麓，南抵沙漠北缘，风蚀作用明显，有大片风蚀洼地；南部平原南起天山北麓，北至沙漠北缘，可分为两带——北带为沙漠，南带为天山北麓山前平原。盆地中央的古尔班通古特沙漠是中国第二大沙漠。除额尔齐斯河为外流河外，盆地内其他河流均为内流河。

四川盆地 中国四大盆地之一。为中国各大盆地中形态最典型、纬度最南、海拔最低的盆地。在长江上游。西依青藏高原和横断山地，北靠秦岭与黄土高原相望，东接湘鄂西山地，南连云贵高原。包括四川东部、重庆大部，面积约20万平方千米。

盆地边缘多低山和中山，山势陡峻；发源于盆地边缘山地的河流大多为V形谷，岭谷高差500～1000米，地表崎岖。故历史上有“蜀道难，难于上青天”之说。山脊海拔多在2000～3000米，西北部与西部可超过3000米甚至4000米。地势向东南倾斜。盆地底部海拔多在250～700米，以丘陵为主，次为低山和平原。盆地地表为大面积的紫红色砂岩和泥岩所覆盖，故称红层盆地。盆地内河流均由边缘山地向盆地底部的长江干流汇聚，形成向心状水系。

盆地中植物近万种，古老而特有种之多为中国其他地区所不及。盆地西缘

成都平原景色

山地是中国特有而古老动物保存最好、最集中的地区，有大熊猫、金丝猴、扭角羚、白唇鹿等国家一级保护动物。

刚果盆地 世界最大盆地。面积337万平方千米。又称扎伊尔盆地。位于非洲中西部。东以东非大裂谷为界，西到刚果（布）西部和喀麦隆东南，包括刚果河流域大部，故称刚果盆地。大体呈不规则的六边形。四周被高原、山地包围，仅西南由刚果河切穿一道缺口。北缘为中非高地，东缘为东非大裂谷西支西岸系列山地，东南为加丹加高原，西南有隆达高原，西缘为从喀麦隆及加蓬东部直至刚果（布）西部的高原、山地。盆地底部地势平坦，海拔300～500米。刚果河及其支流水量丰富。盆地一半以上被森林占据。盆地边缘的高原、山地富矿产资源，其中金刚石、铜、锰、铁矿世界闻名。

澳大利亚大盆地 世界上面积最大的自流盆地。又称大自流盆地。位于澳大利亚大陆中部。自卡奔塔尼亚湾向南，直至达令河上源和艾尔湖盆地，包括达令河和艾尔湖两个集水区的大部。面积175万平方千米，约占澳大利亚面积的1/5。为一浅碟形凹陷盆地。补给的水源主要来自盆地东侧的大分水岭。西、北、南三面地势较低，为承压水出露区。有18000多个泉眼，日平均涌水量达13亿升，其中大部分被蒸发和渗漏。地下水位差异极大，最深的自流井深2100米。部分地下水经明渠和管道输往绿洲中的农田、牧场和居民点，形成澳大利亚大陆少有的一些农牧业兴盛地区。

丘陵 海拔500米以下、相对高度200米以下，坡度较缓的低矮隆起高地。是山地与平原之间的过渡。其成因有两种：一是地壳抬升幅度和速度均较小，形成低矮的丘陵；二是原为高峻的山地，经长期侵蚀或剥蚀，被夷平成低矮的丘陵。丘陵可以是孤立的，也可以是连绵成片的。孤立的山丘被称为残丘或岛山。

江南丘陵 中国长江以南、南岭以北、武夷山和天目山以西、雪峰山以东，包括湘、赣两省中南部和浙西、皖南地区的大片低山和丘陵的总称。面积约37万平方千米。主要部分为湘赣两省毗连的大洼地。洼地东南西三面均有山地盘踞，向北倾斜。地表径流通过湘江、资水、沅江、澧水和鄱江、信江、抚河、赣江、修水等河流分别注入洞庭湖和鄱阳湖，然后北入长江。区内许多中山和低山均为东北—西南向排列。山岭海拔多在1000米左右，局部1500～2000米。主要山脉有幕阜山脉、九岭山、罗霄山脉、天目山、仙霞岭、武夷山和黄山等。

红色盆地众多，多分布于山岭间。红层丘陵为红色盆地的主要地貌类型。在厚层砂砾岩分布的盆地内，丹霞地貌发育。区境人口稠密，是中国重要农业区之一。

东南沿海丘陵 中国东南部具有亚热带山地丘陵景观和滨海景观特色的自然地理单元。包括福建全部和浙江、广东的部分地区。东南濒东海和南海。地势西北高、东南低。丘陵山地约占全区总面积的85%。较大的平原有潮汕平原、漳州平原、泉州平原等。山脉多呈北北东向平行排列。山岭海拔多为1000～1500米，以崇安西北黄岗山最高（海拔2160.8米）。分布在山地中的小型山间盆地为河流所串联，峡谷与盆谷相间排列，盆谷地段的沿河两岸发育有冲积平原和数级阶地。海岸线漫长曲折、岬湾相间，多岛屿。较大岛屿有海坛岛、东山岛、东海岛、南澳岛等。台湾海峡是中国著名的海峡。河流源短流急，多独流入海。

辽东低山丘陵 中国辽宁开原、抚顺、盖州一线以东的低山丘陵。东北部海拔1000米左右，向西南渐降至海拔200米以下。辽东半岛分割黄、渤二海，构成辽河水系和鸭绿江水系的分水岭。沈丹铁路东北有两列山地平行分布，高峰海拔多超出1200米，是省内地势最高处。沈丹铁路西南为千山山脉。千山山脉为辽东半岛的脊梁，海拔一般不超过500米，绵羊顶子山、步云山等超过1000米。辽东半岛是苹果、花生、柞蚕丝和海洋水产品生产基地。

平原 海拔低于200米、相对高度小于50米的平缓陆地。它以较低的高度区别于高原，以较小的起伏区别于丘陵。世界大部分人口均居住在平原地区，平原与人类的关系十分密切。平原形成的基本条件是地壳的持续沉降或持续稳定。世界上绝大多数平原是由堆积作用形成的堆积平原，如中国的华北平原。少量原来地势较高、遭受长期侵蚀或剥蚀形成的平原，称为侵蚀平原或蚀余平原。堆积平原根据成因分为冲积平原、洪积平原、湖积平原、冰水平原和海积平原等。在两种或两种以上营力同时作用的地区，出现混合成因的平原。平原地区蕴藏有各种类型的沉积矿床。

冲积平原 河流挟带的泥沙进入低地堆积而成的平原。是河流受构造运动（上升转为下降）、地形（从山地到低平谷地）和人为因素（筑堤、修水库）等影响，水流流速降低，导致泥沙大量堆积而成。冲积平原地势低平、起伏和缓，海拔大部分在200米以下，相对高度一般不超过50米，有的仅10～20米；坡度一般在5°以下。分布于不同高度、纬度和河流的不同部位（上、中、下游）。

冲积平原根据形成部位分为山前平原、中部平原和滨海平原。山前平原为洪积–冲积平原，位于山前地带；中部平原是冲积平原的主体；滨海平原为冲积–海积平原。根据形状分为冲积扇平原、泛滥平原和三角洲平原。

东北平原 中国最大平原。又称松辽平原。位于中国东北部。平原东、西两

三江平原俯瞰

侧分别为长白山和大兴安岭，北部为小兴安岭山地，南端濒辽东湾。总面积约35万平方千米。由辽河平原、松嫩平原、三江平原组成。其中松嫩平原面积最大，是东北平原的主体。辽河和松花江水系分别流经平原南北，两大水系之间为松辽分水岭。松辽分水岭以北为松花江和嫩江及其支流冲积而成的松嫩平原，以南为辽河水系冲积而成的辽河平原。小兴安岭以东、长白山地以北，是黑龙江、松花江、乌苏里江汇流冲积而成的三江平原。沼泽和湿地广泛分布。东北平原西南部以西辽河为中心，呈沙丘与洼地相间、微波起伏的风沙地貌景观。东北平原土地肥沃，资源丰富。

华北平原 位于中国东部、黄河下游。又称黄淮海平原。西倚太行山、伏牛山，北抵燕山南麓，东临渤海和黄海，南达大别山北侧。跨越京、津、冀、鲁、豫、皖、苏7个省市。面积30多万平方千米。

华北平原海拔多不及百米，地势平缓倾斜。黄河、淮河、海河、滦河等河流所塑造的地貌构成华北平原的主体，即黄河冲积平原、淮河中下游平原、海河中下游平原和滦河下游冲积扇平原。黄河在孟津以下形成巨大的冲积扇，扇缘向东直逼鲁西南山地丘陵的西侧。黄河冲积扇的中轴部位淤积较高，成为华北平原上的分水脊，将淮河、海河两大水系分隔南北。河湖众多，黄河、淮河、海河为平原最主要河流。京杭运河在华北平原上起过重要的历史作用。

华北平原俯瞰

长江中下游平原 中国三大平原之一。位于湖北宜昌以东的长江中下游沿岸，由两湖平原、鄱阳湖平原、苏皖沿江平原、里下河平原和长江三角洲平原组成。面积约20万平方千米。

两湖平原以荆江为界，其北称江汉平原，其南为洞庭湖平原。江汉平原主要由长江和汉水冲积而成，洞庭湖平原则主要由通过荆江南岸太平、藕池、松滋三口南下的长江冲积而成。鄱阳湖平原除边缘红土岗丘外，中部的泛滥平原主要由赣江、抚河、信江、修水等河流冲淤而成，其中又以赣江为主。苏皖沿江平原主要指湖口以下到镇江之间沿长江两岸分布的狭长的冲积平原，包括芜湖平原和巢湖平原。自镇江以下的河口段发育了长江三角洲。长江三角洲以北为里下河平原，平原为周高中低的碟形洼地。

长江中下游平原是中国水资源最丰富的地区，也是中国淡水湖群分布最集中的地区，著名淡水湖有鄱阳湖、洞庭湖、太湖和巢湖等。

亚马孙平原 世界最大的冲积平原。位于南美洲北部亚马孙河的中下游。介于圭亚那高原与巴西高原之间，西部为安第斯山脉的东坡，东至大西洋沿岸。面积约560万平方千米，大部分在巴西境内，约占巴西国土面积的1/3。发育于巴西陆台内呈东西走向的坳陷地带，亚马孙河大致沿着其构造轴流贯。平原西宽东窄，地势低平坦荡，大部分海拔在150米以下。平原按其地质和地貌特点可分为河漫滩和高位平原两部分。河漫滩约占平原面积的10%，地势低下，湖沼广布。河漫滩之外、45～60米的陡岸之上为高位平原，平原在西经60°以西最为宽广。热带雨林面积达300多万平方千米。人烟稀少，交通不便。

亚马孙平原俯瞰

东欧平原 世界诸大平原之一。又称俄罗斯平原。位于欧洲东部。北起北冰洋，南抵黑海、里海之滨；东起乌拉尔山脉，西达波罗的海。面积约400万平方千米。绝大部分在俄罗斯境内，还包括芬兰、爱沙尼亚、拉脱维亚、立陶宛、白俄罗斯、乌克兰、摩尔多瓦等国。地形总体特征为丘陵性高地与低地交错分布、波状起伏的广阔平原。平均海拔170米。丘陵性高地一般海拔300米左右，其间则为广阔的洼地、盆地、冲积平原、沼泽和湖泊。东南部里海沿岸低地最低在海平面以下28米。流经平原的河流众多，乌拉尔河、伏尔加河、第聂伯河、顿河等向南分别流注里海、亚速海和黑海，伯朝拉河、北德维纳河等向北注入巴伦支海和白海。

西西伯利亚平原 世界诸大平原之一。位于俄罗斯中东部。介于叶尼塞河与乌拉尔山脉之间，北抵北冰洋喀拉海，南接哈萨克丘陵和阿尔泰山区。面积约

300万平方千米。地势开阔平坦，中、北部一般海拔50～150米，南部及东部边缘海拔220～300米。鄂毕河水系纵贯全境，河网密布，大小河流共2000多条；湖泊众多；沼泽连片。石油、天然气资源丰富，有世界著名的西西伯利亚油气区（秋明油田）。南部的巴拉宾、伊希姆和库隆达草原大部已开垦，为俄罗斯重要的乳用畜牧业区和谷物产区之一。

三角洲 在河口区由于流速降低，水流所挟带的泥沙堆积而形成的冲积平原。因其外形类似希腊字母Δ得名。世界上大三角洲主要分布在入海河口。

三角洲的发育受制于许多因素，主要取决于入海河流挟沙能力与海洋动力（波浪、潮汐、沿岸流等）对入海泥沙再搬运能力之间的对比关系。随着入海泥沙量的减少和海洋再造营力的增强，依次形成扇形、鸟足形、舌形、尖嘴形、弓形、河口湾形三角洲。

三角洲地区绿野沃土，营养盐类富集，蕴藏丰富的水土资源和生物资源，且内外交通都较为便利，具有极大的开发价值。但是，三角洲的生态环境比较脆弱，容易遭到人类活动的破坏，必须注意保护。此外，三角洲是地球表面主要的沉积区之一，古三角洲沉积层往往是油气藏的所在。

三角洲形态类型

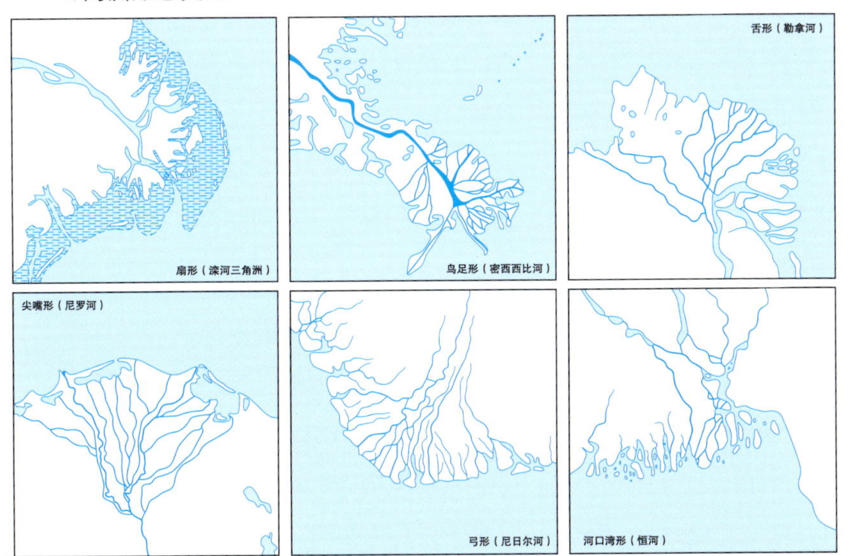

长江三角洲 中国长江中下游平原的一部分。三角洲顶点在江苏仪征附近，由此向东，大致沿扬州、泰州、海安、栟茶一线，是三角洲北界；由顶点向西南，沿大茅山、天目山东麓洪积–冲积扇至杭州湾北岸，为其西南界和南界。面积约5万平方千米。大致沿江阴、沙洲、常熟、松江、金山一线，分为新三角洲和老三角洲两部分。后者位于西部，系以太湖为中心的冲积平原、湖积平原；前者指镇江以东、位于大江两侧的冲积平原和江中沙岛。

长江三角洲俯瞰

三角洲主要是由长江带来的泥沙冲淤而成。冲积层的厚度由西向东从几十米增加到400米，其底部是坚硬的岩层。地形可分为里下河平原南缘、河口沙洲区和太湖平原三部分。太湖平原发育了较为完整的太湖水系。京杭运河南段江南运河纵贯该区。长江三角洲为中国人口稠密地区之一，也是中国经济最发达地区。

珠江三角洲 中国第二大三角洲。又称珠江平原。是由西江、北江、东江、潭江、绥江、流溪河、增江等在珠江河口湾内堆积而成的复合三角洲。位于中国南海北岸、广东中部珠江河口。狭义的珠江三角洲北起西、北二江汇合点的三水河口，东抵东江下游的石龙，南达崖门口外。广义的珠江三角洲西起高要羚羊峡东口及潭江司前；北起北江黄塘、宝月，流溪河广州、石碣，绥江黄冈；东迄东江园洲、增江沙塘。面积 8601.1 平方千米。

珠江三角洲鸟瞰

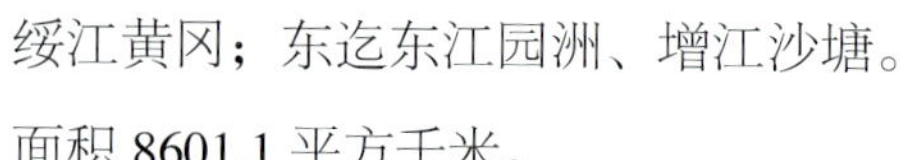

三角洲东有大岭山、羊台山，北有白云山摩星岭，西有皂幕山、古兜山。山丘走向多与北东向构造线一致。三角洲平原上有 160 多座突起的丘陵、台地、残丘。其中丘陵主要分布在南部，台地集中在北部番禺至广州之间。河网发育，西江、北江三角洲的主要水道有近百条，东江三角洲的主要水道有 5 条。

黄河三角洲 黄河尾闾在历次淤积延伸—摆动—改道过程中形成的扇形地带。位于山东北部。广义的黄河三角洲指河南巩义以东、北至天津、南到苏北废黄河口的广大黄河冲积平原。狭义的黄河三角洲指近代三角洲，是 1855 年黄河在铜瓦厢决口，袭夺大清河，于山东利津入渤海后形成的扇形地带。以利津以下的宁海为顶点，东南至淄脉沟河口，西北到徒骇河（套尔河）入海处，前缘突出于渤海湾与莱州湾之间。近代黄河三角洲面积 6000 余平方千米。黄河口继续向外延伸，三角洲以年平均 150 米的速度向渤海扩展。

三角洲地势低平，地面海拔 2 ～ 10 米，中间高、两侧低，西南高、东北低。自然资源丰富。地下蕴藏有丰富的石油、天然气资源，是胜利油田的主要产油区。

恒河–布拉马普特拉河三角洲 世界诸大三角洲之一。也可简称为恒河三角洲。位于南亚次大陆东部。顶点在印度的法拉卡，西起巴吉拉蒂–胡格利河，东至梅克纳河，南濒孟加拉湾。面积 7 万平方千米。大部分在孟加拉国南部，小部分在印度的西孟加拉邦。平均海拔 10 米。三角洲汇集恒河、布拉马普特拉河、梅克纳河三大水系。地势低平，土壤肥沃，农业发达，人口密集，城镇相望，为南亚最重要的经济中心之一。大小河道相连，水上运输发达。沿海有大片红树林沼泽，辟有孙德尔本斯国家公园。

湄公河三角洲 东南亚最大的大河三角洲。由湄公河及其支流冲积而成。濒临南海和泰国湾。是以柬埔寨首都金边为顶点，北起越南的巴地，南至金瓯角的三角形地区。总面积 4.4 万平方千米，其中越南境内 3.6 万平方千米。地面平坦低洼，平均海拔不到 2 米。三角洲每

湄公河三角洲景色

年向外延伸 60 ～ 80 米。从金边开始湄公河分成两支：北支主流从西北往东南流，称前江；南支称后江（又称巴沙河）。前江以北的同耐河平原与同塔梅平原水道弯曲，沼泽连片；后江以南的金瓯半岛的海滨地区有大片生长着红树林的泥滩。三角洲天然河系和人工渠道纵横交错，组成稠密的水网。

尼罗河三角洲 世界主要大河三角洲之一。在埃及北部。大致从开罗北 20 千米向北呈扇形展开。面积 2.5 万平方千米。冲积土层厚 15 ～ 23 米，地表平坦，河网纵横，渠道密布，沿海多潟湖、沼泽和沙洲。有天然气田。尼罗河在此原有七大河汊分流入海，经长期人工疏导，尤其是阿斯旺高坝的修建，水流已被控制。纵贯三角洲的众多岔流，现在主要经拉希德和杜姆亚特两条河道分流入海。三角洲土质肥沃，是非洲最重要的灌溉农业区。人口稠密，城市众多，工商业发达，交通便利。尼罗河三角洲是世界古代文明发祥地之一。

尼罗河三角洲景观

沙漠 干旱地区地表为大片沙丘覆盖的区域。广义的沙漠与荒漠相当，狭义的沙漠仅指沙质荒漠。而一般意义上的沙漠泛指风为主要营力，侵蚀和堆积形成地形形态的地区。除沙质荒漠外，还涵盖砾质荒漠（戈壁）和风蚀地（风城、雅丹和风蚀劣地）。

沙漠依据水分条件和沙丘固定状况，分为流动沙漠、半固定沙漠和固定沙漠。但缺乏统一的划分标准。中国地理学界把分布在中国贺兰山以西的主要由流动沙丘组成的干旱荒漠地区直呼沙漠，如塔克拉玛干沙漠等；把水分条件较好，以固定、半固定沙丘为主，分布在半干旱草原及部分半湿润地区疏林草原的沙漠称为沙地，如毛乌素沙地等。

全球沙漠面积 540 万平方千米，占全球陆地面积的 10.11%。世界上面积超过 20 万平方千米、连片分布的大沙漠有 8 个，分布在阿拉伯半岛、中亚和澳大利亚。其中鲁卜哈利沙漠最大，面积 65 万平方千米，是世界第一大流动沙漠。撒哈拉沙漠面积 180 万平方千米，但被砾漠和岩漠分割成许多小沙漠。

全球流动大沙漠主要分布于非洲、阿拉伯半岛和中国西北地区，面积约

350 万平方千米，占全球沙漠面积的 65%；其他地区零星分布。固定、半固定大沙漠面积约 190 万平方千米，占全球沙漠面积的 35%，主要分布在南非、中亚、印巴边界、澳大利亚，以及中国东部沙地区、新疆北部和青海柴达木盆地。

塔克拉玛干沙漠 中国最大的沙漠、世界第二大流动沙漠。位于塔里木盆地的中部。北为天山，西为帕米尔高原，南为昆仑山，东为罗布泊洼地。面积 33.7 万平方千米。流沙面积占整个沙漠面积的 85%。沙丘高大，除边缘外，一般在 50 ~ 100 米以上。

沙漠东部主要为巨大复合型沙丘链，一般长 5 ~ 15 千米，最长 30 千米，宽度一般在 1 ~ 2 千米。丘间地宽度为 1 ~ 3 千米。沙漠东北部临时湖泊较多，但往沙漠中心则逐渐减少。沙漠中心和西南部主要分布复合型纵向沙垄，延伸长度一般为 10 ~ 20 千米，最长可达 45 千米。沙漠北部可见高大穹状沙丘，西部和西北部可见鱼鳞状沙丘群。

沙漠中某些河床沿岸及冲积扇缘分布有以胡杨、红柳等为主的天然植被，形成绿洲，如和田河及克里雅河下游等。区内地下水、石油、天然气资源十分丰富。

塔克拉玛干沙漠风光

撒哈拉沙漠 世界上最大的沙漠。“撒哈拉”为阿拉伯语音译，意即大荒漠。位于阿特拉斯山脉和地中海以南，约北纬 14° 以北；西起大西洋沿岸，东到红海之滨。横贯非洲大陆北部，跨埃及、苏丹、利比亚、乍得、突尼斯、阿尔及利亚、尼日尔、摩洛哥、马里、毛里塔尼亚、西撒哈拉 11 个国家和地区。面积约 900 万平方千米，约占非洲总面积的 30%。其中，被砾漠（戈壁）、岩漠所分割的沙漠总面积 180 万平方千米。

撒哈拉沙漠中的商旅

撒哈拉沙漠地区为辽阔高原，一般海拔 200 ~ 500 米。中部有一条南东—北西向高地，包括阿哈加尔高原、提贝斯提高原等；地势向四周逐渐降低，递变为一系列低高原和盆地。提贝斯提高原的库西山海拔 3415 米，为全区最高峰。埃及西北部盖塔拉洼地最低处在海平面以下 133 米。高地四周，放射状干河谷相当密集。除山地、高原外，全区基本上由闭塞盆地构成，盆地大多海拔 50 ~ 200 米。全区地面主要由岩漠、砾漠和沙漠组成。境内除东部有尼罗河贯穿外流以外，皆为内流区或无流区，无常年水流。由于地下水出露，在阿特拉斯山前缘凹陷地区和中部高地干河谷及小盆地中形成许多绿洲。有石油、天然气、铀、铁、锰、磷酸盐等矿产。

鲁卜哈利沙漠 阿拉伯半岛面积最大的沙漠。东西横陈于半岛南部，大部分在沙特阿拉伯境内，小部分属于阿曼、也门和阿拉伯联合酋长国。“鲁卜哈利”为阿拉伯语音译，意为 1/4，这里是虚指。面积 65 万平方千米。鲁卜哈利沙漠是阿拉伯大沙漠的一个组成部分。整个沙漠可以东经 50° 为中线分为两大部分，以东为东部，以西为西部。东部由大量平行连绵的沙丘构成，有的长达数十千米，高达 300 米。这部分有丰富的地下水，水微咸，水位较高。西部延伸到奈季兰一带，多干燥的不毛之地，很少降雨。

草原 生长草本植物或兼有灌丛和稀疏树木，可为家畜和野生动物提供生存场所的地区。由大气、土壤、生物等因子共同作用形成。现多以水热组合模式来说明草原的分布。热带草原分布于赤道两侧南、北纬 30° 以内地带；温带草原处于热带草原与冻原之间，是世界草原面积的最大组成部分，分布于南、北纬 20° ~ 55° 之间，绵延数千千米；冻原泛指北纬 65° 以北、与北极相毗连的地带和海拔在森林线以上、有永久冻土层的地带；荒漠灌丛草原因地带性差异，可分为冷荒漠灌丛草原和热荒漠灌丛草原；林间草原指森林内部及其周围零星旷地上的草原。

呼伦贝尔草原 中国温带天然优良草场。因境内有呼伦、贝尔两湖，故名。位于内蒙古东北部的呼伦贝尔市。北邻俄罗斯，西、南与蒙古接壤，东连大兴安岭。面积约 9.3 万平方千米。

草原的主体属内蒙古高原的东北缘，海拔多在 650 ~ 700 米，大部为风成沙及砾石层掩盖。东、北及西部的低山丘陵，山体浑圆，坡度和缓。克鲁伦河以南，以宝格德乌拉山为主干，海拔约 900 米。宝格德乌拉山以西的平台状丘陵，岩屑广布，部分为风成沙掩覆。区内水系属黑龙江水系之上游，主要由海拉尔河－额尔古纳河水系及呼伦湖水系组成。湖泊主要分布在河流沿线，尤以呼伦湖最为著名。天然草场以干草原为主体，包括林缘草甸、草甸草原、河滩与盐化草甸及沙地草场等类型。

呼伦贝尔草原风光

潘帕斯草原 南美洲南部草原。又称潘帕斯平原。为拉普拉塔平原的一部分，一般指阿根廷中东部的大平原。“潘帕斯”一词源于印第安克丘亚语，意为“无林平原”。东起大西洋岸，西至安第斯山麓；北达大查科平原（以萨拉多河为界），南接巴塔哥尼亚高原（以科罗拉多河为界）。面积约 76 万平方千米，其中 66.3 万平方千米在阿根廷境内。地势由西向东缓倾，地表低平坦荡。大致以 500 毫米年等降水量线为界分为东、西两部分，东部为湿润潘帕，西部为干燥潘帕。为阿根廷政治、经济、交通和文化的心脏地区，集中了全国 2/3 的人口、4/5 的工业和 2/3 以上的农业。

湿地 狭义的湿地为经常或周期性地水饱和或淹浅水（水深不超过 2 米）、具有水成土和水生植被的土地，即沼泽。广义的湿地还包括地球陆地上的所有水体和海洋中低潮时水深不超过 6 米的近海海域。它是地球上一种重要的生态系统，处于陆地生态系统与水生生态系统之间，是上述两个生态系统之间的过渡带。水的来源、水深、水流方式，以及淹水的持续期和频率决定了湿地的多样性。湿地土壤通常称为湿土或水成土，有利于水生植物生长和繁殖，因此湿地有丰富的生物多样性和很高的生产力。植被往往是湿地辨识的重要标志。1971 年苏联、加拿大、澳大利亚、英国等 36 国签署的《湿地公约》中的广义的湿地定义，已得到越来越多的认同。

黑龙江扎龙自然保护区内的丹顶鹤

河流 在重力作用下，集中于地表线形凹槽内的经常性或周期性天然水道的通称。在中国有江、河、水、溪、川、涧、藏布、郭勒等不同称谓。河道中的水流来自河流自身的集水区。

河流有干流、支流之分，和流域内的湖泊、沼泽或地下暗河彼此连接组成一个庞大的系统，称为水系，又称河系。河流是地球上水分循环的重要路径，径流通过它输送至海洋，同时也带走各种碎屑物、盐类和化学元素。较大的河流可划分为河源、上游、中游、下游和河口五个部分。河源是河流的发源地，河流可发源于冰川、湖泊、沼泽和泉等。河流的上游、中游和下游各段在河道比降、水流特性、水量和侵蚀与堆积作用上很不相同。河流注入干流、湖泊或海洋的地方称河口。河流按所处的自然条件及其所决定的水文情势，分为常流河、间歇性河流和偶然性河流；按所处位置，分为地上河和地下河。河流的径流量取决于所处的气候和自然地理条件，其中降水量是决定性因素。河流提供巨大的水能资源。

长江 中国第一大河、世界第三大河。

年平均入海水量 9755 亿立方米，居世界第三位。发源于唐古拉山主峰各拉丹冬雪山的西南侧。干流流经青海、西藏、四川、云南、重庆、湖北、湖南、江西、安徽、江苏、上海 11 个省区市，在上海注入东海。全长约 6300 千米，流域面积 180 多万平方千米（不包括淮河流域）。

长江干流各段名称不一：源头至当曲口称沱沱河，为长江正源；当曲口至青海玉树的巴塘河口称通天河；巴塘河口至四川宜宾的岷江口称金沙江；岷江口至长江入海口通称长江，其中宜宾至湖北宜昌间称川江，湖北枝城至湖南城陵矶间称荆江，江苏扬州、镇江以下又称扬子江。

长江正源沱沱河

长江流域水力资源丰富，已建成葛洲坝、三峡、丹江口等水利枢纽，其中三峡水利枢纽是世界最大的水利枢纽。长江也是中国最重要的内河航运大动脉。

黄河 中国第二大河。因河水黄浊而得名。发源于巴颜喀拉山北麓约古宗列盆地，流经青海、四川、甘肃、宁夏、内蒙古、陕西、山西、河南、山东 9 个省区，在山东垦利注入渤海。全长 5464 千米，流域面积 75.24 万平方千米。黄河流域西起巴颜喀拉山，东临渤海；北界阴山，南至秦岭。

九曲黄河第一湾

黄河干流可分为三段：从河源到内蒙古托克托的河口镇为上游，河口镇至河南孟津的桃花峪为中游，桃花峪以下为下游。黄河天然年径流量为 570 多亿立方米。黄河的输沙量和含沙量均居世界首位，年平均输沙量 16 亿吨，90％的泥沙来自黄河中游的黄土高原。干流仅部分河段通行木船和小型驳船。黄河水力资源居全国第二位，干流上已建成龙羊峡、青铜峡、三门峡、小浪底等大型水利枢纽。

黑龙江 中俄界河。位于中国黑龙江省北缘，流经中国东北北部。满语称“萨哈连乌拉”，意即“黑水”。北源石勒喀河源于蒙古肯特山东麓，南源额尔古纳河源于中国大兴安岭西坡。南北两源在洛古河村汇流后称黑龙江，东流至俄

龙江第一湾

罗斯境内注入鄂霍次克海。从额尔古纳河上源的海拉尔河开始，到黑龙江河口，全长 4370 千米，居世界第 11 位。黑龙江流域地跨中国、俄罗斯和蒙古三国，流域面积 184.3 万平方千米，居世界第 10 位。在中国境内的流域面积约占全流域的 48%。

黑龙江干流自洛古河村至黑河附近的结雅河口为上游，自结雅河口至乌苏里江河口为中游，自乌苏里江河口至入海处为下游。黑龙江水系共有港站 158 个，其中哈尔滨、佳木斯、沙河子为直属大港。黑龙江冬季冰层坚厚，可通行汽车和拖拉机等。

额尔齐斯河 鄂毕河最大支流、亚洲重要的国际河流。上源由源出中国新疆境内阿尔泰山南坡的卡拉额尔齐斯河、布尔津河及哈巴河等一系列近于平行的支流汇合而成。在注入斋桑湖前又称黑额尔齐斯河。向西北流经哈萨克斯坦西部、俄罗斯西西伯利亚，注入鄂毕河干流。是中国唯一属北冰洋水系的河流，也是新疆唯一的外流河。河长 4248 千米，流域面积 164.3 万平方千米。中国境内河段长 633 千米，流域面积 5.7 万平方千米。年平均径流量约 950 亿立方米。干流上建有乌斯季卡缅诺戈尔斯克、布赫塔尔马、舒利宾斯克水电站。干流在中国布尔津以下均可通航。在哈萨克斯坦巴甫洛达尔以南的耶尔马克建有额尔齐斯-卡拉干达运河，长 458 千米。

新疆布尔津额尔齐斯河

澜沧江 中国横断山脉区河流、中国最长的南北向河流和水电重点开发河流。长 2345 千米，流域面积 16.5 万平方千米。流域位于青海东南部、西藏东部和云南西部。流出国境后称湄公河，在越南胡志明市以南入海。

澜沧江源于青藏高原，上源有二——东源扎曲、西源昂曲，都出自唐古拉山在青海境内的肖果日山。二曲至昌都汇流后称澜沧江。以扎曲为正源。从源头至昌都，干流长 564 千米，出青海后河槽深切，河道平均比降达 3.3‰；昌都至功果桥长 821 千米，是典型的 V

澜沧江河谷

形河谷；功果桥至景云桥长213千米，仍为V形河谷，但平均比降降为1.5‰；景云桥至南阿河口长495千米，河谷宽800 ~ 1200米；以下为中缅界河，至南腊河口流出中国国境。澜沧江河床落差较大，已建有小湾、漫湾、大朝山等水电站。

珠江 中国第三大河。位于中国南部。年径流量仅次于长江，居全国第二位。原指广州至东江口的河段，因河中有海珠岛而得名；后以之称该水系。珠江流域由东江、北江、西江汇流而成，跨越云南、贵州、广东、广西、江西、湖南等省区。主干流长2214千米，流域面积45.36万平方千米（其中越南境内有1万多平方千米）。

主干流西江源于云南沾益的马雄山，全长2214千米；北江主源源于江西信丰的西溪湾，全长468千米；东江源于江西寻乌的大竹岭，全长520千米。流域年平均径流量3360亿立方米。流域水力资源大部分在西江。全流域通航里程约1.29万千米，占全国航运里程的1/4。

珠江广州段

怒江 中国重要的南北向河流。流域位于西藏东部、云南西缘。怒江由中国流入缅甸后称萨尔温江，最后在毛淡棉注入印度洋的安达曼海。总长2103千米，流域面积14.27万平方千米。

怒江第一湾

怒江源出唐古拉山的吉热格柏。嘉玉桥以上为上游，山势起伏较缓，河谷平浅。嘉玉桥以下至泸水为中游，两岸山脊海拔多在5000米左右，谷底海拔2000 ~ 3000米，形成世界著名的巨大峡谷区。泸水以下为下游，沿河山脉海拔降低，水面宽，河谷深度为500 ~ 1000米。以下河流又进入峡谷地带，至惠通桥附近谷地已较开敞，到曼辛河口流出中国国境。

怒江含沙量较小，是西南诸河中最低的。干流年径流量丰沛，落差大，河道平均比降为2.4‰，水力资源较丰。几无通航之利。

雅鲁藏布江 中国西藏最大河流。属印度洋水系。发源于西藏西南部喜马拉雅山脉北麓的杰马央宗冰川。自西向东横贯西藏南部，流经米林后折向北东，之后又急转南流，于巴昔卡出境流入印度后称布拉马普特拉河，又流经孟加拉国与恒河相汇，最后由孟加拉湾注入印度洋。河长2057千米，流域面积24.048万平方千米。年平均径流量1500亿立方米。

雅鲁藏布江全河平均比降为2.6‰，是中国比降最大的大河。河源至里孜为上游，长268千米。里孜以下称雅鲁藏布江。里孜至派镇为中游，长1293千米。派镇以下至流出国境处为下游，长496千米。其中，雅鲁藏布江在派镇至墨脱约212千米河段形成马蹄形大拐弯。雅鲁藏布江有丰富的水量和丰沛的水能资源，全流域水能蕴藏量约占全国的1/6。

雅鲁藏布大峡谷

松花江 中国黑龙江的最大支流。流经中国东北地区北部。上源一为嫩江，源于伊勒呼里山南麓；另一为松花江正源（曾称第二松花江），源于长白山天池。两江于三岔河汇合后折向东北，即松花江干流，于同江市东北汇入黑龙江。自天池至松花江河口全长1897千米。流域面积55.68万平方千米，居全国第三位。流域包括黑龙江、吉林两省大部和内蒙古部分。

松花江夏季景色

松花江干流长867千米，干流河道河槽深广，坡度较缓，大体可分三段：三岔河至哈尔滨，河道蜿蜒于草原湿地，水浅流缓；哈尔滨至佳木斯，两岸为台地和低山丘陵；佳木斯以下，地势平坦，河道宽浅，流速缓慢。松花江是中国东北境内航运价值较大的河流。渔业资源丰富。

辽河 中国北方地区大河之一。主流上游老哈河源于河北七老图山脉光头

辽河入海口的红海滩

山，汇合西拉木伦河后称西辽河。西辽河于台河口歧分为南北两支，南支为主流西辽河，北支为新开河，两支至双辽汇合后南下，到福德店汇合东辽河后始称辽河。辽河流经河北、内蒙古、吉林和辽宁 4 个省区，全长 1394 千米。流域面积 20.16 万平方千米。辽河含沙量仅次于黄河、海河，年平均输沙量 2098 万吨。辽河下游平原是中国开发较早的地区，是主要工业区之一。辽河三角洲上的黑嘴鸥繁殖地是世界上唯一的黑嘴鸥繁殖地。

海河　中国七大江河之一。又称沽河。海河流域东临渤海，南界黄河，西起太行山，北倚内蒙古高原南缘，又称海河平原。流域面积 26.4 万平方千米。

上游支流众多，有北运河、永定河、大清河、子牙河和南运河五大支流，即华北五河。五河分别自北、西、南三面汇流至天津，始名海河。海河自金钢桥以下干流长 73 千米，河道狭窄，多弯道，有“七十二沽”之说。

海河流域年平均径流量 211.6 亿立方米。从 20 世纪 50 年代起，共兴建大小水库 1900 多座，大型水库有官厅、密云、十三陵等；兴建水电站约 120 座。

海河天津段

淮河　中国东部主要河流之一。淮河流域由淮河水系和泗、沂、沭河水系组成。西起桐柏山和伏牛山，南以大别山和江淮丘陵与长江流域分界，北以黄河南堤和沂蒙山与黄河流域分界。流域面积 27 万平方千米，其中淮河水系 19 万平方千米，泗、沂、沭河水系 8 万平方千米。以废黄河故道为界，分为淮河和泗、沂、沭河两大水系。淮河干流源于河南的桐柏山北麓，流经河南、安徽两省，在江苏扬州的三江营注入长江，全长 1000 千米。泗、沂、沭河水系发源于山东沂蒙山区。淮河是中国重要的自然地理界线。以南温暖湿润，以北寒冷干燥。淮河流域内河航道以京杭运河和淮河干流为骨干，较大支流和下游水网地区都能通航。

尼罗河 世界最长的河流。自南向北穿越撒哈拉沙漠，流贯非洲东北部，注入地中海。习惯上，人们把白尼罗河作为尼罗河的主流。白尼罗河和青尼罗河在苏丹喀土穆附近汇合后称为尼罗河。从白尼罗河源流卡盖拉河源头算起，全长6671千米。干、支流流经卢旺达、布隆迪、坦桑尼亚、肯尼亚、乌干达、刚果（金）、苏丹、埃塞俄比亚和埃及等国，是世界上流经国家最多的国际性河流之一。流域面积287.5万平方千米，占非洲大陆面积的1/9以上。年径流量约725亿立方米。

尼罗河开罗段

尼罗河下游谷地和三角洲是世界古代文明发祥地之一。尼罗河流域是非洲人口最密集、经济最发达的地区之一。流域内建有多座大型水闸、水坝。

亚马孙河 南美洲第一大河，世界上流域面积最广、流量最大的河流。位于南美洲中北部。发源于秘鲁南部安第斯山区西科迪勒拉山脉东坡。上源阿普里马克河，接纳乌鲁班巴河后称乌卡亚利河，之后向北流，接纳马拉尼翁河后始称亚马孙河。自此河水东流，流入巴西境内的亚马孙平原，至马拉若岛附近注入大西洋。全长约6480千米。流域面积705万平方千米，包括巴西的大部分

亚马孙河两岸的热带雨林

及委内瑞拉、哥伦比亚、厄瓜多尔、秘鲁和玻利维亚的一部分，约占南美大陆总面积的40%。

航运条件优越。水系的水力资源丰富，其中大部分分布在秘鲁境内安第斯山区河段。河中渔业资源丰富，淡水鱼种类多达2000种。流域内大部分地区覆盖着茂密的热带雨林，植物种类繁多。矿产资源丰富。亚马孙河流域人口稀少，大部分地区尚未开发。

密西西比河 世界第四长河、北美洲最长的河流。干流发源于美国明尼苏达州西北部的艾塔斯卡湖，向南流经北美大陆中南部，注入墨西哥湾，长3766千米。以其最长支流密苏里河的源头雷德罗克湖起算，全长6262千米。干、支流流经美国31个州和加拿大2个省，流域面积322万平方千米，约占全洲面积的1/8，居世界第三位。水量丰富。

密西西比河秋季景色

密西西比河是美国内河航运的大动脉，近50条支流可通航。水系沿岸主要港口有圣路易斯、孟菲斯、巴吞鲁日、新奥尔良等。密西西比河水系是美国中南部农业灌溉及生活和工业用水的主要来源。流域内水力资源主要分布在俄亥俄河及其支流上，开发程度较高。

鄂毕河 世界大河之一。位于俄罗斯西西伯利亚。由源出阿尔泰山的比亚河及卡通河汇合而成。自东南向西北纵贯西西伯利亚平原，注入北冰洋喀拉海的鄂毕湾。汇合点以下长3650千米（以卡通河为源，长4338千米；以额尔齐斯河为源，长5410千米），流域面积299万平方千米。托木河口以上为上游，托木河口至额尔齐斯河口为中游，额尔齐斯河口至鄂毕湾为下游。鄂毕河在入海处形成面积4000平方千米的河口三角洲。流域内石油、天然气、煤、铁、有色金属、森林资源丰富。鄂毕河中下游为著名的西西伯利亚油气区所在地。干流及鄂毕湾有鱼50多种，其中一半有经济价值。鄂毕河为西西伯利亚南北间的重要运输干线，从汇合点起至河口可通航。

湄公河 东南亚重要国际河流。中国境内的澜沧江流入中南半岛后称湄公河。经缅甸、老挝、泰国、柬埔寨和越南，注入南海。总长4880余千米，流域总面积81.1万平方千米。澜沧江长2130千米。湄公河长2750千米，其中1241千米为国界河，其余为各国内河；流域面积63万平方千米。全河平均比降1.04‰。年径流量4750亿立方米，居东南亚各河首位、世界第八位。从中、缅、老边界到万象为上游，万象到巴色为中游，巴色到金边为下游，金边以下到河口为三角洲。航运欠发达。富水力资源。澜沧江－湄公河流域气候类型和生物种群复杂多样，矿产种类繁多。

老挝琅勃拉邦附近的湄公河

刚果河 非洲第二长河。又称扎伊尔河。源于刚果盆地东南缘，向北呈大弧形流过刚果盆地，两度穿过赤道，后向西注入大西洋。以源自坦噶尼喀湖东南高地的谦比西河为上源，全长4640千米。水系流经安哥拉、赞比亚、坦桑尼亚、布隆迪、中非、喀麦隆、刚果（布）、刚果（金）等国，流域面积376万平方千米，其中60%在刚果（金）境内。流域面积和流量均仅次于南美亚马孙河，居世界第二。基桑加尼以上为上游，基桑加尼至金沙萨为中游，金沙萨以下为下游。

流域跨赤道，降水丰沛。水运之利主要限于中、上游的干支流。水力资源丰富，多急流、瀑布，水力蕴藏量占世界蕴藏量的1/6。干流上的重要瀑布有博约马瀑布、利文斯敦瀑布群等。

尼日尔河 西非最大河流。发源于几内亚富塔贾隆高原东南坡，在西非腹地转了一个半圆形，流经几内亚、马里、尼日尔、贝宁和尼日利亚，注入几内亚湾。长4200千米，在非洲仅次于尼罗河和刚果河；流域面积189万平方千米。河源至库利科罗为上游，库利科罗至杰巴为中游，杰巴至河口为下游。尼日尔河三角洲面积约3.6万平方千米，是非洲最大的三角洲。三角洲内植被茂密，

尼日尔河三角洲景观

海滨遍布红树林，富藏石油。

尼日尔河是西非重要通航河流，通航河段占全河长度的75%。有莫普提、尼亚美、奥尼查等河港。流域内最大的水利工程为尼日利亚的卡因吉大坝。

叶尼塞河 世界大河之一。位于俄罗斯西伯利亚。由源出东萨彦岭及唐努乌拉山的大、小叶尼塞河在克孜勒汇合而成。沿中西伯利亚高原西侧曲折北流，

叶尼塞河风光

注入北冰洋喀拉海的叶尼塞湾。汇合点以下长3487千米（从小叶尼塞河河源算起，长4102千米）。流域面积258万平方千米。年平均径流量6530亿立方米，为俄罗斯水量最大的河流。水系明显不对称，右岸支流水量为左岸支流水量的5～6倍。米努辛斯克盆地以上为上游，从米努辛斯克盆地出口至安加拉河汇流处为中游，安加拉河口以下为下游。上游通航期半年，中游5个月，下游4个月。流域内森林、矿产、水产资源丰富，水力资源蕴藏量居全国第一。

萨尔温江 中南半岛的大河。上游是中国的怒江。源于中国西藏唐古拉山南

萨尔温江景色

麓。先向东南流，转而向南流，经中国云南流入缅甸后称萨尔温江。在上缅甸称查黑江，在下缅甸称滚龙江。穿过掸、克耶、克伦和孟等邦，在毛淡棉附近注入安达曼海的莫塔马湾。全长3673千米，在缅甸境内长1660千米，下游有128千米的河段构成缅甸与泰国的天然界河。流域总面积32.5万平方千米，在缅甸境内约为20.5万平方千米。支流较少，大部分河段流经高山峡谷，落差大，水流急，多瀑布、险滩，富水力资源。河谷平原较小，且不连片，仅毛淡棉附近有几十平方千米的冲积平原。航运价值不大。

伏尔加河　欧洲第一大河。位于俄罗斯欧洲部分。源出瓦尔代高地，河流曲折东流，至喀山附近折向南流，到伏尔加格勒转向东南流，最后注入里海。全长3530千米，流域面积136万平方千米。为平原型河流。上游流经冰碛区，连接一系列小湖。奥卡河汇入后为中游。伏尔加格勒以下为下游，分出一条河汊——阿赫图巴河。阿赫图巴河与干流近于平行地流到河口地区，然后分成80余条河汊注入里海。河流挟带大量泥沙，形成面积达1.9万平方千米的河口三角洲。

沿河建有多座大型水利工程，主要有雷宾斯克、切博克萨雷、萨马拉、萨拉托夫、伏尔加格勒等水库和水电站。伏尔加河是俄罗斯运量最大的内河航道。该河货运量约占全国内河货运总量的2/3，客运量占全国内河客运总量的一半以上。

伏尔加河风光

印度河　亚洲南部大河之一。发源于中国冈底斯山冈仁波齐峰北坡，中国称森格藏布（狮泉河）。以东南—西北流向进入克什米尔，斜贯其整个北部，再绕过南伽峰北侧，西折流入巴基斯坦境内，是为上游。在巴基斯坦境内，以北北东—南南西的流向横切盐岭，沿着旁遮普平原的西缘下泻，直至本杰讷德河汇入处，是为中游。自本杰讷德河口起为下游，河流出现分汊现象，形成面积约8000平方千米的印度河三角洲后，注入阿拉伯海。干流全长2900千米，流域面积117万平方千米。

印度河拉达克段

由于流经多为南亚次大陆的最干旱地带，故干支流所提供的灌溉水源对农业十分重要。沿河已建起一些大型水利工程，如德尔贝拉水坝等。航运不便，仅能通行小型船只。印度河流域是世界古代文明发祥地之一。

多瑙河 欧洲第二长河。源出德国西南部黑林山东麓，向东流经奥地利、斯洛伐克、匈牙利、克罗地亚、塞尔维亚、保加利亚、罗马尼亚、乌克兰，在罗马尼亚苏利纳附近注入黑海，是世界上干流流经国家最多的国际河流。全长2850千米，流域面积81.7万平方千米。从河源到匈牙利门峡（西喀尔巴阡山脉与奥地利阿尔卑斯山脉之间）为上游，从匈牙利门峡到铁门峡为中游，铁门峡以下为下游。多瑙河挟带的大量泥沙在河口沉积，形成面积为4300平方千米的三角洲。三角洲为世界上最大的芦苇产区。

多瑙河铁门峡谷

多瑙河是中欧和东南欧重要的国际航道，从乌尔姆以下可通航2600千米。水力资源丰富，干流上建有多座水力发电站，著名的有铁门水电站、加布奇科沃水电站等。

幼发拉底河 西南亚最长河流。为幼发拉底－底格里斯“双子河系”的两河之一。上源有二，均在土耳其东部亚美尼亚高原。一为卡拉苏河或称西幼发拉底河，一般认为是其正源；另一为穆拉特河或称东幼发拉底河。两源在凯班以北汇合后，正式称幼发拉底河。幼发拉底河曲折南流，进入叙利亚，转而向东南流，从左岸接纳哈布尔河等支流后进入伊拉克，继续向东南流，在古尔奈与底格里斯河汇合，更名为阿拉伯河，注入波斯湾。自源头至古尔奈，全长2750千米，流域面积67.3万平方千米。幼发拉底河从伊拉克的希特附近进入平原地带，直到古尔奈。从希特到古尔奈的平原段和底格里斯河中下游一带，共同构成世界古代文明发祥地之一。沿岸古城遗址甚多，如巴比伦、拉尔萨、乌尔等。

赞比西河 非洲第四大河。又称里巴河。发源于安哥拉中东部和赞比亚西北部高地。流经安哥拉、赞比亚、纳米比亚、博茨瓦纳、津巴布韦、马拉维和莫桑比克，在莫桑比克中部的欣代附近注入印度洋莫桑比克海峡。全长2660千米，流域面积133万平方千米。莫西奥图尼亚瀑布以上为上游，莫西奥图尼亚瀑布以下至卡布拉巴萨为中游，卡布拉巴萨以下为下游。上、中游大部分河段比降大，多瀑布、急流、峡谷和险滩。著名的瀑布有查武马瀑布、恩戈涅瀑布、莫西奥图尼亚瀑布等。下游河口处形成面积达7148平方千米的三角洲。

从峡谷中蜿蜒流过的赞比西河

干流的卡里巴峡、卡布拉巴萨峡及支流的卡富埃峡，已建有大型水电站。赞比西河谷地自古就是从印度洋沿岸进入南部非洲内陆高原的孔道之一。但受河口沙洲及浅滩、急流、瀑布所阻，只能分段通航。

恒河 亚洲南部大河。发源于喜马拉雅山脉南麓，有阿勒格嫩达河（东源）和帕吉勒提河（西源）两源。两河于代沃布勒亚格附近汇合后始称恒河。进入孟加拉国后，与东来的布拉马普特拉河汇合，通过广阔的复合三角洲，注入孟加拉湾。全长2580千米，流域面积90.5万平方千米。安拉阿巴德以上为上游，安拉阿巴德以下至西孟加拉邦为中游，西孟加拉邦以下为下游。其中从印度的杜连至孟加拉国的萨尔达一段，构成印、孟的天然国界线。

在恒河中沐浴的印度教徒

干支流通航里程合计超过8000千米。恒河流域是世界上人口最稠密的地区之一。由恒河及其支流冲积而成的恒河平原，是印度经济最发达的地区，也是世界著名大米产区之一。水力资源丰富。已在主流及一些大支流上兴建综合利用水利工程。沿岸多宗教圣地，如安拉阿巴德、瓦拉纳西等。印度教徒们笃信教义，将恒河称为“圣河”“信仰之河”。

湖泊 陆地上相对封闭的洼地积水形成的水域比较宽广、换流缓慢的水体。在中国有陂、泽、池、海、泡、荡、淀、泊、错和诺尔等称谓。按湖盆成因，湖泊可分为构造湖、冰川湖、火口湖、堰塞湖、河成湖、风成湖和人工湖等；按湖水排泄条件，分为外流湖和内陆湖；按湖水矿化度，分为淡水湖、咸水湖和盐湖。湖水可以不断更新，湖水更换期的长短取决于湖泊容积和入湖、出湖年径流量。世界湖泊总面积约 210 万平方千米，占全球大陆面积的 1.4%，以北美和北欧分布较为集中。

湖水是水资源的重要组成部分。地球上湖泊总水量约 176400 立方千米，其中淡水储量约占 52%，约为全球淡水储量的 0.26%。湖泊是水路交通的重要组成部分。湖泊盛产鱼、虾、蟹、贝，生产莲、藕、菱、芡和芦苇等。

青海湖 中国最大内陆咸水湖。汉代称西海，北魏时始名青海。蒙古语称库库诺尔，意即“青色的湖”。青海省由此得名。位于青海省东北部。长轴呈北西西走向。湖面海拔 3196 米。面积 4340 平方千米。平均水深 17.6 米，最深达 27.0 米，储水量 742 亿立方米。水位年变幅不大，近年湖水面积持续增大。湖水矿化度 12.49 克 / 升。

湖中耸立蛋岛、鸟岛、海心山、新沙岛、老沙岛和三块石岛 6 座岛屿。其中，老沙岛为湖中最大岛屿。鸟岛是中国鸟类自然保护区之一。湖滨东缘有两个脱离母体的子湖——尕海和耳海。青海湖流域为内陆封闭水系，入湖河流达 40 余条，布哈河由西北汇入。湖中鱼类单一，以青海湖裸鲤（俗称湟鱼）为主。湖岸草原是良好牧场。

青海湖风光

鄱阳湖 中国最大淡水湖。古称彭蠡、彭泽、彭湖。为长江中、下游大型吞吐湖。位于江西北部、长江以南。鄱阳湖水系纳赣江、抚河、信江、鄱江和修水五河来水，调蓄后经湖口汇入长江。湖面以都昌与吴城之间的松门山为界，分为南、北两湖。南湖又称官亭湖、族亭湖，湖面宽阔，为主湖道；北湖又称落星湖、左蠡湖，湖面狭长，为入江水道。

鄱阳湖水位 21 米（吴淞基面）时，湖水面积 3960 平方千米；平均水深 5.1 米，最大水深 23.7 米；容积 260 亿立方米。鄱阳湖多年最高最低水位差 15.79 米。高低水位之间的湖岸带为缓坡凹地，水位的显著变化导致湖面面积、容积发生巨大变化，使鄱阳湖呈现“高水是湖，低水似河”的独特景观。

鄱阳湖是中国淡水渔业主要基地之一。鱼类有 90 余种，以鲥鱼、银鱼著名。在湖西部赣江与修水汇合处，设有鄱阳湖自然保护区。

洞庭湖 中国第二大淡水湖。属构造湖。为长江中游重要吞吐湖泊。湖区位于荆江南岸，跨湘、鄂两省。湖面海拔 33 米，最深 23.5 米。湖区面积 1.878 万平方千米，天然湖面 2740 平方千米，另有内湖 1200 平方千米。环湖丘陵海拔在250米以下，中部呈水网平原景观。分为西、南、东洞庭湖。

洞庭湖北有分泄长江水流的松滋、太平、藕池、调弦（1958年堵口）“四口”，东、南、西三面有湘江、资水、沅江、澧水等直接灌注入湖。20世纪70年代以来，“三口”口门淤高，入湖水量减少。西洞庭湖蓄洪能力基本消失；南洞庭湖南移；东洞庭湖东蚀，调蓄功能趋向衰减。

洞庭湖区是中国重要的商品粮基地之一、淡水渔区之一。有鱼类114种，以鲤科为大宗。湖区名胜古迹较多，有岳阳楼、君山等。

太湖 中国第三大淡水湖。为大型平原吞吐湖。古称震泽、具区、笠泽。位于江苏南部、长江三角洲南缘。湖面海拔约3.14米。湖水面积2425平方千米。平均水深2.10米，最大水深3.33米，蓄水量51.5亿立方米。

太湖平面形态略呈半圆形。西南部湖岸平滑而呈弧形；东北部湖岸曲折，多湖湾和岬角。入湖水流主要来自西南岸，主要是荆溪和苕溪。湖水由东北岸排出，经黄浦江等数十条河道泄入长江。湖中原有岛屿72座，俗称太湖七十二峰。由于湖泥淤积和人工围垦，尚存大小岛屿40多座，其中西洞庭山最大。

太湖是江苏主要内河航道之一。湖中共有鱼类百种左右，其中以梅鲚、银鱼、鲤、青鱼、鲫、鲇、鲢、鳙等著名。莼菜为太湖特产。

呼伦湖畔

呼伦湖 构造遗迹湖。又称呼伦池。蒙古语称扎赉诺尔。位于内蒙古呼伦贝尔市、呼伦贝尔草原西部。是内蒙古最大的湖泊。形似斜向东北的长方形。湖面海拔545.3米。面积2339平方千米。平均水深5.92米，浅处不过3米，蓄水量138.5亿立方米。湖北岸有木得那雅河与额尔古纳河相通，西南有克鲁伦河注入。为半咸水的吞吐型湖泊。水质优良，矿化度小于1克/升。湖水每年11月上旬封冻，至次年5月初解冻，冰层厚达1米以上，是中国封冻期最长的湖泊之一。湖中盛产鲤、鲫、白鱼、鲶等鱼类。湖滨水草丰美，景色秀丽。

纳木错 中国第二大咸水湖。为世界海拔最高的大湖。纳木错为藏语音译，意为“天湖”。蒙古语称腾格里海。位于藏北高原东南部、念青唐古拉山北麓、西藏当雄和班戈境内。湖面海拔4718米。平均水深39.2米，蓄水量768亿立方米。湖水面积1961平方千米，湖区面积1.061万平方千米。纳木错为构造断陷湖，呈西南—东北走向。属微咸水湖，矿化度1697～1732毫克/升，为

夕阳下的纳木错

藏北湖群中矿化度最低的湖泊。汇入湖中的河流主要有波曲、昂曲、侧曲、你亚曲等。湖中盛产高原裸鲤。湖滨为优良牧场。

里海 世界最大的封闭性内陆湖、咸水湖。为海迹湖。位于欧洲与亚洲之间，东、南、西三面分别被卡拉库姆沙漠、厄尔布尔士山脉和大高加索山脉所环绕。面积约为 39.4 万平方千米。平均水深 180 米，最大水深 1025 米。里海的水位位于世界平均海平面以下，平均水位 -28.5 米。沿岸伏尔加河、乌拉尔河等 130 余条河流多从北岸注入。由于蒸发强烈，里海湖面一直处于不断缩小的状态。

里海卫星照片（据美国国家航空航天局）

里海鱼类资源丰富，主要鱼种有鲟、鲑、鲱、鲈、鲤等。湖滨有较大油田。盐类资源丰富，产食盐和芒硝。

苏必利尔湖 世界面积最大的淡水湖、北美洲五大湖之一。美国与加拿大的界湖。湖面海拔 183 米。面积 8.21 万平方千米，美、加分别占 65％和 35％。平均水深 148 米，最大水深 406 米。

苏必利尔湖一角

蓄水量 12234 立方千米，占五大湖总蓄水量的一半以上。湖中最大岛屿为罗亚尔岛，已被辟为美国国家公园。北岸岸线曲折，多湖湾和悬崖绝壁；南岸多沙滩。接纳约 200 条小支流，多从北岸和西岸注入，较大的有尼皮贡河、圣路易斯河等。湖水经圣玛丽斯河倾注入休伦湖。两湖间建有苏圣玛丽运河，以利航运。湖区森林茂密，矿产资源丰富。主要湖港有美国的德卢斯和加拿大的桑德贝等。

维多利亚湖 非洲最大湖泊、世界第二大淡水湖。位于东非高原中部，跨肯尼亚、乌干达和坦桑尼亚三国，赤道横贯北部。湖面海拔1134米。面积6.94万平方千米。平均水深40米，最大水深80米，蓄水量2518立方千米。湖滨以丘陵、平原为主。西岸陡峻，其他三面低平。湖岸曲折，较大的湖湾有卡维龙多湾、斯皮克湾和埃明帕夏湾等。湖中岛屿面积近6000平方千米，较大的有乌凯雷韦岛、布加拉岛等。有卡盖拉河、马拉河等注入。湖水从北岸流出为维多利亚尼罗河。维多利亚湖是非洲重要淡水鱼产区。湖滨是重要的农业区。沿岸重要湖港有乌干达的恩德培、肯尼亚的基苏木和坦桑尼亚的姆万扎等。

休伦湖 北美洲五大湖之一。美国与加拿大的界湖。湖面海拔177米。面积5.96万平方千米，美、加各占40%和60%。平均水深60米，最深处229米，蓄水量3543立方千米。北部多湖岛，其中马尼图林岛是世界最大的湖岛。该岛与湖东部的布鲁斯半岛围隔成东北部的佐治亚湾。湖岸有沙滩、砾石滩和悬崖绝壁，风景优美。接纳许多小河注入。西经苏圣玛丽运河接苏必利尔湖，西南经麦基诺水道与密歇根湖相连，南经圣克莱尔河–圣克莱尔湖–底特律河注入伊利湖。湖中富渔产。湖区蕴藏铀、金、银、铜、石灰石和盐等矿产资源，是美、加两国重要的工业区。湖区伐木业和捕鱼业也很发达。主要湖港有美国的贝城等。

休伦湖一隅

密歇根湖 北美洲五大湖之一。五大湖中唯一完全位于美国境内的湖泊。是美国最大的淡水湖泊。湖面海拔177米。面积5.78万平方千米。东北经麦基诺水道与休伦湖相连，西南经伊利诺伊–密歇根运河与密西西比河相通。湖泊深度由北向南渐减，平均深84米，最深处281米，蓄水量4919立方千米。南岸平直，沙丘广布；北岸曲折，西北侧有格林湾。北部多湖岛，以比弗岛最大。接纳马斯基根河、马尼斯蒂河等近百条小河注入。东岸盛产苹果、桃、李等，为美国主要水果带之一；格林湾一带是全国闻名的红酸樱桃产地；南岸人口稠密，是美国重要工业基地。主要湖港有芝加哥、密尔沃基等。

密歇根湖畔的芝加哥市

坦噶尼喀湖 非洲第二大湖、世界第二深湖、世界最长的淡水湖。位于东非裂谷带西支南端，在刚果（金）、坦桑尼亚、布隆迪和赞比亚四国接界处。湖面海拔 773 米。湖形狭长，面积 3.29 万平方千米。平均水深 700 米，最深处 1436 米，深度仅次于俄罗斯的贝加尔湖。湖周围多高崖环绕，有马拉加拉西河、鲁齐齐河、卡兰博河等注入。湖水通过卢库加河向西流入刚果河。湖面水位年变幅约 0.7 米。富鱼类、鳄鱼、河马，渔业较盛。湖滨植物繁茂，多野生动物和鸟类，景色秀丽。湖运发达。重要湖港有坦桑尼亚的基戈马、刚果（金）的卡莱米、布隆迪的布琼布拉等。

贝加尔湖 世界最深和蓄水量最大的淡水湖。位于俄罗斯东西伯利亚南部。中国古称北海。湖面海拔 456 米。东北—西南走向。呈月牙形，面积 3.15 万平方千米。平均水深 730 米，中部最深达 1620 米。蓄水量达 2.3 万立方千米，约占世界地表淡水总量的 1/5。周围群山环绕，山峰通常高出湖面 1000 ~ 1500 米。有巴尔古津湾和普罗瓦尔湾等湖湾。湖中有 27 座岛屿，以奥尔洪岛最大。有色楞格河、巴尔古津河、上安加拉河等 336 条大小河流注入，叶尼塞河支流安加拉河由此流出。

湖中有植物 600 种、水生动物 1200 种，其中 3/4 为特有种，如贝加尔海豹、鰕虎鱼、胎生贝湖鱼等。鱼类资源丰富，有凹目白鲑、茴鱼、秋白鲑等。

贝加尔湖风光

半岛 伸入海洋或湖泊中的陆地。三面邻水，一面与陆地相连。大的半岛主要受地质构造断陷作用形成，如世界最大的半岛——阿拉伯半岛。中国主要有山东半岛、辽东半岛、雷州半岛。世界其他主要的半岛有印度半岛、中南半岛、斯堪的纳维亚半岛、伊比利亚半岛、小亚细亚半岛、巴尔干半岛、堪察加半岛、亚平宁半岛、马来半岛、朝鲜半岛等。

山东半岛 中国三大半岛之一。位于山东东部。面积 3.9 万平方千米。北起莱州湾，南讫海州湾，突出于渤海与黄海之间，蓬莱角以西濒渤海，蓬莱角以东濒黄海。半岛西隔潍河、沭河河谷与山东西部地区相邻，北与辽东半岛共同扼守渤海海峡。其中，胶莱河以东部分又称胶东半岛，面积 2.7 万平方千米。

半岛地貌南北分异显著。中部为胶莱平原，海拔在 50 米以下；北部和南部为山地，以崂山（海拔 1130 米）为最高。海岸线漫长曲折，岛屿众多。

半岛水果种植业和海水养殖业发达，是中国温带水果的重要产区，还是著名的花生和柞蚕丝生产基地。旅游资源丰富。沿海有青岛、烟台、日照等主枢纽港口。

辽东半岛 中国三大半岛之一。位于辽宁南部。由千山山脉向西南延伸到海洋中构成。其中金州以南部分又称旅大半岛。北部可以鸭绿江口与大清河口连线为界，习惯上包括沈丹铁路以西到浑河、大辽河地区。面积3.7万余平方千米。

千山山脉构成半岛的脊梁，一般海拔不到500米，主峰步云山海拔1131米。向西南地势逐渐形成和缓的丘陵。成层地貌发育，海岸类型复杂。海岸线长1000余千米，沿岸有长山群岛等岛屿。

半岛为果树、柞蚕丝和花生的主要产区。蕴藏多种金属矿床。沿岸有制盐、芦苇加工等工业，另有渔业和浅海水产养殖业。有大连、旅顺等良港。

阿拉伯半岛 世界最大的半岛。以主要居住着阿拉伯人而得名。位于亚洲西南部。陆上以亚喀巴湾北端至阿拉伯河河口一线与亚洲的主体部分相连；海上东北临波斯湾和阿曼湾，东南濒阿拉伯海，南临亚丁湾，西临红海。面积约322万平方千米。分布着**沙特阿拉伯**、也门、阿曼、阿拉伯联合酋长国、卡塔尔和**科威特**6国。

半岛地形比较单调，高原和平原居多。沙漠广布，主要有**鲁卜哈利沙漠**、代赫纳沙漠和内夫得沙漠等。耸峙于半岛南部也门境内的哈杜尔舒艾卜峰，海拔3760米，是半岛的最高点。水系极不发育，整个半岛几乎无常流河。西部和南部临海多高峻断崖，海岸比较平直；波斯湾沿岸较曲折，多小岛、沙滩和珊瑚暗礁。

阿拉伯半岛是世界石油和天然气蕴藏量十分丰富的地区，油气多分布于东部平原和波斯湾沿岸。椰枣树是当地绿洲的代表植物。

印度半岛 亚洲南部三大半岛之一。以德干高原为主体，故又名德干半岛。整个半岛略呈三角形，东濒孟加拉湾，西临阿拉伯海，南抵科摩林角，北部大体以肯帕德湾的北尽头东至胡格利河口湾一线为界。面积209万平方千米。平均海拔600米。东、西高止山分峙于两侧，内部分布着许多河流切割而成的河谷盆地和丘陵、山地。总体上西高东低。河流除讷尔默达河西流外，其他河流全都东入孟加拉湾。东北部有大的煤、铁产地，为重工业中心；另有锰、金、云母等矿产。农产品有粟、水稻、棉花、甘蔗等，南部经济作物和种植园比重较大。

中南半岛 亚洲南部三大半岛之一。位于中国与南亚次大陆之间。亦称中印半岛或印度支那半岛。东临南海和泰国湾，西濒孟加拉湾、安达曼海和马六甲海峡。海岸线总长11700千米，多重要港湾。包括缅甸、泰国、老挝、越南、柬埔寨、马来西亚的西部地区和新加坡。面积206.9万平方千米，占东南亚面积的46%。地势北高南低，山脉由北而南呈扇形展开，大河相间。**湄公河**为半岛最大的国际河流。湖泊以洞里萨湖最大。半岛南端所产柚木、紫胶和安息香拥有世界地位。矿藏丰富，为世界上锡、钨的最大产地。橡胶和棕油产量居世界首位。中南半岛为东南亚古代文化的摇篮。主要港口有曼谷、新加坡等。半岛南端扼南海、新加坡海峡和马六甲海峡的咽喉，为全球大环航线的重要环节所在，交通及战略意义重要。

巴尔干半岛 欧洲南部三大半岛之一。位于南欧东部。北以多瑙河下游、萨瓦河（西至的里雅斯特）为界，西临亚得里亚海，东临黑海，东南隔黑海海峡与亚洲小亚细亚半岛相望，南濒伊奥尼亚海和爱琴海。面积50.5万平方千米，包括阿尔巴尼亚、波斯尼亚和黑塞哥维那、保加利亚、希腊、马其顿的全部领土，塞尔维亚、黑山、斯洛文尼亚、克罗地亚、罗马尼亚、土耳其等国的部分领土。半岛地处欧、亚、非三大陆之间，是联系欧、亚的陆桥，地理位置十分重要。

地形以山地为主，山地面积约占半岛面积的7/10。穆萨拉峰海拔2925米，是半岛的最高峰。山间河谷平原分布分散，面积较广的有多瑙河下游平原、萨瓦河平原等。河流多短小湍急，富水力资源。海岸线曲折，多良港。山区森林广布。有铜、锌、铅、铬、煤等矿产。

岛屿 比大陆面积小、完全为水体包围的陆地。可出现在海洋、湖泊（大型水库）和江河里。成群的岛屿称为群岛。

岛屿可分为大陆岛和大洋岛。大陆岛是大陆的一部分，是大陆架上被水包围而未被淹没的部分，如**台湾岛**、**海南岛**、不列颠岛、爱尔兰岛、马达加斯加岛等。大洋岛指从海洋盆地升高到海面以上的岛。大洋岛根据成因分为海底火山喷发形成的火山岛（如夏威夷岛等）和由珊瑚骨骼聚集成珊瑚礁而出露水面的珊瑚岛。世界最壮观的珊瑚礁群岛是澳大利亚东北浅海中的大堡礁。

全球岛屿总面积约1000万平方千米，约占陆地总面积的7%。主要分布于北太平洋的阿留申群岛到南太平洋的奥克兰群岛弧形地带、北美洲北部北冰洋周围、加勒比海地区。

台湾岛 中国最大海岛。是东亚大陆架边缘上的大陆岛。位于中国大陆的东南海面上。地处东海、南海和太平洋之间，西临台湾海峡，遥对大陆闽南、粤东海岸，最近处距离130 ~ 140千米。面积3.578万平方千米；此外，有海埔新生地38.85平方千米及属岛74.8平方千米。全岛海岸线共长1239.58千米。岛形南北狭长，长约380千米；东西宽20 ~ 150千米。台湾岛属大陆岛。海拔100米以下的平原低地的面积约占全岛面积的30%，余皆为山地和丘陵。台湾山地的脊梁山脉为中央山。玉山主峰海

台湾岛东部海岸的清水断崖

拔 3952 米，为台湾最高峰。海岸大部分皆甚平直。森林面积占全岛土地总面积的 52%左右，植物种属繁多。

海南岛　中国第二大岛。古称珠崖、琼崖或琼州。位于南海西北部。北隔琼州海峡与雷州半岛相对，西濒北部湾与越南相望，南临南海和太平洋。南北长约 245 千米，东西宽 258 千米。面积 3.22 万平方千米。因位于琼州海峡之南，故名。海南岛属大陆岛。整个地形呈环形层状，从中部向外，由山地向丘陵、台地、平原逐级递降。山地面积占全岛面积的 25%，主要分布在岛的中部偏南地区。其中五指山最高，海拔 1867 米。海岸线长 1618 千米，分布有大、小港湾 60 余个。海南岛为重要的热带作物生产基地。矿产资源丰富，其中铁矿石储量居中国第一。

海南岛上三亚风光

舟山群岛　中国沿海最大群岛。位于浙江东北部、长江口以南、杭州湾口、东海中。北起花鸟岛，南至六横岛，由 1339 座岛屿组成。主要岛屿自北而南有泗礁山、大衢山、岱山、舟山、金塘、普陀山、朱家尖、桃花和六横等。其中舟山岛最大，面积 472 平方千米，是中国第四大岛。舟山群岛岛屿面积 1440 多平方千米。有中国沿海最大的渔场——舟山渔场。水产资源丰富，有鱼类 300 余种，盛产带鱼、大黄鱼、墨鱼、小黄鱼四大经济鱼类。舟山群岛是浙江重点产盐区之一。主要渔港有沈家门、嵊山、岱山等。普陀山是中国佛教四大名山之一。

钓鱼岛列岛　中国台湾省辖列岛。又称钓鱼台列屿。位于台湾岛东北约 180 千米海域。包括钓鱼岛、黄尾屿、冲北岩、冲南岩、北小礁（岛）、南小礁（岛）、赤尾屿等。面积 6.38 平方千米。以钓鱼岛最大，约 5 平方千米。诸岛皆分布于东海大陆架上。岛上向无定居人户，唯福建、台湾等省渔民常到此海域捕鱼，或作短时寄泊。岛上多山茶、棕榈、仙人掌、海芙蓉等自然植物，还有其他药用植物。附近海底有丰富的石油资源。

格陵兰岛　世界最大的岛屿，丹麦属地。位于北美洲东北部、北冰洋与大西洋之间。西以罗伯逊海峡、史密斯海峡、巴芬湾和戴维斯海峡与加拿大北极群岛相隔；东临格陵兰海，隔丹麦海峡与冰岛相望。面积 217.6 万平方千米。海岸曲折，多深邃的峡湾。海岸线总长 4.4 万千米。

格陵兰岛系大陆岛。全岛地形表现为从四周向中部低倾的高原。贡比约恩山海拔 3700 米，为全岛最高峰。大陆冰川广泛发育。全岛 85%的地面为巨厚

格陵兰岛景色

的冰层覆盖，冰层平均厚度约1500米。冰原上点缀着少数突兀的山峰，形成冰原“鸟峰”景象。沿岸无冰带断续分布，宽窄不等。植被以苔原植物为主。哺乳动物约30种，沿岸地带主要有麝牛、驯鹿、旅鼠、北极熊和北极狐，近海水域有鲸、海豹、海象等。鱼类以鳕、鲽、鲑、大比目鱼、毛鳞鱼、鲨为主。

新几内亚岛 大洋洲最大的岛屿、世界第二大岛。又称伊里安岛。位于赤道南侧的西太平洋中。西与亚洲东南部的马来群岛毗邻，南隔阿拉弗拉海和珊瑚海与澳大利亚大陆东北部相望，东接美拉尼西亚岛群。面积约78.5万平方千米。

新几内亚岛略呈西北—东南走向。东西长约2400千米，中部最宽处640千米。群山隆起，自西北伸向东南，形成连绵的中央山脉。山脉主脊线上的大部分山地、高原，海拔都在4000米以上。最高峰查亚峰，海拔5029米，为大洋洲最高点。在中部山脊的南北两侧，有宽窄不一的沿海平原。海岸曲折，多港湾。沿海多岛礁。已发现植物数千种。重要的矿产有金、铜、镍、石油和天然气。水力资源丰富。森林面积占全岛土地面积的70%以上。

加里曼丹岛 亚洲东南部岛屿、世界第三大岛。中国史籍称为婆利、勃泥、浡泥、婆罗等。位于马来群岛的中部。面积73.6万平方千米。东西、南北距离皆1100千米左右。

山脉从内地向四处伸展，东北部较高。基纳巴卢山海拔4101米，为东南亚最高峰。赤道横贯岛屿。河流自内地向四周分流入海。加里曼丹岛拥有东南亚岛屿上最长的几条河流，如卡普阿斯河、巴里托河等。河流中下游沼泽广布，河口三角洲网状岔流交织。山区水力资源丰富。森林覆盖率80%。这里有仅次于亚马孙流域的热带雨林区，有3000种以上的树木。林中有长臂猿、猩猩、云豹、野猪及种类繁多的昆虫。地下矿产品种多，有煤、石油、铝土、金刚石等。金刚石储量居亚洲首位，有少量采掘。石油被大量开采。胡椒产量在东南亚居重要地位。

加里曼丹岛的热带丛林和卡普阿斯河

马来群岛 世界最大群岛。以其居民主要为马来人而得名。旧名南洋群岛。位于太平洋与印度洋之间的广阔海域。北起吕宋岛以北的巴坦群岛，南迄帝汶岛南头的罗地岛；西起苏门答腊岛，东止于新几内亚岛以西。包括大巽他、努沙登加拉（小巽他）、马鲁古和菲律宾等群岛，分属于印度尼西亚、东帝汶、马来西亚、文莱和菲律宾等国。共有2万多座岛屿，群岛面积242.2万平方千米，占东南亚面积的54%。除加里曼丹岛外，多火山，地震频繁。群岛为南北大陆生物种类的过渡地带，拥有亚洲和澳大利亚的动植物种类。有11条重要海峡。海岸线绵长而曲折，多港湾、港口。赤道横贯群岛。有广大的热带雨林和热带季雨林，为世界最大的热带经济作物生产基地。盛产橡胶、棕油、椰干、蕉麻、胡椒、金鸡纳霜（奎宁）、木棉和热带木材，产量皆居世界首位。

瀑布 从河床纵剖面陡坡或悬崖处倾泻下来的水流。又称跌水。主要是水流对河底软硬岩石差别侵蚀的结果：在坚硬岩石出露的地方水流的进一步下蚀被阻止，而在软岩层水流容易向下侵蚀，于是在两者之间形成岩槛或陡坡，水流从岩槛或陡坡处流过形成瀑布。瀑布的大小和规模一般以落差、宽度和水量等来衡量，其中落差最为重要。世界著名的大瀑布有伊瓜苏瀑布、尼亚加拉瀑布、莫西奥图尼亚瀑布等，中国著名的瀑布有黄果树瀑布、壶口瀑布等。瀑布有很好的观赏价值，同时又是重要的动力资源，可以用来修建水电站。

壶口瀑布 中国黄河唯一的大瀑布。为黄河晋陕峡谷中段的胜景。又称龙王走丝山。位于山西吉县县城西南49千米南村坡与陕西宜川县壶口乡之间。在昕水河以南，黄河切过吕梁山西南端的壶口山（又称孟门山），500余米宽的

黄河壶口瀑布

黄河洪流骤然被两岸坚硬的绿色砂岩所束缚，上宽下窄，河口束狭如壶口，故名。河床宽度由250米收窄为50米，河水被夹于壶口般的地形中，河底岩石被冲刷，形成宽30米、深50米的石潭，河水由断层石崖上陡然跌落，形成瀑布。瀑布高度，枯水期15～20米，夏秋之际约45米。瀑布四季景色各不相同。夏季浊浪排空，吼声震天；冬季冰封雪冻，形成冰凌；春季落凌时节，冰块跌落，声如雷鸣。

黄果树瀑布 中国重点风景名胜区。位于贵州西南镇宁境内、北盘江支流打帮河上游。原名白水河瀑布，后因瀑布右岸有一参天黄桷树，改称黄桷树瀑布，又谐音为黄果树瀑布。黄果树瀑布为上起白水河、下至螺丝滩的瀑布群中最高的一级巨大跌水，高66米、宽80米。

黄果树瀑布

瀑布以上为宽谷，以下为马蹄形峡谷。瀑布壁面陡直，瀑水飞流直下。瀑水除在瀑布壁面上形成厚达 8 米的钙华外，还在钙华与壁面间形成长 42 米的水帘洞。瀑下又有多处冲蚀坑。右侧有暗河，往下游还有从河床涌出的冒水塘。因该地区喀斯特发育，瀑布与奇峰异洞、怪石丽水浑然一体，成为游览胜境。

伊瓜苏瀑布 南美洲最大瀑布。位于巴西巴拉那州西部伊瓜苏河下游、巴西与阿根廷国界上。伊瓜苏河发源于库里蒂巴附近的马尔山脉，向西流经巴西高原，流至伊瓜苏瀑布处，河面展宽至 4 千米。河中大小岩岛星罗棋布，把河水分隔成一系列急流。当河水从巴西高原的辉绿岩悬崖陡落入巴拉那峡谷时，形成 275 股大小不等的水帘，在汛期则连成一道宽 3.5 ~ 4 千米、落差 60 ~ 82 米的马蹄形大瀑布。其雷鸣般的跌落声远及周围 25 千米，溅起的珠帘般雾幕高达 30 ~ 150 米，在阳光映射下形成无数彩虹，蔚为壮观。巴西和阿根廷两国均在瀑布周围设有国家公园。

伊瓜苏瀑布局部

尼亚加拉瀑布 位于北美洲伊利湖与安大略湖之间的尼亚加拉河上的大瀑布。尼亚加拉河全长 56 千米，落差 99 米。主航道中心线为加拿大与美国边界。

尼亚加拉瀑布俯瞰

从距伊利湖北岸 32 千米起，河道变窄，水流加速，在一个 90° 急转弯处，河水从所流经的石灰岩崖壁上骤然跌落，水势澎湃，声震似雷。宽大的水帘被一分为二：东边美国境内部分称亚美利加瀑布，宽 328 米，落差 57 米；西边加拿大境内部分呈半环状，故名马蹄瀑布，宽 670 米，落差 55 米。加、美两国在瀑布附近河段上兴建了大型水电站。瀑布附近辟有尼亚加拉公园（美）和维多利亚女王公园（加）。

莫西奥图尼亚瀑布 非洲最大瀑布。原名维多利亚瀑布。位于赞比西河中游巴托卡峡谷区、赞比亚与津巴布韦两国接壤处。河流在此横切玄武岩露头，河床陡落，形成Z字形峡谷瀑布带，绵延97千米。瀑布宽约1800米，被4个岩岛分隔成5股瀑布，最大落差128米，泻入宽仅400米的深潭。水雾如云，声鸣如雷，雾气和轰鸣远达10千米以外。“莫西奥图尼亚”为当地居民所称，意为“雷鸣之烟”。赞比亚一侧建有卡里巴水电站，形成巨大的卡里巴水库。瀑布区下侧维多利亚瀑布城附近，辟有维多利亚瀑布国家公园。1989年，莫西奥图尼亚瀑布作为自然遗产被列入《世界遗产名录》。

莫西奥图尼亚瀑布近景

泉 地下水的天然露头。是地下水的一种重要排泄方式。泉的出现受一定的地质、水文及地貌条件的控制。只有在这些条件配置适当的情况下，才会有泉的出露。在基岩山区断裂构造发育、侵蚀作用强烈的地带，泉的出露较多。平原区处于相对沉降地带，覆盖有厚度不等的第四纪松散沉积物，地形切割微弱，泉的出露较少。

泉按水力性质分为上升泉和下降泉。上升泉为承压水的天然露头，下降泉是非承压水的天然露头。按含水层的孔隙性质分为孔隙泉、裂隙泉和岩溶泉。孔隙泉是松散沉积物中孔隙水的天然露头，裂隙泉是坚硬岩层裂隙系统中的地下水天然露头，岩溶泉是岩溶水的天然露头。按水温分为温泉和冷泉。

趵突泉 中国名泉之一。山东济南四大泉群（趵突泉、黑虎泉、珍珠泉、五龙潭）之冠。一名瀑泉，又名槛泉。现趵突泉集中于一座东西长约30米、南北宽约20米，略呈长方形的石砌泉池中，泉水清冽甘美，水温保持在18℃左右。涌水量1.6米³/秒，约占济南泉水总量的1/3。近年来，由于气候干旱及地下水利用力度的加大，趵突泉的喷涌受到一定影响。

趵突泉池

大间歇泉 冰岛的间歇泉。位于冰岛首都雷克雅未克东北约80千米处。冰岛语geysir，意为“间歇喷泉”。喷泉

大间歇泉喷发场景

圆池直径为 18 米，深 1.2 米；泉眼口径 10 厘米。泉水为沸水。每次喷发前隆隆作响，响声渐高，沸水随之升腾，喷向高空，水柱最高可达 61 米，居冰岛各喷泉之冠。喷水间隔时间无规则。景色壮观。

运河 人工开凿的航运渠道，用以沟通不同的江河、湖泊、海洋，缩短通航里程，改善通航条件。中国古时称之为沟、渠、漕渠、运渠等，宋代以后才称运河。

运河可分为有闸运河和无闸运河，以有闸运河居多。有闸运河是将运河分为若干级水位不同的水平河段（可有微小的纵坡），在相邻两级河段衔接处设置船闸或升船机，供船舶从一个水级进入另一个水级。无闸运河又称开敞式运河，全线与所连接的水域处在同一个连续的水面上。

运河按连接的水域可分为通海运河和内陆运河。通海运河直接沟通海洋。通海的无闸运河又称海平面运河。内陆运河连接内河水系，一般都为有闸运河。为避开险滩、恶流或风浪而在原有水路旁侧开凿的运河称为旁侧运河，旁侧运河多是无闸运河。

京杭运河 中国古代南北水路交通的主要通道。自北京起，途经河北、天津、山东、江苏、浙江 6 个省市至杭州。京杭运河沟通海河、黄河、淮河、长江和钱塘江五大水系，全长 1749 千米，是世界上开凿最早、里程最长的古代运河。

京杭运河是在不同历史时期分段开挖连接而成的。沟通江淮的邗沟在春秋末年已经开通。杭州至镇江的江南运河大致在春秋时形成，隋时经大规模整修，成为大运河的南段。元至元三十年（1293），京杭运河全线贯通。清康熙二十七年（1688），京杭运河最后定型。1950 年起开始运河的大规模恢复和扩建。

京杭运河一景

现在的京杭运河由北向南分为七段：大通桥到通州为通惠河，通州到天津为北运河，天津到临清为南运河，临清到台儿庄为鲁运河，台儿庄到淮安为中运河，淮安到扬州为里运河，镇江到杭州为江南运河。

京杭运河对中国南北地区之间的经济、文化发展和交流，特别是对沿线地区工农业经济的发展和城镇的兴起起了巨大作用。

苏伊士运河 位于埃及东北部的国际运河。贯通苏伊士地峡，连接地中海塞得港与红海陶菲克港，是欧、亚、非洲海上国际贸易的通道。运河通航后，从大西洋沿岸到印度洋诸港之间的航程，比绕行非洲好望角缩短5500～8000千米。

苏伊士运河景观

运河于1859年4月动工，1869年11月竣工通航。1967年6月由于中东战争，运河关闭。1975年6月运河重开。此后埃及对运河进行了扩建。

苏伊士运河全长173千米，其中24%是利用曼宰莱湖、提姆萨湖、大苦湖和小苦湖挖深作为航道，其余部分则是开挖陆地而成。运河基本上是单行航道，只有巴拉（距塞得港55千米）、卡布里特（在小苦湖附近）和大苦湖中的三处航道加宽段为双航道。船舶通过运河的时间平均为15小时。苏伊士运河的年货物通过量在国际运河中居首位。

美因-多瑙运河 德国南部巴伐利亚州境内运河。又称莱茵-美因-多瑙运河。起于莱茵河支流美因河畔的班贝格，止于多瑙河畔的凯尔海姆，全长171千米，沿途设置16座长190米、宽12米、深30米的船闸。1921年开始兴建，但由于战争和施工难度等方面的原因，主体工程从1960年开始建设，直到1992年才最终完成。这条运河沟通北海和黑海，形成了一条流经15个国家、长达3500千米的内河航道，可通行2425吨的货轮，具有非常重要的商业价值，因此又被称为欧洲运河。

基尔运河 沟通北海和波罗的海的国际运河。又称北海-波罗的海运河。位于德国北部。起自易北河口布伦斯比特尔科格，止于基尔湾霍尔特瑙，全长98.6千米。基尔运河横贯日德兰半岛，使波罗的海沿岸至北海和大西洋沿岸港口的航程比绕过该半岛缩短370～650千米。运河于1887年动工兴建，1895年建成。1907年和1965年先后两次扩建。运河上建有七座桥梁。运河初建时两端各有船闸两座，以后两端各增建船闸两座。基尔运河最大通航船舶为3.5

基尔运河景观

万吨级。

巴拿马运河 凿通巴拿马地峡、沟通太平洋和大西洋的国际运河。位于巴拿马共和国中部。运河通航后大西洋沿岸与太平洋沿岸之间航程缩短5000～10000千米。1903年11月，美国取得运河开凿权和运河区永久租借权。1904年5月动工，1914年8月15日竣工。

巴拿马运河鸟瞰

巴拿马运河全长81.3千米，沿程建有三座船闸。运河基本上是双向航道，底宽152～305米，水深12.8～26.5米。三座船闸都是双线船闸。通过运河的船舶一般为4.5万吨级，最大的为6.5万吨级；长度不得超过297米，宽度不得超过32.58米，最大吃水12.04米。枯水季节只可容吃水小于11.58米的船舶通过。

2000年1月1日巴拿马共和国全部收回运河的管辖权。2007年9月3日，巴拿马运河扩建工程正式开工。2016年6月26日，巴拿马运河拓宽工程举行竣工启用仪式。

人种 具有共同遗传体质特征的人类群体。又称种族。在生物学上，人类各种族都同属于一个物种——智人。不同的人种在外形和生物化学、遗传特征等方面有区别，是由于人类在一定地域内长期适应当地自然环境，又经长期隔离而形成的。

根据体质特征的差异，人类分为三大人种——蒙古人种（黄色人种，俗称黄种人）、高加索人种（白色人种，俗称白种人）、尼格罗人种（黑色人种，俗称黑种人），或四大人种，即上述三大人种加澳大利亚人种（棕色人种，俗称棕种人）。在这些主要人种之间还有过渡型人种。1961年，美国学者S.M.卡恩提出一套由地理人种、地域人种、小人种组成的新的人种分类体系。此方案经联合国讨论通过，与三大、四大人种方案同时施行。在这个方案中，卡恩把人类划分为九大地理人种、32个地域人种。

关于人种的起源，有多中心说和单中心说两种理论。多中心理论认为，蒙古人种、高加索人种、尼格罗人种三大人种各自在亚、欧、非三大洲形成，三大洲所发现的晚期智人化石证明他们在各地区分别延续发展。单中心理论即非洲起源说，认为世界上所有人种源于一个祖先，始于一个中心，即非洲早期智人。

人种之间的差异在现时是客观存在的，但不存在种族的优劣。随着人类交往日益频繁，各人种间不断发生混杂交融，因此世界上没有一个纯的人种。

民族 人类社会共同体形式之一。是人类经历了原始群、氏族、部落的变迁发展，在一定历史阶段形成的有共同语言、共同地域、共同经济生活和表现为共同文化特点基础上的共同心理素质的稳定的共同体。属于历史范畴。民族是伴随着国家权力结构的出现而形成的，是人类社会进入阶级社会的产物。

中国传统的“民族”一词有两种含义：狭义的民族，指体现为国家层面的民族，如中华民族；广义的民族，指自然、历史形成的民族，如汉族、蒙古族、藏族等56个民族，其中人口规模相对汉族为少的民族通常称为少数民族。

民族是一个漫长的历史过程，将经历形成、发展、融合、消亡四个阶段。当今世界无论属于国家层面的民族还是属于自然、历史层面的民族，都处于人类社会民族过程的发展阶段，世界上各个民族国家建构国家层面民族的过程仍在继续。

中华民族 中国各民族的总称。分布在中国大陆、香港、澳门、台湾省。“中华”一词古代与中国、中原的地域观念相通，与华夏子民、中原汉人相系。“中华”与“民族”合为一体始于近代，是1840年以后中国人认识世界、认识自我、救亡图存的近代民族意识觉醒的产物。中华人民共和国成立后，中华民族成为中国各民族人民的总称。包括56个民族：汉、蒙古、回、藏、维吾尔、苗、彝、壮、布依、朝鲜、满、侗、瑶、白、土家、哈尼、哈萨克、傣、黎、傈僳、佤、畲、高山、拉祜、水、东乡、纳西、景颇、柯尔克孜、土、达斡尔、仫佬、羌、布朗、撒拉、毛南、仡佬、锡伯、阿昌、普米、塔吉克、怒、乌孜别克、俄罗斯、鄂温克、德昂、保安、裕固、京、塔塔尔、独龙、鄂伦春、赫哲、门巴、珞巴、基诺。此外，还有一些尚待识别的民族。通用汉语。

人口迁移 离开原居住地、跨越一定的行政界限到另一个地方居住一定时期的人口在地理空间内发生的移动。实现迁移的人口称为移民，对于移入地区称为迁入人口，对于移出地区称为迁出人口。在新的居住地居留的时间标准，各国规定不一样，有的国家定为几个月，有的国家定为半年或一年；有的国家则以是否转移户籍为依据确定移民的概念。跨越行政界限的标准，国内迁移一般以基层行政区域为单位，国际迁移则以越过国界为准。

人口迁移按时间长短可分为永久性迁移和暂时性迁移，按跨越的行政界限性质可分为国际迁移和国内迁移，按决策因素可分为自愿迁移和强制迁移，按政府干预与否可分为有组织的迁移和无组织的迁移等。

人口迁移改变人口的地理分布，使不同地区的人口构成、文化特征、经济状况发生变化，促进文明的交流和传播，但也造成交通拥挤、环境污染等问题。

城市 以非农业活动和非农业人口为主的聚落。特点是人口数量大、人口密度高，是一定地域范围内的政治、经济、文化中心。中国古代的城和市是两个不同的概念。城指四周围以高墙、具有防守性质的军事要点，市指交易市场。随着社会的发展，城与市逐渐融为一体，成为一个统一的聚合体——城市。中国城市划分为四类：非农业人口100万以上的为特大城市，50万以上100万以下的为大城市，20万以上50万以下的为中等城市，20万以下的为小城市。

行政区划 国家实施分级管理的区域划分制度。即国家根据政治统治和行政管理的需要，遵循一定的法律规定或原则（自然地理条件，政治、经济、民族、历史、国防等）所实施的行政区域划分制度。当今世界除极少数地狭人少的国家外，几乎所有国家都将本国分级划分为若干区域，并建立相应的各级行政机关，依法实施行政管理。世界各国行政区划主要有英美型行政区划、法德俄型行政区划两大模式。

英美型行政区划没有一个严格的划分方式，在基层政区保留有传统的区域划分和统治方式；级次较少，两级为主。法德俄型行政区划比较严密，有严格的法律规定和划分标准；级次多为三级、四级。中国行政区划属于此类。即使在同一类型内，各国行政区划的设置差别也很大。

领土 由国际公认的国界划定的一国行使国家主权所及的范围。有狭义和广义之分。狭义的领土仅包括领陆，广义的领土则包括领陆、领水和领空。均属一国行使主权的范围。

领陆指受国家权力支配、有国际公认的国界划定的土地，是地球陆地表面的特定部分。领水指在国家主权支配和管辖之下的水域，包括内水、领海、专属经济区等。内水包括国境之内的河流、湖泊、内海和内海湾。领海指沿海国主权管辖之下、与陆地领土及内水相连接的一定宽度的海域。《联合国海洋法公约》规定：每一国家有权确定其领海的宽度，直至从按照本公约确定的基线量起不超过12海里的界线为止。中国的领海宽度为12海里。专属经济区是领海以外并邻接领海的一个区域，其宽度从测算领海宽度的基线量起，不应超过200海里，故又称为200海里专属经济区或200海里海洋经济区。领空指一国的陆地、河流、湖泊、内海、领海等的上空，即位于一国领土之上的大气层空间。1967年联合国通过《外层空间条约》规定：外层空间自由，外层空间不得占有，外层空间活动为全人类谋利，外层空间不得用于军事目的。

飞地 一国被其他国家领土包围的领土。分为两类：一类是一个国家位于另一国家领土之中，如位于意大利境内的圣马力诺。另一类是一个国家的一部分领土位于其他国家领土之中，或一个国家的部分领土被另一国家领土隔开而不相毗邻，如位于法国境内的西班牙领土利维亚，属前一种情况；与美国本土相分离、被加拿大领土相分隔的阿拉斯加，属后一种情况。飞地还有其他形式：准飞地，指地理空间与本国主体相连，但交通不便，需经另一国领土才可到达；暂时飞地，指由于停战而被占领或非军事化所形成的飞地。

亚洲 世界最大的洲。全称亚细亚洲。位于欧亚大陆东部，东、南、北三面分别濒临太平洋、印度洋和北冰洋。西北部濒临地中海和黑海，西南部隔红海和苏伊士运河与非洲大陆毗邻，东南部以帝汶岛与澳大利亚之间的海面同大洋洲分界，东北部以白令海峡同北美洲大陆遥对。亚洲面积 4400 万平方千米（包括附近岛屿），约占世界陆地总面积的 29.4%。

亚洲地势高峻，起伏极端，平均海拔 950 米。全球海拔 8000 米以上的高峰有 14 座，全部在亚洲境内。珠穆朗玛峰是世界第一高峰。死海湖底最深处是地球陆地的最低处。亚洲有许多源远流长的大河和蓄水量巨大的湖泊。世界上长度 4000 千米以上的长河共 14 条，其中 7 条在亚洲。亚洲拥有许多世界著名湖泊。里海为世界第一大湖。贝加尔湖是世界最深的湖泊。亚洲气候类型复杂。除温带海洋性气候和冰原气候外，各种气候类型均有分布。矿产资源丰富，石油、天然气、锡、钨、锑的储量均居世界首位。

亚洲有 48 个国家。在地理上习惯将亚洲分为东亚、东南亚、南亚、西亚、中亚和北亚。全洲人口 43.50 亿，约占世界总人口的 59.86%。亚洲人口密度居世界各大洲之首。种族构成复杂：黄种人是亚洲的主体人种，约占全洲人口的 60%以上；次为白种人；还有少数棕种人和前两大人种的混合类型。亚洲是世界三大宗教——佛教、伊斯兰教和基督教的发源地。

欧洲 世界第六大洲。全称欧罗巴洲。位于欧亚大陆西部。北濒北冰洋，西临大西洋，南隔地中海与非洲相望，东以乌拉尔山、乌拉尔河、里海、大高加索山脉、黑海海峡、博斯普鲁斯海峡、马尔马拉海和达达尼尔海峡与亚洲为界。欧洲面积 1016 万平方千米，约占世界陆地总面积的 6.8%。

欧洲地势低平，平均海拔 300 米，低于世界各大洲；海拔 200 米以下的平原占全洲面积的 57%，多于世界各大洲。大陆轮廓破碎，有众多的半岛和海域交错分布。海岸线曲折程度居各洲之首。河网较稠密。湖泊众多。森林景观占绝对优势。气候的海洋性较为显著。欧洲是世界上温带海洋性气候分布面积最广的洲。矿藏丰富，种类多。

欧洲有 46 个国家和地区。在地理上习惯将欧洲分为西欧、北欧、中欧、南欧和东欧。全洲人口 7.38 亿，约占世界总人口的 10.16%。欧洲是世界上人口密度第二大的洲。种族构成比较单一，居民绝大多数属白种人。居民多信奉天主教和基督教。

非洲 世界第二大洲。全称阿非利加洲。位于欧亚大陆的西南面。东濒印度洋，西临大西洋，北隔地中海与欧洲相望，东北以红海和苏伊士运河与亚洲分界。非洲面积约 3020 万平方千米（包括附近岛屿），约占世界陆地总面积的 20.2%。

非洲高原面积广大，有“高原大陆”之称。海拔 200 ~ 2000 米的台地和高原占全洲面积的 86.6%。全洲平均海拔

750 米，低于南极洲和亚洲。水系多流入大西洋（包括地中海）。非洲有“热带大陆”之称，热带气候占优势。非洲是世界热带稀树草原的最大分布区。有蹄类动物种类、数量均居世界各洲之冠。矿产资源丰富，铬铁矿、金刚石、金、磷酸盐储量均居世界首位。

非洲有 57 个国家和地区。地理上习惯把非洲分为北非、东非、西非、中非和南非。全洲人口 11.57 亿，占世界总人口的 15.92%，仅次于亚洲。人口密度低于欧、亚两洲。居民的种族构成非常复杂：大多数民族属于黑种人，其余属白种人和黄种人。居民多信奉原始宗教和伊斯兰教，少数人信奉天主教和基督教。

大洋洲 世界最小的洲。指由澳大利亚大陆与介于澳大利亚大陆、南极洲、南北美洲和亚洲之间广阔太平洋上的众多岛屿构成的地理区域。大洋洲陆地面积约 897 万平方千米，约占世界陆地总面积的 6%。

大洋洲大部分地区地势低缓。除少数山地海拔超过 2000 米外，一般都在海拔 600 米以下。绝大部分地区位于热带和亚热带。河流稀少且短小，水量不丰。湖泊较少。大洋洲的陆生动物具有独特性和古老性。澳大利亚大陆矿藏丰富。铁、镍、铀的储量均居世界前列。

大洋洲有 16 个独立国家，其余十几个地区为美、英、法等国的属地。大洋洲是除南极洲外人口最少的洲，全洲人口约 3900 万，约占世界总人口的 0.53%。欧洲人后裔约占人口的 70%，土著居民约占 20%，印度人约占 1%，此外还有混血种人、华裔和日本人等。绝大部分居民信奉基督教，少数信奉天主教，印度人多信奉印度教。

北美洲 世界第三大洲。全称北亚美利加洲。位于西半球北部。东、西分别濒临大西洋和太平洋，北濒北冰洋，西北隔白令海峡与亚洲相望，南隔加勒比海、巴拿马运河与南美洲为邻。北美洲面积 2422.8 万平方千米（包括附近岛屿），约占世界陆地总面积的 16.2%。

北美大陆地形以三大纵列带为特征：东带以波状起伏的高地为主，中带为起伏和缓的高原和平原，西带由一系列山脉、山间高原和盆地组成。北美洲多年平均径流总量仅次于亚洲和南美洲。素以多湖著称，淡水湖数量为各洲之冠。苏必利尔湖为世界面积最大的淡水湖。气候以大陆性显著和类型多样为特征。几乎具备地球上寒、温、热带各种植被类型。动物种类丰富。矿产资源种类繁多，煤、石油、铁、铜、铅、锌、镍、钼、钒、银、铂、铀、石棉、钾盐、磷酸盐、硫黄等的储量和产量均居世界前列。

北美洲有23个独立国家和十几个地区。全洲人口 5.69 亿，约占世界总人口的 7.82%。人口分布极不平衡，绝大部分在东南部地区。居民大部分是欧洲移民的后裔，其中以盎格鲁-撒克逊人最多；其次是印第安人、黑种人、混血种人；此外还有因纽特人、波多黎各人、犹太人、日本人和华人。居民主要信奉基督教新教和天主教。

南美洲 世界第四大洲。全称南亚美利加洲。位于西半球的南部。东濒大西洋，西临太平洋，北滨加勒比海，南隔德雷克海峡与南极洲相望。一般以巴拿马运河为界同北美洲相分。南美洲面积约1785万平方千米（包括附近岛屿），约占世界陆地总面积的12%。

大陆北宽南窄，西部山脉纵贯，东部高原与冲积平原相间分布。全洲河流的多年平均径流总量仅次于亚洲。大湖很少。热带气候在全洲占绝对优势。热带常绿雨林和热带稀树草原面积广大。动物区系显示出多样性、特有性和原始性。矿产资源丰富，有世界最大的铁矿、斑岩铜矿，铋矿储量居世界首位。

除法属圭亚那和马尔维纳斯群岛外，共有12个独立国家。全洲人口4.14亿，约占世界总人口的5.70%。人口分布不平衡，西北部和东部沿海一带人口稠密，亚马孙平原是世界人口密度最小的地区之一。居民的种族构成复杂，有印第安人、白种人、黑种人及各种混血种人，混血种人以印欧混血种人最多。居民绝大多数信奉天主教，少数信奉基督教。

南极洲 世界第五大洲。指位于地球最南端的大陆及其周边岛屿。总面积1400万平方千米。南极大陆面积1239万平方千米。南极大陆绝大部分位于南极圈内，被南大洋所环绕。

南极洲平均海拔2440米，为世界最高的洲。98%的地域被冰雪覆盖。冰的总量占世界冰总量的90%。横贯南极山脉把南极大陆分为东、西两部分。东南极洲基本为冰雪覆盖的高原，西南极洲是一组被冰雪覆盖并与冰层连接在一起的山峦起伏的群岛。南极洲气候独特，为世界上最寒冷、风暴最多、风力最大的大陆。气候干燥，降水量少。植物有850余种，其中地衣350余种，苔藓370余种，开花植物3种。鸟类有企鹅、海鸥、海燕等。哺乳动物有海豹、海豚、鲸等。周围海洋中盛产磷虾。矿产资源丰富，有世界上最大的铁矿床。

全洲没有人类定居，只有科学考察人员和捕捞船队在此活动。

中国 全称中华人民共和国。位于亚洲东部、太平洋西岸。陆地上与朝鲜、俄罗斯、蒙古、哈萨克斯坦、吉尔吉斯斯坦、塔吉克斯坦、阿富汗、巴基斯坦、印度、尼泊尔、不丹、缅甸、老挝和越南相毗邻。面积约960万平方千米。人口139915万。有56个民族，汉族占人口的91.51%。通用汉语。首都北京。

中国大陆地势西高东低，自西向东呈三级阶梯逐级下降。第一级阶梯是青藏高原，海拔在4000～5000米。中国与尼泊尔交界处的珠穆朗玛峰海拔8844.43米，是世界最高峰。第二级阶梯位于青藏高原外缘至大兴安岭、太行山、伏牛山、巫山、雪峰山之间，主要由海拔1000～2000米的高原和盆地组成。新疆吐鲁番盆地的艾丁湖湖面海拔-154.31米，是中国大陆最低点。第三级阶梯是东部宽广的平原和丘陵，主要有海拔不及200米的东北平原、华北平原、长江中下游平原和珠江三角洲等。江河众多。河流大多顺地势向东、向南流入海洋。**长江**、**黄河**分别是中国第一、第二大河。湖泊众多。西部多咸水湖，**青海湖**是中国面积最大的咸水湖；东部多淡水湖，主要有**鄱阳湖**、**洞庭湖**、**太湖**等。近海分为渤海、黄海、东海和南海四个海域。辽阔的海域中分布着 7600 多个岛屿，其中**台湾岛**最大。气候类型多样，以亚热带、暖温带、温带为主。中国大部属季风区，大陆性气候强烈。

已发现矿产 173 种。其中钨、锑、稀土、钼、钒、钛等的探明储量居世界首位。煤、铁、铅、锌、铜、银、汞、锡、镍、磷、石棉等的储量居世界前列。现有工业门类齐全、体系完整，加工工业在国民经济中起主导作用。农业结构不断调整，主要农产品稳步增产。粮食、棉花、糖料、油菜籽、花生、大豆、茶叶等的产量居世界前茅。畜牧业以饲养猪、牛、羊、马为主。国内综合运输网已形成，以铁路为骨干，公路、水运、航空等辅助配合。旅游资源极为丰富，仅世界遗产就有 55 处。

北京市　中华人民共和国首都、中央直辖市。简称京。位于中国北部偏东、华北平原北端。周围与河北省和天津市毗邻。面积约 1.7 万平方千米。人口 1300 万。有汉、满、回、蒙古等族。

春秋战国时为燕都。辽为陪都，称南京。金时正式建都，称中都。元为大都。明永乐年间迁都于此，称北京。1644 年清迁都于此。民国初亦定都于此。1928 年改为北平。1949 年 10 月 1 日，中华人民共和国成立，改称北京，作为首都。

地势西北高、东南低。西部为西山，北部、东部为军都山。东南部为冲积平原。较大的河流有永定河、潮白河、北运河、洵河、拒马河等。属典型的温带大陆性气候。

已发现矿产 120 多种。北京是中国高新技术产业及金融、商贸、信息中心和工业基地之一，工业主要有机械、化工、钢铁、汽车制造、纺织、电子、仪表、建材、食品等门类。农作物主要有小麦、水稻、玉米、棉花、花生等。近郊以生产蔬菜、禽蛋、肉类、乳品等副食为主，远郊以种植粮食、油料作物为主。

北京是中国的文化中心，有北京大学、清华大学、中国人民大学等高等院校，中国科学院、中国社会科学院等科研机构，故宫博物院、中国国家博物馆、中国人民革命军事博物馆等大型博物馆，以及国家图书馆和首都图书馆两大图书馆。

北京是中国历史文化名城。故宫、天坛、北海、天安门、中山公园、景山、颐和园、香山、明十三陵、八达岭长城、周口店遗址博物馆等，均为举世闻名的游览胜地。

天安门

天津市 中国中央直辖市。简称津。位于中国北部偏东、华北平原东北部。北依燕山余脉，东临渤海湾。除西北小部分与北京市接壤外，其余皆与河北省相邻。面积约1.2万平方千米。人口996万。有汉、回、满、蒙古、藏等族。

金设直沽寨。元改为海津镇。明始名天津，置天津卫及天津左卫、天津右卫。清改为直隶州，后升为天津府。1913年废府留县。1928年改为直辖特别市。1930年改为天津市。

地势北高南低。除北部是燕山南侧的山地外，其余均为冲积平原。河流主要有海河、蓟运河。属暖温带半湿润季风气候。

已探明具有开采价值的矿产20多种。天津是中国沿海老工业基地之一。汽车及机械装备、电子、化工、冶金是天津的四大支柱产业。农业以粮食生产为主。粮食作物主要有小麦、玉米、水稻等。经济作物主要有花生、棉花、麻类等。海河沿岸和渤海沿岸盛产水产品。

有南开大学、天津大学等高等院校。

天津是中国历史文化名城。名胜古迹主要有独乐寺、黄崖关长城、清真大寺、大悲禅院、大沽口炮台遗址、望海楼、广东会馆等。

河北省 简称冀。位于中国北部偏东、黄河下游以北。东临渤海，西接山西省，北连辽宁省与内蒙古自治区，南邻山东、河南两省，环布北京、天津两市周围。面积约19万平方千米。人口7520万。有汉、满、回、蒙古、壮、朝鲜等族。省会石家庄。

春秋战国时为燕、赵之地。汉分属幽州、冀州刺史部。唐属河北道。元属中书省。明直隶北京六部，通称北直隶。清为直隶省。1928年改为河北省。

地势西北高、东南低。北部为燕山，西北部为坝上高原，西为太行山，东南部为冲积平原。主要有海河、滦河两大水系。湖泊有白洋淀等。属中温带、暖温带大陆性季风气候。

已发现矿产150多种。工业布局较合理，主要工业门类有纺织、日用陶瓷、煤炭、石油、机械、化工、建材等。粮食作物以小麦、玉米、水稻为主。经济作物以棉花和油料作物为主。畜牧业以饲养牛、马、驴、猪、羊为主。经济林木种类较多。浅山和丘陵地区历来为中国著名的梨、枣、柿、栗产区。沿海有鱼、虾、蟹、贝等海产品。

有燕山大学、河北大学、河北工业大学等高等院校。

河北文物古迹和风景名胜众多。文物古迹有隆兴寺、响堂山石窟、赵州桥、避暑山庄、清东陵、清西陵和西柏坡中共中央旧址等，风景名胜有北戴河、苍岩山等。

山西省 简称晋。位于中国北部、黄土高原东部。东与河北省为邻，西隔黄河与陕西省相望，北与内蒙古自治区毗连，南与河南省接壤。面积约16万平方千米。人口3501万。有汉、回、满、蒙古、朝鲜等族。省会太原。

春秋属晋。战国分属赵、魏、韩。秦属河东、上党、太原、雁门等郡。汉时大部属并州刺史部。隋属冀州刺史部。

平遥古城

唐为河东道。宋为河东路。元属中书省。明置山西布政使司。清始称山西省。

地势东西高、中间低。东侧是太行山、恒山、五台山等山地，西侧是以吕梁山为主体的山地和晋西黄土高原，中间为晋中盆地。属于黄河水系的河流主要有汾河、沁河、涑水河等，属于海河水系的河流主要有桑干河、滹沱河等。属温带大陆性半湿润季风气候。

已发现矿产120多种。山西的工业以重工业占优势，其中煤炭、电力、钢铁、机械、有色冶金和化工等门类尤为突出。小麦和玉米是本省主粮。经济作物以棉花和油料作物为主。畜牧业以饲养猪、羊、牛为主。经济林有核桃、枣、花椒、柿等。

有山西大学、太原理工大学等高等院校。

山西文物古迹和风景名胜众多。文物古迹有平遥古城、晋祠、天龙山石窟、云冈石窟、悬空寺、应县木塔、平遥双林寺、永乐宫、解州关帝庙、丁村遗址等，风景名胜有恒山、五台山、壶口瀑布等。

内蒙古自治区 简称内蒙古。位于中国北部边疆地区。北部和东北部与蒙古、俄罗斯交界，东临黑、吉、辽，南靠冀、晋、陕，西与甘、宁接壤。面积约118万平方千米。人口2460万。有汉、蒙古、满、回、朝鲜、达斡尔、鄂温克等族。首府呼和浩特。

战国时属赵、燕等国及中国北方少数民族匈奴、东胡之地。秦汉属匈奴、乌桓、鲜卑之地及五原、朔方、云中、辽西等郡。唐置丰、胜、云、营、灵、夏等州。元属上都、集宁、全宁、净州、应昌等路（府）。清属内蒙古、察哈尔、山西。1928年分置热河、察哈尔、绥远等省。1947年设立内蒙古自治区。

境内以高原为主。内蒙古高原西部是巴丹吉林、腾格里、乌兰布和、库布齐等沙漠，东部为辽阔草原；边缘有大兴安岭、阴山、贺兰山等山脉；大兴安岭东麓、阴山脚下和黄河岸边有嫩江西岸平原、西辽河平原、土默川平原、河套平原。外流河有黄河、永定河、滦河、西辽河、嫩江、额尔古纳河，内流河有乌拉盖尔河、昌都河、塔布河等。湖泊众多，有呼伦湖、贝尔湖、达来诺尔、岱海、乌梁素海等。大部分属温带大陆性季风气候。

已发现矿产130多种。已形成包括煤炭、纺织、冶金、机械、电力、食品、森工、电子、皮革、皮毛、化工、造纸等门类，具有民族和地区特色的工业经济体系。粮食作物主要有小麦、玉米、水稻、谷子、莜麦等。经济作物以甜菜和油料作物为主。畜牧业以饲养羊、牛、猪、马、骆驼为主。

有内蒙古大学、内蒙古工业大学等

高等院校。

文物古迹和风景名胜主要有成吉思汗陵、响沙湾、昭君墓、元上都遗址、五当召，以及海拉尔西山国家森林公园、大青沟自然保护区等。

辽宁省 简称辽。位于中国东北地区南部。西南与河北省交界，西北与内蒙古自治区毗邻，东北与吉林省接壤，东南隔鸭绿江与朝鲜相望，南临渤海和黄海。面积约15万平方千米。人口4245万。有汉、满、蒙古、回、朝鲜、锡伯等族。省会沈阳。

战国时属燕国，设有辽东、辽西和右北平等郡。唐置安东都护府（辽阳）、营州都督府（朝阳）。明初设辽东都司辖铁岭等25卫。清初为盛京将军辖地，清末改为奉天省。1929年改为辽宁省。

地势大体上从东南部和西北部向中央倾斜。东、西两侧为低山丘陵，主要有千山、努鲁儿虎山等；中部为辽河平原。河流主要有辽河、鸭绿江、浑河、太子河、绕阳河、大凌河、小凌河等。属温带、暖温带季风气候。

已发现矿产110多种。工业化水平高，已形成以冶金、机械、石油化工、电子、建材等门类为主体的工业体系。有全国最大的钢铁基地。柞蚕丝产量居全国第一。粮食作物以玉米、水稻、大豆为主。经济作物以油料作物和烟草为主。畜牧业以饲养猪、马、牛为主。渔业以海洋渔业为主。

有大连理工大学、东北大学、大连海事大学等高等院校。

文物古迹和风景名胜众多。文物古迹主要有沈阳故宫、关外三陵、奉国寺、北镇庙、牛河梁遗址、姜女石遗址等，风景名胜主要有千山、鸭绿江、金石滩、兴城海滨等。

吉林省 简称吉。位于中国东北地区中部。东与俄罗斯接壤，东南以图们江、鸭绿江为界与朝鲜相望，西南接辽宁省，西接内蒙古自治区，北邻黑龙江省。面积约19万平方千米。人口2702万。有汉、朝鲜、满、蒙古、回、锡伯等族。省会长春。

历史上长期是满、蒙古、朝鲜等少数民族活动和聚居之地。西周为肃慎地。汉属夫余。唐时建渤海国。宋时建金国。元属辽阳行省。明时属辽东都司和奴儿干都司。清末始设吉林省。

地势东南高、西北低。东南部有长白山、龙岗山、吉林哈达岭、大黑山等山地、丘陵，山间有延吉、浑江和敦化等盆地；中西部为松嫩平原和辽河平原。河流主要有松花江、鸭绿江、图们江、绥芬河、浑江等。湖泊主要有长白山天池、松花湖等。属温带大陆性季风气候。

已发现矿产近140种。已建立起以

吉林雾凇

汽车、石油化工为支柱产业，以电子、医药、食品为优势产业，覆盖冶金、机械、纺织、建材、煤炭、电力、森工等传统产业的新型工业体系。种植业以种植玉米、水稻、小麦、大豆、向日葵、甜菜、烟草、蔬菜、水果、食用菌等为主。吉林是全国商品牛、细毛羊的重要产地之一。

有吉林大学、东北师范大学等高等院校。

名胜古迹众多，有长白山、向海、三角龙湾自然保护区，松花湖、防川风景名胜区，五女峰、净月潭国家森林公园，以及罗通山城、高句丽古迹、伪满皇宫博物院等。吉林雾凇是中国四大自然景观之一。

黑龙江省 简称黑。位于中国东北部。东部和北部以乌苏里江、黑龙江为界与俄罗斯相邻，西接内蒙古自治区，南连吉林省。面积约46万平方千米。人口3811万。有汉、满、朝鲜、蒙古、回、达斡尔、锡伯、鄂伦春、赫哲等族。省会哈尔滨。

古为肃慎地。汉为夫余地。唐时设黑水、渤海、室韦都督府。辽时建置五国部节度使、生女真节度使等。元属辽阳行省。明时属辽东都司和奴儿干都司。清初为黑龙江将军辖地，清末改为黑龙江省。

地势大体西北高，东南略低，西南、东北低平。山地、平原交错分布。山地分为东部山地、小兴安岭、大兴安岭，平原分为三江平原、松嫩平原。河流有黑龙江、松花江、乌苏里江等。湖泊有兴凯湖、镜泊湖、五大连池等。属寒温带大陆性季风气候。

已发现矿产130多种。黑龙江省是中国重要的工业基地，已建立起以能源、机械、森工、化工、冶金、纺织、食品、电子等门类为重点的工业体系。黑龙江省是中国重要的粮食、大豆产区。粮食作物以水稻、小麦、玉米、大豆为主。经济作物以亚麻、甜菜、烟草、向日葵为主。畜牧业以饲养牛、羊、猪、马、家禽为主。

有哈尔滨工业大学、哈尔滨工程大学等高等院校。

名胜古迹众多，主要有兴凯湖、镜泊湖、五大连池、牡丹江地下森林、扎龙自然保护区、七星砬子自然保护区、北极村，以及珍宝岛、松峰山、太阳岛等。

上海市 中国中央直辖市。简称沪。别称申。全国最大的经济中心和第一大港。位于亚洲大陆东沿、长江和钱塘江入海汇合处。北界长江，南临杭州湾，东濒东海，西接江苏、浙江两省。面积约6340平方千米。人口1440万。有汉、回、满等族。

春秋属吴。战国时先属越，后属楚，战国末年为楚相春申君黄歇封地。唐属华亭县。南宋始设上海镇。元至元时置上海县。1927年置上海市，1928年定为特别市，1930年改为直辖市。

上海是长江三角洲的组成部分。地势总趋势由东向西略微倾斜。除西部松江一带有佘山、天马山等少数孤立残丘外，境内均为海拔不超过5米的平原。河流主要有黄浦江、吴淞江（苏州河）等。

外滩风光

湖泊有淀山湖等。属北亚热带海洋性季风气候。

上海是中国重要的工业基地，近年在振兴纺织工业的基础上，形成了汽车、电子、电站成套设备、钢铁、石油化工和精细化工、生物医药六大支柱工业。农作物以水稻、麦类、棉花、油菜、蔬菜、水果为主。郊区建有猪、家禽饲养场。

上海是中国的科技、教育、文化中心之一，有复旦大学、同济大学、上海交通大学等高等院校，以及东方明珠广播电视塔、上海国际会议中心等文化机构。

上海是中国历史文化名城，有中共一大会址、豫园、外滩建筑群、龙华寺、醉白池，以及大世界游乐中心、迪士尼乐园等游览胜地。

江苏省 简称苏。位于长江、淮河下游。东濒黄海，东南与上海市毗连，南邻浙江省，西邻安徽省，北接山东省。面积约10万平方千米。人口7649万。有汉、回、苗、土家、蒙古、满、侗等族。省会南京。

春秋时分属吴、宋等国。战国时为楚、越、齐国的一部分。西汉时分属徐州郡和扬州郡。三国时，苏南属吴，苏北属魏。明建应天府，直属南京。清康熙时置江苏省。

地形以平原为主，包括北部徐淮平原、中部里下河平原、苏北滨海平原和东南部**长江三角洲**。低山丘陵主要分布在省境西南部和东北部。境内河网稠密、湖荡众多。河流主要有**长江**、**淮河**、沂河、沭河等，湖泊主要有**太湖**、洪泽湖、高邮湖等。地处暖温带季风气候和亚热带季风气候的过渡地带。

已发现矿产130多种。江苏是全国的经济大省，已形成机械、纺织、化工、电子及通信设备、建材等支柱产业。工艺美术品种类丰富，畅销国内外。江苏是中国粮、棉重要产区。粮食作物以水稻、麦类为主。经济作物以棉花和油料作物为主。太湖流域是中国三大桑蚕基地之一。畜牧业以家禽、猪、羊养殖为主。江苏是中国重要的淡水渔区，太湖银鱼、长江鲥鱼和刀鱼、阳澄湖大闸蟹为名产。沿海渔业发达。

主要有南京大学、东南大学、河海大学等高等院校。

文物古迹和风景名胜众多。文物古迹主要有苏州古典园林、明孝陵、大运河等，风景名胜主要有太湖、钟山、瘦西湖、云台山、镇江三山等。

浙江省 简称浙。位于长江三角洲南翼。东濒东海，南邻福建省，西接江西、安徽两省，北连上海市、江苏省。面积约10万平方千米。人口4798万。有汉、畲、土家、苗、布依、回、壮、侗等族。

省会杭州。

春秋时分属吴、越。战国时属楚。秦分属会稽、闽中等郡。汉属扬州。唐分置浙江东、西两道。北宋属两浙路，南宋分置两浙西路和两浙东路。元属江浙行省。明置浙江布政使司。清初始称浙江省。

地势自西南向东北倾斜。地形以丘陵、山地为主。山脉主要有雁荡山、括苍山、仙霞岭、天台山、会稽山、天目山等。平原主要有杭嘉湖平原、宁绍平原和温黄平原。盆地主要是金衢盆地。河流主要有钱塘江、甬江、瓯江、椒江、苕溪、飞云江、鳌江七大水系，其中以钱塘江最大。湖泊有千岛湖、杭州西湖等。属亚热带湿润季风气候。

已发现矿产 110 多种。工业门类较多，以纺织、食品、机械、化工、电力、建材等为支柱产业。生丝、真丝绸和黄酒产量居全国首位。粮食作物以水稻为主。经济作物主要有棉花、麻类、油菜、桑树、甘蔗、茶树、柑橘等。畜牧业以养猪为主，此外还饲养牛、羊、兔、家禽等。有中国最大的渔场——舟山渔场。

有浙江大学、浙江工业大学、中国美术学院等高等院校。

浙江有杭州西湖、江郎山、富春江-新安江、雁荡山、普陀山、天台山、嵊泗列岛、楠溪江、莫干山、雪窦山、双龙、仙都等风景名胜区。

安徽省 简称皖。位于中国东部，长江、淮河中下游。东连江苏、浙江两省，南接江西省，西与湖北、河南两省为邻，北部一隅与山东省接壤。面积约 14 万平方千米。人口 6905 万。有汉、回、满、壮、苗、彝、畲等族。省会合肥。

春秋分属楚、吴、宋等国。秦置九江、泗水等郡。汉置汝南、沛、九江、庐江、丹阳等郡和六安国。唐分属江南、淮南、河南三道。元归河南、江浙两行省。明直隶南京。清康熙时分置安徽省。

地形以平原、丘陵、低山为主。全省大致可分为淮北平原、江淮丘陵、皖西大别山区、沿江平原、皖南山区五个自然区域。河流基本属于长江、淮河两大水系，南部与浙江接壤的小部分地区属新安江水系。湖泊众多，面积较大的有巢湖、龙感湖、南漪湖等。淮河以北为暖温带半湿润季风气候，淮河以南、

宏村月沼

黄山山脉以北为北亚热带季风气候，黄山山脉以南为中亚热带湿润季风气候。

已发现矿产140多种。安徽是中国煤炭、钢铁、炼铜等工业的重要基地之一，形成了以煤炭、冶金、电力、机械、化工、纺织、食品、造纸等门类为主的工业体系。种植业以种植粮食作物为主。主要的粮食作物有水稻和小麦。经济作物以棉花、麻类、茶树、油菜、花生、芝麻、烟草等为主。畜牧业以饲养猪、牛、羊为主。安徽为中国重要淡水渔业省份之一，长江鲥鱼、巢湖银鱼为名产。

有中国科学技术大学、合肥工业大学等高等院校。

安徽有**黄山**、九华山、天柱山、琅琊山、齐云山、采石矶、巢湖等风景名胜区，以及大运河、皖南古村落（西递、宏村）等文化景观。

福建省 简称闽。位于中国东南沿海。东隔台湾海峡与台湾省相望，东北与浙江省毗邻，西北与江西省交界，西南与广东省相连。面积约12万平方千米。人口3579万。有汉、畲、回、土家、苗、壮等族。是中国主要侨乡。省会福州。

春秋时属越。秦设闽中郡。汉建闽越国，后属会稽郡。唐属江南东道，后设福建经略使。宋设福建路。元置福建行省，后属江浙行省。明置福建布政使司。清末改福建省。

地势西北高、东南低。境内多山，山地主体为呈北东—南西走向的两大山带：由**武夷山**、仙霞岭、杉岭等组成的闽西大山带，由鹫峰山脉、戴云山和博平岭等组成的闽中大山带。沿海有漳州、福州、莆田、泉州等平原。较大的河流有闽江、九龙江、汀江、晋江等。海岸多港湾。沿海岛屿众多。属亚热带海洋性季风气候。

鼓浪屿

已发现矿产110多种。福建已形成由食品、纺织、造纸、服装、家用电器、冶金、电力、煤炭、船舶、电子、化工、建材、森工等门类组成的工业体系。农副产品主要有水稻、甘薯、甘蔗、茶叶、莲子、甘草、油菜、花生，以及桂圆、荔枝、柑橘、香蕉、菠萝、柚子等。福建海域是中国主要渔场之一，盛产鱼、虾、贝、藻类，其中文昌鱼为名产。

有厦门大学、福州大学、福建师范大学等高等院校。

福建有武夷山、清源山、鼓浪屿－万石山、太姥山、金湖、鸳鸯溪、桃源洞－鳞隐石林、湄洲岛、玉华洞等风景名胜区，以及土楼、雪峰寺、涌泉寺、万福寺等文化景观。

江西省 简称赣。位于中国中南部、长江中下游以南。东北与浙江省毗邻，东南与福建省接壤，南连广东省，西接湖南省，北与湖北、安徽两省交界。面积约17万平方千米。人口4804万。有汉、畲、苗、回、壮、满、土家、蒙古等族。省会南昌。

春秋为楚、吴、越三国之地。秦属九江郡。西汉属扬州。唐设江南西道。宋属江南东、西两路。元置江西行省。明设江西布政使司。清为江西省。

全境以山地和丘陵为主。北部为鄱阳湖平原，中部丘陵和河谷平原交错分布，东、南、西三面有怀玉山、武夷山、大庾岭、九连山、罗霄山脉、幕阜山和九岭山环绕。河流众多，赣江、抚河、信江、修水和鄱江为江西五大河流。**鄱阳湖**为中国最大的淡水湖。属亚热带湿润季风气候。

已发现矿产140多种。已形成由汽车、机械、电子、化工、冶金、建材、食品、纺织、医药等门类组成的工业体系。景德镇陶瓷享誉中外。江西是中国重要的商品粮和农副产品生产基地之一。粮食作物以水稻为主。经济作物有棉花、油菜、麻类、柑橘、甘蔗、芝麻等。畜牧业以饲养猪、家禽、牛为主。

有南昌大学、江西师范大学等高等院校。

江西主要有**庐山**、井冈山、龙虎山、三清山、鄱阳湖区，以及滕王阁、白鹿洞书院、八一起义纪念馆等游览胜地和纪念地。

山东省 简称鲁。位于黄河下游。东部的**山东半岛**伸入渤海、黄海之间，南与江苏省、安徽省接壤，西北与河北省交界，西南与河南省相邻。面积约16万平方千米。人口9580万。有汉、回、满、蒙古、朝鲜等族。省会济南。

春秋为齐、鲁、曹、滕等国地，战国属齐、鲁、赵等国。秦置临淄、胶东、琅琊、济北等郡。汉设青州、兖州、徐州三刺史部。唐属河南道。宋为京东路、河北路。金改山东东、西二路。元属中书省。明设山东布政使司。清始称山东省。

境内以平原和丘陵为主。中部为鲁中南山地丘陵区，东部半岛为鲁东丘陵区，西部、北部为鲁西北平原区。山地主要有**泰山**、蒙山、崂山、鲁山、沂山等。河流分属黄河、淮河、海河、小清河及山东半岛水系。**黄河**斜穿东西，京杭运河纵贯南北。湖泊主要有微山湖、昭阳湖、独山湖和南阳湖。属暖温带半湿润大陆性季风气候。

已发现矿产128种。基本形成了以能源、化工、冶金、建材、机械、纺织、食品等为支柱产业的工业体系。原煤、原油、化肥、水泥等的产量在全国占有重要地位。山东是中国重要的粮食和经济作物产区。粮食作物以小麦、玉米、甘薯为主。经济作物有棉花、花生、烟草等。山东是北京、上海等蔬菜市场的主要供货地之一，也是著名的“水果之乡”。畜牧业以猪、牛、羊养殖为主。沿海盛产对虾、扇贝、鲍鱼、刺参、海胆等海珍品。

有山东大学、中国海洋大学、中国石油大学（华东）等高等院校。

名胜古迹众多，主要有泰山、崂山、沂蒙山、**趵突泉**、微山湖，以及曲阜三孔、蓬莱阁、青州古城等。

河南省 简称豫。位于黄河中下游。北接河北省、山西省，东邻山东省、安徽省，南连湖北省，西界陕西省。面积约17万平方千米。人口10932万。有汉、回、蒙古、满、朝鲜、壮等族。省会郑州。

殷商时河南是京畿地方。秦时分属三川、颍川、南阳诸郡。汉属豫州及司隶校尉部。三国时属魏。隋大部属河南郡。唐改置河南道。北宋定都开封。元大部属河南江北行省，北部为中书省直辖。明置河南布政使司。清改称河南省。

地势西高东低。北、西、南三面有太行山脉、伏牛山、桐柏山和大别山环绕，中部和东部是黄淮平原。境内河流众多，分属黄河、淮河、海河、长江四大水系。属北亚热带向暖温带过渡的大陆性季风气候。

已发现矿产130种。已形成包括食品、纺织、机械、电力、冶金、建材、化工、煤炭、石油、电子等门类的工业体系。粮食作物以小麦、玉米、水稻、豆类及薯类为主，经济作物以棉花、烟草、油料作物为主。畜牧业以饲养猪、牛、羊、家禽为主。

有郑州大学、河南大学等高等院校。

嵩山少林寺

河南曾长期是中国政治、经济、文化、军事的中心，有嵩山、鸡公山，以及殷墟、龙门石窟、少林寺、嵩阳书院、白马寺等名胜古迹。

湖北省 简称鄂。位于中国中部、长江中游、洞庭湖以北。北接河南省，东连安徽省，东南和南邻江西、湖南两省，西靠重庆市，西北与陕西省为邻。面积约19万平方千米。人口6165万。有汉、土家、苗、侗、满等族。省会武汉。

春秋战国时属楚。秦汉置江夏郡、南郡。唐分属淮南、山南两道。宋置荆湖北路及京西路。元大部属湖广行省。明属湖广布政使司。清置湖北省。

全省西、北、东三面被武陵山、巫山、大巴山、武当山、桐柏山、大别山、幕阜山等山地环绕，山前丘陵岗地广布，中南部为江汉平原。全省呈三面高起、中间低平、向南敞开、北有缺口的不完整盆地。河流以长江及其支流汉水为主。湖泊众多，主要有洪湖、梁子湖等。属中亚热带湿润季风气候。

已发现矿产130多种。工业主要有冶金、机械、电力、化工、汽车、纺织、电子等门类，钢铁、汽车、布匹、水电等的产量均居全国前列。湖北是中国重要的粮食、棉花、油料生产基地。粮食作物以水稻、玉米、小麦、薯类和大豆为主。经济作物以棉花、油料作物、烟草、麻类等为主。畜牧业以饲养猪、牛、羊为主。淡水渔业发达。

有武汉大学、华中科技大学、华中师范大学等高等院校。

名胜古迹众多，主要有长江三峡、

武当山、九宫山、神农架，以及明显陵、黄鹤楼、三国赤壁等。

湖南省 简称湘。位于中国中南部、长江中游、洞庭湖以南。东邻江西省，南连广东省、广西壮族自治区，西接贵州省、重庆市，北界湖北省。面积约21万平方千米。人口7132万。有汉、土家、苗、侗、瑶、白、回、壮等族。省会长沙。

春秋战国时为楚国辖地。秦为长沙郡和黔中郡。西汉为长沙国，东汉属荆州。唐置湖南观察使。宋为荆湖南路、荆湖北路。元属湖广行省。明属湖广布政使司。清置湖南省。

省境西、南、东三面为山地环绕，北部地势低平，中部为丘陵盆地；地势向北倾斜而又西高于东。边缘山地主要有武陵山、雪峰山、南岭、罗霄山等。湘北为洞庭湖平原。湘中主要有衡阳、株洲、湘潭等盆地。河流有湘江、资水、沅江和澧水等。洞庭湖是中国第二大淡水湖。属中亚热带湿润季风气候。

已发现矿产110多种，其中锑的储量居世界首位。工业门类主要有冶金、煤炭、电力、机械、化工、电子、食品等。湖南是中国有色金属工业基地之一。冷水江市锡矿山的锑矿、常宁市山水口的铅锌矿驰名中外。粮食作物以水稻为主，水稻产量居全国首位。经济作物以油菜、麻类、棉花、茶树为主。畜牧业以养猪为主，此外还养殖牛、羊和家禽。湖南是中国淡水鱼主产区之一。

有湖南大学、中南大学、国防科技大学等高等院校。

名胜古迹众多，有武陵源、衡山、崀山、东江湖、岳麓山等风景名胜区，以及炎帝陵、岳阳楼、凤凰古城、毛泽东故居等。

武陵源风光

广东省 简称粤。位于中国大陆南部。北与江西省、湖南省相连，东界福建省，南邻香港、澳门特别行政区，西南隔琼州海峡与海南省相望，西与广西壮族自治区为邻。面积约18万平方千米。人口8636万。有汉、壮、瑶、土家、苗、侗、畲等族。为全国华侨最多的省份。省会广州。

古为百越（粤）地。秦设南海郡。汉属交州。三国属孙吴。唐置岭南道。宋为广南路，后为广南东路。明置广东布政使司。清为广东省。

地势北高南低。省境多山地、丘陵。山地主要有南岭、莲花山、九连山、罗浮山、云雾山、云开大山等。山地间分布有兴宁、梅州、罗定等盆地。雷州半岛一带主要为台地。平原有珠江三角洲和潮汕平原。河流主要有珠江、韩江、鉴江、漠阳江等。海岸线曲折，岛屿众多。北、南分属亚热带、热带季风气候。

已发现矿产近120种。已形成以轻

工业为主，包含食品、纺织、造纸、家用电器、电子、机械、钢铁、石油、化工、电力、建材等门类的工业体系。农业以种植业为主。粮食作物有水稻、甘薯、玉米等。经济作物以甘蔗、花生、桑树、黄红麻、水果、蔬菜、橡胶等为主。柑橘、香蕉、菠萝、荔枝为当地四大名果。畜牧业以饲养猪、家禽为主。海洋渔业和淡水养殖并重。

有中山大学、华南理工大学等高等院校。

名胜古迹有丹霞山、西樵山、白云山、罗浮山，以及开平碉楼与村落、虎门炮台、黄花岗七十二烈士墓园等。

广西壮族自治区 简称桂。位于中国南部。南濒北部湾，北、东、西三面分别与贵州、湖南、广东、云南等省相邻，西南与越南毗邻。面积约 24 万平方千米。人口 5378 万。有汉、壮、瑶、苗、侗、仫佬、毛南、回、京等族。首府南宁。

春秋战国时为百越地。秦置桂林郡和象郡。唐属岭南西道。宋为广南西路。元初属湖广行省，元末设广西行省。明设广西布政使司。清置广西省。1958 年建广西壮族自治区。

地势大体从北向南倾斜。山地、丘陵广布。西北部、北部有都阳山、青龙山、天平山、九万大山等，东北部有越城岭、海洋山、都庞岭和萌渚岭，东南至西南部为云开大山、六万大山、十万大山。中部为广西盆地。河流主要有西江、柳江、郁江、桂江等。属亚热带湿润季风气候。

已发现矿产 140 多种。已形成以机械、化工、冶金、电力、煤炭、建材、食品等门类为主的工业体系。糖产量居全国首位。粮食作物以水稻为主，次为玉米、大豆、甘薯等。经济作物以甘蔗为主，此外还有蔬菜、花生、油菜、芝麻、黄红麻等。南部有橡胶、剑麻等热带作物，以及柑橘、柚、香蕉、菠萝、荔枝、龙眼等水果。畜牧业以饲养猪、牛等为主。渔业以海洋捕捞为主。

漓江风光

有广西大学、广西师范大学等高等院校。

喀斯特地貌是广西最主要的旅游资源。名胜古迹有桂林漓江、桂平西山、花山风景名胜区，德天瀑布，龙胜花坪自然保护区，以及灵渠、真武阁、柳侯祠、花山岩画、三江程阳桥、马胖鼓楼等。

海南省 简称琼。是中国最大的经济特区。地处南海。北隔琼州海峡与广东省雷州半岛相望；西临北部湾；南达曾母暗沙，与马来西亚为邻；东南濒临太平洋，与菲律宾、印度尼西亚等相望。陆地面积约 3.4 万平方千米。人口 902 万。有汉、黎、苗、回、壮等少数民族。省会海口。

西汉置珠崖、儋耳二郡。唐属岭南

道。元属湖广行省。明设琼州府，属广东布政使司。清属广东省。1950年设立海南行政区公署，隶属广东省。1988年4月设立海南省。

海南岛中间高耸、四周低平，山地、丘陵、台地、平原呈环形层状分布，梯级结构明显。中部为五指山、黎母岭。环岛多为滨海平原。南渡江、昌化江、万泉河为海南三大河流。西沙、中沙、南沙群岛为珊瑚岛礁，地势较低平。已发现矿产约90种。当地气候具有热带季风和热带海洋性气候的特色。

海南的制糖、罐头、钢铁、森工、制盐、橡胶等工业在全国占有一定地位。制糖业是海南工业经济的主要支柱。橡胶工业已成为品种比较齐全的工业部门。粮食生产以水稻为主。冬季瓜菜是海南农业的支柱产业。海南为重要的热带作物生产基地。热带作物主要有橡胶、椰子、槟榔、胡椒、咖啡、腰果等，热带水果主要有杧果、香蕉、荔枝、龙眼、菠萝等。畜牧业以饲养牛、猪、羊、家禽为主。渔业以海洋捕捞为主。

有海南大学、海南师范大学等高等院校。

海南旅游资源丰富，有亚龙湾、大东海度假区，以及天涯海角、大小洞天、鹿回头、五指山、石山火山群、五公祠、琼台书院、东坡书院和海瑞墓等名胜古迹。

重庆市 中国中央直辖市。简称渝。位于中国西南部、长江上游三峡库区及四川盆地东南部。东接湖北省、湖南省，南邻贵州省，西靠四川省，北界四川省和陕西省。面积约8.2万平方千米。人口3343万。有汉、土家、苗、回、彝、蒙古等族。

古称江州。春秋战国时为巴国地。秦为巴郡。隋置渝州。北宋改为恭州，南宋置重庆府。元置重庆路。明清为重庆府。1929年设重庆市。抗日战争时期为中华民国陪都。1949年成为中央直辖市。1954年改为四川省辖市。1997年3月设为中央直辖市。

地貌以山地、丘陵为主，兼有台地、平坝。北、东、南三面分别有大巴山、巫山、大娄山。地势起伏较大，由南北向长江河谷倾斜。**长江**干流自西南向东北斜贯市境。主要河流有嘉陵江、乌江、涪江、綦江、大宁河等。属亚热带季风气候。

已发现矿产70多种。重庆是中国老工业基地之一，现为长江上游和西南地区最大的经济中心。主要有汽车、消费品、电子、装备制造、材料、能源、医药等支柱产业。种植业以种植水稻、玉米、小麦、甘薯、马铃薯、豆类，以及油菜、花生、芝麻、烟草、蔬菜、水果、桑树、茶树等为主。畜牧业以养殖猪、牛、羊、兔和家禽为主。

有重庆大学、西南大学、西南政法大学等高等院校。

名胜古迹众多，主要有长江三峡、缙云山、四面山、金佛山等风景名胜区，武隆喀斯特旅游区，以及大足石刻、白帝城、白鹤梁题刻、石宝寨、丰都名山等。

四川省 简称川或蜀。位于中国西南部、长江上游。北有秦岭、大巴山，东有长江三峡，南为云贵高原，西为青藏高原，与甘、陕、渝、黔、滇、藏、青等省区市相邻。面积约49万平方千米。人口9097万。有汉、彝、藏、羌、苗、回、蒙古等族。省会成都。

春秋战国时为巴、蜀之地。秦置巴、蜀二郡。汉属益州。唐属剑南道等道。北宋在东部地区设川峡四路。元置四川行省。明设四川布政使司。清为四川省。

地势西高东低。西部是高原、山地，有岷山、邛崃山、大雪山、沙鲁里山等；东部为四川盆地。河流分属长江和黄河两大水系，以长江水系为主。主要河流有雅砻江、大渡河、岷江、沱江、涪江、嘉陵江等。湖泊主要有邛海和泸沽湖。四川盆地的长江河谷和川西南的金沙江河谷，具有南亚热带气候属性；川西北地区属温带和寒温带气候。

已发现矿产130多种。四川是中国西部门类最齐全、优势产品最多的综合性工业基地，已形成电子、机械、冶金、化工、食品、能源等支柱产业。四川是中国主要农区之一。粮食作物以水稻、小麦、玉米、薯类为主。经济作物以油菜、棉花、甘蔗、苎麻、烟草等为主。川西高原是中国五大牧区之一。畜牧业以养殖猪、牛、羊等为主。

有四川大学、电子科技大学、西南交通大学等高等院校。

名胜古迹众多，有峨眉山、九寨沟、黄龙、青城山－都江堰、剑门蜀道、贡嘎山、蜀南竹海、西岭雪山、四姑娘山等风景名胜区，以及乐山大佛、杜甫草堂、武侯祠、三星堆遗址、阆中古城等。

乐山大佛

贵州省 简称黔或贵。位于中国西南部。北邻四川省和重庆市，东界湖南省，南接广西壮族自治区，西连云南省。面积约18万平方千米。人口4134万。有汉、苗、布依、侗、土家、彝、仡佬、水、白、回等族。省会贵阳。

战国时为楚国黔中郡及夜郎地。秦属黔中、象、巴、蜀诸郡。唐置黔中道。宋主要属夔州路。元分属湖广、四川、云南行省。明置贵州布政使司。清为贵州省。

地势西高东低。地貌起伏大，且喀斯特地貌广泛发育。北部有大娄山，西部有乌蒙山，东南部为苗岭，东北部有武陵山。山间有贵阳、惠水等盆地。河流主要有乌江、北盘江、清水江、赤水河、都柳江、涟江等。属亚热带高原湿润季风气候。

已发现矿产130多种。已建成酿酒、煤炭、电力、冶金、机械、电子、化工、烟草、纺织等工业部门，成为中国重要的能源和原材料基地。农业以种植业为主。粮食作物主要有水稻、玉米、小麦、薯类等。经济作物有油菜、烟草、甜菜、苎麻、棉花、桑树、茶树等。畜牧业以饲养猪、牛、羊、马为主。

有贵州大学、贵州师范大学等高等院校。

名胜古迹众多，有黄果树、织金洞、㵲阳河、红枫湖、龙宫、荔波樟江、赤水等风景名胜区，梵净山、威宁草海等国家级自然保护区，以及遵义会议会址、增冲鼓楼、盘县大洞古文化遗址等。

云南省 简称滇、云。位于中国西南边陲。北连川、藏，东接黔、桂，南、西分别与越南、老挝、缅甸为邻。面积约 39 万平方千米。人口 4576 万。有汉、彝、白、哈尼、壮、傣、苗、回、傈僳、拉祜、佤、纳西、瑶、景颇、藏等族。省会昆明。

战国后期为滇国地。汉属益州郡。三国时蜀汉设建宁、云南、永昌、兴古、朱提五郡。唐为南诏地。宋为大理地。元置云南行省。明设云南布政使司。清为云南省。

地势北高南低。地貌以山地高原为主。西部为横断山系纵谷区，由高黎贡山、怒山、云岭等山脉和怒江、澜沧江、金沙江等深切峡谷相间组成；东部为云南高原。河流分属伊洛瓦底江、怒江、澜沧江、金沙江、元江和南盘江六大水系，分别注入印度洋和太平洋。湖泊众多，主要有滇池、洱海、抚仙湖、程海等。大部分地区属亚热带高原季风气候。

已发现矿产 150 多种。已形成包括冶金、机械、化工、电力、煤炭等重工业和烟草、制糖、制茶等轻工业的工业体系。种植业在农业中占主要地位。粮食作物主要有水稻、玉米、小麦、豆类、薯类等。经济作物有烟草、甘蔗、茶树、橡胶、紫胶等。烟草种植面积和产量居全国首位。盛产香蕉、柑橘、梨、杧果、苹果、葡萄、蓝莓等水果。畜牧业以饲养猪、牛、羊、马等为主。

有云南大学、昆明理工大学等高等院校。

名胜古迹众多，有路南石林、大理、西双版纳、三江并流、滇池、玉龙雪山、腾冲地热火山、瑞丽江－大盈江、九乡、建水等风景名胜区，以及崇圣寺三塔、丽江古城、红河哈尼梯田等。

西藏自治区 简称藏。位于青藏高原西南部。北连新疆维吾尔自治区和青海省，东以金沙江为界与四川省相邻，东南与云南省相毗连，南和西分别与缅甸、印度、不丹、尼泊尔、克什米尔等国家和地区接壤。面积约 123 万平方千米。人口 310 万。有藏、汉、回、门巴、珞巴、纳西等族。首府拉萨。

古为羌、戎地。唐、宋时为吐蕃地。元设乌思藏纳里速古鲁孙三路宣慰使司都元帅府。明置乌思藏、朵甘二都司。清分前藏、后藏、康、阿里四部，总称西藏。1951 年西藏和平解放。1965 年 9 月西藏自治区成立。

西藏占据青藏高原的主体，海拔一般在 4000 米以上。地势总趋势西北高、东南低。南部边缘有喜马拉雅山脉、冈底斯山，北部边缘为昆仑山脉、可可西里山、唐古拉山，东南部有横断山脉。河流主要有雅鲁藏布江、怒江、澜沧江和金沙江。湖泊星罗棋布，主要有纳木

布达拉宫

错、色林错、当惹雍错、扎日南木错等。属干旱高原气候区。自东南向西北有热带、亚热带、高原温带、高原亚寒带、高原寒带等气候类型。

已发现矿产100多种。已形成以电力、采矿、建材、机械、医药、农产品加工和民族手工业为主的工业体系。农业生产具有独特的高寒农业特色。农作物以青稞为主，次为小麦、油菜、豌豆等。畜牧业是西藏农业经济的主体。牧畜以牦牛、藏绵羊、藏山羊、黄牛为主。西藏是中国极为重要的后备用材林基地。

名胜古迹主要有雅砻江、纳木错－念青唐古拉山、唐古拉山－怒江源等风景名胜区，**珠穆朗玛峰**，**雅鲁藏布大峡谷**，以及布达拉宫、大昭寺、罗布林卡、扎什伦布寺、八廓街等。

陕西省 简称陕或秦。位于中国中部、黄河中游。与山西、河南、湖北、重庆、四川、甘肃、宁夏、内蒙古8个省区市相邻。面积约21万平方千米。人口3926万。有汉、回、满、蒙古、藏等族。省会西安。

春秋战国时为秦国地。秦为内史郡、上郡、汉中郡，部分属北地郡。汉属司隶校尉部及益州、并州诸部。唐属关内、山南等道。宋初置陕西路。元设陕西行省。明置陕西布政使司。清为陕西省。

地势南北高、中间低。北部为陕北黄土高原；中部为关中平原；南部陕南山地包括秦岭和大巴山，以及两山之间的汉水谷地。属黄河水系的河流主要有渭河、泾河、洛河、无定河等，属长江水系的河流主要有汉水、丹江、嘉陵江等。由南而北具有北亚热带湿润气候，暖温带半湿润气候，暖温带、温带半干旱气候的特征。

已发现矿产140种。已形成以机械、纺织为主，包括能源、电子、航空、化工、食品、医药等在内的门类比较齐全的工业体系。农业以种植业为主。粮食作物以小麦、玉米、水稻和薯类为主，其次是糜子、谷子和豆类。经济作物以油菜、棉花为主，花生、胡麻、烟草等次之。陕西为中国重要的奶山羊生产基地。畜牧业以饲养羊、猪、牛、驴、马为主。

有西安交通大学、西北工业大学、西安电子科技大学等高等院校。

文物古迹众多，有长城、兵马俑、大雁塔、小雁塔、兴教寺塔、法门寺、彬县大佛寺石窟、西安城墙、黄帝陵等；风景名胜有**华山**、太白山、**壶口瀑布**等。

甘肃省 简称甘或陇。位于中国西北部。北与宁夏、内蒙古毗邻，东接陕西省，南邻四川省，西连青海省、新疆维吾尔自治区，西北隅与蒙古国接壤。面积约43万平方千米。人口2713万。有汉、回、藏、东乡、保安、裕固、蒙古、撒拉、哈萨克、土、满等族。省会兰州。

春秋时为秦、西戎地。秦置陇西、北地二郡。汉属凉州。唐分属关内道、陇右道和山南道。元设甘肃行省。明属陕西布政使司、陕西都司、陕西行都司。清设甘肃布政使司。

地势西南高，东、北、西三面低。甘肃以高原、山地为主，可分为陇南山地、陇中黄土高原、甘南高原、祁连山地、河西走廊、北山山地等地形区。河流在内流区主要有哈尔腾河、疏勒河、黑河及石羊河水系，在外流区分属黄河和长江两大水系。属明显的温带大陆性季风气候。

已发现矿产170多种。甘肃是中国西北部工、农业发展条件较好的省份。工业以重工业为主，主要有有色金属、石油、化工、机械、电力、钢铁等部门。轻工业有食品、纺织、医药等部门。农作物以粮食作物为主，有小麦、玉米、马铃薯、糜子、谷子等。经济作物有油料作物、中药材、蔬菜、瓜果等。甘南、河西及陇中北部是中国重要牧区之一。主要产牦牛、黄牛、犏牛、猪、马、羊等。

有兰州大学、西北师范大学等高等院校。

名胜古迹众多，主要有麦积山、崆峒山、鸣沙山－月牙泉等风景名胜区，张掖丹霞地质公园，以及莫高窟、嘉峪关、拉卜楞寺、玉门关等。

青海省 简称青。位于中国西部腹地、青藏高原东北部。北依甘肃省，东邻四川省，南与西藏自治区接壤，西与新疆维吾尔自治区毗连。面积约72万平方千米。人口566万。有汉、藏、回、土、撒拉、蒙古等族。省会西宁。

古为西戎地。汉为羌地。隋设西平、西海、河源三郡。唐宋时为吐蕃地。元分属吐蕃等路宣慰使司都元帅府、甘肃行省。明属朵甘都司等。清设青海办事大臣。1929年1月正式建省。

北部为祁连山－阿尔金山山地，西北部阿尔金山、祁连山和昆仑山之间为柴达木盆地，南部为由昆仑山脉及其支脉可可西里山、巴颜喀拉山、阿尼玛卿山、唐古拉山等组成的青南高原。长江、黄河、澜沧江均发源于此。河流主要有黄河、通天河、湟水、扎曲等。湖泊主要有青海湖、扎陵湖、鄂陵湖等。属典型的高原大陆性气候。

已发现矿产120多种。已初步形成包含机械、冶金、化工、石油、煤炭、电力、建材等重工业和食品、纺织、皮革等轻工业的现代工业体系。青海是中国重要的畜牧业生产基地。畜牧业以牧养藏系绵羊和牦牛为主，次为山羊和马。粮食作物主要有春小麦、青稞，次为蚕豆、豌豆、马铃薯等。经济作物以油菜为主。青海湖、扎陵湖和鄂陵湖为省内三大天然渔场。

有青海大学、青海师范大学等高等院校。

旅游资源丰富独特，有青海湖、三江源、孟达林区、茶卡盐湖，以及塔尔寺、瞿昙寺等。

宁夏回族自治区 简称宁。位于中国中部偏北、黄河中上游。与陕西、甘肃、内蒙古3个省区为邻。面积约6.6万平方千米。人口659万。有汉、回、满、蒙古、东乡等族。首府银川。

春秋为羌、戎地。秦为北地郡。汉属朔方刺史部。唐属关内道。宋初属秦凤路，后属西夏。元设宁夏府路。明设宁夏卫。清设宁夏府。1929年置宁夏省。1958年宁夏回族自治区成立。

地势南高北低，西部高差较大，东部起伏较缓。平均海拔1000米以上。西北部为贺兰山，中北部为银川平原，南部为黄土高原和六盘山。**黄河**斜贯中北部。其他主要河流有清水河、苦水河、葫芦河等，均属黄河水系。属温带大陆性半干旱气候。

已发现矿产50余种。已形成包含能源、机械、冶金、化工、建材、纺织、食品等门类的工业体系。农业以种植业为主体。粮食作物主要有春小麦、水稻、玉米、糜子等。经济作物有胡麻、甜菜、枸杞等。畜牧业以养羊为主。宁夏是中国裘皮羊重要产区，在国际养羊业中占有突出地位。渔业以淡水养鱼为主。

有宁夏大学、宁夏医科大学等高等院校。

文化景观主要有西夏陵、贺兰山岩画、须弥山石窟、一百零八塔、海宝塔、承天寺塔、同心清真大寺等，自然景观主要有沙坡头、沙湖等。

新疆维吾尔自治区 简称新。地处中国西北部。东部与甘肃、青海两省相连，南部与西藏自治区毗邻。从东北到西南分别与蒙古、俄罗斯、哈萨克斯坦、吉尔吉斯斯坦、塔吉克斯坦接壤，西南部和阿富汗、巴基斯坦、印度相邻。面积约166万平方千米。人口2226万。有维吾尔、汉、哈萨克、回、柯尔克孜、蒙古、塔吉克、锡伯、满、乌兹别克、俄罗斯等族。首府乌鲁木齐。

古称西域。汉属西域都护府。唐设北庭、安西两都护府。元设别失八里等行省。清置新疆省。1955年新疆维吾尔自治区成立。

境内山地、盆地相间。北部有阿尔泰山；南部有帕米尔高原、**喀喇昆仑山**、**昆仑山脉**及阿尔金山环列；**天山山脉**横穿新疆中部，以北有**准噶尔盆地**，以南有**塔里木盆地**。河流主要有**额尔齐斯河**、塔里木河、伊犁河、开都河、乌伦古河等。湖泊主要有博斯腾湖、乌伦古湖、赛里木湖、天池、艾丁湖等。属典型的温带大陆性干旱气候。

已发现矿产近140种。已形成包含冶金、煤炭、石油、电力、化工、机械、建材、纺织、制糖、造纸和皮革等门类的工业体系。农业生产以种植业为主。粮食作物主要有小麦和玉米，其次为水稻、高粱。经济作物以棉花、油菜、胡麻、甜菜为主。南疆桑蚕业发达。新疆盛产多种瓜果，甜瓜（哈密瓜）为著名特产。畜牧业以牧养绵羊、山羊、牛、马等为主。

有新疆大学、石河子大学等高等院校。

文物古迹和风景名胜众多，主要有柏孜克里克千佛洞、高昌故城、额敏塔，以及天山天池、喀纳斯湖、博斯腾湖、火焰山、库木塔格沙漠、赛里木湖、魔鬼城、葡萄沟等。

香港特别行政区 简称港。位于中

国南海之滨、珠江口东侧，西隔伶仃洋与澳门相望。面积1104平方千米。人口718.8万。其中90%以上为华人，有少量菲律宾、印度尼西亚等国居民。

秦属南海郡番禺县。唐属东莞县。明清属广州府新安县。19世纪中后期先后被“割让”和“租借”给英国，被英国侵占。中国政府于1997年7月1日恢复对香港行使主权，设立香港特别行政区。

区内地形以山地、丘陵为主，多石山、岛屿和海湾。大屿山是境内最大的岛屿，其次为香港岛。香港岛北隔海峡与九龙半岛对峙，其间是维多利亚港。深圳河是最主要的河流。属南亚热带海洋性季风气候。

香港是亚太地区的贸易、金融、交通、旅游中心及亚洲会议中心，以贸易及物流、旅游、工商支援、专业服务为四大支柱产业。农业主要是蔬菜种植、园艺及禽畜生产。

有香港大学、香港中文大学、香港科技大学等高等院校。

从香港岛的太平山顶，可鸟瞰维多利亚港。主要有天坛大佛、香港迪士尼乐园、海洋公园、浅水湾、赤柱等游览胜地。

澳门特别行政区 简称澳。位于中国南海之滨、珠江口西侧，毗邻广东省。陆地面积29.2平方千米。人口59.2万。其中97%为中国籍，其余为菲律宾、葡萄牙等国籍。

秦属南海郡番禺县。唐属东莞县。南宋属香山县。明清属广州府。1553年葡萄牙人取得停靠澳门码头之便。1845年葡萄牙宣布澳门为“自由港”。1887年，澳门被葡萄牙完全强占。中国政府于1999年12月20日恢复对澳门行使主权，设立澳门特别行政区。

境地大部由填海形成。地势南高北低。路环岛地势最高，主峰塔石塘山海拔172米。主要由平原和山地组成，其余为台地。多港湾。海域多泥沙淤积。境内无河流。属南亚热带海洋性季风气候。

澳门是传统的国际自由港和旅游名

维多利亚港

城。博彩业发达，有“东方蒙特卡洛”“东方拉斯维加斯”之称。已形成旅游博彩、出口加工、金融保险、建筑地产四大经济支柱。

有澳门大学、澳门理工学院等高等院校。

澳门历史城区已被列入世界文化遗产。名胜古迹有大三巴牌坊、东望洋灯塔、普济禅院（观音堂）、妈阁庙、莲峰庙、卢廉若花园等。

台北 101 大楼

台湾省 简称台。位于中国大陆东南。四面环海，北向东海，东临太平洋，南靠巴士海峡与菲律宾群岛相望，西隔台湾海峡与福建省相望。包括台湾岛、澎湖列岛、钓鱼岛、赤尾屿、彭佳屿、兰屿、绿岛等岛屿。面积 3.6 万平方千米。人口 2337.4 万（含福建省的金门、马祖等岛屿）。有汉、高山等族。省会台北。

台湾自古就是中国领土的一部分。古有岛夷、夷洲、流求之称。南宋时澎湖属福建路晋江县。元明时设澎湖巡检司。明万历年间始称台湾。1624 年和 1626 年，荷兰和西班牙殖民者分别入侵台湾。1662 年郑成功收复台湾。清初置台湾府。1885 年建台湾省。1895 年被日本侵占。1945 年抗战胜利后归还中国。

台湾岛是中国最大的岛屿。高山和丘陵占全岛面积的 2/3 以上。地势中间高、两侧低。中东部海岸山、中央山、玉山、雪山、阿里山呈北北东—南南西走向平行排列。山间有宜兰平原、台东纵谷平原、屏东平原，以及台北盆地、台中盆地等。西部为冲积平原，主要有台南平原等。河流有浊水溪、高屏溪、淡水河、大甲溪等。日月潭是省内最大的天然湖泊。北部属亚热带季风气候，南部属热带季风气候。

已发现矿产 110 多种。工业由制造业、建筑业、矿业和公用事业构成。制造业是主要产业，主要部门有电机电子、化工、纺织、食品等。农作物主要有水稻、甘蔗、薯类、花生、大豆、黄麻、剑麻、茶树等；水果四季不断，盛产香蕉、菠萝、柑橘、荔枝、龙眼、木瓜、枇杷、杧果、橄榄等。畜牧业以猪、禽饲养为主，次为养牛业。渔业发达，出口鳗鱼、金枪鱼、虾和深海鱼类等海产品。

有台湾大学、台湾清华大学、台湾交通大学等高等院校。

台湾有“美丽宝岛”之誉，可供旅游观光的自然景观众多。名胜古迹主要有日月潭、阿里山、阳明山，以及板桥林家花园、台南赤嵌楼、北港妈祖庙等。

朝鲜 亚洲东北部国家。全称朝鲜民主主义人民共和国。位于朝鲜半岛北部。北以鸭绿江、图们江与中国为邻，东北一隅隔图们江与俄罗斯相望，东濒日本海，南与韩国相接，西临黄海。面积122762平方千米。人口2405万。单一朝鲜族。通用朝鲜语。首都平壤。

山地广布，平原少，平均海拔440米。北部与东部地势高，向西、南渐次降低。北部为高山、高原区，最高点将军峰海拔2749米；中东部为山地丘陵区；西海岸为丘陵低地区。河流有鸭绿江、清川江、图们江等。属典型的温带季风气候。

森林、水力资源丰富。矿产资源种类多且丰富，已探明矿产300多种。钨、钼、镁、石墨、金、重晶石、云母和萤石被称为八大矿藏，另有煤、铁、银、铜、铅、锌等。有采矿、冶金、机械、电力、纺织、化工等重要工业部门。农业以种植业为主。水稻、玉米的产量各占粮食产量的一半。经济作物有烟草、亚麻等，高丽人参驰名世界。交通以铁路运输为主。

主要有金日成综合大学、金策工业综合大学等高等院校。

韩国 亚洲东北部国家。全称大韩民国。位于朝鲜半岛南部。北部与朝鲜相接，东濒日本海，南隔朝鲜海峡与日本相对，西隔黄海与中国大陆相对。面积99600平方千米。人口5000万。单一朝鲜族。通用韩国语。首都首尔。

三面环海。地形以丘陵、平原为主。太白山脉沿东海岸绵延，余脉向南延伸形成若干较低的山脉和山脊。济州岛上的汉拿山海拔1950米，为境内最高峰。平原占国土的1/4，多分布在西海岸和南海岸大河的下游地带。河流有洛东江、汉江、锦江等。西南部沿海多海湾。近海有2200多个岛屿，较大者有济州岛等。属温带季风气候，具有从大陆性向海洋性过渡的特征。

已发现矿产280多种，其中有经济价值的50多种。有开采利用价值的矿产有铁、无烟煤、铅、锌、钨等，但储量不大。韩国已发展成工业、金融、商贸全面发展的工业型国家，为世界十大电子工业国之一。汽车、钢铁、船舶、电子、纺织等产业产量居世界前列。农业以种植业为主，水稻种植占绝对优势。渔业较发达。交通运输以公路、铁路和空运为主，水运以海运为主。旅游观光业发达。

著名大学有首尔大学、延世大学、高丽大学等。

日本 亚洲东部、太平洋西北部的岛国。全称日本国。西隔东海、黄海、日本海、鄂霍次克海同中国、韩国、朝鲜、俄罗斯相望，东濒太平洋。面积377900平方千米。人口12705万。主要为大和族。通用日语。首都东京。

领土由北海道、本州、四国和九州四大岛及6800多个小岛组成。山脉纵横，山地和丘陵占全国总面积的75%。富士山海拔3776米，为境内最高峰。平原狭小、零散，主要分布于大河下游及沿海一带，以关东平原最大。火山广布，地震频繁，温泉分布广泛。海岸线漫长而曲折。沿岸多半岛、海湾及天然良港。河流主要有信浓川、利根川。琵琶湖为日本面积最大的湖泊。自北向南包括寒温带、温带和亚热带三个气候带，主要属温带海洋性季风气候。

东京塔

日本是世界第三经济大国。资源贫乏，绝大部分依赖进口。工业高度发达，为国民经济的主要支柱。主要工业部门有机械制造、建筑、化工等。主要产品有汽车、电子设备、机床工具、钢和有色金属、船舶、化工制品、纺织品、食品等。农业实行机械化商品生产。水稻，菜、果、花，畜牧业是农业的三大支柱。农产品不能自给。北海道渔场是世界四大渔场之一。客运以铁路和公路为主，货运以公路和海运为主。旅游业较发达，且近年发展迅速。

著名的国立综合大学有东京大学、京都大学等，著名的私立大学有早稻田大学、庆应义塾大学等。

越南　亚洲东南部国家。全称越南社会主义共和国。位于中南半岛东侧，东临南海。陆邻中国、老挝、柬埔寨。面积约 32 万平方千米。人口 9171 万。有 54 个民族，京族占人口的 86%，其余为岱依族、傣族、芒族等。通用越南语。首都河内。

地形狭长。地势由西北向东南倾斜。国土的 3/4 为山地、丘陵和高地。番西邦峰海拔 3142 米，是中南半岛的最高点。长山山脉绵延于越老柬边境。除红河、湄公河三角洲外，平原十分狭小。河流主要有红河、湄公河。大部分地区属热带季风气候。

矿产资源丰富，煤、铁、铝等储量较大。工业发展较快，主要工业部门有冶金、机械、煤炭、化工、纺织、电力、造纸、建材等。粮食作物有水稻、玉米、马铃薯、甘薯和木薯等，经济作物主要有咖啡、橡胶、胡椒、茶树、花生、甘蔗等。渔业资源丰富。水陆交通便利，沿海和内河航运占主要地位。旅游业增长迅速。

著名大学有河内国家大学、胡志明市国家大学等。

泰国　亚洲东南部国家。全称泰王国。位于中南半岛中部。与缅甸、老挝、柬埔寨、马来西亚为邻，南濒泰国湾。面积 513115 平方千米。人口 6724 万。有 30 多个民族，泰族占人口的 40%，其余为老挝族、马来族、高棉族，以及苗族、瑶族、桂族、汶族、克伦族、掸族等。国语为泰语。首都曼谷。

地势北高南低。平原和低谷地占总面积的 50% 以上。西部和北部山地是褶皱山脉。西部山地向南延伸至马来半岛；北部的因他暖山海拔 2595 米，为全国最高峰。东北部为一碟形低谷地。中部主要为冲积平原。昭披耶河纵贯泰国中部，为全国第一大河。南端的普吉岛为全国最大岛屿。属热带季风气候。

矿产主要有钾盐、锡、褐煤、油页岩、

泰国大皇宫

天然气等，其中钾盐储量居世界首位。工业主要有采矿、纺织、电子、塑料、食品、汽车装配、建材、石油化工等门类。农业是国民经济的主要部门，以种植业为主。主要作物有水稻、玉米、木薯、橡胶、甘蔗、绿豆、麻、烟草、咖啡、棉花、油棕、椰子等。拥有天然海洋渔场，是世界市场主要鱼类产品供应国之一。交通运输以公路和航空为主。旅游业稳定发展，是外汇收入重要来源之一。

著名高等院校有朱拉隆功大学、法政大学、农业大学、玛希敦大学等。

马来西亚 亚洲东南部国家。位于南海沿岸。面积33万平方千米。人口3000万。马来人及其他原住民占人口的67.4%，华人占24.6%，印度人占7.3%。国语为马来语，通用英语，华语使用较广泛。首都吉隆坡。

吉隆坡石油双塔

由两个不相接的地区——西马来西亚和东马来西亚组成，中间隔着南海。西马来西亚以山地为主，有数条南北走向的山脉，山脉两侧为沿岸低地；东马来西亚的沿岸平原由西向东逐渐升高，成为丘陵和河谷地区，然后是内陆山区，其中基纳巴卢山海拔4101米，为全国最高峰。河流主要有拉让河、基纳巴唐岸河等。属热带雨林气候。

自然资源丰富。曾是世界产锡大国，近年来产量逐年减少；石油储量丰富。加工工业发达，重点发展电子、汽车、钢铁、石油化工和纺织品等。农业以种植业为主，热带经济作物占重要地位。橡胶、棕油和胡椒的产量和出口量居世界前列。渔业以近海捕捞为主。有良好的公路网，公路和铁路主要干线贯穿马来半岛南北，航空业发达。旅游业是本国第三大经济支柱、第二大外汇收入来源。

有马来亚大学、马来西亚国民大学等高等院校。

新加坡 亚洲东南部的城市岛国。全称新加坡共和国。位于马来半岛南端、马六甲海峡东口。北隔柔佛海峡与马来西亚相邻，南隔新加坡海峡与印度尼西亚相望。面积714.3平方千米。人口540万。华人占人口的75%，马来人占13%，印度人占8%。国语为马来语，官方语言为英语、华语、马来语、泰米

鱼尾狮

尔语。行政中枢新加坡。

由新加坡岛及附近63个小岛组成，其中新加坡岛占全国面积的88.5%。地势低平，平均海拔15米，最高海拔163米。属热带海洋性气候。

自然资源匮乏。经济属外贸驱动型。有炼油和石油化工、船舶和钻井平台建造、电子和电器等重要工业部门，是世界第三大炼油中心。农业主要由园艺、家禽饲养、水产养殖和蔬菜种植等构成。粮食、蔬菜主要依靠进口。服务业系经济增长的龙头。交通发达，是世界重要的转口港及联系亚、欧、非、大洋洲的航空中心。旅游业是外汇主要来源之一。

著名大学有新加坡国立大学、南洋理工大学等。

印度尼西亚 东南亚最大国家、世界最大群岛国。全称印度尼西亚共和国。地跨赤道，位于中南半岛与澳大利亚大陆之间。面积1904443平方千米。人口25518万。有一百多个民族，其中爪哇族占人口的45%，巽他族占14%，马都拉族占7.5%，马来族占7.5%。官方语言为印度尼西亚语。首都雅加达。

由太平洋与印度洋之间的17508个岛屿组成。主要包括苏门答腊、加里曼丹、苏拉威西、爪哇、马都拉等岛，以及努沙登加拉、马鲁古等群岛和伊里安岛西部。地形以山地和丘陵为主。伊里安岛上的查亚峰海拔5029米，为全国最高峰。多火山、地震，是太平洋西岸火山地震带的一部分。较大的河流有卡普阿斯河、巴里托河等。大部分地区为热带雨林气候，爪哇海、班达海以南沿岸各地为热带季风气候。

有石油、天然气、煤、锡、铝矾土、镍、铜、金、银等矿产资源。工业发展方向是强化外向型制造业。主要工业部门有采矿、纺织、轻工等。农业以种植业为主。粮食作物有水稻、玉米、薯类、豆类等。经济作物主要有橡胶、油棕、胡椒等。渔业资源丰富。公路和水路是重要运输手段，铁路设施相对落后，空

婆罗浮屠

运发展迅速。旅游业是印尼非油气行业中的第二大创汇行业。

著名大学有印度尼西亚大学、万隆工学院、加查马达大学等。

菲律宾 亚洲东南部的群岛国家。全称菲律宾共和国。北隔巴士海峡与中国台湾省相望，东临太平洋，南和西南隔苏拉威西海、巴拉巴克海峡与印度尼西亚、马来西亚相对，西濒南海。面积299700平方千米。人口10098万。马来族占人口的85%以上，其余为少数民族和外来后裔。国语为菲律宾语，官方语言为英语。首都马尼拉。

由7100多座岛屿组成。全部岛屿大致被分成吕宋岛、米沙鄢群岛、棉兰老岛，以及巴拉望岛和苏禄群岛4个岛群。大多数岛屿是岩礁或珊瑚礁。各岛地势起伏，2/3以上的地面是丘陵、山地和高原。棉兰老岛南部的阿波火山海拔2954米，是全国最高峰。河流短促，富水力资源。绝大部分地区属海洋性热带季风气候。

矿产有铜、金、银、铁、铬、镍等20余种。工业门类主要有采矿、制造、建筑、电力能源等。粮食作物以水稻、玉米为主。经济作物主要有椰子、甘蔗、蕉麻、烟草等。渔业资源丰富，金枪鱼资源居世界前列。交通运输以公路和海运为主，铁路不发达，各主要岛屿间有航班。旅游业是外汇收入的重要来源之一。

著名大学有菲律宾大学、圣托马斯大学、德拉萨大学和雅典耀大学等。

印度 亚洲南部国家。全称印度共和国。东北同中国、尼泊尔、不丹接壤，东与孟加拉国、缅甸为邻，东南与斯里兰卡隔海相望，西北与巴基斯坦交界。面积约298万平方千米（不包括中印边境印占区和克什米尔印度实际控制区等）。人口129500万。有一百多个民族，其中印度斯坦族占人口的46.3%，其他人数较多的民族有泰卢固族、孟加拉族、马拉提族、泰米尔族等。官方语言为印地语和英语。首都新德里。

印度门

地形以平原和台地缓丘为主。北部山区属喜马拉雅山脉南坡，横跨印度与尼泊尔边界的干城章嘉峰海拔8586米，为全国最高峰；中部印度河–恒河平原是世界著名大平原之一；南部以德干高原为主体，地面多呈现为桌状山或平顶山，南北走向的东高止山脉、西高止山脉分列高原两侧。河流主要有恒河、布拉马普特拉河等。大部分地区属典型的热带季风气候。

资源丰富，有矿产近百种。云母产量居世界首位，煤和重晶石产量居世界第三。工业已形成较为完整的体系，主要有纺织、食品、化工、制药、钢铁、水泥、采矿、石油、机械等部门。汽车、电子、航空和空间等新兴工业发展迅速。印度是世界主要粮食生产国之一。粮食作物以水稻、小麦、高粱、玉米、豆类等为主。经济作物以甘蔗、烟草、棉花、黄麻等为主。饲养牛、羊、猪、家禽等。渔业资源丰富。拥有世界第四大铁路网、第二大公路网，海运能力强。旅游资源丰富，旅游业是政府重点发展产业。

著名大学有德里大学、尼赫鲁大学、加尔各答大学等。

巴基斯坦 亚洲南部国家。全称巴基斯坦伊斯兰共和国。位于南亚次大陆西北部。东北经克什米尔巴基斯坦实际控制区与中国毗邻，东界印度，南临阿拉伯海，西接伊朗，西北邻阿富汗。面积796095平方千米（不包括克什米尔巴基斯坦实际控制区）。人口19909万。民族众多，旁遮普族占人口的63%，信德族占18%，帕坦族占11%，俾路支族占4%。国语为乌尔都语，官方语言为英语。首都伊斯兰堡。

地势大体由西北向东南倾斜。北部和西部为山地和高原，蒂里奇米尔峰海拔7690米，为全国最高峰；东南部为印度河平原，地势平坦，略向南倾；大平原以东，则为塔尔沙漠。印度河自北而南流贯印度河平原。除南部沿海为热带季风区外，大部分属亚热带干旱和半干旱气候。

伊斯兰堡费萨尔清真寺

主要有天然气、石油、煤、铁、铝土矿、铬铁矿等矿产。工业基础薄弱，棉纺织是最大的工业部门，此外还有毛纺织、制糖、造纸、烟草、皮革、机器制造、化肥、水泥、电力、天然气、石油等部门。经济以农业为主，主要农产品有小麦、大米、棉花、甘蔗等。国内运输以公路为主。旅游业发展较慢。

著名高等学府有旁遮普大学、卡拉奇大学、真纳大学、白沙瓦大学等。

阿富汗 亚洲中西部内陆国。全称阿富汗伊斯兰共和国。位于西亚最东部。北界土库曼斯坦、乌兹别克斯坦和塔吉克斯坦，东北与中国相连，东南同巴基斯坦接壤，西邻伊朗。面积647500平方千米。人口3270万。普什图族占人口的40%，塔吉克族占25%，其余为乌兹别克、哈扎拉、土库曼等少数民族。官方语言为普什图语和达里语。首都喀布尔。

地势自东北向西南倾斜。东北端为介于帕米尔高原与兴都库什山脉东段之间的瓦罕走廊。兴都库什山脉自东北向西南斜贯国境腰部，其中位于阿富汗与巴基斯坦边界上的诺夏克峰海拔7485米，是全国最高峰。以北为平原和山麓丘陵区，以南为高原沙漠区。河流主要有阿姆河、赫尔曼德河和哈里河等。属亚热带大陆性干旱与半干旱气候。

已探明的矿产资源主要有天然气、煤、盐、铬、铁、铜、云母及绿宝石等。阿富汗是全球最不发达国家之一。工业基础十分薄弱，以轻工业和手工业为主，主要有纺织、化肥、水泥、皮革、地毯、制糖和农产品加工等部门。农牧业是阿富汗国民经济的主要支柱。农作物主要包括小麦、棉花、甜菜和各种水果。畜牧产品主要有肥尾羊、牛、山羊等。交通运输主要靠公路和航空。

喀布尔大学是全国最高学府。

伊朗 亚洲西部国家。全称伊朗伊斯兰共和国。北临里海和土库曼斯坦，东接阿富汗和巴基斯坦，南濒波斯湾、霍尔木兹海峡和阿曼湾，西连土耳其和伊拉克，西北毗邻阿塞拜疆和亚美尼亚。面积163.6万平方千米。人口7969万。波斯人占人口的66%，阿塞拜疆人占25%，库尔德人占5%，其余为阿拉伯人、土库曼人等。官方语言为波斯语。首都德黑兰。

国土大部分位于*伊朗高原*。北有厄尔布尔士山脉横列，东有加恩山脉纵贯，西南有扎格罗斯山脉斜行。中部高原略向东南倾斜，有大片盐（荒）漠分布其间。厄尔布尔士山脉的主峰达马万德山，海拔5671米，是全国最高峰。北部里海和南部波斯湾、阿曼湾沿岸为狭长平原。卡伦河是伊朗最长的河流。亚热带干旱与半干旱气候占优势，南部为热带干旱气候。

石油产业是伊朗经济支柱和外汇收入的主要来源之一。矿产除石油、天然气外，还有丰富的煤、铁、铜、锌、铬、金等。工业以石油开采为主，另有钢铁、电力、纺织、汽车、机械、食品等门类，但基础相对薄弱。粮食作物以小麦为主，次为大麦。粮食生产已实现90%自给。经济作物以棉花最重要。畜牧业生产尚不能满足国内需求。交通运输主要依靠公路，进出口货物主要靠海运。政府致力于发展旅游业。

德黑兰大学是伊朗著名的高等学府。

伊拉克 亚洲西部国家。全称伊拉克共和国。位于*阿拉伯半岛*东北部。北接土耳其，东邻伊朗，东南濒波斯湾，南接沙特阿拉伯、科威特，西毗叙利亚、约旦。面积438317平方千米。人口3600万。阿拉伯人约占人口的78%，库尔德人约占18%，其余为土耳其人、亚美尼亚人、亚述人、犹太人和伊朗人等。官方语言为阿拉伯语和库尔德语，通用英语。首都巴格达。

全境大部分为低地。西部属于阿拉伯高原的边缘，为叙利亚沙漠的组成部分；中、南部为美索不达米亚平原；东北部山地主要由一系列平行山脉组成，位于伊拉克与伊朗边界上的哈吉易卜拉欣山海拔3607米，为全国最高峰。幼发拉底河和底格里斯河自西北向东南流贯全境。除东北部山地外，大部分地区属亚热带沙漠气候。

石油、天然气、磷酸盐资源丰富。石油储量居世界第五位。能源产业在工业中占主导地位，是国民经济的支柱。主要农作物有小麦、大麦和椰枣等。粮食不能自给。畜牧业以饲养羊和牛为主，还饲养驴、马和骆驼。所有畜产品都供应紧张。交通运输以公路为主。

有巴格达大学、摩苏尔大学等高等院校。

科威特 亚洲西部国家。全称科威特国。位于阿拉伯半岛东北部。西、北与伊拉克接壤，东濒波斯湾，南与沙特阿拉伯毗邻。面积17818平方千米。人口433万。科威特籍人占人口的31.9%，其余为外籍侨民。官方语言为阿拉伯语，通用英语。首都科威特城。

科威特城水塔

全境基本上是海湾沿海平原的一部分。地势略呈波状起伏，西部略高，东北部为冲积平原，其余为沙漠平原。大部分地区海拔在100米上下。境内没有常流河，也没有湖泊。属热带沙漠气候。

石油、天然气工业为国民经济支柱。石油和天然气资源丰富。石油储量居世界第六位。石油开采、冶炼和石油化工为主要工业部门。农业以蔬菜生产为主，农牧产品主要依靠进口。盛产大虾、石斑鱼和黄花鱼。交通运输业十分发达。

科威特大学是唯一的高等院校。

沙特阿拉伯 西亚国家。全称沙特阿拉伯王国。位于阿拉伯半岛。东临波斯湾，经法赫德国王大桥与巴林相接；西濒红海。陆上西北邻约旦，北毗伊拉克和科威特，东连卡塔尔、阿拉伯联合酋长国、阿曼，南接也门。面积225万平方千米。人口3225万。主要为阿拉伯人，外籍人口约占人口的30%。官方语言为阿拉伯语，通用英语。首都利雅得。

大部分为高原，西高东低，呈阶梯状倾斜，通称阿拉伯高原。西部红海沿岸为低地，稍东为汉志-阿尔西高原，索达山海拔3207米，为全国最高峰；中部是内志高原；东部为波斯湾沿海平原，许多盐渍地和沼泽散布其间。沙漠约占全国面积的一半。南部分布着世界大沙漠之一的鲁卜哈利沙漠。在地势低洼处，地下水涌出地面形成绿洲。地面缺乏常年河流和湖泊。除西部高原属地中海型气候外，其他地区均为热带沙漠气候。

石油储量居世界第二位。此外，还有天然气、金、铜、铁、锡、铝、锌等矿产。石油和石化工业是沙特阿拉伯的经济命脉，钢铁、炼铝、水泥、海水淡化、电力等非石油产业有一定发展。农

麦加朝觐

作物主要有小麦、水稻、玉米、椰枣等。谷物自给率比较低，依靠大量进口满足国内需求。畜牧业以饲养绵羊、山羊、骆驼等为主。交通运输以公路为主。朝觐旅游是其旅游业的特色。

有法赫德国王石油与矿业大学、沙特国王大学等高等院校。

以色列 西亚国家。全称以色列国。位于巴勒斯坦地区。北与黎巴嫩接壤，东北与叙利亚为邻，东接约旦，南连亚喀巴湾，西南与埃及为邻，西濒地中海。根据1947年联合国关于巴勒斯坦分治的决议，以色列的面积为1.52万平方千米。实际控制2.5万平方千米。人口846万。犹太人约占人口的75.3%，阿拉伯人约占20.6%，其余为德鲁兹人等。官方语言为希伯来语和阿拉伯语，通用英语。1948年建国时将首都设在特拉维夫，1950年迁往耶路撒冷。1980年以色列议会通过法案，宣布耶路撒冷是以色列“永恒的与不可分割的首都”。对于耶路撒冷的地位和归属，阿拉伯国家同以色列一直存有争议。绝大多数同以色列建交的国家仍将使馆设在特拉维夫。

哭墙

西部为地中海沿岸平原。往东从北部边界向南延绵至中部为山岳丘陵区，北端的梅龙山海拔1208米，是全境最高点；南部为内盖夫沙漠。东部为大裂谷区。大部分地区为地中海型气候。

矿产资源较贫乏，主要有钾盐、石灰石、铜、铁、磷酸盐等。工业门类集中在高新技术产业及宝石加工行业，在电子技术、计算机软件、医疗设备、生物技术、信息和通信技术、钻石加工等领域达到世界尖端水平。农业发达，主要农作物有小麦、棉花、蔬菜、柑橘等。粮食接近自给。陆、海、空运输业发达。

著名大学有希伯来大学、特拉维夫大学、以色列理工学院、本-古里安大学等。

丹麦 欧洲北部国家。全称丹麦王国。北、东两面与挪威、瑞典相望，南与德国接壤，西濒北海。面积43094平方千米（不包括格陵兰和法罗群岛）。人口570万。丹麦人约占人口的89.9%，其余为外国移民。官方语言为丹麦语，通用英语。首都哥本哈根。

位于北海与波罗的海之间，是西欧与北欧之间的陆上交通枢纽。由日德兰半岛的中北部及半岛东侧的483个岛屿组成。全境地势低平，平均海拔约30米，最高点于丁山海拔仅173米。多河流、湖泊。古曾河为最长的河流，阿勒湖为最大的湖泊。属温带海洋性气候。

自然资源贫乏。除石油和天然气外，其他矿产很少。丹麦是发达的西方工业国家。主要工业部门有食品加工、机械

美人鱼雕塑

制造、石油开采、船舶等。农牧业高度发达。主要农作物有大麦、小麦和燕麦等。猪肉、奶酪、黄油出口量和貂皮产量居世界前列。渔业发达。交通运输业发达。旅游业是服务行业中的重要产业。

著名高等学府有哥本哈根大学、奥胡斯大学、丹麦技术大学等。

俄罗斯　世界上领土面积最大的国家。全称俄罗斯联邦。位于欧洲东部和亚洲北部。北临北冰洋；东濒太平洋，隔海与美国、日本相望；西北濒波罗的海芬兰湾。陆上自西向东分别同挪威、芬兰、爱沙尼亚、拉脱维亚、立陶宛、波兰、白俄罗斯、乌克兰、格鲁吉亚、阿塞拜疆、哈萨克斯坦、中国、蒙古、朝鲜接壤。面积1707.54万平方千米。人口14422万。有180多个民族，其中俄罗斯族约占人口的79.8%，其余为鞑靼、乌克兰、楚瓦什、巴什基尔、白俄罗斯、摩尔多瓦、日耳曼、乌德穆尔特、亚美尼亚、阿瓦尔、马里、哈萨克等族。官方语言为俄语。首都莫斯科。

地势东高西低。平原约占全国总面积的70%。西部主要是东欧平原和西西伯利亚平原；东部是中西伯利亚高原和远东山地；南部为山地，包括大高加索山脉、萨彦－贝加尔山地等，其中大高加索山脉的厄尔布鲁士山海拔5642米，为欧洲最高峰。大河主要有鄂毕河、勒拿河、叶尼塞河、伏尔加河等，其中伏尔加河为欧洲第一大河。贝加尔湖是世界最深和蓄水量最大的淡水湖，拉多加湖是欧洲第一大湖。大部分地区属温带和亚寒带大陆性气候，北极圈以内属寒带气候。

矿产资源种类多、储量大。天然气、铁、镍、锡的储量居世界首位，金、煤、铀等的储量居世界前列。工业基础雄厚，部门齐全，以能源、军工、机械、冶金、化工、木材等为主，其中能源和军工占突出地位。但工业结构不够合理，民用工业相对落后。主要农作物有麦类、玉米、水稻、亚麻、向日葵、甜菜等。畜牧业以饲养牛、猪、羊为主。远洋渔业发展较快。各类运输俱全。旅游业为新兴部门。

著名大学有莫斯科大学、圣彼得堡大学、莫斯科鲍曼技术大学等。

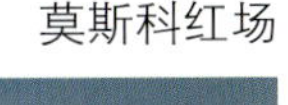

莫斯科红场

德国 中欧国家。全称德意志联邦共和国。北接丹麦，濒临北海和波罗的海；东邻波兰、捷克；南毗奥地利、瑞士；西界荷兰、比利时、卢森堡、法国。面积357021平方千米。人口8218万。主要为德意志人，有少数丹麦人和索布族人，其余为外来移民。通用德语。首都柏林。

地势南高北低。北部为冰碛平原；中部为丘陵和中等山地，间有河谷和盆地交织分布；南部为山地，包括阿尔卑斯山脉和巴伐利亚高原，位于德奥边境的楚格峰海拔2963米，是全国最高峰。河流主要有莱茵河、多瑙河、易北河等。湖泊众多，最大的是博登湖。西北部以温带海洋性气候为主，东、南部向温带大陆性气候过渡。

德国是高度发达的资本主义工业国家。矿产资源较为贫乏。除硬煤、褐煤和盐外，在原料供应和能源方面很大程度上依赖进口。汽车、机械、化工、电气等部门是支柱产业，食品、纺织与服装、钢铁、采矿、精密仪器、光学、航空航天等部门也很发达。农业发达，机械化程度很高。农作物主要有麦类、马铃薯、甜菜等。畜牧业以饲养牛、猪为主。交通运输业十分发达，公路密度为世界之冠。旅游业发达。

著名大学有海德堡大学、莱比锡大学、罗斯托克大学、法兰克福大学等。

新天鹅城堡

希腊 欧洲南部国家。全称希腊共和国。位于巴尔干半岛南端。北与阿尔巴尼亚、马其顿、保加利亚相邻，东北与土耳其的欧洲部分接壤，东濒爱琴海，南临地中海，西滨伊奥尼亚海。面积131957平方千米。人口1079万。希腊人占人口的98%以上，其余为马其顿人、土耳其人、保加利亚人、阿尔巴尼亚人等。官方语言为希腊语。首都雅典。

海岸线曲折，多半岛、岛屿。最大半岛是伯罗奔尼撒半岛，最大岛屿是克里特岛。全境4/5为山地。品都斯山脉纵贯希腊中部；品都斯山脉以东的色萨利，是全国最大的内陆山间盆地；盆地东北山地高耸，其中奥林波斯山海拔2917米，为全国最高峰；爱琴海沿岸有狭小而分散的平原。河流短促湍急。属亚热带地中海型气候。

希腊属欧盟经济中等发达国家之一。主要矿产有铝矾土、褐煤、镍、铬、镁、石棉等。工业基础较薄弱，规模较小，主要有采矿、冶金、食品、纺织、船舶、建筑等部门。粮食作物主要有麦类、玉米和水稻。经济作物有烟草、棉花、甜菜等。畜牧业以饲养牛、羊为主。国内运输以公路和海运为主、铁路为辅，对外贸易主要靠海运。旅游业是获得外

帕提农神庙

汇的来源和维持国际收支平衡的重要经济部门。

著名大学有雅典大学、萨洛尼卡大学、克里特大学、佩特雷大学等。

英国 欧洲西部岛国。全称大不列颠及北爱尔兰联合王国。位于欧洲大陆西北海岸以西的不列颠群岛上。西临大西洋，东、南隔北海、多佛尔海峡和英吉利海峡同欧洲大陆相望；陆地上仅与爱尔兰为邻。面积24.41万平方千米。人口6470万。主要为英格兰人、苏格兰人、威尔士人、爱尔兰人。官方语言为英语。首都伦敦。

由大不列颠岛、爱尔兰岛东北部及附近许多岛屿组成。地势总体西北高、东南低。苏格兰大部分地区是高原和山地，格兰扁山脉的主峰本内维斯山海拔1344米，为英国最高峰；中部为巨大断层谷地。威尔士大部分地区为崎岖山地。北爱尔兰大部分地区为高原，地表岗峦起伏，高原中部是内伊湖盆地。奔宁山脉有“英格兰脊骨”之称，纵贯南北。英格兰中、东部是丘陵、断崖、谷地和平原相间分布地区，大部地表起伏和缓。主要河流有塞文河、泰晤士河等。属温带海洋性气候。

英国是发达的资本主义工业国家。矿产资源主要有煤、铁、石油和天然气。工业主要有采矿、冶金、化工、机械、电子、汽车、航空、食品、纺织等部门。生物制药、航空和国防是工业研发的重点，也是最具竞争力的行业。农业以畜牧业为主，种植业次之。农作物主要有麦类、马铃薯、甜菜等。畜牧业以乳牛业最重要，肉牛饲养业发达。渔业发达。公路、铁路、水路、航空运输均较发达。旅游业是重要的经济部门之一。

著名大学有剑桥大学、牛津大学、帝国理工学院、伦敦大学学院、伦敦政治经济学院、爱丁堡大学等。

伊丽莎白塔

荷兰 欧洲西部国家。全称荷兰王国。东邻德国，南接比利时，西、北临北海。面积41526平方千米。人口1698万。荷兰族占人口的81%，其余为弗里斯族等。官方语言为荷兰语。首都阿姆斯特丹。

全境地势低平，24%的面积低于海平面，1/3的面积仅高出海平面1米。

风车

西部沿海为低地，河流、运河、海湾交错；东部为冰碛平原，地势起伏和缓；东南部属阿登高原的边缘，位于比、德、荷三国交界处的法尔斯山海拔 321 米，为境内最高点。河流主要有瓦尔河、马斯河等。围海造田残留的艾瑟尔湖为荷兰最大的淡水湖。属温带海洋性气候。

荷兰是发达的资本主义工业国家。矿产资源贫乏，但天然气储量丰富。工业发达，主要工业部门有食品、石油化工、冶金、机械、电子、钢铁、船舶、印刷、钻石加工等。荷兰是世界主要造船国家之一，拥有欧洲最大的炼油中心。特别重视发展空间、微电子和生命科学等高技术产业。农业高度集约化，常年位居世界第二大农产品出口国。花卉产业发达。陆、海、空交通便利。旅游业较发达。

著名高等院校有莱顿大学、乌特勒支大学、阿姆斯特丹大学、格罗宁根大学、代尔夫特理工大学等。

法国 欧洲西部国家。全称法兰西共和国。东北和东部同比利时、卢森堡、德国、瑞士、意大利、摩纳哥接壤，东南濒地中海，西南与西班牙、安道尔相邻，西濒比斯开湾，西北隔英吉利海峡与英国相望。面积 551602 平方千米。人口 6450 万。主要为法兰西人，其余为布列塔尼人、巴斯克人、科西嘉人等。通用法语。首都巴黎。

地势东南高、西北低。平原占总面积的 2/3。西南为比利牛斯山脉，中南部为中央高原，东至东南为汝拉山、阿尔卑斯山脉，东北为阿登高原、孚日山脉，西北为阿摩里卡丘陵，北中部为巴黎盆地，西部为卢瓦尔河平原，西南为阿基坦盆地，南有罗讷河谷地和地中海沿岸平原。位于法意边境的阿尔卑斯山主峰勃朗峰海拔4810米，为全国最高峰。河流主要有卢瓦尔河、塞纳河、加龙河

卢浮宫

等。西部属温带海洋性气候，南部属亚热带地中海型气候，中部和东部属大陆性气候。

法国是发达的资本主义工业国家。有色金属储量很少，铀储量居西欧前列。工业主要有钢铁、汽车、船舶、机械、纺织、化工、电子、建筑等部门，核能、石油化工、海洋、航空和宇航等新兴工业部门发展较快。法国是欧盟最大的农业生产国，已基本实现农业机械化。农作物主要有小麦、大麦、玉米、马铃薯等。畜牧业以饲养牛、猪、羊为主。交通运输业发达，水、陆、空运均极为便利。法国是世界第一大旅游接待国。

著名高等院校有索邦大学、格勒诺布尔第一大学、斯特拉斯堡大学、里昂大学等。

西班牙 欧洲西南部国家。全称西班牙王国。位于伊比利亚半岛。北临比斯开湾，东北接法国和安道尔，东和东南濒地中海，南隔直布罗陀海峡与非洲摩洛哥相望，西邻葡萄牙。面积 505925 平方千米。人口 4662 万。主要为西班牙人（卡斯蒂利亚人），少数民族有加泰罗尼亚人、加利西亚人、巴斯克人。西班牙语为官方语言和通用语言，少数民族语言在本地区亦为官方语言。首都马德里。

地形以山地、高原为主。中部梅塞塔高原东高西低，约占国土面积的 60%。中央山脉将高原分为南、北两大盆地：老卡斯蒂利亚盆地和新卡斯蒂利亚盆地。高原西部发育有狭长深邃的峡谷；南部为佩尼韦蒂科山，其中穆拉森山海拔 3478 米，为西班牙最高点；东北边缘为伊比利亚山；西北为加利西亚丘陵。河流众多，最长河流为塔霍河。中部高原属大陆性气候，北部和西北部沿海属温带海洋性气候，南部和东南部属亚热带地中海型气候。

阿尔汗布拉宫

西班牙是中等发达的资木主义工业国家。矿产丰富，主要有煤、铁、铜、锌、汞等。工业主要包括纺织、食品、汽车、冶金、化工、电力等部门。农作物主要有麦类、玉米、甜菜、橄榄等。橄榄的种植面积及橄榄油的产量均居世界首位。畜牧业以饲养猪、牛、羊为主。渔业以海洋捕捞为主。交通以陆路运输为主。旅游业发达，是国民经济的重要支柱之一。

主要有马德里康普顿斯大学、萨拉曼卡大学、巴塞罗那大学等高等院校。

瑞士 欧洲中西部多山的内陆国家。全称瑞士联邦。与德国、奥地利、列支敦士登、意大利、法国相邻。面积 41284 平方千米。人口 831 万。主要为瑞士人，外籍人口占人口的 22.59%。官方语言为德语、法语、意大利语和雷

西庸城堡

托罗曼语。首都伯尔尼。

地势南高北低。**阿尔卑斯山脉**斜贯国土中部、南部及东南部，约占国土面积的60%；位于瑞士与意大利边境的杜富尔峰海拔4634米，为全国最高峰。西北部为汝拉山区。中部为波状高原，多盆地和宽阔谷地。河流主要有莱茵河等。湖泊众多，以莱芒湖面积最大。地处北温带，受海洋性气候和大陆性气候交替影响，气候变化较大。

瑞士是发达的资本主义工业国家。矿产资源匮乏，仅有少量盐、煤、铁、锰等。工业以机械、化工、医药、钟表、食品、纺织为主。瑞士是世界钟表制造中心，有“钟表王国”之称。农作物主要有小麦、燕麦、马铃薯和甜菜。畜牧业主要饲养乳牛，肉类基本自给，奶制品自给有余。交通以公路和铁路运输为主。旅游业十分发达。

著名高等院校有苏黎世联邦理工学院、苏黎世大学、日内瓦大学等。

意大利

意大利 欧洲南部国家。全称意大利共和国。北部与法国、瑞士、奥地利和斯洛文尼亚接壤，东、南、西三面分别濒临亚得里亚海、伊奥尼亚海、第勒尼安海和利古里亚海。面积301333平方千米。人口6067万。主要为意大利人。主要讲意大利语，个别边境地区讲法语和德语。首都罗马。

阿尔卑斯山脉呈宽阔的弧形分布在北部，位于法意边境的勃朗峰海拔4810米，为全国最高峰；亚平宁山脉纵贯南北，一直延伸至西西里岛，沿海两侧为狭长平原；波河平原位于阿尔卑斯山脉与亚平宁山脉之间，是全国最大和最主要的平原。波河为全国第一大河。加尔达湖为面积最大的湖泊。大部分地区属地中海型气候。

意大利是发达的资本主义工业国家。矿产资源贫乏，仅有天然气、硫黄、铅、锌和铝矾土等。工业主要有钢铁、汽车、石油化工、机械、家用电器、船舶、建筑、纺织、服装、食品等部门。农作物以小麦、玉米、水稻、葡萄、油橄榄为主。葡萄酒和橄榄油产量分别居世界第一和第二。畜牧业以饲养羊、牛、

罗马竞技场

猪和家禽为主。渔业以海洋捕捞为主。国内运输主要依靠公路，铁路、水路和航空运输也较发达。旅游业发达。

著名大学有博洛尼亚大学、罗马大学、帕多瓦大学等。

梵蒂冈 世界最小的国家。全称梵蒂冈城国。位于意大利首都罗马城西北角的高地上。面积0.44平方千米。人口0.08万。主要是意大利人。官方语言为意大利语和拉丁语。首都梵蒂冈城。

国土略呈三角形，东南面圣彼得广场朝向台伯河开放，其余国界以梵蒂冈城墙为标志。核心建筑是圣彼得大教堂，其他主要建筑有梵蒂冈宫、梵蒂冈博物馆、梵蒂冈图书馆等。梵蒂冈花园约占国土面积的一半。属亚热带地中海型气候。

无自然资源，不从事工农业生产。经济主要靠房地产和金融资产、旅游业、邮票、教徒的捐赠。境内有一火车站，通过860米长的铁路与罗马城铁路相连。另有一直升机机场。年接待世界各国天主教信徒和游客数以百万计。

在意大利、法国、西班牙、比利时、美国、加拿大、巴西、智利、埃塞俄比亚、菲律宾、日本等国设有大学或神学院。

埃及 非洲东北部国家。全称阿拉伯埃及共和国。领土包括亚洲西南端的西奈半岛。北濒地中海，东临红海并与巴勒斯坦、以色列接壤，南与苏丹交界，西与利比亚为邻。面积1001450平方千米。人口9009万。主要为埃及人。官方语言为阿拉伯语，中上层通用英语、法语。首都开罗。

地形以高原为主，沙漠广布。尼罗河在国境偏东部分由南向北贯穿全境，形成狭长的河谷走廊，并在开罗以北形成尼罗河三角洲。尼罗河谷以西为西部沙漠，以东为东部沙漠。西奈半岛为一切割高原，许多干谷贯穿半岛；南部地势高峻，凯瑟琳山海拔2637米，是全国最高峰。尼罗河三角洲和北部沿海地区属亚热带地中海型气候，其余大部分地区属热带沙漠气候。

矿产资源主要有石油、天然气、磷酸盐、铁等。工业以纺织、食品等轻工业为主。石油、钢铁、水泥、化肥、机械、电力等工业近年来有较大发展。农作物主要有棉花、小麦、水稻、玉米、甘蔗、水果和蔬菜等。粮食不能自给，是世界上主要的粮食进口国之一。交通运输便利，海、陆、空运能力增长较快。旅游业是国家四大外汇收入来源之一。

著名高等院校有开罗大学、爱资哈尔大学等。

澳大利亚 大洋洲国家。全称澳大利亚联邦。北隔帝汶海和阿拉弗拉海与印度尼西亚、东帝汶、巴布亚新几内亚相望，东濒珊瑚海和塔斯曼海，西、南临印度洋。面积769.2万平方千米。人口2392万。英国及爱尔兰后裔占人口的74%，亚裔占5%，土著居民占2.7%。通用英语。首都堪培拉。

澳大利亚大陆为地表起伏最为和缓的大陆。西部高原地形平坦，其中35%的地区为荒漠与半荒漠；中部平原由北向南被东西向的低山分隔成卡奔塔利亚平原、澳大利亚大盆地，以及巴里尔岭和格雷岭以南的沿海平原三部分；东部山地又称大分水岭地区，为一系列山脉、台地和谷地错综交接的弧形狭长地带，科西阿斯科山海拔2228米，为大陆最高点。东北部沿海有世界最大的珊瑚礁群——大堡礁。墨累-达令河水系是全国最大水系。北部属热带气候，大部分地区属温带气候。

澳大利亚是后起的工业化国家。矿产资源丰富，铅、镍、银、铀、锌、钽的探明经济储量居世界首位。工业以制造业、建筑业和矿业为主，纺织和食品是重要的轻工业部门。农牧业发达，是世界上最大的羊毛和牛肉出口国。农作物主要有小麦、大麦、高粱、棉花、油菜、甘蔗等，畜牧业以饲养羊、牛、家禽为主。渔业资源丰富，是世界第三大捕鱼区。国际海、空运输业发达。旅游业是发展最快的行业之一。

著名高等院校有澳大利亚国立大学、墨尔本大学、悉尼大学、新南威尔士大学、昆士兰大学等。

新西兰 大洋洲岛国。位于太平洋西南部。西北隔塔斯曼海与澳大利亚相望。面积270534平方千米。人口464万。欧洲移民后裔占人口的67.6%，毛利人占14.6%，亚裔占9.2%。官方语言为英语、毛利语。首都惠灵顿。

由南岛、北岛两个大岛和周围的许多小岛组成。全境多山，平原狭小，山地和丘陵占全国面积的75%以上。北岛中部有大面积的火山高原，多温泉。南岛主脊为纵贯全岛的南阿尔卑斯山，多冰河与湖泊；库克峰海拔3764米，为全国最高峰。两岛间的库克海峡沟通塔斯曼海与南太平洋。除北岛北部为亚热带气候外，其余均属温带海洋性气候。

牧羊人教堂

新西兰属发达国家。矿产资源主要有煤、金、铁、银、石油等。森林资源丰富。工业以农林牧产品加工为主，主要有食品、毛毯、皮革、烟草、造纸和木材加工等部门。农业高度机械化。农作物主要有麦类、水果等。粮食不能自给。畜牧业发达，是国民经济的基础。羊肉、奶制品和羊毛出口量居世界前三名。渔产丰富，拥有世界第四大专属经济区。交通运输业发达，进出口货物主要靠海运。旅游业发达。

著名大学有奥克兰大学、奥塔哥大学、坎特伯雷大学等。

加拿大 北美洲北部国家。北濒北冰洋，东北隔巴芬湾与格陵兰岛相望，东濒大西洋，南与美国本土毗邻，西临太平洋，西北与美国阿拉斯加州接壤。面积9984670平方千米。人口3585万。主要为英、法等欧洲人后裔，土著居民（印第安人、米提人和因纽特人）占3%，

多伦多天际线

其余为亚洲、拉美、非洲裔等。官方语言为英语和法语。首都渥太华。

全国分为六大地形区。中、东部是劳伦琴低高原。中部平原区介于劳伦琴低高原与落基山脉之间。大湖–圣劳伦斯低地位于劳伦琴低高原东南。阿巴拉契亚高地延伸于大西洋沿岸诸省。西部是北美科迪勒拉山系的组成部分，包括落基山脉、海岸山脉两列山带和宽广的山间高原，其中洛根山海拔5951米，为加拿大最高峰。北极群岛北部各岛地势较高，南部各岛以高原和平原为主。河湖众多。马更些河为加拿大第一长河。北极群岛和北部沿岸地带属极地苔原气候，极地苔原区以南属亚寒带大陆性气候，太平洋沿岸属温带海洋性气候，南部狭长地带属温带大陆性气候。

加拿大是发达的资本主义工业国家。矿产资源丰富，主要有钾、铀、钨、镉、镍、铅等。原油储量居世界第三。制造业、高科技产业发达，资源工业、初级制造业和农业是国民经济的主要支柱。制造业主要有机械、炼油、化工、冶金、造纸、木材加工等部门。农业机械化、专业化水平高。主要种植小麦、大麦、亚麻、燕麦、油菜、玉米、饲料用草等。畜牧业以饲养肉牛和乳牛为主。渔业发达，是世界上最大的渔产品出口国。水、陆、空运均十分便利。旅游业发达。

著名高等学府有多伦多大学、不列颠哥伦比亚大学、麦吉尔大学等。

美国　北美洲国家。全称美利坚合众国。本土位于北美大陆中南部。北与加拿大为邻，东濒大西洋，东南临墨西哥湾，西南与墨西哥毗连，西濒太平洋。领土还包括北美洲西北部的阿拉斯加和北太平洋中部的夏威夷群岛。面积9372614平方千米。人口32141万。白种人约占人口的64%，拉美裔占16.3%，黑种人约占12.6%，亚裔约占4.7%。通用英语。首都华盛顿。

本土东、西部高，中部低，明显分为三个纵列带。东部是阿巴拉契亚高地和沿海平原。阿巴拉契亚高地的西南部自东向西依次为山麓台地、蓝岭、岭谷区和阿巴拉契亚高原，东北部以新英格兰高地为主体。中部平原介于阿巴拉契亚高地与落基山脉之间，分为东部内陆低原和西部大平原两部分。西部是科迪勒拉山系，主要由落基山脉、喀斯喀特–内华达山脉、海岸山脉三组山脉和一系列山间高原、盆地、谷地组成。阿拉斯加的麦金利山海拔6194米，为全国最高峰。河湖众多。密西西比河纵贯本土南北，是世界第四长河。中北部边境的五大湖是世界最大的淡水湖群。本土大部分属温带和亚热带，仅佛罗里达半岛南端属热带；气候的地域差异明显，类型复杂多样。阿拉斯加和夏威夷群岛，

自由女神像

分别属亚寒带大陆性气候和热带海洋性气候。

美国是发达的资本主义工业国家。矿产资源丰富，煤、石油、天然气、铁、钾、磷酸盐、硫黄等的储量均居世界前列。工业发达，门类齐全。主要有汽车、航空设备、计算机、电子和通信设备、钢铁、石油产品、化肥、水泥、塑料、新闻纸、机械等工业产品。近年来，信息、生物等高科技产业发展迅速。农业高度发达，并以区域专门化、机械化和商品化为特点。玉米、小麦、大豆、棉花等的产量均居世界领先地位。畜牧业以养牛业居首，养禽业次之。拥有完整而便捷的交通运输网络。旅游业发达。

著名高等学府有哈佛大学、麻省理工学院、普林斯顿大学、耶鲁大学、哥伦比亚大学、芝加哥大学、斯坦福大学等。

墨西哥 拉丁美洲国家。全称墨西哥合众国。位于北美洲南部。北邻美国，东临墨西哥湾和加勒比海，南接危地马拉、伯利兹，西南濒太平洋。面积1964375平方千米。人口11953万。印欧混血种人和印第安人占人口的90%以上。官方语言为西班牙语。首都墨西哥城。

全境5/6是高原和山地。东、西、南马德雷山脉由东、西、南三面环抱墨西哥高原。东马德雷山脉多火山和熔岩高原，西马德雷山脉由许多平行山脉组成。墨西哥高原地势由西北向东南升高，北部高原内有许多被低山围绕的沉积盆地，南部高原内有许多湖泊和山间谷地。北纬19° 线附近耸立着横断火山带。奥里萨巴火山海拔5610米，为全国最高峰。横断火山带以南为东西向大断层。大断层以南为南马德雷山脉。东、西两侧的沿海平原和尤卡坦半岛地势较低。西北内陆为大陆性气候，墨西哥高原终年气候温和，沿海和东南部平原属热带气候。

墨西哥为拉美地区经济比较发达的国家。矿业资源丰富，主要有石油、天然气、金、银、铜、铅、锌、砷、铋、汞、镉、锑等。工业门类齐全，主要有石油化工、电力、采矿、冶金、制造等部门。农业以种植玉米、高粱、小麦、棉花、甘蔗等为主。畜牧业以饲养牛、猪、羊为主。养蜂业比较发达。交通运输以公路和航空为主。旅游业发达。

墨西哥国立自治大学是全国规模最大、历史最悠久的大学。

巴西 拉丁美洲国家。全称巴西联邦共和国。位于南美洲东部。北邻法属圭亚那、苏里南、圭亚那、委内瑞拉和哥伦比亚，西界秘鲁、玻利维亚，南接巴拉圭、阿根廷和乌拉圭，东濒大西洋。面积851.49万平方千米。人口20608万。白种人占人口的53.74%，黑白混血种人占38.45%，黑种人占6.21%。官方语言为葡萄牙语。首都巴西利亚。

地形以高原和平原为主。国境北部是圭亚那高原的一部分，自北向南倾斜，其中内布利纳峰海拔3014米，为全国最高峰。巴西高原从东北向西南延伸，地面平缓，起伏不大。亚马孙平原位于圭亚那高原与巴西高原之间，是世界最大的冲积平原。从北部到东部的大西洋沿岸为狭窄的沿海平原。巴西高原的西南侧为巴拉圭盆地。河流主要有亚马孙河、巴拉那河、圣弗朗西斯科河等。大部分地区属热带气候，仅最南端属亚热带气候。

经济实力居拉美首位。矿产资源丰富，铌、锰、钛、铝矾土、铅、锡、铁、铀等的储量均居世界前列。工业基础较雄厚，主要有钢铁、汽车、船舶、石油、水泥、化工、冶金、电力、建筑、纺织、制鞋、造纸、食品等部门。民用支线飞机制造和生物燃料居世界领先水平。农业以种植大豆、玉米、水稻等为主。咖啡、甘蔗、柑橘、大豆产量居世界首位。巴西还是世界上最大的牛肉和鸡肉出口国。交通主要依赖公路、铁路和水运，远洋运输和航空较发达。巴西是世界十大旅游创汇国之一。

著名高等学府有圣保罗大学、里约热内卢联邦大学、巴西利亚大学等。

阿根廷 南美洲国家。全称阿根廷共和国。位于南美洲东南部。北与玻利维亚、巴拉圭交界，东北与乌拉圭、巴西接壤，东濒大西洋，南与南极洲隔海相望，西邻智利。面积278.04万平方千米（不含马尔维纳斯群岛和阿根廷主张的南极领土）。人口4359万。白种人占人口的95%，多为西班牙和意大利移民后裔。官方语言为西班牙语。首都布宜诺斯艾利斯。

布宜诺斯艾利斯方尖碑

地势西高东低。西部是以安第斯山脉为主体的山地，其中阿空加瓜山海拔6960米，是南美洲第一高峰。东部拉普拉塔平原包括北部的查科平原和中部、东部的潘帕斯草原。南部是以台地为主的巴塔哥尼亚高原。最重要的河流为巴拉那河。湖泊主要有阿根廷湖、别德马湖等。北部和中部属亚热带气候，南部为温带气候。

阿根廷是拉美地区综合国力较强的国家。矿产资源丰富，主要有石油、天然气、铜、金、铀、铅、锌、硼酸盐、黏土等。工业门类齐全，主要有钢铁、汽车、石油、化工、纺织、机械、食品等部门。核工业发展水平居拉美前列。农牧业发达，是世界粮食和肉类重要生产和出口国。主要种植大豆、玉米、小麦、高粱、向日葵等。畜牧业以饲养牛、猪、羊为主。渔业资源丰富。陆、海、空运均较发达，交通运输以陆运为主。旅游业发达。

著名大学有布宜诺斯艾利斯大学、拉普拉塔国立大学、科尔多瓦国立大学等。

裴秀（224 ~ 271） 中国西晋舆地学家。字季彦。河东闻喜（今属山西）人。自幼好学，年长从政，官至司空，职在“地官”。

约在 268 ~ 271 年完成由他主编的《禹贡地域图》18 篇。本书是中国有文献可考的最早的历史地图集。又著《冀州记》，缩制《地形方丈图》。惜图均已失传。他总结前人的制图经验，在《禹贡地域图序》中提出绘制地图的六项原则，即制图六体——分率、准望、道里、高下、方邪、迂直，为中国传统地图（平面测量绘制的地图）奠定了理论基础。这些原则支配中国地图制图一千多年，在中国和世界地图学史上占有重要地位。

郦道元（469/472 ~ 527） 中国北魏地理学家。字善长。范阳涿县（今河北涿州）人。北魏太和十八年（494）出任尚书郎，以后历任东荆州刺史、御史中尉等职，孝昌三年（527）任关右大使时为雍州刺史萧宝寅杀害。曾随孝文帝巡视北方各地，历游黄淮地区。一生勤于读书和著述。但除《水经注》外，其余著作都已亡佚。

《水经注》是郦道元为《水经》所作的注文，共 40 卷。本书以河川为纲，综合记述流经地区的山陵、湖泊、气候、水文、土壤、植被、郡县、城池、关塞、名胜、亭障和社会经济、民风习俗等内容，还收有大量沿革地理和地名的资料。《水经注》是中国古代地理名著，亦是当时处于世界前列水平的地理著作。历代对它的研究形成一门专门的学问——郦学。

徐霞客（1587-01-05 ~ 1641-03-08） 中国明末旅行家兼地理学家、散文家。名弘祖，字振之，别号霞客。南直隶江阴（今属江苏）人。出身于书香门第。21 岁开始出游，30 多年间足迹遍及今江苏、浙江、安徽、山东、河北、山西、陕西、河南、湖北、福建、广东、江西、湖南、广西、贵州、云南、天津、北京、上海等地，成为中国历史上以旅行考察为毕生事业的第一人。其所见所闻按日记载，在他死后由他人整理成《徐霞客游记》。

《徐霞客游记》是一部以日记体裁为主的地理名著。全书包括名山游记、西南游记、专题论文和诗文，描述的内容涉及地貌、地质、水文、气候、动植物、历史地理、社会政治、经济、城镇聚落、民族风俗等，尤以地貌、水文、植物等内容为多。它既是世界上第一部广泛系统地记载和探索喀斯特地貌的科学著作，又是一部中国文学史上最具文学价值的游记。

徐霞客在中国古代地理学上开拓了实地考察、研究自然规律的新方向；又因关于喀斯特地貌的详细记述和探索，被尊为中国和世界考察喀斯特地貌的先驱。

胡焕庸（1901-11-20 ~ 1998-04-30） 中国地理学家、中国人口地理学创始人。生于江苏宜兴。1923 年南京高等师范学校毕业。1926 年赴巴黎大学进修，1928 年回国。历任中央大学地理系主任，华东师范大学地理系教授、人口研究所所

长等职。

1934年，他开始系统地研究人口地理学，发表《中国人口之分布》，编制中国第一张人口密度等值线图，以瑷珲—腾冲线分全国为东南和西北两半壁，此线沿用至今，被称为胡焕庸线。1936年发表第一张中国农业区域图。1950年参加治淮工作。20世纪80年代继续研究人口地理学，发表《中国八大区人口密度与人口政策》《中国八大区人口增长、经济发展的过去与未来》等。

埃拉托色尼（约前276～约前194） 古代希腊地理学家、天文学家和作家。曾译埃拉托斯特尼。生于昔兰尼。在本地求学，后到雅典接受教育。任亚历山大城图书馆馆长等职。

他奠定数理地理的初步基础，为测量地球周长的第一人。他计算得出地球周长约为39690千米，此数据与地球实际周长十分接近。还首次测量出黄赤交角为23° 51′ 19.5″，并编制了一部星表。他著有《地理学》3卷：把世界分成欧洲、亚洲和利比亚（即非洲）三个主要地区，一个热带、两个温带和两个寒带五个气候带；划定气候带的界线；第一次根据经纬网绘制世界地图。他创用“地理学”一词，在西方被称为“地理学之父”。

库克，J.（1728-10-27～1779-02-14） 英国探险家、航海家、海军上校。生于英格兰约克郡。1755年英法七年战争前夕入海军服役。1768年任英国太平洋探险队队长，先后三次赴太平洋探险。发现新西兰南、北两岛，并绘出海图；在人类历史上第一次驶入南极圈，并完成第一次自西向东高纬度的环球航行；发现太平洋上的新喀里多尼亚岛和大西洋上的南桑威奇群岛、南乔治岛、诺福克岛；证明澳大利亚和南极大陆并不相连；发现夏威夷群岛并绘制海图。库克在探索新地、航海、测绘海图等方面都卓有成就，否定了自托勒玫以来存在1700多年的南大陆，因他测绘而改变的世界地图较历史上任何人都多。

洪堡，A.von（1769-09-14～1859-05-06） 德国自然科学家、探险家，近代地理学、地质学、气候学、生态学、地磁学创建人之一。生于柏林。1789年入格丁根大学，1790～1792年在弗赖堡矿业学院学习地质学。1799～1804年，和法国植物学家A.J.A.邦普朗去美洲考察。1808～1827年与邦普朗整理分析考察资料，写成30卷的《新大陆热带地区旅行记》。1829年到西伯利亚考察，并考察里海。晚年写成《宇宙》。《宇宙》共5卷，是近代地理学最为重要的著作之一。

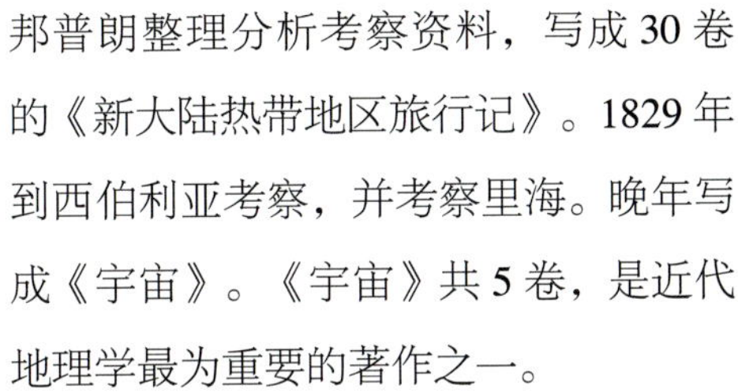

洪堡首创世界等温线图；发现植物分布规律；确立植物区系的概念，创建植物地理学；首次绘制地形剖面图；指出火山喷发和变质岩对地壳形成的作

用；发现美洲、欧洲、亚洲在地质上的相似性；根据地磁测量结果，得出地磁强度从极地向赤道递减的规律；发现秘鲁海流。

李特尔，C.（1779-08-07 ~ 1859-09-28） 德国地理学家、教育家，近代地理学创建人之一。曾译里特尔。生于奎德林堡。1796 年入哈雷大学。历任法兰克福大学历史学教授、柏林大学首任地理学教授。他是柏林地理学会创建人。

他最早阐述人地关系和地理学的综合性、统一性，奠定人文地理学的基础。他认为地理学是一门经验科学，应从观察出发；主张地理学的研究对象是布满人的地表空间，人是整个地理研究的核心顶点；创用“地学”一词；指出人地相关的一般法则，并用传统划分的洲作为最大的区域单位。所著《地学通论》至逝世时共出版 19 卷，按洲叙述各个区域的自然特征、主要物产和人口，以及一些历史事件和探险旅行事件等。

李希霍芬，F.von（1833-05-05 ~ 1905-10-06） 德国地理学家、地质学家。曾译里希特霍芬。生于上西里西亚的卡尔斯鲁厄（今属波兰）。

1850 年入布雷斯劳大学学习地质学，1852 年转入柏林大学，1856 年获博士学位。1860 年前往东南亚、东亚考察。后到美国加利福尼亚州研究火山，发现金矿。1868 ~ 1872 年间多次到中国考察旅行，调查地质、矿藏、黄土、海岸性质和构造线分布等。后任波恩大学、莱比锡大学、柏林大学教授和柏林大学校长。

他长期从事实地考察，并把地理学与地质学沟通起来，对地理学方法论和自然地理学研究作出重要贡献。培养出许多地理学家，如斯文·海定、S.帕萨尔格等。著有《研究旅行指南》《中国》，后者是第一部系统阐述中国地质基础和自然地理特征的重要著作。

斯文·海定（1865-02-19 ~ 1952-11-26） 瑞典探险家。又译斯文·赫定。生于斯德哥尔摩。1889 年在柏林大学进修地理学。1892 年获哈雷大学哲学博士学位。1905 年被选入瑞典科学院。一生多次旅行探险。

1885 年到波斯和美索不达米亚旅游考察。1890 年从波斯经帕米尔高原到中国新疆喀什考察。1894 ~ 1897 年，穿过塔克拉玛干沙漠到罗布泊地区，再越过昆仑山脉到西藏北部考察，后经内蒙古到北京。1899 ~ 1902 年，再次到中国新疆、西藏和内蒙古等地考察，发现楼兰古迹。1906 ~ 1908 年，经阿富汗进入中国西藏和印度，探测印度河、雅鲁藏布江等河源，最早考察冈底斯山并绘制地图。1923 年环游世界。1927 ~ 1935 年，与中国学术团体合作组成西北科学考察团，到内蒙古、甘肃西部、青海西北部和新疆考察。1934 年考察丝绸之路的部分地段。主要著作有《穿越亚洲》《我的探险生涯》等。

条目标题汉语拼音音序索引

C

D

E

L

M

N

O

P

Q

R

T

W

X

Z

数字

《中国中学生百科全书》（修订本）主要编辑出版人员

社　　长　刘国辉

主任编辑　刘　艳　刘　杨

《天地之间》

责任编辑　刘　艳

编　　辑　徐世新　黄佳辉　王文立

校　　对　闵　娇　狄　爽　梁嫝曦

《中国中学生百科全书》主要编辑出版人员

特约编审　王德有　田胜立　王瑞祥

主任编辑　韩知更　徐世新

责任编辑　韩知更　余　会

编　　辑（按姓氏笔画排序）

丁日昕　于淑敏　于瑞玺　马汝军　王玉玲　王丽莎　王　秋
邓　茂　卢　红　甘师秀　刘东风　刘金双　孙关龙　孙　克
安成福　张健松　李　文　李晓红　李　静　李　静　李　燕
苑　力　罗锡鹏　周　茵　屈加平　林　京　林建敏　金　钰
侯澄之　施苹善　赵　焱　倪　亮　徐世新　郭银星　高　原
曹　来　梁云福　楼　遂　满运新　解惠琴　翦　晏　戴中器

审　　读（按姓氏笔画排序）

于瑞玺　邓　茂　傅祚华　赵秀琴　杨小凯　常汝先　程力华

美术编辑　罗锡鹏　王晓桃

责任校对　李　静

责任印制　徐继康　乌　灵

中国社会科学年鉴

中国地方志

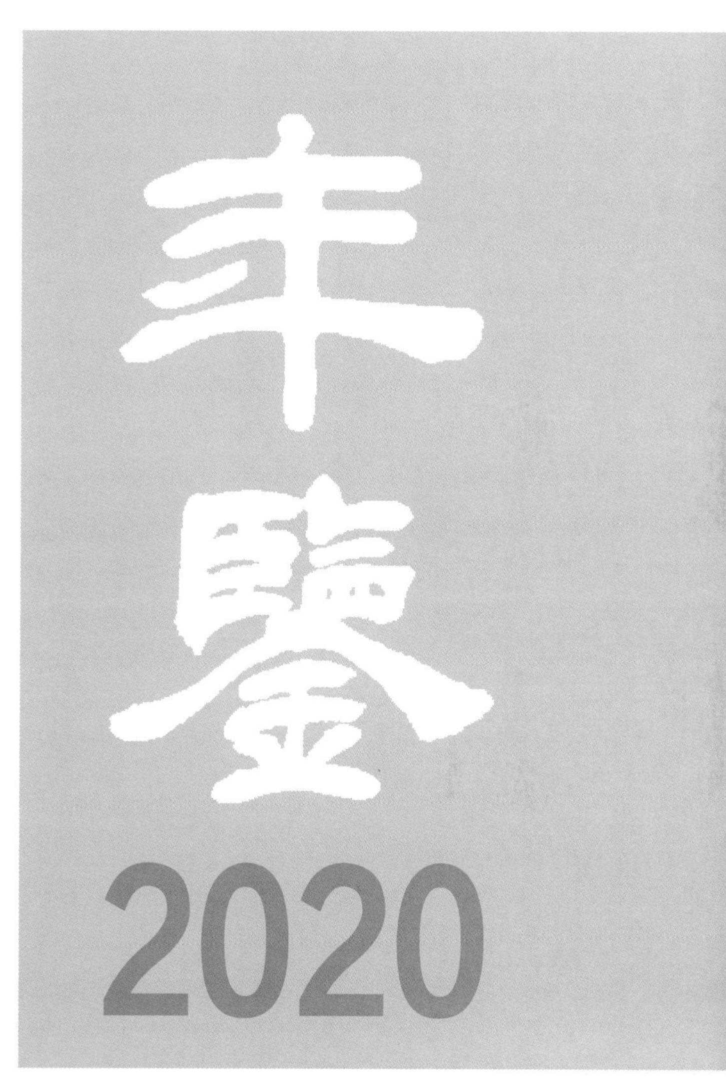

YEARBOOK OF CHINESE LOCAL RECORDS

中国地方志指导小组办公室 主办

中国社会科学出版社

图书在版编目（CIP）数据

中国地方志年鉴.2020／中国地方志指导小组办公室主办.—北京：中国社会科学出版社，2023.3
ISBN 978-7-5227-1659-6

Ⅰ.①中… Ⅱ.①中… Ⅲ.①地方志—编辑工作—中国—2020—年鉴 Ⅳ.①K290-54

中国国家版本馆 CIP 数据核字(2023)第 051173 号

出 版 人 赵剑英
责任编辑 王鸣迪
责任校对 韩海超
责任印制 张雪娇

出 版 中国社会科学出版社
社 址 北京鼓楼西大街甲 158 号
邮 编 100720
网 址 http://www.csspw.cn
发 行 部 010-84083685
门 市 部 010-84029450
经 销 新华书店及其他书店

印刷装订 北京君升印刷有限公司
版 次 2023 年 3 月第 1 版
印 次 2023 年 3 月第 1 次印刷

开 本 889×1194 1/16
印 张 33.75
插 页 18
字 数 1006 千字
定 价 288.00 元

编辑说明

一、《中国地方志年鉴》是经国家新闻出版广电总局批准、由中国地方志指导小组办公室主办、国内外公开发行的正式出版物，是一部全面系统地记述中国地方志事业发展状况的专业年鉴，从2002年创刊起，每年出版一卷。

二、《中国地方志年鉴（2020）》的编纂，坚持以马克思列宁主义、毛泽东思想、邓小平理论、“三个代表”重要思想、科学发展观、习近平新时代中国特色社会主义思想为指导，客观翔实记述2019年全国及各省（自治区、直辖市）、市（地、州、盟）、县（市、区、旗）三级地方志工作机构，新疆生产建设兵团志办公室、国务院有关部委局史志机构等地方志工作的基本情况。

三、为了更好地反映全国地方志系统的工作情况，结合地方志工作实际，《中国地方志年鉴（2020）》除特载、特辑、大事记、文献等部分外，设中指组及其办公室工作、志书编纂与出版、旧志整理与出版、年鉴编纂与出版、地方志资源开发利用、信息化与方志馆建设、理论研究与期刊出版、依法治志与督促检查、工作会议、专业培训与考察交流、机构队伍、人物类目。

四、《中国地方志年鉴（2020）》采用分类编辑法，类目下设分目，分目下设条目，以条目为主体。各部分一般依行政区划排列，在同一行政区域内，再按时间排序。全书使用规范的语体文记述，文字言简意赅。

五、为便于读者查阅，卷首设中、英文目录，卷末有索引。索引采用主题分析法，包括地方志工作机构名和书名，按汉语拼音音序排列。

六、本年鉴所采用的文字内容和数据，除特载和理论研究与期刊出版类目的研究综述、论文索引为特约稿件外，其他资料由各级地方志工作机构提供，并经单位领导审定。对部分遗漏和不完整的资料，则从全国地方志系统期刊简报摘录补充，不一一注明。

《中国地方志年鉴》编辑委员会

《中国地方志年鉴(2020)》撰稿人名单

中国地方志指导小组办公室： 刘永强　冷晓玲　杨卓轩　刘淑颖　朱　海　范锐超　宿万涛　武　斌

北京市： 史　晔　胡鹤凡　姜　坤　徐丽丽　郝若婷　李昌海　刘　慧　高潇潇　张　宁　高俊良

天津市： 唐　旗　陈　鑫

河北省： 刘天娇　魏铁军　郑小明　许　帆　张　月　李苍绵　刘　霁　邢素丽　张耀鑫　王慧卿

山西省： 武　岭　高文宏　张瑞琴　沈　乔　张文娟　王　婷

内蒙古自治区： 李向兵　李瀚鹏　萨仁格日乐　袁洪军　张慧慧　苏伦高娃　徐曼雅　齐迎春　刘　琼　包美娜　董丽娜

辽宁省： 宁　芳　丁玉恒　张晓春　王　元　李占坤　梁中音　孙建宏　辽宁省档案馆　鞍山市史志办　本溪市党史地方志办　丹东市史志和档案服务中心　朝阳市史志办　盘锦市志办　锦州市志办

沈阳市： 李　琳

大连市： 刘　成　张　莹　姜　雯　刘圣君　王　闯　孙　军　洪　波　孔　晶

吉林省： 李士心　高　岩　肖志刚　任　帅　李　雯　闫佳函　王玉宁　付　莉　高新茗　盛宇鹏　崔延彬　慕琳琳　于丽娟　杜宝君　林媛媛　刘　旭　张建光　李　颖　王晓辉　杨岚飞　赵德新　刘传仁　常京锁　于泳生　周春玲　苏悦博

长春市： 崔玉恺

黑龙江省： 徐　萍　杜胜男　中共黑龙江省委史志研究室

哈尔滨市： 刘新惠

上海市： 王师师　杨　婧　郭万隆　吕鲜林　童庆荣

江苏省： 武文明　朱莉萍　尤　岩　周文燕　陈晓婧　李海宏　邬　进　雷卫群　桑　荟

南京市： 王艳荣　黄　涛

浙江省： 浙江省志办　温州市史志办　嘉兴市史志办　湖州市史志办　绍兴市史志办　金华市志办　衢州市志办　舟山市史志办　台州市志办　丽水市志办

杭州市： 蔡建明

宁波市： 高曙明

安徽省：苏爱梅　余祖本　章慧丽　程正周　李　波　陆　钰
福建省：欧长生　吴朝庭
厦门市：厦门市委党史方志室
江西省：朱　岳
山东省：耿玉石　杜　泉　梁一博　李果霖　宋　涛　魏　伟　张富华
济南市：济南市地方史志研究院
青岛市：张东玉
河南省：高孟娜　程　茜　汪朝霞　马俊明　戴　霞　文清华　邵　栋
湖北省：湖北省文化和旅游厅地方志工作处
武汉市：张道旺
湖南省：张　睿　蔡素云　隆清华　谭文美　任璀洛　罗平原　张征远　陈娉婷　田　丰　易可倩　邓　尧　株洲市地方志编纂室　湘潭地方志编纂室　岳阳市地方志编纂室　永州市地方志编纂室　湘西自治州地方志编纂室　长沙市望城区地方志编纂室　常德市鼎城区地方志编纂室　张家界市武陵源区地方志编纂室　岳阳县地方志编纂室　湖南省教育厅　湖南省自然资源厅
广东省：广东省志办
广州市：广州市志办
深圳市：杨立勋　黄　玲　莫金鸣　傅曾阳　黄瑞栋　岳　颖　沈晓娟　陈立智　杨腾寓　陈美玲
广西壮族自治区：高　叶　苏麟忠　韦瑟钧乙　王小霞　梁　昕　黄榆林　郎尚德　游　勇
海南省：黎美君　郭　城　郑　昕　谢成林　王晶晶　李　鑫　符思权　蔡文欣　陈文萍　张永翠　海南省市县志指导处
重庆市：张　莉　杨祖静　陈欣如　师祝英　冉莉丽　朱雪峰　陈　坤　赵辉志　罗　杨　陈秀红　熊　英　王尔欢　马必波　王又彬　谢海洪　罗丽霞　方德琼　谢力新　廖　滔　张玉洁　黄增平　吴　炎　张玉洁　夏吉敏　周怡彤　熊蜀黔　中共重庆市武隆区委党史地方志研究室
四川省：黄　绚　孙玉峰　陈婧妮　朱　丹　李　果　刘艳平
成都市：易　超
贵州省：吕　勇　吴先桢　张　彦　王　鸿　蒋　颖　李良其　田　平　王　勇　冉冰姝　李　斌　郭国华　周惠云　田　红　陈　茜
云南省：宣　勤
西藏自治区：罗布曲珍　王梅洁　廖鲲鹏
陕西省：韩云鸽
西安市：黄立峰
甘肃省：王文生

青海省：王　韬

宁夏回族自治区：张明鹏

新疆维吾尔自治区：刘　博

新疆生产建设兵团：王兴鹏　苏　娟　周　鑫　兵团志办　第一师阿拉尔市史志办　第二师铁门关市史志办　第四师可克达拉市史志办　第五师双河市史志办　第六师五家渠市史志办　第七师史志办　第八师石河子市史志办　第九师史志办　第十师北屯市史志办　第十二师史志办

财政部中国财政杂志社：郑维桢

中国社会科学出版社：张昊鹏　彭莎莉

有关组织机构及文件全称、简称对照表

全称	简称
中国共产党中央委员会	中共中央
中华人民共和国全国人民代表大会	全国人大
中国人民政治协商会议	政协
中国共产党中央军事委员会	中央军委
国家发展和改革委员会	国家发展改革委
国家民族事务委员会	国家民委
中华人民共和国人力资源和社会保障部	人社部
卫生和计划生育委员会	卫计委
国家新闻出版广播电影电视总局	新闻出版广电总局
中国民用航空总局	民航总局
中国人民解放军	解放军
中国人民武装警察部队	武警部队
新疆生产建设兵团	兵团
中国共产党××省（自治区、直辖市）、市（地、州、盟）、县（市、区）委员会	××省（自治区、直辖市）、市（地、州、盟）、县（市、区）委
××省（自治区、直辖市）、市（地、州、盟）、县（市、区）人民代表大会	××省（自治区、直辖市）、市（地、州、盟）、县（市、区）人大
中国人民政治协商会议××省（自治区、直辖市）、市（地、州、盟）、县（市、区）委员会	××省（自治区、直辖市）、市（地、州、盟）、县（市、区）政协
中国地方志指导小组	中指组
中国地方志指导小组办公室	中指办
××省（自治区、直辖市）、市（地、州、盟）、县（市、区）地方志编纂委员会	××省（自治区、直辖市）、市（地、州、盟）、县（市、区）地方志编委会
××省（自治区、直辖市）、市（地、州、盟）、县（市、区）地方志编纂委员会办公室	××省（自治区、直辖市）、市（地、州、盟）、县（市、区）志办

××省（自治区、直辖市）、市（地、州、盟）、县（市、区）人民政府地方志办公室	××省（自治区、直辖市）、市（地、州、盟）、县（市、区）志办
××省（自治区、直辖市）、市（地、州、盟）、县（市、区）地方志办公室	××省（自治区、直辖市）、市（地、州、盟）、县（市、区）志办
××省（自治区、直辖市）、市（地、州、盟）、县（市、区）地方志工作办公室	××省（自治区、直辖市）、市（地、州、盟）、县（市、区）志办
××省（自治区、直辖市）、市（地、州、盟）、县（市、区）地方史志办公室	××省（自治区、直辖市）、市（地、州、盟）、县（市、区）史志办
《全国地方志事业发展规划纲要（2015—2020年）》	《规划纲要》

中指组领导活动

▶8月9日，中国社会科学院院长、中指组组长谢伏瞻在哈尔滨召开座谈会，听取黑龙江省地方志工作汇报并讲话。图为谢伏瞻（右三）与座谈会代表留影

◀1月8日，中国社会科学院副院长、中指组常务副组长高翔（左三）到中指办调研。图为参观“魅力中国”展览情景

◀6月15日至16日，中国社会科学院副院长、中指组常务副组长高翔（左四）到福建漳州调研，并召开福建省地方志工作座谈会。图为考察月港海丝馆时留影

▶6月18日，中国社会科学院副院长、中指组常务副组长高翔（后排左三）到安徽合肥调研，并召开安徽省地方志工作座谈会。图为座谈会现场

◀6月26日，中国社会科学院副院长、中指组常务副组长高翔在江苏苏州召开全国地方志工作专题调研座谈会。图为座谈会现场

►6月27日，深圳党史馆、深圳方志馆开馆仪式举行，中国社会科学院副院长、中指组常务副组长高翔（后排右六）出席开馆仪式并致辞。图为开馆仪式现场

◄10月12日，中国社会科学院副院长、中指组常务副组长高翔（前排左二）到吉林长春调研，并召开吉林省地方志工作座谈会。图为座谈会现场

全国地方志系统工作会议

全国省级地方志机构主任工作会议

◀12月30日，2020年全国省级地方志机构主任工作会议暨全国地方志事业发展规划研讨会在北京召开。中国社会科学院院长、中指组组长谢伏瞻（主席台左三）出席会议并讲话。图为开幕式现场

▶开幕式上，向入选第三批中国年鉴精品工程“中国精品年鉴”编纂单位颁发铜牌和荣誉证书

▲ 与会代表围绕会议主题进行分组讨论

► 会上，中国社会科学院副院长、中指组常务副组长高翔（主席台左三）作总结讲话

全国地方志系统“两全目标”工作调度会议

◀6月26日至27日，全国地方志系统“两全目标”工作调度会议暨中国名镇志、中国名村志丛书编纂业务培训班和中国影像志研讨会在江苏苏州召开，中国社会科学院副院长、中指组常务副组长高翔出席会议并讲话。图为开幕式现场

▶会上，辽宁、内蒙古等10个省（区、市）地方志工作机构主要负责人汇报“两全目标”推进工作采取的举措。图为海南省代表发言

▶ 与会代表围绕会议主题进行分组讨论

◀ 闭幕式，各组召集人汇报"两全目标"推进工作讨论情况。图为闭幕式现场

全国地方志工作交流研讨会议

◀ 7 月 17 日至 18 日，第四次全国地方志工作经验交流会在湖南浏阳召开。图为开幕式现场

▶ 7 月 23 日至 26 日，第六届全国地方志优秀成果（年鉴类）评审系列会议、中国年鉴精品工程 2019 年卷申报年鉴篇目研讨会、第四期全国年鉴主编培训班在吉林省吉林市举行。图为开幕式现场

▶ 8月9日，中国系列名志工作研讨会暨培训班在江苏扬州举办。图为开幕式现场

◀ 8月14日至16日，2019年全国地方志系统信息化工作研讨会暨信息化业务培训班在江西吉安举办。图为开幕式现场

▶ 10月28日至11月2日，2019年全国地方史志期刊经验交流会议、2019年全国地方史志期刊暨志鉴编纂编辑培训班在广西桂林举办。图为开幕式现场

◀11月3日至4日，2019年全国年鉴研讨会暨中国地方志学会年鉴分会年度会议、第三届全国年鉴论坛在山西晋中举办。图为开幕式现场

▶11月20日至24日，全国方志馆建设经验交流会暨方志馆业务培训班在山东东营举办。图为开班式现场

◀12月11日至12日，国家方志馆分馆建设研讨会在黑龙江黑河召开。图为开幕式现场

学术研讨交流

学术研讨

►7月16日至17日，第二届方志文化国际学术研讨会暨第九届中国地方志学术年会在湖南长沙召开。图为开幕式现场

◄10月19日至20日，全国地方志事业发展规划研讨会在河南安阳召开

◀12月23日至24日，中国地方志学会第六届理事会第二次会议在海南儋州召开。图为开幕式现场

▶12月28日，中国抗日战争志研讨会、第三届全国名村论坛在重庆举办。图为开幕式现场

学术交流

▶ 4 月 9 日至 12 日，中指组秘书长、中指办主任冀祥德（后排左十）率中国地方志学术交流团一行赴埃及伊斯梅利亚参加“郭沫若文化周”系列学术文化交流活动。图为活动合影

◀ 8 月 20 日至 26 日，中指组秘书长、中指办主任冀祥德（右五），中指办副主任邱新立（右三）率中国地方志文化交流团一行赴塞尔维亚、希腊，参加第 85 届世界图书馆与信息大会（WLIC）及其卫星会议。图为与会部分人员合影

▶ 3 月 27 日，中指办副主任邱新立（右五）在国家方志馆会见越南清化省文化体操旅游大学党委书记、校长陈文识（左四）一行，并就方志文化交流合作进行座谈。图为中方向越方赠书现场

业务培训

◄ 4 月 15 日至 19 日，全国省级地方志工作机构主要负责人培训班在北京举办。图为开班式现场

► 6 月 24 日至 28 日，全国民族地区志鉴编纂培训班在青海西宁举办。图为开班式现场

►9月6日至12日，2019年第一期全国地方志工作机构新任负责人培训班在山东曲阜举办。图为开班式现场

◄10月13日至19日，2019年第二期全国地方志工作机构新任负责人培训班在山东曲阜举办。图为开班式现场

►12月18日至20日，东北三省及内蒙古自治区志鉴编纂业务培训班在辽宁沈阳举办。图为开班式现场

重大工程建设

◀ 3 月 26 日，第二届中国地情论坛暨全国地方志“一体两翼”工程成果发布会在北京召开。图为开幕式现场

▶ 12 月 10 日至 11 日，第四届全国名镇论坛暨第四批中国名镇志丛书出版座谈会在湖南湘西举办。图为开幕式现场

◀ 12 月 12 日，中国精品志书《赣州市志（1986—2000）》首发式在赣州举办。图为首发式现场

各省（自治区、直辖市）地方志工作

省领导指导地方志工作

►2月26日，新疆维吾尔自治区副主席、自治区地方志编委会副主任哈德尔别克·哈木扎（主席台左四）出席2019年全区地方志机构主任工作会议并讲话。图为现场

◄3月7日，江苏省委常委、常务副省长、省委秘书长樊金龙（左二）到省方志馆调研

◀3月19日，黑龙江省委常委、组织部部长王爱文（前排左一）到省方志馆调研

►3月21日，云南省副省长、省地方志编委会副主任李玛琳（右五）出席《云南省志》编审专家聘任仪式并为专家颁发聘书。图为仪式现场

◀4月10日，浙江省委书记车俊（前排左二）到浙江出版联合集团调研时翻阅《浙江通志》

►5月7日，重庆市副市长屈谦（右三）到市志办调研地方志资料库房情况

◄6月10日，宁夏回族自治区党委常委、固原市委书记张柱（右二），自治区政府副主席、固原市市长、固原市地方志编委会主任马汉成（右三）到固原方志馆调研

►8月30日，广西壮族自治区副主席黄俊华（右三）出席由自治区志办牵头实施的“不忘初心、无私奉献——天津支边医生在广西”图片展开展仪式

◀ 9 月 26 日，江苏省委书记娄勤俭（左二）参观由省志办参与主办的江苏重大建设成就展

▶ 10 月 24 日，湖南省委常委、宣传部部长张宏森（右三）到省地方志编纂院调研

地方部分重要活动

▶ 10 月 13 日，第五届冀皖方志理论研讨会在石家庄召开。图为会议现场

◀ 11 月 10 日至 11 日，地方志与长三角一体化论坛在南京举办。图为论坛现场

目　　录

大事记

中国地方志指导小组及其办公室工作

志书编纂与出版

• 编纂进展

• 省级志书出版

旧志整理与出版

• 工作进展

• 旧志出版

年鉴编纂与出版

• 县级综合年鉴出版

● 中央部委年鉴出版

● 地方专业年鉴出版

地方志资源开发利用

- **地情书编写与出版**

- **信息咨询与服务**

信息化与方志馆建设

• 网站建设

• 数字化建设

理论研究与期刊出版

• 通讯简报

依法治志与督促检查

• 依法治志

• 督促检查

工作会议

• 地方志工作会议

• 年鉴工作会议

专业培训与考察交流

• 业务培训

• 考察交流

机构队伍

● 机构设置

● 表彰先进

人　　物

• 领导名录

文　献

• 领导讲话摘要

附　　表

索　　引

Contents

序 言

为中国特色哲学社会科学事业立传

——写在《中国哲学社会科学学科年鉴》系列出版之际

（一）

2016年5月17日，习近平总书记《在哲学社会科学工作座谈会上的讲话》中正式作出了加快构建中国特色哲学社会科学的重大战略部署。自此，中国特色哲学社会科学学科体系、学术体系、话语体系的构建进入攻坚期。

2022年4月25日，习近平总书记在中国人民大学考察时强调指出，“加快构建中国特色哲学社会科学，归根结底是建构中国自主的知识体系”。这为我们加快构建中国特色哲学社会科学进一步指明了方向。

2022年4月，中共中央办公厅正式印发《国家哲学社会科学“十四五”规划》。作为第一部国家层面的哲学社会科学发展规划，其中的一项重要内容，就是以加快中国特色哲学社会科学为主题，将“中国哲学社会科学学科年鉴编纂”定位为“哲学社会科学学科基础建设”，从而赋予了哲学社会科学学科年鉴编纂工作新的内涵、新的要求。

从加快构建中国特色哲学社会科学到归根结底是建构中国自主的知识体系，再到制定第一部国家层面的哲学社会科学发展规划，至少向我们清晰揭示了这样一个基本事实：中国特色社会主义事业离不开中国特色哲学社会科学的支撑，必须加快构建中国特色哲学社会科学、建构中国自主的知识体系。加快构建中国特色哲学社会科学、建构中国自主的知识体系是一个长期的历史任务，必须持之以恒，实打实地把一件件事情办好。

作为其间的一项十分重要且异常关键的基础建设，就是编纂好哲学社会科学学科年鉴，将中国特色哲学社会科学事业的发展动态、变化历程记录下来，呈现出来。以接续奋斗的精神，年复一年，一茬接着一茬干，一棒接着一棒跑。就此而论，编纂哲学社会科学学科年鉴，其最基本、最核心、最重要的意义，就在于为中国特色哲学社会科学事业立传。

呈现在读者面前的这一《中国哲学社会科学学科年鉴》系列，就是在这样的背景之下，由中国社会科学院集全院之力、组织精锐力量编纂而成的。

（二）

作为年鉴的一个重要类型，学科年鉴是以全面、系统、准确地记述上一年度特定学科或学科分支发展变化为主要内容的资料性工具书。编纂学科年鉴，是哲学社会科学发展到一定阶段的产物。

追溯起来，我国最早的哲学社会科学年鉴——《中国文艺年鉴》，诞生于上个世纪30年代。党的十一届三中全会之后，伴随着改革开放的进程，我国哲学社会科学年鉴不断发展壮大。40多年来，哲学社会科学年鉴在展示研究成果、积累学术资料、加强学科建设、开展学术评价、凝聚学术共同体等方面，发挥着不可替代的作用，为繁荣发展中国特色哲学社会科学作出了重要贡献。

1. 为学科和学者立传的重要载体

学科年鉴汇集某一学科领域的专业学科信息，是服务于学术研究的资料性工具书。不论是学科建设、学术研究，还是学术评价、对外交流等，都离不开学科知识的积累、学术方向的辨析、学术共同体的凝聚。

要回答学术往何处去的问题，首先要了解学术从哪里来，以及学科领域的现状，这就离不开学科年鉴提供的信息。学科年鉴记录与反映年度内哲学社会科学某个学科领域的研究进展、学术成果、重大事件等，既为学科和学者立传，也为学术共同体的研究提供知识基础和方向指引，为学术创新、学派形成、学科巩固创造条件、奠定基础。学科年鉴编纂的历史越悠久，学术积淀就越厚重，其学术价值就越突出。

通过编纂学科年鉴，将中国哲学社会科学界推进学科体系、学术体系、话语体系建设以及建构中国自主知识体系的历史进程准确、生动地记录下来，并且，立此存照，是一件非常有意义的事情。可以说，学科年鉴如同学术研究的白皮书，承载着记录、反映学术研究进程的历史任务。

2. 掌握学术评价权的有力抓手

为学界提供一个学科领域的专业信息、权威信息，这是学科年鉴的基本功能。一个学科领域年度的信息十分庞杂，浩如烟海，不可能全部收入学科年鉴。学科年鉴所收录的，只能是重要的、有价值的学术信息。这就要经历一个提炼和总结的过程。学科年鉴的栏目，如重要文献（特载）、学科述评、学术成果、学术动态、统计资料与数据、人物、大事记等，所收录的信息和资料都是进行筛选和加工的基础上形成的。

进一步说，什么样的学术信息是重要的、有价值的，是由学科年鉴的编纂机构来决定。这就赋予了学科年鉴学术评价的功能，所谓“入鉴即评价”，指的就是这个逻辑。特别是学科综述，要对年度研究进展、重要成果、学术观点等作出评析，是学科年鉴学术评价功能的集中体现。

学科年鉴蕴含的学术评价权，既是一种权力，更是一种责任。只有将学科、学术的评价权用好，把有代表性的优秀成果和学术观点评选出来，分析各学科发展面临的形势和任务、成绩和短板、重点和难点，才能更好引导中国特色哲学社会科学的健康发展。

3. 提升学术影响力的交流平台

学科年鉴按照学科领域编纂，既是该领域所有学者共同的精神家园，也是该学科领域最权威的交流平台。目前公认的世界上首部学术年鉴，是由吕西安·费弗尔和马克·布洛赫在1929年初创办的《经济社会史年鉴》。由一群有着共同学术信仰和学术观点的历史学家主持编纂的这部年鉴，把年鉴作为宣传新理念和新方法的学术阵地，在年鉴中刊发多篇重要的理论成果，催发了史学研究范式的演化，形成了法国“年鉴学派”，对整个西方现代史学的创新发展产生了深远影响。

随着学科年鉴的发展和演化，其功能也在不断深化。除了记载学术共同体的研究进展，还提供了学术研究的基本参考、学术成果发表的重要渠道，充当了链接学术网络的重要载体。特别是学科年鉴刊载的综述性、评论性和展望性的文章，除了为同一范式下的学者提供知识积累或索引外，还能够对学科发展趋势动向作出总结，乃至为学科未来发展指明方向。

4. 中国学术走向世界的重要舞台

在世界范围内，学科年鉴都是作为权威学术出版物而被广泛接受的。高质量的学科年鉴，不仅能够成为国内学界重要的学术资源、引领学术方向的标识，而且也会产生十分显著的国际影响。

中国每年产出的哲学社会科学研究成果数量极其庞大，如何向国际学术界系统介绍中国哲学社会科学研究成果，做到既全面准确，又重点突出？这几乎是不可能完成的任务。学科年鉴的出现，则使不可能变成了可能。高质量的学科年鉴，汇总一个学科全年最重要、最有代表性的研究成果、资料和信息，既是展示中国哲学社会科学研究成果与现状的最佳舞台，也为中外学术交流搭建了最好平台。

事实上，国内编纂的学科年鉴一直受到国外学术机构的重视，也是各类学术图书馆收藏的重点。如果能够站在通观学术界全貌之高度，编纂好哲学社会科学各学科年鉴，以学科年鉴为载体向世界讲好中国学术故事，当然有助于让世界知道“学术中的中国”、“理论中的中国”、“哲学社会科学中的中国”，也就能够相应提升中国哲学社会科学的国际影响力和话语权。

（三）

作为中国哲学社会科学研究的“国家队”，早在上世纪70年代末，中国社会科学院就启动了学科年鉴编纂工作。诸如《世界经济年鉴》《中国历史学年鉴》《中国哲学年鉴》《中国文学年鉴》等读者广为传阅的学科年鉴，迄今已有40多年的历史。

2013年，以国家哲学社会科学创新工程为依托，中国社会科学院实施了“中国社会科学年鉴工程”，学科年鉴编纂工作由此驶入快车道。至2021下半年，全院组织编纂的学科年鉴达到26部。

进入2022年以来，在加快构建中国特色哲学社会科学、贯彻落实《国家哲学社会科学“十四五”规划》的背景下，立足于更高站位、更广视野、更大格局，中国社会科学院进一步加大了学科年鉴编纂的工作力度，学科年鉴编纂工作迈上了一个大台阶，呈现出一幅全新的学科年鉴事业发展格局。

1. 哲学社会科学学科年鉴群

截至2023年5月，中国社会科学院组织编纂的哲学社会科学学科年鉴系列已有36部之多，覆盖了15个一级学科、13个二三级学科以及4个有重要影响力的学术领域，形成了国内规模最大、覆盖学科最多、也是唯一成体系的哲学社会科学学科年鉴群。

其中，《中国语言学年鉴》《中国金融学年鉴》《当代中国史研究年鉴》等10部，系2022年新启动编纂。目前还有将近10部学科年鉴在编纂或酝酿之中。到“十四五”末期，中国社会科学院组织编纂的学科年鉴总规模，有望超越50部。

2. 学科年鉴的高质量编纂

从总体上看，在坚持正确的政治方向、学术导向和价值取向方面，各部学科年鉴都有明显提高，体现了立场坚定、内容客观、思想厚重的导向作用。围绕学科建设、话语权建设等设置栏目，各部学科年鉴都较好地反映了本学科领域的发展建设情况，发挥了学术存史、服务科研的独特作用。文字质量较好，文风端正，装帧精美，体现了学科年鉴的严肃性和权威性。

与此同时，为提高年鉴编纂质量，围绕学科年鉴编纂的规范性，印发了《中国哲学社会科学学科年鉴编纂出版规定》，专门举办了年鉴编纂人员培训班。

3. 学科年鉴品牌

经过多年努力，无论在学术界还是年鉴出版界，中国社会科学院组织编纂的哲学社会科学学科年鉴系列得到了广泛认可，学术年鉴品牌已经形成。不仅成功主办了学术年鉴主编论坛和多场年鉴出版发布会，许多年鉴也在各类评奖中获得重要奖项。在数字化方面，学科年鉴数据库已经建成并投入使用，目前试用单位二百多家，学科年鉴编纂平台在继续推进中。

4. 学科年鉴工作机制

中国社会科学院科研局负责学科年鉴管理，制定发展规划，提供经费资助；院属研究单位负责年鉴编纂；中国社会科学出版社负责出版。通过调整创新工程科研评价考核指标体系，赋予年鉴编纂及优秀学科综述相应的分值，调动院属单位参与年鉴编纂的积极性。

学科年鉴是哲学社会科学界的学术公共产品。作为哲学社会科学研究的“国家队”，编纂、提供学科年鉴这一学术公共产品，无疑是中国社会科学院的职责所在、使命所系。中国社会科学院具备编纂好学科年鉴的有利条件：一是学科较为齐全；二是研究力量较为雄厚；三是具有“国家队”的权威性；四是与学界联系广泛，主管120家全国学会，便于组织全国学界力量共同参与年鉴编纂。

（四）

当然，在肯定成绩的同时，还要看到，当前哲学社会科学学科年鉴编纂工作仍有较大的提升空间，我们还有很长的路要走。

1. 逐步扩大学科年鉴编纂规模

经过40多年的发展，特别是“中国社会科学年鉴工程”实施10年来的努力，哲学社会科学系列学科年鉴已经形成了一定的规模，覆盖了90%的一级学科和部分重点的二三级学科。但是，也不容忽视，目前还存在一些学科年鉴空白之地。如法学、政治学、国际政治、区域国别研究等重要的一级学科，目前还没有学科年鉴。

中国自主知识体系的基础是学科体系，完整的学科年鉴体系有助于完善的学科体系和知识体系的形成。尽快启动相关领域的学科年鉴编纂，抓紧填补相关领域的学科年鉴空白，使哲学社会科学年鉴覆盖所有一级学科以及重要的二三级学科，显然是当下哲学社会科学界应当着力推进的一项重要工作。

2. 持续提高学科年鉴编纂质量

在扩张规模、填补空白的同时，还应当以加快构建中国特色哲学社会科学、建构中国自主的知识体系为目标，下大力气提高学科年鉴编纂质量，实现高质量发展。

一是统一学科年鉴的体例规范。学科年鉴必须是成体系的，而不是凌乱的；是规范的，而不是随意的。大型丛书的编纂靠的是组织严密，条例清楚，文字谨严。学科年鉴的体例要更加侧重于存史内容的发掘，对关乎学术成果、学术人物、重要数据、学术机构评价的内容，要通过体例加以强调和规范。哲学社会科学所有学科年鉴，应当做到“四个基本统一”：名称基本统一，体例基本统一，篇幅基本统一，出版时间、发布时间基本统一。

二是增强学科年鉴的权威性。年鉴的权威性，说到底取决于内容的权威性。学科年鉴是在对大量原始信息、文献进行筛选、整理、分析、加工的基础上，以高密度的方式将各类学术信息、情报传递给读者的权威工具书。权威的内容需要权威的机构来编纂，来撰写，来审定。学科综述是学科年鉴的灵魂，也是年鉴学术评价功能的集中体现，必须由权威学者来撰写学科综述。

三是要提高学科年鉴的时效性。学科年鉴虽然有存史功能，但更多学者希望将其作为学术工具书，从中获取对当下研究有价值的资料。这就需要增强年鉴的时效性，前一年的年鉴内容，第二年上半年要完成编纂，下半年完成出版。除了加快编纂和出版进度，年鉴的时效性还体现在编写的频度上。一级学科的年鉴，原则上都应当一年一鉴。

3. 不断扩大学科年鉴影响力

学科年鉴的价值在于应用，应用的前提是具有影响力。要通过各种途径，让学界了解学科年鉴，接受学科年鉴，使用学科年鉴，使学科年鉴真正成为学术研究的好帮手。

一是加强对学科年鉴的宣传。“酒香也怕巷子深”。每部学科年鉴出版之后，要及时举行发布会，正式向学界介绍和推出，提高学科年鉴的知名度。编纂单位也要加大对学科年鉴的宣传，结合学会年会、学术会议、年度优秀成果评选等活动，既加强对学科年鉴的宣传，又发挥学科年鉴的学术评价作用。

二要在使用中提高学科年鉴的影响力。要让学界使用学科年鉴，必须让学科年鉴贴近学界的需求，真正做到有用、能用、管用。因此，不能关起门来编学科年鉴，而是要根据学界的需求来编纂，为他们了解学术动态、掌握学科前沿、开展学术研究提供便利。要确保学科年鉴内容的原创性、独特性，提供其他渠道提供不了的学术信息。实现这个目标，就需要在学科年鉴内容创新上下功夫，不仅是筛选和转载，更多的内容需要用心策划、加工和提炼。实际上，编纂学科年鉴不仅是整理、汇编资料，更是一项学术研究工作。

三是提高学科年鉴使用的便捷性。当今网络时代，要让学科年鉴走进千万学者中间，必须重视学科年鉴的网络传播，提高学科年鉴阅读与获取的便捷性。出版社要重视学科年鉴数据库产品的开发。同时，要注重同知识资源平台的合作，利用一切途径扩大学科年鉴的传播力、影响力。在做好国内出版的同时，还要做好学科年鉴的海外发行，向国际学术界推广我国的学科年鉴。

4. 注重完善学科年鉴编纂工作机制

实现学科年鉴的高质量发展，是一项系统工程，需要哲学社会科学界的集思广益，共同努力，形成推动学科年鉴工作高质量发展的工作机制。哲学社会科学学科年鉴编纂，中国社会科学院当然要当主力军，但并不能包打天下，应当充分调动哲学社会科学界的力量，开展协调创新，与广大同仁一道，共同编纂好学科年鉴。

学科年鉴管理部门和编纂单位不仅要逐渐加大对学科年鉴的经费投入，而且要创新学科年鉴出版形式，探索纸本与网络相结合的新型出版模式，适当压缩纸本内容，增加网络传播内容。这样做，一方面可提高经费使用效益，另一方面，也有利于提升学科年鉴的传播力，进一步调动相关单位、科研人员参与学科年鉴编纂的积极性。

随着学科年鉴规模的扩大和质量的提升，可适时启动优秀学科年鉴的评奖活动，加强对优秀年鉴和优秀年鉴编辑人员的激励，形成学科年鉴工作良性发展的机制。要加强年鉴工作机制和编辑队伍建设，有条件的要成立专门的学科年鉴编辑部，或者由相对固定人员负责学科年鉴编纂，确保学科年鉴工作的连续性和编纂质量。

出版社要做好学科年鉴出版的服务工作，协调好学科年鉴编纂中的技术问题，提高学科年鉴质量和工作效率。除此之外，还要下大力气做好学科年鉴的市场推广和数字产品发行。

说到这里，可将本文的结论做如下归结：学科年鉴在加快构建中国特色哲学社会科学、建构中国自主知识体系中的地位和作用既十分重要，又异常关键，我们必须高度重视学科年鉴的编纂出版工作，奋力谱写哲学社会科学学科年鉴编纂工作新篇章。

特　　载

·谢伏瞻工作讲话

打赢“两全目标”攻坚战
谋划新时代地方志事业发展蓝图
——在2020年全国地方志机构主任工作会议暨全国地方志事业发展规划研讨会上的讲话

（2019年12月30日）

谢伏瞻

2020年是全面建成小康社会和“十三五”规划收官之年，也是全国地方志系统决胜完成“两全目标”之年。在这重要时刻，我们召开此次会议，科学谋划未来五年地方志事业发展蓝图，具有重要意义。我谨代表中国地方志指导小组，对各位代表表示热烈欢迎！并通过你们，向全国地方志工作者致以诚挚问候和衷心感谢！

盛世修志，功在千秋。70年来，中华民族迎来了从站起来、富起来到强起来的伟大飞跃，全国地方志事业与时代同发展，与祖国共奋进，进入历史上发展最好的时期。这次会议的主题是以习近平新时代中国特色社会主义思想为指导，深入学习贯彻党的十九大和十九届二中、三中、四中全会精神及习近平总书记关于地方志工作重要论述精神，全面总结2019年全国地方志工作，安排部署2020年任务，科学谋划未来五年的发展思路，进一步统一思想、凝聚共识，提振信心、实干奋进，坚决打赢“两全目标”攻坚战，统筹推进新时代地方志事业发展规划，为全面建成小康社会和“十三五”规划圆满收官作出应有的贡献。

下面，我就做好地方志工作谈三点意见。

一、高举旗帜，坚持以习近平新时代中国特色社会主义思想为指导

地方志纵贯古今、横陈百科，是社会主义文化事业的重要组成部分，是党和国家工作全局中的重要组成部分。习近平新时代中国特色社会主义思想特别是关于地方志工作的重要论述，是新时代做好地方志工作的根本遵循和行动指南。要深入学习领会，准确把握其丰富内涵、精神实质和实践要求，特别要掌握贯穿其中的马克思主义立场、观点、方法，用以武装头脑，指导工作。

习近平总书记关于地方志工作的重要论述，集中体现在总书记一系列关于地方志工作的重要讲话、重要批示、重要文章中，特别是1989年8月12日在宁德地方志工作会议上的重要讲话。习近平同志强调，修志是一项很有意义的工作。其意义，说通俗一点，就是使我们做一个明白人。“以古为鉴，可知兴替”。对于我们，只有加深对历史的掌握和理解，才能“以古为鉴，鉴古知今”。这个讲话已经中办批准内部印发，希望大家深入学习，认真领会，在修志工作中切实贯彻落实。

当前，新一轮党和国家机构改革顺利完成，尽管全国省、市、县三级地方志工作机构出现了一些新变化，完成“两全目标”面临一些新情况新问题，但党中央、国务院对地方志工作的高度重视没有变，地方志工作在党和国家工作全局中的重要地位和作用没有变，广大地方志工作者存史、育人、资政的职责使命没有变。各级地方志工作机构和广大地方志工作者要在学习贯彻习近平新时代中国特色社会主义思想上更进一步、更深一层，提高贯彻习近平总书记关于地方志工作重要论述精神的自觉性和主动性，强化责任意识和担当精神，奋力开创地方志工作新局面。

二、提高站位，坚决打赢地方志“两全目标”攻坚战

按时保质完成地方志“两全目标”，是党中央、国务院赋予各级党委、政府的法定职责，是全国地方志系统为全面建成小康社会的献礼工程，是当前全国地方志系统的中心工作和首要任务。我们要增强“四个意识”，坚定“四个自信”，做到“两个维护”，如期实现“两全目标”的信心和决心决不能有丝毫的动摇，工作标准决不能有丝毫的降低，工作节奏决不能有丝毫的松懈，坚决做到不获全胜，决不收兵。

新时代，要以只争朝夕的精神加快推进工作。中指组及其办公室要按照《地方志工作条例》《规划纲要》赋予的职责要求，坚持完成时间不推迟、工作标准不降低，加强统筹协调，进一步加大督查指导力度。各级党委政府要为完成“两全目标”，备齐配全必要的人员、经费、设施、服务等保障措施。各级地方志工作机构和广大地方志工作者要强化责任落实，细化任务分解，全力夺取“两全目标”攻坚的最终胜利。越是到“两全目标”攻坚的收官阶段，越是不能放松质量标准，必须坚决把好政治关、史实关、体例关、文字关、出版关，坚决克服侥幸心理和麻痹思想。

近年来，“两全目标”工作推进力度之大、规模之广、影响之深前所未有，成绩值得肯定，但整体进度还不够理想，仍面临很大困难和挑战。现在距2020年底仅有一年的时间，如期完成“两全目标”进入倒计时，时间非常紧迫，任务十分艰巨。随着新一轮机构改革的完成，地方志管理体制出现新变化，还面临书号申请难、出版费用上涨等新情况。虽然这些都是“两全目标”攻坚过程中暂时性、阶段性的困难，但是必须引起高度重视，必须认真研究，妥善解决。

三、科学谋划，统筹推进新时代地方志事业发展规划

当前，地方志第一个五年规划即将收官，谋划新时代地方志事业发展是我们面临的重要任务。地方志工作要坚持以习近平新时代中国特色社会主义思想为指导，适应我国经济社会发展的趋势和要求，坚持以“中国之志”资政辅治、记录传承“中国之治”，切实履行好党中央国务院赋予我们“为党立言、为国存史、为民修志”的法定职责，进一步明确地方志在“十四五”规划中的定位，在文化事业发展中的定位，在国家发展战略中的定位。

一是编制印发第二个地方志事业《规划纲要》。今年下半年，中指办拟制了《全国地方志事业发展规划纲要（2021—2025年）（草案）》，广泛征求了有关方面的意见建议，这次会议的主题

之一就是要认真讨论这个《规划纲要》。2020年，中指组及其办公室要在广泛征求地方志系统内外各方意见的基础上，精心打磨规划文本，力争年底前由中央办公厅、国务院办公厅印发第二个地方志事业《规划纲要》，确定未来五年地方志事业发展的指导思想、基本原则、总体目标、主要任务和保障措施。

二是筹备召开中指组六届一次会议和第六次全国地方志工作会议。2020年，中指组要及时向党中央国务院汇报地方志工作进展，加强与有关部门沟通对接，精心筹备、周密部署，全力筹备组织好中指组六届一次会议和第六次全国地方志工作会议，为未来五年地方志事业科学发展把向定调。

三是稳步推动相关法律法规修订和立法。党的十八大以来，全国地方志事业蓬勃发展，现行的法律法规已经不能充分适应地方志事业发展的实际需要。要加快《地方志工作条例》修订，适时谋划《中华人民共和国史志法》立法，推动地方志事业在法制轨道上健康发展。

四是努力建设一支高素质专业化的地方志人才队伍。中指组要推动方志学学科体系研究，把方志学融入中国社会科学院“三大体系”建设中，探索在中国社会科学院大学等高等院校、中国历史研究院等科研院所设立方志学教学研究机构。要研究出台全国地方志系统高素质专业化人才队伍建设意见，筹建全国地方志人才库，为地方志工作培养储备人才。

同志们！

新时代地方志踏上了新征程。让我们更加紧密地团结在以习近平同志为核心的党中央周围，不忘初心、牢记使命，把地方志工作融入我国改革开放的伟大事业之中、融入人民创造历史的伟大奋斗之中，努力做新时代中国特色社会主义事业的见证者、记录者、传承者，奋力开创新时代地方志事业科学发展的新局面，为实现“两个一百年”奋斗目标，实现中华民族伟大复兴的中国梦作出更大的贡献！

在元旦、春节即将来临之际，祝同志们新年快乐、工作顺利、身体健康、合家欢乐！

·高翔工作讲话

坚定信心　强化责任　坚决完成规划纲要既定目标
全面谋划地方志事业科学发展

——在2020年全国省级地方志机构主任工作会议
暨全国地方志事业发展规划研讨会上的总结讲话

（2019年12月30日）

高　翔

在大家的共同努力下，2020年全国省级地方志机构主任工作会议暨全国地方志事业发展规划研讨会已经圆满完成各项既定议程，下面，我从三个方面对会议作简要总结。

一

这次会议是第六届中国地方志指导小组（以下简称中指组）成立以来总结谋划工作的第一次

会议，也是以习近平新时代中国特色社会主义思想为指导，扎实推进2020年地方志工作的动员会、部署会，对学懂、弄通、做实习近平新时代中国特色社会主义思想，圆满完成党中央国务院交办的重要任务，做好承上启下，全面推进新时代地方志转型升级具有重要意义。中国社会科学院院长、中指组组长谢伏瞻同志在讲话中明确提出，要坚决打赢“两全目标”攻坚战，统筹推进地方志事业科学发展，以更加优异的成绩为全面建成小康社会和“十三五”规划圆满收官作出方志人的独特贡献。这次会议就是要统一思想、凝聚共识，提振信心、实干奋进，精心谋划、共促发展。

这次会议严格落实中央八项规定及其实施细则精神，遵循节俭、务实、高效的原则，不仅“开短会”，而且“开好会”，不仅有“会”的形式，而且有“议”的过程，切实改进会风。在短短一天的时间内，全面总结2019年全国地方志工作，安排部署2020年任务，分析存在的问题，研究解决问题的对策，科学谋划未来五年的发展思路，部署下一步工作任务，高质量完成所有的会议议程，是一次成功的年度主任工作会议和交流研讨会。同时要求每位代表会议期间一律在驻会就餐，不请客、不吃请，大家都能感受到这次工作会的简约新风。

这次会议主题明确、内容丰富。会上，伏瞻同志作了讲话，讲话紧紧结合新时代地方志的新形势、新要求，主题突出，内涵丰富，立意深远。同时，祥德同志作了工作报告，系统总结了2019年的工作，部署了2020年的工作重点。新立同志宣读了第三批入选中国精品年鉴的通知，为中国精品年鉴单位授牌，充分肯定了一年来年鉴质量建设的成就。与会代表分为4个小组，围绕伏瞻同志的讲话、《全国地方志事业发展规划纲要（2021—2025年）》（征求意见稿）（以下简称征求意见稿），结合本地区的工作，就如何做好2020年的地方志工作、如何就第二个规划纲要制定得更科学进行了充分的讨论，提出了很多有价值的意见和建议。不少代表表示，这次会议虽然时间短，但是他们感觉非常充实、“烧脑”，大家专心致志、集思广益、建言献策，真正把精神领会、把问题说足、把对策说清，切实解决问题，推动工作。

二

这次会议是在全面完成《全国地方志事业发展规划纲要（2015—2020年）》（以下简称第一个规划纲要）既定目标任务、坚决打赢“两全目标”收官战役、科学谋划未来五年地方志发展蓝图的关键时期召开的一次关键性会议，意义重大。为进一步学习贯彻会议精神，将会议精神转化为完成第一个规划纲要，推动地方志事业全面转型升级的巨大力量，我再谈几点意见，供同志们参考。

一是要坚持用习近平新时代中国特色社会主义思想武装头脑、指导实践。树牢“四个意识”，坚定“四个自信”，做到“两个维护”，坚决贯彻党中央、国务院的各项决策部署，自觉在政治上、思想上、行动上同以习近平同志为核心的党中央保持高度一致，旗帜鲜明地坚持党的政治方向、政治立场、政治观点，确保地方志工作始终围绕中心，服务大局，沿着正确方向向前推进。首先就是要狠抓习近平新时代中国特色社会主义思想尤其是习近平总书记关于地方志工作重要论述的学习贯彻，切实重视地方志工作。伏瞻同志在上午的讲话中已经系统地梳理了习近平总书记关于地方志工作的重要论述，从中我们可以看到，习近平总书记始终高度重视修史修志、读志用志。总书记在河北、福建、浙江、上海工作期间，就很注意通过志书汲取历史智慧，辅助科学决策，并且以思想家、战略家的眼光看待史志工作，作了一系列重要论述。这些重要论述，是我们开展地方志工作的根本遵循，一定要学习宣传好、贯彻落实好，继续坚持和健全党委领导、政府主持、地方志工作机构组织实施、社会各界广泛参与的工作体制，坚持和完善将地方志工作纳入各地国民经济和社会发展规划、地方各级政府工作任务，“认识、领导、机构、编制、经费、设施、规划、工作”到位（即“一纳入、八到位”）的工作机制。

二是要坚定必胜信心，坚决打赢“两全目标”攻坚战，确保如期完成党中央国务院交办的重要任务。大家都清楚，“两全目标”是国务院布置给地方各级政府的硬指标、硬任务，要求在2020年如期完成。当然，这也是全国地方志工作者的神圣历史责任和重要使命担当。后天就是元旦，也就拉开了“两全目标”攻坚的序幕，时不我待。但是，我们必须清晰地认识到，从全国来看，“两全目标”的任务依然非常艰巨，面临的问题和困难层出不穷，如机构改革、人员经费、出版印刷、申请书号等，大家在下午的讨论中也提到了很多。越是困难的时候，越是考验我们的时候，也是要劲的时候。首先，我们一定要有必胜的信念，咬定青山不放松，绝不能在这个关键的时候泄气。其次，我们要开动脑筋、创新思路，打组合拳，中指办、各级政府、各级地方志工作机构要明确分工，形成攻坚合力。再次，在赶进度的关键时候，我们尤其不能放松的是对质量的要求。习近平总书记指出：志书要注意质量，能经得起时间和历史的检验。各部门都要把质量放在第一位，对社会负责，对事业负责，对子孙后代负责。总书记的论述站位很高，抓住了修志的根本性、关键性问题。时代需佳志，佳志传千秋。我们一定要将质量建设摆在第一位。正如有的同志讲的“不给国家浪费纸，杜绝质量低劣的志书流传后世”。我们修志就是要言必有据、事必有证，这样才能编修出无愧于历史、无愧于时代、无愧于后人的精品良志。

三是要广开言路，科学谋划地方志事业发展规划。第一个规划纲要即将收官，在过去的五年中，全国地方志系统上上下下都充分认识到有一个好的规划、好的纲领是多么重要。但编制一个科学合理的规划，是一个系统工程，不是一蹴而就、拍拍脑袋就决定的了，一定要有科学的指导思想，经过充分调研，最大范围地征求各方面的意见。根据伏瞻同志在2019年全国省级地方志机构主任工作会议上的讲话精神，中国地方志指导小组办公室（以下简称中指办）在深入学习习近平新时代中国特色社会主义思想尤其是习近平总书记关于地方志工作的重要论述，并对第一轮规划纲要贯彻落实情况、地方志“十业”发展的基本情况进行充分调研的基础上，起草了《全国地方志事业发展规划纲要（2021—2025年）》，并多次在不同范围内征求意见形成征求意见稿，提交会议讨论。会后，中指办要充分研究和吸收，做好修改完善工作。各省、区、市地方志工作机构的负责同志要组织有关人员认真讨论，形成正式修改意见，按照要求及时反馈至中指办。我们要把握以下原则：坚持目标导向和问题导向相统一，既从目标倒推，厘清到时间节点必须完成的任务，又从迫切需要解决的问题顺推，明确破解难题的途径和办法；坚持将地方志和社会经济文化相统筹，既从地方志事业发展实际出发，又从经济社会发展大局着手进行谋划；坚持全面规划和突出重点相协调，既着眼于全面推进地方志十业发展，又突出重点任务、薄弱环节，针对问题提出可行思路和务实举措；坚持战略性和操作性相结合，既强调规划的宏观性、战略性、指导性，又突出规划的约束力和可操作、能检查、易评估，做到虚实结合。

四是要高度重视地方志队伍建设，打牢地方志事业发展的根基。修志大业，关键在人。地方志工作机构是一个特殊的专业部门，对人员要求比较高。尤其当前地方志事业正处于推进“两全目标”的攻坚期、转型升级的关键期，对地方志队伍建设有了更高的要求。要探索适合地方志事业发展的人才政策和机制，通过建立地方志专家库、加大教育培训、开展学术研讨、加强学科建设等方式，努力培养和引进一批政治素质过硬，业务技能精湛，能力强、有担当、讲奉献的高端人才，建设一支高素质的地方志编修、研究工作队伍。同时，修志也是一件相当“得志”的事情，我们方志人要坚定文化自信，凝聚发展共识，切实增强对事业的认同感、自豪感和成就感。通过干中学，学中干，努力使自己成为“行家里手”，成为方志专家，担负起记录时代、传承历史的重任，守护好中华文化的根与脉。

三

为切实做好会议精神的学习宣传和贯彻落实，会后需要做好以下几项工作。

一是做好汇报工作。各位代表回去后，要将会议基本情况、会议主要精神，尤其是习近平总书记关于地方志工作的重要论述精神、伏瞻同志讲话精神，尽快向各级党委政府主管领导同志作专题汇报，传达中指组的工作部署和要求，进一步推动“两全目标”攻坚工作，确保第一轮规划纲要任务的全面完成。

二是做好学习工作。会后中指办要及时将伏瞻同志讲话、工作报告等印发各地、各部门认真学习贯彻。各地要把会议精神传达到各级地方志工作机构以及每一位地方志工作者，把思想和行动统一到此次会议的精神和部署上来。

三是做好落实工作。中指办要尽快明确“两全目标”攻坚推进的工作方案，做好第二轮规划纲要意见的收集、整理、吸收工作。各地、各部门要根据本次会议精神和具体部署，紧密结合工作实际，明确目标责任，加强督促检查，做好“两全目标”攻坚，组织好第二轮规划纲要在本地的意见征求工作，确保会议精神和各项部署真正落实到位。

同志们，“真抓才能攻坚克难，实干才能梦想成真。”让我们携起手来，以习近平新时代中国特色社会主义思想为指导，一步一个脚印，以强烈的担当意识，务实重干，奋力前行，完成一个又一个的目标，成为新时代的奋斗者、中华文化的传播者、中华民族伟大复兴征途上的追梦者，为实现“两个一百年”奋斗目标，为实现中华民族伟大复兴中国梦作出新的更大贡献。

在2020年即将来临之际，祝同志们新年快乐、身体健康、万事如意！

特　辑

【谢伏瞻在中国社会科学院工作报告中肯定中指办工作】 1月17日，中国社会科学院院长、中指组组长谢伏瞻在中国社会科学院2019年度工作会议暨全面从严治党加强党的建设工作会议的报告中指出，2018年，中指办“围绕‘两全目标’攻坚，着力推动‘十大工程’协调发展，紧扣‘三大主题’开拓创新，工作取得重大进展”，2019年“要继续推进‘两全目标’落实，推进《中国南海志》《三沙市志》编纂，打造中国方志品牌”。（刘淑颖）

【谢伏瞻就中指办工作作出批示】 2月10日，中国社会科学院院长、中指组组长谢伏瞻在《关于审定中国地方志指导小组办公室2018年工作总结和2019年工作要点的请示》上批示：“2018年方志办做了大量工作，取得了不小成绩。2019年，要稳定机构，稳定队伍，按规划推进全国方志工作全面均衡发展，多出精品，服务大局。”（刘淑颖）

【谢伏瞻调研黑龙江省地方志工作】 8月9日，中国社会科学院院长、中指组组长谢伏瞻在哈尔滨市召开座谈会，听取黑龙江省地方志工作汇报并讲话。谢伏瞻指出，近两年黑龙江省地方志系统做了大量工作，取得较显著的成绩。谢伏瞻强调，黑龙江省地方志工作者要按照国家地方志事业发展总体规划和中指组的工作部署，做好新时代的地方志工作；要继续发挥好省委史志研究部门对全省地方志工作的组织、指导和督促作用，加紧推进地方志“两全目标”实现；要进一步聚焦主责主业，突出主要职能和主要任务，做好省级志书的编修工作；要注重发挥好机关各业务处室在编史修志中的牵头、引路、把关作用，动员和组织社会各方面力量。（刘淑颖）

【高翔到中指办调研指导工作】 1月8日，中国社会科学院副院长、中指组常务副组长高翔到中指办调研地方志工作并看望干部职工。高翔指出，近年来，地方志工作有规划、有章法、有成绩；修志工作如火如荼，方志出版日新月异，全国地方志工作充满生机和活力，发生了深刻变化，成绩有目共睹。他说，实践证明，中指办领导班子和干部队伍是愿干事、能干事、干成事的队伍，是有战斗力、凝聚力、专业化的队伍。他要求，以政治建设为中心，加强党的建设；增强地方志工作自信，继续发挥地方志不可替代的作用；紧紧围绕党和国家工作大局开展地方志工作；加强队伍建设，切实解决干部职工困难。（刘淑颖）

【高翔调研福建省地方志工作】 6月16日，中国社会科学院副院长、中指组常务副组长高翔到福建漳州调研福建省地方志工作，并召开座谈会。在听取中共福建省委党史研究和地方志编纂办公室负责人及漳州市委有关人员关于福建省和漳州市地方志工作的汇报后，高翔指出，福建省“两全目标”推动有力，工作思路清晰，信心干劲充足，取得显著成绩。高翔对福建省地方志工作提出五点要求：一是要认真学习贯彻习近平新时代中国特色社会主义思想，尤其是习近平总书记关于史志的重要论述；二是要从实现可持续发展的战略高度、全面发展的战略高度和文化强省的战略高度看待地方志工作；三是要抓好地方志质量，编修出无愧于历史、无愧于乡邦、无愧于后人的志

书；四是要结合地域文化编修特色志书；五是要加强人才队伍建设。（刘淑颖）

【高翔调研安徽省地方志工作】 6月18日，中国社会科学院副院长、中指组常务副组长高翔到安徽合肥调研安徽省地方志工作，并召开座谈会。高翔在听取安徽省地方志工作汇报后指出，安徽省地方志工作有声有色、富有成效，“两全目标”完成情况比较好，应给予充分肯定。他对安徽省地方志工作提出四点要求：一是要认真学习贯彻习近平新时代中国特色社会主义思想，特别是习近平总书记关于史志工作的重要指示精神；二是要从实现可持续发展的战略高度、全面发展的战略高度和文化强省的战略高度看待地方志工作，力争走在全国前列；三是要高度重视地方志质量，坚持存真求实，充分利用现代技术手段，客观准确记述史实，确保地方志成果信今传后，充分发挥存史、育人、资政作用；四是要加强地方志人才队伍建设。（刘淑颖）

【高翔调研全国地方志工作】 6月26日，全国地方志工作专题调研座谈会在江苏苏州召开。中国社会科学院副院长、中指组常务副组长高翔出席会议并讲话，云南省副省长李玛琳出席会议。中指组秘书长、中指办主任冀祥德，中指办副主任邱新立出席会议。高翔与会议代表充分交流并指出，在机构改革背景下，要强化地方志工作的重要性，积极向当地党委、政府汇报工作；要坚决抓好地方志质量，坚持正确的政治方向、理论方向，坚持存真求实、信今传后原则，编修出无愧于历史、无愧于后人的志书；要坚持贯彻以人民为中心的发展理念，以志经世，积极融入精准扶贫、乡村振兴等国家战略，充分利用互联网等新技术手段，推动地方志事业向纵深发展。新疆、山西、广西、浙江、广东、内蒙古、海南等省（区、市）地方志工作机构主要负责人先后发言，介绍当地地方志事业发展尤其是“两全目标”推进工作中的困难与问题，并就下一步地方志工作的开展提出意见与建议。各省级地方志工作机构主要负责人，“两全目标”工作推进较慢的省直部门分管领导、地方党委或政府分管领导以及地方志工作机构主要负责人参加会议。（刘淑颖）

【高翔出席深圳党史馆、深圳方志馆开馆仪式】 6月27日，中国社会科学院副院长、中指组常务副组长高翔出席深圳党史馆、深圳方志馆开馆仪式并致辞。中指组秘书长、中指办主任冀祥德出席开馆仪式。高翔指出，深圳党史馆、深圳方志馆建成开馆是全国党史事业、地方志事业发展的一件大事、喜事、好事，是深圳市深入贯彻落实《地方志工作条例》和《规划纲要》的重要举措，是深圳市地方志事业转型升级的一项重大成果。高翔强调，未来要进一步提高政治站位，紧抓发展机遇，多方学习借鉴先进经验，发挥特区区位优势，将党史馆和方志馆建设成为深圳发展的重要文化名片；要自觉发挥引领带动作用，争做新时代地方志“立起来”“活起来”“热起来”的排头兵。（刘淑颖）

【高翔调研吉林省地方志工作】 10月12日，中国社会科学院副院长、中指组常务副组长高翔到吉林长春调研地方志工作，并召开座谈会。高翔听取吉林省地方志编委会及吉林市、延边朝鲜族自治州、辽源市、公主岭市、白山市江源区地方志工作机构负责人工作汇报后，对吉林省地方志工作提出五点要求：一是要切实重视地方志工作；二是要狠抓“两全目标”推进，确保如期完成；三是要狠抓修志质量，努力打造一批良志名志；四是要狠抓地方志队伍建设，打牢地方志事业发展的根基；五是要狠抓地方志资源开发利用，大力彰显地方志的历史文化价值和经世致用价值。（刘淑颖）

【中指组原常务副组长朱佳木赴峰峰矿区考察调研史志工作】 9月22日，中国社会科学院原副院长、中指组原常务副组长朱佳木，在河北省志办主任杨洪进等陪同下到河北邯郸峰峰矿区，向跃峰渠纪念馆捐赠珍贵历史资料，并实地考察调研史志工作。朱佳木与邯郸市常务副市长武金良等就史志工作进行座谈。

（魏铁军）

【北京市委书记蔡奇主持北京市委常委会会议研究党史地方志工作】 7月3日，北京市委书记蔡奇主持召开北京市委常委会会议，传达全国党史和文献部门主要负责人会议、全国地方志机构主任工作会议精神，听取市委党史研究室、市志办主任李良关于北京市贯彻落实建议的汇报，研究党史地方志工作。蔡奇指出，要认真落实中央会议精神，推动北京市党史地方志工作高质量融合发展，按时高质完成地方志“两全目标”；要突出党史地方志工作政治属性，把研究阐释习近平新时代中国特色社会主义思想、跟踪研究这一科学理论实践进程作为首要职责；办好史志宣传月活动，为迎接新中国成立70周年营造良好氛围；整合党史、地方志研究力量和资源，建设高素质骨干队伍。

（史晔）

【中共北京市委常委、组织部部长魏小东出席北京市党史和地方志办主任会议】 8月22日，中共北京市委常委、组织部部长魏小东出席北京市党史和地方志办主任会议并讲话。魏小东要求，要始终坚持以习近平新时代中国特色社会主义思想为指导，在围绕中心服务大局中积极担当作为，坚持把研究阐释习近平新时代中国特色社会主义思想以及全面记录、跟踪研究这一思想在京华大地的生动实践作为首要职责；要紧紧抓住党史研究这一根本任务，保质保量按时完成地方志“两全目标”，谋划推出具有一定影响力的精品力作；切实加强党史、新中国史宣传教育，讲好中国故事、中国共产党故事、新时代中国特色社会主义故事和首都发展故事；要着力建设一支高素质专业化的干部人才队伍，锤炼政治品格，增强业务本领，搭建综合平台，为推动新时代首都高质量发展提供历史智慧和智力支持。

（史晔）

【北京市副市长、市地方志编委会常务副主任王红主持召开第二轮修志规划任务工作调度会】 11月27日，北京市副市长、市地方志编委会常务副主任王红主持召开北京市第二轮修志规划任务工作调度会。王红在讲话中指出，按时保质完成第二轮修志规划任务，是在规定时限必须要履行的法定职责、必须要完成的法定任务，各单位要认真贯彻落实习近平总书记关于地方志工作的重要指示精神，按照市委常委会按时保质完成第二轮修志任务的要求，以强烈的政治责任感和历史使命感，认真分析研判第二轮修志面临的形势和任务，因症施策、精准发力，加快第二轮修志步伐，确保北京按时保质完成第二轮修志规划任务。王红要求，各承编单位要集中力量、真抓实干，主要领导和分管领导要亲自过问修志工作，加强组织领导，拿出实招硬招，具体分析、精准发力，倒排工期、压实任务，组建专班、攻坚克难，加强统筹、形成合力，笔削一人、加强统稿，确保志书政治正确和史实无误后，报市委市政府批准出版。北京出版集团作为第二轮修志规划任务的出版单位，要保证力量投入，优化工作环节，加强沟通合作，精益求精、万无一失，高质量完成第二轮修志出版任务。市委党史研究室、市地方志办作为第二轮修志规划任务的牵头和实施部门，要切实履行好《地方志工作条例》赋予的组织、指导、督促和检查职能，建立台账、狠抓落实，加强督导、加强指导，优化流程、加快审查，既要保证二轮修志的进度，也要保证二轮修志的质量。（史晔）

【北京市副市长王红就《北京志》编纂工作作出批示】 12月19日，北京市副市长、市地方志编委会常务副主任王红就《第二轮〈北京志〉工作周报》作出批示，要求市委党史研究室、市志办主要负责人继续推进此项工作，指导相关单位按进度完成任务，有困难随时报告。

（史晔）

【天津市委常委、市委秘书长李毅就中指组2019年第二季度“两全目标”的通报作出批示】 9月19日，天津市委常委、市委秘书长李毅在中指组《关于2019年第二季度全国第二轮省市县三级志书和综合年鉴全覆盖完成情况的通报》上批示：“成绩值得肯定。按照工作要求抓好落实。” （唐旗）

【河北省常务副省长袁桐利对《河北省志》编纂工作作出批示】 1月10日，河北省常务副省长袁桐利对省志办《关于机构调整中〈河北省志〉编纂工作的报告》作出批示，要求有关领导研究省志办提出的问题。 （刘天娇）

【山西省委书记骆惠宁对全省党史方志工作作出批示】 8月1日，山西省委书记骆惠宁对全省党史方志工作作出批示：党史工作是党的全局工作和党的建设的重要组成部分，方志工作是为党立言、为国存史、为民构筑精神家园的重要工作。注重从历史中汲取智慧和营养是我们党的优良传统和政治优势，也是党史方志事业的价值和生命力所在。山西是名副其实的党史资源大省，也是方志资源大省，党史工作和方志工作有话可说、有事可做、大有作为。 （武岭）

【山西省委常委、宣传部部长吕岩松出席全省党史方志工作会议】 9月23日上午，山西省委常委、宣传部部长吕岩松出席全省党史方志工作会议并讲话。吕岩松强调，省委对党史方志工作高度重视，做好新形势下党史方志工作，责任重大，使命光荣。全省各级党史方志部门要深入学习贯彻习近平总书记关于党史和方志工作的重要论述精神，准确把握新时代党史方志工作的政治方向；突出政治属性，把讲政治贯穿党史方志工作始终；聚焦主责主业，不断推出高水平的党史方志编研成果；加强组织领导和人才队伍建设，整合研究资源，形成“大党史方志”工作格局，各级党委要重视党史方志队伍建设，为党史方志部门开展工作创造条件。 （武岭）

【内蒙古自治区主席布小林对内蒙古地方志工作作出批示】 4月17日，内蒙古自治区主席布小林对内蒙古地方志工作作出批示：“地方志事业关乎历史延续、文明传承，是中国特色社会主义文化事业的重要组成部分。希望全区广大地方志工作者坚持以习近平新时代中国特色社会主义思想为指导，继续弘扬方志人精神，真实、客观、准确地记录新时代自治区改革发展历程，充分发挥地方志存史、育人、资政的作用，为‘建设亮丽内蒙古，共圆伟大中国梦’作出应有贡献。各级政府要把地方志工作摆到应有位置，为新时代地方志事业繁荣发展创造良好条件。” （李向兵）

【内蒙古自治区副主席郑宏范就“两全目标”推进工作作出批示】 12月18日，内蒙古自治区副主席郑宏范在专报信息《我区完成国务院地方志“两全目标”任务存在四方面问题需引起重视》上作出批示，强调完成“两全目标”十分重要，任务艰巨。批示要求，有关领导要加强统筹调度，对工作滞后的单位、地方重点着力，加强督导。 （李向兵）

【辽宁省省长唐一军就辽宁省“两全目标”完成情况作出批示】 8月3日，辽宁省省长唐一军在中指组《关于辽宁省“两全目标”完成情况的函》上作出批示，要求“有关部门进行专题研究，提出意见建议”。 （辽宁省档案馆）

【辽宁省委常委、秘书长刘焕鑫对辽宁省档案地方志工作作出批示】 8月30日，辽宁省委常委、秘书长刘焕鑫对辽宁省档案馆（辽宁省工业文化发展中心）地方志工作情况汇报作出批示，充分肯定省档案馆近期工作，要求配合省政府办公厅抓好工作落实。（辽宁省档案馆）

【辽宁省委常委、秘书长刘焕鑫就中指组2019年第二季度“两全目标”通报作出批示】 10月5日，辽宁省委常委、秘书长刘焕鑫在中指组《关于2019年第二季度全国第二轮省市县三级志书和综合年鉴全覆盖完成情况的通报》

上作出批示，要求“组织各方面力量加快推进此项工作”。　　（辽宁省档案馆）

【吉林省省长景俊涛、副省长安立佳对中指组2019年第二季度“两全目标”通报作出批示】 9月10日，吉林省省长景俊涛在中指组《关于2019年第二季度全国第二轮省市县三级志书和综合年鉴全覆盖完成情况的通报》上作出批示，肯定吉林省“两全目标”完成情况，要求继续抓好。同日，副省长安立佳也在通报上作出批示：“近年来，省地方志编委会积极主动，工作扎实，在历次中指组‘两全目标’完成情况通报中，位居全国前列，应给予充分肯定。望再接再厉，再续佳绩。”　　（李士心）

【黑龙江省委常委、组织部部长王爱文到省方志馆考察调研】　3月19日，黑龙江省委常委、组织部部长王爱文到省方志馆考察调研。王爱文在省方志馆展厅了解黑龙江省省情及历史发展沿革等情况。他指出，作为史志工作者，有责任记录好这段历史，讲好龙江故事，传承好龙江红色基因。他询问修志编鉴情况，了解地方志编修成果，肯定“中国龙志”网站的开发和利用工作，对网站的设计和改进提出意见。他强调，黑龙江省方志馆是黑龙江开展省情教育的重要基地，要依托这个平台对各级领导干部进行省情教育，特别是要让年轻人了解黑龙江的省情和历史，教育引导他们传承发扬好龙江的“四大精神”，积极扎根龙江、奉献龙江。　　（徐萍　杜胜男）

【上海市市长应勇在《政府工作报告》中强调地方志工作】　1月27日，上海市第十五届人民代表大会第二次会议召开。上海市市长应勇在《政府工作报告》“2019年主要任务”中明确提出“全面完成第二轮新编地方志书编纂任务”。　　（王师师）

【上海市委常委、宣传部部长周慧琳就地方志工作提出要求】　1月22日，上海市委常委、宣传部部长周慧琳出席上海市宣传思想文化工作会议，强调全市各志书承编单位和部门要抓紧推进第二轮修志工作，确保完成这部“上海改革开放志”，为后人留下中国改革开放伟大进程的宝贵缩影，留下更多中国奇迹中的上海故事。　　（王师师）

【江苏省委书记娄勤俭参观江苏重大建设成就展】　9月26日，江苏省委书记娄勤俭参观省志办参与主办的江苏重大建设成就展。娄勤俭指出，在新中国的70年征程中，江苏始终是先行者、主力军和排头兵。特别是近年来，江苏牢记习近平总书记建设“强富美高”新江苏的谆谆嘱托，积极践行新发展理念，大力推进“六个高质量”，推动经济社会发展迈上了新台阶。江苏发展是全国发展的生动缩影，我国创造了世界历史上前所未有的发展奇迹。他强调，要用光辉的发展历程、伟大的发展成就和宝贵的经验启示，讲好中国故事、讲好江苏故事，充满底气地向世界展示中国和江苏发展的广阔前景，满怀自信地展现开放包容的发展姿态，激励全省上下爱党爱国、坚定信心，砥砺前行、接续奋斗。　　（武文明）

【江苏省省长吴政隆任江苏省地方志编委会主任】　2月27日，江苏省政府办公厅印发《关于调整江苏省地方志编纂委员会组成人员的通知》，调整省地方志编委会组成人员，省长吴政隆任省地方志编委会主任，省委常委、常务副省长、省委秘书长樊金龙，省人大常委会副主任许仲梓，省政协副主席周继业，省政府秘书长陈建刚任副主任，各设区市市长和省级机关部门主要负责人任委员。通知明确，省地方志编委会办事机构为省地方志编委会办公室，承担省地方志编委会日常工作。　　（武文明）

【江苏省省长吴政隆，省委常委、常务副省长、省委秘书长樊金龙对年鉴工作作出批示】　11月15日，江苏省省长吴政隆在省志办报送的《关于〈江苏年鉴（2018）〉荣获全国地方志优秀成果特等年鉴的报告》上作出批示：“好。再接再厉！”11月19日，江苏省委常委、常务副省长、省委秘书长樊金龙作出批示:“继续努力，地方志各项工作都要以此为目标。”

(武文明)

【江苏省委常委、常务副省长、省委秘书长樊金龙到省方志馆调研地方志工作】 3月7日，江苏省委常委、常务副省长、省委秘书长樊金龙到省方志馆调研地方志工作，参观“方志之乡”展厅、乡镇村志临展厅、阅览室和13个设区市地方志最新成果展，并观看《传承文明服务当代》方志工作宣传片。在听取工作汇报后，樊金龙指出，近年来地方志工作成效显著，今天看到的志书、年鉴展品，充分展现了全省地方志系统干部职工付出的辛勤劳动和取得的丰硕成果，特别是大家主动担当、勇于争先的工作热情和精神面貌值得充分肯定。他强调，全省地方志系统要以习近平新时代中国特色社会主义思想为指导，解放思想，开拓创新，在围绕中心、服务大局中发挥地方志工作的独特作用，为冲刺高水平全面建成小康社会、推动高质量发展走在前列、加快建设“强富美高”新江苏作出新贡献。他还对下一步工作提出要求。(武文明)

【江苏省副省长王江出席中华人民共和国成立70周年苏州建设成果展暨苏州历史图片展】 5月15日，江苏省副省长王江出席“中华人民共和国成立70周年苏州建设成果展暨苏州历史图片展”开幕式。该图片展由苏州市志办、苏州广播电视总台“FM91.1苏州新闻广播”联合举办，设苏州历史图片展、苏州建设成果展2个展区，至7月31日结束。(武文明)

【浙江省委书记车俊肯定《浙江通志》编纂工作】 4月10日，浙江省委书记车俊到浙江出版联合集团调研。车俊翻阅刚出版《浙江通志》新书，听取有关情况汇报，并对《浙江通志》编纂出版工作给予充分肯定。(浙江省志办)

【浙江省副省长成岳冲对方志援藏工作作出批示】 3月1日，浙江省副省长成岳冲就西藏自治区党委副秘书长陈凡彦一行到浙江省对接方志援藏工作作出批示，要求“对接好，尽到责任”。(浙江省志办)

【浙江省委常委、省委秘书长陈金彪对地方志工作作出批示】 6月10日，浙江省委常委、省委秘书长陈金彪在浙江省志办呈报的《全省地方志工作情况汇报》上批示:“地方志编纂工作成果显著。以史为鉴，以史明志，为我省经济社会发展发挥了不可或缺的作用。向从事编纂工作的专家和同志们表示衷心感谢!”

(浙江省志办)

【浙江省委常委、省委秘书长陈金彪出席《浙江通志》第八次终审会】 10月28日，浙江省委常委、省委秘书长陈金彪出席《浙江通志》第八次终审会议。陈金彪指出，进入终审的6卷志稿资料丰富、内容真实，体例严谨、结构合理，语言规范、文字流畅，达到预期要求，同意通过终审。(浙江省志办)

【浙江省委常委、宣传部部长朱国贤听取《浙江通志》编纂工作汇报】 6月21日，浙江省委常委、宣传部部长朱国贤专题听取《浙江通志》编纂情况汇报。他指出，省委、省政府对全省以《浙江通志》编纂为重点的地方史志工作十分重视，省委宣传部将为进一步推进《浙江通志》编纂做好领导、协调等方面工作，努力促进高质量按时完成《浙江通志》编纂、出版任务。(浙江省志办)

【浙江省委常委、宣传部部长朱国贤出席《浙江通志》第九次终审会】 12月27日，浙江省委常委、宣传部部长朱国贤出席《浙江通志》第九次终审会议。他强调，要深刻认识编纂《浙江通志》的重大意义，全力以赴投入其中，精益求精编史修志，用情感和功夫、智慧和苦心打造时代文化精品，为进一步繁荣、发展全省地方史志事业，加快建设文化浙江、推进“两个高水平”建设作出更大贡献。

(浙江省志办)

【福建省领导出席“福建省庆祝中华人民共和国成立70周年大型主题展”】 9月30日，福建省委书记、省人大常委会主任于伟国为“新时代新福建——福建省庆祝中华人民共和国成立70周年大型主题展”揭幕，省长唐登杰、省政协主席崔玉英等出席揭幕仪式并参观展览。该展由福建省委宣传部、中共福建省委党史方志办主办，省革命历史纪念馆、福建博物院承办。（欧长生　吴朝庭）

【江西省副省长孙菊生出席江西省地方志工作会议暨纪念《江西省实施〈地方志工作条例〉办法》颁行十周年座谈会】 1月23日，江西省副省长孙菊生出席江西省地方志工作会议暨纪念《江西省实施〈地方志工作条例〉办法》颁行十周年座谈会并讲话。他指出，《江西省实施〈地方志工作条例〉办法》颁行十年间，全省地方志事业发展全面转型升级，已逐渐形成规划先行、法治保障、创新发展、十业并举的良好局面。这得益于坚持党的领导、围绕中心服务大局，坚持依法治志。为进一步做好全省地方志工作，孙菊生强调，一要清醒认识当前工作面临的严峻形势，以时不我待的紧迫感和责任感，坚决完成“两全目标”；二要加强学习借鉴，牢守质量意识，通过加大干部队伍培养力度，不断提高编修人员的素养；三要创新工作方法，加大依法治志力度，善于围绕党委、政府工作大局主动谋划，加强对基层地方志工作的调研指导力度；四要重视宣传工作，提高地方志工作成果的利用率，使之“飞入寻常百姓家”。（朱岳）

【江西省副省长孙菊生出席第二轮《江西省志》编纂工作推进会】 12月9日，江西省副省长孙菊生出席第二轮《江西省志》编纂工作推进会并讲话。他强调，要认真学习贯彻习近平总书记关于地方志工作重要讲话精神，进一步强化思想认识，正视差距和不足，加快推进省志编纂工作，确保全省如期实现“两全目标”。（朱岳）

【江西省副省长孙菊生出席第二轮《江西省志》分志第一次验收会议】 12月31日，江西省副省长孙菊生出席第二轮《江西省志》分志第一次验收会议并讲话。他指出，这次会议标志着第二轮《江西省志》验收工作正式启动，省志编纂工作又向前推进了一大步。他强调，验收专家要严格按照精品佳志的要求把好质量关，尤其要注意把好政治关、史实关、体例关、文字关，编纂出经得起时间和历史检验的精品佳志。同时，他要求省志办加强协调调度，做好省志验收的服务保障工作，确保第二轮《江西省志》如期按质按量完成编纂出版任务。会议验收通过《江西省志（1991—2010）》中的《信访志》《组织志》《烟草志》《社会治安综合治理志》4部分志。（朱岳）

【山东省委常委、组织部部长王可出席全省党史研究院（地方史志研究院）院长会议】 5月21日，山东全省党史研究院（地方史志研究院）院长会议在济南召开。省委常委、组织部部长王可出席会议并讲话，省委组织部副部长刘树军出席会议。王可肯定全省党史史志工作取得的成绩，对深入学习贯彻习近平总书记关于党史地方志工作重要论述及做好下步工作提出要求。他指出，这次机构改革调整了党史史志部门的机构设置，进一步理顺了职能、整合了力量。全省党史地方志部门要认真落实“一突出、两跟进”要求，及时修史存录，认真总结和揭示规律，做到党史地方志事业发展与时代发展同步。要加快理顺关系，推动职能融合、思想融合、力量融合，尽快实现融合发展，实现党史、国史一体化记录记述，努力取得“1+1>2”的良好效果。（耿玉石）

【山东省领导对贯彻落实2020年全国省级地方志机构工作会议精神作出批示】 12月30日，2020年全国省级地方志机构工作会议暨全国地方志事业发展规划研讨会召开后，山东省委常委、组织部部长王可作出批示：“贯彻落实好会议精神，谋划抓好2020年工作，争创新的佳绩。”12月31日，副省长孙继业批示：“省地方史志研究院要认真学习贯彻2020年全国地方志机构主任工作会议精神，在2019年取得显著成绩的基础上，2020年再接再厉，再创我省地方志工作的新辉煌，更好地服务新时代现代化强省建设。”（李果霖）

【河南省委书记、省人大常委会主任王国生对史志工作作出批示】 8月22日，河南省委书记、省人大常委会主任王国生对地方志工作作出批示：“地方志是传承中华文明、发掘历史智慧的重要载体，肩负着以文化人、培根铸魂的重要使命。多年来，全省广大史志工作者淡泊名利、甘守清苦，做出了不平凡的业绩。希望你们坚持以习近平新时代中国特色社会主义思想为指导，继续发扬修志问道、以启未来的精神，不忘初心、牢记使命，再接再厉做好史志编纂、管理和开发利用工作，不断提高地方志的科学性、思想性、时代感，为助力中原更加出彩作出新的更大贡献。全省各级党委、政府要认真贯彻习近平总书记高度重视修史修志工作的重大要求，关心支持史志工作，切实加强领导指导，推动河南史志工作再上新台阶。”（高孟娜）

【湖南省委常委、宣传部部长张宏森到省地方志编纂院调研】 10月24日，湖南省委常委、宣传部部长张宏森一行到省地方志编纂院，考察湖南方志馆藏书情况，看望干部职工。在听取省地方志编纂院副主任邓建平简要介绍湖南地方志工作基本情况、在全国的地位和特色成果以及下一步工作安排后，张宏森对全省地方志工作提出四点要求：一是在学习宣传研究习近平新时代中国特色社会主义思想上主动作为，修志要在新思想的统领之下，在体例不变的格局下，体现新时代蕴含的新内涵，发现新的本质性力量；二是在建设具有强大凝聚力和引领力的社会主义意识形态中贡献力量，敢于斗争，善于斗争，坚定不移地捍卫马克思主义的指导地位；三是在服务全省改革发展大局中彰显担当；四是在存史资政育人方面作出更大贡献。他强调，地方志工作要不断拓展内涵，创新内容形式，编纂无愧于历史、无愧于时代、无愧于人民的成果，让新时代的地方志立起来、热起来、活起来，提升服务大局的能力。（张睿）

【广东省委副书记、深圳市委书记王伟中出席深圳党史馆、方志馆开馆仪式】 6月27日，广东省深圳党史馆、深圳方志馆正式开馆。广东省委副书记、深圳市委书记王伟中出席开馆仪式并致辞，他指出，在全党深入开展“不忘初心、牢记使命”主题教育的重要时刻，深圳市举行深圳党史馆、深圳方志馆开馆仪式并组织参观学习，是开展主题教育的重要内容之一。深圳党史馆、深圳方志馆建成开馆，为深圳党员干部更好坚定初心使命提供了重要学习平台和鲜活教材。全市上下要以“不忘初心、牢记使命”主题教育为契机，全面系统深入学习习近平新时代中国特色社会主义思想，与习近平总书记对广东重要讲话和对深圳重要批示指示精神一起学习领会、整体贯彻落实，着力抢抓粤港澳大湾区建设重大机遇，增强核心引擎功能，在新时代走在前列、新征程勇当尖兵，努力把深圳建设成为向世界展示我国改革开放成就的重要窗口、国际社会观察我国改革开放的重要窗口。（广东省志办）

【广西壮族自治区副主席黄俊华出席“不忘初心、无私奉献——天津支边医生在广西”图片展开展仪式】 8月30日，“不忘初心、无私奉献——天津支边医生在广西”图片展在广西壮族自治区档案馆举行开展仪式，自治区副主席黄俊华出席开展仪式并参观展览。该图片展是自治区志办牵头实施的“天津支边医生在广西”史料收集整理及后续开发研究项目的成果之一，分“时代呼唤 津桂连心”“扎根八桂 无私奉献”“铭记历史 岁月如歌”3个部分，以图片形式展现天津医生在20世纪60年代至70年代对广西各族人民的无私奉献，反映天津支边医生“扎根边疆，无私奉献”的崇高精神，体现天津支边医生对广西各族人民的深情厚谊。首展后，9月23日至12月27日还在全

区13个设区市进行为期3个月巡回展出。（高叶）

【海南省领导就海南省史志工作作出批示】 1月10日，海南省委常委、省委秘书长胡光辉在海南省委党史研究室（省志办）《关于2018年工作总结和2019年工作安排的报告》上作出批示："党史室过去一年做了大量工作。今年大事要事多，望再接再厉。"海南省副省长王路作出批示："继续做好史志工作，并发挥其作用。"（黎美君）

【重庆市副市长屈谦到市志办调研】 5月7日，重庆市副市长屈谦一行到市志办调研地方志工作。屈谦前往市志办资料库房现场，实地调研地方志资料库房情况。随后，组织市财政局、市机关事务局、市档案局、市志办有关负责人就改善地方志书保存环境开展座谈，协调解决方志馆和方志资料库问题。（张莉）

【四川省委常委、常务副省长王宁就召开全省地方志工作会议作出批示】 1月11日，四川省委常委、常务副省长王宁在《四川省地方志工作办公室关于召开全省地方志工作会议有关事项的请示》上作出批示，要求结合省委省政府2019年工作安排部署，落实好全国工作会议精神。（黄绚）

【四川省委常委、常务副省长王宁就地方志工作作出批示】 1月31日，四川省委常委、常务副省长王宁在《四川省地方志工作办公室关于2018年工作总结及2019年工作初步安排的报告》上作出批示，指出2018年全省地方志系统围绕中心、服务大局，编纂出版了《汶川特大地震四川抗震救灾志》《四川改革开放40周年大事记》等一批重要成果，省志办为此付出了艰辛努力，特向大家表示问候。他强调，"2019年要坚持以习近平新时代中国特色社会主义思想为指导，深入贯彻习近平总书记对四川工作系列重要指示精神，进一步树牢'四个意识'，坚定'四个自信'，坚决做到'两个维护'，按照省委十一届三次、四次全会决策部署，在中指组的指导下，认真实施全省地方志事业'十三五'发展规划，立足主责主业，着力发挥'存史、资政、育人'功能，围绕实现'两全目标'高质量推进志鉴编修，深度挖掘地情资源，更好传承优秀巴蜀文化，全面落实新时代党的建设总要求。打造忠诚、干净、担当的干部队伍，为治蜀兴川再上新台阶贡献方志力量。"（黄绚）

【四川省委常委、常务副省长王宁就中指组2018年第四季度"两全目标"通报作出批示】 3月28日，四川省委常委、常务副省长王宁在中指组《关于2018年第四季度全国第二轮省市县三级志书和综合年鉴全覆盖完成情况的通报》上作出批示，要求省志办及时研究推动。（黄绚）

【四川省委常委、常务副省长王宁就中指组2019年第一季度"两全目标"通报作出批示】 7月24日，四川省委常委、常务副省长王宁在中指组《关于2019年第一季度全国第二轮省市县三级志书和综合年鉴全覆盖完成情况的通报》上作出批示："请省志办对照通报分析研判我省工作情况，要如期高质量完成今年工作目标任务。"（黄绚）

【四川省委常委、常务副省长王宁就四川省志办2019年上半年工作总结作出批示】 7月30日，四川省委常委、常务副省长王宁在《四川省地方志工作办公室关于2019年上半年工作总结的报告》上作出批示："赞同该报告。要再接再厉，努力实现今年的工作目标，同时要加强党的领导，落实主体责任，扎实抓好'不忘初心、牢记使命'主题教育，把机关建设好，把队伍带好。"（黄绚）

【云南省副省长李玛琳主持召开《云南省志》编纂出版工作督促推进会议】 1月21日，云南省副省长李玛琳在省政府主持召开《云南省志》编纂出版工作督促推进会议。李玛琳强调，要务必提高思想认识，务必认清形势任务，务必扎实推进编纂工作。她要求，各承编单位严格实行行政首长负责制和主编责任制；省地方志办每月向各单位通报各分志编纂推进情况，省政府每季度对工作推进情况进行通报。（宣勤）

【云南省副省长李玛琳调研督查玉溪市地方志工作】 2月14日，云南省副省长李玛琳到新组建的玉溪市委党史研究和地方志编纂办公室调研督查地方志工作。李玛琳明确要求，一要充分认识开展好地方志工作的重要意义，高度重视地方志编纂工作。机构改革完成后，新组建的市委史志部门要加强地方志编纂队伍力量建设，谋划好全市地方志事业发展。二要按照国务院和省政府要求，抓紧完成“两全目标”任务，加快工作进度，确保《玉溪市志》和《新平县志》《峨山县志》《通海县志》《澄江县志》年内出版，《元江县志》《易门县志》明年上半年务必出版，不允许拖全省后腿。三要对修志工作进展缓慢的元江县、易门县加强督促检查，市委史志部门主要负责人要抓紧督办，尽快深入修志工作一线督促检查，切实加快工作进度。四要加快推进地方志信息化建设，尽快完成市级地方志信息网站建设，做好微信公众号。五要充分发挥地方志“存史、资政、育人”功能，开发利用好地方志资源，为党委、政府的中心工作服务，为当地经济社会发展服务。（宣勤）

【云南省副省长李玛琳出席《云南省志》编审专家聘任仪式】 3月21日，云南省政府在省政府办公大楼举行《云南省志》编审专家聘任仪式，副省长、省地方志编委会副主任李玛琳出席仪式并为专家颁发聘书。李玛琳对参与攻坚战的全体专家作“战前动员”，希望大家以神圣的责任感、使命感和荣誉感全身心投入修志工作。省政府办公厅副主任彭耀民为执行分纂颁发聘书，省志办主任杨建林主持聘任仪式。（宣勤）

【云南省副省长李玛琳出席《云南省志》执行副总纂和执行分纂聘任仪式】 8月1日，云南省地方志编委会在云南省富民县举行《云南省志》执行副总纂和执行分纂聘任仪式。副省长、省地方志编委会副主任李玛琳为《云南省志》执行副总纂颁发聘书并讲话，省政府副秘书长彭耀民为《云南省志》执行分纂颁发聘书，省地方志编委会专职副主任、办公室主任杨建林主持聘任仪式。（宣勤）

【青海省省长刘宁对全省地方志编纂“两全目标”工作调度会作出批示】 5月14日，青海省政府召开全省地方志编纂“两全目标”工作调度会。省长刘宁对会议作出批示：“治天下者以史为鉴，治郡国者以志为鉴。编修地方志是中华民族优秀文化传统，在记录历史、传承文明、服务社会、垂鉴后世方面发挥着不可替代的作用。近年来，全省地方志系统深入学习贯彻习近平总书记重要指示精神，紧紧围绕‘两全目标’，履职尽责，担当作为，各项工作取得新成效。今年是中华人民共和国成立70周年、青海解放70周年，也是全面完成‘两全目标’的决胜年。各级政府要坚持以习近平新时代中国特色社会主义思想为指导，强化政治担当，落实法定责任，一如既往地关心支持地方志工作。全省地方志系统要认真贯彻党中央国务院决策部署和省委省政府工作要求，坚定方志文化自信，坚持依法修志，改革创新，锐意进取，按时保质完成‘两全目标’，积极推动地方志事业转型升级，奋力开创新时代地方志事业高质量发展新局面，为推进‘一优两高’、建设新青海作出新贡献。”（王韬）

【青海省领导对《青海解放70年大事记（征求意见稿）》作出批示】 7月30日，青海省志办向省领导呈送《青海解放70年大事记（征求意见稿）》，并建议出版后作为全省第二批“不忘初心、牢记使命”主题教育参考读本。省委书记王建军于当日圈阅。7月31日，省委常委、组织部部长王宇燕作出批示：“拟同意，转主题教育办公室阅处。”8月2日，副省长杨逢春作出批示："省地方志办公室自我加压，主动作为，充分发挥自身优势，因应纪念两个'70年'活动，编纂这部大事记，很有意义。尤其对于青海省正在开展的'不忘初心、牢记使命'主题教育工作具有重要的辅助作用。"

（王韬）

【青海省政府领导对地方志工作作出批示】 8月8日，青海省志办向省政府上报关于贯彻落实省长批示精神的报告。8月31日，省长刘宁作出批示："编纂好'志'很重要，这需要久久为功、持续推动。所提建议请逢春同志阅研。"9月8日，副省长杨逢春在刘宁省长批示件上作出批示："建设省方志馆，请省地方志办在与相关方面沟通的基础上提出初步方案，适时召开相关方面的会议进行研商。"（王韬）

【青海省副省长杨逢春对《社会科学志》编纂工作作出批示】 8月29日，青海省副省长杨逢春对《社会科学志》编纂工作作出批示："省社科院迎头赶上，将志书编纂纳入本院重点工作，扎实推进，如期完成初稿，并对下一步工作作出具体安排部署，以确保如期完成编纂出版任务。省社科院这种领导重视、措施具体、任务分工和具体时限明确的做法，值得学习借鉴。"

（王韬）

【青海省副省长杨逢春就中指组2019年第二季度"两全目标"通报作出批示】 9月6日，青海省副省长杨逢春在中指组印发的《关于2019年第二季度全国第二轮省市县三级志书和综合年鉴全覆盖完成情况的通报》上作出批示："总体排名稍有提升，但仍处较后位次，还需继续努力，尤其要加强对州、县志鉴编纂的指导督促。"

（王韬）

【青海省副省长杨逢春听取省志办工作汇报】 11月19日，青海省副省长杨逢春一行到省志办检查指导工作并举行座谈，听取省志办2019年工作开展情况及2020年工作要点的情况汇报。杨逢春指出，地方志在文化传承、存史资政、对外宣传交流等方面发挥着独特的作用，是一项非常有意义的工作。地方志工作内容虽然相对单一，但就当前的工作任务而言，既面临着如期完成"两全目标"的中心任务，又面临着推进地方志事业转型升级的全局目标，任务不简单，也很繁重。近年来，省地方志办公室全体干部职工自我加压，突出"两全目标"，统筹各项工作，拓展工作领域，工作有力有序，成效明显，值得肯定。（王韬）

【宁夏回族自治区党委常委、固原市委书记张柱，宁夏回族自治区副主席、固原市市长马汉成一行视察固原方志馆】 6月10日，宁夏回族自治区党委常委、固原市委书记张柱，自治区副主席、固原市市长马汉成一行到固原方志馆调研。张柱强调，方志馆是收藏研究、开发利用地方资源，宣传展示固原地情的公共文化服务机构，在做好收藏保护、展览展示和宣传教育的基础上，要拓展方志馆服务功能和水平。一要去伪存真，坚持正确政治方向。对于馆藏书籍，特别是展示区、阅览区书籍资料，一定要认真鉴别，坚持正确的政治方向，对历史事实不清、存在争议和违背国家大政方针的书籍不展示。二要通过"互联网+"推进信息化建设。在提供传统纸质书籍和资料的同时，推进数字方志馆的建设，为公众提供高效、便捷的服务。三要彰显特色，弘扬固原优秀文化。固原历史悠久，文化底蕴深厚，方志馆要体现固原地方特色，在书籍收藏、展厅布展等环节中，要充分反映固原地方文化元素。张柱指出，地方志是记载和反映一地历史、文化、自然、政治和社会变迁的百科全书，肩负着"为党立言、为国存史、为民修志"的光荣使命。一个地方有两件事特别重要，一是干些事情，二是把这些事情记下来。市志办的干部职工甘于寂寞，埋头书写，成果丰硕，使固原市地方志工作走在全区的前列；希望地方志工作者认真工作，秉笔直书，客观公正地写好固原历史，存好固原历史，在修志编鉴中一定要尊重历史，坚持正确的政治观，逐字逐句审核把关，防止有些历史写偏。马汉成指出，地方志工作是政府的一项基础性工作，又是一项公益性的社会事业，关系到历史文化的传承，关系到文化事业的发展，是一项系统的文化工程，对经济社会发展具有较强的推进作用。政府一定会在地方志工作经费上给予大力支持。

（张明鹏）

【宁夏回族自治区副主席杨培君主持召开宁夏地方志编审和古籍文献整理委员会议】 12月24日，宁夏地方志编审和古籍文献整理委员会议召开。自治区副主席杨培君主持会议并讲话。他指出，各部门要提高认识、坚定目标，真抓实干，确保高质量完成“两全目标”任务；要综合调度，倒排工期，不讲条件、不讲困难，加大人力、物力投入保证编纂工作进度；自治区志办要加强协调联系，开展业务指导。他还对机构挂牌、争取表彰奖励、协调方志馆建设等提出要求。（张明鹏）

【新疆维吾尔自治区副主席哈德尔别克·哈木扎出席2019年新疆全区地方志机构主任工作会议】 2月26日，新疆维吾尔自治区副主席哈德尔别克·哈木扎出席2019年新疆全区地方志机构主任工作会议并讲话。他指出，地方志事业关乎历史延续、文化传承，关乎当前建设、未来发展，是社会主义文化事业的重要组成部分，是党和国家工作全局中的重要组成部分。全疆各级地方志机构要深入学习贯彻习近平新时代中国特色社会主义思想和党的十九大精神，积极挖掘地方志资源优势，正本清源，将地方志在贯彻落实总目标中的独特作用不断拓展和延伸，推动全社会正信正行。要强化组织领导，明确工作任务，扎实推进全疆地方志事业高质量发展。他指出，现在距2020年全面完成“两全目标”只剩下不到两年的时间，要按时保质完成计划任务，实现地（州、市）、县（市、区）全覆盖，打造一批资辅当前、存鉴后世、经得起历史检验的精品佳作。时间紧、任务重，相关地区和部门一定要以踏石留印、抓铁有痕的劲头，以更加科学合理的规划、行之有效的措施，加快工作节奏和工作效率，善始善终，善作善成，推动“两全目标”顺利完成。

（刘博）

大事记

1月

3日 甘肃省史志办印发《关于在全省开展志书编纂和年鉴编辑攻坚年活动实施方案的通知》。

4日至7日 新时代的方志学与历史学理论研讨会暨全国信息方志与数字方志建设工程工作研讨会、中国系列名志文化工程研讨会、中国地方志学会专家顾问委员会座谈会系列会议在珠海召开。

8日 中国社会科学院副院长、中指组常务副组长高翔到中指办调研。

是日 冯英任中共青岛市委党史研究院（市地方史志研究院）院长。

是日 广东省委原常委、原常务副省长钟阳胜，中国社会科学院学部委员、社会政法学部副主任景天魁等到广东省方志馆参观调研。

是日 广东省志办召开第九届“坚定文化自信，推动地方志事业转型升级”主题读书活动暨2018年度理论学习交流会议。

9日 广东省委办公厅、省政府办公厅印发《关于进一步加强新时代地方志工作的通知》。

是日 广东省科协印发通知，命名广东省方志馆为广东省科普教育基地。

10日 广州市委党史文献研究室组建成立大会召开，市委党史研究室、市志办（市地方志馆）实行职责整合，组建中共广州市委党史文献研究室，加挂广州市志办（广州市地方志馆）牌子，为市委直属事业单位。

是日 海南省委常委、秘书长胡光辉对海南省志办《关于2018年工作总结和2019年工作安排的报告》作出批示。同日，海南省副省长王路对该报告作出批示。

11日 哈尔滨市委办公厅、哈尔滨市政府办公厅印发《关于〈哈尔滨市机构改革方案〉的实施意见》，决定组建市委史志研究室。

是日 四川省委常委、常务副省长王宁对《四川省地方志工作办公室关于召开全省地方志工作会议有关事项的请示》作出批示。

是日 2019年甘肃省地方史志工作会议在兰州召开。

14日 《重庆抗日战争志》篇目研讨暨业务培训会召开。

17日 中国社会科学院院长、中指组组长谢伏瞻在中国社会科学院2019年度工作会议暨全面从严治党加强党的建设工作会议的报告中对中指办工作作出指示。

是日 中共哈尔滨市委常委会会议决定，任命王洪为市委史志研究室主任。

17日至18日 浙江全省方志办主任年度工作会议召开。

18日 《河北省志》编纂工作协调会召开。

是日 吉林省年鉴编纂规范培训班举办。

21日 上海全市宣传思想文化工作会议召开，要求全市各志书承编单位和部门要抓紧推进第二轮修志工作。

是日 《云南省志》编纂出版工作督促推进会召开。

21日至22日 2019年海南省史志机构主任会议召开。

22日 2019年河北全省地方志机构主任工作会议召开。

是日 中共青海省委任命魏守良为青海省

志办副主任。

23 日　江西省地方志工作会议暨纪念《江西省实施〈地方志工作条例〉办法》颁行十周年座谈会、全省地方志干部培训班举办。

24 日　中共西安市委决定，任命姚敏杰为西安市志办党组书记。

25 日　2019 年度四川省地方志工作会召开。

是日　四川省地方志学会第八届会员代表大会召开。

是日　2019 年上半年《云南省志》印刷出版工作会议召开。

27 日　上海市市长应勇在上海市第十五届人民代表大会第二次会议上所作《政府工作报告》中提出“全面完成第二轮新编志书编纂任务”。

是日　青海省省长刘宁在青海省第十三届人民代表大会第三次会议上所作《政府工作报告》中提出“坚持依法治志，基本完成志鉴‘两全目标’”。

28 日　广西壮族自治区志办印发《关于印发〈广西地方志工作质量提升行动计划（2019—2020 年）〉的通知》。

是日　贵州省方志云项目建设启动会召开。

29 日　2019 年成都市地方志工作研讨会召开。

31 日　四川省委常委、常务副省长王宁对《四川省地方志工作办公室关于 2018 年工作总结及 2019 年工作初步安排的报告》作出批示。

2 月

10 日　中国社会科学院院长、中指组组长谢伏瞻对《关于审定中指办 2018 年工作总结和 2019 年工作要点的请示》作出批示。

12 日　广西壮族自治区副主席黄俊华到自治区志办调研。

14 日　云南省副省长李玛琳到玉溪市委党史研究和地方志编纂办公室调研督查。

15 日　贵州省志办印发《关于市、县级二轮志书编纂情况的通报》。

20 日　2019 年湖北全省文化、旅游局长及方志办主任会议召开。

是日　西安市政府决定，姚敏杰任西安市志办主任。

21 日　河北省地方志信息化工作座谈会召开。

是日　江苏省地方志工作会议召开。

是日　《江苏微记录》创刊号发布。

24 日　由吉林年鉴编纂委员会与《新文化报》主办的第十六届（2018）“感动吉林”年度人物颁奖典礼举行。

25 日　中共北京市委党史研究室、市志办召开处级以上领导干部会，中共北京市委党史研究室、市志办正式合署办公。

是日　广西壮族自治区地方志机构主任工作会议召开。

26 日　中指组印发《关于 2018 年第四季度全国第二轮省市县三级志书和综合年鉴全覆盖完成情况的通报》。

是日　江苏省政府办公厅印发《关于调整江苏省地方志编纂委员会组成人员的通知》。

是日　西安市志办印发《西安市年鉴事业发展三年行动计划（2019—2021）》。

是日　2019 年新疆地方志机构主任工作会议召开。

27 日至 3 月 1 日　西藏自治区地方志系统有关人员到河南、安徽、浙江等地对接地方志援藏工作。

28 日　江苏省委常委、常务副省长、省委秘书长樊金龙对省志办 2019 年工作要点作出批示。

是日　2019 年河南省地方史志工作会议召开。

是日　2019 年武汉市地方志机构主任工作会议召开。

3 月

1 日　吉林省地方志工作机构主任会议召开。

2日 湖南西藏地方志工作座谈会召开。

5日至15日 全国人大代表、中国社会科学院学部委员卓新平与社科界的几名代表在十三届全国人大二次会议上一起提出关于制定《中华人民共和国史志法》的建议。

6日 2019年广东省地方志工作会议召开。

7日 江苏省委常委、常务副省长、省委秘书长樊金龙到省方志馆调研。

是日 《浙江通志》第六次终审会召开。

是日 2019年度成都市地方志工作会议召开。

是日 新疆生产建设兵团党委办公厅印发《2019年兵团督查检查考核计划的通知》，将"两全目标"纳入专项督查事项。

13日 天津市第二轮区县志书编修工作督办会议召开。

15日 河南省史志办印发《关于分解落实全省地方史志工作会议提出的2019年重点工作任务的通知》。

是日 陕西省市志办主任会议召开。

19日 黑龙江省委常委、组织部部长王爱文到省方志馆考察调研。

是日 《上海年鉴（1852）》专家研讨会召开。

21日 云南省政府办公厅举行《云南省志》编审专家聘任仪式。

22日 "江苏方志大讲堂"首场讲座在省方志馆开讲。

是日 重庆市副市长屈谦听取地方志工作专题汇报。

22日至28日 新疆维吾尔自治区地方志编委会有关人员分别到广东、湖南、浙江、湖北、黑龙江省对接地方志援疆工作。

25日 宁波市党史地方志工作会议召开。

26日 第二届中国地情论坛暨全国地方志"一体两翼"工程成果发布会召开。

27日 越南清化省文化体操旅游大学党委书记、校长陈文识一行到中指办访问。

28日 四川省委常委、常务副省长王宁对中指组《关于2018年第四季度全国第二轮省市县三级志书和综合年鉴全覆盖完成情况的通报》作出批示。

29日 吉林省志鉴业务培训班暨专家学术报告会举办。

4月

2日 江苏省政府办公厅印发《省政府2019年度十大主要任务百项重点工作》，要求扎实做好志书和年鉴编纂工作。

9日至12日 中指组秘书长、中指办主任冀祥德率中国地方志学术交流团出席在埃及伊斯梅利亚举办的"郭沫若文化周"活动。

10日 浙江省委书记车俊到浙江出版联合集团调研，对《浙江通志》编纂出版工作给予肯定。

11日至13日 2019年度湖南全省年鉴业务培训会召开。

15日至19日 全国省级地方志工作机构主要负责人培训班举办。

16日 辽宁省委办公厅、省政府办公厅印发《关于建立地方志"两全目标"工作进度季报制度的通知》。

是日 广东省地方志数字化工作会议召开。

17日 内蒙古自治区主席布小林对内蒙古地方志工作作出批示。

18日至19日 2019年江苏全省年鉴编纂工作推进会暨业务培训班举办。

20日 "中国影像志·名镇名村"系列首部名镇影像志《中国影像志·周庄》在中央电视台第七频道首播。

24日 河南省委机构编制委员办公室印发通知，按照承担行政职能的事业单位改革有关要求，对省史志办的职能进行调整。

是日 2019年广东全省年鉴编纂实务研修班举办。

是日 云南省志办一行赴西藏对接地方志援藏工作。

25日 2019年内蒙古自治区地方志工作电视电话会议召开。

26 日　广州市史志工作会议召开。

28 日　武汉市志办印发《武汉市街道（乡镇）志编纂行文指导意见》《武汉市街道（乡镇）志审稿及出版指导意见》。

是日　四川省政府办公厅印发《关于做好〈四川年鉴〉编纂工作的通知》。

29 日　2019 年广西全区地方志资料年报工作会议召开。

5 月

5 日　中国煤炭工业协会印发《关于表彰煤炭工业第二轮修志工作先进集体和先进工作者的决定》。

6 日至 10 日　海南省史志系统全面深化改革开放专题培训班举办。

13 日　宁夏回族自治区党委书记石泰峰、党委副书记姜志刚，自治区党委常委、秘书长兼宣传部部长赵永清，自治区副主席杨培君一行到自治区社会科学院调研，参观自治区志办资料中心。

14 日　青海省地方志编纂“两全目标”工作调度会召开。

15 日　江苏省副省长王江出席“中华人民共和国成立 70 周年苏州建设成果展暨苏州历史图片展”。

16 日　“上海史志文化传播推广”主题研讨会召开。

是日　2019 上海地方志论坛举办。

是日　河南省史志办印发《河南名镇名村志编纂方案》。

18 日　宁夏“5 · 18 地方志宣传日”举行。

18 日至 22 日　陕西省地方志系统人员综合能力提升培训班举办。

21 日　山东全省党史研究院（地方史志研究院）院长会议召开，省委常委、组织部部长王可出席会议。

22 日　杭州市委常委、宣传部部长戚哮虎到市方志馆参观调研。

24 日　《辽宁省志》编纂工作推进会召开。

24 日至 29 日　上海市志办赴新疆对接地方志援疆工作。

25 日　江苏省政府印发通知，许善军任省志办副巡视员。8 月，套转为二级巡视员。

27 日至 31 日　广东省地方志系统依法治志培训班举办。

27 日　重庆市志办印发《重庆市志出版管理规范（2019 年版）》《重庆市旧志整理出版规范（2019 年版）》《重庆市志、区县（自治县）志编纂规范（2019 年版）》《关于加快全市方志馆建设的意见》。

27 日至 30 日　重庆市区县地方志工作机构主要负责人培训班举办。

28 日至 31 日　2019 年首期四川省地方志系统干部党性教育培训班举办。

30 日　吉林省第十三届人民代表大会常务委员会第十一次会议通过《吉林省地方志工作条例》修正案。

是日　江苏省设区市地方志工作机构主任座谈会召开。

30 日至 31 日　吉林省市（州）、县（市、区）志书总纂培训班学员第九次集中培训举办。

是月　新疆生产建设兵团史志信息化、数据库工程（一期）项目正式启动。

6 月

2 日至 6 日　中国社会科学院副院长、中指组常务副组长高翔赴中国香港、澳门，就港澳地方志编纂和港澳历史研究等事宜进行学术访问和交流。

3 日至 7 日　中指办党组书记高京斋率中国地方志学术交流团赴日本交流访问。

6 日　泰国教育部副部长卡鲁（Karoon SaKulpradit）携泰国教育部、商务部、农业部和泰国高校相关负责人等到杭州市方志馆参观考察。

10 日　中指组印发《关于 2019 年第一季度全国第二轮省市县三级志书和综合年鉴全覆

盖完成情况的通报》。

是日 浙江省委常委、秘书长陈金彪在《全省地方志工作情况汇报》上作出批示。

是日 宁夏回族自治区党委常委、固原市委书记张柱，自治区副主席、固原市委副书记、市长马汉成等到固原方志馆调研。

10 日至 14 日 2019 年度杭州市地方志业务培训班举办。

10 日至 14 日 2019 年武汉市地方志系统干部业务素质提升专题培训班举办。

11 日 中指组印发《关于成立第六届中国地方志指导小组的通知》。通知指出，经国务院同意，组成第六届中指组，中国社会科学院院长谢伏瞻任组长，中国社会科学院副院长高翔任常务副组长，国务院副秘书长丁向阳、军事科学院副院长曲爱国、国家档案局局长李明华任副组长，成员由中央宣传部、中央统战部、国家发展和改革委员会等部门领导组成。冀祥德、高京斋、邱新立为成员。

是日 杭州市“两全目标”推进会议召开。

11 日至 14 日 广西地方志编纂质量提升培训班举办。

13 日 山西省委宣传部、山西省委党史研究院（省地方志研究院）印发《关于加快推进市县党史基本著作、按期保质完成志鉴“两全目标”的通知》。

14 日 《浙江通志》编纂工作与业务培训班举办。

16 日 中国社会科学院副院长、中指组常务副组长高翔到漳州调研福建省地方志工作，并召开座谈会。

17 日 中指办“不忘初心、牢记使命”主题教育动员大会召开。

18 日 中国社会科学院副院长、中指组常务副组长高翔到合肥调研安徽省地方志工作，并召开座谈会。

是日 河南省乡镇村志编纂业务培训班开班。

20 日 广东省级地方志资料年报工作会议召开。

21 日 浙江省委常委、宣传部部长、省地方志编委会副主任朱国贤专题听取《浙江通志》编纂及有关工作情况汇报。

22 日 西藏自治区党委印发《关于调整自治区有关领导小组组成人员的通知》。

24 日至 28 日 全国民族地区志鉴编纂培训班在西宁举办。

26 日至 27 日 全国地方志系统“两全目标”工作调度会议暨中国名镇志、中国名村志丛书编纂业务培训班和中国影像志研讨会在苏州召开。

27 日 深圳党史馆、深圳方志馆开馆仪式举行。

28 日 全国地方志工作专题调研座谈会在苏州召开。

是日 内蒙古自治区志办召开干部会议，宣布贺彪任自治区志办主任，何文俊不再担任自治区志办负责人。

是月 四川省志办、省林业和草原局编纂的《大熊猫图志》（中英文双语版）出版。

7 月

3 日 北京市委书记蔡奇主持召开市委常委会会议，听取市党史和地方志工作汇报。

4 日至 5 日 安徽全省党史和地方志机构主要负责人会议暨全省党史和地方志干部培训班举办。

4 日至 5 日 山东全省年鉴工作座谈会召开。

5 日至 6 日 2019 山西省地方综合年鉴编纂业务培训暨优秀成果评审会召开。

8 日 山西省委书记骆惠宁主持召开省委常委会议，听取省党史和地方志工作汇报。

是日 河南省史志办印发《关于对郑州等市积极担当作为全面优质完成“两全目标”予以表扬的通报》。

8 日至 11 日 重庆全市区县地方志工作机构业务骨干培训班举办。

15 日 黑龙江省部分市（地）县（区）史志工作专题调研座谈会召开。

是日　“丝路‘船’说——探秘‘南海Ⅰ号’”展览在广东省方志馆开幕。

16日　江苏省地方志学会第六届会员代表大会召开。

16日至17日　走向世界的中国地方志——第二届方志文化国际学术研讨会暨第九届中国地方志学术年会在长沙召开。

17日至18日　第四次全国地方志工作经验交流会在浏阳召开。

18日　江苏省委组织部印发通知，陈华任省志办副主任、党组成员。

是日　四川省志办印发《贯彻〈建设文化强省中长期规划纲要（2019—2025年）〉措施》。

18日至19日　2019年广州市地方志资料年报业务培训班举办。

19日　中指办主办的方志大讲堂举行第22讲，国际图书馆协会联合会（IFLA）方志与族谱部门主席林志凤主讲。

是日　江西省政府决定，甘根华任省志办主任。

22日　《辽宁省志》编纂业务培训班举办。

是日　《贵州抗日战争志》编纂工作推进会召开。

23日至26日　第六届全国地方志优秀成果（年鉴类）评审系列会议、中国年鉴精品工程2019年卷申报年鉴篇目研讨会、第四期全国年鉴主编培训班举行。

24日　四川省委常委、常务副省长王宁对中指组《关于2019年第一季度全国第二轮省市县三级志书和综合年鉴全覆盖完成情况的通报》作出批示。

25日　《河北省志》编纂工作调度会召开。

29日　教育部基础教育课程教材发展中心公布2019年全国中小学图书馆（室）拟推荐书目，中指办组织编写的《中华家训精编100则》名列其中。

30日　四川省委常委、常务副省长王宁对《四川省地方志工作办公室关于2019年上半年工作总结的报告》作出批示。

是月　吉林省地方志编委会完成《吉林省地方志资源立项开发管理办法》修订。

8月

1日　山西省委书记骆惠宁就全省党史方志工作作出批示。

是日　《云南省志》执行副总纂和执行分纂聘任仪式举行。

3日　辽宁省省长唐一军就中指组《关于辽宁省“两全目标”完成情况的函》作出批示。

6日　2019上海地情资源开发利用成果媒体推介会召开。

7日　甘肃省副省长何伟到省史志办调研。

9日　中国社会科学院院长、中指组组长谢伏瞻听取黑龙江省地方志工作汇报。

是日　中国社会科学院“西部之光及少数民族特培”访问学者参观“方志中国”等展览。

是日　重庆市志办一行赴新疆调研对接地方志援疆工作。

是日　云南省攻坚“两全目标”、振兴方志事业座谈会召开。

9日至10日　中国系列名志工作研讨会暨培训班举办。

9日至10日　云南省地方志事业发展论坛暨综合业务培训班举办。

12日　全国地方志系统精准扶贫工作座谈会暨志鉴出版资助工程成果出版座谈会在泸州召开。

14日至16日　2019年全国地方志系统信息化工作研讨会暨信息化业务培训班举办。

15日　湖北省部分县级综合年鉴业务培训班举办。

16日　“上海史志纂修的回顾与前瞻”学术座谈会暨《民国上海市通志稿》新书发布会召开。

是日　广西壮族自治区地方志系统年中工作暨志鉴编修“两全目标”推进会召开。

19日　“上海地情普及系列丛书”新书发布会召开。

是日 广东省志办启动全粤村情数据平台项目建设。

20日至26日 中指组秘书长、中指办主任冀祥德，中指办副主任邱新立率中国地方志文化交流团一行4人，赴塞尔维亚、希腊参加由国际图书馆协会联合会主办的第85届世界图书馆与信息大会（WLIC）及其卫星会议。

20日至26日 河南省地方史志业务能力提升培训班举办。

21日 中指组印发《关于2019年第二季度全国第二轮省市县三级志书和综合年鉴全覆盖完成情况的通报》。

是日 河北省政府办公厅印发《关于加快推进全省完成地方志“两全目标”任务的通知》。

22日 中共河南省委书记、省人大常委会主任王国生对地方志工作作出批示。

28日 河南省史志办印发《关于在全省史志系统传达学习省委书记王国生对史志工作重要批示的通知》。

是日 陕西省地方志“两全目标”推进工作会召开。

25日至30日 2019年海南全省方志业务培训班举办。

26日 山东省党史方志馆筹建工作对接会召开。

是日 香港地方志中心一行赴深圳市史志办考察交流。

29日 青海省副省长杨逢春对《青海省志·社会科学志》编纂工作作出批示。

30日 辽宁省委常委、秘书长刘焕鑫对省档案馆（辽宁省工业文化发展中心）地方志工作情况汇报作出批示。

是日 广西壮族自治区副主席黄俊华出席“不忘初心、无私奉献——天津支边医生在广西”图片展。

9月

1日 改版后的中国方志网试运行。

3日 南京市市长蓝绍敏到市志办调研。

是日 杭州市方志馆接待意大利维罗纳市市长费德里科·斯博阿里一行访问。

是日 宁夏回族自治区第二轮志书编纂工作推进会暨《宁夏村志》编纂工作启动会召开。

4日 吉林省志鉴业务培训班暨专家学术报告会举办。

4日至5日 吉林省地方志学术年会（2019）召开。

6日至12日 2019年第一期全国地方志工作机构新任负责人培训班举办。

10日 河南省史志办印发《关于成立〈河南抗日战争志〉编纂委员会的通知》。

12日 中共福建省委机构编制委员会办公室发文同意设立福建省方志馆。

是日 广西壮族自治区副主席黄俊华就《关于加强地方史志工作和史志立法的建议》作出批示。

17日 “文化浙江 方志之乡——中华人民共和国成立七十周年浙江方志成果展”开展。

19日 天津市委常委、秘书长李毅就中指组《关于2019年第二季度全国第二轮省市县三级志书和综合年鉴全覆盖完成情况的通报》作出批示。

19日至20日 江苏省年鉴编纂业务骨干培训班举办。

21日 中国社科院党组任命叶聪岚为中指办纪检组组长、副主任。

23日 山西省党史地方志工作会议召开。

是日 《中国影像志·福建名镇名村影像志》（第二季）在福建电视台综合频道开播。

24日 第四届哲学社会科学智库名家·贵州学术年会暨贵州地方志资政论坛举办。

27日 广州市委办公厅、市政府办公厅印发《广州史志工作规划（2019—2022)》。

是日 广西壮族自治区志办发出通知，印发《广西地方志专家库管理办法》《广西地方志学术委员会管理办法》。

是日 “弘扬中华文明·发展天府文化——庆祝中华人民共和国成立70周年方志资源大调查”成果发布会举办，发布《成都方志资源分布地图》。

28日　2019年吉林省地方志系统信息化工作研讨会暨信息化建设业务培训班举办。

29日　辽宁省政府办公厅印发《关于申请第二轮修志专项经费问题的通知》。

是月　《江苏重大基础设施工程图志（1949—2019）》《江苏援藏援疆纪事（1994—2019）》入选中华人民共和国成立70周年江苏省主题出版重点出版物。

10月

5日　辽宁省委常委、秘书长刘焕鑫就中指组《关于2019年第二季度全国第二轮省市县三级志书和综合年鉴全覆盖完成情况的通报》作出批示。

9日　《云南省志》编纂业务培训班举办。

9日至11日　四川省川南片区地方志工作培训会议召开。

10日至12日　《河南抗日战争志》编纂业务及资料收集培训班举办。

11日　第三次云南省地方志援藏工作会议召开。

12日　中国社会科学院副院长、中指组常务副组长高翔到吉林省调研地方志工作。

13日　第五届冀皖方志理论研讨会召开。

是日　河北省地方志援藏援疆工作座谈会召开。

13日至19日　2019年第二期全国地方志工作机构新任负责人培训班举办。

13日至19日　2019年度宁夏地方志业务培训班举办。

14日至18日　山东全省志鉴业务骨干培训班举办。

14日至18日　广西地方志工作机构主任（总纂）培训班举办。

14日至19日　广东省志办一行赴新疆对接地方志援疆工作。

17日至18日　陕西省地方志系统综合业务培训会召开。

19日至20日　全国地方志事业发展规划研讨会召开。

20日至11月13日　新疆生产建设兵团党委督查室、兵团志办联合对师市志鉴编纂出版“两全目标”完成情况开展专项督查。

21日　广东省深圳市史志办主办、深圳方志馆承办的《民间记忆·深圳变迁》专题展开幕，展览为期7个月。

是日　四川省志办印发《关于地方志服务乡村振兴的意见》。

21日至25日　山东省党史史志系统干部培训班举办。

22日　云南省地方志立法工作会议召开。

23日　“献礼新中国70华诞 沈阳史志新书首发式”举行。

23日至25日　吉林省年鉴编纂业务培训班暨“年鉴全覆盖”推进会召开。

24日　辽宁省市县级（区）志鉴工作推进会召开。

是日　湖南省委常委、宣传部部长张宏森到省地方志编纂院调研。

是日　安徽省党史地方志学界庆祝中华人民共和国成立70周年研讨会召开。

是日　兵团史志信息化、数据库建设工作推进会召开。

25日　《上海年鉴（1852）》出版座谈会召开。

是日　四川省志办印发《关于做好乡镇行政区划调整改革相关资料收集保护与综合利用工作的通知》。

是日　2020年上半年出版的《云南省志（1978—2005）》14部分志编纂工作推进会议召开。

28日　《浙江通志》第八次终审会召开。

是日　广东省志办拍摄的广东印记系列微视频第二期40集在广东广播电视台经济科教频道开播。

28日至11月2日　2019年全国地方史志期刊经验交流会议、2019年全国地方史志期刊暨志鉴编纂编辑培训班举办。

29日　中指组、中国地方志学会印发《关于对第六届全国地方志优秀成果（年鉴类）的通报表扬》。

是日 四川省志办印发《贯彻落实传承发展中华优秀传统文化实施方案》。

30 日 天津市 2019 年度志鉴业务培训班举办。

是日 四川省志办、四川省政府督查室联合印发《关于 2019 年 1—9 月地方志工作“两全目标”完成情况的通报》。

11 月

3 日至 4 日 2019 年全国年鉴研讨会暨中国地方志学会年鉴分会年度会议、第三届全国年鉴论坛举办。

4 日 中国名镇志、中国名村志文化工程学术委员会评审会议召开。

4 日至 8 日 湖北省市州县地方志业务工作负责人和新进人员培训班举办。

5 日 重庆市政府办公厅调整重庆市地方志编委会。

是日 《贵州省志》编纂出版工作推进会召开。

6 日 北京市地方志编委会进行调整。

6 日至 8 日 安徽全省乡镇志、村志编纂业务培训班举办。

6 日至 8 日 青岛市党史史志业务培训班举办。

7 日 《中国影像志·福建福安廉村》在第七届亚洲微电影艺术节上获得“金海棠奖”最佳作品奖。

7 日至 8 日 2019 南京都市圈城市年鉴工作联席会议召开。

8 日 内蒙古自治区政府办公厅印发《关于进一步推进全区第二轮三级志书和地方综合年鉴编纂工作的通知》。

是日 上海市地方史志学会五届四次理事扩大会议暨 2019 年学术年会召开。

11 日 上海市、江苏省、浙江省、安徽省地方志工作机构共同主办的首届“地方志与长三角一体化论坛”举办。

14 日 2019 年《广西通志》专志编纂业务培训班举办。

15 日 加强学科建设：构建学术年鉴评价体系研讨会暨首届年鉴主编论坛举办。

是日 中国煤炭工业协会煤炭工业文献委主办的煤炭企业修志工作座谈会召开。

是日 江苏省省长吴政隆就《关于〈江苏年鉴（2018）〉荣获全国地方志优秀成果特等年鉴的报告》作出批示。

17 日至 24 日 上海市地方志代表团赴匈牙利、塞尔维亚进行交流。

18 日 甘肃省史志办印发《关于加快完成市、县两级地方综合年鉴印行工作的通知》。

19 日至 20 日 内蒙古自治区地方志业务培训班举办。

20 日至 24 日 全国方志馆建设经验交流会暨方志馆业务培训班举办。

21 日 国家数字方志馆建设专家研讨会召开。

是日 中国方志网启动在线投稿、图书交流、在线统计、咨询留言等功能模块。

21 日至 22 日 广东省党员教育基地揭牌仪式在省方志馆举行。

是日 庆祝中华人民共和国成立 70 周年四川省方志理论研讨会召开。

24 日 中指办党组书记高京斋率中国地方志学术交流团赴中国台湾交流访问。

25 日 河南省史志办接待越南河内国家大学副总校长阮黄海访问。

26 日 四川省 2019 年度省直部门（单位）志鉴培训会召开。

27 日 中指办印发《关于全国地方志先进典型的通报》。

是日 北京市第二轮修志规划任务工作调度会召开。

是日 重庆市副市长屈谦就《关于 2019 年第三季度全国第二轮省市县三级志书和综合年鉴全覆盖完成情况的通报》作出批示。

28 日 第二轮《山东省志》编纂工作经验交流会召开。

28 日至 29 日 安徽全省年鉴编纂业务培训班暨“一年一鉴、公开出版”工作推进会召开。

29日　陕西省各市（区）年鉴工作汇报会议召开。

是月　天津市机构编纂委员会印发《关于改革调整市档案馆（市地志办）所属公益类事业单位有关问题的通知》，将市政府研究室管理的天津年鉴社整建制并入市地方志馆。

12月

2日至6日　北京市党史、地方志干部培训班举办。

3日　天津市第二轮志书编修进度督办会召开。

4日至6日　2019年安徽全省党史方志馆和信息化建设培训暨交流座谈会召开。

5日　北京市方志馆馆藏建设与展览策划专家咨询会召开。

5日至6日　山东全省党史方志期刊工作座谈会召开。

6日　贵州省市县地方志“两全目标”工作推进会召开。

是日　欧阳志国任贵州省志办主任。

是日　青海省市州地方志机构主任工作会议召开。

9日　第二轮《江西省志》编纂工作推进会召开，江西省副省长副主任孙菊生出席会议。

10日　山东全省方志理论研讨会召开。

是日　首批第二轮《江西省志》验收专家聘请会召开。

是日　湖南省市州地方志编纂室主任会议召开。

10日至11日　第四届全国名镇论坛暨第四批中国名镇志丛书出版座谈会召开。

10日至11日　全国地方志事业发展规划研讨会召开。

10日至12日　国家方志馆分馆建设研讨会在黑河召开。

11日　山东全省党史史志信息工作会议召开。

12日　“中国志书精品工程”《赣州市志（1986—2000）》首发式举行。

16日　2019年广州市名镇名街名村志编修业务培训班举办。

16日至18日　西藏自治区地方志工作培训会议召开。

16日至20日　2019年黑龙江全省史志干部培训班举办。

17日　甘肃省史志办印发《全省2020年地方史志工作要点》。

18日　内蒙古自治区副主席郑宏范就《我区完成国务院地方志“两全目标”任务存在四方面问题需引起重视》作出批示。

18日至19日　山东省方志馆建设座谈会召开。

18日至20日　东北三省及内蒙古自治区志鉴编纂业务培训班举办。

19日　齐鲁名镇名村志工作调度会暨志稿评审会召开。

是日　2019年广州地方志理论研讨会召开。

是日　青海省第二轮省级志书编纂工作推进会召开。

19日至20日　江苏省乡镇年鉴编纂工作座谈会召开。

20日　2019年北京市地方志资料工作会召开。

是日　上海市2019年地方志理论研讨会召开。

是日　河南省委组织部印发通知，任命袁伦中为省史志办副主任、党组成员、省方志馆馆长。

是日　甘肃省地方史志工作会议召开。

23日至24日　中国地方志学会第六届理事会第二次会议暨全国地方志事业发展规划研讨会召开。

25日　宁夏地方志编审和古籍文献整理委员会议召开。

26日　上海市年鉴学会年会召开。

是日　江西全省设区市志办主任工作会议召开。

是日 2019 年度江西省方志理论研讨会召开。

27 日 《浙江通志》第九次终审会召开，浙江省委常委、宣传部部长朱国贤出席会议。

是日 江西省地方志学会第三届理事会第二次会议召开。

28 日 第三届全国名村论坛暨中国抗日战争志研讨会举办。

30 日 2020 年全国省级地方志机构主任工作会议暨全国地方志事业发展规划研讨会召开。

是日 云南省情系列微视频暨方志资源开发利用新闻发布会举行。

31 日 2019 年江苏省地方志学会学术年会召开。

是日 第二轮《江西省志》分志第一次验收会召开。

是日 山东省副省长孙继业对省史志工作作出批示。

是日 广州市政府办公厅印发《广州市年鉴工作管理办法》。

是日 第二轮《广西通志》及专志审查验收任务全面完成。

是日 云南省召开全省地方志机构负责人会议。

是年 《河南省志（1978—2000）》编纂工作全面完成。省市县三级综合志书（168 部）全部公开出版。

中国地方志指导小组及其办公室工作

·中指组工作

【中指组、中国地方志学会开展第六届全国地方志优秀成果（年鉴类）评审活动】 5月17日，中指组、中国地方志学会印发《第六届全国地方志优秀成果（年鉴类）评审活动实施方案》，启动评审工作。该评审范围是公开出版的2018年卷各级各类年鉴。经专家小组评审与第六届全国地方志优秀成果（年鉴类）评审活动领导小组办公室复审、领导小组终审，在省级综合年鉴、地市级综合年鉴、县区级综合年鉴、专业年鉴、军事年鉴中确定特等年鉴23部，一等年鉴56部，二等年鉴73部，三等年鉴90部，提名年鉴22部。10月29日，中指组印发《关于对第六届全国地方志优秀成果（年鉴类）的通报表扬》，对以上获评年鉴进行通报表扬。（刘淑颖）

【第六届中国地方志指导小组成立】 6月11日，经国务院同意，中指组印发《关于成立第六届中国地方志指导小组的通知》，组成第六届中指组。中国社会科学院院长谢伏瞻任中指组组长，中国社会科学院副院长高翔任常务副组长，国务院副秘书长丁向阳、军事科学院副院长曲爱国、国家档案局局长李明华任副组长，中央宣传部、中央统战部、国家发改委、教育部等领导部委有关人员，以及中国社会科学院和部分高校的29位专家学者为小组成员。（刘淑颖）

【中指组通报2018年第四季度和2019年前三季度“两全目标”完成情况】 2月26日、6月10日、8月21日、11月6日，中指组向各省、自治区、直辖市地方志编纂委员会（办公室）及兵团志办4次发文，通报截至2018年第四季度和2019年第一、第二、第三季度的全国省市县三级志书完成情况和地方综合年鉴全覆盖完成情况。通报要求，排名靠后地区要采取措施，调动各方面积极性，切实推进本地区“两全目标”工作。（刘淑颖）

·中指办工作

【新时代的方志学与历史学理论研讨会暨全国信息方志与数字方志建设工程工作研讨会等会议在珠海举行】 1月4日至7日，新时代的方志学与历史学理论研讨会暨全国信息方志与数字方志建设工程工作研讨会等会议在珠海市举行。中指组秘书长、中指办主任冀祥德，中指办原党组书记田嘉出席开幕式。广东省志办副主任丘洪松、珠海市副市长阎武致辞，中指办副主任邱新立主持开幕式，会上举行中国地方志学会专家顾问委员会新任委员聘任仪式。其后各分会场举行相关会议。全国信息方志与数字方志建设工程工作研讨会讨论国家数字方志馆项目建设方案的建设内容等。冀祥德、中指办原党组书记田嘉、邱新立参加中国地方志学会专家顾问委员会座谈会。会议围绕《全国地方志事业发展规划纲要（2015—2020年）》完成情况、三轮修志启动、新《规划纲要》编制、一统志编修等问题展开讨论；中国系列名志丛书篇目研讨会召开。邱新立出席并主持会议。邱新立介绍实施中国系列名志文化工程取得的阶段性成果。与会专家审核参考篇目，从工程定位、志书名称、篇目构成要素、“名”“特”特征展现等方面对参考篇目进行研讨，并从各方面提出建设性意见和建议；中国系列名志文化工程学术委员会议成立中国名山志文化工程、中国名水志文化工程、中国名街志文化工程、中国名酒志文化工程学术委员会，并就第一批中国名山志、中国名街志丛书的入选资格进行评审；新时代的方志学与历史学理论研讨会举行。冀祥德出席研讨会。研讨会主题为“新时代方志学与历史学的发展”，19 位代表围绕新时代方志学学科建设内容研究、方志学与其他相关学科关系研究、中国史学理论研究的回顾与展望、西方史学理论的引入与回响、史学研究视角、范式、工具的更新等内容作主题发言。来自全国地方志系统信息化工作人员，中国系列名志文化工程部分评审专家以及来自中国科学院、中国社会科学院、清华大学、北京大学、首都师范大学等科研机构和高校的专家学者 150 余人参加会议。

（黄冠潼　刘淑颖）

【中指办领导听取苏州市地方志工作汇报】 1 月 9 日，中指组秘书长、中指办主任冀祥德，中指办党组书记高京斋听取江苏省苏州市副市长聂飙、市志办主任陈兴南一行工作汇报。冀祥德指出，苏州市志办紧紧围绕党委、政府中心工作，动脑筋想办法，采取切实举措，取得可喜成绩。下一步，要继续以经济社会发展为中心、以人民为中心，做“活”做“热”地方志事业，加大镇村志的编修力度，整理旧志资源、挖掘历史智慧，加强苏州市实体、数字方志馆的建设，加强地方志信息化建设。高京斋指出，苏州市志办有为有位，工作氛围良好，希望在政治建设、思想建设、组织建设和队伍建设等方面创造出典型经验。会后，举行苏州市志办向国家方志馆赠书仪式。

（刘淑颖）

【中指办与军事科学院一行座谈军事志工作】 1 月 30 日，中指组秘书长、中指办主任冀祥德与军事科学院解放军党史军史研究中心军事志研究室主任李涛一行开展座谈交流。冀祥德指出，近年来，中指办与军事志研究室交流密切，开展了一系列卓有成效的工作，取得显著效果。希望双方在机构改革经验总结、军民融合、全国地方志系统平台与军事志平台互用、军地地方志人才共享共用等方面加强联系。李涛介绍军事志研究室 2018 年在志书编纂、成果开发、理论研究、教育培训等方面的工作以及 2019 年工作安排。

（刘淑颖）

【中指办听取河北雄安新区地方志工作汇报】 2 月 25 日，中指组秘书长、中指办主任冀祥德，中指办党组书记高京斋听取河北省志办主任杨洪进、雄安新区宣传中心副主任李昀飞一行工作汇报。冀祥德指出，在雄安新区建设发展过程中，及早谋划推动史志工作意义重大。他对下一步工作提出要求：要进一步提高站位，从雄安新区建设是千年大计、国家大事和促进国家文化事业发展的高度来谋划史志工作；要确定地位，把史志工作纳入法制轨道；要找准定位，由专门机构组织实施，论证好必要性、紧迫性、可行性、操作性，编制出详细规划。

（刘淑颖）

【筹备国家方志馆展览对社会开放研讨会在北京举行】 2 月 27 日，筹备国家方志馆对社会开放研讨会在北京市举行。中指组秘书长、中指办主任冀祥德，中指办党组书记高京斋、副主任邱新立出席会议。冀祥德充分肯定专家的意见，表示中指办将认真研究，尽快制定切实可行的工作方案，按计划推进国家方志馆对社会开放。会前，与会专家实地调研国家方志馆场馆，会上就筹备对社会开放问题展开讨论，并提出可行性建议。中国社会科学院图书馆、国家博物馆、故宫博物院、首都图书馆、首都博物馆、北京大学的专家参加研讨会。

（刘淑颖）

【中指办领导听取北京市地方志工作汇报】 3月13日，中指组秘书长、中指办主任冀祥德，中指办副主任邱新立听取北京市委党史研究室、市志办主任李良一行关于党史、地方志合署办公工作情况汇报。冀祥德指出，中指组领导对地方志机构改革工作非常重视，作出明确指示和要求。冀祥德要求北京市党史、地方志两家单位合署办公后，真正做到优势互借、融合发展，在改革中作出典型；抓住机遇，作出北京的成绩；盯紧法定职责，按时完成“两全目标”；利用好北京市优势，加强与中指办的沟通交流。邱新立指出，北京市资源独特、文化底蕴深厚、人才优势突出，地方志事业有很大的发展空间，希望合署办公后工作上开个好头、做成样板。（刘淑颖）

【第二届中国地情论坛暨全国地方志“一体两翼”工程成果发布会在北京举行】 3月26日，第二届中国地情论坛暨全国地方志“一体两翼”工程成果发布会在北京市举行。中指组秘书长、中指办主任冀祥德，中指办副主任邱新立出席会议。冀祥德在讲话中指出，论坛和成果发布会是全国地方志“一体两翼”工程成果首次集体亮相，是方志文化“创造性转化、创新性发展”的又一硕果；要坚定方志文化自信，在捍卫国家文化安全、乡村振兴战略、脱贫攻坚等党和人民关心的大事上有所作为。邱新立指出，“一体两翼”工程将地方志事业置于跨学科的学术视野之下，系统分析上一年度全国各地的地情概况、志鉴工作开展状况，研讨地方志事业发展热点问题，是方志文化创新发展的重要举措。8位撰稿人发布“一体两翼”工程成果，中国社会科学院法学研究所有关专家对各类成果进行现场点评。《人民日报》《光明日报》《中国青年报》、中国新闻社、人民网、《中国社会科学报》等新闻媒体对会议进行报道。（刘淑颖）

【中国地方志学术交流团赴埃及参加学术交流活动】 4月9日至12日，中指组秘书长、中指办主任冀祥德率中国地方志学术交流团一行3人赴埃及伊斯梅利亚参加“郭沫若文化周”系列学术文化交流活动。冀祥德出席活动开幕式，作题为“方志——文明传承延续的重要载体”的主旨演讲，介绍地方志的源起、功能及发展情况，尤其是习近平总书记高度重视史志工作，全国方志人勠力同心、推进地方志事业转型升级的情况。学术交流团还参加“郭沫若的学术世界”学术沙龙，冀祥德作题为“郭沫若与中国地方志”的学术发言，梳理郭沫若阅读地方志、使用地方志、整理地方志、为方志题名、为方志建言的情况。文化周期间，学术交流团拜访苏伊士运河大学有关人士，就方志文化进行深入交流，并对双方在相关领域的未来合作达成意向。学术交流团还与该校孔子学院、图书馆等机构进行业务交流，并向埃方赠送英文版中国名村志书。（刘淑颖）

【全国省级地方志工作机构主要负责人培训班在北京举办】 4月15日至19日，全国省级地方志工作机构主要负责人培训班在北京市举办。中指组秘书长、中指办主任冀祥德，中指办党组书记高京斋、副主任邱新立出席培训班。来自中国社会科学院的学部委员及古代史研究所、政治学所等单位的专家学者为学员授课，授课内容包括《中国历史上的国家治理》《弘扬宪法精神，推进宪法实施》《文化自信与健康中国的思考与实践》《中华文明起源研究新发展》等。参训学员围绕如何成为一名忠诚干净担当的地方志工作机构负责人、建设一支高素质专业化的地方志人才队伍等主题进行讨论，对新形势下建设高素质专业化地方志人才队伍、完成“两全目标”、推进地方志事业转型升级等问题提出意见建议。（刘淑颖）

【中指办领导听取河北省地方志工作汇报】 4月28日，中指组秘书长、中指办主任冀祥德听取河北省志办主任杨洪进一行工作汇报。冀祥德充分肯定河北省地方志工作一年来取得的成绩，并对下一步工作提出要求：要把新时代地方志讲政治与方志人“直笔著史”精神有机统一；要克服困难，坚决完成“两全目标”；

要坚定信心，提振士气，带好地方志队伍；要做“活”做“热”地方志事业。（刘淑颖）

【中指办领导听取宁夏地方志工作汇报】 5月23日，中指组秘书长、中指办主任冀祥德听取宁夏回族自治区志办主任负有强一行工作汇报。冀祥德指出，宁夏回族自治区志办在人员少、级别低、体制不顺的条件下，勇于担当，勇挑重担，取得了骄人成绩，值得充分肯定。冀祥德对宁夏下一步地方志工作提出要求：要高举习近平新时代中国特色社会主义思想伟大旗帜，将政治性放在地方志工作首位，把好把牢政治关；要在机构改革的大背景下，加强思想建设和人才队伍建设；要想方设法克服一切困难，坚决完成“两全目标”；要继续做好名镇志名村志编纂工作，确保志书质量。（刘淑颖）

【中指办领导到山东省调研史志工作】 5月24日，中指组秘书长、中指办主任冀祥德到山东调研史志工作“两全目标”完成情况及机构改革情况，并召开座谈会。冀祥德听取山东省委党史研究院（省地方史志研究院）院长赵国卿对有关情况的介绍以及青州、淄博、东营等地地方志工作汇报后，充分肯定山东省推进“两全目标”和促进党史史志机构融合的做法。关于下一步工作，冀祥德强调，要高举地方志讲政治的大旗，坚持党对史志工作的绝对领导；要抓住千载难逢的机遇，推动事业开展；要继续探索党史、地方志、地方史融合发展的路子；要大力推进史志工作向基层、镇村、千家万户延伸；要围绕党委政府中心任务，开展特色工作。（刘淑颖）

【中指办领导到漳州、厦门调研地方志工作】 6月15日至17日，中指组秘书长、中指办主任冀祥德一行到漳州、厦门调研指导地方志工作，与当地党委、政府领导，党史地方志机构负责人就如何让地方志“活起来”“立起来”“用起来”“热起来”“强起来”进行研究探讨。在漳州座谈会上，冀祥德充分肯定漳州市地方志工作取得的成绩，对漳州市下一步地方志工作提出要求：要立足现实，服务大局，把机构改革做成加法；要坚决完成“两全目标”，力争将《漳州市志》打造成精品志书；要围绕市委、市政府中心工作开拓创新，在新的历史节点取得更大成就。在厦门座谈会上，冀祥德充分肯定厦门市委党史和地方志研究室在加强机关建设、强化队伍、高效组建机构、扎实推进修志编鉴工作等方面取得的成绩。冀祥德要求，要继续贯彻落实习近平新时代中国特色社会主义思想和习近平总书记关于史志工作的重要论述精神，深入挖掘厦门历史文化优势，在“不忘初心、牢记使命”主题教育中发挥积极作用。（刘淑颖）

【中指办领导听取河南省地方志工作汇报】 6月21日，中指组秘书长、中指办主任冀祥德听取河南省史志办主任管仁富一行工作汇报。冀祥德指出，河南省史志办思路清晰，工作扎实，在“两全目标”推进、方志馆建设、围绕地方中心工作开拓创新等方面取得显著成绩。他对河南省下一步工作提出要求：要学懂弄通做实习近平新时代中国特色社会主义思想，做实做活做热史志工作；要紧盯“两全目标”，加强督查指导，确保志鉴全覆盖“一个都不能少”；要在机构改革大背景下，加强思想建设和人才队伍建设。（刘淑颖）

【全国民族地区志鉴编纂培训班在西宁举办】 6月24日至28日，全国民族地区志鉴编纂培训班在青海省西宁市举办。中指办党组书记高京斋出席开班式作动员讲话，并以书信的形式祝贺培训班顺利结业。高京斋在讲话中要求，广大地方志工作者要坚定政治立场，提升编纂水平，提高编纂质量，提高地方志资源开发利用水平。会上，有关人员介绍青海省情以及地方志工作开展情况。培训班上，高京斋以“深入学习贯彻党的十九大精神，建设高素质专业化干部队伍”为题为学员授课，7名专家围绕志稿总纂、志书政治部类编纂、方志体例体裁运用、年鉴规范与创新、方志中民族宗教内容记述、民族地区志书民俗方言记述、志鉴编纂出版常见问题处理等内容授课。参训学员对志书、年鉴编纂过程中的常见问题进行讨论。

（刘淑颖）

【全国地方志系统“两全目标”工作调度会议暨中国名镇志、中国名村志丛书编纂业务培训班和中国影像志研讨会在苏州举办】 6月26日至27日，全国地方志系统“两全目标”工作调度会议暨中国名镇志、中国名村志丛书编纂业务培训班和中国影像志研讨会在江苏省苏州市举办。中国社会科学院副院长、中指组常务副组长高翔出席会议并讲话，江苏省委常委、苏州市委书记周乃翔出席会议并致辞，云南省副省长李玛琳，中指办党组书记高京斋，中指办副主任邱新立出席会议。中指组秘书长、中指办主任冀祥德主持会议。高翔指出，广大地方志工作者要提高政治站位，从如期完成国家法定任务的高度决胜“两全目标”，为全面建成小康社会贡献“志”礼。高翔强调，要深刻认识“两全目标”推进工作的重大意义；认清形势，坚定信心，自觉增强高质量完成“两全目标”的责任感、使命感；全力以赴打赢“两全目标”攻坚战。会议通报全国地方志系统2019年第一季度“两全目标”工作推进情况，云南省、江苏省、苏州市等地就做好地方志工作和实现“两全目标”作交流发言。培训班上，授课专家围绕把名镇名村志打造成精品佳志，中国名镇名村志编修，中国名镇志、中国名村志丛书编纂出版若干问题及对策，志书编纂基本方法与名镇名村志编纂实践等内容授课。研讨会上，有关人员分别介绍拍摄历程、分享拍摄体会，参会代表围绕影像志的拍摄时间、经费要求、播出平台等问题展开讨论。

（刘淑颖）

【中指办领导等到玉树州调研指导地方志工作】 6月28日至30日，中指办党组书记高京斋、北京市志办主任李良、青海省志办主任杨松义等一行5人组成调研组到青海省玉树州调研指导地方志工作。调研结束后，调研组召开座谈会，就中指办、北京市志办与玉树州加强地方志工作交流合作进行研讨，玉树州相关人员参加座谈会。高京斋指出，长期以来，玉树州委、州政府切实加强对地方志工作的领导，科学规划，精心部署，有序推动地方志事业科学发展。高京斋表示，中指办将进一步加强对玉树州地方志工作的关注和支持，及时解决工作中遇到的困难和问题。

（刘淑颖）

【中指办领导听取内蒙古自治区地方志工作汇报】 7月12日，中指组秘书长、中指办主任冀祥德，中指办党组书记高京斋、副主任邱新立听取内蒙古自治区志办主任贺彪一行工作汇报。冀祥德指出，近年来，内蒙古自治区志办积极作为，开拓创新，在地方志信息化建设、蒙古文志书翻译出版以及地方志服务经济社会发展、做活做热地方志工作方面取得显著成绩；当前内蒙古“两全目标”工作总体进展较慢，要想方设法解决困难。高京斋强调，新任负责人要统一全办、全区地方志系统思想，加强领导班子团结，加强沟通协调。邱新立表示，内蒙古地方志工作基础相对薄弱，希望自治区志办领导班子发挥优势，带领全区地方志工作迎头赶上。

（刘淑颖）

【第二届方志文化国际学术研讨会暨第九届中国地方志学术年会在长沙举办】 7月16日至17日，第二届方志文化国际学术研讨会暨第九届中国地方志学术年会在湖南省长沙市举办。中指组秘书长、中指办主任、中国地方志学会副会长兼秘书长冀祥德，中指办党组书记高京斋，中指办副主任、中国地方志学会副会长邱新立出席会议。会上，国际图联的图书馆学有关专家、冀祥德分别以“IFLA：building a strong and united library field”和“中国地方志的价值特性”为题作主旨报告。14位参会代表围绕地方志及家谱收藏、研究、利用情况和方志文化传播、方志学学科建设、方志资源数据库建设等议题发言。参会人员还围绕如何获取、利用地方志等地情资料进行主题讨论。来自复旦大学、南开大学、北京师范大学、西南民族大学等18所高校和全国地方志系统的专家学者，中国台湾地区学者，以及澳大利亚、美国、德国、挪威、日本、南非6个国家的有关学者，共140余人参加会议。此次会议共有131篇论文入选。（刘淑颖）

【第四次全国地方志工作经验交流会在浏阳召开】 7月17日至18日，第四次全国地方志工作经验交流会在湖南省浏阳市召开。中指组秘书长、中指办主任冀祥德出席开幕式并作题为“总结经验 抢抓机遇 奋力推动新时代县级地方志工作大发展大跨越”的讲话。中指办党组书记高京斋出席闭幕式，并作题为“抓基层强基础 推动全国县级地方志工作高质量发展”总结讲话。中指办副主任邱新立主持会议。13家单位的参会代表就地方志资源开发利用、地方志工作开拓创新、修志编鉴等方面的经验作大会典型发言，总结交流党的十八大以来县级地方志工作取得的成绩和经验，研究分析存在的困难和问题。与会代表还围绕各地基层地方志工作情况展开讨论。（刘淑颖）

【中指办领导听取成都市地方志工作汇报】 7月23日，中指办党组书记高京斋、副主任邱新立听取成都市志办党组书记、主任高志刚和成都部分区县地方志分管领导及地方志机构负责人一行工作汇报。高京斋指出，成都市各级领导对地方志事业高度重视，地方志事业人才队伍完备，“两全目标”推动得力，成果丰硕，值得肯定。高京斋强调，要充分认识方志文化自信的意义，不断提高自身本领，继续推动地方志事业发展。邱新立要求，积极组织申报中国名镇、名村志文化工程，打造成都市名志工程序列，挖掘地方历史文化资源。（刘淑颖）

【第六届全国地方志优秀成果（年鉴类）评审系列会议等“三会”在吉林市举办】 7月23日至26日，第六届全国地方志优秀成果（年鉴类）评审系列会议、中国年鉴精品工程2019年卷申报年鉴篇目研讨会、第四期全国年鉴主编培训班在吉林省吉林市举行。中指组秘书长、中指办主任冀祥德，中指办党组书记高京斋出席会议。23日至24日的篇目研讨会上，与会专家点评《山西年鉴（2019）》等29部综合年鉴，对中国年鉴精品工程2019年卷申报年鉴篇目进行研讨。23日至25日的培训班紧紧围绕年鉴质量建设，设主题报告、队伍建设专题报告、“精品之路”专题报告、精品建设专题报告4个环节，共安排课程10讲，包括《〈中华人民共和国史志法〉立法思考》《不忘初心 牢记使命 做文化自信的践行者和承传者》《〈山西年鉴（2018）〉打造精品之路》《〈长沙年鉴（2018）〉打造精品之路》《〈长春市宽城年鉴（2018）〉〈桦甸年鉴（2018）〉打造精品之路》《〈北京海淀年鉴（2018）〉打造精品之路》《年鉴功能拓展与创新发展》《地方综合年鉴军事内容质量管控》《精品年鉴评审与质量标准建设》《地方综合年鉴常见质量问题》。23日至26日的优秀成果评审会上，评审专家按照《第六届全国地方志优秀成果（年鉴类）评审实施方案》要求，分成省级综合年鉴、地市级综合年鉴、县区级综合年鉴和专业年鉴4个评审小组，通过整体评估与分项打分、分工审读与集中研讨相结合的方式，对各地区、各行业的305部2018年卷年鉴进行评审，形成评审建议名单。（杨卓轩 刘淑颖）

【中指办领导到山西调研“两全目标”推进及名志工程实施情况】 7月26日，中指办副主任邱新立一行到山西调研“两全目标”推进及名志工程实施情况，并召开座谈会。邱新立指出，近年来山西省在加强顶层设计、争取领导重视、全力推进志鉴“两全目标”等方面取得显著成绩，希望再接再厉，按时保质完成“两全目标”。他还介绍了中指办“名志”工程的相关情况，建议将《应县木塔志》纳入名志工程，并对该志编纂提出具体意见与建议。有关人员介绍山西省地方志工作的亮点与特色，推进“两全目标”的具体举措，以及朔州市党史方志部门机构改革、市县党史基本著作编纂和“两全目标”进展情况。（刘淑颖）

【**中国系列名志工作研讨会暨培训班在扬州举办**】　8月9日，中国系列名志工作研讨会暨培训班在江苏省扬州市举办。中指组秘书长、中指办主任冀祥德，中指办副主任邱新立出席会议。冀祥德在讲话中充分肯定江苏省及扬州市地方志工作取得的显著成绩。邱新立以“以《应县木塔志》谈名志编纂”为题授课。在《茅台酒志》及《扬州市广陵区东关街志》的专家审读会上，评审专家从篇目、体例、文字、内容等方面详细点评，与会代表发表审读意见。中指办有关人员介绍中国系列名志申报流程、编写注意事项以及在志稿评审和出版时应该注意的问题。（刘淑颖）

【**全国地方志系统精准扶贫工作座谈会暨志鉴出版资助工程成果出版座谈会在泸州召开**】8月12日至13日，全国地方志系统精准扶贫工作座谈会暨志鉴出版资助工程成果出版座谈会在四川省泸州市召开。中指组秘书长、中指办主任冀祥德，中指办副主任邱新立出席会议。冀祥德作题为“强化地方志责任担当，助力精准扶贫攻坚战”的讲话，充分肯定四川省和泸州市在地方志以及在精准扶贫工作中取得的显著成绩，要求全国地方志工作者真实记录中国共产党带领全国各族人民实现脱贫致富的伟大壮举，做好地方志系统精准扶贫工作。四川省志办等代表就本省地方志系统精准扶贫情况作典型发言；9家受资助志书、年鉴编纂单位代表汇报民族地区与贫困地区志书、年鉴出版资助工作成果；方志出版社专家介绍资助工程的志书年鉴中存在的问题并提出对策。会议还设展示台，展示民族地区与贫困地区志鉴出版资助工程已出版成果。（刘淑颖）

【**中指办领导调研吉安市地方志工作**】　8月13日，中指组秘书长、中指办主任冀祥德到江西省吉安市调研地方志工作并召开座谈会。调研中，江西省政府、吉安市委市政府有关人员分别接见冀祥德一行。座谈会上，冀祥德指出，吉安市地方志工作“两全目标”基本完成，做到了“一纳入、八到位”，下一步要结合当前“不忘初心、牢记使命”主题教育，学习贯彻落实好习近平总书记关于史志工作的重要讲话、指示精神；要彻底改变传统“一本书主义”思维，让地方志“用”起来、“立”起来、“活”起来、“热”起来、“强”起来；要围绕党和国家利益、经济社会发展、以人民为中心三大主题向基层延伸，做好镇村志编纂。（刘淑颖）

【**2019年全国地方志系统信息化工作研讨会暨信息化业务培训班在吉安举办**】　8月14日至16日，2019年全国地方志系统信息化工作研讨会暨信息化业务培训班在江西省吉安市举办。中指组秘书长、中指办主任冀祥德，中指办副主任邱新立出席会议。冀祥德在讲话中肯定了一年来全国地方志系统信息化成绩，要求进一步统一思想、提高站位，加强人才队伍建设，做好地方志信息化工作。会议介绍一年来全国地方志信息化工作情况，19家地方志工作机构代表汇报本单位信息化建设的特色、亮点和经验。会议还现场演示了改版后的中国方志网。与会人员围绕当前地方志信息化工作中普遍存在的经费不足、人才短缺等问题进行交流。培训内容有《国家数字方志馆建设与发展》《全国地方志系统信息化建设形势与任务》等。（刘淑颖）

【**中国地方志文化交流团参加第85届世界图书馆与信息大会**】　8月20日至26日，中指组秘书长、中指办主任冀祥德，中指办副主任邱新立率中国地方志文化交流团一行4人赴塞尔维亚、希腊，参加第85届世界图书馆与信息大会（WLIC）及其卫星会议。这是中指办加入国际图联之后首次参加世界图书馆与信息大会。卫星会议在塞尔维亚贝尔格莱德举行。其中，地方史与家谱专业组及亚太地区专业组策划合作主持的公开会议主题为“Local History Collections, Genealogy, and Oral History as Critical Information Services in Libraries”。中国地方志文化交流团提交的论文《中国方志馆的功能特征和传播价值》《中国地方史编写传统及其规范化研究》中英文版入选大会并作专题交流。交流团介绍了方志馆在中国的建设、发展情况，地方志、地方史编写及管理现状。冀祥德作为国际图联地方史与家谱专业组常委参加在雅典学院举行的常委会会议。他在发言中指出，中指办积极与国际图联合作，取长补短，相互交流，希望继续为共同促进图书馆界与方志界的合作贡献力量。（刘淑颖）

【中指办领导听取苏州市地方志专题工作汇报】 9月16日，中指组秘书长、中指办主任冀祥德，中指办副主任邱新立听取江苏省苏州市志办主任陈兴南一行关于申报国家方志馆江南分馆的专题汇报。冀祥德对苏州市地方志工作者勇于担当、积极进取的精神给予充分肯定。他指出，中指办大力支持国家方志馆分馆建设，苏州市要抓住机遇，对江南分馆的名称进行论证，抓紧研究可行性方案。邱新立指出，国家方志馆江南分馆的建设具有重要意义，要加强对江南文化的研究，深入挖掘江南文化核心内涵，论证好核心概念及核心区域。（刘淑颖）

【2019年第一期全国地方志工作机构新任负责人培训班在济宁举办】 9月6日至12日，2019年第一期全国地方志工作机构新任负责人培训班在山东省济宁市举办。中指组秘书长、中指办主任冀祥德，中指办党组书记高京斋、副主任邱新立出席培训班，并分别讲授《学习领会习近平同志宁德地方志工作会议重要讲话精神》《参悟习近平总书记“我将无我，不负人民”的真谛——谈谈如何当好“一把手”的思考体会》《中国方志发展史》。培训内容还包括《年鉴事业发展形势和任务》《志书编纂形势与任务》《尽精微，致广大——全方位提高志书编纂出版质量》《如何当好市级地方志办公室“一把手”》《为政之道以德为先——习近平“政德观”的传统文化意蕴》《从文化自知到文化自信》。（刘淑颖）

【2019年第二期全国地方志工作机构新任负责人培训班在济宁举办】 10月13日至19日，2019年第二期全国地方志工作机构新任负责人培训班在山东省济宁市举办。中指办党组书记高京斋出席并讲话，中指办副主任邱新立出席并授课。高京斋、邱新立分别讲授《参悟习近平总书记“我将无我，不负人民”的真谛》《中国方志发展史》。授课内容还有《志鉴编纂的重点问题和规范问题》《地方志资源及其开发利用》《地方史志期刊发展的形势与任务》《方志馆建设问题思考》《南宁市地方志事业高质量发展的实践和思考》《为政之道以德为先——习近平“政德观”的传统文化意蕴》《从文化自知到文化自信》。参训学员围绕推进“两全目标”的做法和经验以及地方志工作业务进行集中讨论。（刘淑颖）

【中指办领导听取湖南省地方志工作汇报】 9月19日，中指办副主任邱新立听取湖南省地方志编委会市县志工作指导处处长隆清华、长沙市地方志编纂室主任王习加及湘西州委党史研究室（州地方志编纂室）主任刘克兴一行工作汇报。邱新立指出，湖南省地方志编委会在地方志服务经济社会发展、做活做热地方志工作等方面取得了显著成绩。对于下一步工作，邱新立指出，要利用好湘西州民族地区地缘优势和国家历史文化名镇名村聚集区的资源优势，积极做好名镇志、名村志编纂工作；要紧盯“两全目标”，进一步提高《长沙市志(1988—2012)》总纂效率和质量，积极申报中国精品志书工程；要深刻认识长沙在中国近代救亡图存运动中的历史作用，积极稳妥推进国家方志馆中国近代人物分馆申报工作。

（刘淑颖）

【中指办领导调研浙江省地方志工作】 9月17日，中指办党组书记高京斋出席浙江省志办和浙江图书馆联合举办的“文化浙江 方志之乡——中华人民共和国成立70周年浙江方志成果展”开展仪式并调研浙江省地方志工作。高京斋在开展式致辞中，对中华人民共和国成立70周年特别是改革开放以来的浙江省地方志工作给予充分肯定，要求浙江省地方志工作者抓住机遇，勇于担当，记录浙江历史，讲好浙江故事。随后，高京斋赴浙江省志办听取全省地方史志工作汇报，并与省志办副处级以上干部座谈交流。他还赴绍兴调研地方史志工作，听取绍兴市和柯桥区地方史志工作汇报，高度肯定柯桥区近年来的工作，希望柯桥区史志办继续干在实处、走在前列，发挥好模范带头作用。 （刘淑颖）

【中指办调研组赴内蒙古自治区调研督查地方志工作】 10月22日至26日，中指办党组书记高京斋一行赴内蒙古自治区调研督查地方志工作。调研组与内蒙古自治区副主席郑宏范进行交流，就推进全区地方志“两全目标”攻坚交换意见。调研组赴乌兰察布、鄂尔多斯及部分旗县实地调研，召开7场座谈会，与60余人深入交流。高京斋指出，内蒙古地方志工作在蒙文版志书翻译出版、信息化建设、影像方志等方面取得了一定成绩，应当给予肯定。他强调，全区部分市（盟）、县（旗）党委政府要加强对地方志工作的重视程度，部分市（盟）、县（旗）要进一步健全地方志工作机构，全区“两全目标”工作推进力度需进一步加大。关于下一步内蒙古地方志工作，他提出，要进一步提高思想觉悟，充分认识按时保质完成“两全目标”的重要性、紧迫性、艰巨性；要充分调动社会力量的积极性、主动性、创造性，多措并举，从根本上扭转全区“两全目标”工作总体滞后的被动局面；要进一步开拓思路，推动地方志事业转型升级。 （刘淑颖）

【2019年全国地方史志期刊经验交流会议、2019年全国地方史志期刊暨志鉴编纂编辑培训班在兴安举办】 10月28日至11月2日，2019年全国地方史志期刊经验交流会议、2019年全国地方史志期刊暨志鉴编纂编辑培训班在广西壮族自治区兴安县举办。中指办党组书记高京斋、副主任邱新立出席会议并讲话。经验交流会上，广西、山西、吉林等8省（区、市）的代表作大会交流发言，介绍各自期刊发展经验。培训期间，地方志系统、中国社会科学院、人民教育出版社以及国际出版集团的专家围绕三方面内容授课：思想政治方面，高京斋等讲授《不忘初心，牢记使命，做文化自信的践行者承传者》《如何防范出版物编校的政治性失误》；编辑业务方面，邱新立等讲授《编纂立意——以〈应县木塔志〉为例》《志鉴编纂的重点问题和规范问题》《学术期刊出版常见差错及案例分析》；期刊管理与发展方面，课程有《学术期刊编辑流程与经验》《期刊评价发展的现状与未来趋势》《国际期刊发展的形势与趋势》《全国地方史志期刊的发展形势与任务》。参训学员围绕期刊工作形势和任务、交流办刊经验与问题等进行讨论。

（刘淑颖）

【2019年全国年鉴研讨会在晋中举行】 11月3日至4日，2019年全国年鉴研讨会在山西省晋中市举行。中指组秘书长、中指办主任冀祥德，中指办党组书记高京斋出席会议并分别发表讲话、总结。冀祥德强调，在“两全目标”进入攻坚决胜阶段的新形势下，要坚持政治导向、坚持法治意识、坚持质量标准、坚持理论引领。高京斋强调，要采取有效举措打赢“两全目标”攻坚战，深化年鉴质量建设，加强队伍建设。会议宣读中指组、中国地方志学会《关于对第六届全国地方志优秀成果（年鉴类）的通报表扬》，介绍第六届全国地方志优秀成果（年鉴类）评审工作，研究通过年鉴分会部分理事、常务理事调整和年鉴分会副会长任免事项。研讨会上，与会代表围绕“年鉴全覆盖”推进工作交流经验，讨论《关于地方综合年鉴编纂出版若干问题的补充规定（讨论稿）》。论坛上，论文作者围绕“建国70年：年鉴的传承和发展”主题等展开交流研讨。

（刘淑颖）

【中国地方志学会年鉴分会年度会议召开】 11月3日至4日，中国地方志学会年鉴分会年度会议在山西晋中举行。中指组秘书长、中指办主任冀祥德出席开幕式并讲话，中指办党组书记高京斋出席闭幕式并作总结讲话。会议研究通过年鉴分会部分理事、常务理事调整和年鉴分会副会长任免事项。各省级地方志工作机构年鉴工作分管领导、年鉴部门负责人，年鉴分会副会长、常务理事、理事120余人参会。

（刘淑颖）

【第三届全国年鉴论坛举办】 11月3日至4日，第三届全国年鉴论坛在山西晋中举办。论文作者围绕《〈列国岁计政要〉与近代西方年鉴译介》《机构改革与地方综合年鉴框架创新研究》《从年鉴使用情况调查思考编纂目标的实现和调整论文交流》等展开交流。60余名论文作者参加论坛。（刘淑颖）

【中国名镇志、中国名村志文化工程学术委员会评审会议在北京召开】 11月4日，中国名镇志、中国名村志文化工程学术委员会评审会议在国家方志馆召开。中指组秘书长、中指办主任冀祥德，中指办副主任邱新立出席会议。冀祥德在讲话中指出，中国名镇志、中国名村志文化工程要坚持政治方向、把握志体、坚守志书底线，同时突出名镇名村的“名”与“特”；下一步工作中，要充分发挥学术委员会的作用，定期召开学术委员会学术会议，及时研讨重点难点问题。邱新立指出，此次申报的中国名镇志丛书、中国名村志丛书质量明显提高，但篇目设置、行文规范、诗词引用等仍需完善。与会专家评审15部第四批中国名镇志丛书和11部第三批中国名村志丛书志稿，同意列入中国名镇志丛书、中国名村志丛书。

（刘淑颖）

【中指办领导赴晋中、吕梁调研地方志工作】 11月4日至6日，中指办党组书记高京斋一行赴山西晋中、吕梁调研地方志工作并召开座谈会。调研重点了解山西省地方志资源开发利用、名志编纂情况，并督查“两全目标”完成进度。高京斋指出，近年来，山西省委党史研究院（省地方志研究院）在“两全目标”推进、志鉴质量建设、旧志整理等方面成绩突出、效果明显；晋中、吕梁部分市县在领导重视程度、机构编制、人员配置、队伍素质、经费保障等方面差异明显，必须引起重视，认真研究解决。他强调，“两全目标”进度较慢地区的党委政府要切实提高认识；地方志工作者要以担当的精神重视方志事业，以崇高的使命做好修志工作，以负责的态度把好志鉴质量关，推动全省地方志工作再上新台阶。

（刘淑颖）

【中国方志网新功能模块启用】 11月21日，中国方志网（www. difangzhi. cn）页面改版后正式启用。9月1日，中国方志网完成改版并试运行。试运行期间，社会反响良好。经过2个多月的开发部署，中国方志网在线投稿、图书交流、在线统计、咨询留言等功能模块正式启用。中国方志网是为全国地方志系统服务的门户网站，改版在设计上体现中国风、突出方志性、兼顾灵动性，在内容上融权威性、知识性、服务性于一体，全方位、多层次反映地方志工作的推动力度、工作进度。新版中国方志网，包括20个一级栏目，55个二级栏目，个别栏目下分三级、四级栏目，基本覆盖地方志工作的各个方面。（刘淑颖）

【国家数字方志馆建设专家研讨会在北京举行】 11月21日，国家数字方志馆建设专家研讨会在国家方志馆举行。中指组秘书长、中指办主任冀祥德，中指办纪检组组长、副主任叶聪岚出席会议并讲话。国家数字方志馆开发单位代表介绍国家数字方志馆建设情况，并就项目系统原型进行操作演示。与会专家对《国家数字方志馆平台原型图》《国家数字方志馆资源数据加工规范》《国家数字方志馆资源元数据规范》等相关资料以及项目平台构架、注意事项、未来规划等提出意见建议。（刘淑颖）

【全国方志馆建设经验交流会暨方志馆业务培训班在东营举办】 11月20日至24日，全国方志馆建设经验交流会暨方志馆业务培训班在山东省东营市召开。中指办党组书记高京斋、副主任邱新立出席会议并讲话。20日至22日的经验交流会上，12 位参会代表作大会发言，介绍当地方志馆建设经验，并围绕方志馆建设经验等主题进行交流；参会代表还到国家方志馆黄河分馆、东营区方志馆（区情馆）进行现场教学，实地观摩两馆展览展示，借鉴两馆建设经验。23 日至 24 日的培训班授课内容包括两方面：方志馆建设申报立项方面有《统筹省党史方志馆融合建设，稳步推进全省方志馆“全覆盖”》《上海通志馆新馆项目经验交流报告》《以湖州方志馆为例，浅谈地级市方志馆申报立项经验做法》，数字方志馆建设方面有《夯实基础，开拓创新，争建优秀数字方志馆——湖南数字方志馆工作汇报》《以杭州数字方志馆为例，浅谈地情数据库建设》《数字图书馆建设与服务》。参训学员围绕数字方志馆建设问题进行讨论，提出意见建议。中指办有关人员进行国家数字方志馆建设演示，并举办专题座谈会。（刘淑颖）

【中指办领导听取辽宁省地方志工作汇报】 11 月 22 日，中指组秘书长、中指办主任冀祥德，中指办纪检组组长、副主任叶聪岚听取辽宁省政府办公厅副主任周国春、辽宁省档案馆副馆长田冰等一行工作汇报。冀祥德指出，辽宁省政府办公厅自 2019 年 4 月承接地方志行政管理职能以来，对照全国地方志工作发展要求，找差距、补短板、强落实，采取措施，取得明显成绩。针对辽宁省“两全目标”工作总体进展较慢的严峻形势，他提出，要依法审慎调整第二轮志书规划，制定时间表、路线图；把好把牢政治关；要努力提高质量，宁缺毋滥；要加强思想建设和人才队伍建设，打牢地方志事业发展根基。（刘淑颖）

【第四届全国名镇论坛暨第四批中国名镇志丛书出版座谈会在湘西举办】 12 月 10 日至 11 日，第四届全国名镇论坛暨第四批中国名镇志丛书出版座谈会在湖南省湘西州举办。中指组秘书长、中指办主任冀祥德出席会议并讲话。冀祥德强调，要全面总结既往工作，认清新时代地方志事业的新要求，用“中国之志”资治、记录“中国之治”。会上向第四批中国名镇志丛书编纂单位授牌和颁发证书。中指办有关人员作中国名镇志文化工程 2019 年度工作报告，湖南龙山有关人员分享里耶镇情及《里耶镇志》编纂经验。（刘淑颖）

【国家方志馆分馆建设研讨会在黑河举办】 12 月 11 日至 12 日，国家方志馆分馆建设研讨会在黑龙江省黑河市举办。中指办党组书记高京斋、副主任邱新立出席会议。高京斋在讲话中分析当前国家方志馆分馆建设面临的形势与问题，并就分馆建设如何实现“特”、如何发挥作用等问题提出要求。邱新立在总结讲话中对国家方志馆、国家方志馆分馆、地方各级方志馆的建设思路作进一步阐发。国家方志馆知青分馆有关人员介绍分馆成立以来的工作情况，分享建设运行过程中的经验做法，并汇报分馆下一步的工作计划。与会代表就国家方志馆分馆建设和黄河分馆、知青分馆建设问题进行交流，并对中原分馆建设方案提出意见建议。全体参会人员还到知青分馆实地观摩，借鉴经验。（刘淑颖）

【东北三省及内蒙古自治区志鉴编纂业务培训班在沈阳举办】 12 月 18 日至 20 日，东北三省及内蒙古自治区志鉴编纂业务培训班在辽宁省沈阳市举办。邱新立出席会议并作开班动员讲话，介绍全国贯彻落实《规划纲要》尤其是“两全目标”要求的有关情况，要求东北三省及内蒙古自治区抓住机遇，扎实推进地方志工作，圆满完成志鉴编纂出版全覆盖等任务。授课专家讲授《方志的体例》《年鉴框架设计及内容记述》《志书篇目设计》《地方综合年鉴编纂质量问题》《年鉴经济部类的编写》《志书资料搜集及志稿撰写》等课程。（刘淑颖）

【中国地方志学会第六届理事会第二次会议在儋州召开】 12 月 23 日至 24 日，中国地方志学会第六届理事会第二次会议在海南省儋州市召开。中指组秘书长、中指办主任、中国地方志学会副会长兼秘书长冀祥德，中指办党组书记高京斋出席会议并分别发表讲话、总结讲话。冀祥德指出，中国地方志学会第六届理事会成立以来，在理论研究、学科建设、完成“两全目标”、推动地方志转型升级、推进方志文化交流方面开展工作，未来要继续坚持党的全面领导、坚持学术为本、坚持服务大局。高京斋要求，广大地方志工作者增强文化自信、脚踏实地，以有为谋有位；加大宣传力度，倡导方志人精神，大力弘扬正能量。中国地方志学会常务理事、理事对《全国地方志事业发展规划纲要（2021—2025年）》（征求意见稿）进行深入研讨，并就各地学会工作和开展活动情况进行交流。（刘淑颖）

【第三届全国名村论坛在重庆召开】 12月28日，第三届全国名村论坛在重庆市召开。中指组秘书长、中指办主任冀祥德，中指办原党组书记、中国名村志文化工程学术委员会委员田嘉，中指办副主任邱新立出席会议。会上，向第三批中国名村志丛书编纂单位授牌和颁发证书。中指办有关人员作中国名村志文化工程2019年度工作报告，中国名村志文化工程3位学术委员围绕名村志编纂工作发言。方志出版社有关人员介绍中国名村志丛书编辑出版常见问题，12部名村志编纂单位代表介绍当地村情民俗及名村志编纂经验。（刘淑颖）

【中国抗日战争志研讨会在重庆召开】 12月28日，中国抗日战争志研讨会在重庆市召开。中指组秘书长、中指办主任冀祥德，中指办原党组书记田嘉，中指办副主任邱新立出席会议。中国抗日战争志子课题组和地方抗战志项目代表分别汇报抗日战争志编纂进展情况，介绍编纂经验。会议就中国抗日战争志文化志、社会志进行讨论，与会专家分别从历史学、方志学的角度提出意见和建议。（刘淑颖）

【全国地方志事业发展规划系列研讨会举行】 年内，全国地方志事业发展规划系列研讨会分别在河南省安阳市等地举行。10月19日至20日，全国地方志事业发展规划第一次研讨会在河南省安阳市举行，与会代表围绕新一个《全国地方志事业发展规划纲要（2021—2025年）》（讨论稿）进行讨论，对未来五年的主要任务达成共识，对文本框架结构、具体细节提出意见和建议。12月10日至11日，第二次研讨会在湖南省湘西州举行，与会代表围绕规划纲要“总体目标”的表述、第三轮修志、地方综合年鉴编纂出版、方志馆建设、理论建设和学科建设、地方志事业发展保障等问题展开研讨。12月11日，第三次研讨会在黑龙江省黑河市举行，与会代表在围绕规划纲要中的第三轮修志、方志馆建设、将地方志工作纳入绩效考核等重要问题提出意见和建议。12月23日至24日，第四次研讨会在海南省儋州市举行，与会代表研讨修改《规划纲要》（征求意见稿）。（刘淑颖）

【2020年全国省级地方志机构主任工作会议暨全国地方志事业发展规划研讨会在北京召开】 12月30日，2020年全国省级地方志机构主任工作会议暨全国地方志事业发展规划研讨会在北京市召开。中国社会科学院院长、中指组组长谢伏瞻，中国社会科学院副院长、中指组常务副组长高翔，中指组秘书长、中指办主任冀祥德，中指办党组书记高京斋，中指办副主任邱新立，中指办纪检组组长、副主任叶聪岚出席会议。谢伏瞻、高翔在开幕式和闭幕式上发表讲话、总结讲话。谢伏瞻在讲话中对新时代做好地方志工作作出指示，并强调2020年要做好工作：编制印发第二个地方志事业规划纲要，筹备召开中指组六届一次会议和第六次全国地方志工作会议，稳步推动相关法律法规修订和立法，努力建设一支高素质专业化的地方志人才队伍。高翔在总结讲话中强调，要切实将会议精神转化为推动工作的实际行动，坚决打赢“两全目标”攻坚战，科学谋划地方志事业发展规划，高度重视地方志队伍建设。会议全面总结2019年全国地方志工作，安排部署2020年各项任务，科学谋划未来五年的发展思路，推动“两全目标”实现。冀祥德作2019年全国地方志工作报告，部署2020年全国地方

志主要工作。会议为2018年卷中国精品年鉴单位授牌。与会代表围绕2019年全国地方志工作报告和《全国地方志事业发展规划纲要(2021—2025年)》(征求意见稿)进行讨论。各省(区、市)、新疆生产建设兵团和副省级城市地方志工作机构主要负责人,国务院部委局志鉴机构、中央军委党史军史工作领导小组办公室负责人,2018年卷中国精品年鉴所属省份地方志机构分管年鉴工作的领导和编纂单位主要负责人,中指办、方志出版社各部门负责人及媒体记者近150人参加会议。（刘淑颖）

【方志出版社工作】 年内,方志出版社配合全国地方志系统完成“两全目标”出版任务,完成图书出版单位首次社会效益评价考核自评工作。推进重点图书项目的出版工作。报送“十三五”国家重点图书出版规划项目3个;完成第四批中国名镇志丛书15部、第三批中国名村志丛书11部图书的出版任务;完成中国志书精品工程、中国年鉴精品工程年度出版任务;列入民族地区与贫困地区志书资助工程的30部图书全部进入出版流程。加强图书质量保障机制建设和编辑队伍建设。启动修订《图书质量检查管理规定》工作;成立质检部,实现方志出版社图书印前全品种质检;启动旧志整理出版规范起草工作。继续推进图书“走出去”工作。启动中国名镇志丛书、中国名村志丛书8种图书申报小语种的出版资助;启动《大熊猫图志》等3种图书英文版的出版工作。（方志出版社）

志书编纂与出版

·编纂进展

【北京市志书编纂进展】 年内，北京市88部第二轮规划志书出版35部，进入出版43部，进入复审8部，进入初审2部，32部《北京志》分志通过终审验收，共计1621.2万字。

（史晔 徐丽丽）

【天津市志书编纂进展】 年内，天津市市级志书《档案志》《政协志》《海关志》《粮食志》《卫生志（1991—2008）》《人民代表大会志（1998—2013）》《科学技术志（1991—2005）》《审计志（1996—2012）》出版，共计970.2万字。《人口和计划生育志》《劳教戒毒志》《北海航海保障志（1840—2012）》《社会科学志》《司法行政志》《纪律检查志》完成复审。区级志书《蓟县志（1979—2016）》通过终审，《天津市西青区志（1979—2010）》通过复审。

（唐旗）

【河北省志书编纂进展】 年内，河北省第二轮规划志书214部，出版21部，累计出版161部，约占规划总数的75.23%；22部完成终审正在修改，22部完成复审正在修改，8部完成初审正在修改，1部正在编纂。其中，省级志书规划59部，《军事志》《民族与宗教志》《公安志》《安全生产监督管理志》《统计志》《测绘志》《广播电视志》《卫生志》《司法行政志》《精神文明建设志》《科学技术志》《税务志》《民主党派与工商联志》《气象志》14部出版，累计出版23部；《档案志》《金融志》《旅游志》《劳动和社会保障志》《审判志》《地震志》《出版报业志》《交通运输志》《审判志》《审计志》《农业志》《信息产业志》《工商行政与市场管理志》《杂技志》《哲学社会科学志》《医药志》16部完成终审正在修改；市级志书规划7部，累计出版4部；县级志书规划148部，累计出版134部。乡镇志出版1部。村志出版6部。部门（行业、专题）志出版14部。

（刘天骄 郑小明）

【山西省志书编纂进展】 年内，山西省志评审17部；出版《文物志》《审判志》《质量技术监督志》《工商行政管理志》《医疗卫生志》《国有资产监管志》《保险业志》《银行业志》《农村信用社志》《电信志》《测绘志》《国防科技工业志》12部，累计出版64部，出版率约为71.91%。山西省市县志评审9部，出版《大同市志》1部市志以及《阳高县志》《古县志》《山阴县志》3部县志，累计出版81部，出版率约为68.07%。

（武岭）

【内蒙古自治区志书编纂进展】 年内，内蒙古自治区志办印发《关于实施“‘两全目标’一书一计划”工作的通知》，为每部志鉴设立台账，分工到人。内蒙古自治区共规划第二轮三级志书188部，其中自治区分志73部，盟市志12部，旗县志103部。截至年底，第二轮已出版三级志书87部，移交出版10部，审后修改12部，志稿终审9部，志稿复审31部，志稿初审29部，初稿撰写9部，资料收集1部；出版完成率约为46.28%，较2018年提高7.5个百分点；按完成初稿撰写指标统计，三级志书共完成178部，约占规划总数的94.68%，较2018年提高22.4个百分点。

（李向兵）

【辽宁省志书编纂进展】　年内，辽宁省级志书已出版或接近出版条件的有 31 部，市级志书已出版或接近出版条件的有 30 部。县级志书达到出版条件的 64 部。辽宁省档案馆推动 25 部《辽宁省志》分志重新启动编纂，完成 37 部《辽宁省志》审稿，审稿总文字量达到 2500 万字。申请立项省志交付出版项目 11 项。沈阳市志办编纂《总目汇编》，出版《沈阳市志（1986—2005）》卷二（下）。8 月，鞍山市史志办编纂的《鞍山市志（1986—2005）》（第二卷）出版。抚顺市规划出版市志 4 卷，其中政治卷、社会生活卷、科教文卫卷已出版，经济卷完成组稿和三校。《本溪市志（1986—2005）》规划出版市志 4 卷，共 500 余万字，其中第一卷、第二卷、第三卷出版，第四卷完成总纂。丹东市规划出版市志 5 卷，综合卷、政治卷、文化卷进入出版环节，经济卷、社会卷正在编纂。锦州市完成《锦州市志·政治文化卷（1986—2002）》第一轮修改工作。营口市档案史志管理中心完成《营口市志（1986—2005）》第二卷总纂，第三卷初稿编纂。阜新市档案馆（市史志办）完成《阜新市志（1986—2005）》第二卷（经济卷）出版，第三卷（政治卷）志稿初编工作完成。辽阳市档案馆完成《辽阳市志》第二卷编纂工作，并送出版社；《辽阳市志》第三卷继续查缺补漏。铁岭市志办对《铁岭市志（1984—2005）》卷四稿进行资料修改、补充和完善工作。朝阳市史志办完成《朝阳市志（1986—2005）》中卷和下卷 2 部终审稿。盘锦市档案馆完成《盘锦市志（1991—2005）》综合卷复审，共 100 多万字；农业工业经济卷、科教文化卫生卷进入初稿修改阶段。年内，葫芦岛市党群事务中心职能理顺，着手开展地方志工作，印发《关于加强葫芦岛市志修志志稿报送工作的通知》，并调整葫芦岛市地方志编纂委员会成员。10 月和 12 月，沈阳市《新民市志（1996—2005）》《和平区志（1986—2005）》出版，至此沈阳市市、县两级第二轮志书编纂任务全部完成。本溪市《桓仁满族自治县志（1986—2015）》出版；《南芬区志（1985—2005）》《溪湖区志（1906—2005）》通过复审；平山区、明山区志稿完成初审。丹东市第二轮县（市）区志书编纂已近尾声，进入出版季。丹东市《宽甸满族自治县志（1986—2010）》出版，《凤城市志》《元宝区志》报送复审，《振安区志》准备报送复审。锦州市《黑山县志》《北镇市志》《义县志》出版，《凌海市志》《太和区志》通过评审，《凌河区志》完成初审，《古塔区志》撰写初稿。营口市《大石桥市志》《鲅鱼圈区志》《老边区志》出版，《站前区志》完成编纂，进入出版程序；《盖州市志》第一、二卷已出版，第三卷完成初审；《西市区志》上卷已完成初审，中卷正在初审，下卷完成总纂。辽阳市《辽阳县志》《文圣区志》《弓长岭区志》出版，《宏伟区志》《太子河区志》进入出版环节；《白塔区志》进入审后修改阶段；《灯塔市志》进行初稿编辑。朝阳市《朝阳县志（1991—2005）》完成定稿工作。铁岭市昌图县昌图镇《满井村志》、铁岭县新台子镇《八里庄村志》相继出版。　（宁芳　丁玉恒）

【吉林省志书编纂进展】　年内，第二轮《吉林省志》规划 60 部分志，出版 38 部，约占规划总数的 63%；21 部分志通过终审，约占规划总数的 35%；有 1 部分志通过复审，约占总数的 2%。吉林省市、县（市、区）规划 68 部志书，全部编纂出版。省志《共青团志》《医疗卫生志》《医药志》《教育志》《开发区志》《广播电影电视志》《出版志》《税务志》《旅游志》9 部分志出版，《文化志》《税务志》《人大志》《烟草志》《民主党派工商联志》《工业志》《城乡建设志》《海关志》《国土资源志》《人事志》《物价志》《艺术志》《计划和体改志》13 部分志完成终审。《工业志》《人事志》《海关志》《物价志》《计划和体改志》《电信志》6 部分志完成复审。督促指导完成《电信志》《海关志》两部分志的初稿编写与总纂。　（高岩　肖志刚）

【黑龙江省志书编纂进展】　年内，黑龙江省第二轮规划省志84部，市（地）志13部和县（市、区）、局志143部。截至年底，省志《总述》《大事记》《省委志》《党史志》《工业志（综合）》《城乡建设志》《教育志》《报业志》《宣传志》《煤炭工业志》《乡镇企业志》《商务志》《医药志》13部正在编纂，《政府志》《残联志》《审判志》《劳动和社会保障志》《农业志》《信息产业志》《海关志》《组织志》《公共图书馆志》《人事编制志》《经济综述》《水产志》《税务志》13部完成初审，《统战志》《人大志》《质量技术监督志》《保险志》《卫生志》《文物志》《粮食志》《信访志》《外事侨务志》《证券志》《检验检疫志》《艺术志》《电力志》《广播电视志》14部完成复审，《对外经济贸易志》1部完成终审，《人口与计划生育志》《供销合作社志》2部审后修改，《纪检监察志》《党校志》《工会志》《文学志》《档案志》《民族志》《政策研究志》《民主党派志》《环境保护志》《社科联志》《民政志》《宗教志》12部移交出版，《土地志》《地质矿产志》《公安志》《妇联志》《畜牧志》《烟草志》《农垦志》《公路志》《工商行政管理志》《科学技术志》《检察志》《测绘志》《水利志》《工商联志》《邮政志》《气象志》《司法行政志》《军事志》《石油工业志》《电信志》《旅游志》《财政志》《审计志》《物价志》《政协志》《共青团志》《出版志》《地震志》《林业志》29部出版。市（地）、县（市、区）、局志编纂7部，初审7部，复审4部，终审1部，审后修改9部，移交出版18部，出版110部。

（徐萍　杜胜男）

【上海市志书编纂进展】　年内，上海市第二轮修志220部市志、专志和区县志中，161部提交评议稿，约占73.2%（其中64部出版，约占29%），其余59部提交初稿，约占26.8%。上海市第二轮市志共评议《上海市志·对外经济贸易分志（1978—2010）》等39部，审定《上海市志·人大分志（1978—2010）》等12部，验收《上海市志·交通运输分志·海事救助打捞卷（1978—2010）》等7部，出版《上海市志·口岸分志·出入境边防检查卷（1978—2010）》等5部。市级专志共评议《上海市级专志·上海海事大学志》等13部，审定《上海市级专志·仁济医院志》等7部，验收《上海市级专志·曙光医院志》等3部，出版《上海市级专志·上海外国语大学志》等4部。

（王师师）

【江苏省志书编纂进展】　年内，江苏省第二轮规划志书169部，出版27部，累计出版129部，约占规划总数的76%；8部移交出版，10部完成终审正在修改，9部完成复审正在修改。其中，省级志书规划60部，《工商价格志》《民主党派工商联志》《人民团体志》《卫生志》《民政志》《江苏著述志》《江苏江河湖泊志》等18部出版，累计出版33部，另外8部移交出版，10部完成终审正在修改，9部待终审；市级志书规划13部，《盐城市志》出版，累计出版13部；县级志书规划96部，《阜宁县志》《泰兴市志》《淮阴区志》等9部出版，累计出版96部，第二轮规划市、县两级志书全部出版。《江苏援藏援疆建设志》《中国淮扬菜志》《江苏名酒志》《“6.23”特大龙卷风冰雹盐城抢险救灾暨灾后重建志》等按计划有序进行。至年末，全省入选中国名镇志文化工程、中国名村志文化工程28部并出版，江苏名镇名村志有19部具备出版条件，5部交付出版。

（朱莉萍　尤岩　武文明）

【浙江省志书编纂进展】　年内，浙江省累计出版志书26卷，完成初审105卷，复审93卷，终审65卷。特别有三个组67卷已全部完成复审。年内，省志办进一步加强市县二轮修志检查、指导、督促工作。全年开展《宁波市志》《温州市志》《嘉兴市志》《丽水市志》和《滨江区志》《南湖区志》《秀洲区志》《乐清市志》《文成县志》《长兴县志》《诸暨市志》以及杭州《下城区志》、台州《椒江区志》等25部市县（市、区）志稿指导评审工作。至年末，全省市、县（市、区）第二轮志书已出版

67 部，约占 98 部规划志书的 68.4%。

（浙江省志办）

【安徽省志书编纂进展】 年内，安徽省第二轮规划 87 部省志分志出版 1 部，累计出版 61 部。完成具备交付出版标准书稿 16 部，完成初稿和送审稿 10 部。完成首轮《安徽省志》简本重印工作。完成《安徽抗日战争志》初稿 30 万余字。加强全省乡镇村志、特色志编纂工作，申报中国名镇志工程、中国名村志工程，入选中国名镇志文化工程 5 部、中国名村志文化工程 2 部，出版乡镇志、村志、特色志 11 部，评议特色志《中国名酒志·古井贡酒志》1 部，影印《杏花村志》。参与《中国影像方志》安徽卷的阜南、寿县、当涂、和县、全椒等 11 个县影像志脚本审定工作。（苏爱梅）

【福建省志书编纂进展】 年内，福建省第二轮省志出版《政府志》《农业志》《公安志》《财政志》《国土资源志》《环境保护志》《人口和计划生育志》《金融志》《通信志》《人民代表大会志》《物价志》《统计志》《交通志》《税务志》《工商行政管理志》《畜牧志》《气象志》《检察志》《地震志》《测绘志》《民族志》《司法行政志》《人事志》《外事志》《工会志》《妇联志》《烟草志》《粮食志》《社会科学志》《审计志》《出入境检验检疫志（厦门局辖区篇）》《体育志》《青年运动志》《水利志》《电力工业志》《铁路志》36 部，处于编纂阶段的 44 部，其中初稿撰写阶段《广播电视志》《供销合作志》《出版志》《出入境检验检疫志（福建局篇）》《渔业志》《大事记》《盐业志》《石化工业志》《医药志》9 部，初审阶段《工商联志》《闽台关系志》《共产党志》3 部，复审阶段《科学技术志》《林业志》《文化艺术志》《纺织工业志》《对外经贸志》《质量技术监督志》《报业志》《煤炭工业志》《造纸工业志》《食品工业志》《档案志》《旅游志》12 部，终审阶段《厦门海关志》《福州海关志》《冶金工业志》《教育志》4 部，审后修改阶段《信息产业志》《卫生志》《建设志》《政协志》《审判志》《民主党派志》《机械工业志》7 部，交付出版《台湾同胞联谊会志》《船舶工业志》《发展计划志》《知识产权志》《劳动保障志》《民政志》《华侨志》《红十字会志》《军事志》9 部。市级志书完成公开出版《福州市志》《三明市志（1993—2005）》《莆田市志（1991—2005）》《龙岩市志（1988—2002）》4 部，处于编纂阶段的 5 部，其中初审阶段《泉州市志》1 部、审后修改阶段《厦门市志》《南平市志》《宁德市志》3 部、交付出版《漳州市志》1 部。县级志书出版 49 部，处于编纂阶段的 35 部，其中初审阶段《光泽县志》《松溪县志》《平和县志》《华安县志》《鲤城区志》《罗源县志》6 部，复审阶段《东山县志》《洛江区志》《泉港区志》《三元区志》《武夷山市志》《蕉城区志》《福鼎市志》7 部，终审阶段《建阳区志》《涵江区志》《荔城区志》《沙县县志》《梅列区志》《丰泽区志》《南靖县志》《马尾区志》《连江县志》9 部，审后修改阶段《芗城区志》《建瓯市志》《古田县志》《福安市志》《平潭县志》5 部，交付出版《霞浦县志》《仙游县志》《永春县志》《惠安县志》《晋江市志》《龙文区志》《闽清县志》《鼓楼区志》8 部。（福建省志办）

【江西省志书编纂进展】 年内，第二轮《江西省志》15 部分志通过初审，12 部通过复审，审读征求意见稿、试写稿等各种形式内审稿 19 部，对 3 部分志的篇目大纲进行了修改、把关。12 月 9 日，省政府召开第二轮《江西省志》编纂工作第二次推进会。12 月 31 日，《组织志》《信访志》《烟草志》《综治志》4 部分志通过验收，实现省志验收“零”的突破。第二轮市县志中《德安县志（1985—2008 年）》《赣州市志（1986—2000 年）》出版。（朱岳）

【山东省志书编纂进展】 年内，山东省在全面完成第二轮修志工作基础上，扎实推进志书简编及部门志、行业志、专题志、乡镇村志编修工作。《山东抗日战争志》《山东省对口支援青海志》《齐长城志》《山东省老字号志》启

动编纂。（梁一博）

【河南省志书编纂进展】 截至年底，河南省168部第二轮市县综合志书全部完成任务。年内，《开封市志》《南阳市志》《驻马店市志》《驻马店驿城区》《南阳市卧龙区志》《许昌市志》《鹿邑县志》《新蔡县志》《桐柏县志》《淅川县志》《方城县志》全部出版。第二轮《河南省志》（《河南省志（1978—2000）》），包括15卷、134个分志、1600余万字编纂工作全部圆满完成，正式出版。5月，河南省地方史志办公室印发《河南省名镇名村志编纂方案》。截至年底，有6个乡镇（街道）、3个村申报省名镇名村志工程，其中巩义市《罗口村志》、偃师市《二里头村志》出版。12月，全省2400多个乡镇街道中，已经启动乡镇志编纂1006家，出书124部（当年出书38部）；村志启动498家，出书174部（当年出书27部）。重大选题志方面，10月，《平原省志》由河南省地方史志办公室、新乡市地方史志局编纂完成，中州古籍出版社出版。《河南抗日战争志》进入全面组织实施阶段。

（程茜 汪朝霞）

【湖北省志书编纂进展】 年内，第二轮《湖北省志》42卷，全部完成出版审核，进入印刷程序。第二轮13部市（州）志和101部县（市、区）志均已公开出版。全年全省编纂出版乡镇村志29部，行业志、部门志11部。《武当山志》《湖北省自然资源志》编纂工作进展顺利。咸丰县《唐崖镇志》成功入选第四批中国名镇志丛书。

（湖北省文化和旅游厅地方志工作处）

【湖南省志书编纂进展】 年内，湖南省第二轮规划志书201部，出版6部，累计出版161部，约占规划总数的79.7%；3部移交出版，1部完成终审正在修改，2部完成复审正在修改，1部完成初审正在修改，34部正在编纂。其中，省级志书规划66部，《湖南省志（1978—2002）·铁路志》1部出版，累计出版50部，另外《湖南省志（1978—2002）·政协志》1部移交出版，《湖南省志（1978—2002）·有色金属工业志》完成终审，《湖南省志（1978—2002）·卫生志》完成评议正在修改；市级志书规划14部，《湘西土家族苗族自治州志》《郴州市志》2部出版，累计出版9部；县级志书规划121部，《湘乡市志》《株洲市天元区志》《古丈县志》3部出版，累计出版102部，另外《怀化市洪江区志》《中方县志》已终审验收并交付出版，《新化县志》完成评审正在修改。《湖南省志（综合本）》92篇中完成终审稿2篇、送审稿41篇、评议稿13篇、初稿18篇。乡镇志方面，年内继续编纂《湖南乡镇简志》，以14个市州为卷名，分卷出版，年内出版1部，累计出版6部，《湖南乡镇简志·湘潭市卷》出版，《湖南乡镇简志·长沙市卷》《湖南乡镇简志·益阳市卷》《湖南乡镇简志·株洲市卷》3部移交出版，《湖南乡镇简志·永州市卷》《湖南乡镇简志·岳阳市卷》2部完成终审正在修改。推进参加中国名镇志文化工程、中国名村志文化工程申报，《里耶镇志》《芙蓉镇志》《浦口镇志》出版，《张谷英镇志》《浦市镇志》《双凤村志》《德夯村志》完成终审，审改《聂市镇志》志稿。中国影像方志方面，年内完成《中国影像方志·湖南卷·冷水江市篇》《中国影像方志·湖南卷·祁东县篇》《中国影像方志·湖南卷·湘乡市篇》《中国影像方志·湖南卷·新化县篇》《中国影像方志·湖南卷·安化县篇》《中国影像方志·湖南卷·洞口县篇》等6部影像志审稿任务，累计完成15部影像志审稿任务。社区志方面，年内初审浏阳市试点编纂的《浏阳市淮川街道朝阳社区梅花小区志》。特色志方面，年内出版《炎帝陵志》，评议《岳麓山志》《大沩山志》2部志稿，审读《老司城志》1部初稿，对编纂中的《韶山灌区志》进行业务指导。（张睿 蔡素云 隆清华）

【广东省志书编纂进展】 年内，广东省于2019年完成省、市、县三级二轮综合志书编修。编纂出版省志1部（43卷）和市县区志

119部，总字数约2.38亿字。新申报《长安镇志》等6部、《石寨村志》等9部。其中《鹏城社区志》《北山社区志》《塘尾村志》3部村志列入第三批中国名村志文化工程并出版；《光塔街道志》提交出版；《温泉镇志》《坪石镇志》《石龙镇志》《长安镇志》《南社村志》5部镇村志通过省级终审提交中指办验收。截至年底，全省累计申报名镇志28部，已出版4部；申报名村志20部，已出版6部。持续加强对广州、东莞、阳江、湛江、茂名、云浮等市部门志、行业志编纂的指导工作。《湛江市百部地方志丛书》成果陆续推出；广州市越秀区全面启动街道志编纂；佛山、梅州、东莞、中山、茂名、肇庆、清远、云浮等市部门志、专业志、镇村志编修成果不断涌现。其中，《冼夫人志》通过茂名市政府立项，成立编纂领导小组，完成纲目编写，现基本形成初稿；《惠能志》形成初稿；《罗浮山志》编修工作有序推进。　（广东省志办）

【广西壮族自治区志书编纂进展】　年内，广西壮族自治区第二轮规划志书186部，出版25部，累计出版101部，约占规划总数的54.30%。其中，《广西通志》规划65部，《广西通志·文学艺术志（1997—2005）》《广西通志·文化志（1986—2005）》《广西通志·金融志（1990—2005）》《广西通志·环境保护志（1996—2005）》《广西通志·科学技术协会志（1991—2005）》《广西通志·外事志（1986—2005）》《广西通志·政协志（1993—2005）》《广西通志·测绘志（1986—2005）》8部出版，累计出版40部；另外《广西通志·测绘志（1986—2005）》《广西通志·气象志（1991—2005）》《广西通志·环境保护志（1996—2005）》《广西通志·劳动和社会保障志（1991—2005）》《广西通志·体育志1986—2005）》《广西通志·防震减灾志（1986—2005）》《广西通志·侨务志（1991—2005）》《广西通志·统计志（1990—2005）》《广西通志·人民代表大会志（1993—2008）》《广西通志·城乡建设志（1991—2005）》《广西通志·民族志（1990—2005）》《广西通志·对外贸易经济合作志（1991—2005）》《广西通志·政府志（1998—2008）》《广西通志·民主党派·工商联志（1991—2010）》《广西通志·工业与信息产业志（1991—2005）》《广西通志·民政志（1988—2005）》《广西通志·粮食志（1988—2005）》《广西通志·供销合作经济志（1990—2011）》《广西通志·土地志（1997—2005）》《广西通志·人事志（1991—2005）》20部完成审查验收正在修改，《广西通志·人事志（1991—2005）》1部完成评稿正在修改；市级志书规划15部，《梧州市志（1993—2005）》1部出版，累计出版7部；另外《防城港市志》1部移交出版，《柳州市志（1991—2005）》《玉林市志》《贺州市志》《来宾市志》《百色市志》等5部完成审查验收正在修改，《河池市志》《贵港市志》2部未审查验收。县级志书规划106部，《马山县志（1986—2005）》《横县志（1986—2005）》《鹿寨县志（1988—2005）》《兴安县志（1991—2005）》《梧州市万秀区志》《藤县志（1991—2005）》《蒙山县志（1990—2005）》《合浦县志（1991—2005）》《防城港市港口区志》《灵山县志（1995—2005）》《容县志（1990—2005）》《博白县志（1990—2005）》《北流市志（1991—2005）》《钟山县志（1988—2005）》《东兰县志（1986—2005）》《合山市志（1991—2005）》16部出版，累计出版64部；有《钦州市钦北区志》《忻城县志（1991—2005）》《来宾市兴宾区志（1991—2005）》《龙州县志（1986—2005）》4部移交出版；有《上林县志（1986—2005）》《南宁市兴宁区志》《融水苗族自治县志（1996—2005）》《鹿寨县志（1988—2005）》《融安县志（1990—2005）》等33部完成审查验收正在修改，有《防城港市防城区志》《贵港市港北区志》《宜州市志（1990—2005）》《巴马瑶族自治县志（1991—2005）》《天峨县志（1989—2005）》5部未审查验收。特色志书方面，《广西抗日战争志》《广西汉语方言志》已经完成初稿，并在12月份组织专家进行评议，《广西海外华侨华人志》共收集到500多万字资料。

（苏麟忠　韦瑟钧乙　高叶）

【海南省志书编纂进展】　年内，海南省第二轮规划省志55部全部交付出版。《中国共产党志》等6部分志出版。第二轮规划市县（区）志22部（不包括《三沙市志》），其中《陵水黎族自治县志》出版，9部交付出版。专题志方面，《海南抗日战争志》完成评议稿。乡镇村（社区）志方面，《陵水乡镇志》《崖城镇志》等7部处于编审阶段，中国名镇志《博鳌镇志》《老城镇志》出版。（黎美君）

【重庆市志书编纂进展】　年内，重庆市第二轮《重庆市志》中，《市政管理志》《国土资源和房屋管理志》《民盟重庆地方组织志》完成初稿，《农特产品志》《旅游景区志》《林业志》《重庆银行志》《政府志》《机构编制志》《教育考试院志》完成初审，《民俗图志》《旅游志》《广播影视志》《残疾人事业志》《宗教志》评审验收，《总述》《建置沿革志》《农业农村工作志》《商贸志》《九三学社重庆地方组织志》移交出版，《文物志》《环境保护志》《出版志》出版。第二轮市区县志，《巫溪县志》《奉节县志》《武隆县志》进入初审，《重庆市黔江区志》《潼南县志》进入复审，《重庆市涪陵区志》《重庆市沙坪坝区志》《江津市志》进入终审，《重庆市合川区志》《重庆市万盛区志》《彭水苗族土家族自治县志》《璧山县志》《重庆市双桥区志》出版。（杨祖静　陈欣如）

【四川省志书编纂进展】　年内，四川省第二轮规划志书292部，出版14部，累计出版250部，约占规划总数的85.62%；22部移交出版，8部完成终审，2部完成复审，1部完成初审，6部正在编纂。其中，《四川省志（1986—2005）》规划92部，《文物志》《外事与港澳事务志》《审计志》《广播影视志》《工商行政管理志》《农机志》《民航志》《报业志》《民主党派工商联志》《青城山志》出版，累计出版60部；《大事纪述》《卫生志》《烟草志》《财政志》《司法行政志》《哲学社会科学志》《民政志》《畜牧食品志》《川茶志》《九寨沟志》《侨务志》《军事志》《民族志》《中共志》《共青团志》《人大志》《交通志》《通信志》移交出版；《农业志》《乐山大佛志》《海关志》《人口和计划生育志》《出入境检验检疫志》完成终审。市级志书规划21部，累计出版16部，《成都市志》《内江市志》移交出版，《雅安市志》《眉山市志》《资阳市志》进入终审。县级志书规划179部，《广元市市中区志》《隆昌县志》《平武县志》《红原县志（藏文版）》出版，累计出版174部；《大邑县志》《汉源县志》移交出版；《叙永县志》《芦山县志》《金阳县志》完成终审。《五粮液志》《泸州老窖志》入选中国名酒志工程。《四川省乡镇简志》泸州、达州2个分卷已通过审查。成都、达州、遂宁、眉山、广安、阿坝等地方志部门编纂乡镇、村志115部。

（孙玉峰　陈婧妮）

【贵州省志书编纂进展】　年内，贵州省第二轮规划志书161部，出版15部，累计出版108部，约占规划总数的67.08%；20部移交出版，27部完成终审，3部完成复审，1部完成初审，1部正在编纂。其中，省级志书规划64部，《法院志》《食品药品监督管理志》《党派社团志》（上）《党派社团志》（下）《报业志》《文化志》《林业志》《发展和改革志》《财政志》出版，累计出版40部；《物价志》《水利志》《科学技术志》《通信志》《文化遗产志志》《人民代表大会志》《酒业志》《茶业志》《供销 粮食 盐业志》《民族 宗教志》《旅游志》移交出版，《军事志》《工商 统计志》《名乡名镇志》《大事记 总述志》《广播电视志》《政府志》《民营经济志》《新闻出版志》《人物志》《地名志》《工业志》（上）《工业志》（下）《民用航空志》完成终审。市级志书规划9部，《毕节地区通志》出版，累计出版4部；《贵阳市志》《六盘水市志》《安顺地区志》（第三、四卷）《黔南布依族苗族自治州志》

《黔西南布依族苗族自治州志》移交出版。县级志书规划 88 部，《遵义红花岗区志》《六枝特区志》《三穗县志》《独山县志》《长顺县志》出版，累计出版 64 部；《南明区志》《贵阳市观山湖区志》《大方县志》《龙里县志》《安龙县志》移交出版，《白云区志》《息烽县志》《平坝县志》《普定县志》《镇宁县志》《平塘县志》《惠水县志》《兴仁县志》《晴隆县志》《望谟县志》完成终审。（吕勇）

【西藏自治区志书编纂进展】 年内，《西藏自治区志》方面，《政协志》出版，《粮食志》《金融志》《地质矿产志》通过终审，《民政志》《税务志》《财政志》《文化艺术志》《金融志》《地质矿产志》《自然地理志》《政务志》《科技志》《社会科学志》《水利志》《农业志》《广播电影电视志》《畜牧志》通过复审。市县志方面，《吉隆县志》《仁布县志》《达孜县志》出版，《类乌齐县志》《改则县志》《墨竹工卡县志》通过验收，《昌都地区志》《江达县志》《贡觉县志》《察雅县志》通过终审，《林芝地区志》《阿里地区志》通过复审，《山南地区志》《芒康县志》通过初审。（王梅洁）

【陕西省志书编纂进展】 年内，陕西省完成终审省志 17 分册、审验 13 分册，终审市县（区）志 28 部、审验 19 部。全省第二轮规划的省志 70 分册，其中 41 分册出版，12 分册交付出版，17 分册通过终审；市（区）志 11 部，出版 3 部，交付出版 2 部，通过终审 6 部；县（区）志 106 部，出版 60 部，交付出版 20 部，通过终审 26 部。（韩云鸽）

【甘肃省志书编纂进展】 年内，甘肃省终审志书 37 部（卷），其中省志 17 卷，市（州）志 4 部，县（市、区）志 16 部。全省第二轮规划的 72 卷省志（实际完成 73 卷）、14 部市（州）志、85 部县（市、区）志全部完成编纂任务。省级志书方面，印刷出版 44 卷，交付出版 22 卷，正在修改、提请出版 7 卷。《人民代表大会志》《妇女工作志》《共产党志》《邮政志》《环保志》《民政志》《民主党派工商联志》《住房与城乡建设志》《司法行政志》《文化志》《政府志》《工业经济志》《扶贫开发志》《民族志》《发展计划志》《物价志》《宗教工作志》终审，《检验检疫志》《附录》《概述》《出版志》《地震志》《文物志》《商务志》《铁路志》《海关志》《统计志》《工会志》《审判志》《报业志》《公路交通志》《测绘志》《农垦志》《外事志》《侨务志》《劳动和社会保障志》《质量技术监督志》《残疾人工作志》《人口和计划生育志》出版。当年已申请到书号、计划交付印刷的 11 卷：《共青团志》《粮食志》《金融志》《供销合作志》《旅游志》《政协志》《国土资源志》《民政志》《民主党派志》《人民防空志》《邮政志》。市县级志书方面，甘肃省剩余 15 部市县志全部完成编纂并通过评议，85 部市县志编纂全部完成。《天水市志》《甘南藏族自治州志》《张掖市志》《临夏回族自治州志》《广河县志》《环县志》《宁县志》《积石山保安族东乡族撒拉族自治县志》《夏河县志》《卓尼县志》《武都区志》《成县志》《礼县志》《文县志》《张家川回族自治县志》《山丹县志》《靖远县志》通过终审，《嘉峪关市志》《陇南市志》《甘州区志》《肃南县志》《山丹县志》《碌曲县志》《红古区志》《榆中县志》《康乐县志》《麦积区志》《泾川县志》出版。（王文生）

【青海省志书编纂进展】 年内，青海省第二轮志书规划 113 部，印刷出版 4 部，累计出版 47.5 部，约占规划数的 42%；4 部完成验收移交出版，5 部完成终审，9 部完成复审，3 部完成初审，4 部正在编纂。其中，《青海省志》规划 59 部，《铁路交通志》《军事志》《国土资源志》《省人民政府志》出版，累计出版 25.5 部；《工商行政管理志》《质量技术监督志》《城乡建设志》《区域建置志》完成验收移交出版，《体育志》《审判志》《监狱管理志》《武警志》完成终审。市州级志书规划 8 部，累计出版两部，《海南藏族自治州志》通过终审正在修改。县级志书规划46部，《平安县志》《杂多县志》出版，累计出版20部。

（王韬）

【宁夏回族自治区志书编纂进展】 年内，宁夏回族自治区第二轮规划志书68部，出版1部，累计出版52部，约占规划总数的76%；1部移交出版，6部正在编纂。其中，市级志书规划3部，《石嘴山市志》《吴忠市志》《中卫市志》正在编纂；县级志书规划5部，《吴忠市利通区志》已出版，《青铜峡市志》移交出版，《银川市兴庆区志》《银川市金凤区志》《中卫市沙坡头区志》完成初稿。启动村志编修工作，22部乡村志纳入首批编修出版任务。

（张明鹏）

【新疆维吾尔自治区志书编纂进展】 年内，《新疆通志（1986—2005）》进入出版程序。《农业志》《银行业志》《农村信用社志》出版，《法院志》《药监志》《残疾人事业志》送交出版，《文化志》《科技志》终审稿修改补充，《质量技术监督志》《审计志》召开评审会，《粮食志》《水利志》《地税志》《文物志》完成初稿撰写，《民航志》《有色工业志》《公安志》《卫生志》《国税志》启动。市（地）县方面，《阿合奇县志》《巩留县志》《阿克陶县志》《吉木萨尔县志》出版，《阿克苏市志》《博湖县志》《焉耆县志》《霍城县志》《沙湾县志》《和静县志》《拜城县志》《乌尔禾区志》《阿克陶县志》完成终审，《额敏县志》《阿勒泰市志》完成复审，《奎屯市志》《博州志》《阿图什市志》《布尔津县志》《伊宁县志》《托里县志》《和布克赛尔县志》完成初审。

（刘博）

【新疆生产建设兵团志书编纂进展】 年内，新疆生产建设兵团第二轮规划志书20部，包括省级5部、市级14部（14个师市各1部）、县级1部（图木舒克市1部），共出版志书8部。《新疆生产建设兵团志》出版，5部省级志书全部出版；《建工师志》《农一师阿拉尔市志》出版，《农八师石河子市志》移交出版，《第七师志》《第九师志》终审后修改，《第六师五家渠市志》《第十三师志》进入终审，《第二师铁门关市志》《农三师图木舒克市志》《第四师可克达拉市志》《第五师双河市志》《第十师北屯市志》《第十四师志》进入复审，《第十二师志》进入初审；《二十九团志》《二二三团志》出版。

（王兴鹏）

·省级志书出版

【《北京志·残疾人事业志》出版】 4月，北京市地方志编委会编纂的《北京志·残疾人事业志》由北京出版社出版。主编赵魁荣、马大军、郭旭升。该志为创修志书，上限追溯到残疾人事业的发端，下限至2010年。记述北京地区残疾人事业的发展历程，特别是改革开放后北京市残疾人事业取得的成就，总结北京市残疾人事业的发展经验。全书59万字。

（徐丽丽）

【《北京志·规划志（2001—2010）》出版】 6月，北京市地方志编委会编纂的《北京志·规划志（2001—2010）》由北京出版社出版。主编赵峰。该志记述断限内北京市围绕服务首都经济社会发展和城乡建设的大局开展新一轮城市总体规划修编的情况。该志分篇记述城市总体规划及控制性详细规划、专项规划和特定地区规划、基础设施规划、规划管理。全书55万字。

（徐丽丽）

【《北京志·国土资源志（1991—2010）》出版】 6月，北京市地方志编委会编纂的《北京志·国土资源志（1991—2010）》由北京出版社出版。主编曾赞荣、丁晓。该志记述断限内北京市按照党中央、国务院对首都城市功能定位要求，遵循十分珍惜、合理利用土地和切实保护耕地的基本国策，发挥土地的资源、资产双重属性；优先满足国家政治事务和党政机关行政办公、国家级科教文卫体事业、国防安全、历史古迹风貌保护、国际交往和现代服务

业的用地需求，保障区域经济社会发展和民生用地需求，分篇记述土地资源、地质矿产、综合管理。全书61.2万字。（徐丽丽）

【《北京志·旅游志（2001—2010）》出版】 9月，北京市地方志编委会编纂的《北京志·旅游志（2001—2010）》由北京出版社出版。主编鲁勇、宋宇。该志记述断限内随着中国加入世界贸易组织、北京成功申办2008年奥运会，旅游业进入一个重要发展时期，分篇记述旅游资源、旅游市场、旅游产业、公共服务、行业管理。全书81.1万字。（徐丽丽）

【《天津市志·档案志（1990—2010）》出版】 年内，天津市志办、市档案局（馆）编纂的《天津市志·档案志（1990—2010）》由方志出版社出版。该志设4篇13章38节，收录照片60余幅，表46张，记述天津档案事业从1990年至2010年建设发展的历史进程。全书61.2万字。（唐旗 刘新）

【《天津市志·政协志（1998—2013）》出版】 6月，天津市志办、政协天津市委员会编纂的《天津市志·政协志（1998—2013）》由天津人民出版社出版。全志共5篇，记述市政协1998年至2013年的发展历程和工作实况，详细记录市政协工作的决策部署、重要事件，汇辑重要文献资料。全书100万字。（唐旗 刘新）

【《天津市志·海关志（1949—2014）》出版】 年内，天津市志办、天津海关编纂的《天津市志·海关志（1949—2014）》由天津人民出版社出版。全志共12篇，记录1949年至2014年天津海关事业改革发展的历程，反映海关工作重要决策部署和有影响的重大事件，挖掘整理对海关事业有重要贡献的先进人物事迹。全书100万字。（唐旗 刘新）

【《天津市志·粮食志（1991—2012）》出版】 年内，天津市志办、市粮食和物资储备局编纂的《天津市志·粮食志（1991—2012）》由天津古籍出版社出版。该志共5篇22章91节，是1994年出版首部《天津粮食志》的续志。该志反映1991年至2012年天津市深化粮食流通体制改革，以及粮食购销市场化后政府加强粮食宏观调控、面向全社会粮食行业实行依法管粮的过程。全书136.8万字。（唐旗 刘新）

【《天津市志·卫生志（1991—2008）》出版】 年内，天津市志办、市卫生和计划生育委员会编纂的《天津市志·卫生志（1991—2008）》由方志出版社出版。该志共12篇，记载1991年至2008年天津卫生行业的历史。全书涵盖卫生机构、疾病控制、妇幼保健、中医、西医、中西医结合、科学研究、教育、对外交流、行政管理各个方面，特别记述2003年抗击“非典”的惊心动魄史实。全书201万字。（唐旗 刘新）

【《天津市志·人民代表大会志（1998—2013）》出版】 年内，天津市志办、市人大常委会办公厅编纂的《天津市志·人民代表大会志（1998—2013）》由天津社会科学院出版社出版。该志设6篇，记载1998年至2013年天津深化改革、扩大开放、加快发展的重要时期，天津市人民代表大会机构认真履行宪法和法律赋予的职权，为加强地方政权建设、完善人民代表大会制度、推进民主法治建设、促进经济社会发展作出重要贡献的发展历史。全书70.5万字。（唐旗 刘新）

【《天津市志·科学技术志（1991—2005）》出版】 年内，天津市志办、市科学技术委员会编纂的《天津市志·科学技术志（1991—2005）》由方志出版社出版。该志设10篇76章，围绕天津市科技发展“八五”“九五”“十五”规划的实施过程，反映这一历史时期科技发展的突出成就和重要历程，记述从基础科学、高新技术到各个行业领域的科技发展和创新成果，特别是科学技术在促进经济社会发展中取得的主要成效以及天津市在深化科技体制改革、优化科技创新环境等方面采取的重大

举措。全书200万字。（唐旗 刘新）

【《天津市志·审计志（1996—2012）》出版】 年内，天津市志办、市审计局编纂的《天津市志·审计志（1996—2012）》由天津古籍出版社出版。该志设6篇，记载1996年至2012年天津审计事业跨越式的发展历程，反映审计工作重要决策部署、有影响的重大事件及重要审计案例，整理有突出影响和重要贡献的人物事迹。全书102万字。（唐旗 刘新）

【《河北省志·军事志（1979—2005）》出版】 9月，河北省地方志编委会编纂的《河北省志·军事志（1979—2005）》由河北人民出版社出版。总纂龚焕文，主编朱世海、潘平、赵海滨。该志前设概述、大事记，志文设军事环境、军事组织、军事工作、政治工作、后勤工作、装备工作、双拥共建、兵役、民兵预备役部队、国防动员、人民防空11编，记述河北省军区和驻冀部队军级单位的军事活动。全书85万字。（刘天骄）

【《河北省志·民族与宗教志（1979—2005）》出版】 9月，河北省地方志编委会编纂的《河北省志·民族与宗教志（1979—2005）》由河北人民出版社出版。总纂龚焕文，主编潘冬青。该志前设概述、大事记，志文设少数民族基本情况，民族工作，少数民族地方经济、教育与医疗卫生、体育文艺事业，宗教基本情况，宗教工作，宗教事务，组织机构与管理工作7编，重点记述1979年至2005年河北省加强民族宗教工作，贯彻党的民族宗教政策和国家的民族宗教法律法规，完善民族区域自治制度，大力培养、使用少数民族干部，推进民族团结进步事业，发展少数民族和民族地方经济社会各项事业的过程。全书84.5万字。

（刘天骄）

【《河北省志·公安志（1979—2005）》出版】 9月，河北省地方志编委会编纂的《河北省志·公安志（1979—2005）》由河北人民出版社出版。总纂龚焕文，主编黄福录。该志前设概述、大事记，志文设机构、队伍建设、应急处置与防暴反恐、刑事侦查、预审与监管、治安管理、户政管理、消防管理、出入境管理与边防管理、道路安全管理、公安法制、科技与装备建设12编。该志重点记述1979年至2005年河北公安机关围绕改革开放、社会主义经济建设的中心，根据地处京畿位置和沿海地域特点，以维护河北治安稳定、保卫改革开放和社会主义现代化建设顺利进行为目标，不断解放思想，调整工作思路，改革管理体制和运行机制，为河北改革开放、建设经济强省创造良好的社会治安环境的过程。全书67万字。

（刘天骄）

【《河北省志·测绘志（1979—2005）》出版】 10月，河北省地方志编委会编纂的《河北省志·测绘志（1979—2005）》由河北人民出版社出版。总纂龚焕文，主编续铁枢。该志前设概述、大事记，志文设大地测量、摄影测量、资源勘查测量、工程测量、地图编制制作、专项测绘工作、测绘科教与信息系统建设、测绘管理8编，全面记述1979年至2005年河北省测绘管理、测绘保障、科技教育、管理体制等方面的发展和现状、系统记述中国共产党十一届三中全会以来测绘工作改革开放的历史进程。全书91.5万字。（刘天骄）

【《河北省志·统计志（1979—2005）》出版】 12月，河北省地方志编委会编纂的《河北省志·统计志（1979—2005）》由河北人民出版社出版。总纂龚焕文，责任副总纂张守勤。该志前设概述、大事记，志文设9编，依次是统计管理体制、综合统计和国民经济核算、第一二产业统计、第三产业统计、统计普查及专项调查、城市农村企业经济调查、统计法制建设、统计信息化建设与信息咨询服务、统计科研刊物学会及协会。该志记述1979年至2005年河北省统计系统和城市、农村、企业调查队全部统计工作。全书77万字。（刘天骄）

【《河北省志·广播电视志(1979—2005)》出版】 12月，河北省地方志编委会编纂的《河北省志·广播电视志(1979—2005)》由河北人民出版社出版。总纂龚焕文。该志前设概述、大事记，志文设广播机构与广播业务、电视机构与电视业务、广播影视剧制作、广播电视技术改造与管理、广播电视广告与经营、广播电视基础设施建设、音像制品管理与制作、资料报刊网站与交流合作、管理工作与学术团体活动9编，重点记述1979年至2005年河北省广播电视在宣传工作、管理工作、技术发展、影视剧制作、基础建设等事业改革与发展的综合情况。全书71万字。（刘天骄）

【《河北省志·安全生产监督管理志》出版】 12月，河北省地方志编委会编纂的《河北省志·安全生产监督管理志》由河北人民出版社出版。总纂龚焕文，主编高树余。该志前设概述、大事记，志文设体制机构、综合管理、行业管理、科教管理、法制管理、事故管理6编，以改革和发展为主线，以推进科技和管理进步为核心，全面记述中华人民共和国成立以来安全生产监督管理工作的发展历程和提高全省安全生产管理水平的历程，反映党和政府为保护劳动者和全省安全生产的正常工作秩序所做的一系列工作。全书123万字。（刘天骄）

【《山西省志·农村信用社志(1978—2012)》出版】 3月，《山西省志·农村信用社志》编纂委员会编纂的《山西省志·农村信用社志(1978—2012)》由中华书局出版。主编王亚、崔联会。该志设12编，记述改革开放以后山西省农村信用社的改革发展进程和取得的成绩。全书138.8万字。（高文宏）

【《山西省志·医疗卫生志(1978—2015)》出版】 11月，山西省人口学会编纂的《山西省志·医疗卫生志(1978—2015)》由中华书局出版。主编谢珉强。全书设12编，记述中共十一届三中全会以后山西省医疗卫生事业发展的历史与现状。全书187.8万字。（高文宏）

【《山西省志·文物志》出版】 11月，《山西省志·文物志》编纂委员会编纂的《山西省志·文物志》由中华书局出版。主编刘润民。该志设6编，对部分重大事件、重点工作适当上溯至其发端，下限为2015年。该志记载改革开放后山西省文物事业发展的历史，展现文物事业的发展历程。全书186万字。（高文宏）

【《山西省志·国防科技工业志(1978—2013)》出版】 11月，《山西省志·国防科技工业志》编纂委员会编纂的《山西省志·国防科技工业志(1978—2013)》由中华书局出版。主编冯志君。该志设11编，部分史实从事物发端记述，大事编年下延至2018年。该志记述中共十一届三中全会以来山西省国防科技工业改革开放、科研、生产、建设的发展历程。全书121.54万字。（高文宏）

【《山西省志·质量技术监督志(1978—2017)》出版】 11月，《山西省志·质量技术监督志》编纂委员会编纂的《山西省志·质量技术监督志(1978—2017)》由中华书局出版。主编张岐云。该志设8编，记述改革开放后山西质量技术监督行业和事业发展的历史与现状。全书163.6万字。（高文宏）

【《山西省志·保险业志(1912—2015)》出版】 11月，《山西省志·保险业志》编纂委员会编纂的《山西省志·保险业志(1912—2015)》由中华书局出版。主编朱金渭、王毅。该志设5编，上限以山西省有史可查最早发生保险业务的民国元年(1912年)为开端，下限截至2015年，大事记、图片下限延伸至2017年，记述山西省保险业发展历程和取得的成就。全书151.2万字。（高文宏）

【《山西省志·电信志(1978—2010)》出版】 11月，《山西省志·电信志》编纂委员会编纂的《山西省志·电信志(1978—2010)》由中华书局出版。主编杨世雄。该志设10编，部分叙事上溯至中华人民共和国成立初期，下延

至2014年。全书152.06万字。（高文宏）

【《山西省志·工商行政管理志（1978—2018）》出版】 11月，《山西省志·工商行政管理志》编纂委员会编纂的《山西省志·工商行政管理志（1978—2018）》由中华书局出版。主编武小勤。该志设11编，记述改革开放后山西省工商行政管理事业40年发展的历史和现状。全书165.6万字。（高文宏）

【《山西省志·国有资产监管志（1978—2011）》出版】 11月，《山西省志·国有资产监管志》编纂委员会编纂的《山西省志·国有资产监管志（1978—2011）》由中华书局出版。主编郭保民。该志设11编，记述中共十一届三中全会以后山西省国有资产监督管理改革开放发展的历史与现状。全书159.55万字。（高文宏）

【《山西省志·测绘志（1990—2013）》出版】 11月，《山西省志·测绘志》编纂委员会编纂的《山西省志·测绘志（1990—2013）》由中华书局出版。主编李建平。该志设8编，记述山西测绘地理信息事业发展历程。全书144.6万字。（高文宏）

【《山西省志·审判志（1978—2013）》出版】 12月，《山西省志·审判志》编纂委员会编纂的《山西省志·审判志（1978—2013）》由中华书局出版。主编翟瑞卿。该志设11编，记述山西省法院系统改革开放的发展历程和司法实践。全书136.8万字。（高文宏）

【《山西省志·银行业志（1978—2016）》出版】 12月，《山西省志·银行业志》编纂委员会编纂的《山西省志·银行业志（1978—2016）》由中华书局出版。主编朱金渭、张安顺。该志设4编，正文前概述上溯至1949年中华人民共和国成立，图片、大事编年、附录中的文献辑存部分下延到2018年。该志记述改革开放以后山西省银行业的改革发展进程和取得的成就。全书104.8万字。（高文宏）

【《内蒙古自治区志·红十字志》出版】 8月，内蒙古自治区红十字会编纂的《内蒙古自治区志·红十字志》由内蒙古人民出版社出版。主编王芳。该志系内蒙古自治区首部以红十字工作为核心的专业志。除概述、大事记、任务、荣誉、附录外，设机构队伍、会议、宣传工作、法律法规调研提案、募捐筹资、“三救”工作、“三献”工作、其他业务、盟市行业红十字会9编。前置序、凡例、编纂说明，后附附录、修志始末。时间上限据实追溯至清朝末年，下限至2017年（其中大事记、荣誉与彩插下限延至2018年），事件记录跨越百年。全书70万字。（李瀚鹏）

【《内蒙古自治区志·国土资源志（2000—2015）》出版】 8月，内蒙古自治区国土资源厅编纂的《内蒙古自治区志·国土资源志（2000—2015）》由内蒙古人民出版社出版。主编杨文海。该志设国土资源、国土资源规划、土地资源管理、矿产资源管理、测绘管理、法治建设、科技及对外交流与信息化、机构与队伍8编，下设23章101节，节下有目，部分内容分至子分目。该志主要记述土地资源和矿产资源管理及测绘管理等工作。全书165万字。（李瀚鹏）

【《吉林省志·共青团志（1986—2000）》出版】 9月，吉林省地方志编委会编纂、中国共产主义青年团吉林省委员会承编的《吉林省志·共青团志（1986—2000）》由吉林文史出版社出版。主编牟大鹏。该志设9章，另有概述及附录，全面系统记述1986年至2000年吉林省共青团工作的发展历程。该志重点记述吉林省共青团积极适应党的工作重心转移，加强自身建设，活跃并提升共青团的工作，在经济社会逐步转型与发展的条件下，开创共青团工作新局面的历史进程。全书32万字。（高岩）

【《吉林省志·医药志（1986—2000）》出版】 9月，吉林省地方志编委会编纂、省食药局承编的《吉林省志·医药志（1986—2000）》由吉林人民出版社出版。主编刘宝芳。该志设6章，另有概述及附录，全面系统记述1986年至2000年吉林省医药行业发展情况以及取得的成就。该志重点记述吉林省医药管理体制深化改革，医药行业由小到大、由弱到强，全省以医药高新技术为重点，形成中西药并举，植物药、生物工程制药领先的医药工业发展体系，医药行业成为吉林省经济发展新的支柱产业的总体情况。全书85万字。（高岩）

【《吉林省志·医疗卫生志（1986—2000）》出版】 12月，吉林省地方志编委会编纂、省卫健委承编的《吉林省志·医疗卫生志（1986—2000）》由吉林人民出版社出版。主编张义。该志设13章，另有概述及附录，全面系统记述1986年至2000年吉林省医疗卫生事业发展历程，特别是记述全省卫生系统15年间坚持深化卫生改革，通过预防为主、防治结合，中西医并重、科教兴医、科学管理、统筹推进全省医疗卫生事业发展。全书80万字。（高岩）

【《吉林省志·教育志（1986—2000）》出版】 12月，吉林省地方志编委会编纂、省教育厅承编的《吉林省志·教育志（1986—2000）》由吉林文史出版社出版。主编李晓杰。该志设15章，另有概述及附录，全面系统记述1986年至2000年吉林省教育事业发展历程、改革发展情况以及取得的成就。该志重点记述吉林省教育系统15年间不断深化改革，在国内外有较高社会知名度的大、中、小学的总体情况。全书73万字。（高岩）

【《吉林省志·开发区志（1986—2000）》出版】 12月，吉林省地方志编委会编纂、省商务厅承编的《吉林省志·开发区志（1986—2000）》由吉林人民出版社出版。主编王志伟。该志记述1986年至2000年吉林省开发区建设发展历史，重点记述吉林省开发区将工作重点转移到招商引资、产业发展，全省开发区在产业建设方面取得显著经济效益，为推动地方经济增长发挥重要作用的总体情况。全书42万字。（高岩）

【《吉林省志·广播电影电视志（1986—2000）》出版】 12月，吉林省地方志编委会编纂、省广电局承编的《吉林省志·广播电影电视志（1986—2000）》由吉林人民出版社出版。主编李伟。该志设6章，另有概述及附录，记述1986年至2000年吉林省广电事业发展历程。该志重点记述吉林省广播电视事业深化改革，进入快速发展阶段，广播电视基础设施建设进一步加强，播出设备进一步改善的总体情况。全书32万字。（高岩）

【《吉林省志·税务志（1986—2000）》出版】 12月，吉林省地方志编委会编纂、省税务局承编的《吉林省志·税务志（1986—2000）》由吉林人民出版社出版。主编刘国民。该志设3卷，另有概述及附录，记述1986年至2000年吉林省税务工作发展历程，特别是全省税务系统15年间坚持深化改革，不断提高征管水平，坚持依法治税的总体情况。全书80万字。（高岩）

【《吉林省志·旅游志（1986—2000）》出版】 12月，吉林省地方志编委会编纂、省文旅厅承编的《吉林省志·旅游志（1986—2000）》由吉林人民出版社出版。主编杨安娣、张宝宗。该书设5篇，另有概述及附录，记述1986年至2000年吉林省旅游事业发展历程，特别是充分记述全省各类旅游资源，展现各级人民政府改进和加强对旅游业的组织领导，推动旅游业持续快速发展的总体情况。全书60万字。（高岩）

【《吉林省志·出版志（1986—2000）》出版】 12月，吉林省地方志编委会编纂、省新闻出版局承编的《吉林省志·出版志（1986—2000）》由吉林人民出版社出版。主编郭俊峰。该书设

7篇，另有概述及附录，记述1986年至2000年吉林省出版事业发展历程，特别是充分记述吉林省出版产业15年间形成编、印、发、供、贸和图书、期刊、音像、电子及多媒体出版齐全的产业格局，实现跨越式发展的总体情况。全书37万字。（高岩）

【《黑龙江省志·工商联志（1986—2005）》出版】 6月，黑龙江省地方志编纂委员会编纂、省工商业联合会承编的《黑龙江省志·工商联志（1986—2005）》由黑龙江人民出版社出版。主编于振林。该志设7篇21章58节，文前图片45幅，记述1986年至2005年黑龙江省工商联事业的发展变化。全书29万字。

（徐萍　杜胜男）

【《黑龙江省志·地震志（1986—2005）》出版】 11月，黑龙江省地方志编纂委员会编纂、省地震局承编的《黑龙江省志·地震志（1986—2005）》由黑龙江人民出版社出版。主编仇尚媛。该志设8篇23章91节，记述1986年至2005年黑龙江省地震事业的发展变化，横列地震事业有关门类，纵述地震活动和防灾减灾事业发展过程，编纂重点放在地震火山监测预报、震灾预防与防御和减轻地震灾害等方面。全书63万字。（徐萍　杜胜男）

【《黑龙江省志·林业志（1986—2005）》出版】 11月，黑龙江省地方志编纂委员会编纂、省林业厅、省森林工业总局、大兴安岭林业管理局承编的《黑龙江省志·林业志（1986—2005）》由黑龙江人民出版社出版。主编王晓明、孙宏宇。该志设10篇55章182节，图片72幅，表格223张，记述1986年至2005年黑龙江省林业事业的发展变化。全书112万字。（徐萍　杜胜男）

【《黑龙江省志·邮政志（1986—2005）》出版】 11月，黑龙江省地方志编纂委员会编纂、中国邮政集团公司黑龙江省分公司承编的《黑龙江省志·邮政志（1986—2005）》由黑龙江人民出版社出版。主编冯前明。该志设6篇20章61节，图片46幅，记述1986年至2005年黑龙江省邮政事业的发展变化。全书45万字。

（徐萍　杜胜男）

【《江苏省志·人民团体志（1978—2008）》出版】 2月，江苏省总工会、共青团江苏省委、省妇联共同编纂的《江苏省志·人民团体志（1978—2008）》由江苏人民出版社出版。主编李晓布、文洁民、李蓁、李玉娟。该志设工会篇、共青团篇、妇联篇，记述1978年至2008年省总工会、共青团江苏省委、省妇联围绕中心、服务大局，着眼于发挥“工青妇”作为党和政府联系群众的桥梁作用，履职尽责、推进工作、创新发展、机构建设等方面的历程，总结改革开放30年江苏人民团体工作的基本经验，彰显江苏特色和创新成果。全书108万字。

（朱莉萍）

【《江苏省志·民主党派 工商联志（1978—2008）》出版】 2月，江苏省委统战部和江苏省各民主党派省委、省工商联等9家单位共同编纂的《江苏省志·民主党派 工商联志（1978—2008）》由江苏人民出版社出版。该志设中国国民党革命委员会江苏省委员会、中国民主同盟江苏省委员会、中国民主建国会江苏省委员会、中国民主促进会江苏省委员会、中国农工民主党江苏省委员会、中国致公党江苏省委员会、九三学社江苏省委员会、江苏省工商业联合会等部分，记述各民主党派和工商联参政议政、民主监督、调查研究、社会服务、自身建设等各方面工作，反映改革开放后江苏民主党派和工商联工作走过的道路、取得的成就、积累的经验，充分体现时代特点和江苏特色。全书96万字。（朱莉萍）

【《江苏省志·江河湖泊志（1978—2008）》出版】 4月，江苏省水利厅编纂的《江苏省志·江河湖泊志（1978—2008）》由江苏凤凰教育出版社出版。主编李陆玖。该志设长江流域河道、淮河流域河道、湖泊、水库4章，并辅以照片、地图、统计表格、诗词碑记，刻画江苏辖江临海、扼淮控湖、水网交织的自然画面，反映江河湖泊对江苏社会、政治、经济、文化发展所产生的深远影响，全面展现江苏水文化的特征全貌。全书80万字。（朱莉萍）

【《江苏省志·民政志（1978—2008）》出版】 11月，江苏省民政厅、省残疾人联合会、省红十字会共同编纂的《江苏省志·民政志（1978—2008）》由江苏人民出版社出版。主编戚锡生。该志从民间组织管理，拥军优抚安置，救灾救助，基层民主政治建设和社区建设，社会福利与老龄事业，行政事务管理与社会工作，民政自身建设，残疾人群体、组织及资金，残疾人事业发展，红十字会组织、队伍、经验和宣传，红十字事业发展等方面，记述改革开放后江苏民政事业发展状况。全书65万字。（朱莉萍）

【《浙江通志·质量技术监督管理志》出版】 3月，浙江省质量技术监督局编纂的《浙江通志·质量技术监督管理志》由浙江人民出版社出版。主编阚江洲。该志设计量、标准化、宏观质量管理、产品质量监督管理、食品生产监督管理、特种设备安全监察、法治建设、教育科技、机构人员、学会协会10章，并附专记、丛录、大事年表。志前设概述，各章节下设无题小序。该志上溯远古时期度量衡、标准化发端，下限为2010年，内容涵盖质量技术监督各领域，全面、客观、系统记述浙江质量技术监督发展历程。全书78.3万字。

（浙江省志办）

【《浙江通志·国土资源志》出版】 6月，浙江省国土资源厅编纂的《浙江通志·国土资源志》由浙江人民出版社出版。主编王松林。该志由图版、概述、正文、大事年表及编后记等组成，设10章，上溯事物发端，下限为2010年，全面系统记述浙江省土地和矿产资源历史与现状，特别记述改革开放后浙江省土地和矿产资源管理工作服务于经济社会发展的情况。全书95万字。（浙江省志办）

【《浙江通志·检察志》出版】 6月，浙江省人民检察院编纂的《浙江通志·检察志》由浙江人民出版社出版。主编陈云龙、汪翰。该志设图版、概述、正文、大事年表、丛录及编后记等，正文13章，上溯事物发端，下限为2010年。全书64.3万字。（浙江省志办）

【《浙江通志·审计志》出版】 6月，浙江省审计厅编纂的《浙江通志·审计志》由浙江人民出版社出版。主编陈焕昌。该志以概述浙江审计起源为始，正文设17章，略述南宋、明清、民国（含革命根据地）和中华人民共和国成立至1982年等阶段浙江审计发展历程，重点记述1983年浙江审计机构建立以来至2010年间审计工作发展状况。全书63.2万字。

（浙江省志办）

【《浙江通志·出入境检验检疫志》出版】 6月，浙江省出入境检验检疫局、宁波出入境检验检疫局编纂的《浙江通志·出入境检验检疫志》由浙江人民出版社出版。主编骆江洪、林军。该志正文设10章，上溯事物发端，下限为2010年，全面系统记述浙江省出入境检验检疫工作自古及今发展的历史和现状。内容涵盖机构、进出口商品检验、进出境动植物检疫、国境卫生检疫、鉴定、监督管理、检务、合作与交流、法制建设与执法稽查、综合管理等方面。全书77.3万字。（浙江省志办）

【《浙江通志·大事记》出版】 9月，浙江省志办编纂的《浙江通志·大事记》由浙江人民出版社出版。主编潘捷军。该志按“详今明古”原则，既力求“明古”，系统概述自古以来发生在浙江的大事要事，体现志书“纵述史实”“纵不断线”的编纂规律；同时又注重“详今”，重点记载中华人民共和国成立特别是改革开放后浙江经济和社会各项事业所发生的历史巨变，上溯事物发端，下限为2010年。全书115.8万字。（浙江省志办）

【《浙江通志·自然环境志》出版】 10月，浙江省国土资源厅主办，省水利厅、省农业厅、省林业厅、省海洋与渔业局、省气象局共同承编的《浙江通志·自然环境志》由浙江人民出版社出版。主编胡铭。该志正文设7章，上溯事物发端，下限为2010年，涉及浙江陆地和海洋地质、地貌、气候、水文、土壤、生物，全面、系统、客观记述浙江省自然环境全貌及各自然环境要素间相互依存和相互作用等内容。全书111.9万字。（浙江省志办）

【《浙江通志·政区志》出版】 11月，浙江省民政厅编纂的《浙江通志·政区志》由浙江人民出版社出版。主编计时华、罗卫红。该志正文设13章，上溯事物发端，下限至2010年，内容涵盖浙江全省及各市、县（市、区）建置沿革和行政区划，并对革命根据地以及伪浙江省政府时期建置与区划等问题做集中反映，系统翔实反映浙江区域、区位全貌和历史发展脉络。全书43.1万字。（浙江省志办）

【《浙江通志·安全生产监督管理志》出版】 11月，浙江省安全生产监督管理局编纂的《浙江通志·安全生产监督管理志》由浙江人民出版社出版。主编董国庆、李公杭。该志正文8章，上溯事物发端，下限至2010年，内容涵盖浙江省安全生产监督管理机构队伍、政策法规、责任体制、执法、综合监管、重点行业监管、宣传教育、规划科技等方面，客观、真实地再现浙江省安全生产监督管理事业发展历史，特别是实行改革开放后浙江省安全生产监督管理事业变革、发展历程。全书38.7万字。（浙江省志办）

【《浙江通志·测绘与地理信息志》出版】 11月，浙江省测绘与地理信息局编纂的《浙江通志·测绘与地理信息志》由浙江人民出版社出版。主编钱文华。该志正文设10章，上溯事物发端，下限至2010年，全面系统记述浙江省测绘与地理信息各个时期变化发展历程。全书70.34万字。（浙江省志办）

【《浙江通志·人民政协志》出版】 12月，浙江省政协办公厅编纂的《浙江通志·人民政协志》由浙江人民出版社出版。主编李火林等。该志正文设9章，上溯事物发端，下限为2010年，内容涵盖政协委员、组织机构、重要会议、三大基本职能、团结联谊与服务工作、理论研究与新闻宣传、特色工作等方面。全书118.9万字。（浙江省志办）

【《浙江通志·能源业志》出版】 6月，浙江省发改委、省能源局组织国网浙江省电力公司、省能源集团有限公司、中国石化销售有限公司浙江石油分公司和秦山核电集团筹备组共同编纂的《浙江通志·能源业志》由浙江人民出版社出版。主编吴胜丰。该志正文设7章，上溯事物发端，下限为2010年，内容涵盖浙江省电力、核电、煤炭、成品油和天然气等开采开发、工程建设、运行管理、市场供应以及科技发展和机构队伍与管理等内容，充分体现浙江能源业特色。该志对于具有浙江能源工作特色内容，如核电内容单独设章记述，充分体现秦山核电作为我国独立自主建设核电摇篮和成功起步发源地的特殊地位。全书102.9万字。（浙江省志办）

【《安徽省志·工业志（1986—2005）》出版】 1月，安徽省志办主编、省经济委员会编纂的《安徽省志·工业志（1986—2005）》由方志出版社出版。该志采用章节体，重点记述1986年到2005年安徽机械、冶金、石化、轻工、纺织、建材、黄金、盐业、军工、信息产业等方面的发展情况，详细展示安徽工业从改革开放、全力攻坚到实现跨越式发展的全过程。全书136.1万字。（余祖本）

【《福建省志·电力工业志（1991—2002）》出版】 6月，福建省地方志编纂委员会编纂的《福建省志·电力工业志（1991—2002）》由武汉大学出版社出版。该志记述1991年至2002年福建省电力局（省电力公司）在电力建设、安全生产、技术进步、企业管理和优质服务等方面进行努力，实现从长期缺电到有序开放用电的历史发展过程。全书42.4万字。

（欧长生　吴朝庭）

【《福建省志·铁路志（1996—2005）》出版】 6月，福建省地方志编纂委员会编纂的《福建省志·铁路志（1996—2005）》由武汉大学出版社出版。该志记述1996年至2005年福建省铁路事业的发展情况。全书41.4万字。

（欧长生　吴朝庭）

【《河南省志（1978—2000）》出版】 12月，河南省地方史志编纂委员会编纂的《河南省志（1978—2000）》由中州古籍出版社出版。总纂李志斌、宋璇涛、孔玉芳、张广智、戴柏华，执行总纂许还平、霍宪章、管仁富，执行副总纂陈守强、周慧杰、李娟。该志书设总述·大事记、风土民情、基础设施、经济体制、农业经济、工业经济、流通服务、政治体制、党派群团、政务军事、教育科技、社科传媒、文化建设、人物、市县概况等15卷，记述1978年到2000年河南省改革开放历史进程。在篇目结构上取消“志中有志”，使全志浑然一体，并采取增设、升格、位置前移、集中与分散相结合等方式突出时代特征和地方特色。全书1600万字。（程茜）

【《平原省志》出版】 10月，河南省史志办、新乡市地方史志局编纂的《平原省志》由中州古籍出版社出版。主编管仁富。该志设总述、大事记、机构建置、中国共产党、人民政府、军事、政法、群众团体、交通、经济建设、民政、文化教育、卫生、人物简介、各级机构领导人员名单、辖区概况、附录等部分，记述平原省1949年8月20日成立至1952年11月30日撤销期间的政治、经济、军事、文化、社会等方面的情况。全书85万字。（程茜）

【《湖北省志（1979—2000）》出版】 12月，湖北省政府主持编纂的《湖北省志（1979—2000）》由湖北人民出版社出版。该志采取整体成稿、统一装帧的方式，分为42卷，一次性出版。记述内容上限为1979年，下限为2000年，时间上与首轮《湖北省志》相衔接，内容上既保持改革历程的完整，又弥补首轮《湖北省志》对改革开放之初的记述不够全面深入的不足。在具体记述中，部分专志因其内容本身的特殊情况，为使记事完整，上限或下限有所延伸。该志采取一级平列方式，列84部专志，首为总述、大事记，末为附录和索引，其余专志按自然、经济、政治、文化和社会五大部类排列，各大部类设综述专志，从宏观视角概述本部类整体发展状况。人物专志为独立专志。全书近4000万字。

（湖北省文化和旅游厅地方志工作处）

【《湖南省志·铁路志（1978—2002）》出版】 12月，湖南省地方志编纂委员会编纂的《湖南省志·铁路志（1978—2002）》由岳麓书社出版。主编郭颂章。该志设铁路建设、铁路运输、运输保障等5篇22章，系统记述改革开放后湖南省区域内国家铁路的快速发展的历程和成就。全书44.4万字。（孟东华）

【《广西通志·文学艺术志（1997—2005）》出版】 1月，广西壮族自治区地方志编委会编纂的《广西通志·文学艺术志（1997—2005）》由广西人民出版社出版。该志设卷首照片、概述，后置大事纪略、附录、索引、后记；正文设文学，民族民间文艺，美术，摄影、书法、篆刻，理论研究，文艺期刊，人物评奖，机构社团等篇，记述1997年至2005年间广西文学艺术事业发展的历史与状况。全书57万字。

（苏麟忠）

【《广西通志·文化志（1986—2005）》出版】 6月，广西壮族自治区地方志编委会编纂、自治区文化和旅游厅承编的《广西通志·文化志（1986—2005）》由广西人民出版社出版。该志设卷首照片、概述，后置大事纪略、附录、索引、后记；正文设舞台艺术，电影，群众文化，图书馆，文化市场管理，文化产业、文化科技，艺术创作与研究、书刊出版，文化行政管理，人物与先进集体9篇。照片187幅，表格36张，记述1986年至2005年广西文化的发展状况。全书50万字。（苏麟忠）

【《广西通志·金融志（1990—2005）》出版】 7月，广西壮族自治区地方志编委会编纂、中国人民银行南宁中心支行承编的《广西通志·金融志（1990—2005）》由广西人民出版社出版。该志设卷首照片、概述，后置大事纪略、附录、索引、后记；正文设机构、社会组织，管理，业务，科技、宣传、教育，党群团、外事、人物与表彰先进5篇，记述1990年至2005年间广西金融事业发展的历史与状况。全书100万字。（苏麟忠）

【《广西通志·环境保护志（1996—2005）》出版】 11月，广西壮族自治区地方志编委会编纂、自治区生态环境厅承编的《广西通志·环境保护志（1996—2005）》由广西人民出版社出版。该志设卷首照片、概述，后设大事纪略、附录、索引、后记；正文设自然环境、环境质量、污染防治、生态环境保护、环境监测与规范、环境科研与环保技术管理、环境管理与监理、环保典型人物先进集体8篇。照片204幅，表格290张，记述1996年至2005年广西环境保护事业的发展状况。全书82万字。（苏麟忠）

【《广西通志·科学技术协会志（1991—2005）》出版】 11月，广西壮族自治区地方志编委会编纂、自治区科学技术协会承编的《广西通志·科学技术协会志（1991—2005）》由广西人民出版社出版。该志设组织机构、学术活动、科技普及、教育培训、科技咨询、服务科技工作者与精神文明建设、人物和先进集体7篇22章77节，正文前有图片、概述，后设大事纪略、附录、索引和后记。收录照片170幅，其中卷首照片61幅，随文插图109幅。全书60万字。（苏麟忠）

【《广西通志·外事志（1986—2005）》出版】 11月，广西壮族自治区地方志编委会编纂、自治区外事办公室承编的《广西通志·外事志（1986—2005）》由广西人民出版社出版。该志设访问、国际合作、国际友好城市、领事、涉外管理、中越边界、机构队伍7篇，记述1986年至2005年广西外事事业的历史状况，以广西地方对外关系、对外交往、合作交流为记述重点，突出广西外事工作的时代特征、地方特色和专业特点。全书100万字。（苏麟忠）

【《广西通志·政协志（1993—2005）》出版】 12月，广西壮族自治区地方志编委会编纂、自治区政协办公厅承编的《广西通志·政协志（1993—2005）》由广西人民出版社出版。该志设卷首照片、概述，后置大事纪略、附录、索引、后记；正文设政协组织、政协会议、参政议政、其他重要工作、人物5篇，照片198幅，表格22张，记述1993至2005年广西政协的发展情况。全书58万字。（苏麟忠）

【《广西通志·测绘志（1986—2005）》出版】 12月，广西壮族自治区地方志编委会编纂、自治区测绘局承编的《广西通志·测绘志（1986—2005）》由广西人民出版社出版。该志设卷首照片、概述，后置大事纪略、附录、索引、后记；正文设测绘管理、基础测绘、境界测绘、资源调查测绘、工程测量、测绘成果应用、测绘装备、科教与技术合作、人物与先进集体9篇，反映1986年至2005年广西测绘事业改革发展的历史。全书80万字。（苏麟忠）

【《重庆市志·文物志（1949—2012）》出版】 1月，重庆市文物局编纂的《重庆市志·文物志（1949—2012）》由西南师范大学出版社出版。主编幸军。该志设不可移动文物、馆藏文物、文物工作3篇，随文图片1200余幅，记述中华人民共和国成立以来重庆文物法制、文物资源、文物保护、博物馆建设情况以及考古发现等方面的重要成果。全书250万字。

（陈欣如）

【《重庆市志·环境保护志（1991—2010）》出版】 10月，重庆市生态环境局编纂的《重庆市志·环境保护志（1991—2010）》由西南师范大学出版社出版。主编辛世杰。该志设自然环境与环境质量、环境污染防治、生物多样性保护与利用、环境管理、环境监测、环境保护法制建设、环境保护科技与产业、环境宣传教育8篇45章，随文图片50余幅，记述1991年至2010年间重庆环保事业的发展历程。全书130万字。（陈欣如）

【《重庆市志·出版志（1988—2010）》出版】 6月，原重庆市新闻出版局编纂的《重庆市志·出版志（1988—2010）》由西南师范大学出版社出版。主编缪超群。该志设出版管理、图书出版、音像电子网络出版、印刷复制、出版物发行、社团组织6篇28章，记述重庆市图书和音像电子网络领域出版、印刷、制作、发行及管理等的历史和情况。全书229万字。（陈欣如）

【《四川省志·文物志（1986—2005）》出版】 6月，四川省地方志编纂委员会编纂、省文化厅牵头承编的《四川省志·文物志（1986—2005）》由方志出版社出版。主编杨荣新、曾德仁。该志除概述、附录外，正文设3篇9章，反映1986年至2005年四川省文物工作的历史与状况，突出四川作为文物大省在文物保护、管理以及文物事业改革发展的特点特色。该志主要特点是专业性明显、文风朴实、行文严谨、可读性强、史料价值高；系统介绍四川省古遗址、古墓葬、古建筑、石窟寺、摩崖造像及石刻、近现代重要史迹及代表性建筑、古代与近现代等馆藏文物，展现四川文物大省的底蕴和优势；内容突出四川地域特点，客观反映四川文物事业发展趋势。全书71万字。（陈婧妮）

【《四川省志·外事与港澳事务志（1986—2005）》出版】 4月，四川省地方志编纂委员会编纂、省外事办公室承编的《四川省志·外事与港澳事务志（1986—2005）》由方志出版社出版。主编罗晓东。该志除概述、附录外，正文设9篇47章，记述1986年至2005年四川外事与港澳事务的历史和状况，集中记述四川省在加强因公出国管理、礼宾、友城、领事、涉外及涉港澳事务管理与基础设施建设等方面取得的成就和基本经验。该志主要特点是突出地方外事切实履行“为中央总体外交和地方经济社会发展服务”的职能主线，体现外事与港澳事务工作紧密围绕四川省发展战略和改革开放大局，在对外交往、港澳事务以及发展地方经济建设尤其是在发展外向型经济建设中的特殊地位和作用；根据断限期内四川对外交往迅速发展的实际，在结构和容量上作了必要的调整，增大全书的信息容量；对断限期内发生的重大历史事件给四川对外开放带来的影响和机遇作详细记述。全书103万字。（陈婧妮）

【《四川省志·审计志（1986—2005）》出版】 4月，四川省地方志编纂委员会编纂、省审计厅承编的《四川省志·审计志（1986—2005）》由方志出版社出版。主编黄河。该志除概述、附录外，正文设9篇47章，记述1986年至2005年四川省各级审计机关围绕党和政府中心工作，加强审计业务管理，提升审计成果质量，全面提高四川省审计工作法治化、规范化、科学化水平的发展历程。该志主要特点是通过系统记述审计事业从监督到服务、从管理到治理的变化，全面反映审计监督在改革开放和民主法治建设、健全领导干部监督管理、促进廉政建设中发挥的越来越重要的作用，全面反映四川审计管理、审计水平不断进步，审计执法力度和执法水平不断提高的良好形势，凸显“经济越发展、审计越重要”。全书75万字。（陈婧妮）

【《四川省志·广播影视志（1986—2005）》出版】 4月，四川省地方志编纂委员会编纂、原省新闻出版广电局承编的《四川省志·广播影视志（1986—2005）》由方志出版社出版。主编李酌。该志除概述、附录外，正文设9篇

23章，通过对无线广播、有线广播、电影、无线电视、有线电视、基础设施建设、延伸事业企业及团体工作、对外交流、经营管理等的系统记述，展现1986年至2005年四川广播影视事业的历史和状况。该志主要特点是首次将“电影”作为一篇纳入志书，弥补首轮志书没有电影内容的缺憾，完整记述1949年中华人民共和国成立至2005年四川电影事业从起步到蓬勃发展再到改革转型的探索历程；重点呈现1986年至2005年行业管理体制改革对电影电视事业发展的重大影响；重现四川广电系统在薄弱的基础上开始艰苦创业，逐步完善广播电视无线、有线网络、努力发展电影事业的奋斗历程。全书69万字。（陈婧妮）

【《四川省志·工商行政管理志（1986—2005）》出版】 4月，四川省地方志编纂委员会编纂、原省工商行政管理局牵头承编的《四川省志·工商行政管理志（1986—2005）》由方志出版社出版。主编李明。该志除概述、附录外，正文设7篇22章，记述1986年至2005年四川工商行政管理工作的机构与职能、登记管理、监督管理、消费者权益保护、公平交易执法、法制建设、企业信用体系建设及信息化建设等内容。该志翔实反映1986年至2005年四川工商行政管理系统面对改革开放和现代化建设中出现的新问题、新情况，不断适应市场经济发展需要，积极推进机构改革、职能调整、创新市场监管方式，完善市场监督体制的改革发展进程。全书45万字。（陈婧妮）

【《四川省志·农机志（1986—2005）》出版】 4月，四川省地方志编纂委员会编纂、原省农机局承编的《四川省志·农机志（1986—2005）》由方志出版社出版。主编严思勉、黄遇强。该志除概述、附录外，正文设12篇57章，围绕农机管理、农机科技、农机修造、农机法治、农机装备和农机化作业等内容，系统翔实记录1986年至2005年四川农机事业的发展奋进历程。该志重点记述1986年至2005年四川农机系统紧紧围绕“两提高、一促进、一确保”发展目标，围绕推进农村经济体制和农业生产方式转变，坚持因地制宜和国家、集体、个人投资办机械化的方针，大力发展农机事业的历史进程，展现四川农机事业不断发展、管理不断规范、服务不断拓宽的亮点和特色。全书64万字。（陈婧妮）

【《四川省志·民航志（1986—2005）》出版】 5月，四川省地方志编纂委员会编纂、民航西南地区管理局牵头承编的《四川省志·民航志（1986—2005）》由方志出版社出版。主编阳联勇。该志除概述、附录外，正文设10篇36章，客观记述1986年至2005年四川省民航事业的体制机构、机场建设、航空器、空勤队伍、航线航班、航空运输及通用航空、空中交通管理、航空油料、行业管理、航空安全等情况，反映四川民航管理和民航事业的发展历程、成就和经验。该志突出反映在国家经济体制转型改革进程中，四川民航事业发展的行业特点和地区特色，着重体现四川民航事业服务地方经济社会发展这一主线，四川省内10个高等级民用机场成功建设，特别是多条国际、地区航线的开辟和通往沿海开放城市航线的开辟，为四川对外开放、发展区域经济创造有利条件。全书88万字。（陈婧妮）

【《四川省志·报业志（1986—2005）》出版】 4月，四川省地方志编纂委员会编纂、省委宣传部牵头组织、省新闻工作者协会承编的《四川省志·报业志（1986—2005）》由方志出版社出版。主编唐小强。该志除概述、附录外，正文设6篇31章，记录1986年至2005年四川报业从数量到质量，从新闻业务到经营管理，从领导体制到管理体制，从新闻教育到新闻研究取得的长足进步和重大发展历程。该志厘清四川报业发展脉络，充分考虑志书受众面，其篇目设置、内容记述突出实用性；除对各级报纸、行业情况进行系统记述外，还对新闻业务、经营情况和新闻团体进行记述。全书60万字。（陈婧妮）

【《四川省志·民主党派工商联志（1986—2005）》出版】　4月，四川省地方志编纂委员会编纂、省委统战部承编的《四川省志·民主党派工商联志（1986—2005）》由方志出版社出版。主编刘建军。该志除概述、附录外，正文设8篇51章，反映1986年至2005年四川各民主党派、省工商联的发展历程。该志突出四川各参政党和省工商联自身发展、自身建设以及服务四川经济社会事业的工作特点、工作规律，思想性、科学性、资料性相统一。在篇目设计、概述撰写以及组织实施方面的创新，对同类志书编修具有借鉴意义。全书120万字。

（陈婧妮）

【《四川省志·青城山志》出版】　4月，四川省地方志编纂委员会编纂、青城山—都江堰旅游景区管理局承编的《四川省志·青城山志》由方志出版社出版。主编杨慕文。该志除概述、附录外，正文设8篇26章。作为第二轮《四川省志》新设的特色志分卷，全书围绕青城山景区自然地理、风景名胜、文物、宗教、行政建制及保护管理、青城文化、游山名人、旅游等内容，全面系统记述汉晋以来至2005年青城山风景区的发展历程。该志展现青城山景区奇特的自然风光、厚重的历史文化，凸现青城山旅游业改革开放后发展变化的时代特征和行业特色。全书54万字。

（陈婧妮）

【《贵州省志·林业志（1978—2010）》出版】　11月，贵州省地方志编纂委员会编纂的《贵州省志·林业志（1978—2010）》由贵州人民出版社出版。主编黎平、金小麒。该志设概述、大事记和森林资源与生态系统调查监测，森林培育与绿化，林业重点生态建设工程，森林资源保护与管理，林业产业经济林与森林公园建设，林业科技成果推广与信息化建设，林业规划统计、资金与基础设施建设，省级林业工作联系点和对外交流合作，林业法制、宣传与教育，林业机构与队伍等10篇41章，记述1978年至2010年贵州省林业不断进行深刻变革，推动经济发展和社会进步的历程。志首设彩照、序、凡例、编辑说明，志末附贵州省受表彰的先进集体和先进个人名录、贵州省林业法规及林业改革文献选录、编纂始末。该志主要特点是用真实的数据、确切的事实，记述改革开放后贵州林业发展的艰辛历程和辉煌成就，客观反映贵州林业事业与全省生态建设、经济发展和社会进步的密切关系。全书120万字。

（吴先桢）

【《贵州省志·法院志（1978—2010）》出版】　12月，贵州省地方志编纂委员会编纂的《贵州省志·法院志（1978—2010）》由贵州人民出版社出版。主编唐林。该志设概述、大事记和刑事审判、民商事及知识产权案件审判、行政国家赔偿案件审判、执行、审判监管、机构队伍与司法行政、调研宣传与信息化7篇26章，记述1978年至2010年贵州省法院坚持党的领导，坚持忠于宪法和法律，依法独立行使审判权，坚决维护宪法和法律的权威与尊严，保护合法权益，维护社会稳定，服务经济发展的改革、发展和建设的辉煌历程。志首设彩照、序、凡例、编辑说明，志末附工作报告选登、重要文件选登、编纂始末。全书85万字。

（吴先桢）

【《贵州省志·食品药品监督管理志（1978—2010）》出版】　12月，贵州省地方志编纂委员会编纂的《贵州省志·食品药品监督管理志（1978—2010）》由贵州人民出版社出版。主编罗小刚。该志设概述、大事记和医药资源与医药产业、药品与医疗器械质量监督管理、食品质量安全监督管理、机构队伍、食品药品科研与学术团体5篇20章，全面系统记述1978年至2010年贵州医药工业和食品安全工作的发展，以及贵州食品药品监督管理所做的大量工作和取得的显著成绩。志首设彩照、序、凡例、编辑说明，志末附2011年至2018年贵州省食品药品监督管理综述、食品安全监督管理相关法律法规文件、贵州省食品药品监管机构改革相关重要文件、贵州省食品药品监管相关

管理办法及法规名录、编纂始末。全书85万字。（吴先桢）

【《贵州省志·党派社团志（上）（1978—2010）》出版】 12月，贵州省地方志编纂委员会编纂的《贵州省志·党派社团志（上）（1978—2010）》由贵州人民出版社出版。主编石邦林。该志设概述、大事记和中共贵州省代表大会、中共贵州省委第四至十届历次全会、执政纪略、中共贵州省顾问委员会、纪律检查、巡视工作、组织工作、宣传工作、统战工作、政法信访、政策研究党史研究、中共贵州省委工作机构12篇62章，重点记述1978年至2010年中国共产党贵州省地方组织团结带领全省各族干部群众，坚持发展是硬道理，坚持改革开放，不断推动贵州经济社会发展的光辉历程。志首设彩照、序、凡例、编辑说明，志末附中共贵州省委2011年至2015年工作概述、中国共产党贵州省第十一次代表大会报告、中国共产党贵州省第十二次代表大会报告、编纂始末。全书125万字。（吴先桢）

【《贵州省志·党派社团志（下）（1978—2010）》出版】 12月，贵州省地方志编纂委员会编纂的《贵州省志·党派社团志（下）（1978—2010）》由贵州人民出版社出版。主编石邦林。该志设概述、大事记和中国国民党革命委员会贵州省委员会、中国民主同盟贵州省委员会、中国民主建国会贵州省委员会、中国民主促进会贵州省委员会、中国农工民主党贵州省委员会、中国致公党贵州省委员会、九三学社贵州省委员会、贵州省工商业联合会、贵州省总工会、共青团贵州省委、贵州省妇女联合会、贵州省科学技术协会、贵州省社会科学界联合会、贵州省文学艺术界联合会、贵州省归国华侨联合会、贵州省台湾同胞联谊会、贵州省黄埔军校同学会、贵州省残疾人联合会、贵州省红十字会19篇57章，全面系统记述1978年至2010年各民主党派贵州地方组织、贵州地方各人民团体在中国共产党贵州省地方组织的领导下，肝胆相照、合作共事，依照法律和各自章程开展工作、助推贵州发展的历程。志首设彩照、序、凡例、编辑说明，志末附贵州省社会团体名录、中共贵州省委关于进一步全心全意依靠工人阶级和加强工会工作的决定、中共贵州省委关于加强人民政协工作的实施意见、中共贵州省委关于进一步加强新时期科协工作的意见、编纂始末。全书100万字。（吴先桢）

【《贵州省志·文化志（1978—2010）》出版】 12月，贵州省地方志编纂委员会编纂的《贵州省志·文化志（1978—2010）》由贵州人民出版社出版。主编姜刚杰、谢彬如。该志设概述、大事记和文化事业管理机构、公共文化服务、艺术生产与艺术科研、文博与考古、电影事业、艺术教育与学术交流、非物质文化遗产保护、港澳台地区及国外文化交流、文化事业经费与文化体制改革、文化市场与文化产业10篇32章，全面系统记述1978年至2010年贵州省文化事业管理机构、公共文化服务体系等诸多方面的改革、发展、创新历程与成果。志首设彩照、序、凡例、编辑说明，志末附文献辑存、贵州文化遗产名录、文化信息统计、编纂始末。全书110万字。（吴先桢）

【《贵州省志·报业志（1978—2010）》出版】 12月，贵州省地方志编纂委员会编纂的《贵州省志·报业志（1978—2010）》由贵州人民出版社出版。主编赵宇飞、万群。该志设概述、大事记和机构与队伍建设、采编业务、管理与经营3篇10章，全面系统记述1978年至2010年贵州报业30多年发展历程。志首设彩照、序、凡例、编辑说明，志末附中共中央宣传部等单位对《贵州日报》的评价摘录、获省部级以上表彰先进人物名录、获中国新闻奖作品名录、获贵州新闻奖一等奖作品、获省部级以上广告奖作品、1985年至2010年各家报纸获贵州新闻奖一等奖部分作品原文、1978年至2010年《贵州日报》（贵州日报报业集团所属各报）获中国新闻奖部分作品原文、编纂始末。全书

60万字。　（吴先桢）

【《云南省志·国土资源志》出版】　12月，云南省地方志编纂委员会编纂的《云南省志·国土资源志》由云南人民出版社出版。主编郝锋。该志全面记述1987年至2007年云南境内的国土资源管理状况，突出对土地、矿产的资源调查、开发利用、市场规范、监管制度等的记载。全书85万字。　（宣勤）

【《云南省志·海关志》出版】　12月，云南省地方志编纂委员会编纂的《云南省志·海关志》由云南人民出版社出版。主编任德富。该志展示1978年至2005年云南省海关工作的全貌，体现出边境地区跨境贸易、打私缉毒的地方特色，以及海关业务电子化的时代亮点。全书48万字。　（宣勤）

【《云南省志·民主党派志》出版】　12月，云南省地方志编纂委员会编纂的《云南省志·民主党派志》由云南人民出版社出版。主编杨锦昆。该志断限为1978年至2016年，记述从改革开放到全面建设小康社会的不同时期，云南各民主党派参政议政、建言献策，在服务中心大局、维护社会安定、促进改革开放中发挥的重要作用。全书82万字。　（宣勤）

【《云南省志·群团志》出版】　12月，云南省地方志编纂委员会编纂的《云南省志·群团志》由云南人民出版社出版。主编李晋云、段颖、和红梅、陆志国。该志设工会、共青团、妇联、工商联合会4篇，记述1978年至2005年以工会、共青团、妇联、工商联为主体的群团事业，为云南省各级党委联系广大群众发挥的重要作用。全书121万字。　（宣勤）

【《云南省志·人民代表大会志》出版】　12月，云南省地方志编纂委员会编纂的《云南省志·人民代表大会志》由云南人民出版社出版。主编韩梅。该志全面反映1998年至2008年云南省九届、十届人大及其常委会依法履行各项职权，并从边疆、山区、多民族、欠发达的省情出发，积极进取、开拓创新，推动人大工作不断取得成就的历程。全书50万字。　（宣勤）

【《云南省志·政协志》出版】　12月，云南省地方志编纂委员会编纂的《云南省志·政协志》由云南人民出版社出版。主编车志敏、刘建华。该志记述1977年至2008年云南政协的发展沿革和履行政治协商、民主监督、参政议政职能取得的实绩。全书94.6万字。　（宣勤）

【《云南省志·检察志》出版】　12月，云南省地方志编纂委员会编纂的《云南省志·检察志》由云南人民出版社出版。主编朱春莉。该志记述1986年至2008年云南省检察机关各项工作的开展情况。全书75.3万字。　（宣勤）

【《云南省志·司法志》出版】　12月，云南省地方志编纂委员会编纂的《云南省志·司法志》由云南人民出版社出版。主编赵玲。该志记载1978年至2005年云南省司法和监狱部门的机构沿革和制度建设，从法律援助、人民调解、司法鉴定、劳教帮教等方面展示云南司法工作的发展情况。全书65.1万字。　（宣勤）

【《云南省志·监察志》出版】　12月，云南省地方志编纂委员会编纂的《云南省志·监察志》由云南人民出版社出版。主编温宗贵。该志断限为1951年至2007年，分省政府人民监察委员会时期（1951年1月至1955年2月）、省人民委员会省监察厅时期（1955年2月至1959年7月）、省政府监察厅时期（1987年12月至1993年3月）、省监察厅与省纪委合署办公时期（1993年3月至2007年12月）4个发展时期，系统记述不同时期监察事业的工作范围和侧重内容。全书43.2万字。　（宣勤）

【《云南省志·科学技术业志》出版】　12月，云南省地方志编纂委员会编纂的《云南省志·科学技术业志》由云南人民出版社出版。主编龙江。该志全面记述1985年至2005年云南科技的发展状况，展现云南在农业、医药、烟草等应用科技上的亮点。全书114万字。（宣勤）

【《云南省志·社会科学志》出版】 12月，云南省地方志编纂委员会编纂的《云南省志·社会科学志》由云南人民出版社出版。主编张瑞才。该志系统记载1992年至2007年云南省从事社会科学的研究机构和学术团体对各项学科建设作出的贡献和取得的成绩。全书89.8万字。（宣勤）

【《云南省志·档案志》出版】 12月，云南省地方志编纂委员会编纂的《云南省志·档案志》由云南人民出版社出版。主编王志强。该志全面记载1978年至2005年云南省档案工作的全貌，其中收录的档案资料具有史料价值。全书56.1万字。（宣勤）

【《云南省志·文化志》出版】 12月，云南省地方志编纂委员会编纂的《云南省志·文化志》由云南人民出版社出版。主编和丽贵。该志记述1987年至2010年云南省文化体制改革后各项文化艺术事业蓬勃发展的过程，彰显民族文化大省丰富的民族文化遗产和鲜明的多元文化资源。全书156万字。（宣勤）

【《云南省志·文学艺术志》出版】 12月，云南省地方志编纂委员会编纂的《云南省志·文学艺术志》由云南人民出版社出版。主编李勇。该志记述1978年至2005年云南省文学艺术界的各类文艺创作作品、艺术家活动等情况，具有鲜明的民族特色。全书92.6万字。（宣勤）

【《云南省志·教育志》出版】 12月，云南省地方志编纂委员会编纂的《云南省志·教育志》由云南人民出版社出版。主编周荣。该志记述1978年至2005年云南教育由普及义务教育、提升教学质量、探索素质教育向推进义务教育均衡化的发展历程，反映出云南在重点关注少数民族教育、农村基础教育的地方特色。全书120.7万字。（宣勤）

【《云南省志·卫生志》出版】 12月，云南省地方志编纂委员会编纂的《云南省志·卫生志》由云南人民出版社出版。主编和向群。该志用翔实的史料充分展现1991年至2007年云南卫生事业的发展过程，反映出昔日“瘴疠之区”转变为今日“康养之乡”的显著成就。全书86万字。（宣勤）

【《云南省志·食品药品监督管理志》出版】 12月，云南省地方志编纂委员会编纂的《云南省志·食品药品监督管理志》由云南人民出版社出版。主编刘本军。该志记载1950年至2015年云南省食品药品的监管历程，展示进入21世纪以来食品药品安全监管的显著成就。全书85万字。（宣勤）

【《云南省志·广播电视志》出版】 12月，云南省地方志编纂委员会编纂的《云南省志·广播电视志》由云南人民出版社出版。主编戴美政、段瑛。该志记述1987年至2005年云南省广播电视事业发展历程，展示这一事业日新月异的变革和对社会大众的深远影响。全书122万字。（宣勤）

【《云南省志·经济综合志》出版】 12月，云南省地方志编纂委员会编纂的《云南省志·经济综合志》由云南人民出版社出版。主编黄云平。该志记载1978年至2005年云南省经济发展的全貌和阶段性成果，反映云南经济改革的地域性特点。全书72万字。（宣勤）

【《云南省志·工商行政管理志》出版】 12月，云南省地方志编纂委员会编纂的《云南省志·工商行政管理志》由云南人民出版社出版。主编赵毅。该志记述1978年至2005年云南省工商行政管理恢复建制、定位职能、转变职能、履行职责的过程和成绩。全书55万字。（宣勤）

【《云南省志·质量技术监督志》出版】 12月，云南省地方志编纂委员会编纂的《云南省志·质量技术监督志》由云南人民出版社出版。主编李天祥。该志记载1978年至2005年云南省质量技术监督事业的机构建设，计量改革、质量管理，标准化、特种设备等监管工作的发展历程。全书45万字。（宣勤）

【《云南省志·农业志》出版】 12月，云南省地方志编纂委员会编纂的《云南省志·农业志》由云南人民出版社出版。主编谢晖。该志全面记述1978年至2005年云南省农业资源、农业生产、农业经济的发展变革，对农业和农村工作的记载具有时代特点和地方特色。全书108.2万字。（宣勤）

【《云南省志·林业志》出版】 12月，云南省地方志编纂委员会编纂的《云南省志·林业志》由云南人民出版社出版。主编张林冲。该志详尽记载1978年至2005年云南省林业发展、变化的全过程，尤其对境内丰富的森林资源、生物多样性的叙述体现出地方特色，对林业法规、林政管理等的介绍具有较高的史料价值。全书113.5万字。（宣勤）

【《云南省志·水利志》出版】 12月，云南省地方志编纂委员会编纂的《云南省志·水利志》由云南人民出版社出版。主编曾毅。该志系统记述1978年至2005年云南省水利和农村水电的改革发展过程，反映出水资源分布不均衡、利用率低的地区特点。全书76.9万字。（宣勤）

【《云南省志·煤炭工业志》出版】 12月，云南省地方志编纂委员会编纂的《云南省志·煤炭工业志》由云南人民出版社出版。主编马全林。该志记述1991年至2014年云南省煤炭行业的发展轨迹，反映出云南煤炭管理体制经历的多次改组演变。全书59万字。（宣勤）

【《云南省志·化学工业志》出版】 12月，云南省地方志编纂委员会编纂的《云南省志·化学工业志》由云南人民出版社出版。主编黄杰中。该志着重叙述1986年至2005年云南省化工行业的改革和转变，突出云南省作为全国重要磷化工基地的亮点和橡胶加工、化工机械制造的地方特色。全书68万字。（宣勤）

【《云南省志·机械工业志》出版】 12月，云南省地方志编纂委员会编纂的《云南省志·机械工业志》由云南人民出版社出版。主编马舜祖。该志全面叙述1978年至2005年云南省机械工业的改革历程，展现云南在部分制造业方面的显著成绩。全书70万字。（宣勤）

【《云南省志·公路志》出版】 12月，云南省地方志编纂委员会编纂的《云南省志·公路志》由云南人民出版社出版。主编黄恒蛟。该志记述1991年至2010年云南省公路交通运输业取得的显著成效，反映出21世纪初云南交通建设全面提速的发展情况。全书80万字。（宣勤）

【《云南省志·铁道志》出版】 12月，云南省地方志编纂委员会编纂的《云南省志·铁道志》由云南人民出版社出版。主编唐正飞。该志记载1978年至2005年云南省铁路系统的发展历程，反映出20世纪90年代起云南铁路进入快速发展阶段，路网规模、运输能力得到提升，充分发挥国民经济大动脉的社会职能。全书65万字。（宣勤）

【《云南省志·水运志》出版】 12月，云南省地方志编纂委员会编纂的《云南省志·水运志》由云南人民出版社出版。主编梅瑞祥。该志记述1990年至2005年云南省境内港口、码头等基础设施的建设，出省、出境航道的开发，旅游航运的兴起，反映出云南省水运业的变迁。全书26万字。（宣勤）

【《云南省志·民航志》出版】 12月，云南省地方志编纂委员会编纂的《云南省志·民航志》由云南人民出版社出版。主编王进胜。该志记述1978年至2005年云南省民航事业的发展状况，系统叙述云南民航的机构演变、职能调整、机场建设等过程，其中对云南民航事业回溯的内容具有较高史料价值。全书60万字。

（宣勤）

【《云南省志·商业贸易志》出版】 12月，云南省地方志编纂委员会编纂的《云南省志·商业贸易志》由云南人民出版社出版。主编段涛。该志记述1978年至2005年云南省商贸发展经历改革探索到全面发展再到跨越式发展的三个阶段，无论在内贸、外贸、边贸，还是利用外资、口岸建设方面，都取得显著成绩，尤其是跨境贸易有亮点。全书49万字。（宣勤）

【《云南省志·粮食志》出版】 12月，云南省地方志编纂委员会编纂的《云南省志·粮食志》由云南人民出版社出版。主编海文达。该志记述1978年至2018年云南省粮食流通制度改革的发展之路，展现云南省粮食系统保障粮食安全的工作成效。全书93.2万字。（宣勤）

【《云南省志·旅游志》出版】 12月，云南省地方志编纂委员会编纂的《云南省志·旅游志》由云南人民出版社出版。主编和丽贵。该志记述1978年至2007年云南省旅游产业的发展情况，体现旅游大省自然资源优势、民族文化多元的特点、亮点。全书62万字。（宣勤）

【《西藏自治区志·政协志》出版】 10月，西藏自治区政协志编纂委员会编纂的《西藏自治区志·政协志》由中国藏学出版社出版。该志正文设组织机构、会议、履行职能、报告决议、地（市）政协工作5篇，记述2001年至2015年西藏自治区政协履行政治协商、民主监督和参政议政主要职能的史实。全书173.2万字。

（王梅洁）

【《甘肃省志·报业志（1898—2010）》出版】 4月，甘肃省地方史志编纂委员会、省志报业志编纂委员会编纂的《甘肃省志·报业志（1898—2010）》由甘肃文化出版社出版。主编郝利平。该志设5篇12章，记述1898年至2010年甘肃省报业的发展变化历程，用史实诠释甘肃一代又一代报人秉承“铁肩担道义，妙手著文章”的新闻职业精神，特别是中华人民共和国成立后甘肃报纸和报人始终不渝坚持正确的新闻工作方针，围绕中心、服务大局、弘扬主旋律的报业精神。全书45万字。

（王文生）

【《甘肃省志·旅游志（1993—2012）》出版】 12月，甘肃省地方史志编纂委员会、省志旅游志编纂委员会编纂的《甘肃省志·旅游志（1993—2012）》由中华书局出版。主编高亚芳。该志设5章28节，记述1993年至2012年甘肃省旅游事业从小到大、从弱到强，实现大发展的轨迹，展现全省旅游部门积极加大宣传促销、提高旅游服务质量和水平、全省旅游业快速发展的全貌。全书66万字。（王文生）

【《青海省志·铁路交通志（1996—2005）》出版】 1月，青藏铁路公司编纂的《青海省志·铁路交通志（1996—2005）》由中国铁道出版社出版。主编王爽、宋生宪。该志设8章44节，反映1996年至2005年青海省铁路交通事业发展的历程及取得的成就，具有鲜明的时代特点、地域特色和行业特征。全书49万字。

（王韬）

【《青海省志·军事志（1996—2005）》出版】 4月，青海省军区编纂的《青海省志·军事志（1996—2005）》由青海人民出版社出版。主编张继东。该志设9章53节，反映1996年至2005年青海省军事工作的发展历程。全书64万字。（王韬）

【《青海省志·国土资源志（1986—2010）》出版】 5月，青海省自然资源厅编纂的《青海省志·国土资源志（1986—2010）》由青海人民出版社出版。主编朱小川、韩生福。该志设

7章34节，内容翔实，领属得当，具有较强的思想性、专业性和实用性。全书120万字。

（王韬）

【《青海省志·省人民政府志（1996—2010）》出版】 8月，青海省政府办公厅编纂的《青海省志·省人民政府志（1996—2010）》由青海民族出版社出版。主编李克勤。该志设13章84节，志稿体例完备、资料翔实，全面、系统、客观反映青海省政府及相关部门在断限内的发展历程。全书95万字。（王韬）

【《新疆生产建设兵团志（1986—2010）》出版】 7月，新疆生产建设兵团史志编纂委员会编纂的《新疆生产建设兵团志（1986—2010）》由方志出版社出版。主编刘和鸣、陈旭。该志是《新疆通志·生产建设兵团志》的续志，分上、中、下三册，设29编165章740节，志首设凡例、概述、大事记，志末置附录、索引、编后记，配载地图、照片。该志翔实反映1986年至2010年在党中央领导下兵团取得的伟大成就，记录兵团改革开放辉煌历史。全书386.7万字。（兵团志办）

·地市级志书出版

【《大同市志（1993—2013）》出版】 10月，山西省大同市志编纂委员会编纂的《大同市志（1993—2013）》由中华书局出版。主编李勇、史波。该志记述1993年雁同地市合并后大同市政治、经济、社会、文化、自然等方面的历史和状况。全书570万字。（张瑞琴）

【《呼伦贝尔市志》出版】 2月，内蒙古自治区呼伦贝尔市档案史志局编纂的《呼伦贝尔市志》由内蒙古文化出版社出版。主编李兴平。该志是《呼伦贝尔盟志》的续志，设46篇237章938节，记述内容上限自1990年起，下限为2005年，记载呼伦贝尔市自然、历史、人文和政治、经济、社会发展等各方面情况。全书301万字。（萨仁格日乐）

【《锡林郭勒盟志·国家税务志（1991—2010）》出版】 12月，内蒙古自治区锡林郭勒盟国家税务局编纂的《锡林郭勒盟志·国家税务志（1991—2010）》由内蒙古文化音像出版社出版。主编苗福成。该志设10章60节，记载1991年至2010年锡林郭勒盟税务机构设置和干部队伍建设、税收制度和征收管理等内容。全书75.5万字。（张慧慧）

【《沈阳市志（1986—2005）》卷二（下）出版】 9月，辽宁省沈阳市委党史研究室（市志办）编纂的《沈阳市志（1986—2005）》卷二（下）由沈阳出版社出版。该志是《沈阳市志（1986—2005）》四卷五册中最后出版的一册，收录图片68幅，记述1986年至2005年沈阳市政治、经济、文化、社会、生态等方面的情况。编纂35万字的《总目汇编》供读者了解和把握沈阳市第二轮修志过程与经验。全书128万字。（李琳）

【《鞍山市志（1986—2005）》第二卷出版】 8月，辽宁省鞍山市史志办编纂的《鞍山市志（1986—2005）》第二卷由沈阳出版社出版。主编赵国辉，执行副主编蔡全国、王兴霞、倪国忠，副主编成丽华、葛磊。该志设8篇50章225节，记述1986年至2005年中共鞍山市委员会，鞍山市人民代表大会，鞍山市政府，鞍山市政治协商会议，鞍山市民主党派与工商联，鞍山市工会、共青团、妇联，鞍山市公安、检察、审判、司法，鞍山市军事、人防等方面在改革开放和现代化建设中的发展历史。全书120万字。（鞍山市史志办）

【《本溪市志（1986—2005）》第三卷出版】 11月，辽宁省本溪市史志办编纂的《本溪市志（1986—2005）》第三卷由辽海出版社出版。主编刘忠义、马照谦。该志系统记述1986年至2005年本溪市综合经济管理、钢铁工业、其他工业、农业、商贸、外经外贸、交通运输、通信业、金融等领域的历史与现状。全书150万字。（本溪市史志办）

【《阜新市志（1986—2005）》第二卷（经济卷）出版】 4月，辽宁省阜新市史志办编纂的《阜新市志（1986—2005）》第二卷（经济卷）由辽宁民族出版社出版。该志彩色照片10页、随文图片百余幅，记述阜新市1986年到2005年在经济结构、经济体制改革与经济开发开放、经济转型、农业和农村经济、工业经济、建筑业、国内外贸易、旅游、金融保险、经济综合管理等方面的发展变化情况。全书130万字。 （张晓春 王元）

【《四平市志（1983—2005）》出版】 12月，吉林省四平市地方志编纂委员会编纂的《四平市志（1983—2005）》由吉林人民出版社出版。主编杨旭东。该志除大事记外，设33篇229章877节，前置地图和图片，表随文穿插其中，篇末设附录、编纂始末、索引。全书记述1983年至2005年四平市自然、政治、经济、文化和社会等方面的发展状况，客观反映全市经济社会在改革创新中的发展变化。全书194万字。 （肖志刚）

【《齐齐哈尔市志（1986—2005）》出版】 11月，黑龙江省齐齐哈尔市地方志编纂委员会编纂的《齐齐哈尔市志（1986—2005）》由黑龙江人民出版社出版。主编马汇川。该志分综合、经济、政治、文化4册，设35个类目223个分目971个条目，图片430余幅，记录1986年至2005年齐齐哈尔市政治、经济、文化、社会的历史与现状、重大事件、风俗民情和著名人物。全书400万字。 （徐萍 杜胜男）

【《盐城市志（1983—2005）》出版】 10月，江苏省盐城市政府主办、市志办编纂的《盐城市志（1983—2005）》由江苏凤凰科学技术出版社出版。主编茆贵鸣、徐城生。该志设建置区划、开发园区、精神文明等46卷，记述1983年至2005年盐城市自然环境、风土形胜、改革风云、政治文化、社会发展、精神文明等全景全貌，堪称盐城改革开放全史。全书500万字。 （尤岩）

【《宿迁市志》出版】 12月，江苏省宿迁市政府主办、市史志办编纂的《宿迁市志》由方志出版社出版。主编孙正龙。该志设洪泽湖、骆马湖、人物、酿酒业等25篇，翔实记述宿迁市境内自古暨今的自然、经济、政治、文化、社会的历史与现状。该志是1996年7月地级宿迁市成立后的第一部市级志书，重点记述1996年至2011年间内容。全书300余万字。 （尤岩）

【《衢州市志（1985—2005）》（音像版）出版】 年内，浙江省衢州市地方志编纂委员会编纂的《衢州市志（1985—2005）》（音像版）由中国文史出版社出版。主编韩章训、胡锡明。该志由第一辑名城之光、第二辑图强之路、第三辑人文之萃构成，设历史文化名城、城市化进程、农业转型、文化遗产等15个专题，时长1小时10分钟，以影像形式记录1985年至2005年衢州市各项事业的发展历程。（衢州市志办）

【《赣州市志（1986—2000）》出版】 1月，江西省赣州市志办编纂的《赣州市志（1986—2000）》由方志出版社出版。该志分上、中、下三册，设40篇203章，记述1986年至2000年赣州市自然、政治、经济、文化、社会等各方面的发展变化情况，记述赣州改革开放和现代化建设的成果，突出赣州特色和时代特色。全书400万字。 （朱岳）

【《开封市志（1986—2004）》出版】 3月，河南省开封市史志办编纂的《开封市志（1986—2004）》由中州古籍出版社出版。该志设6册43篇，图照千余幅，记述1986年至2004年开封市自然和社会经济发展状况，设历史文化名城，悬河，北方水城，菊花名城，书法名城，旅游名城，夜市名城、美食城、名特产和姓氏寻根等篇，突出开封八朝古都地位和近700年省会历史的地方特色，并特设焦裕禄精神篇，突出开封时代特色、弘扬焦裕禄精神。全书600万字。 （汪朝霞）

【《郴州市志》出版】 1月，湖南省郴州市地方志编纂委员会编纂的《郴州市志》由方志出版社出版。主编唐璨。该志设建置地理、人口、中共地方组织、人民代表大会、经济综合管理、农业与农村经济、开放开发、社会生活等26篇130章，志首设总述、大事记，志末设附录，记述1989年至2005年郴州市政治、经济、文化、社会等方面的历史沿革和成就。全书385万字。（谭文美）

【《湘西土家族苗族自治州志（1989—2010）》出版】 7月，湖南省湘西州地方志编纂委员会编纂的《湘西土家族苗族自治州志（1989—2010）》由方志出版社出版。主编包太洋，总纂李雄野。该志分上、下册，设地理、民族、中国共产党湘西州地方组织、地方组织、人民政府、经济综述、扶贫开发、工业园区、老苏区建设等33篇181章，图片189幅，记述1989年至2010年湘西州经济社会发展、自然环境变迁、民族风土人情等。全书199.7万字。（谭文美）

【《梧州市志（1993—2005）》出版】 11月，广西壮族自治区梧州市地方志编纂委员会编纂的《梧州市志（1993—2005）》由线装书局出版。主编李杰云等。该志设行政区划、自然环境，人口与计划生育、居民生活，国土资源管理等28篇，志首设地图、图片专辑、序、凡例、目录、概述、大事记，志末为附录、索引、编后记，反映1993年至2005年梧州市行政区域自然、政治、经济、文化和社会的历史与状况，突出反映梧州市作为广西东大门在改革开放中经济社会的发展变化和取得的成就。全书280万字。（韦瑟钧乙）

【《毕节地区通志》出版】 9月，贵州省毕节市地方志编纂委员会编纂的《毕节地区通志》由方志出版社出版。主编高隆礼。该志设民国时期的党派、社会团体，烤烟、卷烟，开发扶贫、生态建设，教育、科学研究所，艺文志等26篇108章，志首设地图、彩页等，志末附编纂始末、索引。该志纵述毕节自三代舜封有庳至2011年长达4000余年的发展史、进步史，创新设《开发扶贫生态建设试验区》篇，记述毕节地区有文字记载以来历史概貌，特别是1978年以来所取得的成绩，记载毕节自然资源禀赋、经济民生发展、政治革故鼎新、社会进步历程、文化创造传承等内容。全书650万字。（张彦）

【《保山市志（1978—2005）》出版】 7月，云南省保山市委党史地方志工作委员会编纂的《保山市志（1978—2005）》由方志出版社出版。主编于绍伟。该志分三册，设43编，内容涵盖政治、经济、文化、社会、生态等方面，记录1978年至2005年保山市为实现经济发展、政治民主、文化繁荣、社会进步、民族团结、边疆稳定而不懈努力的奋斗历程，描绘保山改革发展的轨迹。全书366.7万字。（宣勤）

【《临沧市志（1978—2005）》出版】 10月，云南省临沧市地方志编纂委员会编纂的《临沧市志（1978—2005）》由云南人民出版社出版。主编庞云、辉志仁。该志分上、中、下3卷，收录图片676幅、表格505张，记录断限期间临沧市自然、政治、经济、文化、社会各方面的发展变化。该志设改革开放篇集中反映改革开放，设澜沧江水电篇突出临沧水电资源优势，设茶叶篇、糖业篇突出临沧产业优势，设外事侨务口岸篇、扶贫篇、佤族文化篇反映临沧“边、山、少、穷”的实际，在民族宗教篇中对11个世居少数民族作记述。全书540万字。（宣勤）

【《兰州市志（先秦—2008）》出版】 11月，甘肃省兰州市地方志编纂委员会编纂的《兰州市志（先秦—2008）》由方志出版社出版。主编陈茂林、高生军。该志设9篇75章，记述先秦以来到2008年兰州市历史的资料性文献，集中反映兰州地区发生的巨大变化和显著成就。全书187万字。（王文生）

【《陇南市志》出版】 4月，甘肃省陇南市地方志编纂委员会编纂的《陇南市志》由方志出版社出版。主编罗卫东。该志分36编168章，上限追溯至事物在本地区的发端，下限断至2012年，全面系统反映陇南市自古至今各方面全貌及发展轨迹。全书456万字。 （王文生）

【《银川市志（1979—2005）》出版】 1月，宁夏回族自治区银川市地方志编纂委员会编纂的《银川市志（1979—2005）》由方志出版社出版。主编翟新军、张厚贵、戴亮、张雪芹。该志设31篇228章1007节，正文前设彩页，收录各类图片274幅。全志以改革开放为脉络，通揽各行各业，记载1979年至2005年间银川市统筹推进经济建设、政治建设、文化建设、社会建设、生态建设的改革历程。全书481.1万字。 （张明鹏）

【《农一师阿拉尔市志（1994—2010）》出版】 7月，新疆生产建设兵团农一师阿拉尔市志编纂委员会编纂的《农一师阿拉尔市志（1994—2010）》由新疆生产建设兵团出版社出版。该志由序言、凡例、概述、大事记、各编专志及附录组成，设27编112章452节，记述农一师阿拉尔市1994年至2010年自然、经济、政治、文化和社会的发展状况。全书150万字。

（第一师阿拉尔市史志办）

·县级志书出版

【《北京市西城区志（1994.1—2010.6）》出版】 11月，北京市西城区地方志编纂委员会编纂的《北京市西城区志（1994.1—2010.6）》由北京出版社出版。执行主编肖斌、段育达。该志设30编162章515节，前插及彩插图片150幅、地图2幅，上限为1994年，下限为2010年，根据内容需要对第一轮志书进行适当追溯。全书95万字。 （郝若婷）

【《北京市宣武区志（1995.1—2010.6）》出版】 11月，北京市宣武区地方志编纂委员会、西城区地方志编纂委员会编纂的《北京市宣武区志（1995.1—2010.6）》由北京出版社出版。主编牛建华、喻建平、邢丛罗。该志设28编139章526节，前插图片117幅，行政区划图1幅，交通图1幅，随文图92幅，记述时限上限接首部《北京市宣武区志》的下限1994年12月31日，下限至宣武区、西城区“撤二建一”，新西城区成立的2010年6月30日。全书142.2万字。 （郝若婷）

【《北京市丰台区志（1991—2010）》出版】 6月，北京市丰台区地方志编纂委员会编纂的《北京市丰台区志（1991—2010）》由北京出版社出版。主编李庆荣。该志设31编155章，地图2幅，前置图片102幅，表格293张，随文图片148幅，记述1991年至2010年丰台区行政区域内的自然、政治、经济、文化和社会发展变化过程，突出记述境内独具特色的事物或事件。该志农业和水利分编升格记述，突出丰台区农业和水利的历史地位及作用；介绍驻区科研机构和科技园区建设发展情况。全书85万字。 （郝若婷）

【《北京市顺义区志（1996—2010）》出版】 12月，北京市顺义区地方志编纂委员会编纂的《北京市顺义区志（1996—2010）》由北京出版社出版。主编王守明、梁军、焦庆海。该志设29编114章484节，前置图片97幅，随文图百余幅，附行政区划图、交通图、城区图，内容范围包括自然、政治、经济、文化和社会五大类别，描绘顺义发展的脉络轨迹，特别是突出临空经济在顺义崛起的历史风貌。该志将中国共产党、人民代表大会、人民政协单独列编，民主党派、人民团体、教育、文化、体育也根据编写需要单独列编。全书136.7万字。

（郝若婷）

【《密云县志（1991—2010）》出版】 12月，北京市密云县志编纂委员会编纂的《密云县志（1991—2010）》由北京出版社出版。主编林振洪、郭生河。该志设自然、政治、生态、经济、文化和社会6个板块27编94章，前插图片89幅，随文照片268幅，表格338张，记述1991年至2010年密云县经济社会发展情况。该志为突出经济发展“第一要务”，单设工业、开发区，农业与农村经济，商贸、旅游、金融3编；为提高政治站位，单设中国共产党、人民代表大会、人民政府、人民政协4编；为突出密云首都生态涵养区特色，专设生态环境建设与保护编；为传承密云历史文化，补充记述民族、宗教、婚姻、家庭、姓氏等内容。全书176万字。　（郝若婷）

【《北京市大兴区志（1991—2010）》出版】　12月，北京市大兴区地方志编纂委员会编纂的《北京市大兴区志（1991—2010）》由线装书局出版。主编李福增、刘奇、张振东。该志设26编137章，前置彩插36页，记述1991年至2010年大兴区（县）自然、政治、经济、文化及社会生活等方面的历史与现状，特别是传统农业大区（县）向城市化现代新区转变的发展历程。全书105万字。　（郝若婷）

【《北京市门头沟区志（1996—2010）》出版】　12月，北京市门头沟区地方志编纂委员会编纂的《北京市门头沟区志（1996—2010）》由线装书局出版。主编赵北亭。该志设30编，彩插图片82幅，记述门头沟改革开放的历程以及生态涵养发展区建设，发展绿色产业，努力实现由“一盆火”向“一片绿”转变的产业结构调整过程。全书95万字。　（郝若婷）

【《北京市平谷区志（1991—2010）》出版】　12月，北京市平谷区地方志编纂委员会编纂的《北京市平谷区志（1991—2010）》由北京出版社出版。主编刘云飞、刘仕仲。该志内容范围包括自然、政治、经济、文化和社会5大类别，持续把大桃产业升格，突出平谷大桃在平谷果品产业中的独特地位；增加房地产业内容，使建筑业与房地产业脱离原来的工业大篇单独成篇；增加新农村建设的诸多内容；注重文化建设的记述；在附录补记平谷长城资料，弥补《平谷县志》记述过简的缺憾。全书105万字。　（郝若婷）

【《天津市河西区志（1979—2010）》出版】　年内，天津市河西区志办编纂的《天津市河西区志（1979—2010）》由方志出版社出版。该志设25编，记述1979年至2010年河西区各项事业的发展历程，反映河西区工作重要决策部署和有影响的重大事件。全书100万字。　（唐旗　刘新）

【《天津市南开区志（1979—2010）》出版】　年内，天津市南开区志编纂委员会编纂的《天津市南开区志（1979—2010）》由方志出版社出版。该志设29编，记述1979年至2010年南开区政治、经济、社会发展的全貌。全书163.7万字。　（唐旗　刘新）

【《天津市河北区志（1979—2010）》出版】　年内，天津市河北区志办编纂的《天津市河北区志（1979—2010）》由方志出版社出版。该书设26编，记述1979年至2010年河北区政治、经济、社会发展的全貌，设数据集览篇，体现河北区发展关键节点的数据表格集中编排。全书125万字。　（唐旗　刘新）

【《滨海新区志》出版】　年内，天津市滨海新区地方志编纂委员会编纂的《滨海新区志》由天津社会科学院出版社出版。该志分上、下两册，共33编164章，图片156幅。该志是滨海新区历史上第一部志书，上溯事物发端，重点记述1979年改革开放后至2010年的社会发展历程以及自然、政治、经济、文化和社会的历史与状况。全书260万字。　（唐旗　刘新）

【《石家庄市桥西区志（1947—2011）》出版】　12月，河北省石家庄市桥西区政府编纂的《石家庄市桥西区志（1947—2011）》由方志出版社出版。主编杨树新。该志设概述、大事记，志文设政区建制、基础设施、居民、城乡建设、环境保护、经济总情、商贸服务业、工业、农业、建筑业、金融业、中国共产党桥西区地方组织、综合党务管理、地方人民代表大会、地方人民政府、综合政务管理、综合经济管理、地方政治协商会议、民主党派与工商联、社会团体、军事、公检法司、教育、科技、卫生体育、文化、民俗方言、文物古迹、人物等篇，上限为1947年，下限为2011年。全书181万字。（刘霁）

【《临西县志（1979—2008）》出版】 1月，河北省邢台市临西县地方志编纂委员会编纂的《临西县志（1979—2008）》由方志出版社出版。主编崔书昌。该志卷首设总述、大事记，志文设政区建置、自然环境、人口、基础设施、经济总情、农业、工业、轴承产业、商贸服务业、金融保险、财政税收、综合经济管理、中国共产党临西县委员会、临西县人民代表大会、临西县人民政府、政协临西县委员会、人民团体、政法、军事、综合政务管理、教育科技、文化、卫生体育、社会生活、人物25编。全书150万字。（刘霁）

【《邢台市桥西区志（1980—2009）》出版】 8月，河北省邢台市桥西区地方志编纂委员会编纂的《邢台市桥西区志（1980—2009）》由河北人民出版社出版。主编逯利民。该志设建制区划、自然环境、人口城乡建设与环境保护、交通运输、邮政·电信、广播·电视、经济总情、农业、工业、商贸服务业、财政税收、经济综合管理、中国共产党地方组织、地方人民代表大会、地方人民政府、中国人民政治协商会议地方组织、民主党派和社会团体、人事劳动和社会保障、民政、公检法司、军事、教育、科学技术、文化和体育、医疗卫生、名胜古迹、社会生活、人物28编127章398节，重点记述1980年至2009年中共十一届三中全会以来各项事业所取得的成绩。全书130万字。（郑小明）

【《阳高县志（1991—2015）》出版】 1月，山西省阳高县志编纂委员会编纂的《阳高县志（1991—2015）》由中国文史出版社出版。主编景彦斌。该志设30编110章410节，记载1991年至2015年阳高县自然、经济、社会、文化的历史与现状。全书130万字。（张瑞琴）

【《山阴县志（1998—2016）》出版】 12月，山西省山阴县志编纂委员会编纂的《山阴县志（1998—2016）》由方志出版社出版。主编侯志林。该志设35编141章488节，记载1998年至2016年山阴县经济与社会的发展过程。全书170万字。（张瑞琴）

【《古县志》出版】 6月，山西省古县志编纂委员会编纂的《古县志》由中华书局出版。主编杨青保。该志分上、下两册，设35编，前有凡例、概述、大事记，后有文献辑存，着重记述中华人民共和国成立以后，特别是古县建县后经济与社会的发展过程。全书141万字。（张瑞琴）

【《赤峰市元宝山区志（1996—2008）》出版】 9月，内蒙古自治区赤峰市元宝山区政府办公室编纂的《赤峰市元宝山区志（1996—2008）》由内蒙古文化出版社出版。主编褚海波，执行主编赵晓杰。该志设24篇86章352节，记载1996年至2008年元宝山区建制、自然、人文、政治、经济、军事、文化等方面概貌和发展变化。全书100万字。（袁洪军）

【《新巴尔虎左旗志》蒙文版出版】 3月，内蒙古自治区新巴尔虎左旗档案史志局编纂的《新巴尔虎左旗志》蒙文版由内蒙古文化出版社出版。主编斯琴。该书设34卷147章，记述新巴尔虎左旗境内有史以来的各项事业的变化发展过程。全书87.8万字。（萨仁格日乐）

【《宁城县志（1986—2010）》出版】 6月，内蒙古自治区宁城县志编纂委员会编纂的《宁城县志（1986—2010）》由方志出版社出版。主编魏利达。该志设28篇149章627节，志首置序言、凡例、总述、大事记，后缀附录、编后记，插图177幅、表格337张，记载1986年至2010年宁城县自然、地理、经济、政治、军事、文化、社会发展全貌。全书198万字。
（袁洪军）

【《二连浩特市志（2000—2010）》出版】 8月，内蒙古自治区二连浩特市档案史志局编纂的《二连浩特市志（2000—2010）》由中国文史出版社出版。主编张耀增。该志设29篇114章498节，记载2000年至2010年二连浩特市建制、自然、人文、经济、政治、军事、文化等方面的发展变化状况。全书112.4万字。
（张慧慧）

【《和平区志（1986—2005）》出版】 12月，辽宁省沈阳市和平区委党校地方志办公室编纂的《和平区志（1986—2005）》由辽海出版社出版。该志设总述、大事记、区域、街道等32个类目，下设196分目550个条目，收录图片24幅，记载1986年至2005年和平区人民在中共和平区委、区政府领导下，认真贯彻执行党的路线、方针和政策，励精图治，真抓实干，重新焕发勃勃生机和活力的全过程。全书88万字。
（李琳）

【《新民市志（1996—2005）》出版】 10月，辽宁省新民市档案馆（市志办）编纂的《新民市志（1996—2005）》由辽海出版社出版。该志设32篇178章615节，上限接续前部志书，记述1996年至2005年新民市人民在中共新民市委、市政府的领导下，在政治、经济、文化、社会事业等方面创造的业绩。全书164万字。
（李琳）

【《桓仁满族自治县志（1986—2015）》出版】 11月，辽宁省桓仁满族自治县史志办编纂的《桓仁满族自治县志（1986—2015）》由辽宁民族出版社出版。主编纪飞、黄柏栋。该志分上、下2册，记述1986年至2015年桓仁满族自治县政治、经济、文化和社会发展变化。全书200万字。
（本溪市史志办）

【《宽甸满族自治县志（1986—2010）》出版】 年内，辽宁省宽甸满族自治县地方志编纂委员会编纂的《宽甸满族自治县志（1986—2010）》由辽宁民族出版社出版。主编朱天平。该志设33篇189章，记述1986年至2010年宽甸满族自治县政治、经济、文化和社会发展变化。全书160万字。
（丹东市史志和档案服务中心）

【《四平市铁西区志（1984—2007）》出版】 6月，吉林省四平市铁西区志办编纂的《四平市铁西区志（1984—2007）》由吉林文史出版社出版。主编李朝霞、陈湖、王巍、刘建春。该志为铁西区首部志书，设25篇120章，记述1984年至2007年铁西区自然、政治、经济、社会、文化的现状、发展和变化。全书66万字。
（任帅）

【《四平市铁东区志（1984—2008）》出版】 12月，吉林省四平市铁东区志办编纂的《四平市铁东区志（1984—2008）》由吉林人民出版社出版。主编李国泰。该书为该区首部志书，设25篇，记述1984年至2008年铁东区政治、经济、社会、文化等方面的状况。全书126万字。
（任帅）

【《东辽县志（1987—2002）》出版】 12月，吉林省东辽县志办编纂的《东辽县志（1987—2002）》由吉林文史出版社出版。主编韩春峰。该书设33篇183章，记述1987年至2002年东辽县自然、政治、经济、文化、社会各方面的发展变化，重点记述经济发展变化的过程。全书143万字。
（任帅）

【《图们市志（1986—2000）》出版】 7月，吉林省图们市志办编纂的《图们市志（1986—2000）》由吉林文史出版社出版。主编崔昌男。该志设31篇170章612节，记述1986年至2000年图们市自然、政治、经济、文化和社会的发展历程，突出展现图们边疆民族特色和全市重大历史事件。全书130万字。
（任帅）

【《龙井市志（1986—2002）》出版】 5月，吉林省龙井市地方志编纂委员会编纂的《龙井市志（1986—2002）》由吉林文史出版社出版。主编崔学成。该志设专志29篇191章664节，记述1986年至2002年龙井市自然、政治、经济、文化、社会各方面的发展变化，将龙井市的概况、地情浓缩在一书之中，系统地宣传、推介、展示龙井市的特色、优势、资源和全貌。全书120万字。（任帅）

【《伊春市五营区（林业局）志（1986—2005）》出版】 4月，黑龙江省伊春市五营区地方志编纂委员会编纂的《伊春市五营区（林业局）志（1986—2005）》由方志出版社出版。主编张跃文、金春林、方春彪。该志设24篇97章，书中除概述、大事记、附录外，设有建置区划、自然·环境、城镇建设、体制改革、经济综合管理、林业、农业、工业、旅游、人民团体、精神文明建设等篇，记述1986年至2005年五营区自然、经济、政治、文化、社会等方面的历史和现状。全书166.7万字。（徐萍 杜胜男）

【《抚远县志（1986—2005）》出版】 11月，黑龙江省抚远县志编纂委员会编纂的《抚远县志（1986—2005）》由黑龙江人民出版社出版。主编姜明凡、任成。该志设21篇96章426节，由概述、大事记、专志、人物和附录组成，记述1986年至2005年抚远县自然、政治、经济、社会、改革与发展的基本面貌。全书180万字。（徐萍 杜胜男）

【《牡丹江市爱民区志（1986—2005）》出版】 8月，黑龙江省牡丹江市爱民区志编审委员会编纂的《牡丹江市爱民区志（1986—2005）》由黑龙江人民出版社出版。主编孙超。该志设21篇73章296节，记述1986年至2005年爱民区经济、社会、人文诸方面的发展变化，重点记述中共十一届三中全会以后发生的重大事情。全书88万字。（徐萍 杜胜男）

【《安达市志（1985—2005）》出版】 1月，黑龙江省安达市志办编纂的《安达市志（1985—2005）》由黑龙江人民出版社出版。主编李志春。该志设概述、大事记、自然概况、人口、农业、畜牧业、工业、商贸流通、经济综合管理、财政税务·金融保险、基础设施建设、政党·社团、武装·政法、劳动·民政·人事、卫生·医药、人物等篇，记述1985年至2005年安达市自然、政治、经济、文化和社会的发展变化。全书150万字。（徐萍 杜胜男）

【《浦口简志》出版】 4月，江苏省南京市浦口区志办编纂的《浦口简志》由方志出版社出版。该志设建置、环境、政治、经济、文化、社会、人物7章43节，上溯不限，记载浦口地区5000年文明史、中国共产党浦口小组成立以来至2015年奋斗史、浦口解放以来特别是改革开放后发展史。全书45.6万字。（王艳荣 黄涛）

【《溧水经济开发区志》出版】 4月，江苏省南京市溧水区溧水经济开发区志编纂委员会编纂的《溧水经济开发区志》由方志出版社出版。该志记载1992年开发区建立至2010年政治、经济、文化和社会各项事业的发展，以及境内行政区划、自然地理、镇村建设、农业、工业、商贸旅游、经济管理、科教文卫、民政、社会保障、社会生活等方面的历史变迁。全书50万字。（王艳荣 黄涛）

【《栖霞简志》（英文版）出版】 12月，江苏省南京市栖霞区志办编纂的《栖霞简志》（英文版）由江苏人民出版社出版。该志为全省首部英文版简志，维持《栖霞简志》基本框架不变，设建制·地理、人口、风景名胜·文物古迹、城乡建设、经济综合管理、交通·邮政·电信、工业、农林·水利、商贸·旅游、财税·金融、中共栖霞区地方组织、人大·政府·政协、镇乡、南京经济技术开发区、民主党派·群众团体、政法、军事、民政、劳动·

人事、教育·科技、卫生·体育、文化、社会、人物24编，重点保留自然、人文、历史等方面的内容，其他方面的内容适当进行删削，便于来华的外商、外教、留学生、游客以及中国问题研究专家等研究和了解南京栖霞。全书35万字。（王艳荣　黄涛）

【《惠山区志》出版】　7月，江苏省无锡市惠山区史志编纂委员会主办、区史志办编纂的《惠山区志》由国家图书馆出版社出版。主编邓小伟。该志设政区、自然环境、土地等34篇，记述惠山区2001到2010年的政治、经济、文化、社会等方面的发展轨迹和脉络，在大事记、惠山区荣誉和彩页中，内容延伸至2016年。全书206.8万字。（尤岩）

【《丰县志（1978—2005）》出版】　9月，江苏省丰县志办编纂的《丰县志（1978—2005）》由江苏人民出版社出版。主编刘鸿、高昌忠。该志设政区、自然环境、人口等30篇，记述1978年至2005年丰县自然、政治、经济、文化、社会等方面的发展历程和辉煌成就。全书138万字。（尤岩）

【《阜宁县志》出版】　10月，江苏省阜宁县志办编纂的《阜宁县志》由江苏人民出版社出版。主编陈珺。该志设专记、经济体制改革、工业、外事、图表、附录等39篇，记述1986年至2010年阜宁县自然、经济、政治、文化、社会等方面的发展变化。全书206万字。（尤岩）

【《京口区志（1983—2007）》出版】　6月，江苏省镇江市京口区地方志编纂委员会编纂的《京口区志（1983—2007）》由方志出版社出版。主编蔡依民、满子琴。该志设政区、人口、经济综情等29篇，展示1983年至2007年京口区政治、经济和各项社会事业的发展变化。全书173.1万字。（尤岩）

【《宁海县志（1987—2008）》出版】　12月，浙江省宁海县志编纂委员会编纂的《宁海县志（1987—2008）》由方志出版社出版。该志设45编，首设概述、大事记，记述1987年至2008年宁海县自然、政治、经济、文化、社会等方面的发展过程。全书290万字。（高曙明）

【《泰顺县志（1991—2010）》出版】　12月，浙江省泰顺县地方志编纂委员会编纂的《泰顺县志（1991—2010）》由浙江人民出版社出版。主编吴久赖。该志设39篇174章698节，志首置彩图、序、凡例、概述、大事记，后殿附录、索引、后记，记载1991年至2010年（大事记延伸至2017年）泰顺县自然、政治、经济、文化、社会等方面的历史与状况，突出反映泰顺“生态立县、绿色崛起”的发展特色。全书280万字。（温州市史志办）

【《路桥区志》出版】　8月，浙江省台州市路桥区地方志编纂委员会编纂的《路桥区志》由浙江人民出版社出版。主编管彦达。该志正文设地史概况、人居环境、经济、行政、人文、乡镇街道6部分，下设35编，志前设概述、大事记。全书131万字。（台州市志办）

【《宁化县志（1988—2005）》出版】　5月，福建省宁化县地方志编纂委员会编纂的《宁化县志（1988—2005）》由国家图书馆出版社出版。主编张族进。该志设32卷，记述1988年至2005年宁化县自然、政治、经济、文化和社会的历史与状况。该志专设特辑，突出宁化县革命老区和客家祖地的特色。全书224.4万字。（欧长生　吴朝庭）

【《石狮市志》出版】　11月，福建省石狮市委党史和地方志研究室编纂的《石狮市志》由新华出版社出版。主编李秉源。该志设35卷，记述1998年至2010年石狮市自然、政治、经济、文化和社会的历史情况。该志专设服装业、渔业、石狮与台湾关系特色卷。全书246.8万字。（欧长生　吴朝庭）

【《顺昌县志（1989—2005）》出版】　6月，

福建省顺昌县委党史和地方志研究室编纂的《顺昌县志（1989—2005）》由福建省地图出版社出版。主编姚剑锋。该志记述时间衔接1994年出版的《顺昌县志》，上限为1989年，下限为2005年。全书122.2万字。

（欧长生 吴朝庭）

【《德安县志（1985—2008）》出版】 2月，江西省德安县志办编纂的《德安县志（1985—2008）》由方志出版社出版。该志设33卷193章，图片132幅，记述1985年至2008年德安县自然、政治、经济、文化、社会各方面的发展情况。全书177万字。（朱岳）

【《曹县通志简编》出版】 7月，山东省曹县地方史志研究中心编纂的《曹县通志简编》由线装书局出版。该志上限为曹县建县的1371年，下限至2017年，记述曹县经济建设、政治建设、文化建设、社会建设、生态文明建设的历史与状况，重点突出改革开放后曹县各项事业取得的新成就。全书25万字。（杜泉）

【《株洲市天元区志（株洲高新区志）》出版】 1月，湖南省株洲市天元区（株洲高新区）地方志编纂委员会编纂的《株洲市天元区志（株洲高新区志）》由方志出版社出版。主编田江萍。该志设地理人口、中共地方组织、人民政府·管委会、经济综述、高新技术产业开发建设、商贸·招商、文化体育旅游等25篇126章，志首设总述、大事记，志尾设人物、附录，后附索引。该志系株洲市天元区（株洲市高新区）第一部综合性志书。全书117.8万字。（谭文美）

【《古丈县志（1986—2010）》出版】 7月，湖南省古丈县地方志编纂室编纂的《古丈县志（1986—2010）》由方志出版社出版。主编郑良武。该志设人民代表大会、扶贫开发、茶叶、交通·邮政·通信等25篇118章，记述1986年至2010年古丈县改革开放的伟大成就。全书98万字。（谭文美）

【《湘乡市志（1986—2005）》出版】 5月，湖南省湘乡市志编纂委员会编纂的《湘乡市志（1986—2005）》由方志出版社出版。主编肖鹄、万飞、刘湘。该志设建置地理，人口，经济综述，农业，工业，城乡建设、环境保护，中国共产党湘乡市委员会，法治、军事，教育、科技，社会生活等23篇92章，记述1986年至2005年间湘乡自然、经济、政治、文化、社会等各个方面的历史与状况，重点记述撤县建市后经济建设与改革开放的发展历程。全书108.2万字。（谭文美）

【《马山县志（1986—2005）》出版】 12月，广西壮族自治区马山县地方志编纂委员会编纂的《马山县志（1986—2005）》由线装书局出版。主编吴丹香。该志设行政区划，自然环境、自然资源，人口与计划生育、居民生活等23篇，记述1986年至2005年马山县地理、自然、政治、经济、文化及风土人情，重点反映马山县人民坚持中国特色社会主义道路，推进改革开放，建设有中国特色的社会主义所进行的新思考、新探索，所取得的新成就及存在的不足。该志正文前设概述、大事记，正文后设附录、编后记、前志勘误表。全书135万字。

（韦瑟钧乙）

【《横县志（1986—2005）》出版】 12月，广西壮族自治区横州市地方志编委会编纂的《横县志（1986—2005）》由中州古籍出版社出版。主编韦斯步等。该志设行政区划、自然环境、人口与计划生育、茉莉花产业等26篇，记述1986年至2005年横县自然、政治、经济、文化和社会的历史和状况，反映横县改革开放所取得的新成就。正文前设概述、大事记，正文后设附录、编修始末。全书160万字。

（韦瑟钧乙）

【《鹿寨县志（1988—2005）》出版】 12月，广西壮族自治区鹿寨县史志办编纂的《鹿寨县志（1988—2005）》由线装书局出版。主编江祖林、李静波、覃宣伟、梁承刚。该志设行政区划、自然环境、人口·计划生育·居民生活等29篇，记述1988年至2005年鹿寨县自然、政治、经济、文化和社会的历史与状况。该志正文前设序言、凡例、概述、大事记，后缀乡镇、附录、索引、后记。全书约110万字。

（韦瑟钧乙）

【《兴安县志（1991—2005）》出版】　7月，广西壮族自治区兴安县地方志编纂委员会编纂的《兴安县志（1991—2005）》由线装书局出版。主编阳旭。该志设政区自然环境、人口与计划生育、中国共产党兴安县地方组织等23篇，记述1991年至2005年兴安县自然、政治、经济、文化和社会的历史与状况。全书178万字。

（韦瑟钧乙）

【《梧州市万秀区志》出版】　10月，广西壮族自治区梧州市万秀区地方志编纂委员会编纂的《梧州市万秀区志》由广西人民出版社出版。主编高洁凤。该志设行政区划、自然环境、人口与计划生育、城乡建设等19篇80章403节1034个条目，表格221张，图片560多幅，记述万秀区自然、政治、经济、文化、社会等方面的历史和状况，尤其是改革开放后各项事业发展的历程和成绩。志首设图、照、序、凡例、概述、大事记，志末有附录、索引、编后记。全书300万字。

（韦瑟钧乙）

【《藤县志（1991—2005）》出版】　12月，广西壮族自治区藤县地方志编纂委员会编纂的《藤县志（1991—2005）》由方志出版社出版。主编何棠、黄东明、覃仕平。该志设行政区域、自然环境，人口、计划生育、居民生活，国土资源、环境保护等24篇，全面反映藤县自然、政治、经济、文化和社会的历史与状况。志首设图照、概述、大事记，志末设附录、后记等。全书148.2万字。

（韦瑟钧乙）

【《蒙山县志（1990—2005）》出版】　4月，广西壮族自治区蒙山县地方志编纂委员会编纂的《蒙山县志（1990—2005）》由中州古籍出版社出版。主编蓝明月、宋彤宇、李广勇。该志设行政区划、自然环境，人口与计划生育、民族、居民生活，农林牧渔业等24篇，记述蒙山县自然、政治、经济、文化、社会的历史与状况，重点反映蒙山县改革开放后1990年至2005年经济社会发展变化的时代特色。志首设地图、照片、序、凡例、目录、概述、大事记，志末附附录、前志补阙、索引、后记等。全书163万字。

（韦瑟钧乙）

【《合浦县志（1991—2005）》出版】　1月，广西壮族自治区合浦县志编纂委员会编纂的《合浦县志（1991—2005）》由方志出版社出版。主编卢繁初。该志设行政区划、自然环境、人口与计划生育等23篇80章，记述1991年至2005年合浦县自然、政治、经济、文化、社会的历史与状况。志前彩照63幅、黑白照5幅，前置合浦县地图、概述，后有文件选录、文章辑录、索引及后记。全书165.4万字。

（韦瑟钧乙）

【《防城港市港口区志》出版】　12月，广西壮族自治区防城港市港口区地方志编纂委员会编纂的《防城港市港口区志》由北京燕山出版社出版。主编莫玉梅、阮一峰。该志设建置、政区，自然环境，党派、人民团体等20篇66章325节，记述境域自历史发端至2005年的历史和状况，重点记述1993年5月至2005年底港口区经济社会发展变化情况。全书102万字。

（韦瑟钧乙）

【《灵山县志（1995—2005）》出版】　12月，广西壮族自治区灵山县志办编纂的《灵山县志（1995—2005）》由线装书局出版。主编梁钦。该志设行政区划，自然环境，人口与计划生育，人民生活等26篇121章603节，记述1995年至2005年灵山县自然、政治、经济、文化和社会的历史和状况。志首设地图和照片专辑、序、凡例、目录、概述、大事记，志末设附录。全书140万字。

（韦瑟钧乙）

【《容县志（1990—2005）》出版】 12月，广西壮族自治区容县地方志编纂委员会编纂的《容县志（1990—2005）》由方志出版社出版。主编李向阳。该志设行政区划、自然环境、旅游、侨务外事·港澳台事务等23篇，记述1990年至2005年容县自然、经济、政治、文化、社会发展状况。志前设置地图、照片专辑、序、凡例、概述、大事记，志后设附录、索引和编后记。全书149万字。（韦瑟钧乙）

【《博白县志（1990—2005）》出版】 12月，广西壮族自治区博白县地方志编纂委员会编纂的《博白县志（1990—2005）》由线装书局出版。主编黄坚。该志设行政区划、自然环境、人口与计划生育·居民生活等26篇，记述1990年至2005年博白县的历史与状况。志前有地图、图片、序、凡例、目录、概述、大事记，志后有附录、索引、后记。全书210万字。（韦瑟钧乙）

【《北流市志（1991—2005）》出版】 12月，广西壮族自治区北流市地方志编纂委员会编纂的《北流市志（1991—2005）》由线装书局出版。主编顾昭旺。该志设行政区划、自然环境、人口·计划生育·居民生活等23篇，记述1991年至2005年北流市自然、政治、经济、文化、社会的历史和状况，反映北流市的地方特色和时代特色。志首设地图和图片专辑、序、凡例、目录、概述、大事记，志尾设附录、编后记。全书160万字。（韦瑟钧乙）

【《钟山县志（1988—2005）》出版】 7月，广西壮族自治区钟山县地方志编纂委员会编纂的《钟山县志（1988—2005）》由中州古籍出版社出版。主编欧昌家。该志设行政区划，自然环境，人口、计划生育、居民生活等26篇，记述1988年至2005年钟山县自然、政治、经济、文化和社会的历史和状况。志首有地图和照片专辑、序、凡例、目录、概述、大事记，志尾有附录。全书233万字。（韦瑟钧乙）

【《东兰县志（1986—2005）》出版】 12月，广西壮族自治区东兰县志办编纂的《东兰县志（1986—2005）》由广西人民出版社出版。主编徐景灵。该志设行政区划、自然环境、人口与计划生育·居民生活、政党·群团等28篇，记述1986年至2005年东兰县自然、政治、经济、文化和社会历史与状况。志首置序、凡例、目录、概述、大事记，志尾设附录、索引、编后记。全书193万字。（韦瑟钧乙）

【《合山市志（1991—2005）》出版】 12月，广西壮族自治区合山市地方志编纂委员会编纂的《合山市志（1991—2005）》由中国文史出版社出版。主编徐忠文、黄冲。该志设行政区划，自然环境，人口与计划生育、居民生活等21篇78章339节，记述1991年至2005年合山市自然、政治、经济、文化、社会的历史和状况。志首由序、凡例、地图、照片专辑和目录、概述、大事记等构成，志尾有附录。全书116万字。（韦瑟钧乙）

【《陵水黎族自治县志（2001—2010）》出版】 8月，海南省陵水黎族自治县地方志编纂委员会编纂的《陵水黎族自治县志（2001—2010）》由方志出版社出版。主编陈敬词。该志设建置·政区、自然·环境、人口·居民生活、民族、国土资源管理与保护、城乡建设、农业、工业·商业、交通·通信、旅游业、财税·金融、经济融合管理、党政群团、综合政务、政法、军事、教育·科技、文化、卫生、改革发展、艺文、人物等篇。全书159万字。（黎美君）

【《重庆市合川区志（1986—2010）》出版】 7月，重庆市合川区志编纂委员会编纂的《重庆市合川区志（1986—2010）》由方志出版社出版。主编龚帮超，副主编杨成术、杨莲。该志设政区·自然环境、人口与计划生育、城乡建设·环境保护、交通·邮电、综合经济管理、工业、农业、商贸服务业、旅游业、财税·金融、中国共产党地方组织、人民代表大会、人民政府、群众团体等 23 篇，记述 1986 年至 2010 年合川区自然、政治、经济、文化、社会等方面的发展变化。全书 164.3 万字。

（师祝英）

【《重庆市万盛区志（1986—2011）》出版】 3 月，重庆市万盛区志编纂委员会编纂的《重庆市万盛区志（1986—2011）》由方志出版社出版。主编令狐荣芬。该志设 32 篇 157 章 524 节，图照 113 幅，表 516 张，分为志首图照、序、凡例、概述、大事记、志文、附录、索引和编后记 9 个部分，记述 1986 年至 2011 年万盛区自然、政治、经济、社会和文化等各方面的发展变化情况。全书 196 万字。（朱雪峰）

【《重庆市双桥区志（2003—2011）》出版】 10 月，重庆市双桥区志编修委员会编纂的《重庆市双桥区志（2003—2011）》由四川师范大学电子出版社出版。主编邱斌，副主编黄仁超。该志是 2011 年大足、双桥行政区划调整后补修的最后一部《重庆市双桥区志》，设 28 篇 136 章 496 节，图照 100 余幅，记述 2003 年至 2011 年双桥区自然、政治、经济、文化、社会等方面的发展变化。全书 110 万字。

（赵辉志）

【《武隆县志·总工会志（1952—2016）》出版】 1 月，重庆市武隆区总工会、区地方志编纂委员会编纂的《武隆县志·总工会志（1952—2016）》由四川科学技术出版社出版。该志设概述、大事记、专志、人物、荣誉、附录 6 篇，记录 1952 年武隆县工会筹备委员会成立至 2016 年武隆县总工会在维护职工权益、振兴武隆经济、参与民主管理、推进职工教育等方面所作的贡献以及取得的成绩。全书 22 万字。（武隆区委党史地方志研究室）

【《武隆县志·商务局志（2001—2016）》出版】 12 月，重庆市武隆区商务委员会、区地方志编纂委员会编纂的《武隆县志·商务局志（2001—2016）》由四川科学技术出版社出版。该志设概述、大事记、专志、人物、荣誉、附录 6 篇，记录 2001 年至 2016 年从成立武隆县商业委员会到县商务局，推进全县商贸工作发展历程，展现商贸工作者为商贸事业发展作出的贡献和取得的荣誉。全书 20 万字。

（武隆区委党史地方志研究室）

【《璧山县志（2006—2014）》出版】 3 月，重庆市璧山县志编纂委员会编纂的《璧山县志（2006—2014）》由方志出版社出版。主编陈启江、周成伟。2014 年 7 月，璧山撤县设区，10 月璧山区开始谋划编修第三部新编县志，作为“县志”末篇和“区志”开篇。该志设政区、自然环境、经济概览等 29 篇 155 章，志前设撤县设区专记，记述 2006 年至 2014 年双桥区自然、政治、经济、文化、社会等方面的发展变化。该志体现地方特点和时代特色的部分类目作升格记述。全书 186.2 万字。（罗杨）

【《彭水苗族土家族自治县志（1986—2005）》出版】 9 月，重庆市彭水苗族土家族自治县编纂委员会编纂的《彭水苗族土家族自治县志（1986—2005）》由方志出版社出版。主编任永松、冉茂鸿。该志主要记述 1986 年至 2005 年间彭水县政治经济建设、社会文化事业、人民生产生活等方面的发展变化，突出反映彭水扶贫工作的努力与成效、特有的民族风情、优美的自然风光，地域特色鲜明。全书 226.9 万字。（陈坤）

【《广元市市中区志（1985—2005）》出版】 12 月，四川省广元市利州区志办编纂的《广元市市中区志（1985—2005）》由开明出版社出版。主编伍荣华、戴鹏、张勋图、王超、李方甫。该志设 34 篇 122 章 512 节，卷首设序、凡例、综述、大事记，卷尾有附录、编后记，记录 1985 年至 2005 年市中区自然、政治、经济、文化、社会等方面的发展变化。全书 124 万字。

（孙玉峰）

【《隆昌县志（1986—2002）》出版】 1 月，

四川省隆昌市地方志编纂委员会编纂的《隆昌县志（1986—2002）》由四川大学出版社出版。主编林烜、兰长林。该志设建置沿革、自然地理、土地资源、环境、经济综述、农林水利、养殖业、工业、交通、邮电、城乡建设、商贸、财政·税务、金融、党派群团、人大·政府·政协、纪检监察、人事·劳动·保障、政法、军事、科技·教育、文化·体育、医疗卫生、文物、旅游、人口、民政、社会风土、人物29篇，志前设彩图，志后缀附录，记述1986年至2002年隆昌县自然、政治、经济、文化、社会等方面的发展变化。全书161万字。

（孙玉峰）

【《平武县志（1991—2005）》出版】 12月，四川省平武县志编纂委员会编纂的《平武县志（1991—2005）》由电子科技大学出版社出版。主编何代华、顾林。该志设政区、自然资源、人口·民族、党派群团、政权·政府、政协、体制改革、政法、民政、人事、军事、经济总貌、经济综合管理、农业、养殖业、林业、水利、工业、交通、信息产业、商贸、财政、税务、金融、城乡建设、环境保护、科学技术、教育、文化、体育、旅游、卫生、民情与民俗、人物、乡镇概况、附录等篇，记述1991年至2005年平武县自然、政治、经济、文化、社会等方面的发展变化。全书140万字。

（孙玉峰）

【《红原县志（1949—1991）》（藏文版）出版】 10月，四川省红原县史志办编纂的《红原县志（1949—1991）》（藏文版）由甘肃民族出版社出版。主编杨文明、朱大刚、贺建军。该志设概述、大事记、地理、政党群团、政权政协、政法、军事、劳动人事、综合经济、农牧业、林业、工业、交通、邮电、商业贸易、财政税务、金融、科技、教育、卫生、文化、体育、民俗、人物24篇，记述1949年至1991年红原县自然、政治、经济、文化、社会等方面的发展变化。全书54万字。

（孙玉峰）

【《沧源佤族自治县志（1978—2005）》出版】 3月，云南省沧源佤族自治县地方志编纂委员会编纂的《沧源佤族自治县志（1978—2005）》由云南人民出版社出版。该志设概述、大事记、县域概况、综合经济管理、农业农村经济、工业经济、商贸旅游、生态环境、基础设施、财税金融保险、政权组织、社会事务、边境口岸、司法武装、文化体育文献档案、佤族文化、医疗卫生、人民团体、人物等篇，卷首图片200幅，记述1978年至2005年沧源县自然、经济、政治、文化、社会各方面的发展变化，突出展现县域地处中缅边境口岸的优势和佤族文化的特色。全书183万字。（宣勤）

【《永德县志（1987—2005）》出版】 11月，云南省永德县地方志编纂委员会编纂的《永德县志（1987—2005）》由云南人民出版社出版。主编李忠祥。该志设17篇，卷首图片204幅，记述1987年至2005年永德县自然、政治、经济、文化、社会各方面的发展变化。全书84万字。

（宣勤）

【《临翔区志（1978—2005）》出版】 11月，云南省临翔区地方志编纂委员会编纂的《临翔区志（1978—2005）》由云南人民出版社出版。主编鲁宝良。该志设28篇，图片222幅，记述1987年至2005年临翔区自然、政治、经济、文化、社会各方面的发展变化。全书122万字。（宣勤）

【《孟连傣族拉祜族佤族自治县志（1978—2005）》出版】 10月，云南省孟连县地方志编纂委员会编纂的《孟连傣族拉祜族佤族自治县志（1978—2005）》由云南人民出版社出版。主编金勇。该志设25编76章，以改革开放为主线，全面反映1978年至2005年孟连县政治、经济、文化、社会等各项事业发展的历史轨迹。全书74万字。（宣勤）

【《达孜县志（2001—2010）》出版】 1月，西藏自治区达孜县地方志编纂委员会编纂的

《达孜县志（2001—2010）》由中国藏学出版社出版。该志设 16 篇 49 章，记述 2001 年至 2010 年达孜县政治、经济、文化、社会、生态建设等方面取得的成就。全书 101.1 万字。

（王梅洁）

【《仁布县志》出版】 12 月，西藏自治区仁布县地方志编纂委员会编纂的《仁布县志》由中国藏学出版社出版。该志设 10 篇 41 章，反映仁布县自然、社会、风俗民情等方面的历史与状况，重点记述 1951 年西藏和平解放以来，尤其是改革开放后仁布县人民在中国共产党的领导下，进行和平解放、民主改革、社会主义建设、改革开放和现代化建设等发生的翻天覆地的变化和取得的成就。全书 70 万字。

（王梅洁）

【《吉隆县志》出版】 12 月，西藏自治区吉隆县地方志编纂委员会编纂的《吉隆县志》由中国藏学出版社出版。该志设 16 篇 61 章 224 节，记述吉隆县政治、经济、社会、文化、生态等方面的发展情况。全书 100 万字。

（王梅洁）

【《西安市临潼区志（1988—2010）》出版】 1 月，陕西省西安市临潼区地方志编纂委员会编纂的《西安市临潼区志（1988—2010）》由陕西人民出版社出版。主编牛耀东。该志是 1991 年版《临潼县志》的续志，设 36 卷 173 章 710 节，彩照 191 幅、随文图照 242 幅，表 244 张，记述范围以西安市临潼区 2010 年行政区域为准，记述 1988 年至 2010 年临潼区改革发展历程，重点突出临潼文化、旅游和文物大区的地情特点，同时突出撤县设区后城乡一体化进程、工农业经济发展、改革开放深入和政治文明建设等时代特点。全书 160 万字。

（黄立峰）

【《天水市秦州区志（1985—2007）》出版】 8 月，甘肃省天水市秦州区地方志编纂委员会编纂的《天水市秦州区志（1985—2007）》由甘肃文化出版社出版。主编王淑兰。该志设 26 编，记述 1985 年至 2007 年秦州区自然、政治、经济、文化和社会的历史与状况。全书 152 万字。

（王文生）

【《碌曲县志（1996—2010）》出版】 9 月，甘肃省碌曲县党史县志编纂委员会编纂的《碌曲县志（1996—2010）》由甘肃文化出版社出版。主编敏彦萍。该志设 44 章 187 节，记述 1996 年至 2010 年碌曲经济社会发展状况，全面介绍碌曲县优秀的民族文化遗产。全书 79.5 万字。

（王文生）

【《平安县志（1991—2010）》出版】 1 月，青海省海东市平安区志办编纂的《平安县志（1991—2010）》由中州古籍出版社出版。主编李海。该志除概述、大事记、附录外，设 17 篇 68 章 337 节，从地理环境、政党、农业农村等方面记述 1991 年至 2010 年平安县各方面的发展和现状。全书 134 万字。（王韬）

【《杂多县志》出版】 12 月，青海省杂多县志办编纂的《杂多县志》由青海人民出版社出版。主编周佳。该志除概述、大事记、附录外，设 6 编 44 章 202 节，上限追溯远古，下限至 2005 年，突出记述杂多县 1953 年建县后各项事业的发展历程。全书 70 万字。（王韬）

【《吴忠市利通区志》出版】 10 月，宁夏回族自治区吴忠市利通区地方志编纂委员会编纂的《吴忠市利通区志》由方志出版社出版。主编冯茂璋。该志设 22 篇 124 章，前有凡例、序言、大事记、概述，后有附录、编后记和索引，记述自秦始皇三十三年（前 214 年）以来，尤其是改革开放后利通区在政治、经济、文化、教育等方面取得的成就。全书 179 万字。

（张明鹏）

【《二十九团志（1996—2010）》出版】 6 月，新疆生产建设兵团第二师二十九团史志编纂委员会编纂的《二十九团志（1996—2010）》由新疆生产建设兵团出版社出版。主编苏娟。该志设27章，卷首设序、概述、大事记，配以图片，卷末设附录、特辑，记述1996年至2010年二十九团经济社会发展足迹。全书136万字。 （苏娟）

【《二二三团志（1994—2010）》出版】 5月，新疆生产建设兵团第二师二二三团史志编纂委员会编纂的《二二三团志（1994—2010）》由新疆文化出版社出版。该志全面客观记述二二三团1994年至2010年政治、经济、文化、社会生活等方面的发展情况。全书72万字。

（第二师铁门关市史志办）

·乡镇村志书出版

【《北七家镇志》出版】 12月，北京市昌平区北七家镇志编纂委员会编纂的《北七家镇志》由方志出版社出版。该志是北京市昌平区第一部通过行政审批程序而组织编纂的镇志，入选第四批中国名镇志丛书，是北京市首部入选中国名镇志的镇志。该书设11个类目，图片238幅，以城镇化和新农村建设为特色，记述北七家镇自元代有记载以来的快速发展，特别是改革开放后，二、三产业快速发展，小城镇建设和新农村建设全面推进，人民生活水平不断提高的过程。全书37万字。 （郝若婷）

【《元宝山镇志》出版】 10月，内蒙古自治区赤峰市元宝山区元宝山镇政府编纂的《元宝山镇志》由内蒙古人民出版社出版。主编于东尧。该志除概述、大事记外，设政区、资源环境、人口民族、经济综述、种植业、畜牧业、林业、水利水产、乡镇企业、工业建筑、交通、商业、金融、镇村建设、环境保护、地方党组织、地方人民代表大会、地方人民政府、人民团体、民政人事劳动、财政税务工商统计、公安司法军事、教育科技、文化体育卫生、社会生活、人物等篇，下设92章307节。全书120万字。 （袁洪军）

【《苏米图嘎查志》出版】 6月，内蒙古自治区鄂托克旗苏米图嘎查志委员会编纂的《苏米图嘎查志》由内蒙古文化出版社出版。主编巴·那仁巴图。该书设12章42节。主要内容有苏米图嘎查历史沿革、人口发展、自然生态、工业、草场、电·路、教育·体育、医疗·卫生保健、文化·艺术、努图克文化、文物古迹等。全书43万字。 （苏伦高娃）

【《沈阳街道乡镇志》（第三辑）出版】 9月，辽宁省沈阳市委党史研究室（市志办）编纂的《沈阳街道乡镇志》（第三辑）由沈阳出版社出版。该志收录沈河区一经街志、二经街志、大西街志、中街街志、风雨坛街志、正阳街志、朱剪炉街志、惠工街志8个街志，图片70余幅，记述中华人民共和国成立后到20世纪80年代沈阳街道行政区域内政治、经济、文化、社会等方面的发展变化。全书30万字。

（李琳）

【《包拉温都蒙古族乡志》出版】 年内，吉林省通榆县《包拉温都蒙古族乡志》由吉林文史出版社出版。主编崔凤午、张树森、王晶波。该书为吉林省地方志资源开发立项项目，编者通过走访调查，搜集整理大量原始资料，记载包拉温都蒙古族乡的自然环境、建置、人口、民族、政治、经济、文化等方面的历史和现状，贯穿全乡古今，突出包拉温都乡作为自然保护区的地域特色和蒙古族风情文化特点。全书42万字。 （李雯）

【《花山冲村志》出版】 8月，江苏省南京市溧水区白马镇白马社区居委会编纂的《花山冲村志》由江苏人民出版社出版。该志为南京市溧水区首部村级志书，记述花山冲自然村建村100年来的历史，全面反映该村自然、政治、经济、文化、社会等各方面的演变发展过程，重点记录改革开放后的变化。全书13.7万字。

（王艳荣 黄涛）

【《碾庄镇志》出版】 9月，江苏省邳州市碾庄镇政府编纂的《碾庄镇志》由江苏人民出版社出版。主编薛辉、张平。该志设政治、经济、历史、教育、卫生、民俗、人民生活等25章，记述碾庄镇经济社会的发展过程和现状。全书50万字。（尤岩）

【《洛阳镇汤墅村村志》出版】 8月，江苏省常州市武进区洛阳镇汤墅村民委员会编纂的《洛阳镇汤墅村村志》由方志出版社出版。主编朱永清。该志设15章，图片430幅，记述汤墅村的历史沿革、人文地貌、民俗风情和发展轨迹。全书58.8万字。（尤岩）

【《奔牛镇志》（再版）出版】 10月，江苏省常州市新北区奔牛镇地方志编纂委员会编纂的《奔牛镇志》（再版）由南京大学出版社出版。主编高平。该志除对第一版错谬之处做勘误和修正外，基本保持原志原貌，将新发现的清代宫廷画卷《康熙南巡图·常州府与奔牛镇》制成志书新封面，针对第一版下限是2007年的情况，在志末增设“再版增补编”，补充和辑录《2008—2017年镇情概览》《2010—2017年奔牛镇大事记》《2008—2017年奔牛镇党政负责人和各村、社区负责人更迭表》以及《康熙南巡图·常州府与奔牛镇》宫廷画卷概要介绍，奔牛镇明清古诗拾遗，大运河文化带奔牛段实施规划，奔牛镇镇区航拍图，江南运河第一河口遗址介绍及胜景图等史料。全书110万字。（李海宏）

【《渡桥村志》出版】 4月，江苏省苏州市吴中区东山镇渡桥村志编纂委员会编纂的《渡桥村志》由苏州大学出版社出版。主编金本福。该志设17章58节，图片200余幅，记述渡桥村的历史变迁和发展现状，正文中手绘自然村平面图，将境内的村民住宅、河浜道路、各类建筑悉数绘入，并标注上户主的姓名，别具一格地展示村情村貌。全书约49.8万字。（尤岩）

【《新江社区志》出版】 6月，江苏省苏州市吴中区城南街道新江社区志编纂委员会编纂的《新江社区志》由苏州大学出版社出版。主编钱毛男。该志设建置、地理、人口、城市化建设、社区经济、党政群团、社会生活、居民家庭等13章，展示2015年底前社区境域内的自然状况和社会不断发展的印迹。居民家庭章将3个自然村302户居民悉数录入，手绘地图和各自然村住宅分布示意图具象地展示拆迁前各自然村村民的生活轨迹。全书25万字。（尤岩）

【《石公村志》出版】 7月，江苏省苏州市吴中区金庭镇石公村志编纂委员会编纂的《石公村志》由古吴轩出版社出版。主编秦伟平。该志设15章，图片200余幅，记述石公村2500多年历史发展脉络，尤其是南迁氏族、中国历史文化名村——明月湾、古建古迹和物产美食章节，凸显地方特色。该志村级经济、新农村建设、旅游和社会事业部分展现村党总支、村委会带领村民历经思变、探索、追求，逐渐摆脱贫穷落后面貌，发展成国家级农业旅游示范村的过程。全书32万字。（尤岩）

【《莫厘村志》出版】 10月，江苏省苏州市吴中区东山镇莫厘村志编纂委员会编纂的《莫厘村志》由苏州大学出版社出版。主编杨维忠。该志设16章72节，图片300余幅，结构合理、分类科学，资料翔实，清晰、完整地呈现村域内2500多年历史发展脉络，尤其是古民居、中国传统村落——翁巷、大族源流及人物等章节浓墨重彩，凸显地方特色。该志村级经济、新农村建设、旅游和社会事业等部分以史为据、从史出发，生动展现莫厘村社会主义新农村建设取得的巨大成绩。该志是出版的第23部村志。全书49.8万字。（尤岩）

【《柏林村志》出版】 8月，江苏省苏州市张家港保税区（金港镇）柏林村志编纂委员会编纂的《柏林村志》由广陵书社出版。主编蔡建良。该志设13卷40章134节，配新老照片140余幅，全彩印刷，全面客观记载柏林村的自然地理、历史沿革、农工商业、交通民俗、文化教育、家族谱系、俊杰贤达等村情村貌。全书上限尽量追溯，下限为2015年12月，志首照片延至2019年6月。全书55.4万字。

（尤岩）

【《封庄村志》出版】 6月，江苏省张家港市金港镇封庄村志编纂委员会编纂的《封庄村志》由广陵书社出版。主编曹瑞华、曹正荣。该志设建置区划、居民、工业、农业、商贸服务等13编45章，配新老照片近180幅，全面系统记述封庄村的自然、人文、经济、人物风貌和发展概况。全书上限尽量追溯，下限为2017年，志首照片延至2018年12月。全书约39.4万字。（尤岩）

【《南庄村志》出版】 6月，江苏省张家港市塘市街道南庄村志编纂委员会编纂的《南庄村志》由广陵书社出版。主编徐聚才。该志设建置区划·环境资源、居民、农村建设、交通·水利、农业、工业、商贸服务业、党政社团、治安·军事、社会保障、教育·文化·体育·卫生、精神文明建设、人物·荣誉13卷42章153节，记述南庄村自然面貌、经济与社会、村级组织沿革、教育、文化、医疗、卫生、民俗风情、世系人物等的历史和现状。全书59.2万字。（尤岩）

【《长山村志》出版】 11月，江苏省张家港市金港镇长山村志编纂委员会编纂的《长山村志》由凤凰出版社出版。主编郁九斤、冯春法。该志设居民、农村建设、党政社团等14卷42章。该书采用图文并茂的形式全面客观记述长山村自然、经济、政治、文化、社会的历史与状况。该志重点记述改革开放后全村干部群众的经济活动、政治生活、文化娱乐和境内村庄的发展与变化。志首设地图、编审人员名录、彩页、序、凡例、概述和大事记，志末附志余、编后记。该志上限尽量追溯，下限为2015年12月。全书45.6万字。（尤岩）

【《燕尾港志》出版】 9月，江苏省连云港市灌云县临港产业区管委会、燕尾港镇政府主持编纂的《燕尾港志》由广陵书社出版。主编王余波。该志设大事记、区域概览、组织机构、海港、临港产业、渔业、盐业、风俗民情、人物9卷39章148节，图片108幅、图表近80张，上限溯至燕尾港海岸形成，下限为2017年，记述燕尾港经济、政治、文化、生态等方面的建设进程和重大成就。全书70万字。

（尤岩）

【《杨庙镇志》出版】 6月，江苏省扬州市邗江区杨庙镇地方志编纂委员会编纂的《杨庙镇志》由广陵书社出版。主编周富成。该志是2003年出版《杨庙乡志》的续志，设23章103节，照片收录延至2017年底，记述1991年至2010年全镇自然地理、人文历史、经济发展、社会变革和民生改善等方面的重大变化和辉煌成就。志首有地图、彩页、编审人员名录、序、凡例、概述和大事记，志末设编后记。全书66.2万字。（尤岩）

【《方巷镇志》出版】 9月，江苏省扬州市邗江区方巷镇政府编纂的《方巷镇志》由广陵书社出版。主编崔成鹏。该志设26章130节，卷首列序、凡例、图片，卷中设概述、大事记和各类章节，卷尾为编后记。该志为突出地方特色，专设方巷工业集中区、焦循、卜氏三兄弟、香火会跳娘娘、民情民俗等章节。全书100万字。（尤岩）

【《凤凰村志》出版】 6月，浙江省杭州市萧山区衙前镇凤凰村志编纂委员会编纂的《凤凰村志》由中国社会科学出版社出版。主编莫艳梅。该志分上、下册，上册包括村庄、姓氏、人物、村民访谈、凤凰村民未来期待调查等篇章，下册包括衙前农民运动、村政、村区建设、农业、工业、商业、村级经济、村民生活等篇章。其中，“村民访谈”编收录20多万字口述史；“姓氏”编每户配基本情况表、一幅全家照、手写一句最想说的话，反映民情、民意、民愿；“凤凰村民未来期待调查”编，由萧山区委史志编研室与杭州师范大学政治与社会学院师生合作完成。《凤凰村志》二维码“掌上村志”同步发行。全书231万字。
（蔡建明）

【《桃花溪村志》出版】 12月，浙江省杭州市临安区龙岗镇《桃花溪村志》由浙江人民出版社出版。全志采用述、志、记、传、图、表等体裁，以志为主。全志卷首设概述、大事记，正文设自然环境、动植物资源、历史沿革等18章72节208目，卷尾设附录、后记，记述详今明古，上溯事物发端，下迄2016年末，个别重大事项适当延伸至2018年。全书32万字。（蔡建明）

【《镇海社区志》出版】 3月，浙江省宁波市镇海区民政局和镇海区社区协会编纂的《镇海社区志》由哈尔滨地图出版社出版。主编陈瑞华。该志上限为1951年，下限为2011年，全面记述镇海城镇居委会与31个社区建设发展轨迹，揭示镇海居民和社区自治组织建设和发展特点。全书58万字。（高曙明）

【《庵东镇志》出版】 10月，浙江省慈溪市庵东镇组织编纂的《庵东镇志》由中国文史出版社出版。主编应建勇。全书设28编114章400节，前有概述、大事记，后有特载编、丛录，有地图13幅、卷首彩照157幅、内文插图366幅、表格684张。该志全面系统记述自然、政治、经济、文化和社会的历史与现状，其中1956年6月前以历史上的庵东盐场（盐区）为记述范围，其后至1992年4月以庵东区行政区域为记述范围，1992年5月后以庵东镇管理区域为记述范围。全书150万字。（高曙明）

【《龙屿村志》出版】 10月，浙江省象山县黄避岙乡龙屿村组织编纂的《龙屿村志》由西泠印社出版。全书25章100节，断限上限不拘，下至2017年，全面记述该村地理位置、历史沿革、自然环境、村政村务、农林渔牧、工商交通、文化教育、人物传记、古迹传说、家族谱系等内容。全书23万字。（高曙明）

【《百步镇志》出版】 8月，浙江省海盐县《百步镇志》由中华书局出版。主编裘士涛。该书上限追溯到公元前春秋吴越时期，下限至2013年，共15编62章，全面记录全镇人民励精图治、奋发图强的人和事，系统阐述百步的政治环境、社会发展、经济状况、自然风貌、人文景观、民俗风情。全书87万字。
（嘉兴市史志办）

【《元通街道志》出版】 12月，浙江省海盐县《元通街道志》由中华书局出版。主编冯锡生。该书共16编58章178节，上限追溯到事物开端，下限至2014年，大事记自唐咸亨四年（673）至2014年底。该志设序、凡例、概述、大事记、分志、附录等，图照包括前彩图和文中插图两部分，记载元通街道的变化和发展，突出反映改革开放后的面貌。全书95万字。（嘉兴市史志办）

【《双一村志》出版】 2月，浙江省湖州市安吉县昌硕街道《双一村志》由浙江古籍出版社出版。全志以千年双一、历史古村、红旗双一、林业名村、美丽双一、文明山村为要义，分17章64节，全面系统记载安吉县双一村政治、经济、文化、自然、社会的历史与现状。全书60万字。（湖州市史志办）

【《南源村志》出版】 年内，浙江省绍兴市上虞区委党史研究室编纂的《南源村志》由中国文史出版社出版。主编罗兰芳。全志反映丰惠镇南源村风土人情，记述南源村至2018年底的变迁。全书51万字。（绍兴市史志办）

【《四峰村志》出版】 年内，浙江省绍兴市上虞区委党史研究室编纂的《四峰村志》由中国文史出版社出版。主编罗兰芳。该志反映上浦镇四峰村风土人情，记述四峰村自事物发端至2018年底的变迁。全书50万字。
（绍兴市史志办）

【《王坛镇志》出版】 年内，浙江省绍兴市柯桥区王坛镇志编纂委员会编纂的《王坛镇志》由浙江古籍出版社出版。主编单宇然、翁关水、单子岚、林强。该志分自然环境、社会团体、经济商业、军事、文化、旅游、人物、丛录等28章，记述王坛境域内建设发展的历史和现状。全书79万字。（绍兴市史志办）

【《祝家村志》出版】 年内，浙江省绍兴市柯桥区平水镇祝家村志编纂委员会编纂的《祝家村志》由浙江古籍出版社出版。主编祝承苗。该志设概述、大事记和11章37节，系统介绍祝家村的历史沿革、村志风貌、传统文化，记述祝家村的自然、社会、人文的历史和现状，展示祝家村的特色与经济发展情况。全书20.8万字。（绍兴市史志办）

【《西湖桥村志》出版】 年内，浙江省绍兴市柯桥区平水镇西湖桥村志编纂委员会编纂的《西湖桥村志》由浙江古籍出版社出版。主编戴炳夫。该志设概述、大事记和11章44节，记述西湖桥村的人文、地情、社会经济发展轨迹。全书18.4万字。（绍兴市史志办）

【《蒲荡夏村志》出版】 年内，浙江省绍兴市柯桥区杨汛桥镇蒲荡夏村志编纂委员会编纂的《蒲荡夏村志》由浙江古籍出版社出版。该志设概述、大事记和15章60节，系统介绍蒲荡夏村各方面的历史和现状。全书24万字。

（绍兴市史志办）

【《联兴村志》出版】 年内，浙江省绍兴市柯桥区钱清镇联兴村志编纂委员会编纂的《联兴村志》由浙江古籍出版社出版。主编高祖钿。该志设概述、大事记和14章63节，记述联兴村的历史和现状，传承和抢救乡土历史文化。全书64万字。（绍兴市史志办）

【《朱家尖志》出版】 12月，浙江省舟山市普陀区朱家尖街道党工委、办事处组织编纂的《朱家尖志》由中国文史出版社出版。主编邬永昌，副主编刘启品。该书上溯至事物发端，下限至2010年，重大事项适当延伸。全书记述朱家尖自然、历史、经济、文化等方面的基本情况与发展变化。全书110万字。

（舟山市史志办）

【《荷地村志》出版】 9月，浙江省庆元县荷地镇《荷地村志》由浙江人民出版社出版。该志上起1370年，下至2018年8月31日，记述荷地村640多年的历史文化。全书16章78节，文首彩页15幅，随文图照100幅。全书58.9万字。（丽水市志办）

【《螺洲镇志》出版】 12月，福建省福州市仓山区螺洲镇志编纂委员会编纂的《螺洲镇志》由中国文史出版社出版。该志记述仓山区螺洲镇基本镇情、文物胜迹、乡学教育、民俗风物、人物和艺文等内容。全书34.5万字。

（欧长生　吴朝庭）

【《东张镇志》出版】 12月，福建省福清市东张镇志编纂委员会编纂的《东张镇志》由中国文史出版社出版。该志记述福清市东张镇基本镇情、水利之乡、南国少林、“梦乡”祈梦、名胜古迹、侨胞乡情、红色印记、乡贤辈出、艺文杂记等内容。全书23万字。

（欧长生　吴朝庭）

【《紫山村志》出版】 12月，福建省永泰县洑口乡紫山村志编纂委员会编纂的《紫山村志》由中国文史出版社出版。该志记述永泰县洑口乡紫山村基本村情、绿抱山村、红耀紫山、古村风貌、民俗风情、村民生活、紫山方言、艺文著述、工艺美术、乡村人物等内容。全书25万字。（欧长生　吴朝庭）

【《斌溪村志》出版】 12月，福建省罗源县飞竹镇斌溪村志编纂委员会编纂的《斌溪村志》由中国文史出版社出版。该志记录罗源县飞竹镇斌溪村基本村情、宗祠族谱、古迹胜景、村民生活、风土民情、古村史事、新农村

建设、艺文杂记和人物等内容。全书23.5万字。（欧长生　吴朝庭）

【《宝坪村志》出版】　12月，安徽省太湖县北中镇《宝坪村志》由方志出版社出版。该志客观翔实记载宝坪地理环境、历史沿革、姓氏源流、人口、方言、民居生活、风土人情、赵文楷家族、特色文化、艺文杂记、人物、大事纪略等方面内容。全书32.6万字。（章慧丽）

【《岑山渡村志》出版】　11月，安徽省歙县雄村镇雄村行政村岑山渡自然村《岑山渡村志》由安徽人民出版社出版。岑山渡是歙县著名的历史文化古村。宋时建有周流寺（今小南海），清康熙四十四年（1705），康熙南巡扬州，曾为其御书“星岩寺”额及“山灵钟瑞气，溪色映祥光”联。明清两代共有十数人高中进士，尤其清康（熙）雍（正）乾（隆）时期，形成三代文化名人群体，留下大量著述，成为徽文化重要组成部分。该志8编20章，采用记、志、传、图、表、录等体裁，图文并茂，全面客观记述岑山渡自然、社会的历史和现状。全书120万字。（章慧丽）

【《城父镇志》出版】　4月，安徽省亳州市谯城区城父镇志编纂委员会编纂的《城父镇志》由方志出版社出版。该志是地级亳州市成立后首部公开发行的镇级方志。该志记载上溯至发端、下至2015年，记述城父经济社会发展变化。该志采用章节体结构，共10章52节。全书28.7万字。（章慧丽）

【《茶岭村志》出版】　3月，江西省九江市柴桑区港口街镇茶岭村组织编纂的《茶岭村志》由金盾出版社出版。该书全面系统记载1912年至2018年茶岭村自然风貌、政治经济、名人志士、风土人情等，富有时代气息、村域特色鲜明。该志打破常规志书体例，设置村貌、村情、村政、村业、村学、村贤、村艺、村俗八大篇，篇下设56章222节。全书75.7万字。（朱岳）

【《湛山村志》出版】　1月，山东省青岛市市南区湛山村志编纂委员会编纂的《湛山村志》由方志出版社出版。主编贾世珍。全书设建制沿革、地理环境、村落、诸姓、小湛山村、经济、社会、党派社团、行政、军事、文教卫生体育、民风民俗、人物选录、志余、附录等部分，记述时限上限不限，下限至2005年，记述空间范围为大湛山村和小湛山村两个自然村，但因两村为一个行政村，除村落、姓氏分别记述外，大部分内容合而记述。全书77万字。（张东玉）

【《蜊蚁泊社区志（1404—2015）》出版】　6月，山东省青岛市西海岸新区蜊蚁泊社区志编纂委员会编纂的《蜊蚁泊社区志（1404—2015）》由线装书局出版。该志记述时限上起建村的公元1404年，下至2015年底，表格120份，图片300余幅，内容分14篇55章175节。该志系统记述该社区的自然地理、政治经济、文化教育、社会民生、民情风俗等方面的变化和发展。全书85万字。（张东玉）

【《前湾社区志》出版】　6月，山东省青岛市西海岸新区前湾社区志编纂委员会编纂的《前湾社区志》由线装书局出版。该志记述时限上起建村的公元1644年，下至2016年底，全面记载前湾社区自然、社会、历史和现实的变化以及发展过程。在2019年山东省史志优秀科研成果评审中，《前湾社区志》被评为优秀基层（专门）志。全书45万字。（张东玉）

【《沙岭子村志》出版】　11月，山东省青岛市西海岸新区沙岭子村志编纂委员会编纂的《沙岭子村志》由线装书局出版。该志记述上限自建村开始，下限至2016年12月，采用纲目体，设基本村情、人口、文教卫生、民生、民俗、人物等类目，全面翔实记述沙岭子村建村以来的历史变迁和经济社会发展变化等方面情况。全书29.4万字。（张东玉）

【《胡家庄村志》出版】　12月，山东省青岛市西海岸新区藏马镇胡家庄村志编纂委员会编纂的《胡家庄村志》由线装书局出版。该志记述时限上起建村的公元1368年，下至2018年底，设基本村情、政治、经济、新农村建设、教育文化、民俗方言等类目，全面系统记述胡家庄村的历史轨迹、社会发展过程和现状。全书22.4万字。（张东玉）

【《松树庄社区志》出版】 12月，山东省青岛市城阳区松树庄社区志编纂委员会编纂的《松树庄社区志》由黄河出版社出版。志书上限起自明嘉靖年间立村，下限截至2015年12月，共11篇38章，配用照片276幅，全书图文并茂、资料翔实，是一部全景式反映松树庄社区发展变化的地情书籍。全书70万字。（张东玉）

【《下崖社区志》出版】 7月，山东省青岛市城阳区下崖社区志编纂委员会编纂的《下崖社区志》由黄河出版社出版。志书上限起自清康熙年间，下限截至2018年12月，设12篇54章242节，配有370多幅照片，图文并茂，全面系统展示下崖悠久的历史。全书65万字。（张东玉）

【《南关村志》出版】 8月，山东省青岛市平度市李园街道南关村志编纂委员会编纂的《南关村志》由山东齐鲁音像出版有限公司出版。主编张书林。全书除概述、人物、附录外，共设6编22章79节，地图1幅，彩色照片50帧，随文黑白插图63帧，全面翔实记载南关村千年来经济、政治、文化、社会等方面的发展变迁。全书30多万字。（张东玉）

【《东关村志》出版】 2月，山东省招远市东关村志编纂委员会编纂的《东关村志》由黄海数字出版社出版。该志图片380幅，设7编22章101节，包括建置地理、人口和计划生育、村庄建设、政治军事、经济发展、文教卫生、民俗风情、人物等，专列一章“姓氏和家族”，溯源考证东关村（居）民的姓氏，兼具部分族谱功能。该志抓住东关村的发展特点，重点记述改革开放后该村作为“城中村”在城镇化大潮中的巨大变化。全书60余万字。（杜泉）

【《西颜庄村志》出版】 7月，山东省邹城市唐村镇西颜庄村志编纂委员会编纂的《西颜庄村志》由中国科学文化出版社出版。该志上限起自春秋郳国，下限至2016年，重点记述1949年以后的地理位置和区域变化，是建村至今的首部村志。正文设建置沿革、自然地理、村庄、农业与经济、人口与计划生育、林果与养殖、党政群团、文化体育、古迹遗存、教育、卫生、民政·社会保障、民俗民情13章，记述西颜庄村政治、经济、文化、风俗等方面的历史变迁和中华人民共和国成立后的巨大变化。全书13.2万字。（杜泉）

【《前唐村志》出版】 7月，山东省邹城市唐村镇前唐村志编纂委员会编纂的《前唐村志》由中国科学文化出版社出版。该志上限起自事物发端，下限至2015年，是建村至今的首部村志。该志设地理环境、居民、农业、工商业、党政群团、文教卫生、礼仪习俗、谚语8篇，记述该村政治、经济、文化、风俗等方面的历史变迁和1949年以来村庄演变、经济建设、自然风貌、风俗习惯、文化教育的巨大变化。全书16.5万字。（杜泉）

【《西关社区志》出版】 9月，山东省邹城市西关社区志编纂委员会编纂的《西关社区志》由团结出版社出版。该志前冠概述、大事记，后殿人物、附录，中设建置环境、社区建设、居民、农业、工商交通建筑服务业、党政军群团组织、科教文卫、民俗、名胜古迹9编，记述西关社区经济、政治、文化、社会和生态文明建设的历史与现状。全书61.9万字。（杜泉）

【《南关社区志》出版】 10月，山东省邹城市南关社区志编纂委员会编纂的《南关社区志》由中华书局出版。该志前冠概述、大事记，后殿人物、附录，中设建置环境、居民、农业、工商服务业、党政军群团组织、科教文卫体、文物旅游、孟府孟庙、民俗、民歌民谣方言传说10编，记述南关社区境域内的自然、地理、经济及社会的历史和现状。全书50余万字。　（杜泉）

【《锦屏镇志》出版】　6月，河南省宜阳县《锦屏镇志》由中州古籍出版社出版。该志客观记载辖区政治、经济、文化、军事、社会、重大灾害、风土人情、人物等方面的古今概况，彰显了工业、农业、改革开放、新农村建设、旅游景区等地方特色。全书45万字。
（汪朝霞）

【《二里头村志》出版】　10月，河南省偃师市翟镇镇《二里头村志》由中州古籍出版社出版。主编喻清录。该志全面记述二里头村600余年历史，除序言、凡例、概述、大事记、专文，共分18章82节，选用彩色插图130幅，涵盖二里头村历史变迁和经济社会发展的方方面面。全书60万字。　（汪朝霞）

【《宝丰县肖旗乡志》出版】　6月，河南省宝丰县肖旗乡志编纂委员会编纂的《宝丰县肖旗乡志》由中州古籍出版社出版。该志上限追溯至境内事物发端，下限至2015年12月31日，设22章107节，收录彩色图片100余幅，内文插图150余幅，装帧设计和版面设计新颖，篇目科学、资料丰富、记述翔实，全面系统记述和反映肖旗乡行政区域内的自然、政治、经济、文化和社会的历史与现状等方面的发展情况。全书45万字。　（汪朝霞）

【《西张村镇志》出版】　5月，河南省三门峡市陕州区西张村镇党委、镇政府组织编纂的《西张村镇志》由中州古籍出版社出版。该书设12章85节，前置概述和大事记，后设附录和后记，插排彩色、黑白图片400多张，装帧设计精美，图文并茂，记述西张村镇自然、政治、经济、文化、社会等方面的历史和现状。全书65万字。　（汪朝霞）

【《谌家矶街道志》出版】　12月，湖北省武汉市江岸区谌家矶街道志编纂委员会编纂的《谌家矶街道志》由长江出版社出版。主编龚明。该志设总述、大事记、自然环境、建置村社区、工商业、城乡建设与管理、党群组织、政权法治军事、教育科技文体卫生、社会、人物等篇（章），全面系统记述谌家矶街道区域内自然、政治、经济、文化、社会等方面的历史与现状。志首设序、修志赋、凡例，志末附修志始末。该志坚持地方志编修总体规范、以区域内微观资料为主，突出记载谌家矶历史上治水、防疫、堤防建设等内容，地方特色鲜明，是谌家矶历史上首部志书。全书28万字。
（张道旺）

【《金口街志》出版】　12月，湖北省武汉市江夏区金口街志编纂委员会编纂的《金口街志》由中共党史出版社出版。主编黄绪芳，执行主编张崇明。该志设街道简况、经济产业、金口新城、文物胜迹、艺文、政党军群、民俗风情、人物、大事记和附录10个部类，另设总述，全面系统记述金口街道区域自然、政治、经济、文化及生活等方面的历史与现状。志首设江夏区金口街办行政区划图、金口风采，志末附“十三五”规划项目库、后记。该志在编排上凸显了较强的“著述性”，合理设置目与条目，在篇目设置上考虑到优秀历史文化街区的特点，重点突出并大篇幅记述经济产业、文物胜迹、民俗风情等内容。全书62万字。　（张道旺）

【《唐崖镇志》出版】　12月，湖北省咸丰县委、县政府组织编纂，咸丰县史志研究中心具体实施的《唐崖镇志》由方志出版社出版。该志分14个篇章，主要有：世界文化遗产唐崖土司城址、省级文物保护单位严家祠堂、避暑胜地千洞青狮峡、农业观光带钟塘画廊、倒流3800里的唐崖河、幽深奇绝的石膏洞、胸径够四人环抱的夫妻杉、初具雏形的水脉古镇。该志入选第四批中国名镇志。全书40万字。

（湖北省文化和旅游厅地方志工作处）

【《埠河镇志》出版】 12月，湖北省公安县埠河镇委、镇政府组织编纂的《埠河镇志》由长江出版社出版。该志上限追溯到事物发端，下限至2017年12月，采用类目体，全书设29卷125个分目325个子分目，志首设序、凡例、大事记、概述，志末设索引、后记，刊载彩页及随文图片230余幅。该志全面系统记述埠河镇自然、经济、政治、文化、社会的历史和现状。该志是公安县首部乡镇志，历时两年编纂。全书94万字。

（湖北省文化和旅游厅地方志工作处）

【《湖南乡镇简志·湘潭市卷》出版】 11月，湖南省地方志编纂委员会、湘潭市地方志编纂委员会编纂的《湖南乡镇简志·湘潭市卷》由方志出版社出版。总纂邓建平。该志为纲目体，全志条目完备，全面客观记载湘潭市83个乡镇（街道）“自有文字记载以来”至2015年乡镇区划调整前自然、经济、文化、社会、名胜人文等方面的历史与状况。该志地方特色突出，是省市县三级综合志书的深度延伸，充分挖掘各乡镇（街道）的特色产品、历史人物、地方名胜，对于记录区划变化前的乡镇（街道）情况有着重要的存史价值。全书117.8万字。

（谭文美）

【《浦口镇志》出版】 1月，湖南省醴陵市浦口镇志编纂委员会编纂的《浦口镇志》由方志出版社出版。总纂汤鹏天。该志为纲目体，设基本镇情、工业强镇、小康社会建设、名胜古迹、风土风情、艺文杂记、名人与名镇、大事纪略、附录等9个部分，志首设概述“电瓷基地，花炮之乡”。该志根据浦口镇为重点工业强镇的特点、特色、特质，突出电瓷基地，花炮之乡几大“名”“特”板块，充分展示电瓷产业、花炮产业及其文化内涵，深入挖掘当地特色名胜古迹、风土人情、艺文杂记。全书33万字。

（谭文美）

【《里耶镇志》出版】 11月，湖南省龙山县里耶镇志编纂委员会编纂的《中国名镇志丛书·里耶镇志》由方志出版社出版。主编胡荣春。该志为纲目体，设基本镇情、文化遗址、里耶秦简、里耶古镇、民间艺术、风土民情、古镇旅游、艺文杂记、名人与名镇、大事纪略、附录等11个部分。志首设概述“秦简故里，土家古镇”。该志结合里耶镇是国家历史文化名镇和“湘西四大名镇”的特点，重点突出里耶古镇、里耶秦简、文化遗址、古镇保护、土家族文化几大“名”“特”板块的编纂。该志上限起于商周时期，下限至2018年底。全书40.7万字。

（谭文美）

【《芙蓉镇志》出版】 11月，湖南省永顺县芙蓉镇志编纂委员会编纂的《中国名镇志丛书·芙蓉镇志》由方志出版社出版。主编蒲忠胜、覃熙。该志为纲目体，设基本镇情、古镇风貌、旅游开发、乡土文化、风土民情、民间文艺、艺文杂记、美食特产、名人与名镇、大事纪略等10个部分，志首设概述“坐落在瀑布上的千年古镇”。该志重点突出国家历史文化名镇、“湘西四大名镇”之一、“挂在瀑布上的千年古镇”芙蓉镇的地域特征和民族特色，让读者感受到浓浓的乡愁。该志上限起于汉代，下限至2018年底。全书38.1万字。

（谭文美）

【《鹏城社区志》出版】 12月，广东省深圳市大鹏新区鹏城社区志编纂委员会编纂的《鹏城社区志》由方志出版社出版。主编彭森。该志上限为鹏城村建村之始，下限为2017年，内容包括社区概览、兵事春秋、文物胜迹、旅游开发、艺文杂记、风土民情、名人与名村等。该志入选中国名村志丛书。全书36.3万字。

（黄瑞栋）

【《博鳌镇志》出版】 12月，海南省琼海市博鳌镇志编纂委员会编纂的《博鳌镇志》由方志出版社出版。该志包括博览天下·独占鳌头、基本镇情、博鳌亚洲论坛、田园小镇、特

色旅游、风土民情、名人与名镇、艺文杂记、大事纪略等方面内容。该志入选第四批中国名镇志丛书。全书31.9万字。（黎美君）

【《老城镇志》出版】 12月，海南省澄迈县老城镇志编纂委员会编纂的《老城镇志》由方志出版社出版。该志包括琼州门户·珠崖重镇、基本镇情、古镇风貌、长寿之乡、风土民情、休闲旅游、新兴产业、名人与名镇、大事纪略等方面的内容。该书入选第四批中国名镇志丛书。全书32.4万字。（黎美君）

【《杜市镇志（1986—2006）》出版】 10月，重庆市江津区杜市镇志编纂委员会编纂的《杜市镇志（1986—2006）》由四川师范大学电子出版社出版。该志主要记述1986年至2006年杜市镇干部群众坚持党的路线、方针、政策，以经济建设为中心，解放思想、深化改革、扩大开放、开拓进取、与时俱进，积极推进杜市经济、社会建设的情况。全书40万字。（陈秀红）

【《黄龙溪镇志》出版】 9月，四川省成都市双流区黄龙溪镇志编纂委员会编纂的《黄龙溪镇志》由方志出版社出版。主编吴文全。该志前设彩图，正文设千年水码头古镇黄龙溪、基本镇情、古镇风貌、旅游开发、古镇“龙文化”、风土民情、名人与名镇、艺文杂记、大事纪略9部分，后缀附录。全书精选图片100余幅，图文并茂地展现因水而“灵”、因“古”而悠、因“龙”而名的黄龙溪，呈现黄龙溪的历史记忆，为古镇保护和开发提供了参考借鉴。该志入选第四批中国名镇志丛书。全书30万字。（孙玉峰）

【《上游社区志》出版】 6月，四川省成都市龙泉驿区西河镇上游社区委员会、西河镇上游社区居民委员会编纂的《上游社区志》由吉林文史出版社出版。主编贾载明。该志前设彩图，正文设大事记、境域状况、社区组织机构、人口与姓氏、农村与农业、工业、商业、建筑、教育、文化、医疗卫生、生活水平与生存状态、社会管理、社会服务、人物、艺文16章，后缀附录，具有浓郁的地方特色和鲜明的时代特征。全书33万字。（孙玉峰）

【《茂县凤仪镇志》出版】 10月，四川省茂县党史和地方志办公室编纂的《茂县凤仪镇志》由四川科学技术出版社出版。该志分为序、凡例、概述、大事记述、建置沿革、自然地理、人口、农业、林业、牧业、水利电力、交通运输、工业、邮电、建设环保、财税金融、贸易、党政群团、教育、卫生、文化体育、社会风土、人物23章。全书记载1840年至2016年茂县县城所在地凤仪镇的自然地理、经济社会发展、文化风土及汶川特大地震抗震救灾的历史。该志为茂县（原茂汶羌族自治县）有史以来第一部乡镇志书。全书40万字。（孙玉峰）

【《迤沙拉村志》出版】 1月，四川省攀枝花市志办编纂的《迤沙拉村志》由四川民族出版社出版。该志卷首设概述、大事记，正文设基本村情、经济发展、古村保护与维修、特色文化、旅游名胜、风土民情、村民生活、艺文杂记、人物9章，全面展示迤沙拉村独特的民俗文化和历史风情。全书18.9万字。（孙玉峰）

【《安仁镇志（1911—2016）》出版】 11月，四川省大邑县安仁镇志编纂委员会编纂的《安仁镇志（1911—2016）》由方志出版社出版。主编吴宏远。该志前设彩图，正文设韵味悠长话安仁、安仁镇情、古镇风貌、中国博物馆小镇、民国公馆群、古镇保护、旅游开发、风土人情、名人与名镇、艺文杂记、大事纪略11篇，后缀附录。该志客观记载安仁镇城镇化进程和改革开放成果，为安仁镇政务科学决策提供了重要历史借鉴和科学依据。该志入选第四批中国名镇志丛书。全书337万字。（孙玉峰）

【《沙滩村志》出版】 12月，贵州省遵义市新蒲新区新舟镇沙滩村志编纂委员会编纂的

《沙滩村志》由方志出版社出版。主编石崇军。该志设“沙滩文化”、方志成就、沙滩教育、黔北“清三儒”等13篇，全面记述沙滩村作为贵州省政府公布的首批历史文化名村、“沙滩文化”的发祥地、完整保存的传统村落和取得的文化成就。志首设序、凡例，志末附主要参考文献、编纂始末。该志重点体现沙滩村的“名”与“特”，是遵义市出版发行的首部名村志，入选第三批中国名村志丛书。全书28.6万字。 （张彦）

【《瓮安县银盏镇志》出版】 5月，贵州省瓮安县银盏镇地方志编纂委员会编纂的《瓮安县银盏镇志》由方志出版社出版。主编犹和兴。该志设建置沿革、自然地理、资源管理与开发等15篇50章85节，全面记述银盏镇自然、政治、经济、文化、社会等方面的历史与状况，集中反映银盏镇人民艰苦创业、开拓进取，建设美好家国的历史进程。志首设序、图片、概述，志末附附录、后记。该志主要特点有：一是坚持“详今明古”的原则，上溯有可靠史料记载，重点为1950年以后，下限至2015年12月；二是兼顾全面，突出重点特色，横向对比每一个改革、每一个创新、每一个变化、每一个成就，凸显银盏地方特点；三是条块之间紧密结合，从各个环节的具体表现上来认识和把握事物的特点，服务于现实生活。全书130万字。 （张彦）

【《海子村志》出版】 1月，贵州省普安县罗汉镇海子村志编纂委员会编纂的《海子村志》由云南人民出版社出版。主编纪绍才。该志设村落、地理自然、军事、民情风俗等18章，全面记述海子村的自然、政治、经济、文化和社会等各方面的历史与现状，系统展示海子村有史以来的发展变化，详细记述当地的山川、河流、资源和时代风貌、民族风情。志首设综述、大事记，志末附海子头禁烟事件、海子村组建农村义务巡逻队、民间偏方、海子山歌赏析等。该志是中共普安县委员会、普安县政府开展的“为乡村修志、为百姓立传”行动系列著作之一。全书36万字。 （张彦）

·部门（行业、专题）志书出版

【《北京大兴国际机场建设图志》出版】 12月，北京市委党史研究室、市志办编纂的《北京大兴国际机场建设图志》由北京出版社出版。该志收录约280幅场景图片，围绕新机场筹建工作这一主线，集中介绍新机场建设和大兴区榆垡镇、礼贤镇共计38个搬迁村的生活变迁，以图为主，少量文字为辅，重点记述乡土文化、机场落户、告别故园、机场建设、城市生活等方面内容。全书2万字。 （李昌海）

【《黄骅市地名志》出版】 2月，河北省沧州市黄骅市地名志编纂委员会编纂的《黄骅市地名志》由方志出版社出版。志书采用述、记、志、图、录相结合的体裁，由境域概貌、大事记、建置沿革、城区行政事业机构名称、街道与居民点名称、乡镇村地名等内容构成，分13章57节。该书对涉及黄骅地名的有关事项进行深入研究与整理，既汲取1982年编《黄骅县地名资料汇编》的成果和新发现的部分家谱资料，又与时俱进，厘清谬误，使黄骅市的地名更加标准。该志记述与地名相关的农垦企业、经济、交通水利、文化、医疗、自然地理实体与人文建筑、古迹遗址等内容。全书40万字。 （郑小明）

【《应县木塔志》出版】 12月，山西省地方志研究院编纂的《应县木塔志》由方志出版社出版。主编张志仁。该志记述应县木塔的内外概貌、细节构造、建筑技艺、塔藏珍宝和修葺保护、开发利用、文化艺术、名人故事等，展现应县木塔的科学价值、艺术价值和文化价值。全书71万字。 （武岭）

【《临汾风景名胜志》出版】 9月，山西省临汾市地方志研究室承编的《临汾风景名胜志》由三晋出版社出版。主编屈波、吴茂林。该志记述断限上自事物发端，下迄2018年底，个别内容记述延续到2019年。志书按照黄河风情、根祖文化、宗教名胜、生态景区、县域古迹、红色圣迹、农村风光、城市景观分类记述临汾市域内的风景名胜，并专设非物质文化遗产卷和特产名吃服务卷，以及临汾市承办2018年山西省旅游发展大会的专记。全书100万字。（武岭）

【《呼和浩特市科学技术志》出版】 8月，内蒙古自治区呼和浩特市科学技术局编纂的《呼和浩特市科学技术志》由内蒙古人民出版社出版。主编张振民。该志设序、凡例、概述、大事记、专志、科技人物、附录、编纂始末8个部分，有科学技术机构、科学技术管理与服务、农业科学技术、工业科学技术、社会领域科学技术、知识产权6章。全书60万字。

（徐曼雅）

【《呼伦贝尔市检察院志》出版】 9月，内蒙古自治区呼伦贝尔市检察院志编纂委员会编纂的《呼伦贝尔市检察院志》由远方出版社出版。主编张晓红。该志由概述、大事记、专志各章、人物、文献辑存、附录、编后记等部分组成，设17章59节，为呼伦贝尔市检察院第一部志书。该志记述时间始于20世纪三四十年代，止于2018年底，记述内容以检察院主要业务工作为主。全书82万字。（萨仁格日乐）

【《乌审旗林业志》出版】 6月，内蒙古自治区乌审旗林业局编纂的《乌审旗林业志》由陕西人民出版社出版。主编樊坤。该志设概述、大事记、乌审旗概况、1949年前的林业、林业战略、人物等章节。该志记述时间上限为旧石器时代的鄂尔多斯人（河套人）时期，下限为2016年12月，个别事物记载下限为2017年。全书54万字。（苏伦高娃）

【《辽宁古塔志》出版】 1月，辽宁省档案馆编纂的《辽宁古塔志》由辽宁大学出版社出版。主编郭雅云。该志收录辽宁地区现存有史可考的民国以前各类古塔建筑60余座。为向读者充分展示原生态的古塔文化，该志没有人为地对古塔进行分类，而是采用简洁的条目体并按照历史断代编写，文字、图片体现原始建筑物的资料性特征。全书68万字。

（宁芳　丁玉恒）

【《辽宁方志志》出版】 7月，辽宁省档案馆编纂的《辽宁方志志》由辽宁大学出版社出版。主编赖明。该志前置概述，设14章31节，附录设大事记、重要文献辑存和编纂始末，书前配彩色图片数十幅。该志全面呈现辽宁方志起源、各历史时期修志组织发动、机构人员、编修成果等，真实记录从金代明昌元年（1190）到2018年辽宁地方志的发展变化情况，重点记述1982年至2018年辽宁省地方志事业求新、求变、求发展的全过程。全书50万字。（丁玉恒）

【《江苏重大基础设施工程图志（1949—2019）》出版】 9月，江苏省志办联合省发展改革委、省档案馆及13家省级机关、13个设区市地方志工作机构共同编纂的《江苏重大基础设施工程图志（1949—2019）》由江苏人民出版社出版。主编李侃桢、陈向阳、左健伟。该志收录交通运输、水利工程、能源电力、信息通信、城乡建设、生态环境等6大类共172个项目，近300张图片，以中英双语呈现，是全国首部以重大基础设施建设为主题的特色专题志书。全书57.9万字。（武文明）

【《江苏著述志》古代卷、近代卷出版】 11月，《江苏著述志》古代卷、近代卷由凤凰出版社出版。全书分古代、近代、现代三部分，其中古代、近代部分收录江苏籍及部分外省定居江苏作者的代表著作。“古代卷”收录先秦至清宣统三年（1911），部分延续到1919年五四新文化运动之前，按经、史、子、集、丛五部分类法编排，由南京师范大学、江苏春雨教育集团、金陵科技学院、南京城墙保护管理中心等单位相关人员共同完成编纂工作。近代卷收录1912年至1949年，部分延续至1951年前后，根据《中国图书馆分类法》，并结合著作内容分为哲学、宗教、社会科学总论、社会学、政治、法律、军事、经济、文化、教育、语言文字、文学、艺术、历史、地理、自然科学、综合类等17章，由南京师范大学、南京图书馆、苏州博物馆、苏州图书馆等单位相关人员共同完成编纂工作。该志收录的每一种图书的著录包括书名、作者小传、内容提要三项内容，将作为文化大省的江苏丰富的著作资源收录其中，保留珍贵的历史资料，展现江苏的文化底蕴。古代卷、近代卷共165万字。

（朱莉萍）

【《中国东海水晶志》出版】 9月，江苏省志办联合连云港市志办、东海县政府组织编纂，东海县志办具体编纂的《中国东海水晶志》由江苏人民出版社出版。主编张辉、刘再军。该志设环境资源、开采加工、产品品牌、贸易物流等8章，全面系统记述东海水晶的历史与现状，客观反映东海水晶产业发展历程，为社会各界了解研究东海水晶和水晶文化提供资料文献和历史借鉴。该志是国内第一部水晶专题志书。全书88万字。

（尤岩）

【《江苏名酒志·汤沟酒志》出版】 12月，江苏省志办组织编纂的《江苏名酒志·汤沟酒志》由江苏人民出版社出版。主编唐义成。该志设天地同酿、追本溯源、发展之路等11章，以汤沟酒为记事主体，对其自然人文环境、酒脉传承，汤沟酒特色、酿制、质量保证与控制，创新驱动，品质营销，酒文化，名人与汤沟酒等进行全方位、全过程的特色提炼与显形化处理，挖掘汤沟酒的“前世今生”，追踪汤沟酒的品牌故事，探求汤沟酒的文化底蕴。《江苏名酒志》记述以洋河、双沟、高沟（今世缘）、汤沟等为代表的“三沟一河”名酒，各自成册，可合可分，合则呈现江苏名酒风貌，分则独自反映各个名酒特色。《汤沟酒志》是《江苏名酒志》分志之一，也是《江苏名酒志》中第一部编纂完成并出版的志书。全书46万字。

（尤岩）

【《溧水经济开发区志》出版】 4月，江苏省南京市溧水经济开发区志编纂委员会编纂的《溧水经济开发区志》由方志出版社出版。该志设行政区划、自然地理、镇村建设、农业、工业、商贸旅游、经济管理、科教文卫、民政、社会保障、社会生活等21章，全面反映1992年开发区建立至2010年政治、经济、文化和社会各项事业的发展，翔实记载境内行政区划、自然地理、镇村建设、农业、工业、商贸旅游、经济管理、科教文卫、民政、社会保障、社会生活等方面的历史变迁。全书52.1万字。

（尤岩）

【《溧水县工业志》出版】 1月，江苏省南京市溧水区工业和信息化局编纂的《溧水县工业志》由中国文史出版社出版。该志设工业体制、工业管理、企业改革等12章，下限截至2010年，全面系统记录溧水工业发展脉络。全书51.8万字。

（尤岩）

【《溧水县交通志》出版】 9月，江苏省南京市溧水区交通运输局编纂的《溧水县交通志》由中国文史出版社出版。该志设组织机构、道路、桥梁等12章，立足溧水“大交通”，全面系统记载1986年至2010年间溧水交通行业的发展历程。全书47.1万余字。

（尤岩）

【《武进档案志》出版】 6月，江苏省常州市武进区档案志编纂委员会编纂的《武进档案志》由东南大学出版社出版。主编高国华。该志设档案局（馆）、基层档案室、档案行政管理、档案馆工作、档案资源建设、企业档案工作、档案信息化建设等9章。该志记述时间上限不限，下限为2017年，记述武进档案事业从无到有，从建立、发展到逐步完善的历史和现状，凡本地档案工作方针、目标机构、重点、政策、制度、范围、成效、人物等皆囊括其中，呈现武进档案事业的总体面貌。全书98.7万字。

（尤岩）

【《武进政协志（1949—2019）》出版】 9月，

江苏省常州市武进政协志编纂委员会编纂的《武进政协志（1949—2019）》由江苏人民出版社出版。主编万卫新。该志设机构、会议、政治协商、民主监督、参政议政、委组和基层政协活动、文史工作、联谊联络工作、公益慈善活动、自身建设、人物 11 章，记述 1949 年至 2019 年武进政协的发展历程。全书 85.3 万字。（尤岩）

【《张家港地方税务局志》出版】 1 月，江苏省张家港地方税务局志编纂委员会编纂的《张家港地方税务局志》由团结出版社出版。主编黄越。该志设行政组织、税费收入、征收管理、纳税服务、风险管理、税务稽查、税收法治、宣传与创新、信息化建设、服务地方经济、党群工作、行政管理、队伍建设、人物·荣誉 14 章 70 节，客观翔实记录张家港地方税务局走过的高起点初创、持续大发展、奋发再攀高三个发展阶段。全书 52 万字。（尤岩）

【《盐城图志（1978—2018）》出版】 7 月，江苏省盐城市志办编纂的《盐城图志（1978—2018）》由江苏人民出版社出版。主编茆贵鸣。该志收入 700 余幅图片，着重展示盐城市改革开放后政治、经济、社会、文化、生态文明建设的发展进程，勾勒不同时期、不同阶段社会面貌的巨大变化，重点呈现中国改革开放在盐城的生动缩影。全书 5 万字。（尤岩）

【《江阴体育志》出版】 1 月，江苏省江阴市体育局编纂的《江阴体育志》由方志出版社出版。主编殷新宝。该志除概述、大事记外，设体育组织、学校体育、群众体育、竞技体育、体育产业、体育经费与设施、宣传交流科研、人物 8 章，客观反映江阴体育发展史。该志重点记述体育活动的实绩，侧重江阴地区的亮点体育项目。全书 128 万字。（尤岩）

【《常熟市粮食志》出版】 10 月，江苏省常熟粮食志编纂委员会编纂的《常熟市粮食志》由上海科学技术文献出版社出版。主编蔡颖川。该志设粮食机构设置、粮食生产、购销、调运、储藏、加工及财务、管理、教育、科研等 19 章，上限至起始发端，下限为 2014 年，记述党和政府在常熟市粮食工作中的各项政策、法规的具体实施和演变过程。全书 68 万字。（尤岩）

【《余姚围棋志》出版】 11 月，浙江省余姚市围棋协会编纂的《余姚围棋志》由西泠印社出版。主编徐泉华。该志卷首设概述、大事记，正文设围棋组织、围棋活动、围棋规则等 12 章，卷末附各类赛事通知、协会公告等资料，记述余姚围棋事业的历史、现状，主办的围棋赛事、活动，著名余姚籍围棋名家以及围棋协会的发展历程。该志系全国首部县级地区围棋专业志书。全书 31 万字。（高曙明）

【《姚江大闸志》出版】 10 月，浙江省宁波市水利局下属市河道管理中心（原宁波市三江河道管理局）组织编纂的《姚江大闸志》由中华书局出版。主编张松达。该志设流域自然、设计施工、运行管理、安全鉴定、加固改造等 12 章，记述姚江大闸规划设计、施工运行等建设管理全过程。全书 36.8 万字。（高曙明）

【《平阳工会志》出版】 11 月，浙江省温州市平阳县工会志编纂委员会编纂的《平阳工会志》由中国文史出版社出版。主编潘士元。该志设组织建设、生产经济、权益维护、宣传教育、工会职工文化教育、财务管理 6 章 27 节，上限为 1927 年工会成立，下限为 2018 年，从工会角度反映温州市平阳县各个历史阶段工运事业的概况。全书 40 万字。（温州市史志办）

【《泰顺县建设志》出版】 8 月，浙江省泰顺县建设志编纂委员会编纂的《泰顺县建设志》由线装书局出版。主编吴元华。该志除概述、大事记外，设 8 篇 37 章 164 节，上限为事物发端，下限为 2018 年，重点记述中华人民共和国成立后泰顺县域城乡建设的过程和状况。全书 79.7 万字。（温州市史志办）

【《嘉善县商业志》出版】 1月，浙江省嘉善县国有城镇企业管理办公室编纂的《嘉善县商业志》由中华书局出版。主编盛明坤。该书客观反映嘉善商业的基本情况，系统描述其发展轨迹和生产、经营、管理特色。全书33万字。

（嘉兴市史志办）

【《海宁市工会志（1991—2010）》出版】 10月，浙江省海宁市工会志编纂委员会编纂的《海宁市工会志（1991—2010）》由浙江人民出版社出版。该志设组织机构与建设、参政和其他活动参与、职工维权帮扶、宣传教育与职工文化建设、人物·荣誉5篇，下设20章96节。全书60万字。 （嘉兴市史志办）

【《桐乡市教育志（1991—2010）》出版】 6月，浙江省桐乡市教育志编纂委员会办公室编纂的《桐乡市教育志（1991—2010）》由中华书局出版。该志设6编24章，记述1991年至2010年桐乡教育改革和发展的基本史实。全书45万字。 （嘉兴市史志办）

【《德清县卫生志》出版】 10月，浙江省德清县卫生志编纂委员会编纂的《德清县卫生志》由中国文史出版社出版。该志设15章，收录图片270余幅，记录德清县从有医药史料记载开始至2014年的历史。全书88.3万字。

（湖州市史志办）

【《长兴县政府志》出版】 10月，浙江省长兴县政府办公室主办的《长兴县政府志》由浙江人民出版社出版。主编金永良。该志分上、下两卷，记述自282年建县以来长兴县地方政府在政治、经济、文化、社会、民生、军事和基础设施建设等方面的主要政务活动。全书48万字。 （湖州市史志办）

【《长兴县国税志》出版】 8月，浙江省长兴县国税志编纂委员会编纂的《长兴县国税志》由吉林大学出版社出版。主编胡放。该志上限为长兴税务发端，下限为2018年，设国税机构、税制税种、计会统票、税收征管、税收法治、税务稽查、党建及教育7编，39章107节，图片127幅，志首设彩页、序、前言、概述、凡例、大事记，志尾设丛录、编后记，记述长兴县国税局从分立到国地税合并后的发展变革及所取得的成就。全书80万字。

（湖州市史志办）

【《柯桥区工会志》出版】 5月，浙江省绍兴市柯桥区工会志编纂委员会编纂的《柯桥区工会志》由浙江古籍出版社出版。主编喻光耀。该志设职工队伍、工会组织、工会工作、先进集体和个人、丛录5编，上限为1922年中国共产党领导下工人运动兴起，下限为2018年，记述绍兴县工人运动和工会的组织、工作等历史与状况。全书57.1万字。 （绍兴市史志办）

【《绍兴县卫生志（1994—2013）》出版】 10月，浙江省绍兴县卫生志编纂委员会编纂的《绍兴县卫生志（1994—2013）》由浙江科学技术出版社出版。该志设14章，志尾设附录，记述1994年至2013年绍兴县卫生事业的发展成就和卫生人辛勤劳动的成果。全书45万字。

（绍兴市史志办）

【《衢州市建设志（1985—2013）》出版】 7月，浙江省衢州市住房和城乡建设局编纂的《衢州市建设志（1985—2013）》由中国文史出版社出版。主编韩明臣。该志上限为1985年，下限为2013年，除卷首、卷末之外，设建设队伍、城乡规划、设计 施工、市政工程、公用设施、园林 景区、衢城改扩建、房地产、村镇建设、古建筑、现代建筑、教育 科技、城建管理、人物14篇，图片800多幅。全书168万字。 （衢州市志办）

【《舟山港航志》出版】 8月，浙江省舟山港航志编纂委员会编纂的《舟山港航志》由中华书局出版。主编贲可斌。该志上限为石器时代，下限为2012年，记述舟山的商业海上航运历史，以及舟山港口资源、港航企业发展、

港航服务等，反映舟山港航的历史与现状。全书150万字。（舟山市史志办）

【《台州人物志》出版】 8月，浙江省台州市志办编纂的《台州人物志》由中华书局出版。主编林明达。该志选取台州历史上有影响的各行各业代表人物443名，以传略方式简述生平、著作、事迹等。全书32.9万字。

（台州市志办）

【《台州市人民代表大会志》出版】 8月，浙江省台州市人民代表大会志编纂委员会编纂的《台州市人民代表大会志》由中华书局出版。该志设代表、组织机构、会议、职权行使、中国共产党组织、人物、各县（市、区）人民代表大会概况、文存、附录9篇，下设35章114节，志首设序言、概述、大事记，志尾设后记。该志上限为1949年，下限为台州市第四届人民代表大会届期结束第五届人民代表大会召开，记述台州市人大及其常委会建立以来的历史和状况。全书140万字。（台州市志办）

【《宣纸志》出版】 6月，安徽省泾县县委史志室编纂的《宣纸志》由方志出版社出版。该志设史略、原料、工艺、品种、经营、传承与保护、丛谈、人物和宣纸企业等9卷，志首设序言、概述、大事记，志尾设附录，记述从东汉至2015年宣纸历史、制作技艺、业态传承与宣纸产业状况。全书29.6万字。（章慧丽）

【《萍乡市政协志（1992—2016）》出版】 3月，江西省萍乡市政协编纂的《萍乡市政协志（1992—2016）》由江西人民出版社出版。该志设7篇，系统收录1992年至2016年萍乡市第八、九、十、十一、十二届政协的基本情况。全书80万字。（朱岳）

【《龙南客家围屋志》出版】 3月，江西省龙南县志办编纂的《龙南客家围屋志》由黄山书社出版。该志除概述、大事记、附录外，设围屋沿革、围屋特征、围屋分布、围屋选介、围屋旅游、围屋文化、围屋人物7章28节，记述围屋人文历史价值和围屋建筑艺术风貌。全书76万字。（朱岳）

【《崂山区图志·崂山国家森林公园卷》出版】 12月，山东省青岛市崂山区地方史志研究中心编纂的《崂山区图志·崂山国家森林公园卷》由中国海洋大学出版社出版。该志采取以图为主、以文为辅的形式，所用图片从摄影师们历经10年拍摄积累的20000余幅中精选490余幅，配以相关文字资料，从国家公园视角记述其生物资源、地文资源、水文资源、人文资源、天象资源等。全书4.3万字。（杜泉）

【《白沙河志》出版】 年内，山东省青岛市地方史志研究院指导的《白沙河志》由线装书局出版。白沙河源起崂山主峰——巨峰北侧，自东向西横贯青岛市城阳区注入胶州湾。志书上限自可追溯时间，下限至2017年，内容涵盖白沙河流域215平方千米的历史、水文、河道概况、洪水灾害、工程建设、文化、环保、人物及沿河旅游、传说故事等方面，是青岛市第一部系统记述白沙河的专业志书。在2019年山东省史志优秀科研成果评审中，《白沙河志》被评为优秀基层（专门）志。全书60余万字。

（张东玉）

【《沂源县公安志》出版】 2月，山东省沂源县公安局编纂的《沂源县公安志》由中华书局出版。该志设22章70节264条目，另附总述、大事记、附录、索引等，收录图片510幅，记述1944年至2016年沂源公安的发展历程。全书119万字。（杜泉）

【《东营黄河志（1989—2005）》出版】 5月，山东省黄河河口管理局编纂的《东营黄河志（1989—2005）》由黄河水利出版社出版。该志设7篇，志首设专辑图片，志尾设附录，记述1989年至2005年东营黄河河务事业发展的历史和状况。全书68.7万字。（杜泉）

【《东营市工商行政管理志（2005—2018）》出版】 8月，山东省东营市工商行政管理志编纂委员会编纂的《东营市工商行政管理志（2005—2018）》由线装书局出版。该志设20编66章，志首专题图片设领导关怀、重要会议、活动、消费维权、红盾帮扶、工作掠影、队伍建设、文体活动8个板块。全书64万字。（杜泉）

【《泰安市民政志（1986—2015）》出版】 8月，山东省泰安市民政志编纂委员会编纂的《泰安市民政志（1986—2015）》由山东友谊出版社出版。该志设19章84节，记述建置区划、管理机构、基层政权和社区建设、优待抚恤、双拥共建、社会救助和福利、移民安置、慈善事业等发展历史和取得的成就。全书58万字。（杜泉）

【《泰安市财政志》出版】 9月，山东省泰安市财政志编纂委员会编纂的《泰安市财政志》由方志出版社出版。该志设序言、凡例、概述、大事记、财政收入、财政支出、财政管理、机构队伍、县市区、人物、附录、后记等部分，上限为事物发端，下限为2015年。全书127.7万字。（杜泉）

【《沂蒙精神志》出版】 9月，山东省地方史志研究院、临沂市地方史志研究院编纂的《沂蒙精神志》由山东人民出版社出版。该志设8卷，志首设概述、大事记，记述1921年至2018年沂蒙精神之形成、传承、弘扬、宣传、研究、地位和影响、代表人物、纪念设施等，全方位展现党在沂蒙地区的壮大发展和人民在党的领导下干革命、抓生产、改革开放、开拓进取的历史画卷，体现党与人民群众“水乳交融、生死与共”的精神风貌。全书93万字。（杜泉）

【《山东省科学院志（1994—2017）》出版】 10月，山东省科学院志编纂领导小组办公室编纂的《山东省科学院志（1994—2017）》由山东科学技术出版社出版。该志设组织机构、科学研究、科技成果转化与服务、职工队伍、合作与交流、条件保障、党群工作、人物8篇，志首有彩图、序言、凡例、概述、大事记，志尾有附录、编后记，记述山东省科学院及其相关机构工作情况。全书40万字。（梁一博）

【《昌邑丝绸志》出版】 5月，山东省昌邑市地方史志研究中心组织编纂的《昌邑丝绸志》由方志出版社出版。该志设9编，收录图片100余幅，记述昌邑丝绸生产及销售的整个过程和各个时期生产、发展、兴衰的基本情况，并收录不同时期昌邑丝绸研究者的著述。全书51.5万字。（杜泉）

【《河南省九三学社志（1956—2018）》出版】 11月，九三学社河南省委员会编纂的《河南省九三学社志（1956—2018）》由中州古籍出版社出版。主编陈志民。该志设概述、大事记、重要会议、组织机构、自身建设、参政议政、社会服务、人物、附录等部分，围绕河南九三学社的发展主线，记述九三学社河南省委和各级社组织自组建以后在思想建设、组织建设、参政议政、社会服务、社内监督、机关建设等方面的发展历程。全书101.8万字。（程茜）

【《炎帝陵志》出版】 12月，湖南省地方志编纂委员会编纂的《炎帝陵志》由湖南人民出版社出版。主编曹敬庄。该志设炎帝，炎帝陵，炎帝、炎帝陵祭祀，炎帝、炎帝陵诗文联刻，炎帝、炎帝陵传说故事，名人与炎帝陵，炎帝文化研究，湖南省炎帝陵基金会8章。志首设序、总述，志尾附大事记、炎帝史籍选编、后记，上限自事物发端，下限为2016年。全书61万字。（蔡素云）

【《常德市民主党派和工商联志（1988—2012）》出版】 1月，湖南省常德市地方志编纂委员会、市委统战部编纂的《常德市民主党派和工商联志（1988—2012）》由方志出版社出版。主编杨善志、蒯甜，总纂沈跃。该志按7个民主党派和工商联地方组织设8篇50章165节，记述各民主党派、工商联在中共常德市委的领导下，与中国共产党同舟共济、肝胆相照、勠力同心的历史与现状，真实体现各民主党派和工商联事业发展与常德经济社会发展相生相伴的内在关系。全书84.7万字。

（谭文美）

【《常德市发展改革志（1988—2010）》出版】 12月，湖南省常德市地方志编纂委员会、市发改委编纂的《常德市发展改革志（1988—2010）》由方志出版社出版。主编余昭绪，总纂左宜斌。该志设机构、国民经济和社会发展、改革、计划与执行、项目建设、开放性经济与对口支援6篇22章66节，记述1988年至2010年常德市各行各业的发展和改革情况，国民经济发展、人民生活改善、经济体制变迁、社会事业进步、招商引资推进、园区建设提速等方面的历史成就，各项改革措施的实施、五个“五年计划”的执行、一系列标志性重大项目的建设、开放型经济及对口援藏（扶贫）建设等内容。全书93.9万字。（谭文美）

【《永州市烟草志（2003—2015）》出版】 2月，湖南省永州市烟草志编纂委员会编纂的《永州市烟草志（2003—2015）》由方志出版社出版。主编黄昭胜。该志除概述、大事记、人物、附录外，设9篇34章，记载2003年至2015年永州市的烟叶生产购销、现代烟草产业、复烤加工、卷烟生产、卷烟经营及烟草专卖管理等情况，再现永州烟草工商系统发展、变化的轨迹和脉络，记录永州烟草人为国家财政增税、烟农增收、企业增效等方面作出的贡献。全书80.9万字。（谭文美）

【《永州市社会团体志》出版】 12月，湖南省永州市委组织部编纂的《永州市社会团体志》由方志出版社出版。主编王金梁。该志设工会、共产主义青年团、妇女联合会、科学技术协会、文学艺术界联合会等17章，志首设前言、凡例、概述，志末附大事记、编后记，记述1996年至2015年永州市社会团体的发展历程。全书47万字。（谭文美）

【《重庆图志（1949—2019）》出版】 9月，重庆市志办编纂的《重庆图志（1949—2019）》由重庆出版社出版。主编刘文海。该志分基本市情、经济社会发展、重大战略实施、人民生活、旅游名胜5类，收录图片1500余幅，特别选用一批新旧对比照、旖旎风光照、民风民俗照等，通过不同年代的图照直观反映中华人民共和国成立以来重庆70年的经济社会大发展大变化和百姓生活大进步大变迁。重点记述改革开放后取得的经验成果，展示重庆新风貌、新气象、新作为。全书90万字。（杨祖静）

【《重庆市璧山区非物质文化遗产志》出版】 7月，重庆市璧山区档案局编纂的《重庆市璧山区非物质文化遗产志》由中国书籍出版社出版。主编陈启江、周成伟。该志收录璧山7项重庆市级非物质文化遗产和52项县（区）级非物质文化遗产，记述2006年至2017年璧山非物质文化遗产项目和非物质文化遗产保护工作。全书15万字。（罗杨）

【《璧山县工会志》出版】 9月，重庆市璧山区总工会编纂的《璧山县工会志》由中国国际广播出版社出版。主编徐继东。该志设组织机构、代表大会、宣传教育工作、经济技术工作、职工权益维护与职工关爱工作、女职工工作、基层工会组织与职工之家、法律与财务工作、职工参与民主管理工作、人物与荣誉10章，记述1911年至2014年璧山县工会发展历史。全书56万字。（罗杨）

【《重庆市长寿区人大志（1950—2016）》出版】 11月，重庆市长寿区人大常委会编纂的《重庆市长寿区人大志（1950—2016）》由重庆出版社出版。主编程茂。该志记述1950年至2016年长寿人大发展历程和取得的成就，并附

有历届常委会领导人、人大代表名录。全书107万字。 （冉莉丽）

【《宝顶香会志》出版】 12月，重庆市大足区志办编纂的《宝顶香会志》由四川民族出版社出版。主编陈华英。该志记述宝顶香会的由来、仪规、传世科仪路本、相关商贸活动、相关人物等。全书16万字。 （赵辉志）

【《蓬安县地方志志（1518—2016）》出版】 1月，四川省蓬安县县志办编纂的《蓬安县地方志志（1518—2016）》由方志出版社出版。主编杜长书、王勇。该志设概述、大事记、机构、志书编纂、旧志点校整理、年鉴编辑、地情资料开发利用、资料信息工作、地方志学术研究、地方志工作管理、地方志工作荣誉、人物12章，志首设专题图片43幅，志尾设附录。全书38.9万字。 （孙玉峰）

【《大熊猫图志》出版】 6月，四川省志办、省林业和草原局编纂的《大熊猫图志》由方志出版社出版。主编陈建春。该志设物种、生活、环境、研究、保护、文化6篇，图片近500幅，展现大熊猫与人类渐行渐近、日益亲密、和谐共处的历程。全书24.4万字。 （孙玉峰）

【《六盘水市档案志》出版】 7月，贵州省六盘水市档案馆（市志办）编纂的《六盘水市档案志》由四川科学技术出版社出版。主编何楠。该志设档案信息资源、档案基础业务建设、档案与现行文件利用等7章，志首设彩页和凡例，志尾附附录、文献辑存和后记，记述1980年至2016年六盘水档案系统围绕市委市政府中心工作，注重发挥档案宏观管理职能，以文书档案工作为基础，不断开拓科技档案、财会档案、新闻档案、声像档案、电子档案等工作领域，集中反映全市政治、经济、文化、科研、外事、政法、民生等国民经济和社会发展全貌。全书30万字。 （张彦）

【《六盘水志乘》出版】 11月，贵州省六盘水市地方志编纂委员会、市档案馆、市志办编纂的《六盘水志乘》由云南人民出版社出版。主编何楠。该志设盘州篇、郎岱篇、水城篇3篇，收录经点校的上溯先秦下至民国的六盘水历代旧志志稿11部、历代史料辑录50余万字，是查考研究六盘水历史情况的重要书证。志首设前言和编辑说明，志末设附录和后记。全书101万字。 （张彦）

【《镇宁布依族苗族自治县宣传志（1949—2017）》出版】 5月，贵州省镇宁布依族苗族自治县县委宣传部编纂的《镇宁布依族苗族自治县宣传志（1949—2017）》由贵州人民出版社出版。主编王焰。该志设宣传文化机构、理论武装工作等6篇，志首设概述，志末附“季节包工”原文、《中共镇宁自治县委关于推动民族文化大发展大繁荣的实施意见》等文件，记述中共镇宁县委在加强和改进思想政治工作，做好理论武装，坚持宣传舆论正确导向，开展精神文明建设、构建“精神高地”，推进文化体制改革和发展文化生产力的历史过程。全书50万字。 （张彦）

【《威宁彝族回族苗族自治县农村信用合作社志》出版】 10月，贵州省威宁彝族回族苗族自治县农村信用合作社志编纂委员会编纂的《威宁彝族回族苗族自治县农村信用合作社志》由四川科学技术出版社出版。主编蔡正华。该志设机构、员工、设施、业务、党群组织、企业文化、精神文明建设7篇31章，志首设序、凡例、概述、大事记，志末附人物、附录、专业术语、后记，记述威宁县农村信用合作社机构、人员、设施、业务、管理、党群组织、企业文化与精神文明建设等内容。全书110万字。 （张彦）

【《新疆天富集团有限责任公司志（1991—2015）》出版】 7月，新疆天富集团有限责任公司主办、新疆天富集团有限责任公司志编纂委员会编纂的《新疆天富集团有限责任公司志（1991—2015）》由中国文史出版社出版。该志设建制机构、建设、生产经营、管理、党群工作、科教文卫、人物等9编39章146节，上限为1991年7月，下限为2015年，收录表100余张，照片300余幅，记录1991年至2015年新疆天富公司的历史和状况。全书70万字。

（第八师石河子市史志办）

旧志整理与出版

·工作进展

【山西省旧志整理进展】 年内，山西省委党史研究院（省地方志研究院）采用宣纸印刷、手工线装的方式影印出版清乾隆《山西志辑要》，启动明万历《山西通志》影印、《山西旧志廉政资料汇编》编纂工作。市县整理出版《晋中地方志总目提要》、明万历《泽州志》、清乾隆《绛县志》。 （武岭）

【黑龙江省旧志整理进展】 年内，黑龙江省委史志研究室对《黑龙江历代方志集成》清样做部分修订，补充清代《长寿县乡土志》1部，定稿52卷。《黑龙江历代方志集成》收录清代流人和流寓人士所著方志、府县志、驻防城志20部，民国时期省志、县志、风土志52部和民国黑龙江省通志局采辑册22部，共94种。 （徐萍 杜胜男）

【江苏省旧志整理进展】 年内，江苏省志办出版《江苏历代方志全书》直隶州（厅）部79种和小志、专志部中的官署厂局志14种，共93种80册，总数达475册；编纂出版《江南大运河历史图谱》，被列为2019年世界运河城市论坛暨世界运河大会礼品书；整理出版《江苏艺文志》（增订本），在第二届“江南文脉论坛”上发布。南京市志办完成《南京名志导读·专志篇》、南京传世名著系列《建康实录》点校线装典藏版、《南京稀见文献丛刊》之《南唐二主词》整理出版，无锡市档案史志馆完成《无锡金匮县志》和弘治《重修无锡县志》整理，盐城市志办完成《盐城历代旧志》系列丛书《盐城县志》《阜宁县志》《东台县志》整理，淮安市志办完成《淮安文献丛刻》第26部光绪《盱眙县志稿》点校出版、嘉靖《清河县志》《光绪丙子清河县志》点校整理，连云港市志办完成《连云港历史文献集成》整理出版，扬州市志办完成万历《扬州府志》点校出版、启动康熙《扬州府志》点校工作，镇江市史志办完成光绪《丹徒县志》点校。 （武文明）

【浙江省旧志整理进展】 年内，浙江省地方志系统通过点校、影印等方式，整理出版大量旧志和古代文献。杭州市志办影印出版《岳庙志略》《云栖志》；萧山区《清代萧山朱卷汇编》《萧山传胪钟宝华》问世，《萧山丛书》第四辑、第五辑定稿（丛书累计出版50册）；临安区影印出版光绪《於潜县志》《天目山志》《西天目祖山志》《大涤洞天记》《东天目昭明禅寺志》等旧志，点校出版康熙《於潜县志》，数字化整理民国《於潜县志》手稿残卷和清代《龙塘山志》残卷。嘉兴市继续推进《光绪嘉兴府志》点校工作，12月初稿交付上海古籍出版社；明万历《嘉善县志（点注本）》由中华书局审核；海盐县史志办点校的《海盐县志（线装）》由浙江古籍出版社出版；海宁市史志研究室完成《周春集》和《贝琼集》点校，由浙江古籍出版社出版，被列入“浙江文丛”；桐乡市史志研究室先后点校出版光绪《桐乡县志》、光绪《石门县志》、民国《濮院志》，民国《乌青镇志》进入出版阶段；长兴县完成同治《长兴县志》点校稿第二轮审核，共30卷80万字；开化县志办完成康熙《开化县志》42万字点校任务，是7部旧县志中的第7部；

台州市志办选取清雍正《浙江通志》中有关台州府的内容，进行繁体字简化、标点、注释共35万字，送交浙江古籍出版社；民国4年（1915）褚传诰《天台县志稿》完成初稿全部录入，志稿共16册，约68万字。（杨卓轩）

【山东省旧志整理进展】 年内，山东省各地深入推进旧志整理，完成《山东省历代方志集成》（泰安卷、威海卷、日照卷、莱芜卷、聊城卷）影印出版工作。整理出版《东明县旧志集成》点校本、康熙五十六年《莘县志》点校本、乾隆《济宁直隶州志》点校版。

（李果霖）

【湖南省旧志整理进展】 年内，湖南各级地方志工作机构组织点校出版的旧志有：陈中林点校的嘉靖《新化县志》；常宁市地方志编纂室组织点校的康熙《常宁县志》由世界图书出版公司出版；古丈县志办组织点校的《古丈坪厅志校注》由方志出版社出版。湖南省地方志编纂委员会促进全省旧志整理与出版工作的开展，通过服务外包的形式，将1987年编印的资料《湖南省地方志综合目录》进行数字化，并在湖南数字方志馆发布，方便全省的方志工作者和旧志爱好者检索旧志的有关情况和馆藏地。（任璀洛）

【广西壮族自治区旧志整理进展】 年内，广西壮族自治区公开出版光绪《广西通志辑要》、光绪《宾州志》，着手点校嘉靖《广西通志》，编纂《广西石刻志》。靖西市志办内部整理影印道光《归顺直隶州志》、光绪《归顺直隶州志》等。（王小霞）

【海南省旧志整理进展】 年内，海南省陵水市推进《清代陵水县志点校本》工作，并完成终审稿。琼中市完成1959年版《琼中县志》印刷及内部出版工作。（黎美君）

【重庆市旧志整理进展】 年内，重庆市出台《重庆市旧志整理出版规范（2019年版）》，规范全市旧志整理出版工作；启动重庆历代方志典籍文献抢救工程，完成《重庆历代方志集成》（精装影印版）、《万历重庆府志》（线装影印版）整理，交付国家图书馆出版社出版。璧山区完成民国《续修璧山县志稿》点校出版。江津区开展清代嘉庆、光绪、民国三部《江津县志》点校工作，完成清光绪《江津县志》点校本出版。巫山县成立旧志整理编辑部，深入西南大学等地查找资料，影印成册，组织专业人士进行整理和点校，完成清光绪《巫山县乡土志》出版。梁平区对馆藏清嘉庆《梁山县志》刻本进行整理、点校、注释，与三峡学院合作完成《清嘉庆梁山县志校注》初稿并评审，交付四川大学出版社出版。

（重庆市文献工作处）

【陕西省旧志整理进展】 年内，陕西省各级地方志工作机构整理旧志30余部。全年共出版《续武功县志》《武功乡土志》《兴平县旧志》，清乾隆四十三年《富平县志》校注，清康熙《中部县志》、清嘉庆《续修中部县志》，民国22年《葭县志》，《格致志》《南郑县志》，民国《商南县志》等。（韩云鸽）

【甘肃省旧志整理进展】 年内，甘肃省史志办积极开展旧志整理出版工作，在完成清乾隆《甘肃通志》点校出版的同时，对成规模、系统化推进旧志整理进行调研准备工作。平凉市史志办整理点校的明嘉靖《平凉府志》、兰州市史志办整理的《重修皋兰县志》、秦安县史志办整理点校的《明清秦安志集注》出版。

（王文生）

·旧志出版

【《〈南宫县志〉撷萃点注》出版】 4月，河北省南宫市志办、市档案馆主持整理的《〈南宫县志〉撷萃点注》由河北人民出版社出版。该志分示图、疆域、建制、建置、人物、译文6篇，各篇汇集历版县志有关内容，分条注原文、注释、参考译文。全书39万字。

（郑小明）

【乾隆《山西志辑要》影印出版】 1月，山西省委党史研究院（省地方志研究院）整理的清乾隆《山西志辑要》由中华书局影印出版。该志刊行于乾隆四十五年（1780），山西巡抚雅德修，绛州通判汪本直纂。全书一函八册，共11卷，卷首为省志，卷一至卷十依次为各府、直隶州，绘图22幅，记载山西地理、政治、经济、军事、文化及名胜古迹等。（武岭）

【《〈奉化县志〉译注》出版】 11月，吉林省地方志资源开发立项项目《〈奉化县志〉译注》（项目编号201805）由吉林人民出版社出版。周宝文译著。《奉化县志》由奉化县首任知县钱开震创修，于光绪十一年（1885）付梓。周宝文本着忠实原文的原则，对《奉化县志》进行白话文翻译及注释，在此基础上采取文言文、白话文对照的形式进行译注，即一段“原文”对应一段“译文”，并对“译文”适当辅之以“注释”，以便读者更好地理解“原文”字词之意和社会背景、历史掌故等相关内涵。全书约40万字。 （李雯）

【《民国上海市通志稿》第二、三、四册整理出版】 7月，上海市志办、市历史博物馆点校的《民国上海市通志稿》第二、三、四册由上海古籍出版社出版。《民国上海市通志稿》原名为《上海市通志》，是20世纪上半叶上海市的市级志书。1932年7月，上海市通志馆成立后，由首任馆长柳亚子主持编纂，时间跨度从上海的溯源到1933年。原计划为25编，最终成型并留存至今的有14编，涉及沿革建置、租界、教育、金融、宗教、学艺、地文、政治、党务、外交、风俗等方面内容。该志对1930年代的上海历史地理、风土人情、文化教育事业都有详细的记载，为研究江南文化、海派文化的传承提供宝贵资料。 （王师师）

【乾隆《江南通志》点校出版】 11月，江苏省志办组织点校整理的乾隆《江南通志》由凤凰出版社出版。主编程章灿。该志由尹继善等修，黄之隽等纂，在乾隆元年（1736）付梓行世。全书共205卷，记事远溯周秦，下限最晚者断于乾隆元年，是江苏旧方志中价值最高的省志。该志以乾隆元年刻本为工作底本，以《四库全书》本、锓修本通校，必要时参校相关的府州县志与经史、文集。原书因表示尊崇而出现的抬头格式，无论是空抬、平抬、单抬、双抬、三抬等，一律废除，以保存文章的完整性和连贯性。全书600余万字。（周文燕）

【《江苏艺文志（增订本）》出版】 10月，江苏省志办组织编纂的《江苏艺文志（增订本）》由凤凰出版社出版。主编江庆柏。该志增订本28册，全面收录江苏13个地级市从上古至清末的江苏籍作者的著作，基础性展现江苏地域文化古今变迁，系统展示江苏文化的辉煌成就。该书入选年度“国家古籍整理专项经费资助项目”。全书近1300万字。 （周文燕）

【“一带一路”丛书郑和系列出版】 9月，江苏省南京市志办编纂的“一带一路”丛书郑和系列《龙江船厂志》《南船纪》《瀛涯胜览》《星槎胜览》《西洋番国志》《郑和航海图》《三宝太监西洋记通俗演义》由南京出版社出版。李昭祥的《龙江船厂志》和沈啓的《南船纪》从不同的视角展现明初南京造船业的盛况；由郑和随行人员马欢、费信、巩珍分别撰写的《瀛涯胜览》《星槎胜览》《西洋番国志》，详细描述下西洋所到国家和地区的历史沿革、重要都会、地理形势、宗教信仰、风俗习惯、物产气候等；由茅元仪收入《武备志》的《郑和航海图》是对郑和下西洋航路的记录；明万历年间，罗懋登将郑和七次奉使“西洋”的史实敷衍描绘成神魔小说《三宝太监西洋记通俗演义》，希望借此激励明代君臣勇于抗击倭寇，重振国威。“一带一路”丛书郑和系列是南京市志办和南京出版社搜集整理明代撰著的7种与郑和下西洋相关的书籍，展现郑和率船队七下西洋的历史。全书 155.6 万字。
（周文燕　王艳荣　黄涛）

【万历《溧水县志》点校出版】　12 月，江苏省南京市溧水区志办与区档案馆联合点校整理的万历《溧水县志》由凤凰出版社出版。该志由吴仕诠修，黄汝金纂，傅章伟点校，承载审订。该志共 8 卷，另加卷首，是溧水现存最早的一部县志，也是溧水现存唯一的明代方志。此次点校以 2013 年南京出版社据毛氏藏本缩微胶卷影印的《金陵全书》为底本。整理工作组发现，此志并不是万历七年（1579）的原刻，而是泰昌元年（1620）以后的增补本，首次厘清了志中内容增补问题，并对编排错乱、内容残缺等现象做出必要说明。全书 16.7 万字。
（周文燕　王艳荣　黄涛）

【弘治《重修无锡县志》点校出版】　11 月，江苏省无锡市档案史志馆组织点校整理的弘治《重修无锡县志》由广陵书社出版。朱刚点校整理，张乃格审核。该志为吴翀、李庶据无锡旧有的二志于弘治初开始重加修纂而成。该志 36 卷、首 1 卷，书前有秦夔弘治七年三月序，卷首有县境图、县城图、县治图、郡县表，记事至弘治九年。现存明代刻本和民国抄本及 20 世纪 50 年代油印本。该志是无锡现存的明代第一部志书。点校选用南京图书馆所藏明弘治七年刻增修本为底本，以民国本对校，并以咸淳《毗陵志》、《永乐大典 · 常州府》、成化《重修毗陵志》等书参校，加以标点整理。全书 18 万字。
（周文燕）

【《昆山历代乡镇旧志集成》出版】　1 月，江苏省昆山市志办整理的《昆山历代乡镇旧志集成》由广陵书社出版。主编陈勇。该书对《淞南志》（3 种）、正仪的《信义志稿》、陆家的《菉溪志》、锦溪的《陈墓镇志》、巴城的《巴溪志》、周庄的《贞丰拟乘》《周庄镇志》《贞丰里庚甲见闻录》以及《淀湖小志》《张浦杂记》等 14 种旧志进行集中点校整理，全 2 册，与已出版的 11 种历代昆山县志初步构成了记录昆山历史、昆山文脉的体系。全书 130 万字。
（周文燕）

【《连云港历史文献集成》（第一辑）出版】　12 月，江苏省连云港市志办整理的《连云港历史文献集成》（第一辑）由广陵书社出版。该书收录隆庆《海州志》、康熙《海州志》、嘉庆《海州直隶州志》3 部州志，分 2 函 12 册，宣纸线装。2018 年初，为配合连云港市申报国家历史文化名城，市志办启动《连云港历史文献集成》整理工程，确定出版隆庆《海州志》、康熙《海州志》、嘉庆《海州直隶州志》等 10 部志书，以及《海州文献录》《朐海诗存》《復山鸿集》等 9 部地情文献。全书 82 万字。
（周文燕）

【万历《盐城县志》点校出版】　9 月，江苏省盐城市盐都区志办点校整理的万历《盐城县志》由广陵书社出版。王长江主编，刘菲点校。该志为万历十一年（1583）知县杨瑞云发起编修，夏应星纂，传世版本有万历十一年刻本、顺治十四年（1657）修锓万历十一年刻本、传抄明万历十一年本 3 种。该志 10 卷，分地理志、建置志、民事志、秩官志、名宦志、选举志、人物志、纶音志、艺文志 9 个门类，各门类又分设沿革、分野等目，上限追溯至事物的起始发端，下限止于明万历年间。该志以国家图书馆藏万历十一年刻本为底本，同时参校台湾学生数据影印出版的万历十一年刻本进行点校、勘误，是以整理本为主、影印本为辅的整理方式。全书分影印本 4 册、点校本 2 册，宣纸仿古线装本出版。全书近 7 万字。
（周文燕）

【《岳庙志略》影印出版】　12 月，浙江省志办整理的《岳庙志略》由浙江古籍出版社影印出版。清代冯培撰。该志一函四册，共 10 卷，首 1 卷，卷首为宸章，卷一为祠墓（画像、铜爵附），卷二为敕告，卷三为典礼（祭产附），卷四为行实（上），卷五为行实（中），卷六为行实（下、考证附），卷七为诗词（上），卷八

为诗词（下），卷九为序记（赋、论、祭文附），卷十为轶事。（蔡建明）

【《云栖志》影印出版】 12月，浙江省杭州市志办整理的《云栖志》由浙江古籍出版社影印出版。项士元纂。该志一函两册十卷，首一卷，卷首为屈（映光）序、自序、例言、云栖山图、云栖寺图等，卷一为沿革、山川，卷二为梵刹、胜迹，卷三为塔墓、古物，卷四为规制，卷五为禅德，卷六为名贤，卷七为物产，卷八为艺文（上），卷九为艺文（下），卷十为志余，后附跋。（蔡建明）

【《光绪〈余姚县志〉（简明点校本）》出版】 8月，浙江省余姚市史志办整理的《光绪〈余姚县志〉（简明点校本）》由线装书局出版。清周炳麟修，邵友濂、孙德祖纂，徐泉华点校。全书除历代序跋外，共分27卷，对原文照实翻录、断句，改原有竖排为横排，随文注释、加按语。全书84万字。（高曙明）

【康熙《海盐县志》（线装）出版】 5月，浙江省嘉兴市史志办整理的康熙《海盐县志》（线装）由浙江古籍出版社出版。清张素仁修，彭孙贻、童申祉纂，编纂于康熙十二年（1673），全书10卷，约25.7万字。

（嘉兴市史志办）

【民国《濮院志（点校本）》出版】 8月，浙江省嘉兴市史志办整理的民国《濮院志（点校本）》由中华书局出版。该志以1929年夏辛铭刻本复印本为底本，并以1992年《中国地方志集成·乡镇志专辑》中《濮院志》为校本。复印本中缺页及字迹漫漶难辨处，均按《中国地方志集成》本补正。该志采用竖排繁体；原书双行随文小注，改为单行小注，仍附正文后。底本中的明显误字，均直接更改，不另出校勘记，也不加符号标识。（嘉兴市史志办）

【《盐官志补纂》出版】 12月，浙江省嘉兴市史志办整理的《盐官志补纂》由浙江古籍出版社出版。张镇西编著。该书所辑录的资料，一是以元代以前的史志、笔记等典籍所载；二是盐官古志宋《图经》辑佚条目；三是明清以来出土或发现的碑刻、墓志铭等实物；四是少量明清后史志所言及海昌、盐官且史料来源明确者。该志记述时间含海昌屯田都尉（海昌县）、盐官县及盐官州时期，始于事物肇端，止于元代天历二年（1329），设舆地志、风土志、秩官志、建置志、选举志、人物志、艺文志、金石志、纪遗、附录10卷，共43.5万字。

（嘉兴市史志办）

【《龙游历史文献集成（点校本系列）》出版】 6月，浙江省龙游县史志办整理、龙游文库编纂委员会编纂的《龙游历史文献集成（点校本系列）》由中华书局出版。主编黄国平、胡炜鹏，整理者劳乃强、李浩杰、吴土根、余宗器、雷柏成。该书通过点校本方式，整理重印。全书三函17册，采用简化字横排整理，加以标点。全书360.9万字。（衢州市志办）

【《阜阳旧志集成》影印出版】 4月，安徽省阜阳市委党史和地方志研究室整理的《阜阳旧志集成》由黄山书社影印出版。主审蔡建国。该集成汇辑10种旧志，包括正德《颍州志》、嘉靖《颍州志》、嘉靖《重修颍州志》、万历《颍州志》、顺治《颍州志》、康熙《颍州志》、乾隆《颍州府志》、乾隆《阜阳县志》、道光《阜阳县志》、民国《阜阳县志续编》。每套12函57册。中华人民共和国成立之前，阜阳有文字记载的修志活动有13次，最早为明代永乐年间，目前存世志书10种，明正德《颍州志》为存世最早志书。全书200万字。

（章慧丽）

【嘉靖《亳州志》点校出版】 1月，安徽省亳州市委党史地方志研究室整理的明嘉靖《亳州志》由方志出版社出版。明嘉靖《亳州志》由明嘉靖四十三年（1564）亳州知事李先芳纂修。全书4卷。（章慧丽）

【乾隆《池州府志》影印出版】 6月，安徽省池州市委党史和地方志研究室整理的乾隆《池州府志》由黄山书社影印出版。池州自唐武德四年（621）设州置府后，历朝方志卷帙迭出，宋至清际官修府志有案可稽者11次。其中，乾隆四十三年（1778）张士范主修的《池州府志》，堪称精品。该志共58卷（含卷首1卷）。此次影印的底本即为此刻本，将58卷进行压缩处理，并在底本基础上进行处理。

（章慧丽）

【嘉靖《龙岩县志》点校出版】 1月，福建省龙岩市新罗区地方志编纂委员会组织整理的明嘉靖《龙岩县志》（校点本）由中国文史出版社出版。郭义山、邹文清点校。该书除凡例、卷首外，正文由封域志、民物志等7部分组成。全书简化字点校，每卷后附注释。全书66.8万字。（欧长生　吴朝庭）

【民国《顺昌县志》点校出版】 5月，福建省顺昌县委党史和地方志研究室点校的民国《顺昌县志》由海峡书局出版。全书45.1万字。（欧长生　吴朝庭）

【宋《仙溪志》影印出版】 10月，福建省莆田市委党史和地方志研究室与仙游县地方志编纂委员会组织整理的《仙溪志》由海峡书局影印出版。吴燕泰、谢来榆点校。该志是仙游县历史上第一部县志，由南宋知县赵与泌主持，县尉黄岩孙纂修，共15卷，于宝祐五年（1257）完成。《仙溪志》一些条目下收录的宋末资料，是元代黄真仲重新整理时补入，虽然只有4卷，但内容较全面，从星土道里以至人口财赋，从学校官廨以至祠堂坟墓，从物产风俗以至人物令佐，无所不备，是研究宋代仙游县情的宝贵资料。全书22.5万字。

（欧长生　吴朝庭）

【乾隆《仙游县志》点校出版】 6月，福建省仙游县档案馆、县地方志编委会组织整理的乾隆《仙游县志》由中国文史出版社出版。清胡启檀、王椿、任本仁修，叶和侃纂，余永健、方志伟点校。仙游县自唐圣历二年（699）置县，至2018年底共纂修县志13次，现存民国之前旧县志8部。该志包括天文、地舆、邑肇、建置、赋役、学校、典礼、武备、职官、选举、人物、艺文、摭遗志共53卷。全书55万字。（欧长生　吴朝庭）

【《归化县志》点校出版】 5月，福建省明溪县委党史和地方志研究室整理的《归化县志》由海峡书局出版。明周宪章纂修，傅黎明、罗兴东点校。该志记述1470年至1614年归化县历史人文、风俗民情等状况。全书36万字。

（欧长生　吴朝庭）

【崇祯《尤溪县志》点校出版】 6月，福建省尤溪县委党史和地方志研究室组织整理的明崇祯《尤溪县志》由海峡书局出版。明邓一鼒修纂，郑荣坚、肖玉兰、丘山石点校。该志记述明崇祯年间尤溪县历史人文、风俗民情等状况。全书35万字。（欧长生　吴朝庭）

【嘉靖《汀州府志》点校出版】 7月，福建省长汀县委党史和地方志研究室、县文化体育和旅游局整理的嘉靖《汀州府志》（点校本）由海峡书局出版。明邵有道总裁，何云、伍晏编纂，涂秀虹、涂明谦点校。该志共19卷，除第十卷、十四卷严重缺字外，其余清晰完整。全志悉遵弘治十一年（1498）所修旧志门类事体，略作增删补遗，对所属八县建制沿革、山川地理、人文名胜、官宦隐逸、仙释文征均有系统记述，其中明代汀州府城和所邻八县的地图尤为珍贵。全书43万字。

（欧长生　吴朝庭）

【乾隆《上杭县志》点校出版】 12月，福建省上杭县委党史和地方志研究室组织点校的清乾隆《上杭县志》由线装书局出版。

（欧长生　吴朝庭）

【《平潭厅乡土志略》（译注考释）出版】 9

月，福建省平潭综合实验区党史方志研究中心组织整理的《平潭厅乡土志略》（译注考释）由海峡文艺出版社出版。宋廷模主持纂修，任恢宗整理。该志共15章，内容涉地理、历史、人口、宗教、道路、物产诸凡，是平潭设县前首部地方志书。校勘在尊重原著、保持原貌的基础上，一方面参考民国《平潭县志》和《三山志》《福州府志》《福清县志》《长乐县志》等相关资料，另一方面吸收最新的学术研究成果，对有争议的学术问题采取多说并存、注明出处等方法处理。全书1.8万字。

（欧长生　吴朝庭）

【嘉靖《九江府志》（点校本）出版】 12月，江西省九江市史志办整理的明嘉靖《九江府志》（点校本）由中州古籍出版社出版。点校本以天一阁藏明嘉靖《九江府志》刻本为底本。该志由九江知府童潮主修，全书16卷，分方舆、食货、职官、学校、选举、人物、外志、诗文8个类目，对明代及明代以前九江地情进行了全面记述。（朱岳）

【同治《瑞州府志》重印出版】 1月，江西省高安市史志办整理的清同治《瑞州府志》由江西人民出版社重印出版。该书以江西省图书馆所藏清同治本《瑞州府志》为底本重印。清同治《瑞州府志》由瑞州知府黄廷金主修，共24卷，分卷首、地理、建置、食货、学校、武备、佚官、选举、人物、艺文、杂类，较为全面反映清同治以前瑞州府所辖区域的政治、经济、文化、军事以及风俗、地理、人物等各方面的情况。（朱岳）

【乾隆《济宁直隶州志》（点校版）出版】 1月，山东省济宁市史志办主持整理的乾隆《济宁直隶州志》（点校版）由天津古籍出版社出版。该书分上、中、下三册，是继2017年康熙《济宁州志》点校版出版后，完成整理的第2部市级旧志。该志34卷，首一卷，清胡德琳修，蓝应桂续修，周永年、盛百二纂。该志继康熙《济宁州志》而修，始于乾隆三十五年（1770），同年修成志稿，未及付梓，胡德琳调任东昌府，乾隆三十八年继任蓝应桂对志稿又加增补订正，于乾隆四十三年付梓行世。卷前载胡德琳序，明旧志序3篇，州境图及八景图等图28幅。正编分纪年和舆地、建置、古迹、封建、题名、职官、选举、宦迹、人物、列女、艺文拾遗、杂缀等12门，内辖38目。全书70万字。（杜泉）

【《山东省历代方志集成》（泰安卷、威海卷、日照卷、莱芜卷、聊城卷）出版】 12月，山东省地方史志研究院整理的《山东省历代方志集成》（泰安卷、威海卷、日照卷、莱芜卷、聊城卷）由线装书局影印出版。全书收录中华人民共和国成立前历朝历代编撰、现存且可查、分散收藏在国内外的现泰安、威海、日照、莱芜、聊城区域内的各种版本的府志、县志、乡土志、专志共104种，43000余筒子页、2300余万字。（山东省地方史志研究院）

【《东明县旧志集成》（点校本）出版】 1月，山东省东明县史志办整理的《东明县旧志集成》（点校本）由线装书局出版。该志分上、中、下三册，底本依据清康熙十二年（1673）、乾隆二十一年（1756）、宣统三年（1911）刻本《东明县志》和民国22年（1933）铅印本四套《东明县志》。由于行政区划变更，今东明县西南部的焦园、长兴集、三春集、小井、刘楼等乡镇的300多个自然村民国时归长垣县管辖，点校本依据民国34年（1945）《长垣县志》，对涉及乡镇及村庄的地理、故实、文献、人物等内容进行摘选，并进行简单点校整理，附于民国《东明县志》之后。全书160余万字。（杜泉）

【《顺治祥符县志校注》出版】 8月，河南省开封市史志办与河南大学古籍校勘组联合整理的《顺治祥符县志校注》由中州古籍出版社出版。清李同亨修，张俊哲、张壮行纂，王学春、王梓楠、孟华威、杨宏校注。该志系《开封历代方志整理丛书》第三部，共6卷，卷一图考、沿革、星野、灾祥、疆域、形胜、山川、风俗、市集、关梁、古迹、陵墓、坛庙、祀祠、寺观，卷二城池、土城、县署、学署、公署、铺舍、巡警铺、街巷、里甲、户口、田土、赋役、河工、物产，卷三官师、县令、县丞、主簿、典史、教谕、训导、递运所大使，卷四荐举、进士、举人、岁贡、武科、封赠、恩荫，卷五人物、孝友、义志、隐逸、列女、游寓、方伎、仙释，卷六赋、记、序、铭、议、述、诗、补遗。全书45.6万字。

（汪朝霞）

【乾隆《杞县志（译注）》出版】 12月，河南省杞县史志办整理的乾隆《杞县志（译注）》由中州古籍出版社出版。该志共20卷12目，上起周平王，下迄乾隆六年（1741），兼收自然及社会现象，乾隆十二年（1747）刊刻。《杞县志（译注）》采用竖排版式，原文和白话文分上下栏对应编排。全书75万字。

（汪朝霞）

【《武汉珍稀地方小志丛书》出版】 年内，湖北省武汉志办、武汉出版集团整理的《武汉珍稀地方小志丛书》由武汉出版社出版。该丛书包括清嘉庆十一年（1806）《紫阳书院志略》、道光二年（1822）《灵泉山志》、同治十三年（1874）《黄鹄山志》、同治十三年《大别山志》、同治十三年《鹦鹉洲小志》、光绪八年（1882）《洪山宝通寺志》、光绪二十二年《汉口山陕西会馆志》、光绪三十一年《问津院志》、民国3年（1914）《汉口小志》、民国8年《琴台纪略》、民国14年《武昌要览》、民国15年《沙湖志》、民国17年《园林春色》、民国25年《长春观志》14种，经专家学者对文献进行标点、校勘、注释后，分为11部，以简体版形式出版。这些民修小志主要记述武汉地域风貌、山水形胜、历史建筑等，可对清末至民国时期“乱世无志”的状况作一些弥补，丰富地方史志资料。（张道旺）

【雍正《应城县志》校注出版】 1月，湖北省应城市志办校注整理的雍正《应城县志》由中国文化出版社出版。甘永椿、褚远安、刘子骧、范水松校注整理。该书以中国科学院图书馆藏雍正四年（1726）《应城县志》刻本复印本为底本进行校注，并参考有关史料。雍正《应城县志》是清李可寀履任湖广德安府应城知县期间，取康熙《应城县志》葺补重辑，详加采录，依类续入，次序成帙，雍正四年成书。全志共12卷，详细记载应城的舆图、星野、沿革、山水、城池、乡户、风俗、职官、礼仪、学校、粮赋、恤政、军旅、选举、古迹、祠庙、祥异、杂志、循迹、人物、艺文等内容。（湖北省文化和旅游厅地方志工作处）

【康熙《常宁县志》点校出版】 12月，湖南省常宁市地方志编纂室点校整理的康熙《常宁县志》由世界图书出版公司出版。清张问明修、殷铭纂，郭华清点校。该志13卷，成书于清康熙十二年（1673），目前保存下来8卷，第5、6、7、8、9卷已经佚失。该志依据清康熙十二年刻本点校。全书25万字。（任璀洛）

【《古丈坪厅志校注》点校出版】 1月，湖南省古丈县志办点校整理的《古丈坪厅志校注》由方志出版社出版。刘忠明、唐生周、程安庸、傅冠群、葛文前、彭志斌等人点校。该志由清抚民同知董鸿勋编修，成书于光绪三十三年（1907）。该志共16卷，设舆图、建置、仓储、民族、物产、祥灾、人物、艺文等板块，详述古丈坪厅自道光二年至光绪三十三年之地理、山川、民情、人物、文化等自然与社会的各方面情况。该志依据清光绪三十三年铅印本点校。全书140万字。（任璀洛）

【《肇庆历代方志集成（肇庆府部）》出版】 8月，广东省肇庆市志办编辑的《肇庆历代方志集成（肇庆府部）》由中华书局出版。府部6种分9册装订，收录明万历十六年（1588）、崇祯六年（1633），清朝康熙十二年（1673）、康熙五十八年、乾隆二十五年（1760）、道光十三年（1833）编修的《肇庆府志》，根据

"保持原貌、修旧如旧"原则编辑，在整理过程中按底本影印，不作点校。（广东省志办）

【光绪《广西通志辑要》出版】 10月，广西古籍丛书编辑委员会、广西壮族自治区志办整理的光绪《广西通志辑要》由广西人民出版社影印出版。主编梁金荣。全书17卷，首一卷，采用以地统目的整体结构，卷一、卷二为省总，卷三至卷十七依次为各府、直隶州，以下再分州、县，每地又细分18目。该书保存谢启昆《广西通志》成书以来，即嘉庆后期、道光、咸丰至光绪前期的少量史料。该书系将谢启昆《广西通志》280卷的鸿篇巨制缩减为18卷。全书50万字。（王小霞）

【光绪《宾州志》点校出版】 8月，广西壮族自治区宾阳县志办整理的光绪《宾州志》由中州古籍出版社出版。光绪《宾州志》共24卷，首一卷，以清道光《宾州志》为原本，由知州杨椿增修，邑人陆生兰增纂，有清光绪十三年（1887）刻本和民国15年（1926）铅印本两种版本。该次整理以光绪十三年刻本为底本，依照清道光耿省修的《宾州志》体例增补，对原有的或新增的史料，均予以注明。

（王小霞）

【民国《续修璧山县志稿》点校出版】 4月，重庆市璧山区志办整理的《续修璧山县志稿》由中国书籍出版社出版。该志为1917年璧山县知事曹瀛焕主持编纂，原为手工竹纸毛笔手写本，未印行，部分内容已遗失，仅存序例、职官、人物、礼俗、列女、财赋、保卫7册，由璧山区档案馆收藏。原本为竖排繁体，点校本为横排简体，对原卷目次序及内容未作变动，以最大限度保留原本历史信息为原则，除对衍、脱、讹、倒和生僻疑难字等给予校勘注释外，均不作改动。全书30万字。（罗杨）

【光绪《江津县志》点校出版】 6月，重庆市江津区档案馆整理的清光绪《江津县志》（点校本）由线装书局出版。光绪《江津县志》成书于光绪元年（1875），由时任知县王煌修，浙江道监察御史前翰林院编修袁方城纂。该次整理主要采用标点、校勘、注释等方式。全志共3卷，含序、图考、天文、地舆、职官、赋役、典礼、风俗、选举、士女、艺文等内容。全书36万字。（陈秀红）

【光绪《巫山县乡土志》点校出版】 12月，重庆市巫山县点校的清光绪《巫山县乡土志》由吉林文史出版社出版。该志由清光绪年间巫山县人周宪斌编纂。该书分历史、地理、物产3卷，历史卷分政绩、兵事、耆旧、人类、户口、氏族、宗教、实业8篇，地理卷分山、水、道路3篇，物产卷分动物、植物、矿产、商务4篇。（方德琼）

【乾隆《大邑县志》校注出版】 3月，四川省大邑县志办校注整理的乾隆《大邑县志》由巴蜀书社出版。王斌校注。1988年，大邑县志办在北京故宫博物院的支持下，征集到乾隆《大邑县志》足本，并进行校注，以内部资料刊印。2018年，约请王斌以《故宫珍本丛刊》所收影印本《大邑县志》为底本，以大邑县档案局所藏抄本为参校本，并以1988年内部刊印本为参考，对乾隆《大邑县志》进行整理、校正、注释。全书25万字。（朱丹）

【道光《蓬州志》点校出版】 4月，四川省蓬安县县志编纂委员会办公室点校整理的道光《蓬州志》由中州古籍出版社出版。金生杨点校。该志资料来源于民国24年（1935）蓬安益友石印社翻印本，并参照光绪《蓬州志》等文献，对其中疑义略加校注说明，所据道光本偶有残蚀，则直接据民国石印本校补。全书13万字。（朱丹）

【《旧志拾金》出版】 5月，四川省南充市嘉陵区志办整理的《旧志拾金》由山西经济出版社出版。刘尧炜等整理。该志由嘉庆《南充县志》嘉陵区内容录注而成，分为舆地志、建置志、赋役志、职官志、选举志、人物志、艺文

志7节，随文配图120余幅，对南充市嘉陵区的地理、人文、经济、风物等进行详细记载。全书23万字。 （朱丹）

【乾隆《威远县志》点校出版】 8月，四川省威远县史志办点校整理的乾隆《威远县志》由中州古籍出版社出版。该志由威远县史志办组织专业人员对乾隆《威远县志》进行点校、整理出版。该志初由明中叶邑令汪鲸纂修，后经清代乾隆威远县令李南晖重修，是威远县现存最早的一部志书，共分8卷，卷首为序、修纂姓氏、凡例、篇目次第说、诸图，正文分天文志、地理志、建置志、官师志、食货志、典礼志、人物志、艺文志。全书29.7万字。

（朱丹）

年鉴编纂与出版

·年鉴创刊出版

【《故城年鉴（2019）》创刊出版】 8月，河北省故城县委、县政府主办，县地方志编纂委员会编纂的《故城年鉴（2019）》由中国文史出版社创刊出版。主编刘石营。该年鉴卷首设特载、专记、大事记，在县情概览中记述地理、自然灾害、非物质文化遗产、名优特产、风景名胜、文物古迹、故城名人等内容，图片100多幅。全书54万字。（邢素丽）

【《元宝山年鉴（2019）》创刊出版】 6月，内蒙古自治区赤峰市元宝山区志办编纂的《元宝山年鉴（2019）》由中国文史出版社创刊出版。主编赵晓杰。该卷年鉴设特载、大事记、元宝山概况、党政机关、民主党派·群众团体、军事、政法、农业、工业、国内外贸易、综合管理、财政·税务·审计、金融·保险、城乡建设·环境保护、交通·邮电、旅游、教育·科技、文化、卫生·体育、社会管理·人民生活、镇乡街道办事处概况、人物、统计资料、文献选编24个类目，类目以下按行业设分目。全书35.8万字。（袁洪军）

【《昆山经济技术开发区年鉴（2019）》创刊出版】 11月，江苏省苏州市委昆山经济技术开发区工作委员会、开发区管理委员会主办，开发区年鉴编纂工作领导小组主持，开发区党政办公室和年鉴编辑部编纂的《昆山经济技术开发区年鉴（2019）》由广陵书社创刊出版。主编管文乾。该卷年鉴卷首设开发区风貌、重大活动、实事工程、企业风采专题图片，设工业、经济贸易、人才科技、规划建设、环境保护、文化、人物等32个类目，其中口岸为特色类目。全书42.6万字。（陈晓婧）

【《巴城年鉴（2019）》创刊出版】 9月，江苏省昆山市巴城镇党委、镇政府主办，巴城年鉴编纂委员会承办，巴城镇志办编纂的《巴城年鉴（2019）》由广陵书社创刊出版。主编王晔。该卷年鉴卷首设巴城风貌专题图片，设军事·法治、农业、工业、建筑业·房地产业等30个类目，其中昆曲小镇、阳澄湖大闸蟹、老街保护为特色类目。全书44.5万字。

（陈晓婧）

【《锦溪年鉴（2019）》创刊出版】 11月，江苏省昆山市锦溪镇党委、镇政府主办，《锦溪年鉴》编纂委员会主持，《锦溪年鉴》编辑部编纂的《锦溪年鉴（2019）》由广陵书社创刊出版。主编田野。该卷年鉴卷首设锦溪风貌专题图片，设平安建设、经济发展、商贸服务业、城镇建设、综合经济管理、文化体育、荣誉榜等26个类目，其中休闲旅游为特色类目。全书38.1万字。（陈晓婧）

【《淀山湖年鉴（2019）》创刊出版】 12月，江苏省昆山市淀山湖镇党委、镇政府主办，《淀山湖年鉴》编纂委员会主持，镇志办负责编纂的《淀山湖年鉴（2019）》由广陵书社创刊出版。主编朱叶华。该卷年鉴卷首设淀山湖速览、淀山湖风貌、重大活动、主题活动、戏曲之乡、新农村建设专题图片，设镇域概貌、人居环境、商贸服务业、旅游业、综合经济管理、民政、人物·荣誉等28个类目。全书

42.6 万字。（陈晓婧）

【《大泗年鉴（2018）》创刊出版】 4月，江苏省泰州市大泗镇党委、镇政府主办，《大泗年鉴》编纂委员会编纂的《大泗年鉴(2018)》由南京出版社创刊出版。主编徐田昊。该卷年鉴设特载、聚焦大泗、印象大泗、实力大泗、特色大泗、宜居大泗、平安大泗、幸福大泗、组织机构、基层社区、人物、附录等类目，在特色大泗类目记述大泗中药养生小镇、医疗器械产业两个地方特色内容。全书20万字。（陈晓婧）

【《秀洲年鉴（2019）》创刊出版】 12月，浙江省嘉兴市秀洲区委、区政府主办，区史志编纂委员会编纂的《秀洲年鉴（2019）》由中华书局创刊出版。主编吴海红。该年鉴框架设计为小编体结构，卷首设数字秀洲、彩照、地图、特载、大事记、专文，正文设34个类目226个分目1226个条目，卷尾设附录、统计公报、文件选编、索引。全书93万字。

（嘉兴市史志办）

【《双峰年鉴（2018）》创刊出版】 9月，湖南省双峰县委、县政府主办，县史志办编纂的《双峰年鉴（2018）》由湖南地图出版社创刊出版。主编罗平原。该卷年鉴设特载、大事记、概况、政治、经济、文化、社会、乡镇概况、附录9个类目，下设49个分目1007个条目，收录图片75幅，表格10张。全书65万字。

（罗平原）

【《琼中年鉴（2019）》创刊出版】 12月，海南省琼中黎族苗族自治县委党史县志研究室编纂的《琼中年鉴（2019）》由南海出版公司创刊出版。该卷年鉴设特载、特辑、琼中概览、政治、群众团体、军事、法治、经济、城乡建设、交通邮电通信、金融保险、国民经济管理、文教科技卫生、社会事业、乡镇农场、大事记、文献选编、统计资料、附录等类目，后附索引。全书80万字。（黎美君）

【《岗巴年鉴（2018）》创刊出版】 4月，西藏自治区岗巴县委主办、县政府办公室编纂的《岗巴年鉴（2018）》由西藏人民出版社创刊出版。该卷年鉴设特载、概览、大事记、政治、人民团体、法治、军事、经济综合管理、农牧林水、交通·通讯、城建·环保、财税金融、教育·文化·科技、卫生、社会生活、乡(镇)、附录、文献选辑、统计资料等类目，图片170幅。全书25万字。（王梅洁）

【《康马年鉴（2018）》创刊出版】 6月，西藏自治区康马县委、县政府主办，县志办编纂的《康马年鉴（2018）》由中州古籍出版社创刊出版。该卷年鉴有彩插62面，插图124幅，设特载、综述、党务政务、法治、军事、经济综合管理、社会事业、乡镇概况、附录等类目。全书46万字。（王梅洁）

【《吉隆年鉴（2018）》创刊出版】 8月，西藏自治区吉隆县志办编纂的《吉隆年鉴(2018)》由西藏人民出版社创刊出版。该卷年鉴设特载、大事记、综述、政党政务、人民团体、法治、军事、综合经济管理、农牧林水、交通通信、住建环保、商贸流通、财税金融、教育文化卫生、社会生活、乡镇、附录17个类目，后附索引。全书51万字。（王梅洁）

【《第二师铁门关市年鉴（2018）》创刊出版】 6月，兵团第二师铁门关市政府主管、师市办公室主办、师市史志编纂委员会编纂的《第二师铁门关市年鉴（2018）》由中国社会科学出版社创刊出版。该卷年鉴设38个类目，图片专栏选用第二师铁门关市各行各业有特色的照片200余幅，随文插图60余幅。全书105.9万字。（第二师铁门关市史志办）

·省级综合年鉴出版

【《北京年鉴（2019）》出版】 11月，北京市委党史研究室、市地方志编纂委员会主办，北京年鉴社编纂的《北京年鉴（2019）》出版。

该卷年鉴设首批北京市级机关迁往城市副中心、中非合作论坛保障、北京城市副中心控制性详细规划（街区层面）（2016年—2035年）规划图等6个卷首图片专题。根据北京市经济社会发展和机构改革情况，新增人物·荣誉类目；调整部分类目，将卫生·计生调整为卫生类目，城市规划调整为城市规划和国土资源类目。全书164万字。（胡鹤凡）

【《天津年鉴（2019）》出版】 12月，天津年鉴社主办的《天津年鉴（2019）》出版。该卷年鉴对前卷部分内容进行调整，取消主流媒体看天津类目，部分类目更名，增加、调整、合并部分分目。全书160万字。（唐旗）

【《河北年鉴（2018）》出版】 4月，河北省政府办公厅主管、省志办主办的《河北年鉴（2018）》出版。主编吴晓华、殷政年，执行主编王蕾。该卷年鉴记录2017年度河北省自然、政治、经济、文化、社会等方面取得的新成就、新经验，客观反映新问题。全书142.7万字。（邢素丽）

【《山西年鉴（2019）》出版】 11月，山西省委、省政府主管，省委党史研究院（省地方志研究院）主办、编纂的《山西年鉴（2019）》由方志出版社出版，主编高生记。该卷年鉴设38个类目，下设228个分目52个次分目1596个条目。该卷年鉴根据情况适当调整，原“中国共产党山西省纪律检查委员会山西省监察委员会”类目改为“纪检　监察”；“开发区”类目撤销，内容并入“转型综改示范区”；“无线电　通信　邮政”类目改为“信息服务业”，并对类目排序进行调整。全书175万字。（沈乔　张文娟）

【《内蒙古年鉴（2019）》出版】 年内，内蒙古自治区政府主管、自治区地方志编委会主办的《内蒙古年鉴（2019）》出版。该卷年鉴对内容进行扩充，增加随文图和表格，加大信息容量，下设5000余个条目。全书150万字。（齐迎春）

【《吉林年鉴（2019）》出版】 12月，吉林省政府办公厅主管、省地方志编纂委员会主办的《吉林年鉴（2019）》出版。该卷年鉴设特载、专文、大事记、概览、政治、法治、军事、经济、城乡建设、生态、科技、教育、文化卫生体育、社会生活、市县概览、人物、文献、附录18个类目，下设91个分目423个次分目3166个条目，图片272幅。卷首用8个专题集中展现吉林省经济社会发展主要指标、回眸40年、融入“一带一路”建设、对口合作、创新驱动发展、文化交流、乡村振兴、“感动吉林”年度人物等。全书162万字。（闫佳函）

【《黑龙江年鉴（2019）》出版】 9月，黑龙江省委主管、中共黑龙江省委史志研究室主办的《黑龙江年鉴（2019）》出版。主编何伟志。该卷年鉴设34个类目，下设384个分目2204个条目，系统记载2018年黑龙江省自然、政治、经济、文化、社会和生态文明等方面的情况，以及在全面建成小康社会进程中取得的新变化、新进展和新成绩。全书151.8万字。（徐萍　杜胜男）

【《上海年鉴（2019）》出版】 12月，上海市志办主管主办、《上海年鉴》编纂委员会编纂的《上海年鉴（2019）》出版。该卷年鉴设45个类目，下设267个分目1513个条目（包括资料条目22个），收录表格192张，图片520幅，附主题索引、资料索引、表格索引、图片索引。该卷年鉴设《中国（上海）自由贸易试验区建设》《全面建设具有全球影响力的科技创新中心》《推动长三角区域一体化发展》《首届中国国际进口博览会》4篇特记。刊载《打响上海“四大品牌”建设》《优化上海营商环境》《推进政务服务“一网通办”》《崇明世界级生态岛建设》《上海抵御台风纪实》《上海市市长国际企业家咨询会议三十年》6篇专文。全书150万字。（王师师）

【《上海年鉴（2019）》（英文版）出版】 9月，上海市志办主管、主办，《上海年鉴》编纂委员会编纂的《上海年鉴（2019）》（英文版）出版。该卷年鉴设申城速览、上海概览、上海大事年表、政党政权、司法、经济、金融、旅游、环境保护、城市建设与管理、交通运输、科技、教育、文化、卫生、体育、社会生活、友好往来、在上海的外籍人士等类目。在11月5日至10日举行的第二届中国国际进口博览会上，配送进博会新闻中心200册。

（王师师）

【《江苏年鉴（2019）》出版】 12月，江苏省政府办公厅主管、省志办主办、江苏年鉴杂志社编纂的《江苏年鉴（2019）》出版。主编牟国义。该卷年鉴卷首设专题图片、特载、大事记、省情概览，正文设政治、法治、军事、公共管理、宏观经济、农业、制造业、服务业、开放型经济、国际（地区）交流、基础设施、城乡发展、区域发展、生态环境、科学技术、教育、文化、医疗卫生、体育、人力资源、收入与消费、社会保障、公共安全、市县发展等类目，卷尾设附录、索引，收录条目2002个，表格、名录290份，“延伸资料”40个，引用“参考文献”46份，选用图片316幅。与2018年卷相比，该卷年鉴省情概览类目下设内容重新分类，经济结构改为宏观经济，农业按产业体系、生产体系、经营体系编排，城市公共交通、人力资源服务分别归入城乡发展和服务业，文化艺术与大众传媒合并为文化，安全生产分目内容重新调整，军事类目编排前置；特载收录中华人民共和国成立70年来江苏经济社会发展成就资料，专题图片设置年度要闻、改革开放40年经典纪实、致敬改革者、运河影像4个专题。全书165万字。（陈晓婧）

【《江苏年鉴（2018）》（英文版）出版】 12月，江苏省志办编纂的《江苏年鉴（2018）》（英文版）由江苏凤凰科学技术出版社出版。该卷年鉴从《江苏年鉴（2018）》中择取约20万字翻译而成，设江苏概况、2017年江苏大事记、年度回顾、附录和索引5个部分，其中年度回顾为年鉴内容主体，涵盖地方组织机构、法治、国际（地区）交流、收入与消费、公共管理、经济、制造业、服务业、农业、开放型经济、基础设施、生态环境、城乡发展、科学技术、教育、文化艺术、大众传媒、医疗卫生、体育、人力资源、社会保障、社会组织与服务、公共安全23个类目，在部分类目之后，特设延伸阅读资料单元9个，选用表格、名录41份。（陈晓婧）

【《安徽年鉴（2019）》出版】 12月，安徽省政府主管、《安徽年鉴》编辑部编纂的《安徽年鉴（2019）》出版。主编程中才。该卷年鉴除特载和附录外，设43个类目365个分目1910个条目，图片269幅。卷首有专题图片，增加全省宏观资料，压缩部分微观资料，随文图表资料更加贴近事业发展；增设“缩略语”，单独收录正文中使用频率较高、涉及全局性的重要缩略语。全书158万字。（程正周）

【《福建年鉴（2019）》出版】 12月，福建省委、省政府主办，福建年鉴编纂委员会编纂，福建年鉴社承编的《福建年鉴（2019）》由福建人民出版社出版。该卷年鉴设福建名片、福建要闻、特载、八闽关注、大事记、省情概貌等45个类目。该卷年鉴在框架设计上力求突出体现福建特色，重点突出体现福建机构改革变化情况，新增或升格设应急管理、市场监督、自然资源管理、生态环境等类目，突出体现政府职能优化；突出做好福建省改革开放40周年的资料收集和专题记述，增加设置改革开放40年专题和改革开放40周年侧记；突出记述社会民生热点焦点，在八闽关注类目中翔实记述首届数字中国建设峰会、福建省十六届运动会、福建动车“闭环”、东港石化碳九泄漏事故等年度热点焦点事件。全书秉承实事求是、客观公正的理念，紧扣发展主题，把握时代脉搏，凸显地方特色，全方位、多层次、宽领域地反映福建省发展历程，在宣传福建、服务社会、存史资政等方面发挥积极作用。全书

140万字。（吴朝庭）

【《江西年鉴（2019）》出版】 11月，江西省政府主办、省地方志编纂委员会编纂的《江西年鉴（2019）》由线装书局出版。主编易炼红。该卷年鉴设53个类目，根据机构改革情况，对前卷框架作局部调整，增设应急管理、退役军人事务管理2个类目。全书189.6万字。

（朱岳）

【《山东年鉴（2019）》出版】 12月，山东省地方史志研究院编纂的《山东年鉴（2019）》由山东年鉴社出版。该卷年鉴设特载、大事记等35个类目，框架设计在保持相对稳定的基础上作适当调整，增加齐鲁文化、农业科研、物流、餐饮住宿、家政、物业管理等方面的内容。卷首设重要活动、图说山东改革开放40年、数说山东改革开放40年图片专版，收录儒商大会2018、首届中华全国工商业联合会主席高端峰会、香港山东周等规格高、影响大的重要活动，以数字和图片的形式反映改革开放40年来山东取得的辉煌成就。内文插入代表类目特色、具有重要现实意义和存史价值的随文图片150幅，收录表格72张，使用二维码10个。全书140万字。（宋涛）

【《河南年鉴（2019）》出版】 12月，河南省政府办公厅主管、省史志办编纂的《河南年鉴（2019）》出版。该卷年鉴设特载、省情概览、出彩中原建设、大事记、政治、军事、法治、经济管理、财税金融、农业、工业、服务业、基础设施、住房和城乡建设、科技、文化·旅游、生态环境、教育、社会生活、市县概况、附录21个类目，下设117个分目1992个条目，收录图片167幅、表47张。卷首设编辑说明、《河南年鉴》编辑委员会、《河南年鉴》编辑人员、《河南年鉴》撰稿人名单、目录，卷尾附索引。全书130万字。（马俊明）

【《湖北年鉴（2019）》出版】 10月，湖北省政府主管、省文化和旅游厅主办的《湖北年鉴（2019）》由湖北年鉴社出版。主编别必雄。该卷年鉴设15个类目36个分目1900多个条目，卷首有彩图45幅，内文收录表格72张、图片85幅。为便于读者查询使用，书后附全书内容索引，并附电子光盘。全书190万字。

（湖北省文化和旅游厅地方志工作处）

【《湖南年鉴（2019）》出版】 12月，湖南省政府主办、省地方志编纂委员会编纂的《湖南年鉴（2019）》由湖南年鉴社出版。主编邓建平。该卷年鉴设特载、特稿、大事记、湖南概况、政治、军事、法治、综合监督管理、两型社会建设、区域开发与园区经济、农业·林业·水利、工业、城乡建设与房地产·环境保护、交通·邮政·通信、国内贸易、对外经济贸易、旅游业、财政·税务、银行·保险·证券、民营经济、科学技术与科技服务、社会科学、教育、文化事业、新闻出版广电、文学艺术、卫生和计划生育、体育、社会生活、市州县概况、人物、政策法规选登32个类目，下设190个分目142个次分目1949个条目，收录表格74张。卷首设湖南省行政区划图、数字湖南、统计示意图及公益宣传性质彩色专题图片，卷末附主题索引。全书190万字。

（张征远）

【《广东年鉴（2019）》出版】 10月，广东省政府主管、省志办主办的《广东年鉴（2019）》出版。主编马兴瑞。该卷年鉴设概貌、大事记、年度关注、政治、经济、文化、社会、生态环境、市县（区）、人物、文献专载·调研报告、统计资料、附录13个类目，下设91个分目219个次分目1770个条目。文献专载类目收录省委书记李希在广东省庆祝改革开放40周年大会上的讲话，在彩图专辑设立改革开放40周年专辑，以图为主展示广东改革开放40年走过的光辉历程，先进模范人物分目设立改革先锋次分目，收录7名改革先锋。年度关注类目对应广东省委十二届四次全会提出的“1+1+9”工作部署确定选题，设专文13篇。对应2018年省级机构改革情况，创新年鉴框架设计和内容记述，多个分目与次分目易名；设立15条热门资料链接；在部分次分目设置“全国排头兵”提示语，反映广东各行业、各领域和各地区居全国前列的指标、先行先试举措等特色、亮点。全书174.8万字。

（广东省志办）

【《广西年鉴（2019）》出版】 12月，广西壮族自治区地方志编委会编纂的《广西年鉴（2019）》由广西年鉴社出版。主编梁金荣。该卷年鉴设特载、概况、政治、法治、军事、经济、产业、自然资源·建设·生态环境、教育、科学、文化、卫生健康、体育、民族、社会生活、市县（区）、人物、大事记、统计资料、附录20个类目，图片400多幅、表格近140个。该卷年鉴结合2018年机构改革及时政热点，在图片专辑增设自治区党委、自治区人民政府重大决策部署及全面深化改革专题，在法治类目增设扫黑除恶内容，在军事类目增设边海防管理、交通战备、军民融合发展内容，经济管理与监督分目下增设营商环境建设内容，信息产业分目增设数字广西建设、中国—东盟信息港建设内容等。卷首设目录，卷尾附索引。全书200万字。（梁昕）

【《海南年鉴（2019）》出版】 11月，《海南年鉴》编纂委员会编纂的《海南年鉴（2019）》由海南年鉴社出版。该卷年鉴设图片专题、特载、专记、概况、经济、政治、法治、文化、社会、生态建设、市县、人物、大事记、附录、索引15个类目。收录新闻图片64页，市县宣传图片200页。全书188万字。

（黎美君）

【《海南年鉴（2019）》中文简本出版】 11月，《海南年鉴》编纂委员会和海南年鉴社编纂的《海南年鉴（2019）》中文简本由海南年鉴社出版。该简本由《海南年鉴（2019）》中的重要内容、关键资料、核心数据等精选并结集而来，设数知海南、大事记、十大新闻、省情概况、经济、政治、文化、社会、生态文明、附录等类目。全书68万字。（黎美君）

【《海南年鉴（2019）》英文简本出版】 12月，《海南年鉴》编纂委员会编纂的《海南年鉴（2019）》英文简本由海南年鉴社出版。该英文简本设海南概况、经济建设、政治建设、文化建设、社会建设、生态文明建设、大事记、附录8个类目。全书中文字数约15万字。

（黎美君）

【《重庆年鉴（2019）》出版】 11月，重庆市政府主管、主办，市志办编纂的《重庆年鉴（2019）》出版。主编欧顺清。该卷年鉴设特载、特辑、大事记、重庆概貌、专文、经济建设、政治建设、文化建设、社会建设、生态文明建设区县（自治县）、人物光荣榜、统计资料、附录等部分，下设33个类目268个分目，前置彩图57幅，内文插图60幅。版面版式由前卷的两栏改为三栏。全书165.5万字。

（熊英）

【《四川年鉴（2019）》出版】 12月，四川省政府办公厅主管、省志办主办的《四川年鉴（2019）》由四川年鉴社出版。该卷年鉴设特载、大事记、天府概貌、政治、经济管理、产业发展、非公有制经济、市场建设、开放合作、城乡建设、教育、科学技术、文化、卫生·体育、社会生活、扶贫开发、生态、人物、市（州）概况19个类目，并设有延伸阅读资料。该卷年鉴设四川风貌和数字四川图片专辑，刊载有习近平总书记到四川视察、四川改革开放40年成就辉煌、加快构建“5+1”现代产业体系、年度要闻、大美四川等内容，配有各类型图表100余张，配套制作全文光盘，并同时增设二维码等新媒体阅读途径。全书200万字。（李果）

【《贵州年鉴（2019）》出版】 11月，贵州省档案馆（省志办）主管、主办的《贵州年鉴（2019）》由贵州年鉴编辑部出版。总编梁贵钢。该卷年鉴设特载、大事记·要闻、贵州概况、中国共产党贵州省委员会、贵州省人民代表大会及其常务委员会、贵州省人民政府、中国人民政治协商会议贵州省委员会、中国共产党贵州省纪律检查委员会贵州省监察委员会、民主党派·工商联、人民团体、军事、法治、民族·宗教、经济管理与监督、财政·税务、金融、农业、脱贫攻坚、工业、大数据产业、建设·环保、旅游业、交通运输·邮政、商务、非公有制经济、教育、科学技术、社会科学、文化·文学艺术、新闻出版·广播影视、卫生和计划生育·体育、社会生活、市州县区概况、人物、经济社会发展统计资料、附录36个类目，下设275个分目2459个条目，表格232张，内文插图100多幅；卷首设贵州一览（2018）、图片专辑、编辑说明，卷末附条目索引。图片专辑收录图片132幅，设贵州要闻、年度特辑、省情概况3个专题。全书243万字。

（王鸿）

【《云南年鉴（2019）》出版】 10月，云南省政府主管主办、云南年鉴社编纂的《云南年鉴（2019）》出版。该卷年鉴设特载、大事记、云南省概况、政治、军事、法治、民族·宗教、经济管理与监督、农业、工业·信息产业·无线电管理、交通运输·邮政、建设·环保、旅游业、烟草业、财政·税务、金融、贸易·经济合作、科学、教育、文化、卫生·体育、社会生活、人物、州市概况、经济社会统计资料、附录26个类目，下设2123个条目。该卷年鉴电子版除记录纸质年鉴图文资料外，还配有云南民歌、云南自然风光和民族风情图片等音频、视频资料。全书165.9万字。（范锐超）

【《西藏年鉴（2018）》出版】 7月，西藏自治区志办编纂的《西藏年鉴（2018）》由西藏人民出版社出版。该卷年鉴设特载、大事记、概貌、中共西藏自治区委员会、人大工作、政府工作、人民政协、军事、法治、社会团体、对口援藏、经济建设、脱贫攻坚、旅游文化、生态环保、国土资源·地质矿产勘查、社会生活、地市·县区、人物等类目。卷首专题图片128幅，正文随文图片150幅。全书120万字。

（王梅洁）

【《陕西年鉴（2019）》出版】 11月，陕西年鉴编纂委员会编纂的《陕西年鉴（2019）》由陕西年鉴编辑部出版。该卷年鉴设特载、陕西概览、专文、大事记等43个类目，收录有关重要法规决定以及陕西省各市（区）和全国各省（市、自治区）主要经济社会指标、各类公报等，卷首有目录，卷尾附索引。全书120万字。

（范锐超）

【《甘肃年鉴（2019）》出版】 10月，甘肃省政府主管、省史志办主办的《甘肃年鉴（2019）》由甘肃民族出版社出版。总编张军利，主编王文生。该卷年鉴设特载、专记、大事记、省情概览等31个类目。与上一卷年鉴相比，该卷年鉴特载记载从“内陆腹地”到“开放前沿”——甘肃省扩大对外开放40年综述；专栏反映甘肃经济发展40年变化、甘肃2018年各地GDP情况、2018年甘肃省1—12月一般公共预算收支等具有年度特色的内容；专记类目记载脱贫攻坚·产业扶贫、交通扶贫、住房扶贫、助推脱贫、生态治理等；专记记载甘肃绿色农产品发展纪实、甘肃农业特色产业发展等；正文加大对农林 水利、重要节会、文化 旅游、环境保护等地域特色内容的记述分量。专栏反映甘肃城乡居民消费40年变化，专记记载改革开放40年甘肃农村居民收支变化情况、改革开放40年甘肃城乡居民消费变迁等。全书145.2万字。（王文生）

【《青海年鉴（2019）》出版】 12月，青海省地方志编委会主办、青海年鉴社编纂的《青海年鉴（2019）》出版。该卷年鉴设特载、专记、概况、大事记、省级部门组织机构及领导名录、政治、军事、法治、经济、社会事业、市（州）概览、集体·人物、统计资料、地方性法规14个类目，前设目录，后附索引。较上一年卷，该卷年鉴根据全省机构改革情况，对部分分目设置做微调，以专记形式系统记述

"三区建设"（建设国家循环经济发展先行区、全国生态文明建设先行区和民族团结进步示范区）年度进程；在动态信息中设置全面深化改革工作、网络安全和信息化工作、三江源保护区管理、扶贫开发等条目；在经济类目设置经济开发区等分目；各县级行政区统一设置概况、主要经济指标2个条目。卷首专题图片设青海省地图、数字青海、发展足迹、会展活动、文化艺术、体育赛事、生态环保、社会生活8个专题。全书83万字。（王韬）

【《宁夏年鉴（2019)》出版】 12月，宁夏回族自治区政府主办，区地方志编审委员会、区志办编纂的《宁夏年鉴（2019)》由方志出版社出版。主编杨培君。该卷年鉴设特载、宁夏回族自治区成立60周年、专文、宁夏综览、大事记、中共宁夏回族自治区委员会、宁夏回族自治区人民代表大会、宁夏回族自治区人民政府、政协宁夏回族自治区委员会、纪检监察、民主党派和工商联、社会团体、法治、军事、经济管理、金融、农业、水利、工业、交通邮政通信、商贸服务、对外经贸合作、开发区和园区建设、住房和城乡建设、自然资源管理、生态环境、教育、科学技术、社会科学、文化、出版传媒、旅游、体育、卫生、社会管理、民族宗教、市情概览、人物和荣誉、附录39个类目，下设225个分目58个次分目1887个条目，收录地图2幅、照片114幅、表格25张。卷首设公益彩页，卷末附中共宁夏回族自治区委员会第十二届委员会第六次会议公报、自治区主席咸辉在宁夏回族自治区第十二届人民代表大会第二次会议上的政府工作报告、宁夏回族自治区2018年国民经济和社会发展统计公报。首次采用随文插图、全彩印刷。全书130万字。（张明鹏）

【《新疆年鉴（2018)》出版】 6月，新疆维吾尔自治区地方志编委会编纂的《新疆年鉴(2018)》出版。该卷年鉴设概况、大事纪要、专记、中国共产党新疆维吾尔自治区委员会、新疆维吾尔自治区人大常委会、新疆维吾尔自治区人民政府、中国人民政治协商会议新疆维吾尔自治区委员会、纪检·监察、脱贫攻坚、对口援疆、民主党派、群众团体、法治、军事、外事·侨务、农业、工业、信息产业及信息化、非公有制经济、交通运输·邮政、城乡建设、旅游业、商务、经济监督管理、财政·税收、金融业、国土资源、环境保护、地震·气象、科学技术、教育、文化艺术、党史·地方志·档案、新闻出版·广播电影电视、医疗卫生、体育、民族·宗教、社会民生、地州市县概况·园区建设、新疆生产建设兵团、人物·先进集体、附录42个类目。与上一卷相比，该卷年鉴将原政党、政权·政治协商类目改为中共新疆维吾尔自治区委员会、新疆维吾尔自治区人民代表大会、新疆维吾尔自治区人民政府、政协新疆维吾尔自治区委员会4个类目，民主党派、纪检·监察单独设置类目。全书152万字。（刘博）

【《兵团年鉴（2019)》出版】 12月，兵团办公厅主办、兵团年鉴编纂委员会编纂的《兵团年鉴（2019)》出版。该卷年鉴设40个类目，下设224个分目3200个条目，收录彩页图片135幅、随文图片272幅，各类统计表、示意图87张。在保持基本框架相对稳定的前提下，该卷年鉴对部分内容进行更新、调整、充实。全书170.9万字。（周鑫）

·地市级综合年鉴出版

【《秦皇岛年鉴（2019)》出版】 12月，河北省秦皇岛市政府主办、市志办承编的《秦皇岛年鉴（2019)》由河北人民出版社出版。主编孙继胜。该卷年鉴设专记、大事记、市情综述、中共秦皇岛市委员会、秦皇岛市人民代表大会、秦皇岛市人民政府、政协秦皇岛市委员会、政法·国防、民主党派·工商联、人民团体、城乡建设、旅游业、工业、邮电通信业、商贸流通业、交通运输业、金融业、农业·农村、经济开放·口岸管理、社会事业、社会生活、县区概况、人物、荣誉、附录等类目。全

书 83.3 万字。（邢素丽）

【《邯郸年鉴（2019）》出版】 11 月，河北省邯郸市政府主办、市志办编纂的《邯郸年鉴（2019）》由中国文史出版社出版。主编杨富中。该卷年鉴设特载、大事记、市情概览、市委、市人大、市政府、市政协以及农业、工业、城建、县（市、区）概况等类目，分别记载邯郸市各项事业 2018 年度主要状况。卷末设资料辑存，选辑邯郸市人民政府令、全市主要经济资料等。全书 93.6 万字。（邢素丽）

【《邢台年鉴（2019）》出版】 10 月，河北省邢台市政府主办、市志办编纂的《邢台年鉴（2019）》由河北人民出版社出版。主编孟朋文。该卷年鉴设特载、大事记、邢台概况、中国共产党邢台市委员会、邢台市人民代表大会、邢台市人民政府、中国人民政治协商会议邢台市委员会、民主党派·工商联、群众团体、法治、军事、综合经济管理、财政·税务、农业·水利、工业、城建·环保、交通·邮电、商贸服务业、金融·保险、教育、科学技术、文化、卫生·体育、社会生活、县（市、区）概况、年度人物、法律法规 27 个类目。全书 96.9 万字。（邢素丽）

【《廊坊年鉴（2018）》出版】 1 月，河北省廊坊市地方志编委会编纂的《廊坊年鉴（2018）》由方志出版社出版。主编王福民。该卷年鉴设特载、专题、专文、大事记、市情概览、中国共产党廊坊市委员会、廊坊市人民代表大会常务委员会、廊坊市人民政府、中国人民政治协商会议廊坊市委员会、民主党派、社会团体、法治·军事、综合行政管理、城乡建设、交通·邮政、农林·水利、工业·信息业、环境保护、旅游业、商贸流通、民营经济、财政·税务、金融、教育、文化、科学、卫生·体育、社会生活、县（市、区）、开发区建设、中央省直属驻廊坊单位、人物、附录 33 个类目，下设 248 个分目 1279 个条目。全书 136 万字。（邢素丽）

【《承德年鉴（2018）》出版】 3 月，河北省承德年鉴编纂委员会编纂的《承德年鉴（2018）》由方志出版社出版。主编奚晓红。该卷年鉴设特载、专文、大事记、概况、中共承德市委、承德市人大及其常委会、承德市人民政府、政协承德市委员会、纪检监察、民主党派、群众团体、军事、法治、综合管理、农业、工业和信息产业、旅游业、商贸流通、银行业、保险业、城乡建设·环境保护、交通、教育、科技、卫生计生、文化、社会生活、县区及承德高新区御道口牧场管理区、人物、附录 30 个类目。全书 93.7 万字。（邢素丽）

【《太原年鉴（2019）》出版】 12 月，山西省太原市委、市政府主管主办，市委党史研究室（市地方志研究室）编纂的《太原年鉴（2019）》由三晋出版社出版。主编杨云龙。该卷年鉴设 35 个类目，下设 164 个分目 47 个次分目 1558 个条目，随文插图 200 余幅，增加记载第二届全国青年运动会、庆祝太原解放 70 周年等大事，首次制作电子版 U 盘。全书 126 万字。（沈乔　张文娟）

【《大同年鉴（2019）》出版】 12 月，山西省大同市委宣传部主管、市政府主办、市委党史研究室（市地方志研究室）编纂的《大同年鉴（2019）》由方志出版社出版。主编史波。该卷年鉴设 33 个类目，实现网络版电子书、手机版、纸质版同时发行。全书 154.6 万字。

（沈乔　张文娟）

【《阳泉年鉴（2019）》出版】 11 月，山西省阳泉市委、市政府组织，市委党史研究室（市地方志研究室）编纂的《阳泉年鉴（2019）》由中共党史出版社出版。主编郭玉珠。该卷年鉴设 28 个类目，下设 173 个分目 31 个次分目 1420 个条目，书内随文配有照片、图、表 244 个。全书 100 万字。（沈乔　张文娟）

【《长治年鉴（2019）》出版】 12 月，山西省长治市委、市政府主管主办，市委党史研究室

(市地方志研究室)编纂的《长治年鉴(2019)》由中华书局出版。主编刘海峰。该卷年鉴设27个类目，下设172个分目33个次分目1437个条目，表格41张，专题图片36幅、随文插图162幅，手机版和“长治市情网”网页版与纸质书籍同时发布。扉页上均印制二维码和网址，可在手机上扫码阅读，也可以打开“长治市情网”阅读网页电子书。全书80万字。 (沈乔　张文娟)

【《晋城年鉴(2019)》出版】 11月，山西省晋城市委、市政府组织，市委党史研究室(市地方志研究室)编纂的《晋城年鉴(2019)》由方志出版社出版。主编邵俊生。该卷年鉴设27个类目，下设131个分目32个次分目1389个条目，在“晋城在线”政府网站发布电子书，并在纸质书上印制二维码和网址。全书65.2万字。 (沈乔　张文娟)

【《临汾年鉴(2019)》出版】 12月，山西省临汾市委主管，市委党史研究室(市地方志研究室)主办、编纂的《临汾年鉴(2019)》由方志出版社出版。主编屈波。该卷年鉴设34个类目，下设231个分目30个次分目1850个条目，收录图片和统计表157个，增加专记，编录全市“强化责任、严守纪律、树好形象”专项治理活动、2018山西省旅游发展大会、临汾市博物馆建设三项内容。全书97.3万字。 (沈乔　张文娟)

【《呼和浩特年鉴(2019)》出版】 12月，内蒙古自治区呼和浩特市志办编纂的《呼和浩特年鉴(2019)》由内蒙古大学出版社出版。主编王珺。该卷年鉴设特载、大事记、政治、法治、军事、经济管理与监督、工交邮电、金融、商贸流通、农牧林水、城建环保、科教文卫体、旗县区、附录等类目。全书79万字。 (徐曼雅)

【《包头年鉴(2019)》出版】 12月，内蒙古自治区包头市志办编纂的《包头年鉴(2019)》由内蒙古人民出版社出版。主编胡云晖。该卷年鉴设特载、大事记、政治、军事、经济、科教文卫体、开发区、旗县区和附编(彩页)9个类目。全书60万字。 (刘琼)

【《兴安年鉴(2019)》出版】 12月，内蒙古自治区兴安盟志办编纂的《兴安年鉴(2019)》由中共党史出版社出版。主编岳晓勇。该卷年鉴设特载、大事记、概况、人物荣誉、附录等11个类目。全书设置体现“老、少、边、穷”地区特点的条目；设人物荣誉类目，突出在时代和社会发展中发挥重要作用的人物，尤其是小人物对社会的影响和推动作用，彰显以人为本的特点。全书50万字。 (包美娜)

【《赤峰年鉴(2019)》出版】 12月，内蒙古自治区赤峰市政府主办、市志办编纂的《赤峰年鉴(2019)》由中国文史出版社出版。主编袁洪军。该卷年鉴设特载、大事记、市情概况等24个类目，详细记述农业、工业、商业、旅游业、金融业等各行业发展情况。收录全市劳动模范、见义勇为等英雄模范人物的先进事迹。全书60万字。 (袁洪军)

【《沈阳年鉴(2019)》出版】 9月，辽宁省沈阳市委党史研究室(市志办)编纂的《沈阳年鉴(2019)》由沈阳出版社出版。该卷年鉴收录图片190幅，客观记述沈阳市2018年政治、经济、文化、社会、生态等方面的大事、要事、新事。该卷年鉴将年度最具影响力、最具代表性的大事集中展示在封面上，以书笺、沈阳故宫大政殿为主要元素，设计《沈阳年鉴》的文化标识。封底首次印制数字图书二维码，读者通过扫码即可进行阅读。全书95万字。 (李琳)

【《大连年鉴(2019)》出版】 12月，辽宁省大连市委员会主管、市档案馆(中共大连市委党史研究室、市志办)主办的《大连年鉴(2019)》出版。该卷年鉴设特载、概貌、大事记、中国共产党大连市委员会、大连市人民代表大会、大连市人民政府、中国人民政治协商会议辽宁省大连市委员会、中国共产党大连市纪律检查委员会大连市监察委员会、民主党派·群众团体、法治、军事、农业、工业、建筑业·房地产业、城市建设与管理、环境保护、交通·邮政、信息业、商贸服务业、会展·广告、旅游业、对外经济贸易、国内经济合作、口岸·海关、财政·税务、金融业、经济管理与监督、科学技术、社会科学、教育、文化、卫生·计划生育、体育、社会保障、社会生活、对外开放先导区、区市县、人物、经济社会统计资料和附录40个类目，下设223个分目20个次分目2149个条目，随文附图165幅、表格145个、相关链接10个。在卷首专题图片部分，除收录《大连市城区图》《大连市地图》两张地图外，特设数字大连（2018）、创新、协调、绿色、开放、共享6个专题。有目录、索引两套检索系统，随书附有电子光盘。全书148.8万字。 （刘成）

【《鞍山年鉴（2019）》出版】 12月，辽宁省鞍山市政府主办、市史志办编纂的《鞍山年鉴（2019）》由沈阳出版社出版。主编赵国辉。该卷年鉴设34个类目，下设177个分目47个次分目1374个条目，图表25张，随文照片158幅。针对机关事业单位改革，该卷年鉴重新调整框架，增加对鞍山市国有重点行业和重点企业的记述。全书95万字。 （鞍山市史志办）

【《本溪年鉴（2019）》出版】 12月，辽宁省本溪市委、市政府主办，市党史地方志办公室主编的《本溪年鉴（2019）》由辽海出版社出版。主编马照谦。该卷年鉴设37个类目，下设283个分目1853个条目，图片100幅。全书152万字。 （本溪市党史地方志办公室）

【《营口年鉴（2019）》出版】 12月，辽宁省营口市政府主办、市档案史志管理中心编纂的《营口年鉴（2019）》由辽海出版社出版。主编韩晓东。该卷年鉴设特载、专文、大事记、营口概貌、中共营口市委、营口市人民政府、政协营口市委员会、纪检监察、民主党派与工商联、人民团体、军事、法治、综合管理与监督、农业、工业、建筑业、房地产业、商贸服务、旅游、交通运输、财税、金融、城乡建设、生态环境、口岸、海关、科学技术、教育、文化、体育、卫生、社会生活、县（市）区、重点园区、先进集体、人物、地方文献、统计资料、附录等类目。配彩页图片61幅，内文插图42幅。全书90万字。 （李占坤）

【《朝阳年鉴（2019）》出版】 12月，辽宁省朝阳市史志办编纂的《朝阳年鉴（2019）》由吉林文史出版社出版。该卷年鉴设综述、朝阳市概况、大事记、特载、中国共产党朝阳市委员会、朝阳市人民代表大会及其常务委员会、朝阳市人民政府、中国人民政治协商会议朝阳市委员会、民主党派·工商联、人民团体、法制、军事、工业·信息产业、建筑业·房地产业、城市建设与管理、环境保护、交通·邮政·通信、国内商业·对外贸易、旅游、五大园（景）区、财政·税务、金融业、经济监督管理、教育、科学技术与科学普及、史志·档案、文化艺术、新闻出版·传媒、卫生计生·体育、社会福利救助事业、县（市）区概况、人物、专记、附录、2018年统计资料等类目，按专题形式设置12页公益彩页。全书90万字。 （朝阳市史志办）

【《吉林市年鉴（2019）》出版】 12月，吉林省吉林市政府主办、市志办编纂的《吉林市年鉴（2019）》由方志出版社出版。该卷年鉴设专文、大事记、市情概貌、中国共产党吉林市委员会、吉林市人民代表大会、吉林市人民政府、中国人民政治协商会议吉林市委员会、中共吉林市纪律检查委员会吉林市监察委员会、民主党派·工商联、群众团体、外事·侨务·港澳台事务、法治、军事、经济管理、冰雪产业、农业、工业、建筑业、商贸服务业、信息业、旅游业、金融业、房地产业、交通·邮政、经贸合作、开发园区、民营经济、城乡建设、生态建设、教育、科学技术、文化、卫生健康、体育、社会生活、区县（市）概览、人物、附录38个类目，下设301个分目1650个条目，卷首及正文使用随文图表70张、图片227幅。卷前彩页部分以江城名片、数字江城、江城映像、年度聚焦、40年回眸的形式展示吉林市年度亮点及改革开放40年吉林市发展变化情况。正文增设专文、冰雪产业、建筑业、信息业、房地产业、开放型经济、民营经济等类目。全书120万字。（付莉）

【《四平年鉴（2019）》出版】 12月，吉林省四平市政府主办、市地方志编纂委员会编纂的《四平年鉴（2019）》由吉林人民出版社出版。该卷年鉴设专文、大事记、市情概貌、中国共产党四平市委员会、四平市人民代表大会、四平市人民政府、中国人民政治协商会议四平市委员会、中国共产党四平市纪律检查委员会、民主党派、人民团体、法治、军事、经济调节与监管、农业、工业、城建·环保、交通·邮政·电信、金融业、商贸、旅游、科技、教育、文化·体育、卫生、社会生活、县（市）区概况、开发区建设、文献、附录29个类目，下设175个分目1293个条目。全书80万字。（高新茗）

【《辽源年鉴（2019）》出版】 12月，吉林省辽源市政府主办、市志办编纂的《辽源年鉴（2019）》由吉林人民出版社出版。该卷年鉴设特载、专文、大事记、市情概貌、中国共产党辽源市委员会、辽源市人民代表大会、辽源市人民政府、中国人民政治协商会议辽源市委员会、中国共产党辽源市纪律检查委员会·辽源市监察委员会、民主党派·工商联、群众团体、军事、法治、生态建设、经济管理、农业、工业、煤炭、城乡建设与管理、交通物流、邮政通信、金融、商贸服务业、旅游、科技、教育、文化体育、卫生健康、社会民生、县区开发区概况、人物、文献、附录33个类目，下设221个分目1338个条目，表格45个，卷首及专文使用图片324幅。图片和特载记述辽源市改革开放40年部分成果的回顾和对比。全书80万字。（盛宇鹏）

【《延边年鉴（2019）》出版】 12月，吉林省延边朝鲜族自治州政府主管、州志办主办的《延边年鉴（2019）》由吉林人民出版社出版。该卷年鉴设32个类目，下设254个分目1407个条目，随文图片210余幅，卷首照片37幅，设数字延边、政治生活、产业转型、脱贫攻坚、钢铁边防、全域旅游、美丽生态、文体剪影、幸福民生9个专题，以视觉语言反映延边朝鲜族自治州2018年经济发展。该卷年鉴在原有框架结构基础上，将政治、经济、文化、社会、生态领域内容进行梳理调整。全书80万字。（崔延彬）

【《白城年鉴（2019）》出版】 12月，吉林省白城市政府主办、市志办编纂的《白城年鉴（2019）》由吉林人民出版社出版。该卷年鉴设专文、大事记、市情概览、中国共产党白城市委员会、白城市人民代表大会、白城市人民政府、中国人民政治协商会议吉林省白城市委员会、中国共产党白城市纪律检查委员会、民主党派、群众团体、军事、法治、农业、工业、交通邮政通信、商贸服务业、生态文明建设、金融、住房与城乡建设、经济监督管理、教育、科技、文化体育、卫生计生、社会民生、县（市、区）开发区建设、人物、文献、附录29个类目，下设分目224个条目1409个。卷首专题图片设9个专题，收录图片58幅；随文图片256幅，使用表格24张。该卷年鉴突出白城生态特色，将生态旅游并入生态文明建设类目。全书85万字。（慕琳琳）

【《哈尔滨年鉴（2019）》出版】 12月，黑龙江省哈尔滨市委主管，中共哈尔滨市委史志研究室主办、编纂的《哈尔滨年鉴（2019）》由哈尔滨年鉴编辑部出版。主编王洪。该卷年鉴设特载、大事记、概貌、区县（市）概况、党政机关、民主党派·工商联、人民团体、法治、军事、经济监督管理、财政·税务、农业、工业、交通运输·邮政业、建筑业·房产住宅业、城乡建设、环境保护、商贸流通·服务业、对外贸易、旅游业、金融业、科学技术、社会科学、教育、文化、卫生、体育、社会民生、书目和报刊名录、附录30个类目，下设195个分目。卷首专辑设冰城夏都、工业制造、城镇新貌、生态宜居、农业发展、商贸会展、文体娱乐7个图片专题。全书107万字。

（刘新惠）

【《齐齐哈尔年鉴（2019）》出版】 12月，黑龙江省齐齐哈尔市委史志研究室编纂的《齐齐哈尔年鉴（2019）》由北方文艺出版社出版。主编马汇川。该卷年鉴设25个类目，全面记述2018年度齐齐哈尔市政治、经济、文化、科技、社会事业、人民生活等方面的基本情况。全书70万字。（徐萍　杜胜男）

【《七台河年鉴（2019）》出版】 11月，黑龙江省七台河市委史志研究室编纂的《七台河年鉴（2019）》由黑龙江人民出版社出版。主编孙增太。该卷年鉴设26个类目，系统记述2018年度七台河市行政区域内自然、政治、经济、文化、社会等方面的发展变化情况。全书93万字。（徐萍　杜胜男）

【《南京年鉴（2019）》出版】 8月，江苏省南京市志办主办的《南京年鉴（2019）》出版。主编闫文献。该卷年鉴设31个类目，收录表格120张、照片107幅。卷首图片分南京新貌、重要活动、年度精彩、幸福城市4个专题，用《改革开放铸辉煌——高质量建设“强富美高”新南京》《着力打造聚集创新资源“强磁场”》2篇专记凸显改革开放40年特色和“创新”南京这张最闪亮的“金名片”。全书106万字。

（陈晓婧　王艳荣　黄涛）

【《南京年鉴（2018）》（英文版）出版】 3月，江苏省南京市志办编纂的《南京年鉴（2018）》（英文版）出版。该卷年鉴以《南京年鉴（2018）》为基础，精选经济、政治、文化、社会、生态文明建设等方面的内容。全书设南京概览、城乡建设与管理、环境保护、江北新区、开发园区、农业、工业、商贸、旅游业、交通运输、软件和信息服务业、金融业、房地产业、会展业、经济管理与监督、地方组织机构、法治、外事·侨务·港澳台事务、教育、科技、文化、卫生、体育、社会生活、南京都市圈、大事记等类目。全书49.4万字。

（王艳荣　黄涛）

【《南通年鉴（2019）》出版】 10月，江苏省南通市委、市政府主办，市年鉴编纂委员会编纂的《南通年鉴（2019）》由江苏人民出版社出版。主编张鹏飞。该卷年鉴设市情概览、年度纪事、政治、法治、公共管理、沿海开发、园区经济、制造业、建筑业、服务业、农业、开放型经济、城乡建设、生态环境、科学技术、教育、文化、体育、医疗卫生、社会保障、公共安全、军事、辖区概况、人物等类目。卷首彩页部分增加“南通十佳名点”“南通十佳名菜”南通特色品目，卷尾设索引。全书101.7万字。（陈晓婧）

【《连云港年鉴（2019）》出版】 12月，江苏省连云港市政府主办、市史志办编纂的《连云港年鉴（2019）》由方志出版社出版。主编徐勤飞。该卷年鉴设特载、大事记、市情概览、中共连云港市委、连云港市人大、连云港市政府、政协连云港市委员会、连云港市纪委监委、民主党派·工商联、群众团体、法治、军事、经济管理、参与“一带一路”建设、连云港港、交通、海洋经济、开放型经济、农业、工业、商贸服务业、信息服务业、旅游业、房地产业、金融业、城市建设与管理、乡村建设、生态建设、科学技术、教育、文化、体育、卫生健康、收入与消费、社会事务、社会治理、区县、人物、附录39个类目，下设262个分目1075个条目，收录图片218幅，表格84张。卷首以专题图片展现山海港城的城市面貌、人民楷模王继才先进事迹、年度重大成就、中华人民共和国成立70周年连云港市发展成就。该卷年鉴设置参与“一带一路”建设、连云港港、海洋经济等类目突出地方特色，设置市县区机构改革等条目突出时代特色；装帧设计对连云港港口的新亚欧大陆桥东桥头堡标志进行抽象设计，突出城市特有元素，做到简洁、大气。全书104.4万字。

（陈晓婧）

【《盐城年鉴（2019）》出版】　11月，江苏省盐城市政府主办、市志办编纂的《盐城年鉴（2019）》由方志出版社出版。主编吴云、茆贵鸣。该卷年鉴设11编46章218节563个条目，设计各类示意图9幅、表格70张。卷首专题以图说盐城为名，设城市名片、特别报道和年度要闻3个专题，图片95幅，辅以二维码链接影像音频，展示2018年盐城黄海申遗、“两海两绿”路径、盐城城市风貌及年度重大活动、重点工程；特载以《中国黄（渤）海候鸟栖息地列入世界自然遗产名录》《壮阔七十年——盐城发展简史（1949—2019）》《盐城综合交通运输体系建设跨越升级》为专题，展示盐城发展成果。年鉴主体内容，设编、章、节三个基本层次，新增设公共管理编。以手机版的形式实现信息化无纸阅读。全书116.2万字。

（陈晓婧）

【《扬州年鉴（2019）》出版】　12月，江苏省扬州市委、市政府主办，市地方志编纂委员会编纂的《扬州年鉴（2019）》由广陵书社出版。主编韩骅、尤在晶。该卷年鉴设42个类目，下设268个分目46个次分目1989个条目，与上一卷相比，该卷年鉴新增中共扬州市纪律检查委员会、房地产业和乡村建设、新兴产业类目，设置新能源产业、新光源产业、新材料产业、智能电网、节能环保产业、生物医药产业、建筑市场、建筑装饰、建筑质量、电子信息产业、轻工业分目、会展业、居民服务业、商务服务业等分目。全书128.7万字。

（陈晓婧）

【《杭州年鉴（2019）》出版】　11月，浙江省杭州市志办编纂的《杭州年鉴（2019）》由方志出版社出版。该卷年鉴设49个类目，下设297个分目，记载2018年杭州自然、政治、经济、文化、社会和生态建设等方面的基本情况。全书139.8万字。

（蔡建明）

【《宁波年鉴（2019）》出版】　11月，浙江省宁波市志办编纂的《宁波年鉴（2019）》由宁波出版社出版。该卷年鉴设37个类目，其中卷首、卷末设6个附属类目，正文设31个类目，下设215个分目71个次分目1506个条目，表格80张，彩页图照83幅、随文图照119幅。与上一年卷相比，该卷年鉴重新排列类目顺序，新设类目6个、分目（副分目）14个、调整类目（分目）32个，部分条目下嵌子条目。生态环境保护、城市更新、大数据建设等入鉴，全面深化改革、“六争攻坚、三年攀高”抓落实专项行动、天一阁·月湖景区创建5A级景区历程被列为年度专辑。卷首专题图片新增年度关键词、年度数览、年度事览专题。全书125万字。

（高曙明）

【《温州年鉴（2019）》出版】　12月，浙江省温州市志办编纂的《温州年鉴（2019）》由商务印书馆出版。主编魏仕阔。该卷年鉴设33个类目、下设285个分目1897个条目，图26幅，表103张，随文彩照157幅。全书121万字。

（温州市志办）

【《嘉兴年鉴（2019）》出版】　12月，浙江省嘉兴市委、市政府主办，市地方志编委会编纂的《嘉兴年鉴（2019）》由中华书局出版。该卷年鉴设36个类目、下设260个分目1594个条目，表格47张。全书99万字。

（嘉兴市史志办）

【《湖州年鉴（2019）》出版】　11月，浙江省湖州市政府主办，湖州年鉴编纂委员会编纂的《湖州年鉴（2019）》由方志出版社出版。该卷年鉴设卷首、百科、卷尾三部分。卷首设特载、大事记和总述。百科部分设经济建设、政治建设、文化建设、社会建设、生态文明建设

以及县（区）6个类目，下设23个分目。卷尾设人物、统计资料、地方文编、名录。全书102.2万字。（湖州市史志办）

【《绍兴年鉴（2019）》出版】 12月，浙江省绍兴市政府主办、市地方志编纂室编纂的《绍兴年鉴（2019）》由广陵书社出版。该卷年鉴由卷首、百科、卷尾三部分组成；卷首设专题图片、地图、目录、特载、大事记和市情概要；百科部分按事物属性设36个类目，下设228个分目1417个条目；卷尾设索引。该卷年鉴收录2017年新版绍兴市政区图和市区图各1幅，宣传彩页38页，随文照片159幅，图表149张。全书100万字。（绍兴市史志办）

【《合肥年鉴（2019）》出版】 12月，安徽省合肥市委主办、市委党史和地方志研究室编纂的《合肥年鉴（2019）》由黄山书社出版。该卷年鉴设35个类目，下设230个分目1302个条目，随文图照150幅、表格74张。根据机构改革职能调整及党建发展实际，全书框架和内容在2018年卷基础上进行改革调整和创新完善，在新设合肥概览类目中增设全面从严治党分目；设立科技类目，突出合肥在创新平台、高新技术产业、国家实验室等方面的年度进展；新增改革与创新类目，突出合肥在深化改革、参与G60科创走廊建设、创新型城市建设、合肥综合性国家科学中心等方面的年度进展；设置开放与合作、工业、信息产业与信息化、商贸服务业、开发区等类目，集中展示合肥产业高地的年度进展。全书80万字。（程正周）

【《马鞍山年鉴（2019）》出版】 11月，安徽省马鞍山市委主办、市委党史和地方志研究室编纂的《马鞍山年鉴（2019）》由中共党史出版社出版。该卷年鉴设32个类目201个分目1005个条目。结合马鞍山城市特点和年度重大事件，增设图片专题和开放带动战略实施、战略性新兴产业等类目。为方便读者查阅和保存，随书配有光盘。全书70万字。（程正周）

【《六安年鉴（2019）》出版】 12月，安徽省六安市委、市政府主办，市委党史和地方志研究室编纂的《六安年鉴（2019）》由黄山书社出版。该卷年鉴设22个类目，下设223个分目1556个条目，图片703幅、图表14张，表格51张。文中首次设置二维码，提供延伸阅读。全书110万字。（程正周）

【《宣城年鉴（2019）》出版】 12月，安徽省宣城市委、市政府主办，市委党史和地方志研究室编纂的《宣城年鉴（2019）》由黄山书社出版。该卷年鉴设38个类目，下设225个分目，卷首设特载、专记、大事记，卷尾设人物、附录等。与上一卷相比，该卷年鉴在工业类目新增重点企业简介分目，党史与档案地方志内容合并，新设党史·地方志·档案类目，国家税务、地方税务类目合并为税务类目，海关监管、出入境检验检疫类目合并为海关监管类目，消防、应急管理类目内容调整至监督与管理类目；南京都市圈类目，收集苏皖八市（江苏省南京市、淮安市、镇江市、扬州市和安徽省滁州市、马鞍山市、芜湖市、宣城市）2018年重要资料，辅以适量历时信息资料，如改革开放40年宣城经济发展综述、宣城市获评美丽山水城市等连续性的工作记述，适当收录回溯性资料。卷首设推动制造业高质量发展、融入长三角一体化发展、着力推进城市建设、实施乡村振兴战略等8个专题图片，随文有插图、表格。全书69万字。（程正周）

【《亳州年鉴（2019）》出版】 9月，安徽省亳州市委、市政府主办，市委党史和地方志研究室编纂的《亳州年鉴（2019）》由方志出版社出版。该卷年鉴设33个类目，下设166个分目905个条目，收录部门图片184幅。卷首图片设数字亳州、亳州要事、药都亳州、酒乡亳州4个专题，用彩色图片展示亳州2018年度要事和“药都”“酒乡”亮点。正文设置中药业类目，突出亳州龙头产业——中药业的发展情况。全书68.9万字。（程正周）

【《龙岩年鉴（2019）》出版】　12月，福建省龙岩市地方志编纂委员会编纂的《龙岩年鉴（2019）》由方志出版社出版。该卷年鉴增加数知龙岩内容，突出市域“三大战略”“三大战役”、生态建设、客家文化等时代主题鲜明、区域特色突出的类目。全书95万字。

（欧长生　吴朝庭）

【《赣州年鉴（2019）》出版】　12月，江西省赣州市志办编纂的《赣州年鉴（2019）》由线装书局出版。该卷年鉴设41个类目，增设主攻工业、教育、卫生专记，数读赣州专栏，赣南脐橙类目。全书133万字。（朱岳）

【《济南年鉴（2019）》出版】　12月，山东省济南市委、市政府主办，市地方史志研究院编纂的《济南年鉴（2019）》由济南出版社出版。该卷年鉴设30个类目，比上年增加5个类目，下设188个分目867个条目，卷首彩页、内文选用图片136幅，随书配套出版电子版（光盘）。2018年12月26日，山东省行政区划调整，撤销莱芜市，其所辖区域划归济南市管辖，该卷年鉴特设“专记”，对原莱芜市2018年发展情况进行记述。全书80万字。（宋涛）

【《青岛年鉴（2019）》出版】　12月，山东省青岛市委主管、市地方史志研究院主办、青岛年鉴社编纂的《青岛年鉴（2019）》出版。该卷年鉴设20个类目，收录图片345幅。与上一卷相比，该卷年鉴增设专记、海洋发展、生态环境保护、服务业4个类目，双招双引、民营经济发展、工业中小企业等16个分目，文化传承、创业投资、振兴老字号企业等143个条目。以行政管理、社会事业和国民经济行业分类为依据调整归类，原工业·农业·国内贸易、对外及对港澳台经贸合作·国内招商合作与扶贫工作类目拆分合并为工业、农业和农村工作、国内贸易·开放型经济类目。撤销信息化建设·邮电类目，将信息化建设、电子政务内容归入政府工作，电子商务、软件与信息技术服务业、邮电内容归入服务业类目，农业农村信息化建设内容归入农业和农村工作类目。卷首图片设置上海合作组织成员国元首理事会第十八次会议、青岛掠影2个专题，其中青岛掠影包括新旧动能转换、海洋经济、生态文明建设、“一带一路”建设等专题图集。全书130万字。

（宋涛）

【《烟台年鉴（2019）》出版】　12月，山东省烟台市委、市政府组织，市地方史志研究院编纂的《烟台年鉴（2019）》由中共党史出版社出版。该卷年鉴设特载、大事记、烟台概况、社会生活等31个类目。卷首设10个专题图片，展现烟台市有影响力的重大活动。全书75万字。

（宋涛）

【《东营年鉴（2019）》出版】　9月，山东省东营市委、市政府主办，市地方史志研究院编纂的《东营年鉴（2019）》由中华书局出版。该卷年鉴设特载、大事记、东营概貌等35个类目，下设204个分目1041个条目，随文图片238幅，表格94张。卷首设导读页和中、英文目录，后设主题分析索引。该卷年鉴根据新形势发展要求，对年鉴部分类目和分目进行相应调整和优化组合，将综合经济管理类目改为经济管理，石油产业类目改为石油，环境保护类目改为生态保护，科学类目改为科学技术。卷首设聚焦东营、城市新貌、民生实事、石油之城、湿地之城等图片专题，条目中设若干随文图片。全书96.6万字。（宋涛）

【《威海年鉴（2019）》出版】　10月，山东省威海市委、市政府组织，市地方史志研究院编纂的《威海年鉴（2019）》由线装书局出版。该卷年鉴设34个类目，下设227个分目1719个条目，随文图片155幅、表37张。卷首设“中国好人榜”威海好人；设春夏秋冬“四天”图片专题，以春登山、夏亲海、秋采摘、冬养生为内容；中国共产党威海市纪律检查委员会类目改为纪检监察，社会团体类目改为群众团体，民主党派类目改为民主党派和工商联，商务类目改为商贸业；海洋与渔业类目增加贸易

流通内容，交通·邮政类目增加联合运输内容，开发区建设类目增加威海综合保税区内容。全书130万字。 （宋涛）

【《开封年鉴（2019）》出版】 12月，河南省开封市委、市政府主办，市史志办编纂的《开封年鉴（2019）》由河南大学出版社出版。该卷年鉴设37个类目200余个分目1000余个条目，收录表格100余张，图片200余幅。该卷年鉴将市情概览类目分为地理历史、经济社会发展、组织机构和负责人3个分目，改卫生和计划生育类目为卫生健康，调整民主党派·工商联、区县类目中各分目排序。全书100万字。 （马俊明）

【《平顶山年鉴（2019）》出版】 12月，河南省平顶山市政府主办、市史志办编纂的《平顶山年鉴（2019）》由中州古籍出版社出版。该卷年鉴设27个类目228个分目1516个条目，收录表格21张，图片228幅。卷首设平顶山市政区图、城区图、专题图片，卷尾设索引。专题图片设阅读鹰城、领导活动、经贸活动、社会民生、马街书会等专题。该卷年鉴针对机构改革的情况调整框架设置，将文化和旅游业两个类目合并为一个类目。人物类目中设置全国"五一劳动奖章"、河南省"五一劳动奖章"、先锋模范人物、英模人物等分目。推出PDF版电子书形式的网络版年鉴，并提供百度云下载方式，也可登陆平顶山地情网（www. pdsdqw. com）年鉴库下载。全书120万字。 （汪朝霞）

【《鹤壁年鉴（2019）》出版】 12月，河南省鹤壁市政府主办、市史志办编纂的《鹤壁年鉴（2019）》由中州古籍出版社出版。该卷年鉴设特载、要闻·要事、大事记、市情概览、人物、经济监督管理、城乡建设、环境保护、煤炭工业和电力工业、科学研究和技术服务、智能制造·通信信息等类目。卷首设荣誉鹤壁、鹤壁东区、鹤壁市经济社会发展综述、市委市政府承诺办好的十项民生工程、巩固综治平安建设成果打造人民满意综治环境、开拓创新担当作为再创史志工作新局面6个图片特辑。全书112万字。 （汪朝霞）

【《濮阳年鉴（2019）》出版】 11月，河南省濮阳市政府主办、市史志办编纂的《濮阳年鉴（2019）》由中州古籍出版社出版。主审孙勇振，主编李振林。该卷年鉴设特载、大事记、市情概览、中共濮阳市委员会、濮阳市人民代表大会、濮阳市人民政府、政协濮阳市委员会、民主党派·工商联、群众团体、军事、法治、城建·环保、交通运输、邮政通信、工业、石油开采业、农业、水利、商贸流通、金融、经济管理、科学技术、教育、文化·旅游、卫生·体育、社会民生、人物、县情·区情、统计资料、附录30个类目，下设95个分目803个条目，图片174幅，表格58张。卷首设编辑说明、总目、目录，卷末附索引。全书86.4万字。 （戴霞）

【《周口年鉴（2019）》出版】 11月，河南省周口市政府主办、市史志办编纂的《周口年鉴（2019）》由中州古籍出版社出版。主编李应权、宣凤彩。该卷年鉴设特载、年度要事、市情概览、中国共产党周口市委员会、周口市人民代表大会、周口市人民政府、中国人民政治协商会议周口市委员会、中国共产党周口市纪律检查委员会、民主党派和工商联、群众团体、法治建设、武装、综合经济管理与监督、住房与城乡建设、交通运输、环境保护、农林水利、工业与信息化产业、商贸服务、财政税务、金融、科学技术、教育、文化、大众传媒、卫生与计划生育、体育、社会民生、县市区场、附录30个类目，下设157个分目1576个条目，图片182幅，表48张。全书100万字。 （马俊明）

【《十堰年鉴（2019）》出版】 12月，湖北省十堰市委主管、市档案馆（史志研究中心）编纂的《十堰年鉴（2019）》由长江出版社出版。主编曹明权。该卷年鉴设36个类目，下设258

个分目 1359 个条目，配图 367 幅、表格 123 张，随书附赠电子光盘，增加十堰改革开放 40 周年巡礼和建市 50 周年大事记内容。全书 136 万字。（湖北省文化和旅游厅地方志工作处）

【《襄阳年鉴（2019）》出版】 12 月，湖北省襄阳市委、市政府主管，市史志研究中心编纂的《襄阳年鉴（2019）》由长江出版社出版。主编郝敬东。该卷年鉴设特载、大事记、襄阳综述、工业经济、农业农村经济、交通 · 通讯、住房和城乡建设、商贸、财政 · 税务 · 金融、经济监督管理、组织机构及其领导人名单、中共襄阳市委员会、襄阳市人民代表大会、襄阳市人民政府、政协襄阳市委员会、中共襄阳市纪律检查委员会 · 市监察委员会、民主党派 · 工商联 · 群众团体、法治 · 军事、科技 · 教育、卫生和计划生育、文化 · 新闻出版 · 旅游 · 体育、社会民生、开发区、县（市、区）、人物 · 先进集体、附录等类目。卷首图片设 2018 年数字襄阳、经济运行、襄阳名片、襄阳风貌、世界灌溉工程遗产——长渠（白起渠）、全国百名总编记者“看襄阳”等 19 个专题。全书 115 万字。

（湖北省文化和旅游厅地方志工作处）

【《鄂州年鉴（2019）》出版】 12 月，湖北省鄂州市政府主管、市史志研究中心主办的《鄂州年鉴（2019）》由长江出版社出版。主编刘辉、杨又才。该卷年鉴设特载、综述、大事记、政治、军事、法治、人民团体、开放引进、经济综合管理、农业、工业、园区建设、交通 · 邮政、城乡建设、商贸流通、通信 · 旅游、财政 · 税务 · 审计、金融、生态文明建设、教育、科技、文化 · 体育、社会生活、市辖区 · 直管街道、人物、统计资料、附录 27 个类目。卷首设鄂州市行政区划图，数字鄂州及领导关怀、重大事件、重大项目、鄂州风光等图片专题，卷尾设索引。全书 83 万字。

（湖北省文化和旅游厅地方志工作处）

【《荆州年鉴（2019）》出版】 12 月，湖北省荆州市委、市政府主办，市史志研究中心编纂的《荆州年鉴（2019）》由长江出版社出版。主编田传章。该卷年鉴设 33 个类目近 190 个分目 1000 余个条目，随文图表近 200 幅。全书 100 万字。

（湖北省文化和旅游厅地方志工作处）

【《咸宁年鉴（2019）》出版】 12 月，湖北省咸宁市政府主管、市史志研究中心主编的《咸宁年鉴（2019）》由崇文书局出版。主编胡文。该卷年鉴设特载、大事记、咸宁综述、中国共产党咸宁市委员会、咸宁市人民代表大会、咸宁市人民政府、政协咸宁市委员会、纪检监察、民主党派、群众团体、军事、法治、农业农村、工业、交通、商贸和服务、金融、宏观经济管理、市场监督管理、应急管理、城乡建设、生态文明建设、教育、科学技术、文化 · 新闻出版 · 广电 · 体育、旅游、卫生健康、社会生活、扶贫开发、县（市、区）概况、开发区（功能区）、人物、命名表彰、统计资料、市政府规范性文件辑录 35 个类目，下设 256 个分目 1411 个条目，随文插图 170 幅。全书 90 万字。（湖北省文化和旅游厅地方志工作处）

【《湘潭年鉴（2019）》出版】 12 月，湖南省湘潭市政府主办、市委党史研究室（湘潭地方志编纂室）编纂的《湘潭年鉴（2019）》由湘潭大学出版社出版。主编陈忠红。该卷年鉴设特载、特辑、大事记、湘潭概貌、政治、军事、政法、工业、教育等类目，下设 235 个分目 248 个条目，图片 67 幅，表 10 张。卷首设谋划湘潭、产业发展、魅力湘潭等 6 个图片专题和英文目录、湘潭市行政区划图，卷末附索引。特辑类目记述党建领航工程、成功创建“国家森林城市”、举办首届潭商大会等信息。全书 130 万字。（湘潭地方志编纂室年鉴科）

【《株洲年鉴（2019）》出版】 11 月，湖南省株洲市政府主办、市委党史研究室（市地方志编纂室）编纂的《株洲年鉴（2019）》由中州古籍出版社出版。主编段谭云。该卷年鉴设特载、大事记、工业、农业和农村工作、商贸服务、金融、城乡建设、教育等类目，下设212个分目1150个条目，图片130幅，表27张。卷首设劳动与奋斗、清水塘蝶变、精准脱贫、项目建设、株洲智造、传统村落等图片专题，卷末附文件选登、索引。全书120万字。

（株洲市地方志编纂室）

【《岳阳年鉴（2019）》出版】 10月，湖南省岳阳市委主办、市委党史研究室编纂的《岳阳年鉴（2019）》由中州古籍出版社出版。主编谈正红。该卷年鉴设特载、大事记、岳阳概览、金融、工业、农业·水利、环境保护、科学技术、社会·民生等类目，下设281个分目1293个条目，图片102幅，表32张。卷首设岳阳市行政区划图，数字岳阳2018、庆祝岳阳改革开放40年、岳阳风貌、中国百强城市、湖南省非物质文化遗产——岳州扇制作工艺、湖南省非物质文化遗产——君山银针茶制作技艺图片专题，卷尾设附录、统计资料等。该卷年鉴将农业类目改为农业·水利，商贸·口岸类目改为商贸业，卫生与计划生育类目改为卫生与健康，中共岳阳市委员会类目新增网信工作分目。全书100万字。

（岳阳市地方志编纂室）

【《永州年鉴（2019）》出版】 10月，湖南省永州市委、市政府主办，永州年鉴编纂委员会编纂的《永州年鉴（2019）》由方志出版社出版。主编李俊江。该卷年鉴设特载、专文、大事记、永州概貌、“六大战役”、政治建设、经济建设、文化建设、社会建设、生态文明建设、县区概况、人物·荣誉、附录13个类目，下设238个分目1289个条目，图片272幅，表42张。卷首设“改革开放40周年”特色彩版及专记专文，卷末设附录、主题索引。该卷年鉴突出反映“六大战役”、重点项目、开放协作、友好往来、数字永州、精神文明建设等内容。全书113万字。（永州市地方志编纂室）

【《湘西州年鉴（2019）》出版】 4月，湖南省湘西州政府主办、州委党史研究室（州地方志编纂室）编纂的《湘西州年鉴（2019）》由中共党史出版社出版。主编刘克兴。该卷年鉴设专记、州情概览、州委、州人大、州政府、州政协、州纪委、民主党派·工商联、人民团体、军事、法治、经济管理、农业·林业·水利、精准扶贫、工业、城乡建设·生态环境、交通·邮政·通信、经贸合作·商贸服务、财政税务、金融、文化、旅游、科学技术、教育、体育、医疗卫生、人民生活、县市概况、人物、附录等类目，下设194个分目873个条目，图片110幅，表格25张。卷首设专记、特载，卷尾设附录、索引、图片专题。该卷年鉴将世界地质公园申报、传统村落保护、济南市·湘西州东西部扶贫协作、十大脱贫攻坚工程、美丽湘西建设、创建“国家森林城市”等工作纪实列入特载、专记，将州委、州人大、州政府、州政协、州纪委调整为5个类目，民主党派·工商联、人民团体单列为类目，将精准扶贫、生态环境升格为类目，将年度经济工作及两会政府工作报告等重要文献、组织机构负责人名录等列为附录。全书150万字。

（湘西自治州地方志编纂室）

【《广州年鉴（2019）》出版】 12月，广东省广州市委、市政府主办，广州年鉴社编纂的《广州年鉴（2019）》出版。该卷年鉴设特载、概貌、大事记、社会团体、法治、军事、宏观经济管理、人物、经济社会统计资料、文献法规等类目，该卷年鉴对2018年度内已经开展机构改革的单位，按新职能设置年度条目。书前设目录，书后设索引，索引范围涉及条目、表格和图片。全书图片和文字上传至“广州市情网”市情数据库年鉴库。全书170万字。

（范锐超）

【《深圳年鉴（2019）》出版】 12月，广东省深圳市委主管、市史志办主办和编纂的《深圳年鉴（2019）》出版。主编黄玲。该卷年鉴设47个类目。结合2018年纪念改革开放40周年，卷首图片专题增加深圳记忆——改革开放

40年专题；结合深圳房地产业的关注度，增设建筑业·房地产业等类目。全书159.8万字。

（陈美玲）

【《东莞年鉴（2019）》出版】 8月，广东省东莞市委、市政府、《东莞年鉴》编纂委员会主办，市志办编纂的《东莞年鉴（2019）》由广东人民出版社出版。主编黎军。该卷年鉴设纪念改革开放40周年、改革开放再出发、争当排头兵、大事记（2018年）、概览、中国共产党东莞市委员会、东莞市人民代表大会、东莞市人民政府、中国人民政治协商会议东莞市委员会、东莞市纪律检查委员会·东莞市监察委员会、民主党派·工商联·人民团体、外事·侨务·台港澳事务、区域合作·扶贫开发、开发园区、法治、军事、城乡建设、生态环境、交通·邮政·通信、开放型经济、农业·农村工作、工业、建筑业·房地产业、商贸流通业、旅游业·餐饮业、金融业、财政·税务、经济监督管理、科学、教育、文化、体育·卫生、社会生活、镇街、人物、附录36个类目。专题图片设贯彻落实习近平新时代中国特色社会主义思想和“东莞纪念改革开放40周年 升格地级市30周年”2个专题。全书170万字。

（广东省志办）

【《湛江年鉴（2019）》出版】 12月，广东省湛江市政府主管、市年鉴编纂委员会主办、市志办编纂的《湛江年鉴（2019）》由中州古籍出版社出版。主编钟涓泓。该卷年鉴设总述、湛江大事记、年度关注、中国共产党湛江市委员会、湛江市人民代表大会、湛江市人民政府、中国人民政治协商会议湛江市委员会、纪检监察、民主党派和工商联、群团组织、外事·侨务·港澳台事务、法治、军事、经济监督管理、财政·税务、金融、城乡建设、生态环境、招商引资·扶贫开发、开放型经济、民营经济、农业、工业、建筑业·房地产业、交通运输业·邮政业、信息业、商贸服务业、旅游业、教育、科学技术、文化、卫生健康、体育、社会民生、人物、县（市、区）、文献专载·调研报告、统计资料、附录39个类目，下设240个分目1508个条目，链接44个，表格53幅，示意图13幅，图片175幅，其中公共彩图11幅，随文插图163幅、地图1幅。全书130万字。

（广东省志办）

【《肇庆年鉴（2019）》出版】 11月，广东省肇庆市政府主管、主办，肇庆年鉴编纂委员会编纂的《肇庆年鉴（2019）》由中华书局出版。主编洪志勇。该卷年鉴设特载、市情概貌、大事记、中共肇庆市委员会、军事、经济监督管理、文化、社会生活、人物等类目，下设218个分目。全书95万字。

（广东省志办）

【《珠海年鉴（2019）》出版】 11月，广东省珠海市政府主管、市志办主办、珠海年鉴编辑中心编纂的《珠海年鉴（2019）》由广东教育出版社出版。主编姚奕生。该卷年鉴设特载、年度关注、大事记、概貌、党政机关、群众团体、法治、军事、城乡建设、环境保护、经济监督管理、口岸、财税、金融、区域合作、脱贫攻坚·乡村振兴、开放型经济·民营经济、海洋产业·农业·水利、工业、商贸服务业、交通·邮政、信息业、旅游业·会展业、教育·科技、文化、卫生·体育、社会生活、行政区、经济功能区、人物、统计资料、文献·法规32个类目，下设138个分目。全书103.7万字。

（广东省志办）

【《南宁年鉴（2019）》出版】 12月，广西壮族自治区南宁市地方志编纂委员会编纂的《南宁年鉴（2019）》由方志出版社出版。主编王德宾。该卷年鉴内容分综合情况、动态信息、辅助资料三大部分，综合情况设专记、特载、大事记、南宁概貌4个类目；动态信息设中国—东盟博览会·商务与投资峰会在南宁举办、南宁与东盟、脱贫攻坚、投资开发与经济协作、公有制与非公有制经济、农业水利、工业、建筑业房地产业、商贸服务业、交通运输邮政、会展业、旅游、信息服务业、金融、经济管理与监督、新区开发区、城市规划建设与管理、中国共产党南宁市委员会、南宁市人民代表大会、南宁市人民政府、中国人民政治协商会议南宁市委员会、中国共产党南宁市纪律检查委员会南宁市监察委员会、民主党派工商联、群众团体、法治、军事、教育、科学、文化、体育、卫生、社会生活、生态建设、区县概览、人物35个类目；辅助资料设专题图片、附录。全书152.5万字。（梁昕）

【《桂林年鉴（2019）》出版】 11月，广西壮族自治区桂林市地方志编纂委员会编纂的《桂林年鉴（2019）》由线装书局出版。主编徐朝凯。该卷年鉴设概况、特载、大事记、桂林国际旅游胜地建设、中国共产党桂林市委员会、桂林市人民代表大会、桂林市人民政府、中国人民政治协商会议桂林市委员会、纪律检查和行政监察、民主党派·工商联、群众团体、政法、军事、外事·侨务·接待、旅游业、城乡建设与管理、环境保护、交通运输·邮政、信息业、工业、农业·水利·农村扶贫、商业·会展业、对外经济贸易·非公有制经济、财政·税务、金融、新区·开发区、经济行政管理与监督、教育、科学、文化、新闻出版·广播电视、卫生和计划生育·体育、人力资源和社会保障、社会生活、区县（市）简介、人物、统计资料、附录38个类目，下设234个分目。全书122.3万字。（梁昕）

【《柳州年鉴（2019）》出版】 10月，广西壮族自治区柳州市委、市政府主持，市志办编纂的《柳州年鉴（2019）》由线装书局出版。主编罗方贵。该卷年鉴设33个类目，下设236个分目1409个条目，增设纪律检查委员会·监察委员会、建筑业·房地产、信息业三个类目，原商贸服务业、旅游业两个类目合并为商贸服务业·旅游业类目，开发区类目与撤除原经济行政管理类目的柳州市九大集团公司分目合并设开发区·政府平台公司类目，原群众团体、法治、经济行政管理、社会事务管理类目分别变更为人民团体、治安·司法·司法行政、经济事务、社会事务。卷首数字柳州改为数读柳州。全书179.3万字。（梁昕）

【《玉林年鉴（2019）》出版】 12月，广西壮族自治区玉林市地方志编委会编纂的《玉林年鉴（2019）》由线装书局出版。主编韦忠云。该卷年鉴设33个类目，下设208个分目1201个条目。与上一卷相比，该卷年鉴增设乡村振兴战略实施、广西“五彩田园”现代特色农业示范区建设、银行业监管等分目；将农业·农村工作、医疗卫生·计划生育类目更名为农业农村、卫生健康，生态建设、玉林优秀文化传统传承、第二批农村改革试验区建设分目更名为生态文明建设、优秀传统文化传承、玉林全国农村改革试验区建设；把精准脱贫攻坚分目归入农业农村类目，出入境检验检疫、美丽乡村建设分别并入海关监管、乡村振兴战略实施分目；删除金融服务体系建设分目；图片专辑新设玉林市改革开放40周年、玉林市获改革开放40年·中国优秀会展城市称号、玉林市脱贫攻坚进行时专题。全书108.2万字。（梁昕）

【《北海年鉴（2019）》出版】 10月，广西壮族自治区北海市政府组织、市地方志编纂委员会编纂的《北海年鉴（2019）》由线装书局出版。该卷年鉴设市情综览、中国共产党北海市委员会、北海市人民代表大会、北海市人民政府、中国人民政治协商会议北海市委员会、民主党派·工商联、人民团体、法治、军事和国防建设、开放开发、工业、农业·农村工作、海洋管理·渔业、交通·邮政业、城乡规划建设与管理、环境保护、旅游业、商贸物流、信息化建设、经济行政管理与监督、财政·税务、金融、口岸建设和管理、科学技术、教育、文化·体育医疗卫生·计划生育、社会·生活、县区、人物、大事记、统计资料、文献、附录等类目。该卷年鉴在基础框架上保持稳定，类目总述、军事、城乡建设分别更名为市情综览、军事和国防建设、城乡规划建设与管理，将海洋管理·渔业设为类目；图片增设国家历史文化名城专题。全书 139.6 万字。

（梁昕）

【《海口年鉴（2019）》出版】 12 月，海南省海口市史志办编纂的《海口年鉴（2019）》由南海出版公司出版。该卷年鉴设要闻·大事记、特辑、总述、创新发展、中国共产党海口市委员会、海口市人民代表大会、海口市人民政府、中国人民政治协商会议海口市委员会、纪检监察、民主党派和工商联、群众团体、法治、军事、城乡建设与管理、工业、农业、交通运输业、邮电·信息、商贸服务业、旅游业、金融、财政税务、经济监督管理、教育·科技、文化传媒、卫生·体育、社会民生、保税区·开发区·农场、市辖区、人物等类目。全书 130 万字。（黎美君）

【《三亚年鉴（2019）》出版】 12 月，海南省三亚市史志工作办公室编纂的《三亚年鉴（2019）》由南海出版公司出版。该卷年鉴设特载、特辑、大事记、概览、中共三亚市委、人大与政协、三亚市人民政府、民主党派·群众团体、法治·军事、经济、城镇建设管理、交通邮电信息、财税·金融、经济管理与监督、文体、教育科技、卫生、社会民生、区/生态区·农场、先进单位与个人、统计资料、附录 22 个类目。全书 73 万字。（黎美君）

【《成都年鉴（2019）》出版】 12 月，四川省成都市政府主管、市志办主办、成都年鉴社编纂的《成都年鉴（2019）》由成都年鉴社出版。主编熊勇。该卷年鉴设综述、政治、城建环保、经济产业、综合经济与管理、社会、成都平原经济区、附录 8 个篇目，篇目下设成都概述、大事记、党政机构、群众团体、法治、国防、外事·港澳台事务、城市建设、资源与环境保护、农业、工信产业·建筑业、服务业、新经济产业、开放与合作、产业园区·企业发展、经济发展促进与监管、知识产权保护、城市管理、人民生活、社会事业、社会事务、成都市、成都周边城市、荣誉榜、文献·法规·文件、统计资料 26 个类目，下设 381 个分目 2702 个条目，收录文章 15 篇、图表（含示意图）290 张、随文照片 456 幅。该卷年鉴卷首特载设习近平总书记视察成都纪实、数说成都改革开放 40 年，城市建设、生态环境、产业发展、交通枢纽、对外开放、天府文化、乡村振兴、社会事业、周边城市风采、区（市）县新貌 10 个图片专题，刊载图片 104 幅，另配地图 3 幅（分别是成都市行政区划图、成都市城区图、成都轨道交通线网图），书中部分图片和内文资料配有二维码。成都年鉴社在成都年鉴网站、成都年鉴微信小程序同步推出《成都年鉴（2019）》网络版。全书 183 万字。

（孙玉峰）

【《攀枝花年鉴（2019）》出版】 11 月，四川省攀枝花市政府主管，市志办主办、编纂的《攀枝花年鉴（2019）》由四川师范大学电子出版社出版。主编李冠华。该卷年鉴设专文、特载、大事记、概貌、市委、人大、政府、政协、民主党派、社会团体、法治、国防建设、财税工作、经济管理、工业、农林水务、住房城建、交通、环境保护、旅游、教育体育、文化、卫生计生、科学技术、社会管理、商贸流通、银行、保险证券、信息产业、县（区）概况、附录 31 个类目，下设 1586 个条目，表格 20 张，随文图片 19 幅。图片设科技创新、“四川工匠”、现代农业建设、医疗卫生、阳光康养、文化旅游、体育赛事 7 个专题，刊载图片 47 幅，内文配统计图表，附录中选载有重要文件目录、统计资料等。全书 116 万字。

（孙玉峰）

【《泸州年鉴（2019）》出版】 11 月，四川省泸州市政府主管、市志办编纂的《泸州年鉴（2019）》由四川师范大学电子出版社出版。主编邱俊。该卷年鉴设专题记述、大事记、市情、中国共产党泸州市委员会、泸州市人民代表大会、泸州市人民政府、中国人民政治协商会议泸州市委员会、民主党派、社会团体、法治、军事、综合管理与监督、工业、农业·水利·气象、商业贸易、财政·税务、金融、城建·环保、交通、邮政·信息产业、科技·教育、文化体育、新闻出版、广播电视、卫生和计划生育、社会生活、区情县情、附录28个类目，下设188个分目1265个条目，表格24张，随文照片125幅。前置泸州标准地图1幅，专题图片设政务活动、工业经济、交通运输、服务业、农业经济、文化、社会、生态8个专题，图片99幅。全书84.5万字。（孙玉峰）

【《绵阳年鉴（2019）》出版】 12月，四川省绵阳市政府主管、市地方志编纂中心主办、《绵阳年鉴》编纂委员会编纂的《绵阳年鉴（2019）》由方志出版社出版。主编余正道。该卷年鉴设特载、大事记、自然·生态环境、经济环境、中国（绵阳）科技城建设、中国共产党绵阳市委员会、绵阳市人民代表大会、绵阳市人民政府、中国人民政治协商会议绵阳市委员会、纪检与监察、民主党派·工商联、人民团体、法治、军事、农村农业、工业、交通运输·邮政、贸易、金融·财税、科学技术、信息化建设、文化、教育·体育、卫生与健康、旅游·园林、综合监管、应急管理、城乡建设与管理、社会民生、县市区·科学城办事处、人物、附录32个类目，下设280个分目3000个条目，图片300余幅，表格91张。专题图片设城市荣誉、数字绵阳、年度要闻、第6届中国（绵阳）科技城国际科技博览会、科技城集中发展区、开放合作、产业发展、交通绵阳、乡村振兴、脱贫攻坚、魅力绵阳等专题，刊载彩图200余幅。全书134万字。（孙玉峰）

【《广安年鉴（2019）》出版】 10月，四川省广安市政府主管、市志办主办、《广安年鉴》编纂委员会编纂的《广安年鉴（2019）》由中州古籍出版社出版。主编徐诚。该卷年鉴设特载、大事记、市情概览、市委、人大、政府、政协、纪检监察、民主党派、群众团体、军事、法治、经济管理、产业园区、农业和农村、工业和信息业、城建交通、商贸旅游、财税金融、邓小平故里管理、文化、教育体育与科技、卫生事业、社会建设、精准扶贫、县（市、区）概述、人物、附录28个类目，下设221个分目1321个条目，收录表格19张、前置图96幅，随文照片357幅。卷首刊载广安市行政区划图和城区图各1幅，前有中英文对照目录，后附电子光盘。全书120.7万字。

（孙玉峰）

【《贵阳年鉴（2019）》出版】 10月，贵州省贵阳市档案馆（市志办）主管（主办）、《贵阳年鉴》编辑部编纂的《贵阳年鉴（2019）》出版。主编刘本立。该卷年鉴设专记、特载、市情概览、开发区建设、生态文明建设、党政机关、人民团体、法治、军事、经济管理、财政税务、城乡建设、城市管理、农业、工业、建筑业和房地产业、商贸服务、对外及港澳台经济贸易、交通运输和邮政业、旅游业、金融、大数据产业、科技社科、教育、文化新闻、卫生体育、社会生活、区市县概貌、人物、大事记、经济社会统计资料、附录32个类目，下设178个分目1600个条目，收录图片300幅，表格73张。卷首设专题图片，卷尾附索引。全书170万字。（蒋颖）

【《遵义年鉴（2019）》出版】 11月，贵州省遵义市委办公室、市政府办公室主办，《遵义年鉴》编辑部编纂的《遵义年鉴（2019）》由中国文化出版社出版。主编张显敏。该卷年鉴设年度大事、遵义总述、遵义改革开放40年专辑、党政机关、军事、法治、大统战、民主党派、群众团体和社会组织、经济综合监督管理、财政·税务、大扶贫、农业、茶产业、辣椒产业、工业、开发区建设、酒业、交通运输·邮政、商贸流通·服务业、对外经济贸易、金融业、自然资源管理·地质矿产勘探、城乡建设与管理、大数据、大健康、教育、大文化、大旅游、大生态、社会·生活、县（市、区）、先进城市·先进单位·人物、警示录、文献辑录、媒体看遵义、经济社会统计资料、附录38个类目，下设290个分目1500个条目，随文插图240幅、年度大事270条，卷首专题图片192幅、表格88张。卷首设编辑说明，卷尾附索引。卷首图片设数字遵义、庆祝改革开放40周年、脱贫攻坚、乡村振兴等专题64页。该卷年鉴对遵义优势特色产业——酒业、茶产业进行更新，新增辣椒产业、媒体看遵义、大统战等类目；将党委、政府、人大、政协、纪委监委合并为党政机关类目；调整自然资源管理、社会·生活、先进城市·先进单位·人物、警示录等类目。附录收录年度特色民俗节庆。全书184万字。（李良其）

【《毕节年鉴（2019）》出版】 12月，贵州省毕节市政府主办、市委党史研究室（市志办）编纂的《毕节年鉴（2019）》由方志出版社出版。主编高隆礼。该卷年鉴设特载、特记、专文、文件选编、大事记、毕节概况、领导名录、中国共产党毕节市委员会、毕节市人大及常委会、毕节市人民政府、中共人民政治协商会议毕节市委员会、民主党派与工商联、中国共产党毕节市纪律检查委员会毕节市监察委员会、社会团体、军事、法治、经济管理与监督、财政·税务、统计·审计、金融、农业、工业、招商引资、经济开发区·产业园区、城建·环保、旅游、交通、贸易、教育、科技、文化·体育、史志·档案、广播电视·新闻、卫生、社会生活、县区概况、社会经济发展指标37个类目，下设176个分目1620个条目，收录图片86幅、表格11张。专题图片增设毕节印象。卷末附社会经济发展主要指标、索引。全书110万字。（田平）

【《昌都年鉴（2019）》出版】 12月，西藏自治区昌都市志办编纂的《昌都年鉴（2019）》由中州古籍出版社出版。该卷年鉴卷首设图片专题、数字昌都，设特载、昌都市情、大事记、政治、政权·政务·政治协商、法治、军事、经济社会事业、人民团体、县区概述、附录等类目。全书108万字。（王梅洁）

【《西安年鉴（2019）》出版】 12月，陕西省西安市政府主办、市志办编纂的《西安年鉴（2019）》由世界图书出版西安有限公司出版。该卷年鉴设特载、专文、大事记、中国共产党西安市委员会、西安市人民代表大会等36个类目，下设179个分目7个次分目1535个条目，卷首有目录，卷尾有索引。专题图片设荣耀西安、数字西安、西安印象、年度大事等专题。全书150万字。（黄立峰）

【《西安年鉴（2018）》英文版出版】 11月，陕西省西安市政府主办、市志办编纂的《西安年鉴（2018）》英文版由世界图书出版西安有限公司出版。该卷年鉴浓缩选取《西安年鉴（2018）》中西安经济社会发展的重点和亮点内容，突出西安档案、西安名片、特色西安、印象西安等特色类目，有专题图片8页。全书30万字。（黄立峰）

【《兰州年鉴（2019）》出版】 10月，甘肃省兰州市史志办编纂的《兰州年鉴（2019）》由甘肃民族出版社出版。主编高生军。该卷年鉴全面记述2018年兰州市在自然、政治、经济、文化、社会、生态建设等方面的建设成就。全书96万字。（王文生）

【《西宁年鉴（2019）》出版】 12月，青海省西宁市地方志编纂委员会主办、市志办编纂的《西宁年鉴（2019）》由青海民族出版社出版。该卷年鉴设特载、大事记、西宁概况、政治、军事、政法、经济、社会、区县建设、附录10个类目。该卷年鉴在经济类目中设城市管理、新区建设、园区建设等分目；社会类目中设社会事务、社会事业、自然现象监测等分目；卷首刊载西宁市彩色地图1幅，反映西宁市一年来发展变化的彩色照片78幅，并按法治建设、基础设施建设、经济建设、城市新貌、生态文明建设、精神文明建设、文化旅游、人民生活8个专题排列。全书88万字。（王韬）

【《海东年鉴（2019）》出版】 12月，青海省海东市政府主办、市志办编纂的《海东年鉴（2019）》由贵州人民出版社出版。该卷年鉴设特载、市情概览、大事记、政治、工商联·人民团体、军事、法治、经济、社会事业、县区概览、附录11个类目，前设目录，后附索引。卷首图片设海东市地图、数字海东、重要会议、经济建设、社会事业发展、城乡建设等专题；各业务部门的稿件统一设置概述、主要业务工作和领导名录3个条目。附录中收集规范性文件、重要文件、重要文件目录、获省部级表彰、改革开放40年·海东40件大事记以及省级非物质文化遗产名录。全书60万字。

（王韬）

【《海南年鉴（2019）》出版】 10月，青海省海南州政府、州地方志编纂委员会主办，州志办编纂的《海南年鉴（2019）》由青海人民出版社出版。该卷年鉴设特载、概况、大事记、组织机构及领导名录、政治、军事、经济、社会事业、五县概况、附录10个类目，前设目录，后附索引。卷首图片设海南州行政区划图、数字海南2018、重要会议、经济发展、生态建设、民族团结、社会生活、海南风光8个专题。全书53万字。（王韬）

【《果洛年鉴（2019）》出版】 10月，青海省果洛州志办编纂的《果洛年鉴（2019）》由青海人民出版社出版。该卷年鉴设特载、概况、大事记、组织机构及领导名录、政治、军事、法治、经济、社会事业、六县概览、集体·人物、统计资料、附录13个类目，前设目录，后附索引。卷首图片设果洛州行政区划图、数字果洛、要闻回顾、会展活动、纪念改革开放40周年活动、民族团结创建、文化体育、社会民生、生态建设9个专题。全书50万字。

（王韬）

【《玉树藏族自治州年鉴（2018）》出版】 6月，青海省玉树州地方志编纂委员会编纂的《玉树藏族自治州年鉴（2018）》由青海民族出版社出版。该卷年鉴设特载、玉树概况、大事记、组织机构和领导名录、政治、军事、经济、社会事业、市县概览、集体·人物、附录11个类目，卷首设目录，卷尾附索引。全书在保持往年基本类目的基础上进行适当调整，设经济建设、开放合作、党的十九大精神宣讲等内容。卷首图片设数字玉树、玉树藏族自治州地图、领导调研、重要会议、经济建设、开放合作、重要活动、社会民生等专题。全书65万字。

（王韬）

【《银川年鉴（2019）》出版】 12月，宁夏回族自治区银川市地方志研究室主办、《银川年鉴》编辑部编纂的《银川年鉴（2019）》出版。主编张雪芹。该卷年鉴设特载、大事记、银川综述、中国共产党银川市委员会、银川市人民代表大会、银川市人民政府、中国人民政治协商会议银川市委员会、中国共产党银川市纪律检查委员会银川市监察委员会、民主党派·工商联、群众团体、法治、军事、经济管理、农业、工业·信息产业、商贸流通、旅游、金融、开发区与园区建设、交通·通信·邮政、城乡建设与管理、环境保护、科学技术、教育、文化、医疗卫生、体育、社会生活、县（市）区概览、人物、附录31个类目，下设205个分目1336个条目，收录图片231幅，表格27张。卷首设银川市行政区划图、银川市中心城区图、银川数字2018、银川荣誉、编辑说明、专题图片（含绿色银川、高端银川、和谐银川、宜居银川4个专题），卷末附索引。该卷年鉴对8个类目、48个分目进行调整优化，将原党政机关类目分设为中国共产党银川市委员会、银川市人民代表大会、银川市人民政府、中国人民政治协商会议银川市委员会、中国共产党银川市纪律检查委员会银川市监察委员会5个类目，原民主党派、社会团体、城乡建设与住房保障等类目更名，原财务·税收、政策法规选编、统计资料等类目撤销。卷首图片精选109幅，除绿色银川、高端银川、和谐银川、宜居银川4个专题外，新设宁夏回族自治区成立60周年等专题。全书配有双重检索系统，书前刊有中英文目录，正文后设置综合性主题索引。书后附电子光盘，电子版同时刊载在银川档案方志网。全

书 87.4 万字。（张明鹏）

【《石嘴山年鉴（2018）》出版】 11 月，宁夏回族自治区石嘴山市政府主办、市地方志编纂委员会编纂的《石嘴山年鉴（2018）》由宁夏人民出版社出版。主编曾养民。该卷年鉴设专载、市情综览、大事记、石嘴山市委、市人大、市政府、市政协、纪检监察、民主党派和工商联、群众团体、司法公安、综合管理、工业、农牧业、城建环保、交通邮电、财税金融、商业贸易、科技教育体育、文化旅游卫生、社会生活、县区概况、人物荣誉、文件等类目，收录图片 224 幅，表格 27 张。全书 90 万字。（张明鹏）

【《吴忠年鉴（2018）》出版】 8 月，宁夏回族自治区吴忠市委、市政府主办，市地方志编纂委员会、市志办编辑的《吴忠年鉴（2018）》由宁夏人民出版社出版。主编马中勇。该卷年鉴设特载、专辑、大事记、吴忠概览、党政群团、社会管理、法治建设、军事、经济管理、农牧水利、工业和园区建设、财税金融、交通邮电、商贸旅游、城乡建设、卫生和计划生育、国土资源和环境保护、教育与科技、文化、县（市、区）概况、人物与集体、附录等类目，下设 80 个分目 99 个次分目 1259 个条目，收录照片 108 幅，表格 16 张。卷首设专题图片、编纂机构、编辑说明、目录、特载，卷末设附录。全书 70 万字。（张明鹏）

【《中卫年鉴（2019）》出版】 11 月，宁夏回族自治区中卫市政府主管主办、市志办编纂的《中卫年鉴（2019）》由阳光出版社出版。主编李福祥。该卷年鉴设专文、大事记、组织机构和领导人、中卫综览、党派群团、政权政协、法治、军事、经济管理、工业与园区建设、农业和农村经济、住房和城乡建设、交通能源邮电、环境保护、商贸流通、旅游、财政税务、金融保险、教育、科学技术、文化体育、卫生和计划生育、社会民生、人物、先进名录、文献 26 个类目，下设 144 个分目 1231 个条目，收录图片 40 幅，表格 29 张。全书 72 万字。（张明鹏）

【《第一师阿拉尔市年鉴（2018）》出版】 7 月，兵团第一师阿拉尔市政府主办、师市史志办编纂的《第一师阿拉尔市年鉴（2018）》由中州古籍出版社出版。该卷年鉴设特载、师市综述、阿拉尔市、大事记、对口援建、政治、政权·政治协商、政法、群众团体、武装·军事、农业、园区、重点企业、邮政·通信、商贸、综合经济与管理、税收·金融·保险、科学技术、文化、教育、驻师市高等院校、卫生·医疗、社会生活、团场·处、乡镇·街道、人物·荣誉等类目，图片 100 多幅。全书 84.9 万字。（第一师阿拉尔市史志办）

【《石河子年鉴（2018）》出版】 10 月，兵团第八师石河子市政府主办、市年鉴编委会编纂的《石河子年鉴（2018）》由新疆生产建设兵团出版社出版。该卷年鉴设 24 个类目，记载 2017 年第八师石河子市的经济和社会发展情况。全书 70 万字。（第八师石河子市史志办）

·县级综合年鉴出版

【《北京东城年鉴（2019）》出版】 12 月，北京市东城区地方志编纂委员会编纂的《北京东城年鉴（2019）》由方志出版社出版。该卷年鉴设特载、专文、大事记、区情概览、社会建设、社会生活等 31 个类目，收东城区党、政、军、各民主党派、团体、街道和部分企业负责人名录和获得国家、北京市、区级奖励与荣誉称号的单位、个人名单。全书 141.7 万字。（姜坤）

【《北京西城年鉴（2019）》出版】 12 月，北京市西城区志办编纂的《北京西城年鉴（2019）》由中华书局出版。该卷年鉴设区情概况、特载、专文、大事记、民主党派、人民团体、法治军事、城市建设、社会生活等 26 个类目，前插照片 142 幅，地图 1 张。全书

109.2万字。（姜坤）

【《北京石景山年鉴（2019）》出版】 12月，北京市石景山区政府主办、区志办编纂的《北京石景山年鉴（2019）》由中华书局出版。该卷年鉴设29个类目，下设1531个条目，表格10张，地图1幅，照片68幅，正文图片65幅。卷首设中英文总目以及中文目录，卷尾附索引。该卷年鉴框架进行微调，突出2018年石景山区在推动经济转型、提升城市品质、保障和改善民生、全面深化改革等重点工作的发展轨迹。全书91万字。（姜坤）

【《北京昌平年鉴（2019）》出版】 12月，北京市昌平区委党史办公室、区志办编纂的《北京昌平年鉴（2019）》由中共党史出版社出版。该卷年鉴设29个类目，下设1732个条目，表格7张，随文图片87幅。彩插设时政聚焦、经济行政管理、财政税务、城市生态建设管理市民健康幸福生活、现代工业都市农村、文化科技卫生体育、镇街7个专题，图片60幅。全书80万字。（姜坤）

【《北京密云年鉴（2019）》出版】 12月，北京市密云区地方志编纂委员会编纂的《北京密云年鉴（2019）》由北京出版社出版。该卷年鉴设26个类目，下设1504个条目，表格16张，地图2幅，彩插图片93幅、随文插图130幅。该卷年鉴将密云水库和中关村密云园等内容作为分目进行记述，用图片反映全区年度性的大事、要事、新事；标题和页眉改用以天蓝色为主的配色，突显密云区的生态环境优势。全书81万字。（姜坤）

【《北京延庆年鉴（2019）》出版】 11月，北京市延庆区地方志编纂委员会编纂的《北京延庆年鉴（2019）》由线装书局出版。该卷年鉴设28个类目，下设153个分目70个次分目1660个条目，图照107幅。该卷年鉴设生态环境建设类目，凸显延庆生态涵养区功能定位；设世园会和冬奥会分目，特别是增加世园会和冬奥会的彩页专版，反映全区筹办两件大事的过程。全书87.7万字。（姜坤）

【《天津市河东年鉴（2019）》出版】 12月，天津市河东区政府主办，区地方志编纂委员会编纂的《天津市河东年鉴（2019）》由天津社会科学院出版社出版。该卷年鉴设特载、区情概况、特辑、专文、大事记、中共河东区委员会、河东区人民代表大会、河东区人民政府、政协河东区委员会、中共河东区纪律检查委员会、民主党派·工商联、群众团体、法治、军事、区域经济、财税金融、经济监督管理、城市发展、生态文明建设、社会事业、人民生活、街政与社区、人物、地名简记、附录25个类目。卷首设河东区地图，设专题图片38幅。全书95万字。（唐旗　陈鑫）

【《天津市东丽年鉴（2019）》出版】 12月，天津市东丽区政府主办、区志办编纂的《天津市东丽年鉴（2019）》由天津科学技术出版社出版。该卷年鉴设区情概览、大事记、访谈录、特载、特辑、专记、中共东丽区委员会、东丽区人民代表大会、东丽区人民政府、政协东丽区委员会、中共东丽区纪委监委、法治、民主党派·工商联、人民团体、军事、城市建设、城市管理、生态建设、区域经济、经济管理、财税金融、区属国有公司、园区建设、科技教育卫生、文化旅游体育、社会生活、街道和经济功能区、银行、邮政·电力、通信、专文、统计资料、光荣榜、驻区企业、附录35个类目。卷首列东丽区地图，设专题图片78幅。全书68万字。（唐旗　陈鑫）

【《天津市西青年鉴（2019）》出版】 8月，天津市西青区年鉴编修委员会主持编纂、区年鉴编修委员会办公室编纂的《天津市西青年鉴（2019）》由天津科学技术出版社出版。该卷年鉴设区情要览、大事记、特辑、专载、中国共产党西青区委员会、西青区人大常委会、西青区人民政府、政协西青区委员会、民主党派·人民团体、政法·军事、西青经济技术开发区、经济建设、经济管理、财税·金融·保险、城建与管理、交通·邮电·网络、教育·科技、文化旅游·新闻中心、卫生·体育、社会生活、街镇建设、人物、附录、重要文件目录24个类目，下设150余个分目。卷首列西青区地图和西青区位置图，设专题图片40幅。全书53.6万字。（唐旗　陈鑫）

【《天津市津南年鉴（2019）》出版】 11月，天津市津南区政府主办，区志办编纂的《天津市津南年鉴（2019）》由天津古籍出版社出版。该卷年鉴设区情要览、领导名录、大事记、特载、中共津南区委员会、津南区人大常委会、津南区人民政府、政协津南区委员会、民主党派与工商联、人民团体、法治、军事、区域经济、招商引资与区域合作、财税、经济管理与监督、园区建设、城市建设与管理、社会事业与人民生活、镇街建设、光荣榜、附录22个类目。卷首列津南区位置图和津南区地图，设专题图片34幅。全书50万字。（唐旗　陈鑫）

【《天津市静海年鉴（2019）》出版】 12月，天津市静海区政府主办、区档案馆（区志办）编纂的《天津市静海年鉴（2019）》由天津古籍出版社出版。该卷年鉴设特辑、静海概况、中共静海区委员会、静海区人大常委会、静海区人民政府、政协静海区委员会、纪检监察、法治、地方军事、人民团体、交通·邮电·通讯、区域经济、园区建设、综合经济管理、金融·保险、城市建设与管理、社会事业、人民生活、乡镇、附录20个类目。卷首列静海区京津冀位置示意图和静海区地图，设专题图片54幅。全书60万字。（唐旗　陈鑫）

【《天津市滨海新区年鉴（2019）》出版】 12月，天津市滨海新区政府主办、区志办编纂的《天津市滨海新区年鉴（2019）》由天津社会科学院出版社出版。该卷年鉴设区情概览、特载、专记、大事记、中国共产党滨海新区委员会、滨海新区人民代表大会、滨海新区人民政府、中国人民政治协商会议滨海新区委员会、中国共产党滨海新区纪律检查委员会滨海新区监察委员会、民主党派·工商联、人民团体、法治、军事、全面深化改革、经济管理、财政·税务、金融、开发区、中国（天津）自由贸易试验区、工业、网络安全与信息业、农业、商务、建筑业·房地产业、交通运输业、城市建设、城市管理、科学技术、教育、文化·旅游、卫生、体育、社会生活、街镇、人物·荣誉、附录36个类目。卷首列天津市滨海新区地图，设专题图片52幅。全书108万字。（唐旗　陈鑫）

【《香河年鉴（2018）》出版】 1月，河北省香河县地方志编纂委员会编纂的《香河年鉴（2018）》由方志出版社出版。主编高景全。该卷年鉴设特载、大事记、香河概况、中国共产党香河县委员会、香河县人民代表大会、香河县人民政府、纪检监察、政协香河县委员会、人民团体、军事、法治、综合管理、农业、水利、财政·税务、交通·电力、邮政通讯、商贸服务业、工业·建筑业、五城建设、香河机器人小镇、园区建设、建设·环保、影视基地、金融业、保险业、教育、科学技术、文化·体育、卫生和计划生育、学习宣传党的十九大精神、文明城市创建、社会生活、乡镇·街道、人物、文献文件辑存36个类目。全书81.1万字。（邢素丽）

【《沧州市运河区年鉴（2018）》出版】 5月，河北省沧州市运河区年鉴编纂委员会主编、区志办承编的《沧州市运河区年鉴（2018）》由河北人民出版社出版。主编陈洪泉。该卷年鉴设特辑、大事记、媒体看运河、区情概况、中共沧州市运河区委员会、沧州市运河区人民代表大会、沧州市运河区人民政府、政协沧州市运河区委员会、纪检监察·巡察、人民团体、法治、武装·国防、综合管理、农业·水务、工业、商贸·金融、财政·税务、城乡建设·环境保护、教育·体育、卫生·计划生育、文化·档案、社会生活、乡镇街道、人物、附录等类目。全书59.8万字。（邢素丽）

【《沧县年鉴（2019）》出版】 9月，河北省沧县政府主办、县志办编纂的《沧县年鉴（2019）》由河北人民出版社出版。主编娄锡文。该卷年鉴设特载、大事记、沧县概况、中共沧县县委、沧县人民代表大会常务委员会、沧县人民政府、中国人民政治协商会议沧县委员会、民主党派·工商联、群众团体、军事、法治、综合管理、工业、农业、城乡建设·环境保护、交通·通信·电力、财政·税务、金融·保险、商务流通、教育·科技、文化·卫生·体育、社会生活、人物、乡镇概况、统计资料等类目。全书40.7万字。（邢素丽）

【《深州年鉴（2019）》出版】 12月，河北省深州市委、市政府主办，市志办承编的《深州年鉴（2019）》由河北人民出版社出版。主编李藏慧。该卷年鉴设特载、大事记、深州概览、自然环境、城建·环保、基础设施与基础产业、农林水牧、工业·商贸、经济综合管理、金融·保险、中国共产党深州市委员会、深州市人民代表大会常务委员会、深州市人民政府、中国人民政治协商会议深州市委员会、人民团体、军事·政法、综合政务、教育·体育·科技、文化·广播电视、卫生·计划生育、乡镇概况·经济开发区、人物等类目。全书47万字。（邢素丽）

【《唐山市丰润年鉴（2019）》出版】 12月，河北省唐山市丰润区委、区政府主办，区年鉴编纂委员会主编的《唐山市丰润年鉴（2019）》由河北人民出版社出版。主编潘贵存。该卷年鉴设特载、大事记、丰润概览、中国共产党唐山市丰润区委员会、纪检·监察、唐山市丰润区人民代表大会、唐山市丰润区人民政府、中国人民政治协商会议唐山市丰润区委员会、民主党派·工商联·人民团体、军事、法治、基础设施建设、交通·邮电·通信、生态环境保护、经济管理、农业、工业和建筑业、高速动车组生产、商贸服务业、金融业、开放型经济、科学技术、教育、文化旅游、卫生健康、体育、社会生活、乡镇·街道、人物、统计资料30个类目。全书98万字。（邢素丽）

【《山阴年鉴（2019）》出版】 12月，山西省山阴县委、县政府主管、主办，县委党史研究室编纂的《山阴年鉴（2019）》由中华书局出版。主编侯志林。该卷年鉴设25个类目，下设144个分目870个次分目2066个条目，收录图片和统计表113张。全书60万字。

（沈乔　张文娟）

【《左权年鉴（2019）》出版】 12月，山西省左权县政府主管、县史志研究室主办、县地方志编纂委员会编纂的《左权年鉴（2019）》由方志出版社出版。主编张俊平。该卷年鉴设30个类目，下设140个分目37个次分目894个条目。全书47万字。（沈乔　张文娟）

【《永济年鉴（2019）》出版】 12月，山西省永济市委、市政府主管、主办，市委党史研究室（市地方志研究室）编纂的《永济年鉴（2019）》由三晋出版社出版。主编王新保。该卷年鉴设25个类目，下设141个分目789个条目，收录图表200张。全书40万字。

（沈乔　张文娟）

【《孝义年鉴（2019）》出版】 6月，山西省孝义市委、市政府主管、主办，市委党史研究室（市地方志研究室）编纂的《孝义年鉴（2019）》由三晋出版社出版。主编吴晓娟。该卷年鉴记载2018年孝义所发生的重大事件及各行各业、各部门的成就、经验和教训。全书50万字。（沈乔　张文娟）

【《昆都仑年鉴（2019）》出版】 12月，内蒙古自治区包头市昆都仑区党（志）史办编纂的《昆都仑年鉴（2019）》由辽宁民族出版社出版。主编高丹。该卷年鉴设特载、大事记、区情、人物、附录等25个类目。全书42.9万字。

（刘琼）

【《海拉尔年鉴（2019）》出版】 12月，内蒙古自治区呼伦贝尔市海拉尔区档案局、区档案史志馆编纂的《海拉尔年鉴（2019）》由内蒙古文化出版社出版。主编赵汝荭。该卷年鉴设概况、党政群团、武装政法、综合政务、经济建设、财税金融、经济综合管理、文化社会事业、镇街道办事处、驻区单位选介、表彰先进、大事记、特载、附录 14 个类目。全书 50.9 万字。（萨仁格日乐）

【《科尔沁右翼中旗年鉴（2019）》出版】 12 月，内蒙古自治区科尔沁右翼中旗委史志局编纂的《科尔沁右翼中旗年鉴（2019）》由内蒙古文化出版社出版。主编马长寿。该卷年鉴设特载、大事记、旗情综述、政治、军事、经济、生态、文化、社会事业、苏木镇工作部、驻旗单位、荣誉录、驻旗自治区“两代一委”名录 13 个类目。全书 46.8 万字。（包美娜）

【《宁城年鉴（2019）》出版】 12 月，内蒙古自治区宁城县志办编纂的《宁城年鉴（2019）》由中国文史出版社出版。主编魏利达。该卷年鉴设特载、大事记、概况、人物、文件选编、附录等 25 个类目。全书 34.81 万字。

（袁洪军）

【《于洪年鉴（2019）》出版】 12 月，辽宁省沈阳市于洪区档案馆主办、区志办编纂的《于洪年鉴（2019）》由吉林文史出版社出版。该卷年鉴前设中英文目录，后附主题索引。卷首有于洪区地图，专题图片设数读于洪、经济于洪、社会民生、城市建设、美丽于洪、生态于洪 6 个专题，图片 40 余幅。随书附赠电子版光盘。全书 50 万字。（李琳）

【《甘井子年鉴（2019）》出版】 11 月，辽宁省大连市甘井子区委员会、区党群综合服务中心（区档案馆）编纂的《甘井子年鉴（2019）》由辽海出版社出版。主编张晓燕。该卷年鉴设 25 个类目，下设 123 个分目 988 个条目，图片 200 余幅。全书 55 万字。（张莹）

【《金普年鉴（2018）》出版】 12 月，辽宁省大连金普新区工作委员会、区管委会主办，区综合事务服务中心、区志办编纂的《金普年鉴（2018）》由辽海出版社出版。主编钱世贵。该卷年鉴设特载、概貌、党政机关、民主党派·人民团体、法治·军事、农业、工业、城乡建设与管理、信息业、交通·邮政、商贸服务业、对外经济贸易、环境保护、旅游业、财政·税务、金融业、综合经济管理、科学技术、教育、文化、卫生、体育、社会民生、功能园区、产业园区、街道、人物、大事记、文件辑存、国民经济统计资料 30 个类目，下设 186 个分目 92 个次分目 2014 个条目，有图片 47 幅、随文照片 266 幅、表格 108 张、相关资料 33 个。全书 133 万字。（姜雯）

【《旅顺口年鉴（2018）》出版】 1 月，辽宁省大连市旅顺口区委员会、区政府主办，区史志办编纂的《旅顺口年鉴（2018）》由辽海出版社出版。主编刘圣君。该卷年鉴设 40 个类目 162 个分目 941 个条目，图片 107 幅。卷首设目录，卷尾附索引。全书 83 万余字。

（刘圣君）

【《瓦房店年鉴（2019）》出版】 12 月，辽宁省瓦房店市委员会、市政府主办，市委党史研究室、市志办编纂的《瓦房店年鉴（2019）》由辽宁民族出版社出版。主编刘嘉圣、刘先民。该卷年鉴设特载、大事记、概貌、政党·政权、群众团体、法治·军事、农业、工业、交通·邮电、对外贸易、国内商贸、金融业、城建·环保、旅游、财政·税务、经济管理与监督、教育、科学技术、文化·体育、卫生·计划生育、社会生活、街道·镇·乡和附录 23 个类目，下设 134 个分目 913 个条目，图片 61 幅，表格 46 张。全书 60 万字。（王闯）

【《庄河年鉴（2019）》出版】 12 月，辽宁省庄河市委、市政府主办，市档案馆（市史志办）编纂的《庄河年鉴（2019）》由辽海出版社出版。主编孙卫东。该卷年鉴设特载、概貌、党政机关、民主党派·群众团体、法治、军事、农业、海洋与渔业、林业·水利、工业、城乡建设与管理、环境保护、商贸·旅游业、交通·邮政·电信、财政·税务、金融业、综合管理与监督、教育、科学技术、文化·体育、卫生、社会生活、大连北黄海经济区、街道·乡镇、大事记25个类目，下设111个分目44个次分目988个条目，图片80幅，表格63张。全书55万字。（孙军）

【《南关年鉴（2019）》出版】 12月，吉林省长春市南关区政府主办的《南关年鉴（2019）》由吉林人民出版社出版。该卷年鉴设30个类目，下设158个分目881个条目，附图片127幅，表格35张。在卷首彩页中，进一步体现年度城区新变化，突出经济发展、城区建设、生态保护、服务民生等成果。全书40万字。（刘旭）

【《桦甸年鉴（2019）》出版】 12月，吉林省桦甸市志办编纂的《桦甸年鉴（2019）》由吉林人民出版社出版。该卷年鉴设特载、专文、大事记、市情概貌等33个类目，下设206个分目1134个条目。卷首图片设计突出年度特色与地方特色，设计数字桦甸、第十三届中国桦甸白桦节、“协和杯”全国摄影作品展、“金城巨变”图片展、“阳光下成长”校园文化展等12个专题。全书62.7万字。（于丽娟）

【《敦化年鉴（2019）》出版】 12月，吉林省敦化市政府主管、市地方志编纂委员会主办的《敦化年鉴（2019）》由吉林人民出版社出版。主编王启章。该卷年鉴设40个类目，下设284个分目1789个条目，附表格46张，随文照片219幅，示意图2幅。在保持原有框架相对稳定的前提下，该卷年鉴进行部分结构调整和内容充实，在卷首图片“活力敦化”中使用照片132幅、统计图表8张，分14个专题48个版面，反映敦化市2018年度开发建设足迹和亮点。全书60万字。（杜宝君 林媛媛）

【《公主岭年鉴（2019）》出版】 12月，吉林省公主岭市政府主办、市志办承编的《公主岭年鉴（2019）》由吉林人民出版社出版。该卷年鉴设大事记、概况、中国共产党公主岭市委员会、公主岭市人民代表大会、公主岭市人民政府、中国人民政治协商会议公主岭市委员会、民主党派、社会团体、军事·法治、开发区·园区、经济管理、农村·农业、工业、商贸、交通·邮政·通信、城建·环保、金融、科技、教育、文化·体育、卫生·健康、社会·民生、乡镇·街道、人物、文献、专文、附录27个类目，下设202个分目1043个条目。图片150幅，表格45张。在卷首用城市名片、现代农业、新农村建设、工业发展、教育文化、多彩生活、创建全国文明城市7个图片专题反映公主岭市城市风貌和各业发展情况。社会·民生类目中设脱贫攻坚分目，工业类目中设汽车零部件产业和食品加工产业分目，农村·农业类目综述中突出记载当地现代农业生产体系、产业体系、经营体系等“三大体系”建设成果，畜牧业分目中重点记述农业农村部确定南崴子镇为非洲猪瘟疫区后，公主岭市开展非洲猪瘟防控工作内容。全书74.5万字。（张建光）

【《江源年鉴（2019）》出版】 12月，吉林省白山市江源区政府主办、区志办编纂的《江源年鉴（2019）》由吉林人民出版社出版。该卷年鉴设特载、大事记、江源概览、中国共产党江源区委员会、白山市江源区人民代表大会常务委员会、江源区人民政府、中国人民政治协商会议白山市江源区委员会、民主党派·工商联、群众团体、军事、法治、农业、工业、商贸、松花石产业、交通·邮政·供电、信息产业、城建·环保、金融、综合经济管理、教育·科技、文化、社会生活、镇·街、重点村(社区)、表彰奖励、人物、附录28个类目，下设174个分目1263个条目。卷首及正文使用图片128幅。全书73万字。（李颖）

【《南岗年鉴（2019）》出版】 12月，黑龙江省哈尔滨市南岗区委主管、区委史志档案馆主办、区史志研究室编纂的《南岗年鉴（2019）》由黑龙江人民出版社出版。主编罗哲群。该卷年鉴设特载、大事记、南岗区概貌、街道乡镇概况、党政机关、民主党派、群众团体、政法·军事、经济监督管理、财政税收、农业·交通·工业·商业、城乡建设·环境保护、教育、科技·卫生·文化·体育、社会生活15个类目，照片130余幅。前附高清彩色南岗区政区图和区街图，卷首图片设纪念“改革开放40年”、对口合作、产业园区、城区管理、行政执法、区委全会、政协会议、人大会议、专题会议、共建文明、宣传教育、纪律作风、委员风采、商圈业态等14个专题；正文以区直机关为单位，平均每个单位附图片1幅，反映各单位工作特色、办公环境、基础设施以及面向社会开展的行政服务、行政执法情况。全书52万字。（刘新惠）

【《道里年鉴（2019）》出版】 12月，黑龙江省哈尔滨市道里区委、区政府主办，区委史志档案馆编纂的《道里年鉴（2019）》由北方文艺出版社出版。主编汪源。该卷年鉴设特载、大事记、道里概貌、乡镇概况、街道概况、党政机关、民主党派、群众团体、政法军事、经济监督管理、财政税务、农业工业商业、城乡建设环境保护、教育、科技卫计文化体育、社会生活16个类目。全书41.1万字。

（徐萍　杜胜男　刘新惠）

【《香坊年鉴（2019）》出版】 10月，黑龙江省哈尔滨市香坊区政府编纂的《香坊年鉴（2019）》由黑龙江人民出版社出版。主编徐宁。该卷年鉴设19个类目，全面载录2018年度香坊区的经济社会发展的基本资料。全书56万字。（徐萍　杜胜男）

【《呼兰年鉴（2019）》出版】 3月，黑龙江省哈尔滨市呼兰区政府主管、区志办主办、《呼兰年鉴》编辑部编纂的《呼兰年鉴（2019）》由黑龙江人民出版社出版。主编李爽。该卷年鉴备有双重检索系统，正文前有目录，正文后有索引。出版纸质版的同时制作电子版，通过网页对外发布，读者可通过哈尔滨市呼兰区政府网点击“魅力呼兰·呼兰志鉴”网页查询。全书100万字。

（徐萍　杜胜男　刘新惠）

【《双城年鉴（2019）》出版】 12月，黑龙江省哈尔滨市双城区委主管、区档案馆主办、区史志研究室编纂的《双城年鉴（2019）》由黑龙江人民出版社出版。主编郭海平。该卷年鉴设特载、大事记、概况、党政机关、政法·军事、农业、工业和信息产业、商贸、交通·邮电、城乡建设·环境保护、财政·税务、金融·保险、经济管理、文体·卫计、教育·科技、社会生活、人民团体、乡镇、统计资料、重要法规文件索引、人物、附录22个类目。全书70万字。（刘新惠）

【《巴彦年鉴（2019）》出版】 12月，黑龙江省巴彦县委主管、县档案馆主办、县史志研究室编纂的《巴彦年鉴（2019）》由黑龙江人民出版社出版。主编郭旭东。该卷年鉴设特载、大事记、综述、党政机关、政法、武装、经济综合管理、农业、工业电业、交通邮政电信、城建环保、商贸粮食、财政税务、金融保险、教育文化气象、卫生计划生育、乡镇概况、人物、修志记事19个类目。全书50万字。

（刘新惠）

【《宁安年鉴（2019）》出版】 12月，黑龙江省宁安年鉴编纂委员会编纂的《宁安年鉴（2019）》由黑龙江人民出版社出版。主编包淑华。该卷年鉴设22个类目，下设180个分目1210个条目。全书68.4万字。

（徐萍　杜胜男）

【《雨花台年鉴（2019）》出版】 12月，江苏省南京市雨花台区政府主管、主办，区地方志编纂委员会编纂的《雨花台年鉴（2019）》由方志出版社出版。主编俞建宁。该卷年鉴卷首设专题图片、特载、大事记，图片分印象雨花、五城共建（现代产业城、科技创新城、特色枢纽城、红色文化城、幸福宜居城）、数字雨花3个专题，主体部分设雨花台区概览、中国（南京）软件谷、科技创新、区域经济、人居环境、文化旅游、公共服务、机关团体、法治·军事、街道·园区、人物·荣誉11个类目，卷末设附录、索引。全书54万字。

（陈晓婧）

【《武进年鉴（2019）》出版】 9月，江苏省常州市武进区政府主办、区志办编纂的《武进年鉴（2019）》由方志出版社出版。主编陈刚。该卷年鉴设40个类目，下设216个分目（含次分目）1223个条目，照片270幅（随文照片189幅），表格96张。全书92.1万字。

（陈晓婧）

【《射阳年鉴（2019）》出版】 10月，江苏省射阳县政府主管、主办，县志办编纂的《射阳年鉴（2019）》由江苏人民出版社出版。主编邱明哲。该卷年鉴卷首设图片专题、特载、大事记，主体部分设26个类目，下设93个分目64个次分目1180个条目，卷尾设附录、索引。专题图片部分设置40年巨变专题，同时以2018年射阳县十大新闻为主线，设置年度聚焦专题。全书93万字。 （陈晓婧）

【《张家港年鉴（2019）》出版】 12月，江苏省张家港市政府主办，市委史志办编纂的《张家港年鉴（2019）》由方志出版社出版。主编陈飞健。该卷年鉴设34个类目，下设236个分目949个条目，表格114张。该卷年鉴特载收录党建"红堡"工程与乡村振兴内容，体现2018年年度特色；突出"媒体聚焦"类目，反映改革先锋秦振华及张家港精神特质，体现地域特色。全书112.9万字。 （陈晓婧）

【《如皋年鉴（2019）》出版】 12月，江苏省如皋市政府主办、市志办编纂的《如皋年鉴（2019）》由江苏人民出版社出版。主编徐亚军。该卷年鉴卷首设专题图片，正文设特载、大事记、如皋概览、中国花木之乡、世界长寿养生福地、开放合作、农业、制造业、建筑业、服务业、经济管理、城乡建设、交通、生态环境、科学技术、教育、文化、卫生健康、体育、人民生活、社会治理、机关团体、街道·镇、人物·荣誉、附录25个类目，收录图片265幅、图表135张。该卷年鉴增设中国花木之乡类目；取消媒体聚焦类目，将内容较少的军事类目调整为分目，归并至机关团体中；将城乡建设与管理拆分成城乡建设、交通、生态环境3个类目；将开放型经济、如皋港、园区经济3个类目及对接服务上海、对口支援2个分目合并为开放合作类目。卷首图片突出"解放思想再深入，改革开放再出发"主题。全书97.6万字。 （陈晓婧）

【《萧山年鉴（2019）》出版】 12月，浙江省杭州市萧山区委、区政府主办的《萧山年鉴（2019）》由浙江人民出版社出版。该卷年鉴设40个类目，下设286个分目67个次分目2267个条目，卷首设特载、年度聚焦、萧山故事、大事记、区情概览，卷末设人物·先进、重要文件辑录及目录选编、调研报告、索引。该卷年鉴设萧山故事类目，收文19篇；卷中插页设"萧山城市影像——纪念中华人民共和国成立70周年"专题。全书101.5万字。

（蔡建明）

【《余姚年鉴（2019）》出版】 9月，浙江省余姚市地方志编纂委员会编纂的《余姚年鉴（2019）》由方志出版社出版。该卷年鉴卷首设特载、专记、大事记、市情概览，正文部分设26个类目，卷末设文件选编、索引。全书66万字。 （高曙明）

【《洞头年鉴2019》出版】 年内，浙江省温州市洞头区委史志编委会编纂的《洞头年鉴（2019）》由线装书局出版。主编曾焕定。该卷年鉴设37个类目，下设227个分目73个次分目1433个条目，文中配照片333幅、表格74

张。全书100多万字。（温州市史志办）

【《柯桥区年鉴（2018）》出版】 年内，浙江省绍兴市柯桥区委、区政府主办，区地方志编纂委员会编纂的《柯桥区年鉴（2018）》由浙江古籍出版社出版。主编马良。该卷年鉴分总情、经济、政治、文卫、建制镇（街道）和索引6个部分，设44个类目，下设298个分目1121个条目，小资料24个，彩色图照244幅，表37张。全书80.9万字。（绍兴市史志办）

【《东阳年鉴（2019）》出版】 年内，浙江省东阳市委、市政府主办，市地方志编纂室编纂的《东阳年鉴（2019）》由方志出版社出版。主编张忠鸣。该卷年鉴设木雕·红木家具、影视、建筑业等36个类目，下设214个分目52个次分目1533个条目，表格92张，图片259幅。卷尾设主题分析索引和表格索引。全书95万字。（金华市志办）

【《宁国年鉴（2019）》出版】 11月，安徽省宁国市委、市政府主办，市委党史地方志研究室编纂的《宁国年鉴（2019）》由黄山书社出版。该卷年鉴设31个类目，收录表格89张，随文图片90幅。该卷年鉴在框架上进行调整，原工业与信息化类目改为工业·上市公司，图片中设“首届农民丰收节系列活动”专题，专记设宁国市首届农民丰收节系列活动纪实、宁国市改革开放40年发展综述。全书约85.2万字。（程正周）

【《肥东年鉴（2019）》出版】 12月，安徽省肥东县委、县政府主办，县委党史和地方志研究室编纂的《肥东年鉴（2019）》由黄山书社出版。该卷年鉴正文插图200余幅，增加实用性表格214张；设重要报道栏目，加大宣传；设置凡人善举类目，讲述老百姓自己的故事。全书40万字。（程正周）

【《贵池年鉴（2019）》出版】 11月，安徽省池州市贵池区委、区政府主办，区委党史和地方志研究室编纂的《贵池年鉴（2019）》由黄山书社出版。该卷年鉴设25个类目，下设129个分目779个条目，收入表格89张、插图210幅。专题图片设守望与传承专题，突出贵池的中国傩戏之乡特色；设杏花村文化旅游区图片专栏，强调在加速发展工业的同时紧扣绿色发展。全书57万字。（程正周）

【《舒城年鉴（2019）》出版】 12月，安徽省舒城县委、县政府主办，县委党史和地方志研究室编纂的《舒城年鉴（2019）》出版。该卷年鉴设25个类目，下设171个分目1091个条目。卷首图片76张，围绕脱贫攻坚摘帽年、打好“三大攻坚战”等年度工作重点，分设10个专题，其中人文舒城、脱贫攻坚、生态建设专题展现舒城地方特色和年度精准扶贫和污染防治成果。该卷年鉴媒体在线、专记类目强调突出“扶贫县摘帽”、重点工程、产业新城建设；突出毛泽东视察舒城60周年、文翁纪念馆开馆等年度特色；乡镇类目除设置概述条目外，多数设置两个以上单一性条目；招商引资开发园区、旅游业分目升格至类目。全书86万字。（程正周）

【《来安年鉴（2019）》出版】 9月，安徽省来安县委主管、县委党史和地方志研究室编纂的《来安年鉴（2019）》出版。该卷年鉴除特载和附录外，设32个类目，下设162个分目近千个条目。全书55万字。（程正周）

【《德化年鉴（2019）》出版】 12月，福建省德化县委党史和地方志研究室编纂的《德化年鉴（2019）》由方志出版社出版。该卷年鉴设世界陶瓷之都类目，下设综述、陶瓷历史、陶瓷文化、陶瓷人物、陶瓷研究、陶瓷品牌、陶瓷产业、陶瓷产业园区等分目，突出体现德化“世界陶瓷之都”特色。全书79.4万字。

（欧长生　吴朝庭）

【《南安年鉴（2019）》出版】 12月，福建省南安市委党史和地方志研究室编纂的《南安年鉴（2019）》由福建省地图出版社出版。该卷年鉴设南安关注类目，记述2018年南安市委牵头发起的网络票选十大新闻等内容；工业类目下设支柱产业、产业项目基地等分目，重点记述南安市水暖阀门、石材陶瓷、光电机械等工业及产业基地的年度发展，突出南安市“中国水暖城”“中国石材之乡”“泛家居产业联盟”品牌文化和特色优势；附录下增设南安名产分目，收录南安特色农产品和特色美食。全书61万字。（欧长生　吴朝庭）

【《南丰年鉴（2018）》出版】　3月，江西省南丰县志办编纂的《南丰年鉴（2018）》由中州古籍出版社出版。该卷年鉴设特载、大事记、年度关注、南丰概况等31个类目，图照197幅。全书80万字。（朱岳）

【《槐荫年鉴（2019）》出版】　12月，山东省济南市槐荫区地方史志研究中心编纂的《槐荫年鉴（2019）》由中华书局出版。该卷年鉴设27个类目，下设131个分目691个条目，表格41张、图片115幅。增设济南国际医学科学中心·经济开发园区类目；将纪检监察升格为类目，设综述、党风政风监督、巡察工作3个分目；对区委、区人大、区政府、区政协的类目名称进行规范。全书69.3万字。（宋涛）

【《青岛西海岸新区年鉴（2019）》出版】　11月，山东省青岛西海岸新区工作委员会、新区管理委员会主办，新区地方史志研究中心编纂的《青岛西海岸新区年鉴（2019）》由线装书局出版。该卷年鉴设30个类目，下设220个分目820个条目，图照150余幅，表格50余张。卷首图片以专题形式展示新区影视之都、音乐之岛、啤酒之城、会展之滨四张名片及“双招双引”重点项目、重要活动等地方特色；以特辑形式记录精准扶贫、乡村振兴战略、生态文明建设、新旧动能转换、民生保障工程等大事、要事。全书70万字。（宋涛）

【《临淄年鉴（2019）》出版】　10月，山东省淄博市临淄区党史与地方史志研究中心（区档案馆）编纂的《临淄年鉴（2019）》由九州出版社出版。该卷年鉴设28个类目，下设164个分目923个条目，图照123幅，表格38张。该卷年鉴专记增加大学习、大调研、大改进内容；文化类目增加临淄稿临淄埝条目，突出地域文化特色。全书66万字。（宋涛）

【《滨城年鉴（2019）》出版】　12月，山东省滨州市滨城区委、区政府主办，区地方史志研究中心编纂的《滨城年鉴（2019）》由方志出版社出版。该卷年鉴设27个类目，下设170个分目914个条目、随文图片136幅，统计表格17张。卷首专题图片设“印象滨城”——滨城新貌、党性教育基地、工业、乡村振兴、六城同创、棚户区改造、生态滨城、社会事业8个专题，图片92幅。全书59万字。（宋涛）

【《岱岳区年鉴（2019）》出版】　12月，山东省泰安市岱岳区地方史志研究中心编纂的《岱岳区年鉴（2019）》由九州出版社出版。该卷年鉴设特载、大事记、区情概览等25个类目，下设127个分目1050个条目，收录图片233幅。该卷年鉴分目比上一年卷增加21个，增设生态环境、区人大常委会各工作委员会等分目；条目增加39个；图片增加16幅。收录《中国共产党泰安市岱岳区委员会十三届七次全体会议上的报告》、泰安市岱岳区第十七届人民代表大会第三次会议《政府工作报告》和涉及法治政府建设、经济发展纲要等方面文件。全书57万字。（宋涛）

【《新郑年鉴（2019）》出版】　12月，河南省新郑市政府主办、市史志办编纂的《新郑年鉴（2019）》由中国文史出版社出版。总编周建超，主编李磊。该卷年鉴设特载、数字新政、专记、大事记、市情总貌、中共新郑市委、新郑市人民代表大会常务委员会、新郑市人民政府、政协新郑市委员会、纪检·监察、民主党派·工商联、人民团体、军事、法治、城乡建设和环境保护、商务·政务、园区建设、农业、工业、交通·通信、商业贸易、金融、财政·税务、经济管理与监督、科学技术、教育、文化、旅游、卫生·体育、社会生活、乡（镇）街道、人物、附录等类目，下设148个分目1134个条目，图照189幅，表10张。卷首设新郑市政区图、城区图、荣誉新郑、专题图片、新郑年鉴编纂委员会、编辑部名录、编辑说明、目录，卷末设索引。全书123万字。

（戴霞）

【《孟津年鉴（2019）》出版】 12月，河南省孟津县政府主办、县史志办编纂的《孟津年鉴（2019）》由中州古籍出版社出版。该卷年鉴卷首专题图片32幅，插图137幅。全书55万字。

（马俊明）

【《郏县年鉴（2019）》出版】 11月，河南省郏县政府主办、县史志办编纂的《郏县年鉴（2019）》由中州古籍出版社出版。该卷年鉴设29个类目，全面、系统记载2018年郏县自然、政治、经济、文化、社会、生态建设等方面的基本情况。全书55.8万字。（马俊明）

【《伍家岗年鉴（2019）》出版】 12月，湖北省宜昌市伍家岗区委、区政府主办，区史志研究中心编纂的《伍家岗年鉴（2019）》由三峡电子音像出版社出版。主编利青山。该卷年鉴设21个类目，记载2018年伍家岗区经济和社会发展情况。全书65万字。

（湖北省文化和旅游厅地方志工作处）

【《浠水年鉴（2019）》出版】 12月，湖北省浠水县委、县政府主办，县档案馆（史志研究中心）编纂的《浠水年鉴（2019）》由长江出版社出版。主编王移进。该卷年鉴设浠水特载、县情概览、2018年大事记、经济社会发展战略、政治、群众团体·民主党派、法治建设·军事、经济综合管理、财税·金融、城乡建设·环境保护、农业、工业、商业·贸易、交通·通信、教育·科技、文化·新闻·旅游·体育、卫生健康、社会生活、乡镇（办、场、区）概况、命名表彰、人物、统计资料、附录等类目，卷末设索引。全书87万字。

（湖北省文化和旅游厅地方志工作处）

【《赤壁年鉴（2019）》出版】 12月，湖北省赤壁市政府主管、市史志研究中心编纂的《赤壁年鉴（2019）》由长江出版社出版。主编洪金虎。该卷年鉴设特载、大事记、赤壁概况、中国共产党赤壁市委员会、赤壁市人民代表大会、赤壁市人民政府、政协赤壁市委员会、群众团体、军事、政法、经济综合管理、财政·税务·审计、农业、工业、茶产业、交通运输、邮政·通信、住房和城乡建设、国土资源·环境保护、商业贸易、金融·保险、教育、卫生、科学技术、文化·体育·新闻、科学技术、社会生活、乡镇（办、场、区）概况等类目，下设210个分目1066个条目，卷首专题图片116页，设改革开放40年专栏，插图8页。全书90万字。

（湖北省文化和旅游厅地方志工作处）

【《鄂城年鉴（2019）》出版】 12月，湖北省鄂州市鄂城区政府主办、鄂城年鉴编辑委员会编纂的《鄂城年鉴（2019）》由长江出版社出版。主编杜辉。该卷年鉴设特载、区情概览、大事记、国际航空大都市建设、党政机关、社会团体、政法军事、工业经济、农业农村经济、城乡建设与管理、生态文明、交通商贸旅游、经济综合管理、财政税务审计、科技教育文体、社会事务、乡镇（新区、开发区）概览、人物、附录19个类目。全书32万字。

（湖北省文化和旅游厅地方志工作处）

【《华容年鉴（2019）》出版】 12月，湖北省鄂州市华容区政府主办、华容年鉴编辑委员会编纂的《华容年鉴（2019）》由长江出版社出版。主编汪细池。该卷年鉴设特载、区情概览、大事记、政治、经济、文化、社会、乡镇（新区）、统计资料、文件辑录及领导名录11个类目。全书28万字。

（湖北省文化和旅游厅地方志工作处）

【《梁子湖年鉴（2019）》出版】 12月，湖北省鄂州市梁子湖区政府主办、梁子湖年鉴编辑委员会编纂的《梁子湖年鉴（2019）》由长江出版社出版。主编王惠锋。该卷年鉴设特载、大事记、区情概览、政治、经济、文化、社会、镇（新区）、统计资料、各村基本情况及领导名录11个类目，卷首设梁子湖区行政区划图和领导关怀、生态建设、美丽乡村、绿满梁湖、科技新区等彩图。全书28万字。

（湖北省文化和旅游厅地方志工作处）

【《望城年鉴（2019）》出版】 12月，湖南省长沙市望城区委、区政府主办，区地方志编委会编纂的《望城年鉴（2019）》由方志出版社出版。主编范焱斌。该卷年鉴设大事记、望城概况、政治、法治、军事、经济管理与监督、农业·农村经济、工业、区域开发与园区经济、商贸服务·旅游管理、金融业·保险服务、交通·邮政·电力·通信、城乡建设与管理、环境保护、医疗卫生和计划生育、教育、科学技术、文化·体育、社会生活、街镇等类目，下设170个分目1117个条目，图片264幅，表格8张。前置专题图片、特载、专文；后附人物、光荣榜、统计资料、附录、主题索引。该卷年鉴结合年度特点设置望城改革开放40周年特载，专文增加社区提质提档等民生实事内容，增补行业表格、数据等，专题图片设置上延续整体布局，设置聚焦望城、强盛之城、人文之城、幸福之城、美丽之城5个专题，附特色栏目历代名人题咏望城诗词（选编）。随书附赠卡片U盘电子书。全书77.3万字。 （长沙市望城区地方志编纂室）

【《武陵源年鉴（2019）》出版】 7月，湖南省张家界市武陵源区委、区政府主办，区志办编纂的《武陵源年鉴（2019）》由吉林文史出版社出版。主编毛中平、向文雅。该卷年鉴设特载、大事记、武陵源概况、中国共产党武陵源区委员会、武陵源区人民代表大会、武陵源区人民政府、政协武陵源区委员会、纪检·监察、民主党派·工商联、社会团体、法治、军事、旅游业、经济管理与监督、国土资源与环境保护、农业·林业·水利·畜牧、城乡建设与管理、交通·邮政·电信、商贸·供销·烟草·电力、财政·税务·金融·保险、科技·教育·文化·体育、卫生·人口和计划生育、街道·乡、企业选介、人物、文件索引、文件选录、统计资料等类目，下设117个分目813个条目，图片54幅，表格17张。卷首设公益宣传性质专题图片，卷末附主题索引。该卷年鉴与上一年卷相比，分目减少4个，条目增加113个，在旅游业类目下增设旅游宣传促销、旅游产业公司分目，精神文明创建分目下增加省级文明城区创建、新时代文明实践中心试点建设等特色条目。全书63万字。

（武陵源区地方志编纂室）

【《岳阳县年鉴（2019）》出版】 11月，湖南省岳阳县委、县政府主办，县委党史研究室编纂的《岳阳县年鉴（2019）》由中州古籍出版社出版。主编易新岳。该卷年鉴设特载、巴陵论坛、大事记等27个类目，下设133个分目980个条目，图片178幅，表格3张。该卷年鉴新增人物类目。卷末附录、索引。全书63.5万字。 （岳阳县地方志编纂室）

【《鼎城年鉴（2019）》出版】 12月，湖南省常德市鼎城区政府组织、区地方志编纂室编纂的《鼎城年鉴（2019）》由线装书局出版。主编雷建国。该卷年鉴设专文、专题、大事记、区情概览、中国共产党鼎城区委员会、鼎城区人民代表大会常务委员会、鼎城区人民政府、中国人民政治协商会议鼎城区委员会、民主党派·工商联·群众团体、法治、军事、经济监督管理、财政·税务、金融、农业·林业·水利、工业、常德高新技术产业开发区、商务·旅游、城市建设与管理、交通·邮政·通信、教育·科技、文化·卫生、人力资源和社会保障、乡镇·街道·场、资政论坛、重要文件、附录27个类目，下设187个分目370个条目，图片366幅，表格5张。卷首设鼎城区行政区划图、专题图片、编辑说明、目录、专文、专

题、大事记、区情概览等，卷末附资政论坛、重要文件、附录（索引、图片）。全书76万字。（常德市鼎城区地方志编纂室）

【《东安年鉴（2019）》出版】 12月，湖南省东安县委、县政府主办，东安年鉴编纂委员会编纂的《东安年鉴（2019）》由中国市场出版社出版。主编陈珍枚。该卷年鉴设特载、大事记、东安概貌、中共东安县委员会、东安县人大常委会、东安县人民政府、政协东安县委员会、公安·司法·军事、人民团体、农业、工业、综合经济管理、基础设施建设、财政·税务·金融、商贸·旅游、国土资源保护、城乡建设与管理、文化、社会管理与服务、乡镇·场、附录21个类目，下设144个分目824个条目，图片138幅，表格5张。卷首设特载、大事记，卷末附2018年中共东安县委、县人民政府重要文件目录，县人民政府办公室重要文件目录、东安县2018年国民经济和社会发展统计公报等文件。全书59.1万字。（陈娉婷）

【《越秀年鉴（2019）》出版】 12月，广东省广州市越秀区委、区政府主持，区志办编纂的《越秀年鉴（2019）》由广东经济出版社出版。主编林卫红。该卷年鉴设19个类目，下设141个分目1027个条目，图片246幅。全书100万字。（广东省志办）

【《坪山年鉴（2019）》出版】 8月，广东省深圳市坪山区委、区政府主办，区委（区政府）办公室编纂的《坪山年鉴（2019）》由中州古籍出版社出版。该卷年鉴专设特色坪山类目，针对2018年坪山区经济社会发展新情况调整和优化类目，总述更名为坪山概貌、卫生更名为卫生健康。全书102万字。（陈美玲）

【《宝安年鉴（2019）》出版】 11月，广东省深圳市宝安区委、区政府组织，区志办编纂的《宝安年鉴（2019）》由深圳报业集团出版社出版。该卷年鉴设数字宝安、图片选辑、特载、宝安概况、大事记、特色宝安等31个类目。全书92万字。（陈美玲）

【《南山年鉴（2019）》出版】 11月，广东省深圳市南山区委、区政府主办，区史志研究中心编纂的《南山年鉴（2019）》由深圳报业集团出版社出版。主编胡芸。该卷年鉴设特载、总述、大事记、年度关注、党政机关、群众团体、法治、军事、经济综合管理、财政·税务、前海蛇口自贸片区、重点产业与园区、上市公司·民营企业、总部经济·金融服务、先进制造业、国际贸易·交通运输、对外及香港经贸·口岸、旅游业、城区建设与管理、人居环境、科学技术、教育、文化·体育、卫生与健康、社会生活、街道、人物、经济社会统计资料、文献选编、附录30个类目。全书84万字。（广东省志办　陈美玲）

【《南海年鉴（2019）》出版】 10月，广东省佛山市南海区委、区政府主持，南海年鉴社编纂的《南海年鉴（2019）》由广东经济出版社出版。该卷年鉴设26个类目，收录近1000个条目、图片300余幅、表格92张。该卷年鉴合并财政·税务和金融业类目，增设融资租赁·小额贷款公司分目，卷首图片设置活力都市、美丽乡村、“博物馆之城”建设等5个栏目以及镇（街道）建设巡礼、十年百万图·南海展新颜专题图片栏目。全书80万字。

（广东省志办）

【《青秀年鉴（2019）》出版】 12月，广西壮族自治区南宁市青秀区委、区政府主办，区地方志编委会编纂的《青秀年鉴（2019）》由线装书局出版。主编李影。该卷年鉴分综合情况、动态信息、辅助资料3个部分，综合情况设青秀区总述、创意青秀，动态信息分设党政机关、群众团体、法治、军事、经济管理与监督、产业、城乡规划建设与管理、教育·科学、文化·体育、卫生计生、社会民生、生态建设、镇·街道·开发区、人物14个类目，辅助资料有专题图片、特载、大事记、经济分析和统计资料、附录、索引。卷首设青秀区地图、青秀区旅游图、数说青秀，图片设心系青秀、魅力青秀、实力青秀、创意青秀、学看青秀、友善青秀等专题。全书70.5万字。

（梁昕）

【《柳北年鉴（2019）》出版】 10月，广西壮族自治区柳州市柳北区委、区政府组织，区志办编纂的《柳北年鉴（2019）》由线装书局出版。主编周思泉、左崖、张联松。该卷年鉴分综合情况、动态信息、辅助资料3个部分，综合情况设概况，动态信息设中国共产党柳州市柳北区委员会、柳州市柳北区人民代表大会、柳州市柳北区人民政府、中国人民政治协商会议柳州市柳北区委员会、民主党派·工商联、人民团体、国防建设、公安·审判·检察·司法行政、农林渔牧业、工业、商贸服务·旅游业、交通运输·邮政业、信息·电信业、资源·建设·环保、财政·税收、金融业、社会事务管理、教育·科技、文化·体育、卫生健康·计划生育、社会生活、街镇概况、人物23个类目，辅助资料有大事记、重要文献、统计资料、附录。卷首设数字柳北、柳北风采、专题图片。全书86.4万字。（梁昕）

【《临桂年鉴（2019）》出版】 11月，广西壮族自治区桂林市临桂区政府主办、区地方志编纂委员会编纂的《临桂年鉴（2019）》由黄山书社出版。主编王玉才。该卷年鉴设特载、大事记、临桂区概况、中国共产党桂林市临桂区委员会、临桂区人民代表大会、临桂区人民政府、中国人民政治协商会议桂林市临桂区委员会、纪检·监察、民主党派·工商联、人民团体、政法、军事、旅游管理、城乡建设·环境保护、交通运输、信息产业、工业·商业、农业·水利、财政·税务、金融·保险、管理与监督、教育、科学技术、文化·体育·卫生、社会事务、乡镇、附录27个类目。全书60万字。

（梁昕）

【《合浦年鉴（2019）》出版】 12月，广西壮族自治区合浦县政府主管、县志编纂委员会编纂的《合浦年鉴（2019）》由方志出版社出版。主编卢繁初。该卷年鉴设特载、大事记、县情概览、中国共产党合浦县委员会、合浦县人民代表大会、合浦县人民政府、中国人民政治协商会议合浦县委员会、中国共产党合浦县纪律检查委员会、民主党派·工商联、群众团体、法治、军事、工业、农林·渔牧·水利、交通运输业、城市建设与管理、环境保护、商贸业、邮政·信息传输、财政·税务、金融业、经济管理和监督、科学技术、教育、文化·体育、卫生·计生、社会事务、镇乡概况、附录29个类目。全书83万字。（梁昕）

【《桂平年鉴（2019）》出版】 12月，广西壮族自治区桂平市政府主办、市志办编纂的《桂平年鉴（2019）》由北京燕山出版社出版。主编李小勇。该卷年鉴设数字桂平、年度要闻、彩图、特辑、特载、大事记、概貌、政治、工商联、群众团体、法治、军事、旅游业、城市建设与管理、环境保护、交通运输业、信息业、工业、工业园区、商贸·物流、农业·水利、财政·税务、金融·保险、行政管理、教育·科学技术、文化、卫生·计划生育·体育、社会生活、乡镇、附录等类目，全书68.6万字。

（梁昕）

【《白沙黎族自治县年鉴（2019）》出版】 12月，海南省白沙黎族自治县委史志编纂中心编纂的《白沙黎族自治县年鉴（2019）》由南方出版社出版。该卷年鉴设特载、概况、政治与军事、法制、经济、社会事业、乡镇·农场、人物、文献选编、统计资料、大事记、附录等类目。全书77.8万字。（黎美君）

【《吉阳年鉴（2019）》出版】 12月，海南省三亚市吉阳区政府办公室编纂的《吉阳年鉴（2019）》由南海出版社出版。该卷年鉴设大事记、特载、特辑、总述、中共区委会、区人民代表大会常务委员会、区人民政府、民主党派·总商会、群众团体、法治、军事、经济、城乡建设管理、国民经济监管、文体卫生、教

育、社会民生、社区、行政村、人物、附录、统计资料等类目。全书 38 万字。（黎美君）

【《南川年鉴（2019）》出版】 12 月，重庆市南川区政府主办、区史志办编纂的《南川年鉴（2019）》由四川民族出版社出版。主编康平。该卷年鉴设年度要闻、特辑、大事记、概貌、政治、经济、社会事业、乡镇（街道）、人物光荣榜、统计资料、附录等类目。全书 86.5 万字。（马必波）

【《江津年鉴（2019）》出版】 12 月，重庆市江津区委办公室主管、区政府办公室主办、江津年鉴编辑委员会编纂的《江津年鉴（2019）》由四川民族出版社出版。主编李勤义。该卷年鉴设专记、大事记、概貌、政治、法治、武装、经济、文化、社会事业、平台建设、镇街、人物光荣榜、文献、统计资料、附录等类目。全书 83.5 万字。（陈秀红）

【《武隆年鉴（2019）》出版】 12 月，重庆市武隆区政府主办、《武隆年鉴》编纂委员会编纂的《武隆年鉴（2019）》由四川民族出版社出版。该卷年鉴设特辑、大事记、特载、概述、旅游、政治、经济、文化、社会事业、街道（乡镇）、人物、荣誉、文献、统计资料、附录等类目，图片 210 幅。该卷年鉴框架结构适当调整，将旅游升格为类目，概述类目增加历史与文化、三大攻坚战、八项行动计划分目，特辑类目记述一部手机游武隆、仙女山机场建设、首届中国（武隆）农民丰收节。全书 82.5 万字。

（中共重庆市武隆区委党史地方志研究室）

【《黔江年鉴（2019）》出版】 12 月，重庆市黔江区政府主管、区政府办公室主办、《黔江年鉴》编辑委员会编纂的《黔江年鉴（2019）》由四川民族出版社出版。主编周晓东。该卷年鉴设专记、大事记、黔江概况、三大建设概览、政治、经济、文化、社会事业、乡镇街道、人物荣誉、重要文献、统计资料、附录 13 个类目。全书 66 万字。（谢海洪）

【《丰都年鉴（2019）》出版】 11 月，重庆市丰都县政府主管、县档案馆主办的《丰都年鉴（2019）》由四川科学技术出版社出版。主编王瑛。该卷年鉴除卷首外，设特载、大事记、丰都概况、政治、军事、法治、经济、社会事业、乡镇（街道）、人物光荣榜、统计摘要、文献、附录 13 个类目，图片 79 幅。该卷年鉴对部分类目进行调整，增设军事类目，更改丰都概况名称。全书 70 万字。（王尔欢）

【《巫溪年鉴（2019）》出版】 12 月，重庆市巫溪县委办公室主办、县志办编纂的《巫溪年鉴（2019）》由四川民族出版社出版。主编唐江洪。该卷年鉴设大事记、特辑、巫溪综述、政治、政法、军事、经济、文化与传媒、社会事业、人物·荣誉、街道（乡镇）、附录等类目。全书 76 万字。（王又彬）

【《成华年鉴（2019）》出版】 11 月，四川省成都市成华区政府主管、主办，区志办编纂的《成华年鉴（2019）》由新华出版社出版。主编周孝明。该卷年鉴设成华综述、中共成华区委、成华区人民代表大会、成华区人民政府、政协成华区委员会、民主党派·群众团体、法治·国防、生态建设、城市建设、产业集聚发展、工业·建设业、商贸与现代服务业、交通运输与旅游服务业、农业·统筹城乡改革发展、综合经济管理、教育·科技、文化·传媒、卫生·体育、社会·民生、街道、大事记、附录 22 个类目，下设 238 个分目 1756 个条目，收录表格 94 张、随文照片 324 幅。卷首彩色图片设公园城市建设、活力成华、会展成华、产业成华、文化成华、运动成华、健康成华、和谐成华、宜人成华、方志成华、数字成华 11 个专题。全书 108 万字。（孙玉峰）

【《旺苍年鉴（2019）》出版】 12 月，四川省旺苍县政府主管、县志办主办、《旺苍年鉴》编纂委员会编纂的《旺苍年鉴（2019）》由四川科学技术出版社出版。该卷年鉴设特载、大事记、旺苍概况、政治、经济、文化、社会、乡镇（街道办）、附录9个类目。卷首图片设领导活动、重要会议、重大活动、重大项目、工业强县、旺苍旅游、扶贫攻坚、社会事业、道路建设、城市建设、新村建设、阵地建设、产业园区13个专题，刊载图片133幅，另配旺苍县行政区划图、旺苍县旅游图2幅；随文插图26幅。全书70万字。 （孙玉峰）

【《平武年鉴（2019）》出版】 12月，四川省平武县政府主管、县志办主办、《平武年鉴（2019）》编纂委员会编纂的《平武年鉴（2019）》由四川师范大学出版社出版。主编高小平。该卷年鉴设大事记、专题纪事、特载、县情概览、县委、人大、政府、政协、人民团体、军事·政法、农业·林业·水务、工业、商贸流通服务业、城乡建设和管理、财税·金融、综合监管、交通运输·邮政、科技技术·教育体育、卫生、生态环境保护、文化·旅游、社会生活、乡镇概况、先进名录、附录25个类目，表格33张，随文照片45幅。卷首图片设领导关怀、重要会议、城乡建设、经济建设、文化建设、社会建设、文化活动等专题，刊载图片45幅，另配地图1幅。全书39.2万字。 （孙玉峰）

【《彭山年鉴（2019）》出版】 12月，四川省眉山市彭山区委主管、区政府主办、区档案馆（党史和地方志编纂中心）编纂的《彭山年鉴（2019）》由中国书籍出版社出版。该卷年鉴设特载、大事记、彭山概况、区委、人大、政府、政协、纪检监察、民主党派、群众群体、法治·军事、农业、工业、旅游业、商贸、经济管理、财政·税收、金融·保险、交通·邮政·电信、城乡建设与环境保护、社会事业、人物、乡镇概况、附录24个类目。卷首图片设重要会议、产业转型、乡村振兴、交通建设、文化建设、扶贫攻坚、创建“全国文明城市、国家卫生城市、国家森林城市”7个专题，刊载图片83幅，另配地图1幅，随文插图71幅。全书48万字。 （孙玉峰）

【《岳池年鉴（2019）》出版】 10月，四川省岳池县政府主管、县党史县志办主办、《岳池年鉴》编纂委员会编纂的《岳池年鉴（2019）》由开明出版社出版。该卷年鉴设特载、大事记、概述、政治、法治、经济、社会事业、民生保障、乡镇概览、专题聚焦、人物、附录12个类目。卷首图片设政务活动、领导走基层、会议要闻、经济发展、重要活动、友好往来、脱贫攻坚、影像岳池8个专题，刊载图片133幅，另配行政区划图和城区图各1幅。全书81万字。 （孙玉峰）

【《观山湖年鉴（2019）》出版】 12月，贵州省贵阳市观山湖区委员会主管、主办，区志办编纂的《观山湖年鉴（2019）》由贵州人民出版社出版。主编赵砚飞、张偲钦。该卷年鉴设特载、大事记、区情概览、生态环境建设、党政机关、人民团体、政治军事、商贸与园区建设、经济管理、财政税务金融、城乡规划建设与城市管理、农业水利、工业与信息产业、交通运输、教育科技、文化旅游、卫生体育、社会生活、镇社区、领导人名录和统计资料21个类目，下设173个分目1292个条目，收录图片273幅，表格33张。卷首设专题图片彩页、目录，卷末附索引。年鉴在商贸与园区建设类目增加产业试验区与园区建设分目。全书90万字。 （王勇）

【《道真年鉴（2019）》出版】 10月，贵州省道真仡佬族苗族自治县委、县政府主管、主办，县地方志（年鉴）编委会编纂的《道真年鉴（2019）》由中国文化出版社出版。主编海波。该卷年鉴除目录、大事记、县情要览、2018年领导干部名录、特载、专记、附录和索引外，设中共道真自治县委员会、道真自治县人大常务委员会、道真自治县人民政府、政协道真自治县委员会、社会团体、军事·法治、经济管理、农业农村、工业·商务、财税·金融、建设·环保、交通·邮政·通信、卫生健康、教育·科技、社会事务、文化·体育·旅游、乡镇17个类目，下设176个分目1100个条目，图片450幅，表格16张。卷首设专题图片、目录、大事记、特载，卷末设附录、索引。全书70万字。（冉冰姝）

【《毕节市七星关区年鉴（2019）》出版】 12月，贵州省毕节市七星关区政府主办、区委党史研究室（区志办）编纂的《毕节市七星关区年鉴（2019）》由贵州人民出版社出版。主编周遵鹏。该卷年鉴设大事记、文件选编、区概况、领导名录、政治、军事国防教育、法治、经济管理与监督、财政税务、金融保险、农业、工业、城乡建设环保、交通通信贸易、教育文化科技、卫生食药监督人口计生、社会生活、镇乡办事处概况、七星关区区村（社区）干部名录19个类目，下设172个分目2048个条目，收录图片50幅。全书85万字。（田平）

【《桑珠孜年鉴（2018）》出版】 5月，西藏自治区日喀则市桑珠孜区志办编纂的《桑珠孜年鉴（2018）》由西藏人民出版社出版。该卷年鉴设特载、大事记、概览、党务政务、对口援藏、群众团体、法制、国防建设、经济综合管理、财税金融、城区规划建设与管理、文化教育科学、卫生医疗、社会生活、民族与宗教事务、乡（街道）概况、附录等类目。全书28.1万字。（王梅洁）

【《萨嘎年鉴（2019）》出版】 8月，西藏自治区萨嘎县志办编纂的《萨嘎年鉴（2019）》由四川师大电子出版社出版。该卷年鉴设特载、综述、大事记、政党政务、人民团体、军事、法治、综合经济管理、农林牧水、工业、交通通讯、城建环保、商贸流通、财政税务、科技、教育文化、卫生、社会生活、乡镇、先进名录等类目。全书41万字。（王梅洁）

【《亚东年鉴（2018）》出版】 9月，西藏自治区亚东县志办编纂的《亚东年鉴（2018）》由西藏人民出版社出版。该卷年鉴设特载、大事记、亚东概况、机构人物、政党政务、人民团体、武装、法治、经济管理、农牧林水电、交通通信、城建环保、财政税务、金融、民生、社会、乡镇概况、附录18个类目。全书35万字。（王梅洁）

【《丁青年鉴（2018）》出版】 9月，西藏自治区丁青县政府办公室主办、县志办编纂的《丁青年鉴（2018）》由中州古籍出版社出版。该卷年鉴设特载、综述、大事记、政治、军事、经济、社会、乡镇概况、附录等类目，图片223幅。全书61万字。（王梅洁）

【《左贡年鉴（2018）》出版】 1月，西藏自治区左贡县委主办、县委办编纂的《左贡年鉴（2018）》由四川科学技术出版社出版。该卷年鉴设特载、大事记、综述、政治、法治、经济和社会事业、乡镇、机构负责人、先进名录、统计资料等类目。全书30万字。（王梅洁）

【《金塔年鉴（2019）》出版】 10月，甘肃省金塔县志办编纂的《金塔年鉴（2019）》由甘肃文化出版社出版。主编陶玉乐。该卷年鉴全面记述2018年金塔县在自然、政治、经济、文化、社会、生态建设等方面的建设成就，特别是在环境保护、沙漠治理方面的地方特色。全书50.8万字。（王文生）

【《城东年鉴（2019）》出版】 11月，青海省西宁市城东区地方志编纂委员会编纂的《城东年鉴（2019）》由研究出版社出版。该卷年鉴设特载、大事记、区情概览、组织机构和领导名录、政治、军事、法治、经济、三次产业发展、城建与环保、教育、科技体育文化事业、医疗卫生事业、社会事业、镇街道社区、附录等类目。该卷年鉴将城东区人力资源和社会保障局工作拆分，分人力资源管理、就业创业服务、劳动维权、社会保障等分目；在国土资源调查下专门记述第三次国土调查工作；附录首次收录2018年重点民生实事项目。卷首图片设城东地图、数字城东、城东城照、政务活

动、社会事业、部门风采、城东城景等专题。全书54万字。（王韬）

【《平安年鉴（2019）》出版】 12月，青海省海东市平安区委、区政府主办，区志办编纂的《平安年鉴（2019）》由贵州人民出版社出版。该卷年鉴设特载、区情概况、大事记、中共平安区委员会、平安区人民代表大会、平安区人民政府、政协平安区委员会、群众团体、农业·农村经济、工业·商务·供销、财政·税务、金融·保险、综合管理与监察、基础设施建设、城乡建设·环境保护、法制·军事、社会事业、乡·镇、附录19个类目。全书42万字。（王韬）

【《乌兰年鉴（2019）》出版】 11月，青海省乌兰县地方志编纂委员会组织、县档案局编纂的《乌兰年鉴（2019）》由研究出版社出版。该卷年鉴设特载、大事记、区情概览、组织机构与负责人名录、专篇、附录等，其中专篇设科技、教育、文化、医疗卫生和社会民生5个部分，下设20个类目。与上一年卷相比，该卷年鉴将县文体广电局工作拆分，旅游工作归入经济类分目下，文体广电工作归入社会类分目下。各镇级行政区，以概况、产业、基建、生态环保、社会民生、党建顺序进行统一设置。附录中收录先进表彰、重要文件、统计资料。卷首图片设乌兰地图、政务活动、生态环保、社会生活、文化旅游、乌兰新貌等专题。全书45万字。（王韬）

【《贵德年鉴（2019）》出版】 12月，青海省贵德县党史研究室编纂的《贵德年鉴（2019）》由三秦出版社出版。该卷年鉴设特载、概况、大事记、组织机构及领导名录、政治、军事、经济、社会事业、乡镇概况、调研文章·表彰决定等类目。卷首图片设贵德行政区划图、重要会议、领导调研、经济建设、设施建设、文化体育、社会事业、贵德风光8个专题。全书32.6万字。（王韬）

【《尖扎年鉴（2019）》出版】 12月，青海省尖扎县委、县政府主管，《尖扎年鉴》编纂委员会主办，《尖扎年鉴》编纂委员会办公室（编辑部）编纂的《尖扎年鉴（2019）》由三秦出版社出版。该卷年鉴设特载、县情综述、大事记、组织机构及领导名录、中共尖扎县委员会、尖扎县人大常委会、尖扎县人民政府、政协尖扎县委员会、中共尖扎县纪律委员会·监察委员会、群众团体、法治、军事、经济管理、经济贸易、农牧·水利、扶贫·移民、交通·电力、城乡建设·国土管理、环境保护·林业、财政·税务、旅游、科技·气象、金融、通信、教育·卫生、文体·广电、社会事务管理、乡镇概览、人物、附录等类目。人物类目收录专业技术人员名录和受到上级部门表彰的各类先进名录。附录收录各级文明单位、年度内实施的重大项目、统计资料以及县委县政府下发的表彰决定文件。与上一年卷相比，该卷年鉴卷首图片改为年度热点、发展足迹、印象尖扎3个专题，年度热点主要以图文形式记述年度内发生的大事，发展足迹主要以图文形式记述经济社会发展状况，印象尖扎主要以图文形式展示特色产品及自然风光。全书54.5万字。（王韬）

【《金凤年鉴（2019）》出版】 11月，宁夏回族自治区银川市金凤区委、区政府主管，《金凤年鉴》编纂委员会编纂的《金凤年鉴（2019）》由宁夏人民出版社出版。主编赵会勇。该卷年鉴设特载、组织机构及负责人、大事记、金凤区综览、中国共产党银川市金凤区委员会、金凤区人民代表大会常务委员会、金凤区人民政府、中国人民政治协商会议银川市金凤区委员会、民主党派、群众团体、法治、军事、园区建设、农业和农村经济、生态建设与环境保护、城建交通与城管执法、商业贸易、综合经济管理、卫生和计生服务、行政与社会管理、教育 文体 旅游、科学技术、乡镇街道、文献选编等类目，下设99个分目1150个条目，收录照片112幅，表格35张。全书50万字。（张明鹏）

【《贺兰年鉴(2018)》出版】 7月，宁夏回族自治区贺兰县委、县政府主管，县史志办编纂的《贺兰年鉴(2018)》由宁夏人民出版社出版。主编吴学良。该卷年鉴设特载、专记、组织机构负责人、大事记、贺兰综览、中国共产党贺兰县委员会、贺兰县人民代表大会常务委员会、贺兰县人民政府、中国人民政治协商会议贺兰县委员会、人民武装、群众与社会团体、民主党派与工商联、法治建设、经济事务管理、社会事务管理、工业和园区建设、农林经济、城乡建设与环境保护、交通通信邮政、财税金融、商贸流通、教育科技体育、卫生与计划生育、文化旅游与广播影视、乡镇(场)与街道等类目，下设121个分目1503个条目，收录图片34幅，表格2张。全书60万字。

(张明鹏)

【《惠农年鉴(2018)》出版】 12月，宁夏回族自治区石嘴山市惠农区政府主办、区志办编纂的《惠农年鉴(2018)》由方志出版社出版。主编樊月凤。该卷年鉴设特载、大事记、区情概况、2017年惠农区机构设置和负责人名录、中国共产党惠农区委员会、惠农区人民代表大会、惠农区人民政府、政协惠农区委员会、群众团体、军事、法治、农业、工业、商贸供销、城乡建设 环境保护、交通运输、邮政通信、财政税收·审计、金融、综合监督管理、科技、教育体育、卫生、文化、社会生活、乡镇街道、荣誉、新闻报道28个类目，下设107个分目1127个条目，收录图片58幅。全书61万字。

(张明鹏)

【《红寺堡年鉴(2018)》出版】 4月，宁夏回族自治区吴忠市红寺堡区政府主办、区党史地方志编纂委员会编纂的《红寺堡年鉴(2018)》由方志出版社出版。主编陈永康。该卷年鉴设特载、专记、大事记、区情概览、中共红寺堡区委员会、红寺堡区人民代表大会及其常委会、红寺堡区人民政府、政协红寺堡区委员会、社会团体、社会管理、法治、军事、经济管理、农业、工业、财政税务、金融保险、交通运输与商贸流通、邮政通信、城乡建设与环境保护、教育体育、文化科技、医疗卫生乡镇概况、人物、附录25个类目，下设98个分目593个条目，收录图片132幅，表格4张。卷末附红寺堡区出台的政策法规性文件以及全国主流媒体对红寺堡的报道。全书50万字。

(张明鹏)

【《彭阳年鉴(2019)》出版】 9月，宁夏回族自治区彭阳县政府主办、县党史志办编纂的《彭阳年鉴(2019)》由宁夏人民出版社出版。主编祁悦章。该卷设专载、综述、机构和组成人员、大事记、政党政权、群众团体、政务服务、法治建设、军事、经济监管服务、自然资源、农业与农村经济、工业园区建设和信息产业、财政税务、金融保险、商业贸易、商贸物流、交通运管、应急管理、城乡建设、教育文化旅游史志、卫生健康、乡镇、荣誉榜、附录25个类目，下设79个分目701个条目，收录照片48幅。卷首设专题图片、编纂机构、编辑说明、目录，卷末设附录。全书70万字。

(张明鹏)

·乡镇村年鉴出版

【《张浦年鉴(2019)》出版】 9月，江苏省昆山市张浦镇委、镇政府主办，张浦年鉴编纂委员会主持，镇党政办公室编纂的《张浦年鉴(2019)》由广陵书社出版。主编杨智祥、顾亚平。该卷年鉴卷首设张浦风貌、最美村庄、重大活动、重点实事工程专题图片，设群众团体、农业·水利、工业·科技、医疗卫生等26个类目，其中昆山德国工业园为特色类目。全书37.2万字。

(陈晓婧)

【《周庄年鉴(2019)》出版】 9月，江苏省昆山市周庄镇委、镇政府主办，周庄年鉴编纂委员会承办，镇志办负责编纂的《周庄年鉴(2019)》由广陵书社出版。主编石颖。该卷年鉴卷首设周庄速览、视觉周庄——古镇风貌、视觉周庄——美丽乡村、视觉周庄——夜周庄、重大活动、重点实事工程等专题图片，设周庄概貌、军事 · 法治、镇村建设等 24 个类目，其中全域旅游、遗产保护、生态文明、人才科技为特色类目，记述 2018 年周庄镇经济社会发展概况。全书 40.9 万字。（陈晓婧）

【《永安洲年鉴（2017）》出版】 12 月，江苏省泰州市泰州港核心港区党工委、管委会，永安洲镇党委、政府主办，《永安洲年鉴》编纂委员会编纂的《永安洲年鉴（2017）》由南京出版社出版。主编周晔。该卷年鉴设特载、媒体聚焦、大事记、印象永安洲、地方组织机构、实力永安洲、宜居永安洲、平安永安洲、幸福永安洲、社区风采、人物 · 荣誉栏、附录等类目。全书 27.2 万字。（陈晓婧）

【《南澳办事处年鉴（2019）》出版】 9 月，广东省深圳市大鹏新区南澳办事处编纂的《南澳办事处年鉴（2019）》由中国文史出版社出版。该卷年鉴设 15 个类目，全面、系统反映南澳街道自然、政治、经济、文化和社会等各方面基本情况。全书 38 万字。

（广东省志办　陈美玲）

【《坪地年鉴（2019）》出版】 12 月，广东省深圳市龙岗区坪地街道工作委员会、坪地街道办事处主办的《坪地年鉴（2019）》由中国文史出版社出版。主编刘梁波。该卷年鉴设特载、总述、年度关注、党务政务、群众团体、法治、经济建设、经济综合管理、城市建设、城市管理、生态文明建设、公共事业、社会生活、社区、大事记、荣誉、附录 17 个类目。全书 37.5 万字。（广东省志办　陈美玲）

【《民治年鉴（2019）》出版】 10 月，广东省深圳市龙华区民治街道工作委员会、民治街道办事处组织编纂的《民治年鉴（2019）》由中国文史出版社出版。主编代俊。该卷年鉴设 18 个类目。卷首图片大事要闻增加深圳市龙华区民治街道委员之家揭牌专题。全书 24 万字。

（广东省志办）

【《大朗年鉴（2019）》出版】 10 月，广东省东莞市大朗镇政府编纂的《大朗年鉴（2019）》由广东人民出版社出版。主编傅秩恩。该卷年鉴设特载、镇情简述、党务 · 政务、人民团体 · 行业协会、法治、军事、城市建设、生态环境建设、开放型经济、工业 · 商贸服务业、毛织业、农业 · 农村 · 林业 · 水务、财税 · 金融、经济监督管理、科学技术、教育、文化、体育 · 卫生、社会生活、社区（村）、文献专载、大事记、附录等类目。全书 75 万字。

（广东省志办）

【《厚街年鉴（2019）》出版】 12 月，广东省东莞市厚街镇政府编纂的《厚街年鉴（2019）》由光明日报出版社出版。主编卢映良。该卷年鉴设大事记、特载、总述、党务 · 政务、群众团体 · 行业协会、法治 · 军事、城建 · 环保、交通 · 邮政 · 通信业、农业、工业、商贸服务业、对外经济、金融 · 保险、财政 · 税务、经济监督管理、科技、教育、文化、体育 · 卫生、民生、社区、人物等类目。全书 52 万字。

（广东省志办）

【《虎门年鉴（2019）》出版】 10 月，广东省东莞市虎门镇政府编纂的《虎门年鉴（2019）》由广东人民出版社出版。主编王景民。该卷年鉴设 2018 年大事记、特载、总述、党政机关、人民团体、法治 · 军事、城建 · 环保、交通运输 · 邮政、科学技术 · 信息服务、农林 · 渔业 · 水利、工业 · 能源、商贸流通、对外经贸 · 招商引资、广东虎门富民集团、财政 · 税务 · 金融、经济管理、旅游 · 美食、教育、文化、体育 · 医疗卫生、社会生活、社区、荣誉、文献等类目。全书 72 万字。

（广东省志办）

【《寮步年鉴（2019）》出版】 12 月，广东省东莞市寮步镇政府编纂的《寮步年鉴（2019）》由中州古籍出版社出版。主编黄桥沛。该年鉴设大事记、特载、总述、党务 · 政务、群众团体 · 行业协会、法治 · 军事、城建 · 环保、对外经济·招商引资、工业·商贸、汽车产业、香市文化产业、农业·林业·水利、财政·税务·金融、经济管理、科学技术·信息化、教育、文化、体育·卫生、民生、村（社区）、荣誉、附录等类目。全书60万字。

（广东省志办）

【《麻涌年鉴（2019）》出版】 12月，广东省东莞市麻涌镇政府编纂的《麻涌年鉴（2019）》由光明日报出版社出版。主编尹礎。该卷年鉴设大事记、概览、党务·政务、群众团体、法治·军事、城建·环保、交通·邮电、对外经济·招商引资、农业·水利、工业·商贸、财税·金融、经济管理、科技·信息化、教育、文化·体育、人口计生·卫生、旅游·美食、民生、村（社区）、人物、附录等类目。全书50万字。（广东省志办）

【《南城年鉴（2019）》出版】 7月，广东省东莞市南城街道办事处编纂的《南城年鉴（2019）》由广东人民出版社出版。主编郭玮珉。该卷年鉴设大事记、特载、总述、党务·政务、群众团体·社会组织、法治·军事、城建·环保、交通、开放型经济、工业·商贸流通业、科技·信息化、农业·林业、财政·税务·金融业、经济监督管理、教育、文化·旅游、体育·卫生、民生、社区、荣誉、文献专载、选录等类目。全书67万字。

（广东省志办）

【《桥头年鉴（2019）》出版】 5月，广东省东莞市桥头镇政府编纂的《桥头年鉴（2019）》由广东旅游出版社出版。主编陈绍文。该卷年鉴设年度关注、总述、党务·政务、群众团体·行业协会、法治·军事、城建·环保、交通·邮政、工业·商业、旅游文化产业、农业·林业·水利、财税·金融、经济监督管理、科学技术、教育、文化、体育·卫生、民生、村（社区）、大事记、附录等类目。全书56万字。（广东省志办）

【《石碣年鉴（2019）》出版】 3月，广东省东莞市石碣镇政府编纂的《石碣年鉴（2019）》由广东旅游出版社出版。主编叶晓山。该卷年鉴设大事记、特载、总述、党务·政务、社会团体·行业协会、法治·军事、城建·环保、对外经济·招商引资、工业·商贸、农业·林业·水利、财税·金融、经济管理、科技·教育、文化、体育·卫生、民生、村（社区）、荣誉、附录等类目。该卷年鉴设电子信息产业分目，记述石碣镇电子产业重镇的特色。全书53.4万字。（广东省志办）

【《松山湖高新区年鉴（2019）》出版】 12月，广东省东莞市松山湖高新区管委会主办、高新区年鉴编纂委员会编纂的《松山湖高新区年鉴（2019）》由广东人民出版社出版。主编叶久根。该卷年鉴设特载、专文、园区概貌、大事记、产业发展、科技创新、招商引资、招才引智、城市建设、社会发展、环境保护、合作交流、党政服务、园区统筹、开发经营、附录等类目。全书43.5万字。（广东省志办）

【《塘厦年鉴（2019）》出版】 10月，广东省东莞市塘厦镇政府编纂的《塘厦年鉴（2019）》由广东人民出版社出版。主编曾东营。该卷年鉴设2018年大事记、特载、总述、党务·政务、群众团体·行业协会、法治·军事、城建·环保、交通·邮政、开放型经济·工业·商贸、旅游产业、农业·林业·水利、金融业、财税、经济监督管理、科技·信息化、教育、宣传·文化、体育·卫生、民生、社区、附录等类目。该卷年鉴设高尔夫产业分目，下设高尔夫产业概况、青少年高尔夫球运动教育、2018塘厦高尔夫球博览会、塘厦镇与深圳市龙华区青少年高尔夫交流赛、PGA高尔夫青少年联赛等条目，突出塘厦镇的特色产业——高尔夫产业。全书65万字。（广东省志办）

【《长安年鉴（2019）》出版】 12月，广东省东莞市长安镇政府编纂的《长安年鉴（2019）》由中州古籍出版社出版。主编莫沃佳。该卷年鉴设总述、大事记、年度关注、党务·政务、民主党派·工商联、群众团体·行业协会、法治·军事、城市建设、生态环境、交通·邮政、农业、工业、商贸服务业、开放型经济、金融业、财政·税务、经济监督管理、科技·信息、教育、文化、体育、卫生、民生、社区、人物、附录等类目。全书60万字。

（广东省志办）

【《中山古镇年鉴（2019）》出版】 10月，广东省中山市古镇镇委、镇政府主办，镇年鉴编纂委员会编纂的《中山古镇年鉴（2019）》由广东人民出版社出版。该卷年鉴设年度关注、古镇之最、古镇大事、镇情概况、党政机关、社团组织、政法军事等21个类目。全书44.6万字。（广东省志办）

·中央部委年鉴出版

【《中国财政年鉴（2019）》出版】 12月，财政部主管、中国财政年鉴编纂委员会编纂的《中国财政年鉴（2019）》由中国财政杂志社出版。主编刘昆。该卷年鉴设重要财经文献、国家财政工作概况、财政理论与工作研究、财经统计资料、重要财政法规、财政机构人员、财政大事记、附录8个类目。该卷年鉴新增财政理论与工作研究类目，刊发2018年度具有理论创新与实践创新的文章简介，突出反映财政理论与工作研究成果，体现理论与实践相结合。国家财政工作概况下设置财政深化收入分配制度改革、实施更大规模减税降费、财政支持打好污染防治攻坚战等27个专题，重点记载国家财政改革发展进程。全书200万字。（郑维桢）

【《中国会计年鉴（2019）》出版】 12月，财政部主管、中国会计年鉴编纂委员会编纂的《中国会计年鉴（2019）》由中国财政杂志社出版。主编刘昆。该卷年鉴设年度重大会计事件、重要文选、国家会计管理和财务管理工作、行业（部门）财务会计工作、地方会计工作、企业财务会计工作、注册会计师工作、资产评估工作、会计教育与资格考试、会计理论与实务研究工作、重要法规、财会统计资料、会计组织机构与人员、会计大事记、附录15个类目。该卷年鉴新增2018年度资产评估行业青年研究项目评审结果等内容，刊登2018年度全国高级会计师资格考试试题及答案，汇集6个调研报告。全书180万字。（郑维桢）

【《中国新闻传播学年鉴（2018）》出版】 7月，中国社会科学院新闻与传播研究所主办的《中国新闻传播学年鉴（2018）》由中国社会科学出版社出版。该卷年鉴设历史回眸、研究综述、论文选粹、论文辑览、国际交流、学术出版、高校学术概况、研究机构及社团概况、学术评奖、科研项目、学人自述、学术动态、研究生学苑、港澳台学术概况、海外特辑、附录16个类目。8月28日，在《中国新闻传播学年鉴》第四届编辑出版研讨会上，中国社会科学院新闻与传播研究所与中国社会科学出版社联合向该卷年鉴中展示新闻传播学科高水平成果的文章作者颁发“中国新闻传播学年鉴优秀论文奖（2019）”。（彭莎莉）

【《世界经济年鉴（2018）》出版】 10月，中国社会科学院世界经济与政治研究所主办的《世界经济年鉴（2018）》由中国社会科学出版社出版。该卷年鉴设世界经济学、全球宏观经济学、国际贸易学、国际金融学、国际投资学、世界经济统计学、国际发展经济学、国际政治经济学、马克思主义国际政治经济学、全球经济治理学、统计数据等类目，全面展示2017年度世界经济学及9个子学科的研究成果，增设“改革开放40年40本世界经济学优秀中文图书”内容，以纪念世界经济学领域中国学者的重要贡献。全书139.4万字。

（彭莎莉）

·地方专业年鉴出版

【《中关村年鉴（2019）》出版】 11月，北京市中关村科技园区管理委员会主办、北京科学学研究中心中关村志鉴编辑部编纂的《中关村年鉴（2019）》由北京出版社出版。该卷年鉴记述2018年度中关村国家自主创新示范区"一区十六园"及政策覆盖范围内高新技术企业、科研机构、高等院校、大学科技园、协会联盟等单位创新发展的基本情况和新成就、新特点、新举措等。全书118万字。（姜坤）

【《北京工业年鉴（2019）》出版】 12月，北京市经济和信息化局主办、市产业经济研究中心编纂的《北京工业年鉴（2019）》由北京出版社出版。该卷年鉴设总述、特载、专文、大事记、产业、区工业、开发区、企业、协会组织、产品、人物、改革开放亲历者心声、法规政策文件、工业数据以及附录15个类目。全书70万字。（姜坤）

【《北京经济技术开发区年鉴（2019）》出版】 12月，北京经济技术开发区管理委员会主管、开发区年鉴编纂委员会编纂的《北京经济技术开发区年鉴（2019）》由北京科学技术出版社出版。该卷年鉴设20个类目，下设1311个条目，有表格57张、照片147幅。内容包括特载2篇、文件选载7篇、大事记134条，产业、科技条目占总体条目的40%。全书80.1万字。（姜坤）

【《对外经济贸易大学年鉴（2019）》出版】 12月，对外经济贸易大学年鉴编纂委员会编纂的《对外经济贸易大学年鉴（2019）》由对外经济贸易大学出版社出版。该卷年鉴设概况、机构、特载、专文、人物、大事记、学院（研究院、教研部）、教育教学、学科建设与学术研究、交流与合作、党建与思想政治教育、群众团体、管理与保障、教学科研辅助工作、校友总会和教育基金会、资产运营、文件选编等类目，下设1341个条目。卷首有中英文目录，专题图片16页。全书100余万字。（姜坤）

【《首都经济贸易大学年鉴（2019）》出版】 12月，首都经济贸易大学主办的《首都经济贸易大学年鉴（2019）》由首都经济贸易大学出版社出版。该卷年鉴设首都经济贸易大学概况、特载、2018年大事记与十大新闻、教育教学、学科建设与科学研究、人才队伍建设、对外交流与合作、学校管理、党建与群团工作、学院工作、教学辅助工作、学校人员、附录13个类目。有中英文目录、图表目录、索引等检索手段，卷首设年度主题图片及篇章主题图片，共164幅。该卷年鉴依据重要性、事件主体等标准，将重大事件分别收录于学校（教育教学等类目）及15个二级学院（学院工作类目）之中。全书85.1万字。（姜坤）

【《天津教育年鉴（2019）》出版】 12月，天津市教育委员会主持，市、区教育部门和各类学校参与编纂的《天津教育年鉴（2019）》由天津人民出版社出版。该卷年鉴设13个类目，记载2018年天津市教育发展的基本情况。全书120万字。（唐旗　陈鑫）

【《天津规划和自然资源年鉴（2019）》出版】 12月，天津市规划和自然资源局主办的《天津规划和自然资源年鉴（2019）》由天津科学技术出版社出版。该卷年鉴设18个类目，记述2018年全市城乡规划、土地管理、矿产管理、海洋管理、林业管理和不动产登记等主要工作。全书78万字。（唐旗）

【《中共河北年鉴（2019）》出版】 12月，河北省委主办、省委党史研究室主编的《中共河北年鉴（2019）》由河北人民出版社出版。总编孙增武。该卷年鉴设13个类目。全书147.8万字。（邢素丽）

【《河北电子政务年鉴（2018）》出版】 12月，河北电子政务年鉴编纂委员会主管，省委办公厅、省政府办公厅和省工业和信息化厅组织，省志办指导，省电子政务学会编纂的《河北电子政务年鉴（2018）》由燕山大学出版社出版。总编董振国。该卷年鉴设13个类目。全书121.5万字。（邢素丽）

【《河北社会科学年鉴（2019）》出版】 12月，河北省社会科学界联合会编纂的《河北社会科学年鉴（2019）》由河北人民出版社出版。主编彭建强。该卷年鉴设12个类目，反映河北社会科学发展状况和学术动态。全书128.7万字。（邢素丽）

【《呼和浩特经济统计年鉴（2019）》出版】 9月，内蒙古自治区呼和浩特市统计局编纂的《呼和浩特经济统计年鉴（2019）》由中国统计出版社出版。主编孙德。该卷年鉴设特载、统计资料、法规与规章、社会经济大事记等类目。其中，统计资料由行政区划和自然概况、综合、国民经济核算、人口、劳动力和职工工资、固定资产投资、财政税收、物价、人民生活、城市概况、农业、工业、能源消费、建筑业、运输邮电业、批发零售贸易和餐饮业、对外贸易和旅游业、金融保险、教育科技及文化事业、体育卫生及其他事业、旗县区统计资料、省会城市主要指标22个部分组成。全书31万字。（徐曼雅）

【《吉林统计年鉴（2019）》出版】 12月，吉林省统计局和国家统计局吉林调查总队编纂的《吉林统计年鉴（2019）》由中国统计出版社出版。该卷年鉴设综合、国民经济核算、人口、从业人员和职工工资、固定资产投资、对外经济贸易和旅游业、财政·金融·保险、价格指数、人民生活、市政公用事业、农业、工业、建筑业、交通运输和邮电通信业、批发零售贸易和餐饮业、教育·科技·文化、体育·卫生·其他事业、市（州）和县（市）概况18个类目。全书110万字。（王晓辉）

【《长春新区年鉴（2019）》出版】 12月，吉林省长春新区地方志编纂委员会编纂的《长春新区年鉴（2019）》由吉林人民出版社出版。该卷年鉴设特载、专文、大事记、长春新区概况、主导产业及特色园区、科技创新、招商引资及项目建设、综合经济管理、政务服务、依法治区、社会事业、城市建设与管理、开发区概览、乡街、党群工作、领导干部名录、表彰、附录18个类目。全书51万字。（杨岚飞）

【《长春汽车经济技术开发区年鉴（2019）》出版】 12月，吉林省长春汽车经济技术开发区管委会主办、开发区地方志编纂委员会编纂的《长春汽车经济技术开发区年鉴（2019）》由吉林人民出版社出版。该卷年鉴设专文、大事记、汽开区概况、城市建设与管理、招商引资及重点项目、支柱产业及重点企业、科技创新、综合经济管理、政务服务、依法治区、社会事业、农村（街道）工作、党群工作、干部名录、表彰、典型、精彩汽开、文献、附录19个类目。书前有中英文目录，书后附主题索引。年鉴有照片200余幅。全书40万字。

（赵德新）

【《中国铁路哈尔滨局集团有限公司年鉴（2019）》出版】 10月，中国铁路哈尔滨局集团有限公司主办、中国铁路哈尔滨局集团有限公司档案室编纂的《中国铁路哈尔滨局集团有限公司年鉴（2019）》出版。主编张恩福。该卷年鉴设特载、大事记、概况、运输生产、基建工程、经营管理、综合管理、多元经营、科教文化、党务工作、工会共青团、基层单位、合资铁路、先进集体、人物、附录、统计资料17个类目，主要记述2018年中国铁路哈尔滨局集团有限公司的重大事件、重大活动及各部门、各系统的新情况、新发展、新经验和面临的新问题。全书55.3万字。

（徐萍　杜胜男）

【《哈尔滨统计年鉴（2019）》出版】 12月，黑龙江省哈尔滨市统计局主管、主办，市统计局和国家统计局哈尔滨调查队编纂的《哈尔滨统计年鉴（2019）》由中国统计出版社出版。总编辑佟宇、李忠堂。该卷年鉴设统计图表和统计资料，统计资料设综合、国民经济核算、人口、就业人员和职工工资、固定资产投资和房地产开发、能源生产和消费、财政 金融和保险、物价指数、人民生活、城市建设和环境保护、农业、工业、建筑业、交通运输和邮电业、国内贸易、对外经济贸易和旅游、服务业、教育 科技和文化、卫生 体育 保障和其他社会活动、国家 省及副省级城市经济发展情况20个部分。全书121.9万字。（刘新惠）

【《江苏统计年鉴（2019）》出版】 8月，江苏省统计局、国家统计局江苏调查总队编纂的《江苏统计年鉴（2019）》由中国统计出版社出版。主编王汉春、邓盛平。该卷年鉴设综合，国民经济核算，人口、就业和工资，价格指数，人民生活，固定资产投资，财政、金融，对外经济贸易，能源、资源、环境，农业，工业，建筑业，运输、邮电和服务业，批发零售、住宿餐饮和旅游，科技、教育，文化、体育、卫生，公共管理、社会保障和社会组织，城市经济与建设，区域经济，市县社会经济，县（市）社会经济发展序列，乡镇基本情况22个部分，收录江苏省及各地区大量的经济社会发展统计信息。年鉴附全国分省主要指标。全书191.5万字。（陈晓婧）

【《江苏科技年鉴（2018）》出版】 1月，江苏省科学技术厅编纂的《江苏科技年鉴（2018）》由科学技术文献出版社出版。主编李敏。该卷年鉴设特载、科技管理、科技计划、科技奖励、科技人才、科技政策与深化改革、知识产权（专利）、科学普及与科技团体、行业科技、地区科技、国家高新区、科技统计资料、重要科技文件、大事记14个类目，反映2017年度江苏科技活动的基本情况、最新科技成就、重大事件及发展趋势。全书102万字。（陈晓婧）

【《江苏文化年鉴（2018）》出版】 3月，江苏省文化和旅游厅编纂的《江苏文化年鉴（2018）》由广陵书社出版。主编杨志纯。该卷年鉴设特载，专文，文化工作大事记，文化工作概况，艺术生产，公共文化，文物，文化市场，对外及对港澳台文化交流，科教与产业，计财、人事，党政群团，文化企事业，市、县（市、区）文化工作，人物，规范性文件，统计资料，文化资讯18个类目。全书65.5万字。（陈晓婧）

【《江苏自然资源年鉴（2019）》出版】 9月，江苏省自然资源厅编纂的《江苏自然资源年鉴（2019）》由江苏人民出版社出版。主编李闵。该卷年鉴设10个篇目，下设87个类目，框架结构体系适应省级新一轮机构改革新职能新定位，涵盖自然资源管理行政管理要素；加入江苏自然资源省情概述，海洋、林业科普宣传，土地、林业、海洋等方面专题报告等内容；对30多项行政管理统计数据资料进行专业分类。全书65万字。（陈晓婧）

【《江苏保险年鉴（2019）》出版】 11月，江苏省保险学会编纂的《江苏保险年鉴（2019）》由线装书局出版。主编李祥俊。该卷年鉴分综合情况、动态信息和辅助资料3部分，设14个类目。综合情况设行业发展1个类目，动态信息设先进人物、年度要事、保险监管、财产保险、人身保险、保险中介、社团组织7个类目，辅助资料设领导名录、理论研究、数据统计、文件选编、光荣榜5个类目。该卷年鉴在数据统计类目中收集整理《江苏省历年保险业务发展情况表（1998—2018）》《江苏保险与国民经济和社会发展情况表（2014—2018）》《长三角地区城市保险费收入情况表（2008—2018）》。全书80万字。（陈晓婧）

【《苏州工业园区年鉴（2019）》出版】 12月，江苏省苏州工业园区年鉴编纂委员会编纂的《苏州工业园区年鉴（2019）》由古吴轩出版社出版。主编邹小伟、刘海燕。该卷年鉴设8个篇目、38个类目，下设138个分目1132个条目，有图片161幅，图（表）92张。特载中原亲商服务类目更名为营商环境，重点记载园区坚持高标准优化营商环境；经济篇原对外经济类目更名为开放型经济。年鉴编制条目索引、表格索引，随书赠送多媒体光盘。全书92.9万字。（陈晓婧）

【《浙江金融年鉴（2018）》出版】 4月，中国人民银行杭州中心支行主办、《浙江金融年鉴》编辑部编纂的《浙江金融年鉴（2018）》由浙江人民出版社出版。主编盛文军。该卷年鉴设2017年浙江省经济金融运行概况、2017年浙江省金融业经营管理情况综述、2017年浙江省各市经济金融运行概况、浙江省经济金融统计资料、2017年浙江省金融大事记、2017年浙江省金融机构名录6个部分。全书137.5万字。（浙江省志办）

【《宁波机场集团年鉴（2019）》出版】 12月，浙江省宁波机场集团有限公司编纂的《宁波机场集团年鉴（2019）》（原《宁波机场与物流发展集团年鉴》）由浙江人民出版社出版。主编郭海燕。该卷年鉴卷首设特载、专记、大事记、概览4个类目，百科设20个类目，卷末设附录1个类目。全书20.5万字。（高曙明）

【《嘉兴统计年鉴（2019）》出版】 9月，浙江省嘉兴市统计局编纂的《嘉兴统计年鉴（2019）》由中国统计出版社出版。该卷年鉴设综合与国民核算，人口与劳动力，人民生活、社会保障与物价，固定资产投资，城市建设、环境、能源与资源利用，财政，农业，工业，建筑业，交通邮电业，贸易、对外经济与旅游业，银行、保险及证券，科学、教育、文化、医疗卫生、体育、广电和质量技术监督，城市比较14类目。全书120万字。

（嘉兴市史志办）

【《湖州统计年鉴（2019）》出版】 9月，浙江省湖州市政府主办、市统计局编纂的《湖州统计年鉴（2019）》由统计出版社出版。该卷年鉴设综合，人口、劳动力、职工人数、基本单位，农林牧渔业，工业、能源、用水，交通运输、邮政、电信，固定资产投资、建筑业，国内贸易、外资、外贸、旅游，财政、金融、保险、证券，职工工资、居民生活、物价，科技、教育、文艺、体育、卫生、广电，城建、环保、水利、气象、林业、民政福利、社保、公积金、治安、档案、技术监督，长三角城市主要经济指标12个类目，每个类目后附有主要统计指标解释。该卷年鉴收录的数据以2018年为主，增列历年来湖州市部分重要指标的统计数据，部分指标增列主要年份数据。全书16.7万字。（湖州市史志办）

【《中共山东年鉴（2019）》出版】 12月，山东省委主办、省地方史志研究院编纂的《中共山东年鉴（2019）》由山东人民出版社出版。该卷年鉴设中共山东省委工作、市委工作、大事记等16个类目，其中新设省人大常委会·省政府·省政协党组工作、省法院·省检察院党组工作、人民团体党组工作类目，整合企业党建、农村党建、社区党建、机关党建分目为党建典型分目，并新增两新组织党建分目，全面反映2018年度山东省各级党组织的工作情况和基本经验。全书65万字。（宋涛）

【《山东建设年鉴（2019）》出版】 9月，山东省住房和城乡建设厅编纂的《山东建设年鉴（2019）》由线装书局出版。该卷年鉴设20个类目，下设110个分目1122个条目。卷首设图片专题，展示山东省住房和城乡建设厅与各地市最突出的成就和亮点，其中山东省获得中国建设工程“鲁班奖”和部分中国房地产广厦奖的工程项目图片首次被收录。内文根据年度特点适当增添分目和条目。附录收政府规章、政策文件、统计数据以及获奖名单和媒体报道等，其中获奖名单中最美建设职工名单是首次被收录。全书75万字。（宋涛）

【《山东广播电视年鉴（2019）》出版】 12月，山东广播电视年鉴编纂委员会编纂的《山东广播电视年鉴（2019）》由中国广播影视出版社出版。该年鉴在山东省机构改革后，名称由《山东新闻出版广电年鉴》更名为《山东广播电视年鉴》。该卷年鉴设18个类目，原广播电视类目拆分为节目设置与播出、广播剧·电视剧·纪录片2个类目，纪录片替代原电影类目；原调研报告·典型经验类目拆分为两个类目；原业务论坛类目并入典型经验类目；取消原报业·出版传媒、报纸·期刊·图书2个类目，增设改革·职能划转栏目。全书50万字。

（宋涛）

【《黄河年鉴（2019）》出版】 10月，水利部黄河水利委员会主管主办、黄河年鉴社编纂的《黄河年鉴（2019）》出版。主编牛玉国。该卷年鉴设特载、政策法规、黄河概览、黄河防洪、水土保持、水资源管理与保护、基础工作、党务政务、黄河经济、水利水电工程、流域水利、统计资料、大事记、概要反映2018年的黄河大事、附录等类目，下设1193个条目，有图片364幅，表34张。卷首设专题图片，卷末设索引。全书80万字。（戴霞）

【《河南统计年鉴（2019）》出版】 11月，河南省统计局、国家统计局河南省调查总队组织编辑的《河南统计年鉴（2019）》由中国统计出版社出版。主编王世炎、夏玉春。该卷年鉴收录河南省和各市（县）2018年以及重要历史年份的经济和社会各方面大量的统计数据，并收录全国及各省市区2018年的主要统计数据。因第四次经济普查数据审核尚未完成等原因，部分表格暂缺2018年数据。该卷年鉴设综合，国民经济核算，人口，就业人员和职工工资，固定资产投资，对外贸易和旅游，能源，财政，物价，人民生活，城市概况，农业，工业，建筑业，房地产业，以及批发和零售业、住宿和餐饮业，金融业、其他服务业，运输和邮电，资源和环境，科学技术，教育，卫生和社会工作，文化和体育，公共管理，社会保障与社会组织，各县（市、区）主要统计指标，全国及各省、市、区主要统计指标等类目。全书160万字。（戴霞）

【《河南省南水北调年鉴（2019）》出版】 12月，河南省南水北调建管局主办、南水北调年鉴编辑委员会编纂的《河南省南水北调年鉴（2019）》由黄河水利出版社出版。主编耿新建。该卷年鉴设特载、要事纪实、规章制度·重要文件、综合管理、中线工程运行管理、配套工程运行管理、水质保护、河南省委托段建设管理、配套工程建设、移民征迁、政府信息、传媒信息、组织机构、统计资料、大事记15个类目，内容选择以南水北调供水、运行管理、生态带建设、配套工程建设和组织机构建设的信息以及社会关注事项为基本原则，以存史价值和现实意义为基本标准。全书77.4万字。（戴霞）

【《河南金融年鉴（2019）》出版】 10月，中国人民银行郑州中心支行主办，国家外汇管理局河南省分局、中国银行保险监督管理委员会河南监管局、中国人民银行各市中心支行等编纂的《河南金融年鉴（2019）》由中州古籍出版社出版。主编崔晓芙。该卷年鉴设河南金融概览、金融机构、各地金融、金融社团、金融专栏、河南金融大事记、河南金融统计资料、河南金融机构名录8个类目。全书150万字。

（戴霞）

【《武汉城市圈年鉴（2018）》出版】 8月，湖北省武汉志办编纂的《武汉城市圈年鉴（2018）》由武汉出版社出版。主编王筱武。该卷年鉴设19个类目、下设66个分目1290个条目，有图片339幅，表格66张。卷首设目录，卷末设索引。全书120万字。（张道旺）

【《武汉卫生健康年鉴（2019）》出版】 11月，湖北省武汉市卫生健康委员会主管、主办，武汉卫生健康年鉴编纂委员会编纂的《武汉卫生健康年鉴（2019）》由武汉出版社出版。主编彭厚鹏。该卷年鉴设13个类目，下设34个分目722个条目，收录图片75幅，表格89张。卷首设专题图片，卷末附索引。该卷年鉴新设公共卫生与健康、附录2个类目，并将2018年卫生健康大事记提前为第一类目。全书118万字。（张道旺）

【《湖南教育年鉴（2019）》出版】 11月，湖南省教育厅主管、省教育科学研究院主办、湖南教育年鉴编纂委员会编纂的《湖南教育年鉴(2019)》由湖南地图出版社出版。主编王瑰曙。该卷年鉴设领导讲话，政策、法规、文件，湖南省教育厅、中共湖南省委教育工委，湖南省教育工会，湖南中华职业教育社，湖南省教育基金会，湖南省教育厅（中共湖南省教育工委）直属单位，市（州）县（市、区）教育行政机构，高等学校，教育统计，大事记，其他资料等类目，下设344个分目4890个条目，有图片33幅，表格10张。卷首设专题图片。全书186.7万字。（湖南省教育厅）

【《湖南自然资源年鉴（2019）》出版】 12月，湖南省自然资源厅主办、湖南自然资源事务中心编纂的《湖南自然资源年鉴（2019）》由湖南地图出版社出版。主编赖馨正。该卷年鉴设领导讲话，大事记，自然资源综合工作，市州、县市区国土资源工作，厅直属单位工作，地质勘查行业工作，学会、协会，自然资源统计，政策、法规、规范性文件选登9个类目，下设200个分目1322个条目，有图片49幅，表格30张。卷首设编辑说明、编纂委员会名单、编辑部与撰稿人名单、专题图片，卷末设附录。该卷年鉴力求反映全自然资源系统的工作情况。全书111万字。

（湖南省自然资源厅）

【《广东建设年鉴（2019）》出版】 9月，广东省住房和城乡建设厅主办、《广东建设年鉴》编纂委员会编纂的《广东建设年鉴（2019）》由广东人民出版社出版。该卷年鉴选用图片417幅、知识性链接7个、统计表150张、示意图23幅。在保持年鉴框架结构基本稳定的基础上，该卷年鉴增加年度动态性条目、增加专业性分目。广东城乡建设事业发展总述新增住房城乡建设历史与现状分目；附录增加反映全国住房城乡建设领域专业统计数据表格。开发《广东建设年鉴》移动阅读手机版，无须下载安装即可使用，为读者提供全文检索、目录浏览、图库，以及内容收藏、分享、评论等功能。全书150万字。（广东省志办）

【《广东卫生健康年鉴（2019）》出版】 12月，广东省卫生健康委主办、《广东卫生健康年鉴》编纂委员会组织、省医学学术交流中心（广东省医学情报研究所）编纂的《广东卫生健康年鉴（2019）》由广东人民出版社出版。主编段宇飞。该卷年鉴设专题图片、年度关注、大事记、概述、广东省卫生健康事业发展、各市卫生健康事业发展、广东省卫生健康机构选介、广东省卫生健康学术（群众）团体选介、人物与荣誉、统计资料、文献资料、附录等类目，下设1121个条目，图片236幅，绘制广东省及各市卫生健康资源配置图谱。全书105万字。

（广东省志办）

【《广东财政年鉴（2019）》出版】 9月，广东省财政厅主管、主办，广东财政年鉴编辑委员会编纂的《广东财政年鉴（2019）》由广东人民出版社出版。该卷年鉴设年度关注、财政大事记、广东财政总述、机关建设、财政法制税政、预算管理、金融与政府债务、国库管理、归口预算管理、财政监管、财政服务、行业协会学会、财政职业技术教育、市县财政、机构·荣誉、统计资料、文献专载、规范性文件、附录19个类目。全书89万字。

（广东省志办）

【《前海年鉴（2019）》出版】 11月，中国（广东）自由贸易试验区深圳前海蛇口片区管理委员会、前海深港现代服务业合作区管理局主办的《前海年鉴（2019）》由中国文史出版社出版。该卷年鉴设15个类目，下设94个分目（次分目）及相关链接610个。该卷年鉴重点记载前海坚持“依托香港、服务内地、面向世界”的定位，特别设置深港合作与粤港澳大湾区建设分目、经济协作分目。全书63万字。

（广东省志办）

【《深圳统计年鉴（2019）》出版】 12月，广东省深圳市统计局、国家统计局深圳调查队编纂的《深圳统计年鉴（2019）》由中国统计出版社出版。该卷年鉴设综合、国民经济核算、人口和劳动力、工业和能源、建筑业、运输和邮电、农业、固定资产投资、房地产开发、商业和物价、财政收支、金融保险业、对外经济贸易和旅游、劳动工资、科学技术、文化和教育、卫生、社会保障和社会福利业、城市建设和环境保护、人民生活等类目，收录深圳建市以来历年统计数据。该卷年鉴在基本数据基础上，编制主要指标的定基指数、环比指数和年平均增长速度，并提供主要统计指标解释。全书75万字。（陈美玲）

【《广西税务年鉴（2019）》出版】 12月，国家税务总局广西壮族自治区税务局主管、主办，自治区税务局科研所编纂的《广西税务年鉴（2019）》由广西人民出版社出版。主编林寿争。该卷年鉴为国税、地税机构合并后首卷。设特载、重要文献、广西税收工作、各市税收工作、税收法规选编、机构与人员、统计资料、大事记、附录等。全书99.5万字。（梁昕）

【《中国铁路南宁局集团有限公司年鉴（2019）》出版】 12月，中国铁路南宁铁路局集团有限公司主办、《中国铁路南宁局集团有限公司年鉴》编辑部编纂的《中国铁路南宁局集团有限公司年鉴（2019）》出版。主编覃克寒。该卷年鉴基本内容分综合情况、动态信息和辅助资料3个部分，综合情况设特载、年度记事、概况3个类目，动态信息设运输生产、经营管理、综合管理、铁路建设、科·教·环·卫、非运输企业·集体经济、党群工作、运输站段、人物9个类目，辅助资料设统计资料、附录。全书65.1万字。（梁昕）

【《广西调查年鉴（2019）》出版】 9月，国家统计局广西调查总队编纂的《广西调查年鉴（2019）》由中国统计出版社出版。主编赵太想。该卷年鉴分综述、人民生活、农村贫困监测、价格调查、农业生产、分析资料。卷后附录设广西主要社会经济指标、全国及各省（直辖市、自治区）主要统计调查指标、中国与东盟国家及世界部分国家主要社会经济指标。该卷年鉴系统收录2018年全自治区农村、城市和企业等方面的各项统计调查数据，各市县（区）的主要统计调查数据；以及多个重要历史年份和近年广西及各市县（区）、全国及各省（直辖市、自治区）主要统计调查数据，广西与东盟国家及世界部分国家主要社会经济指标。全书96万字。（梁昕）

【《广西建设年鉴（2019）》出版】 12月，广西壮族自治区建设年鉴编辑委员会编纂的《广西建设年鉴（2019）》由广西师范大学出版社出版。主编叶云。该卷年鉴设广西住房城乡建设事业发展综述、各市建设、大事记要、荣誉榜、统计资料、领导讲话、文件选编、政策解读、工作年报9个类目，记述2018年广西壮族自治区住房城乡建设事业的发展全貌。全书100万字。（梁昕）

【《重钢年鉴（2019）》出版】 12月，重庆钢铁（集团）有限责任公司主办、重钢年鉴编辑部编纂的《重钢年鉴（2019）》由四川科学技术出版社出版。主编温勇耀。该卷年鉴设特载、专文专论、重钢综述、大事记、企业管理、生产经营、重点项目建设、科学研究与应用、企业文化、党群工作、子公司、人物、媒体看重钢、统计资料、拾遗与补正、附录16个类目，下设340个条目，图片16页。全书33.5万字。（罗丽霞）

【《贵州卫生健康年鉴（2019）》出版】 12月，贵州省卫生健康委员会主管、主办，贵州卫生健康年鉴编辑部编纂的《贵州卫生健康年鉴（2019）》由九州出版社出版。主编肖泽国。该卷年鉴设特载、省情概况、大事记、全省卫生计生工作、省卫生计生委直属单位工作、医学院校工作、相关单位工作、各地卫生计生工作、领导讲话、重要文献、专文、统计资料、附录13个类目，下设174个分目2144个条目，图片194幅，统计图表37张。卷首设卫生事业发展成就图片专题，卷末刊载的内容反映部分

医疗卫生单位风貌及简介。全书140万字。（李斌）

【《贵州交通年鉴（2019）》出版】 11月，贵州省交通运输厅主管、编纂的《贵州交通年鉴（2019）》由九州出版社出版。该卷年鉴增设铁路、民用航空、邮政内容，设综合、机构与职能、行业管理、公路、道路运输、内河航运、市（州）县（区）交通运输、铁路、民用航空、邮政、科技与教育、党群工作、附录13个类目。综合类目分设大事纪要、特载、高速公路品质工程建设、农村“组组通”硬化路三年大决战、新时代“多彩贵州·最美高速”、船舶与港口污染物防治、交通脱贫攻坚等，收录图片400余幅、表格40张。全书131万字。（郭国华）

【《贵州统计年鉴（2019）》出版】 10月，贵州省统计局、国家统计局贵州调查总队编纂的《贵州统计年鉴（2019）》由中国统计出版社出版。该卷年鉴设综合，国民经济核算，人口，就业人员和职工工资，固定资产投资，对外经济贸易，能源，财政税收，价格指数，人民生活，城市概况，资源和环境，农业，工业，建筑业，运输和邮电，批发、零售、住宿和餐饮业，旅游业，金融业，教育，科学技术，文化、体育和卫生，社会服务及其他，民族自治地方，市（州）、县（市、区、特区）资料，全国及各省（区、市）资料26个类目，有数据表376张。全书180万字。（周惠云）

【《西藏统计年鉴（2019）》出版】 9月，西藏自治区统计局、国家统计局西藏调查总队编纂的《西藏统计年鉴（2019）》由中国统计出版社出版。主编多吉战都、武建华。该卷年鉴设行政区划和自然资源，综合和国民经济核算，人口、就业和工资，固定资产投资，财政，价格，人民生活，农业，工业，建筑业，运输和邮电业，国内贸易，国外贸易和旅游，金融业，教育、科技和文化，体育、卫生和其他，各县（区、市）主要统计指标，全国各省（区、市）统计资料18个类目。（王梅洁）

【《甘肃交通年鉴（2019）》出版】 10月，甘肃交通史志年鉴编修委员会编纂的《甘肃交通年鉴（2019）》由甘肃人民出版社出版。主编段兰芬。该卷年鉴类目设置根据全省交通运输实际情况有所变动，涉及的单位领导记录到副厅级以上，事件中涉及的主要人物采取以事系人的办法，如实记录；先进单位、先进个人记录到厅级以上，省、部级先进有事迹简介；会议记录到厅级以上。全书80万字。（王文生）

【《青海统计年鉴（2019）》出版】 8月，青海省统计局、国家统计局青海调查总队编纂的《青海统计年鉴（2019）》由中国统计出版社出版。该卷年鉴设特载、综合、国民经济核算、人口、就业人员和工资、固定资产投资、对外经济贸易、能源与环境、财政、价格指数、人民生活、农业、工业、建筑业、运输和邮电、国内贸易、旅游、金融业、教育和科技、卫生和社会服务、文化和体育、公共管理、社会保障和其他、全国各地区主要经济指标等类目，收录2018年青海经济和社会各方面的统计数据。全书110万字。（王韬）

【《青海交通年鉴（2018）》出版】 11月，青海省交通运输厅主管、省交通运输厅信息中心主办、省交通运输厅信息中心史志编审办公室编纂的《青海交通年鉴（2018）》由青海人民出版社出版。主编林才让。该卷年鉴卷首设开篇、专题图片，正文设特载、专文、大事记、省级交通运输行政管理、党群及精神文明建设、厅属各单位交通运输工作、各市（州）交通运输、政策法规和重要文件、干部名录、集体和人物及交通运输主要指标统计数据11个类目。与上一年卷相比，该卷年鉴增加发展与成就，反映全年全省交通工作；以专记形式记述青海交通运输行业2018年度各项工作；卷首图片设领导关怀、基础调研、重要会议、专题掠影4个专题；文中既有与文字相对应的插图，也有重点工程项目图照展示。全书80万

字。　（王韬）

【《新疆生产建设兵团统计年鉴（2019）》出版】　8月，新疆生产建设兵团统计局、国家统计局兵团调查总队编纂的《新疆生产建设兵团统计年鉴（2019）》由中国统计出版社出版。主编李万茂、于绪宝。该卷年鉴分特载和统计资料2个部分，特载部分刊载兵团2018年国民经济和社会发展统计公报，包括20篇数据资料；统计资料刊载兵团、各师、城市、乡（镇）和团场2018年国民经济和社会发展各方面统计数据，新疆及分地（州、市）、全国及省（区、市）主要统计数据，兵团、师、团场主要经济指标排序资料与各省（区、市）主要指标排序等。全书70万字。　（王兴鹏）

地方志资源开发利用

·地情书编写与出版

【《北京大兴国际机场筹建工作口述纪实》出版】 9月，北京市委党史研究室、市志办和大兴区史志办编纂的《北京大兴国际机场筹建工作口述纪实》由中国书店出版社出版。主编张振东、韩旭。该书通过口述访谈形式，选择大兴区30余位参与和经历大兴国际机场筹建的当事人进行访谈，既有大兴区的相关领导，也有参与全过程的机场办工作人员，还有涉及搬迁的当地村民。他们以大兴和大兴人的视角，叙述亲身经历，形成视频资料27小时。全书26万字。（李昌海）

【《京津冀概况》出版】 12月，北京市委党史研究室、市志办和天津市档案馆（市志办）及河北省志办编纂的《京津冀概况》由北京出版社出版。该书刊载《京津冀地图》《北京市行政区划图》《北京市城市副中心地图》《天津市行政区划图》《河北省行政区划图》以及《雄安新区地图》，反映京津冀三地2017年度自然、政治、经济、文化和社会等方面的综合情况。全书150万字。（胡鹤凡）

【《长城文化纵览》出版】 12月，北京市委党史研究室、市志办、中国长城学会、中国长城文化研究中心编纂的《长城文化纵览》由北京出版社出版。该画册收录图片200余幅，分千年纵览、秩序构建、艺术瑰宝、抗战烽火、保护利用和长城掠影6部分。其用图片梳理长城的前世今生，重点展示长城抗战及全民族抗战时期中国共产党领导人民在长城内外抗击日本侵略者发挥的中流砥柱作用，介绍党和政府在长城保护利用方面的重大举措，北京市“长城文化带”规划布局等情况。全书12.5万字。（刘慧）

【《中国命运大决战——纪念平津战役暨天津解放70周年论文集》出版】 年内，天津市地方志编修委员会办公室组织编著的《中国命运大决战——纪念平津战役暨天津解放70周年论文集》由天津人民出版社出版。该论文集分运筹帷幄决胜千里、战略战术巧妙布局、攻无不克战无不胜、帅智将勇指挥若定、各方支援全力配合、解放前后天津景象、知史明智鉴往启今7个部分，收录文章37篇，配置图片20余幅。（唐旗　陈鑫）

【《辉煌山西70年》出版】 11月，山西省委党史研究院（省地方志研究院）编纂的《辉煌山西70年》由中华书局出版。该书记录各历史时期山西建设发展历程中有重大影响的事件，包括重大决策、重要会议、重大政策；记录各历史时期对山西发展产生重大影响的成果，包括农业、工业、基础设施、科技、教育、文化等方面；突出反映改革开放40年山西的重大举措、重要创新和主要成就；展示山西在全国最早、最新、最大、最优、最特色的事物，彰显山西特色、山西风采。全书138.9万字。（武岭）

【《潮起黄渤海——大连改革开放40年档案文献图集》出版】 1月，《潮起黄渤海——大连改革开放40年档案文献图集》由大连出版社出版。主编李明哲。该图集设春潮涌动、勇立潮头、百舸争流、活力海岸、滨城新貌、新潮逐浪高 6 个部分，收录图片 329 幅、文件 64 份、表格 11 张，记录 1978 年至 2018 年大连市政治、经济、文化、社会等方面改革发展、对外开放过程。全书 3.8 万字。（孔晶）

【《朝阳大事记（史前—2018）》出版】 7 月，辽宁省朝阳市史志办编纂的《朝阳大事记（史前—2018）》由吉林文史出版社出版。该书系统梳理朝阳市从古到今的历史发展脉络。全书 110 万字。（朝阳市史志办）

【《最闪亮的名片——吉林省优秀第一书记风采录》出版】 9 月，吉林省委组织部、省地方志编委会编纂的《最闪亮的名片——吉林省优秀第一书记风采录》由吉林出版集团股份有限公司出版。该书为吉林省地方志资源开发立项项目，收录吉林省 50 名“最美第一书记”候选人先进事迹，以浓厚的乡土气息和鲜活的文字语言讲述他们携手基层干部群众脱贫致富的生动实践，再现他们驻村扶贫的感人场景，为全省党员干部树立践行为人民服务宗旨的优秀典范。全书 26 万字。（李雯）

【《知家乡 爱通化 千字文》出版】 8 月，吉林省青少年“知家乡 爱家乡”系列方志读物之《知家乡 爱通化 千字文》由吉林人民出版社出版。作者吴玉君。该书采用中国传统蒙学中易诵易记的千字文形式，围绕通化地方历史、地域文化、红色文化、志士英贤、民风民俗、自然人文景观、特色物产创编而成，对历史、文化着重描述。该书紧扣通化主题，注重从通化切入，以大历史的宏观视野书写特定历史时期的通化。配插图近 70 幅。全书 2.2 万字。（李雯）

【《知家乡 爱辽源 千字文》出版】 12 月，吉林省青少年“知家乡 爱家乡”系列方志读物之《知家乡 爱辽源 千字文》由吉林人民出版社出版。作者李景刚。该书是辽源市地情资源开发品牌项目之一，插图近 70 幅，全面记述、展示辽源历史、文化、人物、物产、景观等地情，突出围场弛禁、煤矿开采、资源枯竭等历史节点关键内容，释文浅显易懂。全书 4.2 万字。（李雯）

【《德惠记忆》出版】 6 月，《德惠记忆》由吉林文史出版社出版。作者晁振英。该书为吉林省地方志资源开发立项项目，设今昔政事、商贸流通、工交城建、教科文卫、社会景观、居家生活和英杰人物 7 辑，意在引领生长于德惠的人们共同回顾小城旧时之美。作者手绘简图佐证旧建筑、旧街景、旧事件。全书 35 万字。（李雯）

【《蔬菜食疗保健及验方》出版】 10 月，《蔬菜食疗保健及验方》由吉林科学技术出版社出版。作者胡全德等。该书为吉林省地方志资源开发立项项目，对蔬菜的营养和生理作用、合理烹调方法、食物的搭配与相克做较详尽的介绍，对 34 种常见蔬菜的性味、功能、主治疾病进行详尽阐述，较广泛地搜集这些蔬菜的治病食疗验方 1.6 万余个，书后提供各种疾病的治疗索引，便于读者使用蔬菜治病强身。全书 168 万字。（李雯）

【《白城简史》出版】 12 月，《白城简史》由吉林文史出版社出版。作者宋德辉。该书为吉林省地方志资源开发立项项目，以白城历史遗迹、出土文物、文献资料为背景，设古代民族、建置沿革、重大事件、历史人物等章，以最新考古资料和研究成果为依据，对白城地区地貌的形成，流经白城的一江两河，白城最早的古人类遗址（旧石器），白城大地人类曙光（新石器），青铜器时期的汉书遗址，白城历史上的古代民族，辽朝中期建在白城的政治经济文化中心——长春州，金朝时期的长春州，长春县、新泰州、蒙古国及元朝时期的白城，明朝时期的白城，清朝时期的白城，清朝晚期“移民实边”与白城建置，中华民国时期的白城，日伪时期的白城，白城的接收与解放，解放战争时期建在白城的辽吉省委、辽吉军区、辽吉行署、辽北省政府，中华人民共和国成立

后白城地区行政建置等历史时期进行记述。全书27万字。（李雯）

【《陈云与哈尔滨》出版】 4月，哈尔滨市委史志研究室编纂的《陈云与哈尔滨》由中央文献出版社出版。主编王洪、刘利。该书讲述陈云在解放哈尔滨的过程中，审时度势，成立和领导北满分局，在宾县、通河发动群众、剿匪除患、开展土地改革，建立北满、西满、东满根据地，进而解放哈尔滨，建立政权，开展各项工作，以及中华人民共和国成立后，陈云在哈尔滨的建设和发展工作中给予的重视和支持的情况。附录中选编有关陈云与哈尔滨的文献资料，选录回忆陈云的文章等。全书28万字。（范锐超）

【《哈尔滨，一座为新中国建立贡献突出的城市》出版】 8月，哈尔滨市委史志研究室编纂的《哈尔滨，一座为新中国建立贡献突出的城市》由黑龙江人民出版社出版。主编王洪。该书由综述、共和国不会忘记、亲历者回忆、经典文献、大事记5部分组成，再现全国解放最早的大城市、“共和国长子”哈尔滨在解放战争和中华人民共和国建立过程中的突出贡献和英雄的哈尔滨人民戮力同心、勇于担当、舍己为公、无私奉献的博大情怀。图片100余幅。全书40万字。（徐萍　杜胜男　刘新惠）

【《哈尔滨名人录》出版】 9月，《哈尔滨名人录》由黑龙江人民出版社出版。主编赵竹帛。该书收录的人物为在哈尔滨工作、活动并作出突出贡献的人物，在外地工作并有重大贡献与影响的哈尔滨籍人物，对哈尔滨城市形成和社会历史发展进程产生重大影响和进步作用的近代历史人物，作出突出贡献、在全国某领域有较大影响的现当代人物。收录的人物以已故人物为主，分科技教育、文学艺术、卫生体育界和劳动模范等章，适当收录部分知名度较大的生人。收录范围涵盖政治军事界、科技教育界、文学艺术界、卫生体育界、劳动模范、工商企业界6个方面，共320人。收录的人物入选时段多为中东铁路开始修建（1898年）至2018年5月，个别人物略有突破。全书55万字。（徐萍　杜胜男　刘新惠）

【《共和国70周年哈尔滨编年纪事》出版】 12月，哈尔滨市委史志研究室策划、《共和国70周年哈尔滨编年纪事》编纂委员会编纂的《共和国70周年哈尔滨编年纪事》由东北林业大学出版社出版。主编王洪。该书主要记述时间断限为1949年至2019年，因哈尔滨光复后为全国解放、建设管理大城市探索与实践作出巨大贡献，故记述上限推至1945年。该书对哈尔滨政治、经济、文化、民生等方面的大事进行梳理和回眸，收录发生在哈尔滨、对哈尔滨产生影响的事件。其中包括保护、传承、弘扬哈尔滨地区历史文化的事件，在一定时期内，政治、经济、社会、文化、环境发展中具有标志性或代表性的事件，对哈尔滨城市建设或城市管理有重要影响的事件，填补行业空白或取得国际、国内巨大成就的行业事件，其他反映哈尔滨城市发展进步的事件。全书27.8万字。（徐萍　杜胜男　刘新惠）

【《五月黎明——纪念上海解放70周年》出版】 4月，上海通志馆、《上海滩》杂志编辑部主编的《五月黎明——纪念上海解放70周年》由上海大学出版社出版。该书是“《上海滩》系列丛书”的一种，收录《上海滩》杂志历年发表的亲历者有关回忆1949年5月上海解放过程的文章30余篇。全书31.1万字。（范锐超）

【《海纳百川——上海源》出版】 5月，上海市志办主编、上海通志馆编纂的《海纳百川——上海源》由学林出版社出版。作者葛剑雄。该书为“上海地情普及系列丛书”之一，以上海的历史地理沿革、文化发展为切入点，从“上海”名源、都市形成、租界、移民、文化、未来6个角度，用生动、幽默的语言讲述上海的千年史事，用平易近人的文字和专业的知识向读者普及老上海的过去，展望新上海的未来。该书挑选多幅配图，以图像还原历史。书中富含实用的信息指南

与有趣的历史故事，可作为上海游客的手边书。全书17.2万字。（范锐超）

【《海派之源——江南文化在上海》出版】 8月，上海通志馆、《上海滩》杂志编辑部主编的《海派之源——江南文化在上海》由上海大学出版社出版。该书是"《上海滩》系列丛书"的一种，从《上海滩》杂志中遴选了数十篇有关江南文化的文章，内容涉及上海的考古发现、非遗文化、民俗民风、历史人物、古镇园林、服饰饮食等江南文化的方方面面。全书26.7万字。（范锐超）

【《潮起潮落——苏州河》出版】 5月，上海市志办主编、上海通志馆编纂的《潮起潮落——苏州河》由学林出版社出版。作者薛理勇。该书为"上海地情普及系列丛书"之一，分苏州河的由来、苏州河的"湾"和"角"、苏州河的"渡"、苏州河的"桥"、苏州河边的建筑与工厂5个部分。全书以苏州河边的地名为切入点，图片百余幅，讲述苏州河的故事。全书15万字。（范锐超）

【《中国假日行》出版】 5月，上海市志办翻译的《中国假日行》由生活·读书·新知三联书店出版。原作者葛骆（William R. Kahler）。该书是"近代上海地方志外文文献丛书"的一种，分3个部分记载作者工作闲暇时的三次出游。第一次是从上海到杭州，最后至宁波返回；第二次是从上海到溧阳，途经苏州、江阴、无锡、宜兴、常州等地；第三次是从九江到芜湖。全书涉及的地域范围颇多，有对榨油、铸钱、织布等中国传统工艺的细致描述，有对当时物价和民众生活等的记录，还不乏对中国民间传说的记载。全书24.5万字。

（范锐超）

【《上海年鉴（1852）》翻译出版】 6月，上海市志办、上海图书馆翻译并原文影印的《1852年上海年鉴与商务指南》（即《上海年鉴（1852）》）英文版由上海书店出版社出版。《上海年鉴（1852）》英文版是上海历史上的第一本年鉴和已知的中国内地首本年鉴，由北华捷报社编印。该次出版函装二本，一本全书影印、原样复刻1852年版《上海年鉴》，另一本由知名上海史学者周育民将原本翻译为中文，另附残本1853年《上海年鉴》及译文。

（王师师）

【《江苏援藏援疆纪事（1994—2019）》出版】 9月，江苏省志办编纂的《江苏援藏援疆纪事（1994—2019）》由江苏人民出版社出版。主编左健伟。该书被江苏省委宣传部确定为2019年江苏省庆祝中华人民共和国成立70周年重点主题出版物，记录江苏对口支援西藏、新疆经济社会发展的历程与成就，展现援藏援疆干部热爱边疆、倾情奉献的精神风貌，反映江苏人民与西藏、新疆各族人民的深情厚谊。全书23万字。（朱莉萍）

【《建康实录》出版】 12月，江苏省南京市志办整理的《建康实录》由南京出版社出版。此次整理出版是在张忱石点校本和孟昭庆、孙述圻、伍贻业点校本的基础上，重点参校新见陆氏旧藏本与文渊阁四库全书本，由南京大学历史系教授张学锋和南京师范大学讲师陆帅整理完成。全书20卷，唐代许嵩撰，是一部记述吴、东晋、宋、齐、梁、陈六朝历史的史籍。全书8册，41.2万字。（王艳荣　黄涛）

【《缘以姚坊闻世的门里小镇——尧化》出版】 7月，江苏省南京市栖霞区尧化街道工委、区政府尧化办事处主编，区志办编纂的《缘以姚坊闻世的门里小镇——尧化》由中国文史出版社出版。该书分坊间往事、文物古迹、民间传说、地名掌故、园林场馆、门里街坊、名企华章、诗文书画、人物小传、尧化气象10个部分，梳理区域内有记载的、有价值的事物。书中突出街道的创新工作，增添时间银行、垃圾分类等民生服务栏目。采用姚坊门（即尧化门）LOGO、古姚坊门意向图等装帧设计，形成尧化风格。全书34.5万字。（尤岩）

【《物语花露冈》出版】 12月，江苏省南京市秦淮区志办编纂的《物语花露冈》由团结出版社出版。主编金毓平。该书介绍花露冈的地理位置、占地面积、名称变化等，通过孙权首创建初寺、张昭府第小长干等45个故事，讲述从东吴时期到改革开放以来花露冈周边发生的巨大变化。全书120万字。（尤岩）

【《致敬来时路——改革开放40年图集》出版】 1月，江苏省南京市江宁区志办、区委党史工作办公室编纂的《致敬来时路——改革开放40年图集》由江苏人民出版社出版。该书分党建引领、经济强、百姓富、生态美、社会文明程度高5个篇章，从全区征集的3000多幅改革开放40年间的照片中选取800余幅，记录中国共产党领导改革开放的智慧和风范，留存江宁改革开放40年的精彩瞬间。全书11.7万字。（李海宏）

【《致敬来时路——改革开放40年文集》出版】 1月，江苏省南京市江宁区志办、区委党史工作办公室编纂的《致敬来时路——改革开放40年文集》由江苏人民出版社出版。该书选取江宁区纪念改革开放40周年征文活动中的45篇优秀文章结集而成，分工作实践、行业变化、社会发展、探索创新、专题研究5个部分。全书40万字。（李海宏）

【《张家港市党员干部资政志鉴》出版】 2月，江苏省张家港市委党史地方志办公室编纂的《张家港市党员干部资政志鉴》由中共党史出版社出版。主编陈飞健。该书以地方史志资料为基础，从自然、政治、经济、社会、文化等方面全方位展示张家港市基本市情，简明扼要记述张家港市地情概况、风土人情和历史发展脉络，精选较具历史意义和资政价值的重大事件和著名人物，为全市广大党员提供具有本地特色的地情历史知识、历史经验和历史启示。全书20万字。（尤岩）

【《常州史稿》出版】 5月，江苏省常州市志办编纂的《常州史稿》由凤凰出版社出版。主编李亚雄。该书分古代、近代、现代3卷，附图232幅，以现行的行政建置为基本地域范围，以历史上的常州为记述范围，时间跨度从史前文明贯通至2010年，叙述常州地区文明产生、演变、发展的过程，涵盖政治、经济、文化、社会、市政、生活等各个领域。全书112万字。（尤岩）

【《口述常州》第7辑出版】 5月，江苏省常州市委党史工作委员会、市志办编纂的《口述常州》第7辑由凤凰出版社出版。主编臧秀娟。该书设经济发展、学校生活、商业回忆等6个部分，收录文章27篇，随文图照33幅，选取机关干部、新闻工作者、学者等不同行业口述者，回忆常州经济社会发展中的一些重大决策、重要事件背后的精彩故事和历史经验，也从普通人的日常生活中折射出历史与社会的变革发展。全书17万字。（尤岩）

【《宿迁人文历史丛书》出版】 5月，江苏省宿迁市史志办编纂的《宿迁人文历史丛书》由江苏人民出版社出版。主编孙正龙。该丛书由《宿迁地域文化》《宿迁饮食文化》《宿迁近代名人》《宿迁当代诗选》《宿迁文艺评述》《宿迁竹枝词选》6册组成，记录宿迁境内的西楚文化、运河文化、生态文化、饮食文化，记录杨泗洪、黄以霖、段祺瑞等近代历史人物，收录宿迁当代诗歌、古代竹枝词，以及对地方文艺的评述等。该丛书是宿迁市党员干部学习了解地方历史、地方文化的通俗读本。全书139万字。（尤岩）

【《盱眙手礼》出版】 5月，江苏省盱眙县志办编纂的《盱眙手礼》发布。主编王行政。该书设沿革盱眙、地理盱眙、气候盱眙、历史盱眙、人文盱眙、产业盱眙等18个部分，除介绍盱眙的自然地理、历史人文知识外，还重点介绍最新的经济、文化、民生建设动态及成果。该书采用古籍线装书的形式呈现，是资料丰富的口袋书。全书1.7万字。（尤岩）

【《淮安本草》出版】 9月，江苏省淮安市志办和盱眙县志办编纂的《淮安本草》由现代出版社出版。主编王行政。该书收录淮安本土生长的植被692种，以图文合一的形式展示植物的外观、分布区域、特性、作用等，为淮安人民更多地了解家乡提供“窗口”，是完整介绍淮安域内地植地被物的科普书籍。全书59万字。（尤岩）

【《赣榆乡贤录》出版】 11月，江苏省连云港市赣榆区史志办编纂的《赣榆乡贤录》由广陵书社出版。主编王淙。该书分乡贤名录、乡贤故事、新乡贤文化建设3章，图片200余幅，全面梳理、系统记述对赣榆乃至中国历史和人类文明进步有较大贡献的赣榆籍或者生活在赣榆的杰出人物200余名，记录他们服务家乡、造福家乡的嘉言懿行，继承和弘扬有益于社会发展的乡贤文化，研究提炼出符合当今时代需要的积极思想文化。全书27万字。（尤岩）

【《坚实的步履——无锡改革开放40周年40件大事》出版】 7月，江苏省无锡市委宣传部、市档案史志馆编纂的《坚实的步履——无锡改革开放40周年40件大事》由凤凰出版社出版。主编商波涛、钱中益。该书以2018年无锡改革开放40周年40件大事评选活动结果为基础，收录照片300幅，以时间为纵轴，以事件为横轴，展现1978年中共十一届三中全会召开以来无锡市委领导无锡人民高举中国特色社会主义伟大旗帜，全面贯彻党的理论路线方针政策，结合无锡实际，创造性地推进经济建设、政治建设、文化建设、社会建设、生态文明建设以及党的建设的伟大实践。全书10万字。（李海宏）

【《周庄古镇保护与旅游发展口述史》出版】 9月，江苏省昆山市志办、周庄镇政府编纂的《周庄古镇保护与旅游发展口述史》由江苏人民出版社出版。编撰徐秋明。该书选取48人口述整理材料，通过48位口述者的口述，还原历史细节，并保留他们的语言特点，全面反映周庄经济社会发展转型的过程，总结周庄古镇保护与旅游发展30余年来的发展历程与成功经验，挖掘前辈们艰难抉择的历史智慧和艰苦创业的精神。全书20万字。（李海宏）

【《旧志今读——昆山乡镇故事》出版】 12月，江苏省昆山市志办、市档案局编纂的《旧志今读——昆山乡镇故事》由广陵书社出版。主编陈勇。该书设人物故事、地名来历、文物胜迹、风俗物产4章71篇，对《昆山市志》《昆山历代乡镇旧志集成》等文献资料进行梳理研究，结合昆山所辖各乡镇的历史及实际情况，选取最能体现各乡镇文化特色的角度，以讲故事的形式来表现各乡镇独特的文化内涵。全书23万字。（李海宏）

【《钱塘风雅》出版】 10月，浙江省杭州市志办编纂的《钱塘风雅》由杭州出版社出版。该书系“最忆杭州”系列丛书首批成果之一，选取汉朝至近代各时期各领域在杭州生活过的且具一定代表性的43个（组）风雅人物，包括白居易、苏轼、黄公望、王蒙、吴昌硕、李清照、朱淑真、柳如是等。书中以人物活动为主线，文史结合、以文释史，传递和彰显杭州精致和谐的人文精神和历史文脉。全书40万字。（蔡建明）

【《北山梦寻》出版】 10月，浙江省杭州市志办编纂的《北山梦寻》由杭州出版社出版。该书系“最忆杭州”系列丛书首批成果之一，对北山景区中的自然人文景观重作梳理，包括慕才亭、岳王庙、西湖博览会工业馆、秋水山庄、菩提精舍、静逸别墅、穗庐、新新饭店等。在前人著述的基础上，该书通过文献查阅、实地走访、口述座谈等方式，挖掘更多北山景区鲜为人知的人文轶事。全书35万字。（蔡建明）

【《十里建国路》出版】 10月，浙江省杭州市志办编撰的《十里建国路》由杭州出版社出版。该书系“最忆杭州”系列丛书首批成果之一，以杭州唯一一条以“建国”命名的城市道路——建国路的各个路段为经，以历史变迁为纬，从现存道路走向、城垣和建筑物遗迹、物流商贸和手工业兴衰过程、市民聚居、重要历史人物事迹、周边街区变化等入手，借助文字记载和实地寻访，展示建国路的前身在杭州发展过程中所扮演的角色，叙述建国路及其周边的历史人文底蕴。全书14万字。（蔡建明）

【《百人口中的百年杭州》出版】 10月，浙江省杭州市志办编纂的《百人口中的百年杭州》由杭州出版社出版。该书系“最忆杭州”系列丛书首批成果之一，分上、下册。该书以杭州口述史专家曹晓波1998年以来采访撰写的口述体文章为基础，包括曾在《杭州日报》栏目《倾听》和《城纪》发表的部分文章。书中收录文章107篇，尽量保持口述的文字美感和真实性，保持口述人对历史的表述，突出亲历、亲为者对城市和时代变迁的阐述，特别展现改革开放以后杭州政治、经济、社会与个人的变化关系。全书70万字。（蔡建明）

【《杭州日记（2018）》出版】 6月，浙江省杭州市志办编纂的《杭州日记（2018）》由浙江人民出版社出版。该书以时间为序，以日为单位，按月分为12个部分，插图258幅，记录2018年杭州市自然、政治、经济、文化、社会等方面的大事、要事和新事。每月开篇设彩页，展现当月大事，内文每日设概览和重点详述。全书55万字。（蔡建明）

【《我是宁海人》出版】 7月，浙江省宁海县志办、县教育局编纂的《我是宁海人》由浙江教育出版社出版。该书分7个单元，每个单元设置4个课时，内容包括主题介绍、知识链接、活动链接、说一说，议一议等，涵盖千年宁海、宁海风云、红色宁海、宁海乡贤、宁海名胜、宁海风俗、宁海新貌等，涉及历史、民俗、特产、戏曲、名人、红色教育等方面，突出“寻觅古代文明中的宁海”“还原历史变革中的宁海”“感受革命潮流中的宁海”“认识高质量发展中的宁海”四大特点。全书19万字。（高曙明）

【《镇海历史地图册》出版】 3月，浙江省宁波市镇海区地方志编委会编纂的《镇海历史地图册》由哈尔滨地图出版社出版。该书是一部区域历史地图集，共收录地图100幅，其中包括首次以现代测绘技术实地测绘而成的1932年《镇海县地图册》的选图。断限上起唐元和四年（809），下迄2015年。全书涉及范围以县、区辖境为主，重点反映镇海区地域内政治沿革与城乡变迁。该地图册复原各个时代自然和人文地理景观，为镇海区在发展经济、开发旅游资源、城市规划、保护历史风貌等方面提供参考资料。全书20万字。（高曙明）

【《宣和奉使高丽画卷》出版】 12月，浙江省宁波市镇海区地方志编委会编纂的《宣和奉使高丽画卷》由东华大学出版社出版。该书是根据北宋宣和年间使臣奉旨出使高丽事件编绘的绘画与书法作品。（高曙明）

【《知行合一说阳明》出版】 6月，浙江省余姚市史志办编纂的《知行合一说阳明》由吉林文史出版社出版。主编诸焕灿。该书分5章以及附录，包括王阳明语录、心学精髓、历代名人对王阳明的评说、阳明学说的海外传播与影响、王阳明传记以及后记。全书15.6万字。（高曙明）

【《阳明平濠记》出版】 4月，浙江省余姚市史志办、市政协教科卫体文化文史和学习委员会、市文广旅游体育局编纂的《阳明平濠记》由宁波出版社出版。编著徐泉华。该书是演义体的历史纪实读物。全书运用余姚地方历史文献资料，记述明代正德年间王阳明平定宁王朱宸濠叛乱的经过。全书21万字。（高曙明）

【《天下驿头》出版】 10月，浙江省温州市鹿城区地方志研究室编纂的《天下驿头》由四川民族出版社出版。该书由峄山瓯水、天下一程、驿头风流、韵文华章、碑志文献、祖训门风 6 个篇章构成。全书 18 万字。

（温州市党史办）

【《嘉兴解放档案实录》出版】 4 月，浙江省嘉兴市档案馆编纂的《嘉兴解放档案实录》由中共党史出版社出版。该书分抗战胜利后国民政府的统治，内战冲击下的社会动荡，地下斗争、嘉兴起义与嘉兴解放，嘉兴解放后新政权的巩固措施，中华人民共和国成立初期各条战线的工作与成就 5 个篇章，反映 1945 年至 1950 年嘉兴解放前后的重大历史事件和整体社会变迁，展现嘉兴解放前后的历史轨迹。全书 40 万字。（嘉兴市史志办）

【《嘉兴砥砺奋进 70 年》出版】 9 月，浙江省嘉兴市档案馆、市委党史研究室编纂的《嘉兴砥砺奋进 70 年》由浙江人民出版社出版。该书分解放篇、奋斗篇、数据篇、荣誉篇、大事记，反映嘉兴 70 年来的奋斗历程和取得的辉煌成就。全书约 35 万字。（嘉兴市史志办）

【《一百个民间故事》出版】 2 月，浙江省嘉兴市南湖区史志研究室编纂的《一百个民间故事》由团结出版社出版。卞堃铭整理。该书分嘉兴地方民间故事、嘉兴戏剧民间故事、嘉兴神话民间故事、嘉兴食品民间故事、嘉兴卞家班故事 5 个内容，共 100 篇。全书 21.3 万字。

（嘉兴市史志办）

【《尺素留真——朱希祖旧藏明清海盐人书札》出版】 1 月，浙江省海盐县史志办编纂的《尺素留真——朱希祖旧藏明清海盐人书札》由浙江古籍出版社出版。朱元曙、朱乐川整理。该书分朱希祖旧藏明二十一家书札、朱希祖旧藏时贤致族中先祖书札、朱希祖旧藏族中先祖书札 3 个部分，收录书札 124 封，以图片配释文的方式进行解读。全书 39.8 万字。

（嘉兴市史志办）

【《影响中国的湖州人》出版】 8 月，浙江省湖州市地方志编纂室编纂的《影响中国的湖州人》由中华书局出版。该书收入上至远古华夏五帝之一舜，下至中国女排精神传承人周苏红等 98 位湖州人。在人物选择上，书中全面展现政治、经济、文化等各个领域的湖州名人风采，又突出底蕴丰厚的湖州地域文化，丝、瓷、笔、茶和书画、铜镜、藏书等，均优选出其中的杰出代表，同侪人物一并附之，同时兼顾区县平衡。全书 45 万字。

（湖州市地方志编纂室）

【《砥砺奋进——绍兴 70 年 70 事》出版】 11 月，浙江省绍兴市地方志编纂室、市党史研究室编纂的《砥砺奋进——绍兴 70 年 70 事》由中国文史出版社出版。该书是为纪念中华人民共和国成立 70 周年暨绍兴解放 70 周年编著的献礼之作，配文图片 169 幅，详细记述 70 年间绍兴的 70 件大事、要事、特事、新事的来龙去脉，展现绍兴历届党委、政府在上级党委、政府的领导下，牢记初心，不忘使命，审时度势，砥砺奋进，领导和依靠绍兴人民不断开创社会主义建设新局面、不断夺取改革开放新胜利的艰辛历程。全书 40 万字。

（绍兴市地方志编纂室）

【《太平天国在金华》出版】 11 月，浙江省金华市志办编纂的《太平天国在金华》由线装书局出版。作者袁朝明。该书梳理侍王李世贤带领的太平军 1861 年 5 月攻占金华府城及所属各县城到 1863 年 3 月撤离的战斗历程，分析战争给金华造成的创伤，收集历代金华志书的有关记载和清档资料、时人著述等文献资料，附录有关太平军在金华活动记录的文章目录、有关太平军在金华的诗词目录。全书 30 万字。

（金华市志办）

【《南平美丽乡村》出版】 9 月，福建省南平市地方志编纂委员会编纂的《南平美丽乡村》由鹭江出版社出版。该书编辑收录 104 个南平市级美丽乡村的建设情况，重点宣传乡村特色景观、文化遗存、民俗风情、地方特产。全书

49.2万字。 （欧长生　吴朝庭）

【《西出阙里 云水桃源》出版】 8月，福建省南平市建阳区委党史和地方志研究室、区旅游产业发展中心编纂的《西出阙里 云水桃源》由海峡书局出版。该书对建阳西片历史人文与山水胜境的记述，除挖掘与宣传建阳西片人文美与山水美，对考亭书院、禅宗祖庭、建本小镇，特别是“武夷秘境，百里绿谷”的建阳文化进行介绍。全书36.8万字。

（欧长生　吴朝庭）

【《名人汀州》出版】 11月，福建省长汀县委党史和地方志研究室编纂的《名人汀州》由中国书籍出版社出版。作者王英。该书彩图41幅，按照时空顺序和建置沿革，从唐代汀州初建到清末民初一千多年的史料中，整理历代与汀州关系密切，并对汀州历史上作出巨大贡献的30位人物，钩沉他们淹埋在史海深处的行踪。全书18.5万字。 （欧长生　吴朝庭）

【《平潭综合实验区改革开放40周年纪念文集》出版】 8月，福建省平潭综合实验区党史和地方志研究中心编纂的《平潭综合实验区改革开放40周年纪念文集》由海峡书局出版。该书配图91幅，记录改革开放40年来平潭各领域取得的成果。全书32万字。

（欧长生　吴朝庭）

【《福州古代人物著述录》出版】 12月，福建省福州市委党史和地方志研究室编纂的《福州古代人物著述录》由海峡书局出版。主编高锦利。该书收录福州自唐至清宣统三年（1911）期间，已知的历代福州著述，并以福州籍（含祖籍）作者为主，兼收在福州居住过且有一定影响的客籍人士。全书47万字。

（欧长生　吴朝庭）

【《庐陵古文献考略（修订本）》出版】 3月，江西省吉安市志办编辑的《庐陵古文献考略（修订本）》由中国文史出版社出版。汪泰荣编著。该书收录著述者2689人（增加112人），著述6245种（增加528种），非个人编著或佚名编著18种，吉安旧府志、旧县志经核准，减少2种，现为166种。修订本还根据需要对目录、人名索引、人物归属、顺序作了相应调整，对旧著在著述者小传、著述提要中有些缺略或者不准确的地方，逐一作进一步核准和补充。全书170万字。 （朱岳）

【《九江县大事记》出版】 8月，江西省九江市柴桑区政府主办、区志办编纂的《九江县大事记》由武汉大学出版社出版。该书记述汉高祖六年（前201年）始置柴桑县至2017年12月31日九江县级大事、要事，一事一记。全书26.3万字。 （朱岳）

【《中华人民共和国成立70年山东大事记》出版】 9月，山东省地方史志研究院编纂的《中华人民共和国成立70年山东大事记》由山东人民出版社出版。该书坚持以习近平新时代中国特色社会主义思想为指导，紧紧围绕“新中国建设和发展”这一主题，记述中华人民共和国成立70年来，在党中央的坚强领导下，山东省委、省政府团结带领全省人民进行社会主义革命和建设、改革开放和社会主义现代化建设的光辉历程，全面反映山东70年来在经济、政治、文化、社会、生态文明等各领域建设中取得的巨大成就。全书42万字。 （杜泉）

【《崂山渔民口述史》出版】 10月，山东省青岛市崂山区委党史研究中心、区地方史志研究中心编纂的《崂山渔民口述史》由中国海洋大学出版社出版。该书口述文章22篇，以黄晓晨、于钦夫等25位渔民口述的形式，展示中华人民共和国成立以来崂山渔民在崂山这片土地上的个人史、家族史和渔村史等重要的历史变迁。书中从崂山渔民的风雨历程和渔家生活中，管窥崂山人民的生产、生活方式和生活水平所发生的巨大变化。全书19万字。

（张东玉）

【《肥城·我的家》出版】 1月，山东省肥城市史志办编纂的《肥城·我的家》由齐鲁电子音像出版社出版。该书设家乡渊源、家乡大事、家乡山水、家乡矿产、家乡人物、家乡味道、家乡非遗、家乡文化、家乡现在9个篇章，收录图片170余幅，图表8张，资料链接10个，重点介绍肥城历史文化、特色物产、名胜古迹等有代表性的地域元素以及发展成就，全面展示肥城的厚重人文和时代风貌。全书23万字。 （杜泉）

【《肥城记忆：档案背后的故事》出版】 9月，山东省肥城市地方史志研究中心、市档案局、市档案馆编纂的《肥城记忆：档案背后的故事》由齐鲁电子音像出版社出版。该书按档案存藏地点分为4部分，以档案形成先后为序，时间跨度自元代至20世纪末600余年。书中收录稿件46篇、图片282幅，依据肥城市档案馆、各单位档案室以及社会个人收藏的照片、视频、报刊、勋章、古籍、宗谱等档案物品，讲述档案背后的故事、蕴藏的文化内涵。全书23万字。 （杜泉）

【《美了千年——曹县风物志》出版】 1月，山东省曹县地方志编纂委员会与山东有好戏文化传播有限公司编纂的《美了千年——曹县风物志》由济南出版社出版。山东省历史学家安作璋作序。该书收录照片150余幅，讲述曹县几千年来的沧桑变化和精彩故事，记述在深厚文化积淀上形成的风土民情。全书13万字。 （杜泉）

【《中华人民共和国成立70年济宁大事记》出版】 9月24日，山东省济宁市地方史志研究院编纂的《中华人民共和国成立70年济宁大事记》由中国文史出版社出版。该书图片223幅，记述中华人民共和国成立以来，尼山专区、台枣专区、滕县专区、湖西专区、济宁专（地）区、济宁市等发生的重大事件和重要活动，内容涵盖政治、经济、文化、社会、生态建设各个方面，突出反映历届党委、政府作出的重大决策部署、开展的重大活动、实施的重大工程（项目）建设、取得的重大成绩、涌现的英模人物等。全书52万字。 （杜泉）

【《追梦足迹——中华人民共和国成立70周年东营境域发展成果拾萃》出版】 9月，山东省东营市地方史志研究院编纂的《追梦足迹——中华人民共和国成立70周年东营境域发展成果拾萃》由济南出版社出版。该书收录中华人民共和国成立70年来东营境域发展过程中的重要成果、重大事件、重要人物，有各类条目640条，图片530余幅。全书64.5万字。 （杜泉）

【《淄博援藏纪实》出版】 10月，山东省淄博市地方史志研究院、市经济合作局编纂的《淄博援藏纪实》由线装书局出版。该书设概述、大事记、组织领导、工作规划、工作实绩、人物·荣誉、援藏记忆、媒体报道8个版块，图片243幅，从不同侧面反映淄博援藏24年来所取得的巨大成就和有益经验。全书60.5万字。 （杜泉）

【《烽火杨家山里》出版】 11月，山东省青岛西海岸新区工委组织部、工委地方史志研究中心编纂的《烽火杨家山里》由青岛出版社出版。该书分日军铁蹄·践踏国土、中流砥柱·使命担当、百折不挠·浴血奋战、红色堡垒·铜墙铁壁4章，插图117幅，反映抗战期间梁兴初、刘涌、贾若瑜等10余位将军在杨家山里及周边英勇战斗的事迹，记述中共胶县工委等5个县级党组织和青岛工委常驻杨家山里、杨家山里的第一名中共党员及第一个中共党支部成立等事迹。全书23万字。 （杜泉）

【《邵市纵横》出版】 11月，《邵市纵横》由黄海数字出版社出版。编著邵文修。该书记述邵市村近百年来发生的20多个重大历史事件，以传记、简介等方式记述历史人物、革命英烈、科技英才、创业者、能工巧匠等80余位人物，用志的体裁记载全村所种植过的作物、养殖过和在当地生活过的50余种动物、使用过的工具、从事过的行业等，收集整理10余个故事传说和11类、73种非物质文化遗产，收录20余篇怀念和讴歌邵市村的乡愁作品，着重体现改革开放以来邵市村民在生产生活上发生的翻天覆地的变化。全书45万字。

（杜泉）

【《历代诗人咏河南》出版】 5月，河南省史志办编纂的《历代诗人咏河南》由中州古籍出版社出版。总纂管仁富，主编徐志刚、胡世厚。该书收录历代咏赞河南山川、古迹、名胜、名人、历史事件、地方风物的诗词5714首（截至1949年中华人民共和国成立之前），按照嵩山篇、黄河篇和河南省18个省辖（管）市分20篇。全书75万字。（程茜）

【《图说鸡公山》出版】 4月，河南省信阳市地方史志编委会编纂，市史志办、鸡公山万国文化研究会承编的《图说鸡公山》由中州古籍出版社出版。主编陈晓玲。信阳市市长尚朝阳作序。该书收录老照片600余幅，是信阳历史上首次用图片形式记录鸡公山近百年的历史印迹，全方位记录鸡公山波澜壮阔的发展历程，多角度聚焦鸡公山人物风采。全书10万字。

（汪朝霞）

【《三门峡家训家规》出版】 11月，河南省三门峡市委党史志办、驻三门峡市委办纪检监察组、市文明办编纂的《三门峡家训家规》由中州古籍出版社出版。该书选录崤函杨震、姚崇、曹端、许进、曹植甫、曹靖华等三门峡名家和部分姓氏家训家规50则、人物选介30篇、家风故事21篇、照片73幅。全书21万字。

（汪朝霞）

【《货到汉口活——武汉市建设国家物流枢纽发展研究报告》出版】 12月，湖北省武汉志办编纂的《货到汉口活——武汉市建设国家物流枢纽发展研究报告》由武汉出版社出版。该书分武汉市发展现代物流业基本情况、武汉市建设国家物流枢纽优势条件、武汉市物流通道建设、武汉市物流节点建设、武汉市物流市场主体建设、武汉市国家物流枢纽建设新技术与新模型应用、国内重要城市物流业发展现状、武汉市物流枢纽建设发展前景展望与趋势展望、2011—2018年武汉市国家物流枢纽建设大事记9个篇章，全方位展现和分析武汉市建设国家物流枢纽的现状与未来。全书37万字。

（湖北省文化和旅游厅地方志工作处）

【《点墨长沙》出版】 12月，湖南省长沙市地方志编纂室编纂的《点墨长沙》由岳麓书社出版。编著龚军辉。该书设名山故事、大川底蕴、城郭素描、文脉千古4卷，采用散文笔法勾勒历史，以长沙人文历史为经，以43个极具代表性的山水洲城、教科遗存名胜景点为纬，描绘长沙千年发展的内在轨迹。名山故事卷写岳麓山等11处名山的历史典籍，大川底蕴卷写湘江等9条名川的相关故事，城郭素描卷写贾太傅祀等12处城市景点，文脉千古卷写长沙11处著名文化胜地的相关历史。全书70万字。

（田丰）

【《桃源县革命老区发展史》出版】 8月，湖南省桃源县老区建设促进会、县委党史研究室（县志办）编纂的《桃源县革命老区发展史》由中共党史出版社出版。主编覃光明。该书设千年古县革命老区、红色热土光辉历程、政权建设探索发现、改革开放桃源巨变、县域振兴全面发展、时代风貌远景展望6章，记述1925年至2018年桃源革命老区在党的坚强领导下，为新民主主义革命胜利以及在社会主义革命和建设时期付出的艰辛和作出的贡献。全书30万字。

（任璀洛）

【《旷世清风——湘潭名人家风选》出版】 1月，湖南省湘潭市纪委、市委宣传部、市委党史研究室（市地方志编纂室）编纂的《旷世清风——湘潭名人家风选》由中国方正出版社出版。主编易小兰。该书介绍17位湘潭名人的家风故事，包括一代伟人毛泽东、“一身正气为人民”的彭德怀、“有德性、有文性、有血性的革命家”罗亦农、“让艺术进入千家万户”的齐白石等。每位名人家风的编写分人物简介、家族源流、家训精要、家风故事、评点5个部分。（任璀洛）

【《岳阳历史文化丛书》首期出版】 12月，湖南省岳阳市委党史研究室编纂的《岳阳历史文化丛书》首期由吉林文史出版社出版。该丛书首期出版《千年名邑》《不朽人物》《芬芳墨迹》《多情山水》《瑰丽遗产》《精湛工艺》《行吟屈原》《忧乐名楼》《人民骆驼》《红色热土》10册，叙述岳阳文化底蕴，记载近、现代人文志士为民族解放、国家独立富强献出宝贵的生命，在各行各业留下辉煌业绩的事迹。全书217.8万字。（任璀洛）

【《清代粤东地方动乱与治理》出版】 9月，广东省志办编纂的《清代粤东地方动乱与治理》由中山大学出版社出版。作者陈海忠、温建钦。该书是《广东历代方志研究丛书》之一，以清朝年间发生在粤东地区的民间动乱，以及朝廷相应的镇压与治理手段为主题。书中按照时间顺序，以事件或人物进行编排，分6章，每章由概述、史料辑录两部分组成。内容包括雍正时期蓝鼎元对潮州的治理、道光时期地方乱象与姚柬之治揭、同光时期方耀清乡与秩序重建等。全书28万字。（范锐超）

【《广东排瑶史料辑录》出版】 9月，广东省志办编纂的《广东排瑶史料辑录》由中山大学出版社出版。作者李筱文、许文清。该书是《广东历代方志研究丛书》之一，分族源篇、战争篇等7个篇章。族源篇从广东省志及地方志摘录的史料来考究排瑶形成的历史渊源；地理人口篇主要叙述瑶族地理分布及人口情况；政治篇主要叙述历代朝廷在瑶族地区设立机构、官府，并制定一系列的政策；人物篇选取唐至民国时期历代具有代表性的瑶族人氏，论述他们对瑶族发展所作出的贡献；社会篇论述瑶族的民俗民风；艺文篇从语言文字、歌舞音乐、诗、文等方面论述瑶族文化发展状况。全书36万字。（范锐超）

【《明清民国时期西江地区宗教礼俗资料整理与研究》出版】 10月，广东省志办编纂的《明清民国时期西江地区宗教礼俗资料整理与研究》由中山大学出版社出版。作者周军、赵克生。该书是《广东历代方志研究丛书》之一，分正祀与官礼、四礼、佛教、道教、其他宗教、地方神祇、族习性、节庆、土俗9章，讨论正祀与官礼在王朝秩序与地方社会治理之间的作用、宗教信仰和民间礼俗等对国家统治和稳定基层社会的作用，剖析以儒家文化为主流的中原文化在信仰的趋同、礼俗的渗透、民族的融合方面的规范作用，以及在国家统一方面的凝聚作用。全书39.2万字。（范锐超）

【《深圳改革开放实录》第三辑出版】 8月，广东省深圳市史志办编纂的《深圳改革开放实录》第三辑由深圳报业集团出版社出版。该书收录文章22篇，从经济、政治、文化、社会、生态文明等方面，从实践推动和理论创新的角度，展示深圳推进中国特色社会主义事业的光辉历程。全书36万字。（深圳市史志办）

【《“天津支边医生在广西”史料选编》出版】 12月，广西壮族自治区地方志编委会、自治区卫生健康委员会、自治区档案馆编纂的《“天津支边医生在广西”史料选编》由广西师范大学出版社出版。该书收录天津医生名录近1500人，图片300多幅，反映20世纪60年代至今天津支边医生扎根广西、奉献广西的史实。全书70万字。（黄榆林）

【《南宁地情手册（2019）》出版】 7月，广西壮族自治区南宁市志办、市档案局编纂的《南宁地情手册（2019）》由漓江出版社出版。该书设南宁速览、南宁聚焦、产业发展、社会民生、历史人文、区县（开发区）概览、生活资讯7个部分，集中反映南宁市2018年经济社会发展大事要事和人文情况，旨在展示南宁历

史文化、风土人情、地情市貌。全书 18.7 万字。（黄榆林）

【《广西图鉴（2019）》出版】 9 月，广西壮族自治区志办、广西年鉴社编纂的《广西图鉴（2019）》由广西师范大学出版社出版。主编梁金荣。该卷图鉴设政治、法治·军事、经济、教科文卫体、民族·社会、市县风采 6 大版块，以图片为主，掠影式展现 2017 年度广西政治、经济、文化、社会、生态等方面的基本概貌和取得的重要成果。卷首设数说广西、年度要闻、专题辑录等。卷尾附索引，并配套出版电子版 U 盘。全书 27 万字。（梁昕）

【《重庆地情概览》出版】 12 月，重庆市志办编纂的《重庆地情概览》由西南师范大学出版社出版。该书设 8 章 26 节，图片 151 幅，以重庆历代地方志书及社会主义新方志为基础，从自然环境、人口民族、历史沿革、经济发展、文化旅游、社会事业、生态文明建设、三峡移民等方面，向人们介绍自古以来重庆的历史文化、社会变迁和改革发展。全书 21.7 万字。（陈欣如）

【《重庆市情概览（2019 年）》出版】 12 月，重庆市志办编纂的《重庆市情概览（2019 年）》由西南师范大学出版社出版。该书设特辑、政治建设、经济建设、文化建设、社会建设、生态文明建设、统计资料、附录 8 个部分，简要记述 2018 年度重庆市经济、政治、文化、社会、生态文明等方面建设的基本内容。全书 24 万字。（谢力新）

【《中华人民共和国 70 年四川大事记（1949—2019）》出版】 9 月，四川省委党史研究室、省志办编纂的《中华人民共和国 70 年四川大事记（1949—2019）》由中共党史出版社出版。主编刘晓晨、陈建春。该书记述 1949 年 10 月至 2019 年 6 月四川经济建设、政治建设、文化建设、社会建设和生态文明建设以及党的建设领域的大事、要事、特事、新事，充分反映四川在社会主义革命和建设时期、改革开放和社会主义现代化建设新时期以及中国特色社会主义进入新时代的宏伟征程中，四川各族人民艰苦探索、锐意进取的辉煌历程和重大事件。全书 70 万字。（朱丹）

【《新说四川方言》出版】 1 月，四川省成都市志办编纂的《新说四川方言》由四川科技出版社出版。主编高志刚。该书通过网络语言呼应网络时代多数人的阅读心理，收录 400 条四川方言，对应 400 条音频、400 张形象海报以及 40 条微视频，以成都地区四川话发音为主，综合全省四川话特点，采用普通话的拼音标注方式，为词条标出四川方言发音。读者只要扫描二维码，就能听音、读图、看视频。全书 34 万字。（朱丹）

【《崇州地名背后》出版】 2 月，四川省成都市志办、崇州市志办编纂的《崇州地名背后》由线装书局出版。执笔张伯龄。该书分区域建置篇、佳山秀水篇、史事连锁篇、名胜古迹篇、大街小巷篇、乡镇篇、广场篇、祠寺篇等篇章，66 篇文章，从最具地方文化特色的地名入手，依据历史文献记载、民间传说故事、现代考古发现等资料，讲述崇州地名背后的故事。书中许多地名的由来以及背后的故事均是第一次在书中公开展示。全书 15 万字。（朱丹）

【《艾芜年谱》出版】 6 月，四川省成都市志办编纂的《艾芜年谱》由四川大学出版社出版。执笔龚明德。该书记录艾芜的主要生平事迹以及全部的作品书目，以艾芜日记、书信、写实文章、散文札记、谈话记录等可信史料为依据，反映艾芜从 1904 年至 1992 年的人生经历。全书 49 万字。（朱丹）

【《成都精览》（英文版）出版】 8 月，四川省成都市志办编纂的《成都精览》（英文版）由旅游教育出版社出版。主编高志刚。该书上起先秦，下至民国，时间跨 4500 多年，从古蜀远影到盛唐强音，以时为序分为8个部分。该书通过英语让国际读者一册在手，览尽成都4500余年的人文精华。全书40.6万字。（朱丹）

【《巴蜀珍稀家谱丛书系列》影印出版】 12月，四川省成都市志办、四川大学历史地理研究所整理的《巴蜀珍稀家谱丛书系列》由巴蜀书社影印出版。高志刚、李勇先整理。《巴蜀珍稀家谱丛书系列》由《巴蜀珍稀家谱钞稿本汇编》《巴蜀稀见姓氏家谱集成》《巴蜀珍稀家谱丛书》构成，全书100册，是成都市志办、四川大学历史地理研究所合作开展的“旧志与地方文献整理”项目新成果，收录、整理、抢救、保存巴蜀地区家谱族谱钞稿本、稀见姓氏家谱、书香门第家（族）谱、名门望族家（族）谱近200种，对研究成都及巴蜀移民开发、家学传承、民俗流变等具有重要史料价值。（朱丹）

【《道·金牛》出版】 5月，四川省成都市金牛区志办编纂的《道·金牛》由四川人民出版社出版。执笔张伯龄。该书缘起中原与巴蜀相互交融的文化通道和经济走廊——金牛道，分遗馈、山水、街巷、城忆、影领5章，以文物、山水、习俗、人物等不同的呈现形式，记述成都市金牛区作为天府文化重要传承之地的百年沧桑变迁。全书27万字。（朱丹）

【《脉络·成华一街一巷》出版】 12月，四川省成都市成华区志办编纂的《脉络·成华一街一巷》由新华出版社出版。主编周孝明。12月，成华区建设路、圣灯、桃蹊路3个街道撤并，全区14个街道调整为11个街道。该书以街为媒，以街道辖区为单位，呈现成华区14个街道124个街巷亮丽风貌。书中记述成华区街巷起止点及地标建筑，从街道特色、风貌展示成华区厚重的历史文化和时代变迁。全书25万字。（朱丹）

【《粉墨春秋——唐昌戏剧舞台六十年》出版】 4月，四川省成都市志办、成都市郫都区党史地方志办公室编纂的《粉墨春秋——唐昌戏剧舞台六十年》由四川科学技术出版社出版。编著万若愚。该书分川剧编、京剧编、歌剧编、话剧编、附录5章，共43篇文章，包括唐昌的各个戏剧舞台、戏剧表演团体和民间艺术家，以及数不胜数的表演节目和逸闻趣事，记述作者20世纪30年代至90年代期间，对唐昌民间戏剧发展变迁的所见。全书17万字。（朱丹）

【《乐润锦官城》出版】 12月，四川省成都市武侯区志办编纂的《乐润锦官城》由线装书局出版。主编杨青林。该书分乐响千年韵律悠长、多彩曲艺雅俗共赏、丝竹弦管蜀调绵延、好乐贤达星耀西南、茶园高堂川音嘹亮5章，通过探寻蜀地音乐文化的历史变迁、描绘蜀地曲艺的艺术魅力、叙述文人大家的音乐韵事，深入挖掘成都音乐历史文化。全书14万字。（朱丹）

【《蒲江幺妹灯》出版】 5月，四川省蒲江县史志办编纂的《蒲江幺妹灯》由四川科技出版社出版。编著王义重。该书分幺妹溯源、幺妹灯基本特点、幺妹灯演出程式等10个章节，收集、整理流传于蒲江及周边地区的传统剧目脚本41个、新创剧目7个、124名幺妹灯民间艺人的基本情况，以及各个时期演出图片200余幅。全书29万字。（朱丹）

【《青羊园林》出版】 12月，四川省成都市青羊区志办编纂的《青羊园林》由四川地图出版社出版。主编李浩、王林先。该书分史记园林、博物馆园林、宗教寺庙园林、公园园林、滨河绿地5个章节，记述28个园林。该书以成都市青羊区园林建设的历史和现状为重点，探寻青羊区重点园林的建设发展进程及其与社会变迁的关系。书中在每个章节前印有二维码，扫描后是介绍相关章节亮点的2分多钟的视频。全书19万字。（朱丹）

【《新津史海钩沉》出版】 12月，四川省成都市志办、新津县志办编纂的《新津史海钩沉》由四川科学技术出版社出版。主编蔡光根、解俊峰、何毅豪。该书分历史补遗、南河往事、史海拾贝、千年咏叹4个栏目，从各个不同的视角，对新津的大江三渡、名胜古迹、名人踪迹、场镇老街、移民创业和旧时新津的风土人情、祭祀习俗、士子科考、历史人物等进行深入的考证。“千年咏叹”栏目选辑宋祁、方孝孺、陆深、程公许等的诗歌及赏析。全书12万字。 （朱丹）

【《走过龙泉驿甲子岁月》出版】 9月，四川省成都市龙泉驿区委党史研究室编纂的《走过龙泉驿甲子岁月》由四川师范大学电子出版社出版。主编唐为之。该书分“艰难起步的六十年代（1960—1969年）”“曲折徘徊的七十年代（1970—1979年）”“改革起航的八十年代（1980—1989年）”“工业崛起的九十年代（1990—1999年）”“飞速发展的新世纪（2000—2009年）”“汽车领航的新时代（2010—2019年）”6章，文章60篇，图片200余幅，以年为单位分节，以每年的独立重大事件为条目内容展开，用具体的典型事例反映建区以来各个历史阶段成都市龙泉驿区发生的重大事件、产生的巨大变化及取得的巨大成就，内容涉及政治、经济、文化、社会、生态等方方面面。全书32万字。 （朱丹）

【《古驿茶店》出版】 8月，四川省成都市龙泉驿区茶店镇政府编纂的《古驿茶店》由西南财经大学出版社出版。主编胡开全。该书前设彩图，正文设凡例、基本镇情、茶店古镇和东大路、石经寺、茶店山水文化、茶店人文资源、茶店民间故事7章。全书17万字。

（朱丹）

【《峨眉历代名人传略》出版】 11月，四川省峨眉学研究会、峨眉山市志办编纂的《峨眉历代名人传略》由团结出版社出版。编著赵敬忠。该书立传者79人，编入名录者77人。书中按时间顺序，从高僧大德入山传道，创立佛教普贤道场的晋代开始，对两晋、南北朝、隋、唐、宋、明、清各朝代及近现代政治、文化、文学、宗教、科技、美术、人文社科学术人物等进行全面介绍。全书29.5万字。 （朱丹）

【《峨眉地名故事》出版】 11月，四川省峨眉山市第二次全国地名普查领导小组办公室编纂的《峨眉地名故事》由四川大学出版社出版。主编李家俊。该书设山城篇、名流篇、宗教篇、武术篇、乡里篇、编余篇6篇，收录文章260余篇。山城篇叙峨眉及峨眉山的来历、峨眉县城的历史故事；名流篇记帝王将相、名人雅士记峨眉的逸事；宗教篇载儒、释、道，以及天主教、基督教、伊斯兰教载峨眉的故事；武术篇汇峨眉武术精髓，用峨眉武术故事彰显中华功夫的魅力；乡里篇依照《峨眉山市地名录》（2017年）的顺序，讲述各乡镇丰富多彩的地名故事；编余篇收录与峨眉地名相关的历史文化故事，展现峨眉文化的厚重。全书98万字。 （朱丹）

【《濡水情结》出版】 11月，四川省夹江县志办编纂的《濡水情结》由北京文艺出版社出版。主编张致忠。该书图文并茂，含溯源探流话夹江、蜀中名县留胜迹、青衣江和东风堰、享誉中外夹江纸、夹江新闻报道选、濡水遗珍继文脉、附录等篇章，收录文章诗词330余篇、照片1000多幅，全方位展示夹江的历史沿革、贤人达士、风土人情、自然风光、名胜古迹，多角度记录夹江近60年社会经济文化民情的历史演进。全书37万字。 （朱丹）

【《小凉山彝族古风》出版】 3月，四川省乐山市志办、市民族宗教事务委员会编纂的《小凉山彝族古风》由电子科技大学出版社出版。主编郑自谦。该书设概述、家支文化、民间文学、民间音乐、传统手工技艺、饮食文化、民俗、民间竞技、民族交融、人物10章40节，随文配备插图50余幅。全书13.6万字。

（朱丹）

【《德阳先贤名人》出版】 12月，四川省德阳市委党史研究室（市志办）编纂的《德阳先贤名人》由四川科学技术出版社出版。该书分思想大家、文化巨擘、先驱先烈、爱国志士、德孝典范、名臣廉吏、才智名宿、技艺大师8章，共收录31个人物，对他们的生平事迹、遗存等进行详尽介绍。全书30万字。（朱丹）

【《广安市情》出版】 7月，四川省广安市志办编纂的《广安市情》由四川科学技术出版社出版。主编徐诚。该书设广安概述、建置沿革（由来）、自然地理、地名典故、历史故事、历代名人、领导视察、民俗文化、旅游产品、名优特产10个部分，部分条目收录一些传说故事，增加可读性。全书22万字。（朱丹）

【《辉煌的历程——中华人民共和国成立70周年广安区（县）大事记述》出版】 8月，四川省广安市广安区地方志编纂中心编纂的《辉煌的历程——中华人民共和国成立70周年广安区（县）大事记述》由中国文史出版社出版。主编张洪林。该书设脱贫攻坚、新区建设、乡村振兴、城市提质、交通建设、商贸旅游、生态环保、社会事业等36个专题，附录档案史料，全面反映70年来广安区（县）在区（县）委、区（县）政府领导下的发展变化。全书35.5万字。（朱丹）

【《广安市广安区概览》出版】 12月，四川省广安市广安区地方志编纂中心编纂的《广安市广安区概览》由中央文献出版社出版。主编张洪林。该书设概述、行政区划、地理环境、自然资源、党的建设、经济发展、社会事业、旅游概况、民族·宗教、饮食·方言、知名人物11章，从不同角度记载有着悠久灿烂历史、独具地域特色的风情文化，着力对广安区的人文历史、旅游资源等诸多方面进行挖掘。全书28万字。（朱丹）

【《泸州老城》出版】 9月，四川省泸州市志办编纂的《泸州老城》由四川师范大学电子出版社出版。该书设17章，记述泸州老城的历史、城垣、自然地理条件，老街古巷、商贸物流、金融业，以及教育、文化、电影与戏曲、医药卫生等。尤其在老街古巷章节，其以1935年版《泸县志》为主要参考依据，进行考证，按照一街一巷，一图一景的方式，复原泸州老街古巷的地址。书中精选数百幅照片，再现泸州老城的文化遗迹、老街古巷等。全书47万字。（朱丹）

【《泸州盐茶古道》出版】 10月，四川省泸州市志办编纂的《泸州盐茶古道》由四川师范大学电子出版社出版。该书精选数百幅照片，介绍泸州盐茶古道、陆道的历史渊源，展现泸州盐茶古道的遗址遗迹、风土人情、民风民俗、人文景观、民族文化、饮食文化、土特产品等。全书51万字。（朱丹）

【《湖广填四川》出版】 5月，四川省仁寿县志办、县档案馆编纂的《湖广填四川》由四川民族出版社出版。主编宋时修。该书分为上、下两篇，设27章，上篇8章主要是对湖广填四川的总体描述，下篇19章主要是对仁寿移民历史的大致梳理和各姓氏家族子弟创业故事的记述，对中国移民史、《仁寿县志》和诸多族谱、家谱以及家规家训进行探讨、研究。全书30万字。（朱丹）

【《千里嘉陵千年歌》出版】 6月，四川省南充市顺庆区志办编纂的《千里嘉陵千年歌》由团结出版社出版。主编文义泽。该书收集整理132位诗人、330余首吟唱嘉陵江及其驿道的歌赋，并进行详细的注解。全书21万字。（朱丹）

【《嘉陵区地名故事荟萃》出版】 7月，四川省南充市嘉陵区志办编纂的《嘉陵区地名故事荟萃》由吉林文史出版社出版。该书插图160余幅，辑录南充市嘉陵区一些有名、重要地方的相关传说故事125个，涵盖场镇、桥梁、庙宇、山脉等。全书27万字。（朱丹）

【《平武社会历史文化丛书》（第一辑）出版】 5月，四川省平武县《平武社会历史文化丛书》编纂委员会编纂的《平武社会历史文化丛书》（第一辑）由湖北科学技术出版社出版。主编曾维益。该丛书包括《平武历史文集》《平武县建置沿革志》《龙安府志》《虎牙藏族》《色尔藏族》《白马藏族研究文集》《平武的民族》《白马人的歌舞》《白马土司家谱》《敕修报恩寺研究》《龙安土司》《火溪沟社会历史调查》《平武县交通志》《李白〈蜀道难〉新探》等19册，该丛书对于世人了解平武、研究平武、开发平武具有重要的作用，为延续平武地区历史文脉、丰富白马文化内涵提供依据。全书1000万字。（朱丹）

【《自贡乡镇（街道）概览》出版】 8月，四川省自贡市志办编纂的《自贡乡镇（街道）概览》由开明出版社出版。主编陈思禄。该书收录自贡市6个区县及高新区管委会所辖75个镇、21个乡、13个街道基本地情资料，概要记述各乡镇（街道）位置境域、名称由来、建置沿革、地形与气候、资源环境、人口与民族、经济社会发展以及特色产业、乡土文化等内容，一些可读性强的逸闻趣事、民间传说等以“链接”方式被引入，是一部展示自贡镇域特色、了解自贡乡土风情、服务自贡乡村振兴的地情工具书。全书48万字。（朱丹）

【《古今故事话陕西》丛书出版】 年内，陕西省志办编纂的《古今故事话陕西》丛书由陕西人民出版社出版。主编雷湛。该丛书分《历史人物卷》《红色血脉卷》《时代先锋卷》《名胜风物卷》4卷，以三秦大地历史沿革、文物古迹、革命遗址、文学艺术、风土民情等为题材，内容覆盖历史、地理、文化、艺术等方方面面，资料翔实，图文并茂，集中展现陕西的文化成就和人文精神。全书40万字。

（韩云鸽）

【《咸阳历史风云》出版】 1月，陕西省咸阳市志办编纂的《咸阳历史风云》由三秦出版社出版。该书是《咸阳历史文化丛书》之一，分文明曙光、西隅崛起、一统天下、救亡图存、红色基地等10篇，记述以政治军事活动为主线的咸阳地区社会发展，重点记述秦代咸阳作为中国第一帝都所创建的“百代都行”的国家制度，以及此后2000年间发生在咸阳地区的多场不同性质的战争，突出记述西北红色旗帜——马栏革命根据地建设和红军云阳改编情况。全书25万字。（范锐超）

【《咸阳帝陵揽胜》出版】 1月，陕西省咸阳市志办编纂的《咸阳帝陵揽胜》由三秦出版社出版。该书是《咸阳历史文化丛书》之一，分咸阳帝王陵墓概览、西汉帝陵的分布与墓制、南北朝及隋朝陵墓、关中唐代十八陵纵览、陵墓保护等12篇。由于咸阳地区汉唐帝陵及其功臣贵戚的陪葬墓之多为全国之最，其地上地下的文化遗存极为丰富、精美。全书23万字。

（范锐超）

【《咸阳文化大观》出版】 1月，陕西省咸阳市志办编纂的《咸阳文化大观》由三秦出版社出版。该书是《咸阳历史文化丛书》之一，记述以文化教育为中心的咸阳地区文化发展史。该书分远古时期泾渭之滨的“两河”文明、秦时期的帝都文化百代传、明清时期文化教育大发展等8篇，从远古氏族时代咸阳地区先民对中华文化的种种贡献谈起，对自《诗经·豳风》产生以来历代区域文化的发展脉络作梳理记述，特别对两汉时期以五陵邑为中心的经学、史学、文学、艺术的繁荣，“中唐六窦”与武功苏氏在文学上的贡献，宋代以降“关学”在咸阳境内的传承，以及清代三原一度作为陕甘文化教育中心的辉煌历史作详尽记述。全书26万字。（范锐超）

【《咸阳地名集粹》出版】 1月，陕西省咸阳市志办编纂的《咸阳地名集粹》由三秦出版社出版。该书是《咸阳历史文化丛书》之一，依内容不同分区划、山川、遗胜3篇。区划篇选介咸阳地区一批文化底蕴深厚、有历史掌故和人文轶事以及能反映区域历史文化变迁和经济社会发展的有代表性的村、镇(街道),山川篇和遗胜篇分类对与境域历史文化密切相关的知名山水川原和古代遗留胜迹进行简介。全书36万字。（范锐超）

【《商州老字号》出版】 5月,陕西省商洛市志办编纂的《商州老字号》由陕西人民出版社出版。该书设综述、店铺、手工作坊、名录、附录5个部分,全面、系统记录自明清以来商州老字号的兴盛与发展,为丰富商州历史文化遗存提供珍贵史料。全书18.9万字。（杨卓轩）

【《甘肃70年建设改革发展纪事》出版】 9月,甘肃省史志办等编纂的《甘肃70年建设改革发展纪事》由甘肃教育出版社出版。该书分重大事件、重大成就、重要人物、人民政协4个部分,选取甘肃省具有代表性、典型性、标志性的历史事件、历史成就和历史人物,以回忆文章为主要形式,辅以图片、图表、数据等,记录和展示甘肃人民70年来壮阔的奋斗历程。全书60万字。（范锐超）

【《青海解放70年大事记》出版】 8月,青海省志办编纂的《青海解放70年大事记》由青海民族出版社出版。该书突出体现党的领导、革命建设改革、各民族团结奋斗三大历史主要脉络,勾勒青海解放70年来特别是改革开放以来自然、政治、经济、文化、社会和生态文明建设的基本轮廓,重点记述青海经济社会发展的历史进程和取得的辉煌成就。全书43万字。（王韬）

【《青海民间手工艺史话》出版】 12月,青海省地方志编委会编纂的《青海民间手工艺史话》由青海民族出版社出版。编著南文魁。该书前置图照,除概述、大事记、参考文献、编后记外,设17章87节,从青海手工艺各个时期的沿袭继承关系、代表作品的艺术特征和风格、工艺技法的演进和创新等方面进行分析比较,较为完整、全面地介绍青海历史悠久、技艺精湛、品种丰富的地方和民族手工艺。全书38万字。（王韬）

【《宁夏移民史话》出版】 7月,宁夏回族自治区志办编纂的《宁夏移民史话》由方志出版社出版。总主编张廉,主编贠有强。该书是《宁夏地方史话系列丛书》之一,主要记述宁夏从水洞沟远古时期开始,历经秦汉、唐宋、元明清、民国直至宁夏回族自治区成立后,为开发建设宁夏进行的历次大规模移民过程中发生的历史故事,是志书成果的二次开发利用,也是了解宁夏历史及民族融合的通俗读物。全书21.5万字。（张明鹏）

【《兵沟史话》出版】 7月,宁夏回族自治区志办编纂的《兵沟史话》由方志出版社出版。总主编张廉,主编贠有强。该书是《宁夏地方史话系列丛书》之一,主要记述兵沟的历史渊源,以及秦汉、北魏、宋夏、元朝、清朝时期发生在兵沟地域范围内的重要历史事件,以及改革开放以来各级政府对兵沟地区的开发利用。全书21万字。（张明鹏）

【《贺兰山史话》出版】 7月,宁夏回族自治区志办编纂的《贺兰山史话》由方志出版社出版。总主编张廉,主编贠有强。该书是《宁夏地方史话系列丛书》之一,主要记述贺兰山地质变迁、历史渊源、人文历史、自然景观、历史事件、人物传奇以及贺兰山境遇范围内的经济社会发展情况。全书26.7万字。（张明鹏）

【《宁夏农业史话》出版】 7月,宁夏回族自治区志办编纂的《宁夏农业史话》由方志出版社出版。总主编张廉,主编贠有强。该书是《宁夏地方史话系列丛书》之一,主要记述了宁夏自石器时代原始农业的萌芽、秦汉时期的畜牧业与农耕、隋唐时期的屯田、明代的马政以及近现代特色农业的兴盛发展情况。全书19.3万字。（张明鹏）

【《沙坡头史话》出版】 7月，宁夏回族自治区志办编纂的《沙坡头史话》由方志出版社出版。总主编张廉，主编负有强。该书是《宁夏地方史话系列丛书》之一，主要记述中卫市沙坡头历史发展沿革、文化遗址、人文历史和发生在沙坡头地域的历史事件。该书着重记述近现代以来沙坡头区广大干部职工发挥聪明才智，用“麦草方格”的办法使16万公顷被沙漠吞噬的良田变为绿洲，创造人进沙退奇迹的事迹。全书30万字。（张明鹏）

【《宁夏地方历史文化论丛》（第五辑）出版】 11月，宁夏回族自治区志办编纂的《宁夏地方历史文化论丛》（第五辑）由宁夏人民出版社出版。主编负有强。该书由21名宁夏地方历史文化学科组成员从不同领域、不同角度出发，对宁夏地方历史文化进行研究和阐释。（张明鹏）

【《固原方言辞典》（修订本）出版】 12月，宁夏回族自治区固原市志办编纂的《固原方言辞典》（修订本）由陕西人民出版社出版。主编马平恩。该书设音节表、笔画目录、正文3篇，全面收集整理固原方言词条，记录固原方言的变化发展，反映固原当地人的生活习俗等。卷首设凡例、序言、编辑说明，卷末附附录、编后。全书47.8万字。（张明鹏）

【《新疆生产建设兵团改革开放口述史》出版】 12月，《新疆生产建设兵团改革开放口述史》由新疆生产建设兵团出版社出版。该书设辉煌成就、全面深化改革、时代英模、对口援建4个栏目，通过对兵团改革亲历者的采访，对兵团60多年历程的回顾，反映兵团党委贯彻落实党中央决策部署和自治区党委工作要求所取得的成就和发生的历史性变革。全书30万字。（兵团史志办）

·信息咨询与服务

【“中华民族的精神象征——长城文化展”亮相文博会】 5月29日至6月1日，由北京市委党史研究室、市志办主办的“中华民族的精神象征——长城文化展”在第十四届中国北京国际文化创意产业博览会上展出。该展览利用现代技术手段，全方位、多层次、立体化宣传长城的修筑历史、秩序构建、艺术宝藏、抗战烽火和保护利用，并荣获该届文博会“最佳组织”奖。（刘慧）

【北京政府统计开放日活动举办】 9月5日，北京市统计局、国家统计局北京调查总队主办的北京政府统计开放日活动在北京市方志馆举办。该活动以“数说时代 统计有我”为主题，来自政府部门、高校、行业协会、企业、媒体和“北京统计”新媒体粉丝共同见证中华人民共和国成立70周年以来首都建设取得的巨大成就，以及政府统计事业改革发展成效。（高潇潇）

【中央电视台《中国影像方志》栏目组就拍摄《中国影像方志·宁晋篇》赴宁晋开展前期准备工作】 3月11日，中央电视台《中国影像方志》栏目组人员到河北省宁晋县史志编研指导中心进行采访。栏目组对宁晋县的地名由来、大陆泽变迁、代表人物、县域文化、县域美食、主导产业等进行详细了解，并就曹利用、慈圣光献皇后、曹彲等人物的历史贡献进行交流。（魏铁军）

【《中国影像方志·河北卷》蔚县篇等12集纪录片在中央电视台播出】 2月13日至12月31日，《中国影像方志·河北卷》蔚县篇、隆尧篇、围场篇、内丘篇、阳原篇、馆陶篇、怀来篇、安新篇、隆化篇、霸州篇、沽源篇、临漳篇12集纪录片先后在中央电视台科教频道播出。每集片长40分钟，由河北省志办作方志学指导，分若干记介绍地名由来、历史文化、特色物产及发展现状等。（张耀鑫）

【沈阳市送志书进社区】 6月26日，辽宁省沈阳市委党史研究室（市志办）人员与街道和社区领导为浑南区五三街道史志馆揭牌，并开展送书进社区活动，赠送《中国共产党沈阳年鉴》《沈阳综合年鉴》《沈阳集萃》《沈阳街道乡镇志》等图书资料260册。五三街道综合文化站设在奉天九里社区，文化站图书收藏沈阳史志类书籍300余册，其他书籍2000余册。在文化站图书室的基础上，增设五三街道史志馆。（李琳　宁芳　丁玉恒）

【沈阳市举办“献礼新中国70华诞　沈阳史志新书首发式”】　10月23日，辽宁省沈阳市委党史研究室（市志办）主办的“献礼新中国70华诞　沈阳史志新书首发式”举行。首发式展示包括《沈阳市志（1986—2005）》《沈阳年鉴（2019）》《沈阳街道乡镇志（第三辑）》等8部新书。相关单位负责人以及各区、县（市）史志工作主管领导和业务负责人160人参加会议。（李琳）

【大连市利用地方史志资源纪念中华人民共和国成立70周年】　6月至7月，辽宁省大连市档案馆、市委党史研究室、市志办与大连日报社联合策划，在《大连日报》推出庆祝中华人民共和国成立70周年特刊《壮丽70年　奋斗新时代》，宣传介绍大连城市发展历史，作为全市庆祝中华人民共和国成立70周年的系列活动之一。其间，出版“解放”专题4期、“建设”专题1期，发表有关大连特殊解放区、大连建设发展的历史文化文章13篇。年内，与“天健网”“大连相册”栏目合作，制作《沧桑巨变——照片里的大连70年》专辑5期；在《大连晚报》的“历史钩沉”等栏目发表《庄河孤胆英雄唐逢喜》等历史文化文章4篇；完成电视剧《高大霞的火红年代》剧本、电视纪录片《忠心耿耿关向应》审读工作；编辑《献礼新中国　大连1945—1949》档案文献图集。另外，还编辑完成史料文集《山海情——大连援建六盘水工作纪实》《十八大以来大连市党员干部专题思想教育资料汇编》。（孔晶　宁芳　丁玉恒）

【“壮丽70年　奋斗新时代”大连市中华人民共和国成立70周年展览举办】　9月至12月，辽宁省大连市委宣传部、大连市档案馆（市委党史研究室、市志办）主办的“壮丽70年　奋斗新时代”大连市庆祝中华人民共和国成立70周年展览在大连市档案馆举办。该展览以中华人民共和国成立后的历史脉络为主线，分迎接新中国、社会主义改造时期、全面建设社会主义时期、改革开放时期和奋进新时代5个部分，以图片、档案、文献资料为载体，运用视频、实物等方式展现大连在中华人民共和国成立后70年的历史，特别是中国共产党第十八次全国代表大会后，大连“两先区”（产业结构优化的先导区和经济社会发展的先行区）建设情况。截至年底，展览接待全市100余家单位5000余人次观展。（孔晶　宁芳　丁玉恒）

【营口市信息咨询服务活动】　年内，辽宁省营口市地方志工作部门编纂出版《营口市情（2018）》，作为营口市经济社会发展的服务手册；编辑发行《营口大事记》12期，为掌握营口市重大事件和工作动态提供参考依据；编纂《营口红色丰碑》，传承弘扬营口历史和文化。纪念改革开放40周年，在“营口春秋”微信公众平台分期发布“改革开放我知道”知识问答；与《营口日报》合作开办“营口史话”栏目；与公共文化服务中心合作，举办“红色记忆——营口革命遗址图片展”。（宁芳　丁玉恒）

【铁岭市志办信息咨询服务活动】　年内，辽宁省铁岭市志办为中国铁岭政府门户网站提供2018年铁岭市大事记、人口民族和自然环境等资料，为市委宣传部、市委党校等有关部门提供志鉴等地情资料；为《辽宁法制报》撰写中华人民共和国成立70周年政法大型系列报道铁岭城市篇提供志书等资料。（宁芳　丁玉恒）

【盘锦市志办信息咨询服务活动】　年内，辽宁省盘锦市志办为中国地质局天津地质所提供咨询服务；为“盘锦农产品国际博览会”提供盘锦有关农业方面的历史资料；参与编写盘锦市情简介，提供市情简介（建置沿革部分）材料；配合辽河口自然保护区对规划调整资料历史沿革部分进行审核，提出意见；向国家方志馆数据库提供书刊类纸质资源共29册（套），完成资料入库；完成《盘锦市湿地资源概览》编纂工作，对盘锦市湿地资源、湿地保护、湿地宣教、湿地志愿活动等地情资料进行收集整理，为盘锦市申报国际湿地城市提供史料依据；对盘锦老字号相关资料进行收集整理。

（宁芳　丁玉恒）

【第十六届（2018）“感动吉林”十大人物评选活动】　2月24日，新文化报、吉林年鉴社、长春国际会议中心、吉林省榆树钱酒业有限公司主办的第十六届（2018）“感动吉林”年度人物颁奖典礼在长春国际会议中心举行。徐如人、武大靖、任长忠、刘凤英、薛志军、“桔子姐姐”未检团队、外卖小哥见义勇为团队（于超群、肖志飞、刘福国）、张关存、杨琳、贺婉婷获得第十六届（2018）“感动吉林”年度人物称号，郑德荣、曹和平获得第十六届（2018）“感动吉林”改革开放四十周年特别致敬人物称号。（闫佳函）

【吉林省地方志编委会与白城师范学院签订合作开发利用吉林省西部地方志资源协议】　9月19日，吉林省地方志编委会与白城师范学院签订合作协议，成立吉林西部方志资源开发利用协同创新中心，共同开发利用吉林省西部地方志资源。年内，双方合作项目《向海志》荣获吉林省第十二届社会科学优秀成果奖著作类二等奖。白城师范学院申报的《大布苏志》被确定为2019年吉林省地方志资源开发立项项目。（李雯）

【吉林省地方志资源开发项目《院士在吉林》首发式举行】　10月28日，吉林大学、吉林省地方志编委会、吉林文史出版社主办的吉林省地方志资源开发项目《院士在吉林》首发式在吉林大学鼎新图书馆举行。此次首发式是吉林省全民阅读系列活动、吉林大学图书馆“开卷品中国”的重要内容，以“致敬院士，为振兴吉林而奋斗”为主题，并向科研单位代表以及省内高校大学生代表赠书。（李雯）

【长春市地方志编委会开展方志成果进校园、进机关活动】　年内，为庆祝中华人民共和国成立70周年，吉林省长春市地方志编委会举办“长春，以共和国的名义”展览。该展览内容包括主要城市荣誉、长春概况、建置前的古长春、长春厅建置至民国初期、东北沦陷时期的长春、解放战争时期的长春、当代长春和展望未来8个部分，展板15块，图片110幅，全面展示、宣传长春市历史与经济社会发展取得的辉煌成就。该展览先后在市委党校和市方志馆展出。同时，展览印刷1000本宣传册，免费向市民发放。（崔玉恺）

【长春市地方志编委会资政活动】　年内，吉林省长春市地方志编委会先后参与长春—公主岭同城化发展问题调研、农产品地理标志资源状况调研、可移动文物普查调研等工作及人民大街改造工程，为长春市经济社会发展提供相关历史依据资料。（崔玉恺）

【哈尔滨举办史志宣讲活动】　5月，黑龙江省哈尔滨市委史志研究室与团市委联合举办“与信仰对话·纪念五四运动100周年史志宣讲”系列活动。宣讲队先后于15日、16日、17日先后到哈尔滨学院、哈尔滨劳动技师学院、哈尔滨职业技术学院三所院校，围绕五四运动的历史背景、重要意义、时代启示等方面，特别是五四运动时期哈尔滨的主要情况进行宣讲。通过宣讲活动，使学生们认识到，以“爱国、进步、民主、科学”为核心的五四精神是那个年代青年学生思想境界的真实写照。

（刘新惠）

【“哈尔滨史志讲堂”栏目推出】　5月，黑龙江省哈尔滨市委史志研究室和哈尔滨广播电视台联合创新推出“哈尔滨史志讲堂”栏目，以哈尔滨形成、发展的历史为主要脉络，通过史志研究人员通俗易懂的讲述以及大量珍贵的历史文物、历史照片和视频影像的生动展示，追溯哈尔滨地区的人类文明、理清哈尔滨城市形成发展的脉络、再现中国共产党带领哈尔滨人民团结奋斗、不断进取的历史。全年共推出《从远古发现到哈尔滨城镇雏形的出现》《中东铁路（上）》《中东铁路（下）》《红色洗礼》《星火燎原》《音乐之城哈尔滨》《中共六大代表的秘密接待站》《哈尔滨的左翼文化活动》8期，每月播出1集（首播1期，重播3期），每集时长15分钟，并同步在哈尔滨新闻微信公众号推介。（刘新惠）

【“哈尔滨历史文化主题展”香坊篇举办】 11月，黑龙江省哈尔滨市委史志研究室、市方志馆推出“哈尔滨历史文化主题展”香坊篇。该展览由百年香坊、工业腾飞、科教之光、今日掠影4部分组成，全面展示香坊区的发展历程及所取得的辉煌成就。该展览先后在哈尔滨职业技术学院、哈尔滨市图书馆、哈尔滨市香坊区文体中心等地展出，参观者万余人次。

（刘新惠）

【哈尔滨市方志馆举办地情知识宣讲活动】 年内，黑龙江省哈尔滨市方志馆前往解放小学、花园小学等地以“春光已融千层雪，后辈深念英烈恩”“畅游哈尔滨”为主题开展地情知识宣讲、地情知识问答等活动，开展爱国主义教育基地建设。（刘新惠）

【“我和我的祖国”哈尔滨市中小学生第九届传讲党史（团史、队史）故事大赛举办】 9月至10月，黑龙江省哈尔滨市委史志研究室联合市教育局、共青团哈尔滨市委员会举办“我和我的祖国”哈尔滨市中小学生第九届传讲党史（团史、队史）故事比赛活动。哈尔滨市1000余所中小学近80万名学生参与活动，活动评出一等奖6个、二等奖12个、优秀奖18个。（刘新惠）

【《沈祖棻诗学词学手稿二种》首发式举行】 1月29日，中华书局、上海图书馆、海盐县史志研究室联合举办的《沈祖棻诗学词学手稿二种》首发式暨纪念沈祖棻先生110周年诞辰研讨会在上海图书馆举办。复旦大学、华东师范大学等高校学者参加开展学术研讨活动，与会专家从沈祖棻的生平经历、学术成就、艺术成就等方面展开讨论。（嘉兴市史志办）

【“江苏重大建设成就展”举办】 9月27日至11月21日，江苏省委、省文化和旅游厅、省档案馆、省志办联合举办，南京博物院承办的“江苏重大建设成就展”举办。该展是向中华人民共和国成立70周年献礼的大型专题展览，聚焦新中国成立以来江苏省基础设施建设成就，以《江苏重大基础设施工程图志（1949—2019）》的内容为基础，分为经济强、百姓富、环境美、社会文明程度高4个部分，综合运用图文介绍、实物展览、视频播放、书画展示等形式，展现中华人民共和国成立70年来重大基础设施建设给江苏经济社会发展带来的巨大变化。（范锐超）

【南京市志办开展高中生“职业生涯规划体验”活动】 1月28日，江苏省南京市志办利用方志馆作为职业实践阵地，通过联系南京市第九中学家委会，制定学生职业规划体验方案，邀请部分学生到市方志馆、市档案馆开展“职业生涯规划体验”活动。体验活动以新时代文化自信为宗旨，以南京历史文化为背景，帮助学生了解地方志工作的职业特点和南京“六朝古都、十朝都会”的文化底蕴。（李海宏）

【首届南京历史文化知识竞赛举行】 6月，江苏省南京市志办联合金陵科技学院和南京晓庄学院共同举办首届南京历史文化知识竞赛，旨在激励广大学生坚定文化自信，热爱祖国，热爱南京，勤奋学习，增长才干，为“创新名城、美丽古都”“强富美高”新南京建设积聚正能量。近600名学生代表参赛，其中20人获一等奖、60人获二等奖、100人获三等奖。

（李海宏　王艳荣　黄涛）

【南京市江宁区志办开展史志成果进校园活动】 5月8日，江苏省南京市江宁区志办到江宁实验小学开展史志成果进校园活动，赠送《江宁区志》《江宁年鉴》《江宁改革开放40年图集》《江宁史志人物》等史志书籍100余册。

（李海宏）

【南京市鼓楼区志办开展方志文化进社区活动】 5月28日，江苏省南京市鼓楼区志办在幕府西路社区为社区居民开展“历史上的下关”专题讲座，围绕“历史上的下关”主题，介绍南京及下关的历史沿革，下关历史上的军事、交通、商埠、人文重地以及曾经发生在下关地区的重大历史事件、文化故事等内容。8月21日，鼓楼区志办走进颐和路社区开展“珍重流光寻盛事”讲座，设立“乐读鼓楼”方志文化书柜，赠书30余册。（李海宏）

【南京市秦淮区志办打造青少年爱国主义教育第二课堂】 年内，江苏省南京市秦淮区志办与区教师发展中心、区关心下一代工作委员会以及各中小学校组织开展形式多样的中小学生教育实践活动，利用“百代人文地、气韵贯古今”档案、地情史料展和“桨声灯影秦淮河”摄影作品展，展示秦淮区独特的历史人文禀赋、优秀的传统文化，以及改革开放以来在产业发展、全域旅游、城市精细化建设管理、微幸福工程等方面取得的最新成果，努力打造中小学生开展爱国主义教育、学习历史文化的第二课堂。（李海宏）

【文献纪录片《渡江序幕——三浦战役纪实》播出】 4月22日，江苏省南京市浦口区志办（区委党史办公室、区档案馆）摄制的文献纪录片《渡江序幕——三浦战役纪实》在江苏教育频道播出，4月22日至24日在浦口电视台播出。此外，该纪录片还在牛咔视频同步播出。该片全长30分钟，全面回顾渡江战役的历史背景，真实记录“三浦战役”的战前准备，浓墨重彩地再现解放江浦、浦镇、浦口的“三浦战役”的战斗经过，深刻阐述“三浦战役”的丰富内涵、重要意义及精神力量。

（李海宏）

【南京市玄武区方志地情馆开展方志文化夏令营活动】 8月，江苏省南京市玄武区志办组织曹后社区、月苑社区的70多位小学生开展方志文化夏令营活动，走进玄武区方志地情馆，近距离接触方志文化。玄武区方志地情馆作为区爱国主义教育基地和省中小学档案教育社会实践基地，积极加强与街道、社区、学校的合作，开展多种参观活动。（周文燕）

【江阴市档案史志馆制作庆祝中华人民共和国成立70周年系列明信片】 9月，江苏省江阴市档案史志馆制作的庆祝中华人民共和国成立70周年系列明信片向社会免费发放。明信片分纪念江阴解放70周年和长江大保护两套，每套明信片12张，分别展示江阴70年来建设、改革、发展的生动实践和江阴开展长江大保护的实践成果。纪念江阴解放70周年系列明信片包含江阴解放、撤县建市、港口发展、对外开放、徐霞客文化旅游节等具有较大影响力的事件，江阴长江大保护系列明信片包含鲥鱼港畔、船厂复绿、长江风光等美景图片。

（李海宏）

【南通解放70周年纪念展举行】 2月2日，江苏省南通市志办、南通市文化广电和旅游局主办，南通博物苑承办的“以新时代的名义——南通解放70周年纪念展”在市区谯楼开展。展览通过文字、图片、文物等展示南通人民在中国共产党的领导下，为南通解放、新中国建立而奋斗的历程，尤其重点展示中国共产党在南通地区建立、红十四军斗争、抗日反“清乡”斗争、苏中七战七捷、支援前线、南通解放等重大事件。南通市志办为展览编写《以新时代的名义——纪念南通解放70周年》一书。

（李海宏）

【如皋史志书籍进书香亭】 5月10日，江苏省如皋市志办开展“史志书籍进书香亭”活动，在市民服务中心等人群密集场所设立自助式“雉水书香亭”4座，给市民提供免费阅读之处，投放160本史志书籍进入全民阅读图书漂流。（李海宏）

【如皋采用微视频宣传地方志法规】 9月，江苏省如皋市志办制作的微视频《〈江苏省地方志工作条例〉重点内容解读》在如皋史志网上发布，同时在如皋经济技术开发区庆余社区、如皋高新技术产业开发区夏庄社区的主题党日中播放宣传。该微视频从体现时代要求、解决突出问题、确保编纂质量三个方面对条例重点内容进行解读。（李海宏）

【常熟市史志办开展暑期地情知识进学校、社区活动】 7月至8月，江苏省常熟市史志办先后前往市区学校、乡镇、社区，面向中小学生举行常熟地情知识讲座，将地情文化送到基层，丰富孩子们的假日。（李海宏）

【中华人民共和国成立70周年苏州建设成果展举办】 5月至7月，江苏省苏州市志办和苏州广电总台FM91.1苏州新闻广播联合举办的“中华人民共和国成立70周年苏州建设成果展暨苏州历史图片展”在苏州国际金融中心95F高空展出。该展览分东、西两个展区，西区为中华人民共和国成立70周年苏州建设成果展，东区为苏州历史图片展，市民可通过史料图片感知中华人民共和国成立70年间的苏州巨变，亦可站在高楼俯瞰苏州城。（李海宏）

【苏州首支地铁方志文化公益广告发布】 3月，江苏省苏州市志办打造的苏州历史上第一支地铁方志文化公益广告发布，向社会公众普及苏州地方文化知识，增强社会公众的爱国、爱乡和爱家情怀，增进社会公众对地方志的认识，宣传国务院《地方志工作条例》和《江苏省地方志工作条例》等与地方志相关的法律法规。（李海宏）

【镇江市史志办助力基层文化振兴】 3月，江苏省镇江市史志办分别向京口区古城社区和扬中市三茅镇友好村宽新圩赠送《镇江改革开放实录》《镇江市志》等书籍，向社区居民及村民宣传近年来出版的史志成果。（李海宏）

【泰州市纪念渡江战役胜利70周年档案史料图片展举办】 4月16日，江苏省泰州市史志办举办的“东线第一帆——泰州市纪念渡江战役胜利70周年档案史料图片展”在泰州市政府大楼对外展出。该图片展展出原始档案88件、报纸史料58份和照片57幅，以展现、弘扬、传承东线第一帆精神为主线，首次以档案史料为重点，展现渡江战役期间泰州地区的支前工作。（李海宏）

【“时间·版图”影像无锡档案文献展举办】 8月底，江苏省无锡市档案史志馆、市自然资源和规划局举办的“时间·版图”影像无锡档案文献展在市档案史志馆展出。该展作为中华人民共和国成立70周年的献礼之作，展出的影像及文献客观反映无锡城市格局、地形地貌的沧桑变迁以及中华人民共和国成立后无锡城市建设的丰硕成果，为无锡地区首次向全社会公众公开展出测绘类专业档案。（李海宏）

【无锡市档案史志馆摄制微视频《倾听蠡湖——蠡湖整治档案实录》】 6月，江苏省无锡市档案史志馆完成微视频《倾听蠡湖——蠡湖整治档案实录》摄制工作。视频以无锡蠡湖水环境综合整治与生态修复项目为表现对象，站在档案视角对蠡湖整治的起因、过程及成果一一进行历史的再现与现实的陈述，并阐明档案之于城市建设的重要作用。（李海宏）

【《中国名镇影像志·周庄》在央视播出】 4月20日，中指组及其办公室与中央电视台联合制作的《中国名镇影像志·周庄》在中央电视台第7频道（农业频道）首播。该纪录片用方志讲述古镇文化，用影像定格乡愁记忆，历时两年摄制完成。（李海宏）

【《中国影像方志·阜宁篇》在央视播出】 5月21日，中央电视台科教频道播出大型纪录片《中国影像方志·阜宁篇》。该纪录片拍摄于2018年9月，时长近40分钟，分引言、地名记、红色记、驯水记、淮剧记、美食记、当代记、后记8个部分。 （李海宏）

【广播剧《1949大河安澜》入选江苏省“五个一工程”奖】 9月，江苏省连云港市委宣传部、市委党史工办联合出品，市革命纪念馆承制的广播剧《1949大河安澜》入选江苏省第十一届精神文明建设“五个一工程”。该剧由国家一级编剧饶津发创作，以1949年新中国第一项大型水利工程——治理淮河之导沂整沭为中心事件，反映中国共产党领导人民迎难而上、攻克难关，造福人民的鲜活事迹和人物，再现中国共产党人不忘初心，全心全意为人民服务的崇高理想，为苏北军民谱写一曲战天斗地、气壮山河的英雄赞歌。 （李海宏）

【中华人民共和国成立七十周年浙江方志成果展举行】 9月17日，浙江省志办和浙江图书馆联合举办的“文化浙江 方志之乡——中华人民共和国成立七十周年浙江方志成果展”在杭州市开展。该展览由方志的起源、方志的发展、著名修志人物及修志思想、中华人民共和国成立以来浙江方志事业成就成果概览等版块组成，通过志鉴成果实物、图片和视频播放等多种形式，重点展示浙江自古以来特别是改革开放以来全省地方志事业所取得的成就。

（浙江省志办）

【杭州市地方志资政服务开拓新领域】 年内，浙江省杭州市志办围绕市委、市政府“拥江发展”战略，组织13个区（县、市）共同完成《“拥江发展”战略视野下的“三江两岸”历史文化调查及发展研究》课题。 （蔡建明）

【“重读杭州”系列活动举办】 5月19日至12月底，浙江省杭州市方志馆与杭州西湖世界文化遗产监测管理中心、艺旅文化（杭州）有限公司联合举办“重读杭州”第二季、第三季系列活动。该活动采取讲座、论坛、读书会和游学活动多元互动的形式。第二季“重读杭州之山水天城”主要活动包括“南山：沙滨之城的臂弯”“钱塘江：人地抗争的摇篮”“运河：东南名郡的繁荣”“西湖：文化景观的典范”“北山：文人士大夫的家园”等课程。第三季“重读杭州之人文荟萃”主要活动包括“透过他们，我们读懂杭州”“听历代文臣如何理湖治城”“西湖三杰以何留给西湖”“古代文青张岱、袁枚”“南宋四家话杭州”等课程。杭州当地文化爱好者约450人参加活动。（蔡建明）

【“史志话宁波”等文化志愿服务活动开展】 7月12日起，浙江省宁波市志办在全市开展“史志话宁波”等文化志愿服务活动。活动期间，宁波市志办向全市部分机关、企业、社区、学校、行政村（农村文化礼堂）累计赠书1万余册，其中市本级2500册、各区（县、市）8000余册；组织史志宣讲团，市本级赴各地企业、社区和行政村宣讲近20场次，内容包括宁波地情、宁波名人介绍等，各区县（市）向机关事业单位、企业农村社区党员、农村文化礼堂社区群众宣讲100余场次。海曙区志办同步开展“史志话海曙”活动，向基层赠送《海曙区志》《海曙年鉴》等图书8套。慈溪市志办开展“史志话慈溪”活动，举行主题宣讲56场次，累计听众3400余人次，赠书3200余册。宁海县志办开展“史志话宁海”活动，向10个文化礼堂、4家单位和2家企业赠送史志书籍300余册。象山县志办向企业、社区、学校赠送史志读物100余册，开展宣讲服务1000余人次。 （高曙明）

【宁波市各区（市）开展一系列宣讲等活动】 年内，浙江省宁波市江北区史志办开展史志宣讲活动，共举办讲座7场，听众700余人次。镇海区向基层赠送《镇海史志》等书籍1000余册，开展地方志宣讲活动135场，听众1.26万人次。北仑区志办以农村文化礼堂（志愿服务工作站、文化家园）为主阵地，举办每月一期的宣讲服务等。鄞州区志办向社区、学校、企业等赠送地方史志书籍，协助村社图书馆建设。奉化区史志办举办讲座 4 场，内容包括“挖掘利用奉化人文资源的思考”等，听众 300 余人次。余姚市史志办开展地方历史文化、地方人物、风俗等宣讲 30 余场次，赠送史志书籍 500 余册。（高曙明）

【朱希祖 140 周年诞辰纪念活动举行】 11 月 3 日，浙江省海盐县政府、北京大学校史馆、北京大学历史系联合主办，海盐县史志研究室承办的朱希祖 140 周年诞辰学术研讨会暨《尺素留真——朱希祖旧藏明清海盐人书札》新书首发式在海盐县举办。来自北京大学、南京师范大学、河南大学、上海师范大学等高校的专家学者及朱希祖后人参加研讨会。

（嘉兴市史志办）

【绍兴市地方志编纂室组织开展纪念绍兴解放系列活动】 年内，浙江省绍兴市地方志编纂室联合市直机关工委、绍兴市文化旅游局在绍兴博物馆举办“古城新生——纪念绍兴解放 70 周年图片展”，7.5 万人次参观展览。举行“纪念绍兴解放 70 周年——重走解放路”活动，市级机关、学生代表和社会各界代表共百余人参加活动。组织拍摄《光辉岁月——绍兴 70 周年特别纪事》，节目自 3 月开始，每月推出两期，每期时间 10 分钟，年内在绍兴电视台公共频道播出 15 期。与绍兴日报社联合推出以“旧闻新读——循红色足迹 悟初心使命”为主题的系列报道，报道历时两个月，共在《绍兴日报》第一版刊发《重新出发古贡院》等 13 个专版。联合市委宣传部、市党校、市社科联举办“绍兴市庆祝中华人民共和国成立 70 周年理论研讨会”，并撰写《跨越 70 年——绍兴解放 70 年发展综述》等论文 3 篇。

（绍兴市地方志编纂室）

【龙游县信息咨询与服务】 年内，浙江省龙游县史志办配合县委、县政府“两江走廊”大花园核心区建设，推出《龙游史志》“两江走廊”专刊。协助庙下乡严村完成华岗纪念馆的布置，协助完成傅春龄故居的布置。担任罗家乡生态指导员，积极配合美丽乡村建设工作。与龙游五月天书吧签约开办龙游“史志讲坛”，并撰写服务合同书。整理县史志办多年编纂的书籍名单，向衢州学院赠书。联系社会上史志爱好者，捐赠华岗夫人谈滨若书信 2 封，交给党史征集科保管。（衢州市志办）

【“舟山记忆”展厅开启全市主题教育“初心之旅”】 9 月 18 日，浙江省舟山市纪委、市委组织部等 30 余人到舟山市档案馆“舟山记忆”展厅参观学习，开启“初心之旅”活动。市档案馆是市委组织部授予的红色教育示范基地。该展厅以“档案里的舟山记忆”为主题，围绕领导关怀、红色记忆、志书记忆、实业记忆、声像记忆、西洋记忆 6 个版块，记录舟山历史发展及特色文化内容。（舟山市史志办）

【厦门市举办“文史沙龙”活动】 年内，福建省厦门市委党史和地方志研究室与市政协文史学委、市图书馆合作，先后以“厦门太古码头寻踪”“萧春雷《读城》之厦门”“追忆集美学村的先生们”“鼓浪屿有关史实的考辨”“寻找厦门抗战阵亡战士”“厦门名儒周殿薰”“厦门简史”“漫话南侨机工”“厦门——闽南侨批中心”“弘一大师与厦门的不解之缘”“亲历厦门解放”“厦门城市建设的幕后故事”“侨乡集美的变迁”等为主题，举办“厦门文史沙龙”活动 13 场次，受众 965 人次。

（欧长生　吴朝庭）

【泉州市“乡村记忆文化”项目实施】 年内，福建省泉州市委党史和地方志研究室实施泉州市“乡村记忆文化”项目建设三年行动方案，根据分工做好乡村记忆文化阵地建设，搜集乡村记忆相关资料，进行编修村史村志、地情书籍、家谱族谱等工作的培训、指导。指导晋江市金井镇围头村依托“七夕返亲节”开展闽台基层乡村发展交流、举办纪念“八·二三”炮战 60 周年系列活动，通过丰富多彩的活动将史志文化与乡村文化相结合，助力乡村振兴建设。全市50个泉州市“乡村记忆文化”项目建设试点村（社区）建设扎实推进，惠安县崇武镇大岞村、晋江市金井镇围头村通过验收。

（欧长生　吴朝庭）

【泉州市筹办“刺桐风物”市情展】 年内，福建省泉州市委党史和地方志研究室联合市文广新局，在泉州府文庙内布置“刺桐风物”泉州市情展，作为市青少年地情教育基地，拟定展陈大纲，委托设计公司进行布展内容设计，实行公开招标后布展，年底完工试展。

（欧长生　吴朝庭）

【宁德市党史方志助力乡村振兴】 年内，福建省宁德市委党史和地方志研究室开展党史方志服务乡村振兴系列活动，组织全市党史方志系统干部到浙江学习乡村振兴经验，在寿宁县举办党史方志助力乡村振兴培训班，编印《悠远地方志 红色溪柄镇》画册并在柏柱洋红色旅游周发放400册。11月18日至20日，在寿宁县举办宁德市党史方志助力乡村振兴培训班，市、县两级党史和地方志研究室主任、宣传教育工作人员参加培训。（欧长生　吴朝庭）

【浦城县举办传承朱子理学文化系列活动】 7月4日，福建省浦城县志办在全县各中学开展“行朱子成年礼，做新时代好青年”活动，传承弘扬朱子理学文化。10月18日，在浦城县丹桂城市广场举行朱子祭祀大典，打造朱子文化品牌，推广优秀传统文化。

（欧长生　吴朝庭）

【《中国影像方志·松溪篇》在央视播出】 7月，中央电视台科教频道播出纪录片《中国影像方志·松溪篇》。纪录片时长40分钟，展示松溪红色老区苏区文化、事业发展新貌。

（欧长生　吴朝庭）

【《中国影像方志·上杭篇》在央视播出】 12月25日，中央电视台科教频道播出纪录片《中国影像方志·上杭篇》。纪录片作为古田会议召开90周年献礼片，获得电视观众和业内专家的好评。

（欧长生　吴朝庭）

【济南市历下区史志办向“两会”代表委员赠送志鉴书籍】 1月，山东省济南市历下区史志办在历下区第十八届人民代表大会第三次会议和政协第九届委员会第三次会议期间，向人大代表和政协委员赠送《历下区志（1986—2005）》和《历下年鉴（2018）》，共计发放800余册。

（杜泉）

【韩语版《家·城阳》助力2019青岛世界韩商合作大会】 9月3日，2019青岛世界韩商合作大会在青岛市城阳区开幕。青岛市城阳区地方史志研究中心向大会赠送韩语版《家·城阳》600余册。该书由青岛农业大学外国语学院翻译，青岛出版社出版，分淳美城阳、宜居城阳、文化城阳和阳光城阳4个部分。（杜泉）

【青岛市举行《青岛年鉴（2019）》“六进”活动启动仪式】 12月24日，山东省青岛市地方史志研究院所属青岛年鉴社举行《青岛年鉴（2019）》“六进”活动启动仪式。青岛年鉴社拓展服务群体，在全市范围内开展年鉴“六进”活动，推动年鉴文化“进社区、进学校、进企业、进科研院所、进军营、进机关”。其中，向全市137个街道、镇和1600余个社区赠送《青岛年鉴（2019）》近2000册，其他受赠单位以分批、集中方式领取赠书。（张东玉）

【青岛市崂山区地方史志研究中心积极开展乡土资料抢救性收集】 年内，山东省青岛市崂山区地方史志研究中心联合中国海洋大学对南姜、梁家、解家河、东台等4个社区开展乡土资料抢救性收集工作，深入社区进行调研访谈，查阅档案史料，形成近45万字的乡村人文历史调查材料。在此基础上，按照志书体例要求，编纂4个社区的村志简稿。（张东玉）

【平度市史志办开展送志书下乡活动】 1月，

山东省平度市史志办先后到蓼兰镇许家村、云山镇西宋戈庄村，将青岛市史志办出版的《青岛市志》和平度市史志办多年来出版的《平度市志》《平度大事记》《平度概况》《平度年鉴》等编纂成果免费赠送给村庄，以丰富两个村庄的村史馆藏书，助力乡村文化振兴和平度市开展的“知我平度　爱我家乡”活动。

（杜泉）

【烟台开发区史志研究室与鲁东大学文学院举行合作签约暨实习基地揭牌仪式】 1月，山东省烟台开发区史志研究室与鲁东大学文学院合作签约暨实习基地揭牌仪式在开发区行政中心举行。双方坚持前瞻性、全方位、多层面、实效化理念，充分发挥鲁东大学文学院人才资源优势和开发区史志研究室业务专长，在大学生实习基地建设、区域文献整理与地方志编纂、古村落非物质文化遗产挖掘保护、区域文化传播与历史文化名片打造等方面开展合作。

（杜泉）

【烟台市地方史志研究院为历史建筑开发利用提供智库服务】 7月，山东省烟台市政府立项，将两幢百年历史建筑开发建设成为国防教育主题公园。烟台市地方史志研究院充分发挥地情资料资源优势，积极为项目提供信息咨询、资源分享和专家推介等智库服务。这两幢历史建筑曾为烟台毓璜顶医院所属旧建筑，是烟台两次解放的指挥部，见证烟台毓璜顶医院发展变迁，凝聚烟台市红色记忆和光荣传承。国防教育主题公园建成后，将成为烟台国防教育基地、爱国主义教育基地。（杜泉）

【烟台市开展志书进社区活动】 8月30日，山东省烟台市地方史志研究院到东花园社区开展志书进社区活动，向社区赠送《烟台市志（1978—2002）》，为社区读志用志提供服务。

（杜泉）

【烟台市地方史志研究院与市胶东民间艺术博物馆实施战略合作】 11月，山东省烟台市地方史志研究院与市胶东民间艺术博物馆达成战略合作协议。双方将展开密切合作，共同挖掘地方历史文化资源，整合地方历史文献成果，搭建地方志文化公共服务体系，让人民群众共享社会主义文化发展成果，充分发挥地方志“存史、育人、资政”的功能，实现方志从纸质平面到立体呈现，让地方志“立”起来。

（杜泉）

【沂水县开展史志成果“六进”活动】 1月，山东省沂水县史志办开展史志成果“六进”活动，向沂水县图书馆捐赠《沂水年鉴（2016）》《沂水年鉴（2018）》等史志成果，并在县图书馆开辟沂水史志阅读区，为社会各界读志、用志提供方便。（杜泉）

【威海市开展史志进校园、进社区活动】 9月10日，威海市地方史志研究院志愿服务队走进威海市城里中学，开展史志书籍进校园活动，向学校图书室赠送《威海市志》《威海年鉴（2018）》等书籍，培养青少年爱国、爱家乡的情怀。11月，威海市地方史志研究院新时代文明实践社科普及志愿服务队走进鲸园街道办事处北门外社区，开展史志书籍“六进”活动，为北门外社区居民送去《威海市志》《威海改革开放实录》等一批史志书籍，推进史志成果转化，发挥史志作品的育人作用。（杜泉）

【宁阳县地方史志研究中心开展史志书籍进乡村活动】 12月16日，山东省宁阳县地方史志研究中心为伏山镇于家海村送去《宁阳县志》《明代内阁首辅许彬史料汇辑》等史志书籍，共计200余册。送书仪式后，到于家海村乡村记忆馆进行现场调研，实地察看于家海村乡村记忆馆筹备建设情况，并为其后续建设提供参考意见。（杜泉）

【东明县史志办信息咨询服务】 1月，山东省东明县史志办先后到县委、人大常委会、政府、政协等机关单位，赠送东明县史志办最新编纂出版的《东明年鉴（2018）》《东明县便民实用手册》《东明县旧志集成（点校本）》，并介绍东明县史志工作开展情况，加大史志研究成果转化和宣传利用力度。1月28日，河南省长垣县武邱乡政府3名工作人员到东明县史志办，查询武邱乡历史沿革等地情资料，东明县史志办为其提供《东明县新志》《东明县志》《东明县地名志》等地情书籍，协助查阅有关武邱乡历史演变的资料。（杜泉）

【巨野县开展“史志成果进校园”活动】 11月19日，山东省巨野县地方史志研究中心全体人员分别到巨野中学、金山路中学、实验小学等十余所中小学开展“史志成果进校园”赠书活动，赠送《巨野县志》《巨野年鉴》《将军的足迹》等史志书籍210册。（杜泉）

【鹤壁市史志办助力平安建设】 10月31日，河南省鹤壁市平安建设工作会议召开后，市史志办组织干部职工先后到史志办大门口、新世纪广场，向过往群众宣传平安建设工作。群众用手机扫一扫“2019年度公众安全感和政法工作满意度网络调查”二维码即可投票，工作人员给他们送上一份纪念品。200多名市民进行投票。市史志办全力参与该市综合治理和平安建设工作，助力该市获得“全省平安建设优秀市”，再夺“长安杯”。（汪朝霞）

【开封市史志办开展赠书活动】 7月11日，河南省开封市史志办人员赴开封市禹王台区菜市办事处医院街社区举行进社区赠书活动，捐赠《开封市志（1986—2004）》、万历《开封府志校注》、康熙《开封府志点校》和《开封老街志》《开封人物志》《汴宋竹枝词校注》《开封年鉴（2017）》《开封年鉴（2018）》等书籍。7月30日，市史志办人员走进驻汴部队，开展史志文化进军营赠书暨“八一”慰问活动，捐赠《开封市志（1986—2004）》《开封人物志》《开封老街志》《开封年鉴》等9种近200册。8月13日，市史志办人员到开封史志文化传播基地敦复书院开展进学校赠书活动，捐赠《开封市志（1986—2004）》《开封老街志》《开封人物志》《汴宋竹枝词校注》《开封年鉴》等书籍60余册。9月5日，市史志办人员到开封新奥燃气有限公司开展进企业赠书活动，捐赠《开封市志（1986—2004）》《开封年鉴（2017）》《开封年鉴（2018）》《开封人物志》《汴宋竹枝词校注》等书籍100余册。（汪朝霞）

【湖北省地方志信息咨询与服务】 年内，湖北省地方志工作机构发挥省情资料库作用，为省发改委提供参加国庆70周年大型成就展湖北大事素材、为中国知网提供《湖北年鉴》省情数据、为《长江年鉴》《武汉城市圈年鉴》提供湖北沿江城市资料。面向公众开展地情资料查询服务。

（湖北省文化和旅游厅地方志工作处）

【武汉志办完成武汉文脉传承工程政协提案会办工作】 6月，湖北省武汉志办完成市政协十三届三次会议有关提案提出的“实施武汉文脉传承工程，提升城市文化软实力的建议”的会办工作。向主办单位武汉市文学艺术界联合会及市政府督查室提交会办意见，建议纳入武汉文脉工程的书籍应既能突出武汉文化的脉络与主体，又能彰显武汉文化的丰富与多彩，具有集成性、经典性、引领性等特点，列出涵盖经典文集、珍稀史料、方志、影像资料、研究著述等5类300余种书籍出版分类清单。

（张道旺）

【湖南省地方志系统信息咨询与服务】 年内，湖南省地方志编纂院开发利用志鉴资源，为政府决策和经济发展服务。衡阳市地方志编纂室为衡阳市创建国家历史文化名城建设提供珍贵史志资料及图片，完成衡阳工业博物馆10万字展陈文案的资料收集整理编写工作，为“金甲岭萝卜”顺利申请国家农产品地理标志登记、雁峰酒品牌宣传提供文献资料保障。岳阳市地方志编纂室为岳阳楼新景区建设、湘江流域综合治理、岳阳历史文化名城保护等提供史志服务；形成专题调研报告，得到市级领导肯定和批示5次。常德市地方志编纂室提供地情资料和专家建议，助力“常德香米”“常德米粉”和“常德柳叶鲫”成功申报国家地理标志产品。郴州市临武县地方志编纂室积极主动提供大量文化和地情资料，助力“临武鸭”申报全国驰名商标和当地文化旅游产业发展。

（田丰）

【广东省自然村落历史人文普查全面提速】 年内，广东省地方志系统的自然村落普查资料填报系统入库率，《全粤村情》总纂、初审、复审完成均为100%；终审完成97.57%；累计送出版278册，同比增长57.95%。全省计划开发利用成果项目374个，已完成172个，涉及乡村特色文化宣传推介、乡村文化资源保护与开发、乡村旅游发展、乡风文明建设、古驿道保护与活化利用等多个方面，有著述、展览、数字化产品、调研报告等多种类型。

（广东省志办）

【广东多彩乡村主题教育实践活动形成品牌】 年内，广东省志办联合省文明办、省教育厅、团省委等多家省直单位举办多彩乡村系列主题教育实践活动。该活动围绕从服务广东乡村振兴拓展到粤港澳大湾区建设，收到各类视频作品748件，内容涉及全省690多个村落；参与团队115个，参与人员约2000人。珠海、汕头、东莞、中山地方志工作机构组织系列主题活动，18个地方志工作机构推荐作品。活动吸引力不断提升，网络投票过程中吸引超过100万点击率；来自全省各地的50多个单位160多名获奖代表应邀参加活动总结会，中新网、《南方日报》、广东电视台、《广州日报》、羊城网、《南方都市报》等多家媒体作深入报道，“南方+”平台进行全程图文直播。

（广东省志办）

【广东省智库服务与课题研究取得新进展】 年内，广东省志办与华中师范大学中国农村研究院合作开展农村研究智库服务项目，完成全部5篇资政报告撰写。与仲恺农业工程学院合作的省社科联特别委托课题“农耕文明助力乡村振兴战略实施的研究”结项。出版《广东名村系列丛书》《广东乡村集萃系列丛书》6册图书。省志办对《广东名村系列丛书》《全粤村情》《中国名镇志》等图书进行二次开发，制作一批轻量化、易传播的微产品，以图文并茂、形式活泼、年轻人喜闻乐见的网络推文等形式推出。全年推出历史文化村、特色产业村、红色文化村、县（区）情、镇情概览等推文122篇。省志办组织全省地方志系统开展资政报告撰写工作，为党委政府提供决策参考，完成36篇资政报告撰写。　（广东省志办）

【《广东印记》系列微视频第二期项目完成】 年内，广东省志办实施《广东印记》系列微视频第二期项目，完成40集微视频制作和推广。微视频从广东特产、革命史迹、人文建筑、岭南秀色、岭南村落、广东非遗6个系列鲜活展示广东历史、文化、地理、物产、民俗等的独特印记。10月28日，通过广东广播电视台经济科教频道、学习强国平台、腾讯新闻、大粤网、腾讯视频纪录片频道、“方志广东”微信公众号、省情网等电视、网络媒体传播，宣传广东地情，累计播放量突破7000万次。46集微视频入选学习强国和广东学习平台展播，点播量超过131万次。系列微视频在省委网信办主办的2019广东网络文化评选中，获评“十佳视觉精品”。　（广东省志办）

【“民间记忆·深圳变迁”专题展】 10月21日，广东省深圳市史志办主办、深圳方志馆承办的“民间记忆·深圳变迁”专题展开幕。该展览为期7个月，通过图片、素描、实物和视频等多种展示形式，反映深圳的巨大变化。通过新旧对比带来的视觉冲击力，直接折射出深圳历史的伟大变迁。12月，所有展出资料汇编成册。　（深圳市史志办）

【佛山市地方志线上普法知识竞赛活动举办】 12月，广东省佛山市志办策划举办了“学法打卡，10天让你变身学法达人”的线上知识竞赛活动。该活动通过设计打卡小程序，以群众喜闻乐见的方式，借助“佛山档案方志”微信公众号平台，面向社会大众宣传国务院《地方志工作条例》《广东省地方志工作条例》以及佛山地情知识。活动上线10天，每天吸引5000人次参与。（广东省志办）

【广西地情信息咨询与服务】 年内，广西方志馆接待党政机关、企事业单位、学校院所、社会人士等各类读者到馆查阅资料200多人次，接待单位及个人参观史志博物馆200多人次。（黄榆林）

【海南省用好互联网+积极推介史志成果】 年内，海南省委党史研究室（省志办）扎实开展史志成果转化工作，积极与省委组织部合作，推介史志成果上传“海南干部在线学习网”。截至年底，《海南改革开放40年成就和经验》《不忘初心——琼崖革命英烈生命的最后时刻》《六连岭革命斗争及内涵》等5个课程在“海南干部在线学习网”特色海南专栏上线。（黎美君）

【重庆市九龙坡区提供信息咨询与服务】 年内，重庆市九龙坡区地方志编纂中心为中华人民共和国成立70周年庆祝活动、“晒文化·晒风景”大型宣传活动和中梁山风景区、铜罐驿恒大英雄湾美丽乡村建设等重大项目建设提供地情资料和历史文化咨询；配合开展九龙人文精神专项课题研究，梳理提炼“九心归一、龙行天下”九龙人文精神；与区档案馆联合举办庆祝中华人民共和国成立70周年馆藏文献展；与区委党史研究室、区教委、团区委等单位共同开展“重温九龙记忆，传承红色基因”史志进校园系列主题活动，赠送书籍5000余册，参与学生超1万人次；配合举办杨家坪商圈新地标“九龙门、九龙印”揭幕仪式，组织志愿者在现场为游览市民讲解九龙门、九龙印的深刻寓意和九龙坡历史区情，助力打造重庆“网红打卡点”；联动重庆建川博物馆举办“我们走在大路上——中华人民共和国成立70周年民间记忆展”，展示历史图片2000余幅、藏品1000余件，累计参观人数12万人次。（廖滔）

【重庆市南川区提供信息咨询与服务】 年内，重庆市南川区史志办为南川区参与全国“魅力中国城”竞演、“书记晒文旅”展演提供史志资料，为南川地名词典编纂、历史文化名村创建等工作提供地情资料。梳理南川的创建历史、建置沿革、人文史实等史志资料，倡导和协助编审《风过南川闻药香》《南川地名故事》等地情书籍。参与南川区“书记晒文旅”展演活动，收集整理辖区尹子祠、正阳桥、雷劈石崖墓、观音岩驿站、山王坪屯兵场等历史遗迹图文资料；搜罗提供龙岩城抗蒙、石达开战南川、刘邓大军追穷寇等历史人文典故；并随有关项目摄制组亲赴古战场等遗址蹲点拍摄。推动区情区史进党校、进机关、进学校、进社区，先后深入区委党校、共青团区委等单位，为全区青年干部培训班学员、西部志愿者等宣讲区情区史，传承地方文化。系统搜罗筛选梳理辖区地情史志资料，拟写并报送《建国七十年重庆图志》南川版块文稿和相关图片资料。协助区宣传部、区军人事务局、城投公司、西城街道、丰岩乡、合溪镇等区级单位和乡镇部门，以及社会人士查阅近百人次，提供相关史志资料200余份。深入金佛山龙岩城遗址、正阳桥遗址、海孔洞遗址、“三线”企业遗址、东街老街巷等地开展实地调研，梳理宋末“龙岩城之战”等史实史料。广泛收集南川文史古籍、游记、论文等史实资料，梳理南川历任知县（县令、县长、市长、区长）220余人事迹、南川古诗270余首。制作文史图片（地图）数十幅，撰写《龙崖城事略》《南川解放前后大事记略》《南川历史文化的断裂传承与融合》《南川知县蒋作梅》等专题研究文章。（马必波）

【重庆市铜梁区提供信息咨询与服务】 年内，重庆市铜梁区史志办将征集到的28个专题资料编辑成《铜梁改革开放辑录》。与区融媒体中心联合制作《见证铜梁变迁》短片，在铜梁App上播出，用百余幅珍贵图片和简洁的旁白，回顾铜梁解放至今发生的翻天巨变。为修缮郭汝瑰故居，提供《爱国将领郭汝瑰》专题资料、图片和建议，为区委决策提供依据和参考。围绕“不忘初心，牢记使命”主题教育，区史志办充分发挥地方党史“育人”作用，用革命先烈和英雄模范鼓舞人、教育人，以铜梁11位党史人物的故事编辑成《初心不改话忠魂》，向全区各基层党组织免费赠阅5000册。参与并配合区规划和自然资源局开展铜梁区规划展览馆龙城春秋篇章的布展工作，提供各类历史资料、人物资料约3万字，图片20余幅。为区政协、区融媒体中心、区民政局、供电公司等部门提供铜梁历史大事记、沿革、区划等历史资料和图片。为农业、工商、文化等部门查询农特产品、庙宇、遗址在志书中的记述，协助3个镇街申办农特产品地理标识商标，助力农业发展；接待多起历史名人、民间姓氏、家谱编纂事宜咨询。全年共交流史志丛书100余套。（张玉洁）

【重庆市梁平区提供信息咨询与服务】 年内，重庆市梁平区档案馆践行“为党管档、为国守史、为民服务”的宗旨，设置资料查阅大厅和服务窗口，配备专职人员。提供地情资料、县志、年鉴查阅利用服务530人次，其中县志查阅148人次，年鉴查询185人次。（黄增平）

【重庆市渝中区提供信息咨询与服务】 年内，重庆市渝中区地方志编纂中心收集各种区情资料670条，接受社会咨询、查阅资料175人次。全年向区卫健委提供从中华人民共和国成立到1985年全区卫生机构设置情况，向区政协提供《重庆市渝中区史志》期刊资料，向区人大提供历届常委会组成人员名单及照片资料，向区文旅委提供旅游资源普查相关资料，向澎湃新闻、华龙网提供朝天门、十八梯、洪崖洞的专题报道资料等。（吴炎）

【彭水县积极挖掘历史文化】 年内，重庆市彭水县志办与华龙网合作，依托地方史实，打造马头山战斗纪念馆、黄家坝红军街、重庆红军历史陈列馆，积极推进彭水自治县二届县委诞生地“初心堂”建设，整修彭济民烈士故居，吸引各界人士前来参观学习。（陈坤）

【四川省地方志系统提供信息咨询与服务】 年内，四川省志办汇编发布《四川要闻》67期，组织部署全省乡镇行政区划调整改革相关资料收集保护和综合利用工作。省志办会同成都市志办及成都市锦江区、青羊区、武侯区地方志工作机构在成都市春熙路、宽窄巷、锦里、四川大学望江校区等地开展街头（校园）送文化活动，向群众赠阅图书2万余册（套）；会同成都市青羊区委社区发展治理委员会向青羊区双眼井社区捐赠《巴蜀史志》期刊百余册。成都、自贡、德阳、绵阳、广元、遂宁、内江、宜宾、广安、达州、巴中、雅安、眉山、阿坝14个市（州）地方志工作机构撰写资政报告124篇，28篇获领导肯定性批示；成都、德阳、绵阳、广安、达州、阿坝6个市（州）地方志工作机构的24篇资政报告纳入相关部门工作内容。乐山市志办就地方志如何服务乡村振兴召开问计座谈会，积极听取市发展改革委、市住房城乡建设局、市农业农村局和市文化广电旅游局意见建议。雅安市志办、内江市市中区志办制定地方志服务乡村振兴措施，雅安市名山区志办、泸定县志办把村史村志编纂纳入《新时代乡风文明建设十大行动》之一。成都市锦江区、双流区，威远县，宜宾市及所属各区县，三台县，平武县，南充市顺庆区、嘉陵区，武胜县，宣汉县，大竹县，芦山县，理县等地方志工作机构积极主动服务当地乡村振兴、天府旅游名县创建、文旅融合发展、城镇建设等党委政府重点工作并取得成绩。成都、攀枝花、泸州、德阳、绵阳、广元、遂宁、内江、宜宾、巴中、雅安、甘孜等地地方志工作机构积极推进史志文化进机关、进学校、进社区、进农村、进军营等活动，内江开办“史志大讲堂”，宜宾印发《史志宣讲活动规范化建设的意见》。成都市，成都市武侯区、金牛区，绵阳市，三台县，北川县，威远县，芦山县等地方志工作机构深入挖掘风土人情、时令节气等传统文化，开展对传统技艺、民俗文化等地情资料的整理宣传。

（孙玉峰）

【《成都方志资源分布地图》发布】 9月27日，四川省成都市志办举行“弘扬中华文明·发展天府文化——庆祝中华人民共和国成立70周年方志资源大调查”成果发布会，向社会发布《成都方志资源分布地图》。该地图采用卡通手绘方式，呈现成都市域内1600余个方志资源的分布状况。与其配套的《成都方志资源线索导引电子地图》基于现有的导航地图，对相关方志资源线索分布地点进行标定，社会大众可以直接通过此地图对相关方志资源进行探访。

（易超）

【云南省情资源开发利用项目启动】 12月26日，云南省志办推出《美哉云南》“掌上春秋·十全九美”云南省情系列微视频，从地方志的视角拍摄推广50集云南省情系列微视频，每集时长5分钟，用光影记录山川风物，用镜头追溯历史风华，用视觉雕琢云岭风骨，讲述云南故事、传播云南省情。

（宣勤）

【陕西省提供地方志资政服务】 年内，陕西省志办从历史的视角组织撰写“三个经济”理论研究3篇论文，为省委、省政府领导决策和经济社会发展提供历史智慧和有益借鉴。宝鸡市志办开展纺织产业发展情况调研，并为秦岭生态环境保护提供方志依据。渭南市志办组织召开“挖掘渭南历史文化之源，助推渭南经济社会发展”座谈会，为当地文化旅游发展献计献策。

（韩云鸽）

【陕西省开展庆祝中华人民共和国成立70周年系列活动】 年内，为庆祝中华人民共和国成立70周年，陕西省志办组织拍摄的《“志”存高远，知往“鉴”今》方志专题片在省电视台播出，并经网站、微信、微博等媒体转发宣传。各市开展形式多样的庆祝活动。6个县入围《中国影像方志》陕西卷。宝鸡市志办制作拍摄《宝鸡影像方志》电视片。咸阳市志办在《咸阳年鉴》中设立“咸阳解放70年”专栏。铜川市志办在《铜川日报》开设党史知识宣传专版。渭南市志办编纂出版《中华人民共和国成立70周年渭南大事记》。汉中市志办编写70年以来全市成就大事记。安康市志办组织拍摄《我和我的祖国》微视频，在《安康文化》设专版，集中展示安康地方志及安康市70年发展成果。

（韩云鸽）

【“坚定文化自信 讲好陕西故事”系列视频节目制作】 年内，陕西省志办制作的“坚定文化自信 讲好陕西故事”系列视频节目登陆“学习强国”，22个好故事被陕西学习频道逐个展播，并作为陕西省干部网络学院的微课程，全年点播量超过100万次，故事文稿在《各界导报》《西部大开发》等报刊进行连载。西安市志办讲故事活动历时3个月，演讲和征文大赛被省内外多家媒体报道。宝鸡市志办把讲故事活动与读志用志同部署、同推进，推进全市读志用志活动向纵深发展。铜川市志办连续3年在全市开展“坚定文化自信、讲好铜川故事”演讲比赛，提升地方志的社会影响力。渭南市志办将讲好渭南故事与弘扬渭南精神、传承渭南文明一体推进。

（韩云鸽）

【西安市举行“坚定文化自信，讲好西安故事”活动】 6月至9月，陕西省西安市委宣传部、市志办联合举办“庆祝中华人民共和国成立70周年——坚定文化自信，讲好西安故事”演讲大赛和征文大赛。该活动以“讴歌党、讴歌人民、讴歌英雄”为主题，收到征文稿128篇、演讲稿50篇。其中，演讲大赛经过初赛和决赛2个阶段。演讲大赛和征文大赛各评选三等奖10个、二等奖4个、一等奖2个，优秀组织奖7个。

（黄立峰）

【甘肃省史志办参与审定《中国影像方志·甘

肃卷》】 年内，甘肃省史志办参与、配合中指办与中央电视台合作拍摄的大型纪录片《中国影像方志·甘肃卷》相关工作，查阅相关志书及史志资料，对《中国影像方志·甘肃卷》民勤篇、西和篇、和政篇、景泰篇、华池篇、文县篇、礼县篇、临泽篇、永昌篇、民乐篇、武山篇、灵台篇、秦安篇、敦煌篇、玉门篇、环县篇、清水篇、阿克塞篇、迭部篇、庄浪篇20部脚本进行审阅、核校。集中审核修改河西地区县市脚本。截至年底，已播出庆城篇、民勤篇、西和篇、文县篇、华池篇、景泰篇、礼县篇、临泽篇、民乐篇、永昌篇、敦煌篇、灵台篇、玉门篇、秦安篇14篇。（王文生）

【青海省地方志信息咨询服务】 年内，青海省志办向省各大班子及兄弟省（区、市）赠送交换志鉴1230余册，向省内外41家单位84人次提供志鉴资料查阅服务，提供查阅资料350余册。（王韬）

【宁夏“5·18地方志工作宣传日”活动举办】 5月18日，为纪念《地方志工作条例》颁发13周年，学习贯彻《全国地方志事业发展规划纲要（2015—2020年）》，宁夏回族自治区志办和宁夏图书馆联合举办“5·18地方志工作宣传日”活动。该活动包括各级地方志工作机构与宁夏图书馆签订图书呈缴协议、以诵读红色经典为内容的党支部共建、方志知识讲座及地方志成果展览等。（张明鹏）

【第二师铁门关市史志办做好地方志资源开发利用】 年内，兵团第二师铁门关市史志办为《巴州党委纪事（2018）》征集资料0.8万余字。参与城市发展规划相关研讨，为革命历史纪念馆筹建提供有价值资料。配合完成山东省德州市、滨州市、商河县等第二师建军所在地文史调研和资料征集，实现文史成果及资源的交流共享。（第二师铁门关市史志办）

【第七师胡杨河市史志办开展学史用志工作】 年内，兵团第七师胡杨河市史志办配合第七师党校上好党史教育课，基本做到定计划、定课时、定教材、定教员，在师党校科（级）干班、青干班、新党员发展对象培训班（2期）、公务员素质能力提升班、淮安援疆干部中期轮岗班等主题班次开设第七师党史课，每班次5课时，受教育人数284人次。为师团委、交通局、师机关党工委、体育局、奎屯日报社、师武装部、农业局、奎东农场、司法局、统战部等10多个部门提供史志资料及咨询20多人次。（第七师胡杨河市史志办）

【第九师史志办大力宣传屯垦戍边塔额垦区50周年】 年内，为庆祝第九师成立50周年，兵团第九师史志办发挥职能优势，历时两个月搜集整理第九师戍边塔额垦区50年足迹，图文并茂地再现父辈们艰苦创业、战天斗地开发塔额垦区，用生命捍卫这片热土的历史画卷。（第九师史志办）

信息化与方志馆建设

·网站建设

【天津地方志网建设】 年内，天津市志办加强“天津地方志网”网站建设，拓宽信息渠道来源，提高信息发布的质量和时效性，加强信息发布的审查。截至年底，该网站发布各类原创信息83篇，转载信息159篇。

（唐旗　陈鑫）

【内蒙古地方志网站建设】 12月，内蒙古区情网（汉文版）改版，设8个一级栏目、52个二级栏目。完成采编稿件1081篇，210余万字，1207幅图，视频19个，附件53个，专题页面1个。全年网站访问211.7万人次，网站点击量2135.25万次，网站日点击量5.85万次，网站日访问达5799人次。内蒙古区情网（蒙古文版）全年完成采编件909篇，33.56万字，614幅图，其中翻译稿件347篇。截至年底，内蒙古自治区12个盟市地情网站中呼和浩特市、乌兰察布市、鄂尔多斯市、兴安盟、锡林郭勒盟5个盟市完成改版，并与内蒙古区情网实现互联互通。（齐迎春）

【大连档案史志网改版上线】 12月31日，辽宁省大连档案史志网完成改版上线。该网站是大连市事业单位机构改革后，适应档案、中共党史、地方志工作机构、职能变化，整合“大连档案信息网”“大连党史网（大连市地方志网）”内容建设而成，设档案百科、档案管理、党史研究、大连方志等20个栏目。（孔晶）

【营口春秋网建设】 年内，辽宁省营口市档案史志管理中心“营口春秋网”更新内容153条，上传《春秋》期刊文章42篇，阅读量达到1万人次。（李占坤）

【朝阳史志网建设】 年内，辽宁省朝阳史志网设朝阳概况、史志动态、党史征研、地方志书、地方年鉴、朝阳人物、理论研究、期刊文萃、法规文件、朝阳大事记、以史资政、朝阳图志、史志机构、历史上的今天、名胜古迹、掌故传说、红色旅游等一级栏目。

（朝阳史志办）

【吉林省地方志编委会网站建设】 年内，吉林省地方志编委会网站完成存放在省政府集约化平台上省地方志编委会网站的改版运维工作。该网站开设方志动态、业界动态、通知公告、信息公开、重要信息转载、机构信息、地方志资源开发、今古大观、志鉴论坛、数字志鉴检索库、方志馆、方志视频、历史上今天等栏目。全年发布各类信息600余条，其中政务信息文件45条。（于泳生）

【中国龙志网完成更名】 年内，依据黑龙江省委史志研究室机构性质与主要职责，按照黑龙江省机构编制数据研究服务中心、省通信管理局通知要求，“中国龙志网”更名为“龙志网”。该网站实时更新网站各级工作动态及所有版块栏目等内容，全年发布转载更新各类信息146条。（徐萍　杜胜男）

【哈尔滨史志网上线试运行】 12月15日，黑龙江省哈尔滨市委史志研究室主办的哈尔滨史志网上线试运行。该网站设主题教育、机构设置、信息公开、党史研究、方志年鉴、科研成果、城市记忆、文献资料7个栏目。在地域上不仅包含哈尔滨市本级，还包括18个区县（市）的地情历史信息。内容涵盖史志鉴各类中间成果、期刊以及两个附属专业展馆，并以专栏形式展示主题教育、哈尔滨史志讲堂等重点工作。（刘新惠）

【江苏地情网建设进展】 9月30日至10月30日，江苏地情网增设盛世修志、依法治志、旧志整理、修志成果、年鉴成果、主题出版、名镇名村、方志大讲堂、微信公众号和数字方志等版块，展示中华人民共和国成立70年江苏省地方志系统取得的辉煌成就。（李海宏）

【淮安地情网升级上线】 4月8日，江苏省淮安市市志办公室新版网站淮安地情网（http：//szb. huaian. gov. cn/）正式上线运行。该网站设一级栏目15个、二级栏目33个、三级栏目9个，保留并完善旧版网站的政府信息公开、工作动态、通知公告、政策法规等基础栏目，增设运河之都、文献资料馆、淮安概况、淮安大事纪要等栏目，重点打造方志资源的影像化、数据化，推出影像淮安、名家讲堂、文献资料、电子书籍等栏目。（李海宏）

【连云港史志网升级上线】 10月，江苏省连云港史志网新版网站正式上线运行。新版网站保留并完善旧版网站的机构概况、工作动态、政策规章等基础性栏目，将公告、政策法规置于首页，将党史、志鉴、宣教分类整理形成3个一级栏目，增设纪念场馆、港城印象栏目，设一级栏目9个、二级栏目18个。（李海宏）

【武进史志网升级改版】 11月，江苏省武进史志网改版上线运行。该网站设置史志动态、武进概览、党史园地、方志之窗、史志研究、年鉴查询、视觉武进7个栏目以及22个子菜单，重点突出武进年鉴及武进党史人物、事件的数据化成果。同步推出手机版武进史志网，设“武进印记”微信公众号的二维码导航图片。该网站采用最新的PHP + MYSQL构架技术及动静态分离技术，提高网站访问速度，具有安全性能高、扩展性能强、平台兼容性好的特点。（李海宏）

【杭州地情网建设进展】 年内，浙江省杭州地情网发布市情综合信息和地方志工作动态信息360余篇，网站访问量近5万人次。杭州数字方志馆新加载30部书籍，访问量达19万人次。（蔡建明）

【宁波市史志网站建设进展】 年内，浙江省宁波市市、县两级地方志系统继续完善现有网站。宁波史志网继续增加信息量。江北史志网完成改版，拟重新备案。鄞州史志网上传电子书有《鄞州年鉴（2018）》《鄞州史志》等6本。奉化史志网完善补充，做好网络安全和史志宣传工作。象山史志网继续运营。（高曙明）

【金华市地方志网站建设进展】 5月1日，浙江省金华地方志网站启用新网址。年内网站发布文章405篇，3月至12月访问量达215101人次，浏览量460971次，点击数为1040483次。金华市地情网站完成152个乡镇街道的发布，建设5154个村框架和基础资料，12月根据上级一单位一网站的要求关闭。（金华市志办）

【安徽党史方志网站和同名微网站上线运行】 4月16日，安徽党史方志网及同名微网站正式上线运行。网站设单位概况、新闻中心、史志研究、红色文化、史志数据库、省情概览、政务公开、机关党建、文明创建9大栏目，下设近50个子栏目。微网站设单位简介、省院动态、市县资讯、领导人与安徽、史志百问、志说安徽、安徽大事记及通知公告8个专栏。全年网站信息发布1157条，网站日访问量约500余次。（李波）

【福建党史方志网站群建设进展】 年内，福建省地方志编委会完成官方网站福建党史方志网站群的集中建站并试运行。该网站群设要闻动态、学术研究、福建省情、宣传传播、人物春秋、专题集锦、文献资料、省室概况、下级网站、政务公开10个一级栏目，下设二级栏目和三级栏目80余个。专门成立全省党史方志系统网络信息管理员队伍，配套出台《福建党史方志网站群管理暂行规定》，加强对网站指导和管理。全年累计上传党史方志相关视频、党史方志刊物、时政新闻、研究成果等信息2600多条，并设计制作纪念周恩来120周年诞辰、纪念马克思200周年诞辰、改革开放40周年、保密在线、学习贯彻习近平新时代中国特色社会主义思想、法制宣传等专题，年浏览量达40多万人次。原中共福建省委党史研究室官方网站福建党史网网站群和原福建省方志委官方网站福建省情网在福建党史方志网站群建设和试运行期间继续运行。

（欧长生　吴朝庭）

【福州史志网升级改版】　8月底，福建省福州市地方志编委会完成福州史志网改版并使之上线运行。该网站设9个部分60个栏目。全文数据库439部，1.6亿余字，建设8个总库，7个子库。全年推送上传信息3091条。

（欧长生　吴朝庭）

【山东省情网建设进展】　年内，山东省情网更新25个栏目，发布信息1200多篇，10万多字，图片1000多幅；年访问量70多万人次。特设深入学习贯彻习近平新时代中国特色社会主义思想、深入学习贯彻党的十九届四中全会精神、“不忘初心、牢记使命”主题教育、党史国史宣讲、“史敢当”志愿服务5个专栏。

（魏伟）

【河南省情网建设进展】　年内，河南省情网和省情数据库成功迁入“中原云”。为适应新形势进行第四次改版。该网站设河南省情、新闻中心、政务公开、方志工作、省情数据库、传统文化、记忆中原等栏目。对获得全国地方志先进典型的6个集体、12名个人进行持续推送和宣传。全年网站访问量33万人次。

（文清华）

【湖北省地方志系统网站建设进展】　年内，湖北省地方志工作系统有地情网站17个。其中，省级机构网站1个，市级机构网站9个，县级机构网站7个。湖北省文旅厅网站开辟“志说湖北”专栏，拓展地方志工作宣传交流阵地，全年在省文旅厅网站发布工作动态近30条。原湖北省方志网的“数字方志馆”整体迁移至湖北文旅厅网站，保证资料信息延续性和完整性。（湖北省文化和旅游厅地方志工作处）

【武汉志办门户网站建设进展】　年内，武汉志办门户网站浏览次数（PV）125920次，独立访客（UV）22004个。上传志鉴信息309万字，上传文史信息254条43.1万字、图片437幅、视频2个。新增“不忘初心、牢记使命”主题教育、人事信息、新书通报等栏目。“方志武汉”微信公众号以及新浪微博，通过二维码方式与武汉地方志官网相连。10月，按照武汉市“数字政府”建设领导小组办公室《关于印发武汉市政府网站集约化建设工作实施方案的通知》要求，武汉志办启动网站集约化工作。

（张道旺）

【湖南省地方志编纂院网站建设进展】　湖南省地方志编纂院网站属于湖南省政府政务网站群下的一个部门网站站点，由湖南省政府发展研究中心提供技术支持。年内，该网站的互动交流版面进行重新设计，纳入湖南省统一互动交流平台进行管理。信息发布平台WCM采编系统由互联网转入政务外网，提升网站的内容安全。全年采编政务信息119条（不含党建专题消息及首页漂浮消息、转发消息）。

（任璀洛）

【广东省地方志系统网站建设进展】　年内，广东省情网发布信息1246条，广东省情网在全省政府网站考评中获评优秀。广州、深圳、佛山、中山、江门市等地情网及汕头、梅州、

云浮市等地情频道运营情况良好，推介地方文化效果较好。　（广东省志办）

【**深圳市情网建设进展**】　年内，广东省深圳市情网发布简报类信息38篇、更新类信息206篇、图片56幅。该网站设首页、职能机构、工作动态、党史、市志、专业志、旧志、深圳年鉴、方志馆、深圳市大事记、深圳史志、地情资料、深圳概览、深圳镜头、史志鉴研究、网上公告、法规文件、深圳非物质文化遗产等栏目。　（陈立智）

【**广西地情网站建设进展**】　年内，改版升级后的广西地情网（含手机版）发布文档713篇，发布地情信息527篇、志鉴动态信息167篇，发布视频200分钟。广西地情网设广西地情资料库一级栏目，下设广西通志、市志、县（区）志、广西年鉴、市县年鉴、方志期刊、地情书、方志论著、乡村志、古籍旧志10个子栏目。　（郎尚德）

【**海南史志网建设进展**】　年内，海南史志网进一步扩容升级，上传22部史志书籍，约2000万字，信息及图片更新频率加快，点击率稳步增长。截至年底，该网站已上传70本史志书籍。　（黎美君）

【**重庆市志办网站改版升级**】　年内，重庆市志办向市财政局争取信息化建设经费，用于网站改版升级，建立全市专业数据库，并对重庆市志首轮、第二轮志书和重庆年鉴进行数字化处理。　（夏吉敏　张玉洁）

【**黔江史志网开通运行**】　年内，重庆市黔江史志网开通运行。该网站设一级栏目1个，日均访问量18次。内容主要为《黔江年鉴》，由专人负责更新维护。　（谢海洪）

【**铜梁网开设史志栏目**】　年内，重庆市铜梁网开设史志栏目，刊载《土桥暴动》《铜梁县板桥区划归永川管辖的经过》等13篇文章，通过刊载铜梁历史名人、大事、要事，宣传展示铜梁丰富而宝贵的地情信息，为挖掘和开发本土文化建设服务。　（张玉洁）

【**四川省情网开通运行**】　6月1日，四川省志办正式改版推出四川省情网，年访问量达1893万人次。与人民网、新华社四川分社、中新社四川分社、四川日报社等主流媒体建立联系，权威媒体宣传报道省志办信息350余条。与有关媒体建立资源共享合作机制，《华西都市报》、封面新闻网刊发省志办组织撰写的地情文章150余篇。全省省、市、县三级有网站20个。　（朱丹）

【**贵州档案方志信息网建设进展**】　年内，贵州档案方志信息网信息更新200余条，全年访问量5万余次。　（田红）

【**西安市志办网站建设进展**】　年内，陕西省西安市志办加强门户网站整合优化，对网站首页、logo、背景图片等重新设计。截至年底，西安市志办门户网站、移动地情网站和微信公众号合计更新信息2900余条，网站和数据库累计点击量超过84.5万人次。　（黄立峰）

【**甘肃省网站建设进展**】　年内，甘肃地方史志网（甘肃数字方志馆）完成志书、年鉴及地情资料上传830部、5.62亿字、11万幅图照，并实现全文检索，累计浏览近40万人次。该网站增添“甘肃地方志”图标，发布对外公告信息4条。与兰州市志办联系沟通，在甘肃史志网开通在线编纂系统（正在编程链接中）。张掖、天水、白银市地方史志网站并入政府网站。在市州未建独立网站的情况下，省志办指导市、县两级地方志工作机构搭建读志用志平台。　（王文生）

【**青海省地方志网站建设进展**】　年内，青海省志办着力完善青海省地方志网站的安全运行、信息发布、后台维护，对志鉴的查阅方式进行改进升级，增加查阅目录，目录设置到三

级目。全年发布信息35条，网站访问量285597人次。（王韬）

【新疆地情网建设进展】 年内，新疆维吾尔自治区地方志编委会建立完善党组网络安全工作职责制，为新疆地情网采购和安装防篡改软件系统。（刘博）

【中国社会科学年鉴编纂与展示平台建设启动】 7月，中国社会科学出版社正式启动中国社会科学年鉴编纂与展示平台，实现在线编纂投稿、年鉴资讯展示。《中国新闻年鉴》《中国新闻传播学年鉴》《世界经济年鉴》《中国经济学年鉴》《中国人口年鉴》等作为首批应用单位进行线上编纂。该平台统一展示各年鉴的要闻、资讯，把学术年鉴网站打造成一个重要的哲学社会科学信息平台。主要功能包括在线编纂和资讯展示。在线编纂平台为编者提供稿件在线编纂功能，通过互联网实现稿件的网上信息录入和修改，稿件编辑完成之后，可以通过系统提交。（彭莎莉）

·数字化建设

【《北京年鉴（2018）》移动阅读手机版上线】 2月，《北京年鉴（2018）》移动阅读手机版正式上线。移动阅读手机版利用跨媒体链接功能，以移动客户端为主要媒介，丰富年鉴的内容及表现形式，拓展年鉴的阅读方式，为读者提供全文检索、目录浏览、图库以及内容收藏、分享、评论等功能。（胡鹤凡）

【山西省地方志数字化建设】 年内，山西省数字党史方志综合管理平台通过终审。该平台系集资料数字化、OA系统、新媒体三项融合的平台。《山西年鉴（2018）》掌上年鉴移动阅读手机版开通。《太原年鉴（2019）》首次制作电子版U盘。《大同年鉴（2019）》《长治年鉴（2019）》《晋城年鉴（2019）》等实现网络版电子书、手机版二维码、纸质版同时发行。（武岭）

【内蒙古自治区地方志数字化建设】 截至年底，内蒙古地方志多功能数据库（蒙汉双语）已收录专业词条200多万条，检索速度从原先的秒级提升至毫秒级。完成入库志书321部，总字数4.12亿字。数字化书籍并入库61部（其中，区志6部，943.1万字；旗县志22部，2625.5万字；其他志书地情资料16部，1109.9万字；年鉴17部，1230.1万字），字数约5908.6万字。（齐迎春）

【吉林省志鉴数字化建设】 年内，吉林省地方志编委会完成127部地方志图书的数字化工作并保存到吉林省方志数据库。该数据库存贮志鉴图书总量为700部，共5亿字。（于泳生）

【哈尔滨市地方志数字化建设】 年内，《哈尔滨年鉴（2018）》（光盘版）制作完成。该光盘制作结合纸质书的编纂形式和读者的阅读习惯进行编排，采用关键词覆盖、全文检索，可正常复制、粘贴和打印。截至年末，接收市直各承编单位地方志2018年度资料600余万字。（刘新惠）

【苏州地情声像资料库系统试运行】 5月，江苏省苏州市志办开发的苏州地情声像资料信息库系统试运行。该系统围绕声像的“收集、管理、存贮、利用”四大功能，实现声像资源在形成、收集、管理和利用方式上的转变，满足在工作实践中对声像资源的共享和快捷、便利的查询利用需要。该系统为照片划分出32个分类和125个标签，试运行时已完成馆藏4115幅老照片的录入与挂接、管理系统调试与试运行、人员培训等工作。（李海宏）

【吴江数字方志馆获评吴江区第二届“互联网+”创新奖】 7月18日，江苏省苏州市吴江区第二届“互联网+”创新奖名单公布，吴江数字方志馆成为入选的十个项目之一。该数字方志馆设吴江市志、吴江地情书、首轮志书、二轮志书、吴江年鉴、吴江大事记、吴江旧志、吴越文献8个一级栏目，拥有图

书756本。（周文燕）

【涟水县网上方志馆上线】 12月，江苏省涟水县志办打造的“网上方志馆”上线。该馆设志鉴涟水、红色涟水、文化涟水、记忆涟水、影音涟水5个版块，收录地方志、党史、文化旅游、水利等多个部门的30余部地情书籍及视频资料，全方位、多角度地记录涟水、解读涟水，实现地方志资源的数字化、网络化和资源共享。（周文燕）

【宁波市年报资料电子库平台扩容】 年内，浙江省宁波市志办组织完成宁波市史志年报资料电子库平台第二次数据挂接工作。该平台完成界面设计调整和更新录入，累计有资料条目数4.18万条，总容量超过150GB；按文件类别划分，包括文字、表格等电子文档1.98万个，图片文件2.20万幅（套），以及部分视频文件。各区（县、市）建立相应的年报电子资料库（数据库）。（高曙明）

【鹿城区志鉴网络全文检索查阅系统建成】 年内，浙江省温州市鹿城区地方志研究室开展志鉴全文检索网络建设，将检索端口与地方志宣传平台连接，已经出版的志鉴均被纳入检索范围。（温州市史志办）

【瑞安市地方志数据库建设】 年内，浙江省瑞安市再次启动《瑞安年鉴》2006年卷至2017年卷数字化数据库建设工作，将两期建设内容进行数据合并，并进一步完善和升级。该数据库将历年来公开出版的《瑞安年鉴》纳入统一软件内，极大方便所有编入年鉴的数据查询和调阅工作。（温州市史志办）

【苍南县志鉴数字化建设】 年内，浙江省苍南县地方志研究室逐步开展志鉴数字化工作。截至年底，已完成数字化志鉴书籍有《苍南县志（1981—2005）》，《苍南年鉴》2006年卷至2019年卷。（温州市史志办）

【海宁更新编研成果数字化成果共享库】 年内，浙江省海宁市史志研究室将《海宁年鉴》2018年卷、2019年卷，旧志点校成果，地方文献整理成果上传至海宁市档案馆馆藏资源信息系统。更新编研成果数字化成果共享库。（嘉兴市史志办）

【德清县历代县志（专业志）基本数据库建成】 12月，浙江省德清县历代县志（专业志）基本数据库建成。该数据库收录14部存世德清旧志、22部专业志、9部乡镇志、16部村志，形成方志书检索目录742条。（湖州市史志办）

【柯桥数字方志馆建设】 年内，浙江省绍兴市柯桥方志馆开展数字方志馆建设，提高馆藏资源利用率。建成吴越方志数据库，完成浙江省、江苏苏南、上海地区第一轮志书的数字化加工，其中浙江省175部15万余页，江苏苏南地区88部8万余页，上海地区32部3万余页，并对已完成数字化的书籍进行人工质检。建成越地典籍数据库，对《越医典籍》“绍兴名人信札”等文献资料开展数字化扫描，其中《越医典籍》扫描15.3万余页，“绍兴名人信札”涉及鲁迅、蔡元培、邵力子、陶浚宣等越地名士亲笔信函170余封。（绍兴市史志办）

【金华市地方志数字化建设】 年内，浙江省金华市志办累计积累包括《中国地方志集成》的PDF电子版文献资料2万多种，报刊电子资料591种，图片40236幅。制作分辨率至少3500×1500PPI的20世纪60年代、70年代的航拍图，2000年至2016年村级卫星图2.7万张；收集5215个村及自然村的经度和纬度数据。年内新增3069条视频资料，资料库中视频累计达到26468条。对920万字的30部府县旧志和清代档案金华摘录进行碎片化加工，为数据元加工打基础。（金华市志办）

【东阳市地方志数据信息化系统建设】 年内，浙江省东阳市地方志数据信息化系统投入使用。该系统设综合、党史、年鉴、地情4个文件库，收录保存反映东阳政治、经济、自然、社会等方面的地方特色史志文化和图片等电子资料。年内收录图片8683幅、文献资料（含书籍）等207份（册）。（金华市志办）

【台州市地方志数字化建设】 年内，浙江省台州市分步把历代府、县旧志，中华人民共和国成立后首轮、第二轮市、县（市、区）地方志进行数字化。完成县（市、区）首轮志书近700万字的数字转换、校对及上网工作。

（台州市志办）

【丽水市地方志数字化建设】 年内，浙江省丽水市地方志系统利用省党史资料数字化、市机关档案数字化工作契机，把全市年鉴、志书等书籍数字化，并建立市党史方志办机关数字档案室。从2016年开始，对2996部志鉴、乡镇街道通览的文字资料及一批图片资料、全市史志刊物等进行数字化。（丽水市志办）

【"安徽党史方志"数据库平台建成】 年内，安徽省志办重新打造"安徽党史方志"数据库平台，更换"安徽省情数据库"。新数据库将老数据库的数据全部导入并重新排版，新增安徽年鉴库，将《安徽年鉴》自创编以来的35卷内容全部进行数字加工，并添加人工智能检索功能。（李波）

【泉州市历史文献资料共享数据平台建设】 年内，福建省泉州市委党史和地方志研究室在泉州地情数据库基础上，建设泉州市历史文献资料共享数据平台，初建成库并测试运行。该项目借助原市地方志编委会数据平台建设，为财政节省资金100多万元。从原市地方志编委会"方志书库"、市政协文史委、文史专家、相关书店和社会人士各方征集或购买地情书500余册及数据，包括《内沟河志》《中山路志》等，加工形成电子版；完成清乾隆初刻版《泉州府志》（76卷，48册）点校工作以及《清源文献》整理工作。（欧长生　吴朝庭）

【山东省地方志数字化建设】 年内，山东省地方史志研究院资料信息处与省方志馆开展史志资料纸本及电子版的接收和征集工作，征集资料包括1985年以来志书、年鉴及地情资料。全省有19部省志、年鉴及地情资料共2500万字进行数字化加工和入库上网。（魏伟）

【青岛市积极推进地情网站改版升级】 年内，山东省青岛市地方史志研究院实施"青岛市情网"改版升级工程。完成首轮《青岛市志》栏目数据库优化整合，对文字内容、表格、图片等重新编排及录入，删除冗余栏目层级，变多级到节为二级到章的栏目框架模式。完成首轮市志69卷，上传文字1410余万字、表格1801张，扫描和制作图片1894幅，网站总数据量达1.3亿字。对2005年以前出版的没有数字化资料的志书和年鉴，采取扫描识别等手段进行数字化采集，对照原书进行校对和编辑。截至年底，已出版的志书、年鉴和期刊资料全部实现数字化，数字化资料图文照表要素齐备完整，内容格式层级清晰、全文规范，地方志数字化资料数据量达298GB。（张东玉）

【河南省数字化建设】 年内，河南省史志办数字化志书70余册5000余万字，实现全省首轮三级志书数字化。省情数据库年度数据更新6000多万字，库容扩充到近13亿字。

（文清华）

【武汉市数字方志馆建设】 年内，武汉志办制定数字方志馆建设方案。完成数字方志馆双端（PC端和移动端）平台建设、书籍系统开发以及720度全景虚拟展厅建设，完成首轮、第二轮市区县志以及《武汉年鉴》1985年卷至2018年卷108部书籍入库，实现入库书籍均可复制、检索、下载。（张道旺）

【湖南省地方志数字化建设】 年内，湖南省地方志编纂院基本完成湖南数字方志馆三期项目建设。湖南省各市（州）、县（市、区）的地方志书，总字数3.2亿字，目前已完成入库，并通过双层 PDF 的模式展示内容。截至年底，湖南数字方志馆拥有数字化志鉴共计 495 种，总字数 4.4 亿字，其中湖南省志首轮 85 部、湖南省志第二轮 40 部、湖南特色志 4 部、湖南年鉴 36 卷、市州区县志 329 部、目录资料 1 部。（任璀洛）

【株洲数字党史方志馆建设】 12 月 26 日，湖南省株洲数字党史方志馆二期开发建设工作完成。株洲数字党史方志馆移动平台依托“史志株洲”微信公众号正式上线试运行，该平台分党史编研、综合志书、综合年鉴、古今人物、宣传影像、理论文献 6 个专题库，共上线党史、志书、年鉴等 110 余部。（任璀洛）

【广东省推进地方志数字化建设】 年内，广东省志办先后召开全省地方志数字化工作现场会、珠三角地区地方志数字化工作推进会，印发全省地方志数字化工作三年规划，加强 2019 年至 2021 年的数字化工作顶层设计。制定《广东省地方志图书资料入库标准（试行）》，形成季度工作通报机制，开展公众号第三方监测，掀起全省地方志数字化工作热潮。广州、佛山、东莞、中山、清远、肇庆市也突出地情特色，地方志数字化产品多次入选“学习强国”平台。（广东省志办）

【广东全粤村情数据平台建设】 8 月 19 日，广东省志办召开广东全粤村情数据平台建设启动会，全面启动全粤村情数据平台项目建设。该平台通过整理、分析全省 13 万多条自然村落的历史人文普查数据，围绕乡村振兴战略，构建村情专题指标体系，根据村情专题指标体系，利用大数据技术，对村情数据进行深入挖掘、全面分析，进而形成村情专题分析报告。该项目首期实现自然村落普查数据展示、自然村情可视化统计分析、全省自然村情专题分析，建设全省自然村落历史人文普查数据库。（广东省志办）

【深圳市史志鉴数字化建设】 5 月，广东省深圳市史志鉴数字化依托深圳市情网（网库合一）建设，开始实施馆藏资源数字化系统工程，共增加完成 617 种、3.36 亿字的馆藏纸质图书的数字化工作。截至年底，深圳市情网发布综合志书 9 部（1215.6 万字），专业志书 11 部（481.6 万字）、综合年鉴 17 部（2516.2 万字）、地情书籍 45 部（1421 万字）、旧志 3 部（322 万字）、期刊 45 册（709.4 万字）、文章 510 篇（51.2 万字）、地情图片 670 幅。（陈立智）

【广西地情资料库建设进展】 年内，广西地情资料库数字化并发布各类书籍 51 本（册），4325 万字。浏览量突破 1000 万人次。（郎尚德）

【广西数字方志馆项目建设进展】 年内，广西数字方志馆建成包括方志馆资料云数据库、全文数据检索、地方志报送管理系统以及地情展示、移动终端、网上虚拟方志馆等多功能数字化方志馆。广西数字方志馆以现代通信、网络、数据库、多媒体以及必要的声光电等技术为基础，馆内多数工作与职能实现计算机作业，配以其他现代信息技术将方志、年鉴等资源及实物藏品的数据信息进行分类、挖掘、整合，并以多媒体和互联网为媒介，对其信息交互处理，以期更好地实现收藏、研究、开发、利用等功能。年内，该数字方志馆工作方案经过优化升级后，采用政府采购方式进行建设。已完成区情概况馆、新编志书馆、八桂年鉴馆、古籍文献馆、地情资料馆、史志期刊馆、桂海影像馆、八桂名人馆 8 大专题数字馆的建设和部分古籍文献扫描任务。（郎尚德）

【海南省地方志数字化建设】 年内，海南省委党史研究室（省志办）影像资料库不断完善，历史照片由建设之初的 1700 幅增长至 3.69 万幅。随着口述史工作的不断推进，动态影像视频存档 297 个。（黎美君）

【铜梁区地方志数字化建设】 年内，重庆市铜梁区志办对数字化管理的3774万字的档案、地情丛书、党史丛书进行系统升级和维护。将《铜梁年鉴》2017年卷、2018年卷和2019年卷纳入中国知网的检索范畴。

（夏吉敏　张玉洁）

【四川省地方志数字化建设】 年内，四川省志办完成39部县志、192本《巴蜀史志》期刊数字化，至此已有900部方志数字化成果，全部上载到四川数字方志馆。全年，全省省、市、县三级共建成数字方志馆（数据库）10个。（朱丹）

【贵州省方志云总体架构搭建完成】 1月28日，贵州省志办组织召开贵州省方志云项目建设启动会。年内，该项目完成方志资源采集与数字化加工系统、全媒体资源管理系统及政产学研大数据统计分析平台等8个子系统总体架构的搭建，初步实现各个子系统的功能，并数字化、碎片化志书458部。12月18日，完成初次验收。（田红）

【陕西省地方志数字化建设】 年内，陕西省地方志数据资源平台累计发布新闻信息566条，审核发布数字化书籍29部。西安市志办完成《西安馆藏地方志联合目录》《西安年鉴（2018）》《西安年鉴（2017英文版）》《西安地方志》等书籍刊物近300万字数字化入库工作。商洛市与中国知网开展合作交流，实现资源共享。宝鸡市、咸阳市、延安市、榆林市地情资料库资料扩大录入范围。

（韩云鸽　黄立峰）

【甘肃省地方志数据库建设】 年内，甘肃省志办重点对新出版志书及地情资料进行扫描转换、编辑校核、录入上传。全年共完成数字化98部、0.68亿字、2.5万幅图照。以天水地方史志网改版为契机，指导天水市志办开设数字方志栏目，帮助其建立志鉴数据库。向陇南市史志办反馈所辖县（市、区）数字化志鉴数据。（王文生）

【青海省地方志数字化建设】 年初，青海省启动地方志数字化工作，拟定实施方案。10月初，完成第一批80部首轮青海省志各专业志的数字化制作。12月中旬，启动第二批59部首轮市（州）、县级志的数字化制作工作。

（王韬）

【兵团史志信息化、数据库工程（一期）项目建设】 5月，兵团史志信息化、数据库工程（一期）项目正式启动。7月16日，兵团志办完成史志信息化、数据库工程项目面向社会公开招标工作。8月6日，与招标公司签订《兵团史志信息化、数据库工程（一期）项目合同书》。12月，建成兵团史志书籍3个数据库、管理系统、志鉴在线编纂系统，完成20万页史志书籍的数据化加工、入库工作。（王兴鹏）

【中国社会科学年鉴数据库建设进展】 年内，“中国社会科学年鉴数据库”继续按照统一的加工标准，将年鉴内容按照学科综述、重点图书、优秀论文、重要机构、大事记等八大知识条目内容模型进行XML化加工，便于实现内容挖掘与知识呈现，检索与应用的体验好于中国知网CNKI电子书式的浏览模式。上半年，完成绝大多数学术年鉴的回溯工作。截至9月12日，中国社会科学年鉴数据库上线年鉴37种，共189卷次；有410家单位试用年鉴数据库。（彭莎莉）

·新媒体平台建设

【“方志北京”微信公众号建设】 1月至2月，“方志北京”微信公众号共发布信息20期41条，其中工作动态栏目14条、特别关注栏目2条、领导讲话栏目2条、志说北京栏目20条、通知公告栏目1条、理论研讨栏目2条。3月，因市志办与市委党史研究室合署办公，该公众号暂停运营，后与“北京党史”公众号合并。（刘慧）

【“北京市方志馆”微信公众号建设】 截至年

底，“北京市方志馆”微信公众号粉丝数12698个，新增粉丝3023个，增长31%，推送信息129条，打造2篇原创文章，《市政府东迁了，原址所在的正义路前世今生是怎样的?》点击量12914次，《北京第三区真的存在吗?》被今日头条、中国经济网、北京交通广播等平台转载。持续更新方志馆官方微博，共推送信息129条，粉丝数3683个。参与“北京时间”公众号运营工作，推送文章48篇，平均点击量3100余次，最高点击量8917次。　（高潇潇）

【“方志天津”微信公众号建设】　年内，天津市志办加强“方志天津”微信公众号等新媒体建设，拓宽信息渠道来源，提高信息发布的质量和时效性，加强信息发布的审查。截至年底，该公众号发布各类信息81篇。

（唐旗　陈鑫）

【河北省地方志新媒体平台建设】　2月，河北省地方志系统集体入驻澎湃政务网，河北各县（市、区）志办澎湃号长期占据文化分榜前列，持续增强地方志资源的曝光度，加深公众对地方志工作的认知和了解，在澎湃形成“政务新媒体+地方志”的“河北方志”现象。大名县志办官方澎湃号“方志大名”先后获得全国文化榜月冠军6次，周冠军20余次，周均发稿80余篇，9月获澎湃号影响力指数跃升综合总榜第一，发布的《中秋节的由来、传说故事、各地风俗》一文24小时内点击量突破140万次。　（王慧卿）

【“史志山西”微信公众号建设】　年内，“史志山西”微信公众号推送信息360期1486篇，阅读量在千次以上有140篇。　（武岭）

【内蒙古地方志新媒体平台建设】　内蒙古地方志新媒体公众信息平台包括“方志内蒙古”微信公众号和“方志内蒙古”手机报等。“方志内蒙古”微信号设8大类70个专业小类，全年采编276期（包括12期特别栏目），文章1040篇（其中蒙古文49篇），总字数68.03万字，图片1460幅，全年阅读量达10万人次。“方志内蒙古”手机报全年采编12期，文章95篇，总字数约18.13万字。内蒙古区情网（手机网站）设8个一级栏目，12月底改版完成，实现与PC版区情网数据同步。全年采编总字数210余万字，图片1207幅。　（齐迎春）

【“大连史志”微信公众号创新运行】　8月1日，辽宁省大连年鉴编辑部运行维护的“方志大连”微信公众号更名为“大连史志”。信息推送由地方志相关内容拓宽至中共大连地方史、大连市地方志编修成果，大连市档案发掘研究成果，基本地情及发展变化，以及国家、辽宁省、大连市涉及党史、地方志、档案的法规文件、重要会议、重大活动、工作动态等。截至11月末，该公众号推送图文消息120篇、图片500余幅，24万余字，阅读量34546次。其中，在“不忘初心、牢记使命”主题教育期间，设“继承红色基因·服务主题教育”专栏，推送革命历史资料文章23篇；转载微纪录片《见证初心和使命的“十一书”》，推送图文消息11篇，内附影像视频和语音播报。

（刘成）

【营口市地方志新媒体平台建设】　年内，辽宁省营口市档案史志管理中心发挥“营口春秋”微信公众号和今日头条号独特的宣传载体作用。全年，“营口春秋”微信公众平台共推送137期，发送图文消息580条，关注人数近2500人次；“营口春秋”头条号发表文章200篇，阅读量48万人次。　（李占坤）

【吉林省地方志新媒体平台建设】　年内，“方志吉林”微信公众号为读者提供地域文化、地方志历史、志鉴编纂等相关信息。全年编辑发布消息150余条，总浏览人数200余万人次。“方志吉林”今日头条号累计订阅人数1905人，总浏览量17800余人次。吉林家谱微信平台每天推送信息5—8条，总浏览量400余万人次。　（于泳生）

【“史志龙江”微信公众号上线】 1月1日，黑龙江省委史志研究室推出的“史志龙江”微信公众号正式上线运营。该公众号设史志要闻、龙江省情、史实回声、历史回眸、史海钩沉、方志撷英、志说龙江、旧志采撷、方志人物、红色龙江、节日民俗、黑土地上的红色旗帜、大美龙江等栏目，每周至少推出两期，全方位多角度宣传推介龙江史志文化，特别是紧扣重要时间节点，围绕重点宣传主题以及重要传统节日。全年推出信息109期359条。

（徐萍 杜胜男）

【哈尔滨市“留住城市的记忆”微信公众号建设】 年内，黑龙江省哈尔滨市志办“留住城市的记忆”微信公众号发布以全市历史文化内容为主的文章、基地活动、会议动态等34篇。该公众号通过回顾和整理2018年公众号运营经验，发布《过去的2018年，我们讲了哪些哈尔滨故事》；以迎接中华人民共和国成立70周年为契机，发布《共和国不会忘记》等文章。累计浏览量10万余人次。（刘新惠）

【江苏省地方志新媒体平台建设】 4月22日，江苏省志办对微信公众号进行改版，在原政务信息基础上，以方志文化宣传为主。10月30日和11月24日分别开通“方志江苏”今日头条号和澎湃号。“方志江苏”微信公众号关注量和微信传播指数持续攀升，每日推送消息，粉丝量6600个，文章最高点击量达到2.3万人次；“方志江苏”今日头条号推送消息15条，阅读量11.3万人次；“方志江苏”澎湃号推送消息12条，阅读量370万人次。12月31日，江苏省政府办公厅印发通报对该微信公众号进行表扬。（李海宏）

【“方志南京”微信公众号建设】 年内，江苏省“方志南京”微信公众号开设“南京记忆”栏目，发布“新南京的第一”系列视频，在紫金号潜力排行榜排名第一，获评市2019年度优秀政务新媒体。为南京市委宣传部“南京发布”公众号提供南京方言、南京城墙、新街口变迁等相关资料，合作发表的《南京，我的城》等10篇文章点击率均突破万次。

（李海宏）

【南通市“史志通”微信公众号建设】 年内，江苏省南通市“史志通”微信公众号制作推出南通解放70周年、人民海军成立70周年、五四运动100周年等专稿，部分热点文章阅读量突破1500人次。（李海宏）

【“扬州档案方志”微信公众号建设】 年内，江苏省“扬州档案方志”微信公众号推出多篇反映中华人民共和国成立70年来扬州城市建设、对外交往、教育、治淮等领域巨大成就的地情文章。其中，《壮丽70年图说扬州城》一文点击量超过1700多人次。与扬州交通广播合作制作《扬州之最》有声版，通过文字、声音集成的方式展示方志编研成果。（李海宏）

【“掌上无锡年鉴”上线】 12月，江苏省无锡市志办首次基于微信小程序平台开发的“掌上无锡年鉴”上线，将《无锡年鉴》从“一本书”打造为一个载录历史、传承文化、查询使用的“服务平台”。“掌上无锡年鉴”具备目录检索、全文检索、模糊搜索、放大缩小、复制粘贴等功能，使用者可以随时随地通过手机微信登陆小程序，轻松查询、复制无锡年鉴的资料。（李海宏）

【“无锡史志”微信公众号建设】 年内，“无锡史志”微信公众号和今日头条号发布图文内容43次69篇，总阅读量75.6万人次，其中《老无锡的冬至》一文阅读量超过11万人次。

（李海宏）

【“方志杭州”微信公众号建设】 年内，“方志杭州”微信公众号以每周2期和适时加推的频率发布信息。该公众号全年共发布115期，阅读量78万人次。“掌上杭州”微信小程序实现《杭州年鉴》《杭州日记》《杭州精览》等地情资料掌上阅读、全文检索。（蔡建明）

【宁波市地方志新媒体平台建设】　年内，浙江省宁波市志办借助“甬派”App继续开设“宁波党史地方志”栏目，推出宁波近现代名人系列等文章111篇，点击量540余万次。“宁波史志”微博全年刊发125条。“岁月余姚”微信公众号（2015年4月启用）运行良好，及时更新。“慈溪史志”微信公众号（2018年6月启用）根据市级融媒体发展需求进行提升改造。宁海县的“缑乡史话”微信公众号（2017年2月启用）每周一期推送40期，分宁邑旧事、走遍宁海、灶食飘香、祠匾留芳、缑乡风华、乡音乡韵、红色记忆7个版块，总阅读量突破1.5万人次，粉丝量增长78%。　（高曙明）

【嘉兴市地方志新媒体平台建设】　年内，浙江省嘉兴市地方志系统加强新媒体平台建设。“嘉兴档案史志”微信公众号设嘉兴记忆、网友晒宝、微服务3个栏目。嘉善史志研究室委托嘉善传媒中心（嘉善报社）在“最嘉善”公众号发布了凡善学研究相关信息，全年发布48期。平湖掌上志鉴数据库上线，《平湖县志》《平湖市志》《平湖年鉴（2018）》《平湖年鉴（2019）》实现掌上查询。海盐史志宣传有档案史志期刊、微信公众号2个平台，推送相关海盐历史文化专题内容，大力弘扬地方优秀文化，围绕县委、县政府中心工作专门出刊专栏。“海宁档案史志”微信公众号设概况、资源、服务3个栏目，主要推送档案史志业务动态、机关党建和档案政策解读、纪念五四运动100周年、纪念中华人民共和国成立70周年、档案史志编研产品等专题，全年推送131条。桐乡市档案馆（市史志研究室）推出“掌上桐乡年鉴”微信小程序，读者可通过手机扫码，登陆“掌上桐乡年鉴”微信小程序，打开《桐乡年鉴（2019）》目录，浏览全书框架；通过在首页右下角的搜索框输入关键字，可进一步查找到具体的篇章内容。　（嘉兴市史志办）

【“长兴史志”掌心号开通】　4月19日，“长兴史志地情”微信公众号整体迁移进驻“掌心长兴”App平台。年内，“长兴史志”掌心号结合长兴解放70周年，中华人民共和国成立70年及“不忘初心、牢记使命”主题教育，推出一系列资政育人文章，开设“初心往事”等栏目。　（湖州市史志办）

【“上虞史志”微信公众号开通】　年内，上虞区史志办运营“上虞史志”公众号，设置有党史纵览、志鉴论苑、文史天地三个大栏和11个小栏。每周固定发布两条信息，及时跟进工作动态，结合党的重大纪念日和活动推出热点。峰值时日访问量达到千人。
（绍兴市史志办）

【“柯桥纪事”微信公众号更名】　年内，“柯桥纪事”微信公众号更名为“柯桥史志”，立足稽山鉴水、越地名士、史志动态三个版块，定期更新内容，全年累计发布史志微信29条，关注量千余人。与区委组织部联合推出“不忘初心，忆峥嵘岁月”专题，介绍知名党史人物。　（绍兴市史志办）

【金华地区地方志微信公众号建设】　年内，“金华地方志”微信公众号订阅用户1640人，每周一、三、五更新，全年发布144期，文章354篇；开辟“金华地方志”搜狐号。“金华总览”应用程序每年制作一期，内容包含当年度《金华年鉴》《金华日报》《金华晚报》《浙中新报》《金华市人民政府公报》全文电子版，《人民日报》《浙江日报》金华有关内容以及重要的影像资料。“兰溪史志”微信公众号发布140期。“浦江地方志”微信公众号反响良好。
（金华市志办）

【“安徽党史方志”微信公众号建设】　年内，“安徽党史方志”微信公众号设红色安徽、红色文化、安徽概况3大版块，下设11个子栏目。全年推送信息303条。　（李波）

【“福建党史方志”微信公众号开通】　12月，福建省委党史研究和地方志编纂办公室整合原省委党史研究室和省地方志编委会微信公众号平台，开通“福建党史方志”微信公众号。全年刊发信息100多条，近30万字，浏览量7万多人次。（欧长生 吴朝庭）

【“福州史志”微信公众号建设】 年内，福建省福州市委党史和地方志研究室完善“福州史志”微信公众号建设，设置要闻动态、史志汇集、官方网站等栏目。全年推送文章227篇，关注量10077人。市委党史和地方志研究室同步更新“福州史志”新浪微博，在新浪微博推送文章960篇。（欧长生 吴朝庭）

【“厦门党史方志”微信公众号开通】 9月23日，福建省厦门市委党史和地方志研究室开通“厦门党史方志”微信公众号，设“红色史迹”“党史人物”“厦门历史上的今天”等栏目。全年制作刊发57期，文章167篇。（欧长生 吴朝庭）

【“闽源之窗”微信公众号升级上线】 3月，福建省建瓯市委党史和地方志研究室主办的“闽源之窗”微信公众平台升级版上线，实现从指尖上的“史志+闽源”，升级为耳尖上的“史志+闽源”，再晋级为口袋里的“史志+闽源”。截至年底，在头条持续推出251期，用户数上万人，单条点击率最高超过2万人次。（欧长生 吴朝庭）

【“漳平百科通”微信公众号创办上线】 3月，福建省漳平市委党史和地方志研究室创办“漳平百科通”微信公众号。截至年底，累计发布12篇漳平地情资料。（欧长生 吴朝庭）

【“方志景德镇”微信公众号开通】 6月28日，江西省景德镇市志办主办、市地方志馆承办的“方志景德镇”微信公众号开通运行。该公众号设动态信息、方志园地、数字志馆3个栏目，并定期推送工作动态、地情研究成果、方志理论等相关文章。（朱岳）

【瑞昌方志视频网络平台创建】 1月，江西省瑞昌市志办与市广播电视台协作，创建瑞昌方志视频网络平台。该平台设方志机构、政策宣传、修志编鉴、地情开发、动态信息、图片报道6个版块。瑞昌市市民通过网络电视，点击进入瑞昌方志视频网络平台。（朱岳）

【山东省新媒体平台建设进展】 年内，山东省地方史志研究院山东史志微信公众号发布信息800多篇，6万多字，图片500多幅，订阅人数达到1.6万人。山东史志今日头条号发布史志工作、山东历史上的今天、乡村记忆等信息1000多篇，订阅人数7000多人，阅读量130多万人次。青岛市城阳区、济南市槐荫区、临清市、沂南县、临沭县开通史志微信公众号。（魏伟）

【河南省新媒体平台建设】 年内，河南省史志办狠抓“河南记忆”微信公众号、微博内容保障，全年推送信息1120条，内容包括“两全目标”推进情况、领导调研、地方史志政策法规、理论研讨、成果动态展示、榜样推介、业务培训等。对各级史志机构开展“不忘初心、牢记使命”主题教育活动进行专题推介。关注量及访问者由以史志工作者为主体向全社会扩展。（文清华）

【湖南省新媒体平台建设】 年内，湖南省地方志新媒体平台主要集中在微信公众平台，运营的新媒体平台有“方志湖南”“方志长沙”“史志株洲”“常德史志”“史志醴陵”“史志耒阳”“汨罗记忆”“平江乡友网”“古县千秋”“夫夷史苑”“永定区史志”“永顺县党委史志研究室”等17个。年内开通的微信公众平台有“张家界史志研究”“红色湘西”“蒸水党史”“鼎城史志”“红色石门”。湖南省地方志编纂院运营“方志湖南”微信公众号。截至年底，该公众号关注用户525人，推送消息71组（每组1—7条消息不等）。（任璀洛）

【广东省地方志微信公众号建设】 年内，“方志广东”微信公众号发布信息648条，设产品产业、南粤村情等特色栏目。广东省地方志微信矩阵初步成型，14个市级地方志微信公众号形成联动推介效应，佛山、阳江、中山市微信月度WCI指数长期居全省前列。

（广东省志办）

【“深圳史志”微信公众号建设】 年内，“深圳史志”微信公众号设市情动态、史志内刊、深圳年鉴、深圳党史知多少、关于我们等栏目，发布信息54次69篇。自开通以来发布信息687篇，关注人数突破1700人。（陈立智）

【广西壮族自治区地方志微信公众号建设】 年内，广西有“方志广西”“方志北海”“志说桂林”“方志南宁”“方志钦州”5个微信公众号平台运行。“方志广西”微信公众号关注人数3800人，年内发布55期，浏览人次近5万人次。“方志钦州”于10月开通。（黄榆林）

【海南省地方志新媒体平台建设】 年内，“琼崖史志”微信公众号推送信息383条，主要以图文形式刊载海南历史人物、重要历史事件、革命遗址、海南省情地情、风土人物、相关法规、史志研究理论文章所整合成的稿件及重要史志动态信息。联合新媒体讲好红色故事，向学习强国App、海南干部在线学习网、南海网等推送相关学习资源50条、宣讲课件6个；自主摄制微视频2个，其中一个获全省“不忘初心、牢记使命”主题教育微党课大赛二等奖，另一个获省直机关“颂祖国、赞海南、作表率”理论宣讲微视频微电影网络评选展播活动三等奖。（黎美君）

【“重庆地方志”微信公众号建设】 年内，重庆市志办主办的“重庆地方志”微信公众号设工作动态、市情简介2个栏目。年内推送各类地方志图文消息20条，总阅读量1738人次。截至年底，共有订阅用户451人。（周怡彤）

【四川省地方志新媒体平台建设】 年内，四川省省、市、县三级有地方志新媒体平台41个。四川省志办开通“方志四川”人民号、澎湃号，形成“两微五号一网一台一刊”（“方志四川”微博、微信公众号，人民号、澎湃号、头条号、搜狐号、企鹅号，四川省情网及网络电台、《巴蜀史志》电子版）新媒体宣传矩阵，全年发布文章9500余篇（其中历史文化类文章近3000篇），阅读量2908万人次。与成都广播电视台、喜马拉雅App联合制作《舌尖上的四川》（根据《川菜志》《川酒志》改编）、《滚滚驾到150年还不来听我卖个萌》（根据《大熊猫志》改编）、《四川方言的来龙去脉》（根据《方言志》改编）等音频节目近300集，在喜马拉雅方志四川电台播放量达265万次。

（朱丹）

【“成都方志”抖音官方账号上线运营】 8月6日，四川省“成都方志”抖音官方账号上线运营。“成都方志”通过持续制作并定期上传介绍成都历史传统、风土人文的《花重锦官城》《曾经的成都你还记得吗》《你一定不知道的熊猫冷知识》《四川话小课堂》等高质量短视频，共发布作品近600条，粉丝量超55万人，获赞1000万人次，点击量超5亿人次。

（易超）

【陕西省地方志微信公众号建设】 年内，“方志陕西”微信公众号推送信息198条。“方志西安”微信公众号开设西安历史上的今天、西安人物、西安老字号等专栏，编写、发布原创文章150多篇，其中36篇被多家网络媒体转发。渭南市、延安市、商洛市开通数字方志馆和微信公众号。（韩云鸽　黄立峰）

·方志馆建设

【北京市方志馆建设】 年内，北京市方志馆新上架图书5870册；对2392册图书资料进行登记整理、查重、加工、扫描封面、录入、制作书标；完成2072册图书摘要的撰写，并上传至图书管理系统；整理馆藏单期杂志2000

余册。全年接待读者5339人次，较上年增长29.3%，提供馆内借阅329人次570册。向社会读者提供库本阅览1726册，提供专业咨询服务104次。截至年底，北京市方志馆志愿者队伍有70余人，其中新招募人员16人。开展志愿服务411次，服务时长2466小时，服务参观群众1500多人次。（高潇潇）

【北京市方志馆持续打造“京华讲坛”品牌】 年内，北京市方志馆“京华讲坛”共举办18期，参与观众近2800人次，满意度92.3%；策划、开展年末答谢活动，答谢近130位热心观众；及时报送讲坛成功举办新闻消息8篇，与上级单位公众号、官网等达到联动宣传的效果；讲坛内容被腾讯网、搜狐网、中国社会科学网、豆瓣网等门户网站刊载。（高潇潇）

【北京市方志馆举办多项青少年活动】 年内，北京市方志馆举办剪窗花、写春联的“多彩寒假 快乐民俗”体验活动，共18组家庭参与；指导北京科技大学学生实践团完成暑期实践活动，举办由小小讲解员、“我眼中的北京”绘画展示等环节组成的暑期亲子夏令营，共30组家庭参与；制作完成中英双语宣传片。（高潇潇）

【北京市方志馆举办系列专题展】 年内，北京市方志馆举办“古都新韵——庆祝中华人民共和国成立70周年北京街巷胡同风貌展”“北京城市影像志——中华人民共和国成立70周年北京百姓生活变迁史”2个专题图片展，共16311人次参观。北京地情展接待1.2万人次参观。全年共接待团体参观90批次2537人次，讲解时长201.5小时，接待时长246小时。参观单位有中央单位、市级机关、外省市兄弟单位等，首次接待低年级小学生——汇文实验小学一、二年级学生共6批280人次参观。（高潇潇）

【天津市地方志馆完成馆藏书籍搬迁整理工作】 年内，天津市地方志馆重新寻租新的书库，确保馆藏志书史料长期、安全存放。对10余万册书籍作出分类、统计、整理、上架，最后标记、挂牌，达到科学管理、快捷调用的标准。搬迁整理工作自6月4日始至10月18日结束。经统计，藏书总量129165册，其中志书44154册、年鉴7619册、地情资料21747册、其他书籍（蓝本、期刊）55645册。（陈鑫）

【河北省档案方志馆建设】 5月7日，河北省机关事务管理局召开协调会，协调省档案方志馆馆址问题。5月9日，省档案馆和省志办分别向省机关事务管理局反馈选址意见。7月4日，省档案馆召开会议研究省档案方志馆建设问题，并分别与省发展改革委投资处、省机关事务管理局联系沟通。12月24日，省档案方志馆协调会再度召开，主要研究省档案方志馆选址问题。（王慧卿）

【山西省省情（方志）馆筹建】 年内，山西省省情（方志）馆办理完毕划拨供地手续和《国有建设用地划拨决定书》《建设用地批准书》《国有土地使用证》，并对设计方案进行修改完善。（武岭）

【内蒙古自治区方志馆建设】 2月1日，内蒙古方志馆建设项目初步设计经呼和浩特市发改委批复同意实施，明确内蒙古方志馆建筑面积16300平方米。12月30日，内蒙古方志馆建设项目经自治区2019年第22次主席办公会议研究，议定内蒙古方志馆建设项目由呼和浩特市人民政府立项审批并代建，建设资金由自治区本级财政分年度统筹安排；项目建设后资产所有权和管理权归自治区政府办公厅所有。截至年底，内蒙古自治区有8家单位建成方志馆（资料室），其中盟市级5家、旗县级3家。（李向兵）

【吉林省方志馆新馆建设】 年内，吉林省方志馆新馆建设取得进展，主要完成新馆初步设计的批复，完成新馆内部装饰设计、新馆园林景观设计、新馆弱电设计以及新馆土建工程招

标公告的发布等工作。（周春玲）

【吉林省方志馆馆藏建设】　年内，吉林省方志馆通过购买、捐赠、报送、交换等方式入库志书、年鉴及地情图书3470册，出库配（赠）送各类图书970册，购置旧志24种。搜集、购买家谱21册，截至年底，吉林省方志馆馆藏图书15万册，家谱220部，旧方志复制本244种、1000册，电子版志书1770余部；接待读者1200余人次到馆参观、查阅、咨询信息。（周春玲）

【长春市方志馆建设】　年内，吉林省长春市方志馆共征集资料1000余种。接待近万人次，其中团队49个。开展方志讲堂5次、爱国主义教育活动7次。其中，“一二·九”爱国主义教育活动分别被中国政府网、《吉林日报》、新浪新闻、城市速递等媒体报道。（崔玉恺）

【黑龙江省方志馆建设】　年内，黑龙江省方志馆做好展馆版面更换、数据收集与更新、数字方志馆升级、方志馆学术研究等工作。完成实体方志馆领导关怀、省委书记省长名录部分版块4处调整，黑土人物电子屏人物5处调整；完成对展馆内《走进龙江》视频片部分数据的更新收集工作、发展之路版面文字和20余幅图片收集、习近平总书记两次视察黑龙江部分图片及龙江志鉴准备更新照片40余幅收集整理工作；对数字方志馆内容进行扩容，完成历史馆、龙志历程馆2个数字展馆扩容内容40余处。先后接待中共黑龙江省委政策研究室（省深改办）、黑龙江日报社、中央党史文献研究院等单位50余家，接待参观53场，接待人数1200余人次。探索与省内高校建立研学实践教育基地，商讨建立“爱国主义教育与社会实践基地”。利用黑龙江省科普中心科普大篷车电子滚动屏在全省范围持续对黑龙江省方志馆及史志工作进行宣传。（徐萍　杜胜男）

【哈尔滨市方志馆建设】　年内，黑龙江省哈尔滨市方志馆更新完善“720度全景地情展馆”10个点位的图像采集和音频解说的录制工作。联合哈尔滨职业技术学院团委，以旅游专业学生为对象，继续开展志愿者培训活动，通过对志愿者进行讲解、采访、撰写稿件等培训活动，加深他们对哈尔滨地情的了解，打造一批懂讲解、能讲解、会讲解的志愿者队伍。积极探索资料电子化存储路径。截至年末，馆内存有省市各类志书、年鉴、文史、地情类书籍8000余册，电子图书4000余册，视频资料100余部。接待参观团体30余个，临展、固定展共计接待9800余人次。（刘新惠）

【“哈尔滨记忆”博物馆、纪念馆群落建设】年内，哈尔滨市委确定在道里区兆麟街123号（原市委机关大院）建设“哈尔滨记忆”博物馆、纪念馆群落。由哈尔滨市委史志研究室筹建“哈尔滨城市历史展馆”和“中苏友好协会纪念馆”。市委史志研究室组建筹建工作小组。启动展厅策划、展示设计委托单位征集工作，起草完成涵盖600余件展陈文物、实物的《哈尔滨城市历史展馆展品方案》，报市文广旅新局。（刘新惠）

【上海通志馆新馆建设】　9月20日，上海通志馆新馆完成主体钢结构封顶。该馆于2016年2月立项，2017年9月开工建设，2021年年底建成开放。新馆位于上海图书馆东馆第4层，建筑面积5000平方米，使用面积2538平方米。新馆围绕“上海地情中心”的基本定位，致力打造“五馆合一”（专业图书馆、专业展示馆、开发利用馆、学习教育馆、人才培养馆）的具有百年历史积淀的新型通志馆。（杨婧）

【江苏省方志馆建设】　截至年末，江苏省有省方志馆，南京、无锡、常州、苏州、南通、扬州、镇江、泰州8家设区市方志馆，张家港史志馆、高邮市方志馆等13家县（市、区）方志（史志）馆。省方志馆新增《中国地方志集成》《中国国家博物馆藏稀见方志丛刊》等藏书7353册，馆藏图书4万余种、16万余册；

全年来馆参观3000余人次；创办“江苏方志大讲堂”，每月一期，全年举办10期，现场听众1500余人次，借助录播直播平台辐射听众50余万人次；在全国首创的“方志冬令营”活动，吸引中小学师生和家长1900余人次参观学习。江苏数字方志馆继续丰富数据资源，收录华东地区所有公开出版年鉴的创刊至2019年刊镜像数据，共有年鉴数据861种8912册，新增新方志数据216册，共收录新方志3055册，全年网站点击量1.3万余人次。苏州启动国家方志馆江南分馆建设，南通推进方志馆新馆建设。镇江方志馆正式开馆，被列入“镇江市红色地图册”。海安市鼓励有一定历史文化底蕴的镇村（社区）从当地文化、传统风俗和古物遗存入手，融合乡音乡貌乡情乡味，建成村史馆、乡愁馆、水乡印象馆、水乡号子馆等地情馆近30家。连云港市赣榆区建成乡贤馆，并推动镇村建成9家乡贤园（广场）、145个村乡贤廊（榜）、乡贤路。灌南县志办发挥引入社会力量，与县两岸青年创业园合作共建、共管、共用县方志馆。（武文明）

【无锡市方志馆建设】 5月，江苏省无锡市档案史志馆完成整体搬迁任务，将方志馆馆藏资料全部搬运到市档案史志馆库房，实现对馆藏党史、志鉴等史志资料分类分库整理存放。5月至10月，无锡市方志馆联合市委宣传部、市新闻出版局、市全民阅读办等10个单位主办无锡市第二届“乡音记忆·魅力童谣”征集诵读大赛，方言、童谣音视频成果资料全部以电子光盘的形式入藏无锡市方志馆。5月，无锡市方志馆联合市委宣传部、市广电集团等联合主办市第二届朗读朗诵大赛，活动形成的成果，作为无锡地方文化资料由无锡市方志馆收藏。在市十二届太湖读书月活动中，无锡市方志馆联合市全民阅读办创建命名观泓读书会等8个“无锡市档案史志阅读角”。年内，通过接受捐赠、交存、购买等途径，共征集到雨花台烈士高文华留存书信、《兰陵萧氏族谱》、《阳羡周氏谱系概览》等各类史志书刊资料814册（份、件），电子影像光盘2种12张。（周文燕）

【常州方志馆建设】 截至年末，江苏省常州方志馆接待登记来访者12万余人次，接待重要来宾及团队400多批次，成为“2019年常州城市定向挑战赛”打卡地、国庆期间参观的热门景点。该方志馆与前后北岸历史文化街区联合开展小小志愿讲解员招募培训工作，招募培训小小讲解员40名，为通过考核的学员颁发结业证书和志愿者证。11月6日晚，中央电视台中文国际频道播出的《远方的家》系列节目《长江行》第86集《常乐之州》，对常州进行全方位介绍，特别拍摄常州方志馆。（周文燕）

【苏州市方志馆建设】 年内，江苏省苏州市方志馆完成整体电路改造和古籍室安保设施安装，在相城区太平街道设立市方志馆分馆。苏州市方志馆购买《中国地方志荟萃》（西北卷、华东卷）96册，购买和交换《江苏地方文献丛刊（海陵丛刻）》《苏州通史》《萧山丛书》《中国地方志集成·寺观志》专辑77册，购买、交换、个人捐赠其他书籍857册，全年入库各类书籍1030册，入库朱树民、潘振元、沈闻琴等书画作者捐赠作品4幅。年内，该馆开展“兔小囡在苏州”绘本创意课、“苏州我的家”系列之笔尖绘古城门创意课、“拓印草木，留住苏城春天”体验活动等未成年人实践活动9次，参与人数200多人。向市委宣传部、市公安局、市广电总台、南京博物院等单位提供老照片400余幅。全年接待团体单位来馆查询资料30余次，现场接待查阅资料1300余人，接待参加未成年人实践基地活动的学生7000余人次。（周文燕）

【苏州市方志馆设立太平老街分馆】 4月19日，江苏省苏州市方志馆太平老街分馆在“第二届创意阳澄数字文创节太平专场”上揭牌。太平街道位于相城区东部，历史底蕴深厚，文化源远流长，古称“荻溪”，因镇上的太平桥，故称太平。该历史街区至今保存着大量清朝末年、民国初期的建筑，以及王鏊故居、三槐堂等历史遗迹。太平街道还有着众多的非物质文化遗产，如船模、砖雕、泥塑、蟋蟀盆、缂丝等。近年来，太平街道启动以书为媒的“书镇”建设，着力推动历史文化的保护与传承。苏州市志办积极助推太平街道打造书香特色文化创意小镇，精选赠送地情图书190种529册，并与太平街道办事处签订《苏州市地方志办公室与太平街道办事处共建方志馆太平老街分馆协议》。　（周文燕）

【灌南方志馆开馆】　7月10日，江苏省灌南县志办和灌南县两岸青年创业园合作共建的灌南方志馆揭牌仪式在县两岸青年创业园举行。该馆始建于2018年，建筑面积1250平方米，依托民间资本走出一条“联企办馆”的全新道路。按照浓缩方志历史、荟萃方志文化的思路，县志办对青创园现有的场地资源进行重新设计、精心打磨，建成全新的灌南方志馆。该馆设县情概况区、文化会客厅、图书阅读区、非遗传承人展区、文化艺术家协会活动基地、书画艺术交流区、照片墙、文艺表演区、红色文化传播区和红色故事微视频拍摄基地10个功能区。　（周文燕）

【中共镇江地方史馆、镇江方志馆开馆】　8月1日，中共镇江地方史馆、镇江方志馆开馆运营。该馆地处镇江市大西路西津渡历史文化街区，占地740平方米，建筑面积1070米。“两馆”功能定位是三中心一基地，即镇江市方志年鉴和地情资料收藏中心、地情研究咨询开发中心、地方文化对外交流宣传中心及爱党、爱乡、爱国主义教育基地。　（周文燕）

【杭州市方志馆建设】　年内，杭州市方志馆（展览馆、纪念馆）多点成网，成为地情宣传教育主阵地。该方志馆着力打造“杭州市民共同的精神家园”，全年接待参观者8.5万人次，包括泰国教育部访问团、意大利维罗纳市长考察团、参加第二届海峡两岸青年发展论坛的台湾青年访问团等重要团组278批次7300多人次。组织开展元宵节系列活动（猜灯谜、蹴鞠、高跷）、上巳节传统文化活动、尺八音乐会、中秋传统相亲活动、浙大留学生体验非遗活动等。与浙江工业大学、杭州职业技术学院、南星街道等单位签订共建协议，继续实施方志文化“六进”（进机关、进社区、进学校、进农村、进企业、进军营）工程。开展“重读杭州·山水天城”“重读杭州·人文荟萃”两个系列的学术沙龙系列活动。　（蔡建明）

【宁波市方志馆建设】　年内，浙江省宁波市奉化区方志馆场馆基建完成，面积300平方米；征集各地方志、年鉴，扩充馆藏内容。中共慈溪历史馆（市地方文献陈列室）组织开展地方文献、地情资料、文物史料征集工作，累计征集各类文献史料35册，实物46件。象山县溪里方村村志馆已收藏各类志书100余部，其中县域外志书50多部，年鉴30余部，家谱、族谱13部。　（高曙明）

【海盐县方志馆项目结项】　11月，浙江省海盐县方志馆建设项目完成结项。该馆建设被列入美丽县城建设考核。海盐县史志办与县城市投资集团密切配合，协调项目设计、施工、监理各方，督促项目推进。开展图纸变更及经费会审，开展档案中心的展陈设计和部分设备采购标准和规模的研讨。　（嘉兴市史志办）

【海宁方志文献馆筹建】　年内，浙江省海宁方志文献馆项目启动，并被列入当年市政府重点工作。该馆设于海宁市干河街历史文化街区仓基街15号的市级文物保护单位徐家老宅内，占地794.8平方米，主要功能区设海宁图志陈列馆、海宁邑人文库、海宁家谱文库、海宁志鉴文库、徐家老宅特展室。　（嘉兴市史志办）

【湖州方志馆建设】　年内，浙江省湖州方志馆完成“三服务”既定目标，全年接待参观人数逾5万人次。开展研学活动被《人民日报·海外版》宣传报道，并获评市首批“中小学生研学实践教育基地”，入选“湖州最美窗口”

行列。服务主题教育活动，发挥红色教育和党性教育前沿阵地作用。围绕“不忘初心、牢记使命”主题教育，湖州方志馆接待活动单位、企业21家，7000余人次。湖州方志馆根据主题教育要求，适当调整讲解和服务工作的重点，深入挖掘志书中爱国小故事、“初心”小故事11个，为主题教育提供微党课素材17次；提供主题教育服务和活动场地20余次。

（湖州市史志办）

【柯桥方志馆建设】 年内，浙江省柯桥方志馆新增史志书籍、地情文献资料共计205种355册。馆藏史志书籍累计1万余册、地情文献5000余册。全年，柯桥方志馆共接待各级单位来访10余批80余人次，接待社会各界查询资料100余次。（绍兴市史志办）

【衢州市方志馆筹建】 年内，浙江省衢州市方志馆采取与市档案馆二期项目合建方式。年初，向市政府汇报立项工作，获批示。此后与发改、财政等部门对接沟通有关事项。开展图书资料征集、登记、入库以及志鉴交换等日常性工作，积累馆藏。（衢州市志办）

【龙游县方志馆建设】 年内，浙江省余绍宋（越园）方志馆属于龙游县博物馆项目之一。建筑面积473平方米，投资约331万元，选址在龙洲街道宝塔路46号，与龙游民居苑毗邻。展陈内容包括贤达之路——余绍宋的生平、方志新章——余绍宋的志书贡献、翰墨丹青——余绍宋的书画成就3个部分。陈列有余氏家谱、日记手稿、捐赠的藏书、各种志书、碑刻、摩崖题记、书画作品、印章、照片、档案等珍贵资料。（衢州市志办）

【安徽省方志馆建设】 年内，安徽省方志馆新入库图书1710种4136册，其中各地报送493种1669册、购买1217种2467册。接待外单位查阅资料26批次。安徽省委党史研究院（省地方志研究院）对省方志馆部分功能性用房进行优化调整，并解决智能化建设需求以及管线布置等问题。（李波）

【福建省方志馆建设项目获批】 9月12日，中共福建省委机构编制委员会办公室发文同意设立福建省方志馆，作为中共福建省委党史研究和地方志编纂办公室所属公益一类事业单位。福建省方志馆机构规格为副处级，核定事业编制7名，主要职责为负责志书、年鉴和地情资料的收集、整理、保存、借阅、检索咨询，开展省情地情及地方志成果展示展览、学术交流等工作。（欧长生　吴朝庭）

【山东省方志馆筹建】 8月26日，山东省党史方志馆筹建工作对接会召开。山东省地方史志研究院与济南市自然资源和规划局针对山东省党史方志馆选址、用地等问题进行充分的对接交流。（张富华）

【滨州方志馆开馆】 9月27日，山东省滨州方志馆举行开馆仪式。该馆是山东省机构改革后投入运行的第一家新建方志馆。展陈面积800余平方米，设舆地雄封（地）、城事万象（城）、人杰争彩（人）、艺文流芳（文）、方志春秋（志）5大主题展区。除展厅外，方志馆内设密集书库，馆藏包括滨州旧志、新方志、综合年鉴、部门志、行业志及乡镇村志等各类志书文献1万余册。（张富华）

【河南省方志馆建设】 2月，河南省史志办与郑州市史志办、郑州市中原区委筹划建设区域性的、省市县共享的、立体式的国家方志馆中原分馆获中指组正式批复。河南省方志馆在改建后的基础上，进一步优化空间布局，增加300平方米图书库房，全年新增加馆藏图书2000册。举办习近平总书记视察河南专题布展，有省领导、外省同行、高校师生、社会群众600多人次参观。截至年底，全省18个省辖市已经建成方志馆有7家（郑州、三门峡、新乡、周口、漯河、南阳、平顶山）、正在建设和已经决定建设的有5家（洛阳、商丘、濮阳、信阳、鹤壁），正在积极争取建设的有6

家。新乡市方志馆开展“新乡历史志愿宣讲”活动，走进中学、高等院校、机关、军营等进行宣讲。三门峡市党史方志馆被命名为三门峡市爱国主义教育示范基地、河南省中共党史教育基地，接待140余批次1万多人参观。全省158个县（市、区）已经建成方志馆的有17家，正在积极争取且有显著成效的有40多家。

（文清华）

【宝丰县肖旗乡范寨村史馆正式开馆】 4月20日，河南省宝丰县肖旗乡范寨村史馆正式开馆。该馆2月开始筹备建设，经过查阅资料，走访座谈、收集登记实物照片，历时2个多月建成。由村情概况、自然环境、民情风俗、姓氏文化、历史沿革、名人记载、老物件7大版块构成，历史沿革为核心部分。（汪朝霞）

【武汉方志馆建设】 年内，湖北省武汉方志馆新入藏地情图书资料365种408册，馆藏图书总量达到25970种41068册，接待对外查询服务223批次281人次，服务满意率继续保持100%。武汉方志馆设立于1994年，与武汉志办合署办公，一套班子，两块牌子。2010年3月搬迁至武汉市江岸区铭新街8号。现有馆藏面积约165平方米，设地方文献室、年鉴志书库、基本藏书库、历史文献库（旧志、工具书、海外文献、复印资料等）、期刊电子出版物库5个书库。（张道旺）

【宜昌史志馆开馆】 9月12日，湖北省宜昌史志馆开馆。该馆面积3000余平方米，分方志馆、党史馆、史志阅览室和专业功能区4个部分。史志阅览室收藏全国党史、方志专业书籍及古籍善本等2万余册。方志馆展厅以“志说宜昌”为主题，按志书体例，分为自然禀赋、历史溯源、乡愁记忆、当代风采和先贤名流5个版块，突出宜昌作为“英雄之城”“文明古都”和“百年商埠”的历史定位和世界水电旅游名城、中国诗歌之城、中国美食之都的特色。该馆建设数字史志馆和影像史志馆。

（湖北省文化和旅游厅地方志工作处）

【孝感市方志馆试运行】 9月28日至10月7日，湖北省孝感市方志馆对外试运行开放。该馆展陈概念性设计方案经市委、市政府同意后，孝感市史志研究中心积极配合市文化中心管理办、代建办、设计公司完成市文化中心方志馆展陈设计各项工作，国庆节期间对外试运行。试运行期间，方志馆接待观众1.6万余人次。（湖北省文化和旅游厅地方志工作处）

【湖南方志馆建设】 年内，湖南方志馆扩充图书库存容量。在二楼和三楼图书室申购樟木书柜和密集架，二楼图书室存储空间提升16%，三楼图书室储存空间提升25%。截至年底，资料室购买图书1509册，收到捐赠图书568册，和外省志办、方志馆交流图书89册。清点整理重点书刊、旧志，购买首轮市县区旧志、专业部门志、地情资料、旧文史资料，共计530册。全年上架图书3540册、过刊509册，共计4049册。湖南方志馆图书资料馆藏有19902种，共计31204册；过刊馆藏有1152种，共计9541册。（易可倩）

【广东全省方志馆建设】 年内，广东省各地方志馆建设初具规模。全省已建、在建（含已立项，下同）方志馆53家（含3家镇级馆），占总数的35.7%。其中，建筑面积1万平方米以上的14家，5000平方米至10000平方米的5家，1000平方米至5000平方米的10家，1000平方米以下的17家，7家列入规划但未明确建筑面积。已建省、地级以上市、县（市、区）、乡镇（街道）馆分别为1家、6家、14家、3家；在建地级市、县（市、区）馆分别为9家、20家。省馆，广州、中山等馆获省爱国主义教育基地、省科普教育基地等称号。省馆，广州、深圳、佛山、中山等馆年参观量均超过1万人次，最多的达10万人次。省馆，广州、深圳、佛山、东莞、中山等馆的馆藏图书在2万册以上，最多的达22万册。（广东省志办）

【广东省方志馆建设】 1月，广东省方志馆被省科协命名为省科普教育基地（2019—2023

年）。7月，省方志馆在之前试运行基础上，增加双休日、节假日开馆，延长开放时间，实现全面对外开放，免费向社会各界提供省情展览参观、地方文献查阅等服务。8月，被广东省委宣传部命名为第八批广东省爱国主义教育基地。11月，被广东省委组织部命名为第二批广东省党员教育基地。12月，广东省中青年女干部培训教育实践基地、广东女子职业技术学院思政课实践教学基地挂牌。广东省方志馆发挥专题展览对固定省情展览内容的重要补充作用。7月与广东海上丝绸之路博物馆联合举办“丝路‘船’说——探秘‘南海Ⅰ号’”专题展览；9月，与省国资委合作举办“展风采·筑未来”——庆祝中华人民共和国成立70周年书画摄影、微视频作品展；11月启动党员活动中心建设，布置党建展览。12月举办“腾飞中国 辉煌70年”2019第六届广东青少年科技七巧板创意制作竞赛颁奖典礼暨优秀作品展示。该馆开展全面征集广东地方文献（志书年鉴、家谱）工作，从广东省自然村落人文普查系统导出并整理5万多条家谱信息，向深圳市、清远市两市各级地方志工作机构及乡镇、行政村发函定向征集家谱，已收到家谱19册；支援清远市各级地方志工作机构完成80多册家谱扫描，实现资源共建共享；征集和交换图书入库6681册，新进图书全部完成图书编目和上架工作。全年接待尼泊尔外宾团、印尼华侨团、四川凉山师生夏令营以及全国各地的地方志同行等参观团体270多批次1.72万人次。

（广东省志办）

【深圳市方志馆开馆】 6月27日，广东省深圳市方志馆开馆。深圳市方志馆位于福田区梅林片区，与深圳市档案中心合建。方志馆展陈面积750平方米，展线长度400米，位于三楼展区。内设深圳党史馆、深圳方志馆2个常设展厅和文献阅览室、书库、历史影像编辑保存中心、口述历史中心、《深圳史志》编辑部、研究办公区等功能用房，馆藏图书资料5.3万种22万余册，是集收藏、研究、咨询、展示、交流、教育于一体的公共文化设施。截至年底，接待市内外参观5.46万人次。

（广东省志办 陈立智）

【广西方志馆二期项目取得新进展】 年内，广西方志馆二期项目被列入广西壮族自治区《政府工作报告》和《国民经济和社会发展计划》。11月5日，《广西方志馆二期项目可行性研究报告》获自治区发改委批复。（黄榆林）

【海南省史志馆建设】 年内，海南省史志馆布展项目总体完成，开馆运营的各项工作持续推进。该馆是海南党史馆和海南方志馆的统称，定位为海南省爱国主义和革命传统教育的重要基地、省情地情展示的重要窗口、红色旅游的重要景点和地域文化的研究中心。该展馆集收藏、保管、展示、研究、开发利用为一体，充分发挥史志存史、资政、育人、交流等功能。展馆分地下一层、地上三层。地下一层，是党史、地方志、地情资料库，面积700平方米；地上三层为展览区，展馆总面积4631平方米，其中一层为地情展，二、三层为党史展。一层“南溟奇甸”展厅，重点展示海南地情和历史文化；二层“红旗不倒”展厅，重点展示中共琼崖地方党组织紧紧依靠人民群众，历经土地革命战争、抗日战争和解放战争艰苦卓绝的孤岛奋战，“二十三年红旗不倒”的光辉篇章；三层“扬帆奋进”展厅，重点展示海南解放后特别是建省办经济特区以来的生动实践、重大成就、宝贵经验。（黎美君）

【重庆市江津区档案方志馆建成】 1月，重庆市江津区档案馆（方志馆）正式投入使用。该馆于2012年6月立项，占地面积2.47公顷，总建筑面积1.12万平方米，总投资6348万元。办公、档案方志资料收集保管利用、档案方志资料信息化处理等功能有序运行，方志展陈室、方志阅览室、爱国主义教育基地、影像厅及数字方志馆等正在建设中。（陈秀红）

【四川省方志馆建设】 年内，四川省22个市、县方志馆（史志馆）开放，建成12个乡

（镇、街道）情馆和 89 个村（社区）史馆。12 月，四川方志馆川大分馆建成。四川省志办及全省 21 个市（州）、部分县（区、市）地方志部门向四川方志馆川大分馆赠送包括《四川历代方志集成》等在内的地方志书 4120 册，加上四川大学原来珍藏的地方志书 1972 种 5088 册，目前四川方志馆川大分馆收藏地方志书 9200 余册。（朱丹）

【贵州省方志馆建设】　年内，贵州省无省级方志馆，全省建有 3 个市级方志馆、12 个县级方志馆。现有方志馆均为与同级档案馆合建共同挂牌，无独立建（开）馆。（张彦）

【曲靖市史志馆成立】　4 月 10 日，云南省曲靖市史志馆挂牌成立。该史志馆设于市图书馆四楼，内有书架 81 组，陈设全市各级各部门、各单位历年编纂出版的党史、志书、年鉴及地情书籍 724 类 1920 本。读者可以通过曲靖市图书馆 App 查阅相关信息，也可以到曲靖市史志馆阅读学习。（宣勤）

【陕西省方志馆建设】　年内，陕西省各地方志馆建设取得新成效。西安市开展村史馆建设试点，制定《村史馆建设标准》。延安市方志馆陈列资料大纲编写稳步推进。榆林市方志馆馆藏图书全部到位，具备开馆条件。汉中市在汉中通史馆建设基础上，设置汉中市方志馆并完成方志馆布展方案，建馆工作有序推进。安康市利用方志馆资源和平台，宣介和传承地方志文化。（韩云鸽）

【西安方志馆建设】　年内，陕西省西安市志办积极推进西安方志馆建设，组织成立工作专班，分管副市长带队考察选址，召开西安方志馆建设专题会议，完成基础论证工作。组织人员赴浐灞生态区、西咸新区等地考察选址，赴北京、广州、安康等地考察学习方志馆建设经验，与西北大学、陕西师范大学、西安文理学院沟通协商合作建馆的可行性，向市政府办公厅上报《关于西安方志馆建设有关情况的报告》。（黄立峰）

【甘肃省方志馆建设】　年内，甘肃省天水市秦州区地方志编纂中心建成个人方志馆——秦州区乡村地情馆和秦州区文杰方志馆。成县志办建成县方志馆并开办史志期刊。（王文生）

【固原方志馆建设】　4 月，固原方志馆建成。该馆是宁夏第一个建成的市级方志馆，位于固原市行政中心西配楼 2 楼，建筑面积 1000 平方米，使用面积 810 平方米。固原方志馆增加工作编制 2 名，领导职数由原来的 2 名变为 3 名。该馆分展示区、馆藏区和阅读区三个功能区，其中馆藏区现有各类志书、综合年鉴、辞典、地情资料以及国学、传统文化书籍 1 万余册。在具备方志功能的基础上增加“初心书屋”，拓展地方志的教育服务社会功能。初心书屋分为指导思想、党建党史、宁夏党建党史、固原党建党史、传统文化、丝路文化、丝路固原、“四个一”工程 8 个专栏。该馆先后被授予全市离退休干部活动基地、市爱国主义教育基地、全市地情信息中心、大学生志愿服务基地等。截至年底，接待部门（单位）21 个 260 余人次。（张明鹏）

理论研究与期刊出版

·志鉴研究综述

2019年全国方志理论研究综述

2019年，方志学较上一年研究取得较为丰硕的成果。据知网、维普等数据库统计，本年度公开发表的论文556篇，其中方志理论方面有43篇，方志编纂方面有51篇，方志管理与实践方面有84篇，方志史与方志史学有20篇，志书（稿）研究与评论有50篇，旧志整理与研究有86篇，方志与地方史研究有125篇，方志馆研究有17篇，方志开发利用有27篇，方志人物有28篇。同时方志学硕博士学位论文有30余篇。从论文的作者单位来看，高校、科研单位及各省市区地方志办为主要力量。为了便于述评，本文将从方志基础理论研究、方志管理与实践研究、方志编纂、方志史和方志学史、志书研究与评价5个方面展开。梳理的对象主要是国内公开发表的期刊论文，有关研究著作仅作简要介绍，有关学术研讨会议论文、论文集论文不在研究范围之内。

一、方志基础理论研究

方志理论研究是方志学研究的首要重点内容。2019年，这方面的研究主要集中于探讨方志学科建设、方志学与其他学科的关系、方志文化等方面。而方志的性质一直是方志理论研究中的重点。

关于方志学科建设方面。近年来，方志学界致力于将方志学建成一级学科，不少学者对如何解决方志学学科体系建设中的问题提出了自己的想法。巴兆祥、李颖《基于〈中国地方志〉计量统计的方志学科知识体系构建研究（1994—2008）》（《中国地方志》2019年第5期）一文是方志学体系探究中少见的跨学科研究成果。文章整理、分析具有代表性的2796篇论文，统计《中国地方志》在1994年至2018年方志学知识的生产主体、方志学知识相关内容与体系构建。赵颖《浅谈方志学在中国特色哲学社会科学中的地位》（《新疆地方志》2019年第2期）一文从学科地位的角度展开，认为方志学在中国特色哲学社会科学中有特殊地位，要构建中国特色的方志学体系，必须加快方志学科建设的步伐，加大方志资源的开发利用，树立方志工作者的文化自信，加强方志学研究的创新精神。张安东《新时代方志学科体系与模式建设之思考》（《上海地方志》2019年第4期）一文从方志学学科体系研究现状、方志学学科性质、方志学科建设方向以及存在的问题展开，认为方志学学科的建设应该结合时代发展的需求，构建全面的、有特色的、实用性的方志学学科，以此促进方志学学科建设的不断完善，进而推进地方志事业的可持续发展。殷勇《走向学术自觉——中国方志学建构的必由之路》（《黑龙江史志》2019年第8期）一文认为方志学应该经历同历史学一样的学术自觉：认识自己研究的本质、目的与价值，结合中国实际，构建学术共同体。潘捷军《基于史料学视域的方志学学科建设》（《黑龙江史志》2019年第12期）一文从史料学的视角来审视方志学，认为方志学的史料属性是方志学的基础，但是不是全部，应该用史料学与其他学科一起构建好方志学的学科体系。一些学者也对方志学的分学科建设进行构想。

关于方志文化方面。方志文化研究逐渐兴起，2019 年亦有不少研究成果发表。朱克雄《地方志在实现“一带一路”沿线人民“心相通”中的信史文化作用》(《新疆地方志》2019 年第 3 期）一文从国家大战略出发，认为地方志在“一带一路”沿线人民中实现了信史文化的作用。陈忠《丝绸之路经济带背景下方志文化对外传播交流对策研究》(《新疆地方志》2019 年第 4 期）一文认为方志文化积极服务于丝绸之路经济带核心区建设，配合国家文化“走出去”战略，扩大国际影响力和竞争力，为提升国家软实力发挥重要作用。方志文化如何走出去，对于方志术语的翻译则是重中之重：赵明明《地方志书英文目录常用术语翻译述评——以上海二轮市级专志为例》(《上海地方志》2019 年第 4 期）以上海市的第二轮志书为例，对地方志书英文目录常用术语翻译进行简述。

二、方志管理与实践研究

2019 年，方志管理与实践研究主要分为方志管理工作、方志法治化建设、方志开发利用、方志馆建设等方面，旨在为今后方志工作的开展提供借鉴。

关于方志管理工作方面。方志管理工作包括编纂机构改革、修志队伍管理、管理经验交流等。李秋洪《经验与启示：地方志事业的走向——兼谈第三轮地方志发展规划纲要》(《广西地方志》2019 年第 1 期）一文从第三轮地方志发展规划纲要入手，探讨地方志事业的走向。周修宇《试析修志人员素养的重要性》(《黑龙江史志》2019 年第 7 期）一文认为修志人员的素质对于地方志的编修极为重要，第一，需要政治素质硬、大局意识强；第二，知识广泛、经验丰富；第三，鉴识能力出众，敢于秉笔直书；第四，责任心强、敢于担当；第五，文字功底厚、善于学习；第六，组织协调能力强。韩章训《论修志责任和人才思想发展》(《黑龙江史志》2019 年第 9 期）一文对宋元开始的修志人才思想以及修志责任进行梳理。张旭《浅谈我国修志行政合同》(《黑龙江史志》2019 年第 6 期）一文介绍我国修志的行政合同内容及意义。新中国成立后，已然编纂上万部地方志、专业志，但是对其出版研究则寥寥。

关于方志法治化建设方面。经过从依法修志向史志立法的思想转变，方志法治化成为方志管理事业的关键一环。冀祥德《以“中国之志”资治“中国之治”》(《黑龙江史志》2019 年第 11 期，而后《学习时报》2019 年 12 月 23 日第 4 版、《巴蜀史志》2019 年第 6 期转载）一文认为方志法治化建设是推动“中国之志”的关键。徐艳《史志法立法研究初探》(《新疆地方志》2019 年第 2 期）一文根据依法治国方略的必然要求，提出史志立法的落实是国家立法思路上时代性、规律性、前瞻性的体现。林忠玉《试论〈中华人民共和国史志法立法〉的必要性》(《广西地方志》2019 年第 2 期）一文认为在依法治志导向和信息传播技术发展的推动下，《地方志工作条例》已然不适应方志事业的发展，需要设立《中华人民共和国史志法》作为指导性史志法。罗志《浅析“五大发展理念”引领下如何依法推进地方志事业新跨越》(《新疆地方志》2019 年第 1 期）一文认为要推动立法，则应该在五大发展理念引导下进行。同时还有文章探讨了区域地方志工作法治化建设的可行性。刘博《推进新疆地方志工作法治化建设的思考》(《新疆地方志》2019 年第 1 期）一文认为史志立法条件还不成熟，以新疆为例，认为还存在认识尚有不足、顶层设计尚待强化、常态化方志执法有待加强、事业管理有待完善等问题。

关于方志开发利用方面。近些年来，随着新媒体的崛起，阅读的定义也被泛化，传统的方志如何在新媒体时代求生存，是方志界亟待解决的问题。微信作为时下中国最为火热的即时通讯软件，自然会引起一些方志学者的关注。周维《“互联网 +”背景下地方志网站现状及创新发展探析》(《中国地方志》2019 年第 1 期）一文认为在“互联网 +”的时代，地方志更应顺应时代发展，通过更多渠道手段宣传、推广和利用地方志。赵莉莉《浅析地方志资源数字化》(《河南图书馆学刊》2019年第4期)一文认为大数据时代，地方志工作须与之相适应，信息化、网络化将会是今后地方志工作的主流，即采用科学、快捷、高效的方式，利用信息化、网络化的快捷优势，最大限度地发挥地方志资源的功用，这是对修志工作者的新要求，也是时代的迫切需要。赖少波《新时期地方志网络信息化建设的几点实践——以建瓯市为例》(《新疆地方志》2019年第4期)一文以建瓯市为例，提出将丰富的地方志资源实现数字化、网络化、信息化，让潜在的资源宝藏变成活的信息资讯，发挥自身资料优势，走不断发展创新之路，从而把建瓯市地方志事业推上一个新的台阶。

关于方志馆建设方面。2019年，有关方志馆的研究也受到部分学者的关注。姚文文《浅谈新型方志馆的公共文化服务功能》(《黑龙江史志》2019年第10期)一文从方志馆的公共文化功能入手，探求方志馆的公共文化属性，认为方志馆应该立足于公共文化推广的立场之上。周文燕《让方志馆更好地服务公众》(《江苏地方志》2019年第2期)一文认为拓宽宣传渠道，扩大群众知晓度；加大资源开发，打造公共文化产品；增强服务能力，满足个性化需求是让方志馆更好地服务公众的三大途径。杨杨、吴一峻《上海市方志馆建设与发展研究》(《上海地方志》2019年第4期)一文以上海方志馆建设为例，指出虽然各区街道方志馆建设成绩显著，但是仍旧存在思想认识不到位、硬件设施不齐全、馆藏资源不丰富、人才机制不健全、公共服务不充分等问题。王贞伟《村级方志馆建设的实践探索——以温宿县托乎拉乡河畔村方志馆建设为例》(《新疆地方志》2019年第3期)从村级方志馆建设的层面出发，认为村级方志馆的投入，为乡村治理提供更好的历史借鉴。

三、方志编纂研究

结合2019年学界文章，研究主要从方志的编纂原则与方法、各类方志编纂、诸篇编纂方面展开。

关于方志的编纂原则与方法方面。方志的编纂原则与方法是方志编纂工作的理论准备。苏毅《对地方志编纂若干问题的思考》(《新疆地方志》2019年第4期)一文对地方志编纂的若干问题进行思考，认为要编纂出一部具有科学性、思想性、资料性、时代性和可读性，符合社会主义文化发展方向的精品佳志，必须坚持和遵从志书的编纂原则，明确志书的义理与体例，采取科学的资料搜集方法。詹跃华《论志书记述的六种方法》(《新疆地方志》2019年第3期)一文认为地方志是一地之百科全书，因此编纂地方志需要掌握秉笔直书、述而不作、纵横对比、详略得当、纵述史实、以事系人等六种方法。韩章训的《修志规制综论》(《广西地方志》2019年第5期)一文总结古今修志的经验，可概括出六个主要修志规则，即越境不书、越限不书、越级不书、常事不书或略书、通典不录、详今略古。杨仲年《浅谈社会调查在修志中的重要作用——以〈玛纳斯县志(1986—2010)〉编纂为例》(《新疆地方志》2019年第4期)一文以《玛纳斯县志(1986—2010)》编纂为例，认为社会调查方法在修志过程中有着重要作用。

关于各类方志编纂方面。各类方志的编纂包括省市县志、区镇志、乡土志以及专志。胡巧利认为重修的《龙游县志》，体现传承创新的编纂思想。胡运动《谈重修〈龙游县志〉的创新精神》(《广西地方志》2019年第4期)一文对编纂《钦州市志》的体会进行总结，认为盛世修志、以启未来。乡镇志的编修如今成为地方志工作的重要部分。刘昌发《乡镇志编纂的几点思考与探索》(《福建史志》2019年第5期)一文认为编修乡镇志对守护乡村历史，传承乡村文明，建言资政，服务现实，教化育人，联络乡情，促进乡村文化建设等具有重要意义。黄建安《论“村落终结”时代的村志编纂》(《中国地方志》2019年第2期)一文认为，民间自发状态下的村志编纂，成果难以预期，质量难有保证，难以适应“村落终结”时代的需要，应该做好规划，改变目前村志编纂中制度供给和管理规划力度不足的现状。专志的编纂同样面临众多问题。伍美茹《浅谈〈中国地质博物馆志〉编纂应注意的问题与对策》（《黑龙江史志》2019 年第 4 期）一文认为《中国地质博物馆志》编纂需要注意史料翔实，语言精练，突出人民，这样才能突出地质特色、时代特色和文化特色。

关于诸篇编纂方面。诸篇记述同样是方志研究的热点。詹跃华《谈第三轮志书人物传撰写》（《黑龙江史志》第 7 期）一文以三轮人物志的撰写为例，从原则、方法进行论述。周远德《浅谈〈遵义市志〉的篇目设计》（《广西地方志》2019 年第 4 期）一文以《遵义市志》的篇目设计为例，认为一部志书，篇目的设置是关键。篇目是志书的纲，篇目设置得好，那么志书就成功了一半。梁滨久《市县（区）续志政治部类篇目设置的几个问题》（《黑龙江史志》2019 年第 8 期）对市县（区）续志政治部类篇目设置展开分析，从中国共产党的篇目设置、人民代表大会的篇目设置、公检法的篇目设置，到群众团体的篇目设置中出现的问题进行罗列、整理。黄婷《论重大事件志的编纂现状与意义》（《上海地方志》2019 年第 2 期）一文对 2008 年以来，编纂重大事件志的现状进行分析，认为这些志书的编纂，充分反映我国集中力量办大事的社会主义制度优势，也能弘扬民族精神和提升社会凝聚力。

四、方志史和方志学史研究

2019 年，方志学史研究论文相对较少，可分为方志史、方志学史、史志关系、方志人物、方志收藏与整理方面。

关于方志史方面。有关方志史研究，2019 年偏重于对区域方志史的研究，大多学者都考察了各个地区的旧志修志情况。徐鹏《顺治时期浙江县志编修与地方秩序——以处州府松阳、遂昌、龙泉、宣平四县为例》（《中国地方志》2019 年第 4 期）一文以顺治时期处州府四县的方志编修为例，阐析乱世修志背后纷繁复杂的修志群体与心态，并进一步讨论此时期县志编修对于地方秩序恢复的意义。闫超《清代东北修志述略》［《南开学报（哲学社会科学版）》2019 年第 6 期］一文对清代东北修志的情况进行了梳理，将清代修志分为三个时期。杨学东《清代西藏地方志的撰修、类型及特点》［《西藏民族大学学报（哲学社会科学版）》2019 年第 1 期］一文从撰修、类型和特点三方面阐释清代西藏地方志，认为清代西藏方志通志少县志多、官修少而私撰多、军事色彩浓重、多为简志。陈杰《民国杭县修志始末》（《中国地方志》2019 年第 4 期）一文以民国杭县为例，认为民国时期是中国地方志由传统方志向现代方志过渡的重要时期。民国杭县修志虽为县级修志个案，却也具代表性，反映了时代特点。吴会蓉《西康省通志馆的成立及其修志活动述略》（《中国地方志》2019 年第 3 期）一文以民国西康省通志馆的成立为例梳理其修志情况。

关于方志学史方面。方志学史的研究，对理清方志学的理论有着关键指导作用。潘捷军的《“志”存高远：新中国方志学术 70 年》（《中国地方志》2019 年第 5 期）一文从中华人民共和国成立初期到改革开放前的艰辛探索，改革开放后第一轮修志的实践与发展，新世纪以来第二轮修志的成就与创新三个阶段梳理新中国方志学的实践道路。李连秀《70 年来中国方志文化的传承弘扬和创新发展》（《史志学刊》2019 年第 4 期）一文认为作为中国社会文化事业重要组成部分的方志文化，从 1949 年至 2019 年中国方志文化得到传承和弘扬，更得到创新发展。韩章训的《论方志学的转型升级》（《广西地方志》2019 年第 3 期）一文认为新中国方志学发展了 70 年，急需转型，其转型升级的任务就是实现从传统型向当代型、从单书型向系统型、从粗疏型向精密型的三个转化。

关于史志关系方面。一般旧方志的序言都会讲到“国有史，方有志”，足见史志之间的密切关系。孙晓东《略论方志与专史的编纂》（《上海地方志》2019 年第 4 期）一文认为地方志专门讲地方的历史，跟专史有着密切的关系，其中丰富的资料是讲好专史的必要条件。李莉《清代通志序跋中史志关系论述举隅》（《福建史志》2019年第1期）一文从清代通志的序跋当中，认识到有人认为史志有别，但是更多的人认为史志互补、互为表里。殷勇《地方志回归地方史可能性的探讨》（《黑龙江史志》2019年第1期）一文认为如今地方志与地方史的研究不断地趋同化，因此从之前的地方志、地方史双轨开展，成为地方志重新融入地方史的书写话语体系中的新途径。吴笛《见微知著：论口述史与民间文献在地方志书中的应用——以〈时光里的家园——上海市静安区社区微志选辑〉为例》（《上海地方志》2019年第3期）一文应用口述史与民间文献的跨学科方法收集地情资料，总结和反思推进地方志资料收集多元化的方法和路径。黄禹康《略论史志在传承发展传统文化中的作用》（《黑龙江史志》2019年第12期）一文探讨史志在共同传承传统文化中的作用。

关于方志人物方面。方志人物历来是方志学研究的热点之一，历年来都有不少相关文章发表，2019年亦是如此。而在方志人物研究中，大多学者通过方志学家的修志实践探讨他们的贡献及理论思想。对于方志人物的研究，一般分为方志学家的研究以及修志人物的探讨，时间跨度从宋代到新中国，研究重点主要集中于旧志编修经验总结以及对新方志发展的贡献。章学诚是方志人物研究中经久不衰的话题之一。张易和《章学诚、戴震方志理论之争的研究评述》（《中国地方志》2019年第4期）一文从传统的章戴之争入手，认为将章学诚归于修志历史派，将戴震归为修志地理派的致用结论有违于史实，应该客观、公正地看待这场辩论，从当时的学术大背景、历史大背景进行讨论，同时戴震的方志学思想同样值得肯定。陈时龙《孔尚任的方志编纂思想》（《中国地方志》2019年第4期）一文对孔尚任的方志编纂思想进行深入的探究，认为孔对方志性质、方志编纂、方志体例提出了自己的观点。沈永清《李林松与〈嘉庆上海县志〉》（《上海地方志》2019年第2期）一文认为李林松编纂的志书体例编修继承万历上海县志，资料体现地域性，资料价值取向多元。熊锐的《刘咸炘撰修四川方志的尝试与总体设想》（《中国地方志》第1期）一文中提出虽然刘咸炘没有地方志传世，但是其《双流足征录》《蜀诵》等都体现了为家乡存史的思想，与地方志的地域性不谋而合。张凤英《明遗民李世熊与康熙〈宁化县志〉的编修》（《上海地方志》2019年第3期）一文以康熙《宁化县志》为中心，认为该志由明朝遗民李世熊私修，虽在康熙年间对应修一统志的响应，由私志转为官志，但是其中的遗民色彩依旧浓重。唐燮军《浅析陈训正方志编纂思想的形成——从民国〈定海县志〉到〈鄞县通志〉》（《中国地方志》2019年第2期）一文分析了陈训正方志编纂思想的形成过程，认为其思想中西兼有，新旧杂陈。

民国开始关于方志学的研究趋于火热，方志学者也越来越多。薛艳伟《傅振伦与方志序跋》（《中国地方志》2019年第3期）一文对傅振伦的方志序跋进行整理归类，分析96种序跋，认为可以更好地了解傅振伦的方志思想。任芮欣的《谢国桢与方志学》（《中国地方志》2019年第4期）一文认为谢国桢虽然没有专门的方志学论著，但是其收藏有大量旧志，对地方志有自己的理解，其以志研史值得借鉴。扈晓冰《史念海对新方志学的贡献》（《中国地方志》2019年第6期）一文总结了史念海对新方志学的贡献，认为其在方志的起源与发展、史志关系、方志的性质、新方志的编纂方法等方面进行了深入的研究。王复兴《论董一博对新方志学建设的贡献》（《中国地方志》2019年第3期）一文对董一博的新方志学贡献进行总结，相较于史念海，董一博深入修志一线，转变修志思维，参与构建地方志的理论体系等工作。

关于方志收藏与整理方面。方志整理主要集中于对旧志的整理。钱建中的《南北朝时期江苏府县佚志考述》（该文分2部分发表，上部分发表在《江苏地方志》2019年第4期；下部分发表在《江苏地方志》2019年第5期）一文对南北朝时期江苏的20余部古方志的朝代、书名、作者、佚名进行考订。葛小寒《明代方志“未见旧志”考——以南直隶府县志为中心》（《史学史研究》2019 年第 1 期）一文分析“未见旧志”“未有方志”等现象，认为方志序跋中的“未见旧志”很大程度上并非因为时人不知道有“旧志”的存在，而是他们因为考虑到撰修官员的政绩与地方势力的认同所作出的“修辞”。罗涵亓的《四川地方志保存现状调研分析》（《四川图书馆学报》2019 年第 2 期）一文在四川省古籍普查成果的基础上对现存四川地方志（旧志）进行梳理和分析，以期对今后全省方志的整理保护及开发利用提供参考。

五、志书研究与评价

2019 年方志学界对志书研究与评价部分主要从旧方志研究、新方志研究、方志辩误方面展开。

关于旧方志方面。旧方志一直是方志学界的研究热点之一，大多学者比较关注旧志的作者、成书经过、内容、体例、版本等问题。《中国地方志联合目录》记述旧志 8000 多种，加上之后馆藏发现、海外影印回国的旧志，总数应该在 10000 种以上，因此旧方志的研究一直十分重要。由于地方学的兴起，研究地方志的学位论文也在不断涌现，2019 年关于旧志研究的硕士论文就有 7 篇，涉及的省域包括河北、山东、福建、海南等。

值得关注的是 2019 年对稀有珍本的研究增多。巴兆祥《〈咸淳重修毗陵志〉疏注考》（《明清史评论》2019 年第一辑）一文研究了南宋《咸淳重修毗陵志》的流播史，结合历史地理的研究视野，以方志传播学的方式考察《咸淳重修毗陵志》的流传情况。刘猛的《孤本光绪〈重修含山县志〉初探》（《上海地方志》2019 年第 1 期）一文对光绪稿本的《重修含山县志》进行撰修实践的梳理。张英聘《试述〈南雍志〉的文献价值》（《故宫博物院院刊》2019 年第 3 期）、陈浩东《试析〈大明一统志〉的史料来源——以重庆府部分为例》（《史志学刊》2019 年第 1 期）、关欣《试论〈新安志〉中注释的方法、特点及史料价值》（《上海地方志》2019 年第 4 期）等均对专志进行探讨。

方志的内容包罗万象，蕴藏着丰富的历史资料，有助于历史学和文献学的研究。2019 年，有不少学者探讨方志的史料价值和文献价值。李建武《嘉靖〈雄乘〉史料价值探析》（《中国地方志》2019 年第 4 期）一文对嘉靖《雄乘》的史料价值进行分析，认为其有保存地方掌故、记载雄县状况、关注国计民生三大价值。金毓平的《秦淮区地方志历史文化资源的价值与应用》（《江苏地方志》2019 年第 1 期）一文认为秦淮地区的地方志资源丰富，可以作为经济借鉴、旅游参考、民俗传承的载体。田亮《试论资源开发利用与地方志转型升级的关系——以广东的实践探索为例》（《广西地方志》2019 年第 2 期）一文以广东的修志实践为例，认为地方志的资源开发利用是地方志事业转型的重要面向，同时地方志事业的转型为地方志资源开发利用向深度发展提供新的方向。王方领《清代县志对先贤教化书写、塑造、传播的一般路径——以道光〈颍上县志〉〈宝丰县志〉〈乐清县志〉为例》（《上海地方志》2019 年第 1 期）一文对清代对先贤教化的书写、塑造、传播的路径进行简单的梳理。

关于新方志方面。有关新方志评介的研究成果亦十分之多，但研究相对薄弱，大多学者较重视其特色之处。王晖《52 部中国名镇名村志稿点评与思考》（《史志学刊》2019 年第 1 期）则对 52 部中国名镇名村志稿从志书冠名、编职署名、照片摄制、概述创新、体裁设置、艺文汇编、资料运用、图文版式、语言表述、后记文风十个方面点评与思考。李宗辑《“书写”与“言情”：历史书写和在地情怀——读〈邹平县霍坡村志〉》（《中国地方志》2019 年第 5 期）一文通过《邹平县霍坡村志》对历史书写进行深刻的思考，认为历史会随着历史学家的解读而丰富，该村志已然提供了丰富的信息与材料，为历史书写提供广阔的空间。周远德《大胆创新精益求精——读〈修文县志〉有感》(《广西地方志》2019 年第 3 期)一文以《修文县志》为例，认为其采用大编体设置，记述方式新颖得体，资料翔实，内容丰富，设置“县情数据”等创新性的记述方式，装帧设计美观大方。樊春楼《深入剖析农村社会全面展现乡韵乡愁——学习杭州市萧山区〈凤凰村志〉心得》(《广西地方志》2019 年第 5 期)一文认为萧山区《凤凰村志》充分展示了以人为本的修志理念，全方位展示新农村的历史画卷，深入开展田野调查，对重要事件进行升格处理，彰显了地方志敢说真话的勇气。

关于方志辨误方面。方志虽有很高的史料、文献价值，但或是人为原因，或是时代局限，以致志书难免会出现一些错误。不少学者对此予以辨误纠正。如指出旧志问题的有徐美珍《同治〈赣州府志·书目〉校考十六则》(《图书馆杂志》2019 年第 2 期)一文利用现存的清代赣州府县志对《赣州府志·书目》进行订正。成庆炎《〈上虞县志〉中粮食数据的两处错误》(《中国地方志》2019 年第 6 期)一文对一轮编纂的《上虞县志》粮食数据进行补正。

其中高校研究生的论文数量在逐年增加，任淑莉《宋元浙江方志文献学研究》(西南交通大学 2019 年硕士学位论文)一文总结了宋元以来浙江方志文献学的成就，对当时方志中的方言材料的专题研究尤为重要。颜蕙茹《安徽太平府旧志研究》(安徽大学 2019 年硕士学位论文)一文梳理了明至民国的太平府旧方志，对旧志的源流、体例、价值进行探讨。朱丹丹《1949 年以来的安徽省县志出版状况研究》(安徽大学 2019 年硕士学位论文)一文介绍 1949 年以来安徽省县志出版的状况。往年多以旧志研究为主，2019 年对方志的开发和利用研究有所偏重。赵亚星的《方志传播的创新实践——〈中国影像方志〉研究》(郑州大学 2019 年硕士学位论文)一文从新闻学的视角对《中国影像方志》的传播功用、内容特征、叙事策略展开论述，展示方志文化传播的新面向。韩依琳《地方志史料在初中历史教学中的应用——以洛阳地区初级中学历史教学为例》(陕西师范大学 2019 年硕士学位论文)一文从地方志史料的价值应用的层面，分析了地方志史料在初中历史教学中的应用。汤文浩《〈商丘地区志〉(续卷)(节选)汉英翻译实践报告》(宁波大学 2019 年硕士学位论文)以《商丘地区志》(续卷)为例进行翻译实践。

综观 2019 年方志学界的研究成果，其作者大致可以分成两类：高校科研机构的研究人员和政府方志编纂单位的工作人员。关于方志编纂以及方志研究的文章各占一半，文章质量稳中有进。大多学者都能与时俱进，利用新技术、新方法，透过新视野对地方志进行全面而深入的研究。一些地方志刊物开辟了特殊专栏，有更多刊物刊发关于地方志的文章。随着“方志中国”“影视方志”等一系列视频宣传的铺开，简志和地情介绍等公众性读物的普及，各地的方志(通志)馆陆续对公众开放等，方志文化普及工作越来越顺利。同时种种迹象预示着方志学界理论研究不断深化，编修成果不断丰富，存史、育人、咨政功能不断彰显。

2019 年方志学研究成果斐然，但是或多或少存在一些问题：首先，各省方志机构属性不同，导致有些省市区重视方志利用与研究，有些省市区对于方志学的关注则相对较弱；其次，仍然需要加强法制建设，无论地方志的编纂，还是地方志的宣传与利用都离不开法制建设；再次，高校方志研究者与修志一线的工作人员之间的交流比较少，很多高校学者是理论派，修志工作者则是实践派，两者应该取长补短，多多交流；最后，学术界对于“方志学”还不够重视，很多学者将地方志当成资料“丛书”，以“方志学”为主题的研究寥寥。从 2019 年的研究成果可以看到方志学的发展极不均衡，方志对于一般学者仅仅只是停留在资料的层面，很多人对于方志学只是听说过，对于它的学科体系、研究对象等不了解，甚至是没有兴趣了解，这使得方志学研究的进展缓慢。对于致力于方志学研究的学者，应该耐得住寂寞，下得了苦工，首先提高自我的学术素养，然后结合如今各种科学技术，为方志学的推广添砖加瓦。

(范锐超)

2019 年全国年鉴理论研究综述

2019 年公开发表的论文有 152 篇。从论文的作者单位来看，高校、科研单位及各省（市、区）地方志工作机构为主要力量。通过梳理和考察 2019 年的情况可知，我国学者在年鉴编纂注意事项、存在的问题、质量提高和创新等方面取得了一定的研究成果。本文从年鉴编纂基础理论、年鉴编纂应用理论、年鉴管理与实践、年鉴资源开发利用 4 个方面对 2018—2019 年年鉴研究情况作梳理，梳理的对象主要是国内公开发表的期刊论文，有关研究著作仅作简要介绍，有关学术研讨会议论文、论文集论文不在研究范围之内。

一、年鉴编纂基础理论

年鉴编纂出版事业的快速发展，客观上要求年鉴编纂理论研究与时俱进，用不断创新的理论指导不断创新的实践，用不断发展的理论促使年鉴研究体系更加完整和严谨，支撑迅速发展的中国年鉴事业。年鉴基础理论研究是年鉴研究的首要重点内容。2019 年，年鉴编纂基础理论的研究主要集中于探讨年鉴的属性与功能、年鉴与志书的关系、外国年鉴研究等方面。

（一）综论

专家学者主要针对年鉴的属性、功能及年鉴学科建设等基础理论进行深入研究，以促进创新年鉴编纂机制，提高年鉴编纂运作的整体效率。

关于年鉴属性。侯庆凤《浅谈地方综合年鉴的基本属性与写作技巧》（《黑龙江史志》2019 年第 9 期）一文强调资料性、年度性、连续性、区域性的地方综合年鉴四个基本属性之间相互制约和影响，必须在实践过程中去探索这四种属性之间的关联性。詹跃华《对年鉴定义、属性和特点的认识》（《新疆地方志》2019 年第 2 期）一文认为年鉴的全面性、权威性、翔实性、实用性、时代性、现实性等属性是由其资料性、年度性、系统性所衍生的。

关于年鉴功能。潘捷军《充分发挥年鉴功能，推动年鉴事业创新发展》（《中国年鉴研究》2019 年第 3 期）一文强调年鉴工作要全身心投入年鉴事业转型升级的发展中，全力提升年鉴质量，为世人留下丰硕的文化精品，为弘扬优秀传统文化、服务经济社会发展作出新贡献。雷卫群、陈晓婧《试论省级综合年鉴的功能细化问题——28 部省级综合年鉴功能分析》（《中国年鉴研究》2019 年第 4 期）一文通过分析 28 种省级综合年鉴，将年鉴的功能归纳为保存资料、为领导决策服务、为经济和社会发展服务、为研究人员提供材料、为修志积累材料、窗口作用、礼品书、为民族团结服务、育人等 9 项。另外，何蕊、王远《凸显时代特色　启示未来发展——以〈中国林业年鉴〉为例浅析年鉴的时代精神和时代价值》（《新闻传播》2019 年第 13 期），姜阿平《论学术共同体视角下的学术年鉴功能演化》（《中国年鉴研究》2019 年第 4 期）等论述了专业年鉴的功能演变。

关于年鉴与地方志书的关系。张维《浅议史、志、鉴内容结构的关系与文献价值》（《史志学刊》2019 年第 4 期）一文从史、志、鉴基本区别入手，探索志书内容与结构的变化趋势，注重志书资料性文献价值。

关于年鉴事业转型升级。党的十九大胜利召开以后，中国特色社会主义迈入新时代，改革创新与可持续发展成为年鉴事业发展的当务之急。冀祥德《新中国年鉴 70 年发展思考》（《中国年鉴研究》2019 年第 3 期）一文强调年鉴事业发展一是要坚持政治导向，全面贯彻落实“不忘初心、牢记使命”主题教育总要求；二是要坚持目标导向，全力打赢“年鉴全覆盖”攻坚战；三是要坚持质量导向，用创新理论引领年鉴创新发展；四是要坚持人才导向，着力建设地方志人才高端智库。牟国义《高质量发展：新时代年鉴事业新境界》（《史志学刊》2019 年第 5 期）一文指出，我国年鉴事业存在年鉴编纂理念滞后、内容价值弱化、种类形式单一、传播手段落后、有效供给能力不足等问题，并从年鉴的理论研究、编纂质量、形态体式、传播方式和人才队伍5个方面论述新中国年鉴事业高质量发展的内涵。李涛《中国军事年鉴发展的成就与启示》（《中国年鉴研究》2019年第3期）一文回顾了中国军队开展军事年鉴编纂工作的历程，强调思想观念、体现时代特性、运用信息技术和注重开发利用是军事年鉴编纂工作在新时代的创新发展的方向。刘传仁《依法保障年鉴事业发展的思考》（《中国年鉴研究》2019年第2期）一文指出，要坚持、强化并推进依法治鉴是年鉴事业的保障。何伟志《赓续优秀传统，创新年鉴事业》（《中国年鉴研究》2019第3期）、管仁富《记载中原文化，创新史志大业》（《中国年鉴研究》2019年第3期）和张恒彬《借鉴国外年鉴经验 推动年鉴事业转型升级》（《史志学刊》2019年第5期）均对我国年鉴事业的转型升级作出阐述。

（二）国外年鉴研究

年鉴起源于西方国家，探寻和借鉴西方年鉴的功用和发展规律，进一步推进我国年鉴研究向深度发展和向广度拓展，是中国年鉴发展的必要途径。裘晓燕《英美年鉴内容及其演变述略》（《上海地方志》2019年第2期）一文通过分析英国《惠特克年鉴》和美国《世界年鉴》的内容和演变，强调二者存在的差异体现了西方年鉴追求个性化发展的特点。陈洪泉《中美日年鉴对比与启示》（《中国年鉴研究》2019年第3期）一文分析中、美、日三国年鉴的发展历程、编辑发行方式、记述重点，指出放眼世界，探索其他国家年鉴的优长，是中国年鉴发展的必要途径。王韧洁《国外年鉴特点述论》（《中国年鉴研究》2019年第4期）一文指出，国外年鉴从编纂到运营，形成了体例上对条目体和文章体灵活地选取与处理；内容上讲求精致细化，时间、地域范围宽泛，注重实用，富有主观色彩，不回避负面信息；组织管理上形成专业、多元的成熟机制；网络建设上开拓不同类型的网站和新型移动端应用；装帧设计上普遍保持便携便览的较小开本等特点。另外，杨永成《英国〈政治家年鉴〉的特点分析及借鉴意义》（《上海地方志》2019年第1期）、游桃琴《〈老农夫年鉴〉品读》（《史志学刊》2019年第5期）分别对国外某部年鉴进行分析和介绍。

2019年，有学者对近、现代时期的世界年鉴进行论述和研究。牟国义、沈萌微《〈列国岁计政要〉与近代西方年鉴译介》（《中国年鉴研究》2019年第3期）一文认为《列国岁计政要》开启了近代西方综合性年鉴译介的先河。在其影响下，清末以英国《政治家年鉴》为蓝本编译的年鉴书籍或资料先后出现过四次，以“列国岁计政要”为名展开的编译活动有3次。编译助推了晚清的社会变革思潮，对后来年鉴属性功能的认知产生深远影响。杨永成《15—19世纪英国年鉴的演变发展及其在世界的传播》（《中国年鉴研究》2019年第1期）一文指出英国年鉴从1497年至19世纪经历了从古代历书、早期年鉴到现代年鉴的发展过程。在最初Almanac基础上，逐渐形成Yearbook等多种年鉴编纂形式及各种综合、专业年鉴编纂类型。随着英属北美殖民地的建立以及英国在全世界势力范围的扩张，又将年鉴带入北美及全球多地，为年鉴在全世界的推广和传播奠定了基础。值得关注的是，张恒彬主编的《国外年鉴选介》（社会科学文献出版社，2018年版）一书精选美国、英国、法国、德国、意大利、荷兰、俄罗斯、日本、南非等不同国家不同种类的26部优秀年鉴，介绍其内容及特点。杨军仕《他山之石　可以攻玉》（《北京地方志》2019年第2期）、郑维桢《天下山峰何其多　惟有此处峰成林》（《北京地方志》2019年第2期）、林浩《拓宽年鉴视角 发散年鉴思维》（《北京地方志》2019年第2期）、周慧《一样的山川　别样的景致》（《北京地方志》2019年第2期）、张昊鹏《推动年鉴比较借鉴寻求中国年鉴事业转型升级》（《北京地方志》2019年第2期）对该书进行评论和介绍。

（三）近代年鉴研究

近两年，有学者开始关注民国时期的年鉴，进而研究其对当今的现实意义。孙兴武《试析〈申报年鉴（1933—1936）〉的影响》

(《中国年鉴研究》2019年第2期)一文指出,《申报年鉴(1933—1936)》的发行,使读者受益匪浅,为张梓生、申报馆的进一步发展提供了有利条件,对现今科研与修志编鉴也产生深远影响。李子明《民国〈铁道年鉴〉编纂出版研究》(《中国年鉴研究》2019年第4期)一文指出,民国《铁道年鉴》的编纂较早形成官方组织、全行业供稿的编纂模式,记述内容的广度和深度均呈现较高水平,保证了年鉴内容的全面性和权威性。对年鉴时效性、服务性、工具性等特性的追求始终贯穿民国《铁道年鉴》的编纂过程,体现早期年鉴工作者的探索与努力。《上海年鉴(1852)》是上海历史上的第一本年鉴,也是已知中国内地的第一本年鉴,作为了解当时的上海以及年鉴编纂方式的钥匙,具有重要意义。周育民《〈1852年上海年鉴〉编译说明》(《上海地方志》2019年第1期)、王师师《〈上海年鉴(1852)〉的基本特点及重要启示》(《上海地方志》2019年第3期)、方程《〈上海年鉴(1852)〉:打开了一扇窗》(《社会科学报》2019年11月7日)对《上海年鉴(1852)》的特点、内容和编纂者、功能等方面进行论述,指出《上海年鉴(1852)》对当代《上海年鉴》编纂的重要启示。

二、年鉴编纂应用理论

年鉴编纂应用理论研究主要解决各级各类年鉴编纂出版过程中的技术性问题,最终形成一系列年鉴编纂规范,以提高年鉴编纂的效率和质量。

(一)地方综合年鉴编纂

地方综合年鉴编纂是年鉴研究中理论与实践结合最为密切的部分。新时代,年鉴编纂应从指导思想、功能定位、框架结构、内容资料等方面适应党和国家治理体系的重大变革与创新。

关于编纂认识。年鉴编纂应把握正确的方向,突出时代特色,全面反映习近平新时代中国特色社会主义思想的实践成果与发展趋势,发挥好汇集年度权威信息资料,服务现实和积累史料的作用。2019年,学者关注民族地区年鉴编纂。刘星《民族地区志书、年鉴编纂若干问题的思考——以新疆地区为例》(《新疆地方志》2019年第3期)一文提出,民族地区由于特殊的人文环境,需要引起地方志工作者的高度重视,编纂志书、年鉴要始终坚持马克思主义的国家观、历史观、民族观、宗教观和文化观,坚持以习近平新时代中国特色社会主义思想为指导。

关于框架设计和内容调整。框架结构是年鉴的纲目,是全书内容的总体设计,是承载各种信息资料的基本架构。如何设计好框架受到学者们越来越深入的探讨。许家康《试论地方年鉴的内容结构调整》(《广西地方志》2019年第6期)一文指出,地方年鉴内容结构调整的重点和方法:一是增加二次文献,减少一次文献;二是增加随文插图,减少书前彩页:三是加强地方本级和外界信息资料的记述,压缩下级行政区域信息资料的篇幅。

2019年,面对机构改革,如何处理篇目设置与机构改革的关系是年鉴研究者首先考虑的问题。陈洪毅《机构改革与地方综合年鉴框架创新探究》(《中国年鉴研究》2019年第4期)一文通过对《广西年鉴》《广州年鉴》《南宁年鉴》2008年、2013年两轮机构改革而进行的框架调整情况,以及比较2018年出版的35部年鉴框架调整的情况,可以看出,在机构改革的调整过程中和调整后,应适时调整年鉴框架,在总体结构、主体资料和部分类目等方面有所创新。姜艳芹《年鉴编纂如何适应党和国家机构改革》(《黑龙江史志》2019年第5期)一文强调年鉴编纂应从指导思想、功能定位、框架结构、内容资料等方面适应党和国家治理体系的重大变革与创新。年鉴编纂应把握正确的方向,突出时代特色,合理设置栏目,增设类目,适当升降分目和条目,增加检索功能,在年鉴整体框架结构和内容表述上适应党和国家机构改革的需要。

关于条目编写。科学地设置条目、规范地撰写条目是年鉴编纂中基础性的重要工作,也是年鉴作为信息资料载体理应体现的科学性和规范性。杨富中《试论地方综合年鉴条目编写》（《中国年鉴研究》2019 年第 3 期）一文提出必须正确把握条目编写要领，注重条目编写创新，在综合归纳的基础上，切实做到“三贴近”“三点”等编写要求。阳晓儒《年鉴综述、概况与单一性记事条目的功能和作用——以〈兵团年鉴〉〈中关村年鉴〉〈苏州年鉴〉为例》（《史志学刊》2019 年第 1 期）、陈磊《浅议地方综合年鉴条目编纂规范化——以〈南通年鉴（2018）〉为例》（《江苏地方志》2019 年第 1 期）等从不同角度对年鉴条目的编纂进行论述。

关于年鉴图表、索引等。图表、索引是年鉴的重要组成部分，没有图照的年鉴不是完整的年鉴，没有高质量图照的年鉴不可能成为优质年鉴。朱崇飞《浅谈地方综合年鉴专题图片设置》（《江苏地方志》2019 年第 5 期）一文从内涵定义、发展现状、策划挖掘、编排方式、来源拓展等方面对年鉴专题图片进行论述。李鑫《地方综合年鉴图片专辑创新研究》（《史志学刊》2019 年第 6 期）等对年鉴图片的设置和使用作出探讨。刘德宝《地方综合年鉴索引规范化思考》（《中国年鉴研究》2019 年第 3 期）一文从扩大年鉴索引广度和拓展索引深度、主题词的选取、二级标引的编排及特殊情况主题词的排序等方面，探索编制出规范的适合于地方综合年鉴的综合主题索引方法与途径。除此，还有沈娜《浅析年鉴索引编制现状及存在问题——以广东省市、县（区）综合年鉴为例》（《黑龙江史志》2019 年第 4 期）等。

其他，孟亚男《年鉴经济部类编纂常见问题解析》（《史志学刊》2019 年第 2 期）一文从理论和实践两个层面分析年鉴经济部类编纂中存在的问题，提出强化知识储备、提升认知能力、提高编纂站位、增强特色意识、树立量化观念等有针对性的解决对策和建议。熊信芷《从归化异化看襄阳年鉴目录的翻译》（《英语广场》2019 年第 10 期）一文以《襄阳年鉴 2015》和《襄阳年鉴 2016》目录英译版为研究素材，用归化异化翻译策略对襄阳年鉴目录英译版中的公司名称、社会救助团体和地名等进行描述性阐释。其表明在翻译襄阳年鉴的目录时，更倾向于选择归化的翻译策略。这种翻译策略可以很好地促进襄阳地方文化对外传播，也可能出现破坏源语的异国情调的现象。

（二）专业年鉴编纂

2019 年，专业年鉴的编纂逐步进入规范提升阶段并取得一定的阶段性成果。

关于高校年鉴编纂。高校年鉴作为专业年鉴的重要组成部分，在校情展示、辅助决策、文化育人和对外交流等方面发挥了重要作用。何昕《粤港澳高校年鉴比较研究》（《中国年鉴研究》2019 年第 4 期）一文指出，粤港澳大湾区高校年鉴在年鉴框架结构、内容设计、载体等方面各有侧重、各有特色。粤港澳三地高校年鉴应加强协同、互动；提升年鉴质量、加强理论研究；打造年鉴自身校本特色、找准认清高校年鉴功能定位；内地高校年鉴应加强信息化建设、促进港澳高校年鉴的发展。李瑞红《高校年鉴编纂理论研究与机制创新》（《当代教育实践与教学研究》2019 年第 3 期）一文针对高校年鉴编纂的理论进行深入研究，提出年鉴编纂机制需促进队伍的专业化，注重整体质量，促进与校史、院史的融合，整合编纂工作的活动内容。另外，杨雪婷《高校年鉴编纂规范化思考研究》（《办公室业务》2019 年第 15 期）指出高校年鉴编纂中存在的问题，并提出提升年鉴编纂的整体水平的对策。

关于其他专业年鉴编纂。邹璇《浅谈城市年鉴的封面设计》（《中国年鉴研究》2019 年第 1 期）一文通过研究年鉴封面设计，结合相关城市年鉴封面的特点，提出地方性综合年鉴在年鉴封面设计上的想法。另外，朱秀凌《论史家笔法在专业年鉴的运用——以〈中国新闻传播教育年鉴（2018）〉为例》（《新闻知识》2019 年第 9 期）对规范各类专业年鉴的编纂提出看法。

（三）年鉴质量建设

质量是年鉴生存和发展的基础和保证，重视和提高年鉴编纂质量，是年鉴工作的核心之处。只有树立年鉴精品意识，打造品牌年鉴，年鉴才会更具生命力。李秀年、查云富《年鉴质量建设的回顾与思考》(《江苏地方志》2019年第4期）一文提出推动年鉴标准化建设可以极大地提升年鉴编纂质量；要坚持创新导向，持之以恒地推动年鉴工作创新；既要注重“编”的高质量，也要注重“用”的高质量。王钦双《关于城市区级综合年鉴条目编写规范化问题的思考与探索——以〈北京东城年鉴〉编纂为例》(《史志学刊》2019年第4期）一文针对条目编写规范化存在的问题，提出年鉴编纂工作者和理论工作者从改进组织切入、规范组织指导，从简约上发力、规范标题制作，从分类上施策、规范要素组织，从遣词造句上用功、规范语言文风4个方面规范综合年鉴条目编写。黄雯倩《关于年鉴质量和创新的六点思考》(《福建史志》2019年第5期)、杨富中《简析提高地市级综合年鉴质量面临的问题、原因及对策》(《巴蜀史志》2019年第3期）等指出提升年鉴质量面临的困难和增强年鉴质量的对策。王雷《浅析出版社前期介入对年鉴编纂出版质量提升的影响——以〈中国文化年鉴〉编纂出版为例》(《史志学刊》2019年第5期)、颜丙通《高校年鉴编校质量控制浅析》(《科技与创新》2019年第21期）等从出版编校的角度提出如何提升年鉴编纂质量。

三、年鉴管理与实践

年鉴的质量，取决于年鉴的管理水平、管理质量，而年鉴管理水平、管理质量又取决于是否全面执行年鉴管理的基本原则。重视有关年鉴管理的基本原则的研究，是促进年鉴事业适应新的经济体制转换的需要。2019年，基层和企业在年鉴工作方面的管理和实践受到专家学者的重视。

（一）年鉴队伍建设

年鉴能否延续发展，关键在于质量。年鉴质量有赖于年鉴编纂人员的素质和能力。提高年鉴编纂人员的素质和能力，才能保证年鉴质量，实现年鉴事业可持续发展。詹跃华《谈年鉴编纂人员的五种意识》(《黑龙江史志》2019年第1期）提出年鉴编纂人员应具备政治、业务、文化等素质和驾驭文字、沟通协调、果断处置、开拓创新、策划经营等诸方面的能力，还要具备与时俱进的五种意识。2019年，专业年鉴队伍人才建设也进入研究者的视野。李玉馨《浅谈行业年鉴编辑的基本素养》(《传播力研究》2019年第14期）一文指出，行业年鉴编辑应该具备高度的政治理论素养、强烈的责任意识、扎实的专业技能、过硬的语言文字功底和良好的人际沟通能力。谢华《浅谈科技年鉴编辑工作的初心与创新融合研究》(《科技视界》2019年第36期）一文指出，科技年鉴编辑须按严谨的专业的方式工作，与时代融合，保持初心与创新融合，以适应未来发展。

（二）工作管理及经验管理

工作管理是行之有效的行政和业务管理手段。作为一项复杂的社会化工程，年鉴工作管理体系越来越为各年鉴工作机构决策层、管理层所重视。2019年，总结和交流年鉴编纂经验，推动年鉴工作的开展，是学术研究的重要方向。吴朝庭《基于关键路径法的年鉴编纂进度管理研究》(《中国年鉴研究》2019年第2期）一文以某设区市级2019年卷综合年鉴的编纂出版任务为目标，基于关键路径法编制年鉴编纂进度计划，能够精准锁定会对整体进度产生直接影响的各项关键活动，从而有针对性地提出高效的解决方案。周慧《关于新时代年鉴编纂出版工作的思考》(《史志学刊》2019年第6期）一文认为只有树立宗旨意识，坚持以人民为中心，走年鉴大众化和品牌化之路；树立年鉴专业化意识，提高编纂人员专业化水平；树立时效意识，按照年鉴规律开展编纂出版工作；树立年鉴为用意识，拓宽年鉴传播利用渠道，才能在实现年鉴全覆盖的同时实现质量、传播和利用全覆盖。李玉馨《行业年鉴的现状及发展——以〈中国地质调查局年鉴〉为例》(《产业与科技论坛》2019年第3期）一文针对我国行业年鉴中存在的典型问题，综合运用个案研究法和定性分析法，阐述《中国地质调查局年鉴》发展现状及问题，探讨相应的解决策略，力求提升年鉴水平，为年鉴使用者提供更优质的服务。胡正强《专业年鉴个性化的建构及其路径——以〈中国新闻传播教育年鉴〉为例》（《青年记者》2019年第18期）一文指出，宗旨明确具体、读者定位精准、栏目设置独到是专业年鉴个性化的构建路径。文章重点研究分析行业年鉴事业发展。

四、年鉴资源开发利用

2019年，加快年鉴数字化建设，提高年鉴使用效率，进一步挖掘年鉴资源开发利用仍是研究者密切关注的话题。年鉴资源开发利用研究分年鉴创新发展、年鉴资源利用和年鉴研究与评介3部分。

（一）年鉴创新发展

近年来，地方志事业发展面临着机遇和挑战，年鉴的发展创新、转型升级受到学界重视。欧长生《年鉴发展中的创新路径——以〈福建年鉴〉为例》（《中国年鉴研究》2019年第1期）一文指出，从年鉴编纂实践中存在的问题可以看出，理念创新、制度创新、技术创新三个方面是年鉴编纂出版的新途径。只有突破现有滞后的制约因素，把年鉴创新提高到以独特的文化产品参与文化竞争的高度，才能不断扩大年鉴影响力。罗志《浅析地情研究成果与年鉴编纂创新的互动关系——以南京都市圈城市相关年鉴为例》（《新疆地方志》2019年第2期）一文指出，地方综合性年鉴通过专题、彩页、正文、附录等形式“潜移默化”地展示地情研究成果。具有时效性、资料性、实用性等优点的地方综合性年鉴，通过浓缩为地情手册或优化志书编纂等途径，融合地情研究成果，推进年鉴资源的转化和功能提升。

在信息技术日新月异的今天，不少学者寻求新技术与年鉴结合的可能性，指出了年鉴信息化建设的不足之处，并提出相应的对策。王锦《引入“互联网+”探索年鉴编纂新模式——中关村示范区志鉴平台开发利用》（《中国年鉴研究》2019年第3期）和王锦、徐建功《借“互联网+”助方志事业转型升级——以中关村志鉴平台的尝试性实践为例》（《北京地方志》2019年第1期）的文章从志鉴建设平台背景、流程、功能和平台特色及运行成效5个方面可以清楚看到在年鉴编纂中引入“互联网+”的新编纂模式。这一模式搭建编辑部、参编单位协同编纂的工作体系，实现参编单位通讯员与编辑人员的稿件交流与互动；对外为志鉴编纂动态和成果的发布提供平台。值得关注的是，学者开始关注国外网络年鉴的建设。江小华《美国研究型大学年鉴的电子化与网络化及启示》（《中国年鉴研究》2019年第2期）一文在梳理美国高校年鉴发展历史的基础上，以2018年进入ARWU世界百强的43所美国研究型大学为对象，分析这些高校年鉴电子化和网络化的现状，基于美国研究型大学的经验，从而获得对于我国高校年鉴发展的若干启示。

（二）年鉴资源利用

李光普《开发利用综合年鉴资源的新途径探索——以习近平新时代中国特色社会主义思想为指导》（《新疆地方志》2019年第1期）一文分析年鉴的时代内涵及其重要作用，探究年鉴资源开发利用的现状和问题。文中指出开发利用年鉴资源工作应当树立质量第一、编鉴为用、研究创新的理念，并从搜集高质量年鉴资料与信息、提升年鉴地域特色与品牌、创新年鉴编纂与开发、丰富年鉴读鉴与用鉴渠道、强化年鉴资源开放与共享、深化年鉴理论研究与队伍建设等方面，就新时代如何开发利用年鉴资源进行探索。此外，林益楷、董宣《从BP〈世界能源统计年鉴2019〉看油气未来》（《中国石油报》2019年6月25日），白文倩、徐晶晶《义务教育信息化资源配置均衡性研究——基于2001—2018年〈中国教育统计年鉴〉数据分析》（《现代教育技术》2019年第2期）等对相关的年鉴数据统计进行整理和分析，对网民、农牧业、能源、教育等社会生产生活领域进行研究。

（三）年鉴研究与评介

杨和平、汪静一《当其“而立”——论〈中国音乐年鉴〉“短·长”》（《中国音乐》2019年第5期）一文通过对已出版的23卷

《中国音乐年鉴》的研究指出《中国音乐年鉴》是20世纪以来最具代表性的音乐史鉴，作为中国当代音乐“史记”在促进中国音乐事业发展的道路上发挥积极作用。陈琳《2018年神经修复学年鉴（2018 Yearbook of Neurorestoratology 全译）》［《中华细胞与干细胞杂志（电子版）》2019年第1期］一文对发表的《2018年神经修复学年鉴》进行翻译，旨在让中国读者更好地了解神经修复学的最新研究和治疗进展。

综观2019年的年鉴理论研究，学界基本上保持着近年来稳中有进的局面，一些学者从2018年侧重年鉴编纂与坚定文化自信和以人民为中心转变到2019年年鉴编纂与机构改革的变化，与时俱进，密切关注国家方针政策和新技术的变化，由此寻求年鉴的发展和创新。然整体而言，年鉴理论研究的现状依然不容乐观。最直观的体现就是，除少数文章发表在核心期刊上，大多文章只能发表于级别较低的期刊，甚至是内部出版物。另外，学术规范有待加强。学者们注重对单一书籍或单一问题的研究，忽视了通论研究，导致没有宏观性的把握和发展研究，一稿多投现象仍然存在。再次，年鉴研究队伍的结构不合理。从上文可知，2019年年鉴理论研究的主力为各省（区、市）地方志工作机构的工作者，高校、科研单位中的发文者偏少，文章质量参差不齐。各省（区、市）地方志工作机构的研究人员有丰富的编鉴实践经验，但缺乏严格的学术训练，在一定程度上影响和限制他们的学术视野和理论水平。因此，提高科研机构高校研究年鉴的热情和水平，加快高校科研单位与地方志工作机构的学术交流，是年鉴研究今后发展亟待解决的问题。从2019年年鉴理论研究来看，研究者对年鉴的研究在理论、规范、多视角方面还存在不足，仍需进一步深入，年鉴学学科体系、学术体系、话语体系建设之路依然任重而道远。

当前，年鉴理论研究者要高举中国特色社会主义伟大旗帜，深入学习贯彻党的十九大精神和习近平新时代中国特色社会主义思想，努力为发展21世纪马克思主义、当代中国马克思主义，构建中国特色哲学社会科学学科体系、学术体系、话语体系，增强我国哲学社会科学国际影响力作出贡献。年鉴理论研究者应一如既往地紧跟时代发展步伐，立时代潮头，通古今变化，发思想先声，为改革开放鼓与呼，为推进马克思主义中国化、繁荣发展我国哲学社会科学作出新的贡献。要通过加强年鉴的编纂和研究，整合年鉴信息资源，打造年鉴理论研究高地；发挥年鉴的学术评价功能，开启年鉴研究的新方向，进而推动年鉴学学科体系、学术体系、话语体系建设。

（范锐超）

· 方志论文索引

方志理论

韩章训　修志规则综论　《广西地方志》2019年第5期

柳云飞　徐锦堂　乔　鸣　“简志”初探——从《南京简志》说起　《江苏地方志》2019年第6期

夏侯炳　论志书述体及其写作　《江西地方志》2019年第2期

韩章训　论志书主体结构演变　《广东史志》2019年第6期

夏侯炳　论志体与志文　《江西地方志》2019年第4期

朱克雄　地方志在实现“一带一路”沿线人民“心相通”中的信史文化作用　《新疆地方志》2019年第3期

梁滨久　试说方志哲学　《江西地方志》2019年第5期

潘捷军　从“史‘志’”到“方‘志’”　《甘肃史志》2019年第2期

赵　颖　浅谈方志学在中国特色哲学社会科学中的地位　《新疆地方志》2019年第2期

张安东　新时代方志学科体系与模式建设之思考　《上海地方志》2019年第4期

巴兆祥　李　颖　基于《中国地方志》计量统计的方志学科知识体系构建研究（1994—2018）　《中国地方志》2019年第5期

韩章训　论方志学的转型升级　《广西地方志》2019年第3期

沈松平　史学应用型人才培养路径研究——基于方志学专业发展的考察　《宁波史志》2019年第1期

潘捷军　史志关系研究及方志学学科建设刍议　《今古大观》2019年第2期

安　山　“三个体系”视角下方志学一级学科建设初探　《今古大观》2019年第6期

殷　勇　走向学术自觉——中国方志学建构的必由之路　《黑龙江史志》2019年第8期

李　贺　“先贤传记”与方志的关系探究——兼论方志的学科

归属 《现代传记研究》2019年辑刊
李红岩 关于历史学与方志学的几个问题 《浙江方志》2019年第1期
李振林 加强理论研究，促进史志事业健康发展 《河南史志》2019年第6期
张 维 浅议史、志、鉴内容结构的关系与文献价值 《史志学刊》2019年第4期
王 源 规划引领 锐意创新 推进朝阳区地方志事业在均衡发展中转型升级 《北京地方志》2019年第4期
姚敏杰 坚守初心使命 奋力书写新时代地方志事业新篇章 《西安日报》2019年8月1日
李海毅 信史——地方志事业在文化体制改革潮流下大发展 《巴蜀史志》2019年第3期
陈昌保 新担当，新作为，实现地方志事业高质量转型发展 《江西地方志》2019年第5期
李振宇 高天成 传承中华优秀传统文化 推动地方志事业大发展 《甘肃史志》2019年第2期
蒲 霞 方志文化在中国传统文化中的作用——以徽州方志文化为考察中心 《安徽地方志》2019年第2期
乔玮晏 方志文化在中国传统文化中的地位和作用研究 《今古大观》2019年第4期
陈 忠 丝绸之路经济带背景下方志文化对外传播交流对策研究 《新疆地方志》2019年第4期
李连秀 70年来中国方志文化的传承弘扬和创新发展 《史志学刊》2019年第4期；《江西地方志》2019年第5期
王彦祥 论志书索引对方志文化的有效揭示 《2019年中国索引学会年会暨学术研讨会论文集》2019年
李艳玲 地方志与区域文化关系浅析 《福建史志》2019年第4期
周 毅 方志研究中的“历史书写”研究范式——一个方志研究的新取向 《中国史研究动态》2019年第2期；《社会科学文摘》2019年第8期
孙晓东 略论方志与专史的编纂 《上海地方志》2019年第4期
张建农 地方志与中国近现代史研究 《传播力研究》2019年第32期
庞军成 浅析家谱与地方志的关系 《今古大观》2019年第4期
李晓风 社会历史类博物馆和地方志的相互影响 《智库时代》2019年第45期
白宇明 郝近大 方志对本草考证的重要性 《中医学报》2019年第8期
尹 燕 家谱在方志编修中的重要性研究 《兰台内外》2019年第36期
雷映松 也谈方志与修谱 《西藏地方志》2019年第1期
周保欣 “史地之学”与当代小说的方志性问题 《文艺论坛》2019年第3期
刘 涛 历史人类学研究方法在新方志地情记述的运用——以首轮修志《长泰县志》 《黑龙江史志》2019年第9期
王 斌 艾茂莉 乡关之思与家国情怀——浅议方志在中学德育中的文化价值 《乐山师范学院学报》2019年第11期

方志编纂

陈泽泓 纲目体是方志最基本的体式 《广东史志》2019年第4期
苏 毅 对地方志编纂若干问题的思考 《新疆地方志》2019年第4期
王广才 刍议志书编修中的“加、减、乘、除” 《江西地方志》2019年第4期
王玉才 试论新方志编纂中的“破”与“立” 《广西地方志》2019年第3期
颜小忠 从《汶川特大地震抗震救灾志》的编纂特点看重大事件志的编纂 《上海地方志》2019年第2期
黄 婷 论重大事件志的编纂现状与意义 《上海地方志》2019年第2期
张 岚 浅谈地方志大事记的编纂——以《四川改革开放40周年大事记》为例 《巴蜀史志》2019年第4期
孙 杰 浅谈大事记的编撰——以国家海洋局××分局大事记编撰为例 《应用写作》2019年第7期
张 军 地方志书如何记载标志性事件的时间 《安徽地方志》2019年第4期
石立强 如何让“小材料”发挥志书编纂“大作用” 《今古大观》2019年第1期
苏小玲 廖桂奇 地方志中气候资料的价值与选择 《气象研究与应用》2019年第2期
常洁琼 志书自然部类常见易错点及解决 《今古大观》2019年第5期
胡列箭 论人口志的编撰：以广东省为例——兼论地方志编修传统 《中国地方志》2019年第3期
夏侯炳 论方志传体与人物记述 《江西地方志》2019年第6期
王 苗 社会转型内容的把握与撰写 《浙江方志》2019年第1期
金雄波 县级行政区划名称变更与志书记述事物重点调整的思考——以萧山为例 《河南史志》2019年第4期
《北京抗日战争志》编纂委员会办公室 浅谈地方抗日战争志编纂中的若干重点问题 《北京地方志》2019年第1期
韦绍行 当前编纂《政府志》突出政府主体存在的偏向及匡正思考 《广西老社会科学工作者协会2019年年会征文集》2019年
杜冬梅 浅谈二轮北京志书索引的编制 《北京地方志》2019年第1期
韩章训 志书辅文综论 《广东史志》2019年第3期；《江西地方志》2019年第5期

王建设　新编方志民俗纂修散论　《深圳史志》2019 年第 1 期

刘　星　民族地区志鉴编纂需注意的几个问题——以新疆地区为例　《江苏地方志》2019 年第 6 期

俞富江　探讨二轮志书编纂坚持社会性与政治性的统一——有感于深入学习贯彻习近平新时代中国特色社会主义思想　《浙江方志》2019 年第 2 期

余祖本　二轮省志编纂工作存在问题与三轮省志前瞻　《安徽地方志》2019 年第 3 期

滕　坤　三轮志书社会部类编纂构想——以续修《白城市志》为例　《今古大观》2019 年第 4 期

金雄波　谈谈第三轮修志必须注意的几个重要问题　《广东史志》2019 年第 4 期

陈　静　关于三轮志书的前瞻性思考——以《淮南市田家庵区志》编纂为例　《安徽地方志》2019 年第 4 期

陈郑云　论新编村志的传承创新与文献价值——以《曹口村志》为例　《史志学刊》2019 年第 5 期

张宗帅　关于时间视域下村志写作的思考　《史志学刊》2019 年第 6 期

黄凯端　盖含悦　村志编纂的几点思考　《福建史志》2019 年第 2 期

郭晓辉　村志编纂应注意的几个问题　《安徽地方志》2019 年第 4 期

王　鹏　村志编纂中的“冷”与“热”　《北京地方志》2019 年第 3 期

贾　佳　村级治理组织的标题设置——以 36 部村志篇目为例　《安徽地方志》2019 年第 3 期

王建设　村志及其纂修实务要论　《北京地方志》2019 年第 2 期

刘昌发　乡镇志编纂的几点思考与探索　《福建史志》2019 年第 5 期

章慧丽　浅论如何编好镇村志的大事记　《安徽地方志》2019 年第 4 期

周　华　农村城市化与深圳村镇（街道）志编修　《广东史志》2019 年第 1 期

王　芳　濮阳市乡镇志编纂存在的问题及对策　《河南史志》2019 年第 6 期

傅　强　王晓慧　名镇志编纂应打好“名”“特”牌　《南京史志》2019 年第 1 期

李东东　乡镇（街道）志编纂工作“三忌三要”　《河南史志》2019 年第 4 期

欧阳发　乡镇志稿编纂的探索与实践　《北京地方志》2019 年第 2 期

刘　备　乡镇志如何编纂才能更接地气　《河南史志》2019 年第 1 期

李兰英　乡镇志书编写中遇到的难点及思考　《河南史志》2019 年第 5 期

耕　夫　试探村志编撰工作的细枝末节　《河南史志》2019 年第 1 期

章慧丽　镇村志写好民风民俗之浅见　《安徽地方志》2019 年第 1 期

安春芳　浅谈乡镇志编纂中常见的五类问题　《河南史志》2019 年第 4 期

胡先华　以《高湾村志》为例，漫谈村志编纂　《河南史志》2019 年第 3 期

毛德民　如何突出乡镇志的地方特色　《河南史志》2019 年第 5 期

刘文海　如何写好村志中的改革开放专题　《河南史志》2019 年第 1 期；《深圳史志》2019 年第 1 期

刘文海　高屋建瓴写概述　总揽全局统村史——新村志“概述”写作之我见　《深圳史志》2019 年第 2 期

陈　群　当前镇志编纂中若干问题刍议　《安徽地方志》2019 年第 3 期

刘文海　怎样提高新编校志质量——校志编纂中应注意的几个具体问题　《西藏地方志》2019 年第 1 期

夏　侯　论志书质量的科学评价——以学术期刊为例　《图书馆研究》2019 年第 6 期

方志管理与实践

韩章训　论修志责任和人才思想发展　《黑龙江史志》2019 年第 9 期

姜素兰　文　松　王建远　王　岩　对地方志事业当前状况的一点思考　《北京地方志》2019 年第 1 期

赵鹏团　浙江方志事业指导管理述略　《浙江方志》2019 年第 4 期

石　莹　“觇文化之变迁，知世运之迁嬗”——《方志学大家吴宗慈》的叙述脉络及特点　《山东图书馆学刊》2019 年第 6 期

廖运建　为党立言　为时代立传　《新疆地方志》2019 年第 2 期

王　媛　唯有读志　方知中国　《图书馆建设》2019 年第 5 期

孙振中　提升地方志公共文化服务的路径思考　《巴蜀史志》2019 年第 5 期

吴建华　众手成志——以续编《厦门海关志》为例谈第二轮修志的组织与落实　《嘉禾之光》2019 年第 2 期

吴　静　做好地方志工作的根本遵循——认真贯彻落实习近平总书记关于地方志工作的重要论述　《江苏地方志》2019 年第 5 期

范　章　编修乡镇志的经验与教训　《河南史志》2019 年第 1 期

唐鲁超　从机构改革看编修党史、方志与档案的关系　《兰台内外》2019 年第 19 期

西峡县地方史志办公室　量质并重　多措并举　扎实开展乡镇志编纂工作　《河南史志》2019 年第 4 期

杨仲年　浅谈社会调查在修志中的重要作用——以《玛纳斯县志（1986—2010）》编纂为例　《新疆地方志》2019 年第 4 期

陈平军　浅谈修志工作者的史德　《安徽地方志》2019 年第 3 期；《浙江方志》2019 年第 2 期

高晶晶　浅谈如何推动乡镇志编纂工作　《河南史志》2019年第4期

方康顺　浅谈志书句读问题——以德清县志中《付男轸书》为例　《浙江方志》2019年第4期

余祖本　浅谈中国地方抗日战争志篇目设计及其他需要注意的一些问题　《安徽地方志》2019年第4期

郭　莉　浅析“一带一路”视野下的地方志编纂　《新疆地方志》2019年第2期

张丽蓉　浅析第三轮志书编修总体设计的几个问题　《羊城古今》2019年第2期

杨富中　浅议机构改革给志鉴编纂带来的影响及其对策　《今古大观》2019年第6期

梁其堂　浅议乡镇志如何记住乡愁　《河南史志》2019年第3期

彭　雄　挖掘传统乡土文化　助力乡村文化振兴——广元市利州区地方志办献智献力乡村振兴　《巴蜀史志》2019年第1期

南阳市宛城区史志办　宛城区乡镇志编纂工作的现状及思考　《河南史志》2019年第4期

倪胜章　编纂《愧店回族镇志》的几点体会　《河南史志》2019年第5期

胡运动　盛世修志　以启未来——《钦州市志》的编纂体会　《广西地方志》2019年第6期

镇平县史志编纂室　邹树恒　突出创新　打造精品——《镇平县志（1986—2000）》编纂实践与体会　《河南史志》2019年第4期

车国安　《北京志·交通志》编纂的经验与体会　《北京地方志》2019年第4期

袁克华　《唐河县祁仪乡志》编纂经验与体会　《河南史志》2019年第4期

左健伟　新时代地方志的初心使命与高质量发展　《江苏地方志》2019年第5期

陈平军　县级地方志机构如何避免边缘化　《深圳史志》2019年第1期

中共宁德市委党史和地方志研究室课题组　新时代地方志创新性转化发展的现状与对策　《福建史志》2019年第2期

陈　群　新时代地方志工作的若干思考　《安徽地方志》2019年第1期

冀祥德　以“中国之志”资治“中国之治”　《学习时报》2019年12月23日

林忠玉　从依法治志的实践和信息传播技术的发展略论史志立法　《福建史志》2019年第3期

徐　艳　史志法立法研究初探　《新疆地方志》2019年第2期

四川省地方志工作办公室　新时代推进依法治志的对策研究　《巴蜀史志》2019年第4期

姜　标　试论依法治志实现路径　《江西地方志》2019年第3期

邱　俊　官　燕　史志立法中应重视的三种重要关系　《巴蜀史志》2019年第4期

唐长国　依法治志实现路径的研究　《北京地方志》2019年第3期

徐　勇　走出困境　开创未来——《天津市地方志工作办法》颁行一周年思考　《今古大观》2019年第2期

张长生　试论乡镇村修志的重要意义、必要性与可行性——关于编纂北京乡镇村志需探讨的几个问题　《北京地方志》2019年第2期

《浙江方志》编辑部　立足研究　服务社会——浙江省地方史志期刊近年工作综述　《浙江方志》2019年第6期

邓志红　李玉国　联合开发利用方志资源　提升曲阜旅游文化品位　《山东档案》2019年第10期

陈艳艳　试论志书编纂与档案工作的关系——以《广州地铁志（1992—2017）》编纂为例　《兰台内外》2019年第19期

刘文前　陈国太　精雕细镂著华章——第二届《潢川县志》编修的三点做法　《河南史志》2019年第3期

俞富江　关于提高志稿写作质量的几个问题　《江西地方志》2019年第2期

王妮姗　柏桂林　坚持高质量，努力将《江苏援藏援疆建设志》打造成精品良志　《江苏地方志》2019年第2期

俞福江　试论地方二轮志书质量与市场的关系　《安徽地方志》2019年第3期

秦兴刚　院志编纂工作与医院档案管理的关系探讨　《山东档案》2019年第6期

王宏英　试论如何做好地方志档案管理工作　《兰台内外》2019年第22期

黄　婷　试论重大事件志的编纂现状与意义　《巴蜀史志》2019年第5期

喻清录　洛阳偃师市《二里头村志》编纂出版工作始末　《河南史志》2019年第5期

张建华　传播核心价值观　坚定文化自信——《中国影像方志》创作感想　《传媒论坛》2019年第13期

宋惊涛　编写村志留住乡愁　建设美丽乡村——襄城县十里铺镇侯村村志出版发行的思考　《河南史志》2019年第1期

李宇涵　存史志精神之初心　扬方志扶贫之所长——安徽省地方志系统精准扶贫工作情况汇报　《安徽地方志》2019年第2期

缴世忠　全面推进地方志事业转型升级　《江西地方志》2019年第4期

方　昀　聚焦中心大局尽心履职尽责　努力谱写天津档案方志事业发展新篇章　《中国档案报》2019年7月15日

赵淑真　不忘史志初心，牢记事业使命　《河南史志》2019年第5期

张克非　对开创地方史志工作新局面的思考　《甘肃史志》2019年第4期

梁正元　发挥地方史志服务功能　着力推动“开封学”落地生根　《河南史志》2019 年第 5 期

张岿松　牢牢把握史志工作的政治方向　《通辽日报》2019 年 12 月 13 日

张　洁　我们是如何做好新时代档案史志工作的　《黑龙江档案》2019 年第 6 期

孙晓东　专史编纂离不开方志　《社会科学报》2019 年 10 月 24 日

汪德军　如何编修好社会主义新方志　《西藏地方志》2019 年第 2 期

李秋洪　激励与评价：管理心理学视野中的地方志管理　《广西地方志》2019 年第 4 期

河南省地方史志办公室　河南名镇名村志编写要求　《河南史志》2019 年第 3 期

霍自勤　广采博稽　以著信史——我为编修《湛江市畜牧志》提供资料的过程与感悟　《广东史志》2019 年第 2 期

岳志文　广东省率先完成第二轮修志的做法与经验　《广东史志》2019 年第 4 期

黄家接　广西新编地方志书审查验收制度的回顾与探讨　《广西地方志》2019 年第 6 期

汪鹤飞　关于推进当代基层志编修实践的思考——以宁波海曙为例　《浙江方志》2019 年第 1 期

绍兴市柯桥区史志研究室　行改革创新之举措，续堪存堪鉴之史志　《浙江方志》2019 年第 4 期

王加友　袁登国　王　刚　村志——乡村振兴的历史画卷　《河南史志》2019 年第 5 期

霍志宏　存史资治　讲好延安故事　《各界导报》2019 年 12 月 5 日

张瑜莹　带着信仰跋涉前行　《兵团日报（汉）》2019 年 8 月 14 日

林荣国　地方志服务乡村振兴战略的探索与实践——以福建省晋江市围头村为例　《福建史志》2019 年第 1 期

田保家　方志书屋的现状及发展路径初探　《史志学刊》2019 年第 3 期

俞慧军　地方志助推实现“中国梦”的几点思考　《河南史志》2019 年第 1 期

李海伟　修“微村志”的探索实践与经验启示　《浙江方志》2019 年第 6 期

陈平军　浅谈如何编修家谱　《深圳史志》2019 年第 2 期

何伟志　关于加快推进我省地方志“两全目标”的调研报告　《黑龙江史志》2019 年第 8 期

王新玲　关于传统志书走进基层民众的几点思考　《安徽地方志》2019 年第 1 期

芙　蓉　翻译汉文志书应注意的问题——以蒙古文翻译汉文行政区域综合志书为例　《浙江方志》2019 年第 4 期

赵明明　地方志书英文目录常用术语翻译述评——以上海二轮市级专志为例　《上海地方志》2019 年第 4 期

潘捷军　“志”存高远：新中国方志学术 70 年　《中国地方志》2019 年第 5 期

方志史与方志史学

王　旭　论宋代的镇志　《史学史研究》2019 年第 3 期

韩章训　江苏宋元方志理论举要　《南京史志》2019 年第 2 期

闫　超　清代东北修志述略　《南开学报（哲学社会科学版）》2019 年第 6 期

严忠良　清代湖北方志修志流程述略　《湖北职业技术学院学报》2019 年第 2 期

陈秋沛　清代民国地方志转型——以民国《海南岛志》为例　《黑龙江史志》2019 年

王　璋　张　楠　清代山西方志编撰思想初探　《山西日报》2019 年 7 月 15 日

李　莉　清代通志序跋中史志关系论述举隅　《福建史志》2019 年第 1 期

陈　凯　刘宇琪　清代乡镇志书的命名方式与编纂体裁　《山西档案》2019 年第 4 期

马　隽　晚清山东乡土志编纂的特点及其爱国思想的表达　《今古大观》2019 年第 3 期

郭墨寒　民国地理总志编纂及其近代化变革研究——兼论总志的概念及其与方志的关系　《上海地方志》2019 年第 2 期

王　洋　民国时期方志的流通、传播与编辑理念的革新　《编辑之友》2019 年第 11 期

刘雪平　建国前湖南省少数民族地区旧方志的历史、特征及其价值研究　《安徽理工大学学报（社会科学版）》2019 年第 3 期

姜　原　现代方志对传统方志编纂理念的传承与发展——以北京地区州县（区）志编纂理念考察研究为例　《北京地方志》2019 年第 3 期

韩章训　论民国福建方志理论要点　《福建史志》2019 年第 3 期

陈平军　资阳历代县志编纂考辨及简评　《今古大观》2019 年第 3 期

周祝伟　浙江历史上专门志书编纂情况述略　《浙江方志》2019 年第 4 期

王晚霞　历代《濂溪志》编纂与濂溪学的传播　《船山学刊》2019 年第 5 期

赵永强　历代《芮城县志》篇目及内容的比较分析　《史志学刊》2019 年第 2 期

罗家祥　浅谈地方通史编纂之史料准备　《巴蜀史志》2019 年第 5 期

金毓平　秦淮区地方志历史文化资源的价值与应用　《江苏地方志》2019 年第 1 期

陈育宁　系统、全面的宁夏地方文献研究　《社会科学报》2019 年 5 月 30 日

志书（稿）研究与评论

杨　颖　关于开展志书评审的几点思考　《江西地方志》2019 年第 2 期

邬　雄　关于二轮志书评审的几点思考　《甘肃史志》2019

年第3期
何春龙　封　慧　评“评审”——方志稿评审村志问题与对策　《江苏地方志》2019年第1期
王铁鹏　《北京志　工商行政管理志（1996—2010）》初稿的评议意见　《北京地方志》2019年第1期
顾究州　《北京志　工商行政管理志（1996—2010）》初稿审读意见　《北京地方志》2019年第1期
周继东　《北京志　工商行政管理志（1996—2010）》初稿审读意见　《北京地方志》2019年第1期
戴　卫　《北京志·信息化志》（终审稿）审读意见　《北京地方志》2019年第4期
顾究州　《北京志·信息化志》（终审稿）审读意见　《北京地方志》2019年第4期
周继东　《北京志·信息化志》（终审稿）审读意见　《北京地方志》2019年第4期
戴　卫　第二轮《北京志·北京经济技术开发区志》复审稿评审意见　《北京地方志》2019年第2期
顾究州　第二轮《北京志·北京经济技术开发区志》复审稿评议意见　《北京地方志》2019年第2期
周继东　第二轮《北京志·北京经济技术开发区志》复审稿评议意见　《北京地方志》2019年第2期
戴　卫　第二轮《北京志·农业村志》终审稿评议意见　《北京地方志》2019年第3期
顾究州　第二轮《北京志·农业村志》终审稿评议意见　《北京地方志》2019年第3期
王铁鹏　第二轮《北京志·农业村志》终审稿评议意见　《北京地方志》2019年第3期
周继东　第二轮《北京志·农业村志》终审稿评议意见　《北京地方志》2019年第3期
甘　林　迎接高铁时代的承先启后之作——简评《四川省志·铁路志（1986—2005）》　《巴蜀史志》2019年第3期
杨沫江　全面翔实　“浙”味十足——以《浙江通志·大事记》中华民国时期部分为例　《浙江方志》2019年第6期
《浙江通志·海关志》杭州海关编辑部　《浙江通志·海关志》编后感　《浙江方志》2019年第5期
杨张乔　通观上下四千年的浙江人文科学与社会科学——《浙江通志·哲学社会科学志》简介　《浙江方志》2019年第5期
李琴生　“丝绸之府”锦上添花　“文化强省”增色添彩——《浙江通志·蚕桑丝绸专志》出版发行有感　《浙江方志》2019年第6期
大熊猫百科　新方志硕果——《四川省志·大熊猫志》品读　《巴蜀史志》2019年第2期
陈麟德　稽失、汰繁、增缺、订讹——向《兴化市志》编纂者略陈一得之愚　《江苏地方志》2019年第4期
李亚雄　贯古通今　立言著史——《常州史稿》编著记　《江苏地方志》2019年第3期
李应权　宣凤彩　铁肩担道义，直笔著信史——写在《周口市志（2006—2015）》出版之际　《河南史志》2019年第5期
王广才　一部“本真”厚重的“特区”志——读《深圳市志》有感　《今古大观》2019年第2期
劳乃强　大胆继承传统　勇于开拓创新——写在新编《龙游县志》出版之后　《浙江方志》2019年第2期
谭烈飞　一方之全史　一地之百科——读《龙游县志》2017年版有感　《浙江方志》2019年第1期
许恒贵　沈明秀　参与续修《错那县志》审读修改的几点思考　《安徽地方志》2019年第3期
淮滨县史志研究室　第二届《淮滨县志》编撰工作回顾　《河南史志》2019年第3期
张志纯　二轮《民乐县志》述评　《甘肃史志》2019年第2期
王　晖　52部中国名镇名村志稿点评与思考　《史志学刊》2019年第1期
陈立新　读《涧北村志》有感　《河南史志》2019年第6期
巩中坚　读《德惠县乡土志》有感　《今古大观》2019年第4期
李少咏　一个曾为王都的村庄——有关《二里头村志》的感悟　《河南史志》2019年第6期
李宗辑　“书写”与“言情”：历史书写和在地情怀——读《邹平县霍坡村志》　《中国地方志》2019年第5期
沈永清　一部具有创新意识的资料性著述——上海市闵行区《虹桥镇村宅志》评析　《黑龙江史志》2019年第8期
樊春楼　深入剖析农村社会　全面展现乡韵乡愁——学习杭州市萧山区《凤凰村志》心得　《广西地方志》2019年第5期
西　樵　追史迹农运震华夏　看今朝凤凰再腾飞——喜读《凤凰村志》感言　《浙江方志》2019年第5期
巴兆祥　村志转型升级的力作——杭州市萧山区《凤凰村志》读后　《浙江方志》2019年第5期
张　军　精神家园　可学可鉴——学习《褚家塘志》心得　《安徽地方志》2019年第3期
张国庆　《方志百科全书》述评　《北京地方志》2019年第2期
张华玲　《阜阳旧志集成》后记　《安徽地方志》2019年第1期
蔡建国　《阜阳旧志集成》序　《安徽地方志》2019年第1期
张乃格　《江苏历代方志全书》编纂亲历记　《南京史志》2019年第1期
徐勤飞　创新·标杆·名片——评读《中国东海水晶志》　《江苏地方志》2019年第6期
吴　静　中国名酒志编纂之探求——《中国名酒志·古井贡酒志（稿）》的审读思考　《安徽地方志》2019年第4期
《大熊猫图志》项目组　打造国宝图志新名片　抒写熊猫文化

新华章——《大熊猫图志》编纂始末 《巴蜀史志》2019 年第 4 期

陈晓玲 方言，母亲给我的留言——《信仰方言志》序 《河南史志》2019 年第 3 期

王振羽 存史资政启后人——《南京调查资料校注》读札 《江苏地方志》2019 年第 5 期

赵 颖 “一带一路”与地方志文献整理 《新疆地方志》2019 年第 4 期

旧志整理与研究

钱建中 南北朝时期江苏府县佚志考述 《江苏地方志》2019 年第 5 期

钱建中 南北朝时期江苏州郡佚志考述 《江苏地方志》2019 年第 4 期

马 楠 《隋书·经籍志》杂考三则 《南京师范大学文学院学报》2019 年第 4 期

顾宏义 《宋史艺文志·诗类》辨正 《宋代文化研究》2019 年辑刊

郗志群 (康熙)《宛平县志》版本考 《北京地方志》2019 年第 1 期

郭登宇 正德《金山卫志》的编纂及史学价值 《南都学坛》2019 年第 5 期

范晓婧 转型、嬗新与修志为抗战服务——略述民国《新修大埔县志》编修特色 《中国地方志》2019 年第 6 期

李琳琳 明代南京的官署志 《南京史志》2019 年第 2 期

韩章训 明清尤溪县《南溪书院志》编纂考辨 《福建史志》2019 年第 2 期

尤莉莉 钟文荣 试述正德《福州府志·人物志》史料价值 《福建史志》2019 年第 6 期

尹巧瑞 永历《宁洋县志》的文本增改意图 《文教资料》2019 年第 19 期

陈浩东 试析《大明一统志》的史料史源——以重庆府部分为例 《史志学刊》2019 年第 1 期

杨文华 从传统史学的偏旁进入方志——天启《成都府志》版本流传与编纂特色 《志苑集林》2019 年

刘 涛 陈洪谟所修正德《大明漳州府志》背后的故事——湖湘军户文化与明代海上丝绸之路渊源考 《长江文明》2019 年第 3 期

孙伟良 《明清绍兴科名录》编纂述略 《浙江方志》2019 年第 6 期

黄建沂 《明清海丰县志》整理出版之后记与感悟 《广东史志》2019 年第 2 期

李吉奎 喜读《明清海丰县志(校注本)》《广东史志》2019 年第 2 期

张保见 隆庆《潮阳县志》述评 《志苑集林(2)》2019 年

严佳乐 弘治《兴化府志》编撰特点及其史料价值 《福建史志》2019 年第 2 期

杨松涛 光绪《高淳县志》载有太平军史料 《南京史志》2019 年第 1 期

林友德 《清代台湾三十三种地方志、采访册、纪略人名索引》疏误举证——兼谈涉台志书历史人物分类的重要性 《学术探索》2019 年第 5 期

陈小芳 县志编纂与地方文化整理：以光绪《上虞县志》为中心的讨论 《浙江方志》2019 年第 2 期

方 宁 钱大昕与乾隆《鄞县志》的编纂 《浙江方志》2019 年第 6 期

汪受宽 乾隆《甘肃通志》考略 《社会科学战线》2019 年第 11 期

曾 伟 乾隆《萍乡县志》研究 《中国地方志》2019 年第 5 期

赵心愚 乾隆《卫藏图识》的体例特点及资料价值 《上海地方志》2019 年第 4 期

王丹林 《山海经》是最早的“图经”和“山志” 《安徽史学》2019 年第 4 期

王丹林 《山海经》是最早的“图经”和“山志”——《山海经》作者及体例考辨 《今古大观》2019 年第 6 期

徐宏力 《遵义府志》版本研究 《贵图学苑》2019 年第 12 期

黄毓芸 《桂林风土记》版本体系及文本考校 《古籍整理研究学刊》2019 年第 3 期

刘 洁 《工布苯日神山志》考论 《中国边疆史地研究》2019 年第 4 期

汪启明 罗业恺 于潇怡 《华阳国志》略谈 《成都工业学院学报》2019 年第 4 期

吴建双 《吴郡志》述评 《西部学刊》2019 年第 11 期

梅 森 民国《禹贡》(半月刊)方志学文论之刊载 《安徽地方志》2019 年第 3 期

甘继民 民国《汤泉小志》收入国宝级藏品 《南京史志》2019 年第 2 期

赵 琼 民国陈观浔《西藏志》编纂研究初探 《巴蜀史志》2019 年第 4 期

陈 杰 民国杭县修志始末 《中国地方志》2019 年第 4 期

吴会蓉 民国时期《西藏通志》的编纂及其学术价值 《西藏民族大学学报(哲学社会科学版)》2019 年第 3 期

方 平 呈现上海民国记忆的佳作 《中华读书报》2019 年 10 月 16 日

李琳琳 修志先修心 资料为第一——读陈作霖《治麓山房丛书》札记 《南京史志》2019 年第 1 期

赵 力 赵 凌 陈峰平 学术服务社会 切合时代脉搏——杭州图书馆藏童振藻稿本述例 《天一阁文丛》第 16 辑

宋世瑞 文人、风土与志乘——论清代笔记之“地理杂记类”作品 《太原理工大学学报(社会科学版)》2019 年第 5 期

刘新勇 浅议乡邦文献及其整理 《人文天下》2019 年第 18 期

赵　颖　“一带一路”与地方志文献整理　《新疆地方志》2019年第4期

赵心愚　近代西康方志史的一部力作——评《〈西康通志稿〉研究：1939—1949》　《巴蜀史志》2019年第5期

任兆杰　任弘远《趵突泉志》探微　《中国地方志》2019年第6期

陈　枫　县域历史展：《壶关县志》版本考略　《区域治理》2019年第39期

王建国　王先谦《汉书补注》指瑕一则——兼说《汉书·地理志》记载广陵郡设置时间之误　《洛阳师范学院学报》2019年第12期

邓建鹏　杨　潇　儒学视界与法制叙事的局限：《汉书·刑法志》再研究　《法治现代化研究》2019年第6期

王曙静　徐　月　矢志不渝磨一剑　悠悠文脉贯古今——重修《龙游县志》彰显地域特征与时代特色　《浙江方志》2019年第1期

胡迎建　从《太平寰宇记》中的江西部分看乐史撰著的得失　《江西地方志》2019年第1期

梁滨久　从《中华一统志》的编纂说起　《安徽地方志》2019年第4期

卓稚雄　《乌施嵛金山南岛图》考　《羊城古今》2019年第3期

赖　锐　《全蜀边域考》的成书与版本问题初探　《史志学刊》2019年第1期

王建华　《上党记》辑佚补遗　《史志学刊》2019年第5期

刘琴丽　《石刻史料新编》（全四辑）疏误举隅　《魏晋南北朝隋唐史资料》2019年集刊（第39辑）

侯富芳　《双凤乡》与《桂村小志》辨析　《中国地方志》2019年第5期

杨胜祥　《千顷堂书目》勘误一则　《四川图书馆学报》2019年第4期

孙利政　《四库全书总目》史部地理类存目提要订误　《中国地方志》2019年第6期

杨学东　《西域全书》对清代西藏方志编纂的影响　《图书馆杂志》2019年第10期

黄为放　刘海权　《长白汇征录》中东北亚古代民族记载谬误考　《今古大观》2019年第4期

李爱华　蔡　宏　李　静　《中国地方志联合目录》补录六则　《辽东学院学报（社会科学版）》2019年第4期

黄清莉　《闽大记》的编纂体例及其特点　《福建史志》2019年第1期

王志通　地方书写与文化表达：民国《夏河县志》的编纂与边政　《上海地方志》2019年第3期

黄为放　姜雅迪　东北旧方志所载黄龙府谬误辨析——以《开原县志》《吉林通志》《奉天通志》为中心　《今古大观》2019年第6期

王　强　特殊重视下的扭曲：明清方志“列女”条目异变现象研究　《郑州大学学报（哲学社会科学版）》2019年第5期

陈齐金　援引旧方志要防止渐变式谬误　《浙江方志》2019年第2期

赵心愚　挖掘《卫藏图识》的价值　《社会科学报》2019年11月21日

毛思洁　天一阁：历久弥新的文化瑰宝　《宁波通讯》2019年第15期

史文娟　亭台斋阁与幽人之致：《长物志》“室庐”卷　《建筑师》2019年第6期

刘　铭　试论《汉书疏证》与《汉书考证》的成书——以《地理志》为例　《文教资料》2019年第36期

罗卫东　陇南历代旧志述略　《甘肃史志》2019年第1期

刘　颖　基于明代福州地方志的统计与分析　《福建史志》2019年第6期

梁严冰　刘　蓉　近代陕西著述概况及其特征　《中国地方志》2019年第4期

叶宏桂　汇聚惠来五百年潮起潮落——惠来编修县志简史《广东史志》2019年第2期

张乃格　后出转精　积厚流光——乾隆《江南通志》（点校本）导读　《江苏地方志》2019年第5期

董奇智　李有毅　刘　苏　广安旧志点校整理的有关问题研究　《巴蜀史志》2019年第3期

姜　莉　海州、太仓州旧志编修比较　《江苏地方志》2019年第3期

张　军　关于戴瑞卿与明万历《滁阳志·艺文志》的思考《安徽地方志》2019年第1期

黄正建　《旧唐书·舆服志》与《新唐书·车服志》比较研究　《艺术设计研究》2019年第4期

蒲　霞　《（天启）凤阳新书》与方志的守正创新　《上海地方志》2019年第4期

严佳乐　《寰宇通志》福建部分所引方志辑佚考　《湘南学院学报》2019年第6期

王大文　《大清一统志》的纂修与扬州士人的参与　《扬州文化研究论丛》2019年辑刊

张义明　张至谦　《国立中山大学文学院专刊（1933—1936）》研究　《羊城古今》2019年第3期

李　论　《察隅县图志》：不可替代的“敲门砖”　《社会科学报》2019年5月16日

康　健　《橙阳散志》的编修及其史料价值　《史学史研究》2019年第4期

郑天水　《金昌市志》编纂实践中的探索与思考　《甘肃史志》2019年第1期

何沛东　方志海图的“越境而书”——以清代《镇海县志·寰海岛屿图》为中心的探讨　《中国地方志》2019年第3期

吕靖波　徐渭“经典作家”身份的建构与确立——以清代《流寓志》为中心　《南京师范大学文学院学报》2019年第4期

黄毓芸　《桂林风土记》版本体系及文本考校　《古籍整理研究学刊》2019年第3期

吴建双　《吴郡志》述评　《西部学刊》2019 年第 11 期
李琳琳　修志先修心　资料为第一——读陈作霖《治麓山房丛书》札记　《南京史志》2019 年第 1 期
赵　力　赵　凌　陈峰平　学术服务社会　切合时代脉搏——杭州图书馆藏童振藻稿本述例　《天一阁文丛》第 16 辑
宋世瑞　文人、风土与志乘——论清代笔记之“地理杂记类”作品　《太原理工大学学报（社会科学版）》2019 年第 5 期
刘新勇　浅议乡邦文献及其整理　《人文天下》2019 年第 18 期

方志与地方史研究

王　莹　地方文献、文化记忆与名物纪胜：宋代博物学视野下的洛阳　《中国地方志》2019 年第 6 期
郭伟川　潮汕历史文化起源于秦汉之际——兼论揭阳、揭岭、飞泉岭的相关问题　《广东史志》2019 年第 4 期
傅林祥　宋代上海建镇说质疑　《史林》2019 年第 3 期
陈少丰　宋代秀州华亭市舶沿革小史　《史志学刊》2019 年第 3 期
李春圆　元代土地价格研究　《中国经济史研究》2019 年第 4 期
张韶华　元代阴阳学设教谕考——以方志、碑刻为中心　《中国典籍与文化》2019 年第 4 期
陈友乔　钟桂萍　黄思琦　明代广东进士的数量及时空分布　《广东史志》2019 年第 4 期
陈友乔　钟桂萍　黄思琦　明代潮州府进士的分布及仕进情况　《广东史志》2019 年第 3 期
马莉萍　刘次沅　明代日食的地方记录　《天文学报》2019 年第 4 期
周广骞　明代山东泉志的纂修及价值略论　《中国地方志》2019 年第 6 期
孟小燕　王　通　安月玲　明代以来廊坊地区中药材资源状况研究　《山西农经》2019 年第 17 期
曾国富　明代粤西地区倭患的特点及其成因　《广东史志》2019 年第 5 期
王智汪　王　仪　明清地方志中所见的皖北自然灾害及流民现象　《三峡大学学报（人文社会科学版）》2019 年第 5 期
杨志平　明清方志中的小说史料　《光明日报》2019 年 9 月 2 日
季　琴　明清佛山守节妇女群体研究——以民国版《佛山忠义乡志》为例　《岭南文史》2019 年第 4 期
王一娜　明清广东的“约”字地名与社会控制　《学术研究》2019 年第 5 期
杨风武　闫平凡　明清贵州地方志中有关贵阳安顺两府“枝”的研究　《史志学刊》2019 年第 4 期
唐可杨　曹海峰　明清海南方志亲属称谓习俗研究　《黑龙江史志》2019 年第 6 期
李世忠　段琼慧　明清韩城县举业兴盛之因及社会影响——基于方志记载的考察　《中国地方志》2019 年第 5 期
刘道胜　明清徽州的民间捐输：兼论方志“义行”的书写　《徽学》2019 年辑刊
郑　雄　明清基层官绅矛盾背景下的悲剧——《聊斋志异·田七郎》的一种解读　《新国学》2019 年辑刊
白如镜　明清民国时期晋东南市镇分布初探——以方志、碑刻与民国调查资料为中心　《三门峡职业技术学院学报》2019 年第 2 期
王宝红　明清陕西方志中的“咂嘛酒”与“塘匠”　《咸阳师范学院学报》2019 年第 5 期
张小也　明清时期湖北麻城的帝主庙与土地纠纷　《湖北大学学报（哲学社会科学版）》2019 年第 6 期，《安徽大学学报（哲学社会科学版）》2019 年第 6 期
尹华君　明清时期永州境内舜庙考论——以方志为中心　《戏剧之家》2019 年第 36 期
彭静杨　明清至民国时期地方志所见的苏州茶与文化　《农业考古》2019 年第 5 期
周明初　明疑难词人词作考二则　《词学》2019 年辑刊
孙　岩　明中后期儒学教官生存状况探微　《华中师范大学研究生学报》2019 年第 4 期
朱　冶　明中期徽州士人的地方认同与文献建构　《徽学》2019 年辑刊
马天祥　清朝前期方志与史料中的藏北防线　《西藏民族大学学报（哲学社会科学版）》2019 年第 5 期
陈雪峰　清朝政治和汉地佛教关系——以顺治、康熙和雍正对木陈的态度变化为个案　《广东史志》2019 年第 4 期
张　楠　清代地方志编纂中的庙宇分类与观念研究——以四种《高平县志》为例　《社会科学论坛》2019 年第 6 期
狄鸿旭　清代华北儒医的形象与社区角色——以地方志记载为中心　《中国地方志》2019 年第 5 期
陈明云　清代江西蝗灾时空分布及社会应对　《农业考古》2019 年第 4 期
赵瀛政　清代山西民间灾荒中的方志体现　《农村实用技术》2019 年第 7 期
武玉梅　安大伟　清代盛京私志《辽载前集》考述　《史学史研究》2019 年第 4 期
邵　岩　清代学者辑佚六朝地记考　《史志学刊》2019 年第 6 期
封　磊　清中叶陕西底层民众的生命、生计与生活——基于嘉庆朝内阁刑科题本与方志的互证性研究　《中国地方志》2019 年第 5 期
尤育号　清末温州的士绅、商会与地方社会略论　《史志学刊》2019 年第 3 期
黄建军　谭　鑫　论道光《宝庆府志·列女传》女性形象脸谱化叙述　《邵阳学院学报（社会科学版）》2019 年第 4 期

李国太　黄尚军　清代、民国时期巴蜀方志农业词汇述略——兼论地方志收录名物词的局限　《西南交通大学学报（社会科学版）》2019 年第 6 期

文莉莉　民国初年的库伦边贸——关于怀安周家库伦边贸的访谈　《史志学刊》2019 年第 6 期

鲍健欣　袁久林　民国时期上海县志中的医者形象　《中医药文化》2019 年第 4 期

鲍健欣　浅析上海地方志中的药物记述——以明清至民国时期《上海县志》为例　《中国中医药图书情报杂志》2019 年第 6 期

鲍健欣　医事活动与医技传承：以民国时期上海方志医学人物记述为中心　《上海地方志》2019 年第 3 期

田晓华　试析贵州省民国图书出版概况　《贵图学苑》2019 年第 4 期

马晓娟　古代草原路贸易流动性探梳　《史志学刊》2019 年第 6 期

郭伟川　古代潮汕地区的土著及其文化　《广东史志》2019 年第 3 期

孙灵芝　古代地方志里中医药文化资源研究　《中国医药导报》2019 年第 13 期

邹　涛　程　杰　基于乡土志视角的近代贵州纺织服装业研究　《长江文明》2019 年第 3 期

苏新华　1943 年潮汕地区大饥荒灾情及应对措施研究——以地方志为中心的考察　《广东史志》2019 年第 1 期

刘明昕　王喜臣　从旧志资料看新中国成立前吉林省人参产业发展状况　《长春中医药大学学报》2019 年第 6 期

鹿习健　秦始皇祠庙考论　《中国地方志》2019 年第 5 期

徐　斌　表南山为阙：基于地方志数据库的古代城市规划方法研究　《活力城乡　美好人居——2019 中国城市规划年会论文集（城市规划历史与理论）》2019 年

郭伟川　从韩愈刺潮谈起　《广东史志》2019 年第 2 期

秦　琳　从方志所见中缅贸易的发展变化——以瑞丽为例　《德宏师范高等专科学校学报》2019 年第 4 期

谭苑芳　林　玮　地方文献中的“惠能形象”与文化意义：围绕《广州大典》展开　《学术研究》2019 年第 10 期

吕冠南　山东地方志所见金逸文八篇　《北方文物》2019 年第 2 期

黄继澍　潮郡政区建置沿革若干问题汇议　《广东史志》2019 年第 6 期

陈雪峰　潮汕人移民赣南、闽西之研究　《广东史志》2019 年第 5 期

辛伟贤　汕头城市化的历史进程　《广东史志》2019 年第 1 期

辛伟贤　汕头围垦造陆历史回眸　《广东史志》2019 年第 4 期

戚瀚文　姜　波　杜明倩　董　颖　私修方志的镜鉴——以山东省临朐县回头古村保护发展为例　《城市建筑》2019 年第 16 期

吴厚荣　四川灾祸中的底层记忆——在地方志中新发现的三篇纪事诗　《巴蜀史志》2019 年第 5 期

魏俊杰　宋前衢州县官考　《地方文化研究》2019 年第 3 期

孙士民　孙文等名人题词考——东亚同文书院大旅行志题词　《安徽文博》2019 年辑刊

杨　梅　渝西石刻之于方志史料价值举隅　《中国地方志》2019 年第 6 期

张　芳　玉米进入中国的时间与路径研究综述——基于中国知网的搜索　《闽商文化研究》2019 年第 1 期

郭云奇　玉米在河南的传播种植及其农业经济价值　《农业考古》2019 年第 3 期

高启安　郜惠莉　裕固族学校教育发端一瞥——从《肃镇华夷志》一条史料说开去　《河西学院学报》2019 年第 6 期

李建武　嘉靖《雄乘》史料价值探析　《中国地方志》2019 年第 4 期

郭海东　嘉靖《彰德府志》对地方特色文化传承的贡献　《安阳工学院学报》2019 年第 3 期

黄　汉　嘉庆《江宁府志序》成文考　《江苏地方志》2019 年第 4 期

黎细玲　两广总督对香山县的管治与影响　《广东史志》2019 年第 2 期

黎细玲　两广总督群体研究刍议　《广东史志》2019 年第 5 期

吴珑静　志书所见习溪桥略考　《江西地方志》2019 年第 2 期

高佳燕　侯　松　中医遗产的本土叙述与文化话语重构——基于浙江衢州两部方志的考察　《浙江外国语学院学报》2019 年第 3 期

吴丹华　政治空间实化的文本叙事——以明代潮州新辟属县方志编修为例　《上海地方志》2019 年第 4 期

后晓荣　杨广文　有关昌平地区最早设县和建置问题的一点看法　《北京地方志》2019 年第 3 期

徐　斌　使琉球行人陈晟考释——基于地方志史料的分析　《中国地方志》2019 年第 5 期

车明怀　南宋末代皇帝赵显在西藏活动的历史及其影响　《西藏地方志》2019 年第 1 期

赵长治　姚莹《康輶纪行》对《卫藏图识》资料的重视与利用　《民族学刊》2019 年第 4 期

张汉静　王鹏飞　抗战初期山西晋北地区侵华日军宣抚班研究　《史志学刊》2019 年第 5 期

冯博文　论襄阳隆中历史沿革的构建　《湖北文理学院学报》2019 年第 10 期

王　蕊　儒家思想与清末民初山东女性的孝道习俗——以山东地方志为中心　《国际儒学论丛》2019 年第 1 期

陈汝模　孟雪梅　上杭县地方志“海丝”资料整理与研究　《福建史志》2019 年第 2 期

杨培娜　从“籍民入所”到“以舟系人”：明清华南沿海渔民管理机制的演变　《历史研究》2019 年第 3 期

杨卓轩　略论福建德化古瓷——以地方志资料为中心的考察　《中国地方志》2019 年第 6 期

高　丹　唐代诗人与图经　《浙江方志》2019 年第 6 期

王　惠　同乡异地的“祖先”：潮州中元节的流传与形塑

《节日研究》2019 年 12 月 31 日辑刊

朱皓轩　论明代西南土司朝贡贡品的转变　《农业考古》2019 年第 3 期

孟小燕　程彩萍　李建武　杨必安　孙　颖　京津冀协同发展视角下廊坊中医药历史挖掘研究　《中国地名》2019 年第 9 期

萧凌波　闫军辉　基于地方志的 1736—1911 年华北秋粮丰歉指数序列重建及其与气候变化的关系　《地理学报》2019 年第 9 期

周　娥　方志所见清代四川商人研究　《三门峡职业技术学院学报》2019 年第 2 期

朱春洁　方志所见宋明文人诗文辑考　《乐山师范学院学报》2019 年第 7 期

张芷萱　方志所见魏了翁资料辑存　《国学》2019 年辑刊

邵剑书　方志所载历城史部文献情况析论——以乾隆《历城县志》、民国《续修历城县志》为中心　《山东图书馆学刊》2019 年第 4 期

周琦玥　姜复宁　方志佚文中所见的金末泰山区域文学生态　《泰山学院学报》2019 年第 6 期

张　剑　姚国强　方志中的湖州茶文化——以《嘉泰吴兴志》为中心的考察　《湖州师范学院学报》2019 年第 11 期

马　垒　房山县建县时间考　《北京地方志》2019 年第 4 期

濮小南　钟山书院历任山长辑览（上）　《南京史志》2019 年第 2 期

张鸿度　浦口东门史考（上）　《南京史志》2019 年第 2 期

杨卓轩　河北定窑古瓷略论——以地方志资料为中心的考察　《史志学刊》2019 年第 5 期

唐燎原　河西走廊的诗歌地理博物志　《新疆艺术（汉文）》2019 年第 6 期；《绿风》2019 年第 6 期

孙景超　河阴县建置考辨　《中国地方志》2019 年第 4 期

伍　涛　湖南茶文献概述　《图书馆》2019 年第 12 期

刘福铸　海南岛妈祖文化传播状况、原因与影响　《妈祖文化研究》2019 年第 3 期

张英聘　借鉴与超越：弘治《八闽通志》关于科举内容的书写　《中国地方志》2019 年第 6 期

张　军　地方志记载管仲的演变　《2019 第十四届全国管子学术研讨会交流论文集》2019 年

杜芝明　巴渝民族研究与史料整理　《重庆师范大学学报（社会科学版）》2019 年第 5 期

段逸山　方志误载医事　《上海中医药杂志》2019 年第 9 期

杨卓轩　福建古志中的建窑瓷器研究　《黑龙江史志》2019 年第 6 期

许诺冰　改革开放以来甘肃地名研究述评　《甘肃史志》2019 年第 3 期

陈忠庆　古淡天然，志洁清高——论紫砂壶“益友提梁”的传统文化意境　《江苏陶瓷》2019 年第 6 期

孔令云　周甜甜　古籍修复流程规范探究——以《新安志》修复为例　《湖南科技学院学报》2019 年第 11 期

郭伟川　关于秦汉时期古揭阳县治的研究　《广东史志》2019 年第 5 期

刘　琪　构建内在精神与外部规范协同作用的团队发展机制——以《山东大学研究生学志》为例　《中国研究生》2019 年第 12 期

王　建　“黎川”之名究原　《江西地方志》2019 年第 5 期

巩中坚　“区划”与“沿革”叙述中的几个问题　《今古大观》2019 年第 1 期

邓前程　黄辛建　“唐古特”的意涵演变及其史学价值——以清代西藏地方志为中心的考察　《西北民族论丛》2019 年辑刊

王兴伊　“丝绸之路”视阈下的中医外交先行者郁震考　《中医药文化》2019 年第 6 期

吕冠南　碑志文献与方志著作中的辽金佚诗　《常熟理工学院学报》2019 年第 4 期

熊贤品　楚史相关方志资料辨析二则　《长江文明》2019 年第 3 期

田根胜　东莞藏书楼、陈家祠与小传统　《广东史志》2019 年第 1 期

毛均祥　立场、理念与文体：余靖《志》《碑》《传》研究——兼论欧阳修神道碑铭的写作特征　《宁波广播电视大学学报》2019 年第 4 期

蒋　帅　地名叙事的去污名化实践——基于“盗泉”地名历史记忆的考察　《民俗研究》2019 年第 5 期

方志馆研究

马小彬　方志馆设施建设立项研究——以省、市级方志馆设施建设为例　《西藏地方志》2019 年第 2 期

姚文文　浅谈新型方志馆的公共文化服务功能　《黑龙江史志》2019 年第 10 期

任璀洛　方志馆公共文化服务功能的现状与探讨　《安徽地方志》2019 年第 2 期

任璀洛　基于方志馆公共文化服务现状的创新性发展研探　《北京地方志》2019 年第 4 期；《河南史志》2019 年第 3 期；《江西地方志》2019 年第 4 期

任璀洛　方志馆公共文化服务现状与创新发展探析　《今古大观》2019 年第 5 期

任璀洛　方志馆公共文化服务现状的创新性发展研探　《甘肃史志》2019 年第 3 期

周文燕　让方志馆更好地服务公众　《江苏地方志》2019 年第 2 期

郭　徽　方志馆与地方文化传承保护　《巴蜀史志》2019 年第 1 期

赵艳珍　公共文化服务视域下的方志馆建设　《广东史志》2019 年第 1 期

张利利　基于用户需求分析的方志馆定位研究——以广东省方志馆为例　《广东史志》2019 年第 2 期

上海通志馆　开创上海市方志馆建设新局面　《社会科学报》2019 年 6 月 6 日

杨　杨　吴一峻　上海市方志馆建设与发展研究　《上海地方志》2019 年第 4 期
王贞伟　村级方志馆建设的实践探索——以温宿县托乎拉乡河畔村方志馆建设为例　《新疆地方志》2019 年第 3 期
包鸿梅　中国图书馆分类法在方志馆馆藏管理中的应用——以哈尔滨市方志馆为例　《黑龙江史志》2019 年第 10 期
王庆思　深圳市方志馆馆藏概貌　《深圳史志》2019 年第 1 期
李亚雄　走进尉氏县方志馆　《河南史志》2019 年第 1 期
吴会蓉　西康省通志馆的成立及其修志活动述略　《中国地方志》2019 年第 3 期
曾　荣　论民国通志馆经费的管理、使用与演变　《史志学刊》2019 年第 5 期
韩宁平　京师黟县会馆初探：以方志与日记为中心的考察　《江西财经大学学报》2019 年第 3 期

方志开发利用

黄　铭　全媒体传播背景下的地方志数据库建设路径探索　《史志学刊》2019 年第 4 期
林　浩　解析地方志资源大数据特性　管窥地方志“计算”研究新领域　《中国地方志》2019 年第 4 期
肖　禹　地方志碎片数据研究　《文津学志》2019 年辑刊
张　毅　李　欣　面向数字人文的特藏资源揭示研究——以方志数据库建设为例　《图书馆》2019 年第 6 期
徐晨飞　包　平　面向农史领域的数字人文研究基础设施建设研究——以方志物产知识库构建为引　《中国农史》2019 年第 6 期
周能汉　新时代地方志信息化建设随想　《新疆地方志》2019 年第 2 期
赖少波　新时期地方志网络信息化建设的几点实践——以建瓯市为例　《新疆地方志》2019 年第 4 期
周　维　“互联网＋”背景下地方志网站现状及创新发展探析　《今古大观》2019 年第 2 期
刘　帆　全媒体背景下《中国影像方志》的传播创新　《电视研究》2019 年第 7 期
张世海　焦素娥　纪录片对地方文化呈现的创新——解析《中国影像方志》　《中国电视》2019 年第 7 期
史五一　《中国影像方志》的内容浅析——以《安徽卷·泾县篇和桐城篇》为例　《安徽地方志》2019 年第 3 期
金雄波　以第三轮修志为契机加快地方志数字化建设步伐　《新疆地方志》2019 年第 6 期
金雄波　以三轮修志为契机　加快地方志数字化建设步伐　《广东史志》2019 年第 6 期
赖传贵　探索“方志＋”　助力乡村振兴　《闽北日报》2019 年 7 月 10 日
王　锦　徐建功　借“互联网＋”助方志事业转型升级　《北京地方志》2019 年第 1 期
吴道松　地方志开发与利用的几点思考　《福建史志》2019 年第 1 期
朱　吟　方志资源开发利用初探　《江西地方志》2019 年第 1 期
白　帆　方志文献开发利用新思路——《北平史表长编》的启示　《文津学志》2019 年辑刊
陈明吉　浅谈地方史志与文物保护利用的融合发展　《巴蜀史志》2019 年第 4 期
王志迁　浅谈地方志旅游资源资料的开发与利用　《今古大观》2019 年第 3 期
李玉娟　浅谈地方志书开发利用　《安徽地方志》2019 年第 4 期
翁红霞　镇江方志开发利用的实践与思考　《江苏地方志》2019 年第 6 期
潘认若　“三个服务”激活地方志生命力——四川省做好地方志资源开发利用的实践探索　《西藏地方志》2019 年第 1 期
张新丹　张新宇　试析如何做好大事记的利用工作　《黑龙江档案》2019 年第 12 期
四川省地方志工作办公室　关于开发利用地方志资源服务经济社会发展的思考和建议　《巴蜀史志》2019 年第 1 期
牟华林　论广西旧方志对广西旅游文化发展的作用　《贺州学院学报》2019 年第 2 期
毛建军　地方志编撰与民族史料利用——以布依学研究为例　《史志学刊》2019 年第 2 期
周庆鹏　张玉梅　存世明代宁夏旧方志整理及其数字化研究　《民族艺林》2019 年第 4 期
王黎明　牛　洁　文献中自然地理信息的提取与分析研究——以云南地区明代古文献为例　《江苏科技信息》2019 年第 16 期
俞德凤　邵　波　高校图书馆地方文献开发与利用研究——以南京大学图书馆为例　《新世纪图书馆》2019 年第 12 期
杨镇火　郎尚德　弘扬“天津支边医生精神”，不忘初心　砥砺前行——自治区地方志办协同组织开展“天津支边医生在广西”史料收集整理及后续开发研究　《广西地方志》2019 年第 4 期
金利权　深挖历史文化资源　提升美丽乡村建设文化品位——以寿昌镇石泉村为例　《浙江方志》2019 年第 1 期
王　通　白丽萍　略论地方志在文献学研究中的利用——以明程伯祥刻本《颜氏家训》版本考为例　《唐山师范学院学报》2019 年第 5 期

方志人物

何永生　章学诚方志理论与实践的学理逻辑　《湖北大学学报（哲学社会科学版）》2019 年第 3 期
张易和　章学诚、戴震方志理论之争的研究评述　《中国地方志》2019 年第 4 期
刘　涛　区域史视角下的章学诚地方志理论传承与发展——从新编《长泰县志》看新修方志如何经世致用　《安

徽地方志》2019 年第 1 期

王振羽　方志之祖——章实斋　《南京史志》2019 年第 1 期

韩章训　谈司马光、朱熹对志界影响　《新疆地方志》2019 年第 4 期

潘猛补　元代章嘉著作考述　《温州职业技术学院学报》2019 年第 2 期

陈时龙　孔尚任的方志编纂思想　《中国地方志》2019 年第 4 期

韩章训　谈王棻方志思想　《浙江方志》2019 年第 2 期

龙　麟　程含章方志思想及实践研究——以《嘉庆景东直隶厅志》为例　《普洱学院学报》2019 年第 4 期

陈述清　方志“大 V”吴宗慈　《江西地方志》2019 年第5 期

李嘉球　沈德潜八次编修地方志　《江苏地方志》2019 年第 6 期

任柏林　云生与打牲乌拉地方志的纂修　《黑河学刊》2019 年第 5 期

李有毅　邓时敏：清代广安方志传承人　《巴蜀史志》2019 年第 4 期

沈永清　李林松与《嘉庆上海县志》《上海地方志》2019 年第 2 期

韩章训　古代修志流派论纲　《广东史志》2019 年第 1 期

刘　丹　李文蔚　刘念宇　历代东莞籍学人的方志情怀和成就初探　《广东史志》2019 年第 3 期

薛艳伟　傅振伦与方志序跋　《中国地方志》2019 年第 6 期

姜洪源　张维与《甘肃通志稿》《甘肃史志》2019 年第 3 期

唐　萱　唐燮军　再论陈训正的方志编纂思想　《盐城师范学院学报（人文社会科学版）》2019 年第 6 期

任芮欣　谢国桢与方志学　《中国地方志》2019 年第 4 期

王复兴　论董一博对新方志学建设的贡献　《中国地方志》2019 年第 3 期

扈晓冰　史念海对新方志学的贡献　《中国地方志》2019 年第 6 期

裴丽芳　来新夏方志编纂实践简述　《史志学刊》2019 年第 3 期

王振良　来新夏与《古籍整理讲义》——“南开百年名家名作巡礼”之七　《博览群书》2019 年第 12 期

一切学科起源于历史——著名方志学家仓修良先生访谈录　《浙江方志》2019 年第 5 期

来学斋　史志情怀，风范长存——追忆历史学家、古文字学家李学勤先生　《河南史志》2019 年第 1 期

孙晓东　莫道桑榆晚——记高安市一群修志的老人　《江西地方志》2019 年第 4 期

徐建勋　国家方志馆中原分馆助力中原更加出彩——访河南省地方史志办公室党组书记、主任管仁富　《河南史志》2019 年第 4 期

朱智慧　扶贫战线上的方志人——记淮阳县志办驻葛店乡陈庄村第一书记方可可　《河南史志》2019 年第 5 期

（范锐超）

· 年鉴论文索引

一、综论

侯庆凤　浅谈地方综合年鉴的基本属性与写作技巧　《黑龙江史志》2019 年第 9 期

詹跃华　对年鉴定义、属性和特点的认识　《新疆地方志》2019 年第 2 期

高　欣　年鉴：为谁而编　编给谁看　《中国新闻出版广电报》2019 年 5 月 27 日

何　蕊　王　远　凸显时代特色　启示未来发展——以《中国林业年鉴》为例浅析年鉴的时代精神和时代价值　《新闻传播》2019 年第 13 期

潘捷军　充分发挥年鉴功能，推动年鉴事业创新发展　《中国年鉴研究》2019 年第 3 期

雷卫群　陈晓婧　试论省级综合年鉴的功能细化问题——28 部省级综合年鉴功能分析　《中国年鉴研究》2019 年第 4 期

姜阿平　论学术共同体视角下的学术年鉴功能演化　《中国年鉴研究》2019 年第 4 期

张　维　浅议史、志、鉴内容结构的关系与文献价值　《史志学刊》2019 年第 4 期

程立海　论新时代年鉴编纂、出版与文化自信　《传媒》2019 年第 11 期

王　锦　徐建功　浅论年鉴与文化自信　《北京地方志》2019 年第 4 期

冀祥德　新中国年鉴 70 年发展思考　《中国年鉴研究》2019 年第 3 期

符思念　创新——新时代年鉴事业转型升级的必经之路　《江西地方志》2019 年第 6 期

刘传仁　依法保障年鉴事业发展的思考　《中国年鉴研究》2019 年第 2 期

孟亚男　70 年成就斐然，新时代任重道远　《中国年鉴研究》2019 年第 3 期

牟国义　高质量发展：新时代年鉴事业新境界　《史志学刊》2019 年第 5 期

李　涛　中国军事年鉴发展的成就与启示　《中国年鉴研究》2019 年第 3 期

何伟志　赓续优秀传统，创新年鉴事业　《中国年鉴研究》2019 第 3 期

管仁富　记载中原文化，创新史志大业　《中国年鉴研究》2019 年第 3 期

张志仁　鼓足干劲抓质量，全面实现全覆盖　《中国年鉴研究》2019 年第 3 期

张恒彬　借鉴国外年鉴经验　推动年鉴事业转型升级　《史志学刊》2019 年第 5 期

黄　玲　贺宏卿　国内外网络年鉴编纂初探　《广东史志》2019 年第 5 期

杨永成　15—19世纪英国年鉴的演变发展及其在世界的传播　《中国年鉴研究》2019年第1期

牟国义　沈荫溦《列国岁计政要》与近代西方年鉴译介　《中国年鉴研究》2019年第3期

张志勇　《世界年鉴》与《江西年鉴》比较浅析　《江西地方志》2019年第6期

陈洪泉　中美日年鉴对比与启示　《中国年鉴研究》2019年第3期

王韧洁　国外年鉴特点述论　《中国年鉴研究》2019年第4期

裘晓燕　英美年鉴内容及其演变述略　《上海地方志》2019年第2期

杨永成　英国《政治家年鉴》的特点分析及借鉴意义　《上海地方志》2019年第1期

游桃琴　浅谈中外年鉴差异——以《The Old Farmer's Almanac》与中国省级综合年鉴为例　《江西地方志》2019年第5期

游桃琴　《老农夫年鉴》品读　《史志学刊》2019年第5期

二、地方综合年鉴编纂

陈洪毅　机构改革与地方综合年鉴框架创新探究　《中国年鉴研究》2019年第4期

姜艳芹　年鉴编纂如何适应党和国家机构改革　《黑龙江史志》2019年第5期

周蔚茹　年鉴编纂中行政机制与合作机制比较研究　《广东史志》2019年第5期

杨富中　浅议机构改革给志鉴编纂带来的影响及其对策　《今古大观》2019年第6期

郑树森　年鉴篇目设置与机构改革的关系初探　《安徽地方志》2019年第2期

邱德彬　《兵团年鉴》三个历史阶段的框架设计及编纂特点　《新疆地方志》2019年第3期

许家康　试论地方年鉴的内容结构调整　《广西地方志》2019年第6期

张　凯　年鉴栏目与内容的调整和创新——以《广西年鉴》和《桂林年鉴》为例　《广西地方志》2019年第6期

许家康　谈谈地方年鉴的内容结构调整　《今古大观》2019年第5期

张小莲　如何编写年鉴概况　《新疆地方志》2019年第3期

王志迁　将以人民为中心思想融入年鉴编纂中　《江苏地方志》2019年第2期

王志迁　年鉴编纂体现以人民为中心思想的点滴思考　《安徽地方志》2019年第1期

王志迁　年鉴编纂体现以人民为中心思想的思考　《江西地方志》2019年第2期

赵　峰　论地方综合年鉴概况条目的内容组织　《江西地方志》2019年第2期

杨富中　试论地方综合年鉴条目编写　《中国年鉴研究》2019年第3期

陈　磊　浅议地方综合年鉴条目编纂规范化——以《南通年鉴（2018）》为例　《江苏地方志》2019年第1期

阳晓儒　年鉴综述、概况与单一性记事条目的功能和作用——以《兵团年鉴》《中关村年鉴》《苏州年鉴》为例　《史志学刊》2019年第1期

常登成　浅议地方综合年鉴条目关联　《甘肃史志》2019年第4期

郭素琴　年鉴条目编纂中存在的问题及对策　《河南史志》2019年第6期

大事记课题项目组　年鉴大事记编写刍议　《北京地方志》2019年第2期

孙志红　地方综合年鉴卷首彩图专辑的编排　《中国年鉴研究》2019年第1期

李　鑫　地方综合年鉴图片专辑创新研究　《史志学刊》2019年第6期

朱崇飞　浅谈地方综合年鉴专题图片设置　《江苏地方志》2019年第5期

朱崇飞　浅谈地方综合年鉴专题图片设计与特色　《江苏地方志》2019年第5期

邓水龙　精准使用彩色图片　竭力打造精品年鉴　《江西地方志》2019年第5期

刘德宝　地方综合年鉴索引规范化思考　《中国年鉴研究》2019年第3期

沈　娜　浅析年鉴索引编制现状及存在问题——以广东省市、县（区）综合年鉴为例　《黑龙江史志》2019年第4期

熊信芷　从归化异化看襄阳年鉴目录的翻译　《英语广场》2019年第10期

孟亚男　年鉴经济部类编纂常见问题解析　《史志学刊》2019年第2期；《今古大观》2019年第5期

王玉才　地方综合年鉴编纂创新的实践与思考　《广西地方志》2019年第4期

唐　慧　年鉴编纂和创新浅见　《巴蜀史志》2019年第1期

陈星界　黎美君　年鉴编纂与运用中彰显文化自信　《中国年鉴研究》2019年第2期

胡浩泉　关于城市综合年鉴记述"创新型城市"建设的问题　《今古大观》2019年第4期

刘　星　民族地区志鉴编纂需注意的几个问题——以新疆地区为例　《江苏地方志》2019年第6期

刘　星　民族地区志书、年鉴编纂若干问题的思考——以新疆地区为例　《新疆地方志》2019年第3期

滕　辉　地方综合年鉴编辑中的一些问题及解决方法　《甘肃史志》2019年第2期

三、专业年鉴编纂

邓玉兰　浅谈行业（专业）年鉴编纂存在的问题及对策　《江西地方志》2019年第1期

罗应梅　姚　红　浅谈高校年鉴的编写——以《贵州大学年鉴》为例　《中国年鉴研究》2019年第3期

何　昕　粤港澳高校年鉴比较研究　《中国年鉴研究》2019年第4期

杨雪婷　高校年鉴编纂规范化思考研究　《办公室业务》2019年第15期

李瑞红　高校年鉴编纂理论研究与机制创新　《当代教育实践与教学研究》2019年第3期

邹　璇　浅谈城市年鉴的封面设计　《中国年鉴研究》2019年第1期

陈　卓　编纂《辽宁科技年鉴》的思考　《产业与科技论坛》2019年第23期

卢晓东　企业年鉴编纂的研究与实践　《兰台世界》2019年增刊第1期

齐元平　企业年鉴和大事记编撰工作探讨——以中国航空工业集团有限公司为例　《浙江档案》2019年第9期

郑　潇　企业年鉴编纂中存在的问题及解决措施　《企业改革与管理》2019年第22期

朱秀凌　论史家笔法在专业年鉴的运用——以《中国新闻传播教育年鉴（2018）》为例　《新闻知识》2019年第9期

四、年鉴质量

李秀年　查云富　年鉴质量建设的回顾与思考　《江苏地方志》2019年第4期

黄雯倩　关于年鉴质量和创新的六点思考　《福建史志》2019年第5期

杨富中　简析提高地市级综合年鉴质量面临的问题、原因及对策　《巴蜀史志》2019年第3期

王钦双　关于城市区级综合年鉴条目编写规范化问题的思考与探索——以《北京东城年鉴》编纂为例　《史志学刊》2019年第4期

陆瑞萍　精品年鉴框架的建构　《江苏地方志》2019年第5期

林荣国　浅谈创新驱动下的精品年鉴之路——以《晋江年鉴》为例　《广西地方志》2019年第5期

王世伟　年鉴稿件的审查修改　《江苏地方志》2019年第6期

王世伟　地方综合性年鉴的编校原则　《新疆地方志》2019年第2期

王志迁　新时代编纂精品年鉴的现实路径　《安徽地方志》2019年第3期

章坦妮　英文版年鉴校对工作浅析——以《广州年鉴》英文版为例　《羊城古今》2019年第2期

杨翌琳　汗水结晶润墨香——以《阳明学研究年鉴（2016）》编校为例　《当代贵州》2019年第7期

王　雷　浅析出版社前期介入对年鉴编纂出版质量提升的影响——以《中国文化年鉴》编纂出版为例　《史志学刊》2019年第5期

朱彩云　论析地方综合年鉴“特载”“附录”内容质量　《江苏地方志》2019年第3期

石志莹　消除总结痕迹　提高年鉴质量——浅谈地方综合年鉴中工作总结痕迹的具体表现及对策　《江西地方志》2019年第6期

杨富中　浅谈新形势下如何提高综合年鉴“大事记”编纂的质量　《浙江方志》2019年第2期；《今古大观》2019年第1期

颜丙通　高校年鉴编校质量控制浅析　《科技与创新》2019年第21期

沈人烨　提高企业年鉴编辑质量的几个问题　《现代国企研究》2019年第6期

黄婉婵　打造精品行业年鉴的实践与探索——以《广西建设年鉴》为例　《传播与版权》2019年第7期

五、年鉴管理与实践

周　慧　县级年鉴全覆盖的难点与对策　《中国年鉴研究》2019年第2期；《江西地方志》2019年第3期

吴朝庭　基于关键路径法的年鉴编纂进度管理研究　《中国年鉴研究》2019年第2期

谌　倩　关于智慧年鉴的思考和探索　《中国年鉴研究》2019年第4期

李　喆　“互联网+”时代年鉴编纂的若干思考　《办公室业务》2019年第6期

欧长生　年鉴发展中的创新路径——以《福建年鉴》为例　《中国年鉴研究》2019年第1期

罗　志　浅析地情研究成果与年鉴编纂创新的互动关系——以南京都市圈城市相关年鉴为例　《新疆地方志》2019年第2期

王修达　为什么编年鉴？怎样编年鉴？　《北京地方志》2019年第4期

黄河清　年鉴编纂与政务信息保护开发利用——以《江苏自然资源年鉴》为例　《中国年鉴研究》2019年第4期

陈祥榕　用“五大发展理念”指导年鉴编纂实践——以《台江年鉴》为例　《福建史志》2019年第3期

周　慧　关于新时代年鉴编纂出版工作的思考　《史志学刊》2019年第6期

王从敏　对年鉴编纂工作的总体认识与思考——兼析年鉴编纂易出现的差错　《河南史志》2019年第6期

管仁富　国之信史常有我　出彩中原不让仁——新中国河南年鉴工作发展历程　《河南史志》2019年第5期

赵瑞红　常晶会　年鉴大数据出版之探析　《中国年鉴研究》2019年第1期

印慧娟　论提高年鉴出版的时效性　《办公室业务》2019年第3期

常登成　实现综合年鉴编纂出版周期思考　《甘肃史志》2019年第1期

罗　滔　刍议新时代年鉴编纂与现代传播方式　《浙江档案》2019年第6期

绍兴市柯桥区史志研究室　行改革创新之举措，续堪存堪鉴之史志　《浙江方志》2019年第4期

何联芳　对甘南州地方综合年鉴编辑出版工作的调查与思考

《甘南日报（汉文版）》2019 年 11 月 1 日

任　婷　“大媒体”时代高校年鉴的创新发展之路　《兰台世界》2019 年第 8 期

陈玉莲　与时俱进　自我超越——谈《濮阳年鉴》创新实践　《河南史志》2019 年第 6 期

胡正强　专业年鉴个性化的建构及其路径——以《中国新闻传播教育年鉴》为例　《青年记者》2019 年第 18 期

梁芙蓉　董一男　聂　新　浅谈新时代军工企业年鉴编纂工作　《机电兵船档案》2019 年第 2 期

徐　胜　信息公开视域下高校年鉴编纂的对策研究　《智库时代》2019 年第 12 期

李玉馨　行业年鉴的现状及发展——以《中国地质调查局年鉴》为例　《产业与科技论坛》2019 年第 3 期

李玉馨　浅谈行业年鉴编辑的基本素养　《传播力研究》2019 年第 14 期

詹跃华　谈年鉴编纂人员的五种意识　《黑龙江史志》2019 年第 1 期

谢　华　浅谈科技年鉴编辑工作的初心与创新融合研究　《科技视界》2019 年第 36 期

六、年鉴开发和利用

余贤林　地方综合年鉴构建大数据应用的设想　《中国年鉴研究》2019 年第 2 期

沈汇洋　探索年鉴编纂的云平台　《中国年鉴研究》2019 年第 2 期

李光普　开发利用综合年鉴资源的新途径探索——以习近平新时代中国特色社会主义思想为指导　《新疆地方志》2019 年第 1 期

任璀洛　试论实现年鉴信息化的思路　《中国年鉴研究》2019 年第 1 期

沈汇洋　年鉴编纂云平台构想　《深圳史志》2019 年第 1 期

王　锦　引入“互联网 +”探索年鉴编纂新模式——中关村示范区志鉴平台开发利用　《中国年鉴研究》2019 年第 3 期

王　锦　徐建功　借“互联网 +”助方志事业转型升级——以中关村志鉴平台的尝试性实践为例　《北京地方志》2019 年第 1 期

杨　佟　张利辉　马嘉蓉　杨东虎　于新朋　基于 GIS 的京津冀统计年鉴可视化表达　《天津城建大学学报》2019 年第 5 期

谢运山　刁洪全　基于水文年鉴水文测站任务书的修订　《吉林水利》2019 年第 4 期

江小华　美国研究型大学年鉴的电子化与网络化及启示　《中国年鉴研究》2019 年第 2 期

王龙惠　安徽省新型城镇化水平测度——基于 2018 年安徽省统计年鉴的因子分析模型　《湖北科技学院学报》2019 年第 5 期

李　敏　钱伯章　能源需求快速增长背后现危机——2019 年世界能源统计年鉴解读　《中国石油和化工经济分析》2019 年第 8 期

陈　钰　从《世界竞争力年鉴（2019）》看中美竞争力比较　《全球科技经济瞭望》2019 年第 7 期

林益楷　董　宣　从 BP《世界能源统计年鉴 2019》看油气未来　《中国石油报》2019 年 6 月 25 日

熊　倩　任丹丹　张承龙　农村经济结构优化对策研究——基于湖北省 2008—2016 年统计年鉴数据　《农业与技术》2019 年第 5 期

吕宛青　贺　景　陈　曦　中国旅游产业“供给—产出”熵权指数的演进——基于《中国旅游统计年鉴》相关数据　《资源开发与市场》2019 年第 2 期

于　奇　杜纯静　杜恩情　吴炳义　乔晓春　基于年鉴资料比较的我国预期寿命变动及预测分析　《中国卫生统计》2019 年第 6 期

苏　超　河南省公共图书馆事业发展研究：现状及对策——基于《中国文化文物统计年鉴 2018 年》的数据分析　《河南图书馆学刊》2019 年第 12 期

陈秋云　中华优秀传统文化当代创新的和合路径——兼评《中国和合学年鉴（1988—2016）》　《邵阳学院学报（社会科学版）》2019 年第 2 期

王　烁　马丽君　我国区域高等教育发展水平的差异性研究——基于中国统计年鉴 2016 年数据的分析　《信阳师范学院学报（哲学社会科学版）》2019 年第 3 期

白文倩　徐晶晶　义务教育信息化资源配置均衡性研究——基于 2001—2018 年《中国教育统计年鉴》数据分析　《现代教育技术》2019 年第 2 期

龚　敏　义务教育资源配置的区域差异分析——基于 2015 年《中国教育统计年鉴》的数据　《教育现代化》2019 年第 3 期

付梦芸　郝瑜鑫　我国华文教育研究的热点与趋势——基于 2013—2017 年《世界华文教育年鉴》的共词分析　《世界华文教学》2019 年辑刊

文礼朋　石泰龙　谢海娟　全面“营改增”减税效应的理想与现实对比——基于投入产出表的理论模拟与税务年鉴数据的分析　《财会通讯》2019 年第 14 期

七、年鉴研究与评介

与共和国一起成长：新时代年鉴继承与发展——庆祝中华人民共和国成立 70 周年专题　《中国年鉴研究》2019 年第 3 期

陆　奇　文献翔实冲霄汉　小康之路乐逍遥——《大足年鉴（2018）》书评　《黑龙江史志》2019 年第 6 期

张　勇　学术年鉴的存史与鉴今——《郭沫若研究年鉴》学术价值刍议　《中国年鉴研究》2019 年第 1 期

朱　海　年鉴界一部权威的年度性重要文献——《中国年鉴发展报告（2018）》介绍　《中国年鉴研究》2019 年第 1 期

杨军仕　他山之石　可以攻玉——《国外年鉴选介》书评

《北京地方志》2019 年第 2 期

郑维桢　天下山峰何其多　惟有此处峰成林——《国外年鉴选介》书评　《北京地方志》2019 年第 2 期

林　浩　拓宽年鉴视角　发散年鉴思维——《国外年鉴选介》书评　《北京地方志》2019 年第 2 期

周　慧　一样的山川　别样的景致——《国外年鉴选介》书评　《北京地方志》2019 年第 2 期

张昊鹏　推动年鉴比较借鉴　寻求中国年鉴事业转型升级——《国外年鉴选介》书评　《北京地方志》2019 年第 2 期

高生记　一部别开生面的选介图书——《国外年鉴选介》书评　《北京地方志》2019 年第 3 期

华　蕾　读《国外年鉴选介》所感　《北京地方志》2019 年第 3 期

杨卓轩　中外年鉴融合发展　推动文明交流互鉴——《国外年鉴选介》书评　《北京地方志》2019 年第 3 期

黄婷婷　以传播仪式观评《中国新闻传播教育年鉴（2018）》的三重价值　《西南交通大学学报（社会科学版）》2019 年第 3 期

齐　辉　赵　冉　谱写当代中国新闻教育的“春秋”：《中国新闻传播教育年鉴（2018）》的存史价值与编纂意蕴　《新闻春秋》2019 年第 5 期

张　云　邸　铭　务实开拓，砥砺前行——评《中国新闻传播教育年鉴》　《大学（研究版）》2019 年第 6 期

尚恒志　乔俊杰　在守正中创新　在继往中开来——《中国新闻传播教育年鉴（2018）》品鉴　《新闻爱好者》2019 年第 8 期

杨和平　汪静一　当其“而立”——论《中国音乐年鉴》“短·长”　《中国音乐》2019 年第 5 期

黄　青　曾三愆　历史反思与价值重构——2018 年《中国音乐年鉴》国际学术研讨会述评　《人民音乐》2019 年第 8 期

朱青生　《中国当代艺术年鉴（2005—2018）》编辑方案　《艺术工作》2019 年第 6 期

贾改琴　茅盾研究新境之开拓——评《茅盾研究年鉴（2014—2015）》　《名作欣赏》2019 年第 11 期

陈　琳　2018 年神经修复学年鉴（2018 Yearbook of Neurorestoratology 全译）　《中华细胞与干细胞杂志（电子版）》2019 年第 1 期

岳红燕　一步一个脚印，打造精品年鉴——《内蒙古新闻出版广播电影电视年鉴》十五年回顾　《数字传媒研究》2019 年第 9 期

董　倩　蒲江《统计年鉴》编写心得　《营销界》2019 年第 24 期

国家工艺美术大师、紫砂壶型设计大师、中国国礼特供艺术家——吴海龙艺术年鉴　《黄河之声》2019 年第 8 期

周育民　《1852 年上海年鉴》编译说明　《上海地方志》2019 年第 1 期

王师师　《上海年鉴（1852）》的基本特点及重要启示　《上海地方志》2019 年第 3 期

方　程　《上海年鉴（1852）》：打开了一扇窗　《社会科学报》2019 年 11 月 7 日

孙兴武　试析《申报年鉴》（1933—1936）的影响　《中国年鉴研究》2019 年第 2 期

李子明　民国《铁道年鉴》编纂出版研究　《中国年鉴研究》2019 年第 4 期

（范锐超）

·志鉴著述选介

【《依法治志与史志立法研究》出版】　7 月，《依法治志与史志立法研究》由方志出版社出版。主编冀祥德。该书系 2018 年 5 月 18 日中指办主办的依法治国与依法治志论坛论文集，收录会议文稿和论文 39 篇。该书从实现中华民族伟大复兴、维护国家文化安全、推进社会主义文化强国建设的高度，从法学和方志学的综合视角，全面探讨依法治国与依法治志的关系，以及依法治志的内涵、外延、价值、目标、实现路径等，探索地方志事业科学发展的法治道路。全书 40.4 万字。　（刘淑颖）

【《精品年鉴与年鉴编纂创新研讨会论文集》出版】　12 月，《精品年鉴与年鉴编纂创新研讨会论文集》由方志出版社出版。主编冀祥德。该书收录 2017 年 8 月中指办、中国地方志学会年鉴分会举办的精品年鉴与年鉴编纂创新研讨会上的 58 篇论文。内容涉及年鉴理论研究与编纂实践，有基础理论研究、中外年鉴之间的比较分析、年鉴质量控制与打造精品年鉴标准的分析、资源开发利用以及与地方文化的关系、编纂规范与创新方面的探讨，及框架设计、条目编写等具体编纂问题。全书 54.9 万字。　（刘淑颖）

【《于盼粘地方志理论文集》出版】　3 月，《于盼粘地方志理论文集》由方志出版社出版。著者于盼粘，主编杨洪进。全书分理论探索篇、志书评议篇、经验交流篇、服务社会篇、附录 5 部分，收录文稿 40 余篇。　（张耀鑫）

【《吕志毅地方志理论文集》出版】 3月，《吕志毅地方志理论文集》由方志出版社出版。著者吕志毅，主编杨洪进。全书分论文、专文、序文、评论4部分，收录文稿50余篇。

（张耀鑫）

【《方志编纂探研》出版】 4月，河北省沧州市志办编纂的《方志编纂探研》由河北人民出版社出版。该书收录沧州市各级地方志工作者所撰的地方志理论文稿60余篇。（张耀鑫）

【《晋中地方志总目提要》出版】 10月，山西省晋中市史志研究室编纂的《晋中地方志总目提要》由三晋出版社出版。主编李新文。该书采用条目体编目，16开平装本设计，收录自唐代以来至2019年6月前晋中出版的各类存佚方志470种（现存方志424种，散佚方志46种），是山西省出版的第一部市级地方志总目提要著作。全书65万字。（武岭）

【《南京名志导读·县志篇》出版】 4月，江苏省南京市志办编纂的《南京名志导读·县志篇》由南京出版社出版。该书是《南京名志导读》的第二种，从现存的南京志书中选出代表性的万历《上元县志》、同治《上江两县志》、正德《江宁县志》、乾隆《江宁县新志》、雍正《江浦县志》、光绪《江浦埤乘》、嘉靖《六合县志》、光绪《六合县志》、万历《溧水县志》、民国《溧水征访册》、康熙《高淳县志》、光绪《高淳县志》12部县志，对志书编纂的时代背景，编纂者的生平事迹和学术思想，志书的体例和内容、成就与价值，版本源流、存佚情况等进行解读。此外，该书还挑选各志书珍稀版本的书影作为插图，以生动的直观印象，增加阅读趣味。全书29万字。

（周文燕　王艳荣　黄涛）

【《南京名志导读·专志篇》出版】 12月，江苏省南京市志办编纂的《南京名志导读·专志篇》由南京出版社出版。该书是《南京名志导读》系列丛书的最后一种，从现存的南京志书中选出代表性的《南雍志》《龙江船厂志》《金陵梵刹志》《后湖志》《钟山书院志》《摄山志》《莫愁湖志》《运渎桥道小志》《浦口汤泉小志》《南汤山志》《金陵园墅志》《明孝陵志》《金陵大报恩寺塔志》《秦淮志》14部专志，对志书编纂的时代背景，编纂者的生平事迹和学术思想，志书的体例和内容、成就与价值，版本源流、存佚情况等进行解读。全书35万字。

（周文燕）

【《广东省地方志理论研究优秀论文集（2018）》出版】 年内，《广东省地方志理论研究优秀论文集（2018）》出版。该书共收录41篇优秀论文全文、174篇推荐论文目录，内容涉及修志编鉴、地情调研、方志馆建设、乡村振兴、地方志资源开发利用等，集中展示2018年广东省地方志理论研究活动成果。（广东省志办）

【《志苑集林》（第一辑）出版】 9月，四川省成都市志办编纂的《志苑集林》（第一辑）由四川人民出版社出版。主编高志刚。《志苑集林》肇始于《成都志通讯》，脱胎于《志林大观》，转变于《成都史志》，从服务《成都市志（1840—1989）》到突出地方志专业特色，刊登方志理论与编纂研究和新方志评论，辅以成都旧志研究介绍、区域史料发掘和成都地情知识传播，再到突出成都掌故、风土人文、史料发微、史事研究，服务修志资料积累，服务当下地方社会经济发展。全书约15万字。

（朱丹　易超）

【《方志成华》第3辑出版】 12月，四川省成都市成华区志办编纂的《方志成华》第3辑由新华出版社出版。主编周孝明。该书分寻常巷陌话古今、文脉承传代代新、灵秀胜地耀繁星、百态民俗风4个部分80篇文稿。全书沿用《方志成华》系列的编纂体例，以“方志成华”微信公众平台发布的内容为编纂基础，继续深入开展对成华区地情文化的发掘工作，为传承、创新、弘扬地方文化积极开拓，服务于区委、区政府的中心工作。全书近20万字。

（朱丹）

·学会活动与理论研讨

【中国地方志学会第六届理事会第二次会议召开】 12月23日至24日，中国地方志学会第六届理事会第二次会议在儋州市召开。中指组秘书长、中指办主任、中国地方志学会副会长兼秘书长冀祥德，中指办党组书记高京斋出席会议。冀祥德指出，中国地方志学会第六届理事会成立以来，在理论研究、学科建设、完成“两全目标”、推动地方志转型升级、推进方志文化交流方面开展工作，未来要继续坚持党的全面领导、坚持学术为本、坚持服务大局。高京斋在闭幕式上作总结讲话，要求广大地方志工作者增强文化自信、脚踏实地，以有为谋有位；加大宣传力度，倡导方志人精神，大力弘扬正能量。中国地方志学会常务理事、理事对《全国地方志事业发展规划纲要（2021—2025年)》（征求意见稿）进行深入研讨，并就各地地方志学会工作和开展活动情况进行交流。

（刘淑颖）

【第五届冀皖方志理论研讨会召开】 10月13日，河北省志办、安徽省委党史研究院（安徽省地方志研究院）联合主办的第五届冀皖方志理论研讨会在石家庄市召开。冀皖两省22位论文作者围绕省志、市县志、综合年鉴、中国名志工程、村镇志、家谱编纂，以及地方志开发利用等方面进行主题发言，提出很多富有新意、可操作性强的理论观点。来自冀皖两省的地方志工作者50余人参加会议。

（章慧丽　魏铁军　张耀鑫　郑小明）

【辽宁省完成地方志工作专题调研报告】 7月，辽宁省档案馆（辽宁省工业文化发展中心）完成《辽宁地方志工作面临的问题与对策研究》调研报告。调研报告通过介绍辽宁省地方志工作的总体情况和发展现状，客观分析辽宁省地方志工作存在的全面依法治志尚不到位、队伍建设面临新挑战、志稿质量亟待提高、地方志开发利用长期“瘸腿”等主要问题，提出促进辽宁省地方志工作发展的对策建议：一是加强党的政治建设，坚持编史修志正确方向；二是依法履行职责，全面提升法治水平；三是加强工作调度，精准施策分类推进；四是集中攻坚，加快志书审读进度；五是加强队伍建设，全面提升人才素质；六是切实提高编修质量，全面打造精品志书；七是积极开展方志理论研究，加强为现实服务工作。

8月，辽宁省档案馆地方志编纂中心参与《基于机构改革视角下地方志与档案信息资源整合优化实证研究》课题。该课题以辽宁档案和地方志的地方特色文化资源建设为切入点，探讨辽宁档案和地方志资源整合建设问题。

（宁芳　丁玉恒　梁中音）

【吉林省地方志学术年会（2019）召开】 9月4日至5日，吉林省地方志编纂委员会、省地方志学会主办的吉林省地方志学术年会（2019）在长春市召开。年会主题是“新时代地方志创新发展”，在全省范围内征集到论文63篇，评选出优秀论文一等奖7篇、二等奖10篇、三等奖13篇。将入选第九届中国地方志学术年会的5篇论文，以及2018年学术年会后在《中国地方志》《中国年鉴研究》上刊发的5篇论文确定为年会特别奖。来自全省地方志系统的论文作者及市（州）志办领导等90余人参加会议。

（李雯）

【哈尔滨市开展纪念中华人民共和国成立70周年征文活动】 年内，哈尔滨市委史志研究室、市党史研究会、市地方志学会以“纪念中华人民共和国成立70周年”为主题开展征文活动。该活动共收征文154篇，经过初评、复评和终评，选出一等奖2篇、二等奖4篇、三等奖4篇、佳作奖10篇。

（刘新惠）

【2019上海地方志论坛举办】 5月17日，2019上海地方志论坛举办，纪念宣传国务院

《地方志工作条例》发布13周年、《上海市实施〈地方志工作条例〉办法》颁布8周年。论坛总结地方志事业发展成绩，交流地方志工作的最新成果。市志办主任洪民荣致辞。复旦大学教授葛剑雄作《江南与上海》主旨演讲。论坛发布《上海全市方志馆建设与发展报告》等地方志开发利用最新成果。全市地方志系统200多人参加论坛。（王师师）

【2019年地方志理论研讨会举行】 12月20日，上海市志办、复旦大学主办的2019年地方志理论研讨会举行。该会议主题为“地方志：理论研究与当代应用”。中指组成员、复旦大学历史学系教授巴兆祥，中指办研究员、博士生导师张英聘和浙江省志办主任、研究员潘捷军分别作《晚清以来“方志”与“地方志”的概念史考察》《方志地图的历史考察与当代应用》《对方志学学科基础的再度审视》的主题报告。复旦大学、上海市区志办、市地方史志学会、市年鉴学会代表，公开征文入选论文作者，特邀专家学者等近百人参加。（王师师）

【首届地方志与长三角一体化论坛举办】 11月10日至11日，上海市志办、江苏省志办、浙江省志办、安徽省地方志研究院共同主办的首届地方志与长三角一体化论坛在南京举办。中央文史研究馆馆员、复旦大学教授葛剑雄，南京大学商学院教授、教育部重点研究基地南京大学长三角研究中心主任范从来，南京大学历史学院教授、江苏省地方志学会副会长胡阿祥，浙江清华长三角研究院新经济研究中心主任、研究员卓勇良，安徽大学历史系教授陆发春等专家学者发表主旨演讲。三省一市地方志工作机构主任与会议代表围绕“不断进行机制创新、理论创新，充分利用长江三角洲区域极其丰富的地方志资源，主动服务于党和国家的重大战略，服务于地区经济社会发展，用丰富的方志理论成果促进长三角区域一体化发展”等专题进行互动交流。论坛上发布上海市志办组织编纂的《上海通史（新修）》、江苏省志办组织编纂的《江南大运河历史图谱》、浙江省志办组织编纂的《浙江通志》、安徽省地方志研究院组织编纂的《安徽通志》等一批长三角区域地方志成果。其中，《江南大运河历史图谱》和《浙江通志》是首次和读者见面。会上成立“长三角”区域一体化地方志合作联盟，并签订《共同推动长三角区域一体化地方志合作备忘录》。联盟秉持和平合作、开放包容、互学互鉴、互利共赢的精神；以传播方志文化、整合方志资源、加强方志交流、提高学术研究水平、用丰富的方志理论成果惠及“长三角”区域内的民众为要务；以共商、共建、共享为宗旨，把握高质量发展的大势，加强对话交流，深化务实合作，共同谱写地方志合作的新篇章。（郇进　王师师）

【江苏省地方志学会第六届会员代表大会召开】 7月16日，江苏省地方志学会第六届会员代表大会在南京召开。会议总结第五届学会工作，审议通过学会第五届理事会工作报告和财务报告，审议修改《江苏省地方志学会章程》，选举产生学会第六届理事会，左健伟当选为第六届江苏省地方志学会会长。会议安排部署今后五年学会重点工作，指出今后一个时期，省地方志学会要自觉担负起“为时代画像、为时代立传、为时代明德”的光荣使命，充分调动和发挥全省地方志工作者、社会各界专家学者的人才智力优势，全面提升地方志理论研究、学术研究、地方文化研究的能力和水平，为弘扬优秀传统文化，服务全省经济社会发展作出新的更大贡献。有关专家学者，各设区市地方志工作机构负责人，各地、各部门会员单位代表共110人出席大会。（郇进）

【江苏省地方志学会向复旦大学赠书】 12月25日，江苏省地方志学会向复旦大学捐赠《江苏历代方志全书》仪式在复旦大学图书馆举行。江苏省志办主任左健伟、上海市志办主任洪民荣、复旦大学党委副书记尹冬梅等出席仪式。江苏地方志学会依托复旦大学的学科、人

才、智力和资源优势，共同开发地方志课程，共建方志学专业，合作发展地方志理论和地情研究，打造地方志学科建设基地。（邬进）

【2019江苏省地方志学会学术年会召开】 12月31日，2019江苏省地方志学会学术年会在南京召开。这是省地方志学会换届后的首次年会，副会长许善军主持会议，会长左健伟作主旨发言。会议对2019年度江苏地方志学会优秀学术论文撰写人进行通报表彰，20余人分获一、二、三等奖。（邬进）

12月31日，2019江苏省地方志学会学术年会在南京召开

【浙江省地方志学会四届二次常务理事会召开】 11月6日，浙江省地方志学会四届二次常务理事会在杭州市召开。会议讨论通过增补蒋文欢为省地方志学会常务理事、副会长；决定张勤、杨坚江、鲍永军、沈松平、段愿等为学会副秘书长，学会秘书处工作由张勤主持；学会法人代表由章其祥担任。（浙江省志办）

【浦江县开展历史文化课题研究】 年内，浦江县地方志编纂室成立历史文化课题评审专家库，制定课题评审标准。通过分工，发动社会各界申报志书编纂，地方文献、地方名人著作整理，民俗、民间手艺、民间艺术、口述历史收集整理课题，已有5个课题出成果，分别是：郑小雷编纂的《浦江进士考》、费泓淳辑注的《吟湘馆诗集》、张解民校注的《悲秋小草》、张春燕编纂的《白石山房志》、王适红编纂的《梅石坞集录》。同时影印《月泉吟社诗》《浦阳人物记》。（金华市志办）

【龙游县地方志学会会员代表大会召开】 7月12日，浙江省龙游县地方志学会召开会员代表大会。会长劳乃强作学会上届理事会工作报告，陈捷作年度财务报告及财务预算报告，柳文俊作学会章程修改情况说明。大会审议通过上届理事会工作报告等。大会选举产生新一届学会会长、常务副会长、副会长、秘书长和理事会成员。（衢州市志办）

【安徽省史志学术课题研究情况】 年内，安徽省委党史研究院（省地方志研究院）课题研究工作有效推进，《习近平生态文明思想在安徽的创新实践研究》《大别山精神研究》《安徽数字党史纪念馆》3个课题入选中央党史和文献研究院研究宣传专项资金项目并结项；加强鄂、豫、皖三省合作交流，推动大别山革命历史和大别山精神研究工作开展；修订优秀科研成果评选办法，组织开展2019年度全省党史地方志部门优秀科研成果评选。全院机关干部全年撰写发表各类论文51篇。（苏爱梅）

【安徽省党史地方志学界庆祝中华人民共和国成立70周年学术研讨会召开】 10月24日，安徽省委党史研究院（省地方志研究院）与省中共党史学会、省地方志学会联合举办的全省党史地方志学界庆祝中华人民共和国成立70周年学术研讨会在合肥市召开。15位论文作者代表作交流发言。研讨会以习近平新时代中国特色社会主义思想为指导，回顾和总结70年来在党的领导下中国社会主义革命、建设和改革开放事业取得的伟大成就和成功经验，围绕党史、地方志工作以史鉴今、资政育人的使命担当，加快建设现代化五大发展美好安徽、奋力谱写中华民族伟大复兴中国梦的安徽篇章作了深入研讨。入选论文作者、各市委党史和地方志研究室负责人、省志办机关处以上干部共

110余人参加会议。（章慧丽）

【2019年福建省年鉴研究会理事会议召开】 9月27日，福建省年鉴研究会主办的2019年福建省年鉴研究会理事会议在邵武县召开。福建省委党史研究室和地方志编纂办公室副主任林浩、省年鉴研究会会长齐建华、省地方志学会会长方清出席会议并讲话。会议讨论研究会工作要点和开编系列闽商年鉴等议题。各理事单位代表近50人参加会议。

（欧长生 吴朝庭）

【福建省年鉴研究会2019年学术年会召开】 12月25日至28日，福建省年鉴研究会、福建年鉴社主办的福建省年鉴研究会2019年年会暨学术交流会在南平市举办。福建省委党史研究室和地方志编纂办公室副主任林浩，省年鉴研究会名誉会长王钦如、会长齐建华，省地方志学会会长方清出席会议并讲话。大会通报表扬"福建省2018年优秀年鉴"24部、"福建省年鉴研究会2018年学术年会优秀论文"16篇。围绕"因应机构改革，积极主动作为"的主题，整理出版《福建年鉴研究（2019）》论文汇编。各会员单位代表70多人参加会议。

（欧长生 吴朝庭）

【2019年度江西省方志理论研讨会召开】 12月26日，江西省志办、省地方志学会联合主办的2019年度江西省方志理论研讨会在南昌市召开。研讨会评选出参会论文一等奖1篇、二等奖2篇、三等奖3篇。来自省内外的30多位地方志专家、学者参会。（朱岳）

【山东省党史方志期刊工作座谈会召开】 12月5日，山东省党史方志期刊工作座谈会在济南市召开。原省委党史研究室巡视员、《山东党史》特邀编审韩延明作主题报告，山西《党史文汇》主编孟红应邀参加会议并作办刊经验介绍。会议传达2019年全国党史和文献期刊工作培训班领导讲话精神及全国地方史志期刊工作会议精神，《济南党史》《淄博史志》《菏泽大事》《崂山春秋》四家期刊主编作典型发言。各市党史研究院分管期刊工作的副院长、各市县（市、区）党史方志期刊主编及重点作者60余人参加会议。（耿玉石）

【山东省方志理论研讨会召开】 12月10日，山东省方志理论研讨会在济南市召开。省地方史志研究院院长赵国卿出席会议并讲话，为获奖论文作者代表颁发荣誉证书。10位获奖论文作者代表作交流发言，总结第二轮修志工作的经验做法。各市县（市、区）获一、二等奖作者50余人参加会议。（耿玉石）

【湖北省完成《在与文旅事业的有机融合中实现地方志事业的创新发展》调研报告】 年末，湖北省文化和旅游厅完成《在与文旅事业的有机融合中实现地方志事业的创新发展》调研报告。报告由吴凤瑞牵头，内容分为全省地方志机构改革情况、全省地方志事业发展简要回顾、实现方志事业创新发展的建议3个部分，对机构改革前后全省地方志工作机构情况进行介绍，分析全省地方志事业发展的制约因素，对全省地方志在经济社会发展中发挥积极作用情况进行简要回顾，就今后全省方志事业创新发展提出建议。

（湖北省文化和旅游厅地方志工作处）

【2020年广东省地方志理论交流活动启动】 7月，广东省志办以改革创新、转型升级、开发利用为主题，印发《关于开展2020年地方志理论研讨活动的通知》，启动2020年广东省地方志理论交流活动。（广东省志办）

【2019年广州地方志理论研讨会召开】 12月19日，2019年广州地方志理论研讨会召开。研讨会由广州发展与广府文化研究、三轮修志主题发言、地方志与地方史研究讨论3部分内容组成。来自广州大学、广东外语外贸大学以及市委党史文献研究室、各区志办的50余位学者和史志工作者参会。（范锐超）

【海南省举办庆祝中华人民共和国成立70周年征文活动】　6月，海南省委党史研究室（省志办）与省党史协会、省地方志学会联合举办庆祝中华人民共和国成立70周年征文活动。征文活动共收到征文56篇。经综合评审，活动评出二等奖2篇，三等奖4篇，优秀奖4篇。活动结束后，部分优秀征文被推荐在《今日海南》《新东方》《海南日报》等报刊上发表。

（黎美君）

【四川省地方志学会第八届会员代表大会召开】1月25日，四川省地方志学会第八届会员代表大会在成都市召开。会议听取学会第七届理事会工作报告，选举产生学会第八届理事会理事，审议并通过修订后的《四川省地方志学会章程》。同日，学会召开八届一次理事会，选举产生第八届理事会常务理事、会长、副会长、秘书长，讨论并通过《四川省地方志学会第八届会员登记办法》。

（刘艳平）

【庆祝中华人民共和国成立70周年四川省方志理论研讨会召开】　11月21日至22日，四川省地方志学会在武胜县举办庆祝中华人民共和国成立70周年四川省方志理论研讨会。省社会科学院党委书记、教授、博士生导师李后强应邀作《加强史志研究 探索巴蜀奥秘》讲座。广安市、自贡市、雅安市、兴文县、大竹县、理县地方志机构负责人分别作交流发言。围绕“保护乡村文脉，弘扬文明乡风”，不断探索地方志服务乡村振兴的新路径，全体与会代表到白坪—飞龙乡村振兴规划馆、飞龙镇梅托村村史馆、杨益言旧居、三溪镇朝门院子以及宝箴塞，对武胜县地方志服务经济社会发展、服务乡村振兴取得的成果进行现场学习考察。研讨会共收到省志办和各市（州）、县（市、区）及省直部门地方志工作机构提交的论文62篇。全省21个市（州）地方志工作机构分管理论研究工作的领导，省直机关、市（州）、县（市、区）论文第一作者90余人参加会议。

（黄绚　刘艳平）

【四川省地方志学会推进地方志理论研究】2019年，四川省地方志学会加强对2018年度地方志理论研究课题的督促指导，共收集课题论文16篇；针对“地方志机构是中华优秀传统文化传承部门”这一命题，成立由学会副会长任组长、抽调省市县三级地方志工作机构精英骨干为成员的课题小组，集中资源优势、人才优势开展课题研究。完成《史笔耕耘 志者情怀——纪念改革开放40周年四川省地方志论文选编（1978—2018年）》出版工作。该书收录论文100篇，约91万字，整理论文索引927条。2019年，《四川省志·川剧志》《中国参事》荣获四川省第十八次社会科学优秀成果奖二等奖，《北川羌族自治县志（1988—2007）》《中国名镇志——李庄镇志》《广元市志》荣获三等奖。

（刘艳平）

【成都市地方志学会第六届理事会第三次常务理事会召开】　8月22日，成都市地方志学会第六届理事会第三次常务理事会召开。会议改选学会常务副会长，新增选学会常务理事。审议并通过关于《〈成都市地方志资源开发项目管理办法〉实施有关事项的通知》、关于成立“学会地方志资源开发项目领导小组”、关于2019年成都市地方志资源开发项目的相关事项。会议就建立完善区（市、县）两级学术会议年会制度、积极开展培训交流、加强方志文化研究、扩大方志文化影响、构建高水平专家队伍、充分发挥学会平台作用等进行安排。学会负责人、常务理事、区（市）县地方志工作机构、成都年鉴社（方志馆）负责人等参加会议。

（易超）

【西藏自治区开展地方志理论研究】　年内，西藏自治区志办通过撰写文章、举办培训会等方式深入开展理论研究工作，先后在《西藏日报》和《新西藏》《西藏地方志》等杂志上发表理论文章6篇。自治区志办主任汪德军在10月29日《西藏日报》上发表《聚焦主题教育 全面推动史志工作新局面》的文章，在4月8日中国西藏新闻网上发表《浅析党的治藏方略在西藏的早期实践》，在《西藏地方志》刊物第二期和第三期上分别发表《坚持自力更生 珍惜方志援藏 不断推动地方志事业向前发展》《如何编修好社会主义新方志》；自治区志办副主任唐雪连在3月18日《西藏日报》上发表《中国共产党推动西藏人权进步的成功实践》；阿里地区志办廉雅茜在《西藏地方志》刊物第三期上发表《阿里地区年鉴编纂的思考》。（罗布曲珍）

·期刊出版

【《中国地方志》】 年内，中指办主办的《中国地方志》出刊6期，刊发稿件90余篇，21万字，累计出刊317期。该刊2019年度增设新方志70年、方志理论、专题研究等栏目。（周全 刘淑颖）

【《中国年鉴研究》】 年内，中指办主办的《中国年鉴研究》出版4期，刊发稿件42篇，34万字，累计出刊10期。该刊新增学术年鉴视窗等栏目。（宿万涛）

【《方志中国》】 年内，中国地方志指导小组办公室出版的《方志中国》出刊24期，刊发稿件490篇，117.6万字，累计出刊90期。该刊新增援藏援疆、两全目标等栏目。（刘淑颖）

【《北京地方志》】 年内，《北京地方志》编辑出刊4期，累计90期。（张宁）

【《天津史志》】 年内，天津市志办主办的《天津史志》改版。全年出刊6期，刊发各类文章91篇，配合纪念中华人民共和国成立70周年，在第4、第5期专门设立国庆70周年专栏，刊载相关纪念文章。免费发放10000余册。（陈鑫）

【《河北地方志》】 年内，《河北地方志》出刊6期，累计出刊261期。该刊增设“中华人民共和国成立70周年专栏”等栏目，并将纪念中华人民共和国成立70周年作为年度重点栏目，推出一系列纪念文章。（张耀鑫）

【《大名府》】 年内，河北省邯郸市大名县志办、县文学艺术界联合会共同主办的《大名府》出刊4期，累计出刊14期。该刊设小说阅读、散文天地、诗歌花园、民间故事、史海纵横、风物大名、小城人物、文化简讯等栏目。（张耀鑫）

【《成安人文》】 年内，河北省邯郸市成安县地方文化研究会、县志办共同主办的《成安人文》出刊4期，累计出刊11期。该刊设名家名作、史海钩沉、红色记忆、乾侯人物、乾侯春秋、民间收藏、歇后语、方志成安、民俗文化等栏目。（张耀鑫）

【《史志学刊》】 年内，山西省委党史研究院（省地方志研究院）主管主办的《史志学刊》出刊6期，刊发理论文章65篇，累计出刊32期。该刊设历史研究、文化史研究、区域史研究、方志研究、志鉴编修等主要栏目，特别开设纪念中华人民共和国成立70周年专栏，刊发理论文章1篇。（王婷）

【《大同今古》】 年内，山西省大同市委党史研究室（市地方志研究室）主办的《大同今古》出刊4期，刊发文章106篇，累计出刊183期。该刊设塞上春秋、平城考古、平城论坛等固定栏目。为纪念中华人民共和国成立70周年，特别策划刊载一系列抗战英雄文章。（王婷）

【《长治方志》】 年内，山西省长治市委党史研究室（市地方志研究室）主办的《长治方志》出刊6期，刊发文章153篇，累计出刊139期。设今日长治、方志园地、文化天地、上党风物、史海钩沉、史事稽考、红色记忆、岁月拾贝、年内大事等栏目。为庆祝祖国70华诞，开设“庆祝中华人民共和国成立70周年特载”栏目，选登8篇文章。（王婷）

【《平阳方志》】　年内，山西省临汾市委主管、市委党史研究室（市地方志研究室）主办的《平阳方志》出刊4期，刊发文章60余篇，累计出刊72期。该刊设大事纪略、特载、当代临汾、学术争鸣、尧乡人物等栏目。（王婷）

【《运城市情》】　年内，山西省运城市委主管、市委党史研究室（市地方志研究室）主办的《运城市情》出刊4期，刊发文章69篇，累计出版101期。该刊设本刊特稿、地方文化、史学探讨、史志动态等栏目，记录运城市委重要决策，并结合重大历史事件，做重点专题研究。（王婷）

【《盂县史志》】　年内，山西省盂县县委主管、县委党史研究室（县地方志研究室）主办的《盂县史志》出刊3期，刊发文章46篇，累计出刊22期。该刊设重要文献、史志动态、历史研究、红色记忆、人物春秋、时代先锋、仇犹揽胜、民情风俗、小区风貌、史海钩沉等栏目。（王婷）

【《翼城史志》】　年内，山西省翼城县委党史研究中心主办的《翼城史志》出刊4期，刊发文章80余篇，累计出刊35期。该刊设卷首语、读者来信、大事记述、唐晋轶事、唐晋文化、红色记忆、往事如潮、姓氏文化等栏目。（王婷）

【《营口春秋》】　年内，辽宁省营口市档案史志管理中心编纂的《营口春秋》（季刊）出刊4期，刊发文稿80多篇，总文字量近30万字。该刊物全部免费向社会发放。（李占坤）

【《朝阳史志》】　年内，辽宁省朝阳市史志办主办的《朝阳史志》出刊4期，每期发表文章约10万字。该刊设方志天地、年鉴辅导、他山之石、民风民俗、三燕史话、调查与思考、大事记等栏目。（朝阳市史志办）

【《今古大观》】　年内，吉林省地方志编委会、省地方志学会主办的《今古大观》出刊6期、增刊1期，80余万字，发表志鉴理论文章22篇。每期印数1500册。（李雯）

【《黑龙江史志》】　年内，黑龙江省委史志研究室主办的《黑龙江史志》出版12期，围绕“纪念五四运动100周年”、“不忘初心、牢记使命”主题教育、庆祝中华人民共和国成立70周年及学习党史新中国史，集中组织刊发一系列宣传理论文章。长期保持与中国知网等新媒体平台的数据合作，扩大杂志赠阅覆盖面，重点与省直机关、市地党委、高校和社科理论研究部门进行交流。（徐萍　杜胜男）

【《哈尔滨史志》】　年内，哈尔滨市委史志研究室、市地方志学会主办的《哈尔滨史志》出刊4期，约24万字，累计出刊9期。该刊主要设置志鉴论谈、城史研究、人物春秋、史海钩沉、城市印象、建筑史话、动态信息等栏目。（刘新惠）

【《上海地方志》】　年内，上海市志办主管、主办的《上海地方志》出刊4期、增刊1期。该刊设志书研究、年鉴研究、地方史研究、旧志研究等主要栏目，增加二轮修志栏目，增刊为《方志学述论》。（郭万隆）

【《上海滩》】　年内，上海市志办主管、上海通志馆主办的《上海滩》出刊12期。该刊设浦江风云、掌故轶事、海派风情、人物述林、海派艺苑等主要栏目。增设纪念中华人民共和国成立70周年专栏，策划西学东渐与东学西渐、纪念五四运动100周年、中美建交40周年、澳门回归20周年等系列专栏。（吕鲜林）

【《江苏地方志》】　年内，江苏省志办主办的《江苏地方志》出刊6期，刊发文章140余篇。该刊从第5期起开始系统性改版升级，在办刊定位上，由地情风情为主向准文化学术期刊转变，发表论文的提要、关键词、作者简介、参考文献等要素齐全。内容编排上分成两大功能版块，一是坚持大方志文化理念，面向普通读者、方志文化爱好者等，深度挖掘、推广江苏的地情文化，设江苏文脉、运河文化、历史钩沉、区域发展、人物志、风物地标、文心走笔等栏目；二是面向全国地方志工作者，设方志理论、年鉴研究、志鉴报告、史志评论、旧志研究等栏目，刊发方志学、年鉴学的前沿理论研究文章，或者极具个性特色的评论研究。

（雷卫群）

【《南京史志》】 年内，《南京史志》出刊2期，刊载图片500余幅，近40万字。该刊设城市记忆、史海钩沉、探索发现、金陵文脉、掌故逸闻、修志园地、旧志整理等栏目，围绕南京解放70周年、中华人民共和国成立70周年等主题，突出方志特点，记录南京改革开放、建设发展的变化，整理积累城市历史史料。

（王艳荣 黄涛）

【《宁波史志》】 年内，《宁波史志》期刊出刊4期，发行1万余册。（高曙明）

【《鄞州史志》】 年内，《鄞州史志》出刊4期，发行3550册。（高曙明）

【《镇海史志》】 年内，《镇海史志》出刊2期。（高曙明）

【《奉化史志》】 年内，《奉化史志》出合刊1期，累计出刊30期，发行400册。（高曙明）

【《余姚史志》】 年内，《余姚史志》出刊3期，发行1000册。（高曙明）

【《慈溪史志》】 年内，《慈溪史志》出刊4期，累计40余万字，发行8000余册。

（高曙明）

【《宁海史志》】 年内，《宁海史志》出刊2期。（高曙明）

【《温州史志》】 年内，《温州史志》出刊4期，35余万字，累计出刊129期，发行6000册。（温州市史志办）

【《龙湾史志》】 年内，《龙湾史志》出刊4期，累计出刊60期。该刊设特稿、悠悠往事、人物春秋、家园印记、龙湾纪事等栏目。

（温州市史志办）

【《永嘉史志》】 年内，浙江省永嘉县委党史研究室在机构改革后，将《永嘉方志》改版为《永嘉史志》。《永嘉史志》全年出刊2期。收录永嘉党史工作及永嘉地方历史等各类文章与资料。（温州市史志办）

【《嘉兴档案史志》】 年内，《嘉兴档案史志》出刊4期，累计出刊71期。该刊主要设地情研究、嘉兴记忆、史海钩沉、嘉禾随笔等栏目。

（嘉兴市史志办）

【《嘉善档案史志》】 年内，《嘉善史志》改名为《嘉善档案史志》，出刊4期（其中第1、2期为合刊）。该刊主要设特载专记、要文、档案文献、党史专题、了凡善学、史稿选登、善地风物、人物春秋、大事记要、史志动态等栏目。（嘉兴市史志办）

【《海盐档案史志》】 年内，《海盐史志》改名为《海盐档案史志》，出刊4期，6万多字。《海盐档案史志》从封面的设计、内容、内芯版面编排等进行全新改版，内容除沿袭原有的精品栏目外，增加领导论述、馆藏撷珍等栏目。其中，首期《海盐档案史志》设10个栏目，刊用档案史志文章20篇，档案史志动态11则。（嘉兴市史志办）

【《海宁档案史志》】 年内，《海宁档案史志》出刊4期，累计出刊56期。该刊设兰台藏真、述史鉴今、宁志余闻、海昌图经、观涛弄潮、文献微考、争鸣论坛、工作手记、馆事动态等栏目。（嘉兴市史志办）

【《湖州史志》】　年内，《湖州史志》出刊4期，约30万字。（湖州市史志办）

【《德清史志》】　年内，浙江省德清县委党史研究室、县志办主办的《德清史志》出刊2期。该刊设改革纪事、人文春秋、史志研究、史志信息等栏目。（湖州市史志办）

【《长兴史志》】　年内，《长兴史志》出刊4期，其中第3、4期为合刊，累计出刊160期。该刊设专题研究、史海钩沉、长兴往事、探讨交流、人物、史志动态等栏目。（湖州市史志办）

【《上虞史志》】　年内，《上虞史志》出刊4期。刊登由上虞历任老领导撰写的中华人民共和国成立以来建设和改革开放的回忆性文章。（绍兴市史志办）

【《新昌史志》】　年内，浙江省新昌县史志办主办的《新昌史志》内部出刊2期。（绍兴市史志办）

【《越地春秋》】　年内，《越地春秋》出刊4期，60余万字。编辑柯桥70年热词专刊，以解读的方式，展现70年来柯桥区的奋斗历程和辉煌成就。（绍兴市史志办）

【《金华方志丛刊》】　年内，浙江省金华市志办主办的《金华方志丛刊》出刊3辑。其中包括总第22辑《〈申报〉中的兰溪报道（1874—1922)》，总第23辑《〈申报〉中的兰溪报道(1923—1949)》，总第24辑《〈申报〉中的东阳报道》。（金华市志办）

【《兰溪史志》】　年内，《兰溪史志》出刊2期，累计出刊8期。上半年刊设兰溪解放70周年专栏，下半年刊设不忘初心、牢记使命专栏。（金华市志办）

【《东阳史志》】　年内，《东阳史志》出刊3期。（金华市志办）

【《义乌史志》】　4月，原义乌市志编辑部的《义乌方志》与中共义乌市委党史研究室的《义乌史志》合刊为《义乌史志》，由义乌市委党史研究室（市志办）主办，全年出刊4期。该刊常设刊首寄语、特载、专题研究、史料稽考、史海钩沉、志人札记、乌商人物、风物乡情、简讯9个栏目。（金华市志办）

【《浦江方志》】　年内，《浦江方志》出刊2期。第2期“浦江史志中记载的高僧与庙坛”专辑是浦江史上首本关于高僧与庙坛的资料汇编集。第3期“史志中记载的浦江山岩洞岭”专辑是浦江方志史上首本关于山岩洞岭的资料汇编集。（金华市志办）

【《龙游史志》】　年内，《龙游史志》出刊5期，累计出刊23期。第1期主办单位龙游县史志办、县地方志学会，设特载、方志丛谈、西湖余氏、史稿选登、人文关注、姑蔑春秋、红色记忆、简讯等栏目。第2期清廉文化专刊，主办单位龙游县史志办、龙游县地方志学会，设特载、乡贤清风、宦绩廉风、民间崇廉倡正气四个专题栏目。第3期两江走廊专刊，主办单位县地方志学会，设衢江流域、灵山江流域专题。第4期为龙游档案七十年专刊，主办单位县档案馆（县史志研究室），前为照片彩页，分为历史沿革、城乡建设、生产生活、社会事业4个部分。第5期主办单位县档案馆（县史志研究室），设县志选载、县志丛谈、人文关注、史稿选登、姑蔑春秋、红色记忆、文件辑录7个栏目。（衢州市志办）

【《天台方志》】　年内，浙江省天台县地方志编纂委员会主办的《天台方志》出刊4期，约20万字，稿件30篇，图片80幅，累计出刊68期。该刊设地情研究、史海探究、和合文化、名人贤士、寒山文化、文风绘影、书评选辑、车轮滚滚、大事记等主要栏目。（台州市志办）

【《黄岩方志》】 年内，浙江省台州市黄岩区志办主办的《黄岩方志》出刊4期。该刊设史海钩沉、人物春秋、瑞岩往事、风物艺苑等主要栏目。 （台州市志办）

【《福建史志》】 年内，《福建史志》出刊6期，刊发文章78篇。为庆祝福建解放70周年，纪念为解放福建而英勇奋斗的革命先辈们，自第5期开始，开辟福建解放70周年历史照片专栏。 （欧长生 吴朝庭）

【《江西地方志》】 年内，江西省志办、省地方志学会主办的《江西地方志》出刊6期，发表志鉴编纂理论和地情文化文章75篇，工作动态信息39条，照片122幅。 （朱岳）

【《山东史志》】 年内，《山东史志》出刊4期，共28万字，发行5000册。 （耿玉石）

【《史鉴》】 年内，山东省青岛市地方史志研究院编纂的《史鉴》出刊4期，刊登历史、地情和方志理论等文章95篇。截至年底，累计出刊126期，稿件1336篇，原创1143篇。年内结合工作重点，注重增加口述历史栏目内容采编，深度挖掘青岛历史文化。 （张东玉）

【《崂山春秋》】 年内，《崂山春秋》出刊4期，刊载文章90余篇，约30万字。（张东玉）

【《城阳纵横》】 年内，《城阳纵横》设大事纪略、工作视窗、知情者说、阳光市民、档案世语、工作研究、志书编修、档案之光、经典品读、民间故事、时光拾贝、档案史志风采、宝贵瞬间等栏目。编纂出版2期特刊——《城阳红色记忆》，增加红色足迹、红色故事、红色人物等内容。 （张东玉）

【《河南史志》】 年内，河南省史志办主办的《河南史志》出版6期，约50万字，发表各类领导重要讲话、学术论文、工作经验、动态信息等约130篇。 （汪朝霞）

【《武汉春秋》】 年内，《武汉春秋》出版4期，刊发文章94篇，47.4万字。对《武汉春秋》封面进行重新设计；为纪念武汉解放七十周年，设计特刊封面，与武汉解放紧密联系。改变装订方式，从骑马订提升到胶装，装帧形式更加美观，据来稿灵活设置栏目。印刷发行量提升至每期1100册。 （张道旺）

【《湖南地方志》】 年内，湖南省地方志编纂院、省地方志学会主办的《湖南地方志》出刊4期，刊发稿件41篇，20万字，累计出刊86期。该刊设特载、志鉴研究、湖湘文化、志人随笔、方志利用、方志漫谈、志坛文艺、志苑视窗等栏目。特设主题教育栏目，刊发“不忘初心、牢记使命”主题教育有关内容。 （张睿）

【《广东史志》】 年内，广东省志办主办的《广东史志》出刊6期，主要刊载有关广东历史文化和地方志研究的文章。 （广东省志办）

【《深圳史志》】 年内，《深圳史志》出刊4期，收录91篇文章，累计出刊65期。该刊设习近平新时代中国特色社会主义思想在深圳实践研究、深圳建设先行示范区研究、深圳资政研究、党史研究、志鉴探讨、地情研究、深圳往事、亲历者回忆、非物质文化遗产、书评等主要栏目。 （陈立智）

【《宝安史志》】 年内，广东省深圳市宝安区档案馆、区史志办主办的《宝安史志》出版4期，累计出版72期。该刊设史志纵横、口述历史、史料荟萃、古井档案、宝安特产、史志文咏等栏目，特设战役前线、黄学增与中国革命等栏目。 （深圳市史志办）

【《广西地方志》】 年内，广西壮族自治区志办和广西地方志协会主办的《广西地方志》出刊6期，刊发各类文章62篇，信息19篇，约60万字，累计出刊219期。该刊设专稿、编纂论坛、志鉴研究、史海纵横、八桂一览、八桂

地情、方志评论、开发利用、大事记、信息看台等栏目。 (黄榆林)

【《八桂地情参阅》】 年内，广西壮族自治区志办主办的《八桂地情参阅》出刊4期。 (黄榆林)

【《海南史志》】 年内，海南省中共党史学会、省地方志学会主办的《海南史志》出刊6期。该刊设两学一做、党史研究、方志论坛、专题研究、红色记忆、史海拾贝、志坛文苑、传统村落、史志动态、大事记等栏目。 (黎美君)

【《重庆地方志》】 年内，重庆市志办主管、主办的《重庆地方志》出刊4期，刊登文章75篇，约24万字。该刊设特载、志鉴研究、地方史研究、文史纵横、地情揽胜、工作动态、历史政德人物介绍等栏目。 (熊蜀黔)

【《九龙志鉴》】 12月，重庆市九龙坡区政府办公室、区地方志编纂中心主办的《九龙志鉴》创刊，是九龙坡区地方志工作内部刊物。该刊以“志九龙记忆，鉴九龙发展”为目标，主要摘录汇编本区山川地貌、乡情民俗、地标建筑、美食记忆、名流商贾、桑麻农事等。 (廖滔)

【《巫山导刊》】 年内，重庆市巫山县地方志编纂委员会编印的《巫山导刊》出刊12期。发行1000余份，送市委、市人大、市政府、市政协领导及巫山县各部门、乡镇、行政村。 (方德琼)

【《巴蜀史志》】 年内，四川省志办主管、主办的《巴蜀史志》出刊7期，刊发稿件222篇，142万字，累计出刊226期。《巴蜀史志》(1982—2014年)内容数字化工作已初步完成，进入验收阶段。 (刘艳平)

【《贵州档案史志林》】 年内，贵州省档案馆(省志办)主办的《贵州档案史志林》出版7期，刊发稿件134篇，共60余万字。该刊新增不忘初心 牢记使命、庆祝中华人民共和国成立70周年、学习宣传贯彻党的十九大精神、黔中人物、编修研究、旧志介说、古籍文献等栏目，着力宣传报道开展“不忘初心、牢记使命”主题教育情况，报道中华人民共和国成立70年贵州省在经济社会建设中所取得的伟大成就。 (陈茜)

【《西藏地方志》】 年内，西藏自治区志办主办的《西藏地方志》出刊4期，刊登文章37篇，30.6万余字，累计出刊84期。赠送5000余份。该刊设方志论坛、研究与探讨、总作交流、地情风物、乡土文化等栏目。 (罗布曲珍)

【《陕西地方志》】 年内，《陕西地方志》出刊6期。专设礼赞新中国，奋进新时代栏目，其中《陕西方志：岁月如歌 三秦大地的记忆》一文在《陕西日报》文化版头条刊登。 (韩云鸽)

【《西安地方志》】 年内，陕西省西安市志办主办的《西安地方志》出刊6期，约45万字，累计出刊261期。配合庆祝中华人民共和国成立70周年活动，该刊增设城市前行栏目，介绍中华人民共和国成立70年来西安的变化；在人物春秋栏目中，介绍中国革命早期的西安先烈。 (黄立峰)

【《甘肃史志》】 年内，甘肃省史志办主办的《甘肃史志》出刊4期，刊登文章54篇，其中省、市、县三级史志工作机构人员文章16篇。第4期内页重新设计，使期刊在视觉上更为美观。 (王文生)

【《宁夏史志》】 年内，宁夏回族自治区志办主办的《宁夏史志》出版6期，刊发文章、信息等86篇，42万字，累计出版199期。该刊设方志文化、红色记忆、史迹寻踪、学术园

地、宁夏记忆、乡贤名流、口述历史、地域文化、动态信息等栏目。（张明鹏）

【《新疆地方志》】 年内，新疆维吾尔自治区地方志学会主办的《新疆地方志》出版4期。该刊主要刊载新疆维吾尔自治区有关修纂地方志工作的批示及领导的重要讲话，问题的论述，交流编纂经验，探讨编纂的新方法，设志书评述、方志论谈、工作研究、年鉴编纂、为现实服务、史海拾贝等栏目。第3期设庆祝中华人民共和国成立70周年特辑。（范锐超）

·通讯简报

【《吉林省方志工作通讯》】 年内，吉林省地方志编委会编辑《吉林省方志工作通讯》18期，刊发稿件105篇、图片62幅。该通讯设工作动态、志鉴出版、领导讲话等主要栏目。（李士心）

【《哈尔滨市情活页》】 年内，哈尔滨市委史志研究室主办的《哈尔滨市情活页》编辑12期，90余万字，累计编辑99期。先后推出纪念五四运动100周年、庆祝中华人民共和国成立70周年、在改革中砥砺前行——哈尔滨市国企改革历程回顾、改革开放以来哈尔滨市党内集中教育活动历史沿革、习近平党史文献论述摘编、省会城市深入学习贯彻党的十九届四中全会纪实等专题，向黑龙江省、哈尔滨市四大班子主要领导和市直各部门主要领导发放8000余册。（刘新惠）

【《嘉兴档案史志简报》】 年内，《嘉兴档案史志简报》编辑12期，该简报设工作动态、业务建设、简讯等栏目，主要刊登全市档案史志工作信息动态，通报工作业务建设和进展。（嘉兴市史志办）

【《史志参阅》】 年内，浙江省绍兴市地方志编纂室编辑《史志参阅》4期，包括《五四运动中的绍兴人》《中央调查组在绍兴》《初心与使命——绍籍早期共产党人的贡献》《致敬英烈 尊崇英雄——关于建立绍兴市革命烈士纪念馆的建议》等内容。（绍兴市史志办）

【《温岭市志通讯》】 年内，浙江省温岭市志办编辑《温岭市志通讯》1期，累计编辑21期。该通讯旨在发掘和弘扬地方优秀文化，努力开发地方志资源，加强理论探讨，反映温岭地方特色和精神面貌。（台州市志办）

【《山东党史史志工作》】 年内，山东省地方史志研究院主办的《山东党史史志工作》创刊，全年编辑12期，刊登全省党史、地方志工作动态、经验交流、史志书籍出版等信息152篇，共25万字。主要设本刊特讯、领导批示、史志动态、书讯等栏目。（耿玉石）

【《河南大事月报》】 年内，《河南大事月报》编辑12期，累计编辑168期，编发重点信息2160条，总计27.5万字。（马俊明）

【《四川地方志工作简报》】 年内，四川省志办编辑《四川地方志工作简报》55期、省地方志工作简报资政参阅专刊2期，汇编四川要闻85期。（黄绚）

【《西藏地方志简报》】 年内，西藏自治区志办编辑《西藏地方志简报》25期。（王梅洁）

【《兵团史志工作简讯》】 年内，兵团志办编辑《兵团史志工作简讯》12期。该简讯设特载、特讯、工作动态、经验交流、支部活动等栏目，刊载各类信息、稿件、文章200余篇。收录中央党史和文献研究院、中指组及其办公室、内地省市开展工作情况和好的做法以及兵团各级史志机构开展史志工作的成果、经验、做法，支部工作，“不忘初心、牢记使命”主题教育情况。（王兴鹏）

【《第十师史志办简报》】 年内，兵团第十师北屯市史志办编辑《第十师史志办简报》12

期，每月 1 期。该简报设本刊特载、工作动态、业务建设 3 个栏目。主要收录中指组及其办公室领导重要讲话、师团史志工作开展及编纂情况，史志人员自身专业知识建设情况。每期简报呈送师市分管领导参阅，同时刊发到师市政务外网“史志之窗”。

（第十师北屯市史志办）

依法治志与督促检查

·依法治志

【《关于〈河北省志〉编纂工作情况的通报》印发】 3月18日，河北省政府办公厅印发《关于〈河北省志〉编纂工作情况的通报》，对《河北省志》整体进度进行通报，对省委党史研究室等10个落后单位进行通报批评，指出各承编单位存在的主要问题，并要求各单位提高思想认识，加强组织领导，落实人员经费，明确目标责任，加强协调配合，在保证质量的前提下追赶进度。（刘天娇）

【河北省《关于加快推进全省完成地方志“两全目标”任务的通知》印发】 8月21日，河北省政府办公厅印发《关于加快推进全省完成地方志“两全目标”任务的通知》。通知指出，各市、县（市、区）政府要充分认识完成“两全目标”的重大意义，有关市、县（市、区）要抓紧完成第二轮地方志书编纂出版的扫尾工作；同时谋划制定年鉴编纂工作方案，提前完成框架设计，于2019年12月全面启动2020年卷年鉴编纂工作，确保全省179部市、县（市、区）年鉴于2020年年底前公开出版。通知要求，各市、县（市、区）政府要将志鉴出版费、印刷费、制图费等必需经费列入2020年财政经费预算，采取专兼职结合、加强培训等方式促进志鉴编纂工作，推动全省地方志事业健康发展。（魏铁军）

【辽宁省《关于申请第二轮修志专项经费问题的通知》印发】 9月29日，辽宁省政府办公厅印发《关于申请第二轮修志专项经费问题的通知》。通知规定修志专项经费申请范围和参照标准，实行各承编单位自行直接向省财政申请的办法，在省级财政支出只减不增的情况下，确保每部省级志书编纂出版经费。（辽宁省档案馆）

【辽宁省《关于第二轮修志工作规划调整有关事项的通知》印发】 12月31日，中共辽宁省委办公厅、辽宁省政府办公厅联合印发《关于第二轮修志工作规划调整有关事项的通知》。通知规范调整省市两级第二轮修志工作规划，将辽宁省第二轮修志工作规划调整为新的修志工作规划和修志工作任务两部分，对确保完成“两全目标”提出要求。调整后，省、市级第二轮修志工作规划97部，修志工作任务32部。（辽宁省档案馆）

【《吉林省地方志工作条例》修正案通过】 5月30日，吉林省第十三届人民代表大会常务委员会第十一次会议通过《吉林省人民代表大会常务委员会关于修改〈吉林省地方志工作条例〉的决定》。（李雯）

【《江苏省地方志工作条例》贯彻实施】 年内，江苏省志办印发关于《江苏省地方志工作条例》系列宣传活动方案的意见，召开全省地方志系统学习贯彻条例培训会，安排业务骨干到修志一线宣传解读条例，并通过张贴宣传海报、在媒体登载文章等方式开展宣传。无锡市向市四套班子领导、部委办局等赠送条例文本，苏州市在地铁上发布方志文化公益广告，淮安、泰州等市利用国家宪法日暨“宪法宣传周”宣传条例，南通市在《南通日报》上作专版宣传。省志办督促指导省志承编单位利用现有资料室、档案室等场所，建立健全资料收集、整理等资料长编准备工作，指导推动有条件的单位编印省志丛书、内部资料汇编、内部年鉴、内部刊物等，为下轮修志做好资料准备。（武文明）

【江苏省将地方志工作列入省政府2019年度十大主要任务百项重点工作】 4月2日，江苏省政府办公厅印发《省政府2019年度十大主要任务百项重点工作》，要求“扎实做好地方志和年鉴编修工作，交付出版《江苏省志》分（专）志15本和市、县（市、区）志5部，完成《江苏历代方志全书》2018年度招标的80册出版任务和2019年度50册的招标任务，编纂完成《江苏援藏援疆纪事》，出版省、市、县（市、区）三级地方综合年鉴”，这是地方志工作连续第4年被列入省政府十大主要任务百项重点工作考核。（武文明）

【江苏省《市、县（市、区）综合年鉴质量评定办法（暂行）》印发】 年内，江苏省志办印发《市、县（市、区）综合年鉴质量评定办法（暂行）》，决定自2019年起，建立市、县（市、区）综合年鉴质量年度评定制度。参评范围为公开出版的市、县（市、区）综合年鉴，每年开展一次，每次评定市、县（市、区）优秀年鉴40部左右，分为初评、复评、审定三个阶段，省志办对评定的市、县（市、区）年度优秀年鉴进行通报表扬，并从中遴选江苏省精品年鉴试点单位。（武文明）

【广东省《关于进一步加强新时代地方志工作的通知》印发】 1月，广东省委办公厅、省政府办公厅印发《关于进一步加强新时代地方志工作的通知》。通知要求各级党委和政府要高度重视地方文化和地情资源开发利用，加快推进方志馆建设，稳步推进地方志信息化，严格规范志书和地方史的审查验收程序，扎实推进地方志基础工作，动员社会广泛参与，加强组织领导。通知强调各级党委和政府要加强对本地区地方志工作的领导和统筹规划，把地方志工作纳入当地经济社会发展规划、政府年度工作目标和绩效考核中，推动地方志工作融入地方发展战略。（广东省志办）

【《广州史志工作规划（2019—2022）》印发】 9月27日，广州市委办公厅、市政府办公厅联合印发《广州史志工作规划（2019—2022）》。该工作规划立足于新组建的市委党史文献研究室的主要职能，全面整合党史、地方志两大业务版块，分指导思想和工作思路、工作任务和工作项目、保障措施3个部分，是广州市委党史文献研究室组建后首次编制印发的史志工作规划。（范锐超）

【重庆市《关于大力促进新时代地方志事业发展的意见》印发】 7月2日，重庆市政府办公厅印发《关于大力促进新时代地方志事业发展的意见》。意见提出，2021年编制第三轮修志规划，2022年启动市、区县第三轮修志工作，分别在主城都市区、渝东北三峡库区城镇群和渝东南武陵山区城镇群开展第三轮修志试点，实现市、区县两级综合年鉴全覆盖，做到由地方志工作机构组织编纂，一年一鉴，公开出版。意见强调，要坚持以修志、编鉴为主业，统筹兼顾地方志成果开发利用、地方志信息化建设、方志馆建设、旧志整理、地方史编写、理论研究等工作，实现地方志事业全面协调可持续发展。（张莉）

【四川省推进依法治志工作】 年内，《〈四川省地方志工作条例〉实施办法》修订调研论证项目列入省政府规章项目立法计划，四川省志办即时组织开展修订征求意见和调研工作，形成调研报告报送四川省司法厅。同时结合全省地方志立法实际和工作现状，再次申请将《〈四川省地方志工作条例〉实施办法》修订调研论证项目列入2020年省政府立法项目。加大贯彻实施《地方志工作条例》《四川省地方志工作条例》力度，加强与省直有关部门及市（州）的协调沟通，根据机构改革、职能调整等情况，18个省直涉改部门，绵阳、宜宾、内江、巴中4市全部涉改部门，成都、德阳、广元、乐山、广安、雅安、眉山、阿坝、甘孜9个市（州）的231个涉改部门和713个县级涉改部门，首次将史志编纂职能列入“三定”规定或明确到科室职责，为地方志事业转型发展打下坚实组织基础。四川省志办14人通过四川省省级行政执法部门考试，确保地方志执法人员持证上岗、亮证执法，全省基本搭建起地方志执法队伍建设架构。充分运用方志期刊、新闻媒体、党政会议、网站微信等载体，加大地方志法规宣传力度，提升党政领导、机关干部、社会公众知晓度，充分展示方志文化魅力。组织机关干部积极参加网络“五法”知识竞赛活动，强化干部职工学法守法用法意识；在《巴蜀史志》设依法修志专栏，刊发依法修志、依法治志研讨文章和全省方志系统学习贯彻法规规章的工作信息，为地方志依法行政营造浓厚氛围；通过广播、电视、报纸、网站、腾讯微博、微信公众号等宣传平台宣传地方志法规规章；结合“12·4”国家宪法日暨全国法制宣传日集中宣传活动、“方志七进”等活动，开展覆盖面广、形式多样的地方志法规规章宣传。（刘艳平）

【四川省《关于地方志服务乡村振兴的意见》印发】 10月21日，四川省志办印发《关于地方志服务乡村振兴的意见》。该办法从乡村文脉保存、乡村产业发展、文明乡风传承3个方面，提出组织开展乡村志书编纂、支持展陈场馆建设、收集整理物质文化和非物质文化遗产资料、撰写资政辅治报告、服务“川字号”品牌塑造、加强巴蜀文化开发、支持做大节庆经济、编纂特色志书加强开发利用、大力开展宣传活动、讲好乡村文化故事、搭建方志文化传播平台、加快方志成果数字化、参与文明乡风建设13条服务乡村振兴的具体举措。（黄绚）

【四川省《关于做好乡镇行政区划调整改革相关资料收集保护与综合利用工作的通知》印发】 10月25日，四川省志办印发《关于做好乡镇行政区划调整改革相关资料收集保护与综合利用工作的通知》，要求全省各级地方志部门充分认识区域乡镇各类文献资料收集保护工作的重要性和紧迫性，本着对历史负责、为后代存史的政治责任感和职业使命感，加强领导，精心组织，科学实施，抓好乡镇行政区划调整改革特别是被撤并乡镇的资料收集保护工作。通知明确，资料收集范围包括被撤并乡镇建置沿革、政治、经济、文化、社会事业、生态文明、党的建设及基础设施等资料，体现乡镇风景名胜、古建筑、古街古树、名人乡贤、民风民俗、村规民约、家风家训等的特色文化资料。资料形式包括档案资料、图书资料、报纸杂志、私人著述、口碑资料、实物资料、音像图片等。（范锐超）

【《关于实行兵团“两全目标”工作进度季通报制度的通知》印发】 1月，兵团志办公室印发《关于实行兵团“两全目标”工作进度季通报制度的通知》。该通知从通报形式、材料报送要求、奖惩措施及相关要求四个方面对各师市史志工作提出要求。进一步明确各师市责任分工，完善师市志鉴编纂工作体制机制，推进兵团按期保质完成“两全目标”任务、促进兵团史志事业发展、发挥兵团先进文化示范作用。（周鑫）

·督促检查

【《河北省志》编纂工作协调会召开】 1月18日，《河北省志》编纂工作协调会在石家庄召开。会议对在机构改革中进一步落实好省志编纂主体责任进行研究部署，省政府副秘书长王素文主持会议并讲话，省志办主要负责人、省有关单位分管省志工作负责人参加会议。（魏铁军　刘天骄）

【《河北省志》编纂工作调度会召开】 7月25日，《河北省志》编纂工作调度会召开。会议对《公安志》《民族宗教志》《军事志》《安全生产监督管理志》等24部列入年内出版任务的分志进行调度，提出明确的时间要求。省政府常务副秘书长王素文主持会议并讲话，省志办主任杨洪进，省公安厅等23个单位的主管领导及编写人员参加会议。（魏铁军　刘天骄）

【山西省人大常委会开展《山西省地方志工作条例》执法调研】 11月19—20日，山西省人大常委会教育科学文化卫生工作委员会副主任王岳红、中共山西省委党史研究院（省地方志研究院）副院长刘益令一行6人赴朔州市和忻州市，就贯彻落实国务院《地方志工作条例》及《山西省地方志工作条例》开展执法调研。调研组就执行地方志法律法规，进一步完成国务院和山西省规划任务提出督导意见。要求坚持依法治志，增强法治意识，夯实法律责任；坚持全面统筹，加强组织协调，形成工作合力，推动良性互动；坚持正确的政治方向，把握编纂机遇，增强使命意识。（武岭）

【辽宁省开展地方志工作督查】 年内，辽宁省政府办公厅与省档案馆组成联合调研组，对省（中）直48个《辽宁省志》承编部门进行3轮走访调研，赴14个省辖市，与100个县（市、区）面对面座谈，逐一制定“时间表”“路线图”，给市委市政府、省直各部分主要领导通报有针对性的反馈意见；在调研基础上，召开省市县三级修志工作推进会、未完成编修任务县区座谈会等，推动全省地方志工作。

（宁芳　丁玉恒）

【吉林省评估地方志系统编纂出版物质量】 4月至6月，吉林省地方志编委会开展2019年全省地方志系统编纂出版物质量评估工作。该评估收到报送的备案志书、年鉴共56部，参评50部。经过组织评估专家进行培训、评估专家打分并根据分数排序、省地方志编纂委员会党组会研究，确定评估结果并印发《关于2019年全省地方志系统编纂出版物质量评估情况的通报》。确定志书类优秀等次1部，良好等次2部，合格等次1部；年鉴类优秀等次8部，良好等次27部，合格等次11部。（李雯）

【中共黑龙江省委史志研究室开展史志工作专题调研】 7月8日至15日，中共黑龙江省委史志研究室组成4个专题调研组，由黑龙江省委史志研究室主任何伟志，副主任车迎坤、章磊、陈春雷分别担任第一、第二、第三、第四专题调研组组长，各专题调研组由组长分别带队，深入佳木斯、双鸭山、鹤岗、大庆、齐齐哈尔、大兴安岭、绥化、黑河8个市（地），北安、五大连池、绥棱等19个县（市、区），针对黑龙江省加快推进地方志“两全目标”、加强党史宣传教育工作、搞好地方志资源开发利用、东北抗联遗址遗迹保护利用工作进行专题调研。调研采取召开专题座谈会、个别走访、实地考察、提供书面情况和开展问卷调查等形式。调研期间，调研组与各市（地）、县（市、区）的同志分别进行座谈，并结合调研需要进行实地调查走访，了解各地史志工作情况，听取基层干部职工对进一步推进史志工作向更高层次、更高质量发展的意见建议。

（徐萍　杜胜男）

【中共黑龙江省委推进“两全目标”专题调研】 11月12日至23日，以中共黑龙江省委副秘书长刘春林为组长，中共黑龙江省委史志研究室副主任章磊、陈春雷为副组长组成的中共黑龙江省委推进“两全目标”专题调研组，就加快推进全省地方志“两全目标”工作开展专题调研。调研组先后走访大兴安岭地区及所属松岭区、牡丹江市及所属宁安市、鹤岗市及所属绥滨县、双鸭山市、佳木斯市及所属抚远市，听取5个市（地）、49个县（市、区）“两全目标”完成情况汇报，与当地党政领导及史志工作机构工作人员进行座谈，查看部分志书、年鉴等编纂成果，考察史志工作基础设施建设情况。（徐萍　杜胜男）

【江苏省志办开展地方志工作督查】 1月17日，江苏省志办党组书记、主任左健伟一行到南京市志办检查指导，提出南京市地方志工作要在市委市政府中心工作中有位置，在人民群众中有影响，让方志人对方志工作都有自豪感和自信心的“三有”要求。3月5日至6日，省志办党组成员、副主任蔡金良一行到宿迁督查推进《宿迁市志》和《宿城区志》编纂工作。3月27日，左健伟一行赴苏州检查指导地方志事业发展情况，要求苏州市志办做好方志馆新馆建设，使其成为集中展示苏州历史文化的一张亮丽的名片，做好旧志整理工作，深挖旧志内容为社会所用，加强方志学会建设，提高方志学会建设水平，努力成为全省的典型。3月28日，左健伟一行赴常州检查指导地方志工作，要求常州市志办在抓好主责主业的同时，继续开拓创新，不断丰富地方志展现形式和方法手段，在谱牒征集、口述史征编、影像志拍摄等方面进一步深入挖掘，总结出更多、更好的经验做法，为全省地方志工作高质量发展探路子、作贡献。4月8日，左健伟一行赴南通市检查指导地方志工作，要求南通市志办继续深化探索，在修志的理念上变革，求新、求特，借助信息手段，通过“二维码”链接等，满足读者延伸阅读的需要。4月11日，左健伟一行赴淮安市检查指导地方志工作，要求淮安市志办发挥坚韧苦干的精神，科学组织安排，攻坚克难、一鼓作气，确保按时完成《淮安市志》印刷出版任务，如期完成“两全”目标。4月12日，左健伟一行赴泰州检查指导地方志工作，要求泰州市史志办在信息化背景下进一步强化互联网思维，紧扣服务中心工作、服务民生需求、服务社会发展，运用信息技术改进网络宣传方式，努力推动网站页面改版、微信公众号内容调整，通过二维码扫描链接的方式，不断推出群众乐于接受、易于吸收的接地气的地情文化产品，着力体现方志价值、提升方志地位、展示方志形象。8月21日至22日，左健伟一行赴连云港市检查指导地方志工作，要求连云港市志办紧紧围绕党委、政府中心工作谋划地方志工作，大力拓展地方志发展空间，让源远流长的方志文化走进寻常百姓家。

（江苏省志办）

【福建省委党史方志办开展地方志工作督查调研】 2月28日至3月1日，中共福建省委党史方志办副主任林浩一行赴漳平市，先后走访漳平国家级台湾农民创业园、永福龙车革命纪念馆、漳平历史文化陈列馆等，对部分纪念馆的升级改版提出指导意见。7月16日至19日，林浩一行赴南平市及延平区、武夷山市、政和县，与当地党委、政府分管领导及党史方志室同仁座谈交流，听取各地对年鉴编纂出版工作的总结汇报，深入了解各地遇到的实际困难，并提出全力完成“两全目标”的具体工作建议和改进措施。9月，林浩一行再赴南平市及顺昌县、光泽县、邵武市等地。

（欧长生 吴朝庭）

【山东省地方史志研究院开展地方志工作督查调研】 7月8日至10日，山东省地方史志研究院调研组先后赴广饶县、东营市、招远市、烟台市进行督查调研，调研以党史馆、方志馆建设为特色，以直插现场查看情况和直接听取基层的批评意见和建议为主要形式，3天时间行程近1400千米，查看现场9处，召开不同层次的座谈会4次。9月1日至4日，省地方史志研究院二级巡视员姚丙华出席淄博市党史史志干部素质能力提升培训班开班仪式并作动员讲话，随后就淄博红色文化、方志文化和中国名镇名村志编写等情况开展调研，先后参观淄博历史展览馆（方志文化展厅），博山区焦裕禄纪念馆（焦裕禄故居），临淄区齐国历史博物馆，淄川区1954文创园、华野整军纪念碑，以及原山艰苦创业教育纪念馆等场馆。10月14日至15日，省地方史志研究院副院长王坦到威海市就红色胶东、方志保护利用开发及年鉴编纂出版工作进行调研，先后参观文登天福山起义纪念馆，乳山市马石山十勇士纪念馆、胶东育儿所，荣成市郭永怀纪念馆等场馆。11月5日，省地方史志研究院院长赵国卿为菏泽市委理论学习中心组（扩大）作专题报告并调研，赵国卿先后到冀鲁豫边区革命纪念馆、鲁西南烈士陵园现场调研，了解红色资源开发利用情况。菏泽市地方史志研究院院长田文建、党组书记李允富，曹县县委副书记赵海涛陪同调研。在曹县召开的座谈会上，赵国卿听取菏泽市地方史志研究院和牡丹区、单县、曹县、鄄城地方史志研究中心关于学习党史、新中国史，党史史志融合发展等情况的汇报及对做好2020年山东党史史志工作的意见和建议。

（李果霖）

【湖北省开展地方志工作督查】 2019年，湖北省加强督促市州县地方综合年鉴公开出版，主要领导带队对未完成地方综合年鉴公开出版的地区开展调研，组织未完成地方综合年鉴公开出版的县（市、区）召开推进会，明确责任，签订承诺书，对市州县两级地方综合年鉴编纂情况实施通报，加强与出版社沟通，协调解决市州县两级地方综合年鉴公开出版书号问题。（湖北省文化和旅游厅地方志工作处）

【武汉市政府开展地方志工作政务督查】 11月，武汉市政府督查室向各区政府印发《政务督查通知单》，督促各区推进5个方面工作：落实地方志工作“一纳入八到位”要求；明确一名副区长分管地方志工作，加强对本行政区域地方志工作的领导；明确地方志工作机构“组织、指导、督促和检查地方志工作”的行政职能归属；按照统一部署适时启动第三轮修志工作，加快推进街道志、特色村志编修工作，开展区级方志馆建设；整合档案、党史、方志力量，建立完善区级地方志资料报送和组稿机制。督察促使各区基本落实“一纳入八到位”。经过督查，领导体制基本理顺，全市12个区均已明确一名副区长联系或分管地方志工作；工作机制得到建立，区级地方志新型资料报送和组稿机制均已建立；各区都已组织启动街道志纂修工作，安排专项经费，全市75个街道完成初稿，出版7部。督察发现各区仍存在行政职能归属依然不明、特色村志编修普遍未能开展、区级方志馆建设还有较大困难等问题。

（张道旺）

【湖南开展地方志工作督查】 2019年，湖南省地方志编纂委员会对未完成《湖南省志（1978—2002）》分志编纂任务的承编单位进行调研，7月4日，省地方志编纂委员会副主任黄俊军一行3人赴省市场监督管理局督促《湖南省志（1978—2002）·工商行政管理志》编纂工作。7月9日，黄俊军一行3人赴省邮政管理局调研《湖南省志（1978—2002）·邮政志》和《湖南省志（综合本）·邮政篇》编纂进展情况。5—7月，省地方志编纂委员会分期分批就全省14个市州及所辖123个市县区（含洪江区）的地方综合年鉴“一年一鉴、公开出版”工作开展专题调研，对工作中存在的突出问题和困难进行重点调研，并形成专题调研报告，为上级部门提供决策依据。先后对地方志“两全目标”任务完成滞后的娄底市、怀化市、衡阳市等市县区，进行实地督促指导，并帮助开展培训。

（张睿）

【广东省志办开展地方志工作督查调研】 年内，广东省志办针对全省地方志工作存在的不平衡、不充分发展的客观实际，进一步完善《省地方志办领导联系地方工作制度》，组织一系列调研、督促检查工作。全年共组织对全省21个地级以上市地方志工作机构进行指导、调研、检查和督促工作34次。调研工作主要围绕贯彻落实《广东省地方志工作条例》和《关于进一步加强新时代地方志工作的通知》、志鉴扩面提质、自然村落历史人文普查成果和方志资源开发利用、地方志数字化、方志文化宣传推介以及方志馆建设等进行，督促检查重点是督办自然村落历史人文普查、综合年鉴“一年一鉴、公开出版、当年出版”推进情况。调研、督促检查工作主要采取座谈会的形式进行，包括听取各地特别是地级以上市地方志工作机构工作汇报，面对面交流工作存在的问题、意见和建议，以及针对各地具体问题进一步做好下一步地方志工作的意见和要求，部分县区还采取查阅资料和现场考察相结合，进行具体工作调研和业务指导。（广东省人民政府志办）

【广西壮族自治区志办开展地方志工作督查】

年内，广西壮族自治区志办开展“两全目标”专项督查，组织3个督查小组先后到广西供销社、广西民政厅、广西人大常委会办公厅、广西发展和改革委员会、广西商务厅、广西粮食和储备局、广西工业和信息化厅、广西文化和旅游厅8个《广西通志》专志承修单位和14个辖区市、34个县（区、市）开展实地督查。在督查前，对未出版的志鉴进行全面摸底，了解志鉴编纂实际进度与承诺时间是否有变化，拟定督查计划，督促各承修单位上报自查自纠报告。在实地督查过程中，通过听取承修单位汇报志鉴编纂进度、志鉴编纂遇到的问题、人员经费保障落实等工作情况，以及翻阅志稿、面对面指导，并督促未按签订承诺书推进工作的承修单位重新签订完成志鉴编修“两全目标”承诺书，有效推动重难点专志的编修进度。建立健全通报制度，从9月开始，每月对全区“两全目标”的工作进度及完成情况进行收集统计，并报自治区政府面向全区通报。（高叶）

【海南省志办开展地方志工作督查调研】 年内，海南省志办领导分赴乐东、三亚、海南史志馆、澄迈、屯昌、定安、琼海、五指山、琼中等地就“两全目标”推进、方志馆建设、地方志资源开发利用等工作开展调研。5月16日至17日，省志办主任毛志华赴乐东、三亚调研，听取两地史志工作汇报，对市县党委、政府给予史志工作的重视和支持表示感谢，对两地史志工作取得的进步给予充分肯定。6月25日，省志办副主任赖永生赴海南史志馆调研，详细察看一、二、三层展厅施工现场，并与现场管理人员交流，仔细询问各个项目施工进度情况，召集史志馆参建各方负责人座谈会，与会人员就施工进度、延误项目及原因、参建各方如何协作配合推进布展工作等作了汇报、发言，并提出建议。7月上旬，省志办副主任秦武军赴澄迈、屯昌、定安调研，召开调研座谈会，面对面与大家沟通交流“两全目标”推进情况特别是第二轮县志的编修工作情况，听取大家对推进“两全目标”工作和对省志办的意见建议。7月22日至23日，毛志华赴琼海调研，实地考察椰子寨战斗遗址、中共琼崖特委第一次扩大会议旧址、红色娘子军成立会址、红色娘子军操练场、王文明故居、杨善集纪念园、杨善集故居、周士第将军纪念馆等重要纪念设施，详细了解红色纪念设施的保护开发利用状况，陈列布展、配套设施情况和管理体制机制等方面情况。7月30日至31日，毛志华赴五指山、琼中调研，考察琼崖公学遗址、孔扎村琼崖纵队军械厂遗址、五指山革命根据地纪念园、琼崖纵队第一次代表大会纪念馆、白沙起义纪念园、王国兴故居等重要革命遗址及纪念场馆，详细了解红色纪念设施的保护开发利用状况，陈列布展、配套设施情况和管理体制机制方面等情况。（谢成林　郑昕）

【四川省志办开展地方志工作督查】 年内，四川省志办认真落实省委常委、常务副省长王宁关于完成“两全目标”的指示批示要求，10月30日，四川省志办、四川省政府督查室联合印发《关于2019年1—9月地方志工作“两全目标”完成情况的通报》，对2019年前三季度全省志书和综合年鉴全覆盖情况进行通报，要求进度较为迟缓的省直部门及市（州）地方志部门进一步强化主体责任，认真查找滞后原因，明确目标，狠抓落实，确保按时优质完成“两全目标”任务。采取点对点发函提醒、上门指导、调研督促、业务培训、季度通报等多种方式，加大“两全目标”工作力度，确保如期高质量完成“两全目标”任务。积极争取省人大教科文卫委和省司法厅支持，四川省地方志办4名办领导率队分赴11个市（州）、25个县（市、区）开展执法调研，采取听取汇报、召开座谈会、实地调研查看等方式，了解基层工作现状，听取基层工作建议，解答基层工作困惑，为建立沟通协调联动的上下运行机制打好基础，推进依法治志向纵深发展。调研成果转化为《关于地方志服务乡村振兴的意见》《贯彻〈建设文化强省中长期规划纲要（2019—2025年）〉措施》等文件印发给全省地方志工作机构实施。（刘艳平）

【贵州省志办开展地方志工作督查调研】 年内，贵州省志办领导分赴黔南、黔东南、山西省、贵阳、惠水、都匀、三穗、安顺、六盘水、毕节、铜仁、黔西南、安龙、晴隆、贵阳市乌当区等地就《贵州省地方志工作条例（草案）》立法、机构改革后地方志机构和队伍情况、“两全目标”推进等工作开展调研。6月24日，贵州省志办《贵州省地方志工作条例（草案）》立法调研组赴黔南州、黔东南州调研，了解两地第二轮修志工作完成情况，修志工作中存在的困难、问题，机构改革后地方志机构和队伍情况，地方志学法、用法、普法、执法等方面情况。9月24日，贵州省志办《贵州省地方志工作条例（草案）》立法调研组赴山西省调研，参观山西省委党史研究院（山西省地方志研究院）志鉴资料库房、方志发展中心等，并与山西省委党史研究院（山西省地方志研究院）就地方志立法进行座谈交流，了解《山西省地方志工作条例》立法过程、重要条款及突破、山西省二轮修志工作等相关情况。7月10日，贵州省志办副主任梁贵钢率队赴贵阳调研，了解贵阳市机构改革后地方志机构和队伍、二轮规划内志书编纂、方志馆建设等情况，对该市尚未完成终审任务的6部城市区志提出具体进度要求。7月16日，梁贵钢率队赴惠水、都匀座谈调研地方志“两全目标”完成情况，对市县志鉴编修中存在的问题进行指导，要求细化工作安排，强化各项保障、加大督促力度、加快工作进度，确保按时保质完成地方志“两全目标”。8月30日，梁贵钢率队赴三穗调研“两全目标”完成情况，针对三穗县志书、年鉴编纂工作中存在的问题和困难，梁贵钢强调要找准问题、克服困难、扎实工作，加快二轮县志校改和出版进度，加强各项工作的统筹协调，加强指导检查、强化各项保障，确保2020年全省全面完成“两全目标”任务。9月18日至20日、9月26日，梁贵钢率队赴安顺、六盘水、毕节及相关县调研“两全目标”完成情况，强调要提高地方志“两全目标”紧迫性认识，加强对县（区）志书、年鉴工作的编纂出版，确保二轮规划内志书和综合年鉴按时出版，按时完成地方志“两全目标”任务。9月23日至27日，贵州省志办副主任黄远良率队赴铜仁、黔东南、黔南调研地方志“两全目标”完成情况，强调要加强工作统筹合理调配力量、建立专业人才培养机制、加强各级方志系统业务建设、大胆创新广泛调动社会资源、提高档案方志工作队伍素质，并强调要充分认识地方志“两全目标”的紧迫性，充分调动部门力量及社会资源，大力推进二轮规划内志书和综合年鉴编纂出版工作，确保“两全目标”任务完成。10月15日至17日，贵州省志办副主任归然率队赴黔西南、安龙、晴隆调研座谈，并实地察看黔西南抗日战争遗址遗迹，强调要狠抓地方志“两全目标”推进确保如期完成、狠抓地方志队伍建设打牢地方志事业发展的根基。11月19日，梁贵钢率队赴贵阳市乌当区调研，强调区委区政府要搞好工作调度、切实做好人员和经费保障，各级地方志工作机构要攻坚克难按时保质完成“两全目标”任务。 （吕勇　张彦）

【西藏自治区党委办公厅、政府办公厅开展地方志工作督查】 10月14日至30日，西藏自治区党委办公厅、政府办公厅牵头，自治区志办组织实施，自治区党委督查室、政府督查室共同参与，组成2个考核调研组对7个地市、24个县、60余家区志承编单位进行考核调研。考核调研组采取召开座谈会、实地查看相关文件资料、现场审阅志鉴稿件、现场指导志鉴稿编纂方法等方式，详细了解地方志工作推进落实情况、地方志援藏对接工作及成效，客观指出志鉴编纂中存在的突出问题，并提出解决办法和具体要求。 （罗布曲珍）

【西安市志办开展地方志工作调研】 3月19日至5月23日，陕西省西安市志办主任姚敏杰一行赴全市13个区县开展地方志工作调研。通过听取汇报、实地考察、座谈交流等方式，重点了解区县机构人员情况，“两全目标”任务完成情况，开展街道志、村镇志、地情丛书编纂情况，以及方志馆、村史馆建设情况。

（黄立峰）

【甘肃省史志办开展地方志工作督查】 年内，甘肃省史志办通过印发通知、建立台账、重点督促、整体推进，全力推进“两全目标”工作。先后印发《关于在全省开展志书编纂和年鉴编辑攻坚年活动实施方案的通知》《甘肃省地方史志办公室关于加快完成市、县两级地方综合年鉴印行工作的通知》，对县（市、区）按“快、中、慢”三个层次，精准施策，全年赴市（州）、县（市、区）开展工作调研督查20余次。

（王文生）

【青海省志办开展地方志工作督查】 7月底到8月底，青海省志办组成8个调研督查组分赴8个市（州）和22个县（市、区、行委）及20个省志承编单位，通过听取工作汇报、座谈交流、查阅资料等形式，对各地、各单位“两全目标”工作推进情况进行实地调研和督促检查。

（王韬）

【青海省通报“两全目标”进展情况】 年内，青海省志办以信函形式向各市（州）政府和省志承编有关单位主要负责人通报“两全目标”进展情况，起草、寄发信函27封，通报如期实现“两全目标”的重要性、紧迫性及当地、本单位志书编修及综合年鉴编纂覆盖情况。信函发出后，先后有包括省委常委在内的多位省领导分别对本单位承编的志书编纂工作作出批示、提出要求，全省各相关地区和单位领导也纷纷对地方志工作作出批示，逐步扭转以往编纂地区和单位主要领导不知情，具体编纂人员不重视、慢作为的现象，形成领导重视、上下联动、各方配合的工作格局，推动志鉴编纂工作。

（王韬）

【宁夏回族自治区志办开展地方志工作督查】 2月21日至22日，宁夏回族自治区志办组织人员赴吴忠市、同心县、中卫市、沙坡头区就《吴忠市志》《同心县志》《中卫市志》《沙坡头区志》的编修工作进行督查调研，强调要加快编纂工作进度，力求2020年度完成编纂出版任务。

（张明鹏）

【兵团开展“两全目标”专项督查】 10月20日至11月13日，由兵团党委督查室、兵团志办联合对师市志鉴编纂出版“两全目标”完成情况开展专项督查。该督查是按照兵团党委办公厅《2019年兵团督查检查考核计划的通知》要求，根据兵团党委督查室《关于开展兵团志鉴“两全目标”完成情况专项督查的通知》安排开展，是兵团地方志工作自1984年开展以来首次被纳入兵团党委年度督查检查考核计划。督查范围为兵团第一师阿拉尔市、第二师铁门关市、第三师图木舒克市、第四师可克达拉市、第五师双河市、第六师五家渠市、第九师、第十师北屯市、第十二师、第十三师、第十四师昆玉市11个师市，主要督查师市第二轮志书和综合年鉴编纂出版及贯彻落实地方志工作“一纳入、八到位”情况。督查采取自查和组织检查两种方式，分两个阶段进行，第一阶段从10月20日至25日，各师市按照国家和兵团关于地方志工作有关要求开展自查，并提交自查报告；第二阶段从10月28日至11月13日，由兵团志办派出3个督查组，分赴11个师市开展实地督查。督查综合运用师市自查、听取报告、调阅工作台账、查阅志鉴稿、召开座谈会、个别访谈等多种方式，对督查发现的问题及时反馈并提出整改建议。通过督查梳理和总结过去一段时间兵团地方志工作的成绩、经验，明确下一阶段工作重点、难点，谋划地方志事业未来发展的着力点。（兵团志办）

【兵团开展地方志工作督查】 7月11日，兵团党委、兵团副秘书长莫拉力·阿不都满金带队赴第三师图木舒克市就师市志鉴“两全目标”完成情况进行调研，听取师市史志工作情况汇报，查摆史志工作存在的问题和困难，列出问题清单，会商解决阻碍“两全目标”的难点，拿出解决问题的具体方案，并现场查看志书和年鉴稿件。4月10日，兵团志办副主任陈旭一行3人赴第十二师进行“两全目标”推进工作专题调研，对十二师“两全目标”推进工作提出要求，明确时间节点，提出解决当前工作中存在的困难和问题的途径和具体措施，并就十二师史志工作推进中遇到的重点难点问题进行深刻剖析，共同探讨解决方案，督促落实人员及经费等迫切需要解决的问题，提出专业性指导意见，要求十二师按期保质完成“两全目标”任务。5月21日至22日，陈旭一行赴第五师双河市调研史志工作并参加第五师双河市修志推进暨综合年鉴编纂启动大会，并考察第五师“红星之旅”陈列馆、八十三团沙山军垦展览馆和荆楚工业园区展示中心，了解史志资源利用情况。（第十二师史志办）

工作会议

·地方志工作会议

【2019 年北京市地方志资料工作会召开】 12 月 20 日，2019 年北京市地方志资料工作会召开。会议总结 2019 年全市地方志资料工作，部署 2020 年全市地方志资料工作，重点收（征）集 2019 年度全市地方志资料；指导完成二轮修志任务的单位开展资料整理、移交工作；指导与服务方志馆、史志资料室建设等工作。全市各区和各部委办局共 77 家修志单位 80 余人参加会议。（李昌海）

【《北京志》终审会召开 7 次】 年内，中共北京市委党史研究室、北京市地方志办公室共组织召开 7 次《北京志》终审会，32 部志书通过终审。（徐丽丽）

【深入贯彻落实《天津市地方志工作办法》座谈会召开】 4 月 2 日，《天津市地方志工作办法》颁布一周年之际，天津市档案馆（天津市地方志编修委员会办公室）召开深入贯彻落实《天津市地方志工作办法》座谈会，听取各区推动《办法》实施情况汇报，研究部署深入落实《办法》工作。各区档案馆（区志办）分管地方志工作负责人及市档案馆有关部门负责人参加会议。（陈鑫）

【2019 年河北省地方志机构主任工作会议召开】 1 月 22 日，2019 年河北省地方志机构主任工作会议在石家庄市召开。各市志办负责人汇报本市 2018 年地方志工作开展情况以及 2019 年工作谋划。省志办主任杨洪进回顾 2018 年全省地方志工作开展情况，对 2019 年主要工作进行安排部署。（魏铁军）

【河北省对口援疆工作座谈会召开】 3 月 21 日，河北省对口援疆工作座谈会在石家庄市召开。新疆维吾尔自治区地方志编委会党组成员、副主任马文华，河北省援疆工作前方指挥部党委常委、组织人事部部长，巴州党委组织部副部长王岭，河北省志办室副主任王蕾出席会议并讲话。马文华介绍新疆地方志工作开展情况，并从人员、经费、业务指导等方面就如何开展地方志系统对口援疆工作提出设想。王岭介绍河北省对口援疆工作情况，结合经验对地方志系统开展援疆工作提出宝贵建议，并对巴州各受援市县今后的工作提出希望。新疆维吾尔自治区地方志编委会地县工作处代表、巴州党委史志办负责人、巴州 9 个受援市县代表、河北省 9 个对口援助设区市机构负责人参加会议。（魏铁军）

【河北省地方志援藏援疆工作座谈会召开】 10 月 13 日，河北省地方志援藏援疆工作座谈会在石家庄市召开。河北省志办主任杨洪进主持会议。新疆维吾尔自治区地方志编委会党组成员、副主任马文华，新疆生产建设兵团党委党史研究室（兵团志办公室）副主任陈旭，西藏阿里地区改则县、革吉县、札达县的主管县领导出席会议并讲话。新疆巴音郭楞州、西藏阿里地区和河北省地方志系统代表近 20 人参加会议并交流发言。马文华回顾 2019 年以来河北省地方志系统对巴州的援助情况，介绍新疆地方志工作开展情况，表示希望双方进一步开展交流合作。陈旭简要介绍新疆生产建设兵团的基本情况和地方志工作情况，并从人员选派、志稿审查、理论研讨、沟通交流等方面就下一步支援工作提出设想。西藏阿里地区有关县的主管县领导分别介绍地方志工作开展情况和今后的援助需求。杨洪进介绍河北省地方志系统援藏援疆工作现状，其他参会代表就援助需求和模式展开深入交流，为下一步对口支援工作提出建设性意见。（魏铁军）

【山西省党史方志工作会议召开】　9月23日，山西省党史方志工作会议在太原市召开。会议深入学习习近平总书记关于党史方志工作重要论述精神，传达贯彻全国党史和文献部门主要负责人会议精神、全国省级地方志机构主任工作会议和全国地方志系统“两全目标”工作调度会精神，传达学习省委书记骆惠宁关于党史地方志工作的指示精神，总结近年来全省党史方志工作取得的成绩，对今后一段时期党史方志工作进行部署安排。部分省志承修单位、省委党校党史教研室、省社科院历史研究所、各市县党史方志部门负责人，省委党史研究院（省地方志研究院）中层正职干部参加会议。（武岭）

【内蒙古自治区地方志工作电视电话会议召开】4月25日，内蒙古自治区地方志工作电视电话会议召开。自治区副主席包钢出席会议并讲话。自治区政府办公厅副主任孙利剑主持会议。会议传达自治区党委副书记、自治区主席布小林对地方志工作的批示，贯彻2019年全国地方志机构主任工作会议精神，部署全区地方志工作任务。自治区地方志编纂委员会办公室负责人何文俊通报全区“三全目标”任务完成情况。自治区有关部门、单位负责人及自治区地方志编纂委员会办公室全体人员80余人在主会场参加会议。各盟市分管地方志工作的副盟市长和地方志工作机构全体人员300余人在当地分会场参加会议。（李向兵）

【辽宁省地方志工作协商座谈会召开】　4月2日，辽宁省政府办公厅与辽宁省档案馆（辽宁省工业文化发展中心）召开地方志工作协商座谈会，就机构改革后地方志工作开展有关问题进行协商座谈。省政府办公厅副主任申志斌，省档案馆（辽宁省工业文化发展中心）馆长（主任）何素君、副馆长（副主任）刘乃鹏等出席会议并讲话。省档案馆副巡视员麻志杰作情况汇报。（丁玉恒）

【辽宁省地方志工作调研座谈会召开】　5月5日，辽宁省政府办公厅与辽宁省档案馆（辽宁省工业文化发展中心）召开地方志工作调研座谈会，就地方志机构改革后，如何采取有效措施对接、理顺和推进全省地方志工作，以及近期需要解决的问题，进行交流和磋商。省政府办公厅副主任周国春，省档案馆（辽宁省工业文化发展中心）馆长（主任）何素君、副馆长（副主任）刘乃鹏、副巡视员麻志杰等出席会议并讲话。（丁玉恒）

【《辽宁省志》编纂工作推进会召开】　5月24日，《辽宁省志》编纂工作推进会召开。会议通报2019年第一季度“两全目标”季报报送情况，分析影响和制约《辽宁省志》编纂进度的主要原因，并对报审志稿的质量标准和报送时限提出明确要求。（丁玉恒）

【辽宁省市县级（区）志、鉴工作推进会召开】10月24日，辽宁省市县级（区）志、鉴工作推进会召开。省政府办公厅副主任周国春，省档案馆（辽宁省工业文化发展中心）副馆长（副主任）田冰出席会议并讲话，省档案馆副巡视员麻志杰出席会议。全省市、县地方志（史志）档案馆机构负责人共200人参加会议。（丁玉恒）

【辽宁省第二轮志书编修未完成县区座谈会召开】　11月6日，辽宁省第二轮志书编修未完成县区座谈会召开。省政府办公厅副主任周国春出席会议并讲话。会议要求进一步强化认识、落实责任，确保纳入县级志书规划的志书于2020年年底前全部公开出版。第二轮志书

编修未完成县（区）（史志）档案馆机构负责人参加会议。（丁玉恒）

【2019 年沈阳市史志工作会议召开】 3 月 12 日，2019 年沈阳市史志工作会议召开。市委常委、市委统战部部长王镇出席会议并讲话。会议对 2018 年全市史志工作进行总结，对 2019 年工作任务进行部署。全市 13 个区、县（市）分管史志工作的常委，党史、地方志工作部门负责人和业务骨干，以及市（史）志办全体人员 130 余人参加会议。（李琳）

【吉林省全省地方志工作机构主任会议（2019）召开】 3 月 1 日，吉林省全省地方志工作机构主任会议（2019）在长春市召开。会议通报《吉林省地方志事业发展规划（2016—2020 年）》中期执行情况，宣读《吉林省地方志编纂委员会关于通报表扬续志资料征集工作先进单位的决定》，对 2018 年全省地方志工作进行回顾总结并对 2019 年工作做出安排。吉林市、辽源市等 16 家志办的续志资料征集工作受到通报表扬，长春市、吉林市、榆树市、辽源市、辉南县 5 家地方志工作机构的代表在会上作典型发言。省地方志编纂委员会全体人员、直属事业单位省方志馆主要负责人，各市（州）、长白山管委会，梅河口市、公主岭市，各县（市、区）地方志工作机构主任（负责人）100 余人参加会议。（任帅）

【黑龙江省部分市（地）县（区）史志工作专题调研座谈会召开】 7 月 15 日，黑龙江省部分市（地）县（区）史志工作专题调研座谈会在鹤岗市召开。会议重点就加快推进地方志“两全目标”、搞好地方志资源开发利用开展专题调研，了解加强党史宣传教育工作、东北抗联遗址遗迹保护利用工作情况，寻求进一步破解史志工作难题之策，推动全省史志工作持续、健康、高质量发展。鹤岗、鸡西、伊春、七台河 4 个市史志工作负责人，鹤岗市所辖 8 个县（区）党委、政府分管领导，鸡西市鸡冠区、城子河区委办公室负责人，伊春市金山屯区、乌伊岭区、美溪区与七台河市茄子河区史志机构负责人分别围绕地方志“两全目标”、地方志资源开发利用情况作发言。中共黑龙江省委史志研究室，省委史志研究室联合专题调研组，鹤岗市以及鸡西、伊春、七台河所属部分县（区）史志工作机构相关人员参加会议。（徐萍　杜胜男）

【江苏省地方志工作会议召开】 2 月 20 日至 21 日，江苏省地方志工作会议在南京市召开。会议学习贯彻 2019 年全国省级地方志机构主任工作会议暨第三次全国地方志工作经验交流会精神，总结工作，交流经验，研究部署 2019 年工作任务。会上发布《江苏微记录》创刊号，南京、苏州、连云港 3 家设区市志办和海安市、东台市志办作交流发言。会议期间召开全省地方志办公室主任座谈会，广泛听取对做好 2019 年工作的意见建议。各设区市志办主任、分管副主任，各县（市、区）志办负责人和省志办全体人员 180 余人参加会议。（武文明）

【江苏省设区市地方志工作机构主任座谈会召开】 5 月 30 日下午，江苏省设区市地方志工作机构主任座谈会在苏州市召开。会议就制定《市、县（市、区）综合年鉴质量评定办法（暂行）》作说明，各设区市地方志工作机构主任交流 2019 年以来地方志工作情况，汇报庆祝中华人民共和国成立 70 周年活动开展情况，对制定《市、县（市、区）综合年鉴质量评定办法（暂行）》和编纂《江苏重大基础设施工程图志》提出意见和建议。（武文明）

【浙江省地方志机构主任年度工作会议召开】 1 月 17 日至 18 日，浙江省地方志机构主任年度工作会议在建德市召开。会议通报 2018 年全省工作，传达 2019 年全国省级地方志机构主任会议暨第三次全国地方志工作经验交流会精神，并对 2019 年全省工作作出部署。各市和部分县（市、区）方志机构负责人参加会议，各市代表分别在会上作交流发言。

（浙江省志办）

【浙江省地方志机构主任年中工作座谈会召开】 5月22日，浙江省地方志机构主任年中工作座谈会在湖州市召开。会议传达全国省级地方志工作机构主要负责人培训班有关精神，并对农村文化礼堂建设、《浙江通志》及《浙江抗日战争志》编纂进展等有关工作进行通报。

（浙江省志办）

【宁波市党史地方志工作会议召开】 3月25日，宁波市党史地方志工作会议召开。会议深入学习贯彻习近平新时代中国特色社会主义思想和习近平总书记对宁波工作的重要指示精神，贯彻落实市委“温故知新、知行合一”学习实践活动和“六争攻坚、三年攀高”推进会的决策部署，总结2018年工作，部署2019年工作任务。各县（市、区）党史地方志工作分管领导和党史研究室（地方志办公室）主任，以及各市直部门和省部属驻甬单位分管领导等180余人参会。（高曙明）

【2019年度安徽省党史和地方志机构主要负责人会议召开】 7月4日至5日，安徽省党史和地方志机构主要负责人会议在合肥召开。会议传达学习中央、省委领导有关讲话精神，传达贯彻全国党史和文献部门主要负责人会议、全国地方志“两全”目标调度会精神，总结2018年工作情况，交流经验，部署推进2019年党史和地方志重点工作，特别是庆祝中华人民共和国成立70周年活动任务，动员全省党史地方志干部职工坚守初心使命，勇于担当作为，奋力开创新时代安徽党史和地方志工作新局面。这次会议是机构改革后召开的安徽省第一次党史和地方志机构主要负责人会议。合肥、蚌埠、六安、池州、肥西、临泉、含山、无为8个市县党史和地方志部门负责人在会上作交流发言。各市、县（市、区）委党史和地方志研究室负责人，院机关副处级以上干部参加会议。（章慧丽）

【江西省地方志工作会议暨纪念《江西省实施〈地方志工作条例〉办法》颁行十周年座谈会召开】 1月23日，江西省地方志工作会议暨纪念《江西省实施〈地方志工作条例〉办法》颁行十周年座谈会在南昌市召开。副省长孙菊生出席会议并讲话。会议围绕“两全目标”所取得的成果、形成的基本经验和存在的问题进行交流讨论，吉安市、九江市、上饶市、南昌县、赣州市南康区、奉新县6家单位在会上作经验交流发言。会议为6位已退休或调离的市级地方志办主要负责人颁发“修志问道、以启未来”纪念牌匾。11个设区市、100个县（市、区）地方志工作机构主任、相关人员及省志办各部门负责人150余人参加会议。

（朱岳）

【山东省全省党史史志信息工作会议召开】 12月11日，山东省全省党史史志信息工作会议在枣庄市台儿庄区召开。中央党史文献研究院第七研究部二级巡视员班永杰、山东省地方史志研究院院长赵国卿出席会议并讲话。各市分管信息化工作的院长或副院长、部分县（市、区）党史史志网站信息员等150余人参加会议。（李果霖）

【第二轮《山东省志》编纂工作经验交流会召开】 11月28日，第二轮《山东省志》编纂工作经验交流会在济南市召开。会议总结交流第二轮《山东省志》编修工作经验，了解省志承编单位当前史志工作的开展情况，征求对省志工作的意见和建议，商讨下一步工作思路和措施。省市场监督管理局、省农业农村厅、省文物局、省供销社、青岛海关、胜利石油管理局6家单位在会上作交流发言，介绍各自的修志工作经验和下一步的工作打算，对今后省志工作开展提出意见和建议。60个省直部门和企事业单位的80余人参加会议。（李果霖）

【青岛市党史史志部门主要负责人会议召开】 6月19日，青岛市党史史志部门主要负责人会议召开。市委常委、组织部长边祥慧出席会议并讲话。会议强调要提高政治站位，准确把握新时代党史史志工作的正确方向，自觉把党史史志工作放到全市工作大局中来谋划推进，聚焦主责主业，做好“存史、资政、育人”工作，加强专题研究，努力推出一批有深度、高质量、可借鉴的资政成果。青岛市地方史志研究院领导班子成员、副处级以上干部及各区市党史史志部门主要负责人50余人参加会议。

（张东玉）

【河南省全省地方史志工作会议召开】 2月28日，河南省全省地方史志工作会议在郑州召开。会议总结2018年重点工作开展及完成情况，明确2019年河南省地方史志事业的总体要求和主要任务，提出要学懂弄通做实习近平新时代中国特色社会主义思想，坚定史志事业发展信心，坚定实施“两全目标”清零行动，大力推进乡镇村志编纂工程，用好史志资源谋划实施一批文化强省项目，加快史志信息化步伐，稳步推进方志馆建设，全面总结第二轮修志工作，做好第三轮修志启动准备，办好办活史志刊物，有序开展地方史工作，抓好队伍建设和日常管理工作，确保大局稳定。各省辖市、济源示范区、直管县（市）地方史志办公室（局）主任（局长）及省地方史志办公室全体人员100余人参加会议。（高孟娜）

【2019年湖北省文化、旅游局长及地方志办主任会议召开】 2月20日，2019年湖北省文化、旅游局长及地方志办主任会议在武汉市召开。会议以习近平新时代中国特色社会主义思想为指导，深入贯彻落实习近平总书记视察湖北重要讲话精神，全面贯彻落实全国文化和旅游厅局长会议、文物局长会议、地方志机构主任工作会议和省委十一届四次全会暨全省经济工作会议、全省宣传部长会议精神，总结2018年工作，分析形势任务，部署2019年工作，动员全省文化和旅游、地方志系统立足新起点，以奋力谱写新时代文化和旅游高质量发展新篇章为主题开展工作。厅党组成员、二级巡视员，以及机关处室负责人，各地文化、旅游和地方志部门的主要负责人，厅直属单位主要负责人参加会议。

（湖北省文化和旅游厅地方志工作处）

【2019年武汉市地方志机构主任工作会议召开】 2月28日，2019年武汉市地方志机构主任工作会议召开。会议传达2019年全国地方志机构主任工作会议和全省地方志办主任工作会议精神，各区志办负责人汇报2018年工作情况和2019年工作思路、计划。会议强调要提高政治站位，把握新时代地方志事业发展的方向，围绕街道志编修、年鉴质量提升、资政辅治功能发挥、地情资源开发利用，坚持开拓创新，依法修志，夯实新时代地方志事业发展的基础。武汉志办班子成员、各区志办主要负责人、武汉志办全体工作人员参加会议。

（张道旺）

【湖南西藏地方志工作座谈会在长沙召开】 3月2日，湖南西藏地方志工作座谈会在长沙召开。西藏自治区党委副秘书长陈凡彦，湖南省地方志编纂委员会党组成员、副主任邓建平，党组成员、副主任黄俊军，副巡视员杨盛让出席会议，黄俊军主持会议。邓建平介绍湖南地方志工作的基本情况，指出当前湖南地方志工作面临的主要问题，对地方志援藏对口互动提出建议：聚焦“两全目标”，全力攻坚，精准发力；立足双方实际，有针对性地在审稿环节进行互动；群策群力，湖南省直有关厅局和市州地方志机构人员共同参与。陈凡彦介绍西藏自治区地方志“两全目标”工作进展情况，强调在支援西藏地方志工作的对接上要确定人员、落实任务、倒推进度，并提出西藏人员跟班审读、援藏人员进藏区实地交流、以干代训三种援助形式，要求西藏有关工作人员要珍惜机会、奋发作为，在湖南的帮助下，将西藏地方志工作扎实向前推进一大步，争取早日完成“两全目标”的既定任务。双方交流工作经验，并一对一就援藏地方志工作初步达成有关约定，表明积极的态度。西藏自治区有关部门和市县分管地方志工作的领导，湖南省和长沙市、株洲市、岳阳市、常德市，西藏自治区和山南市及其隆子县、贡嘎县、扎囊县、桑日县地方志机构相关领导、专家、业务骨干约 40 人参加座谈。（任璀洛）

【湖南新疆地方志工作座谈会在长沙召开】 3 月 25 日，湖南新疆地方志工作座谈会在长沙召开。新疆地方志编纂委员会党组书记、副主任廖运建，湖南省地方志编纂委员会党组成员、副主任邓建平，党组成员、副主任黄俊军，副巡视员杨盛让以及吐鲁番市政府副市长李俊军出席会议，黄俊军主持会议。邓建平介绍湖南地方志工作的机构人员情况、“两全目标”完成情况、特色工作以及存在的困难，对地方志援疆对口互动提出建议：聚焦“两全目标”；方式灵活多样；整合全部力量，要求湖南地方志系统以高度的责任感、谦虚的态度，明确责任到位，根据新疆同仁的实际需要，群策群力，共同推动和提高两省区的地方志事业。廖运建介绍新疆地方志“两全目标”工作进展情况，希望湖南地方志系统通过多种方式，鼎力相助新疆地方志系统对口单位，争取早日完成“两全目标”的既定任务。李俊军介绍吐鲁番市的基本情况，希望得到湖南的宝贵援助，并表示将积极推动地方志援疆工作落实。双方交流工作经验，并一对一就地方志援疆工作积极对接。湖南省地方志编纂委员会各处所负责人和湘潭市、衡阳市、益阳市、郴州市地方志机构负责人，新疆地方志编纂委员会和吐鲁番市及其高昌区、鄯善县、托克逊县地方志机构相关领导、专家、业务骨干近 40 人参加座谈。（张睿）

【湖南省地方志系统赴西藏山南市参加 4 部县级志书评审会】 7 月 10 日，《贡嘎县志（2001—2010）》《扎囊县志（2001—2010）》《隆子县志（2001—2010）》《桑日县志（2001—2010）》4 部志稿的集中评审会在西藏山南市召开。山南市委副秘书长索朗格桑主持会议，山南市委党史研究室（市地方志办公室）负责人普布曲珍介绍山南市地方志工作的发展情况，山南 4 县地方志的分管领导分别汇报本县地方志工作的推进情况和存在的困难。湖南省地方志编纂委员会市县志工作指导处副处长李章进介绍湖南地方志对 4 部志稿的工作情况，一方面将评审作为一项重要的政治任务主抓，另一方面抽调方志专家和骨干队伍进行审读，希望继续保持修志队伍稳定，希望县级政府部门继续加强领导和统一协调。会上，湖南的审稿专家本着打造精品志书的目的，严格把关，在提高政治站位、充实志书内容、调整优化篇目、规范志体语言和文体记述、严把保密关等方面，提出了进一步修改的具体意见和建议。索朗格桑对湖南地方志系统长期以来的帮助表示感谢，并要求在湖南对口帮扶部门的帮助下，进一步提高思想认识，提升修志质量，强化支撑保障；要综合专家意见，反复打磨，精心修改，力争尽快保质量地完成志书的修改任务。评审会后，长沙、株洲、岳阳、常德四市分别前往对口的四县，开展后续的细化对接。此次评审会是对中国地方志指导小组《关于全国地方志系统支援西藏、新疆地方志工作的意见》和 3 月 2 日湖南西藏地方志工作座谈会精神的贯彻落实，对加强湖南西藏两省区地方志的工作联系和山南地方志事业的发展，都具有重要意义。湖南长沙、株洲、岳阳、常德四市以及对口的西藏山南市贡嘎、扎囊、隆子、桑日四县的有关专家、领导参加会议。（田丰）

【广西壮族自治区地方志机构主任工作会议召开】 2 月 25 日，广西壮族自治区地方志机构主任工作会议在南宁市召开。自治区副主席黄俊华出席会议并讲话。会议传达党的十九大和全国地方志机构主任工作会议精神，总结 2018 年全区地方志工作，研究部署 2019 年工作任务，推动新时代广西地方志事业高质量发展。会议要求各级各有关部门要提高认识，狠抓质量，抢抓进度，确保按时保质完成全区地方志“两全目标”；要坚持修用并举，进一步提升服务经济社会发展大局的水平和能力，深入挖掘具有广西地方亮点、民族特色、时代特征的地方志资源，真正把一批能够体现广西历史悠久、政治清明、民族团结、文化璀璨、社会文明、山川秀美的高质量地方志成果展现在人们面前。各市政府分管领导，《广西通志》专志编辑室负责人及各市、县（市、区）地方志机构主要负责人，广西地方志办公室领导及处（委）负责人约180人参加会议。（高叶）

【2019年广西壮族自治区地方志资料年报工作会议召开】 4月29日，2019年广西壮族自治区地方志资料年报工作会议在南宁市召开。会议要求，要提高对地方志资料年报工作的认识，推进地方志资料年报工作。自治区志办领导、各处（委）负责人，中直区直各承报单位、各市县（市、区）地方志机构等有关人员共240人参加会议。（高叶）

【广西壮族自治区地方志系统年中工作暨志鉴编修“两全目标”推进会召开】 8月16日，广西壮族自治区地方志系统年中工作暨志鉴编修“两全目标”推进会在南宁市召开。中指办党组书记高京斋、自治区政府副秘书长唐宁、广西地方志办公室主任梁金荣等出席会议并讲话。会议传达全国地方志系统“两全目标”工作调度会议精神，总结2019年上半年全区地方志工作并通报志鉴编修“两全目标”工作进展情况，提出当前及下一步工作重点。各设区市地方志工作机构主要负责人，部分《广西通志》专志承修单位分管领导及编辑室负责人，部分县（市、区）政府分管领导和地方志工作机构主要负责人，自治区志办全体人员约130人参加会议。（高叶）

【海南省全省史志机构主任会议召开】 1月21日至22日，海南省全省史志工作机构主任会议在海口市召开。会议总结2018年全省史志工作，研究部署2019年史志重点任务，传达2019年全国地方志机构主任工作会议暨第三次全国地方志工作经验交流会精神，并就召开2018年度室（办）领导班子民主生活会征求意见和建议。海南省委党史研究室（海南省地方志办公室）领导班子成员，各市、县、区史志工作机构主任，全体室（办）人员及部分退休老干部，海南省中共党史学会、地方志学会有关人员80余人参会。（郑昕）

【2019年四川省地方志工作会议召开】 1月25日，2019年四川省地方志工作会议在成都市召开。中指办副主任邱新立出席会议并讲话。省人力资源和社会保障厅机关党委书记向可华出席会议并宣读《四川省人力资源和社会保障厅四川省地方志工作办公室关于表彰四川省地方志系统先进集体和先进个人的决定》。会议总结2018年全省地方志工作并对2019年工作作出安排，对5年来地方志工作成绩突出的单位和个人以及获得四川省第十八次地方志优秀成果奖的单位进行表彰。四川省志办党组成员、副主任赵行主持会议，党组成员、机关党委书记邓瑜，党组成员、副主任陶利辉，《四川省志》分卷承编单位、21个市（州）地方志办负责人以及受表彰的先进集体和先进个人260余人参加会议。（黄绚）

【《成都市志（1990—2005）》第六次审查验收会召开】 2月1日，四川省市（州）志审查验收小组召开《成都市志（1990—2005）》第六次审查验收会议，审查验收该志“民族宗教”“商贸服务”“军事”“城市建设”“哲学·社会科学”“旅游”“改革开放”“能源”“地方人民政府”9卷送审稿。省志办领导班子成员，省统计局、省民族研究所等市（州）志审查验收小组成员及相关人员参加会议。（黄绚）

【2019年成都市地方志工作会议召开】 3月7日，2019年成都市地方志工作会议召开。成都市志办党组书记、主任高志刚作报告。会议深入学习了党的十九大，十九届二中、三中全会及习近平总书记来川视察重要讲话精神，全面学习了四川省、成都市党代会及全国、全省地方志工作会议精神，全面总结了2018年全市地方志工作，按照“三迈进”总体部署，持续

推进“一体共进、多维联动”工作格局，长远谋划，构建方志发展新格局。会议围绕认清大势、创新思维、成就业绩主题向全市地方志工作者提出新要求，指出要从具体做法上升到方法论的自觉层面指导工作，开拓全市地方志事业“以少胜多”“无中生有”“以旧换新”新局面。成都各区（市）县地方志机构、市级各部门、社会团体、驻蓉高校及企事业单位的相关负责人，市人大代表等特邀嘉宾150余人参加会议。（易超）

【贵州省市县地方志“两全目标”工作推进会召开】 12月6日，贵州省市县地方志“两全目标”工作推进会在贵阳市召开。会议对全省地方志“两全目标”工作形势进行分析，并针对按时保质完成地方志“两全目标”任务进一步统一思想、提高认识、压实责任。9个市（州）、23个县级地方志工作机构负责人，黔东南州政府办、黔南州委办分管领导，省内外3家出版社相关领导和省志办相关人员55人参加会议。（张彦）

【《贵州省志》编纂出版工作推进会召开】 11月5日，《贵州省志》编纂出版工作推进会在贵阳市召开。会议对《贵州省志》编纂出版情况做分析，要求各志书承编单位严格按照时限要求完成志书的编纂出版工作，就下一步编纂出版工作进行安排。各承编单位分管领导对承编志书的编纂情况作交流，并就做好下一步工作提出意见。尚未完成第二轮《贵州省志》编纂出版任务的26个承编单位领导及修志工作负责人50余人参加会议。（吕勇）

【云南省地方志机构负责人会议召开】 12月31日，云南省地方志机构负责人会议在昆明市召开。会议传达学习2020年全国省级地方志机构主任工作会议精神，全面总结2019年地方志工作，安排部署2020年任务。会议强调，2020年要积极谋划好“十四五”规划编制，按时保质完成“两全目标”，修好一批特色志鉴和乡土志、乡村志，加快推进方志馆建设，深入推进方志信息化建设，持续推进方志资源开发利用，统筹推进地方志事业健康发展。省志办领导班子成员、各处室负责人、16个州市地方志工作机构负责人和分管地方志工作的副主任参加会议。（宣勤）

【第三次云南省地方志援藏工作会议召开】 10月11日，第三次云南省地方志援藏工作会议在昆明市召开。云南省志办主任杨建林、西藏自治区经济与信息化厅副厅长安央金出席会议并讲话。安央金高度评价云南省地方志援藏工作。经信厅原材料处副处长迟强汇报《西藏自治区矿产机械化学工业志》的编纂工作进展情况。援藏工作组专家唐荣华介绍云南省地方志办开展地方志援藏工作的情况。杨建林表示要提高政治站位，不折不扣完成地方志援藏工作任务。云南省志办、西藏经济和信息化厅的相关人员参加会议。（宣勤）

【川藏地方志工作交流座谈会召开】 1月9日，川藏地方志工作交流座谈会在成都市召开，会议集中商谈地方志援藏工作事宜，签署地方志工作援藏协议。西藏自治区志办副主任王会世，区公安厅、区科技厅、区地勘局、区宗教局等单位相关人员参加会议。四川省志办主任陈建春、副主任赵行、机关党委书记邓瑜、副主任陶利辉及相关人员参加会议。（黄绚）

【《西藏自治区志·地矿志》编纂工作交流座谈会召开】 8月28日，《西藏自治区志·地矿志》编纂工作交流座谈会在成都市召开。会议就《西藏地矿志》（复审稿）审查意见、修志规范、注意事项等进行研讨。四川省志办副主任陶利辉，省志工作处、援藏工作组人员及项目负责人参加会议。（黄绚）

【甘肃省地方史志工作会议召开】 12月20日，甘肃省地方史志工作会议在兰州市召开。会议宣读《全省2020年地方史志工作要点》，对2019年全省地方史志工作进行全面总结，对2020年工作进行安排部署。来自省、市、县三级地方志工作机构6名代表作经验交流发言。省、市（州）、县（市、区）三级地方志工作机构130余人参加会议。（王文生）

【青海省地方志编纂“两全目标”工作调度会召开】 5月14日，青海省地方志编纂“两全目标”工作调度会召开。省长、省地方志编纂委员会主任刘宁作出批示，副省长、省地方志编纂委员会常务副主任杨逢春，中国地方志指导小组办公室党组书记高京斋出席会议并讲话。会议通报全省志鉴“两全目标”进展情况；省市场监督管理局、省文化和旅游厅、黄南州政府、玉树州政府、格尔木市政府负责人作交流发言。会议强调，要认真学习贯彻习近平总书记关于史志编撰工作的重要论述，强化政治担当，落实法定责任，坚持目标导向和问题导向，加强督查，强化问责，确保按时保质完成志鉴“两全目标”。全省第二轮志书尚未出版、综合年鉴编纂工作尚未“达标”的市（州）、县（市、区、行委）政府分管领导和各市（州）地方志工作机构负责人，尚未出版的省志各分志承编单位分管领导100余人参加会议。（王韬）

【青海省市（州）地方志机构主任工作会议召开】 12月6日，青海省市（州）地方志机构主任工作会议召开。会议传达学习副省长杨逢春在省志办检查指导工作时的讲话精神，强调要认清形势，担当尽责，加快推进“两全目标”工作。会议通报全省地方志编纂“两全目标”工作进展情况，指出各市州地方志工作中存在的突出问题，对下一步工作重点、工作方法提出要求。各市州地方志工作机构负责人等相关人员参加会议。（王韬）

【青海省第二轮省级志书编纂工作推进会召开】 12月19日，青海省第二轮省级志书编纂工作推进会召开。会议传达学习副省长杨逢春在省志办检查指导工作时的讲话精神，通报全省第二轮省级志书编纂工作进展情况，指出将继续加强行政督察、工作约谈、情况通报等，确保与全省、全国同步完成第二轮省志编纂任务。省政府副秘书长王志忠、省志办主任出席会议。尚未完成志书终审的14家省志分志承编单位分管领导参加会议。（王韬）

【宁夏第二轮志书编纂工作推进会暨宁夏村志启动会召开】 9月3日，宁夏第二轮志书编纂工作推进会暨宁夏村志启动会在银川召开。宁夏社会科学院院长张廉、副院长刘天明出席会议，自治区志办主任贠有强主持会议。会议发布《宁夏村志实施方案》，正式启动宁夏首批22部村志编纂工作，要求2019年9月至2021年7月完成22部村志编纂出版任务。会议要求，没有完成第二轮志书编纂工作的市县要增强紧迫性，把第二轮修志工作任务作为今后一段时间的中心工作来抓，坚决落实好人员、经费等保障工作，树立质量第一意识，保质保量按期完成编纂出版任务。会议强调，要充分认识村志编修工作的重要意义，注重质量，加强组织协调，整合修志力量，编纂出经得起历史检验的精品良志。全区各市、县（区）地方志工作机构发挥协调配合作用，在修志力量配备、开展相关调查研究等方面给予支持和协助。各乡镇部门重视村志编纂工作，以振兴乡村文化事业的高度抓好村志编纂，积极配合村志调研和资料搜集工作。各村委会应充分发挥主人翁精神，调动和组织好广大村民，积极提供线索、开展资料搜集工作，配合上级修志部门开展调研、采访工作等。兴庆区、金凤区、吴忠市、利通区、青铜峡市、同心县、中卫市、沙坡头区地方志工作机构负责人汇报第二轮志书的编修进度及存在的问题。各市、县（区）地方志工作机构负责人、各乡镇负责人、各编修村志的村委会负责人及村志参编人员等120余人参加会议。（张明鹏）

【宁夏地方志编审和古籍文献整理委员会议召开】 12月25日，宁夏地方志编审和古籍文献整理委员会议召开。自治区副主席、宁夏地方志编审和古籍文献整理委员会副主任杨培君出席会议并主持会议。宁夏社科院党组书记彭生选、院长张廉、副院长刘天明和自治区志办主任负有强出席会议。会议总结全区地方志工作情况，强调要大力推进二轮志书编纂工作顺利开展，力求 2020 年全面完成二轮志书编纂出版任务，完成省、市、县三级年鉴全覆盖。宁夏地方志编审和古籍文献整理委员会会员单位负责人及有关市、县（区）党委、政府分管领导参加会议。（张明鹏）

【2019 年新疆全区地方志机构主任工作会议召开】 2 月 26 日，2019 年新疆全区地方志机构主任工作会议在乌鲁木齐市召开。自治区副主席、区地方志编纂委员会副主任哈德尔别克·哈木扎出席会议并讲话。会议传达 2019 年全国地方志机构主任工作会议精神，总结 2018 年全疆地方志工作，安排部署 2019 年工作。塔城地区、昌吉州、巴音郭楞州、阿克苏地区、巩留县、博乐市、布尔津县、阿克陶县地方志机构作经验交流。全疆各地（州、市）、县（市、区）地方志机构负责人，《新疆通志》专业志编辑室负责人，自治区地方志编纂委员会全体干部参加会议。（刘博）

【煤炭工业第二轮修志工作总结会召开】 5 月 13 日，煤炭工业第二轮修志工作总结会在北京召开。国家煤矿安全监察局副局长李万疆，中指组秘书长、中指办主任冀祥德出席会议并讲话。会议总结煤炭工业第二轮修志工作，举行《中国煤炭工业志》首发仪式和中国煤炭工业史志馆挂牌仪式。中国煤炭工业协会在会上表彰煤炭工业第二轮修志工作先进集体和先进工作者。（范锐超）

【煤炭企业修志工作座谈会召开】 11 月 15 日，煤炭企业修志工作座谈会在山东省济宁市召开。会议由中国煤炭工业协会煤炭工业文献委主办、山东能源临矿集团古城煤矿承办。山东能源集团临矿集团、山东能源淄矿集团、开滦集团、冀中能源集团井矿集团、伊泰集团、内蒙古煤炭地质局等 11 家单位作经验介绍。国家能源集团、中煤能源集团、中煤科工集团、中国煤炭博物馆、应急管理出版社的参会代表在会上发言。《河南煤炭工业志》编纂委员会主任陈党义、陕西省煤炭学会常务副理事长张志民、浙江省煤炭行业协会副会长李宗华、四川省煤炭工业协会秘书长刘继林介绍本省煤炭史志工作情况，并对煤炭工业文献委的下一步工作提出建议。煤炭工业文献委、省级《煤炭工业志》编纂委员会的负责人，央企、省级煤炭集团的分管领导及相关人员 85 人参加会议。（范锐超）

·年鉴工作会议

【2019 山西省地方综合年鉴编纂业务培训暨优秀成果评审会召开】 7 月 5 日至 6 日，2019 山西省地方综合年鉴编纂业务培训暨优秀成果评审会在太原召开。会议评选出山西省 11 部年鉴报送参加第六届全国地方志优秀成果（年鉴类）评审活动。全省 11 市、部分县（区）年鉴编辑人员等 50 余人参加会议。（武岭）

【江苏省乡镇年鉴编纂工作座谈会召开】 12 月 19 日至 20 日，江苏省乡镇年鉴编纂工作座谈会在苏州市召开。昆山市志办介绍推进乡镇年鉴编纂工作的做法，昆山周庄、张浦、巴城，张家港永联村介绍镇、村年鉴编纂工作心得。全省各市年鉴工作部门分管领导、苏州县（市）区地方志工作机构领导、有关乡镇年鉴编纂单位代表 50 余人参加会议。（陈晓婧）

【2019 南京都市圈城市年鉴工作联席会议召开】 11 月 7 日至 8 日，2019 南京都市圈城市年鉴工作联席会议在镇江市召开。江苏省志办主任左健伟、中共安徽省委党史研究院（安徽省地方志研究院）副院长郭德成出席会议并讲话。镇江市委常委、市委秘书长郭建出席会议并致辞。参会各市史志系统负责人作工作交流，共享史志文化成果。参会代表围绕年鉴的创新实践与发展、年鉴框架设计、争创中国精品年鉴等议题开展学术交流。江苏省志办副主

任牟国义作题为“精品年鉴培育的几个问题”的培训；中共安徽省委党史研究院（安徽省地方志研究院）调研员杨永成作题为“西方年鉴起源发展及其向世界的传播”的培训。南京、淮安、扬州、镇江、芜湖、马鞍山、滁州、宣城8个市志办负责人、年鉴编纂人员参加会议，常州市志办首次列席会议。

（王艳荣　黄涛）

【《浙江年鉴（2019）》篇目论证会召开】 3月27日，《浙江年鉴（2019）》篇目论证会召开。会议对《浙江年鉴》有关情况及前期所作工作做介绍，并对2019卷篇目设计做说明。经专家组认真评审，同意通过篇目论证，并对由浙江省志办编纂的首部省级综合年鉴篇目内容提出进一步修改意见。会议要求编辑部在仔细研读省委、省政府工作报告，学习借鉴各地优秀年鉴先进经验基础上，认真梳理，充分吸收各位专家评审意见，对篇目作进一步修改完善，在扎实做好年鉴编纂工作同时，统筹做好《浙江年鉴（2019）》编纂启动大会相关筹备工作。（浙江省志办）

【安徽省“一年一鉴、公开出版”工作推进会召开】 11月28日至29日，安徽省“一年一鉴、公开出版”工作推进会在合肥市召开。马鞍山市、宁国市、肥东县、岳西县的代表在会上作年鉴编纂经验交流发言。会议分析全省年鉴编纂工作形势，通报各地进度，明确全省完成“两全目标”的时间进度要求。来自全省各市、县（市、区）110多名年鉴工作负责人参加会议。（程正周）

【2019年福建省年鉴精品工程候选项目甄选暨经验交流会召开】 2月28日，2019年福建省年鉴精品工程候选项目甄选暨经验交流会在漳平召开。《三明年鉴（2018）》《台江年鉴（2018）》《上杭年鉴（2018）》的主编分别作经验交流。来自全省25家申报单位的相关负责人、特邀年鉴专家、年鉴工作处业务人员等约40人参加会议。（欧长生　吴朝庭）

【福建省第六届全国地方志优秀成果（年鉴类）评审会议召开】 6月，福建省第六届全国地方志优秀成果（年鉴类）评审小组会议及领导小组会议召开。6月18日至20日，在闽清召开年鉴评审专家会议；6月24日至25日，在福州召开评审活动领导会议，研究确定福建省参评年鉴。经过严格的评审程序和相关会议研究确定，福建省推荐12部年鉴（其中各级综合年鉴11部，行业年鉴1部）上报参评第六届全国地方志优秀成果（年鉴类）评审活动。

（欧长生　吴朝庭）

【《江西年鉴》撰稿研讨会召开】 3月7日，《江西年鉴》撰稿研讨会召开。会议指出，《江西年鉴》还存在条目质量有待提高、表述手段不够丰富等问题，对今后撰稿工作提出要求。会后，各单位分成3个小组，就个别问题与责任编辑进行交流研讨。省直、企业和中央驻赣有关撰稿单位86人参加会议。（朱岳）

【《中共山东年鉴（2019）》《山东年鉴（2019）》省直部门组稿会议召开】 6月21日，《中共山东年鉴（2019）》《山东年鉴（2019）》省直部门组稿会议在济南市召开。会议安排部署《中共山东年鉴（2019）》《山东年鉴（2019）》组稿、撰稿任务，对《〈中共山东年鉴（2019）〉组稿方案》《〈山东年鉴（2019）〉组稿方案》进行解读，在供稿时间、条目质量、随文图片等方面提出明确要求。省直有关部门、单位，有关企业年鉴撰稿人110余人参加会议。

（李果霖）

【山东省全省年鉴工作座谈会召开】 7月4日至5日，山东省全省年鉴工作座谈会在济南市召开。会议对2019卷市、县（市、区）综合年鉴编纂情况进行交流，对参加第六届全国地方志优秀成果（年鉴类）评审活动的年鉴进行审读，各市地方史志研究院分管院长及济宁市兖州区、汶上县、临邑县地方史志研究中心负责人分别汇报交流综合年鉴编纂情况。各市地方史志研究院分管院长和有关县区党史研究中

心（地方史志研究中心）负责人等20余人参加会议。（李果霖）

【《湖北年鉴（2019）》撰稿工作会议召开】 4月30日，《湖北年鉴（2019）》撰稿工作会议在武汉市召开。会议传达省政府办公厅《关于印发〈湖北年鉴（2019）〉编纂方案的通知》文件精神，解读《湖北年鉴（2019）》编纂方案，总结2018年《湖北年鉴》撰稿工作经验，安排部署2019年《湖北年鉴》撰稿工作，提出具体意见和要求。会议强调要认清形势，提高认识，进一步增强年鉴事业的使命感；以质为先，精心编纂，不断提高年鉴编纂质量；注重时效，把握时间节点，切实保障年鉴按时出版。会议还就如何加强组稿、提高《湖北年鉴》撰稿质量以及推进全省方志系统“两全目标”进行座谈。《湖北年鉴》省直各撰稿单位撰稿人，各市、州、直管市、神农架林区地方志工作机构分管年鉴工作负责人100余人参加会议。

（湖北省文化和旅游厅地方志工作处）

【《武汉年鉴》编纂工作会议召开】 3月20日，《武汉年鉴》编纂工作会议召开。武汉市副市长龙良文出席会议并讲话。会议强调，编纂出版《武汉年鉴》，是打造“历史之城”、建设文化强市的一项重要任务，全市各供稿单位要充分提高政治站位，落实人员，明确责任，保证进度；编审单位要坚持不断优化总体设计，丰富资料来源，提升编校质量，合力将《武汉年鉴》锻造成宣传城市品牌、展示城市形象的重要载体和窗口，按时保质于10月完成编纂出版任务。各区政府、市直各部门、企事业单位分管领导以及各区地方志机构主要负责人100余人参加会议。（张道旺）

【广东省地方志工作会议召开】 3月6日，广东省地方志工作会议在广州市召开。会议总结2018年地方志工作情况，分析地方志工作面临的机遇与挑战，部署2019年工作。会议要求，2019年全省地方志工作要以习近平新时代中国特色社会主义思想为指导，深入贯彻落实习近平总书记对广东重要讲话和指示批示精神，围绕省委“1+1+9”工作部署，树立法治思维，全面贯彻实施《广东省地方志工作条例》《关于进一步加强新时代地方志工作的通知》，深入推进志鉴史编纂和扩面提质，加大自然村落普查成果开发力度、服务乡村振兴，大力推进地方志数字化工作，拓展地方志文化推介渠道和形式，全力推动方志馆建设，大力推进能力建设。要主动把地方志工作融入改革开放大局，善于用改革开放思维发掘和记录全省学习贯彻习近平新时代中国特色社会主义思想的奋斗历程和改革开放实践的伟大成果，在传承、推介以爱国主义为核心的民族精神、以改革创新为核心的时代精神上下功夫，在让世界了解广东、读懂广东、认同广东、讲好广东故事上下功夫，依法推动全省地方志事业转型升级。广州、深圳、东莞、湛江、清远等地与会代表作了经验交流发言。会议还就《2019年全省地方志工作要点（征求意见稿）》进行分组讨论。省志办党组书记、主任陈华康出席会议并讲话，党组成员、副主任丘洪松、刘卫，21个地级以上市地方志工作机构主要负责人，省地方志办干部职工以及部分县（市、区）地方志工作机构代表参加会议。（广东省志办）

【广西年鉴精品工程领导小组会议召开】 4月，广西年鉴精品工程领导小组会议召开。会议研究确定《隆安年鉴》《忻城年鉴》《临桂年鉴》《中国铁路南宁局集团有限公司年鉴》4部年鉴为2019年广西年鉴精品工程项目。截至12月底，已组织召开《隆安年鉴（2019）》《忻城年鉴（2019）》《中国铁路南宁局集团有限公司年鉴（2019）》《临桂年鉴（2019）》项目评审会。通过组织召开项目评审会，邀请全国及自治区年鉴专家对项目年鉴进行评审，同时点对点开展培训指导，推动项目年鉴质量整体全面提升。（梁昕）

【《海南年鉴（2019）》组稿暨史志资料年报业务培训会召开】 3月22日，《海南年鉴

（2019）》组稿暨史志资料年报业务培训会在海口市召开。会议回顾总结2018年全省年鉴和年报工作，安排部署2019年任务，宣读《关于表彰2018年度〈海南年鉴〉优秀撰稿人的通报》《关于2018年度资料年报工作情况的通报》，进行年鉴撰稿业务和资料年报业务培训。省直和中央驻琼各组稿单位办公室负责人和年鉴撰稿人、年报承办人，各市县地方志工作机构负责人和年鉴年报承办人，有关市县政府办公室负责人等230人参加会议。（李鑫）

【2019年《四川年鉴》编纂工作座谈会召开】 11月27日，2019年《四川年鉴》编纂工作座谈会在成都召开。会议邀请江苏省志办副主任、《江苏年鉴》主编牟国义作提升年鉴编纂质量的讲座。牟国义立足《江苏年鉴》编纂实践，围绕编纂平台建设、工作流程管控、编辑队伍组建、编辑质量管理、编纂思路创新、成果开发延伸、审读工作组织、专家队伍建立等方面，系统介绍了《江苏年鉴》的成熟经验和做法，并就《四川年鉴》编纂中存在的具体问题与四川年鉴社干部进行了专题座谈交流。四川省地方志办党组书记、主任陈建春出席会议并讲话，他要求广大年鉴工作人员珍惜机会，认真学习先进地区经验，科学编鉴、开门办鉴，不断开创全省年鉴工作新局面。副主任赵行、陶利辉，机关相关处人员，四川年鉴社全体干部及成都年鉴社相关同志参加会议。

（黄绚）

【《贵州年鉴（2019）》组稿工作会议召开】 2月，贵州年鉴编辑部根据《贵州省地方志编纂委员会关于做好2019年〈贵州年鉴〉组稿工作的通知》要求，分组召开《贵州年鉴（2019）》组稿工作会议，安排本卷资料汇编、条目编写等工作。会议通报《贵州年鉴（2018）》整体编纂情况、各分科稿件质量评级和编辑意见，传达《省地方志编纂委员会关于做好2019年〈贵州年鉴〉组稿工作的通知》，明确2019年《贵州年鉴》撰稿任务、原则、要求。组稿工作会议强调《贵州年鉴（2019）》要进一步加大组稿力度，提高撰稿质量，突出地方特色和年度特点，按时报送资料和稿件。《贵州年鉴（2019）》200余家供稿单位组（撰）稿人员参加会议。（王鸿）

【陕西省各市（区）年鉴工作汇报会议召开】 11月29日，陕西省各市（区）年鉴工作汇报会议召开。会议听取各市（区）在全省地方志“两全目标”推进会后年鉴编纂出版工作的进展、各县区尚存的困难，对下一步工作提出要求。各设区市及杨凌示范区地方志编纂机构年鉴工作分管领导等近30人参加会议。

（范锐超）

【《中国新闻年鉴》第38届全国工作会议召开】 6月13日，《中国新闻年鉴》第38届全国工作会议在重庆市召开。会议总结《中国新闻年鉴》2018年卷的编辑出版情况，研讨2019年卷的供稿工作。来自《人民日报》、中央广播电视总台、《光明日报》、《中国日报》、《重庆日报》等新闻单位的代表参加会议。（彭莎莉）

专业培训与考察交流

·业务培训

【2019年北京市第一次年鉴业务培训会召开】 6月18日至19日，2019年北京市第一次年鉴业务培训会召开。培训班邀请中关村管委会史志办公室副主任王锦作题为“专业年鉴编纂的规范与创新——以《中关村年鉴》为例”的培训，从专业年鉴的特点、如何突出专业性以及利用信息技术实现创新三个方面进行讲解；《北京教育年鉴》副主编华蕾作题为“如何开展教育类年鉴编纂——以高校年鉴为例”的培训，重点介绍高校年鉴的基本特征、编纂基本要素、综合评价和基本规范；江苏省志办副主任牟国义作题为“编纂创新与年鉴高质量发展”的培训，结合多年年鉴工作经验，就年鉴创新的动力、原则与要求、方向与路径等问题进行深入分析；《北京海淀年鉴》执行主编钟冷作题为“综合年鉴条目编纂及常见问题分析”的培训，依据《地方综合年鉴编纂出版规定》，结合实例，对各类型条目编写的规范性做细致剖析。全市各年鉴编纂单位130余人参加培训。（姜坤）

【2019年北京市第二次年鉴业务培训班举办】 11月25日至26日，2019年北京市第二次年鉴业务培训班举办。培训班邀请中国社会科学杂志社副总编辑李红岩、中央民族大学历史文化学院院长彭勇、中国社会科学院语言研究所词典编辑室副编审李志江、军事科学院解放军党史军史研究中心主任李涛分别就《公共阐释与年鉴编纂》《如何提高年鉴的存史价值》《编校质量差错例析》《地方综合年鉴军事内容质量管控》进行授课。市委党史研究室、市志办副主任张恒彬，全市各区志办、委办局年鉴编纂单位相关负责人、年鉴工作者代表等近150人参加培训。（姜坤）

【北京市党史、地方志干部培训班举办】 12月2日至6日，北京市党史、地方志干部培训班举办。培训内容涵盖时政辅导、党史研究的理论与方法、志书编纂规范指导、网络宣传的形势与任务。各区史志工作机构、相关单位史志部门业务骨干，市委党史研究室、市志办部分干部共200余人参加培训。（高俊良）

【2019年度天津市志鉴业务培训班举办】 10月30日，2019年度天津市志鉴业务培训班举办。市档案馆党委书记、馆长方昀看望与会人员并讲话。市档案馆副馆长、市志办主任关树锋出席开班式并就《坚定理想信念，牢记使命担当，奋力谱写地方志事业发展新篇章》进行授课。培训班传达2019年全国地方志系统信息化工作研讨会精神并提出相关要求，梳理近几年天津地方史编著及推进区级方志馆建设情况并提出下一步工作重点，各区志办负责人进行交流发言。市志办相关人员，各区志办负责人和志鉴史编辑人员以及天津开发区、天津港保税区和天津年鉴社有关人员70余人参加培训。（陈鑫）

【山西省党史方志业务培训会召开】 9月22日，山西省党史方志业务培训会在太原市召开。省委党史研究院（省地方志研究院）副院长刘益令主持并作党史专题授课，分析全省党史基本著作编写的总体形势，并提出做好编写工作的基本要求。方志编研三室主任焦永萍作方志专题授课，分析市县志编纂时间紧、任务重、质量待提升的工作形势，阐释作为方志工作者要做擅管理的组织者、肯下功的编审员、高素质的方志人的职责担当，传授志书编纂的实用方法和经验。全省各市县党史方志机构主要负责人以及省委党史研究院（省地方志研究院）新近入职人员约130人参加培训。（武岭）

【内蒙古自治区地方志业务培训班举办】 11月19日至20日，内蒙古自治区地方志业务培训班在乌兰察布市举办。培训班邀请方志出版社名村志编辑部副主任丛珺、吉林省地方志编委会副主任孟亚男、江苏省志办副主任方亚光，围绕志书和年鉴编纂分享从事志书、年鉴工作的经验。全区各盟市地方志工作机构主要负责人、地方志科长，各旗县（市、区）地方志业务人员及自治区有关委办厅局及企事业单位相关人员，对口援助西藏承编单位修志人员及自治区志办全体人员200余人参加培训。

（李向兵）

【《内蒙古年鉴（2019）》撰稿人培训班举办】 4月10日，《内蒙古年鉴（2019）》撰稿人培训班在呼和浩特市举办。培训班邀请《临安年鉴》执行主编唐剑平和山西省志办年鉴期刊处处长高生记授课。内蒙古自治区有关委办厅局及各企事业单位、人民团体、民主党派的年鉴撰稿人143人参加培训。（李向兵）

【《内蒙古年鉴（2020）》撰稿人培训班举办】 12月12日，《内蒙古年鉴（2020）》撰稿人员培训班在呼和浩特市举办。线装书局出版社志鉴特邀方志编审夏红兵从年鉴内容质量标准、志稿禁止记载内容、编校质量评定办法等方面进行详细讲解，福建省年鉴研究会副秘书长、《福建年鉴》责任编辑林忠玉围绕年鉴和年鉴条目写法解析、图片与条目的搭配、图照选用的总体要求、搜集图照的范围等进行授课。各盟市、旗县（市区）地方志工作机构，全区各委办厅局、企事业单位撰稿人250余人参加培训。

（李向兵）

【《辽宁省志》编纂业务培训会召开】 7月22日，《辽宁省志》编纂业务培训会召开。辽宁省档案馆地方志编纂中心修志专家分别就地方志编纂和志书篇目设置进行授课。《辽宁省志》承编单位97名编纂人员参加培训。（丁玉恒）

【东北三省及内蒙古自治区志鉴编纂业务培训班举办】 12月18日至20日，东北三省及内蒙古自治区志鉴编纂业务培训班在沈阳市举办。培训邀请中指办副主任邱新立，江苏省志办副主任牟国义，北京市志办原主任王铁鹏，中指办年鉴处处长刘永强，吉林省地方志编委会副主任孟亚男，安徽省志办省志处原处长王晖分别以“方志的体例”“年鉴框架结构设计及内容记述”“志书篇目设计”“地方综合年鉴编纂常见质量问题”“年鉴经济部类的编写”“志书资料搜集及志稿撰写”为题进行授课等。培训期间，辽宁省政府办公厅召开全省各市地方志工作会议和各市支援西藏新疆地方志工作座谈会，对接援助工作，并对西藏新疆地方志工作人员进行培训。辽宁、吉林、黑龙江、内蒙古等地区的省市县三级地方志工作者400余人参加培训。（宁芳　丁玉恒）

【吉林省年鉴编纂规范培训班举办】 1月8日，吉林省年鉴编纂规范培训班举办。省地方志编纂委员会党组书记、副主任李云鹤出席并主持培训班。中指办年鉴处处长刘永强作《地方综合年鉴编纂出版应注意的若干问题》的辅导讲座。省地方志编纂委员会、省方志馆部分人员和全省各市（州）、县（市、区）地方志工作机构领导和年鉴编纂工作者120余人参加培训。（闫佳函）

【吉林省志鉴业务培训班暨2019年第一季度专家学术报告会举办】 3月29日，吉林省志鉴业务培训班暨2019年第一季度专家学术报告会在长春市举办。吉林师范大学历史文化学院院长、历史学教授、博士生导师范立君以“闯关东与东北区域文化的变迁”为题做专题学术报告，从史学专家的专业视角出发，引用资料、列举实例，深入浅出地阐释闯关东的由来及其规模，闯关东的原因，从“同化与异化”的角度分析移民与东北区域文化的变迁，将东北地区的移民文化特征定义为“新型关东文化”。来自省地方志编纂委员会、省方志馆及各市（州）、县（市、区）地方志工作机构的140余人聆听报告。（李雯）

【吉林省市（州）、县（市、区）志书总纂培训班第九次集中培训会举办】 5月30日至31日，吉林省市（州）、县（市、区）志书总纂培训班第九次集中培训会举办。会议主题为“总纂志书的体会”。白山市志办主任董新春、梨树县志办主任孙振忠分别作《二轮修志实践对三轮修志的启示》《志书的编纂与遗憾》的专题授课。学员分成4组，围绕第八次培训主题“志书编纂的继承与创新”和专家授课内容“总纂志书的体会”进行交流讨论。培训邀请修志援藏、援疆对口市县的地方志工作同行参加。省地方志编纂委员会党组书记、副主任李云鹤，副主任孟亚男、尚志华，副巡视员赵飞，各市（州），梅河口市、公主岭市，各县（市、区）地方志工作机构志书总纂学员，省地方志编纂委员会、省方志馆各处室人员参加。（任帅）

【吉林省志鉴业务培训班暨2019年第三季度专家学术报告会举办】 9月4日，吉林省志鉴业务培训班暨2019年第三季度专家学术报告会在长春市举办。中指办科研处负责人周勇进以“地方志与科研”为题做专题学术报告。报告阐述地方志科研工作的内容与现状、地方志理论研究现状及存在的主要问题、地方志与地方史的区别和联系，结合研究内容举例，讲授若干方志理论研究规范及方法，以口述史料的使用为例，分享在地方志编纂创新方面的思考。来自省地方志编纂委员会、省方志馆及各市（州）、县（市、区）地方志工作机构的150余人聆听报告。（李雯）

【吉林省年鉴编纂业务培训班暨“年鉴全覆盖”推进会举办】 10月23日至25日，吉林省年鉴编纂业务培训班暨“年鉴全覆盖”推进会在延吉市举办。培训会以《地方综合年鉴编纂规范有关问题解读》《年鉴印刷质量标准规范》《年鉴编辑工作中常见的问题》为专题进行辅导授课，对《延边年鉴（2018）》《公主岭年鉴（2018）》进行点评，宽城区和桦甸市志办分别结合精品年鉴编纂工作作经验交流，辽源市、榆树市、延吉市地方志工作机构分别作推进“年鉴全覆盖”工作先进经验交流，省地方志编纂委员会副主任孟亚男对全省“年鉴全覆盖”推进工作进行部署并提出具体要求。各市（州）、县（市、区）以及来自西藏自治区志办的年鉴编纂人员140余人参加培训。（闫佳函）

【吉林省市（州）、县（市、区）志书总纂培训班第十次集中培训会举办】 10月30日，吉林省市（州）、县（市、区）志书总纂培训班第十次集中培训会举办。培训主题为“2001—2017年吉林省发展历程”，省委政策研究室原副巡视员侯国忠作专题授课。按照《全省市（州）、县（市、区）志书总纂培训方案》安排，全省志书总纂培训班10次业务培训全部结束。在培训班结业仪式上，省地方志编纂委员会为在全省志书总纂培训中表现良好并取得较好成绩的48名学员颁发结业证书，授予其中20名表现突出的学员“优秀学员”称号并予以通报表扬。各市（州），梅河口市、公主岭市，各县（市、区）地方志工作机构志书总纂学员，省地方志编纂委员会、省方志馆各处室人员100余人参加培训。（任帅）

【《吉林年鉴（2020）》撰稿人培训班举办】 12月26日，《吉林年鉴（2020）》撰稿人培训班在长春市举办。在培训班上，宣读《吉林年鉴编纂委员会关于通报表扬〈吉林年鉴（2019）〉优秀撰稿人的通知》；《吉林年鉴》编辑部有关人员就供稿的规范和要求进行专题培训辅导。全省各市（州）、县（市）及省直各部门入鉴单位撰稿人130余人参加培训。（闫佳函）

【2019年黑龙江省史志干部培训班举办】 12月16日至20日，2019年黑龙江省史志干部培训班在哈尔滨市举办。黑龙江省委史志研究室主任何伟志出席开班式并作动员讲话，黑龙江省委党校副校长周英东出席开班式，黑龙江省委史志研究室副主任陈春雷主持开班式。何伟志以《新时代呼唤新担当 新使命催发新作为——史志工作者在新时代的担当与作为》为题作辅导讲座。省委史志研究室方志工作处处长侯明、年鉴工作处处长刘树波分别讲授《志书编纂业务基础知识及需要重点把握的问题》《年鉴编纂工作重点问题研究》。全省部分市（地）史志部门负责人和业务干部，部分市（地）所属县（市）史志业务干部，各市（地）辖区志书、年鉴编纂人员，以及省委史志研究室部分干部120余人参加培训。

（徐萍　杜胜男）

【哈尔滨市志鉴工作骨干业务培训班举办】 7月24日，哈尔滨市委史志研究室举办2019年哈尔滨市志鉴工作骨干业务培训班。哈尔滨市委史志研究室主任王洪作题为“以习近平新时代中国特色社会主义思想为指导，推动‘撰史、修志、资政、育人’高质量发展”的专题辅导。市委史志研究室丁日杰和贾男分别就《年鉴条目撰写》《年度资料编写要求》进行业务培训。市直各委办局、中省直驻哈有关单位、九区九县（市）地方志工作人员和年鉴撰稿人180余人参加培训。（刘新惠）

【江苏省开展地方志业务培训】 年内，江苏省志办研究制订《关于开展地方志业务知识培训工作计划》，先期安排19名业务骨干开展业务知识讲座，全程录音录像，将其作为全省地方志系统业务培训教材。各类业务培训优先安排基层修志人员参加，2019年安排市、县（市、区）地方志工作机构和乡镇（街道）、村（社区）修志人员60余人次参加中指办组织的各类业务培训。针对纪检、文化、公安、对口支援等开展专题培训，适时组织针对性强的小型培训。2019年，省志办组织各类培训15次，1020人次修志工作者参加培训。（陈晓婧）

【《江苏年鉴（2019）》组稿培训班举办】 3月1日，《江苏年鉴（2019）》组稿培训班在南京市举办。江苏省志办副主任、《江苏年鉴》主编牟国义总结《江苏年鉴（2018）》编纂情况，并从年鉴编纂的历史传承、高质量年鉴价值衡量标准和《江苏年鉴》创新发展三个方面与到会人员进行交流。与会人员结合机构改革实际，对《江苏年鉴（2019）》组稿大纲进行讨论。省直机关单位撰稿人110余人参加培训。

（陈晓婧）

【江苏省2019年全省年鉴编纂工作推进会暨年鉴业务培训班举办】 4月18日至19日，江苏省2019年全省年鉴编纂工作推进会暨年鉴业务培训班在海安市举办。军事科学院解放军党史军史研究中心军事志研究室主任李涛就《年鉴军事内容记述的保密问题》进行专题辅导。扬州市、连云港市、如皋市、射阳县、雨花台区志办交流打造精品年鉴编纂做法。各市、县（市、区）地方志工作机构年鉴工作分管领导和部分一线年鉴编纂人员近150人参加培训。

（陈晓婧）

【江苏省年鉴编纂业务骨干培训班举办】 9月19至20日，江苏省年鉴编纂业务骨干培训班在南京市举办。中指办和省年鉴质量评定专家针对年鉴质量评审中发现的问题进行授课，具有鲜明的针对性和指导性。省、市、县（市、区）年鉴编纂骨干120余人参加培训。

（陈晓婧）

【江苏省名镇名村志业务培训班举办】 12月25日，江苏省名镇名村志业务培训班在南京市举办。省志办主任左健伟出席开班式并讲话，提出具体要求。培训采取专家讲课、分组讨论、工作交流等形式，对名镇名村志编纂过程中的业务问题开展研讨，启发思考，促进业务水平提高。全省各设区市志办分管领导、相关名镇名村志主编及业务指导员共120余人参加

培训。（尤岩）

【《浙江通志》编纂工作与业务培训班举办】 6月14日，《浙江通志》编纂工作与业务培训班在杭州市举办。培训班以“攻坚克难不辱使命，善作善成画圆句号——关于《浙江通志》编纂中碰到的若干问题的思考和意见”为题作专题授课。《浙江通志》各卷主编（执行主编）、编辑部主任及《浙江通志》副总编、副总纂、责任编辑等100多人参加培训。

（浙江省志办）

【《浙江年鉴（2019）》编纂业务培训班举办】 12月9日至12日，《浙江年鉴（2019）》编纂业务培训班在嘉兴市举办。参训人员以年鉴评审稿为例进行现场教学。省直各有关单位和市、县（市、区）地方志机构人员50多人参加培训。（浙江省志办）

【2019年度杭州市地方志业务培训班举办】 6月10日至14日，2019年度杭州市地方志业务培训班在复旦大学举办。培训班围绕《志稿初稿分纂总纂规范要点》《镇村志编纂实务》《方志文化建设》《图书出版实务及操作流程》《地方综合年鉴的编写与创新》等主题进行授课。全市13个县（市、区）及杭州市钱塘新区地方志工作机构的近70名学员参加培训。

（蔡建明）

【《福建年鉴（2019）》撰稿人业务培训班举办】 3月26日至27日，《福建年鉴（2019）》撰稿人业务培训班在永安市举办。福建省委党史研究和地方志编纂办公室副主任林浩出席培训开班式并讲话。省直有关单位、各市县（区）《福建年鉴》撰稿人、福建年鉴社相关人员等近160人参加培训。

（欧长生　吴朝庭）

【2019年福建省地方综合年鉴编辑培训班举办】 6月26日至27日，2019年福建省地方综合年鉴编辑培训班在福安市举办。全省各设区市史志室、平潭综合实验区党史方志研究中心领导和年鉴编辑，各县（市、区）综合年鉴编辑等110余人参加培训。（欧长生　吴朝庭）

【福建2019年全省地方综合年鉴主编培训班举办】 10月28日至11月1日，福建2019年全省地方综合年鉴主编培训班在东山县举办。全省各设区市党史和地方志研究室、平潭综合实验区党史方志研究中心领导和年鉴主编、总纂，各县（市、区）综合年鉴主编等近120人参加培训。（欧长生　吴朝庭）

【江西全省地方志干部培训班举办】 1月24日，江西全省地方志干部培训班在南昌市举办。培训班邀请4位专家为与会人员授课，为“两全目标”的完成，特别是综合年鉴质量的提高，提供正确详尽的理论指导和切实可行的解决方法。全省11个设区市、100个县（市、区）地方志工作机构主任、相关人员及省志办各部门负责人150余人参加培训。（朱岳）

【山东省全省志鉴业务骨干培训班举办】 10月14日至18日，山东省全省志鉴业务骨干培训班在威海市举办。省地方史志研究院副院长王坦出席开班式并作动员讲话，威海市委常委、秘书长侯世超出席开班式并致辞；省地方史志研究院二级巡视员姚丙华出席结业式并作总结讲话。培训班邀请中指办年鉴处处长刘永强，志鉴专家王晖、高生记、李涛、傅强，以及山东省修志专家组成员郭能勇、旧志整理专家金晓东等授课指导，内容包括方志学基本理论和方法、乡镇村志编修、名镇名村志编纂、旧志整理、地方综合（部门）年鉴的编写等，并进行两次（一天）现场教学。新疆、西藏两区的修志编纂人员，省内各市地方史志研究院分管志鉴业务的副院长、方志科（处）长、年鉴科（处）长，正在开展乡镇村志编修的县（市、区）史志研究中心的业务骨干，以及县级地方综合年鉴的主编、副主编150余人参加培训。

（李果霖）

【山东省全省党史史志系统干部培训班举办】 10月21日，山东全省党史史志系统干部培训班在百色干部学院举办。省地方史志研究院院长赵国卿，百色干部学院副院长翁洁出席开班式并讲话，省地方史志研究院副院长王坦，各市地方史志研究院院长，省地方史志研究院各处室（馆）负责人、业务骨干等40余人参加培训。（李果霖）

【青岛市党史史志业务培训班举办】 11月6日至8日，青岛市党史史志业务培训班举办。培训班邀请专家从如何提升史德与学养、如何做好资料工作与名镇名村志编修工作、如何做好口述历史征编工作等方面进行讲解。青岛市地方史志研究院及各区市党史史志系统的业务骨干等80余人参加培训。（张东玉）

【青岛年鉴社开展国家地图管理规定业务培训】 4月24日，青岛年鉴社开展国家地图管理规定业务培训，针对国家关于地图管理规定的相关内容进行业务培训，确保年鉴中的地图使用合规、正确、严格、权威。年鉴社全体编辑人员参加。（张东玉）

【河南省乡镇村志编纂业务培训班举办】 6月18日至20日，河南省乡镇村志编纂业务培训班在郑州市举办。省地方史志编纂委员会秘书长、省史志办主任管仁富出席开班式并讲话，省史志办副主任周慧杰主持开班式。培训主要围绕乡镇村志编纂的基础知识、政治标准、资料收集、文化及社会部类编纂、人物志编纂、《河南名镇名村志编纂方案》解读及个案剖析、编辑出版问题等方面对学员们进行业务培训和指导。培训班还特别邀请省史志办对口援疆、援藏单位人员——新疆、西藏的史志同仁参加培训会。各省辖市、省直管县（市）史志机构负责乡镇村志编纂协调指导的领导和业务骨干，试点单位业务主编和执笔人员，已申报“中国名镇名村志”和拟申报“河南名镇名村志”单位的业务骨干200余人参加培训。（汪朝霞　高孟娜）

【河南省地方史志业务能力提升培训班举办】 8月20日至26日，河南省地方史志业务能力提升培训班在浙江大学举办。省史志办副主任周慧杰，郑州市史志办副主任王丹东等出席开班式。培训内容包括习近平新时代中国特色社会主义思想解读、习近平同志系列重要讲话对地方志工作的现实指导意义、旧志整理与志书资源开发利用、博物馆展览建设、新方志编写基本要求和方法等。省史志办和郑州市史志系统的90余人参加培训。（高孟娜）

【《河南抗日战争志》编纂业务及资料收集培训班举办】 10月10日至12日，《河南抗日战争志》编纂业务及资料收集培训班在郑州市举办。培训班邀请河南省社会科学院研究员王全营、河南省委宣传部出版质量监督检测中心主任李明清分别就《河南抗日战争简史及若干重点问题的把握》《严把出版导向和质量关，切实提高书稿内容和编校质量》进行授课。《河南抗日战争志》编纂委员会办公室介绍《河南抗日战争志》的基本情况、篇目设置思路、编写要求、人物入志范围与标准及收录中应该注意的问题，并进行任务分工。省史志办主任管仁富、副主任周慧杰出席开班式，《河南抗日战争志》特聘编纂人员和省史志办《河南抗日战争志》编纂委员会办公室的工作人员参加培训。（程茜　高孟娜）

【湖北省部分县级综合年鉴业务培训班举办】 8月15日，湖北省部分县级综合年鉴业务培训班在武汉市举办。在开班式上，省文化和旅游厅副厅长杨军就全省如期完成“两全目标”任务，特别是县级地方综合年鉴全面实现“一年一鉴、公开出版”目标进行再动员、再部署。省文化和旅游厅党组成员吴凤端通报全省地方综合年鉴编纂工作情况，并就省文化和旅游厅加强对市县两级地方综合年鉴编纂工作进行指导和督促提出具体意见，针对地方综合年鉴未实现公开出版的县（市、区），开展集中调研督办；举办业务培训班，进行集中培训，建立工作交流QQ群，及时解答问题；定期对年鉴公开出版情况进行通报；协商解决书号问题。省文化和旅游厅地方志工作处就年鉴编纂中应注意的问题、年鉴框架设计、年鉴图片运用等业务开展培训讲解，并就相关业务问题进行现场答疑。未完成地方综合年鉴公开出版的县（市、区）签订承诺书，承诺2020年全面完成“两全目标”任务。全省未完成地方综合年鉴公开出版的县（市、区）地方志工作机构负责人、年鉴编纂负责人以及所在市（州）地方志工作机构负责人约70人参加培训。

（湖北省文化和旅游厅地方志工作处）

【湖北省市州县地方志业务工作负责人和新进人员培训班举办】 11月4日至8日，湖北省市州县地方志业务工作负责人和新进人员培训班在武汉市举办。培训班期间，先后邀请武汉大学文学院教授、武汉大学图书馆副馆长、江苏省地方志编修专家以及省内方志、年鉴专家分别讲授中国的地域文化、地方志信息化建设、乡镇村志编修、方志年鉴基础知识等课程。培训期间既有理论讲解，又有现场教学和分组讨论，培训形式丰富。培训班邀请对口援助的西藏山南市和新疆博州的地方志业务人员20人参加培训。全省市县两级地方志工作机构负责人和新进人员约120人参加培训。

（湖北省文化和旅游厅地方志工作处）

【武汉市地方志系统干部业务素质提升专题培训班举办】 6月10日至14日，武汉市地方志系统干部业务素质提升专题培训班在华中师范大学举办。培训旨在增强全市地方志系统干部的专业知识、专业素养、专业精神，提高干部队伍适应新时代新任务新要求的能力和素质。培训邀请中指办、中国出版协会年鉴工作委员会、方志出版社、湖北省社会科学院、江苏省志办、宁波大学、武汉理工大学、华中师范大学、江汉大学等单位的专家、教授授课。武汉市市、区两级地方志工作机构人员，各行业（专业）年鉴编纂人员、街道志编修的编辑，撰稿作者和主笔，以及对口援助的新疆博乐市史志办工作人员近70人参加培训。

（张道旺）

【2019年湖南省年鉴业务培训会召开】 4月11日至13日，2019年湖南省年鉴业务培训会在长沙市召开。省地方志编纂委员会副主任邓建平出席开班仪式并作动员讲话。会议以“发展年鉴事业，助力‘四个自信’”为主题，邀请方志出版社总编辑于伟平，原安徽省志办副巡视员王守亚，分别就《志鉴编纂的规范性问题》《市县两级综合年鉴的框架设计》等进行讲解。全省各市州、县（市、区）政府地方志工作机构分管领导或业务骨干，以及《湖南年鉴》各市州分社、省直与中央驻湘有关单位的撰稿主笔人员等近300人参加会议。（邓尧）

【《广东年鉴（2019）》撰稿人员培训班举办】 3月15日，《广东年鉴（2019）》撰稿人员培训班举办。广东年鉴编纂委员会执行副主任、省志办主任陈华康出席开班式并作题为“依法编鉴 致力《广东年鉴》高质量发展”的讲话，对《广东年鉴（2018）》编纂工作情况进行总结和回顾，部署2019年编纂任务。团省委、省卫生健康委及云浮市代表分别作年鉴编纂经验交流；广东年鉴社社长莫秀吉就《〈广东年鉴（2019）〉编纂大纲》作说明，并结合实际进行撰稿辅导。负责编写《广东年鉴（2019）》的有关省直及中央驻粤编写单位、各地级以上市编写组稿负责人和撰稿人146人参加培训。

（广东省志办）

【2019年广东省年鉴编纂实务研修班举办】 4月24日，2019年广东省年鉴编纂实务研修班在清远市举办。省志办主任陈华康出席开班式并讲话。陈华康在讲话中指出，举办年鉴编纂实务研修班，既是开展一年一度年鉴质量评价的需要，也是通过互相评价、互相交流、以会代训，提高年鉴编纂水平、提升年鉴编纂质量的重要举措。他强调，年鉴质量是年鉴的生命，要高度重视年鉴质量建设；要加快年鉴出版进度，落实“一年一鉴”出版任务；要大力

推进年鉴数字化，提高年鉴成果利用率；要坚持公平公开公正原则，提升年鉴评价专业性、权威性。全省21个地级以上市地方志工作机构、广东年鉴社共43人参加研修。

（广东省志办）

【广东省地方志系统举办两期依法治志培训班】 5月27日至31日、6月23日至29日，广东省地方志系统依法治志培训班第一期、第二期先后在全国干部教育培训四川大学基地举办。两期培训班均为5天，主题是推进依法治志。培训班讲授习近平新时代中国特色社会主义思想、传统文化传承发展、文化传播力提升、乡村振兴战略解读、文化与旅游融合发展等课程，还设置现场教学以及贯彻落实《地方志工作条例》推动地方志事业转型发展专题座谈等环节。

（广东省志办）

【2019年广州市地方志资料年报业务培训班举办】 7月18日至19日，2019年广州市地方志资料年报业务培训班举办。培训班贯彻落实广州市政府办公厅《关于印发广州市地方志资料年报工作管理办法的通知》精神，组织学习新修订的《广州市地方志资料年报编写要求》，提高年报编写人员的业务能力和水平。全市有关年报承报单位特别是2019年年初以来机构变动较大、人员变动较大的年报承报单位的编写人员等90人参加培训。

（范锐超）

【2019年广州市名镇名街名村志编修业务培训班举办】 12月16日，2019年广州市名镇名街名村志编修业务培训班举办。市委党史文献研究室副主任廖惠霞作开班动员讲话。方志工作处处长李启伦作“名镇名街名村志编纂流程及要求”专题辅导。越秀、天河、黄埔、花都等区地方志部门重点介绍本区镇街村志编纂经验做法。与会人员还就如何把握“越境不书”要求、如何把握人物入志标准、如何甄别资料真实、如何增强可读性等问题进行交流讨论。广州市11个区地方志部门的业务骨干和开展名志编修的街道、镇、村的编纂人员，以及市委党史文献研究室方志工作处的人员共70人参加培训。

（范锐超）

【2019年度深圳市史志业务培训会召开】 4月17日至18日，2019年度深圳市史志业务培训会召开。培训班讲授《互联网等媒体传播历史虚无主义及应对》《如何审校已完成编纂的图书——对图书编校质量的认定标准》《年鉴编写原则与技艺》《全国方志馆建设形势、任务与对策》《〈全粤村情〉出版工作建议》等课程。全市各有关单位、各区（新区）、深汕特别合作区及各街道（办事处）的党史联络员、地方志资料年报编纂人员及年鉴供稿作者180余人参加培训。

（黄瑞栋）

【深圳市史志工作培训班举办】 12月8日至13日，深圳市史志工作培训班举办。培训由深圳市史志办和北京大学、深港产学研基地培训中心合作举办，内容涵盖中共党史、地方志、古代史、社会史、文化史等多个领域，培训形式包括专题讲座、现场教学、自主选修和小组研讨等。全市各机关事业单位史志业务人员51人参加培训。

（黄瑞栋）

【《广西年鉴》《广西图鉴》2019年卷组稿培训班举办】 3月22日，《广西年鉴》《广西图鉴》2019年卷组稿培训班在南宁市举办。中指办年鉴处处长刘永强作题为“地方综合年鉴常见质量问题举隅”的授课，从《地方综合年鉴编纂出版规定》修订前后文本对比分析的角度，对综合年鉴在编辑说明、保密、框架、标题、大事记、图片、地图、附录、索引、封面等方面存在的常见问题进行讲解。中直驻桂单位、区直单位，各市及部分县（市、区）《广西年鉴》《广西图鉴》编辑（写）组负责人或撰稿人等约180人参加培训。

（游勇）

【广西地方志编纂质量提升培训班举办】 6月11日至14日，广西地方志编纂质量提升培训班在桂林市举办。广西各市、县（市、区）地方志工作机构、《广西通志》各专志编辑室，广西地方志办公室相关业务人员，西藏自治区地方志工作机构、广西商务厅、广西发展研究中心相关业务人员等100余人参加培训。

（游勇）

【广西地方志工作机构主任（总纂）培训班举办】 10月14日至18日，广西地方志工作机构主任（总纂）培训班在厦门大学举办。培训班讲授《新时代地方志工作的使命与担当》《习近平史志观在福建的孕育与践行》《中国古代方志里的天人关系》《不忘初心、矢志奋斗——做文化自信的践行者和承传者》等课程。广西各市、县（市、区）地方志机构，《广西通志》各专志编辑室，广西地方志办公室相关业务人员等70余人参加培训。（游勇）

【《广西通志》专志编纂业务培训班举办】 11月14日，《广西通志》专志编纂业务培训班在南宁市举办。培训班讲授《〈广西通志〉专志总纂工作应注意的问题》《〈广西通志〉审稿中应注意的问题》《〈广西通志〉专志“人物与先进集体”内容编写应注意的问题》等课程。全区未完成出版任务的《广西通志》专志编辑室负责人或主编、总纂以及主要业务人员，广西地方志办公室相关业务人员，广西人民出版社志鉴中心全体编辑70余人参加培训。

（游勇）

【《海南年鉴（2019）》新撰稿人培训会召开】 4月25日，《海南年鉴（2019）》新撰稿人培训会在海口市召开。海南省委党史研究室（省志办）年鉴工作处相关人员以《海南年鉴（2019）》编撰大纲为重点，讲授年鉴的基础知识和条目的编写，包括年鉴的性质、资料的收集途径、文稿的质量与要求、行文的基本规范等，并指出撰稿过程中可能出现的问题，使学员们全面了解年鉴编写的体例要求。会上发放年鉴编撰学习手册。省直机关和中央驻琼单位新撰稿人31人参加培训。（李鑫）

【海南省史志系统全面深化改革开放专题培训班举办】 5月6日至10日，海南省史志系统全面深化改革开放专题培训班在海南政法职业学院举办。海南省委党史研究室（省志办）主任毛志华审定培训方案，并就课程设置、教学形式、师资安排、作风纪律等提出明确要求。副主任秦武军出席开班式并作动员讲话。海南省委党史研究室（省志办）、各市县史志工作机构、海南省史志馆等44人参加培训。

（郑昕）

【2019年海南省方志业务培训班举办】 8月25日至30日，2019年海南省方志业务培训班在澄迈县举办。海南省委党史研究室（省志办）主任毛志华作动员讲话，副主任秦武军作题为“守初心担使命，全面决胜‘两全目标’，在全面深化改革开放中做出更大贡献”的专题宣讲。培训班讲授《做好新时期地方志工作应树立六种意识》《志书的质量控制》《如何做好志稿的终审验收工作》《自贸区（港）建设：海南面临的机遇与挑战》《提高地方综合年鉴编纂出版质量需要把握的五个方面》《志鉴编纂中的规范问题》等课程。各市县（市、区）地方志工作机构负责人和地方志业务人员，以及海南省委党史研究室（省志办）相关业务处人员近50人参加培训。（符思权）

【2019年海南省红色旅游讲解员培训班暨红色旅游讲解员比赛举办】 9月23日至26日，2019年海南省红色旅游讲解员培训班暨红色旅游讲解员比赛在海口市举办。该活动由海南省委党史研究室（省志办）、省旅游和文化广电体育厅联合举办。23日至25日举行全省红色旅游讲解员培训班，省委党史研究室（省志办）副主任赖永生出席开班式并作动员讲话，培训内容包括六连岭革命精神、王文明的光辉人生、琼崖革命英烈生命的最后一刻、解放海南等海南地方党史知识和导游业务。26日，举行海南红色旅游讲解员比赛，省旅游和文化广电体育厅党组成员、总规划师周安伟出席并致辞，经过角逐，分别评出一等奖1名、二等奖2名、三等奖3名，获奖选手同时被授予海南

省红色旅游五好讲解员称号。省旅文厅全域旅游处和省委党史研究室（省志办）科研宣教处负责人，评审专家代表，省旅游协会、省旅行社协会、省景区协会、海口市导游协会等涉旅协会代表和媒体界代表出席活动。全省各红色景区、爱国主义教育基地、党史教育基地近30人参加培训，近20人参加比赛。（陈文萍）

【四川省川南片区地方志工作培训会召开】 10月9日至11日，四川省川南片区地方志工作培训会在宜宾市召开。培训会采取专题讲座和现场参观相结合的教学形式，安排《5G时代的方志数字化与数字化方志》《有声政务电台如何有力提升地方文化影响力》《地方综合年鉴常见质量问题》《关于志书编纂的质量问题》等课程，组织实地参观南溪巴蜀家风传承示范基地。省志办主任陈建春出席培训会并作题为“推动全省地方志工作高质量发展，切实提高地方志书和综合年鉴质量”的讲话。省志办副主任赵行、陶利辉出席培训会。自贡、攀枝花、泸州、遂宁、内江、乐山、宜宾、雅安、眉山、资阳、凉山11个市（州）及所属县（市、区）地方志部门负责人及志鉴编纂业务人员，省志办机关和四川年鉴社相关人员180余人参加培训。（黄绚）

【2019年四川省省直部门（单位）志鉴培训会召开】 11月26日，2019年四川省省直部门（单位）志鉴培训会在成都市召开。江西省志办副巡视员周慧、江苏省志办副主任牟国义应邀分别作题为“大事记编写问题”“《四川年鉴》省级部门年鉴文稿的组织和撰写”的专题培训。省志办主任陈建春出席会议并讲话。省志办副主任赵行，省志办机关党委书记邓瑜出席会议。省志办副主任陶利辉主持会议。全省120余家省直部门、相关单位，四川省地方志办机关各处、四川年鉴社150余人参加培训。（黄绚）

【成都市地方志系统干部综合能力提升研修班举办】 4月8日至12日，成都市地方志系统干部综合能力提升研修班在厦门大学举办。厦门市委党校原副校长邓仕崙、厦门大学中文系教授胡旭、厦门市非物质文化遗产保护中心副主任苏华琦、厦门大学人文学院历史系教授李智君、厦门大学信息科学与技术学院副教授林子雨、厦门大学台湾研究中心副主任李非分别作题为“习近平同志在厦门的历史足迹和精神风范”“中华文化对领导干部素养的影响与培育”“基层如何开展公共文化服务”“《华阳国志》对现代成都修志的借鉴意义”“智慧城市的建设和发展”“世界变局中的大国崛起”的专题培训。全市各县（市、区）地方志工作机构负责人、中层干部、业务骨干及成都市志办、成都年鉴社的主要负责人、部分干部60余人参加研修。（易超）

【贵州省地方志业务能力提升培训班举办】 6月16日至22日，贵州省地方志业务能力提升培训班在杭州市举办。培训采取专题教学和现场教学相结合的方式，邀请浙江大学著名教授、浙江省志办相关领导和专家授课，培训内容包括志鉴编修、方志馆建设、方志文化建设等，全省各市（州）志办、省直机关共59人参加培训。（张彦）

【《云南省志》业务培训会召开】 2月22日，《云南省志》业务培训会召开。昆明市志办副主任字应军、云南人民出版社副社长张波分别以“云南省志编修若干问题探讨”“志书编纂出版要注意的几个问题”为题进行授课。省志办全体人员参加会议。3月20日至31日，云南省志办组织对计划于上半年出版的20部《云南省志》分志进行集中会审，并针对《云南省志》分志审稿工作中发现的共性问题进行总结。为提高计划于下半年之后出版的34部《云南省志》分志编纂质量，4月1日再次召开《云南省志》编纂业务培训会，就《云南省志》篇目结构、图片编辑、大事记编写、内容记述和全书谋篇布局规范应注意的问题作有针对性的讲解，对有关政治、宗教、保密、涉外、人物等敏感内容的编写方法作详细指导。《云南省志》34 部分志承编单位编辑部主要负责人、撰稿人及集中审稿的《云南省志》执行副总纂、执行分纂 100 余人参加培训。（宣勤）

【《云南省志》编纂业务培训班举办】 10 月 9 日，《云南省志》编纂业务培训班在昆明市举办，对计划于 2020 年上半年出版的第二轮《云南省志》最后 14 部分志及云南援藏单位西藏自治区《矿产机械化学工业志》承编单位编纂人员进行地方志编纂业务专题培训。省志办主任杨建林出席开班仪式并讲话，省志办副主任陈天武主持仪式。开班式上，《云南省志·冶金工业志》承编单位代表吴言、云南援藏单位西藏自治区《矿产机械化学工业志》承编单位代表许慧、省志办编纂人员代表代燕春分别作表态发言。《浙江通志》总编室主任、副总纂颜越虎为参训人员讲授《志稿的总纂》专题讲座。《云南省志》各分志执行主编、副主编、编辑部主任及编纂人员 80 余人参加培训。

（宣勤）

【西藏自治区地方志工作培训会议召开】 12 月 16 日至 18 日，西藏自治区地方志工作培训会议在拉萨市召开。自治区党委副秘书长次仁平措出席开班仪式并讲话。培训会议采取教学授课、现场答疑、分组讨论、召开 7 地市主任座谈会、学员代表发言和各小组汇报等方式，从志书编纂体例、篇目设置、记述原则、资料选取、行文规范等方面进行专业讲解，并在以问题为导向找差距、强化责任抓落实，确保“两全目标”任务的完成等方面统一思想、理清思路、达成共识。自治区志办相关人员，各地市分管地方志工作的领导、地市志办负责人，未完成第一轮修志任务的县区地方志分管领导、县区地方志工作机构负责人等 60 余人参加培训。（王梅洁）

【陕西省开展志鉴业务培训】 年内，陕西省志办举办全省地方志系统综合业务培训班，与浙江大学举办陕西省地方志系统人员综合能力提升培训班。西安、宝鸡、咸阳、汉中等市相继举行修志业务相关培训，并组织业务骨干走出去开展业务交流学习。（韩云鸽）

【《西安年鉴》2019 年培训会召开】 4 月 30 日，《西安年鉴》2019 年培训会召开。会议宣读《西安市人民政府办公厅关于做好〈西安年鉴（2019）〉编纂工作的通知》，分别就如何撰写年鉴稿件、年鉴编写中的规范性问题进行授课。全市 13 个区县、开发区、市级机关及驻市各有关单位年鉴撰稿人员 120 余人参加培训。

（黄立峰）

【宁夏回族自治区志办举办志鉴业务培训】 年内，宁夏回族自治区志办采取“以会代培”“以评代培”及专题培训班的形式，开展基层业务指导，提高全区志鉴编纂人员业务理论素养和实践操作能力。先后举办《吴忠市志》篇目及编纂方案评审会、《红寺堡教育志》编纂人员培训会、《吴忠市志》编纂工作推进会、《长城村志》编纂工作座谈会、《中卫市沙坡头区志》编纂工作启动会，邀请地方志专家学者通过志书评审或专业授课的形式对基层志鉴编纂人员进行业务培训。（张明鹏）

【2019 年度宁夏地方志系统业务培训班举办】 10 月 13 日至 19 日，2019 年度宁夏地方志系统业务培训班在复旦大学举办。宁夏社会科学院副院长刘天明、自治区志办主任负有强、复旦大学历史学系党委书记刘金华出席开班仪式并讲话。培训班邀请复旦大学教授巴兆祥、上海市志办年鉴处处长王继杰、复旦大学教授戴鞍钢、复旦大学教授陈雁、昆山市志办副主任徐秋明分别就《二轮修志的几个突出问题》《地方综合年鉴的创新》《方志资源的发掘与利用》《口述历史的理论与实务》《村志编修要做好口述史》进行专题培训。培训班还到上海通志馆和上海博物馆进行现场教学。该培训班是继 2018 年与北京师范大学合作办班以来第二次与全国高校联合举办的地方志业务培训班，全自治区地方志系统业务骨干 50 余人参加培训。

（张明鹏）

【新疆地方志系统“四史”培训班举办】 2月26日，新疆地方志系统“四史”培训班举办。新疆维吾尔自治区党校原副校长、教授束迪生围绕新疆“四史”的几个问题作专题讲座和学习辅导。全疆各地（州、市）、县（市、区）地方志工作机构负责人，《新疆通志》专业志编辑室负责人，自治区地方志编纂委员会全体干部170余人参加培训。 （刘博）

【兵团师市年鉴编辑现场培训举办】 3月至5月，新疆生产建设兵团志办通过采取专题辅导、跟班学习、现场改稿培训的方式，分批次对第二师铁门关市、第七师、第九师、第十师北屯市、第十一师、第十二师、第十四师昆玉市等10名综合年鉴编辑进行培训。对师市年鉴编辑进行《年鉴编纂基础知识及师综合年鉴编纂实践》《年鉴行文规范》的专题辅导；学习《地方综合年鉴编纂出版规定》等规范性文件；结合《第七师年鉴（2018）》《北屯年鉴（2018）》等师市年鉴终审稿，进行分析和现场改稿。 （周鑫）

【兵团师市史志人员评审培训班举办】 7月31日，新疆生产建设兵团师市史志人员评审培训班在石河子市举办。新疆维吾尔自治区地方志编委会党组书记、副主任廖运建，兵团党委党史研究室、兵团志办副主任陈旭等就评审注意事项进行培训，并对《农八师石河子市志（1986—2010）》进行评议，兵团各师市史志办负责人及第八师石河子市史志办全体人员参加会议。 （第八师石河子市史志办）

【兵团第二轮师志评审验收培训班举办】 12月4日至5日，新疆生产建设兵团第二轮师志评审验收培训班在第七师举办。兵团党委党史研究室、兵团志办副主任陈旭对志书评审验收的注意事项进行讲解，兵团志办处长方明以“志稿的审查与修改”为题授课。各师市史志办负责人结合对《第七师志》《第九师志》的审读认识，围绕如何提高第二轮志书编纂水平进行交流。兵团志办评审人员以《第七师志》《第九师志》为例，就如何提高第二轮志书质量进行辅导。全兵团师市史志办负责人、第二轮志书编纂人员20余人参加培训。 （王兴鹏）

·考察交流

【《河北省志·人物志》考察团赴浙江考察交流】 6月11日，河北省人大常委会原副主任、省地方志编纂委员会副主任、《河北省志》总纂龚焕文等一行4人赴浙江省志办，就省志人物志编纂工作进行考察交流。（浙江省志办）

【内蒙古自治区地方志考察交流团赴四川考察交流】 5月16日，内蒙古自治区政府办公厅巡视员曹晓斌、自治区志办负责人何文俊等4人赴四川省志办就“两全目标”完成、大事记编纂、援藏志书推进、志书审查验收、经费保障等方面的经验做法和工作体会进行考察交流。四川省志办副主任赵行主持召开座谈会。四川省志办副主任陶利辉陪同调研组赴雅安调研。 （黄绚）

【哈尔滨市委史志研究室一行赴长沙、武汉考察交流】 11月18日至26日，哈尔滨市委史志研究室一行8人赴长沙、武汉，就如何开展史志文献的征集、整理、保存、开发和利用，史志文献资料如何做好资政服务，如何办好史志刊物，如何提高年鉴编纂质量、区县“两全目标”完成情况等进行考察交流。 （刘新惠）

【上海市志办一行赴广东考察交流】 10月28日，上海市志办副主任生键红一行赴广东，就提高综合年鉴编纂质量、年鉴及年鉴衍生产品的开发利用、年鉴及相关地情资料数字化网络化拓展、年鉴指导工作、援藏援疆工作进行考察交流。广东省志办副主任刘卫等参加交流。 （广东省志办）

【上海市地方志代表团赴匈牙利、塞尔维亚考察交流】 11月17日至24日，上海市志办主任洪民荣率上海市地方志代表团赴匈牙利、塞尔维亚考察交流。在匈牙利期间，代表团先后与约瑟夫·安塔尔知识中心（AJKC）进行学术交流和工作座谈，实地考察匈牙利国家图书馆和国家博物馆，访问布达佩斯技术与经济大学。在塞尔维亚期间，代表团先后与塞尔维亚国家和国际安全研究所（INIS）进行学术交流和工作座谈，访问贝尔格莱德大学，实地考察塞尔维亚国家图书馆和历史博物馆。（王师师）

【上海市志办一行赴海南考察交流】 12月19日至21日，上海市志办副主任、一级巡视员王依群一行赴海南省，就方志工作与中心工作、“两全目标”推进、方志资源开发利用等进行考察交流，实地考察海南省史志馆和海南省博物馆。海南省委党史研究室（省志办）副主任秦武军等参加交流。（张永翠）

【韩国“李邦翼漂流路线探访团”到江苏省志办访问】 4月19日，韩国“李邦翼漂流路线探访团”到江苏省志办访问。探访团参观江苏省方志馆“方志之乡”展厅，并召开座谈会，双方互赠书籍，一致认为要进一步加强交流合作，为两国历史文化交流作出新贡献。探访团由韩国济州国际大学中文系教授沈揆昊、自由小说家权武一、《汉拿日报》前社长姜万生等7人组成。（周文燕）

【江苏省地方志系统赴西藏开展地方志援藏工作】 5月15日，江苏省地方志系统赴西藏开展地方志援藏工作。座谈会上，西藏自治区志办介绍西藏地方志工作情况；西藏自治区高级人民法院介绍《审判志》编修情况；江苏省地方志系统赴藏有关人员介绍江苏省地方志工作情况，并反馈《审判志》审读意见。西藏自治区志办主任汪德军，江苏省志办主任左健伟，自治区高级人民法院副院长佘克冰，拉萨市政府副秘书长、江苏援藏前方指挥部办公室主任马恩兵出席会议。西藏自治区志办相关处室负责人、江苏省地方志系统赴藏人员、拉萨市志办负责人和《审判志》编纂人员20余人参加会议。（罗布曲珍）

【南京市志办赴云南考察交流】 4月21日至28日，南京市志办主任闫文献一行6人赴云南省志办及昆明市、大理州、丽江市、腾冲市志办进行考察交流。重点寻访云南郑和遗迹，收集有关郑和的历史文化资料，并考察腾冲、大理等地明朝南京人后裔的现状及屯堡文化、戍边文化及其与南京（应天府）的渊源关系等。（王艳荣　黄涛）

【香港特别行政区志办到苏州考察交流】 3月28日，香港特别行政区地方志办公室主任、岭南大学教授刘智鹏一行4人到苏州就教师考察团“海上丝路与大运河”、地方志协作和文化交流事宜进行考察交流。考察团考察苏州博物馆、寒山寺、盘门三景、拙政园和三景艺术馆等，对大运河文化研究、非物质文化遗产保护、开发和利用做调研，实地与苏州部分非遗传承人进行交流，苏州市志办主任陈兴南等陪同考察。香港特别行政区志办向苏州市方志馆捐赠《香港问题谈判始末》《新安县志（香港史料选）》《香港威海卫警察口述历史》《香港消防处发展史》等书籍。（武文明）

【泰国教育部一行访问杭州市方志馆】 6月6日，泰国教育部副部长卡鲁带领泰国教育部、商务部、农业部和泰国高校相关负责人等一行32人到杭州市方志馆参观考察。卡鲁一行参观方志馆序厅和八个展厅。观看正在彩排的端午节系列活动之琴箫雅集和汉舞表演，体验雕版印刷和皮影戏等中国传统技艺。（蔡建明）

【意大利维罗纳市市长访问杭州市方志馆】 9月3日，意大利维罗纳市市长费德里科·斯博阿里率参观团到杭州市方志馆参观考察。费德里科·斯博阿里参观市方志馆各个展厅，高度评价《南宋京城图》地雕反映的历史文化、方志古籍雕版印刷和“杭州三绝”之一的杭扇制作技艺。（蔡建明）

【安徽省地方志研究院一行赴俄罗斯、瑞典考察交流】 9月，安徽省地方志研究院副院长郭德成率队一行6人，赴俄罗斯、瑞典两国开展文化交流活动。考察组分别参观俄罗斯国家历史博物馆、圣彼得堡天文馆和科技馆，拜访博伦厄市政厅和瑞典皇家图书馆等，就历史文化的保护与利用、文化场馆的展陈与服务、图书资料的信息化建设等工作进行实地考察和交流。（李波）

【山东省地方史志研究院一行赴浙江考察交流】 8月11日至14日，山东省地方史志研究院院长赵国卿等一行10人赴浙江，就方志馆建设、方志资源开发利用等进行考察交流，实地参观习近平同志“两山”理论发源地——安吉余村、杭州方志馆、杭州党史馆、湖州方志馆、嘉兴南湖革命纪念馆等地。（李果霖）

【山东省地方史志研究院组团赴瑞典、丹麦考察交流】 9月3日至10日，应瑞典韦斯特曼省档案局、丹麦国家档案局邀请，山东省地方史志研究院院长赵国卿率团赴瑞典、丹麦进行访问交流。考察团分别拜访瑞典韦斯特曼省档案局、韦斯特罗斯市图书馆、瑞典远东博物馆、斯德哥尔摩中国文化中心、瑞典哥特兰省档案局、丹麦国家档案局等历史文化研究机构，就历史文化研究合作、搜集山东历史文化资料等问题行交流和洽谈。（李果霖）

【山东省地方史志研究院一行赴广西百色市调研】 10月20日，山东省地方史志研究院院长赵国卿一行4人赴广西百色市调研地方志工作。调研中，赵国卿与广西壮族自治区志办主任梁金荣进行交流，并出席在百色市召开的地方志工作座谈会。山东省地方史志研究院副院长林杰、王坦，百色市政府副秘书长凌英甲出席座谈会。广西壮族自治区志办、百色市志办有关负责人参加座谈会。（李果霖）

【越南河内国家大学访问河南省史志办】 11月25日，越南河内国家大学副总校长阮黄海（副部级）一行12人到访河南省史志办。应越方请求，中方重点就中国方志编纂的目的意义、古方志研究整理，以及新方志编纂中的组织领导、资料搜集处理、志稿质量保证、志书使用等方面问题进行介绍。河南省史志办主任管仁富，副主任周慧杰及各处室主要负责人参加会见和交流。（高孟娜）

【湖北省文化和旅游厅考察团赴日本考察交流】 11月5日至9日，湖北省文化和旅游厅党组成员吴凤端一行3人赴日本开展海外湖北历代旧志收藏情况考察交流。考察团先后走访江户东京博物馆、日本东京台东下町风俗资料馆和国立国会图书馆、鹤见大学图书馆、富士山世界遗产中心（博物馆）5个场馆，并在国立国会图书馆、鹤见大学、河口湖市进行3场座谈交流。通过交流考察，考察团了解到在收集馆藏和开发运用方面，日本采取地方政府主导、社会专家参与的方式，每年编纂《市政概要》，十年编纂地方志书（县史、市史、町史、村史），但地方政府各自为政，做法不一；日本对国内外公开出版的志书一律收藏保存，一方面作为当今资政的信息资料、学术研究参考资料以及其他一些社会服务的文献资料，另一方面作为史料永久保存并留给后代；日本注重对本国本土历史文化的挖掘，去粗取精，让社会尤其是学生了解本国本土的历史文化。

（湖北省文化和旅游厅地方志工作处）

【湖北省推进地方志援藏援疆工作】 年内，湖北省文化和旅游厅组织全省市州县对西藏、新疆的第二轮志书和地方综合年鉴开展对口援助，进行业务指导。援藏方面，7月组织专家对《西藏自治区工会志》及山南市《乃东区志》《加查县志》《琼结县志》4部志稿进行审读，召开专家评审会，于8月29日至9月5日到西藏自治区及山南市开展面对面指导交流，将评审意见及时反馈给对方。援疆方面，组织宜昌、襄阳开展对口援助，分别对口帮助修改《温泉县志》《精河县志》，两部志稿于11月通过新疆维吾尔自治区组织的终审。与新疆生产建设兵团农五师及其所属团场开展对接，荆州市与八十九团签订地方志对口援疆协议。在11

月举办的全省地方志业务工作负责人和新进人员培训班上，邀请对口援助的西藏山南市和新疆博州的地方志业务人员 20 人参加培训，进一步推动对口援助地区的地方志工作。

（湖北省文化和旅游厅地方志工作处）

【武汉志办推进援藏援疆业务交流】　2 月 26 日，武汉志办与西藏山南市委副秘书长孟子伟一行就地方志援助工作开展交流座谈，双方在人员培训、志鉴质量审核把关、志书交换等方面达成一致意见。3 月 26 日，与新疆地方志编纂委员会党组书记、副主任廖运建一行就武汉志办援助博乐市编修志鉴工作开展交流。3 月 28 日至 29 日，新疆博乐市地方志办公室主任王永霞一行到武汉对接，7 月协助完成《博乐市志》稿 230 万字审稿工作。（张道旺）

【湖南省地方志编纂委员会一行赴陕西考察交流】　3 月，湖南省地方志编纂委员会副主任黄俊军率省志编纂处、株洲市志办、衡阳市南岳区史志办相关负责人一行赴陕西省考察交流，了解学习《陕西省志·炎帝志》《陕西省志·黄帝陵志》《陕西省志·太白山志》《华山志》等特色志编纂的做法与经验。调研期间，黄俊军一行与宝鸡市志办、炎帝研究会、宝鸡市地方志学会、陕西省志办、《华山志》主编分别进行座谈和深入交流，并实地考察炎帝陵。（蔡素云）

【广东省志办一行赴四川考察交流】　3 月 11 日至 13 日，广东省志办副主任刘卫一行赴四川考察交流，分别与四川省志办、成都市志办就依法治志、干部培训、地情资源开发利用、修史修志、信息化建设、期刊编印等方面进行交流。双方互赠志书、地情书籍。

（广东省志办　黄绚）

【广东省志办一行赴西藏开展地方志援藏工作】
3 月 26 日，广东省志办副主任丘洪松一行 11 人赴西藏自治区开展援藏工作，西藏自治区党委副秘书长宫士友在拉萨与广东省志办一行进行座谈。西藏自治区志办全体人员，自治区检察院、自治区农业农村厅和林芝市有关领导和修志人员参加座谈。座谈会后，丘洪松一行分赴有关区直单位和林芝市开展修志援藏帮扶工作。（罗布曲珍）

【喀什地委组织部一行赴广东省志办对接援疆工作】　5 月，新疆喀什地委组织部副部长欧阳敏升赴广东省志办对接地方志援疆工作。广东省志办副主任丘洪松听取欧阳敏升有关援疆工作和喀什地区地方志工作的情况介绍后指出，奋战在前方的援疆干部令人敬佩和感动，省志办将积极配合援疆工作队部署，在帮助喀什地区实现“两全目标”上发力，安排专家参与喀什地区志鉴编纂，组织广东省第二轮修志业务骨干到喀什进行现场交流指导。

（广东省志办）

【广东省志办一行赴四川考察交流】　5 月 27 日，广东省志办主任陈华康率队赴四川考察交流，分别与四川省志办、成都市志办就如何抓好地方志转型发展、工作质量提升和方志文化传播、方志资源开发利用、方志馆和信息化建设等进行座谈，实地参观成都方志馆和“谱牒传家”特展。四川省志办主任陈建春，四川省志办副主任赵行参加座谈交流。

（广东省志办　黄绚）

【广东省志办一行赴新疆对接地方志援疆工作】
10 月 14 日至 19 日，为贯彻落实中指组《关于全国地方志系统支援西藏、新疆地方志工作的意见》精神，促进新疆喀什地区和第三师图木舒克市实现地方志“两全目标”，广东省志办副主任刘卫一行赴新疆开展地方志援疆对接工作。（广东省志办）

【团结香港基金、香港地方志中心理事会访问广东省志办】　10 月 21 日，团结香港基金总干事、香港地方志中心理事会常务总秘书长郑李锦芬一行到广东省志办就香港地方志工作开展交流。广东省志办主任陈华康，副主任刘卫，香港地方志中心总干事林乃仁等参加交流。陈华康对郑李锦芬总干事一行到来表示欢迎。他指出，编修地方志是中华民族的优秀文化传统，具有“存史、育人、资政”功能，对于培根铸魂，传承中华优秀文化基因意义重大。香港通过修志，讲好香港故事，可以帮助广大市民了解香港的根和源在哪里，达到滋润人心、增强文化认同的作用；香港地方志中心一成立，就获得社会各界的支持，为香港开展地方志工作搭建了很好的平台，一定会很快取得成效；粤港两地加强地方志工作交流合作，有助于涵养同宗同源的文化底蕴，不断增强香港同胞的认同感和凝聚力；广东省志办将一如既往、全力以赴为香港开展地方志工作提供服务。郑李锦芬总干事向陈华康转交全国政协副主席董建华致广东省政府及省志办支持香港开展地方志工作的感谢信，并对热情接待及省志办对香港地方志中心前期工作的支持表示感谢。她说，广东地方志工作起步比香港早，地方志工作经验丰富，香港修志要取得成功，广东的支持至关重要。这次交流对香港修志很有启发，香港地方志中心同仁将以严谨的态度，编修出无愧后人的地方志成果。（广东省志办）

【广西壮族自治区志办一行赴安徽、山西、山东考察交流】 11月17日至23日，广西壮族自治区志办主任梁金荣率领调研组前往安徽、山西、山东开展“两全目标”及第三轮修志专题调研，就地方志机构改革、“两全目标”攻坚经验做法、古籍整理和地情资源开发利用、史志工作立法、方志馆建设以及第三轮修志规划谋划等进行考察交流。（游勇）

【广西壮族自治区志办一行赴西藏开展地方志援藏工作】 10月22日至24日，广西壮族自治区志办一行3人赴西藏自治区开展援藏工作，分别与西藏自治区商务厅、西藏自治区发展改革委进行座谈交流，讨论志稿存在问题，并研究下一步援藏工作。（高叶）

【湖南党史陈列馆一行赴海南省史志馆考察交流】 2月22日，湖南党史陈列馆一行3人赴海南省史志馆考察交流。双方就场馆建设、运行、管理和喜迎建党一百周年提质改造、筹建党性教育基地（干部学院）等进行交流，达成建立合作伙伴关系的意向。会后，双方一同实地考察正在建设中的海南省史志馆。（蔡文欣）

【四川省志办一行赴河南、江苏、安徽三省考察交流】 10月15日至18日，四川省志办副主任陶利辉率队赴河南省史志办、江苏省志办、安徽省地方志研究院，围绕提升省志质量、人才队伍建设、业务理论培训、省志编纂规划、印刷出版组织模式、服务乡村振兴等工作进行考察交流。（黄绚）

【云南省志办一行赴西藏开展地方志援藏工作】 4月24日，云南省志办援藏工作小组赴西藏对接地方志援藏工作。在西藏自治区经济与信息化厅召开专题会议，研究推进《西藏自治区矿产机械化学工业志》编纂工作。西藏自治区经济与信息化厅副巡视员向巴次仁主持会议，云南省志办主任杨建林、西藏自治区志办主任汪德军出席会议。（宣勤）

【云南省志办一行赴广东考察交流】 8月29日，云南省志办副主任陈天武一行到广东方志馆进行座谈交流。双方就微视频制作推广、地方志立法、旧志整理、资料年报工作等进行交流，分享工作体会和经验做法。（广东省志办）

【西藏自治区地方志系统一行赴福建对接地方志援藏工作】 1月16日，西藏自治区地方志系统一行15人赴福建对接地方志援藏工作。福建省委党史研究和地方志编纂办公室主任黄誌会见西藏自治区卫健委副主任许培海、自治区区委党史研究室（自治区志办）编辑部主任董梅等一行。省委党史研究和地方志编纂办公室副主任俞杰与西藏自治区地方志系统一行座谈。（欧长生 吴朝庭）

【西藏自治区地方志系统一行赴浙江对接地方

志援藏工作】 3月1日，西藏自治区党委副秘书长陈凡彦率自治区及那曲市地方志系统一行18人赴浙江对接地方志援藏工作。浙江省副省长成岳冲专门作出批示，要求进一步重视地方志援藏工作，并“对接好，尽到责任”。浙江省志办专门召开对接工作座谈会。

（浙江省志办）

【西藏自治区志办一行赴青海考察交流】 5月23日至28日，西藏自治区志办主任汪德军带队赴青海省海西州考察交流，通过召开座谈会、实地走访调研等形式，先后到海西州及所属德令哈市、大柴旦县、乌兰县、都兰县和格尔木市收集与西藏有关的史志资料书籍40余册、图片近500张、档案文字近100万字。

（罗布曲珍）

【西藏自治区志办一行赴海南考察交流】 12月25日至28日，西藏自治区志办主任汪德军一行3人赴海南就地方志援藏工作、史志事业发展、“两全目标”推进等进行交流，参观考察海南省史志馆。海南省委党史研究室（省志办）副主任秦武军参加交流。（张永翠）

【西藏自治区志办主动对接地方志援藏工作】 年内，西藏自治区志办主动对接地方志援藏工作，由自治区党委副秘书长陈凡彦和自治区志办主任汪德军、副主任王会世等分别带队，全区137家单位地方志工作分管领导及具体编纂人员230余人（次）参与，分四组先后与北京、安徽等29省（区、市）地方志系统进行地方志援藏座谈对接。经过协商，全区修志单位与27省（区、市）地方志系统商定地方志援藏事项，实现援藏人员、内容和时间（进度）“三落实”。（罗布曲珍）

【西安市副市长一行赴北京、广州考察方志馆建设】 5月7日至9日，西安市政府副市长强晓安带领市志办、市发展改革委、市财政局一行9人赴北京、广州，考察学习方志馆建设先进经验。考察组先后参观北京市方志馆“三区四库”和广州市方志馆“五大展区”，并围绕方志馆立项、建设理念、运营管理，方志馆建设和运营中遇到的问题等进行座谈交流。

（黄立峰）

【青海省志办一行赴北京、江苏、浙江、江西等地考察交流】 3月25日至4月3日，青海省志办组成考察组赴北京、江苏、浙江、江西等地就方志馆建设及展陈内容等情况进行学习考察。（王韬）

【新疆地方志编委会一行赴山西、河南、广东、浙江、吉林、黑龙江等省对接援疆工作】 3月19日至20日，新疆维吾尔自治区地方志编委会党组成员、副主任马文华一行3人到山西省委党史研究院（山西省地方志研究院）对接地方志援疆工作。山西省委党史研究院向马文华一行赠送史志成果，双方就完善工作协调机制、业务培训、志书出版、具体援助方式等进行交流。3月20日，自治区地方志编委会副主任刘星一行6人到河南省史志办对接地方志援疆工作。河南省史志办向刘星一行赠送史志成果，双方就完善工作协调机制、业务培训、志书出版、具体援助方式等展开探讨。3月22日，自治区地方志编委会党组书记、副主任廖运建一行到广东省志办，与广东省志办党组书记、主任陈华康等就地方志援疆工作进行座谈对接。广东省志办赠送《广东省志（1979—2000）审查验收文件汇编》《简明方志编纂教程》等一批地方志理论成果。会后，与会人员参观广东省方志馆。3月25日，自治区地方志编委会副主任刘星、阿克苏地区地方志系统及组织部有关负责人到浙江对接方志援疆工作，浙江省志办及省内对口支援部分专家参加座谈。3月26日至27日，自治区地方志编委会副主任马文华一行12人到吉林省对接地方志援疆工作。双方互赠史志成果。马文华一行参观长春市方志馆。阿勒泰市、布尔津县、哈巴河县地方志工作分管领导及地方志机构负责人前往援助市对接交流。3月27日至29日，自治区地方志编委会副主任马文华一行10人到黑龙江省对接地方志援疆工作。双方签订对口支援地方志工作协议书。福海县、富蕴县、青河县地方志工作分管领导及地方志机构负责人前往援助市对接交流。（刘博）

【兵团史志系统一行赴江苏、上海考察交流】 6月23日至26日，新疆生产建设兵团志办组织各内设处室及第四师可克达拉市、第六师五家渠市、第七师、第九师、第十四师昆玉市史志办负责人一行9人，赴江苏省志办、上海市志办交流学习，就加快推进兵团“两全目标”任务完成，落实兵团史志系统对口援疆工作年度计划及相关任务，推进地方志事业“十业并举”，结合“不忘初心、牢记使命”主题教育，对标对表江苏省、上海市找差距、抓落实。其间，与江苏省、上海市地方志工作机构进行经验交流，参观方志馆、方志网站建设，江苏省志办主任左健伟、副主任方亚光，上海市志办副主任王依群等出席座谈会。（王兴鹏）

机构队伍

· 机构设置

【北京市地方志工作机构设置】 1987年7月3日，北京市政府常务会议决定组建北京市地方志筹备小组。1988年10月24日，北京市政府批准成立北京市地方志编委会。2006年11月10日，北京市政府办公厅印发《北京市地方志编委会办公室主要职责 内设机构和人员编制规定的通知》，明确北京市地方志编委会办公室为负责本市地方志工作的市政府直属事业单位。2006年11月23日，经北京市人事局同意参照中华人民共和国公务员法管理。2019年2月25日，北京市委宣布中共北京市委党史研究室、北京市地方志办编纂委员会办公室合署办公。2020年4月13日，经北京市委组织部批复，中共北京市委党史研究室、北京市地方志编委会办公室继续列入参照公务员法管理范围。截至2019年年底，有编制73人，实有69人；下设12个内设机构，分别为：综合处（人事处）、第一研究处、第二研究处、第三研究处、市志指导处、区志指导处、年鉴指导处、科研规划处、宣传教育处、文献资料处、刊物编辑部、机关党委（党建工作处）。直属单位：北京市方志馆（北京市地情信息中心）为公益一类事业单位，有编制29人，实有25人；北京年鉴社为公益一类事业单位，有编制5人，实有4人。机构改革后，北京市16个区地方志部门，朝阳区为地方志、档案部门合并，门头沟区为党史、地方志、档案馆合署办公，其余14区为党史、地方志部门合并或合署办公；除顺义区地方志部门为公益一类事业单位外，其余15个区地方志部门仍为参照公务员法事业单位。16个区地方志部门共有编制220人，其中参公编制205人、事业编制15人；实有参公人员210人。（史晔）

【天津市地方志工作机构设置】 2018年11月，按照天津市机构改革方案部署，市、区两级地方志工作机构并入档案馆。天津市档案局（馆）的行政职责划入市委办公厅。市档案局（馆）行政职责以外的职责与市地方志编修委员会办公室的职责整合，重新组建市档案馆，加挂市地方志编修委员会办公室的牌子，为市委直属正厅级事业单位。11月22日，新组建的天津市档案馆（天津市地方志编修委员会办公室）正式挂牌成立。新组建的天津市档案馆（市地方志编修委员会办公室）设15个内设机构，分别是：机关党委办公室、办公室、人事处、行政保卫处、规划部、方志指导部、年鉴指导部、宣传部、接收征集部、整理部、保管部、利用部、编辑研究部、网络与信息化部、技术保护部。方志指导部、年鉴指导部是专门负责地方志工作的部门。其中，方志指导部负责组织、指导、督促和检查地方志书编修工作，组织市级地方志书审查验收；年鉴指导部负责组织、指导、督促和检查地方综合年鉴编纂工作，组织市级地方综合年鉴的审查验收，开展史志研究，组织整理旧志。规划部、宣传部、保管部、网络与信息化部、技术保护部也负责一部分地方志工作。市地方志馆作为市档案馆（市志办）的下属事业单位，机构职责不变。各区地方志工作机构改革均参照全市的改革方案，区档案局（馆）的行政职责划入区委办公室，行政职责以外的职责与区地方志工作机构的职责整合，重新组建区档案馆，为区委

直属事业单位，加挂区地方志编修委员会办公室的牌子，区档案馆内设一到两个科室负责地方志工作。（唐旗 陈鑫）

【河北省地方志工作机构设置】 河北省地方志编委会办公室是省政府办公厅下属正处级参公事业单位，人员定编31人，领导职数设置为正职1名（正处级），副职3名（副处级）。2019年在编人员22人。单位下设河北年鉴社（正科级事业单位），人员定编3人，在编2人。（郑小明）

【山西省地方志工作机构设置】 2018年10月28日，中共山西省委党史研究院（山西省地方志研究院）挂牌成立，为省委直属正厅级事业单位。内设机构有办公室、党史研究一室、党史研究二室、党史研究三室、党史研究四室、党史研究五室、党史研究六室、党史研究七室、方志编研一室、方志编研二室、方志编研三室、方志编研四室、方志编研五室、方志编研六室、科研规划室、宣传教育室、成果应用室、信息资料室、人事部（机关党委）、离退休人员工作部。全院编制115人，实有109人。设院长1名、副院长4名。内设机构处级领导职数22个正职（含总编审1名、机关党委专职副书记1名、离退休人员工作部部长1名），22个副职。院属2个事业单位，分别为山西省党史书刊开发发行中心、山西省方志发展中心。（武岭）

【内蒙古自治区地方志工作机构设置】 1982年9月9日，内蒙古自治区政府发出关于成立内蒙古自治区地方志编纂委员会的通知。内蒙古自治区地方志编纂委员会下设总编室，相当于厅局级机构，编制20人，同自治区文史馆合署办公。1984年7月5日，经研究决定，自治区地方志编纂委员会为虚设厅局级机构，编纂委员会下设总编室为处级机构，划归自治区政府办公厅管理。8月1日，自治区地方志编纂委员会及总编室与自治区文史馆正式分设，自治区地方志编纂委员会总编室成为自治区政府办公厅所属的全额拨款事业单位。1987年7月，自治区地方志编纂委员会总编室进行内部机构调整。1992年2月，自治区地方志编纂委员会总编室改名为办公室，并对其下设机构进行调整。2005年8月24日，内蒙古自治区人事厅印发《关于自治区地方志编纂委员会办公室列入依照公务员制度管理范围的批复》，正式将自治区地方志编纂委员会办公室列入依照公务员制度管理范围。2009年7月15日，自治区机构编制委员会印发《关于内蒙古自治区地方志编纂委员会办公室机构编制的批复》，同意将自治区地方志编纂委员会办公室升格为副厅级事业单位。核定副厅级领导职数1名，正处级副主任数2名。增加全额拨款事业编制5人。核定内设机构4个：综合处、自治区志业务处、盟市志业务处、地情资料处。核定内设机构处级领导职数8名（4正，4副）。调整后，自治区地方志编纂委员会办公室事业编制共23人。2009年8月3日，自治区人事厅印发《关于自治区政府办公厅所属自治区地方志编纂委员会办公室非领导职数设置的批复》，明确自治区志办升格为自治区政府办公厅所属的副厅级参照公务员法单位，设1名主任（副厅级）、2名正处级副主任，核定处级领导职数计10名（6正职，其中2名正处级副主任，4副职）。核定非领导职数设置：调研员2名，副调研员3名，主任科员4名，副主任科员2名，科员1名。2012年8月31日，自治区机构编制委员会办公室印发《关于自治区人民政府办公厅所属事业单位调整规范意见的批复》，明确自治区志办为自治区政府办公厅所属的相当于副厅级参公事业单位。内设处级机构4个：综合处、自治区志业务处、盟市志业务处、地情资料处。核定事业编制27名。核定副厅级领导（主任）职数1名，处级领导职数10名（6正职，含2名正处级副主任，4副职）。截至年底，自治区志办在编26人，在岗21人，5人借调自治区政府办公厅。自治区12个盟市均设有地方志工作机构。其中，包头市、兴安盟、赤峰市、乌兰察布市、鄂尔多斯市、巴彦淖尔市6个盟市为地方志单设机构；

呼和浩特市、通辽市、锡林郭勒盟3个盟市为党史、地方志合署办公；呼伦贝尔市、乌海市、阿拉善盟3个盟市为档案、党史、地方志合署办公。12个盟市工作机构中，有5个正处级机构、5个副处级机构、2个正科级机构（鄂尔多斯市、赤峰市）。12个盟市工作机构定编169人，在编143人。全区103个旗县（市、区）中，83个设有地方志工作机构，20个设置临时机构或无机构。83个旗县（市、区）级工作机构定编681人，在编616人。

（李向兵）

【辽宁省地方志工作机构设置】　年内，辽宁省政府办公厅信息处负责全省地方志行政工作，编制5人；辽宁省档案馆地方志编纂中心负责《辽宁省志》编纂和《辽宁年鉴》编纂等地方志业务工作，编制14人。沈阳市委党史研究室（市志办）内设机构7个，核定全额拨款事业编制50人。核定主任1名，副主任3名，内设机构领导职数14名。其中，部长（主任）7名、副部长（副主任）7名。全市13个区（县、市）全部设有地方志工作机构，其中有10个设在档案馆，有3个设在党校。各区（县、市）地方志岗位编制47人。大连市市级地方志工作职能由大连市档案馆（大连市委党史研究室、市志办）承担，内设地方志工作部，编制7人，分支机构《大连年鉴》编辑部，编制6人。抚顺市社会科学院（市委党史研究室、市志办）内设地方志工作部，编制7名，实有工作人员5人（含驻村1人）。本溪市党史地方志办公室与市档案馆合并，正县级事业单位，隶属市委办公室，定编51人，其中定编地方志专职5人，在编地方志专职4人。锦州市档案馆加挂中共锦州市委员会党史研究室、市志办牌子，定编56名，年初正式合并办公。营口市史志办（市委党史研究室）与营口市档案局（市档案馆）合并组建营口市档案史志管理中心，编制51人，其中从事地方志工作5人。根据5月《中共阜新市委机构编制委员会办公室关于调整市档案馆（市史志办）机构编制事项的批复》，阜新市档案馆（市史志办）为市委直属事业单位，机构规格正县级，财政全额补助，人员编制38人，其中管理人员编制24人、专业技术人员编制10人、工勤人员编制4人。内设机构为综合部、档案管理部、档案信息技术部、业务指导部、年鉴部、史志部、阜新市人民政府信息查询中心。年末实有27人。辽阳市档案局（市档案馆）、市志办、市委办公室所属辽阳市委党史研究室、辽阳市机要网络管理中心整合组建辽阳市档案馆。朝阳市成立市委党群综合服务中心（市档案馆、市史志办公室），中心内设机构将原市史志办公室的业务分设为党史编研部、方志编研部、年鉴编研部。至年底，朝阳市史志工作仍按原单位机构功能运转。市史志办公室编制16人，设秘书科、党史科、方志科、年鉴科、宣教科、县乡志业务指导科和机关总支7个科室，实有13人。根据葫芦岛市市直事业单位改革方案的规定，原市政府办公室下属的葫芦岛市地方志办公室转隶到市党群事务服务中心。市志办和市委办下属党史办、市档案馆编研科合并为史志编展科，科级单位，人员10人，其中地方志工作人员5人，主要职责为市志整理、编纂。截至10月，辽宁省省、市、县三级地方志工作机构110个，全省地方志系统工作人员定编577人，其中省级20人，地市级158人，县区级399人；在编357人，其中省级18人，地市级91人，县区级248人。全省地方志系统聘用人员122人，其中地市级17人，县区级105人。

（宁芳　丁玉恒　李琳　孙建宏）

【吉林省地方志工作机构设置】　年内，吉林省省长景俊海任省地方志编纂委员会第12任主任，副省长阿东兼任副主任。省地方志编纂委员会内设办公室、省直指导处、市县指导处、年鉴指导处、资料处、研究室6个处室，有1个直属事业单位吉林省方志馆。省地方志编纂委员会核定人员编制36人，实有人员35人，离退休人员32人，临时聘用人员3人。厅级职数领导6名，其中正厅级领导职数1名，副厅级领导职数3名，二级巡视员职数2名，处级领导职数13名（含机关党委专职副书记1名），工勤人员2名。直属事业单位吉林省方志馆核定人员编制15名，实有15人，有3个内设机构。领导职数2名，其中正职1名（正处级），副职1名（副处级）。内设机构领导职数3名（正科级）。截至年底，吉林省9个市（州）地方志工作机构中有8个为独立设置，1个为合并办公。辽源市志办与党史办公室合并办公，名称为辽源市委党史研究室（市地方志编纂中心）。全省60个县（市、区）地方志工作机构中，与档案局合署办公的有25个；与政府办公室合署办公的18个；党史、地方志机构合署办公的有9个；独立的有6个；属于县委办公室的有1个；机构改革未完成，尚未确定的有1个。各市（州）地方志系统定编685名，在编506人，聘用80人。其中市（州）级定编109人，在编人员89人，聘用2人；县（市、区）级定编576人，在编人员417人，聘用78人。（周玉顺 任帅）

【黑龙江省地方志工作机构设置】 截至年底，黑龙江省委史志研究室内设办公室、党史研究一处、党史研究二处、党史研究三处、方志工作处、年鉴工作处、编纂处（科研管理处）、宣传教育指导处（史志期刊编辑部）、文献资料征编处、组织史资料编研处、省情信息处、人事处（机关党委）12个部门（均为正处级），人员编制75人，实际在编69人，正厅级1人、副厅级3人、正处级20人、副处级19人、正科级14人、副科级3人、科员1人、工勤人员8人。截至年底，按照黑龙江省机构改革要求，黑龙江省市、县两级地方志机构均调整完成。（徐萍 杜胜男）

【上海市地方志工作机构设置】 上海市志办归口上海市委宣传部领导，内设秘书处（组织人事处）、市志工作处、专志工作处、区县工作处、年鉴工作处（《上海年鉴》编辑部）、研究室（信息处）6个职能处室，编制35人，在编33人。有下属公益一类事业单位2个，编制35人，在编27人，分别是上海通志馆编制25人，在编21人；当代上海研究所编制10人，在编6人。上海市16个区均成立地方志办公室，实行参照公务员法管理。其中，1个区单独设立，6个区与党史办公室合署办公，4个区与档案局（馆）合署办公，5个区与党史办公室和档案局（馆）合署办公。（童庆荣）

【江苏省地方志工作机构设置】 江苏省地方志办公室成立于1986年，为省政府直属副厅级参照公务员法管理事业单位，现有班子成员4名。内设秘书处、省志编纂指导处、市县指导处、研究室（信息处）、年鉴工作处、办机关党委6个处室和江苏省方志馆、江苏年鉴杂志社2个正处级公益一类事业单位。在13家设区市地方志工作机构中，南京、苏州、淮安3家为独立设置，无锡、泰州2家与党史、档案合署，徐州、常州、南通、连云港、盐城、镇江、宿迁7家与党史机构合署，扬州与档案机构合署。县（市、区）地方志工作机构中，除淮安市的清江浦区、淮阴区、淮安区、洪泽区、盱眙县、涟水县等6家为独立机构外，其余均是与党史或档案机构合署，有的是挂牌机构。（武文明）

【浙江省地方志工作机构设置】 年内，浙江省地方志编纂委员会办公室（浙江省人民政府地方志办公室）下设综合处（年鉴编纂处）、省志工作处（《浙江通志》总编室）、市县工作处和研究室4个处室。截至年底，定编20人，在岗人员40人。在编人员中，具有正高研究职称的5人，副高研究职称的4人；具有博士学位的2人，硕士学位的15人；省宣传文化系统“五个一批”人才1人。（浙江省志办）

【安徽省地方志工作机构设置】 2018年，根据《中共安徽省委、安徽省人民政府关于省级机构改革的实施意见》规定：中共安徽省委党史研究室和安徽省地方志编纂委员会办公室职责整合，组建中共安徽省委党史研究院（安徽省地方志研究院），作为省委直属事业单位。根据《省委办公厅关于印发〈中共安徽省委党史研究院（安徽省地方志研究院）职能配置、内设机构和人员编制规定〉的通知》中的规定：省委党史研究院（省地方志研究院）是安徽党史和地方志研究专门机构，是省委直属事业单位，为正厅级，内设机构11个，另设机关党委，核定事业编制81人。目前下属事业单位1个，即党史纵览杂志社，编制2人。16个省辖市中，合肥、淮北、亳州、阜阳、淮南、六安、马鞍山、芜湖、铜陵、池州、安庆、黄山12市党史和地方志机构合设，成立市委党史和地方志研究室；宿州、蚌埠、滁州、宣城4市党史、地方志机构与档案馆合设。105个县（市、区）中，党史地方志机构合设的37个，党史地方志机构与档案馆合设的65个，3个区未设党史地方志机构（相应职能由组织部、区政府办或文旅局承担）。全省党史地方志机构（含部分档案馆）总编制1284人，现编制内在岗973人，编制外在岗311人。全省编制内在岗人员中博士研究生2人，占0.2%；硕士研究生92人，占9.5%；本科643人，占66%；大专以下236人，占24.3%。全省编制内在岗人员中：30岁以下118人，占12%；31岁至40岁189人，占19.4%；41岁至50岁310人，占32%；51岁以上356人，占36.6%。（陆钰）

【福建省地方志工作机构设置】　中共福建省委党史研究和地方志编纂办公室于2018年12月成立，由原中共福建省委党史研究室和原福建省地方志编纂委员会机构合并，是中共福建省委领导下的党史、文献和地方志工作机构，作为省委直属事业单位，参照公务员法管理，机构规格为正厅级。内设机构包括秘书处、人事处、研究一处、研究二处、研究三处、省志指导处、市县志指导处、年鉴工作处、宣传教育处、科研管理处10个处室和机关党委，核定编制81人，2019年年底在编人员82人。下属公益一类事业单位2个，其中正处级单位1个，即福建省革命历史纪念馆（中央苏区〈福建〉纪念馆），核定事业编制55人。截至年底，在编人员45人。副处级单位1个，即9月成立的福建省方志馆，核定事业编制7人。全省9个设区市均成立党史和地方志研究室，作为市委直属事业单位，其中中共厦门市委党史和地方志研究室机构规格为副厅级，其他8个设区市党史和地方志研究室机构规格为正处级。全省各县（市、区）及平潭综合实验区也先后成立党史和地方志管理机构。（欧长生　吴朝庭）

【江西省地方志工作机构设置】　江西省地方志编纂委员会办公室成立于1983年12月，是省政府直属的参照公务员法管理的全额拨款事业单位。设秘书处、方志处、年鉴处、指导处、机关党委5个内设处室，均为正处级；设机关后勤服务中心和省方志馆2个下属事业单位，为副处级。编制57人，在职干部职工47人。（江西省志办）

【山东省地方史志工作机构设置】　山东省地方史志研究院是山东省委负责山东省地方史志研究工作的专职机构，正厅级，由省委常委、组织部部长分管，省政府一名副省长联系。设置办公室、人事处、科研管理处、研究一处、研究二处、研究三处、宣传教育处、文献研究处、省志工作处、年鉴工作处、业务指导处、资料信息处12个处室和机关党委，省方志馆为直属事业单位。截至2019年年底，全院现有在职干部职工104人，设院长1名，副院长3名，二级巡视员3名。参照省级机构设置，山东全省16市史志办相应改为地方史志研究院，137个县（市、区）史志办改为地方史志研究中心，均与同级党史部门合并设立。（耿玉石）

【河南省地方志工作机构设置】　河南省地方史志办公室是由省政府办公厅领导的参照公务员法管理的事业单位。机关内设5个处室：综合处（党委办公室）、省志工作处（地方史理论规划处）、市县志工作处（地方史编修指导处）、年鉴工作处、地情资料信息处。截至年底，人员编制49人，实有人员38人。其中，厅局级1人，县处级20人，乡科级及以下15人，工勤人员2人；研究生5人，大学本科29

人，大学专科4人。（高孟娜）

【湖北省地方志工作机构设置】 2018年11月16日，湖北省文化和旅游厅正式挂牌。新组建的省文化和旅游厅，整合了原省文化厅、省旅游发展委员会的职责，将省地方志编纂委员会办公室并入省文化和旅游厅，不再保留省地方志编纂委员会办公室。2019年1月26日，《湖北省委办公厅 省政府办公厅关于印发〈湖北省文化和旅游厅职能配置、内设机构和人员编制规定〉的通知》印发，规定湖北省文化和旅游厅设办公室、政策法规与科教处、人事处、财务处、艺术处、公共服务处、非物质文化遗产处、文物保护与考古处、博物馆与社会文物处、地方志工作处、产业发展处、资源开发处、市场管理处、宣传推广处、市场综合执法监督局、机关党委、离退休干部处等内设机构。其中，办公室、公共服务处、地方志工作处承担地方志相关工作职责。办公室相关职能是：承担信息综合、新闻宣传、公文办理等工作，负责文化和旅游行业社会组织的监管工作。公共服务处相关职能是：指导群众文化、少数民族文化、未成年人文化和老年人文化工作。指导图书馆、文化馆、方志馆事业和基层综合性文化服务中心建设，指导公共数字文化和古籍保护工作。地方志工作处职能是：拟订全省地方志事业发展及工作规划，组织、指导全省各级志书、地方史、综合年鉴的编纂及志鉴资料管理工作，指导省级各类部门志、专业志、专业年鉴编纂，并实行备案管理；负责拟订《湖北省志》编纂方案并组织实施；组织编纂《湖北年鉴》及相关年鉴文献资料；组织整理旧志，推动方志理论研究；完善资料征集制度，建立省情资料库；收集、保管、整理、开发利用地方志资源，开展省情研究；备案审查市级地方志书。截至年底，湖北省13个市（州）地方志工作机构中除武汉方志办是独立机构外，其他均为合并机构，其中襄阳、宜昌、荆州、荆门、孝感、黄冈、咸宁7家地方志机构与党史办合并，黄石、十堰、鄂州、随州、恩施5家地方志机构与档案馆、党史办合并。全省103个县（市、区）地方志工作机构中，3家与档案馆合并，98家与档案馆、党史办合并，2家合并到文化和旅游局。

（湖北省文化和旅游厅地方志工作处）

【湖南省地方志工作机构设置】 年内，根据《关于湖南省地方志编纂院机构编制事项调整的通知》，湖南省地方志编纂委员会更名为湖南省地方志编纂院，作为湖南省政府直属的正厅级公益一类事业单位。调整后，内设机构为4个，分别为：办公室（人力资源部）、省志工作部、市县志工作部、年鉴工作部。调整后的湖南省地方志编纂院仍然履行《地方志工作条例》赋予的职责，负责全省地方志工作的行政管理等工作。全省14个市州地方志工作机构进行重新设置。长沙、衡阳、邵阳、益阳等4个市单独设置正处级地方志编纂室，为当地政府直属的公益一类事业单位，其中邵阳市地方编纂室的行政管理职能被剥离到邵阳市政府办公室并在政府办公室增设方志科。其余10个市州与同级党委的党史研究室合并，加挂地方志编纂室牌子，实行“两块牌子、一套人马”工作模式，为同级党委直属的正处级公益一类事业单位。除邵阳市地方志编纂室外，其余13个市州均保留地方志行政管理职能。全省123个县（市、区，含怀化市洪江区）在机构改革中，均保留地方志工作机构。除怀化市鹤城区等极个别的由正科级公益一类事业单位降格为副科级外，其余均为正科级公益一类事业单位。其中，部分为党史、地方志、档案馆三合一模式，约占总数的40%；部分为党史和地方志二合一模式，约占总数的50%；部分为地方志和档案馆二合一模式，约占总数的10%。除邵阳等少数地方外，其余均保留地方志行政管理职能。（张征远 张睿）

【广东省地方志工作机构设置】 广东省人民政府地方志办公室为省政府直属事业单位，正厅级。根据2015年11月17日广东省机构编制委员会印发的《关于广东省人民政府地方志办公室机构编制方案的通知》，广东省人民政府地方志办公室内设机构为人事秘书处、方志处、年鉴处、地方史处、方志资源开发处，下设广东年鉴社、广东省方志馆两个正处级直属事业单位。共有人员编制 67 人，其中办机关 42 人，广东年鉴社 15 人，广东方志馆 10 人。

（广东省志办）

【广西壮族自治区地方志工作机构设置】 7 月 16 日，广西壮族自治区党委办公厅、自治区政府办公厅印发《广西壮族自治区地方志编委会办公室职能配置、内设机构和人员编制规定》，自治区地方志编委会办公室是自治区政府直属正厅级公益一类事业单位。自治区地方志编委会办公室无下属事业单位。编制 52 人（全额拨款事业编制 45 人，后勤服务聘用人员 7 人），在编人员 47 人，其中主任 1 人，副主任 1 人，处级干部 24 人，科级干部 16 人，工勤人员 5 人。聘用人员 6 人。有高级职称人员 5 人，占干部人数的 10.42%。内设综合部、通志工作部、市县志工作部、古籍整理部、地情信息部和年鉴部，办公地址在南宁市西乡塘区罗文大道 28 号。14 个设区市均设立有地方志工作机构，其中独立机构 9 个，与党史研究室合署 5 个，均为正处级事业单位，参照公务员法管理。111 个县（自治县、市、区）地方志工作机构中，独立机构 52 个，与党史办合署 39 个，与党史办、档案局（馆）合署 4 个，临时机构 16 个。自治区直属有关部门（单位）、中直驻桂有关单位设立《广西通志》专志编辑室 30 个。年内，广西地方志工作机构有专职修志人员 979 人，其中在职在编人员 768 人，聘请人员 211 人；博士 2 人，硕士 43 人，大学本科 581 人，大学专科 311 人，高中及以下 42 人；厅级干部 3 人，处级干部 96 人，科级干部 475 人，科员及以下 194 人；高级职称 15 人，中级职称 61 人，初级及以下职称 57 人。

（高叶）

【海南省史志工作机构设置】 2002 年 1 月，海南省委党史研究室和省地方志办公室合并，设立海南省史志工作办公室（保留省委党史研究室和省地方志办公室牌子），作为省委省政府的工作机构，隶属省委，负责海南中共党史和地方志研究编纂工作，为正厅级事业单位。2004 年 3 月，海南省史志工作办公室更名为海南省委党史研究室（省地方志办公室），内设秘书处（机关党委、工会）、资料征集处、党史一处、党史二处、科研宣教处、省志编审处、市县志指导处、年鉴工作处 8 个处级机构。2019 年在编人员 41 人，其中管理人员 37 人、工勤人员 4 人。在 37 名管理人员中，厅级干部 4 人，正处级干部 17 人，副处级干部 5 人，科级干部 11 人；硕士研究生 7 人，大学本科 24 人，大学专科 6 人。海南省史志馆是隶属于海南省委党史研究室（省地方志办公室）的正处级公益一类事业单位，现有事业编制 5 人，其中 2 人为管理岗六级，3 人为专技岗；硕士研究生 2 人，本科生 3 人。全省有 20 个市县级史志工作机构，除海口市和昌江县外，其他市县均为党史和地方志合并的机构，三沙市尚未设立单独的史志机构，史志工作由三沙市政府办人员负责。市县级史志工作机构定编 150 人，在编 128 人，其中本科 84 人、硕士 4 人、大专 35 人、高中 5 人。

（黎美君）

【重庆市地方志工作机构设置】 重庆市地方志办公室内设处室按职能职责划分为综合处、市志工作处、年鉴工作处、区县志指导处、文献工作处、信息处 6 个处室。正式编制 25 人，实有在编人员 18 人，其中正厅级领导干部 1 人、副厅级领导干部 1 人、处级干部 8 人。博士研究生学历 1 人，硕士研究生学历 3 人，大学本科学历 13 人，大专学历 1 人。全市除市级地方志工作机构外，有 38 个区（县、自治县）和万盛经开区共 39 家地方志工作机构。

（熊英）

【四川省地方志工作机构设置】 四川省地方志工作办公室是省政府直属正厅级事业单位，2006 年实行参公管理。内设综合处（与机关党委合署办公）、省志工作处、市县志工作处、政策法规宣传处和省情信息工作处（挂四川省方志馆牌子）5个处。2019年年底有编制39人，在职人员38人，离退休人员31人。1986年，直属事业单位四川年鉴社成立，编制11人，其中财政全额拨款5人，自收自支6人；2019年年底，在职人数5人，其中全额拨款5人，退休7人。四川省21个市（州）级地方志工作机构中，成都市地方志编纂委员会办公室为副局级单位，自贡市、泸州市、德阳市、绵阳市、遂宁市、内江市、乐山市、南充市、宜宾市、广安市、巴中市、雅安市、眉山市、资阳市、阿坝藏族羌族自治州、甘孜藏族自治州、凉山彝族自治州等市（州）为正县级单位，攀枝花市、达州市为副县级单位，市（州）级地方志工作机构全部实行或参照《中华人民共和国公务员法》管理。183个县级地方志工作机构中，178个实行或参照《中华人民共和国公务员法》管理（5个为事业单位），占全部县级地方志机构数量的97.3%。21个市（州）级地方志工作机构中，成都市、自贡市等7个市（州）为独立机构，泸州市、内江市、德阳市、宜宾市、巴中市、雅安市、凉山彝族自治州等11个市（州）为地方志部门与党史机构合并。广安市、达州市地方志部门属政府办，攀枝花市归口政府办管理。2019年，全省各级地方志工作机构定编工作人员1509人，实际在编1252人。在编工作人员中，大学专科以上学历1065人，占总人数的85.06%。（黄绚　孙玉峰）

【贵州省地方志工作机构设置】　12月17日，贵州省委办公厅、贵州省政府办公厅印发《贵州省档案馆（贵州省地方志编纂委员会办公室）职能配置、内设机构和人员编制规定》，贵州省档案馆（贵州省地方志编纂委员会办公室）下设办公室、宣传与编研处、信息化处、接收征集处、保管整理处、鉴定保护处、接待利用处（贵州省政府信息公开服务中心）、安全保障处、省志工作处、市县志工作处、年鉴工作处、地方史工作处、人事处（机关党委办公室）、离退休工作处共14个处室，事业编制122人，截至12月在编113人。年内，贵阳市、遵义市、六盘水市、铜仁市4个市级地方志机构与档案馆合署办公，安顺市、毕节市、黔西南州3个市级地方志机构与党史研究室合署办公，黔东南州仍然保留州志办单独设立，黔南州地方志办公室撤销，改为在州委党研室内设方志科、年鉴科，承担地方志职能。88个县级地方志工作机构中，33个县级地方志工作机构与档案馆“二合一”，32个为地方志机构与党研室二合一，13个为地方志机构与档案馆、党研室合并，10个为地方志工作机构改为档案馆内设科室。（吕勇　张彦）

【云南省地方志工作机构设置】　年内，云南省地方志系统有在编人员1296人，聘用人员6人。在编人员中，博士2人，硕士52人，本科874人，大专233人。（宣勤）

【西藏自治区地方志工作机构设置】　1996年，西藏自治区地方志编纂委员会及自治区地方志办公室成立，编纂委员会主任由自治区主席担任，自治区地方志办公室挂靠自治区党委办公厅，与自治区党委党史研究室合署办公，自治区党委党史研究室（自治区地方志办公室）为事业参公建制。2001年升格为副厅级单位，领导职数一正三副，内设综合处、党史研究处、地方志处、刊物编辑部，副处级，2010年升格为正处级，增设业务指导处和编审处，均为正处级。2016年，增设年鉴编纂处（正处级），编制3人，县级职数领导1名。自治区党委党史研究室（区地方志办公室）编制共32人，在编28人，其中副厅级1人、县级14人、科级9人、工人4人。7个地（市）均成立地方志编纂委员会及常设的地方志办公室。除林芝市地方志办公室主任由市委秘书长兼任，其余6个地（市）均为正科级事业参公建制，编制2人到5人。其中，拉萨、那曲两地单设，日喀则、山南、林芝、昌都、阿里5个地（市）均与党史研究室合署办公。（罗布曲珍）

【陕西省地方志工作机构设置】　年内，在陕西省机构改革中，陕西省志办维持原机构不变，但其下属单位——陕西年鉴社被撤销编制，职能和人员并入出版发行处，内设陕西年鉴编辑部，开展《陕西年鉴》编纂和指导全省年鉴编纂工作。截至年底，省志办事业定编 41 人，实有 48 人。（韩云鸽）

【甘肃省地方史志工作机构设置】 截至年底，甘肃省共有省、市（州）、县（市、区）三级地方志工作机构 101 个。其中，省级 1 个，市（州）级 14 个，县（市、区）级 86 个。甘肃省省、市（州）、县（市、区）三级地方志工作机构共定编人员总计 661 人，实际在编人员 667 人，聘用人员 71 人。（王文生）

【青海省地方志工作机构设置】 青海省志办为省政府办公厅代管的正厅级参公管理事业单位，内设综合处、业务指导处、青海年鉴社。截至年底，编制 22 人（含工勤人员 2 人），其中厅级领导职数 2 名、县处级领导职数 6 名。实有人员 20 人。全省 8 个市（州）地方志工作机构中，1 个州为独立机构，3 个市（州）与党史研究室合并，其余 4 个市（州）属政府办公室；8 个市（州）地方志工作机构人员编制总数 37 人。全省 45 个县（市、区、行委）中，设有地方志工作机构的 25 个，没有地方志工作机构（即无机构无编制）的 20 个，人员编制总数 60 人。（王韬）

【宁夏回族自治区地方志工作机构设置】 宁夏回族自治区地方志办公室成立于 1985 年，为宁夏社会科学院下属事业单位。内设综合科、业务指导科、年鉴指导科、资料征集科。2019 年，在机构改革过程中，自治区志办没有涉改，仍然为宁夏社会科学院下属事业单位。有工作人员 13 人，其中编审 2 人、副编审 7 人、编辑 4 人。在 5 个设区市地方志工作机构中，银川市、石嘴山市、中卫市、固原市 4 个地方志办公室为独立设置，吴忠市地方志工作机构与党史机构合署。在 22 个县（市、区）地方志工作机构中，大武口区、惠农区、平罗县和沙坡头区 4 个地方志工作机构为独立设置，红寺堡区地方志工作机构与党史、档案机构合署，灵武市、青铜峡市、盐池县、原州区、西吉县、彭阳县、隆德县、泾源县、中宁县、海原县 10 个地方志工作机构与党史机构合署，兴庆区、金凤区、西夏区、永宁县、贺兰县、同心县 6 个地方志工作机构与档案机构合署。利通区无地方志工作机构。全区地方志系统共有工作人员 127 人。（张明鹏）

【新疆维吾尔自治区地方志工作机构设置】 年内，新疆地方志编委会机关编制 48 人，实有 46 人。内设机关党委（组织人事处）、综合处、地县志工作处、新疆年鉴工作处、新疆通志工作处、编译处、信息处。（刘成）

【新疆生产建设兵团史志工作机构设置】 新疆生产建设兵团党史机构与地方志机构合署办公，分为兵团、师市、团场三级。其中，省级史志工作机构 1 个，师市级史志工作机构 14 个，县级史志工作机构 1 个（图木舒克市史志办）。团场没有专门的史志机构。兵团本级史志机构为兵团党委党史研究室（兵团志办）。1984 年 3 月，设立兵团党史工作办公室和兵团志工作办公室（为团级），两个牌子一套机构。1996 年 8 月，撤销兵团史志办，成立中共新疆生产建设兵团委员会党史研究办公室和新疆生产建设兵团地方志办公室，一个机构两块牌子，副师级单位。2003 年 8 月，兵团地方志办公室更名为兵团志办公室。2018 年，兵团党委党史研究室、兵团志办下设综合处、党史处、方志处、年鉴处 4 个处，核定人员编制 16 人。领导职数 3 名，其中主任 1 名、副主任 2 名。在编人员全部参照公务员法管理。年内，退休 2 人，新招录 2 人，截至年末共有 14 人（含 1 名援疆干部）。14 个师市均设党史研究室和志办公室，为负责师市史志工作的事业单位。其中第八师石河子市史志办为正处级独立机构，设党史科、方志科、年鉴科；其余 13 个师市史志办为副处级管理机构，未设内部科室。2004 年成立自治区直辖县级市图木舒克市，设史志办，为副科级管理机构。14 个师市共有编制 43 人，截至年底在编 34 人；其中，第八师有编制8人，第一、三、四、五、六、七、九、十、十三师9个师各有编制3人，第二、十一、十二、十四师4个师各有编制2人。图木舒克市有编制3人。团场无编制。（王兴鹏）

·表彰先进

【中指组、中国地方志学会《关于对第六届全国地方志优秀成果（年鉴类）的通报表扬》印发】 10月29日，中指组、中国地方志学会印发《关于对第六届全国地方志优秀成果（年鉴类）的通报表扬》。在各地各部门评选推荐基础上，经专家小组评审与第六届全国地方志优秀成果（年鉴类）评审活动领导小组办公室复审、领导小组终审，在省级综合年鉴、地市级综合年鉴、县区级综合年鉴、专业年鉴、军事年鉴中确定特等年鉴23部，一等年鉴56部，二等年鉴73部，三等年鉴90部，提名年鉴22部。对共计264部年鉴进行通报表扬。

（刘淑颖）

【中指办《关于全国地方志先进典型的通报》印发】 11月27日，中指办印发《关于全国地方志先进典型的通报》。通报指出，经各级地方志工作机构层层推荐、严格把关，共通报101个全国地方志工作先进集体、100名全国地方志先进工作者、95名社会力量参与地方志工作先进个人。（刘淑颖）

【山西省委党史研究院（省地方志研究院）离休干部获“庆祝中华人民共和国成立70周年”纪念章】 9月16日，山西省委党史研究院（省地方志研究院）离休干部杨志贤、杨小池、刘纬毅、沈毅荣获“庆祝中华人民共和国成立70周年”纪念章。四人均于中华人民共和国成立前参加革命工作，在革命、建设、改革时期作出突出贡献，特别是在党史方志部门工作期间，忘我工作，成绩突出，为党史方志事业发展作出杰出贡献。（山西省地方志研究院）

【吉林省表彰续志资料征集工作先进单位】 2月18日，吉林省地方志编纂委员会印发《关于通报表扬全省续志资料征集工作先进单位的决定》，对全省续志资料征集工作先进单位予以通报表扬，授予吉林市志办、辽源市志办、白山市志办、白城市志办、公主岭市志办、长春市宽城区志办、长春市二道区志办、桦甸市志办、永吉县志办、吉林市龙潭区志办、东丰县志办、辉南县志办、白山市江源区志办、长岭县志办、前郭县志办、敦化市志办16家单位“续志资料征集工作先进单位”称号。

（周玉顺）

【吉林省表彰省志编纂工作】 12月20日，吉林省地方志编纂委员会印发《关于对2019年度省志编纂工作先进单位和个人予以表扬的通报》，对在2019年完成志书出版，志稿终审、复审的30家省志编纂先进单位，以及在省志编纂工作中辛勤付出、取得明显成效的58名先进个人予以通报表扬。（周玉顺）

【黑龙江省表彰地方志系统先进集体和先进工作者】 年内，黑龙江省人力资源和社会保障厅、省委史志研究室联合下发《关于评选表彰黑龙江省史志系统先进集体和先进个人的通知》，表彰在黑龙江省史志事业发展特别是推进地方志“两全目标”工作中涌现的先进集体和先进个人。经黑龙江省史志系统评选表彰工作领导小组集体研究，确定评选表彰齐齐哈尔市史志研究室等20个单位为全省史志系统先进集体，闫岩等10人为全省史志系统先进个人。（徐萍　杜胜男）

【泰州市史志办张越善被授予“泰州市劳动模范”荣誉称号】 4月28日，江苏省泰州市委、市政府召开表彰大会，对2016年以来全市各条战线上涌现的劳动模范和先进个人进行表彰。泰州市党史方志办公室张越善获颁“泰州市劳动模范”荣誉称号。张越善1988年从部队转业，1997年调至泰州市史志档案办公室工作。先后担任《泰州市志》副主编、总纂，指导编纂17部地方各类志书，积极推动市

(区）第二轮志书按期按质完成，尽心尽力指导泰州市名镇名村志编修工作。先后被评为全国方志先进工作者、泰州市第五届“我最喜爱的共产党员”，连续11年年度考核被确定为优秀等次，被记三等功3次。（武文明）

【灌云县志办获颁县2018年度突出贡献奖】 2月13日，江苏省灌云县召开全县“高质发展后发先至”表彰暨作风建设大会，灌云县志办被灌云县委、县政府授予“突出贡献奖”荣誉称号。2018年，灌云县志办在人手非常少的情况下，自加压力，攻坚克难，编纂出版《灌云县志（1984—2005）》《灌云年鉴（2018）》《我是灌云人》。（武文明）

【《苏州年鉴（2018）》编纂工作受到苏州市政府表彰】 5月15日，江苏省苏州市政府发布《关于给在〈苏州年鉴（2018）〉编纂工作中作出突出贡献的集体和个人记功和通报表扬的决定》，给《苏州年鉴（2018）》的联合编辑单位苏州市档案馆、苏州市地方志编纂委员会办公室记集体三等功，5人记个人三等功，9人获通报表扬。（武文明）

【张家港市志办荣获集体三等功】 7月，江苏省张家港市政府发文，给张家港市志办记集体三等功，并给予相关人员记功和通报表扬。张家港志办在3年时间里累计完成年鉴3部，地方史专集4册，部门志7部，镇志12部，村志53部，地情读物11部，累计达3600万字。其中，中国名镇志5部，江苏省名村志3部。在全省县级首个实现区镇史志馆全覆盖。村史馆建设因地制宜，形成宜馆则馆、宜廊则廊，室内室外并举、特色亮点纷呈的局面。做好全省首部村级年鉴《永联年鉴》的编纂指导，开创村级年鉴一年一鉴的先河。连续三年在市机关绩效考核中获综合贡献奖。（武文明）

【盐城市志办王海燕获评盐城市委、市政府表彰的申遗工作先进个人】 7月25日，江苏省盐城市委、市政府组织召开专项总结大会，对在黄海湿地保护和申报世界自然遗产过程中涌现的一批先进集体和先进个人进行表彰，盐城市志办副主任王海燕被表彰为先进个人。7月5日，“盐城·中国黄（渤）海候鸟栖息地（第一期）”在阿塞拜疆召开的第43届世界遗产大会上被列入《世界遗产名录》，成为我国第54项世界遗产、第一处湿地类世界自然遗产，填补了我国滨海湿地类型世界遗产的空白。在申遗工作中，王海燕立足本职岗位，发挥部门职能，全程跟踪关注，年初谋划《盐城年鉴》框架时即将盐城黄海申遗纳入特载和专题图版，积极征集资料。申遗成功的消息发布后，王海燕第一时间跟进报道，深度宣传盐城湿地，所作《盐城湿地，地球留给人类的最美遗产》于次日“方志江苏”微信公众号上发表，当天即陆续被中国江苏网、凤凰网、盐城发布、《盐阜大众报》等媒体网站转载。（武文明）

【江苏省射阳县表彰《射阳县志（1986—2010）》编纂工作先进单位和先进个人】 7月，《射阳县志（1986—2010）》由江苏人民出版社出版。在第二轮县志编纂中，全县140多个县志承编单位按照县政府部署，积极撰稿供稿，广大地方志工作者爱岗敬业、勤勉求精、默默耕耘、乐于奉献，对第二轮县志的编纂出版作出突出贡献。为表彰先进，激发全县地方志工作者的积极性，进一步推动地方志工作，射阳县政府授予县委办等10个单位“县志编纂工作先进单位”称号，授予陈星星等20人“县志编纂工作先进个人”称号。（武文明）

【安徽省委党史研究院（省地方志研究院）获“2017—2019年度省直机关文明单位”】 8月31日，安徽省直机关精神文明建设指导委员会发出《关于表彰省直机关文明单位的通报》，安徽省委党史研究院（省地方志研究院）荣获“2017—2019年度省直机关文明单位”荣誉称号。（安徽省地方志研究院）

【山东省地方史志研究院表彰全省史志系统先进集体和先进个人】 12月5日，山东省地方史志研究院在全省开展先进集体和先进个人评选活动，经各市人力资源社会保障局、市地方史志研究院逐级审核推荐和评选，并经省史志系统先进集体和先进个人评选表彰工作领导小组审核，表彰山东省史志系统先进集体50个、山东省史志系统先进个人59名。 （李果霖）

【湖南省表彰地方志系统先进集体和先进工作者】 9月26日，经有关湖南省直单位，各市州、县（市、区）地方志工作机构推荐，省地方志编纂委员会党组研究决定，授予岳阳市委党史研究室（市地方志编纂室）等44家单位2019年度湖南省地方志系统先进集体称号，授予长沙市地方志编纂室等5家单位2019年度湖南省地方志系统年鉴工作先进集体称号，授予蔡素云等65人2019年度湖南省地方志系统先进工作者称号。 （张睿）

【四川省表彰地方志系统先进集体和先进工作者】 1月25日，经四川省各地自下而上民主推荐，逐级审核，省地方志系统先进集体和先进个人评选表彰领导小组评审同意，并进行拟表彰对象公示后，授予成都市成华区志办等45家单位四川省地方志系统先进集体称号，授予刘旭等65人四川省地方志系统先进个人称号。 （黄绚）

【青海省志办通报表扬《青海年鉴（2019）》供稿先进单位】 12月19日，青海省志办印发《关于通报表扬〈青海年鉴（2019）〉供稿先进单位的通知》，对省委办公厅等49家《青海年鉴（2019）》供稿先进单位进行通报表扬。 （王韬）

【宁夏回族自治区开展方志工作年度考评】 11月，宁夏回族自治区志办组织开展全区地方志工作年度考评。考评工作采取量化打分的办法，分自治区、市级两个层次组织进行，先由银川市、石嘴山市、吴忠市、固原市、中卫市地方志工作机构各自对所辖县区（市、县）修志工作机构年度工作进行初评，再报自治区志办终评。11月26日，自治区志办召开考评会议，经会议表决，评出2019年度地方志工作市级优秀一等1个、二等2个、三等1个，县级优秀一等2个、二等5个、三等4个。 （张明鹏）

【吐鲁番市志办退休干部受表彰】 9月27日，在北京举行的全国民族团结进步表彰大会上，新疆吐鲁番市志办退休干部努尔丁·沙塔尔受表彰，成为新疆地方志系统唯一受表彰的人员。 （刘博）

【中国煤炭工业协会表彰第二轮修志工作先进集体和先进工作者】 5月5日，中国煤炭工业协会印发《关于表彰煤炭工业第二轮修志工作先进集体和先进工作者的决定》，授予北京京煤集团有限责任公司《北京煤炭工业志》编纂办公室等80个单位煤炭工业第二轮修志先进集体称号；授予赵会峰等150人煤炭工业第二轮修志先进工作者称号，其中徐英旺等15人被授予煤炭工业第二轮修志突出贡献先进工作者称号。 （范锐超）

人　　物

· 领导名录

中国地方志指导小组及其办公室

指导小组秘书长、办公室主任：冀祥德
办公室党组书记：高京斋
办公室副主任：邱新立
办公室纪检组组长、副主任：叶聪岚（10 月任职）

中共北京市委党史研究室、北京市地方志编委会办公室

主　任：李　良
副主任：张恒彬
副主任、一级巡视员：陈志楣
二级巡视员：刘　岳　运子微

天津市地方志编修委员会办公室

天津市档案馆副馆长、市地方志办公室主任：关树锋

河北省地方志编委会办公室

主　任：杨洪进
副主任：宋士青　王　蕾

中共山西省委党史研究院（山西省地方志研究院）

院　长：张志仁
副院长：刘益令　钟启元（2 月退休）
　　　　巨文辉　焦永萍（10 月任职）

内蒙古自治区地方志编纂委员会办公室

负责人：何文俊（6 月离任）
主　任：贺　彪（6 月任职）
副主任：查干浪涛　孟秀芳

辽宁省地方志行政机构：辽宁省政府办公厅

副主任：申志斌（4 月调离）
　　　　周国春（4 月任职）
信息处处长：孟　言（8 月调离）
　　　　　　杜　伶（8 月任职）

辽宁省地方志编纂机构：辽宁省档案馆（辽宁省工业文化发展中心）

副馆长（副主任）：鄢钢城（2 月退休）
　　　　　　　　　田　冰（4 月任职）
副巡视员：麻志杰
辽宁省地方志编纂中心主任：林燕燕

吉林省地方志编纂委员会

党组书记、副主任：李云鹤
党组成员、副主任：李正奎　孟亚男
　　　　　　　　　尚志华（1 月任职）

中共黑龙江省委史志研究室

主　任：何伟志
副主任：车迎坤　章　磊　陈春雷

上海市地方志办公室

党组书记、主　任：洪民荣
副主任：王依群　生键红

江苏省地方志办公室

党组书记、主　任：左健伟
副巡视员（二级巡视员）：许善军（5 月任副巡视员，8 月任二级巡视员）
党组成员、副主任：蔡金良（6 月退休）
　　　　　　　　　牟国义　方亚光（11 月退休）　陈　华（7 月任职）

浙江省地方志编纂委员会办公室

主　任：潘捷军
副主任：章其祥　董郁奎

中共安徽省委党史研究院（安徽省地方志研究院）

院　长：程中才
副院长：郭德成（正厅级）　苗　键

吴　静　施昌旺

中共福建省委党史研究和地方志编纂办公室

主　任：黄　誌

副主任：汪一朝　俞　杰　黄　玲（女）

林　浩　王盛泽

江西省地方志编纂委员会办公室

党组书记、主　任：梅　宏（2 月退休）

甘根华（7 月任职）

党组成员、副主任、副巡视员（二级巡视员）：周　慧（任至1 月，1 月至6 月任副巡视员，6 月任二级巡视员）

党组成员、副主任：杨志华

中共山东省委党史研究院（山东省地方史志研究院）

院　长：赵国卿

副院长：林　杰　董立新

王　坦（7 月任职）

二级巡视员：姚丙华　王兴合

河南省地方史志办公室

党组书记、主　任：管仁富

党组成员、副主任：冯普友（3 月退休）

周慧杰　袁伦中（12 月任职）

湖北省文化和旅游厅

党组书记、厅　长：雷文洁

党组副书记、副厅长：杨　军

党组成员、驻厅纪检监察组组长：陈　锴

党组成员、副厅长：段天玲　李开寿

徐　勇　陶宏家

陈祖刚

党组成员：黎朝斌

党组成员、总规划师：唐昌华（4 月任总规划师）

党组成员：吴凤端

湖南省地方志编纂院

党组成员、副院长（全面主持工作）：邓建平

党组成员、副院长：黄俊军

党组成员、二级巡视员：杨盛让

广东省人民政府地方志办公室

党组书记、主　任：陈华康

党组成员、副主任：丘洪松　刘　卫

刘　波

二级巡视员：邱家秋

广西壮族自治区地方志编纂委员会办公室

党组书记、主　任：梁金荣

党组成员、副主任：唐中克

邓敏杰（10 月退休）

中共海南省委党史研究室（海南省地方志办公室）

主　任：毛志华

副主任：赖永生　秦武军

重庆市地方志办公室

主　任：刘文海

副主任：夏小平

四川省地方志工作办公室

党组书记、主　任：陈建春

党组成员、副主任：赵　行

党组成员、机关党委书记：邓　瑜

党组成员、副主任：陶利辉

贵州省档案馆（贵州省地方志编纂委员会办公室）

主　任：欧阳志国

副主任：归　然　黄远良　梁贵钢

云南省地方志办公室

主　任：杨建林

副主任：陈天武　袁丽萍

西藏自治区地方志编纂委员会办公室

主　任：汪德军

副主任：赤列旦增　王会世（援藏干部）

裴红琴　唐雪连

陕西省地方志办公室

主　任：雷　湛

副主任：武　军　吴玉莲

甘肃省地方史志办公室

党组书记、主　任：张军利

党组副书记、副主任：郝宗维

党组成员、副主任：李振宇　张正龙

副巡视员：石为怀

青海省地方志编纂委员会办公室

主　任：杨松义

副主任：魏守良（1 月任职）

宁夏回族自治区地方志编审委员会办公室

主　任：负有强

副主任：张万静（9 月调离）

新疆维吾尔自治区地方志编纂委员会

党组书记、副主任：廖运建

一级巡视员：刘　星

新疆生产建设兵团志办公室

副主任：陈　旭（援疆干部，主持工作）

· 人物选介

钟冷　女，汉族，1966 年 1 月生，四川富顺人，中共党员，硕士学位，副调研员、《北京海淀年鉴》执行主编。1998 年 4 月至 2001 年 11 月，任北京市海淀区委党校、海淀区党史研究室科员。2001 年 11 月至今，历任北京市海淀区党史地方志办公室科员、副科长、科长、副调研员，中国地方志学会年鉴分会第三届理事会理事。自 2002 年开始从事年鉴工作，历任编辑、副主编、常务副主编、执行主编。担任《北京海淀年鉴》执行主编期间，《北京海淀年鉴》2016、2017、2018、2019 连续四卷入选中国精品年鉴。2005 年获北京市地方志《北京年鉴》先进工作者荣誉称号；2008 年获海淀区巾帼建功标兵；2012 年获北京市地方志系统先进工作者；2017 年获北京市地方志工作先进个人；2019 年获全国地方志先进工作者。

（史晔）

潘会楼　男，汉族，1950 年 7 月生，北京市人，中共党员，大学本科学历，高级政工师。1990 年至 2010 年，任北京矿务局、京煤集团史志办编志办主任。2010 年至 2016 年，被京煤集团返聘从事《北京煤炭志》编写工作。2016 年至 2019 年，被北京市经济和信息化（委）局聘请参与第二轮《北京志·工业志》与《北京工业年鉴》编写等工作。1990 年开始专职从事志书、年鉴编写工作，参加北京工业系统第一轮、第二轮志书的编写，担任《北京云居寺志》总纂；担任《中国煤炭志·北京卷》《北京工业志·煤炭志》《北京煤炭志》等志书编纂办公室主任和副主编；参加煤炭工业部和国家煤炭安全监察局组织的多部省级志书的审稿，参加《中国煤炭志·综合卷》《中国煤炭发展概要》《中国煤炭工业大事记》等史志书籍的撰写；担任《百花山志》《北京的母亲河——永定河》副主编，《房山区西安村志》等村志主编。著有《京煤史话》《京煤史志资料辑考》《房山耕读记》《门头沟耕读记》《北京史略》《北京的饮食》《北京的民俗》等专著 11 部，在《北京地方志》等史志刊物发表文章几十篇，部分文章获奖。1998 年被煤炭工业部评为部修志先进工作者；2006 年被评为北京市修志先进工作者；2010 年被评为全国修志先进工作者；2019 年被评为社会力量参与地方志工作先进个人。

（史晔）

杨秀立　男，汉族，1963 年 2 月生，河北省孟村回族自治县人，中共党员，大专学历，副编审，沧州市志办主任。从事地方志工作以来，在组织推动、方志编纂与研究等方面取得突出成绩。先后编辑出版《沧州市志》，主编出版 12 部《沧州年鉴》，主编出版《方志编纂探研》《沧州地方志概览》，主持整理 3 部《沧州旧方志》；组织指导全市第二轮修志工作，高质量完成 15 部县（市、区）志出版，推动年鉴工作实现全覆盖；指导出版 80 余部部门志、专业志及乡村志。撰写的《深度挖掘资料 提升志书质量》《编写城市区志的难点与对策思考》等 10 余篇论文在省级刊物发表，多次参加全国地方志学术年会和省级方志理论研讨会。多次被评为全省地方志系统先进工作者，2008 年被省政府办公

厅、省人事厅授予河北省地方志工作先进工作者称号，2019年被中指办授予全国地方志先进工作者称号。（郑小明）

高生记　男，汉族，1962年11月生，山西省临汾市尧都区人，硕士学位，中共党员，编审。曾任山西省地方志办公室年鉴期刊处处长，现任山西省委党史研究院（省地方志研究院）方志编研六室主任、一级调研员。高生记领衔的《山西年鉴》编辑部被中国地方志指导小组确定为全国年鉴工作暨中国年鉴精品工程试点单位，主编的《山西年鉴（2015）》获评全国地方志优秀成果（年鉴类）一等奖、《山西年鉴（2016）》《山西年鉴（2017）》《山西年鉴（2018）》连续三年入选中国精品年鉴，《山西年鉴（2018）》获得第六届全国地方志优秀成果（年鉴类）特等年鉴。由他牵头制定的《山西省地方综合年鉴编纂出版规范》，在全国年鉴界被广泛学习和推广。先后在全国年鉴工作研讨会、全国年鉴主编培训班、中国精品年鉴工作推动会议上做经验介绍，成为全国年鉴编纂专家。积极投身精准扶贫工作，2015年4月至2017年8月，担任山西省地方志办公室驻村帮扶工作队队长兼大窑底村第一书记，成绩显著。2018年2月，山西省人力社保厅、省扶贫办授予山西省脱贫攻坚奖贡献奖。2018年10月，山西省劳动竞赛委员会授予山西省五一劳动奖章。2019年4月，山西省委、省政府授予山西省劳动模范荣誉称号。（武岭）

姚思泰　男，蒙古族，1961年10月生，大学本科学历，中共党员，现任内蒙古自治区志办盟市志业务处处长。1986年12月，到内蒙古自治区志办工作。1995年，被评为副编审。1997年，自治区地方志编纂委员会授予修志三等功。2003年，在全区修志工作先进集体和先进个人表彰中荣记三等功。先后6次被评为自治区政府办公厅先进工作者、优秀共产党员。2019年，被中指办评选为全国地方志先进工作者。姚思泰主持编辑《内蒙古史志》100余期，编辑《内蒙古年鉴》4部，参与《阿拉善左旗志》《锡林郭勒盟志》等50余部志书的评审验收工作。担任《内蒙古自治区志·政府志》分卷副主编，《内蒙古自治区志·民俗志》常务副主编等职务。先后在《内蒙古史志》《今古之窗》《内蒙古日报》《宁夏日报》《呼和浩特日报》等报刊发表各类文章30余篇。

（董丽娜）

高岩　女，1979年2月生，山东人，大学本科学历，吉林省地方志编委会省直指导处副处长。1998年至2002年在长春工业大学学习，2002年至今在吉林省地方志编委会省直指导处工作。先后参与两轮《吉林省志》编修工作，担任40余部省志的责任总纂或编纂。先后在《黑龙江史志》《上海地方志》等公开刊物上发表理论文章，参与编著《方志写作辞典》（2012年吉林大学出版社出版），撰写的《全面推进依法治志 保障地方志事业科学持续发展》一文收入《2015年新方志论坛论文集》，连续多年在省地方志学会组织的论文评比中获一等奖，在2018年举办的全国依法治志征文评选中获三等奖。在2018年吉林省第十二届社会科学优秀成果奖评选中，其担任总纂的《政府志》获著作类二等奖。2019年，被中指办评选为全国地方志先进工作者。（吉林省地方志编委会）

曾欣　女，1968年6月生，安徽省凤台县人，中共党员，大学本科学历，副编审，黑龙江省志专家库终审专家，中共哈尔滨市委史志研究室机关党委专职副书记。1990年8月哈尔

滨师范大学历史系毕业后，到哈尔滨市志办工作，先后在编审指导二处、编审指导一处工作，从事地方志工作 30 年。2007 年 2 月任副处长，主持编审指导一处工作；2014 年 2 月任编审指导一处处长，2016 年兼任《哈尔滨市情活页》执行副主编。先后参加哈尔滨市两轮志书编纂工作，首轮修志作为责任编辑，负责指导《公安志》《司法志》《报业志》《广播电视志》《旅游志》等 7 部专志的编纂；第二轮修志作为市志副主编，负责工业篇、文化篇、城建篇、商贸旅游篇等 8 篇志稿承编单位的组织、协调、指导、责任总纂及市志的审定验收工作。2016 年，《哈尔滨市志（1991—2005）》8 卷 1000 万字全部出版发行。2019 年，作为执行主编出版《哈尔滨名人录》。先后在《黑龙江史志》《哈尔滨史志》发表业务理论及修志感悟文章 10 余篇。2004 年、2006 年、2012 年、2018 年获得省地方志系统先进工作者荣誉称号；2012 年获哈尔滨市修志 30 年、2017 年获哈尔滨第二轮修志先进工作者荣誉称号；2004 年至 2008 年、2014 年获哈尔滨市优秀公务员，2009 年获记三等功奖励。

（黑龙江省志办）

张乃格 男，汉族，1949 年 11 月生，江苏省泗洪县人，中共党员。先后毕业于南京师范学院淮阴分院（淮安师范学院）、徐州师范学院（江苏师范大学）中文系。1980 年至 1989 年任教于泗洪县中学，1989 年调至江苏省地方志办公室，历任省志编纂处副处长、处长，秘书处处长。2010 年退休，被返聘担任省志办旧志整理中心主任、《江苏历代方志全书》主编。2016 年起，兼任省委宣传部“江苏文脉整理与研究工程”编纂出版委员会委员、《江苏文库·方志篇》主编。并曾兼任南京军区军事志专家组成员、江苏省历史学会常务理事等。2005 年，被中指组授予全国方志先进工作者荣誉称号。著有《江苏民性研究》《徐文化研究》《江苏古代人文史纲》《江苏区域文化研究》等专著 300 余万字，合作编著《江苏传统文化通论》（执行主编）、《江苏地名溯源》（主编）、《江苏历代名人录·实业卷》（主编）、《江南大运河历史图谱》（主编）、《江苏省志·总述·文化篇》（主编）、《江苏省志简编》（常务副主编）、《江苏旧方志提要》（常务副主编）等 600 余万字，古籍整理有校点《江南通志》（执行主编，“十三五”国家重点图书规划项目、国家古籍整理出版专项经费资助项目）、《江苏省通志稿》（职官、选举、人物等分志通校）1000 万字，在《中国地方志》《文史知识》《江苏社会科学》《江苏地方志》等刊物发表论文 110 篇约 100 万字。截至年底，担任主编的省地方志办公室《江苏历代方志全书》已出版历代旧志 480 余册、省委宣传部《江苏文库·方志编》出版历代旧志 80 余册。

（桑荟）

张声和 男，1955 年生，浙江平阳人。1978 年参加工作，先后担任县报记者部主任、县政协文史委副主任、县民政局副局长、县科协主席、县旅游局长。2004 年调温州市政协，任文史委副主任（副县级，主持工作）。2011 年开始筹备《温州市志》启动工作，2012 年被温州市人民政府聘任为主编。兼任温州地方志学会会长、温州历史学会顾问、温州文史研究馆馆员、温州市政府城乡规划委员会专家、温州市书法家协会顾问。编著有《平阳县志》《温州政协志》《温州名胜游记》《方介堪和中国文化名人》《温州民营企业的兴起与发展》《温州历代楹联》《瓯越科普讲坛》《温州知青的回忆》《温州统战志》等。曾担任《浙江古今名人大辞典》编委。发表农村经济、城市规划、历史研究等社科论文 50 多篇。《温州市志》经历纲目设计、全面启动、指导撰稿、分纂总纂、初审、复审、终审等全过程，全志

820万字，是温州市历史上单体量最大的文字工程，“温州模式”是该志的地方特色。张声和带领编纂团队扎实工作9年，科学修志，摸索出一套行之有效的编辑方法，如承编单位先写“小审稿”，提高交稿成功率；“三部曲”编稿法，使编撰者入门快，准确掌握体例；“开药方抓药”，省事、精准地获取资料。还有提炼无题小序四要素、段落承接、资料鉴别等方法，使编辑各个环节有章可循。张声和对全志统筹修改5次，阅稿量达4000多万字。全市各县（市、区）志从初审到终审经过他手的共有9个，指导审阅的还有《勘测志》《人事志》《交通志》《公路志》《金融志》《边防志》《统战志》《苍南公安志》《钱库镇志》《腾蛟镇志》等10多个部门、乡镇志，总计8000多万字。（温州市史志办）

李迎春　女，1966年6月生，山东省青州市人，中共党员，大学本科学历，烟台市地方史志研究院副院长。1988年进入烟台市地方史志办公室工作，从事史志工作32年，参加两轮修志，担任第二轮《烟台市志》执行主编，参与编辑出版《烟台年鉴》28部、地方资料丛书20种，编写《方志续修指南》《地方志编写参考样稿》等修志专业指导书稿多种，指导编修50多部县市区志、行业单位志和乡镇村志。2007年身患癌症，手术后经历十次化疗，仍重返岗位，潜心修志，一边与病魔作斗争，一边坚持工作。撰写的专业论文在国家级刊物发表3篇，获省级论文评比一等奖3篇、二等奖1篇。被列入省史志专家库。2001年3月，获山东省史志工作先进个人，山东省优秀年鉴副主编；2005年3月，山东省政府、省人事厅给予记三等功；2006年6月，获烟台市市直机关优秀共产党员；2007年2月，烟台市政府给予三等功奖励；1992年、2000年、2004年、2013年、2015年、2019年6次获烟台市政府嘉奖奖励；2019年11月获全国地方志先进工作者称号。（李果霖）

郭威　男，1969年6月生，民进会员，硕士学位，经济师，新乡市地方史志局副局长。1991年8月至2002年5月，先后任新乡市劳动就业局科员、团总支组织委员、局直属企业总公司副经理、就业局办公室副主任。2002年5月至2013年11月，任民进新乡市委驻会机关秘书长、副主任。2013年11月至今，任新乡市地方史志局副局长，为志鉴编纂业务骨干。自1999年起，为《新乡年鉴》供稿，2次荣获新乡市年鉴委员会表彰的先进个人，1次荣获新乡市修志委员会表彰的先进个人。2013年11月调入史志局后，负责《新乡年鉴》《新乡大事》的编撰和审阅发行。2014年起，参与《平原省志》《新乡地区志》组织编纂工作，负责牵头《平原省志》各攻坚小组分工协作，成立材料收集小组、文字录入小组、志稿编写小组，赴省内外收集资料，共计收集文字材料1300余万字，各类照片、图片400余幅，完成10个部类60万余字的编撰任务。先后完成《新乡地区志》2个部类3.5万字的编纂任务。致力于史志创新发展，2014年创编《新乡图鉴》，参与编撰与审阅。2015年开通“史志新乡”微信微博，按时保质严格审定发布史志新乡微信公众号；启动《史志新乡》系列丛书编纂，参与《历史人物》的编撰审定出版。2016年完成《成语典故》编撰审定出版；2017年完成《年节民俗禁忌》《传统节日概览》的编撰送审；2018年编撰完成《牧野春秋》书稿（含《牧野春秋》影像视频制作）；参与《诗文选萃》《历史事件》的审核修改工作；2019年完成《循良廉吏》影像文稿编撰及短视频制作。积极参与“史志新乡”对外宣讲活动、史志馆对外开放活动。1999年以来，先后获得中央统战部优秀调研报告一等奖1次，民进中央优秀论文二等奖1次，省委统战部优秀论文一等奖10次，市级优秀政协提案6次，市政协重点督办提案7件，市政协优秀委员3次，市优秀驻乡干部2次，市政府三等功1次。2019年11月，获中指办表彰的全国地方志先进工作者。

（邵栋　戴霞）

杨佳音　女，汉族，1964年11月生，中共党员，重庆市丰都县人，大学本科学历，丰都县档案局（馆）方志业务科原科长。自2007年至2019年退休，一直在丰都县档案局（馆）从事地方志业务工作，先后任丰都县档案局（馆）馆务科和方志业务科科长、丰都县地方志编纂委员会办公室副主任、《丰都县志（1986—2005）》副总编、《丰都年鉴》副主编等职务。组织编辑出版《丰都年鉴》13卷。主笔编修《丰都县教育志》《丰都县工会志》《丰都县统计志》等5部志书，负责指导和审验《丰都县国税志》《丰都县宣传志》《丰都县三合镇志》《丰都县统战志》《丰都县科协志》《丰都县三峡移民志》等10多部志书，其中《丰都县三峡移民志》在重庆市地方志办公室第二届区县地方志优秀成果评选中获一等奖。组织编修《丰都县志（1986—2005）》，采取多种措施，历经多年，数易其稿，成稿150万余字，在重庆市地方志办公室第二届区县地方志优秀成果评选中获司马迁奖。曾被丰都县委、县政府表彰为先进个人，重庆市志办表彰为先进工作者，多次荣获公务员年度考核优秀等次并记个人三等功1次。

王卫义　男，1963年2月生，四川省高县人，大学本科学历，中共党员。1983年10月参加工作，1988年获得编辑职称。2001年12月任宜宾市地方志办公室副主任，2007年4月起任中共宜宾市委党史研究室（市地方志办公室）副主任。2012年，任宜宾市史志协会会长。2000年，获四川省政府评选的全省先进工作者；2019年11月，获中指办评选的全国地方志先进工作者。从事地方志工作37年，组织和参与编纂各类地方志书、年鉴、地方史、地方地情文献超过3000万字。主持编纂出版《宜宾市志》420万字；主持或参与《宜宾年鉴》共22卷的编辑出版；主持或参与《宜宾史话》、《宜宾城的2200年》、《中国共产党宜宾历史》（第二卷、第三卷）、《赵树吉集校注》等地方史志著作的编著出版；主持和参与《宜宾农业合作化运动》等近20项地方历史专题研究；参与和主持全市10县（区）第一、第二轮志书编纂指导和审查；主持了《五粮液志》等20多部市级各类专业志、行业志的指导和审查；参与中国名镇志工程《李庄镇志》编纂初审。

（四川省地方志工作办公室）

吴志宏　男，汉族，1970年5月生，中共党员。先后任云南省红河州地方志办公室秘书科科长、年鉴编辑室主任（兼）、综合科科长，红河州党史志办公室副主任。2018年3月，吴志宏到红河县三村乡驻村扶贫，并担任三村乡第一书记兼驻村扶贫工作队长。2019年10月17日，吴志宏在补干村委会南哈上寨扶贫对象动态管理公开评议会上讲话时突发疾病，因医治无效，于2019年11月8日不幸去世，终年49岁。吴志宏2009年荣获云南省地方志编纂委员会办公室行政嘉奖，2010年荣获省委省政府、州委州政府授予的优秀新农村建设指导员称号；2013年荣获云南省地方志编纂委员会授予的全省地方志系统先进工作者称号。2019年11月12日，红河州委追授吴志宏为红河州优秀共产党员称号；11月27日，中指办授予吴志宏全国地方志先进工作者荣誉称号；12月14日，云南省

地方志办公室追授吴志宏云南最美方志人称号；12月18日，被中共云南省委宣传部评为2019年度云南好人代表；在中央文明办发布的2019年12月中国好人榜上被评为敬业奉献好人；2020年1月2日，云南省总工会追授吴志宏“云南省五一劳动奖章”。（宣勤）

高中　男，汉族，1964年9月生，甘肃省平川区人，中共党员，大学本科学历。1987年7月至2012年5月，先后在白银市实验中学任教师、团委副书记、团委书记、办公室主任、副校长等职务。2002年，获得高级教师职称。2012年5月至2015年10月任甘肃省靖远师范学校党委书记，2015年10月至今任白银市地方志编纂委员会办公室主任。多次获得优秀共产党员荣誉，2017年至2019年连续三年年度考核被评为优秀等次，记三等功。2015年以来，先后任《白银大辞典》《白银市年鉴》2015年、2016年、2018年、2019年卷主编；先后主持复审、终审出版《白银大辞典》《靖远县志》《白银工会志》《白银公路管理志》《白银市中心医院志》《魏家地煤矿志》和县区地方综合年鉴共计31部。（王文生）

马平恩　男，回族，1960年7月生，宁夏回族自治区固原市志办主任。1981年7月在泾源县党校参加工作，任政治教员。1986年8月至2000年8月，在固原地区工会任文秘、正科级干事。2000年8月至2005年1月，任固原地区地方志办公室副主任。2005年1月，任固原市志办主任。多年来，带领固原市地方志工作者围绕志书编纂、年鉴编辑、方志馆建设等项目，积极开展工作。担任固原市志办副主任后，积极推动各县（区）全部编修年鉴，实现了市、县一年一鉴全覆盖。2010年，固原市本级和县（区）率先完成第二轮志书编修出版。先后主编各级各类志书、年鉴及地情资料类书籍50余部。2017年，建成宁夏首家方志馆，被宁夏社会科学联合会授予宁夏社会科学普及教育基地。固原志办及马平恩先后多次获得奖励。马平恩先后被宁夏总工会授予全区优秀工会工作者称号，被中共固原市委组织部、固原市人事局授予优秀工作者称号，被宁夏回族自治区政府授予全区地方志工作先进个人。2005年，固原市志办荣获市级文明单位、自治区政府表彰的全区地方志工作先进集体、中指组嘉奖的全国地方志先进集体、人力资源和社会保障部和中指组表彰的全国地志方志先进集体。2006年至2019年，固原市志办连续多年被自治区地方志编审委员会授予全区修志先进集体。（张明鹏）

方明　女，1969年2月生，中共党员，大学本科学历，新疆生产建设兵团志办方志处处长。1990年8月进入兵团史志办工作，从事地方志、年鉴编纂工作29年。先后任责任编辑、《兵团年鉴》副主编、兵团史志丛书副主编，《新疆生产建设兵团志（1986—2010）》执行主编。参与编纂出版兵团志书、年鉴40余部，审查兵团志书近百部。2001年起负责年鉴工作，积极推动兵团年鉴编纂工作，对《兵团年鉴》进行改版，取得刊号，当年《兵团年鉴》在第六届全国年鉴校对质量评比中获优秀奖。这是《兵团年鉴》第一次在全国获奖。2004年《兵团年鉴》获第三届中国地方年鉴一等奖和中国地方志年鉴一等奖两个奖项；2005年担任兵团史志丛书副主编，积极推进第一轮修志收尾和总结工作，2007年出版志书8部，到2013年兵团第一轮修志全部完成，其间组织编纂兵团专业志书16部，并编辑出版《兵团史志工作二十年》，对第一轮修志工作进行总结。2009年兵团启动第二轮修志和试点工作后，下发7个关于第二轮修志的规范性文件，筹备召开3次启动会议，组织4批培训活动，赴南北疆14个试点单位指导修志工作，积极推进兵团“两全目标”工作，针对兵团史志系统人员少、任务重的实际情况，探索和借鉴新思想、新方法、新举措，向领导建议争取援疆支持，推动“两全目标”被列入2019年兵团党委29项专项督查项目之一，为兵团2020年完成“两全目标”任务打下坚实基础；开展方志理论研究，带头撰写论文，多篇论文入选中国地方志学术年会和中国地方志学会城市区志专业委员会学术年会，并在《年鉴信息与研究》《中国地方志》《新疆地方志》《甘肃史志》等期刊上发表。《兵团志书如何体现兵团特色》入选第二届中国地方志学术年会。2019年，获中指办授予全国地方志先进工作者称号。

（周鑫）

林向东　男，汉族，1948年7月生，浙江省绍兴市人，中共党员，大专学历，高级政工师。2002年10月至2008年7月，任新疆生产建设兵团二二二团史志办主任，2008年8月退休至2013年2月，任兵团二二二团史志办主任，2013年2月至12月，任兵团建工师史志办编辑，2014年1月至2017年10月，任兵团第十二师史志办编辑、建工师史志办编辑；2017年10月，任新疆兵团年鉴社编辑、第十二师史志办编辑。从事史志工作以来，参与《兵团二二二团志》《兵团第十二师党委党校（行政学院）志》《建工师志》《兵团年鉴》《第十二师二二二团简史》《第十二师二二二团大事记（1977—2017）》《北亭文史》《齐鲁巾帼在兵团》等编辑工作，著有《新疆葡萄和葡萄酒文化》。连续十多年被兵团史志办评为年鉴优秀供稿个人。多次被评为兵团二二二团优秀共产党员、先进工作者。2008年，获二二二团党委授予2008感动团场人物称号；2019年，获中指办授予全国社会力量参与地方志工作先进个人称号。

（周鑫）

文　献

·修志文件

关于2018年第四季度全国第二轮省市县三级志书和综合年鉴全覆盖完成情况的通报

（中指组字〔2019〕1号）

各省、自治区、直辖市地方志编纂委员会（办公室），新疆生产建设兵团志办公室：

自2018年第一季度起实行“两全目标”季度通报制度以来，各地采取强力措施，积极推进第二轮省市县三级志书和综合年鉴全覆盖工作。总体上，第四季度“两全目标”工作进展顺利。现将截至2018年第四季度末的有关情况通报如下。

一、省市县三级志书完成情况

（一）三级志书完成总体情况

截至2018年第四季度末，全国第二轮三级志书规划5523部，其中省级志书2359部、市级志书389部、县级志书2775部（与2018年第三季度末相比，涉及6个省市的20部志书被调整出二轮修志规划，新增9部志书）。按已出版指标统计，三级志书新出版230.5部，累计出版3121.5部，占规划总数的56.52%，较2018年第三季度末提高4.28个百分点。按通过终审（包括志稿评审终审、审后修改、移交出版、已出版等几个统计指标之和）指标统计，三级志书新完成148部，累计完成4023.5部，占规划总数的72.85%，较2018年第三季度末提高2.81个百分点。其中，广东、山东完成第二轮三级规划志书出版。出版总完成率超过50%的还有15个省（区、市），分别是安徽86.92%、天津81.82%、四川80.89%、宁夏80.77%、湖南77.11%、吉林75.78%、重庆73.60%、江苏69.82%、甘肃69.19%、河北65.42%、河南62.05%、山西58.64%、湖北57.87%、贵州57.76%、云南50.94%，比2018年第三季度末增加2个省。完成率在40%—49%的有江西、福建、黑龙江、广西、陕西5个省，完成率在30%—39%的有北京、内蒙古、辽宁、浙江、青海5个省（区、市），完成率低于30%的有4个省（区、市）和兵团，分别是兵团25%、上海21.36%、新疆20.22%、西藏8.03%、海南7.79%。涉及江西、湖南2个省的5部省志尚未启动编纂（其中含江西4部拟撤销的志书），占规划总数的0.09%。涉及11个省（区、市）和兵团的81部志书已启动编纂但尚未进入初稿撰写阶段，占规划总数的1.47%。北京、天津、河北、上海、浙江、安徽、山东、广西、重庆、四川、贵州、甘肃等省（区、市）第四季度完成率同比增长较快，工作成效明显。

（二）省级志书完成情况

截至2018年第四季度末，按已出版统计，省级志书新出版100.5部，累计出版893.5部，占规划总数的37.88%，较2018年第三季度末提高4.45个百分点。按通过终审（包括志稿评审终审、审后修改、移交出版、已出版等几个统计指标之和）的指标统计，新完成92部，累计完成1446.5部，完成率为61.32%，较2018年第三季度末提高4.22个百分点。广东、宁夏、山东全面完成省级志书规划出版任务，出版完成率超过（含）50%的还有9个省（区、市）和兵团，分别是天津83.61%、兵团80%、甘肃75%、湖南74.24%、重庆72.09%、安徽67.82%、山西58.43%、吉林58.33%、四川53.76%、贵州51.56%，出版完成率低于20%的有10个省（区、市），其中河南17.78%、河北15.25%、上海13.78%、辽宁13.10%、海南10.91%、浙江7.96%、西藏7.14%、江西0%、湖北0%、新疆0%。涉及10个省（区、市）的61部省级志书已启动编纂但尚未进入初稿撰写阶段，占省级志书规划总数的2.59%。

（三）市级志书完成情况

截至2018年第四季度末，按已出版统计，市级志书新出版17部，累计出版218部，占规划总数的56.04%，较2018年第三季度末提高4.37个百分点。按通过终审（包括志稿评审终审、审后修改、移交出版、已出版等几个统计指标之和）的指标统计，新完成12部，累计完成276部，完成率为70.95%，较2018年第三季度末提高3.08个百分点。其中广东、安徽、山东、湖北全面完成市级规划志书出版任务，出版完成率超过（含）50%的还有10个省（区），分别是吉林88.89%、河南88.89%、江苏84.62%、江西81.82%、四川76.19%、湖南64.29%、浙江63.64%、云南56.25%、山西50%、甘肃50%。出版完成率低于20%的有3个省（区）和兵团，其中，陕西18.18%、海南0%、西藏0%、兵团0%。涉及3个省（区）和兵团的15部市级志书已启动编纂但尚未进入初稿撰写阶段，占市级志书规划总数的3.86%。

（四）县级志书完成情况

截至2018年第四季度末，按已出版统计，县级志书新完成113部，累计出版2010部，完成率为72.43%，较2018年第三季度末提高4.02个百分点。按通过终审（包括志稿评审终审、审后修改、移交出版、已出版等几个统计指标之和）的指标统计，新完成47部，累计完成2301部，完成率为82.92%，较2018年第三季度末提高1.64个百分点。其中，广东、安徽、湖北、山东、兵团完成县级规划志书出版任务，另外出版完成率超过65%的还有13个省（区、市），分别是河南98.67%、江西97%、江苏95.83%、四川95.53%、吉林91.53%、河北86.49%、上海83.33%、湖南80.17%、重庆76.92%、天津75%、宁夏68.18%、甘肃67.44%、云南65.63%。出版完成率低于20%的有2个省（区），其中，海南0%、西藏0%。涉及4个省（区）的13部县级志书已启动编纂但尚未进入初稿撰写阶段，占县级志书规划总数的0.47%。

二、地方综合年鉴全覆盖完成情况

（一）地方综合年鉴全覆盖完成总体情况

截至2018年第四季度末，全国31个省（区、市）和新疆生产建设兵团的32种省级综合年鉴中，2017年卷全部启动编纂、实现一年一鉴、公开出版，其中3种尚未理顺编纂体制；2018年卷32种全部启动编纂，23种实现公开出版。348种市级综合年鉴（含兵团所辖师级年鉴）中，2017年卷341种启动编纂、329种实现一年一鉴、297种实现公开出版；2018年卷342种启动编纂、173种实现公开出版。2841种县级综合年鉴中，2017年卷2489种启动编纂，其中2162种实现一年一鉴、1706种实现公开出版；2018年卷县级综合年鉴2840种（因行政区划调整，相应调减1种）中，2707种启动编纂、1067种实现公开出版。总体来说，全国省、市、县三级综合年鉴2017年卷应编纂出版3221种，公开出版2033种，覆盖率为63.12%；2018年卷应编纂出版3220种，启动编纂3081种、覆盖率为95.68%，1264种实现公开出版、覆盖率为39.25%，公开出版覆盖率排在前3位的是天津100%、江苏98.18%、山东95.48%。

（二）省级综合年鉴编纂出版情况

截至2018年第四季度末，全国31个省（区、市）和新疆生产建设兵团的32种省级综合年鉴中，2017年卷32种全部启动编纂、实现一年一鉴、公开出版；天津、辽宁、云南3种尚未理顺编纂体制，未实现由本级地方志工作机构负责编纂。省级综合年鉴2018年卷32种全部启动编纂工作，23种实现公开出版，约占71.88%。

（三）市级综合年鉴编纂出版情况

截至2018年第四季度末，全国应编纂出版的348种2017年卷市级综合年鉴中，341种启动编纂，约占97.99%；329种实现一年一鉴，约占94.54%；297种实现公开出版，约占85.34%。2017年卷年鉴，河北、山西、辽宁、吉林、江苏、浙江、安徽、福建、山东、河南、广东、广西、四川、云南14个省（区）实现启动编纂、一年一鉴、公开出版全覆盖。2018年卷年鉴342种启动编纂，约占98.28%；173种实现公开出版，约占49.71%。尚有涉及黑龙江、海南两省和兵团的6种未启动编纂，约占应编纂出版总数的1.72%。

（四）县级综合年鉴编纂出版情况

截至2018年第四季度末，全国应编纂出版的2841种2017年卷县级综合年鉴中，2489种启动编纂，约占87.61%；2162种实现一年一鉴，约占76.10%；1706种实现公开出版，约占60.05%。应编纂出版的2840种2018年卷年鉴中，2712种启动编纂，约占95.49%；1067种实现公开出版，约占37.57%。其中，北京、天津、山西、内蒙古、吉林、上海、江苏、福建、山东、河南、湖北、广东、广西、重庆、贵州、西藏、甘肃、青海、宁夏19个省（区、市）实现启动编纂全覆盖；尚有涉及河北、辽宁、黑龙江、浙江、安徽、江西、湖南、海南、四川、云南、陕西、新疆12个省（区）的133种未启动编纂工作，约占应编纂出版总数的4.68%。未启动编纂排在前5位的是黑龙江32种、新疆31种、辽宁18种、陕西15种、江西13种。

三、工作要求

按时保质完成“两全目标”，时间紧迫、任务艰巨，希望排名靠后的地区采取强力措施，调动各方面的积极性，切实推进本地区“两全目标”工作。各地要做好“两全目标”在线统计系统的数据更新工作，力争2019年第一季度实现网上报送。工作推进的经验做法、遇到的困难和问题等，请及时报“两全目标”督查小组办公室。

附件：

1. 全国第二轮三级志书完成进度统计排名表
2. 全国第二轮省级志书完成进度统计排名表
3. 全国第二轮市级志书完成进度统计排名表
4. 全国第二轮县级志书完成进度统计排名表
5. 全国2017年卷三级综合年鉴公开出版统计排名表
6. 全国2017年卷三级综合年鉴启动编纂统计排名表
7. 2017年卷省级年鉴公开出版统计排名表
8. 2017年卷市级年鉴公开出版统计排名表
9. 2017年卷县级年鉴公开出版统计排名表
10. 全国2018年卷三级综合年鉴启动编纂统计排名表
11. 全国2018年卷三级综合年鉴公开出版统计排名表

中国地方志指导小组
“两全目标”督查小组
2019年2月26日

附件1　全国第二轮三级志书完成进度统计排名表

（截至2018年第四季度末）

排名	行政区划	规划数	未启动	部署动员	篇目设置	资料收集	初稿撰写	志稿初审	志稿复审	志稿终审	审后修改	移交出版	已出版	完成率
1	广　东	161											161	100.00%
1	山　东	228											228	100.00%
3	安　徽	214						1		2	7	18	186	86.92%
4	天　津	77						4	7			3	63	81.82%
5	四　川	293				3	9	2	3	6	9	24	237	80.89%
6	宁　夏	52				1	7				1	1	42	80.77%
7	湖　南	201	1	2		3	21	8	4	1	1	5	155	77.11%
8	吉　林	128					3		9	6	12	1	97	75.78%
9	重　庆	125					15	4	3			11	92	73.60%
10	江　苏	169					8	6	7	10	9	11	118	69.82%
11	甘　肃	172						13	13	14	2	11	119	69.19%
12	河　北	214					4	23	24	4	12	7	140	65.42%
13	河　南	303									1	114	188	62.05%
14	山　西	220					23	19	37	4	5	3	129	58.64%
15	湖　北	197										83	114	57.87%
16	贵　州	161					12	2	18	4	19	13	93	57.76%
17	云　南	212			3	3	44	8	13	1	27	5	108	50.94%
18	江　西	213	4				57	20	24			2	106	49.77%
19	福　建	170					16	22	10	12	10	18	82	48.24%
20	黑龙江	251				2	52	10	17	5	31	13	121	48.21%
21	广　西	186					4		57		29	16	80	43.01%
22	陕　西	189					14	18	14	19	22	24	78	41.27%
23	北　京	88					5	13	15	12	2	6	35	39.77%
24	内蒙古	191		1		4	48	26	15	6	6	11	74	38.74%
25	辽　宁	241		15	5	17	65	18	14	3	12	10	82	34.02%
26	浙　江	211				1	48	35	27	3		27	70	33.18%
27	青　海	113				4	23.5	14	13	7	10	5	36.5	32.30%
28	兵　团	20				3	9		1	1		1	5	25.00%
29	上　海	220			3	10	143	5	4			8	47	21.36%
30	新　疆	89					26				22	23	18	20.22%
31	西　藏	137		1			64	28	20	9	3	1	11	8.03%
32	海　南	77						14	11	14	28	4	6	7.79%
合　计		5523	5	24	12	53	711.5	315	380	162	260	479	3121.5	56.52%

注：2018年第四季度省市县三级规划志书共减少20部，增加9部。

附件2　全国第二轮省级志书完成进度统计排名表

（截至2018年第四季度末）

排名	行政区划	规划数	未启动	部署动员	篇目设置	资料收集	初稿撰写	志稿初审	志稿复审	志稿终审	审后修改	移交出版	已出版	完成率
1	广　东	43											43	100.00%
1	宁　夏	25											25	100.00%
1	山　东	74											74	100.00%
4	天　津	61						2	5			3	51	83.61%
5	兵　团	5							1				4	80.00%
6	甘　肃	72						5	6	5	2		54	75.00%
7	湖　南	66	1	2			11		2	1			49	74.24%
8	重　庆	86					12	2	2			8	62	72.09%
9	安　徽	87						1		2	7	18	59	67.82%
10	山　西	89					14	16	7				52	58.43%
11	吉　林	60					3		8	6	8		35	58.33%
12	四　川	93				3	9	1	1	2	6	21	50	53.76%
13	贵　州	64					4		18		8	1	33	51.56%
14	广　西	65					1		19		8	5	32	49.23%
15	福　建	77					13	4	6	6	7	7	34	44.16%
16	陕　西	72					9	7	1	6	7	12	30	41.67%
17	北　京	70					5	13	15	7	2	3	25	35.71%
18	青　海	59				4	9.5	5	4	6	6	5	19.5	33.05%
19	黑龙江	95				2	33	4	15	2	13	1	25	26.32%
20	江　苏	60					8	6	6	10	5	10	15	25.00%
21	内蒙古	76		1			22	17	10	1	1	6	18	23.68%
22	云　南	68			3	2	26	2			20		15	22.06%
23	河　南	135										111	24	17.78%
24	河　北	59					3	20	16		8	3	9	15.25%
25	上　海	196			3	10	140	4	4			8	27	13.78%
26	辽　宁	84		15	2	4	28	11	8	1	4		11	13.10%
27	海　南	55							5	13	27	4	6	10.91%
28	浙　江	113				1	29	25	25			24	9	7.96%
29	西　藏	56		1			28	11	9	2	1		4	7.14%
30	江　西	102	4				56	19	23					0.00%
30	湖　北	83										83		0.00%
30	新　疆	10										10		0.00%
合　计		2359	5	24	9	28	454.5	177	216	89	120	343	893.5	37.88%

注：江西4部未启动的志书均为拟撤销的志书。

附件 3　全国第二轮市级志书完成进度统计排名表

（截至 2018 年第四季度末）

排名	行政区划	规划数	未启动	部署动员	篇目设置	资料收集	初稿撰写	志稿初审	志稿复审	志稿终审	审后修改	移交出版	已出版	完成率
1	广　东	19											19	100.00%
1	安　徽	17											17	100.00%
1	山　东	17											17	100.00%
1	湖　北	17											17	100.00%
5	吉　林	9										1	8	88.89%
5	河　南	18									1	1	16	88.89%
7	江　苏	13									2		11	84.62%
8	江　西	11							1			1	9	81.82%
9	四　川	21						1	1	2		1	16	76.19%
10	湖　南	14					5						9	64.29%
11	浙　江	11					1	3					7	63.64%
12	云　南	16					4	1			2		9	56.25%
13	山　西	12					1		3			2	6	50.00%
13	甘　肃	14								4		3	7	50.00%
15	福　建	9						2		1	2		4	44.44%
16	河　北	7						2	1	1			3	42.86%
17	宁　夏	5				1	1					1	2	40.00%
18	黑龙江	13					1				6	1	5	38.46%
19	贵　州	9								1	1	4	3	33.33%
19	内蒙古	12				2	1	3				2	4	33.33%
21	辽　宁	57				9	19	2	4		3	2	18	31.58%
22	新　疆	11					7				1		3	27.27%
23	广　西	15					1		4		4	2	4	26.67%
24	青　海	8					3	3					2	25.00%
25	陕　西	11						5	1	2	1		2	18.18%
26	海　南	2							1	1				0.00%
26	西　藏	7					3	2	2					0.00%
26	兵　团	14				3	9			1		1		0.00%
合　计		389				15	56	24	18	13	23	22	218	56.04%

附件4 全国第二轮县级志书完成进度统计排名表

（截至2018年第四季度末）

排名	行政区划	规划数	未启动	部署动员	篇目设置	资料收集	初稿撰写	志稿初审	志稿复审	志稿终审	审后修改	移交出版	已出版	完成率
1	广东	99											99	100.00%
1	安徽	110											110	100.00%
1	湖北	97											97	100.00%
1	山东	137											137	100.00%
1	兵团	1											1	100.00%
6	河南	150										2	148	98.67%
7	江西	100					1	1				1	97	97.00%
8	江苏	96							1		2	1	92	95.83%
9	四川	179							1	2	3	2	171	95.53%
10	吉林	59							1		4		54	91.53%
11	河北	148					1	1	7	3	4	4	128	86.49%
12	上海	24					3	1					20	83.33%
13	湖南	121				3	5	8	2		1	5	97	80.17%
14	重庆	39					3	2	1			3	30	76.92%
15	天津	16						2	2				12	75.00%
16	宁夏	22					6				1		15	68.18%
17	甘肃	86						8	7	5		8	58	67.44%
18	云南	128				1	14	5	13	1	5	5	84	65.63%
19	贵州	88					8	2		3	10	8	57	64.77%
20	黑龙江	143					18	6	2	3	12	11	91	63.64%
21	浙江	87					18	7	2	3		3	54	62.07%
22	山西	119					8	3	27	4	5	1	71	59.66%
23	辽宁	100			3	4	18	5	2	2	5	8	53	53.00%
24	福建	84					3	16	4	5	1	11	44	52.38%
25	内蒙古	103				2	25	6	5	5	5	3	52	50.49%
26	北京	18								5		3	10	50.00%
27	陕西	106					5	6	12	11	14	12	46	43.40%
28	广西	106					2		34		17	9	44	41.51%
29	青海	46					11	6	9	1	4		15	32.61%
30	新疆	68					19				21	13	15	22.06%
31	海南	20						14	5		1			0.00%
32	西藏	74					33	15	9	7	2	1	7	0.00%
合计		2775			3	10	201	114	146	60	117	114	2010	72.43%

附件5　全国2017年卷三级综合年鉴公开出版统计排名表

(截至2018年第四季度末)

排名	行政区划	省级		市级		县级		合计		覆盖率
		应编纂出版	公开出版	应编纂出版	公开出版	应编纂出版	公开出版	应编纂出版	公开出版	
1	北　京	1	1	—	—	16	16	17	17	100.00%
1	上　海	1	1	—	—	16	16	17	17	100.00%
1	广　东	1	1	21	21	121	121	143	143	100.00%
4	福　建	1	1	9	9	84	83	94	93	98.94%
5	山　东	1	1	17	17	137	133	155	151	97.42%
6	海　南	1	1	4	3	23	23	28	27	96.43%
7	江　苏	1	1	13	13	96	91	110	105	95.45%
8	贵　州	1	1	9	8	88	78	98	87	88.78%
9	广　西	1	1	14	14	111	92	126	107	84.92%
10	浙　江	1	1	11	11	89	71	101	83	82.18%
11	吉　林	1	1	9	9	60	47	70	57	81.43%
12	云　南	1	1	16	16	129	101	146	118	80.82%
13	四　川	1	1	21	21	183	142	205	164	80.00%
14	安　徽	1	1	16	16	105	69	122	86	70.49%
15	甘　肃	1	1	14	13	86	57	101	71	70.30%
16	山　西	1	1	11	11	119	77	131	89	67.94%
17	河　南	1	1	17	17	158	101	176	119	67.61%
18	湖　北	1	1	13	12	103	57	117	70	59.83%
19	西　藏	1	1	7	6	74	41	82	48	58.54%
20	河　北	1	1	11	11	168	87	180	99	55.00%
21	兵　团	1	1	14	7	—	—	15	8	53.33%
22	重　庆	1	1	—	—	38	19	39	20	51.28%
23	宁　夏	1	1	5	3	22	10	28	14	50.00%
24	湖　南	1	1	14	12	122	52	137	65	47.45%
25	天　津	1	1	—	—	16	6	17	7	41.18%
26	陕　西	1	1	10	8	107	38	118	47	39.83%
27	江　西	1	1	11	8	100	30	112	39	34.82%
28	青　海	1	1	8	4	43	5	52	10	19.23%
29	辽　宁	1	1	14	14	100	4	115	19	16.52%
30	内蒙古	1	1	12	3	103	15	116	19	16.38%
31	黑龙江	1	1	13	7	128	14	142	22	15.49%
32	新　疆	1	1	14	3	96	8	111	12	10.81%
合　计		32	32	348	297	2841	1704	3221	2033	63.12%

附件6　全国2017年卷三级综合年鉴启动编纂统计排名表

（截至2018年第四季度末）

排名	行政区划	省级		市级		县级		合计		覆盖率
		应编纂	启动编纂	应编纂	启动编纂	应编纂	启动编纂	应编纂	启动编纂	
1	北　京	1	1	—	—	16	16	17	17	100.00%
1	天　津	1	1	—	—	16	16	17	17	100.00%
1	山　西	1	1	11	11	119	119	131	131	100.00%
1	吉　林	1	1	9	9	60	60	70	70	100.00%
1	上　海	1	1	—	—	16	16	17	17	100.00%
1	山　东	1	1	17	17	137	137	155	155	100.00%
1	广　东	1	1	21	21	121	121	143	143	100.00%
1	海　南	1	1	4	4	23	23	28	28	100.00%
1	重　庆	1	1	—	—	38	38	39	39	100.00%
1	四　川	1	1	21	21	183	183	205	205	100.00%
1	贵　州	1	1	9	9	88	88	98	98	100.00%
1	青　海	1	1	8	8	43	43	52	52	100.00%
1	宁　夏	1	1	5	5	22	22	28	28	100.00%
1	福　建	1	1	9	9	84	84	94	94	100.00%
15	新　疆	1	1	14	14	96	95	111	110	99.10%
16	云　南	1	1	16	16	129	127	146	144	98.63%
17	湖　北	1	1	13	13	103	101	117	115	98.29%
18	江　苏	1	1	13	13	96	93	110	107	97.27%
19	广　西	1	1	14	14	111	107	126	122	96.83%
20	河　北	1	1	11	11	168	160	180	172	95.56%
21	甘　肃	1	1	14	14	86	81	101	96	95.05%
22	浙　江	1	1	11	11	89	82	101	94	93.07%
23	湖　南	1	1	14	14	122	108	137	123	89.78%
24	安　徽	1	1	16	16	105	86	122	103	84.43%
25	江　西	1	1	11	11	100	77	112	89	79.46%
26	西　藏	1	1	7	7	74	57	82	65	79.27%
27	河　南	1	1	17	17	158	120	176	138	78.41%
28	内蒙古	1	1	12	12	103	75	116	88	75.86%
29	黑龙江	1	1	13	13	128	86	142	100	70.42%
30	陕　西	1	1	10	10	107	61	118	72	61.02%
31	兵　团	1	1	14	7	—	—	15	8	53.33%
32	辽　宁	1	1	14	14	100	7	115	22	19.13%
合　计		32	32	348	341	2841	2489	3221	2862	88.85%

附件 7　2017 年卷省级年鉴公开出版统计排名表

（截至 2018 年第四季度末）

排名	行政区划	应编纂	启动编纂	实现一年一鉴	公开出版	公开覆盖率
1	北　京	1	1	1	1	100%
1	天　津	1	1	1	1	100%
1	河　北	1	1	1	1	100%
1	山　西	1	1	1	1	100%
1	内蒙古	1	1	1	1	100%
1	辽　宁	1	1	1	1	100%
1	吉　林	1	1	1	1	100%
1	黑龙江	1	1	1	1	100%
1	上　海	1	1	1	1	100%
1	江　苏	1	1	1	1	100%
1	浙　江	1	1	1	1	100%
1	安　徽	1	1	1	1	100%
1	福　建	1	1	1	1	100%
1	江　西	1	1	1	1	100%
1	山　东	1	1	1	1	100%
1	河　南	1	1	1	1	100%
1	湖　北	1	1	1	1	100%
1	湖　南	1	1	1	1	100%
1	广　东	1	1	1	1	100%
1	广　西	1	1	1	1	100%
1	海　南	1	1	1	1	100%
1	重　庆	1	1	1	1	100%
1	四　川	1	1	1	1	100%
1	贵　州	1	1	1	1	100%
1	云　南	1	1	1	1	100%
1	西　藏	1	1	1	1	100%
1	陕　西	1	1	1	1	100%
1	甘　肃	1	1	1	1	100%
1	青　海	1	1	1	1	100%
1	宁　夏	1	1	1	1	100%
1	新　疆	1	1	1	1	100%
1	兵　团	1	1	1	1	100%
合　计		32	32	32	32	100%

附件8　2017年卷市级年鉴公开出版统计排名表

（截至2018年第四季度末）

排名	行政区划	应编纂	启动编纂	一年一鉴	公开出版	2017年出版	启动编纂率	公开出版率
1	河　北	11	11	11	11	5	100.00%	100.00%
1	山　西	11	11	11	11	9	100.00%	100.00%
1	辽　宁	14	14	14	14	14	100.00%	100.00%
1	吉　林	9	9	9	9	6	100.00%	100.00%
1	江　苏	13	13	13	13	12	100.00%	100.00%
1	浙　江	11	11	11	11	11	100.00%	100.00%
1	安　徽	16	16	16	16	16	100.00%	100.00%
1	福　建	9	9	9	9	8	100.00%	100.00%
1	山　东	17	17	17	17	17	100.00%	100.00%
1	河　南	17	17	17	17	12	100.00%	100.00%
1	广　东	21	21	21	21	21	100.00%	100.00%
1	广　西	14	14	14	14	10	100.00%	100.00%
1	四　川	21	21	21	21	16	100.00%	100.00%
1	云　南	16	16	16	16	13	100.00%	100.00%
15	甘　肃	14	14	14	13	9	100.00%	92.86%
16	湖　北	13	13	13	12	11	100.00%	92.31%
17	贵　州	9	9	9	8	6	100.00%	88.89%
18	湖　南	14	14	13	12	9	100.00%	85.71%
18	西　藏	7	7	6	6	4	100.00%	85.71%
20	陕　西	10	10	10	8	8	100.00%	80.00%
21	海　南	4	4	3	3	3	100.00%	75.00%
22	江　西	11	11	11	8	6	100.00%	72.73%
23	宁　夏	5	5	5	3	2	100.00%	60.00%
24	黑龙江	13	13	11	7	5	100.00%	53.85%
25	青　海	8	8	7	4	1	100.00%	50.00%
25	兵　团	14	7	7	7	7	50.00%	50.00%
27	内蒙古	12	12	10	3	3	100.00%	25.00%
28	新　疆	14	14	10	3	0	100.00%	21.43%
合　计		348	341	329	297	244	97.99%	85.34%

附件 9　2017 年卷县级年鉴公开出版统计排名表

（截至 2018 年第四季度末）

排名	行政区划	应编纂	启动编纂	一年一鉴	公开出版	2017 年出版	启动编纂率	公开出版率
1	北　京	16	16	16	16	10	100.00%	100.00%
1	上　海	16	16	16	16	12	100.00%	100.00%
1	广　东	121	121	121	121	103	100.00%	100.00%
1	海　南	23	23	23	23	23	100.00%	100.00%
5	福　建	84	84	84	83	63	100.00%	98.81%
6	山　东	137	137	133	133	127	100.00%	97.08%
7	江　苏	96	93	93	91	89	96.88%	94.79%
8	贵　州	88	88	88	80	39	100.00%	90.91%
9	广　西	111	107	105	92	34	96.40%	82.88%
10	浙　江	89	82	80	71	50	92.13%	79.78%
11	吉　林	60	60	49	47	17	100.00%	78.33%
12	云　南	129	127	122	101	91	98.45%	78.29%
13	四　川	183	183	179	142	122	100.00%	77.60%
14	甘　肃	86	81	81	57	8	94.19%	66.28%
15	安　徽	105	86	57	69	43	81.90%	65.71%
16	山　西	119	119	76	77	64	100.00%	64.71%
17	河　南	158	120	120	101	48	75.95%	63.92%
18	西　藏	74	57	41	41	40	77.03%	55.41%
19	湖　北	103	101	102	57	57	98.06%	55.34%
20	河　北	168	160	108	87	44	95.24%	51.79%
21	重　庆	38	38	37	19	11	100.00%	50.00%
22	宁　夏	22	22	22	10	5	100.00%	45.45%
23	湖　南	122	108	91	52	36	88.52%	42.62%
24	天　津	16	16	16	6	6	100.00%	37.50%
25	陕　西	107	61	39	38	61	57.01%	35.51%
26	江　西	100	77	77	30	15	77.00%	30.00%
27	内蒙古	103	75	61	15	4	72.82%	14.56%
28	青　海	43	43	22	5	2	100.00%	11.63%
29	黑龙江	128	86	47	14	11	67.19%	10.94%
30	新　疆	96	95	52	8	1	98.96%	8.33%
31	辽　宁	100	7	4	4	4	7.00%	4.00%
合　计		2841	2489	2162	1706	1240	87.61%	60.05%

附件10　全国2018年卷三级综合年鉴启动编纂统计排名表

（截至2018年第四季度末）

排名	行政区划	省级		市级		县级		合计		覆盖率
		应编纂	启动编纂	应编纂	启动编纂	应编纂	启动编纂	应编纂	启动编纂	
1	北　京	1	1	—	—	16	16	17	17	100.00%
1	天　津	1	1	—	—	16	16	17	17	100.00%
1	山　西	1	1	11	11	118	118	130	130	100.00%
1	内蒙古	1	1	12	12	103	103	116	116	100.00%
1	吉　林	1	1	9	9	60	60	70	70	100.00%
1	上　海	1	1	—	—	16	16	17	17	100.00%
1	江　苏	1	1	13	13	96	96	110	110	100.00%
1	福　建	1	1	9	9	84	84	94	94	100.00%
1	山　东	1	1	17	17	137	137	155	155	100.00%
1	河　南	1	1	17	17	158	158	176	176	100.00%
1	湖　北	1	1	13	13	103	103	117	117	100.00%
1	广　东	1	1	21	21	121	121	143	143	100.00%
1	广　西	1	1	14	14	111	111	126	126	100.00%
1	重　庆	1	1	—	—	38	38	39	39	100.00%
1	贵　州	1	1	9	9	88	88	98	98	100.00%
1	西　藏	1	1	7	7	74	74	82	82	100.00%
1	甘　肃	1	1	14	14	86	86	101	101	100.00%
1	青　海	1	1	8	8	43	43	52	52	100.00%
1	宁　夏	1	1	5	5	22	22	28	28	100.00%
20	四　川	1	1	21	21	183	181	205	203	99.02%
21	浙　江	1	1	11	11	89	88	101	100	99.01%
22	安　徽	1	1	16	16	105	100	122	117	95.90%
23	湖　南	1	1	14	14	122	119	137	134	97.81%
24	河　北	1	1	11	11	168	163	180	175	97.22%
25	海　南	1	1	4	3	23	23	28	27	96.43%
26	云　南	1	1	16	16	129	121	146	138	94.52%
27	江　西	1	1	11	11	100	87	112	99	88.39%
28	陕　西	1	1	10	10	107	92	118	103	87.29%
29	辽　宁	1	1	14	14	100	82	115	97	84.35%
30	兵　团	1	1	14	11	—	—	15	12	80.00%
31	黑龙江	1	1	13	11	128	96	142	108	76.06%
32	新　疆	1	1	14	14	96	65	111	80	72.07%
合　计		32	32	348	342	2840	2707	3220	3081	95.68%

附件11　全国2018年卷三级综合年鉴公开出版统计排名表

(截至2018年第四季度末)

排名	行政区划	省级		市级		县级		合计		覆盖率
		应编纂出版	公开出版	应编纂出版	公开出版	应编纂出版	公开出版	应编纂出版	公开出版	
1	天　津	1	1	—	—	16	16	17	17	100.00%
2	江　苏	1	1	13	12	96	95	110	108	98.18%
3	山　东	1	1	17	16	137	131	155	148	95.48%
4	浙　江	1	1	11	9	89	80	101	92	91.09%
5	甘　肃	1	1	14	14	86	73	101	88	87.13%
6	吉　林	1	1	9	7	60	42	70	50	71.43%
7	广　西	1	1	14	11	111	70	126	82	65.08%
8	上　海	1	1	—	—	16	10	17	11	64.71%
9	广　东	1	1	21	19	121	70	143	90	62.94%
10	海　南	1	1	4	3	23	13	28	17	60.71%
11	北　京	1	1	—	—	16	9	17	10	58.82%
12	山　西	1	1	11	7	118	61	130	69	53.08%
13	安　徽	1	1	16	13	105	42	122	56	45.90%
14	四　川	1	0	21	10	183	78	205	88	42.93%
15	湖　北	1	1	13	11	103	38	117	49	41.88%
16	河　南	1	1	17	13	158	58	176	72	40.91%
17	河　北	1	0	11	6	168	63	180	69	38.33%
18	贵　州	1	1	9	3	88	29	98	33	33.67%
19	西　藏	1	0	7	1	74	19	82	20	24.39%
20	宁　夏	1	1	5	2	22	3	28	6	21.43%
21	福　建	1	0	9	1	84	19	94	20	21.28%
22	重　庆	1	1	—	—	38	7	39	8	20.51%
23	江　西	1	1	11	5	100	9	112	15	13.39%
24	湖　南	1	0	14	2	122	11	137	13	9.49%
25	云　南	1	0	16	1	129	9	146	10	6.85%
26	陕　西	1	1	10	4	107	3	118	8	6.78%
27	兵　团	1	1	14	0	—	—	15	1	6.67%
28	青　海	1	1	8	0	43	2	52	3	5.77%
29	黑龙江	1	1	13	2	128	5	142	8	5.63%
30	内蒙古	1	0	12	1	103	2	116	3	2.59%
31	辽　宁	1	0	14	0	100	0	115	0	0.00%
32	新　疆	1	0	14	0	96	0	111	0	0.00%
合　计		32	23	348	173	2840	1067	3220	1264	39.25%

关于2019年第一季度全国第二轮省市县三级志书和综合年鉴全覆盖完成情况的通报

（中指组字〔2019〕6号）

各省、自治区、直辖市地方志工作机构，新疆生产建设兵团志办公室：

自2018年第一季度起实行“两全目标”季度通报制度一年来，各地采取强力措施，积极推进第二轮省市县三级志书和综合年鉴全覆盖工作。总体上，2019年第一季度“两全目标”工作进展顺利。现将截至2019年第一季度末的有关情况通报如下。

一、省市县三级志书完成情况

（一）三级志书完成总体情况

截至2019年第一季度末，全国第二轮三级志书规划5522部，其中省级志书2359部、市级志书388部、县级志书2775部（与2018年第四季度末相比，涉及1个省的1部市级志书被调整出二轮修志规划）。按已出版指标统计，三级志书新出版79部，累计出版3200.5部，占规划总数的57.96%，较2018年第四季度末提高1.44个百分点。按通过终审（包括志稿评审终审、审后修改、移交出版、已出版等几个统计指标之和）指标统计，三级志书新完成66部，累计完成4089.5部，占规划总数的74.06%，较2018年第四季度末提高1.21个百分点。其中，广东、山东完成第二轮三级规划志书出版。出版总完成率超过（含）50%的还有17个省（区、市），分别是安徽87.85%、甘肃87.79%、天津85.71%、四川81.57%、宁夏80.77%、湖南77.61%、吉林75.78%、重庆75.20%、江苏72.78%、河北65.42%、河南62.05%、贵州59.63%、山西58.90%、湖北57.87%、云南51.89%、江西50.23%、福建50%，比2018年第四季度末增加2个省。完成率在40%—49%的有黑龙江、广西、北京、陕西、内蒙古5个省（市），完成率在30%—39%的有辽宁、青海、浙江3个省（区、市）和兵团，完成率低于30%的有4个省（区、市），分别是上海21.36%、新疆21.35%、西藏8.03%、海南7.79%。涉及辽宁和湖南的2部志书尚未启动编纂，占规划总数的0.036%。涉及12个省（区、市）和兵团的74部志书已启动编纂但尚未进入初稿撰写阶段，占规划总数的1.34%。天津、江苏、安徽、云南、贵州、甘肃等省（区、市）和兵团第一季度完成率同比增长较快，工作成效明显。

（二）省级志书完成情况

截至2019年第一季度末，按已出版统计，省级志书新出版24部，累计出版917.5部，占规划总数的38.89%，较2018年第四季度末提高1.01个百分点。按通过终审（包括志稿评审终审、审后修改、移交出版、已出版等几个统计指标之和）的指标统计，新完成36部，累计完成1482.5部，完成率为62.84%，较2018年第四季度末提高1.52个百分点。广东、宁夏、山东全面完成省级志书规划出版任务，出版完成率超过50%的还有9个省（区、市）和兵团，分别是甘肃91.67%、天津88.52%、兵团80%、湖南74.24%、重庆73.26%、安徽70.11%、山西58.43%、吉林58.33%、四川54.84%、贵州51.56%。出版完成率低于20%的有10个省（区、市），其中河南17.78%、河北15.25%、上海13.78%、辽宁13.10%、海南10.91%、浙江7.96%、西藏7.14%、江西0%、湖北0%、新疆0%。涉及11个省（区、市）的53部省级志书已启动编纂但尚未进入初稿撰写阶段，占省级志书规划总数的2.25%。

（三）市级志书完成情况

截至2019年第一季度末，按已出版统计，市级志书新出版11部，累计出版229部，占规划总数的59.02%，较2018年第四季度末提高2.98个百分点。按通过终审（包括志稿评审终审、审后修改、移交出版、已出版等几个统计指标之和）的指标统计，新完成3部，累计完成279部，完成率为71.91%，较2018年第四季度末提高0.96个百分点。其中广东、安徽、山东、湖北全面完成市级志书规划出版任务，出版完成率超过50%的还有10个省（区），分别是江苏92.31%、吉林88.89%、河南88.89%、甘肃85.71%、江西81.82%、四川76.19%、湖南64.29%、浙江63.64%、云南56.25%、山西54.55%。出版完成率低于20%的有3个省（区）和兵团，其中，陕西18.18%、兵团7.14%、海南0%、西藏0%。涉及3个省（区）和兵团的14部市级志书已启动编纂但尚未进入初稿撰写阶段，占市级志书规划总数的3.61%。

（四）县级志书完成情况

截至2019年第一季度末，按已出版统计，县级志书新完成44部，累计出版2054部，完成率为74.02%，较2018年第四季度末提高1.59个百分点。按通过终审（包括志稿评审终审、审后修改、移交出版、已出版等几个统计指标之和）的指标统计，新完成27部，累计完成2328部，完成率为83.89%，较2018年第四季度末提高0.97个百分点。其中，广东、安徽、湖北、山东、兵团完成县级规划志书出版任务，出版完成率超过65%的还有14个省（区、市），分别是河南98.67%、江西98%、四川96.09%、江苏95.83%、吉林91.53%、河北86.49%、甘肃84.88%、上海83.33%、湖南80.99%、重庆79.49%、天津75%、贵州68.18%、宁夏68.18%、云南67.19%。出版完成率低于20%的有2个省（区），其中，西藏9.46%、海南0%。涉及2个省（区）的7部县级志书已启动编纂但尚未进入初稿撰写阶段，占县级志书规划总数的0.25%。

二、地方综合年鉴全覆盖完成情况

（一）地方综合年鉴全覆盖完成总体情况

截至2019年第一季度末，全国31个省（区、市）和新疆生产建设兵团的32种省级综合年鉴中，2017年卷全部实现一年一鉴、公开出版，2018年卷32种全部启动编纂、26种实现公开出版，2019年卷32种全部启动编纂，其中2种尚未理顺编纂体制。应编纂出版的348种（含兵团所辖师级年鉴）市级综合年鉴中，2017年卷341种启动编纂、307种实现公开出版，2018年卷344种启动编纂、227种实现公开出版，2019年卷332种启动编纂（因行政区划调整相应调减1种，应编纂出版347种）。应编纂出版的2841种县级综合年鉴中，2017年卷2489种启动编纂、1791种实现公开出版，2018年卷2693种启动编纂、1390种实现公开出版（因行政区划调整相应调减1种，应编纂出版2840种），2019年卷2466种启动编纂（因行政区划调整相应调减1种，应编纂出版2839种）。

总体来说，全国省、市、县三级综合年鉴2017年卷应编纂出版3221种，启动编纂2862种、覆盖率约为88.85%，公开出版2130种、覆盖率约为66.13%；2018年卷应编纂出版3220种，启动编纂3070种、覆盖率约为95.34%，1643种实现公开出版、覆盖率为51.02%；2019年卷应编纂出版3218种，启动编纂2830种、覆盖率为87.94%。

（二）省级综合年鉴编纂出版情况

截至2019年第一季度末，全国31个省（区、市）和新疆生产建设兵团的32种省级综合年鉴中，2017年卷全部实现一年一鉴、公开出版，覆盖率为100%；2018年卷全部启动编纂工作，26种实现公开出版、覆盖率约为81.25%；2019年卷全部启动编纂工作、覆盖率为100%。其中，辽宁、云南2种尚未理顺编纂体制，未实现由本级地方志工作机构负责编纂。

（三）市级综合年鉴编纂出版情况

截至2019年第一季度末，全国应编纂出版的348种2017年卷市级综合年鉴中，341种启动编纂、覆盖率约为97.99%，307种实现公开出版、覆盖率约为88.22%。2018年卷年鉴中，344种启动编纂、覆盖率约为98.85%，

227种实现公开出版、覆盖率约为65.23%。其中，吉林、江苏、浙江、安徽、广东、甘肃6个省2018年卷年鉴实现启动编纂、一年一鉴、公开出版全覆盖；有涉及海南、兵团的4种未启动编纂，约占应编纂出版总数的1.15%。应编纂出版的347种2019年卷年鉴中，332种启动编纂、覆盖率约为95.68%，尚有涉及内蒙古、黑龙江、江西、湖南、海南、宁夏、新疆7个省（区）的15种未启动编纂，约占应编纂出版总数的4.32%。

（四）县级综合年鉴编纂出版情况

截至2019年第一季度末，全国应编纂出版的2841种2017年卷县级综合年鉴中，2489种启动编纂、覆盖率约为87.61%，1791种实现公开出版、覆盖率约为63.04%。应编纂出版的2840种2018年卷年鉴中，2693种启动编纂、覆盖率约为94.82%，1390种实现公开出版、覆盖率约为48.94%。其中，天津、上海、江苏3个省（市）实现启动编纂、一年一鉴、公开出版全覆盖；有涉及河北、辽宁、黑龙江、浙江、安徽、江西、湖南、云南、陕西、新疆10个省（区）的147种未启动编纂工作，约占应编纂出版总数的5.18%。2018年卷年鉴未启动编纂排在前5位的分别是辽宁58种、黑龙江29种、新疆15种、陕西13种、江西13种。应编纂出版的2839种2019年卷年鉴中，2466种启动编纂、覆盖率约为86.86%，尚有涉及河南、广西、西藏、宁夏、海南、陕西、湖南、云南、河北、江西、安徽、内蒙古、黑龙江、湖北、辽宁、新疆16个省（区）的373种未启动编纂，约占应编纂出版总数的13.14%。2019年卷年鉴未启动编纂排在前5位的是新疆87种、辽宁59种、黑龙江35种、湖北32种、河北31种。

三、工作要求

到2020年按时保质完成“两全目标”，时间紧迫、任务艰巨，希望排名靠后的地区采取强有力措施，克服机构改革等带来的影响，调动各方面的积极性，切实推进本地区“两全目标”工作。各地要做好“两全目标”在线统计系统的数据更新工作。各地在推进“两全目标”工作中的经验做法、遇到的困难和问题等，请及时报“两全目标”督查小组办公室。

附件：

1. 全国第二轮三级志书完成进度统计排名表

2. 全国第二轮省级志书完成进度统计排名表

3. 全国第二轮市级志书完成进度统计排名表

4. 全国第二轮县级志书完成进度统计排名表

5. 全国2017年卷三级综合年鉴公开出版统计排名表

6. 全国2018年卷三级综合年鉴启动编纂统计排名表

7. 全国2018年卷三级综合年鉴公开出版统计排名表

8. 2018年卷省级年鉴公开出版统计排名表

9. 2018年卷市级年鉴公开出版统计排名表

10. 2018年卷县级年鉴公开出版统计排名表

11. 全国2019年卷三级综合年鉴启动编纂统计排名表

中国地方志指导小组
“两全目标”督查小组
2019年6月10日

附件1　全国第二轮三级志书完成进度统计排名表

（截至2019年第一季度末）

排名	行政区划	规划数	未启动	部署动员	篇目设置	资料收集	初稿撰写	志稿初审	志稿复审	志稿终审	审后修改	移交出版	已出版	完成率
1	广东	161											161	100.00%
1	山东	228											228	100.00%
3	安徽	214						1			9	16	188	87.85%
4	甘肃	172						7	10	4			151	87.79%
5	天津	77						2	7			2	66	85.71%
6	四川	293					9	2	3	2	10	25	239	81.57%
7	宁夏	52				1	7				1	1	42	80.77%
8	湖南	201	1	2			23	8	4	1	1	5	156	77.61%
9	吉林	128					1	2	8		15	5	97	75.78%
10	重庆	125					14	4	4			9	94	75.20%
11	江苏	169					8	6	6	8	9	9	123	72.78%
12	河北	214					4	18	32		9	11	140	65.42%
13	河南	303									1	114	188	62.05%
14	贵州	161					10	3	16	1	22	13	96	59.63%
15	山西	219					14	23	39	7	5	2	129	58.90%
16	湖北	197										83	114	57.87%
17	云南	212			3	3	43	9	13		26	5	110	51.89%
18	江西	213				4	55	18	28			1	107	50.23%
19	福建	170					14	19	14	12	11	15	85	50.00%
20	黑龙江	251				2	52	10	17	5	30	13	122	48.61%
21	广西	186					2		52		36	10	86	46.24%
22	北京	88					3	13	17	6	8	4	37	42.05%
23	陕西	189					13	14	14	17	29	24	78	41.27%
24	内蒙古	191			1	3	45	29	4	15	6	11	77	40.31%
25	辽宁	241	1	15	5	16	49	16	22	2	16	9	90	37.34%
26	青海	113				3	16	22.5	12	8	9	5	37.5	33.19%
27	浙江	211				1	49	36	19	1	8	27	70	33.18%
28	兵团	20				1	4	7	1		1		6	30.00%
29	上海	220			1	7	142	10	4	1		8	47	21.36%
30	新疆	89					25				21	24	19	21.35%
31	西藏	137		1			64	24	24	9	3	1	11	8.03%
32	海南	77						13	6	19	25	8	6	7.79%
合计		5522	2	18	10	41	666	316.5	376	118	311	460	3200.5	57.96%

注：1. 2019年第一季度省市县三级规划志书共减少1部。

2. 海南省的志书计划统一出版。

附件2　全国第二轮省级志书完成进度统计排名表

（截至2019年第一季度末）

排名	行政区划	规划数	未启动	部署动员	篇目设置	资料收集	初稿撰写	志稿初审	志稿复审	志稿终审	审后修改	移交出版	已出版	完成率
1	广　东	42											42	100.00%
1	宁　夏	25											25	100.00%
1	山　东	74											74	100.00%
4	甘　肃	72						2	3	1			66	91.67%
5	天　津	61						2	3			2	54	88.52%
6	兵　团	5							1				4	80.00%
7	湖　南	66	1	2			11		2	1			49	74.24%
8	重　庆	86					12	1	3			7	63	73.26%
9	安　徽	87						1			9	16	61	70.11%
10	山　西	89					9	18	10				52	58.43%
11	吉　林	60					1	2	8		10	4	35	58.33%
12	四　川	93				3	9		2		6	22	51	54.84%
13	贵　州	64					3		16		11	1	33	51.56%
14	广　西	65							18		10	5	32	49.23%
15	福　建	77					11	3	9	6	7	7	34	44.16%
16	陕　西	72					9	8		3	11	11	30	41.67%
17	北　京	70					3	13	17	5	4	3	25	35.71%
18	青　海	59				3	5	11.5	4	5	6	5	19.5	33.05%
19	江　苏	60					8	6	6	8	5	8	19	31.67%
20	黑龙江	95				2	33	4	15	2	13	1	25	26.32%
21	内蒙古	76			1		19	19	1	9	2	6	19	25.00%
22	云　南	68			3	2	26	2			20		15	22.06%
23	河　南	135										111	24	17.78%
24	河　北	59					3	15	20		6	6	9	15.25%
25	上　海	196			1	7	139	9	4	1		8	27	13.78%
26	辽　宁	84		15	1	6	22	12	11	1	4	1	11	13.10%
27	海　南	55								18	24	7	6	10.91%
28	浙　江	113				1	31	25	17		7	23	9	7.96%
29	西　藏	56		1			28	8	12	2	1		4	7.14%
30	江　西	102				4	54	17	27					0.00%
30	湖　北	83										83		0.00%
30	新　疆	10										10		0.00%
合　计		2359	1	18	6	28	436	178.5	209	62	156	347	917.5	38.89%

注：1. 河南、湖北、新疆省级志书已全部移交出版社，统一出版。

2. 江西4部资料搜集的省级志书拟被调整出二轮修志规划。

附件3　全国第二轮市级志书完成进度统计排名表

（截至2019年第一季度末）

排名	行政区划	规划数	未启动	部署动员	篇目设置	资料收集	初稿撰写	志稿初审	志稿复审	志稿终审	审后修改	移交出版	已出版	完成率
1	广　东	19											19	100.00%
1	安　徽	17											17	100.00%
1	山　东	17											17	100.00%
1	湖　北	17											17	100.00%
5	江　苏	13									1		12	92.31%
6	吉　林	9										1	8	88.89%
6	河　南	18									1	1	16	88.89%
8	甘　肃	14							2				12	85.71%
9	江　西	11							1			1	9	81.82%
10	四　川	21						1	1	1	1	1	16	76.19%
11	湖　南	14					5						9	64.29%
12	浙　江	11					1	3					7	63.64%
13	云　南	16					4	1			2		9	56.25%
14	山　西	11					1		3			1	6	54.55%
15	福　建	9						1	1	1	2		4	44.44%
16	河　北	7						2	1		1		3	42.86%
17	广　西	15					1		2		6		6	40.00%
17	宁　夏	5				1	1					1	2	40.00%
19	黑龙江	13					1				5	2	5	38.46%
20	内蒙古	12				2	1	3				1	5	33.33%
20	辽　宁	57			3	7	11	2	9		4	2	19	33.33%
20	贵　州	9								1	1	4	3	33.33%
23	新　疆	11					6				2		3	27.27%
24	青　海	8					3	2	1				2	25.00%
25	陕　西	11							5	3	1		2	18.18%
26	兵　团	14				1	4	7			1		1	7.14%
27	海　南	2							1		1			0.00%
27	西　藏	7					3	1	3					0.00%
合　计		388			3	11	42	23	30	6	29	15	229	59.02%

附件4　全国第二轮县级志书完成进度统计排名表

（截至2019年第一季度末）

排名	行政区划	规划数	未启动	部署动员	篇目设置	资料收集	初稿撰写	志稿初审	志稿复审	志稿终审	审后修改	移交出版	已出版	完成率
1	广　东	100											100	100%
1	安　徽	110											110	100%
1	湖　北	97											97	100%
1	山　东	137											137	100%
1	兵　团	1											1	100%
6	河　南	150										2	148	98.67%
7	江　西	100					1	1					98	98.00%
8	四　川	179						1		1	3	2	172	96.09%
9	江　苏	96									3	1	92	95.83%
10	吉　林	59									5		54	91.53%
11	河　北	148					1	1	11		2	5	128	86.49%
12	甘　肃	86						5	5	3			73	84.88%
13	上　海	24					3	1					20	83.33%
14	湖　南	121					7	8	2		1	5	98	80.99%
15	重　庆	39					2	3	1			2	31	79.49%
16	天　津	16							4				12	75.00%
17	贵　州	88					7	3			10	8	60	68.18%
17	宁　夏	22					6				1		15	68.18%
19	云　南	128				1	13	6	13		4	5	86	67.19%
20	北　京	18								1	4	1	12	66.67%
21	黑龙江	143					18	6	2	3	12	10	92	64.34%
22	浙　江	87					17	8	2	1	1	4	54	62.07%
23	辽　宁	100	1		1	3	16	2	2	1	8	6	60	60.00%
24	山　西	119					4	5	26	7	5	1	71	59.66%
25	福　建	84					3	15	4	5	2	8	47	55.95%
26	内蒙古	103				1	25	7	3	6	4	4	53	51.46%
27	广　西	106					1		32		20	5	48	45.28%
28	陕　西	106					4	6	9	11	17	13	46	43.40%
29	青　海	46					8	9	7	3	3		16	34.78%
30	新　疆	68					19				19	14	16	23.53%
31	西　藏	74					33	15	9	7	2	1	7	9.46%
32	海　南	20						13	5	1		1		0.00%
合　计		2775	1		1	5	188	115	137	50	126	98	2054	74.02%

注：兵团的县级志书出版1部，其余被调整出二轮修志规划。

附件 5　全国 2017 年卷三级综合年鉴公开出版统计排名表

（截至 2019 年第一季度末）

排名	行政区划	省级		市级		县级		合计		覆盖率
		应编纂出版	公开出版	应编纂出版	公开出版	应编纂出版	公开出版	应编纂出版	公开出版	
1	北　京	1	1	—	—	16	16	17	17	100.00%
1	上　海	1	1	—	—	16	16	17	17	100.00%
1	广　东	1	1	21	21	121	121	143	143	100.00%
4	福　建	1	1	9	9	84	83	94	93	98.94%
5	山　东	1	1	17	17	137	133	155	151	97.42%
6	海　南	1	1	4	3	23	23	28	27	96.43%
7	吉　林	1	1	9	9	60	57	70	67	95.71%
8	江　苏	1	1	13	13	96	91	110	105	95.45%
9	贵　州	1	1	9	8	88	82	98	91	92.86%
10	广　西	1	1	14	14	111	94	126	109	86.51%
11	甘　肃	1	1	14	14	86	71	101	86	85.15%
12	四　川	1	1	21	21	183	147	205	169	82.44%
13	浙　江	1	1	11	11	89	71	101	83	82.18%
14	云　南	1	1	16	16	129	101	146	118	80.82%
15	安　徽	1	1	16	16	105	69	122	86	70.49%
16	山　西	1	1	11	11	119	77	131	89	67.94%
17	河　南	1	1	17	17	158	101	176	119	67.61%
18	新　疆	1	1	14	10	96	58	111	69	62.16%
19	湖　北	1	1	13	12	103	57	117	70	59.83%
20	西　藏	1	1	7	6	74	41	82	48	58.54%
21	河　北	1	1	11	11	168	87	180	99	55.00%
22	宁　夏	1	1	5	4	22	10	28	15	53.57%
23	兵　团	1	1	14	7	—	—	15	8	53.33%
24	重　庆	1	1	—	—	38	19	39	20	51.28%
25	湖　南	1	1	14	12	122	52	137	65	47.45%
26	天　津	1	1	—	—	16	6	17	7	41.18%
27	陕　西	1	1	10	8	107	38	118	47	39.83%
28	江　西	1	1	11	8	100	30	112	39	34.82%
29	青　海	1	1	8	5	43	7	52	13	25.00%
30	辽　宁	1	1	14	14	100	4	115	19	16.52%
31	内蒙古	1	1	12	3	103	15	116	19	16.38%
32	黑龙江	1	1	13	7	128	14	142	22	15.49%
合　计		32	32	348	307	2841	1791	3221	2130	66.13%

附件6　全国2018年卷三级综合年鉴启动编纂统计排名表

（截至2019年第一季度末）

排名	行政区划	省级		市级		县级		合计		覆盖率
		应编纂	启动编纂	应编纂	启动编纂	应编纂	启动编纂	应编纂	启动编纂	
1	北　京	1	1	—	—	16	16	17	17	100.00%
1	天　津	1	1	—	—	16	16	17	17	100.00%
1	山　西	1	1	11	11	118	118	130	130	100.00%
1	内蒙古	1	1	12	12	103	103	116	116	100.00%
1	吉　林	1	1	9	9	60	60	70	70	100.00%
1	上　海	1	1	—	—	16	16	17	17	100.00%
1	江　苏	1	1	13	13	96	96	110	110	100.00%
1	福　建	1	1	9	9	84	84	94	94	100.00%
1	山　东	1	1	17	17	137	137	155	155	100.00%
1	河　南	1	1	17	17	158	158	176	176	100.00%
1	湖　北	1	1	13	13	103	103	117	117	100.00%
1	广　东	1	1	21	21	121	121	143	143	100.00%
1	广　西	1	1	14	14	111	111	126	126	100.00%
1	重　庆	1	1	—	—	38	38	39	39	100.00%
1	四　川	1	1	21	21	183	183	205	205	100.00%
1	贵　州	1	1	9	9	88	88	98	98	100.00%
1	西　藏	1	1	7	7	74	74	82	82	100.00%
1	甘　肃	1	1	14	14	86	86	101	101	100.00%
1	青　海	1	1	8	8	43	43	52	52	100.00%
1	宁　夏	1	1	5	5	22	22	28	28	100.00%
21	浙　江	1	1	11	11	89	88	101	100	99.01%
22	安　徽	1	1	16	16	105	103	122	120	98.36%
23	湖　南	1	1	14	14	122	119	137	134	97.81%
24	河　北	1	1	11	11	168	163	180	175	97.22%
25	海　南	1	1	4	3	23	23	28	27	96.43%
26	云　南	1	1	16	16	129	121	146	138	94.52%
27	江　西	1	1	11	11	100	88	112	100	89.29%
28	陕　西	1	1	10	10	107	94	118	105	88.98%
29	新　疆	1	1	14	14	96	81	111	96	86.49%
30	兵　团	1	1	14	11	—	—	15	12	80.00%
31	黑龙江	1	1	13	13	128	99	142	113	79.58%
32	辽　宁	1	1	14	14	100	42	115	57	49.57%
合　计		32	32	348	344	2840	2694	3220	3070	95.34%

附件 7　全国 2018 年卷三级综合年鉴公开出版统计排名表

(截至 2019 年第一季度末)

排名	行政区划	省级		市级		县级		合计		覆盖率
		应编纂出版	公开出版	应编纂出版	公开出版	应编纂出版	公开出版	应编纂出版	公开出版	
1	天　津	1	1	—	—	16	16	17	17	100.00%
1	上　海	1	1	—	—	16	16	17	17	100.00%
1	江　苏	1	1	13	13	96	96	110	110	100.00%
4	山　东	1	1	17	16	137	134	155	151	97.42%
5	浙　江	1	1	11	11	89	84	101	96	95.05%
5	甘　肃	1	1	14	14	86	81	101	96	95.05%
7	广　东	1	1	21	21	121	104	143	126	88.11%
8	吉　林	1	1	9	9	60	48	70	58	82.86%
9	重　庆	1	1	—	—	38	30	39	31	79.49%
10	广　西	1	1	14	12	111	87	126	100	79.37%
11	北　京	1	1	—	—	16	11	17	12	70.59%
12	安　徽	1	1	16	16	105	62	122	79	64.75%
13	海　南	1	1	4	3	23	13	28	17	60.71%
14	四　川	1	1	21	18	183	97	205	116	56.59%
15	山　西	1	1	11	7	118	61	130	69	53.08%
16	贵　州	1	1	9	6	88	44	98	51	52.04%
17	湖　北	1	1	13	11	103	47	117	59	50.43%
18	陕　西	1	1	10	9	107	47	118	57	48.31%
19	西　藏	1	0	7	2	74	33	82	35	42.68%
20	河　南	1	1	17	14	158	59	176	74	42.05%
21	福　建	1	0	9	4	84	35	94	39	41.49%
22	河　北	1	0	11	6	168	63	180	69	38.33%
23	湖　南	1	1	14	6	122	44	137	51	37.23%
24	宁　夏	1	1	5	3	22	4	28	8	28.57%
25	江　西	1	1	11	8	100	20	112	29	25.89%
26	辽　宁	1	1	14	8	100	13	115	22	19.13%
27	青　海	1	1	8	2	43	5	52	8	15.38%
28	兵　团	1	1	14	1	—	—	15	2	13.33%
29	新　疆	1	0	14	2	96	12	111	14	12.61%
30	黑龙江	1	1	13	3	128	13	142	17	11.97%
31	云　南	1	0	16	1	129	9	146	10	6.85%
32	内蒙古	1	0	12	1	103	2	116	3	2.59%
合　计		32	26	348	227	2840	1390	3220	1643	51.02%

附件 8　2018 年卷省级年鉴公开出版统计排名表

（截至 2019 年第一季度末）

排名	行政区划	应编纂	启动编纂	实现一年一鉴	公开出版	公开覆盖率
1	北　京	1	1	1	1	100.00%
1	天　津	1	1	1	1	100.00%
1	山　西	1	1	1	1	100.00%
1	辽　宁	1	1	1	1	100.00%
1	吉　林	1	1	1	1	100.00%
1	黑龙江	1	1	1	1	100.00%
1	上　海	1	1	1	1	100.00%
1	江　苏	1	1	1	1	100.00%
1	浙　江	1	1	1	1	100.00%
1	安　徽	1	1	1	1	100.00%
1	江　西	1	1	1	1	100.00%
1	山　东	1	1	1	1	100.00%
1	河　南	1	1	1	1	100.00%
1	湖　北	1	1	1	1	100.00%
1	湖　南	1	1	1	1	100.00%
1	广　东	1	1	1	1	100.00%
1	广　西	1	1	1	1	100.00%
1	海　南	1	1	1	1	100.00%
1	重　庆	1	1	1	1	100.00%
1	四　川	1	1	1	1	100.00%
1	贵　州	1	1	1	1	100.00%
1	陕　西	1	1	1	1	100.00%
1	甘　肃	1	1	1	1	100.00%
1	青　海	1	1	1	1	100.00%
1	宁　夏	1	1	1	1	100.00%
1	兵　团	1	1	1	1	100.00%
32	河　北	1	1	1	0	0.00%
32	内蒙古	1	1	1	0	0.00%
32	福　建	1	1	1	0	0.00%
32	云　南	1	1	1	0	0.00%
32	西　藏	1	1	1	0	0.00%
32	新　疆	1	1	1	0	0.00%
合　计		32	32	32	26	81.25%

附件9　2018年卷市级年鉴公开出版统计排名表

(截至2019年第一季度末)

排名	行政区划	应编纂	启动编纂	一年一鉴	公开出版	2017年出版	启动编纂率	公开出版率
1	吉　林	9	9	9	9	8	100.00%	100.00%
1	江　苏	13	13	13	13	12	100.00%	100.00%
1	浙　江	11	11	11	11	9	100.00%	100.00%
1	安　徽	16	16	16	16	13	100.00%	100.00%
1	广　东	21	21	21	21	19	100.00%	100.00%
1	甘　肃	14	14	14	14	14	100.00%	100.00%
7	山　东	17	17	17	16	16	100.00%	94.12%
8	陕　西	10	10	10	9	9	100.00%	90.00%
9	广　西	14	14	14	12	11	100.00%	85.71%
9	四　川	21	21	21	18	18	100.00%	85.71%
11	湖　北	13	13	13	11	11	100.00%	84.62%
12	河　南	17	17	17	14	13	100.00%	82.35%
13	海　南	4	3	3	3	3	75.00%	75.00%
14	江　西	11	11	11	8	7	100.00%	72.73%
15	贵　州	9	9	9	6	3	100.00%	66.67%
16	山　西	11	11	11	7	7	100.00%	63.64%
17	宁　夏	5	5	5	3	2	100.00%	60.00%
18	辽　宁	14	14	14	8	6	100.00%	57.14%
19	河　北	11	11	11	6	6	100.00%	54.55%
20	福　建	9	9	9	4	1	100.00%	44.44%
21	湖　南	14	14	12	6	2	100.00%	42.86%
22	西　藏	7	7	7	2	1	100.00%	28.57%
23	青　海	8	8	8	2	1	100.00%	25.00%
24	黑龙江	13	13	11	3	3	100.00%	23.08%
25	新　疆	14	14	14	2	0	100.00%	14.29%
26	内蒙古	12	12	12	1	1	100.00%	8.33%
27	兵　团	14	11	11	1	0	78.57%	7.14%
28	云　南	16	16	16	1	1	100.00%	6.25%
合　计		348	344	340	227	197	98.85%	65.23%

附件10　2018年卷县级年鉴公开出版统计排名表

（截至2019年第一季度末）

排名	行政区划	应编纂	启动编纂	一年一鉴	公开出版	2017年出版	启动编纂率	公开出版率
1	天　津	16	16	16	16	16	100.00%	100.00%
1	上　海	16	16	16	16	11	100.00%	100.00%
1	江　苏	96	96	96	96	95	100.00%	100.00%
4	山　东	137	137	137	134	131	100.00%	97.81%
5	浙　江	89	88	88	84	80	98.88%	94.38%
6	甘　肃	86	86	86	81	81	100.00%	94.19%
7	广　东	121	121	121	104	70	100.00%	85.95%
8	吉　林	60	60	60	48	42	100.00%	80.00%
9	重　庆	38	38	38	30	7	100.00%	78.95%
10	广　西	111	111	111	87	75	100.00%	78.38%
11	北　京	16	16	16	11	9	100.00%	68.75%
12	安　徽	105	103	91	62	42	98.10%	59.05%
13	海　南	23	23	23	13	13	100.00%	56.52%
14	四　川	183	183	182	97	86	100.00%	53.01%
15	山　西	118	118	118	61	61	100.00%	51.69%
16	贵　州	88	88	88	44	29	100.00%	50.00%
17	湖　北	103	103	102	47	38	100.00%	45.63%
18	西　藏	74	74	74	33	19	100.00%	44.59%
19	陕　西	107	94	94	47	47	87.85%	43.93%
20	福　建	84	84	84	35	19	100.00%	41.67%
21	河　北	168	163	163	63	63	97.02%	37.50%
22	河　南	158	158	158	59	58	100.00%	37.34%
23	湖　南	122	119	115	44	11	97.54%	36.07%
24	江　西	100	87	87	20	17	87.00%	20.00%
25	宁　夏	22	22	22	4	3	100.00%	18.18%
26	辽　宁	100	42	42	13	3	42.00%	13.00%
27	新　疆	96	81	81	12	0	84.38%	12.50%
28	青　海	43	43	43	5	3	100.00%	11.63%
29	黑龙江	128	99	97	13	7	77.34%	10.16%
30	云　南	129	121	121	9	9	93.80%	6.98%
31	内蒙古	103	103	103	2	2	100.00%	1.94%
合　计		2840	2693	2673	1390	1147	94.82%	48.94%

附件 11　全国 2019 年卷三级综合年鉴启动编纂统计排名表

（截至 2019 年第一季度末）

排名	行政区划	省级		市级		县级		合计		覆盖率
		应编纂	启动编纂	应编纂	启动编纂	应编纂	启动编纂	应编纂	启动编纂	
1	北　京	1	1	—	—	16	16	17	17	100. 00%
1	天　津	1	1	—	—	16	16	17	17	100. 00%
1	山　西	1	1	11	11	117	117	129	129	100. 00%
1	吉　林	1	1	9	9	60	60	70	70	100. 00%
1	上　海	1	1	—	—	16	16	17	17	100. 00%
1	江　苏	1	1	13	13	96	96	110	110	100. 00%
1	浙　江	1	1	11	11	89	89	101	101	100. 00%
1	福　建	1	1	9	9	84	84	94	94	100. 00%
1	山　东	1	1	16	16	137	137	154	154	100. 00%
1	广　东	1	1	21	21	121	121	143	143	100. 00%
1	重　庆	1	1	—	—	38	38	39	39	100. 00%
1	四　川	1	1	21	21	183	183	205	205	100. 00%
1	贵　州	1	1	9	9	88	88	98	98	100. 00%
1	甘　肃	1	1	14	14	86	86	101	101	100. 00%
1	青　海	1	1	8	8	43	43	52	52	100. 00%
1	兵　团	1	1	14	14	—	—	15	15	100. 00%
17	河　南	1	1	17	17	158	156	176	174	98. 86%
18	广　西	1	1	14	14	111	108	126	123	97. 62%
19	西　藏	1	1	7	7	74	72	82	80	97. 56%
20	宁　夏	1	1	5	4	22	22	28	27	96. 43%
20	海　南	1	1	4	3	23	23	28	27	96. 43%
22	陕　西	1	1	10	10	107	102	118	113	95. 76%
23	湖　南	1	1	14	13	122	112	137	126	91. 97%
24	云　南	1	1	16	16	129	105	146	122	83. 56%
25	河　北	1	1	11	11	168	137	180	149	82. 78%
26	江　西	1	1	11	10	100	75	112	86	76. 79%
27	安　徽	1	1	16	16	105	76	122	93	76. 23%
28	内蒙古	1	1	12	11	103	74	116	86	74. 14%
29	黑龙江	1	1	13	11	128	93	142	105	73. 94%
30	湖　北	1	1	13	13	103	71	117	85	72. 65%
31	辽　宁	1	1	14	14	100	41	115	56	48. 70%
32	新　疆	1	1	14	6	96	9	111	16	14. 41%
合　计		32	32	347	332	2839	2466	3218	2830	87. 94%

关于2019年第二季度全国第二轮省市县三级志书和综合年鉴全覆盖完成情况的通报

（中指组字〔2019〕7号）

各省、自治区、直辖市地方志工作机构，新疆生产建设兵团志办公室：

自2018年第一季度起实行“两全目标”季度通报制度以来，各地采取强力措施，积极推进全国第二轮省市县三级志书和综合年鉴全覆盖工作。总体上，2019年第二季度“两全目标”工作进展顺利。现将截至2019年第二季度末的有关情况通报如下。

一、省市县三级志书完成情况

（一）三级志书完成总体情况

截至2019年第二季度末，全国第二轮三级志书规划5522部，其中省级志书2359部、市级志书388部、县级志书2775部。按已出版指标统计，三级志书新出版57部，累计出版3257.5部，占规划总数的58.99%，较2019年第一季度末提高1.03个百分点。按通过终审（包括志稿评审终审、审后修改、移交出版、已出版等几个统计指标之和）指标统计，三级志书新完成97部，累计完成4186.5部，占规划总数的75.81%，较2019年第一季度末提高1.75个百分点。其中，广东、山东完成第二轮三级规划志书出版。

（二）省级志书完成情况

截至2019年第二季度末，按已出版统计，省级志书新出版33部，累计出版950.5部，占规划总数的40.29%，较2019年第一季度末提高1.4个百分点。按通过终审（包括志稿评审终审、审后修改、移交出版、已出版等几个统计指标之和）的指标统计，新完成54部，累计完成1536.5部，完成率为65.13%，较2019年第一季度末提高2.29个百分点。广东、宁夏、山东全面完成省级志书规划出版任务。

（三）市级志书完成情况

截至2019年第二季度末，按已出版统计，市级志书新出版1部，累计出版230部，占规划总数的59.28%，较2019年第一季度末提高0.26个百分点。按通过终审（包括志稿评审终审、审后修改、移交出版、已出版等几个统计指标之和）的指标统计，新完成7部，累计完成286部，完成率为73.71%，较2019年第一季度末提高1.8个百分点。其中广东、安徽、山东、湖北全面完成市级志书规划出版任务。

（四）县级志书完成情况

截至2019年第二季度末，按已出版统计，县级志书新完成23部，累计出版2077部，完成率为74.85%，较2019年第一季度末提高0.83个百分点。按通过终审（包括志稿评审终审、审后修改、移交出版、已出版等几个统计指标之和）的指标统计，新完成36部，累计完成2364部，完成率为85.19%，较2019年第一季度末提高1.3个百分点。其中，广东、安徽、湖北、山东、兵团完成县级规划志书出版任务。

二、地方综合年鉴全覆盖完成情况

（一）地方综合年鉴全覆盖完成总体情况

截至2019年第二季度末，全国省、市、县三级综合年鉴2017年卷应编纂出版3221种，公开出版2151种、覆盖率约为66.78%；2018年卷应编纂出版3220种（因行政区划调整相应调减1种），启动编纂3110种、覆盖率约为96.58%，2045种实现公开出版、覆盖率约为63.51%；2019年卷应编纂出版3218种（因行政区划调整相应调减2种），启动编纂2993种、覆盖率约为93.01%。

（二）省级综合年鉴编纂出版情况

截至2019年第二季度末，全国31个省（区、市）和新疆生产建设兵团的32种省级综合年鉴中，2017年卷32种全部实现一年一鉴、公开出版；2018 年卷 32 种全部启动编纂，30 种实现公开出版、覆盖率约为 93.75%；2019 年卷 32 种全部启动编纂。其中，辽宁、云南 2 种尚未理顺编纂体制，未实现由本级地方志工作机构负责编纂。

（三）市级综合年鉴编纂出版情况

截至 2019 年第二季度末，全国应编纂出版的 348 种 2017 年卷市级综合年鉴中，307 种实现公开出版、覆盖率约为 88.22%。应编纂出版的 348 种 2018 年卷市级综合年鉴中，344 种启动编纂、覆盖率约为 98.85%，227 种实现公开出版、覆盖率约为 65.23%。应编纂出版的 347 种 2019 年卷年鉴中，337 种启动编纂、覆盖率约为 97.12%。

（四）县级综合年鉴编纂出版情况

截至 2019 年第二季度末，全国应编纂出版的 2841 种 2017 年卷县级综合年鉴中，1812 种实现公开出版、覆盖率约为 63.78%。应编纂出版的 2840 种 2018 年卷县级综合年鉴中，2730 种启动编纂、覆盖率约为 96.13%，1734 种实现公开出版、覆盖率约为 61.06%。应编纂出版的 2839 种 2019 年卷县级综合年鉴中，2624 种启动编纂、覆盖率约为 92.43%。

三、工作要求

到 2020 年按时保质完成“两全目标”，时间紧迫、任务艰巨，希望排名靠后的地区采取强有力措施，克服机构改革等带来的影响，调动各方面的积极性，切实推进本地区“两全目标”工作。各地要做好“两全目标”在线统计系统的数据更新工作。各地在推进“两全目标”工作中的经验做法、遇到的困难和问题等，请及时报“两全目标”督查小组办公室。

附件：

1. 全国第二轮三级志书完成进度统计排名表
2. 全国第二轮省级志书完成进度统计排名表
3. 全国第二轮市级志书完成进度统计排名表
4. 全国第二轮县级志书完成进度统计排名表
5. 全国 2017 年卷三级综合年鉴公开出版统计排名表
6. 全国 2018 年卷三级综合年鉴启动编纂统计排名表
7. 全国 2018 年卷三级综合年鉴公开出版统计排名表
8. 全国 2018 年卷省级年鉴公开出版统计排名表
9. 全国 2018 年卷市级年鉴公开出版统计排名表
10. 全国 2018 年卷县级年鉴公开出版统计排名表
11. 全国 2019 年卷三级综合年鉴启动编纂统计排名表

中国地方志指导小组
“两全目标”督查小组
2019 年 8 月 21 日

附件1　全国第二轮三级志书完成进度统计排名表

（截至2019年第二季度末）

排名	行政区划	规划数	未启动	部署动员	篇目设置	资料收集	初稿撰写	志稿初审	志稿复审	志稿终审	审后修改	移交出版	已出版	完成率
1	广　东	161											161	100.00%
1	山　东	228											228	100.00%
3	甘　肃	172							3	17			152	88.37%
4	天　津	77								4		5	68	88.31%
5	安　徽	214						1			5	20	188	87.85%
6	四　川	293				1	11	2	3	2	9	24	241	82.25%
7	宁　夏	52				1	5	1			1	2	42	80.77%
8	湖　南	201	1	2			23	8	4	1	1	5	156	77.61%
9	重　庆	125					12	6	4			7	96	76.80%
10	吉　林	128					1		9		3	17	98	76.56%
11	江　苏	169					8	6	4	3	11	14	123	72.78%
12	河　北	214					3	15	33	1	8	14	140	65.42%
13	湖　北	197										71	126	63.96%
14	河　南	303									3	112	188	62.05%
15	贵　州	161					8	3	13	1	24	16	96	59.63%
16	山　西	219					14	17	43	9	5	2	129	58.90%
17	云　南	213				3	18	7	11	22	6	30	116	54.46%
18	福　建	170					12	19	15	11	9	19	85	50.00%
18	江　西	214	4				55	18	29			1	107	50.00%
20	黑龙江	251					51	8	19		5	43	125	49.80%
21	陕　西	189					11	14	11	11	32	18	92	48.68%
22	广　西	186					2		46		39	9	90	48.39%
23	北　京	88					2	12	18	5	7	6	38	43.18%
24	内蒙古	191			1	3	41	31	5	13	9	10	78	40.84%
25	青　海	113				2	15	20.5	15	6	10	4	40.5	35.84%
26	辽　宁	241		15	3	15	62	17	15	2	12	15	85	35.27%
27	浙　江	211				1	34	28	42	1	4	28	73	34.60%
28	兵　团	20					4	4	5		1		6	30.00%
29	新　疆	89					21				22	23	23	25.84%
30	上　海	220			1	3	127	26	2	1		11	49	22.27%
31	西　藏	135					51	25	34	7	5	1	12	8.89%
32	海　南	77						9	8	1	45	8	6	7.79%
合　计		5522	5	17	5	29	591	297.5	391	118	276	535	3257.5	58.99%

注：海南省的志书计划统一出版。

附件 2　全国第二轮省级志书完成进度统计排名表

（截至 2019 年第二季度末）

排名	行政区划	规划数	未启动	部署动员	篇目设置	资料收集	初稿撰写	志稿初审	志稿复审	志稿终审	审后修改	移交出版	已出版	完成率
1	广　东	42											42	100.00%
1	宁　夏	25											25	100.00%
1	山　东	74											74	100.00%
4	天　津	61										5	56	91.80%
5	甘　肃	72								6			66	91.67%
6	兵　团	5							1				4	80.00%
7	重　庆	86					10	3	3			6	64	74.42%
8	湖　南	66	1	2			11		2	1			49	74.24%
9	安　徽	87						1			5	20	61	70.11%
10	山　西	89					9	15	12	1			52	58.43%
11	吉　林	60					1		9		3	12	35	58.33%
12	四　川	93				1	11		2		5	21	53	56.99%
13	广　西	65							16		11	4	34	52.31%
14	贵　州	64					3		12	1	14	1	33	51.56%
15	陕　西	72					7	7		4	10	10	34	47.22%
16	福　建	77					11	3	8	6	6	9	34	44.16%
17	青　海	59				2	7	7.5	7	3	6	4	22.5	38.14%
18	北　京	70					2	12	18	4	6	3	25	35.71%
19	江　苏	60					8	6	4	3	8	12	19	31.67%
20	内蒙古	76			1		17	20	1	8	4	5	20	26.32%
20	黑龙江	95					32	4	17		1	16	25	26.32%
22	云　南	69				3	11			19		20	16	23.19%
23	河　南	135										111	24	17.78%
24	河　北	59					2	12	22		6	8	9	15.25%
25	上　海	196			1	3	124	26	1	1		11	29	14.80%
26	湖　北	83										71	12	14.46%
27	辽　宁	84		15		4	31	12	5	1	4	1	11	13.10%
28	海　南	55									42	7	6	10.91%
29	浙　江	113				1	19	19	35		4	23	12	10.62%
30	西　藏	54					22	8	17		3		4	7.41%
31	江　西	103	4				54	18	27					0.00%
31	新　疆	10										10		0.00%
合　计		2359	5	17	2	14	392	173.5	219	58	138	390	950.5	40.29%

注：1. 河南、湖北、新疆省级志书已全部移交出版社，统一出版。

2. 江西 4 部未启动的省级志书拟被调整出二轮修志规划。

附件3　全国第二轮市级志书完成进度统计排名表

（截至2019年第二季度末）

排名	行政区划	规划数	未启动	部署动员	篇目设置	资料收集	初稿撰写	志稿初审	志稿复审	志稿终审	审后修改	移交出版	已出版	完成率
1	广　东	19											19	100.00%
1	安　徽	17											17	100.00%
1	山　东	17											17	100.00%
1	湖　北	17											17	100.00%
5	江　苏	13									1		12	92.31%
6	吉　林	9										1	8	88.89%
6	河　南	18									1	1	16	88.89%
8	甘　肃	14								2			12	85.71%
9	江　西	11							1			1	9	81.82%
10	四　川	21						1	1	1	1	1	16	76.19%
11	湖　南	14					5						9	64.29%
12	浙　江	11					1	1	2				7	63.64%
13	云　南	16					3	1			1	1	10	62.50%
14	山　西	11					1		2	1		1	6	54.55%
15	福　建	9						1	1		2	1	4	44.44%
16	河　北	7						2	1		1		3	42.86%
17	内蒙古	12				2	1	3				1	5	41.67%
18	广　西	15					1		2		6		6	40.00%
18	宁　夏	5				1	1					1	2	40.00%
20	黑龙江	13					1				1	6	5	38.46%
21	辽　宁	57			3	6	10	4	8		3	4	19	33.33%
21	贵　州	9									2	4	3	33.33%
23	新　疆	11					5				3		3	27.27%
24	青　海	8					2	3	1				2	25.00%
25	陕　西	11						3	2	1	2	1	2	18.18%
26	兵　团	14					4	4	4		1		1	7.14%
27	海　南	2								1	1			0.00%
27	西　藏	7					3	1	3					0.00%
合　计		388			3	9	38	24	28	6	26	24	230	59.28%

附件 4　全国第二轮县级志书完成进度统计排名表

（截至 2019 年第二季度末）

排名	行政区划	规划数	未启动	部署动员	篇目设置	资料收集	初稿撰写	志稿初审	志稿复审	志稿终审	审后修改	移交出版	已出版	完成率
1	广　东	100											100	100%
1	安　徽	110											110	100%
1	湖　北	97											97	100%
1	山　东	137											137	100%
1	兵　团	1											1	100%
6	河　南	150									2		148	98.67%
7	江　西	100					1		1				98	98.00%
8	四　川	179						1		1	3	2	172	96.09%
9	江　苏	96									2	2	92	95.83%
10	吉　林	59										4	55	93.22%
11	河　北	148					1	1	10	1	1	6	128	86.49%
12	甘　肃	86							3	9			74	86.05%
13	上　海	24					3		1				20	83.33%
14	重　庆	39					2	3	1			1	32	82.05%
15	湖　南	121					7	8	2		1	5	98	80.99%
16	天　津	16								4			12	75.00%
17	北　京	18								1	1	3	13	72.22%
18	云　南	128					4	6	11	3	5	9	90	70.31%
19	贵　州	88					5	3	1		8	11	60	68.18%
19	宁　夏	22					4	1			1	1	15	68.18%
21	黑龙江	143					18	4	2		3	21	95	66.43%
22	浙　江	87					14	8	5	1		5	54	62.07%
23	山　西	119					4	2	29	7	5	1	71	59.66%
24	福　建	84					1	15	6	5	1	9	47	55.95%
25	辽　宁	100				5	21	1	2	1	5	10	55	55.00%
26	陕　西	106					4	4	9	6	20	7	56	52.83%
27	内蒙古	103				1	23	8	4	5	5	4	53	51.46%
28	广　西	106					1		28		22	5	50	47.17%
29	青　海	46					6	10	7	3	4		16	34.78%
30	新　疆	68					16				19	13	20	29.41%
31	西　藏	74					26	16	14	7	2	1	8	10.81%
32	海　南	20						9	8		2	1		0.00%
合　计		2775				6	161	100	144	54	112	121	2077	74.85%

注：兵团的县级志书出版 1 部，其余的被调整出二轮修志规划。

附件5　全国2017年卷三级综合年鉴公开出版统计排名表

（截至2019年第二季度末）

排名	行政区划	省级		市级		县级		合计		覆盖率
		应编纂出版	公开出版	应编纂出版	公开出版	应编纂出版	公开出版	应编纂出版	公开出版	
1	北　京	1	1	—	—	16	16	17	17	100.00%
1	上　海	1	1	—	—	16	16	17	17	100.00%
1	广　东	1	1	21	21	121	121	143	143	100.00%
1	甘　肃	1	1	14	14	86	86	101	101	100.00%
5	福　建	1	1	9	9	84	83	94	93	98.94%
6	山　东	1	1	17	17	137	133	155	151	97.42%
7	海　南	1	1	4	3	23	23	28	27	96.43%
8	吉　林	1	1	9	9	60	57	70	67	95.71%
9	江　苏	1	1	13	13	96	91	110	105	95.45%
10	贵　州	1	1	9	8	88	82	98	91	92.86%
11	广　西	1	1	14	14	111	95	126	110	87.30%
12	四　川	1	1	21	21	183	150	205	172	83.90%
13	浙　江	1	1	11	11	89	71	101	83	82.18%
14	云　南	1	1	16	16	129	101	146	118	80.82%
15	安　徽	1	1	16	16	105	69	122	86	70.49%
16	山　西	1	1	11	11	119	77	131	89	67.94%
17	河　南	1	1	17	17	158	101	176	119	67.61%
18	新　疆	1	1	14	10	96	58	111	69	62.16%
19	湖　北	1	1	13	12	103	57	117	70	59.83%
20	西　藏	1	1	7	6	74	41	82	48	58.54%
21	河　北	1	1	11	11	168	89	180	101	56.11%
22	宁　夏	1	1	5	4	22	10	28	15	53.57%
23	兵　团	1	1	14	7	—	—	15	8	53.33%
24	重　庆	1	1	—	—	38	19	39	20	51.28%
25	湖　南	1	1	14	12	122	52	137	65	47.45%
26	天　津	1	1	—	—	16	6	17	7	41.18%
27	陕　西	1	1	10	8	107	38	118	47	39.83%
28	江　西	1	1	11	8	100	30	112	39	34.82%
29	青　海	1	1	8	5	43	7	52	13	25.00%
30	黑龙江	1	1	13	9	128	21	142	31	21.83%
31	辽　宁	1	1	14	14	100	4	115	19	16.52%
32	内蒙古	1	1	12	3	103	15	116	19	16.38%
合　计		32	32	348	307	2841	1812	3221	2151	66.78%

附件 6　全国 2018 年卷三级综合年鉴启动编纂统计排名表

（截至 2019 年第二季度末）

排名	行政区划	省级		市级		县级		合计		覆盖率
		应编纂	启动编纂	应编纂	启动编纂	应编纂	启动编纂	应编纂	启动编纂	
1	北　京	1	1	—	—	16	16	17	17	100.00%
1	天　津	1	1	—	—	16	16	17	17	100.00%
1	山　西	1	1	11	11	118	118	130	130	100.00%
1	内蒙古	1	1	12	12	103	103	116	116	100.00%
1	吉　林	1	1	9	9	60	60	70	70	100.00%
1	上　海	1	1	—	—	16	16	17	17	100.00%
1	江　苏	1	1	13	13	96	96	110	110	100.00%
1	福　建	1	1	9	9	84	84	94	94	100.00%
1	山　东	1	1	17	17	137	137	155	155	100.00%
1	河　南	1	1	17	17	158	158	176	176	100.00%
1	湖　北	1	1	13	13	103	103	117	117	100.00%
1	广　东	1	1	21	21	121	121	143	143	100.00%
1	广　西	1	1	14	14	111	111	126	126	100.00%
1	重　庆	1	1	—	—	38	38	39	39	100.00%
1	四　川	1	1	21	21	183	183	205	205	100.00%
1	贵　州	1	1	9	9	88	88	98	98	100.00%
1	西　藏	1	1	7	7	74	74	82	82	100.00%
1	甘　肃	1	1	14	14	86	86	101	101	100.00%
1	青　海	1	1	8	8	43	43	52	52	100.00%
1	宁　夏	1	1	5	5	22	22	28	28	100.00%
21	云　南	1	1	16	16	129	128	146	145	99.32%
22	浙　江	1	1	11	11	89	88	101	100	99.01%
23	安　徽	1	1	16	16	105	103	122	120	98.36%
24	湖　南	1	1	14	14	122	119	137	134	97.81%
25	河　北	1	1	11	11	168	163	180	175	97.22%
26	海　南	1	1	4	3	23	23	28	27	96.43%
27	黑龙江	1	1	13	13	128	114	142	128	90.14%
28	江　西	1	1	11	11	100	88	112	100	89.29%
29	陕　西	1	1	10	10	107	94	118	105	88.98%
30	新　疆	1	1	14	14	96	81	111	96	86.49%
31	兵　团	1	1	14	11	—	—	15	12	80.00%
32	辽　宁	1	1	14	14	100	60	115	75	65.22%
合　计		32	32	348	344	2840	2734	3220	3110	96.58%

附件7　全国2018年卷三级综合年鉴公开出版统计排名表

（截至2019年第二季度末）

排名	行政区划	省级		市级		县级		合计		覆盖率
		应编纂出版	公开出版	应编纂出版	公开出版	应编纂出版	公开出版	应编纂出版	公开出版	
1	天　津	1	1	—	—	16	16	17	17	100.00%
1	上　海	1	1	—	—	16	16	17	17	100.00%
1	江　苏	1	1	13	13	96	96	110	110	100.00%
1	甘　肃	1	1	14	14	86	86	101	101	100.00%
5	山　东	1	1	17	16	137	134	155	151	97.42%
6	浙　江	1	1	11	11	89	85	101	97	96.04%
7	北　京	1	1	—	—	16	15	17	16	94.12%
8	广　东	1	1	21	21	121	110	143	132	92.31%
9	云　南	1	1	16	16	129	111	146	128	87.67%
10	吉　林	1	1	9	9	60	51	70	61	87.14%
11	广　西	1	1	14	12	111	96	126	109	86.51%
12	福　建	1	1	9	8	84	70	94	79	84.04%
13	重　庆	1	1	—	—	38	31	39	32	82.05%
14	四　川	1	1	21	20	183	125	205	146	71.22%
15	安　徽	1	1	16	16	105	68	122	85	69.67%
16	湖　北	1	1	13	13	103	67	117	81	69.23%
17	海　南	1	1	4	3	23	15	28	19	67.86%
18	西　藏	1	0	7	5	74	48	82	53	64.63%
19	贵　州	1	1	9	7	88	55	98	63	64.29%
20	山　西	1	1	11	8	118	71	130	80	61.54%
21	河　北	1	1	11	9	168	99	180	109	60.56%
22	河　南	1	1	17	17	158	74	176	92	52.27%
23	湖　南	1	1	14	10	122	57	137	68	49.64%
24	陕　西	1	1	10	9	107	47	118	57	48.31%
25	宁　夏	1	1	5	3	22	7	28	11	39.29%
26	江　西	1	1	11	11	100	29	112	41	36.61%
27	兵　团	1	1	14	4	—	—	15	5	33.33%
28	青　海	1	1	8	3	43	9	52	13	25.00%
29	辽　宁	1	1	14	11	100	12	115	24	20.87%
30	黑龙江	1	1	13	7	128	19	142	27	19.01%
31	新　疆	1	1	14	2	96	12	111	15	13.51%
32	内蒙古	1	0	12	1	103	5	116	6	5.17%
合　计		32	30	348	279	2840	1736	3220	2045	63.51%

附件8　全国2018年卷省级年鉴公开出版统计排名表

（截至2019年第二季度末）

排名	行政区划	应编纂	启动编纂	实现一年一鉴	公开出版	公开覆盖率
1	北　京	1	1	1	1	100.00%
1	天　津	1	1	1	1	100.00%
1	河　北	1	1	1	1	100.00%
1	山　西	1	1	1	1	100.00%
1	辽　宁	1	1	1	1	100.00%
1	吉　林	1	1	1	1	100.00%
1	黑龙江	1	1	1	1	100.00%
1	上　海	1	1	1	1	100.00%
1	江　苏	1	1	1	1	100.00%
1	浙　江	1	1	1	1	100.00%
1	安　徽	1	1	1	1	100.00%
1	福　建	1	1	1	1	100.00%
1	江　西	1	1	1	1	100.00%
1	山　东	1	1	1	1	100.00%
1	河　南	1	1	1	1	100.00%
1	湖　北	1	1	1	1	100.00%
1	湖　南	1	1	1	1	100.00%
1	广　东	1	1	1	1	100.00%
1	广　西	1	1	1	1	100.00%
1	海　南	1	1	1	1	100.00%
1	重　庆	1	1	1	1	100.00%
1	四　川	1	1	1	1	100.00%
1	贵　州	1	1	1	1	100.00%
1	云　南	1	1	1	1	100.00%
1	陕　西	1	1	1	1	100.00%
1	甘　肃	1	1	1	1	100.00%
1	青　海	1	1	1	1	100.00%
1	宁　夏	1	1	1	1	100.00%
1	新　疆	1	1	1	1	100.00%
1	兵　团	1	1	1	1	100.00%
31	内蒙古	1	1	1	0	0.00%
32	西　藏	1	1	1	0	0.00%
合　计		32	32	32	30	93.75%

附件9　全国2018年卷市级年鉴公开出版统计排名表

（截至2019年第二季度末）

排名	行政区划	应编纂	启动编纂	一年一鉴	公开出版	2018年出版	启动编纂率	公开出版率
1	吉　林	9	9	9	9	8	100.00%	100.00%
1	江　苏	13	13	13	13	12	100.00%	100.00%
1	浙　江	11	11	11	11	9	100.00%	100.00%
1	安　徽	16	16	16	16	13	100.00%	100.00%
1	江　西	11	11	11	11	9	100.00%	100.00%
1	河　南	17	17	17	17	13	100.00%	100.00%
1	湖　北	13	13	13	13	11	100.00%	100.00%
1	广　东	21	21	21	21	19	100.00%	100.00%
1	云　南	16	16	16	16	1	100.00%	100.00%
1	甘　肃	14	14	14	14	14	100.00%	100.00%
11	四　川	21	21	21	20	18	100.00%	95.24%
12	山　东	17	17	17	16	16	100.00%	94.12%
13	陕　西	10	10	10	9	9	100.00%	90.00%
14	福　建	9	9	9	8	1	100.00%	88.89%
15	广　西	14	14	14	12	11	100.00%	85.71%
16	河　北	11	11	11	9	6	100.00%	81.82%
17	贵　州	9	9	9	7	3	100.00%	77.78%
18	海　南	4	3	3	3	3	75.00%	75.00%
19	山　西	11	11	11	8	7	100.00%	72.73%
20	辽　宁	14	14	14	10	9	100.00%	71.43%
20	湖　南	14	14	12	10	7	100.00%	71.43%
20	西　藏	7	7	7	5	1	100.00%	71.43%
23	宁　夏	5	5	5	3	2	100.00%	60.00%
24	黑龙江	13	13	11	7	3	100.00%	53.85%
25	青　海	8	8	8	3	1	100.00%	37.50%
26	兵　团	14	11	11	4	0	78.57%	28.57%
27	新　疆	14	14	14	2	0	100.00%	14.29%
28	内蒙古	12	12	12	1	1	100.00%	8.33%
合　计		348	344	340	227	197	98.85%	65.23%

附件 10　全国 2018 年卷县级年鉴公开出版统计排名表

(截至 2019 年第二季度末)

排名	行政区划	应编纂	启动编纂	一年一鉴	公开出版	2018 年出版	启动编纂率	公开出版率
1	天　津	16	16	16	16	16	100. 00%	100. 00%
1	上　海	16	16	16	16	11	100. 00%	100. 00%
1	江　苏	96	96	96	96	95	100. 00%	100. 00%
1	甘　肃	86	86	86	86	81	100. 00%	100. 00%
5	山　东	137	137	137	134	131	100. 00%	97. 81%
6	浙　江	89	88	88	85	80	98. 88%	95. 51%
7	北　京	16	16	16	15	11	100. 00%	93. 75%
8	广　东	121	121	121	110	70	100. 00%	90. 91%
9	云　南	129	128	123	112	99	99. 22%	86. 82%
10	广　西	111	111	111	96	75	100. 00%	86. 49%
11	福　建	84	84	84	70	19	100. 00%	83. 33%
12	重　庆	38	38	38	31	7	100. 00%	81. 58%
13	吉　林	60	60	60	48	42	100. 00%	80. 00%
14	四　川	183	183	182	125	97	100. 00%	68. 31%
15	海　南	23	23	23	15	15	100. 00%	65. 22%
16	湖　北	103	103	102	67	38	100. 00%	65. 05%
17	西　藏	74	74	74	48	19	100. 00%	64. 86%
18	安　徽	105	103	91	68	42	98. 10%	64. 76%
19	贵　州	88	88	88	55	29	100. 00%	62. 50%
20	山　西	118	118	118	71	61	100. 00%	60. 17%
21	河　北	168	163	163	99	63	97. 02%	58. 93%
22	河　南	158	158	158	74	58	100. 00%	46. 84%
23	湖　南	122	119	115	57	36	97. 54%	46. 72%
24	陕　西	107	94	94	47	47	87. 85%	43. 93%
25	宁　夏	22	22	22	7	3	100. 00%	31. 82%
26	江　西	100	88	88	29	17	88. 00%	29. 00%
27	青　海	43	43	43	9	3	100. 00%	20. 93%
28	黑龙江	128	110	110	19	7	85. 94%	14. 84%
29	新　疆	96	81	81	12	0	84. 38%	12. 50%
30	辽　宁	100	60	42	12	9	60. 00%	12. 00%
31	内蒙古	103	103	103	5	2	100. 00%	4. 85%
合　计		2840	2730	2689	1734	1283	96. 13%	61. 06%

附件11　全国2019年卷三级综合年鉴启动编纂统计排名表

（截至2019年第二季度末）

排名	行政区划	省级		市级		县级		合计		覆盖率
		应编纂	启动编纂	应编纂	启动编纂	应编纂	启动编纂	应编纂	启动编纂	
1	北　京	1	1	—	—	16	16	17	17	100.00%
1	天　津	1	1	—	—	16	16	17	17	100.00%
1	山　西	1	1	11	11	117	117	129	129	100.00%
1	吉　林	1	1	9	9	60	60	70	70	100.00%
1	上　海	1	1	—	—	16	16	17	17	100.00%
1	江　苏	1	1	13	13	96	96	110	110	100.00%
1	浙　江	1	1	11	11	89	89	101	101	100.00%
1	福　建	1	1	9	9	84	84	94	94	100.00%
1	山　东	1	1	16	16	137	137	154	154	100.00%
1	湖　北	1	1	13	13	103	103	117	117	100.00%
1	广　东	1	1	21	21	121	121	143	143	100.00%
1	广　西	1	1	14	14	111	111	126	126	100.00%
1	重　庆	1	1	—	—	38	38	39	39	100.00%
1	四　川	1	1	21	21	183	183	205	205	100.00%
1	贵　州	1	1	9	9	88	88	98	98	100.00%
1	西　藏	1	1	7	7	74	74	82	82	100.00%
1	陕　西	1	1	10	10	107	107	118	118	100.00%
1	甘　肃	1	1	14	14	86	86	101	101	100.00%
1	青　海	1	1	8	8	43	43	52	52	100.00%
1	兵　团	1	1	14	14	—	—	15	15	100.00%
21	云　南	1	1	16	16	129	128	146	145	99.32%
22	河　北	1	1	11	11	168	162	180	174	96.67%
23	海　南	1	1	4	3	23	23	28	27	96.43%
23	宁　夏	1	1	5	4	22	22	28	27	96.43%
25	湖　南	1	1	14	14	122	113	137	128	93.43%
26	河　南	1	1	17	17	158	144	176	162	92.05%
27	黑龙江	1	1	13	13	128	113	142	127	89.44%
28	江　西	1	1	11	11	100	88	112	100	89.29%
29	安　徽	1	1	16	16	105	91	122	108	88.52%
30	内蒙古	1	1	12	10	103	78	116	89	76.72%
31	辽　宁	1	1	14	14	100	54	115	69	60.00%
32	新　疆	1	1	14	8	96	23	111	32	28.83%
合　计		32	32	347	337	2839	2624	3218	2993	93.01%

关于2019年第三季度全国第二轮省市县三级志书和综合年鉴全覆盖完成情况的通报

（中指组字〔2019〕9号）

各省、自治区、直辖市地方志工作机构，新疆生产建设兵团志办公室：

自2018年第一季度起实行“两全目标”季度通报制度以来，各地采取强力措施，积极推进第二轮省市县三级志书和综合年鉴全覆盖工作。总体上，2019年第三季度“两全目标”工作进展顺利。现将截至2019年第三季度末的有关情况通报如下。

一、省市县三级志书完成情况

（一）三级志书完成总体情况

截至2019年第三季度末，全国第二轮三级志书规划5520部，其中省级志书2357部、市级志书388部、县级志书2775部。按已出版指标统计，三级志书新出版75部，累计出版3332.5部，占规划总数的60.37%，较2019年第二季度末提高1.38个百分点。按通过终审（包括志稿评审终审、审后修改、移交出版、已出版等几个统计指标之和）指标统计，三级志书新完成122部，累计完成4308.5部，占规划总数的78.05%，较2019年第二季度末提高2.24个百分点。其中，广东、山东完成第二轮三级规划志书出版。

（二）省级志书完成情况

截至2019年第三季度末，按已出版统计，省级志书新出版45部，累计出版995.5部，占规划总数的42.24%，较2019年第二季度末提高1.95个百分点。按通过终审（包括志稿评审终审、审后修改、移交出版、已出版等几个统计指标之和）的指标统计，新完成69部，累计完成1605.5部，完成率为68.12%，较2019年第二季度末提高2.99个百分点。广东、宁夏、山东、甘肃完成省级志书规划出版任务。

（三）市级志书完成情况

截至2019年第三季度末，按已出版统计，市级志书新出版9部，累计出版239部，占规划总数的61.60%，较2019年第二季度末提高2.32个百分点。按通过终审（包括志稿评审终审、审后修改、移交出版、已出版等几个统计指标之和）的指标统计，新完成12部，累计完成298部，完成率为76.80%，较2019年第二季度末提高3.09个百分点。其中广东、安徽、山东、湖北、甘肃完成市级志书规划出版任务。

（四）县级志书完成情况

截至2019年第三季度末，按已出版统计，县级志书新完成21部，累计出版2098部，完成率为75.60%，较2019年第二季度末提高0.75个百分点。按通过终审（包括志稿评审终审、审后修改、移交出版、已出版等几个统计指标之和）的指标统计，新完成41部，累计完成2405部，完成率为86.67%，较2019年第二季度末提高1.48个百分点。其中，广东、安徽、湖北、山东、兵团完成县级规划志书出版任务。

二、地方综合年鉴全覆盖完成情况

（一）地方综合年鉴全覆盖完成总体情况

截至2019年第三季度末，全国省、市、县三级综合年鉴2018年卷应编纂出版3220种，启动编纂3116种、覆盖率约为96.77%，2155种实现公开出版、覆盖率约为66.93%；2019年卷应编纂出版3218种（因行政区划调整相应调减2种），启动编纂3047种、覆盖率约为94.69%。

（二）省级综合年鉴编纂出版情况

截至2019年第三季度末，全国31个省（区、市）和新疆生产建设兵团的32种省级综合年鉴中，2018年卷32种全部实现一年一鉴、公开出版；2019年卷32种全部启动编纂。其中，辽宁、云南2种尚未理顺编纂体制，未实现由本级地方志工作机构负责编纂。

（三）市级综合年鉴编纂出版情况

截至2019年第三季度末，全国应编纂出版的348种2018年卷市级综合年鉴中，344种启动编纂、覆盖率约为98.85%，284种实现公开出版、覆盖率约为81.61%。应编纂出版的347种2019年卷年鉴中，338种启动编纂、覆盖率约为97.41%。

（四）县级综合年鉴编纂出版情况

截至2019年第三季度末，全国应编纂出版的2840种2018年卷县级综合年鉴中，2740种启动编纂、覆盖率约为96.48%，1839种实现公开出版、覆盖率约为64.75%。应编纂出版的2839种2019年卷县级综合年鉴中，2677种启动编纂、覆盖率约为94.29%。

三、工作要求

到2020年按时保质完成“两全目标”，时间紧迫、任务艰巨，希望排名靠后的地区采取强有力措施，克服机构改革等带来的影响，调动各方面的积极性，切实推进本地区“两全目标”工作。各地要做好“两全目标”在线统计系统的数据更新工作。各地在推进“两全目标”工作中的经验做法、遇到的困难和问题等，请及时报“两全目标”督查小组办公室。

附件：

1. 全国第二轮三级志书完成进度统计排名表
2. 全国第二轮省级志书完成进度统计排名表
3. 全国第二轮市级志书完成进度统计排名表
4. 全国第二轮县级志书完成进度统计排名表
5. 全国2018年卷三级综合年鉴启动编纂统计排名表
6. 全国2018年卷三级综合年鉴公开出版统计排名表
7. 全国2018年卷省级年鉴公开出版统计排名表
8. 全国2018年卷市级年鉴公开出版统计排名表
9. 全国2018年卷县级年鉴公开出版统计排名表
10. 全国2019年卷三级综合年鉴启动编纂统计排名表

中国地方志指导小组
“两全目标”督查小组
2019年11月6日

附件1　全国第二轮三级志书完成进度统计排名表

（截至2019年第三季度末）

排名	行政区划	规划数	未启动	部署动员	篇目设置	资料收集	初稿撰写	志稿初审	志稿复审	志稿终审	审后修改	移交出版	已出版	完成率
1	山　东	228											228	100.00%
1	广　东	161											161	100.00%
3	甘　肃	172								5	5	1	161	93.60%
4	天　津	77									1	6	70	90.91%
5	安　徽	214						1			5	20	188	87.85%
6	四　川	293				1	8	5	3	2	9	21	244	83.28%
7	宁　夏	52				1	5	1			1	2	42	80.77%
8	湖　南	201	1	2			22	7	6	1	1	4	157	78.11%
9	重　庆	125					11	6	3	1	1	6	97	77.60%
10	吉　林	128					1		4	4	3	18	98	76.56%
11	江　苏	169					7	4	4	5	7	16	126	74.56%
12	湖　北	197										57	140	71.07%
13	河　北	214					1	16	30	3	9	15	140	65.42%
14	贵　州	161					5	2	10	1	24	14	105	65.22%
15	河　南	303									3	112	188	62.05%
16	山　西	219					11	16	46	9	5	1	131	59.82%
17	云　南	213					5	3	15	19	2	51	118	55.40%
18	黑龙江	251					42	14	18	3	5	40	129	51.39%
19	广　西	186							36		47	9	94	50.54%
20	福　建	170					12	17	17	9	10	20	85	50.00%
20	江　西	214	4				53	15	32	1	1	1	107	50.00%
22	陕　西	187					9	9	7	10	36	24	92	49.20%
23	北　京	88					2	8	18	7	9	5	39	44.32%
24	内蒙古	191			1	2	34	34	9	12	9	7	83	43.46%
25	青　海	113					16	16.5	18	6	7	5	44.5	39.38%
26	浙　江	211				1	21	28	37	6	5	33	80	37.91%
27	辽　宁	241		1	14	10	46	29	20	4	13	15	89	36.93%
28	兵　团	20					1	3	6	2	2		6	30.00%
29	新　疆	89					21				22	23	23	25.84%
30	上　海	220					117	17	16	6		13	49	22.27%
31	西　藏	135					42	31	33	9	7	1	12	8.89%
32	海　南	77						5	4	7	11	44	6	7.79%
合　计		5520	5	3	15	17	492	287.5	392	132	260	584	3332.5	60.35%

注：海南省的志书计划统一出版。

附件 2　全国第二轮省级志书完成进度统计排名表

（截至 2019 年第三季度末）

排名	行政区划	规划数	未启动	部署动员	篇目设置	资料收集	初稿撰写	志稿初审	志稿复审	志稿终审	审后修改	移交出版	已出版	完成率
1	山东	74											74	100.00%
1	广东	42											42	100.00%
1	甘肃	72											72	100.00%
1	宁夏	25											25	100.00%
5	天津	61										4	57	93.44%
6	兵团	5									1		4	80.00%
7	重庆	86					9	4	2		1	5	65	75.58%
8	湖南	66	1	2			11		2	1			49	74.24%
9	安徽	87						1			5	20	61	70.11%
10	四川	93				1	8	3	2		5	18	56	60.22%
11	贵州	64					2		8	1	14	1	38	59.38%
12	山西	89					6	14	16	1			52	58.43%
13	吉林	60					1		4	4	3	13	35	58.33%
14	广西	65							11		16	2	36	55.38%
15	陕西	70					5	3		3	11	14	34	48.57%
16	福建	77					11	3	8	4	7	10	34	44.16%
17	青海	59					8	5.5	10	2	4	5	24.5	41.53%
18	北京	70					2	8	18	6	8	2	26	37.14%
19	江苏	60					7	4	4	5	7	13	20	33.33%
20	湖北	83										57	26	31.33%
21	内蒙古	76			1		14	22	2	8	2	4	23	30.26%
22	黑龙江	95					27	9	15	2	1	15	26	27.37%
23	云南	69								14		39	16	23.19%
24	河南	135										111	24	17.78%
25	河北	59						13	21		8	8	9	15.25%
26	浙江	113				1	16	13	31		5	30	17	15.04%
27	上海	196				2	115	16	15	6		13	29	14.80%
28	辽宁	84		1	11	6	18	20	11	1	4	1	11	13.10%
29	海南	55									10	39	6	10.91%
30	西藏	54					17	13	14	3	3		4	7.41%
31	江西	103	4				53	15	31					0.00%
31	新疆	10										10		0.00%
合计		2357	5	3	12	10	330	166.5	225	61	115	434	995.5	42.20%

注：1. 河南、湖北、新疆省级志书已全部移交出版社，统一出版。

2. 江西 4 部未启动的省级志书拟被调整出二轮修志规划。

附件3　全国第二轮市级志书完成进度统计排名表

（截至2019年第三季度末）

排名	行政区划	规划数	未启动	部署动员	篇目设置	资料收集	初稿撰写	志稿初审	志稿复审	志稿终审	审后修改	移交出版	已出版	完成率
1	安　徽	17											17	100.00%
1	山　东	17											17	100.00%
1	湖　北	17											17	100.00%
1	广　东	19											19	100.00%
1	甘　肃	14											14	100.00%
6	江　苏	13										1	12	92.31%
7	吉　林	9										1	8	88.89%
7	河　南	18									1	1	16	88.89%
9	江　西	11									1	1	9	81.82%
10	四　川	21						1	1	1	1	1	16	76.19%
11	湖　南	14					5						9	64.29%
12	山　西	11					1		2	1			7	63.64%
12	浙　江	11						1		3			7	63.64%
14	云　南	16					3		1			2	10	62.50%
15	内蒙古	12				1	1	3	1				6	50.00%
16	福　建	9						1	1		2	1	4	44.44%
16	贵　州	9									1	4	4	44.44%
18	河　北	7						2	1			1	3	42.86%
19	辽　宁	57			3		15	4	6	2	2	2	23	40.35%
20	广　西	15							3		5	1	6	40.00%
20	宁　夏	5				1	1					1	2	40.00%
22	黑龙江	13								1	1	6	5	38.46%
23	新　疆	11					5				3		3	27.27%
24	青　海	8					2	2	1	1			2	25.00%
25	陕　西	11						2	2	1	3	1	2	18.18%
26	兵　团	14					1	3	6	2	1		1	7.14%
27	海　南	2										2		0.00%
27	西　藏	7					1	3	3					0.00%
合　计		388			3	2	35	22	28	12	21	26	239	61.60%

附件4　全国第二轮县级志书完成进度统计排名表

（截至2019年第三季度末）

排名	行政区划	规划数	未启动	部署动员	篇目设置	资料收集	初稿撰写	志稿初审	志稿复审	志稿终审	审后修改	移交出版	已出版	完成率
1	安　徽	110											110	100.00%
1	山　东	137											137	100.00%
1	湖　北	97											97	100.00%
1	广　东	100											100	100.00%
1	兵　团	1											1	100.00%
6	河　南	150									2		148	98.67%
7	江　西	100							1	1			98	98.00%
8	江　苏	96										2	94	97.92%
9	四　川	179						1		1	3	2	172	96.09%
10	吉　林	59										4	55	93.22%
11	甘　肃	86								5	5	1	75	87.21%
12	河　北	148					1	1	8	3	1	6	128	86.49%
13	上　海	24					2	1	1				20	83.33%
14	重　庆	39					2	2	1	1		1	32	82.05%
15	湖　南	121					6	7	4		1	4	99	81.82%
16	天　津	16									1	2	13	81.25%
17	北　京	18								1	1	3	13	72.22%
18	云　南	128					2	3	14	5	2	10	92	71.88%
19	贵　州	88					3	2	2		9	9	63	71.59%
20	黑龙江	143					15	5	3		3	19	98	68.53%
21	宁　夏	22					4	1			1	1	15	68.18%
22	浙　江	87					5	14	6	3		3	56	64.37%
23	山　西	119					4	2	28	7	5	1	72	60.50%
24	福　建	84					1	13	8	5	1	9	47	55.95%
25	辽　宁	100				4	13	5	3	1	7	12	55	55.00%
26	陕　西	106					4	4	5	6	22	9	56	52.83%
27	内蒙古	103				1	19	9	6	4	7	3	54	52.43%
28	广　西	106							22		26	6	52	49.06%
29	青　海	46					6	9	7	3	3		18	39.13%
30	新　疆	68					16				19	13	20	29.41%
31	西　藏	74					24	15	16	6	4	1	8	10.81%
32	海　南	20						5	4	7	1	3		0.00%
合　计		2775				5	127	99	139	59	124	124	2098	75.60%

注：兵团的县级志书出版1部，其余的被调整出二轮修志规划。

附件5　全国2018年卷三级综合年鉴启动编纂统计排名表

（截至2019年第三季度末）

排名	行政区划	省级		市级		县级		合计		覆盖率
		应编纂	启动编纂	应编纂	启动编纂	应编纂	启动编纂	应编纂	启动编纂	
1	北　京	1	1	—	—	16	16	17	17	100.00%
1	天　津	1	1	—	—	16	16	17	17	100.00%
1	山　西	1	1	11	11	118	118	130	130	100.00%
1	内蒙古	1	1	12	12	103	103	116	116	100.00%
1	吉　林	1	1	9	9	60	60	70	70	100.00%
1	上　海	1	1	—	—	16	16	17	17	100.00%
1	江　苏	1	1	13	13	96	96	110	110	100.00%
1	福　建	1	1	9	9	84	84	94	94	100.00%
1	山　东	1	1	17	17	137	137	155	155	100.00%
1	河　南	1	1	17	17	158	158	176	176	100.00%
1	湖　北	1	1	13	13	103	103	117	117	100.00%
1	广　东	1	1	21	21	121	121	143	143	100.00%
1	广　西	1	1	14	14	111	111	126	126	100.00%
1	重　庆	1	1	—	—	38	38	39	39	100.00%
1	四　川	1	1	21	21	183	183	205	205	100.00%
1	贵　州	1	1	9	9	88	88	98	98	100.00%
1	西　藏	1	1	7	7	74	74	82	82	100.00%
1	甘　肃	1	1	14	14	86	86	101	101	100.00%
1	青　海	1	1	8	8	43	43	52	52	100.00%
1	宁　夏	1	1	5	5	22	22	28	28	100.00%
21	云　南	1	1	16	16	129	128	146	145	99.32%
22	安　徽	1	1	16	16	105	104	122	121	99.18%
23	浙　江	1	1	11	11	89	88	101	100	99.01%
24	湖　南	1	1	14	14	122	119	137	134	97.81%
25	河　北	1	1	11	11	168	163	180	175	97.22%
26	海　南	1	1	4	3	23	23	28	27	96.43%
27	黑龙江	1	1	13	13	128	116	142	130	91.55%
28	江　西	1	1	11	11	100	89	112	101	90.18%
29	陕　西	1	1	10	10	107	94	118	105	88.98%
30	新　疆	1	1	14	14	96	81	111	96	86.49%
31	兵　团	1	1	14	11	—	—	15	12	80.00%
32	辽　宁	1	1	14	14	100	62	115	77	66.96%
合　计		32	32	348	344	2840	2740	3220	3116	96.77%

附件6　全国2018年卷三级综合年鉴公开出版统计排名表

（截至2019年第三季度末）

排名	行政区划	省级		市级		县级		合计		覆盖率
		应编纂出版	公开出版	应编纂出版	公开出版	应编纂出版	公开出版	应编纂出版	公开出版	
1	天　津	1	1	—	—	16	16	17	17	100.00%
1	上　海	1	1	—	—	16	16	17	17	100.00%
1	江　苏	1	1	13	13	96	96	110	110	100.00%
1	甘　肃	1	1	14	14	86	86	101	101	100.00%
5	山　东	1	1	17	16	137	136	155	153	98.71%
6	浙　江	1	1	11	11	89	85	101	97	96.04%
7	广　东	1	1	21	21	121	114	143	136	95.10%
8	北　京	1	1	—	—	16	15	17	16	94.12%
9	广　西	1	1	14	13	111	101	126	115	91.27%
10	吉　林	1	1	9	9	60	53	70	63	90.00%
11	云　南	1	1	16	16	129	111	146	128	87.67%
12	重　庆	1	1	—	—	38	33	39	34	87.18%
13	福　建	1	1	9	8	84	70	94	79	84.04%
14	西　藏	1	1	7	6	74	60	82	67	81.71%
15	四　川	1	1	21	20	183	146	205	167	81.46%
16	海　南	1	1	4	3	23	18	28	22	78.57%
17	安　徽	1	1	16	16	105	74	122	91	74.59%
18	湖　北	1	1	13	13	103	68	117	82	70.09%
19	贵　州	1	1	9	7	88	59	98	67	68.37%
20	山　西	1	1	11	8	118	78	130	87	66.92%
21	河　北	1	1	11	10	168	106	180	117	65.00%
22	湖　南	1	1	14	11	122	64	137	76	55.47%
23	河　南	1	1	17	17	158	79	176	97	55.11%
24	宁　夏	1	1	5	4	22	10	28	15	53.57%
25	陕　西	1	1	10	9	107	47	118	57	48.31%
26	江　西	1	1	11	11	100	34	112	46	41.07%
27	青　海	1	1	8	4	43	15	52	20	38.46%
28	兵　团	1	1	14	4	—	—	15	5	33.33%
29	辽　宁	1	1	14	11	100	12	115	24	20.87%
30	黑龙江	1	1	13	7	128	19	142	27	19.01%
31	新　疆	1	1	14	2	96	12	111	15	13.51%
32	内蒙古	1	1	12	1	103	5	116	7	6.03%
合　计		32	32	348	285	2840	1838	3220	2155	66.93%

附件7　全国2018年卷省级年鉴公开出版统计排名表

（截至2019年第三季度末）

排名	行政区划	应编纂	启动编纂	实现一年一鉴	公开出版	公开覆盖率
1	北　京	1	1	1	1	100.00%
1	天　津	1	1	1	1	100.00%
1	河　北	1	1	1	1	100.00%
1	山　西	1	1	1	1	100.00%
1	内蒙古	1	1	1	1	100.00%
1	辽　宁	1	1	1	1	100.00%
1	吉　林	1	1	1	1	100.00%
1	黑龙江	1	1	1	1	100.00%
1	上　海	1	1	1	1	100.00%
1	江　苏	1	1	1	1	100.00%
1	浙　江	1	1	1	1	100.00%
1	安　徽	1	1	1	1	100.00%
1	福　建	1	1	1	1	100.00%
1	江　西	1	1	1	1	100.00%
1	山　东	1	1	1	1	100.00%
1	河　南	1	1	1	1	100.00%
1	湖　北	1	1	1	1	100.00%
1	湖　南	1	1	1	1	100.00%
1	广　东	1	1	1	1	100.00%
1	广　西	1	1	1	1	100.00%
1	海　南	1	1	1	1	100.00%
1	重　庆	1	1	1	1	100.00%
1	四　川	1	1	1	1	100.00%
1	贵　州	1	1	1	1	100.00%
1	云　南	1	1	1	1	100.00%
1	西　藏	1	1	1	1	100.00%
1	陕　西	1	1	1	1	100.00%
1	甘　肃	1	1	1	1	100.00%
1	青　海	1	1	1	1	100.00%
1	宁　夏	1	1	1	1	100.00%
1	新　疆	1	1	1	1	100.00%
1	兵　团	1	1	1	1	100.00%
合　计		32	32	32	32	100.00%

附件 8　全国 2018 年卷市级年鉴公开出版统计排名表

（截至 2019 年第三季度末）

排名	行政区划	应编纂	启动编纂	一年一鉴	公开出版	2018 年出版	启动编纂率	公开出版率
1	吉　林	9	9	9	9	8	100.00%	100.00%
1	江　苏	13	13	13	13	12	100.00%	100.00%
1	浙　江	11	11	11	11	9	100.00%	100.00%
1	江　西	11	11	11	11	9	100.00%	100.00%
1	安　徽	16	16	16	16	13	100.00%	100.00%
1	河　南	17	17	17	17	13	100.00%	100.00%
1	湖　北	13	13	13	13	12	100.00%	100.00%
1	广　东	21	21	21	21	19	100.00%	100.00%
1	云　南	16	16	16	16	1	100.00%	100.00%
1	甘　肃	14	14	14	14	14	100.00%	100.00%
11	四　川	21	21	21	20	18	100.00%	95.24%
12	山　东	17	17	17	16	16	100.00%	94.12%
13	广　西	14	14	14	13	11	100.00%	92.86%
14	河　北	11	11	11	10	6	100.00%	90.91%
15	陕　西	10	10	10	9	9	100.00%	90.00%
16	福　建	9	9	9	8	4	100.00%	88.89%
17	西　藏	7	7	7	6	1	100.00%	85.71%
18	宁　夏	5	5	5	4	2	100.00%	80.00%
19	湖　南	14	14	12	11	7	100.00%	78.57%
20	贵　州	9	9	9	7	3	100.00%	77.78%
21	海　南	4	3	3	3	3	75.00%	75.00%
22	山　西	11	11	11	8	7	100.00%	72.73%
23	辽　宁	14	14	14	10	9	100.00%	71.43%
24	黑龙江	13	13	11	7	3	100.00%	53.85%
25	青　海	8	8	8	4	1	100.00%	50.00%
26	兵　团	14	11	11	4	0	78.57%	28.57%
27	新　疆	14	14	14	2	0	100.00%	14.29%
28	内蒙古	12	12	12	1	1	100.00%	8.33%
合　计		348	344	340	284	211	98.85%	81.61%

附件 9　全国 2018 年卷县级年鉴公开出版统计排名表

（截至 2019 年第三季度末）

排名	行政区划	应编纂	启动编纂	一年一鉴	公开出版	2018 年出版	启动编纂率	公开出版率
1	天　津	16	16	16	16	16	100.00%	100.00%
1	上　海	16	16	16	16	11	100.00%	100.00%
1	江　苏	96	96	96	96	95	100.00%	100.00%
1	甘　肃	86	86	86	86	81	100.00%	100.00%
5	山　东	137	137	137	136	131	100.00%	99.27%
6	浙　江	89	88	88	85	80	98.88%	95.51%
7	广　东	121	121	121	114	70	100.00%	94.21%
8	北　京	16	16	16	15	11	100.00%	93.75%
9	广　西	111	111	111	101	75	100.00%	90.99%
10	吉　林	60	60	60	53	42	100.00%	88.33%
11	重　庆	38	38	38	33	7	100.00%	86.84%
12	云　南	129	128	123	112	99	99.22%	86.82%
13	福　建	84	84	84	70	50	100.00%	83.33%
14	西　藏	74	74	74	60	19	100.00%	81.08%
15	四　川	183	183	182	146	98	100.00%	79.78%
16	海　南	23	23	23	18	15	100.00%	78.26%
17	安　徽	105	104	91	74	42	99.05%	70.48%
18	贵　州	88	88	88	59	29	100.00%	67.05%
19	山　西	118	118	118	78	61	100.00%	66.10%
20	湖　北	103	103	102	68	39	100.00%	66.02%
21	河　北	168	163	163	106	63	97.02%	63.10%
22	湖　南	122	119	115	64	36	97.54%	52.46%
23	河　南	158	158	158	79	58	100.00%	50.00%
24	宁　夏	22	22	22	10	3	100.00%	45.45%
25	陕　西	107	94	94	47	47	87.85%	43.93%
26	青　海	43	43	43	15	3	100.00%	34.88%
27	江　西	100	89	89	34	17	89.00%	34.00%
28	黑龙江	128	116	110	19	7	90.63%	14.84%
29	新　疆	96	81	81	12	0	84.38%	12.50%
30	辽　宁	100	62	42	12	9	62.00%	12.00%
31	内蒙古	103	103	103	5	2	100.00%	4.85%
合　计		2840	2740	2690	1839	1316	96.48%	64.75%

附件10　全国2019年卷三级综合年鉴启动编纂统计排名表

（截至2019年第三季度末）

排名	行政区划	省级		市级		县级		合计		覆盖率
		应编纂	启动编纂	应编纂	启动编纂	应编纂	启动编纂	应编纂	启动编纂	
1	北　京	1	1	—	—	16	16	17	17	100.00%
1	天　津	1	1	—	—	16	16	17	17	100.00%
1	山　西	1	1	11	11	117	117	129	129	100.00%
1	吉　林	1	1	9	9	60	60	70	70	100.00%
1	上　海	1	1	—	—	16	16	17	17	100.00%
1	江　苏	1	1	13	13	96	96	110	110	100.00%
1	浙　江	1	1	11	11	89	89	101	101	100.00%
1	安　徽	1	1	16	16	105	105	122	122	100.00%
1	福　建	1	1	9	9	84	84	94	94	100.00%
1	山　东	1	1	16	16	137	137	154	154	100.00%
1	河　南	1	1	17	17	158	158	176	176	100.00%
1	湖　北	1	1	13	13	103	103	117	117	100.00%
1	广　东	1	1	21	21	121	121	143	143	100.00%
1	广　西	1	1	14	14	111	111	126	126	100.00%
1	重　庆	1	1	—	—	38	38	39	39	100.00%
1	四　川	1	1	21	21	183	183	205	205	100.00%
1	贵　州	1	1	9	9	88	88	98	98	100.00%
1	西　藏	1	1	7	7	74	74	82	82	100.00%
1	陕　西	1	1	10	10	107	107	118	118	100.00%
1	甘　肃	1	1	14	14	86	86	101	101	100.00%
1	青　海	1	1	8	8	43	43	52	52	100.00%
1	宁　夏	1	1	5	5	22	22	28	28	100.00%
1	兵　团	1	1	14	14	—	—	15	15	100.00%
24	河　北	1	1	11	11	168	167	180	179	99.44%
25	云　南	1	1	16	16	129	128	146	145	99.32%
26	湖　南	1	1	14	14	122	119	137	134	97.81%
27	海　南	1	1	4	3	23	23	28	27	96.43%
28	黑龙江	1	1	13	13	128	119	142	133	93.66%
29	江　西	1	1	11	11	100	90	112	102	91.07%
30	内蒙古	1	1	12	10	103	78	116	89	76.72%
31	辽　宁	1	1	14	14	100	60	115	75	65.22%
32	新　疆	1	1	14	8	96	23	111	32	28.83%
合　计		32	32	347	338	2839	2677	3218	3047	94.69%

关于印发《中国名镇志文化工程实施方案（2019 年修订）》的通知

（中指办字〔2019〕82 号）

各省、自治区、直辖市地方志工作机构，新疆生产建设兵团志办公室：

为深入贯彻习近平新时代中国特色社会主义思想和中共十九大精神，扎实推进《全国地方志事业发展规划纲要（2015—2020 年）》的实施，进一步加强中国名镇志文化工程建设，对 2015 年印发的《中国名镇志文化工程实施方案》进行了修订。现印发给你们，请遵照执行。

中国地方志指导小组办公室
2019 年 7 月 15 日

中国名镇志文化工程实施方案

（2019 年修订）

为进一步贯彻落实中共十九大精神和《全国地方志事业发展规划纲要（2015—2020 年）》要求，不断拓展地方志发展路径，保障中国名镇志文化工程顺利实施，制定本方案。

一、目的意义

中华文明璀璨夺目，绵延不断。乡镇承载着丰富生动的传统文化和历史记忆，传承着中华文明血脉。改革开放以来，全国城镇化建设日新月异。留住乡音、乡思、乡风，保留乡土文化记忆，继承传统文化精华，挖掘历史智慧，让百姓望得见山、看得见水、记得住乡愁，成为推进中国特色新型城镇化建设的重要内容。为保护抢救、传承保存、开发利用宝贵的乡镇文化，近年来，全国掀起了编修乡镇志的热潮，积累了宝贵的经验，涌现了大量的成果。中国地方志指导小组办公室启动中国名镇志文化工程，对传承名镇文脉，凸显名镇特色，抢救和保存传统文化、乡土文化、民俗文化，展示名镇发展脉络，摸索名镇发展经验、发展模式和发展道路，服务乡村振兴战略，都具有重要意义。

二、指导思想

高举中国特色社会主义伟大旗帜，以马克思列宁主义、毛泽东思想、邓小平理论、“三个代表”重要思想、科学发展观、习近平新时代中国特色社会主义思想为指导，坚持辩证唯物主义和历史唯物主义的立场、观点和方法，存真求实，全面、客观、系统记述中国名镇城镇化进程和改革开放成果，传承和抢救乡土历史文化，激发爱国爱乡情怀，留住乡愁，为探索中国特色新型城镇化建设、服务乡村振兴战略提供历史智慧和现实借鉴。

三、总体设计

中国名镇志文化工程以中国名镇志丛书编纂为龙头，以打造系列精品镇志为目标，通过创新组织编纂模式和体例内容，出版一批质量高、影响大、社会效益好的名镇志。入选范围包括：

（一）中国历史文化名镇

由住房和城乡建设部、国家文物局评定的中国历史文化名镇。

（二）经济强镇

以国家统计局农村社会经济调查总队公布

的全国综合实力“千强镇”中有产业特色、其产业在全国占有重要地位的省级历史文化名镇为主要入选对象。

（三）其他特色镇

以获得国家级荣誉称号的具有某方面特色的省级历史文化名镇为入选对象，如全国重点镇、全国文明镇、全国特色景观旅游名镇、全国农业旅游示范点、全国小城镇建设示范镇、全国最美特色小镇50强、中国特色小镇、中国民间文化艺术之乡、国家级生态镇等。作为某种文化、习俗发源地或传承地的镇，可酌情收录。

与镇同级的行政区划单位，如乡、街道、苏木、区公所等，可参照以上标准申报。

四、编纂要求

质量标准要求参照中国地方志指导小组印发的《地方志书质量规定》执行。在坚持志体的前提下，体裁运用、篇目设置、资料选择等作适当创新。以记载镇域范围内的微观资料为主，详市县志之所略。根据不同类型名镇的特点，有选择性地记述域内自然、政治、经济、文化、社会、生态的历史与现状，重在突出名镇“名”与“特”的内涵，从而达到执简驭繁、文约事丰、易于阅读、利于传播的目的。具体如下。

（一）志名、编者名、断限

以下限时的行政区域名称冠名，如《××镇志》。编者名统一使用为“××省（市、区）××县××镇志编纂委员会”或“××省（市、区）××市××区××镇志编纂委员会”。全志统一标注“中国名镇志文化工程”标识。

为全面反映入志事物发展脉络，各志上限尽量追溯至事物发端；下限一般断至各镇志启动编修年份，个别重大事项可延至搁笔。

（二）体例

采用纲目体，横排门类，纵述史实。篇目设置不求面面俱到，但要主线清晰、大事必录。特色不突出、特点不鲜明、特征不明显等一般意义的内容不详记，可在基本镇情中简要、概括记述。

合理运用述、记、志、传、图、表、录等体裁。以志为主，述而不论，生不立传。

（三）资料

入志资料应丰富、真实、准确、典型，能够反映事物发生、发展、演变过程。注重选用特色资料、微观资料、典型资料、鲜活资料，适当收录调查资料和口述资料。

（四）图照

卷首设本镇在中国的位置图、本镇在××省的位置图、本镇行政区划图。志中随文配图，图下设说明文字，图文并茂。图、照选用应注重典型性、资料性、艺术性，无广告色彩，无个人标准像和领导工作照，无修饰加工。各志图照与文字比例为1∶3。

（五）行文

使用规范的现代语体文记述，不用总结报告、新闻报道、文学作品、教科书、论文等写法。除引文外一律采用第三人称。文字应朴实、严谨、简洁、流畅，可读性强。

（六）字数

版面字数在40万字左右，即纯文字字数18万字左右，最多不超过20万字。

五、实施过程

（一）申报

由所在镇政府申报，填写《中国名镇志文化工程申报表》，并附镇志篇目、镇情简介，经县级地方志工作机构推荐、市级地方志工作机构审核、省级地方志工作机构复核，各级盖章后由省级地方志工作机构上报中国名镇志丛书编纂委员会办公室评审。

（二）评选

由中国名镇志丛书编纂委员会办公室视申报情况适时组织召开评审会，对申报的镇志资格及篇目进行评议审定。篇目审定合格后，进入编纂程序。

（三）组织编纂

各镇志由承编单位负责组织编纂，中国名镇志丛书编纂委员会及其办公室提供人员培训和业务指导。

（四）志稿审核

志书编纂完成后，由县级地方志工作机构

负责初审，地市级地方志工作机构负责复审，省级地方志工作机构负责终审，各级地方志工作机构应严把质量关。

（五）志稿报送

志稿终审后，由省级地方志工作机构向中国名镇志丛书编纂委员会办公室报送送审稿。报送志稿时，随附终审意见1份、编纂单位根据终审意见修改情况的说明1份。终审意见内容应包括：对志稿的基本评价，对篇目（设置是否合理、三级目是否完备）、文字（是否使用志书语言，是否存在错别字、病句等）、编纂规范（是否严格遵守中国名镇志丛书编纂规范）、史实、政治方向方面的修改意见等。

送审稿要求达到齐、清、定。

齐：志稿正文（包括图、照、表）、辅文（包括目录等）均齐全无缺。

清：文稿各部分均符合《中国名镇志丛书编纂规范》要求，正文及辅文规范、清晰。

定：送审稿必须有该镇志主编签名和审核单位公章，以示负责。正文及辅文内容应确定，不可再出现大范围的修改、增删情况。

（六）审查验收和出版发行

中国名镇志丛书编纂委员会办公室负责验收，验收不合格的志书，需返回修改，并由省级地方志工作机构重新组织终审。验收合格的志书，经中国名镇志文化工程学术委员会评审通过后，由方志出版社出版发行。

六、组织领导

中国名镇志文化工程设立中国名镇志文化工程专家委员会、中国名镇志文化工程学术委员会，中国名镇志丛书编纂委员会、中国名镇志丛书编纂委员会办公室作为组织领导机构。

（一）中国名镇志文化工程专家委员会

名誉主任：徐匡迪

主　　任：谢伏瞻

常务副主任：高　翔

委　　员：（按姓氏笔画排序）

毛其智　叶裕民　李　铁

李善同　杨保军　柳　拯

倪鹏飞　魏后凯

（二）中国名镇志文化工程学术委员会

主　　任：高　翔

常务副主任：冀祥德

副 主 任：邱新立

委　　员：（按姓氏笔画排序）

于伟平　王　晖　王铁鹏

巴兆祥　田　嘉　苏炎灶

李　江　李孝聪　张大伟

张英聘　陈泽泓　陈　强

黄晓勇

学术委员会负责对申报名镇志的待评议稿进行评审工作，研究解决丛书编纂工作中的专业和学术问题。

（三）中国名镇志丛书编纂委员会

主　　任：高　翔

常务副主任：冀祥德

副 主 任：高京斋　邱新立

成　　员：由各省（自治区、直辖市）、新疆生产建设兵团地方志工作机构负责人担任。

编纂委员会负责统筹规划中国名镇志文化工程的实施和丛书的组织编纂工作，研究解决文化工程实施和丛书组织编纂、出版工作中的重大事项。

（四）中国名镇志丛书编纂委员会办公室

主　任：冀祥德

副主任：邱新立

编纂委员会办公室设在中国地方志指导小组办公室方志处，负责丛书编纂的组织协调、督促指导、审核把关，以及调研、培训、组织出版、宣传等工作。

（五）成立各省级地方志工作机构工作组

各省（自治区、直辖市）、新疆生产建设兵团地方志工作机构应根据实际成立省级中国名镇志丛书编纂工作组，负责协调本区域名镇志的报送、组织编纂、质量审查等工作。工作组由省级地方志工作机构主要负责人担任组长，并设1名专门联络员，负责具体联络工作。工作组名单报中国名镇志丛书编纂委员会办公室备案。

七、经费保障

中国地方志指导小组办公室对每部入选的镇志出版资助包括编校费、出版管理费、印刷费（300本）。

各镇志所需编纂经费、加印经费由所在镇或者承编单位承担，有条件的省（自治区、直辖市）、市、县地方志工作机构应给予适当支持。

附件：1. 中国名镇志文化工程申报表（略）

2. 凡例

3. 中国名镇志丛书基本篇目

4. 中国名镇志丛书编纂规范

附件2　凡例

一、指导思想　以马克思列宁主义、毛泽东思想、邓小平理论、“三个代表”重要思想、科学发展观、习近平新时代中国特色社会主义思想为指导，坚持辩证唯物主义和历史唯物主义的立场、观点和方法，存真求实，全面、客观、系统记述中国名镇城镇化进程和改革开放成果，传承和抢救乡土历史文化，激发爱国爱乡情怀，留住乡愁，为探索中国特色新型城镇化建设、服务乡村振兴战略提供历史智慧和现实借鉴。

二、质量要求　参照中国地方志指导小组印发的《地方志书质量规定》执行。在坚持志体的前提下，体裁运用、篇目设置、资料选择等作适当创新。内容以记载镇域范围内的微观资料为主，详市县志之所略。根据不同类型名镇的特点，记述域内自然、政治、经济、文化、社会的历史与现状，重在突出当地“名”与“特”的内涵，从而达到执简驭繁、文约事丰、易于阅读、利于普及的目的。

三、时间断限　为全面反映入志事物发展脉络，各志上限追溯至事物发端，下限一般断至各镇志启动编修年份，个别重大事项可延至搁笔。详今明古，着重反映时代特色和地方特点，重点体现各镇的“名”与“特”。

四、记述范围　记述地域范围以下限年份的行政辖区为主。为体现名镇在更大区域内的意义，可以从更开阔的区域视野记述与该镇相关的内容。

五、总体结构　统一采用纲目体，设类目、分目、条目三个层次。横排门类，纵述史实。所设类目除《中国名镇志丛书基本篇目》要求的必设内容外，个别事项根据本镇实际情况适当作升格或降格处理。

六、体裁形式　综合运用述、记、志、传、图、表、录等各种体裁，以志体为主。体裁运用适当创新，篇目设置不求面面俱到，一般意义上的乡镇级内容可简略记述。

七、语言文体　除引用文字和附录文献资料外，统一使用规范的现代语体文记述，行文力求朴实、严谨、简洁、流畅，具有较强的可读性。

八、人物载录　人物类目设人物传略、名人与××镇、人物表录等分目。人物传略遵循“生不立传”原则，选录对本镇发展有重大影响者，按生年排序。名人与××镇记述在政治、经济、文化、社会等方面有重大影响的著名人物（政治家、艺术家等）在本镇的活动历史片段。同时，在其他类目中采用以事系人的方式介绍人物。

九、图照表格　志中随文配图，图下设文字说明，图文并茂。表格统一编排序号。

十、数据　各项数据一般采用国家统计部门的数据。数据缺乏的，采用主管部门或主办单位正式提供的数据。

十一、计量单位　采用国务院1984年2月发布的中华人民共和国法定计量单位。历史上使用的计量单位，如斗、石、里、尺、磅、华氏度等，在引文时照录，并以类目为单位首次出现时应加注。

十二、纪年　中华民国成立前的纪年，使用朝代年号纪年，括注公元年份；中华民国成立后的纪年，均使用公元纪年。志中所称“解放前（后）”，以该镇解放日为界；“中华人民共和国成立前（后）”，以中华人民共和国成立日 1949 年 10 月 1 日为界；“改革开放前(后)”，以 1978 年 12 月中共十一届三中全会召开为界。“××年代”，凡未加世纪者，均指 20 世纪。

十三、称谓 记事概以第三人称记述。人名直书其姓名，必要时冠以职务职称。地名以现行标准地名为准。如使用历史地名，于首次出现时括注现行地名。各个历史时期的党派、团体、组织、机构、职务等均以当时的名称为准。对于称谓过长而又频繁使用者，于首次出现时使用全称并同时括注简称，之后使用简称。

十四、数字、标点 遵循国家标准和出版规定，志中数字书写以 GB/T15835—2011《出版物上数字用法》为准，使用标点符号以 GB/T15834—2011《标点符号用法》为准。

十五、注释 行文中的注释，一律采用页下注；附载文章于篇后注明资料来源。

十六、本凡例对于各镇志编纂中的未尽事宜，在“编纂始末”中予以说明。

附件 3　中国名镇志丛书基本篇目

●序

●凡例

●地图：包括：××镇在中国的位置图、××镇在××省的位置图、××镇行政区划图。

●目录

●概述

概括性地介绍本镇的总体面貌、发展过程和特点；本镇的保护与开发；本镇在当代转型创新发展的路径等。要注意突出重点，交代线索，言之有物，言简意赅。

●基本镇情

建置区划：镇名由来、建置沿革、辖区变迁、村庄社区等。

自然环境：地理位置、地质地貌、气候物候、自然资源等。

人口民族：人口总量、源流迁徙、民族构成、姓氏组成等。

镇域经济：经济总体状况、发展历程、三次产业基本情况等。

社会发展：社会事业发展及人民生活水平变化、精神文明创建等。

乡镇建设：功能区布局、镇区村庄建设、基础设施、公用事业等。

★文物胜迹（主要针对历史文化名镇）

文物古迹历史与现状，在全国或国际上具有重要影响的文物胜迹可升格为类目。

★古镇保护（主要针对历史文化名镇）

古镇风貌、历史文化保护区及古建筑保护等。

★特色经济（主要针对经济名镇、其他特色镇）

经济发展现状、经济发展过程、支柱产业、全国地位，历史上有影响的商贸行业、老字号、集市贸易、商业街区和专业市场、特色产业等。以单一产业闻名的镇可以此产业设置类目。

★特色文化（主要针对其他特色名镇）

宗教、民间信仰、音乐、戏剧、技艺、碑刻、非物质文化遗产等具有重要影响的地域性特色文化。

★旅游名胜（主要针对历史文化名镇和其他特色镇）

景区景点、旅游线路、旅游节庆、旅游服务等。

●风土民情

美食小吃、土特名产、生活习俗、庙会集场、岁时节俗、传统风俗、民间礼仪、方言土语等。

●名人与名镇

人物传略（遵循“生不立传”原则，选录对本镇发展有重大影响者，按生年排序）；名人与××镇（收录记述在全国政治、经济、文化、社会等方面有重大影响的著名人物在本镇的活动）；人物表录（收录进士表、烈士表、获得高级以上职称人物名录以及受到省部级以上表彰人员名录等重要人物表录）等。

★艺文（主要针对历史文化名镇）

歌咏本地的有代表性的诗词文赋（诗歌、散文、传说故事、杂记等）以及书写本地风物的文献书目等。

●大事纪略

站在全国读者的视角，选取对本镇发展具有重要影响、重要历史意义的大事，小事、常事不书；按照时间顺序记述，一事一条；分布在不同时间的同一事件集中记述；基本要素齐全，时间、大事主体、地点、过程、结果五要素基本完整；数量原则上不超过10条（历史文化名镇可适当上浮）、字数200字左右。

●附录

收录内容包括：原始文件（记述对本地发展具有重要意义的文件、规划、资料等）；新闻报道（记述省级及以上媒体对本地进行的重要报道等）；重要表录（记述荣誉表等有重要价值的内容，要避免与大事纪略重复）

●主要参考文献

●编纂始末

说明：

1. 标“●”号者为必设篇目，标“★”号者为自选篇目。

2. 标“●”号者必设篇目标题，原则上为指定标题，其他篇目标题可根据本镇特色，提炼能突出本镇文化气息的标题，但不要太过于文学化。

3. 在确保志体前提下，各镇志在篇目设置、体例体裁方面可进行适当创新，重点突出“名”与“特”。

4. 各类目前设无题小序。用以概括本类目的总体面貌和特点等。要注意突出重点，交代线索，言之有物，言简意赅，可读性强。

附件4　中国名镇志丛书编纂规范

第一章　总　则

第一条　为规范中国名镇志丛书各志编纂，根据国家有关规定，结合本丛书各志编纂实际，制定本编纂规范。

第二条　各志使用记述体，以现代语体文表述。要求文风严谨、朴实、简洁，可读性强，行文流畅，内容表述准确、清楚。所用词语、计量单位必须符合国家有关规定。图表绘制、标题排列、文字书写必须清晰、规范。

第二章　标题、目录

第三条　各志按类目、分目、条目三个层次排列。类目、分目、条目标题前不加序号。条目以下一般不设标题，如确实需要，则依次冠以楷体小标题。

第四条　各志目录编到“条目”一级。

第三章　文字、标点

第五条　各志用字以《通用规范汉字表》和1986年10月国家语言文字工作委员会发布的《简化字总表》为准。古籍引文及古人名号如简化后易造成误解的，可仍用繁体字，个别冷僻字加注音。异体词用法参照2002年3月31日教育部、国家语言文字工作委员会发布的《第一批异体词整理表（施行）》。

第六条　外文字母一律按印刷体书写，易混淆时须注明语种（如法文、英文等）。

第七条　标点符号按国家技术监督局2011年批准的中华人民共和国国家标准《标点符号

用法》使用。

表示数值的范围，用浪纹连接号“～”，如“20%～30%”；表示时间的起止，用一字线“—”，如“1991—1992 年”；两个相关的名词（汉字）构成一个意义单位，中间用占一个字位的横线连接号“—”，如：“北京—广州直达快车”；表示产品型号，中间用占半个字位的连接号“-”，如：“神盾 100-120 型 X 光机”。

第四章　专有名词、术语

第八条　较长的专有名词（如文件、会议、公报、组织机构名称等）多次出现，在第一次出现时必须使用全称，并括注简称，再次出现时可用简称。

第九条　简称必须按志体规范。如“中国共产党第十一届中央委员会第三次全体会议”简称“中共十一届三中全会”，不简称“三中全会”或“十一届三中全会”；“中共中央”不简称“党中央”；“中共十五大”不简称“党的十五大”或“十五大”；“加入世界贸易组织”，不简称“入世”。

某些词语加引号应与国家出版物一致。如：“文化大革命”，“三个代表”重要思想，“三个有利于”，“两手抓、两手都要硬”，“一个中心、两个基本点”，“左”倾错误。

涉及台湾地区的所谓政府机构，均须加引号，如“行政院”。对台湾当局以所谓“国家”“中央”“全国”名义设立的官方机构中官员的职务名称，对台湾当局及其所属机构的法规性文件与各式官方文书等，对具有“台独”性质的组织和政治术语等，均应加引号。

第十条　记述各个历史时期的朝代、行政机构、党派团体、官职、地名等，一律采用当时称谓。古地名在各章第一次出现时应括注今名。

第十一条　外国地名、人名、党派、政府机构、报刊、书籍等译名，均以新华社译名或专业工具书通用译名为准。鲜为人知的专名，需括注外文原名。

第十二条　人物一律直书其姓名，不加“先生”“同志”等礼貌词，也不加褒贬之词。必须说明身份时可冠以职务职称，如市长某某某、镇长某某某。

第十三条　用第三人称表述，不用“我镇”之类的词语。

第十四条　引用文件一般不注文号，如文件名称不宜公开，可写“根据有关规定”。

第十五条　专业术语的使用务求规范、准确，一般以各专业辞典正条为准。

第五章　时间

第十六条　表述时间必须有确指，不得使用“今年”“去年”“近年”之类的代词，也不用“最近”“目前”等概念词。

第十七条　中华民国以前的纪年，先书历史纪年，括注公元纪年。年号在前，如：清道光二十二年（1842）。年号不用“宋太祖元年”“唐太宗初年”等，一律采用明确的年号。中华民国以后的纪年，均使用公元纪年。

第十八条　人物生卒年之间使用一字线“—”，如：“毛泽东（1893—1976）”。

第十九条　年份不能简称，如：“1991 年”不能写作“91 年”，“1992—1994 年”不能写作“1992—94 年”。本志中的“××年代”，凡未加世纪者，均指 20 世纪的年代。

第二十条　中华人民共和国成立前、后，不简称“建国前”“建国后”，可用“中华人民共和国成立前”“中华人民共和国成立后”。称“解放”必须让读者明了所指的地域，如：“××镇解放后”“××镇解放前”。

第六章　数字

第二十一条　下列情况应当使用阿拉伯数字。

（一）表示公历世纪、年代、年、月、日、时、分、秒，如：20 世纪 80 年代，1995 年 7 月 1 日，8 时 30 分 20 秒。

（二）表示年龄，如：60 岁。

（三）表示统计数字、倍数、百分比、分数，如：150 千克、3 倍、12%、1/3。

（四）表示温度、功率等物理量，如：

30℃、25 瓦。

（五）表示地理经纬度，先记述纬度，后记述经度，如：北纬 111°7′39″，东经 113°7′39″。

（六）引文标注中的版次、卷次、页码，如：1981 年第 1 版第 1 卷第 70 页。

（七）部队代号、证件号码、产品型号和其他序号、代号、代码，如：84026 部队、国家标准 GB2312—80、国内统一刊号 CNll—1399、HP—3000 型电子计算机。

第二十二条　下列情况应使用汉语数字：

（一）表示序数，如第一章、第二名。但与阿拉伯数字连用时则改用阿拉伯数字，如："1992 年第 2 期"，不写作"1992 年第二期"。

（二）相邻的两个数字并列连用表示概数，必须使用汉字，连用的两个数字之间不得用顿号"、"隔开，如：四十五六岁、三四天、七八十种、一两个小时、五六万套。

（三）带有"几"字的数字表示约数，必须使用汉字。如：十几年、一百几十次、几十万分之一。

（四）用"多""余""左右""上下""约"等字表示的约数，一般用汉字。如果是具有统计和比较意义的一组数字，其中既有精确数字，也有用"多""余"等表示的约数时，为保持局部一致，其约数也可以使用阿拉伯数字。如：共选送摄影作品 60 多幅、书画作品 16 幅、其中有 10 余项作品获奖。

（五）朝代纪年、农历月日、星期，如：清光绪三年、农历三月十五日、星期六。

（六）位于定型的词、词组、成语、习惯用语、诗词、古文中的数字，缩略语或具有修饰色彩的词语中作为语素的数字，如：五四运动、一系列。

（七）整数一至十，如果不是出现在具有统计意义的一组数字中，可以用汉字，但要照顾上下文，保持局部一致。如：一个人、三本书、六条意见。

（八）含有月、日简称表示事件、节日和其他意义的词组。涉及一月、十一月、十二月，应用间隔号"·"，将表示月和日的数字隔开，并加引号，避免歧义，如："一·二八"事变、"一二·九"运动；涉及其他月份时，不用间隔号，是否加引号，视事件知名度而定，如：五卅运动、"五二〇"声明。对现代、当代事件，可使用约定俗成的阿拉伯数字表示法，如："5·12"汶川特大地震、"4·20"专案组等。

第二十三条　全书行文和图表中的数字一律不分节，如"5678.33 万元"，小数点前不采用三位数分节法；有小数位的，小数点后只保留两位，如 5678.33，小数点后的末位为"0"的，应删去"0"，只保留一位，如：5678.30 应表述为 5678.3。

五位数以上（含五位数）的多位数，在行文中一般改写为以万、亿作单位的数，但不能以十、百、千、十万、百万、千万、十亿、百亿、千亿作单位（千克、千米、千瓦等法定计量单位不在此列）。原则上，小数点后根据四舍五入原则保留两位，如："13500 千米"写作"1.35 万千米"，不能写作"1 万 3 千 5 百千米"；"123456 元"写作"12.35 万元"。

同一图、表中，小数点后保留位数原则上应相同。

第二十四条　其他未提及的数字用法，应以国家质量监督检验检疫总局 2011 年发布的中华人民共和国国家标准《出版物上数字用法》为准。

第七章　计量单位

第二十五条　计量单位采用国务院 1984 年 2 月发布的中华人民共和国法定计量单位。历史上使用的计量单位，如斗、石、里、尺、磅、华氏度等在引文时可照录，但以类目为单位首次出现时应加注。

第二十六条　行文中除摄氏度（℃）、角度（°）、角分（′）、角秒（″）外，其余计量单位一律使用汉字而不用单位符号。如："68 千米"不写作"68km"。

在必须载录的公式中，计量单位可使用符号。

表示某一范围的数量，数字后均要有量

词。如：5 万元—7 万元，6℃—12℃。

第八章 注释、引文

第二十七条 行文中的注释一律采用页下注（即脚注），每页单排，顺序编号采用注码①、②、③……，不编通码。

第二十八条 引文要忠实于原文，不得随意改动。衍文和明显的错别字加圆括号“( )”，改正和增补的字加方括号“[ ]”，残缺的字则用“□”充填，缺多少字就填多少个“□”。

第二十九条 引文必须注明出处，注释应要素齐备，便于读者查核原文。

引自书籍者，注明作者（编者）姓名、书名、卷次、页码、出版单位、出版时间。如：“列宁：《新生的中国》，见《列宁全集》，中文 2 版，第 22 卷，208 页，北京人民出版社，1990。”

引自报刊者，必须注明作者姓名、文章标题、报刊名称、年月日或期数，如：“李四光：《地壳构造与地壳运动》，载《中国科学》，1973（4），400—429 页。”

引用网上资料，要注明网站（网址）、标题、作者（编者）、下载时间。

主要参考文献格式应注明作者（编者）姓名、书名、出版单位、出版时间，如：“顾炎武撰：《京东考古录》，北京古籍出版社，1982”。

第三十条 尽量引用原著，一般不用转引。如确需转引，须准确引用，并说明转引自何处。

第三十一条 引用原文需加引号，转述大意不加引号。

第九章 图、照、表

第三十二条 图、照、表应做到精（精心设计）、准（准确细致）、简（简明具体）、清（清晰整洁）。选用图、照应注重文献价值，突出时代特色和本镇特点。

如引用资料的图、表，最后全书将统一标注来源，不单一标明；如由资料等制得的图、表，在图或表下标明如下文字：“由……整理而得”。

第三十三条 图、照、表应统一标明编码序号。

第三十四条 图包括地图、函数曲线图、结构图、示意图等，要求要素齐全、内容清晰，一般要求电脑制作。照片包括黑白照片和彩色照片，应主题明确，图像清晰。

每张图、照均须有简洁文字说明，图随文走。文字说明包括图名、时间、地点、事物、需要说明的人物的位置及时任职务，无广告色彩。书于图下前空两字空，前标序号可于图题后标注绘制时间或拍摄时间。图下后空两字空标注摄影者姓名或提供单位名称。如“图 1 明张介宾《景岳全书》书影”；“图 2 清代的××镇集市”；“图 4 创意农庄（2015 年）……×××　摄/提供”等。各篇所选（制）的图稿应随文附图。

第三十五条 地图应报该镇所在省测绘局审核，并取得审图号，标注于地图左下角。

第三十六条 表包括统计表、类目表，要求归类得当、类目明确、数据准确。

表一般包括表名、表体两部分。表名应包括时间、单位名（或地名）、事项等要素。表体中计量单位如相同，则在表体上右侧后空一字空书写计量单位；如各栏单位不相同，则在表内单位栏中分别注明。表身上下边用粗线，左右边不用线，分栏线用细线。表中有空格的地方，若确实没有数据或内容，应写上一字线“—”。

表应尽量完整排列于一页之内或先双后单两内页中；如转页续表，表内横目不能省略，且在表体上左侧前空一字空注明“（续表 X）”字样。

第十章 送审要求

第三十七条 送审稿需提交纸质打印稿两份，用 A4 纸单页打印。页面上空 5 厘米，下、左、右各空 3 厘米。在左边装订。同时还需上报载有相关内容（word 版本）的光盘一张。

第三十八条　送审稿封面标书名，然后排编纂人员名单、目录和正文。

第三十九条　排版顺序：

（一）封面

卷名排初号魏碑体。

（二）编纂人员名单

编纂分工排四号黑体，编纂人员名字排四号宋体。

（三）目录

“目录”两字排一号宋体，字间空2个字位（即空两格）；类目级排小四号黑体；分目以下目录排小四号宋体。

（四）正文

小四号宋体。

第四十条　正文标题：

一级标题（类目）：二号黑体，居中，占一页。标题若为2个字则字间空2个字位（即空两格），3个字则字间空1个字位，3个字以上不空位。

二级标题（分目）：三号黑体，页首居中，占一行，上下各空一行。标题文字间空位办法同上。

三级标题（条目）：四号黑体，居左，与正文接排。

第四十一条　图片：

（一）图片存储文件大小在1M以上，文件格式为*.tif或*.jpg，并应达到出版印制要求，水平分辨率和垂直分辨率均在300dpi以上。

电子稿件如因文件较大，存储介质以DVD-ROM光盘为主，盘内文件名务必为该图的图说。

电子稿件务必以类目、分目、子分目为文件夹存储。

植入WORD文件内的图片不利于印刷，视为无效文件。

（二）提供一幅具有代表性的本镇图片用于封面设计，图片存储文件大小在3M以上，并应达到出版印制要求，水平分辨率和垂直分辨率均在300dpi以上。

（三）提供一幅电子版本镇地图，以*.tif或*.jpg格式保存。

第四十二条　表格：

表题：四号黑体，置于表上方，居中。

表序号：五号宋体，置于表题下一行的左上方，左空1个字位。

表文（栏目）：五号黑体。

表内文字、数据：五号宋体，数据个位对齐，文字左边对齐或居中（可根据美观统一的原则进行微调）。

表注或文字说明：五号楷体，置于表下。

第四十三条　正文和目录分别编写页码。

第四十四条　送审稿要求达到齐、清、定。

齐：志稿正文（包括图、照、表）、辅文（包括目录等）均齐全无缺。

清：文稿各部分均符合编纂要求，规范、清晰。

定：送审稿必须有该镇志主编签名和审核单位公章，以示负责。

第十一章　附则

第四十五条　本编纂规范解释权归中国名镇志丛书编纂委员会办公室。

第四十六条　本编纂规范自公布之日起实行。

河北省人民政府办公厅关于加快推进全省完成地方志“两全目标”任务的通知

各市（含定州、辛集市）人民政府，各县（市、区）人民政府：

为贯彻落实《国务院办公厅关于印发〈全国地方志事业发展规划纲要（2015—2020年）〉的通知》（国办发〔2015〕64号）精神，按照《河北省人民政府办公厅关于印发〈河北省地方志事业发展规划（2016—2020年）〉的通知》要求，按时保质完成我省地方志“两全目标”任务（即到2020年，完成第二轮地方志书规划任务，省、市、县三级地方志书全部出版；一年一鉴，公开出版，实现省、市、县三级综合年鉴全覆盖），现就有关事项通知如下：

一、切实提高站位。编修地方志是中华民族优秀文化传统。完成地方志“两全目标”任务，是国务院规定的各级政府法定职责，是当前全国地方志工作的刚性任务，是推动河北省地方志事业实现高质量发展的基础性工作。各市（含定州、辛集市，下同）、县（市、区）政府要增强做好地方志工作的责任感和使命感，充分认识完成“两全目标”的重要性，严格落实责任，强化工作举措，加大保障力度，确保按时保质完成“两全目标”任务。

二、明确任务目标。河北省规划出版第二轮市、县两级地方志书155部，地方综合年鉴179部，截至目前，尚有19部地方志书未出版，71个县（市、区）未实现地方综合年鉴公开出版。目前距2020年年底仅有不到一年半的时间，时间紧，任务重。有关市、县（市、区）要抓紧完成第二轮19部地方志书编纂出版的扫尾工作，同时谋划制定年鉴编纂工作方案，提前完成篇目设计，于2019年12月底前全面启动2020年卷年鉴编纂工作，确保全省179部市、县年鉴于2020年年底前公开出版。

三、强化工作保障。按照《地方志工作条例》等有关法规规定，各级政府要将地方志工作所需经费列入政府财政预算，建立同经济发展相匹配的经费保障机制。地方志工作机构设置和人员编制要与有效履行职能、顺利开展工作的要求相适应。各市、县（市、区）政府要严格按照要求做好地方志编纂保障工作，将志鉴出版费、印刷费、制图费等必需经费列入2020年财政经费预算，采取专兼职结合、加强培训等方式促进志鉴编纂工作，推动全省地方志事业健康发展。

河北省人民政府办公厅
2019年8月21日

中共山西省委宣传部　中共山西省委党史研究院　山西省地方志研究院　关于加快推进市县党史基本著作、按期保质完成志鉴“两全目标”的通知

晋宣字〔2019〕45号

各市委宣传部、党史研究室（地方志研究室），各县（市、区）委党史研究室（地方志研究室），省直宣传思想文化系统各单位，承担修志任务的省直各单位，省直工委、省委教育工委、省国资委党委宣传部，省委军民融合办党建处：

党史工作是党的事业的重要组成部分，地方志是重要的文化基础事业，具有存史、资政、教化的重要作用。习近平总书记强调，历史是最好的教科书。学习党史、国史，是坚持和发展中国特色社会主义、把党和国家各项事业继续推向前进的必修课。这门功课不仅必修，而且必须修好。2019年1月，中共中央办公厅转发的《中共中央党史和文献研究院2018—2022年工作规划》明确要求“撰写党史基本著作”。2017年1月，省委办公厅转发的《2016—2020年山西党史工作规划》提出“继续组织推进全省市、县（市、区）党史基本著作的编撰工作。到2018年改革开放40周年时全省三分之二的市、县（市、区）编撰出版地方党史基本著作，到2020年全省市、县（市、区）党史基本著作全部完成编撰出版”。国务

院《地方志工作条例》规定编修地方志是省市县三级政府的法定职责。2015年8月，国务院办公厅印发《全国地方志事业发展规划纲要（2015—2020年）》，明确提出到2020年全面完成省市县三级规划志书编纂出版、省市县三级综合年鉴编纂出版的“两全目标”刚性任务。2016年1月，省政府办公厅印发《山西省地方志事业发展规划纲要（2015—2020年）》，对完成全省修志编鉴工作“两全目标”作了具体安排。

截至2019年4月底，在党史基本著作方面：出版省级党史基本著作三卷本，出版大同、朔州、晋中、阳泉、晋城5部市级党史基本著作，出版新绛、寿阳、平定等24部县级党史基本著作，仍有17部编写工作尚未启动（详见附件1）。在志鉴“两全目标”方面：山西省志规划89部，出版52部，完成终审稿1部，评审12部，完成送审稿13部、初稿5部，初稿编纂中6部（详见附件2）；市、县（市、区）志规划130部，出版77部，终审12部，评审33部，完成送审稿3部，初稿编纂中5部（详见附件3）；综合年鉴规划130部，出版79部，完成终审稿27部、送审稿10部，完成初稿14部（详见附件4）。按照目前进度，实现“到2020年全省市、县（市、区）党史基本著作全部完成编撰出版，全面完成第二轮修志规划任务，实现省、市、县三级综合年鉴全覆盖”的目标，时间非常紧迫，任务特别繁重。

要认真落实党中央、国务院文件精神，认真落实省委“强化一线思维、创造一流业绩”的指示精神和省政府“加快推进省市县方志年鉴全覆盖”工作要求，坚持对标一流、补齐短板，认真做好党史方志编写工作，确保按时保质完成党史基本著作和志鉴“两全目标”。

要高度重视，加强领导。全面落实中央及省委关于党史方志工作的部署要求，将党史方志工作摆上重要议事日程，纳入考核范围，建立健全党史方志领导体制和工作机制，做好机构、人员、经费等保障工作。

要精心组织，加快进度。各承编单位要对号入座，制定时间表、路线图，倒排工期，集中精力加快工作进度，确保党史方志工作按期保质完成。宣传和党史方志部门要加强业务指导和督促。

要精益求精，提高质量。坚持质量第一的原则，紧紧把握正确的政治方向、价值取向和学术导向，高质量完成编写出版任务。

附件：1. 全省市县两级党史基本著作编撰进度表（略）

2.《山西省志》编纂进度表（略）

3. 全省市县两级志书编纂进度表（略）

4. 全省综合年鉴编纂进度表（略）

中共山西省委党史研究院

山西省地方志研究院

2019年3月22日

内蒙古自治区人民政府办公厅印发关于进一步推进全区第二轮三级志书和地方综合年鉴编纂工作的通知

内政办发〔2019〕53号

各盟市、各部分（单位）要清醒认识形势，扎实履职尽责，以“钉钉子”精神抓好地方志“两全目标”工作。加大保障力度，加快工作进度，确保地方志“两全目标”工作按时完成。要压实工作责任，严肃追责问责，对未按时完成各阶段任务和国家部署的“两全目标”任务的，依据有关规定严肃追究相关责任人责任。

内蒙古自治区人民政府办公厅
2019年11月8日

湖南省地方志编纂委员会关于对全省民族地区和贫困地区县级综合年鉴公开出版予以资助的通知

湘志编〔2019〕1号

各有关市（州）和县（市、区）地方志工作机构，委机关各处所：

为认真贯彻落实《全国地方志事业发展规划纲要（2015—2020年）》《全国年鉴事业发展规划（2016—2020年）》和《湖南省人民政府办公厅关于进一步加强地方志工作的意见》《湖南省地方志事业发展规划纲要（2016—2020年）》，确保我省地方综合年鉴“一年一鉴，公开出版”全覆盖目标顺利实现，经省政府领导批示同意，省地方志编纂委员会决定对全省民族地区和贫困地区县级综合年鉴出版工作予以资助。现将有关事项通知如下。

一、资助对象

经国家和省里认定的51个少数民族和贫困县市区（具体名单见附件1）县级综合年鉴公开出版。资助年鉴仅限于当年卷。

二、资助方式

对全省符合资助条件的51部年鉴，由省地方志编纂委员会根据省里有关规定和要求，从省财政专项预算经费中对公开出版的年鉴给予每部不超过4万元的资助。资助范围主要是出版社的管理费、审稿费、设计费或印刷厂的部分印刷费。

三、申报与审批

（一）资助申报。符合资助条件的年鉴编纂单位，应于每年6—11月填写《湖南省民族地区和贫困地区县级综合年鉴公开出版资助申报审批表》（见附件2）一式四份，连同年鉴终审稿，经各市州地方志工作机构、正规出版社审定后报省地方志编纂委员会。各有关市州地方志工作机构应按照《地方综合年鉴编纂出版规定》有关要求，严把政治关、体例关、史实关和保密关。报送到省地方志编纂委员会的日期不得超过当年的11月30日。每部年鉴的总字数原则上不超过70万字。

（二）资助审批。所申报年鉴确定出版社或印刷厂并签订正式出版合同或印刷合同后，申报单位将出版合同原件或印刷合同原件（申请印刷资助的，必须附正规出版社的出版合同）、出版管理费或印刷费等符合省地方志编纂委员会机关财务规定的有效票证、经出版社签署同意出版意见并加盖出版社公章的《湖南省民族地区和贫困地区县级综合年鉴公开出版资助申报审批表》，送交至省地方志编纂委员会年鉴工作处办理有关资金资助手续。经审核同意后，由省地方志编纂委员会直接向出版社或印刷厂支付有关费用。

四、组织领导

（一）成立工作机构。省地方志编纂委员会成立民族地区和贫困地区县级综合年鉴资助工作领导小组，负责资助工作的组织领导、经费使用管理、廉政管理、申报年鉴的审批等事项。省地方志编纂委员会主要负责人担任组长，其他委领导为副组长，委机关纪委、综合处、年鉴工作处有关负责人为成员。

领导小组下设办公室（设年鉴工作处），负责日常资助工作的组织协调以及调研指导、检查督导等工作。张征远担任办公室主任，黄为、王明成、姚兮廷为副主任。

（二）强化工作督导。领导小组及其办公室将有针对性地开展调查研究、业务指导和工作督导，并于每个季度末印发一期工作通报，通报到51个县（市、区）人民政府和地方志工作机构以及所在地区上一级人民政府地方志工作机构。省地方志编纂委员会每年12月就本项资助工作的执行情况向省人民政府、省财政厅进行书面报告，并向全省通报。

（三）加强工作配合。各有关县（市、区）地方志工作机构应当主动向党委、政府分管领导报告，最大限度争取党委、政府的关心和支持。市州地方志工作机构应当精心组织，加强业务指导。符合资助条件的县（市、区），应当于每年的3月份之前组织开展有关组稿工作、6月份左右完成编辑加工、6—11月份进行申报审批。要切实保证当年编纂、当年出版。

附件：1. 全省少数民族和贫困县（市、区）名单（略）

2. 湖南省民族地区和贫困地区县级综合年鉴公开出版资助申报审批表（略）

湖南省地方志编纂委员会
2019年1月21日

中共广东省委办公厅　广东省人民政府办公厅关于进一步加强新时代地方志工作的通知

各地级以上市党委和人民政府，各县（市、区）党委和人民政府，省委各部委，省直各单位，省各人民团体，中直驻粤各单位：

为深入贯彻落实习近平总书记对广东重要讲话和重要指示批示精神，坚持物质文明和精神文明两手抓两手硬，全面发挥地方志存史、育人、资政功能，经省委和省政府领导同志同意，现就进一步加强新时代地方志工作通知如下。

一、高度重视地方文化和地情资源开发利用。抓好全省自然村落历史人文普查成果的开发利用，完成《广东省自然村落历史人文普查资料全集——全粤村情》编纂出版，推出一批精品结构化成果，开发系列资政研究报告，建立完善依托地理信息系统等现代信息技术的数据平台，助力乡村振兴战略。根据地方经济社会发展需要，组织实施专题专项地情调查研究，深入挖掘地方文化和地情资源，把地方志工作机构建设成为地情研究智库，活化地方志资源。广泛开展宣传教育，大力抓好《广东省地方志工作条例》的宣传贯彻，推进依法治志；因地制宜组织拍摄方志影像、《广东印记》系列微视频等影视作品，宣传推广广东历史文化和地方特色文化；组织丰富多彩的地方志文化活动，开展方志讲坛、地情展览、主题教育实践活动等，推动方志文化进机关、进校园、进农村、进社区、进企业，增强全社会读志用志意识。积极开拓社会用志途径，地方志工作成果及时在政府网站公布，实施方志惠民便民工程，鼓励和支持以人民群众喜闻乐见的方式依法对公开的地方志资源进行开发利用。

二、加快推进方志馆建设。搭建方志馆服务网络，集中塑造方志馆服务品牌，扩大社会影响力。各地级以上市要加快推进方志馆建设，各县（市、区）要积极启动方志馆建设的报批、立项等程序，鼓励有条件的乡镇人民政府、街道办事处充分整合利用相关资源和调动集合社会力量建设方志馆。方志馆建设应坚持以人为本、立足地情、突出特色、服务社会的原则，具备收藏保护、展览展示、编纂研究、专业咨询、信息服务、开发利用、宣传教育、业务培训、文化交流等功能。要定期汇总公开本行政区域的方志馆目录，不断优化方志馆功能配置，提升公共文化服务能力和水平。完善服务条件，健全服务规范，免费向公众开放；广泛开展和参与公益性文化活动，加快方志馆数字化、网络化、信息化建设；鼓励公民、法人或者其他组织向方志馆捐赠文献、音像资料、实物等。推动乡村利用村民活动中心、宗祠、名人故居等设施建立村情（志）馆。

三、稳步推进地方志信息化。各地要依托互联网，改革创新记录、展示、传播地方志文化的手段、途径和方式方法，发展和丰富网络方志文化内容，构建数字方志体系，建立数字方志馆。要将地方志信息化建设纳入本级人民政府信息化建设规划，建设地方志全文数据库，完善地方志资源公共数据共享平台，应用现代信息技术进行分析研究和开发利用，为社会提供服务。依托“数字政府”建设，进一步提升地情网站及栏目的社会服务水平。推广运用手机地情网和微信、微博等平台，充分发挥新媒体的作用，为群众提供全面便捷的地情信息服务。

四、严格规范志书和地方史的审查验收程序。县级以上人民政府要成立志书和地方史审查验收委员会。列入全省地方志工作规划的志书、地方史，以省级行政区划名称冠名的，由承修单位组织初审，省级地方志工作机构组织复审，省志书和地方史审查验收委员会终审；以地级以上市、县（市、区）行政区划名称冠名的，由本级地方志工作机构组织初审，经本级审查验收委员会同意后报上一级地方志工作机构进行复审，上一级志书和地方史审查验收委员会组织终审；乡镇、街道编纂的，其审查验收由本级政府（政府派出机构）组织初审，所在县（市、区）地方志工作机构组织复审，县级志书和地方史审查验收委员会组织终审。

五、扎实推进地方志基础工作。按照国家工作部署，做好第三轮修志工作；多管齐下，确保县级以上地方综合年鉴编纂“一年一鉴，公开出版”；常态化做好地方志资料年报和年鉴资料报送工作。落实乡镇、街道专人负责地方志工作，积极推动镇村、部门、行业、专题志书和年鉴编纂；完善有关编纂规范、制度，通过开展质量评价活动等，提高志书和年鉴质量。稳步推进地方史工作，建立地方史工作组织、管理、指导、服务体系；落实地方史工作方案，编写出版一批高质量的地方史成果。科学规范开展旧志整理，加强旧志分类整理和保护利用工作，积极推动旧志数字化建设。推动地方志文化产品“走出去”，加强与港澳台和国外文史机构、公共文化服务机构的学术交流与合作，充分发挥宣传推介广东文化的作用。

六、动员社会广泛参与。建立完善各类地方志专家库、人才库设立、增补、使用机制，鼓励、吸收专家学者和熟悉地情的社会各界人士和组织参与地方志工作。建立和完善地方志人才引进、培训、激励等制度，采取聘用、购买服务、项目合作、志愿服务等方式，建设专兼职相结合的地方志人才队伍。鼓励地方志专业技术人员根据国家有关规定参与职称评定。加强以方志馆、学校、期刊、课题为重点的地方志工作基地或平台建设，定期开展理论研讨活动，活跃学术研讨，推动学科建设，打造地方志理论高地。建立反馈机制，志书、年鉴、地方史的编纂、地情网站及方志馆服务，应当公开征求公民、法人或者其他组织的意见建议，及时反馈采纳情况。

七、加强组织领导。各级党委和政府要加强对本地区地方志工作的领导和统筹规划，把地方志工作纳入当地经济社会发展规划、政府年度工作目标任务和绩效考核中，定期听取地方志工作汇报，每年至少研究一次地方志工作，推动地方志工作融入地方发展战略。各级党委和政府主要领导要主动关心过问地方志工作，分管领导要及时了解和解决地方志工作中的困难和问题。各相关单位要按照当地政府的地方志工作规划要求，明确分管领导和负责部门，积极支持、协助、参与地方志工作，接受地方志工作机构的业务指导和督促检查，按时保质完成任务。各地区各部门要保障完善地方志工作条件，地方志工作所需经费列入同级财政预算，做好经费保障，加大对少数民族地区和欠发达地区地方志工作的支持力度。加强地方志人才队伍建设，重视人才选拔、交流、培养和使用，对在地方志工作中做出突出成绩的单位和个人，要按照中央及省有关规定给予表彰奖励；继续实施地方志人才培训工程，举办地方志分管领导培训班和其他专题培训班；在公务员和干部培训中开设地方史志专题。各级地方志工作机构要认真履行职责，加强对地方志工作的管理、指导与服务，提高地方志工作的能力和水平，做好上下级间、部门间的沟通协调，推动融通发展。加强地方志工作宣传，增进社会对地方志工作的认识，促进修志、读志、用志、传志风尚的形成，充分发挥地方志展示地方形象、推介地方资源的作用，推动我省地方志工作继续走在全国前列。

中共广东省委办公厅
广东省人民政府办公厅
2019年1月9日

重庆市志出版管理规范

（2019 年版）

为进一步增强重庆市志出版的科学性、统一性，确保志书出版、印刷质量，根据国务院《地方志工作条例》（国务院令第 467 号）、《出版管理条例》（国务院令第 343 号）等有关规定，按照中华人民共和国国家标准、新闻出版行业标准，参考书籍装帧行业规范，结合重庆市志出版印刷工作实际，制定本意见。

一、出版管理

（一）志书出版须符合国家、重庆市关于出版管理法律法规及相关规定的要求。出版制作以电子为介质的志书，须符合国家、重庆市关于电子出版物管理的规定。

（二）重庆市地方志办公室是市志评审和质量把关工作部门。

（三）出版社终审验收、质检后的志稿，不得再作大篇幅的改动，如确有内容需要改动时，应报请本级编纂委员会和重庆市地方志办公室同意。

（四）市志出版前的付印样稿需报送市地方志办公室审批。志书出版后，编纂所收集到的全部资料整理后存留修志机构备查。

（五）以行政区域冠名的地方志书为职务作品，其著作权由组织编纂的负责地方志工作的机构享有，参与编纂的人员享有署名权。

（六）各编纂单位出版的志书（含内部出版志书），应在正式出版 30 日内将成品书 100—300 套，及 PDF 和 TXT 电子版两套，送重庆市地方志办公室备案。

二、装帧排版

（一）装订形式

重庆市志出版图书为精装本。

（二）开本

1. 志书统一为大度 16 开本（889mm × 1194mm）。

2. 成品尺寸：285mm × 210mm。

3. 版心尺寸：245mm × 175mm。

（三）印装顺序

志书按照以下顺序印装：扉页、版权页、署名、彩插、序言、凡例、目录、正文（包括综述、大事记）、附录、编后记。

（四）护封

1. 成品尺寸：293mm × 217mm。

2. 用纸：250 克铜版纸覆哑膜。

3. 格式。

（1）护封正面（古黄色）。

首行：“重庆市志”84 磅黑体居中横排。

第二行：“分志名”。楷体居中横排（字的磅值视字数情况而定）。

第三行：志书断限（× × × ×—× × × ×）（23.7 磅小标宋横排居中）。

第四行：编纂单位（字的磅值视字数情况而定）。

第五行：出版社名。“× × × × × 出版社”，置于护封正面下端（19.5 磅黑体横排）。

（2）书脊。

书脊为圆脊。

上端：重庆市志（黑体横排居中）。书名下分行居中横排分志名、断限、编纂单位（黑体横排居中）。

下端：出版社名（黑体横排居中）。

封底：底色为古黄色。左下角放条形码，条形码下印定价。

（3）折口。

前后折口宽度均为 90mm。

（五）封面

1. 用纸：3mm 硬壳纸板，文字烫金（字体排列同护封）。

2. 内容：均与护封相同。

3. 颜色：紫红色（漆布）。

（六）环衬

1. 环衬用纸为230克黄色皮纹纸。

2. 尺寸同内文（285mm×210mm）。

3. 前后均加环衬，前环衬后、后环衬前加硫酸纸。

4. 可衬放本地区行政区划分色地图。

（七）扉页

1. 用纸：128克铜版纸。

2. 内容：扉页1上下依次为书名、主修、主审、总编辑；扉页2上下依次为书名、断限、编纂单位名称和出版社名称。

（八）版权页

要素齐全，排于扉页2背面。

（九）署名及格式

1. 扉页1：志名《重庆市志》（84磅黑体，居中，天头到“重庆市志”的距离69mm），志名下依次居中横排3行：主修、主审、总编辑（2号黑体，居中，行距5mm），重庆市志与主修间距40mm。（背白）

2. 扉页2：志名《重庆市志》（84磅黑体，居中，天头到“重庆市志”的距离69mm）。

3. 分志名、断限、编纂单位、出版社（字的磅值视字数情况而定）。

4. 扉页2后背图书在版编目（CIP）数据、责任编辑、封面设计、版权页。

5. 编纂委员会名单、编纂人员名单、审查验收机构人员名单。

（1）编纂委员会名单标题用2号小标宋，上下各空2行；名单用小4号宋体。

（2）编纂人员名单标题用2号小标宋，上下各空2行；名单用小4号宋体。

（3）承编单位初审人员名单和市地方志办公室复审人员名单，用小4号黑体排单位名，用小4号宋体排人员名单。

（4）各级审稿单位（保密、档案），用小4号黑体排单位名，用小4号宋体排人员名单。

（十）彩页

1. 用纸：128克铜版纸。

2. 彩页分类编排，按时间先后，集中装订于序言之前。

（十一）序言

通栏横排。

（十二）凡例

通栏横排。

（十三）目录

篇章体：总述（综述、概述）、大事记、编后记用5号黑体靠左排列；篇、附录用4号黑体占4行，居中排列；章用5号黑体，靠左排列；节用5号宋体，退2格排列。

（十四）正文

1. 用纸：70克双面胶版印刷纸。

2. 书眉：单页，排一级标题名（篇、章名称）；双页，排志书书名。书眉线为单线通栏；页码，左双右单。篇（章）排暗码。

3. 正文：用5号宋体，按每页42行（不含书眉）每行43字横排。

4. 正文版式。

（1）篇章体。通栏横排。篇小1号小标宋占7—8行居中；章2号小标宋占6行居中；节4号黑体占4行居中；目，右退2字5号黑体占1行，前加序号“一”“二”“三”……子分目，横排右退2字5号楷体占1行，前加序号“（一）”“（二）”“（三）”……

（2）表格。表格按照其所反映的内容插排在正文适当位置，表序号用5号宋体置于表格标题左上侧，顶格，占1行。表题应完整、简洁，用5号黑体居中占1行。表格两侧不封口。涉及计量单位的，在表题右下侧用小5号宋体字标注计量单位，占1行，右侧与表格边缘对齐。表内文字用小5号宋体字。表内数字上下对齐，千位数以上不使用分节号，有小数的可保留小数点后两位。表内无内容的，以短横线标注。表脚注释用小5号宋体字。表格跨页，续表可不用表题，但需在续表左上角用小5号宋体标注“续表”。

（3）注释。简短文字注释，加圆括号采用文内注。较长文字注释，采用页下注的方式，用小5号宋体、序号用“①”“②”“③”……

（4）图。志书中的“示意图”“随文图”按篇（篇）章编序号（如图1—1、图2—3）。示意图的序号、标题、内文及注释的位置、字体、字号与“表格”相同中。随文图图解用小5号仿宋。

(5）全书同类型、同层次体裁的字型、字号、序数号应保持一致。

(十五）大事记

通栏横排。

(十六）附录

版式同正文。

(十七）编后记

通栏横排，标题用小1号小标宋，占7—8行，正文用5号宋体。

三、质量要求

总体质量符合中华人民共和国国家标准《印刷产品质量评价和分等导则（CY/T 2—1999)》中合格品及以上标准。

(一）编校质量

全书差错率不超过万分之一，符合《图书质量管理规定》(新闻出版总署令第26号）相关要求。

(二）装订质量

书背平整、厚度一致。书帖平服整齐，无明显八字皱折、死折、折角、残页、套帖和脏迹，书帖页码和版面顺序正确，相连两页之间页码位置误差≤4.0mm，全书页码位置误差≤7.0mm，画面接版误差≤1.5mm。符合新闻出版行业标准《装订质量要求及检验方法——精装（CY/T 27—1999)》《精装书芯质量要求及检验方法（CY/T 7.3—91)》。

(三）印刷质量

图案、文字、线条清晰、完整，不残缺，不变形。色相正确、均匀，叠色光亮，墨色柔润，印迹边缘光洁，图案牢固，不脱色。符合相关国家印刷标准。

(四）纸张质量

封面坚实牢固，无明显翘曲；胶粘剂使用得当，着胶均匀、不花、不溢；壳材料摆放正确，尺寸无误差；质量符合新闻出版行业标准《精装书壳质量要求及检验方法（CY/T 7.6—91)》。铜版纸无色差，纸面平整，涂布均匀，切边整齐，无折子、破损、瘢痕、硬块，符合中华人民共和国国家标准《铜版纸（GB/T 10335—1995)》。双面胶版纸纸面平整，切边整齐，色泽一致，无褶皱、破洞、残缺、裂口等，符合中华人民共和国国家标准《胶版印刷纸（GB/T 30130—2013)》。

四、附则

(一）本规范由重庆市地方志办公室负责解释。

(二）本规范自出台之日起施行。2017年9月7日出台的《第二轮重庆市志出版指导意见》(渝志办〔2017〕40号）同时废止。

重庆市旧志整理出版规范

(2019年版)

第一章　总　则

第一条　为规范全市旧志整理出版工作，提高旧志整理出版质量，充分发挥旧志在延续地方历史文脉、传承文化遗产、服务经济社会发展中的作用，根据国务院《地方志工作条例》，按照国务院办公厅《关于进一步加强古籍保护工作的意见》，结合我市实际，制定本规范。

第二条　本规范所称旧志，是指1949年10月1日前编纂出版的地方志书。

第三条　本规范适用于本市以府、州、厅、县行政区域名称冠名的旧志。

第四条　旧志整理出版坚持以马克思列宁主义、毛泽东思想、邓小平理论、“三个代表”重要思想、科学发展观、习近平新时代中国特色社会主义思想为指导。坚持辩证唯物主义和历史唯物主义的观点和方法。坚持“保护为主，抢救第一，合理利用，加强管理”的方针。坚持“整旧如旧”“古为今用”的原则，服务读者读志用志。

第五条　旧志整理出版应遵守党和国家关于民族、宗教、对外关系、保密、著作权、出版等方面的法律、法规、规章、政策，维护国家利益、民族团结和社会稳定。

第六条　本规范范畴涵盖旧志整理中的影印、翻印、重印、标点、校勘、注释和统稿、评审、出版等方面。

第二章　整　理

第七条　为保护、抢救珍稀旧志，增加传世数量，各级地方志工作机构和相关单位可以对珍稀旧志开展影印、翻印、重印等整理。为方便社会各界阅读理解和开发利用各种旧志资源，各级地方志工作机构和相关单位可以对各种旧志开展标点、校勘、注释等整理。

第八条　影印。要求对原版原封不动地复制。整理时，对通过拍照、扫描等得到的原版图片的处理，必要时可作适当的描修工作。

第九条　翻印。要求按原版照样复制。复制时，对缺损或漫漶的字句可对照其他版本或其他史书进行适当配补。

第十条　重印。要求按原版进行重新设计制作。制作时，可对照其他版本或其他史书对明显的脱、讹、衍、倒处作极少量修改。

第十一条　标点。严格按照古汉语语法断句。标点符号以中华人民共和国国家质量监督检验检疫总局、中国国家标准化管理委员会发布的《标点符号用法》（中华人民共和国国家标准 GB/T 15834 — 2011）为依据。尽量少用破折号、省略号、着重号。并列的句式，能用逗号、句号的一般不用分号。文中典籍一律加书名号，引述文献典籍的，凡不致歧义或误读之处，一般不使用引号；反之，则使用引号以界定。

第十二条　校勘。如有两个以上的版本，应取版本完好、内容翔实、价值较高的版本为底本，其他为校本。在质量差距不大的情况下，优先考虑孤本和稀见本。校勘一般采取对校，结合理校。

校勘只限于文字的脱、讹、衍、倒，不涉及底本所述史实。对发现的误、脱、衍、倒之处校勘时，凡改动的地方，出校勘记。对疑有误、脱、衍、倒处，但无确凿资料证实者，不做改动，但可出校勘记予以说明。

第十三条　注释。一般按“中等以上文化程度的人能够阅读理解”的要求，确定书中的注释范围和对象（如历史纪年、历史人物、历史典故、古地名、职官、计量单位、方言词语等）。

注释一律用规范的现代语体文，不以文言注文言或文白夹杂。

无重复注释、相互注释。

第三章　统　稿

第十四条　应完成序言、整理出版说明的撰写和目录的编排工作。

整理出版说明应对整理对象的版本源流、文献价值、整理方法、体例等加以详尽说明。

第十五条　影印、翻印、重印等整理稿可以使用繁体字。

第十六条　标点、校勘、注释等整理稿一般应使用简体字。读者对象为香港、澳门、台湾地区的居民和海外华人、华侨的整理稿可以使用繁体字。简体字、繁体字以国务院公布的《通用规范汉字表》（国发〔2013〕23 号）为准。缺字用“□”表示，空围数与缺文字数相等。无法打印的字用“■”占位。缺文字数不清楚的用“□……□”表示。

第十七条　标点、校勘、注释等整理稿，对原书卷、目次序及内容和记述顺序一般不做变动，特殊情况下可对原书内容加以分段。凡改动原志的地方，用圆括号“(　)”、方括号“[　]”表示，圆括号内表示删去，方括号内表示改正或增补。不同层级的标题和正文应以不同的字体、字号以示区别。校勘记、注释一律用脚注，不夹杂在原文当中，标号以每页为单位编排。

第十八条　统稿后的整理稿名称，清代及以前的统一为“×朝×年号××志（稿）+整理方式（影印、翻印、重印、点校、校注等）”，如《明万历重庆府志点校》。民国时期的统一为“民国（××年）××志（稿）+整理方式（影印、翻印、重印、点校、校注等）”，如《民国南川县志点校》《民国十七年长寿县志校注》。

第四章　评　审

第十九条　区县地方志工作机构组织整理的旧志整理稿由市地方志办公室组织评审。市级单位组织整理的旧志整理稿由主管部门组织评审。

第二十条　评审时，应当有地方史志、古籍整理、语言文字、保密等方面的专家参加。

第二十一条　评审单位组织专家评审后，应及时下达评审意见。组织旧志整理的单位应严格按评审意见修改完善并提交评审单位审查验收。

第二十二条　区县地方志工作机构组织整理的旧志整理稿，经市地方志办公室审查验收后方可出版。审查验收程序参照新编地方志书的审查验收程序。

第五章　出　版

第二十三条　出版印制，符合国家关于出版管理法律、法规及相关规定的要求。

第二十四条　版面格式规范，符合国家有关技术标准和规定。影印、翻印、重印整理的书籍可以照原版式文字竖排，封面、扉页可以重新设计。标点、校勘、注释等整理的书籍一般采用16开本，文字横排（发行对象为香港、澳门、台湾地区和海外华人、华侨的书籍除外），封面设计应体现古朴、端庄、大方。

第二十五条　版权页内容要全面、规范。版权页后应设置整理人员和审查人员名单。整理出版说明应置于人员名单之后。

第二十六条　编辑校对符合国家关于图书质量管理的规定。全书差错率不超过万分之一。

第六章　附　则

第二十七条　市内乡土志等旧志和具有方志初稿性质的历史采访稿等的整理出版参照本规范执行。

第二十八条　本规范由重庆市地方志办公室负责解释。

重庆市志、区县（自治县）志编纂规范

（2019 年版）

一、总则

第一条　为继承和发扬中华民族优秀文化传统，全面、客观、系统地编纂地方志书，确保志书质量，根据国务院《地方志工作条例》（国务院令第 467 号）、中国地方志指导小组《地方志书质量规定》（中指组字〔2008〕3号）等有关要求，结合重庆市志书编修实际，制定本规范。

第二条　以马克思列宁主义、毛泽东思想、邓小平理论、“三个代表”重要思想、科学发展观、习近平新时代中国特色社会主义思想为指导，坚持辩证唯物主义和历史唯物主义的立场、观点和方法，全面、客观、系统地记述本行政区域自然、政治、经济、文化和社会的历史与现状。

第三条　政治立场坚定，政治观点正确，体例严谨，内容全面，特色鲜明，记述准确，资料翔实，表达通顺，文风端正，印制规范。

第四条　志书不得含有下列内容：反对宪法确定的基本原则的；危害国家统一、主权和领土完整的；泄露国家秘密、危害国家安全或者损害国家荣誉和利益的；煽动民族仇恨、民族歧视，破坏民族团结，或者侵害民族风俗、习惯的；宣扬邪教、迷信、赌博、暴力的；侮辱或者诽谤他人，侵害他人合法权益的；危害社会公德或者民族优秀文化传统的；法律、法规和国家规定禁止的其他内容。

涉及国家安全、社会稳定等重大问题，法律、法规及政策未作规定的，经由有关部门审查把关，正确把握记述尺度。对违法违纪违规入志人物应从严把握，不正面使用涉及相关人员的各种表述。

第五条　坚持志体，述而不论；断限明确，越境不书；生不立传，以事系人；实事求是，秉笔直书；前后统一，详略得当；要素齐全，准确客观。

二、名称与署名

第六条　志书名称以下限时的本行政区域名称冠名。

市志名称。《重庆市志》单卷各分志名由三部分组成：第一部分为行政区域志名，第二部分为分志名，第三部分为起止年份。行政区域志名与分志名中间加间隔号，起止年份加圆括号。如《重庆市志·教育志（1986—2005）》《重庆市志·风景园林志（1986—2005）》。多卷本由四部分组成：第一部分为行政区域志名，第二部分为分志名，第三部分为卷名，第四部分为起止年份。行政区域志名与分志名、卷名中间加间隔号，起止年份加圆括号。如《重庆市志·中国共产党地方组织志·政法工作卷（1949—2006）》。

区志名称。在本行政区域志名称前冠以上一级行政区域名称。单卷本名称由三部分组成：第一部分为上一级行政区域（重庆市）名，第二部分为下限时的本行政区域志名，第三部分为起止年份。起止年份加圆括号。如《重庆市大渡口区志（1989—2008）》。多卷本由四部分组成：第一部分为上一级行政区域（重庆市）名，第二部分为下限时的本行政区域志名，第三部分为卷或分志名，第四部分为起止年份。行政区域志名与卷或分志名中间加间隔号，起止年份加圆括号。如《重庆市大渡口区志·教育志（1989—2008）》。

县（自治县）志名称。单卷本名称由两部分组成：第一部分为下限时的本行政区域志名，第二部分为起止年份。起止年份加圆括号。如《酉阳土家族苗族自治县志（1986—2005）》。多卷本名称由三部分组成：第一部分为下限时的本行政区域志名，第二部分为卷或分志名，第三部分为起止年份。行政区域志名与卷或分志名中间加间隔号，起止年份加圆括号。如《梁平县志·农业志（1986—2005）》。

第七条　署名。

《重庆市志》各分志署名：封面署编纂单位名和出版社名；扉页署主修、主审、总编辑名单；之后依次署《重庆市志·××志（××××—××××）》编纂委员会名单、《重庆市志·××志（××××—××××）》编纂人员（主编、副主编、编辑、校对、编务及撰稿等）名单、《重庆市志·××志（××××—××××）》审查验收机构人员名单。多届次编纂委员会成员、编纂人员按序署名。此外，还须署文字、图（照）、实物资料主要提供单位及人员名单及志书装帧设计者姓名。

区县（自治县）志署名，可参照《重庆市志》各分志的署名。

三、时限与范围

第八条　记述时限。时间界限明确，不随意突破志书的上限和下限，严格控制上溯或下延。续修志书处理好与前志的拾遗补缺、订讹正误。

第九条　记述范围。《重庆市志》各分志的记述范围以下限时的行政区域为准。区县（自治县）志记述范围以下限时的行政区域为准。建置区划调整的，划入区域从划入时记述，也可适当上溯；划出区域记至划出时。

四、篇目与编次

第十条　篇目设置符合“事以类聚”的基本要求，处理好科学分类（参考由国家质量监督检验检疫总局和国家标准化管理委员会发布的《国民经济行业分类（GB/T4754—2017）》）与现实社会分工（现行管理体制）的关系，做到布局合理，结构严谨，归属得当，层次分明，排列有序。类目的升格或降格使用适当，标题简明准确，题文相符，同一门类各级标题不重复。

第十一条 编次形式一般为篇、章、节、目、子分目5级。篇、章、节、目、子分目一律用汉字数字标明次第序号，如“第一篇”“第二章”“第三节”“四”“（五）”；子分目以下用阿拉伯数字加下脚点标示，如“6.”；暗目正文不换行，标题抬头空2格，标题字体字号同正文。各级标题墨色加重。志书正文段落中分述标次用圆括号阿拉伯数字标示，如“（7）”。

五、文体与语言

第十二条 采用述、记、志、传、图（照）、表、录、索引等体裁，以志为主。

述：根据志种和内容层次的不同，合理设置，概述事物发展全貌和特点等。

记：大事记选录得当，重要事项不漏，时间、地点、人物（单位）、结果等要素齐备。专记因事设置，选题严格，数量适度；编后记重点反映修志始末。

志：门类设置合理，纵述史实把握事物的发端、变化和现状，不缺失主要事物、事物的主要方面和事物发展的重要阶段。

传：立传人物为在本行政区域有重大影响者，以及本籍人物在外地有重大影响者。生不立传。

图（照）：图（照）注重典型性、资料性，从不同角度反映变化的情况。地图采用国家测绘部门和有关部门绘制或审定的，重要地理信息数据采用测绘部门公布的法定数据。照片无广告色彩，除人物传、人物简介外，无个人标准像。

表：设计合理，要素齐全，内容准确，不与正文简单重复。

录：附录的原始文献、补遗考订等资料要具有重要存史价值。

索引：分类标准统一，名称概念清楚，提炼的题目符合主题原意，附缀的正文页码准确。

第十三条 除引文和附录的文献资料外，一律使用规范的语体文记述，不用总结报告、新闻报道、文学作品、教科书、论文等写法，不用口语、方言、俗语或文言文，不能文白夹杂。

第十四条 汉字使用以国务院公布的《通用规范汉字表》（国发〔2013〕23号）为准，用词概念准确，符合现代汉语语法规范。通假字、异体字、自造字以及已经淘汰的旧字形、计量单位的旧译名用字，不在正文中使用，只能在引文和特殊注释中使用。

第十五条 语言朴实、严谨、简洁、流畅。杜绝空话、套话、废话，尤其杜绝渲染性、广告性文字。不用“上级指示”“由于种种原因”等含混不清或易出现歧义的词语。不滥用时态助词。慎用“国内领先”“国际水平”“第一”等评价性词语。经权威单位评选的，须记明“原表述”评选结果和评选单位。运用专业性较强的术语时，应注释说明。

第十六条 标点符号使用以国家质量监督检验检疫总局、国家标准化管理委员会发布的《标点符号用法》（GB/Tl5834—2011）为准。

第十七条 书写一律自左向右横写。

六、称谓名称

第十八条 除引文和特殊情况外，志书以第三人称记述，不用第一人称，可选用“全”“内”等词进行辅助表达，如“全市”“市内”“境内”“全集团”“校内”等。

第十九条 记述不同时期的国家、朝代、军队、行政区域、政府机构、企事业单位、学校、职务职称时，采用历史称谓（当时称谓），并注意名称变化及其变化的对应时间。历史朝代名称使用规范的通称，以新版《现代汉语词典》附录的中国历史纪元表为准。

1949年10月1日后，涉台用语遵照2002年中共中央台湾工作办公室、中共中央宣传部、中共中央对外宣传办公室联合下发的《关于正确使用涉台宣传用语的意见》执行。

第二十条　人物的称谓，除引用原文外，直书姓名，不冠褒贬，不加“先生”“女士”“同志”等泛称。需反映活动者身份的可加职务（职称），冠于人名之前。如出现人物的原职务，“原职务”置机构之后，如“重庆市总工会原主席”。人物的字、号、别名、曾用名、绰号等，必要的可在首次出现时标出，此后不重复使用。

第二十一条　各种组织、机构、单位、职务、法律法规、文件、会议、公报等专有名称使用全称，一般不用简称和俗称。如名称过长，总述、概述首次出现用全称，并加括号注明简称，其后用简称；大事记首次出现用全称，并加括号注明简称，其后用简称。专篇、专章，以节为单位，首次出现用全称，并加括号注明简称，其余用简称。简称应概念准确规范，不产生歧义。如“文化大革命”不称“文革”。

第二十二条　空间概念表述准确具体，指代明确。今地名使用各级政府审定的标准地名。历史地名使用当时名称，括注志书下限时名称。跨区域的山脉、河流、湖泊、水库、公路、铁路、航线、文物古迹、重大事故、重大事件等，其名称和数据以国家有关部门公布的为准。涉及其他行政区域名称的，其行政隶属关系明确。

第二十三条　译名准确。外国国名和常见地名、人名、党派、政权机构、报刊等译名，以新华通讯社的译名为准。新华通讯社没有译名的，首次使用译名时括注外文全称。

第二十四条　生物、矿物名称，使用中文标准学名。记述自然资源涉及本地生物名称的，首次出现时采用二名法（拉丁文词），括注本地俗名。

七、时间表述

第二十五条　时间概念表述准确具体。中华人民共和国成立前用历史纪年括注公元纪年。民国以前用帝王年号纪年、农历纪月日，括注公元纪年月日，如光绪二十六年二月初二（1900年3月2日）。同一帝王年号在同一实写类目中多次出现，公元纪年只括注首次出现者，其余不括注。民国用民国纪年法，民国时期一般用公元纪日月，如民国25年（1936年）3月8日。民国纪年在同一实写类目中不是一年的括注首次出现的年份，其余年份不括注。中华人民共和国成立后一律用公元纪年。公历世纪、年代、年、月、日和时刻均使用阿拉伯数字，如“20世纪90年代”“1996年12月31日18时25分36秒”。年份书写要用全数，如“1995年”，不能写成“95年”。

第二十六条　含有月日表示事件、节日和其他意义的专有名称一般用汉字数字，如涉及一月、十一月、十二月，须用间隔号将表示月与日的数字隔开，并加引号，如“一·二八”事变、“一二·九”运动等。涉及其他月份时不用间隔号，是否使用引号视事件的知名度而定，如“九一八”事变、五四运动、五一国际劳动节等。含有月日的专有名称如用阿拉伯数字表示时，也应用间隔号将月日分开，并在数字前后加引号，如“3·15”消费者权益日。

第二十七条　志书时间要准确具体，不使用“今年”“前年”“上月”等时间代名词，不使用“最近”“不久以前”“多年来”“目前”“现在”“近年来”“已经”“即将”等模糊的时间概念。

第二十八条　人物部类生卒年份、年龄、任职起讫时间等用阿拉伯数字表述。在括号内注明人物生卒年份时，到“年”的可不加“年”字，如“鲁迅（1881—1936）”；到“月”的须加“年”“月”，如“毛泽东（1893年12月—1976年9月）”，不用“—”表示年月；到“日”的可用“—”表示年月日，如“周恩来（1898—3—5—1976—1—8）”。年月日不用脚点表示。

八、数据与数字

第二十九条　志书编写运用统计数据，符合国家统计法律、法规的有关规定。统计数据以国家统计部门公布的法定数据为准。统计部门没有统计的，采取业务主管部门的统计数据。统计口径和计算方法等清楚、准确，不得错用、滥用。

第三十条　数字书写以国家质量监督检验检疫总局、国家标准化管理委员会发布的《出版物上数字用法》（GB/T15835—2011）为准。

九、量与单位

第三十一条　计量单位名称、符号的运用，按照国家技术监督总局公布的《量和单位》（GB3100—3102—93）规定执行，计量单位名称以及数量符号、物理量符号及其他符号、代号的使用应规范、统一。

第三十二条　历史上的旧计量单位和外国计量单位，如旧制“斗”“石”“亩”，英制的“哩”“码”“磅”，日制的“坪”“町”，俄制的“普特”“沙绳”，中华人民共和国成立初的旧（老）人民币（与新人民币的兑换比为10000：1）等，在引文或叙述当时历史史实时可以使用，但要作出与现法定计量单位换算的注释。如与现法定单位换算有困难，须作必要说明，如“老亩”每亩绝大多数大于60平方丈。

第三十三条　温度采用摄氏制，不用华氏和列氏制，如历史记载引文中用华氏、列氏制，应注明相当的摄氏度数。

第三十四条　行文中的计量单位用中文表述，不用字母、符号书写，如用“克”“米”，不写成“g”“m”。但在必须载入的公式中要使用相关字母或符号，如在行文中用“平方米”“大于”“水”，在公式里用“m^2”“>”“H_2O”。

十、图（照）与表格

第三十五条　反映综合宏观内容的图（照）、数据表集中于志首。志首的图（照）、表要体现志书内容的全面性、时代性和地方特色。随文图（照）、表要与所随正文内容相符。图（照）要有准确精练的文字说明，包括时间、地点、事物、需要说明的人物的位置及时任职务等。没有损害人物形象的画面。涉及党和国家领导人的图片，必须按照国家新闻出版广电总局有关规定，严格执行送审制度，审批后方可采用。

志首图包括本行政区域位置图、地形图、行政区划图、交通图等。地图选用应遵守国家关于地图管理的法规和有关规定、办法，经有审核权的测绘地理信息行政主管部门审核后方可使用，并标注审图号。文中图应统一编号。

第三十六条　表格包括统计表和文字表。表格排在相关正文之后，不与正文内容脱节。统计表和文字表的表式一般包括表题（标题）、表体、说明三个部分。

表题即表格的名称，首标时间，次标地域范围（或行业、单位），再标内容事项。表题居中排列，左侧上方标明表的序号，一般以志书的篇为基本单位流水排表序，如“表1—3”即为第一篇的第3份表。表一律不加“附”字。统计表须标明计量单位，数据只有一个单位的，在表右侧上方标明表的计量单位，如“单位：亿元”。计量单位有2个及以上的，可加括号直接标在表格的具体项目栏中，如“工资收入”栏为“（万元）”。

表体包括表头、表项和表框。表头（又称栏头）表示表格中各项目类别的名称，居于表格首列或首行。表示主要项目类别的表头一般居于首行。表项是表格中纵向或横向自成系列的一组项目栏，所有表项构成表身。表格内上下栏目内容相同不书写“同上”字样，仍列具体文字或数据。统计表的总计栏统一居于表的下端最后一栏（行）或右端最后一栏（列）。表格中的数据，如均为整数或均为保留两位小数的，以个位数对齐（无须非常精确的，小数可一律四舍五入为两位小数）；如既有整数又有小数采用右对齐。统计数据栏中，无统计或有统计未查出用“—”表述，数值为零用“0”表述。表框即表格的外部框架，采用开敞式（开放式）表框，不加表两侧的“墙线”。表格中的数字使用阿拉伯数字。年份表项的年份须加“年”字。必须转页续表的，横表项和纵表项不能省略，左上角标“续表”，如再转页，上页续表标“续表一”，次页续表标“续表二”，以此类推。

对表格的内容需要说明的，可在表格左下方抬头空2格写“说明”。

十一、引文与注释

第三十七条　志书尽量少用引文，必须引用时，直接引用原著，注明引自何书、何文，并以最新版本为准，尽量不转引。使用时忠于原文，不擅自改动。发现原文错字，在原文错字后用〔〕纠正出正字。繁体字改成简化字。引用古籍，包括古地名、古人名或使用简化字容易引起误解处，可用繁体字并括注简化字。引用文献根据国家质量监督检验检疫总局、国家标准化管理委员会发布的《信息与文献参考文献著录规则》（GB/T7714—2015）进行编排。

第三十八条　重要文献的引文应引用原文，并加引号，转述大意内容的不加引号。

第三十九条　行文中的注释是对引文、辅文和需要加以说明的专有名词、特定事物的必要说明。注释形式全志统一，符合学术规范，要素齐备，便于查找。注释中的数字，除古籍须与所据版本一致外，均用阿拉伯数字。注释采用页末脚注与正文文内括注相结合的形式。

脚注。对整句作注释，或注释内容复杂，文字较长，一律采用脚注。在需要作注的词语右上角标出阿拉伯数字圆号（①②③等），把要说明或解释的内容按标注数码顺序写在当页最下方，并用条界线（注线）与正文分隔（“——”）。几处注释同一出处者合并为一条注释，如“②③⑨⑩《中国风俗辞典》叶大兵等编著，上海辞书出版社1990年1月第1版第329页。”

括注。用括号紧随正文需注释的词语之后进行注释，括注在该句中间，如“清光绪七年（1881年）水渠竣工，造福一方。”

图、表中的数字、符号或其他内容需要注释，在标注对象右上角作星标“※”，注释的内容可直接写在该图、表左下方。如图、表下已无空隙，可采取脚注。同一图、表中如有两处以上需要作注，依次采用不同数量“※”号区分，如“※”“※※”。

第四十条　志书可设置主题索引、人物索引、图表索引等，按照国家质量监督检验检疫总局、国家标准化管理委员会发布的《地方志索引编制规则》（GB/T36070—2018）进行编制。

十二、附　则

第四十一条　本规范由重庆市地方志办公室负责解释。

第四十二条　本规范自出台之日起施行。2013年11月26日出台的《重庆市第二轮市志、区县（自治县）志编纂出版规范》（渝志办发〔2013〕30号）同时废止。

四川省地方志工作办公室贯彻《建设文化强省中长期规划纲要（2019—2025年）》措施

地方志是中华民族的文化瑰宝和历史智慧的结晶，是中华民族的精神根脉和独有的文化标识。地方志是文化建设的重要一环，在文化强省战略中发挥着极其重要的作用。为贯彻落实《建设文化强省中长期规划纲要（2019—2025年）》，结合《关于加强和改进乡村治理的指导意见》《数字乡村发展战略纲要》《关于加强古镇古村落古民居保护工作的意见》及全省地方志工作实际，提出如下贯彻落实措施。

一、实施习近平新时代中国特色社会主义思想学习宣传工程

（一）主动参与“学习强国”四川学习平台建设。省地方志办是全省首家被省委宣传部批准成立的“学习强国”四川学习平台通讯站，要以此为契机，积极参与平台建设。立足地方志系统丰富的地情资源，紧密结合全国全省战略部署、中心大局、时事热点等，为“学习强国”各栏目提供音频、视频、文章。2019年，立足“大熊猫科学发现150周年”“巴蜀历史文化”“四川民族文化”“庆祝中华人民共和国成立70年四川篇”重大专题为“学习强国”题库出题。（责任部门：综合处、省志工作处、市县志工作处、省情信息工作处、政策法规宣传处、四川年鉴社）

（二）在自有媒体开设学习专栏。持续在“方志四川”微信平台开设“微党课”“时政”“乡村振兴”“中华人民共和国成立70周年”专栏，在四川省情网设置“学习习近平新时代中国特色社会主义思想”“不忘初心、牢记使命”主题教育专题专栏，充分运用现代传媒手段弘扬爱国、奋进主旋律。（责任部门：省情信息工作处、政策法规宣传处）

二、实施社会主义核心价值观培育践行工程

（三）充分运用四川省情网，《巴蜀史志》期刊，方志四川微信公众号、微博、头条号、搜狐号等地方志媒体矩阵，设置“传统文化”“家风家训”“历史文化”“四川省情”“四川印象”“巴蜀记忆”等专栏，编纂出版《巴蜀史志》“庆祝中华人民共和国成立70周年”专刊，加强爱国爱家、民主法治等社会主义核心价值观的宣传。（责任部门：省情信息工作处、政策法规宣传处）

（四）发挥地方志部门优势，积极推进本系统参与红色文化资源普查，主动介入红军长征等革命文化资源挖掘，为国家长征文化公园四川示范段、红军飞夺泸定桥纪念地、红军四渡赤水太平渡旧址等爱国主义教育基地，“长征丰碑”“伟人故里”“川陕苏区”“三线建设”“抗震救灾”5条红色旅游学习体验精品线路，藏羌彝文明走廊创建，西南铁路线文明创建等注入更多文化内涵，贡献方志力量。［责任部门：各市（州）地方志工作机构、市县志工作处］

三、实施新闻舆论影响力竞争力提升工程

（五）扎实推进四川省情网改版后信息更新、内容完善等工作，将“四川省情网”打造成全国最有影响的省情信息网；推进《巴蜀史志》改版扩容，提高站位，把放眼全省文化建设大视觉作为办刊宗旨，及时调整开辟新专栏、编辑专刊增刊，与中国知网（CNKI系列数据库）、国家哲社期刊数据库等期刊网站和数据库合作，拓宽巴蜀文化受众面；优化与专业媒体合作方式，提升方志四川微信、微博、头条号、搜狐号内容的深度、生动度、传播度，抢占舆论引导、思想引领、文化传承、服务人民的主流阵地。（责任部门：省情信息工作处、政策法规宣传处）

四、实施中华优秀传统文化传承发展工程

（六）四川历史名人文化创承创新方面，高质量、高标准编纂《四川省志·人物志》；加强与四川历史名人研究会及研究中心沟通对接，对首批10位四川历史名人以多种形式进行宣传，积极为四川历史名人评选提供史料支撑；办好《巴蜀史志》“蜀中人物”“家风家训”专栏，弘扬优秀名人文化、家风家训和乡风文明。（责任部门：省志工作处、省情信息工作处、政策法规宣传处）

（七）藏羌彝文化保护发展方面，支持藏羌彝民族地区做好地方志编修工作；支持有条件的民族地区运用汉语言文字和当地通用的少数民族语言文字编纂出版志书、年鉴。加快推进《西康通志》《四川羌族通志》出版。（责任部门：攀枝花市、绵阳市、乐山市、阿坝州、甘孜州、凉山州地方志工作机构，市县志工作处，省志工作处）

（八）非物质文化遗产传承发展方面，以图志、专志、影像志等形式，加强对蜀锦、蜀绣、藏族唐卡、彝族火把节、羌族刺绣、绵竹年画、竹编木雕等国家级非物质文化遗产的记录、保护和宣传。积极参与非遗资源调查工作，加强文物古迹、传统村落、民族村寨、传统建筑、农业遗迹、灌溉工程等遗产文化资料收集整理，适时启动编纂《四川古建筑图志》《四川传统村落记忆》。［责任部门：各市（州）地方志工作机构、市县志工作处、省志工作处、省情信息工作处、政策法规宣传处］

（九）古籍文献保护研究利用方面，加强

珍贵旧志、史料文献整理点校。加快推进《四川新方志目录（二）》《中国省别全志（第9、10卷）译稿》《四川历代旧志图集》《四川历代旧志序跋集》等汇编整理出版，强化珍贵方志文献的保护利用。指导各地整理点校、影印保存重要古籍、旧志。[责任部门：各市（州）地方志工作机构、省情信息工作处]

（十）最美人文古镇（村落）创建方面，加强村志村史编纂整理，加快《四川省乡镇简志》丛书编纂出版，推动名镇名村志书编纂，积极组织申报国家名镇名村志文化工程项目，鼓励县（市区）志办积极参与文明乡镇、传统村落、乡村治理等建设，为最美人文古镇（村落）创建提供厚实的历史底蕴。加强对农耕文化、孝道文化、林盘文化中优秀文化资源的保护研究和转化利用。适时组织编纂《四川民间歌谣集萃》等。[责任部门：各市（州）地方志工作机构、市县志工作处、省志工作处、省情信息工作处、政策法规宣传处]

（十一）传统节日振兴方面，深度挖掘传统节日、农民丰收节等丰富的文化和历史底蕴，及时编辑传统节日来源、民俗谚语等方面文章，推送给封面新闻，并通过“方志四川”微信公众号、头条号、搜狐号、网络广播等新媒体渠道及时发布，弘扬传统节日文化，营造浓厚氛围。[责任部门：各市（州）地方志工作机构、省情信息工作处、政策法规宣传处]

（十二）革命文化传承弘扬方面，协助文博部门加强对革命遗址遗迹普查、保护、利用；开展抗日战争口述史料征集、整理等工作。编纂出版《四川抗日战争志》《四川抗战历史文献》。[责任部门：各市（州）地方志工作机构、市县志工作处、省情信息工作处]

（十三）四川老字号保护发展方面，持续推进川酒、川粮、川猪、川茶、川薯、川药、川桑、川菜、川果、川鱼、川盐、川竹等“四川造”产品历史文化内涵挖掘整理，积极为地理原产地标识认证、名优土特产品牌塑造等提供佐证服务，助力“川字号”品牌创建行动。[责任部门：各市（州）地方志工作机构、市县志工作处、省情信息工作处、政策法规宣传处]

（十四）在古蜀文明保护传承、川剧振兴和地方戏曲曲艺保护传承、四川武术文化传承发展、巴蜀书画传承发展、传统工艺振兴发展、中医药文化传承发展、文化经典诵读等方面，加强与教育厅、文化和旅游厅、省中医药管理局等单位沟通合作，对《三星堆图志》《川剧志》《文物志》等进行深度挖掘提炼，适时策划专题宣传，充分展示我省灿烂神秘的古蜀文明、独具魅力的川剧艺术、源远流长的四川武术、独领风骚的巴蜀书画、精美绝伦的传统工艺、博大精深的中医药文化等。适时启动《历代名人咏四川》等编纂，为后世留存珍贵史料。[责任部门：各市（州）地方志工作机构、市县志工作处、省志工作处、省情信息工作处、政策法规宣传处]

五、实施社会主义文艺繁荣发展工程

（十五）围绕文化强省战略目标，策划编纂一批精品志书图志，助力全省文艺繁荣发展。[责任部门：各市（州）地方志工作机构、省志工作处、市县志工作处]

六、实施公共文化服务效能提升工程

（十六）加快方志成果数字化工作步伐，积极参与数字乡村建设，实现四川省一二轮三级志书全部数字化，向全省征集志书、年鉴、地情书、史志期刊电子版，丰富数据库内容，深入实施地方志资源共享工程，充分利用四川省情网发布，使广大群众能便捷地获取优质数字文化资源。（责任部门：省情信息工作处、政策法规宣传处）

（十七）积极与省教育厅沟通合作，充分利用现有地方志资源，面向大、中、小学生，编纂一批思想性、趣味性、可读性兼具的地情读本、乡土教材，举办地情培训、专题讲座，开展方志文化进机关、进学校、进村社、进企业、进军营等活动，推广优秀传统文化，培育人民群众的爱乡爱国情怀，增强美丽繁荣和谐四川形象的知名度和美誉度。[责任部门：各市（州）地方志工作机构、省志工作处、市县志工作处、省情信息工作处、政策法规宣传处]

（十八）探索在高校图书馆设立“四川方志馆分馆”，推动志书进校园，充分发挥志书在国情教育、省情教育、地情研究中的独特作用。（责任部门：省情信息工作处）

（十九）与省委宣传部等部门沟通合作，将《四川省乡镇简志》、《巴蜀史志》、部分特色志书、地情读物等纳入社区智能书屋、乡村阅读中心、农家书屋配送书目，加大地情文化宣传普及教育力度。（责任部门：政策法规宣传处）

（二十）加强沟通汇报，结合公共文化场所建设，争取有关方面的支持，采取新建、合建、融入或合理利用历史街区、民宅院落、闲置厂房（校舍）等多种途径，推进方志馆、镇情馆、村史馆、乡村记忆馆等建设，倾力支持扶持民间专题博物馆发展。（责任部门：综合处、省情信息工作处）

七、实施文化产业高质量发展工程

（二十一）牢固树立高质量发展理念，严格按《四川省地方志工作办公室关于实施地方志工作质量提升行动的意见》（川志发〔2018〕39号）要求，通过制定有关质量体系建设纲要、建立地方综合年鉴编纂大纲审查制度等方式，扎实提升志书年鉴质量。适时启动第一、二轮省志勘误工作。［责任部门：各市（州）地方志工作机构、省志工作处、市县志工作处、四川年鉴社］

（二十二）抓好第三轮三级志书谋划和资料收集，站在“堪存堪鉴”大的历史长河中和背景下，科学拟制第三轮《四川省志》分卷及市县志设置方案；探索《四川省志》在复审后、终审前组建总纂组对志稿开展总纂的模式，以政府的名义聘请行业权威专家、顶尖学者担任总纂，切实实现存史与质量并存。（责任部门：省志工作处、市县志工作处）

（二十三）充分发挥地方志在文旅融合发展方面的重大作用。积极参与“一核五带”（“一核”即，成都文旅经济发展核心区；“五带”即，环成都、川南、川东北、攀西、川西北文旅经济带）文旅发展格局建设；精编地方《简史》《概览》等地情书籍，为地方旅游经济、形象宣传、学习培训服务；推动名山、名水、名街和大熊猫、三星堆、九寨沟、金丝猴等特色志书编纂及成果转化，为建设三星堆、九寨沟、大熊猫、峨眉山、都江堰等一批文旅发展示范园区，推动乡村旅游、田园旅游等服务。［责任部门：市（州）地方志工作机构、省志工作处、市县志工作处、省情信息工作处、政策法规宣传处、四川年鉴社］

八、实施中华文化走出去工程

（二十四）主动融入“一带一路”建设，加强四川与“一带一路”国家、地区交往资料搜集、整理，出版《四川年鉴》（英文版）。加强与外事部门的联系协作，以志书为媒介，实现优秀传统文化的广泛传播。［责任部门：市（州）地方志工作机构、省情信息工作处、政策法规宣传处、四川年鉴社］

（二十五）积极探索特色志书多语种翻译出版，对接中国地方志指导小组方志图书“走出去”战略，积极申报《大熊猫图志》国家“丝路书香出版工程”，传播弘扬大熊猫文化。［责任部门：各市（州）地方志工作机构、省志工作处、市县志工作处、省情信息工作处、政策法规宣传处、四川年鉴社］

（二十六）提高站位、扩大视野，加快对已出版的《三星堆图志》《川剧志》《川酒志》《川菜志》《黄龙志》《方言志》等特色志书深度开发利用，高质量编纂出版《川茶志》《九寨沟志》《都江堰志》《乐山大佛志》《武侯祠志》《青城山志》，力争推出一批独具四川特色、四川符号的文化产品。（责任部门：省志工作处、市县志工作处、省情信息工作处、政策法规宣传处）

·领导讲话摘要

发挥学术引领作用，为加快推进中国特色哲学社会科学“三大体系”建设作更大的贡献

——在加强学科建设：构建学术年鉴评价体系研讨会暨首届年鉴主编论坛上的讲话

（2019 年 11 月 15 日）

中国社会科学院党组成员、
当代中国研究所所长、马克思主义研究院院长、
《马克思主义理论研究与学科建设年鉴》主编　姜　辉

当前，在习近平新时代中国特色社会主义思想指引下，哲学社会科学界正在为加快构建中国特色哲学社会科学、开创哲学社会科学“三大体系”建设新局面而努力奋斗。今天，在全党全国人民学习贯彻党的十九届四中全会精神之际，中国社科院科研局、中国社会科学出版社邀请中国社科院、有关高校、科研院所的学术年鉴界专家代表相聚于此，召开首届年鉴主编论坛，总结学术年鉴工作的基本经验，研讨如何利用学术年鉴加强学科建设、构建年鉴评价体系，是一项非常有意义的活动。我们作为新时代的年鉴人，要担当起历史赋予我们的责任，为编纂出版优质学术年鉴贡献我们这一代年鉴人的智慧与汗水。在此我谈几点体会。

一、坚持新时代社会科学年鉴的政治方向、学术导向

学术年鉴对学术研究的方向有一定的示范作用，在当前加快构建中国特色哲学社会科学的大背景下，要高度重视年鉴的政治方向和学术导向。编纂出版学术年鉴要站在讲政治的高度，坚持以马克思主义指导特别是以习近平新时代中国特色社会主义思想为统领，在巩固马克思主义在意识形态领域的指导地位、巩固全党全国各族人民团结奋斗的共同思想基础上发挥重要作用，在继续推进马克思主义中国化时代化大众化、继续发展当代中国马克思主义和 21 世纪马克思主义上发挥重要作用，在构建具有中国特色、中国风格、中国气派的哲学社会科学，增强国家文化软实力、提升中国思想和中华文明的世界影响力上发挥重要作用。我们社科年鉴工作者，要深入学习贯彻习近平新时代中国特色社会主义思想，认真贯彻习近平总书记“5·17”重要讲话和致中国社科院三次贺信精神，立足中国特色社会主义伟大实践，不断为哲学社会科学真正体现中国特色、中国风格、中国气派探索努力。

二、社会科学年鉴要为推动社会科学“三大体系”建设作出新贡献

加快构建中国特色哲学社会科学学科体系、学术体系、话语体系，是新时代我国哲学社会科学工作者的神圣职责。习近平总书记多次强调要加快构建中国特色哲学社会科学“三大体系”。对照习近平总书记和党中央的要求，目前，我们尚未构建并发展出一套成系统、较为完备、较为成熟的解读当代中国发展成就的学科体系、学术体系、话语体系。我们要以高度的政治自觉和学术自觉，以强烈的责任感、紧迫感和担当精神，在加快构建“三大体系”上有过硬的举措、实质性的进展和更大的作为。

今天我们共话学术年鉴的发展，其中一个方向就是要发挥学术年鉴在加快构建“三大体系”方面的独特作用。比如，学术年鉴是基本的、最具代表性的学术史料，是记录新时代中国特色哲学社会科学学术史的重要载体；学术年鉴是学术话语权之作，可以通过年鉴让世界知道“学术中的中国”“理论中的中国”“哲学社会科学中的中国”；等等。所以，学术年鉴事业也是构建“三大体系”少不了的一项重要工作。

三、进一步繁荣发展新时代哲学社会科学学术年鉴事业

我国年鉴经过40年的飞速发展，正从以数量型增长为主逐步转为以质量提高型为主，进入了一个编用并举的新时代。哲学社会科学学术年鉴编撰要抓住机遇，推动学术年鉴繁荣发展取得更大成绩。首先，学术年鉴要立足中国实际，以我们正在做的事情为中心，聚焦新时代加快构建中国特色哲学社会科学。其次，要创新年鉴编纂方式。新时代的学术年鉴，要从满足广大哲学社会科学工作者的使用需求出发，适时调整年鉴构架结构，以适应哲学社会科学的发展变化；要千方百计突出学术特色，利用一切条件反映学术内容，使学术年鉴成为信息高地；要利用互联网传播信息快捷、方便的优势，创办网络学术年鉴。最后，要转变编纂思维方式，认真研究读者对新时代哲学社会科学需要的变化，充分发挥学术年鉴的“镜鉴”作用。

深入研讨，凝聚共识　推动学术年鉴事业再上新台阶

——在加强学科建设：构建学术年鉴评价体系研讨会暨首届年鉴主编论坛上的讲话

（2019年11月15日）

中国社会科学院秘书长、党组成员　赵　奇

由我院牵头组织的中国社会科学学术年鉴工作，是贯彻习近平总书记《在哲学社会科学工作座谈会上的讲话》（以下简称“5·17”重要讲话）精神，为繁荣发展哲学社会科学事业而启动的，是加快构建哲学社会科学“三大体系”的基础性工作。在这里，我想结合深入学习领会习总书记关于加快构建中国特色哲学社会科学论述以及学术年鉴的发展现状等谈几点看法，供同志们参考。

第一，诞生于改革开放之初的学术年鉴为加快构建中国特色哲学社会科学贡献了年鉴力量。

改革开放以来我国年鉴事业迅速发展壮大，其中学术年鉴作为一种专业年鉴，见证了中国年鉴从无到有、由弱到强的发展历程。党的十一届三中全会以后的1979—1980年，中国诞生三部年鉴，《世界经济年鉴》《中国历史学年鉴》《自然科学年鉴》，八十和九十年代陆续有《中国哲学年鉴》《中国新闻年鉴》《中国考古学年鉴》等一批年鉴诞生，这些年鉴加上21世纪初创办的《马克思主义理论研究与学科建设年鉴》《中国宗教研究年鉴》《中国经济学年鉴》等共同开创了以年鉴记录学术的风气，这些学术年鉴对于恢复与重建学术研究、推动学科体系和学术体系建设都起到重要的标志和示范作用。可以说学术年鉴的创办是深化改革的需要，是中国走向开放的需要，是时代进步的需要，体现了中华民族实现伟大转折、迈向伟大复兴进程中学术界的集体行程。

近年来中国社会科学出版社在中国社会科学院支持下，与各年鉴单位默契配合，整合、恢复、创刊近20种重点学科学术年鉴，形成当前30部学术年鉴的出版方阵，构成了中国社会科学学术年鉴系列的基本架构，为构建中

国特色哲学社会科学贡献了年鉴力量。

进入新时代，我国是世界上发展学术年鉴最积极、成效最显著的国家。中国社会科学学术年鉴系列现在发挥出四大平台的积极作用，即学术资料的展示平台、学术成果的评价平台、学术数字化的实验平台和学术共同体的交流平台。在加快构建中国特色哲学社会科学进程中，学术年鉴的生命力更加勃发，发展空间更加广阔，未来也将有更大的作用。

第二，以加强学科建设和健全年鉴评价体系为主攻方向，推动学术年鉴事业再上新台阶。

中国社会科学年鉴是代表中国学术的重要载体。我认为，进入新时代学术年鉴要实现新发展，就要以加强学科建设和健全年鉴评价体系为主攻方向，深入挖掘年鉴资源，进一步提升学术年鉴的学科支撑功能和学术评价功能。在学科建设方面，习近平总书记在“5·17”重要讲话中指出：“我国哲学社会科学体系已基本确定，但还存在一些亟待解决的问题，主要是一些学科设置同社会发展的联系不够紧密，学科体系不够健全，新兴学科、交叉学科建设比较薄弱。下一步，要突出优势，拓展领域，补齐短板，完善体系。”习总书记的重要论述为社科学术年鉴实现新发展指明了方向，提出了要求。学术年鉴要紧跟学科发展新步伐，扩展领域，扩大影响，特别是关注新兴学科和交叉学科的发展，使我们的学术年鉴能够全面、及时、准确地记录学科发展的概况，学科研究的主要成果、侧重点，学科带头人的发掘和培养等各方面的内容。通过学术年鉴记录学术史，探寻学术发展规律，打造以学术年鉴为中介的体系化的学术编年史，全面反映中国哲学社会科学各学科的发展进程。

在学术评价方面，学术年鉴也大有可为。习近平总书记在“5·17”重要讲话中指出：“要建立科学权威、公开透明的哲学社会科学成果评价体系，建立优秀成果推介制度，把优秀研究成果真正评出来、推广开。”在中国社会科学年鉴系列中，许多年鉴都设立了“准入”标准和评审程序，对各类学术信息进行严格筛选，开设了专题评述、优秀论文、优秀著作、主要学人、年度新闻等评价栏目，将学术年鉴打造成为展示优秀学术成果的评价平台。这个评价作用对我们年鉴来说是今后发展的重要方向。

第三，以规范化建设提升编纂出版质量，打造学术年鉴精品。

规范是年鉴的生命，现在我们年鉴工程一年要出版将近20部年鉴，几乎每部年鉴前面都有“中国”两个字，我们的年鉴是否规范，是否经得起检验，反映的是中国学术的基本功是不是扎实，所以规范、准确、凝练、实效性强、查阅便利是对精品年鉴的要求。与其他优秀年鉴相比，我们的学术年鉴更多的还是资料汇编成册，还不是真正意义上的学术工具书，因此今后各年鉴编纂单位还应该把年鉴作为学术工具书来提升，编制更加完备的学术索引，同时在编纂年鉴的原则要求、层次体例设计要求、编写规范要求、版式规范要求、索引规范要求、信息服务规范要求等各个方面进行规范化，此外还要加快学术年鉴的出版周期，只有在规范化建设上投入更多的精力，才能使我们的学术年鉴真正无愧于“中国”两个字。

决胜“两全目标”实现一项文化创举 为全面建成小康社会贡献“志”礼

——在2020年全国地方志机构主任工作会议暨全国地方志事业发展规划研讨会上的工作报告

(2019年12月30日)

冀祥德

2019年工作情况

2019年是中华人民共和国成立70周年，是全国地方志事业转型升级的承上启下之年，也是全国地方志系统完成“两全目标”的拼搏年、冲锋年。在党中央国务院，中共中国社会科学院党组、中国地方志指导小组（以下简称中指组）和各级党委政府的坚强领导下，全国地方志系统以习近平新时代中国特色社会主义思想为指导，坚持依法治志，全力推进“两全目标”攻坚，紧扣党和国家利益、经济社会发展、以人民为中心“三大主题”开拓创新地方志工作，取得了令人瞩目的成绩。

一、深入学习贯彻习近平新时代中国特色社会主义思想

（一）加强政治理论武装。一年来，全国地方志系统把学懂弄通做实习近平新时代中国特色社会主义思想作为首要政治任务，认真学习党的十九大和十九届二中、三中、四中全会精神，深刻领悟习近平总书记在哲学社会科学工作座谈会上的重要讲话、致中国社会科学院三次贺信、关于地方志工作重要论述特别是宁德地方志工作重要讲话精神，树牢“四个意识”，坚定“四个自信”，坚决做到“两个维护”。坚持党对地方志工作的全面领导，唱响地方志讲政治的主旋律，加强政治理论学习，武装方志人头脑，指导地方志实践。

（二）扎实开展“不忘初心、牢记使命”主题教育。全国地方志系统深入开展“不忘初心、牢记使命”主题教育。中指办是全院第一家与主题教育指导组联系、第一家制定主题教育实施方案、第一家召开动员大会、第一家在院新闻媒体刊发动态消息的单位。7月，中指办党组进行了为期一周的集中学习研讨。利用组织召开全系统会议的机会，发放调查问卷149份，收集到全国地方志系统对中指办、全国地方志工作的意见建议350余条。8月28日，中指办党组召开专题民主生活会，中指办领导班子成员认真开展批评与自我批评，驻院纪检监察组、直属机关纪委给予高度评价。主题教育期间中指办共梳理出12个突出问题，制定了20项整改措施，认真进行整改。9月5日，召开主题教育总结大会，对中指办主题教育进行阶段性总结，对继续深入开展主题教育进行安排部署。各地在认真组织开展“不忘初心、牢记使命”主题教育的同时，编印了一系列主题教育学习材料。山西编印《三晋英模》《山西革命烈士家书》，青海编纂出版《青海解放70年大事记》，作为本省“不忘初心、牢记使命”主题教育学习的参考读物或学习书目。

（三）严格遵守政治纪律和政治规矩。全国地方志系统严格落实中央八项规定及其实施细则精神，坚决反对形式主义、官僚主义，对全系统的业务培训、工作调研等突出问题导向、目标导向、效果导向，不断增强针对性、操作性和实效性。根据工作实际，精简压缩会议数量和会期，能合并的合并，能套开的套开，进一步聚焦中心工作，在全系统倡导简洁实用、高效务实的文风会风。加强政治建设，中指办党组出台《关于确保政治坚定、保密安全的实施意见》，河南以政治建设为统领，成功创建省级文明单位、省综治和平安建设优秀单位。

（四）热烈庆祝中华人民共和国成立70周年。在全国地方志系统组织开展“学习总书记宁德地方志工作重要讲话、庆祝中华人民共和国成立70周年”系列活动。《中国地方志》期刊、《中国年鉴研究》期刊分别设置“庆祝中华人民共和国成立70周年系列笔谈”栏目，中国国情网、“方志中国”微信公众平台也设置专栏，刊发讴歌70年发展巨大成就的系列文章。中指办领导在《学习时报》上发表《以“中国之志”资治“中国之治”》一文，深刻阐释了习近平同志宁德地方志工作会议重要讲话精神，阐明了以“中国之志”资政辅治、记录传承“中国之治”，做好新时代地方志工作的现实意义和深远的历史意义。天津编纂《中国命运大决战——平津战役胜利暨天津解放70周年纪念文集》。江苏编纂出版《江苏重大基础设施工程图志（1949—2019）》《江苏援藏援疆纪事》，联合主办“江苏重大建设成就展”。浙江举办“文化浙江 方志之乡——中华人民共和国成立七十周年浙江方志成果展”。四川编纂出版《中华人民共和国70年四川大事记》。

二、全面推进依法治志

（一）强化顶层设计。中指办加强对全国地方志工作的统筹规划、组织协调。一是顺利完成第六届中指组换届工作。经中央宣传部批准并报国务院同意，顺利完成第六届中国地方志指导小组换届工作，组建新一届中国地方志指导小组。并根据工作需要，对部分中指组成员进行了调整。做好第六次全国地方志工作会议和中国地方志指导小组六届一次会议筹备工作。二是稳步推动《中华人民共和国史志法》立法。推动全国人大代表、全国政协代表在2019年全国“两会”上提出《加快史志事业法治化进程》《加快制定〈中华人民共和国史志法〉》的提案、议案，积极与中宣部沟通推动《中华人民共和国史志法》立法进程。

（二）编制《全国地方志事业发展规划纲要（2021—2025年）》。中指办拟写了《全国地方志事业发展规划纲要（2021—2025年）》草案，年内，分别在河南安阳、山东东营、黑龙江黑河、湖南湘西州、海南儋州、重庆组织召开6次不同层面的研讨会，广泛征求各级地方志工作机构和社会各界对《全国地方志事业发展规划纲要（2021—2025年）》文本的意见建议。

（三）加强制度建设。中指办印发《关于地方综合年鉴编纂出版若干问题的补充规定》《关于全力做好省市县三级综合年鉴2020年卷编纂出版工作的通知》。天津印发《关于充分发挥区级地方志编修委员会作用的通知》《乡镇村和街道社区志书编修及审查验收规定（试行）》等。广东省委办公厅、省政府办公厅印发《关于进一步加强新时代地方志工作的通知》。广西制订《地方志工作质量提升行动计划（2019—2020年）》。

三、全力攻坚“两全目标”

（一）季度通报针对性不断增强。在2018年建立起季通报制度后，年内开展季通报4次，并适应机构改革带来的新变化，抄送省级党委办公厅、政府办公厅，各省地方志分管领导和省级地方志工作机构。通过定期通报，各级党委政府对地方志工作的重视程度进一步提升。海南、辽宁、江西、四川、云南、青海、北京、兵团等地主要领导或分管领导对地方志工作多次进行批示，推动了“两全目标”工作的落实。中指组领导利用到安徽地方志研究院调研之机，促成省委宣传部新闻出版局保证安徽省“两全目标”书号要多少给多少、一分钱不涨价，中指办协调中宣部新闻出版局商请给方志出版社解决“两全目标”书号93个，内蒙古协调政府办公厅致函区新闻出版局商请解决“两全目标”书号62个。

（二）工作推进力度不断加大。年内，中指组及其办公室领导先后赴“两全目标”进度相对滞后地区进行专项督查。并通过以中指组名义给有关省份领导写信等措施，加强督查的针对性。6月，在江苏苏州召开全国地方志系统“两全目标”工作调度会，天津、河北、山西、内蒙古、辽宁、黑龙江等地采取多种方式，开展专项督查，层层传导压力，落实工作责任。11 月，中指办印发《关于全力做好省市县三级综合年鉴 2020 年卷编纂出版工作的通知》。继续实施民族地区与贫困地区志书、年鉴出版资助工程。年内，志书出版资助工程出版 2 部，并公布第五、六批资助书目，资助志书 5 部；年鉴出版资助工程公布 2018 年第二批资助书目 10 部、2019 年首批资助书目 12 部，2017 年首批、第二批 15 部已出版，累计资助达 65 部。天津市圆满完成对口援藏援疆任务。山东编纂完成《山东省对口支援新疆志》《山东省对口支援西藏志》。

（三）工作成效较为明显。截至今年第三季度末，全国第二轮三级志书规划 5520 部，累计出版 3332.5 部，占规划总数的 60.37%。全国三级综合年鉴 2018 年卷应编纂出版 3220 种，累计公开出版 2155 种，覆盖率为 66.93%；2019 年卷应编纂出版 3218 种，累计启动编纂 3047 种，编纂覆盖率为 94.69%。年内，甘肃全面完成“两全目标”，后来居上。《新疆生产建设兵团志（1986—2010）》出版，兵团第二轮两级志书全部完成。

四、全面推进地方志事业转型升级

（一）大力推进志鉴编修。深入推进中国志书精品工程、中国年鉴精品工程，中国精品志书《赣州市志（1986—2000）》出版并召开首发式，《天津市志·公安志》已进入出版流程；《山西年鉴（2018）》《扬州年鉴（2018）》等 10 部、《山西年鉴（2019）》《山东年鉴（2019）》等 13 部分两批入选中国年鉴精品工程“中国精品年鉴”。组织开展第六届全国地方志优秀成果（年鉴类）评审活动，通报表扬年鉴 264 部。在湖南浏阳召开第四次全国地方志工作经验交流会，总结交流县级地方志工作经验，推广“浏阳经验”。上海整理出版上海第一部市志——《民国上海市通志稿》，翻译出版中国内地第一本年鉴——《上海年鉴（1852）》（英文版）。《闽台历代方志集成》“福建省志辑”与“台湾志书辑”即将出版。《山东省历代方志集成》（泰安、威海、日照、莱芜、聊城卷）影印出版。河南编纂出版《平原省志》。四川编纂出版《大熊猫图志》（中英文双语版）。

（二）稳步推进方志馆建设。11 月、12 月，先后在山东东营、黑龙江黑河召开全国方志馆建设经验交流会、国家方志馆分馆建设研讨会。年内，国家方志馆顺利加入国际图书馆协会联合会，成为其机构会员，中指办领导当选其方志与家谱专业组常务委员；接待参观 75 批次。年内，进一步充实馆藏，采购图书两批 192 种、5113 册；全面完成国家方志馆馆藏图书编目工作，馆藏总量达 53480 种、86363 册。积极推进国家方志馆负二层展厅消防、安防升级改造工作。国家方志馆黄河分馆、知青分馆影响力不断扩大，参观人数再创新高，成绩斐然。中指组批复建设国家方志馆中原分馆。年内，建成各级方志馆数十家。海南史志馆建设稳步推进，即将进入试运营阶段。建成四川方志馆川大分馆。

（三）大力加强信息化建设。完成中国方志网改版、中国国情网的迁移，实现中指办“三网”统一标准维护、统一后台发布。9 月 1 日，新版中国方志网上线运行。11 月 21 日，中国方志网在线投稿、图书交流、在线统计、咨询留言等功能模块正式启用。扎实推进国家数字方志馆一期项目建设，研究制定国家数字方志馆《平台原型图》《资源加工规范》《元数据规范》。“方志中国”微信公众号和《方志中国》报在内容刊登审核上树立了更高的政治站位和舆论导向，在全国地方志系统发挥了示范效应，年内实现总关注人数突破 1 万人，总发布消息突破 1100 次。安徽重新打造“安徽党史方志”数据库平台，《安徽年鉴》创刊以来 35 卷实现在线查阅。湖南数字方志馆三期项目完成约 3.2 亿字的两轮市县志数字化。广东制作微视频产品 1000 余种，其中《广东印记》系列微视频 64 集在各平台推送，在腾讯视频累计阅读量突破 6600 万次。云南方志大数据中心建设项目成功纳入“数字云南”建设三年行动计划并完成立项审批；方志资源全文数据化项目完成基础数据扫描；升级改版“云南地方志”微信公众号，推出今日头条、抖音“云南地方志”等媒体平台。贵州启动方志云建设项目，完成432本志书、年鉴的数字化加工。重庆开通“方志重庆”微信公众号，重庆市情网即将开通运行。

（四）深入开展理论研究工作。年内，《中国地方志》期刊编辑出版6期，发稿80篇、约130万字；《中国年鉴研究》期刊编辑出版4期，发稿31篇、约40万字。《中国方志馆研究》（第三辑）完成征稿、编稿工作。注重发挥中国地方志学会平台作用，召开专家顾问委员会座谈会2次；12月在海南儋州召开中国地方志学会第六届理事会第二次会议，增补部分学会负责人、常务理事、理事。第五次冀皖方志理论研讨会成功举办，出版系列论文集多部。上海、江苏、安徽、浙江在南京举办“首届地方志与长三角一体化论坛”，自觉把地方志融入经济社会发展之中。

（五）注重方志文化宣传工作。上海以“地方志与上海解放70周年”为主题开展全市性的地方志法规宣传纪念活动，举办“江南与上海”主旨演讲，发布《上海市方志馆建设与发展报告》。江西省方志馆开展弘扬江西地域文化研学活动，赣州市举办“志载盛世——让地方志延续赣州历史文脉”新闻发布会。海南以史志为题材摄制微视频，积极推介史志专题研究成果上传“海南干部在线学习网”。陕西拍摄《“志”存高远，知往“鉴”来》方志专题片，推介22个陕西好故事视频节目登录“学习强国”。宁夏开展以“志书进图书馆”为主题的“5·18地方志工作宣传日”活动。

（六）做好方志文化交流工作。7月，在湖南长沙召开走向世界的中国地方志——第二届方志文化国际学术研讨会暨第九届中国地方志学术年会，国际图书馆协会联合会（IFLA）当选主席克里斯汀·玛丽·麦肯锡应邀出席会议。共有131篇海内外论文入选，来自澳大利亚、美国等6个国家和中国台湾地区与复旦大学、南开大学等18所高校，以及全国地方志系统的140余位专家学者参加会议。全年组团出访埃及、日本、塞尔维亚和希腊、中国香港、中国澳门、中国台湾地区共6批22人次，出访期间通过座谈交流、举办讲座、参观展览等多种形式，积极宣传中国方志文化，特别是参加在希腊举办的国际图书馆协会联合会大会并作主旨演讲，扩大了中国方志在国际舞台上的影响。年内，接待境外来访3批共12人次。9月，两岸历时10年合作编纂的《妈祖文化志》在中国台湾地区首发。

（七）稳步推进方志出版社工作。全年共使用书号650个，同比增加93个，同比增长17%，书号使用达到历史最高数量。方志出版社出版的《马克思主义是怎样生根中国的——马克思主义在山东早期传播研究》一书在2019年第五届郭沫若中国历史学奖中喜获提名奖。配合有关地方志机构完成“两全目标”的出版任务。

五、全力做好开发利用工作

（一）围绕党和国家利益开拓创新。中指办积极推动《中国南海志》《三沙市志》《中国抗日战争志》编纂工作，12月在海南儋州召开《三沙市志》评审会暨《中国南海志》篇目研讨会，在重庆召开国家社科基金抗日战争研究专项工程中国抗日战争志项目暨中国地方抗日战争志工程研讨会。北京、重庆、甘肃、青海等地精心组织《抗日战争志》编纂工作。为增强文化凝聚力和历史认同感，积极稳妥推动香港和澳门地区修志。印发《中国名镇志文化工程实施方案（2019年修订）》，发布第四批名镇志丛书15部、第三批名村志丛书11部，助力乡村振兴战略。河北通过编纂村志做好农村关心下一代工作，受到中国关工委的充分肯定。主动服务国家战略，上海、江苏、浙江、安徽地方志机构开展长三角地方志合作，签署《共同推动长三角区域一体化地方志合作备忘录》。

（二）围绕经济社会发展开拓创新。3月，在北京举行第二届中国地情论坛暨全国地方志“一体两翼”工程成果发布会，发布《中国地情报告（2018）》《中国方志发展报告（2018）》《中国年鉴发展报告（2018）》。北京编纂出版《北京大兴国际机场建设图志》《中共中央北京香山革命历史丛书》，组织编写《北京红色文化丛书》，深度参与中共中央香山革命纪念地建设。天津市完成《关于机构改革后地方志事业创新发展对策的调研报告》。山西编纂《山西大事纪要（2019）》，9月开始全省综合平台《山西发布》同步转发。黑龙江编纂报送省级领导同志的《资政史志专送》12期，编纂《黑龙江省情读本》，协调省委编办印发《关于规范全省市县史志工作机构名称和领导职务有关事宜的通知》。《上海年鉴（2019）》英文版进入第二届进博会作为城市形象外宣品。云南推出《志滇问道》《云南省情活页》，为党委政府提供资政参考。四川每周汇编发布《四川要闻》，积极撰写资政报告124篇，28篇获领导批示。

（三）以人民为中心开拓创新。与中央电视台合作拍摄播出中国影像方志、中国影像志·名镇名村系列，年内在中央电视台播出229集（其中名镇名村志3集），累计播出404集（其中名镇名村志3集）。《中国影像志·福建福安廉村》在第七届亚洲微电影艺术节上获得“金海棠奖”最佳作品奖。积极推进中国系列名志工作，年内审议通过11部名山志编纂单位、2部名街志编纂单位资格。《中国名酒志·茅台酒志》通过终审。湖南浏阳《淮川街道朝阳社区梅花小区志》已完成初稿并进行专家评审。河北参与组织“荣归故里——将英烈精神在山水间传递”公益活动，最终有22名烈士的后人得到确认。吉林青少年“知家乡爱家乡”系列方志读物已有3部完成出版，2部完成编纂待出版。江苏举办“方志大讲堂”12场。上海主办“三史（党史、新中国史、改革开放史）讲堂”。广东自然村落普查资源开发利用成效显著，自然村落普查资料填报系统入库率100%；《全粤村情》累计送出版278册、完成印刷51册；基于普查资料的《广东名村系列丛书》《广东乡村集萃系列丛书》6册书稿已出版4册；全粤村情数据平台被省政数局列为粤政图十大应用示范之一。广西组织“天津支边医生在广西”专题展，牵头组织编纂出版《“天津支边医生在广西”史料选编》。

六、加强人才队伍建设

（一）调动干部职工的积极性。中指办党组认真践行新时期党的组织路线，贯彻新时期好干部标准，研究出台《关于进一步激励机关干部新时代新担当新作为的实施意见》《中指办聘用人员管理办法》等，千方百计调动广大干部职工的积极性、主动性、创造性。坚持“人尽其才、各尽所能、各得其所”的工作思路，探索人岗相适、人事相宜的有效路径。稳步推进公务员职务与职级并行改革，实行职务与职级“两条腿”走路，年内，职务职级并行调整40人次，新录用人员4人。重庆以有为谋有位，获得市委市政府对地方志人财物的大力支持。

（二）抓好教育培训工作。年内，为提高地方志系统干部队伍的整体素质，举办中国名镇志名村志编纂业务、年鉴主编、方志馆业务、信息化、地方史志期刊编辑等不同层次不同范围的业务培训班13期，培训全系统人员1500余人次。其中，包括5期特色鲜明的专题培训班，分别是：全国省级地方志工作机构主要负责人培训班、全国民族地区志鉴编纂培训班、云南省地方志事业发展论坛暨综合业务培训班、全国地方志工作机构新任负责人培训班、东北三省及内蒙古自治区志鉴编纂业务培训班。

（三）开展典型培树工作。9月24日，印发《关于推荐全国地方志工作先进典型的通知》。经过各地层层推荐、严格把关、集体研究等程序，于11月27日印发《关于全国地方志工作先进典型的通报》，通报表扬101个全国地方志工作先进集体、100名全国地方志先进工作者、95名社会力量参与地方志工作先进个人。近期，拟在全系统开展向吴志宏同志学习的活动，形成学习典型、弘扬典型、争当典型的浓厚氛围。

2020年主要工作

2020年是全面建成小康社会的收官之年，是第六届中指组工作的开局之年，也是全国地方志系统完成“两全目标”的决胜之年。全国地方志系统要以习近平新时代中国特色社会主义思想为指导，不忘初心、牢记使命，砥砺奋进、担当作为，坚持稳中求进的工作思路，进一步完善顶层设计，坚决打赢“两全目标”攻坚战，实现地方志事业高质量发展，用“中国之志”资政、记录“中国之治”。

一、学懂弄通做实习近平新时代中国特色社会主义思想

采取多种形式，系统学习习近平新时代中国特色社会主义思想，深入学习党章、党史和新中国史，认真贯彻党十九大和十九届二中、三中、四中全会精神，全面落实党中央决策部署和习近平总书记关于哲学社会科学系列重要讲话精神、关于地方志工作重要论述精神，特别是1989年8月12日习近平同志宁德地方志重要讲话精神，始终不忘初心、牢记使命，进一步坚定理想信念、提高党性修养，努力做新时代中国特色社会主义事业的见证者、记录者、传承者。

二、进一步完善地方志事业顶层设计

筹备召开中指组六届一次会议和第六次全国地方志工作会议。同时抓好会议精神的贯彻落实。加快推进依法治志进程，力争明年年底前出台《全国地方志事业发展规划纲要(2021—2025年)》。着力推动《中华人民共和国史志法》立法或者《地方志工作条例》修订工作。开展《中华人民共和国志》《中国扶贫志》等大型志书编纂项目的可行性研究，推动在国家层面的立项工作。

三、坚决打赢“两全目标”攻坚战

如期完成“两全目标”进入倒计时，任务依然十分艰巨。争取将“两全目标”纳入国务院工作督查范围，督促地方各级政府切实采取措施，确保按时完成“两全目标”。坚持和完善“两全目标”季度通报制度。增强通报的时效性和针对性，进一步发挥“两全目标”季度通报的作用。继续深入开展地方志援藏援疆工作，举办援藏援疆工作座谈会，加强政策沟通协调，积极推进民族地区与贫困地区志鉴出版资助工程，开展精准帮扶。更加注重质量建设，继续实施精品志鉴工程，做好精品志书的申报、评审工作，开展第七届全国地方志优秀成果（年鉴类）评审活动，打造中国精品年鉴。

四、稳步推进国家方志馆及分馆建设

中指办完成“魅力中国”消防、安防升级改造工程，“魅力中国”“方志中国”展览对社会开放；筹备国家方志馆展览三期项目；做好国家方志馆分馆申报、审批和建设工作；做好方志馆管理和业务研究等工作。各地方志机构要从学懂弄通做实习近平新时代中国特色社会主义思想特别是宁德讲话的高度，重视方志馆建设。

五、大力推进信息化建设

中指办做好中国国情网、中国地情网、中国方志网、方志中国微信公众号的日常运维，加强内容监管，坚决杜绝出现政治问题；加强网络和信息化基础设施的维护和保障，确保信息系统运行正常。做好《中国方志》报编辑工作；完成国家数字方志馆一期项目建设，加强地方志数字资源征集、整理和入库；启动新方志数字资源元数据国家标准申请工作等。各地方志机构要结合自身实际，稳妥推进网站、数据库、新媒体平台建设，积极支持国家数字方志馆数据建设，加强内容管理和信息安全，进一步提升地方志信息化网络化数字化水平。

六、大力加强理论研究与学科建设

做好中国地方志学会换届工作，组织好第十届中国地方志学术年会，为方志理论研究和学术交流提供学术平台。发挥《中国地方志》《中国年鉴研究》《中国方志馆研究》等期刊的平台作用，科学设置选题，编发一批高质量的理论研究文章。与高等院校、科研院所合作，启动方志学骨干课程设计、通用教材编写、师资力量遴选等工作，与高等院校、科研院所合作，探索开展地方志专业方向研究生教育和本科生教育，联合举办专业进修班，推动方志学学科体系建设。各地方志机构要把方志学理论研究摆上重要日程，围绕依法治志、志鉴编纂、方志馆、信息化、人才队伍建设、资政功能发挥等开展专题研究，采取项目化运作，努力提出一批高水平的理论研究成果，为方志学

“三个体系”建设添砖加瓦。

七、大力加强地方志资源开发利用

坚持围绕中心融入中心服务中心开拓创新。做好《中国南海志》《三沙市志》编纂工作。大力推动《中国抗日战争志》编纂和中国地方抗日战争志丛书编纂。支持和指导香港特别行政区、澳门特别行政区志书编纂工作。持续推进中国名镇志文化工程、中国名村志文化工程等，大力推进乡村史志修编，繁荣乡村文化，服务乡村振兴。编纂出版《中国地情发展报告（2020）》《中国方志发展报告（2020）》《中国年鉴发展报告（2020）》。做好《中国影像方志》《中国影像志·名镇名村系列》的制作播出工作。开展地方史编写试点工作，研究出台《地方史工作规定》《地方史编写基本规范》，推动地方史志融合发展。各地方志机构要本着传承历史、着眼当代、面向未来的原则，进一步解放思想、主动作为，深入挖掘当地历史智慧，传承优秀文化根脉，鉴古知今、启迪未来，真正发挥地方志的作用，体现地方志的功能，提升地方志的价值，进一步满足人民群众日益增长的方志文化需求。

八、大力推动方志文化走出去

继续深入加强与中国香港、澳门、台湾地区以及海外相关学术机构、藏书机构的交流与合作，利用好国际图联大会等国际组织平台主动发声、加强联系，宣传中国方志文化，讲述中国故事，传播中国声音。年内计划组织赴海外学术交流访问3—4次。各地方志机构要进一步增强方志事业自信和方志文化自信，提高讲好方志故事的能力和水平，主动发声、勇于发声，在对外交流交往中传播方志文化，不断扩大地方志文化的国际影响。

九、加强地方志人才队伍建设

年内出台全国地方志系统高素质专业化人才队伍建设意见，充分调动全系统广大地方志工作者以及关心、支持、参与地方志工作的社会力量的积极性、主动性、创造性，打造一支忠诚干净担当、高素质专业化的地方志人才队伍。坚持分级分类培训的原则，继续组织各类综合管理和专项业务培训班，进一步提高地方志从业人员的履职能力。

十、加大地方志宣传力度

广泛利用报纸、电视、广播、网络等各类新闻媒体，加强对地方志工作、地方志价值、地方志文化、方志人精神的宣传，进一步扩大地方志工作的知晓度、影响力。

十一、推动方志出版社持续健康发展

重视人才流失问题，加强方志出版社队伍建设，合理布局人员和岗位，稳定人才队伍，强化人力资源调控能力建设，努力实现人尽其才、才尽其用。重视编辑少图书多问题，加强质量管理控制，强化审稿各个环节的责任，杜绝图书出现政治性差错和重大质量问题。重视薪酬公平问题，进一步深化改革，按照中国社会科学院的统一部署，推进方志出版社薪酬制度改革。重视数字出版问题，争取早日实现方志出版社数字出版工作零突破。

同志们，新年的钟声即将敲响，中国全面建成小康社会的伟大时刻即将到来，在全党、全军、全国各族人民撸起袖子加油干的同时，什么是我们方志人的贡献？我们不能把飞船送上天空，我们不能把蛟龙送下海底，我们也不能让飞速的高铁奔驰在祖国各地，我们甚至不能为城市的高楼和农村的庄稼增添一砖一瓦、一水一肥，那么，我们能做什么？我们能做的就是决胜“两全目标”，实现一项前无古人的伟大地方志创举，让省省、市市、县县都有志有鉴，为国家全面建成小康社会献上一份“志”礼。

上下同欲者胜。让我们以习近平新时代中国特色社会主义思想为指导，不忘初心、牢记使命，坚定信心、担当拼搏，咬紧牙关，跑好决胜“两全目标”的最后一公里，不完成“两全目标”誓不收兵！

在吉林省地方志工作座谈会上的讲话

（2019 年 10 月 12 日）

吉林省副省长　安立佳

在全省上下深入学习贯彻习近平总书记庆祝中华人民共和国成立 70 周年重要讲话精神的关键时期，高翔常务副组长专程来我省调研，这既是对吉林的厚爱，也是吉林的偏得，我们备受鼓舞和激励。

盛世修志、泽惠千秋。吉林省委、省政府始终重视地方志工作，不断强化地方志编修和基础建设工作，连续多年将《吉林省志》编纂工作列入省政府重点工作，并将新建吉林省方志馆纳入吉林省“十三五”发展规划。朝鲁书记、俊海省长多次听取有关工作情况汇报，并做出指示和批示，为我省地方志事业发展明确方向。目前，吉林省地方志工作基本形成了“志、鉴、用、馆、网、研”六位一体的工作格局，“两全目标”工作（到 2020 年，全面完成第二轮修志规划任务，实现省、市、县三级综合年鉴全覆盖）稳步推进。成绩的取得，凝聚着全省方志系统同志们的心血和汗水，更离不开中国地方志指导小组的关心和支持。在此，受景俊海省长委托，我代表吉林省人民政府，向高翔常务副组长一行的到来，表示热烈的欢迎！向中国地方志指导小组多年来对吉林振兴发展给予的指导和帮助，表示衷心的感谢！

刚才，高翔常务副组长的讲话，对我省地方志工作给予充分肯定，对做好下一步工作提出明确要求，我们既深受鼓舞，又倍感压力。我们一定按照要求，全面对标对表，逐条逐项梳理，抓好贯彻落实。

第一，及时传达学习会议精神。高翔常务副组长是地方志工作方面的专家，理论功底扎实、视野开阔、经验丰富，这次在百忙之中来我省调研并提出明确要求，为我省地方志事业发展注入了“强心剂”，提供了“源动力”。会后，我们要第一时间把高翔常务副组长的讲话精神向吉林省委、省政府主要领导汇报，并将学习贯彻本次会议精神作为全省各级地方志部门的重要任务，加强组织领导，采取有力措施，推动各项指示要求落地见效。

第二，加快推进完成“两全目标”。2020 年如期完成“两全目标”任务，是当前吉林省地方志工作的头等大事。我们将始终坚持以习近平新时代中国特色社会主义思想为指导，认真落实中国地方志指导小组关于“两全目标”的部署要求，加快推进“两全目标”工作，将政治意识和精品意识贯穿志书、年鉴编纂全过程，严把文字关、史实关、体例关，做到资料充实、结构严谨、行文规范、文字精练，努力修编出经得起历史考验的精品佳志。

第三，不断夯实方志工作基础。目前，吉林省方志馆新馆已经完成施工图设计和装饰设计招标。我们将加快推进新馆施工建设，确保其尽快投入使用。超前谋划布局，用足用好文献旧志整理保护财政专项资金，拟购进一批东北三省珍贵旧志，力争新方志馆藏文献达到 15 万册。坚持以“数字吉林”建设为支撑，加快推进全省地方志系统网站集群升级改造，加强“方志吉林”微信公众号、“方志吉林”头条号、“吉林家谱”等公众信息平台建设，不断扩大方志文化宣传和地情文化传播。深入实施“吉林省方志理论研究三百工程”，切实提升方志理论研究水平。

第四，着力加强人才队伍建设。人才是地方志事业发展的核心要素。修志编史，需要一支淡泊名利、甘于奉献的人才队伍。目前，我省方志人才队伍建设依然是短板，我们将加大工作力度，通过专题培训、举办讲座、与高校联合办学等方式，培养一批乐于奉献、精于业务的新一代地方志工作者。我们还将选调一批作风好、业务精的专业人员充实到修志队伍中。与此同时，大力宣传优秀人才、先进人物事迹，在全社会营造爱才、重才、护才的舆论环境。建立健全人才评价和激励机制，激发队伍干事创业热情，确保相关人才进得来、留得住、用得好。

高标准高质量如期完成编纂任务

——在《浙江通志》第八次终审会上的讲话摘要

(2019 年 10 月 28 日)

浙江省委常委、省委秘书长　陈金彪

编纂《浙江通志》，是省委、省政府决定实施的一项重大文化工程，省委、省政府一直以来对这项工作高度重视。编纂工作开始至今，省委、省政府主要领导和班子成员虽已多次调整，但这项工作始终延续传承、一抓到底。上半年，省委书记车俊在浙江出版联合集团调研时，考察博库书城天目山路店，认真翻阅刚出版的《浙江通志》新书，对编纂工作给予高度肯定。

今天这次会议，是《浙江通志》编纂工作启动以来召开的第八次终审会。编纂工作启动以来，无论是省社科院、方志办以及各分卷编纂责任单位的领导同志，还是具体从事编纂工作的同志，都非常认真负责，特别难能可贵的是，已退休的同志包括各领域的老专家仍然满腔热情地投入编纂工作之中，这种无私奉献和对事业的敬业精神令人感动。在这里，我代表省委、省政府和《浙江通志》编纂委员会，向为编纂工作倾注大量心血、付出辛勤劳动的全体参编人员表示亲切慰问！向对编纂工作给予大力支持的相关单位表示衷心感谢！

这次会议之前，我听取了俞文华同志关于《浙江通志》编纂工作总体情况的汇报。今天听了大家的发言，我感到，这次提交会议终审的 6 卷志稿资料丰富、内容真实，体例严谨、结构合理，语言规范、文字流畅，达到了预期要求。如果专家和同志们没有其他意见，今天会议就原则同意 6 卷志稿通过终审。各责任单位要集中精力做好扫尾阶段的各项工作，确保早日付印出版。

根据国务院《全国地方志事业发展规划纲要（2015—2020 年）》和省委、省政府的部署要求，明年我们要如期完成《浙江通志》编纂任务。这需要各责任单位和全体编纂人员继续发扬爱岗敬业、无私奉献的精神品格，坚持兢兢业业、埋头苦干的工作态度，秉持精益求精、一丝不苟的严谨学风，鼓足干劲、持续发力，确保编纂任务如期高质量完成，向省委、省政府和全省人民交出一份满意的答卷。这里，我就进一步做好编纂工作讲三点意见。

一、以高度自觉的政治站位重视《浙江通志》编纂工作

编修地方志是中华民族的优秀文化传统。据不完全统计，现在古籍中十分之一是地方志类书。地方志记载着数千年来的中华文化，蕴含着深厚的文化积淀，为延续中华文明作出了极其重要的贡献。中华人民共和国成立后，党和国家十分重视地方志工作。毛泽东、周恩来同志就曾指示成立地方志小组，开始新编地方志。邓小平同志在改革开放初期曾指出："编辑出版年鉴，很有必要，这是国家的需要，四化建设的需要。"

党的十八大以来，党中央高度重视文化建设，重视史志工作。习近平总书记强调，"要高度重视修史修志，让文物说话、把历史智慧告诉人们，激发我们的民族自豪感和自信心，坚定全体人民振兴中华、实现中国梦的信心和决心”。今年年初，总书记在《致中国社会科学院中国历史研究院成立的贺信》中指出，“历史是一面镜子，鉴古知今，学史明智。重视历史、研究历史、借鉴历史是中华民族5000多年文明史的一个优良传统。当代中国是历史中国的延续和发展。新时代坚持和发展中国特色社会主义，更加需要系统研究中国历史和文化，更加需要深刻把握人类发展历史规律，在对历史的深入思考中汲取智慧、走向未来”。总书记的重要论述，对我们做好新时代史志工作提出了殷切期望，也为我们做好地方志工作提供根本遵循。

新时代地方志工作不是被动的历史传承和文化载体，而是国家“五位一体”总体布局和“四个全面”战略布局中的重要内容，是传承中华文化、实施乡村振兴等国家战略的重要组成部分。今天的地方志，不仅要持续保存民族记忆，承载民族优秀传统文化、革命文化和社会主义先进文化，永葆地方志的当代价值和恒久魅力；还有一个更为重要的使命，就是要通过地方志文化成果再造与传播，激发民族自尊心、自信心、自豪感，引导广大人民坚定道路自信、理论自信、制度自信、文化自信，为实现中国梦提供源源不断的精神动力和智力支撑。

浙江作为“方志之乡”，历来有编纂方志的传统。东汉初期，会稽人袁康撰《越绝记》一书，记载吴越二国史地，这是一部具有方志性质的史学著作，在方志编撰史上有开创之功，被后世很多学者视为中国方志的鼻祖，所谓“一方之志，始于《越绝》”。令人遗憾的是，自《雍正浙江通志》问世以来的近三百年，我省虽然曾多次编纂省志，但由于种种原因，始终没有编纂出版过完整意义上的《浙江通志》。

新时代，做好《浙江通志》编纂工作，是贯彻落实党的十九大提出的“坚持中国特色社会主义文化发展道路”“建设社会主义文化强国”的重要举措，是践行总书记赋予浙江工作新期望，推进“八八战略”再深化、改革开放再出发的内在要求，是高水平全面建成小康社会、高水平推进社会主义现代化建设的题中之意，也是文化浙江建设的一个标志性工程。各编纂责任单位和参与编修的同志要从树牢“四个意识”、坚定“四个自信”、做到“两个维护”的政治高度，深刻认识编纂《浙江通志》的重大现实意义和深远历史意义，以浙江“三个地”的政治自觉，全身心投入编纂工作，高标准完成《浙江通志》编纂任务，为我省高水平全面建成小康社会献上一份厚厚的“志”礼。

二、以精益求精的严谨态度推进《浙江通志》编纂工作

地方志纵贯古今、横陈百科，记载一个地区上至天文、下至地理，从自然到社会，从政治到经济，从人物到风貌，全面、系统、准确的社会史实，显示了一定区域内历史发展轨迹和事业盛衰起伏的全过程。可以说，地方志编纂工作既关乎历史延续、文化传承，又关乎当前建设和未来发展。

编纂《浙江通志》，说到底是对以往浙江经济社会发展的实录和再认识。要坚持用历史唯物主义和辩证唯物主义的立场、观点、方法来指导地方志工作，用习近平新时代中国特色社会主义思想来统领地方志工作，并把科学理论贯穿于地方志工作的各个方面和全过程。这样，我们做好编纂工作就有了正确方向，我们材料取舍、事实甄别和文字表达就有了基本原则。要坚持实事求是，不仅要梳理浙江悠久璀璨的历史，还要展现浙江辉煌灿烂的现实，尤其要展现浙江“三个地”的独特优势，秉笔直书，着力打造资辅当前、存鉴后世、经得起历史检验的精品佳志，努力使每卷志书既总结记载历史、又昭示引领未来，更好地发挥“存史、资政、育人”的作用。

质量是志书的生命。志书质量包括许多方面，诸如指导思想是否正确，体例是否科学，内容是否全面，记述是否准确，资料是否翔实，时代特点是否鲜明，文风是否端正，等等，这些都是衡量一部志书质量好坏的基本标准。各责任单位和编纂人员要坚持质量第一，以科学认真的态度、精益求精的学风，自觉把精品意识贯穿于修志工作的始终。志书是要流芳百世的，每位编纂人员的姓名都记在志书里，能否经得起历史的检验、后世的检验，具体从事编纂工作的同志责任重大。要坚持进度服从质量，严格执行制度规范，加强志书编审、验收工作等各个环节管理，严把资料关、体例关、史实关、保密关和审核关。志稿形成后，要仔细推敲，反复打磨，广泛征求各方面意见，认真修改完善，不能为了赶进度、急于出版而降低志书的质量标准，更不能为限期完成任务而草草收场，把质量不高甚至粗制滥造的志稿报送上来，增加志书后期总纂及出版工作的难度。

地方志作为资料性文献，要统合古今，突出现实。这就要求我们在编纂过程中做到全面性和科学性相统一。全面性就是采撷资料时，不仅要包括文档资料、报刊资料、图书资料，还包括社会调查资料和口碑资料，当前随着互联网技术的广泛应用，还要注重收集数据资料；科学性就是要在掌握丰富翔实资料的基础上，有机、系统、科学地组织资料，去粗取精、去伪存真，留下具有典型性、规律性的资料。今天提交会议终审的6卷志稿，无论在论述内容上还是在体例结构上，较好地兼顾了全面性与科学性的统一。只要我们坚持这些年编纂工作中形成的好做法好经验，就能编纂出无愧于伟大时代、伟大实践，传世致用的地方志。

三、以善作善成的严实作风完成《浙江通志》编纂工作

现在离2020年全面完成《浙江通志》编纂任务只有一年多点的时间了。大家要有“等不起”的紧迫感、“慢不得”的危机感、“坐不住”的责任感，克服人手少、任务重、难度大等困难，克服消极畏难、懈怠厌倦情绪，以踏石留印、抓铁有痕的劲头，高标准完成省委、省政府赋予我们的光荣使命。

要对标进度抓落实。《浙江通志》共113卷，目前已完成终审52卷，其中已出版18卷，送出版社34卷；扣除今天会议终审的6卷外，还有55卷未终审，其中13卷未初审、27卷未复审。初审、复审是关键。目前还未初审的13卷的编纂责任单位要对表对标，指定人员，全力以赴完成好编纂任务，不能因为其中某一卷未完成拖了整个《浙江通志》编纂工作的后腿，还未复审的27卷也要抓紧做好复审工作。从去年开始，中国地方志指导小组办公室已按季度通报全国各省（区、市）编纂工作进度。我们要对标明年113卷全部通过终审、大部分志书出版的要求，倒排时间计划，实施挂图作战，强化责任落实，把编纂任务分解到每一个季度、每一个月，落实到各卷各单位，细化到每个编纂工作人员。省社科院、省方志办要加强督促，对进度慢的及时提醒，如有必要可请分管省领导提醒责任单位抓好落实。

要严格要求抓落实。一方面，要认真执行已排定的终审会工作计划，精心策划好平均两个月一次的志稿终审会，落实好每个月的出版任务；另一方面，要从严执行编纂委员会的相关规定。比如，通过终审的卷，在一个月内修改完毕送交出版；付印前总纂须在一周内签字送印；出版社应在终审后三个月内见书；等等。只有相关各方真正重视，才能使这些规定环环相扣、逐条落实，才能确保如期完成任务。

要明确责任抓落实。编纂工作的责任主体是各编纂单位。今天参加会议的不仅有提交志稿终审的单位，还有参与编修工作的单位。各单位要切实负起各卷编纂工作的第一责任和主体责任，特别是单位“一把手”要真正重视，把这项工作摆上应有的议事日程。分管领导要亲力亲为，从方案设计、人员选配、条件保障、编纂指导，直到评审出版等各个环节，都要直接参与、亲自把关。志稿形成后，各编纂责任单位分管领导一定要亲自审核，大到政治方向、体例结构，小到图片选择、具体排布等，都要仔细把关。各卷编辑部和编辑人员更要兢兢业业，发扬方志人特有的坐冷板凳的钉钉子精神，踏踏实实做好工作。要通过定期通报、目标责任考核等方式，让各单位真正把责任扛在肩上、落到实处。

要齐心协力抓落实。编纂委员会要精心谋

划，精准施策，广泛听取意见，协调解决编纂工作中遇到的困难和问题；省方志办在统筹做好全省史志工作组织指导的同时，要把通志编纂作为重中之重的任务，全力攻坚克难；《浙江通志》总编班子要从严要求，规范管理，更好地示范引领面上编纂工作开展。有关单位对退休后仍在从事志稿编纂工作的老同志，务必高看一眼、厚爱一分，想方设法为他们排忧解难，尽量为他们开展工作创造良好条件、解决后顾之忧。省出版集团和浙江人民出版社，要继续把《浙江通志》出版工作作为重要政治任务，调集精兵强将，狠抓质量规范，力求每一卷都能如期出版。

这里，我再强调一下《浙江年鉴》的编纂工作。与志书一样，包括《浙江年鉴》在内的省、市、县三级综合年鉴，同样是国务院下达给各地须在2020年完成的方志工作“两全目标”的重要任务。去年年底省级机构改革时，将原先由省委政策研究室承担的《浙江年鉴》编纂工作，移交给了省方志办。省方志办克服人员、经费等困难，编纂进展得较为顺利。承担通志编纂任务的单位普遍承担着《浙江年鉴》的供稿任务，希望大家像支持通志编纂那样支持年鉴编纂工作，确保如期完成“两全目标”任务。

人们常说“盛世修志”。现在，我们正面临着实现中华民族伟大复兴中国梦的辉煌“盛世”。相信大家对10月1日举行的庆祝中华人民共和国成立70周年大会特别是阅兵式还记忆犹新，其景象对于我们还历历在目。“盛世修志”的目标能否圆满实现，很大程度上取决于我们这一代人的努力程度。希望大家以对党忠诚、为党分忧、为党尽职、为民造福的政治担当，以时不我待、只争朝夕、勇立潮头的历史担当，以守土有责、守土负责、守土尽责的责任担当，不忘初心、牢记使命、扎实工作，高质量如期完成编纂任务，不辜负省委、省政府和全省人民的重望嘱托，为推动我省地方志事业发展添上浓墨重彩的一笔，为我省“两个高水平”建设做出新的更大的贡献。

在《浙江通志》第九次终审会上的讲话

（2019年12月27日）

浙江省委常委、省委宣传部部长　朱国贤

按照通志稿“三审”惯例，今天，我们召开《浙江通志》编纂委员会第九次终审会，对《机构编制志》等7卷通志稿进行终审。今天的会议很有意义，也很有必要，既是对第八次终审会以来编纂成果的集中审核，也是对2019年编史修志工作的回顾总结。

编纂《浙江通志》是我省的一项重大文化工程，历届省委、省政府都高度重视，对这项工作给予有力支持和充分保障。在编纂委员会和省方志办的组织实施、各责任单位的合力配合下，《浙江通志》编纂工作启动实施近十年来，取得了积极成果，至今已出版23卷，完成终审58卷。这些成绩的取得，是各责任单位和广大编纂工作者共同努力的结果。特别是很多老同志不辞辛苦、不计报酬，兢兢业业甘坐冷板凳，默默无闻甘愿奉献，辛辛苦苦攻坚克难，把人生最该享受生活的美好年华，献给了通志编纂事业，有的还为此奉献了毕生的心血，令人敬佩、令人感动。借此机会，我向所有为通志编纂工作付出辛勤劳动的同志们表示亲切慰问，对所有关心支持通志编纂工作的各部门和社会各界表示衷心感谢！

刚才，捷军同志介绍了通志编纂工作的总体情况，郁奎同志对这次终审的7卷志稿编纂情况作了说明，良伟同志代表终审单位发了言，张勤同志代表评审专家作了点评。大家讲得都很好。综合大家的意见，我们原则同意这7卷通志稿通过终审。这里，就进一步做好

《浙江通志》编纂工作，再讲三点意见，和大家共勉。

一、提高政治站位，不断增强做好通志编纂工作的使命担当

地方志是中华民族独有的传统文化形式，是全面、客观、系统地记载一地历史与现状的重要资料文献。一部地方志就是一方人的精神家园，往大了理解，它是治国理政的重要资源。习近平总书记历来高度重视编史修志工作，强调“修志是一项很有意义的工作”“重视历史、研究历史、借鉴历史，可以给人类带来很多了解昨天、把握今天、开创明天的智慧”；强调要“高度重视修史修志，让文物说话、把历史智慧告诉人们，激发全国人民的民族自豪感和自信心，坚定全体人民振兴中华、实现中国梦的信心和决心”。总书记的重要论述为我们做好编史修志和通志编纂工作提供了根本遵循。

浙江是全国公认的“方志之乡”，历来具有编纂方志的优良传统。但由于种种原因，自清雍正年间编纂《浙江通志》以来，我省已有近300年未编纂出版过真正意义上的《浙江通志》。2011年，省委、省政府决定启动重修《浙江通志》工作，作为全省文化建设的一项重大标志性工程，这在浙江方志工作史上具有重要的里程碑意义。在加快推进“两个高水平”建设、共筑中华民族伟大复兴中国梦的关键时期，重新编纂《浙江通志》，可以说恰逢其时、意义非凡。省委十四届六次全会提出，浙江要“成为展现中国特色社会主义制度优越性的重要窗口”，《浙江通志》就是这个重要窗口中具有特殊意义的特色之窗。我们有幸参与这项重大的历史工程、文化工程，共同为党立言、为国存史、为民修志，这是时代赋予我们的崇高使命和重大责任，也是我们每个人一生中值得铭记的特别荣誉。

浙江是中国革命红船起航地、改革开放先行地、习近平新时代中国特色社会主义思想重要萌发地，这既为编纂《浙江通志》提供了资源“富矿”，也对我们做好编纂工作提出了更高政治要求。尤其是2002年到2007年，是习近平总书记在浙江工作的历史时段，也是新版《浙江通志》中具有特殊重要意义的画龙点睛版块。我们要站在“三个地”的政治高度，深刻认识编纂《浙江通志》的重大意义，全力以赴投入其中，精益求精编史修志，用情感和功夫、智慧和苦心打造时代文化精品，为高水平全面建成小康社会、迎接建党100周年献上一份文化厚礼。

二、强化倒逼思维，保质保量按时完成编纂任务

《浙江通志》编纂工作任务重、难度大，在大家的共同努力下，前期做了大量工作，但总体进度还有待加快。全部113卷通志中，目前已经完成的刚到1/5。前段时间，省委巡视组在巡视省社科院时就指出，《浙江通志》编纂工作仍存在进度滞后问题。国务院《全国地方志事业发展规划纲要（2015—2020年）》和省委、省政府都明确要求，明年要如期完成《浙江通志》编纂任务。距离既定目标要求，现在只剩下一年了，可以说时间很紧。但这是硬指标、硬杠杠，要按期完成。要明确时间表、路线图，紧锣密鼓地做好各项工作，坚决打好通志编纂攻坚战。前期，大家付出了很多心血，有很多感人的事迹。一方面，要把大家的好故事讲出来、宣传出去，让人们牢记大家为通志作出的贡献；另一方面，各单位要以此为激励，更好地履职尽责，抓好督促落实。

1. 倒排时间任务。按照明年113卷全部通过终审、大部分志书出版的总体目标要求，细化全年工作任务，倒排时间，把编纂计划科学分解到每季度、每个月、每一周，具体落实到每一卷、每个单位、每个人，做到环环相扣、步步紧跟，竭尽全力做好这项工作。比如，要按时组织好两个月一次的终审会，既回头看、抓落实，又定目标、领任务。再比如，要建立编纂委员会内部定期通报、情况反馈等机制，真正把担子压下去、把责任扛起来。

2. 把牢质量关口。通志编纂工作是千年大计，书写的是历史，传承的是文脉。志书要经得住历史检验、经得起后人推敲，就必须坚持质量第一原则，做到“好”字当头、又“好”

又"快"。要严格执行制度规范，严把志书的政治关、史实关、体例关、文字关、出版关，把牢志书编纂、审核、验收等各个环节，确保志书修编内容翔实、体例完整、特色鲜明，把《浙江通志》打造成为存世垂鉴、彰往昭来、资政育人的精品通志。

3. 加大督促力度。通志编纂工作既是一项文化工程，也是一项政治工程。省委宣传部将把这项工作纳入党委（党组）意识形态工作责任制落实情况重点检查和专项巡视范围。各单位在向省委报送本单位落实意识形态工作责任制情况报告时，要将这项工作推进情况作为其中的重要内容。同时，还将会同省委督查室、省政府督查室、省社科院等有关部门，通过采取行政督查、工作约谈、定期通报等方式，加大对通志编纂工作的检查力度，确保明年如期完成以"两全目标"（到2020年，全面完成第二轮修志规划任务，实现省市县三级综合年鉴全覆盖）为重点的二轮修志工作。

三、严格责任落实，进一步凝聚各方合力

编纂《浙江通志》工作涉及领域广、历史跨度大、质量要求高，要高水平完成好这项任务，离不开各责任单位和全体编纂人员的齐心协力。

1. 编纂单位要扛起主体责任。《浙江通志》编纂工作不仅仅是哪一个部门和哪几个人的事，而是"党委领导、政府主持"的重要行政职责。通志所要记载的内容主要是各编纂单位自己的业务、自己的历史，是给本单位、本系统、本行业画像作传。希望各有关单位强化主体责任意识，真正把编纂工作摆上重要位置，纳入重要议事日程，把各卷通志作为各单位的靓丽窗口来打造。各单位主要领导是通志编纂工作的第一责任人，要多关心、多过问，多布置任务，多督促落实。分管领导是编纂工作的具体责任人，要按照总目标、总要求，做好任务分解、责任分工，切实抓好分卷编纂的整体推进工作。对进度比较慢的单位，要进行定期的督促。

2. 编纂人员要兢兢业业踏踏实实。编辑部主任、主编是通志编纂工作的关键角色。前期大家工作得很出色，通志的编纂精神很好地体现了浙江精神。接下来进入冲刺阶段，要继续努力，严格把牢各个环节、各个关口，既确保编纂进度，更确保志书质量。全体参编人员是编纂工作的主力军，希望大家弘扬"淡泊名利、甘于奉献、恪尽职守、锲而不舍、开拓进取"的修志人精神，以科学严谨、认真细致、扎扎实实的勤奋工作，全力成就高质量的《浙江通志》。各编纂单位要积极创造良好条件，帮助解决实际问题，使广大编纂工作者全心、安心从事这项工作。特别是对长年累月坚持从事编纂工作的老同志，省方志办和各单位要多关心关爱，多做一些送温暖的工作，想方设法为他们排忧解难、提供便利，解除后顾之忧。

3. 有关方面要加大指导和支持力度。省档案局、省财政厅、省社科院、省社科联等单位已经为《浙江通志》编纂做了大量工作，今后要继续给予大力支持，积极主动地为通志编纂委员会、省方志办和各有关责任单位做好指导服务工作。浙江出版联合集团特别是浙江人民出版社前期做了大量工作，要继续调集精兵强将，确保《浙江通志》编修出版工作高质量推进。省方志办作为总牵头方，要加强统筹协调和专业指导，广泛听取各方面意见建议，努力调动各方面的积极性，不断提高工作质量和效率。对工作做得好的单位要提出表扬，对工作不太理想的单位，要实行清单管理。

今年，省委出台了《关于深化省级机构改革中落实归口领导、归口管理有关要求的意见》，明确省委宣传部归口领导省社科院。借此机会，就做好新时代全省地方志工作，我在这里也提三点要求。

一要提升站位、加强学习。地方志工作是党委政府的一项重要工作。做好这项工作，必须坚持以习近平新时代中国特色社会主义思想为指导，深入学习贯彻党的创新理论，着力在学懂弄通做实上下苦功夫、硬功夫、真功夫，从中汲取真理力量、思想力量、实践力量，切实践行好"真""情""实""意"要求。要紧密联系浙江"三个地"的最大实际，紧密联系中华人民共和国成立70周年、全面建成小康社会、中国共产党成立100周年这些在中华民族伟大复兴进程中具有重要意义的时间节点，把自己摆进去，把工作摆进去，把职责摆进去，提高编史修志工作的思想站位、政治站位、工作站位，推动新时代我省地方志工作不断守正创新。

二要提升格局、走在前列。省委十四届六次全会提出，要“争当省域治理现代化排头兵，成为展现中国特色社会主义制度优越性的重要窗口”。我们要以排头兵的自觉、排头兵的定位、排头兵的担当，抓实抓好新时代地方志工作，使之成为展现浙江“两个高水平”建设成就、文化浙江建设成果的重要窗口。从全国来看，经过几十年的实践探索，目前已初步形成以修志为主，志、鉴、库、网、馆、刊、会、研、用、史“十业并举”的方志发展新格局。这十业中，浙江有长板，也有短板，要积极对标先进、扬长补短，全面推进主责主业，使长板更长、短板补长。另据了解，全国即将召开五年一度的地方志工作会议，对未来一个时期的修志工作进行全面部署。我们要以此为契机，认真梳理过去五年工作情况，总结经验、查摆不足，对标对表全国会议精神，系统谋划好下一步我省地方志工作，努力走在前列、开拓进取。

三要提升效能、修用并举。修志为用、修用并举，是地方志工作的出发点和落脚点。习近平总书记在浙江工作期间，就高度重视修志用志。2006年12月20日，习近平同志在苍南县视察台风灾后重建工作，调阅了《苍南县志》，并在与当地负责同志座谈时，朗读了志中关于历代台风登陆苍南的记载，告诫地方同志要以史为鉴，认清台风活动及其影响规律，科学决策，不断提高防台抗台能力。近年来，我省各级地方志机构充分发挥自身优势，积极挖掘、使用地方志资源，取得了一定成效。但总体上看，“重修轻用”现象依然存在，用志仍是薄弱环节，地方志资源效应没有得到有效发挥。要正确处理好编志与用志的关系，一方面，坚持修志为用，加强地方的学术研究和学科建设，多出有价值、高水平、受欢迎的研究成果，更好地为党委政府提供决策服务，用历史的智慧推进治理体系和治理能力现代化；另一方面，坚持边编边用，编多少就出版多少、使用多少，鼓励和倡导全社会“读志”“传志”“用志”。总之，要通过我们的共同努力，进一步繁荣发展我省地方史志事业，为加快建设文化浙江、推进“两个高水平”建设作出更大贡献。

在山东省党史研究院（地方史志研究院）院长会议上的讲话

（2019年5月16日）

山东省委常委、组织部部长　王　可

这次全省党史研究院（地方史志研究院）院长会议，是机构改革后的第一次会议，具有重要意义。

2018年以来，根据中央和省委关于机构改革的部署安排，我们整合原党史研究室和地方史志办公室职能职责，陆续组建了省、市两级党史研究院（地方史志研究院）和县（市、区）党史史志研究中心，掀开了山东党史史志工作新的一页。

今年是我们党成立98周年、中华人民共和国成立70周年，也是我省加快新旧动能转换、实现高质量发展的重要一年，对做好党史史志工作提出了许多新任务新要求。下面，我讲三点意见。

一、牢牢把握党史史志工作正确方向。高度重视历史，注重从历史经验中汲取智慧和力量，是我们党在革命、建设、改革长期实践中形成的优良传统和政治优势。党的十八大以来，习近平总书记就党史史志工作作出一系列重要论述，强调“历史是最好的教科书”，“学习党史、国史，是坚持和发展中国特色社会主义、把党和国家各项事业推向前进的必修课”，要“高度重视修史修志”，等等，这为我们做好工作提供了根本遵循和科学指引。2018 年 6 月，习近平总书记在我省视察期间，亲临胶东（威海）党性教育基地刘公岛教学区，讲到“我一直想来这里看一看，受受教育。要警钟长鸣，铭记历史教训，13 亿多中国人要发愤图强，把我们的国家建设得更好更强大”，这些重要指示寓意深刻，让我们深受教育，同时也让我们深受鼓舞、倍感振奋。省委对党史史志工作高度重视，省委书记刘家义同志多次作出批示、提出要求，有力推动了我省党史史志工作创新发展。全省党史史志部门要坚定正确方向，增强使命担当，以实际行动把中央精神、省委要求落到实处。要始终坚持习近平新时代中国特色社会主义思想的指导地位。结合即将开展“不忘初心、牢记使命”主题教育，持续、系统、深入地学习习近平总书记关于党史史志工作的重要论述，深刻认识党史史志工作的重要意义，掌握运用科学的历史观和方法论，更好担负起学习研究历史、编纂写好历史、全面宣传历史、科学运用历史的光荣使命。要始终坚持实事求是的思想路线。不论是党史研究，还是地方志研究，都要坚持马克思主义唯物史观，都要尊重史实、讲求证据、实事求是。要树立全面、辩证、客观的眼光，把握好历史发展的主题和主线、主流和本质，真正做到对过去和古人、现在和今人、未来和后人负责。要始终坚持围绕中心、服务大局的价值取向。当前，全省上下正按照习近平总书记的重要指示要求，为实现“走在前列、全面开创”而拼搏奋斗。我们要认真落实“一突出、两跟进”的要求，既通过对历史经验的分析总结和发展规律的揭示，为新时代现代化强省建设提供历史依据、借鉴和启示；又强化时间观念，及时修史存录，做好研究编纂《新时代现代化强省建设实录》等工作，做到党史史志事业发展与时代发展同步。

二、加快理顺关系、实现融合发展。这次机构改革，不仅调整了党史史志部门的机构设置，也进一步理顺了职责、整合了力量。目前，省市县三级党史史志机构改革已基本完成，要尽快实现融合发展，实现“1 + 1 > 2”的效果。要推动职能融合。党史研究、史志研究都是为了更好地以史鉴今、继往开来，更好地推进事业发展。要根据“三定”规定确定的职责，逐条逐项梳理各类规范，细化到岗、到事、到人，系统开展我省党史史志资料征集、编修研究、宣传教育等工作，实现“党史”“国史”一体化记录记述，更好发挥党史史志工作的职能作用。要推动思想融合。党史、史志两个部门合二为一，只有思想认识真正统一起来，才能更好地催生“化学反应”。各级党史史志部门主要负责同志和班子成员要从自身做起，带头服从大局，带头维护团结，坚决避免人为划线、分而治之等不良现象。要发挥好党建引领作用，把思想政治工作做深做细做透，教育引导广大干部职工提高政治站位，牢固树立“一盘棋、一桌菜、一家人”思想。要推动力量融合。与以往相比，党史史志部门干部人才队伍的年龄分布、知识结构、资源配备都更为合理。既要着眼保持工作连续性、稳定性，又要考虑人岗相适、优势互补，科学摆布力量，合理进行分工，有针对性地交流使用干部，充分发挥每名同志的特点优势。要通过业务培训、交流研讨等方式，帮助干部提升专业能力、专业精神，努力成为党史史志工作的行家里手。

三、不断提高党史史志工作质量。站在新起点，要有新气象、新作为。全省党史史志部门要以这次机构改革为契机，抓住机遇、乘势而上，扎实推动各项工作落实，进一步推动全省党史史志事业发展。工作中，该延续的要一以贯之。党史史志工作的一个突出特点，就是时间战线比较长、工作连续性比较强。对以前确定的事项、部署的任务，只要是方向正确、工作需要，必须紧盯不放、一抓到底。比如，结合“中华人民共和国成立70周年”系列庆祝活动，组织编纂出版一批有分量、有影响的重点书目，这是列入今年工作盘子的一件大事，要按照原定计划、精心组织实施。要围绕落实中央精神、省委要求，在认真总结以往工作的基础上，尽快制定出台全省党史史志事业发展的中长期规划，明确当前和今后一个时期的工作思路和主要任务。该统筹的要整合提升。党史工作和史志工作既有区别，又有联系，要善于找到共通点和结合点，防止“形聚神不聚”。比如，在资料征集上，如何合理确定计划，避免多头征集、重复征集；在科研管理上，如何有效集中力量，共同开展重大课题的联合攻关；在编修研究上，如何从不同方向对同一时间段的历史进行深入研究，做到既各有侧重、又互为补充；在弘扬中华优秀传统文化、传承红色基因、沂蒙精神研究，志鉴编纂、省情地情文献整理、党史方志场馆阵地建设等方面，如何找准内在联系、改进工作方式，做到通盘考虑、统筹推进。该突破的要创新发展。认真研究新形势下党史史志工作的特点和规律，积极探索创新，更好地体现时代性、把握规律性、富于创造性。比如，适应全媒体时代发展趋势，用好微信、微博、移动客户端等新媒体新手段，改进党史国史宣传教育方式；从新时代现代化强省建设实际需要出发，多设计一些有价值、有特色的资政资治课题，多出一批高质量研究成果；等等。

各级党委要加强对党史史志工作的组织领导，将其摆上重要议事日程，及时研究解决遇到的困难和问题，在政治上、工作上、生活上关心支持党史史志工作者队伍建设，为党史史志工作提供有力保障。

编史修志，功在当代，利在千秋。希望全省各级党史史志部门和广大党史史志工作者不忘初心、牢记使命，担当作为、开拓进取，不断开创山东党史史志工作服务大局、服务发展新局面，为实现“走在前列、全面开创”作出新的更大贡献！

在2019年第二期全国地方志工作机构新任负责人培训班上的致辞

(2019年10月14日)

山东省副省长　孙继业

2000多年前，中国的大思想家孔子就说，“有朋自远方来，不亦乐乎”。今天，在这秋高气爽、惠风和畅的美好时节，我们非常高兴地在孔子诞生地迎来了2019年第二期全国地方志工作机构新任负责人培训班的全体同志。在此，我谨代表山东省政府、山东省地方史志研究院对培训班的举办表示由衷的祝贺，对出席开班式的各位领导、各位学员，表示热烈的欢迎和诚挚的问候！

山东，因居太行山以东而得名，又因先秦时期隶属齐国、鲁国，故而别名齐鲁。山东历史悠久、人文荟萃，是中华文化的重要发祥地之一，素有“孔孟之乡、礼仪之邦”的美誉。2000多年来，齐鲁大地上先后涌现数不胜数的历史文化名人，既有思想家、政治家，也有军事家、科学家，更有文学家、艺术家。这其中，尤以“文圣”孔子、“兵圣”孙武、“书圣”王羲之、“智圣”诸葛亮为杰出代表。特别是被誉为世界十大思想家之首的儒家学派创始人孔子和以他为代表的儒家思想，对中华文明产生了深刻影响，是中国传统文化的重要组成部分。

山东地处我国东部沿海、黄河下游，陆域面积15.58万平方公里，海洋面积15.96万平方公里，总人口1亿人，现辖16市、137个县（市、区）。改革开放以来，山东经济持续健康发展，综合实力显著增强，人民生活水平不断提高。2018年实现生产总值7.65万亿元，居全国第三位，人均GDP 7.6万元。今年以来，全省上下以习近平新时代中国特色社会主义思想为指导，认真贯彻落实习近平总书记对山东工作重要指示和党中央决策部署，坚持稳中求进工作总基调，坚持新发展理念，全省经济保持平稳增长，今年上半年全省GDP总量突破4万亿元。

山东经济和社会发展取得的成就，离不开广大史志工作者的默默奉献。“一邑之典章文物，皆系于志”。山东省委、省政府高度重视修史修志工作。全省史志工作者围绕中心、服务大局，各方面工作都取得突破性进展，总体走在全国前列，创出了许多全国第一：第一个出台省级史志事业发展规划纲要，第一个提出修志、编鉴和方志馆建设“三全”目标，第一个实现省、市、县三级史志工作法规体系全覆盖，第一个实现上半年出版省级综合年鉴，第一个实现省、市、县三级地情网站全覆盖，第一个由省政府办公厅印发《关于做好乡镇村志编修工作的意见》，第一个在抗战胜利70周年前夕推出抗战研究成果，第一个编修艺术节志和援疆援藏志，等等。目前，山东史志系统各项工作正在扎实稳妥地向前推进。一是二轮修志全面完成。74部省志分志全部完成总纂并出版，17部市志、137部县级志书均已出版发行。二是年鉴编纂实现新突破。《山东年鉴》6月出版，连续5年保持全国第一，《山东省情概览》4月率先出版，资政服务的时效性大大增强。市县综合年鉴“一年一鉴、当年出版”全部实现。三是方志馆建设取得新进展。省方志馆新馆建设已经立项，计划建设面积2万—3万平方米，正按程序积极推进；省方志馆分馆建设取得突破，聊城大学分馆、山东中华文化学院分馆已挂牌成立，下步还将在省内本科院校普遍设立省方志馆分馆；市县方志馆建设蓬勃发展，目前，市级方志馆已建成、在建或规划新建面积2000平方米以上的有14家，其中1万平方米以上的有5家；县级方志馆已建成、在建或规划新建面积达到1000平方米以上的有136家，其中2000平方米以上的有30家。

编史修志工作责任重大、使命光荣、任重道远。中指组将这一届全国地方志工作机构新任负责人培训班的举办地选在山东，既是对山东史志当前工作的认可和肯定，也是对未来发展的鞭策与鼓励，希望广大史志工作者以本次培训班为契机，认真学习，充分交流，互鉴经验，共同进步，推动山东史志事业再上新台阶，为全国地方志事业转型升级、创新发展作出应有贡献。

在2019年广西壮族自治区地方志机构主任工作会议上的讲话

（2019年2月25日）

广西壮族自治区副主席　黄俊华

今天我们在这里召开2019年全区地方志机构主任工作会议，主要任务是深入学习贯彻习近平新时代中国特色社会主义思想，全面贯彻党的十九大和全国地方志机构主任工作会议精神，总结2018年全区地方志工作，研究部署2019年工作。刚才，金荣同志传达了全国地方志机构主任工作会议精神，回顾2018年工作情况，并对2019年工作作了部署安排，我完全同意。桂林市、玉林市、自治区党委统战部、北流市、藤县等5个单位作了典型发言，大家讲得都很好，对与会同志都有很大启发。桂林市的工作全面均衡，走在了全区前列，注重对方志资源进行挖掘；玉林市领导高度重视，推动了地方志工作；自治区党委统战部作了很好的发言；两个县级的发言也讲得很好，北流市工作做得很扎实，藤县从后进走到追求精品，这几年的工作成绩很大。总之，大家的发言都很好，听了之后很受启发。下面，我讲几点意见。

一、充分肯定成绩，坚定推动我区地方志事业高质量发展的信心

2018年，全区地方志系统认真贯彻自治区党委、政府和中国地方志指导小组的部署要求，围绕中心，服务大局，聚焦主业，修志为用，全力推进全区地方志事业转型发展，在“志、鉴、库、馆、网、用、会、刊、研、史”等方面都取得了新进展。一是“两全目标”攻坚扎实推进。截至2018年年底，全区规划出版的186部二轮三级志书，累计出版84部，占规划总数的45.2%；累计通过审验125部，占规划总数的67.2%；累计完成评稿182部，占规划总数的97.8%；2017年卷地方综合年鉴公开出版率达到84.9%，在全国排第9名，2018年卷启动编纂率达到100%，编纂出版质量不断提高，有11部年鉴获得中国地方志指导小组通报表扬。志鉴编修总体呈现“两增一扩一降”的格局，即志书出版、评稿待审志书持续增加，年鉴覆盖面加速扩展，未评志稿大幅下降。二是资政服务作用得到增强。积极配合自治区有关部门圆满完成自治区成立60周年建设成就展。以资政决策为方向，组织力量编印《八桂地情参阅》内刊。以“地方志服务‘一带一路’”为主题，组织开展《灵渠—合浦：海上丝绸之路历史溯源》史料收集专题论证。三是地情开发呈现新亮点。启动《广西抗日战争志》《广西海外华侨华人志》《广西历代方志集成》《广西汉语方言志》及《西林教案》等编纂项目的史料收集，进一步挖掘广西历史文化资源，扩大广西对外影响力。四是依法治志展现新面貌。配合自治区法制部门修改完善《广西壮族自治区实施〈地方志工作条例〉办法》。召开了全区地方志资料年报工作现场会，制定出台《地方志资料年报制度》《实施细则》和《报送要求》，健全工作体制机制。五是队伍建设迈出新步伐。调整成立了第三届广西地方志学术委员会，新成立了广西地方志专家库，出台《广西史志文化研究丛书出版资助管理暂行办法》，持续实施新一轮广西地方志人才梯队项目；分批分类举办全区地方志业务培训班，积极探索以评代训、以审代训新机制；组织编辑《广西地方志》期刊，持续举办桂志文化讲堂，全区地方志队伍的动力和活力明显增强。

这些成绩的取得，是各级党委、政府坚强领导和各相关部门大力支持的结果，是全区广大地方志工作者恪尽职守、辛勤工作、默默奉献的结果。在此，我谨代表自治区人民政府，向为全区地方志事业作出贡献的广大地方志工作者表示衷心的感谢并致以崇高的敬意！

习近平总书记在党的十九大报告中指出要“努力实现更高质量、更有效率、更加公平、更可持续的发展”，为地方志事业发展指明了方向。2019年全国地方志机构主任工作会议对推进地方志事业高质量发展作出了全面的安排部署，提出了明确要求。各级各有关部门要把思想认识统一到国家和自治区的决策部署上来，进一步增强做好地方志工作的责任感和使命感，加快推动我区地方志事业高质量发展。

春节一过，我到自治区方志办调研，在座谈会上，我和方志办的领导说要参加评审会，这是我主动要求参加的，而且我也要求方志办把各市分管领导请出来。一方面，从现实来说，完成“两全目标”，推动地方志转型升级，以及地方志工作规范化建设任重道远，面临的挑战和任务非常艰巨，希望大家共同努力；另一方面，地方志事业潜力巨大，前景非常开阔，需要我们持续努力，做好工作，也希望到会和大家共同研究，推动地方志事业发展；第三个方面，事业发展关键在人，关键在于队伍建设，包括人才队伍的结构，都要满足整个方志工作的需要。建设强有力的队伍来满足方志工作的需要，需要我们共同努力。

二、决胜“两全目标”，夯实推动我区地方志事业高质量发展的基础

从刚才金荣同志通报的情况来看，全区志鉴编修“两全目标”工作总体滞后的格局仍然没有得到根本改变。一些地区和部门领导重视不够，编纂质量不高、进展缓慢，修志人员责任心不强等依然是亟待解决的问题，完成“两全目标”攻坚战依然任重道远。各级各有关部门要提高认识，狠抓质量，抢抓进度，确保按时保质完成“两全目标”。

（一）抓认识，切实提高政治站位。

《全国地方志事业发展规划纲要（2015—2020）》明确提出，到2020年全面完成省市县三级规划志书编纂出版，省市县三级综合年鉴一年一鉴、公开出版的“两全目标”任务，时间要求十分明确，一个县、一个部门没完成，都不算完成。国务院办公厅将适时在全国开展志鉴编修“两全目标”专项督查。对广西来说，完成“两全目标”不仅是国务院赋予各级政府的刚性任务，更是打好地方志工作基础、推动全区地方志事业高质量发展的必然要求。各市、县（市、区）和各承编单位要深刻认识完成“两全目标”的紧迫性和重要性，增强加快推进“两全目标”工作的紧迫感，主动向全国全区先进地方看齐，鼓足干劲，正视问题，拿出决战决胜的勇气与担当，着力推进“两全目标”攻坚。各级各有关部门要出台相应奖惩措施，压实责任，一抓到底。对推进“两全目标”力度不大、措施不力、效果不佳的，该约谈的约谈，该诫勉谈话的诫勉谈话，该严肃问责的严肃问责。全区上下要切实咬定“两全目标”不放松，全力推进任务的完成。

（二）抓质量，全力打造精品佳志。

质量是地方志的生命。要把握好进度与质量的关系，不能只求进度、急于求成，粗制滥造。要以“堪存堪鉴”为标准，按照地方志出版的有关规定，严格执行志稿评审、出版及《地方志书质量规定》《地方志综合年鉴出版规定》等规范要求，从篇目设置、资料收集、资料长编，到初稿撰写、总纂、初审、复审、终审，再到印刷、出版等各个环节把好质量关，在志书出版前尽可能查漏补缺，不留遗憾，避免出现因个别严重错误导致整本书报废的情况。要建立健全业务指导上下贯通机制，上一级部门要提前介入，及时纠正下级机构编纂工作中的偏差，下级机构也要主动学习、主动请教编纂工作中遇到的问题。要切实把好志鉴编修的政治关、史实关、体例关、文字关，确保出版的各类志鉴指导思想正确、体例结构科学、内容全面完整、资料丰富翔实、行文规范流畅、时代和地方特色鲜明，以“工匠精神”打造经得起历史检验的精品志鉴。

（三）抓进度，努力改变落后局面。

2019年是“两全目标”推进的关键之年，今年要重点从三级志书出版、审查验收和年鉴覆盖率三个方面精准发力。力争年内新增出版《广西通志》专志10部以上，出版覆盖率确保达到60%，新增出版市县志15部以上，出版覆盖率确保达到55%；力争所有未评未审的20部《广西通志》专志和41部市县志全部通过审查验收，审查验收率达到100%；市县（区）综合年鉴2018年卷出版率提高到85%以上，2019年卷编纂工作启动率达到100%。自治区地方志办公室会后要将任务细化分解落实到各市、县和承修单位，每个季度通报一次工作进度。各地各部门，尤其是后进地区和部门要紧紧围绕这一目标要求，以坚决服从全局，坚决不拖全区完成“两全目标”后腿的态度，找准瓶颈，倒排工期，明确责任，赶上去，坚决打赢“两全目标”攻坚战。

（四）抓督导，全力确保完成任务。

专项督查以及经去年开展督查后，志鉴编修有了好的进展，证明在督查工作中开展“点对点”对接指导对推进地方志工作是有效的。自治区将把全区志鉴编修“两全目标”专项督查事项列入2019年自治区人民政府重大督查计划，组织精干力量分片对全区各地、各部门开展全覆盖专项督查，督查结果适时在全区通报。自治区地方志办要加强统筹协调，精确掌握每一部志书、每一部年鉴的进度安排；要加强业务指导，组织力量深入后进地区、部门开展“点对点”对接服务，多形式、多渠道指导下级地方志机构和有关部门推进工作。各级各有关部门在认真开展自查自纠、配合好督查组开展工作的同时，也要加强对本级本部门方志编纂工作的督促检查，掌握工作情况，定期向自治区地方志办汇报志鉴编纂进度，一级带一级、一级管一级，层层传导压力，齐心协力确保“两全目标”任务如期保质完成。

三、挖掘亮点特色，促进我区地方志事业高质量发展

习近平总书记强调“明镜所以照形，古事所以知今”，地方志具有“资政、存史、育人”等重要功能。方志工作要坚持修用并举，进一步提升服务经济社会发展大局的水平和能力，深入挖掘具有广西地方亮点、民族特色、时代特征的地方志资源，真正把一批能够体现广西历史悠久、政治清明、民族团结、文化璀璨、社会文明、山川秀美的高质量地方志成果展现在人们面前，促进我区地方志事业高质量发展。

（一）加强地情研究，优选特色项目。

广西地处祖国南疆，背靠大西南，面向东南亚，濒临南海北部湾，毗邻粤港澳，与越南接壤，沿海沿边沿江，是连接中国与东盟的国际大通道。广西历史悠久，在四五万年前旧石器时代晚期，就有“柳江人”和“麒麟山人”在此劳作生息。秦始皇统一岭南后，开凿灵渠，把长江与珠江两条水系连接起来，促进了广西与中原经济和文化的交流。广西是我国近现代一些重大历史事件如太平天国金田起义、黑旗军抗法、镇南关大捷等的策源地和发生地，涌现了洪秀全、刘永福、冯子材等一批杰出人物。一代伟人邓小平在广西领导了震惊中外的百色起义，创建了红七军、红八军和左右江革命根据地。中华人民共和国成立以来特别是改革开放 40 多年来，广西各项事业都取得了历史性的巨大进步。今天的广西，山清水秀，经济发展，社会进步，文化繁荣，民族团结，边疆安定，人民安居乐业。各级各有关部门要深入研究这些地情，选择一批具有亮点特点的文化项目，比如广西抗日战争、天津医生在广西、上海支边企业在广西以及西林教案等史料的整理，为开发利用地方志资源做出了表率。各级各部门要结合自身实际，优选特色项目，为招商引资、大项目签约、申请地理标志证明商标提供系列佐证依据。地方志工作机构要主动作为，加强探索创新，在地情资料、历史传承、发展建议等方面提供具有地方志特色的服务。

（二）围绕工作大局，强化资政服务。

各级各有关部门要围绕国家“一带一路”建设、陆海新通道建设、乡村振兴战略等重要决策部署，深入挖掘本地本部门历史特色文化资源，找准切入点和着力点，为当地党委政府提供及时、精准、有效的资政服务。比如，围绕国家“一带一路”建设，组织开展《灵渠—合浦：海上丝绸之路历史溯源》项目研究；围绕陆海新通道建设，深挖历史渊源，宋代邕州横山寨（今田东县平马镇）、永平寨（今宁明县）及钦州 3 大博易场是西南民族大集市，是与交趾等地贸易的国际市镇，这些市县要组织力量深入挖掘，为当地党委、政府提供资政服务；围绕贯彻落实党中央乡村振兴战略重大部署，各级地方志工作机构要抢抓机遇，主动作为，积极争取将乡村史志的编修及镇、村史志馆建设纳入乡村振兴文化建设项目，并进一步加大对镇、村史馆建设的指导力度，助推全区乡村文化振兴。去年，自治区地方志办主动编印《八桂地情参阅》，为领导决策提供资政服务，这个做法值得肯定。各级各有关部门要结合当地党委政府的工作部署，充分挖掘本地历史文化资源，搭建好沟通历史与当下的桥梁，拓展地方志事业发展空间。

（三）强化协同配合，扩大交流合作。

加强合作交流不仅有利于扩大方志文化的影响力，拓展方志工作格局，也有利于打造更多的方志特色和亮点，更好地服务经济社会发展大局。各级各有关部门要坚持“党委领导、政府主持、地方志工作机构组织实施、社会各界广泛参与”的工作机制，打破地方志“一亩三分地”的固有藩篱，以更加开放的心胸、更加创新的思路、更加有效的举措推动方志工作对外交流与合作。要切实加强与区内外地方志工作机构和社科、高校、出版、档案、图书、文博、影视、新闻出版等部门的合作，学习先进省份经验，与社会各界协同开展项目攻坚，进一步提升修志编鉴及地情资源开发利用水平。地方志部门要充分挖掘各地馆藏资源，跟高校、社科等机构紧密协作，充分做好《广西历代方志集成》《广西海外华侨华人志》等项目。

四、加强组织领导，为推动全区地方志事业高质量发展保驾护航

2019 年是中华人民共和国成立 70 周年，也是决胜全面建成小康社会的关键之年。对全区地方志系统而言，今年既是实施质量提升行动、推进转型升级高质量发展的开局之年，也是完成“两全目标”的攻坚之年。各级各有关部门要加强对地方志工作的组织领导，以更加务实的举措、更加奋进的姿态，精心谋划，强化担当，全力推动我区地方志事业高质量发展。

（一）压实工作责任。地方志书编纂工作实行“行政首长负责制”。各级政府和各部门主要领导是第一责任人，今天在座的各位分管领导是直接责任人，要积极主动向主要领导汇报，主动关心过问地方志工作，听取有关工作汇报，加强调研指导，及时召开工作推进会、协调会，亲自部署检查，推动解决地方志工作遇到的困难和问题。各级地方志工作机构负责同志要守土有责、守土负责、守土尽责，科学制订计划，认真组织落实，不推诿扯皮、不打折变通，如期完成各项工作任务。加强面上工作的组织协调及服务指导，切实转变工作模式，完善资料收集，强化编修人员的培训，切实履行把关职责。各有关部门要按照当地政府和地方志工作部门的安排部署，细化分工，相互支持，密切配合，确保按时完成各自承担的任务。

（二）加强队伍建设。高素质、专业化的地方志人才队伍是地方志事业高质量发展的重要基础。要健全工作机构，采取“专职、兼职、聘用”相结合等方式，配齐配强修志人员，建设一支人员相对稳定、专业结构相对合理的高素质修志队伍，为推动全区地方志事业高质量发展提供人才支撑。要依托地方志学会和区内外高等院校资源，有针对性地举办各类业务培训班，以老带新，进一步提升修志队伍的整体水平和业务能力。要完善人才激励机制，鼓励并支持年轻同志申报高级职称，以课题项目为载体，引进或培养一批事业发展所需的领军人才。要积极稳妥地推进机构改革工作，确保机构、职责、队伍等按要求及时调整到位，做到思想不乱、人心不散、工作不断。

（三）强化经费保障。充足的修志经费是推动地方志事业高质量发展的重要支撑。各级人民政府要将地方志工作所需经费列入本级财政预算，各承编单位也要将地方志工作经费列入本部门年度经费预算，多渠道拓宽经费来源，确保工作经费按时、足额到位，为地方志工作顺利开展提供经费保障。各级各有关部门要保障完善地方志工作条件，努力改善地方志工作条件和地方志资料收藏保管条件，加强修志、编鉴、出版、科研、开发利用、信息化建设、资料文献保存等工作经费保障。同时，广泛动员社会各界力量积极参与并支持地方志事业发展，对于长期从事地方志编纂工作并取得一定成果的社会人士，可以给予适当补偿或奖励。

（四）深化廉政建设。全区地方志系统要紧紧围绕中央和自治区党委的决策部署，始终把加强党风廉政建设放在更加突出的位置切实抓好抓实。要切实履行全面从严治党主体责任和“一岗双责”，坚持把党风廉政建设工作与业务中心工作同研究、同部署、同检查、同落实、同考核。要认真组织开展“不忘初心、牢记使命”主题教育，牢固树立“四个意识”，坚定“四个自信”，切实做到“两个维护”。严格贯彻落实中央八项规定精神，持之以恒查纠“四风”。要进一步加强制度建设，结合巡视巡察及各专项检查查找出来的工作漏洞和相关问题，把全面从严治党要求落到实处。

同志们，如期完成“两全目标”，全力推动新时代地方志事业高质量发展任务艰巨，责任重大，使命光荣。我们要自觉以习近平新时代中国特色社会主义思想为指导，进一步提高政治站位，强化责任担当，坚定信心，迎难而上，全力打赢“两全目标”攻坚战，推动新时代全区地方志事业高质量发展，为建设壮美广西、共圆复兴梦想作出新的更大贡献，向中华人民共和国成立70周年献礼！

在青海省地方志编纂“两全目标”工作调度会上的讲话

（2019年5月14日）

青海省副省长　杨逢春

下面，我就贯彻落实刘宁省长要求，加快推进全省地方志编纂“两全目标”工作，讲三点意见。

一、提高政治站位，坚持用习近平新时代中国特色社会主义思想指导地方志工作

地方志是中华民族的文化瑰宝和历史智慧的结晶，是传承中华文明、发掘历史智慧的重要载体，是中华传统文化的“根”与“魂”，是我们最深厚的文化软实力，是社会主义核心价值观的源头活水。编修地方志是中华民族优秀文化传统，是一项承上启下、继往开来、服务当代、有益后世的重要事业。

党的十八大以来，习近平总书记对史志编撰工作作出了一系列重要论述，为新时代史志编撰工作提供了根本遵循。习近平总书记强调：“要高度重视修史修志。”“要用马克思主义的唯物史观指导修志工作。要注意质量，能经得起时间和历史的检验；要在规模、质量上超过前人；要把质量放在第一位，对社会负责，对事业负责，对子孙后代负责。”习近平总书记对史志工作具有特别情怀，在不同时期、不同场合多次对修史修志作出重要批示和讲话。比如，在福建宁德工作时就曾对地方志工作的重要性作过概括。习近平总书记指出：“修志是一项很有意义的工作。其意义，说通俗一点，就是使我们做一个明白人，‘以古为鉴，可知兴替’，对于我们，只有加深对历史的掌握和理解，才能‘以古为鉴，鉴古知今’，不重复历史上的错误，才能使人们从一种混沌的状态，转为一种清楚明白的状态，才能知道过去人类社会种种事件的发生、发展和消亡的过程。”我们要牢固树立“四个意识”，坚定“四个自信”，坚决做到“两个维护”，深刻学习领会习近平总书记对史志工作的真挚情怀和真知灼见，不断深化对地方志工作重要性的认识，自觉以习近平新时代中国特色社会主义思想指导地方志工作，全力推动全省地方志事业高质量发展。

二、认清形势任务，明确差距，不断增强做好“两全目标”工作的紧迫感使命感

2015年8月，国务院办公厅印发《全国地方志事业发展规划纲要（2015—2020年）》，提出“到2020年完成第二轮地方志书规划任务，省、市（州）、县三级地方志书全部出版”和“到2020年做到地方综合年鉴由地方志工作机构组织编纂，一年一鉴，公开出版，实现省、市（州）、县三级综合年鉴全覆盖”的“两全目标”。省委、省政府高度重视地方志工作。2016年3月，省政府召开了第六次全省地方志工作会议，对全面完成“两全目标”工作进行了部署。2017年11月，省政府召开全省地方志编纂“两全目标”工作推进会。2017年9月，王建军书记对完成“两全目标”工作作出批示要求。2018年11月、2019年5月，刘宁省长分别对全省地方志工作提出要求。在2017年11月召开的全省地方志编纂“两全目标”工作推进会上，我曾讲过，按时保质完成“两全目标”是国务院给各级政府下达的法定任务，是依法治志的硬指标，也是各级政府、省直部门单位必须履行的法定职责，必须按时保质完成。从全省情况看，多数地区和部门领导高度关注、大力支持“两全目标”工作。省委常委、省总工会主席马吉孝，副省长、公安厅厅长王正升，省检察院检察长蒙永山，省法院院长陈明国等领导分别对“两全目标”工作作出批示、提出要求。西宁市、海东市政府主要负责同志，省社科院、青海日报社主要负责同志对“两全目标”提出具体要求。

我们也清楚地看到，仍有部分地区和部门的主要负责同志、分管负责同志对“两全目标”工作头脑不够清醒、重视不够到位，部署不够及时、推进不够有力，敷衍塞责、左推右支，不管不问、置若罔闻，讲条件、讲客观，致使工作滞后、进展缓慢，严重影响了全省“两全目标”的总体进程，必须引起高度重视，必须保持头脑清醒，必须严肃认真对待。要清醒认识到完成“两全目标”是国务院下达的硬任务，清醒认识到完成“两全目标”是各级政府、省直部门务必履行的法定职责。今天参会的同志，务必要增强工作的紧迫感、使命感、责任感，从讲政治的高度，增强看齐意识，向总书记看齐，向先进地区和部门看齐，知不足而奋进，认真履责、用心部署，切实行动、用力赶超，确保与全省同步完成“两全目标”任务。

三、采取非常之举，全力以赴加大推进“两全目标”工作力度

2018、2019连续两年，省政府工作报告对完成“两全目标”都提出了明确要求，今年要基本完成志鉴“两全目标”。现在距2020年年底只剩下不到20个月的时间了，各地各部门务必以只争朝夕的精神，踏石留印、抓铁有痕的劲头，采取非常之举，加大推进“两全目标”工作力度。在这里，我着重强调以下几点：一要高度重视，加强领导。志书编纂是一项政治性、政策性、专业性、学术性很强的工作，有其自身的规范性和规律性，任务十分繁重艰巨。各级政府和各部门主要负责同志是志鉴编纂的第一责任人，分管领导是直接责任人。首先要做明白人，明白任务和要求，明白现在的进度和差距。其次是要重视起来，经常过问、加强跟踪指导。再次是全力支持，及时协调解决编撰工作中的困难和问题，要人给人、要钱给钱，一定要把任务抓在手中、扛在肩上、落实在行动上。二要保证质量，加快进度。当前，各地各部门要针对“两全目标”工作进展情况，倒排工期，认真算一算时间账和任务账，制定好时间表、路线图，分级管理，有效执行，加快编纂进度。大家知道，志鉴初稿形成后，还须经过初审、复审、终审和验收等环节，比较费时费力。这就要求，各地区各部门要未雨绸缪，凡事要预留空间，打足提前量，抓早、抓紧，谋在先、走在前。二轮志书的编纂目前尚未形成初稿的，务必在今年9月底之前形成初稿并进入审稿环节；已进入审稿环节的，要严格按照志书“三审一验收”的工作程序，对时间进行统筹谋划，制定详细的推进表，确保在2020年3月底前完成验收，11月底前完成出版。市（州）、县综合年鉴编纂工作务必达到“一年一鉴、公开出版”和当年编纂、当年出版的要求，做到连续出版不断线。加快进度与注重质量是统一的，要正确处理好两者的关系，不能因为追赶进度而降低质量标准，不能以质量为借口而延缓进度。各承编单位要树立精品意识，严格按照志书质量标准，切实把好政治关、史实关、体例关、文字关、出版关。三要加强督查，强化问责。省、市（州）两级地方志办公室要主动担负起督促、检查、指导职能，抓重点、攻难点，补短板、强弱项，定期不定期对“两全目标”推进情况进行检查，组织业务人员经常性地深入志鉴编纂相对滞后的地区和部门，解剖麻雀，答疑解惑，帮助解决在修志编纂过程中遇到的业务难题。各级政府督查部门要加大督查力度，将“两全目标”工作纳入“710”督办系统，发现问题，解决问题。督查工作要用事实说话，用数据说话，用实例说话，增强督查工作的针对性、实效性、权威性。要注重督查结果的运用，强化督查问责，对督查发现工作滞后的、重视不够的、推进不力的地区和部门，通过通报批评、对负责同志约谈等形式，层层传导压力，逐级压实责任，推动工作落实。

附　表

全国第二轮省市县志和乡镇村志出版情况统计表

（2019 年 1 月 1 日至 2019 年 12 月 31 日）

单位：部

序号	项目 行政区划	省级志书 出版数	市级志书 出版数	县级志书 出版数	乡镇（街道）级志书 出版数	村（社区）级志书 出版数
1	北　京	5	—	2	2	2
2	天　津	7	—	1	0	0
3	河　北	9	0	9	2	15
4	山　西	12	1	4	6	11
5	内蒙古	0	1	4	1	0
6	辽　宁	0	3	7	1	1
7	吉　林	3	1	5	0	0
8	黑龙江	4	3	13	0	0
9	上　海	9	—	0	2	19
10	江　苏	18	3	13	11	3
11	浙　江	0	0	0	0	0
12	安　徽	1	0	0	3	4
13	福　建	2	0	3	3	2
14	江　西	0	1	1	0	2
15	山　东	0	0	0	16	29
16	河　南	15	2	2	28	11
17	湖　北	37	0	0	13	14
18	湖　南	1	2	6	4	4
19	广　东	0	0	0	8	6
20	广　西	7	0	9	0	0
21	海　南	0	0	1	2	0
22	重　庆	2	—	6	5	1
23	四　川	9	0	0	0	0
24	贵　州	5	1	4	9	3
25	云　南	35	3	19	2	3
26	西　藏	1	0	4	0	0

续表

序号	项目 行政区划	省级志书出版数	市级志书出版数	县级志书出版数	乡镇（街道）级志书出版数	村（社区）级志书出版数
27	陕　西	7	0	9	0	0
28	甘　肃	40	2	15	2	4
29	青　海	4	0	0	0	0
30	宁　夏	0	1	1	0	0
31	新　疆	0	2	2	0	0
32	兵　团	1	1	0	0	0
合　计		234	27	140	120	134

说明：山东、广东已完成第二轮省市县三级地方志书，其2019年度省志、市志、县志出版数为0部。

全国地方志系统行业志、部门志、专业志、山水名胜古迹志和历代方志整理出版情况统计表

(2019 年 1 月 1 日至 2019 年 12 月 31 日)

单位：部

序号	项目 行政区划	行业志	部门志	专业志	山水名胜古迹志	历代方志整理
1	北　京	0	0	0	0	0
2	天　津	0	0	0	0	0
3	河　北	2	15	3	1	4
4	山　西	0	6	3	0	7
5	内蒙古	0	6	0	0	0
6	辽　宁	1	3	0	0	0
7	吉　林	0	0	0	0	0
8	黑龙江	1	1	0	0	0
9	上　海	1	0	1	0	1
10	江　苏	4	16	5	1	7
11	浙　江	0	0	0	0	0
12	安　徽	0	0	0	0	2
13	福　建	4	0	5	0	18
14	江　西	1	9	0	0	13
15	山　东	6	20	12	1	25
16	河　南	0	0	0	0	0
17	湖　北	0	0	0	0	13
18	湖　南	0	14	0	1	3
19	广　东	1	7	0	0	10
20	广　西	0	0	0	0	4
21	海　南	0	0	0	0	0
22	重　庆	3	23	3	0	7
23	四　川	0	2	3	1	8
24	贵　州	1	8	0	0	2
25	云　南	0	14	5	2	6
26	西　藏	0	0	0	0	0
27	陕　西	2	7	4	4	6
28	甘　肃	0	14	0	1	2
29	青　海	0	0	0	0	0
30	宁　夏	0	1	0	0	0
31	新　疆	0	0	0	0	0
32	兵　团	0	1	0	0	0
总　计		27	167	44	12	138

全国省市县综合年鉴、行业年鉴、部门年鉴、专业年鉴出版情况统计表

（2019 年 1 月 1 日至 2019 年 12 月 31 日）

单位：种

序号	项目 / 行政区划	省级年鉴	地市级年鉴	县区级年鉴	行业年鉴	部门年鉴	专业年鉴
1	北　京	1	—	12	2	4	16
2	天　津	1	—	13	1	0	2
3	河　北	1	6	72	8	1	4
4	山　西	1	8	64	9	1	3
5	内蒙古	0	6	15	1	0	0
6	辽　宁	0	11	19	8	2	1
7	吉　林	1	10	68	2	2	1
8	黑龙江	1	8	19	0	0	0
9	上　海	1	—	18	2	4	13
10	江　苏	1	13	84	12	5	8
11	浙　江	0	9	69	0	0	0
12	安　徽	0	17	75	0	0	0
13	福　建	1	7	41	5	0	0
14	江　西	1	9	65	28	1	0
15	山　东	1	16	127	26	2	8
16	河　南	1	10	59	10	2	2
17	湖　北	1	13	81	0	0	12
18	湖　南	1	9	70	20	13	0
19	广　东	2	20	110	15	1	3
20	广　西	1	15	112	6	3	0
21	海　南	1	3	23	3	0	0
22	重　庆	1	—	35	16	0	0
23	四　川	0	20	150	8	0	0
24	贵　州	1	11	72	0	3	0
25	云　南	1	17	102	2	5	1
26	西　藏	1	6	35	0	0	0
27	陕　西	1	10	55	3	5	2
28	甘　肃	1	14	86	15	0	1
29	青　海	1	11	43	0	0	0
30	宁　夏	1	2	13	0	0	0
31	新　疆	1	1	10	1	0	0
32	兵　团	1	4	1	3	0	1
合　计		28	286	1818	206	54	78

全国地方志系统地方史、地情书、教材、理论著述、工具书出版情况统计表

(2019 年 1 月 1 日至 2019 年 12 月 31 日)

单位：部

序号	项目 行政区划	地方史	地情书	教材	理论著述	工具书
1	北 京	1	1	0	0	0
2	天 津	0	0	0	0	0
3	河 北	2	23	0	4	0
4	山 西	2	24	0	0	1
5	内蒙古	1	1	0	0	0
6	辽 宁	0	4	0	2	0
7	吉 林	0	9	0	0	0
8	黑龙江	1	5	0	0	0
9	上 海	2	17	0	2	0
10	江 苏	4	50	0	1	0
11	浙 江	0	0	0	0	0
12	安 徽	5	9	0	0	0
13	福 建	12	26	1	2	1
14	江 西	5	8	0	0	1
15	山 东	12	31	1	1	4
16	河 南	0	0	0	0	0
17	湖 北	1	38	2	0	0
18	湖 南	4	5	2	0	0
19	广 东	1	35	0	0	1
20	广 西	0	8	0	0	0
21	海 南	0	1	0	0	0
22	重 庆	3	26	2	0	3
23	四 川	1	50	1	0	0
24	贵 州	1	3	0	0	0
25	云 南	2	3	0	1	0
26	西 藏	0	0	0	0	0
27	陕 西	2	17	0	0	3
28	甘 肃	2	11	0	0	1
29	青 海	0	1	0	0	0
30	宁 夏	3	2	0	2	1
31	新 疆	0	0	0	0	0
32	兵 团	0	0	0	0	0
合 计		67	408	9	15	16

方志馆建设情况统计表（2019年度）

（截至2019年12月31日）

单位：个

序号	项目 行政区划	国家级	省级	地市级	县区级	乡镇（街道）级	村（社区）级
1	北　京	—	1	—	2	0	0
2	天　津	—	0	—	0	0	0
3	河　北	—	0	3	19	1	0
4	山　西	—	0	3	10	0	0
5	内蒙古	—	1	1	0	0	0
6	辽　宁	—	0	1	2	0	0
7	吉　林	—	1	6	5	0	0
8	黑龙江	—	1	12	35	0	0
9	上　海	—	1	—	4	0	0
10	江　苏	—	1	10	10	0	0
11	浙　江	—	0	1	4	0	0
12	安　徽	—	1	12	27	0	0
13	福　建	—	1	2	8	0	0
14	江　西	—	1	5	5	0	0
15	山　东	—	1	14	101	0	0
16	河　南	—	1	1	5	1	2
17	湖　北	—	0	3	3	0	0
18	湖　南	—	1	1	4	0	1
19	广　东	—	1	8	13	0	0
20	广　西	—	1	2	0	0	0
21	海　南	—	1	0	0	0	0
22	重　庆	—	0	—	10	0	0
23	四　川	—	0	5	14	0	0
24	贵　州	—	0	3	17	0	0
25	云　南	—	0	2	2	0	0
26	西　藏	—	1	0	0	0	0
27	陕　西	—	1	1	5	0	0
28	甘　肃	—	0	7	18	0	0
29	青　海	—	0	0	0	0	0
30	宁　夏	—	1	2	1	0	0
31	新　疆	—	1	1	13	0	0
32	兵　团	—	0	0	0	0	0
国家方志馆		1	—	—	—	—	—
合　计		1	19	106	337	2	3

说明：1. 国家方志馆黄河分馆、国家方志馆知青分馆按照地市级方志馆统计。

2. 根据往年统计，全国各级方志馆有600余家。此次数据系按照在线平台报送原始数据汇总。

全国地方志系统信息化建设情况统计表

（截至2019年12月31日）

单位：个

项目 种类	地情网站建设	数字方志馆（数据库）建设	新媒体建设
省级	30	24	25
市级	173	50	120
县级	194	26	258
乡镇（街道）级	0	—	—
村（社区）级	0	—	—
总计	397	100	403

全国地方志系统信息化建设情况统计明细表

（截至2019年12月31日）

单位：个

序号	行政区划	地情网站					数字方志馆（数据库）			新媒体建设		
		省级	地市级	县区级	乡镇（街道）级	村（社区）级	省级	地市级	县区级	省级	地市级	县区级
1	北　京	1	—	3	0	0	0	—	0	1	—	1
2	天　津	1	—	0	0	0	1	—	0	1	—	6
3	河　北	0	3	4	0	0	0	0	0	1	9	55
4	山　西	1	3	0	0	0	0	2	0	1	2	6
5	内蒙古	3	7	1	0	0	1	0	0	1	1	2
6	辽　宁	0	5	0	0	0	0	0	0	0	2	1
7	吉　林	1	9	1	0	0	1	0	0	1	0	0
8	黑龙江	1	2	0	0	0	1	0	0	1	5	2
9	上　海	1	—	10	0	0	1	—	1	1	—	12
10	江　苏	1	11	17	0	0	3	1	1	1	9	30
11	浙　江	1	11	0	0	0	2	1	0	0	6	6
12	安　徽	1	6	3	0	0	1	0	0	1	3	4
13	福　建	1	5	5	0	0	1	1	1	1	4	8
14	江　西	2	7	2	0	0	1	1	1	1	9	11
15	山　东	2	17	50	0	0	1	16	6	1	10	18
16	河　南	1	17	8	0	0	1	10	3	1	12	13
17	湖　北	1	12	4	0	0	1	3	0	1	2	2
18	湖　南	2	5	12	0	0	1	1	2	1	4	8
19	广　东	1	6	5	0	0	2	3	1	1	14	8
20	广　西	1	5	0	0	0	1	1	0	1	4	0
21	海　南	1	0	1	0	0	1	0	0	1	0	0
22	重　庆	1	—	6	0	0	0	—	5	1	—	0
23	四　川	0	12	7	0	0	0	3	4	1	7	26
24	贵　州	1	4	4	0	0	1	2	0	0	2	3
25	云　南	1	5	1	0	0	0	0	0	1	5	7
26	西　藏	0	0	0	0	0	0	0	0	0	0	0
27	陕　西	1	8	13	0	0	1	1	0	1	6	21
28	甘　肃	1	13	37	0	0	1	4	1	0	3	7
29	青　海	1	0	0	0	0	0	0	0	0	0	0
30	宁　夏	0	0	0	0	0	0	0	0	1	1	1
31	新　疆	0	0	0	0	0	0	0	0	1	0	0
32	兵　团	0	0	0	0	0	0	0	0	0	0	0
总　计		30	173	194	0	0	24	50	26	25	120	258

全国地方志系统工作机构情况统计表

（截至2019年12月31日）

单位：个

种类＼项目	独立	属政府办公厅（室）	与党史办合并	与档案局（馆）合并	与党史办、档案局（馆）合并	无机构	其他	行政机关	参公事业单位	事业单位
省　级	18	6	9	3	0	0	2	2	25	6
地市级	120	67	172	13	42	1	5	3	269	67
县区级	718	376	1078	196	590	105	142	61	1607	925
合　计	856	449	1259	212	632	106	149	66	1901	998

省级地方志工作机构情况统计表

单位：个

序号	项目 / 行政区划	机构名称	独立	属政府办公厅（室）	与党史办合并	与档案局（馆）合并	与党史办、档案局（馆）合并	无机构	其他	行政机关	参公事业单位	事业单位
1	北　京	中共北京市委党史研究室、北京市地方志编委会办公室			1						1	
2	天　津	天津市档案馆（天津市地方志编修委员会办公室）				1						1
3	河　北	河北省地方志编委会办公室		1							1	
4	山　西	中共山西省委党史研究院（山西省地方志研究院）			1						1	
5	内蒙古	内蒙古自治区地方志编纂委员会办公室	1	1							1	
6	辽　宁	辽宁省档案馆地方志编纂中心				1						1
6	辽　宁	辽宁省人民政府办公厅信息处		1						1		
7	吉　林	吉林省地方志编委会	1								1	
8	黑龙江	中共黑龙江省委史志研究室			1							1
9	上　海	上海市地方志办公室	1								1	
10	江　苏	江苏省地方志编纂委员会办公室	1								1	
11	浙　江	浙江省人民政府地方志办公室	1									1
12	安　徽	中共安徽省委党史研究院（安徽省地方志研究院）			1						1	
13	福　建	中共福建省委党史研究和地方志编纂办公室	1		1						1	
14	江　西	江西省地方志编纂委员会办公室	1								1	
15	山　东	中共山东省委党史研究院（山东省地方史志研究院）			1							1

续表

序号	项目/行政区划	机构名称	独立	属政府办公厅（室）	与党史办合并	与档案局（馆）合并	与党史办、档案局（馆）合并	无机构	其他	行政机关	参公事业单位	事业单位
16	河　南	河南省地方史志办公室	1								1	
17	湖　北	湖北省文化和旅游厅							1	1		
18	湖　南	湖南省地方志编纂院	1								1	
19	广　东	广东省人民政府地方志办公室	1								1	
20	广　西	广西壮族自治区地方志编委会办公室	1								1	
21	海　南	中共海南省委党史研究室（海南省地方志办公室）			1						1	
22	重　庆	重庆市地方志办公室	1								1	
23	四　川	四川省地方志工作办公室	1								1	
24	贵　州	贵州省档案馆（贵州省地方志编纂委员会办公室）				1					1	
25	云　南	云南省地方志编纂委员会办公室	1	1							1	
26	西　藏	西藏自治区地方志办公室			1						1	
27	陕　西	陕西省地方志办公室	1								1	
28	甘　肃	甘肃省地方史志办公室	1								1	
29	青　海	青海省志办	1	1							1	
30	宁　夏	宁夏回族自治区地方志办公室							1			1
31	新　疆	新疆维吾尔自治区地方志编委会	1								1	
32	新疆生产建设兵团	新疆生产建设兵团志办公室		1	1						1	
合　计			18	6	9	3	0	0	2	2	25	6

地市级地方志工作机构情况统计表

单位：个

序号	项目 行政区划	独立	属政府办公厅（室）	与党史办合并	与档案局（馆）合并	与党史办、档案局（馆）合并	无机构	其他	行政机关	参公事业单位	事业单位
1	北　京	—	—	—	—	—	—	—	—	—	—
2	天　津	—	—	—	—	—	—	—	—	—	—
3	河　北	2	9	0	2	0	0	0	0	9	2
4	山　西	0	0	11	0	0	0	0	0	10	1
5	内蒙古	5	7	4	0	2	0	0	0	11	1
6	辽　宁	0	0	2	0	9	0	3	0	2	12
7	吉　林	8	0	1	0	0	0	0	0	9	0
8	黑龙江	0	0	1	0	12	0	0	0	1	12
9	上　海	—	—	—	—	—	—	—	—	—	—
10	江　苏	5	1	7	1	2	0	0	0	13	0
11	浙　江	0	1	5	0	2	0	0	0	2	1
12	安　徽	0	0	12	0	4	0	0	0	16	0
13	福　建	0	0	10	0	0	0	0	0	8	2
14	江　西	6	2	8	0	0	0	0	0	11	0
15	山　东	0	0	16	0	0	0	0	0	11	5
16	河　南	12	3	1	0	0	0	0	0	15	1
17	湖　北	1	0	7	0	5	0	0	0	11	2
18	湖　南	9	1	10	0	0	0	0	0	5	7
19	广　东	11	3	8	4	2	0	1	3	18	3
20	广　西	9	0	5	0	0	0	0	0	14	0
21	海　南	1	0	3	0	0	1	0	0	3	0
22	重　庆	—	—	—	—	—	—	—	—	—	—
23	四　川	9	1	11	0	0	0	0	0	21	0
24	贵　州	2	2	4	4	0	0	0	0	9	0
25	云　南	9	3	8	0	1	0	0	0	13	3
26	西　藏	0	2	4	0	0	0	1	0	7	0
27	陕　西	8	4	1	1	0	0	0	0	7	4
28	甘　肃	9	6	3	0	0	0	0	0	11	3
29	青　海	1	4	3	0	0	0	0	0	1	7
30	宁　夏	2	2	1	1	1	0	0	0	4	0
31	新　疆	10	3	13	0	1	0	0	0	13	1
32	兵　团	1	13	13	0	1	0	0	0	14	0
合　计		120	67	172	13	42	1	5	3	269	67

县区级地方志工作机构情况统计表

单位：个

序号	项目 行政区划	独立	属政府办公厅（室）	与党史办合并	与档案局（馆）合并	与党史办、档案局（馆）合并	无机构	其他	行政机关	参公事业单位	事业单位
1	北　京	6	1	14	2	0	0	0	0	15	1
2	天　津	0	0	0	16	0	0	0	0	0	16
3	河　北	27	92	6	11	25	13	12	16	33	101
4	山　西	0	0	116	0	1	0	0	0	69	48
5	内蒙古	24	14	24	6	48	17	2	0	51	39
6	辽　宁	0	2	3	16	25	16	39	5	10	80
7	吉　林	6	18	9	26	0	0	1	3	40	16
8	黑龙江	0	0	4	14	103	6	0	0	17	104
9	上　海	1	1	6	4	5	0	0	0	16	0
10	江　苏	24	13	38	16	34	0	0	2	74	16
11	浙　江										
12	安　徽	0	0	37	1	64	0	0	0	104	0
13	福　建	0	2	81	0	0	3	0	0	69	12
14	江　西	40	30	47	2	5	0	0	2	55	38
15	山　东	0	5	124	0	12	0	0	1	35	116
16	河　南	86	36	24	6	9	2	2	1	133	23
17	湖　北	0	0	0	3	98	0	2	2	58	42
18	湖　南	73	2	92	1	31	0	0	0	29	94
19	广　东	50	21	44	8	29	2	2	0	96	25
20	广　西	51	4	43	1	2	13	1	2	90	4
21	海　南	1	0	12	0	0	8	0	0	8	7
22	重　庆	10	9	11	11	7	0	0	1	30	5
23	四　川	64	20	80	6	8	0	6	6	171	7
24	贵　州	17	9	31	33	23	0	0	2	61	23
25	云　南	64	13	80	0	3	0	1	0	119	10
26	西　藏	0	0	1	0	0	0	73	0	0	0
27	陕　西	47	30	34	9	25	2	0	8	38	53
28	甘　肃	50	32	23	3	1	1	0	1	68	15
29	青　海	0	13	12	0	0	19	0	0	6	19

续表

序号	项目 行政区划	独立	属政府办公厅（室）	与党史办合并	与档案局（馆）合并	与党史办、档案局（馆）合并	无机构	其他	行政机关	参公事业单位	事业单位
30	宁　夏	7	5	6	1	7	3	1	0	18	1
31	新　疆	70	3	75	0	25	0	0	9	93	10
32	兵　团	0	1	1	0	0	0	0	0	1	0
合　计		718	376	1078	196	590	105	142	61	1607	925

说明：1. 河北：县区级无机构13个：定兴县、博野县、望都县、容城县、唐县、承德市双滦区、曲周县、馆陶县、廊坊市安次区、固安县、灵寿县、元氏县、石家庄市新华区；县区级其他12个：东光县、南皮县、沧州市新华区、献县、晋州市、井陉县、高邑县、赞皇县、石家庄市（裕华区、藁城区、鹿泉区、栾城区）。

2. 内蒙古：县区级无机构17个：回民区、玉泉区、赛罕区、和林格尔县、清水河县、武川县、白云鄂博矿区、阿鲁科尔沁旗地方志编纂委员会、克什克腾旗地方志办公室、林西县地方志办公室、松山区地方志编纂委员会办公室、元宝山区人民政府办公室、喀喇沁旗地方志办公室、集宁区档案史志局、商都县史志办公室、丰镇市委宣传部、杭锦后旗党史办；县区级其他2个：达尔罕茂明安联合旗志史编纂办公室、商都县史志办公室。

3. 辽宁：市级其他3个：抚顺市政府地方志办公室、葫芦岛市党群事务服务中心、辽阳市档案馆。县区级无机构16个：中共顺城区委党校、东洲区党群服务中心、望花区政府办公室、新抚区档案馆、清原满族自治县档案管理服务中心、新宾满族自治县档案和老干部服务中心、中共抚顺县委党校、铁东区、铁西区、立山区、千山区、沙河口区、新邱区委办公室、辽阳县人民政府办公室、弓长岭区党群事务服务中心、龙城区史志办公室（地方志工作职能由区委办公室负责，聘任2人从事地方志工作，在编人员无专人进行此项工作）；县区级其他39个：凌海市党务服务中心、义县委公务服务中心、北镇市委综合服务中心、黑山县档案中心、凌河区党群服务中心、古塔区党群服务中心、太和区政务服务中心、平山区社会事业服务中心、溪湖区党政机关服务中心（档案和信息机要服务中心）、明山区党群工作服务中心（档案史志中心分支机构）、清河门区委党务保障中心（综合部）、海州区委政务保障中心、阜蒙县党群事务服务中心（办公室档案事务服务部）、南票区委政研和信息中心、龙港区公共事务服务中心、甘井子区地方志编纂委员会（临时机构）、中共凤城市委办综合事务服务中心、振兴区党群服务中心、元宝区委党务服务中心、振安区党群服务中心、瓦房店市党建综合服务中心、普兰店区党建服务中心、西岗区委党校、金普新区地方志办公室、清河区委党校、西丰县机关事务服务中心、中共长海县委党校、旅顺口区委办公室、中山区委党校、中共铁西区委党校、中共大东区委党校、中共和平区委党校（和平区地方志办公室）、白塔区政务服务中心、文圣区信息档案管理中心、宏伟区党群事务服务中心、灯塔市信息中心、凌源市史志办公室、北票市史志办公室、双塔区史志办公室。

4. 吉林：县区级其他1个：东辽县地方志办公室（隶属县委办公室）；柳河县地方志办公室因该县机构改革未完成，三定方案未出，未纳入本次统计。

5. 黑龙江：中共黑龙江省委史志研究室为事业单位，2019年在参公认定中。县区级无机构6个：向阳区政府、工农区政府、南山区政府、兴安区政府、东山区政府、兴山区政府。

6. 上海：虹口区地方志办公室：档案馆增挂方志办牌子，档案局、党史办属于行政机关，档案馆（方志办）是参公事业单位。

7. 浙江：县区级数据暂无。

8. 福建：地市级机构：平潭综合实验区党史方志研究中心，2019年12月起合并至平潭综合实验区党校，成为党校内设处室。中共泉州市委党史和地方志研究室单位性质未定。县区级无机构3个：厦门市集美区，泉州台商投资区地方志编纂委员会，泉州开发区党工委、管委会办公室；中共石狮市委党史和地方志研究室单位性质未定，中共政和县委党史和地方志研究室是否参公待定。

9. 河南：县区级无机构2个：瀍河回族区地方志办公室、义马市；其他2个：涧西区史志办公室、伊滨区档案工作领导小组办公室。

10. 湖北：县区级其他2个：天门市文化和旅游局、神农架林区文化和旅游局。

11. 广东：地市级其他1个：中山市人民政府地方志办公室（属于中山市档案馆的挂牌机构）。县区级无机构2个：赤坎区地方志办公室、湛江市麻章区人民政府地方志办公室；县区级其他2个：龙门县地方志编纂委员会办公室、新会区人民政府地方志办公室。

12. 广西：县区级无机构13个：城中区地方志编纂委员会办公室、叠彩区政府办（档案馆）、南宁市江南区地方志编纂委员会办公室、柳北区地方志编纂委员会办公室、柳南区地方志编纂委员会、龙圩区地方志编纂委员会办公室、七星区地方志编纂工作领导小组办公室、万秀区地方志编纂委员会办公室、象山区地方志办公室、秀峰区地方志办公室、雁山区地方志办公室、鱼峰区地方志编纂委员会、长洲区地方志编纂委员会办公室；县区级其他1个：南宁市青秀区地方志编纂委员会办公室。

13. 海南：地市级无机构1个：三沙市。县区级无机构8个：海口市（秀英区、龙华区、琼山区、美兰区）、三亚市（吉阳区、天涯区、崖州区、海棠区）。

14. 四川：县区级其他6个：甘洛县史志办、泸州市江阳区地方志编纂委员会办公室（区委办公室内设股室）、泸州市龙马潭区党研地方志办公室（区委办公室内设股室）、泸县改革服务中心（县委政研室下属单位）、古蔺县县志编纂委员会办公室（县委政研室内设股室）、剑阁县地方志编纂中心。

15. 贵州：遵义市红花岗区地方志编纂委员会：职工享受参公待遇，但机改后无明确参公文件。遵义市仁怀市地方志编纂委员会办公室、桐梓县地方志编纂委员会、凤冈县地方志编纂委员会办公室机构性质未定。

16. 云南：县区级其他1个：维西县人民政府经济发展研究中心。

17. 西藏：地市级其他1个：阿里地委党史和藏语文编译中心党史（地方志）办公室。县区级其他73个：噶尔县委党史和藏语文编译中心党史（地方志）办公室、改则县委党史和藏语文编译中心党史（地方志）办公室、札达县委党史和藏语文编译中心党史（地方志）办公室、措勤县委党史和藏语文编译中心党史（地方志）办公室、日土县委党史和藏语文编译中心党史（地方志）办公室、革吉县委党史和藏语文编译中心党史（地方志）办公室、双湖县地方志办公室、尼玛县地方志办公室、申扎县地方志办公室、班戈县地方志办公室、巴青县地方志办公室、索县地方志办公室、比如县地方志办公室、嘉黎县地方志办公室、聂荣县地方志办公室、安多县地方志办公室、色尼区地方志办公室、边坝县地方志办公室、洛隆县地方志办公室、芒康县地方志办公室、左贡县地方志办公室、八宿县地方志办公室、察雅县地方志办公室、丁青县地方志办公室、类乌齐县地方志办公室、贡觉县地方志办公室、江达县地方志办公室、卡若区地方志办公室、墨脱县地方志办公室、察隅县地方志办公室、朗县地方志办公室、工布江达县地方志办公室、波密县地方志办公室、米林县地方志办公室、巴宜区地方志办公室、桑日县地方志办公室、加查县地方志办公室、曲松县地方志办公室、隆子县地方志办公室、错那县地方志办公室、措美县地方志办公室、洛扎县地方志办公室、浪卡子县地方志办公室、贡嘎县地方志办公室、扎囊县地方志办公室、琼结县地方志办公室、乃东区地方志办公室、吉隆县地方志办公室、仁布县地方志办公室、拉孜县地方志办公室、定结县地方志办公室、昂仁县地方志办公室、仲巴县地方志办公室、南木林县地方志办公室、定日县地方志办公室、亚东县地方志办公室、康马县地方志办公室、江孜县地方志办公室、白朗县地方志办公室、岗巴县地方志办公室、聂拉木县地方志办公室、萨嘎县地方志办公室、桑珠孜区地方志办公室、萨迦县地方志办公室、谢通门县地方志办公室、墨竹工卡县地方志办公室、曲水县地方志办公室、当雄县地方志办公室、尼木县地方志办公室、堆龙德庆区地方志办公室、达孜区地方志办公室、林周县地方志办公室、拉萨市城关区地方志办公室，这些机构与县（区）委办、县（区）政府办、宣传部、编译局等合署办公。

18. 陕西：县区级无机构2个：灞桥区地方志办公室、雁塔区地方志办公室。

19. 甘肃：县区级无机构1个：酒泉市玉门市。

20. 青海：县区级无机构19个：茫崖市地方志办公室、曲麻莱县地方志办公室、囊谦县地方志办公室、治多县地方志办公室、称多县地方志办公室、杂多县地方志办公室、玉树市地方志办公室、玛多县地方志办公室、久治县地方志办公室、达日县地方志办公室、甘德县地方志办公室、班玛县地方志办公室、玛沁县地方志办公室、河南县地方志办公室、泽库县地方志办公室、西宁市城北区地方志办公室、西宁市城西区地方志办公室、西宁市城东区地方志办公室、西宁市城中区地方志办公室。

21. 宁夏：县区级无机构3个：西夏区、金凤区地方志编纂委员会、吴忠市利通区史志办；县区级其他1个：银川市兴庆区地方志办公室。

全国地方志系统地方志工作人员情况统计表

（截至 2019 年 12 月 31 日）

项目／种类	定编		在编				在编人员情况															聘用人员情况				
							行政管理人员							专业技术人员			学历学位情况					学历学位情况				
	定编全部	定编专职	在编全部	在编专职	聘用（专职）	借调或其他	正厅（局）级	副厅（局）级	正处级	副处级	正科级	副科级	科员及以下	高级	中级	初级及以下	博士	硕士	本科	大专	高中以下	博士	硕士	本科	大专	高中以下
省　级	1563	535	1452	555	26	5	26	75	278	306	308	125	83	48	59	35	35	333	717	102	34	1	17	33	10	6
地市级	6501	1586	5565	1612	334	10	5	26	523	779	1406	755	766	124	154	104	22	627	2937	440	81	272	32	550	123	33
县区级	23526	5540	19721	5370	2342	18	0	0	158	513	3631	3996	7060	318	811	824	12	871	10307	4333	524	5	94	1356	1069	249
合　计	31590	7661	26738	7537	2702	33	31	101	959	1598	5345	4876	7909	490	1024	963	69	1831	13961	4875	639	278	143	1939	1202	288

省级地方志系统地方志工作人员情况统计表

（截至2019年12月31日）

项目 行政区划	定编		在编		聘用（专职）	借调或其他	在编人员情况															聘用人员情况				
							行政管理人员							专业技术人员			学历学位情况					学历学位情况				
	定编全部	定编专职	在编全部	在编专职			正厅（局）级	副厅（局）级	正处级	副处级	正科级	副科级	科员及以下	高级	中级	初级及以下	博士	硕士	本科	大专	高中以下	博士	硕士	本科	大专	高中以下
北　京	73		70				1	4	18	16	24	3	1				5	37	10	3	15					
天　津			17					1	2	6	4	2	2					5	12							
河　北	34	34	25	25					1	4	9	6	3		1	1		3	19	3						
山　西	36		30						2	1	13	3	11					5	23	2						
内蒙古	27	27	26	26	4			1	8	3	7	3	4				1	8	17					4		
辽　宁	14	14	12	12					5	5	2			5	2			3	8	1						
辽　宁	6	6	6	6					1	4					1			4	2							
吉　林	36	36	35	35	3		1	5	10	8	2	4	3	1	1		2	5	24	4				3		
黑龙江	75		68				1	3	20	18	14	3	1				1	20	37	10						
上　海	35	35	33	33	0	0	1	3	6	8	15	0	0	0	0	0	6	8	18	1	0	0	0	0	0	0
江　苏	73	73	65	65				2	11	9	22	5	7	0	5	4	1	18	39	7						
浙　江	21							1	5	3																
安　徽	81		79				2	3	11	11																
福　建	80	0	83	20	0	0	2	7	17	17	23	12	5	12	20	7	6	23	47	4	3					
江　西	57		45		1			3	8	6	5	8	2	0	1	1	0	15	23	7	0			1		
山　东	104		105	27	0		1	5	25	27	21	11	0	7	2	6	3	54	41	6	1	0	0	0	0	0
河　南	49		39					1	8	13	6	7	2					5	29	3						
湖　北	129		136	8				1	4	2	1							1	6	1						
湖　南	51		45		2			3	7	13	2	6	12			2	1	4	29	6	1		1	1		
广　东	67	67	68	68			2	4	9	14	20	6	7	2	2	2	1	32	21	5	3	0	0	0	0	0
广　西	52	52	48	48	6	5	2	1	13	11	5	11	0	5	11	5	1	6	35	4	2	0	0	4	1	1
海　南	45	41	41	37	1		1	3	17	5	7	3	5	0	6	6	0	7	24	8	2	0	0	1	0	0
重　庆	25	25	18	18	3		1	1	6	2	4	3	0	1	0	0	1	5	12	0	0	0	0	0	3	0
四　川	39		38				2	3	4	22	1	6					1	14	21	2						
贵　州	122		103	22			2	3	20	33	34	9	2				0	8	84	11						
云　南	24	24	20	20				1	2	4	9	2	1				2	7	10		1					
西　藏	31		20					1	7	4	3	2	1	1		1	1	3	11	3	2					
陕　西	43		54				2	5	8	11	23	1		2	2		1	15	19	4	2	1	16	18	4	2
甘　肃	33		30				1	5	7	7	8							3	25	1	1					
青　海	22	22	20	20	6		1	2	4	5	4	2	0	1	1				16	4				1	2	3
宁　夏	15	15	13	13					1	1	4	2	5	9	4		1	8	4							
新　疆	48	48	45	45	0	0	3	3	7	10	14	3	5	2				4	39	2	1					
兵　团	16	16	15	7			0	0	4	3	2	2	4	0	0	0	0	3	12	0	0	0	0	0	0	0
合　计	1563	535	1452	555	26	5	26	75	278	306	308	125	83	48	59	35	35	333	717	102	34	1	17	33	10	6

地市级地方志系统地方志工作人员情况统计表

（截至2019年12月31日）

项目 行政区划	定编		在编				在编人员情况															聘用人员情况				
							行政管理人员							专业技术人员			学历学位情况					学历学位情况				
	定编全部	定编专职	在编全部	在编专职	聘用（专职）	借调或其他	正厅（局）级	副厅（局）级	正处级	副处级	正科级	副科级	科员及以下	高级	中级	初级及以下	博士	硕士	本科	大专	高中以下	博士	硕士	本科	大专	高中以下
北京	—	—	—	—	—	—	—	—	—	—	—	—	—	—	—	—	—	—	—	—	—	—	—	—	—	—
天津	—	—	—	—	—	—	—	—	—	—	—	—	—	—	—	—	—	—	—	—	—	—	—	—	—	—
河北	96	38	80	41	18		0	0	2	5	17	12	19	6	4	7	0	9	57	10	0	0	0	6	9	0
山西	298	111	240	99	5	0	0	0	15	40	78	41	56	9	18	3	1	21	176	38	4	0	0	5	5	1
内蒙古	170	11	137	23	6		0	0	4	9	29	21	46	2	1	1	0	12	67	23	7	0	2	3	0	0
辽宁	1005	116	879	87	21	4	0	0	7	11	33	18	15	0	1	1	0	9	60	6	0	0	4	24	4	0
吉林	109	105	90	86	2			3	15	14	23	10	24	0	2	5		11	74	4	1			2		
黑龙江	468	59	316	43	7	1	1	4	28	52	101	45	48	25	21	18		29	227	33	7			2	4	1
上海	—	—	—	—	—	—	—	—	—	—	—	—	—	—	—	—	—	—	—	—	—	—	—	—	—	—
江苏	263	89	298	96	15	0	0	1	29	45	85	71	51	4	9	6	2	74	208	15	3	0	0	3	8	4
浙江								2	20	34	59	35	17	1	24	2	6	15	10	1						
安徽	420		342	100					61		27															
福建	203	27	184	52	9	0	0	0	15	32	51	32	48	4	4	0	2	32	117	19	4	0	2	22	7	0
江西	172	20	147	25	9				9	32	44	29	20	7	1	1		24	101	16	6			6	2	1
山东	496	133	434	116	10	0	0	4	64	86	125	67	38	2	3	2	3	81	225	16	9	1	8	39	3	2
河南	271		234		9				23	41	76	39	41	3	2			29	174	23	6	271		234		9
湖北	295	20	252	35	1		1	2	15	32	40	22	27	1	0	1	0	33	89	17	1	0	0	0	1	0
湖南	232	104	177	84	30	2	0	0	22	46	72	20	33	4	5	0	1	27	137	24	3	0	4	14	13	1
广东	319	127	301	124	57	0	3	7	38	56	83	45	33	25	15	7	5	82	165	30	3	0	3	38	16	4
广西	171	79	145	70	42	0	0	0	14	31	56	21	14	8	26	14	1	14	101	19	2	0	1	27	10	3
海南	35	17	36	18	1		0	0	2	6	14	3	6	0	2	9	0	3	24	6	2	0	0	0	1	0
重庆	—	—	—	—	—	—	—	—	—	—	—	—	—	—	—	—	—	—	—	—	—	—	—	—	—	—
四川	270	244	238	213	17			2	24	35	81	45	10	6	3	7		31	156	20	6		1	7	5	4
贵州	274	10	253	23	0		0	0	16	32	61	40	88	5	2	1		23	175	37	3	0	0	17	2	0
云南	296	117	272	132	1		0	0	30	43	95	37	51	5	5	4	0	21	182	22	6	0	0	19	4	0
西藏	39	2	25	6							14	7	3	1				3	18	4						
陕西	134	17	122	17	29		0	1	21	26	41	18	18	1	2	3	0	17	105	16	0	0	5	23	8	0
甘肃	155	49	132	42	5				19	27	33	29	17	2	1	4		8	95	23	4		1	27	11	1
青海	60		37		16		0	0	7	7	11	3	5	1	2	4		3	28	5	1					
宁夏	55	2	46	9	2				6	8	16	16	1	1		1	0	8	38	3	0			3		
新疆	152	48	122	45	4	2	0	0	15	22	35	24	31	1	0	2	0	6	109	7	1	0	1	18	4	1
兵团	43	41	26	26	18	1	0	0	2	7	6	5	6	0	1	1	1	2	19	3	2	0	0	11	6	1
合计	6501	1586	5565	1612	334	10	5	26	523	779	1406	755	766	124	154	104	22	627	2937	440	81	272	32	550	123	33

县区级地方志系统地方志工作人员情况统计表

(截至2019年12月31日)

项目 行政区划	定编		在编				在编人员情况															聘用人员情况				
							行政管理人员							专业技术人员			学历学位情况					学历学位情况				
	定编全部	定编专职	在编全部	在编专职	聘用(专职)	借调或其他	正厅(局)级	副厅(局)级	正处级	副处级	正科级	副科级	科员及以下	高级	中级	初级及以下	博士	硕士	本科	大专	高中以下	博士	硕士	本科	大专	高中以下
北　京	210	41	190	45	42	0	0	0	15	39	77	52	33	4	16	38	2	47	138	14	5	0	0	40	6	2
天　津	65		55		1				2	6	15	9	14		5			10	40							
河　北	828	345	698	291	200		0	0	0	2	80	146	350	12	45	31	0	25	404	165	20	0	3	93	105	25
山　西	1283	548	1017	622	63	2	0	0	0	4	178	180	436	14	71	73	1	58	539	289	53	0	0	48	58	25
内蒙古	462	51	367	98	118		0	0	2	4	58	89	226	9	25	32	1	19	234	110	4	1	3	69	39	5
辽　宁	2678	379	1962	204	117	9	0	0	1	7	41	48	95	2	18	6	0	10	149	53	4	0	1	55	57	11
吉　林	565	135	404	108	79				0	3	52	49	230	31	23	36		12	303	99	8			46	18	
黑龙江	960	182	847	136	90	1	0	0	4	12	147	150	329	57	118	94	0	16	561	179	9	0	1	69	57	5
上　海	194	51	175	56	27		0	0	11	24	31	34	38	1	2	4	0	47	77	7	1	0	1	20	8	3
江　苏	681	193	676	223	118	0	0	0	11	24	114	188	311	3	20	13	2	84	467	93	12	0	4	78	36	4
浙　江	710		715		327				14	32	134	162	328	12	79	87		71	544	118	12					
安　徽	783		552	173					0		222															
福　建	691	92	576	115	70	4	0	0	0	4	124	136	293	6	34	19	2	79	420	108	9	2	26	135	52	26
江　西	554	77	425	55	64		0	0	0	1	84	131	194	6	8	7	0	16	228	153	28	0	1	13	47	13
山　东	1616	373	1278	356	16	0	0	0	20	36	187	309	377	61	108	90	1	86	766	195	41	0	5	57	38	7
河　南	1525		1318		109			0	2	18	230	331	655	22	40	49	1	37	735	486	69			2		
湖　北	1594	148	1319	180	58		0	0	12	36	129	180	298	7	21	25	1	26	369	235	28	0	2	12	33	10
湖　南	948	308	704	242	58	0	0	0	0	2	238	242	260	4	23	14	1	33	410	220	24	1	29	140	67	19
广　东	767	229	653	207	183	0	0	0	5	27	122	181	297	8	33	20	0	40	421	175	16	0	3	107	100	19
广　西	620	271	611	276	150	0	0	0	0	27	195	193	171	4	27	41	0	19	354	204	21	0	3	57	64	14
海　南	115	24	91	28	34		0	0	0	1	20	29	48	0	2	2	0	1	60	29	6	0	0	9	18	7
重　庆	402	129	342	115	43		0	0	42	73	142	27	30	3	3	2	0	24	234	44	10	1	1	23	20	3
四　川	1185	1007	960	824	142			0	15	57	236	207	277	15	8	9		34	542	229	19	0	5	55	66	16
贵　州	1220	43	977	111	31		0	0	0	9	164	221	525	9	12	18	0	15	552	316	19	0	0	42	31	5
云　南	994	460	1009	480	5		0	0	1	33	252	287	379	13	18	15	0	24	684	211	21	0	1	74	27	3
西　藏	3		194	24	1					6	33	46	79	1	1	28		2	137	52	3					1
陕　西	703	99	576	91	114		0	0	1	6	105	122	278	10	46	37	0	12	304	222	29	0	4	77	88	11
甘　肃	519	242	517	213	21				0	13	109	118	283	0	2	0		16	293	173	45		0	7	12	
青　海	130	0	60	0	36	0				3	9	9	4			18	0	1	40	14	0				1	
宁　夏	155	36	138	34	14		0	0	0	3	25	30	34	3	2	12	0	2	78	29	4	0	0	11	4	12
新　疆	363	74	314	62	11	2	0	0	0	1	78	89	188	1	1	4	0	5	223	111	4	0	1	17	17	3
兵　团	3	3	1	1								1							1							
合　计	23526	5540	19721	5370	2342	18	0	0	158	513	3631	3996	7060	318	811	824	12	871	10307	4333	524	5	94	1356	1069	249

索　　引

说　　明

1. 本索引采用主题分析索引法编制，主题词以正文出现的地方志工作机构名、志书年鉴名、地情资料书名为主。特载、大事记、理论研究、文献、志鉴人物等类目的内容不在标引范围内。

2. 本索引按汉语拼音音序排列（阿拉伯数字0～9放在汉语拼音前），首字相同时，则以第二字排序，依次类推。

3. 索引款后的数字和拉丁字母（a、b）分别表示内容所在的页码和栏别（a表示左栏，b表示右栏）。

0～9

A

B

C

D

E

F

G

H

J

K

L

M

N

P

Q

R

S

T

W

X

Y

Z